1. 本书是教育部人文社会科学重点研究基地华中师范大学中国农村研究院 2016 年基地重大项目 "作为政策和理论依据的深度中国农村调查与研究"（16JJD810004）的成果之一。

2. 本书是华中师范大学中国农村研究院 "2015 版中国农村调查" 的成果之一。

中国农村调查

（总第38卷·家户类第7卷·中等家户第5卷）

徐勇 邓大才 主编

天津出版传媒集团

天津人民出版社

图书在版编目(CIP)数据

中国农村调查. 总第 38 卷, 家户类. 第 7 卷, 中等家户. 第 5 卷 / 徐勇, 邓大才主编. -- 天津 : 天津人民出版社, 2020.5
ISBN 978-7-201-13428-4

Ⅰ.①中… Ⅱ.①徐… ②邓… Ⅲ.①农村调查–研究报告–中国 Ⅳ.①F32

中国版本图书馆 CIP 数据核字(2019)第 282205 号

中国农村调查（总第 38 卷·家户类第 7 卷·中等家户第 5 卷）
ZHONGGUO NONGCUN DIAOCHA

出 版	天津人民出版社	
出 版 人	刘 庆	
地 址	天津市和平区西康路 35 号康岳大厦	
邮政编码	300051	
邮购电话	(022)23332469	
网 址	http://www.tjrmcbs.com	
电子信箱	reader@tjrmcbs.com	

策划编辑	王 玎
责任编辑	王 玎
装帧设计	汤 磊

印 刷	北京虎彩文化传播有限公司
经 销	新华书店
开 本	787 毫米×1092 毫米 1/16
印 张	38.75
插 页	6
字 数	1000 千字
版次印次	2020 年 5 月第 1 版 2020 年 5 月第 1 次印刷
定 价	750.00 元

《中国农村调查》编辑委员会

主　编　徐　勇　邓大才

编　委　(以姓氏笔画排序)

总　序

2015 年是华中师范大学中国农村研究院历史上的关键一年。在这一年,本院不仅成为完全独立建制的研究机构,更重要的是进一步明确了目标,特别是进行了学术整合,构建了一个全新的调查研究计划。这一计划的内容包括多个方面,其中,中国农村调查是基础性工程。从 2015 年开始出版的《中国农村调查》便是其主要成果。

学术研究是一个代际接力、不断提升的过程。农村调查是本院的立院之本、兴院之基。本院的农村调查经历了三个阶段。

第一阶段主要是基于项目调查基础上的个案调查(1985—2005 年)。

20 世纪 80 年代开启的中国改革开放,起始于农村改革。延续二十多年的人民公社体制废除后,农村的生产功能由家庭所承担,社会管理功能则成为一个新的问题。这一问题引起我院学者的关注。1928 年出生的张厚安先生是中国政治学恢复以后较早从事政治学研究的学者之一,他与当时其他政治学学者不同,他比较早地关注农村政治问题,并承担了农村基层政权方面的国家研究课题。与此同时,本校其他学者也承担了有关农村政治研究的课题。1988 年,这些学者建立起以张厚安先生为主任的农村基层政权研究中心,由此形成了一个自由结合的学术共同体。

作为一个学术共同体,农村基层政权研究中心有其独特的研究宗旨和方法。在学术共同体建立之初,张厚安先生就提出了"三个面向,理论务农"的宗旨。"三个面向"是指面向社会、面向基层、面向农村,"理论务农"是指立足于农村改革实践、服务于农村改革实践。这一宗旨对于政治学学者是一个全新的使命。政治学研究政治价值、政治制度与政治行为。传统政治学更多研究的是国家制度和国家统治,以文本为主要研究素材。"三个面向"的宗旨,必然要求方法的改变,这就是进行实地调查。自学术共同体形成开始,实地调查便成为我们的主要研究方法。

自 20 世纪 80 年代中期,以张厚安先生为领头人的学者就开始进行农村调查。最初是走向农村,进行全国性的广泛调查,主要是面上了解。1995 年,在原农村基层政权研究中心的基础上,成立了农村问题研究中心,由张厚安先生担任主任,由 1955 年出生的中年学者徐勇教授担任常务副主任。新中心的研究重点仍然是基层政权与村民自治,但领域有所扩大,并将研究方法凝练为"实际、实证、实验",更加强调"实"。这种务实的方法引起了学术界的关注,并注入国际学术界的一些研究理念和方法。我们的农村调查由面上的了解走向个案调查。当时,年届七旬的张厚安先生亲自带领队伍参与村庄个案调查,其代表作是《中国农村村级治理——22 个村的调查与比较》。这一项目在全国东、中、西三个地区选择了 6 个重点村和 18 个对照村进行个案调查,参与调查人员数十人,并形成了一个由全国相关人员参与的学术调查研究团队。

第二阶段主要是基于机构调查基础上的全面调查(2005—2015 年)。

1999 年,国家教育部为推动人文社会科学研究,启动了教育部人文社会科学研究重点基地建设。当年,华中师范大学农村问题研究中心更名为"华中师范大学中国农村问题研究中心",由徐勇教授担任主任。2000 年,中心成为首批教育部人文社会科学重点研究基地。在基地成立之前,以张厚安教授为首的研究人员是一个没有体制性资源保障、纯因个人兴趣而结合的学术共同体,有人坚持下来,也有人离开。成为教育部研究基地以后,中心仍然坚持调查这一基本方法,并试图体制化。其主要进展是在全国选择了二十多家机构作为调研基地,为全国性调查提供相应的保障,并建立相互合作关系。

作为教育部重点基地,中心是一个有一定资源保障的学术共同体,有固定的编制人员,也有固定的项目经费,条件大为改善,但也产生了新的问题。这就是农村调查根据个人承担的研究项目而开展。这不仅会导致研究人员过分关注项目资源分配,更重要的是易造成调查研究的"碎片化"和"片断化",难以形成整体性和持续性的调查。同时,研究人员也会因为理念和风格的不同而产生分歧,造成体制性的学术共同体动荡。为了改变调查研究项目体制引起的"碎片化"倾向,2005年,徐勇教授重新规划了基地的发展,提出"百村观察计划",计划在全国选择100多个村进行为期10年、20年、30年以至更长时间的调查和跟踪观察。目标是像建立气象观测点一样,能够及时有效地长期观测农村的基本状况及变化走向。这一计划得到时任华中师范大学社会科学研究处处长石挺先生的鼎力支持。2006年,计划得以试行,主要由刘金海副教授具体负责。最初的试点调查村只有6个,后有所扩展。2008年,在试点基础上,由邓大才教授主持,全面落实计划,调查团队通过严格的抽样,确定了二百多个村和三千多个农户的调查样本。

"百村观察"是一项大规模和持续性的调查工程,需要更多人的参与。同时它又是一项公共性的基础工程,人们对其认识有所不同。因为它要求改变项目体制造成的调查"碎片化"和研究"个体化"的工作模式,为此,学术共同体再次出现了有人退出、有人坚持、有人加入的变化。

2009年正式启动的"百村观察计划",取得了超出预想的成绩:一是从2009年开始,我们每年都要对样本村和户进行调查,调查内容和形式逐步完善,并形成相对稳定的调查体系。除了暑假定点调查以外,还扩展到寒假专题调查。每年参与调查的人员达五百人左右,并出版《中国农村调查》等系列著作。二是因为调查的规模大,可以进行充分的分析,并在此基础上形成调查报告,提供给决策部门,由此也形成了"顶天立地"的理念。"顶天"就是为决策部门服务,"立地"就是立足于实地调查。这一收获,使中心得以在教育部第二次基地评估中成为优秀基地,并于2010年更名为华中师范大学中国农村研究院,由徐勇教授担任院长,邓大才教授担任执行院长。三是形成了一支专门的调查队伍并体制化。起初的调查者有相当一部分是没有受过严格专业训练的志愿者。为了提高调查质量,自2012年起,研究院将原来分别归于导师名下指导的研究生进行整合,举办"重点基地班"。基地班以提高学生的调查研究能力为导向,实行开放式教学、阶梯性培养、自主性管理,形成社会大生产培养模式,改变了过往一个老师带三五个学生的小作坊培养方式。至此,农村调查完全由受到专门调查和学术训练的人员承担,走向了专业化道路。四是资料数据库得以建立并大大扩展。过往的调查因为是项目式调查,所以资料难以统一保管和使用。2006年,我们启动了中国农村数据库建设。随着"百村观察计划"的正式实施,大量数据需要录入,并收集到许多第一手资料,资料数据库得以迅速扩展。

第三阶段主要是基于历史使命基础上的深度调查(2015年至今)。

农村调查的深入和相应工作的扩展,势必与以行政方式组织科研的现行大学体制发生碰撞。但是已经有一个良好开端的调查不可停止。适逢中国的智库建设时机,2015年,华中师范大学中国农村研究院成为完全独立建制的研究机构，由 1970 年出生的邓大才教授担任行政负责人。

中国农村研究院独立建制，并不是简单地成为一个独立的研究机构，而是克服体制障碍，进一步改变学术"碎片化"倾向，加强整合，提升调查和研究水平，目标是在高等学校中建设适应国家需要的智库。实现这一目标有五大支撑点：一是大学术，通过以政治学为主，多学科参与，协同研究；二是大服务，继续坚持"顶天立地"的宗旨，全面提高服务决策的能力，争取成为有影响力的决策咨询机构；三是大调查，在原有"百村观察计划"的基础上构建内容更加丰富的农村调查体系，争取成为世界农村调查重镇；四是大数据，收集和扩充农村资料和数据，争取拥有最丰富的农村资料数据库；五是大平台，将全校、全省、全国，乃至全球的农村研究学者吸引并参与到农村研究院的工作中来，争取成为世界性的调查研究平台。这显然是一个完全不同于以往的宏大计划，也标志着中国农村研究院的全新起步。

独立建制后的中国农村研究院仍然将农村调查作为自己的基础性工作，且成为体制性保障的工作。除了"百村观察计划"的持续推进以外，我们重新设计了 2015 版的农村调查体系。这一体系包括"一主三辅"："一主"即以长期延续并重新设计的"中国农村调查"为主体；"三辅"包括"满铁农村调查"翻译、"俄国农村调查"翻译和团队到海外农村进行实地调查的"海外农村调查"，目的是完善农村调查体系，并为中国农村调查研究提供借鉴。

现代化是一个由传统农业社会向现代工业社会转变的过程，这一转变是从农村开始的。农村和农民成为现代化的起点，并规划着现代化的路径。19 世纪后期，处于历史大转变时期的俄国，数千人参与对俄国农村调查，持续时间长达四十多年。20 世纪上半叶，日本在对华扩张中，以南满洲铁道株式会社为依托开展对中国农村的大规模调查，持续时间长达四十多年，形成著名的"满铁调查"。进入 21 世纪，中国作为一个世界农业文明最为发达的大国，正在以超出想象的速度向现代工业文明迈进。中国需要也应有能够超越前人的大规模农村调查。"2015 版的中国农村调查"正是基于这一历史背景设计的。

"2015 版的中国农村调查"超越了以往的项目或者机构调查体制，而具有更为宏大的历史使命：一是政策目的。智库理所当然要出思想，但"思想"除了源自思考以外，更要源自于可供分析的实地调查。过往的调查虽然也是实地调查，但难以对调查进行系统化的分析，并根据调查提出有预见性的结论。在这方面，19 世纪的俄国农村调查有其长处。"2015 版的中国农村调查"将重视实地调查的可分析性和可预测性，以此提高决策服务的成效。二是学术目的。调查主要在于知道"是什么"或者"发生了什么"，是事实的描述。但是这些事实为什么发生？其中存在什么关联？这是过往调查关注比较少的，以至于大量的调查难以进行深度的学术开发，学术研究主要依靠的还是规范方法，实地调查难以为学术研究提供必要的基础，由此会大大制约调查的影响力。"2015 版的中国农村调查"特别重视实地调查的深度学术开发性，调查中包含着学术目的，并可以通过调查提炼学术思想，使其作为一种有实地调查支撑的学术思想也可以间接影响决策。为此，"2015 版的中国农村调查"在设计时，除了关注"是什么"以外，也特别重视"为什么"，试图对中国农村社会的底色及其变迁进行类似于生物学"基因测序"的调查。三是历史传承目的。在现代化进程中，传统农村正在迅速消逝。"留得住乡愁"需要对"乡愁"予以记录和保存。20 世纪以来，中国农村发生了太多的变化，中国农民经历了太多的起伏，农民的历史构成了国家历史不可或缺的部分。"2015 版的中国农村调查"因此特别关注历史的传承。

基于以上三个目的,"2015版的中国农村调查"由四个部分构成:

其一,口述调查。主要是通过当事人的口述,记录20世纪上半期以来农村的变化及其对当事人命运的影响。其主体是农民个人。在历史上,他们是微不足道的,尽管是历史的创造者,但没有哪部历史记载他们的状况与命运。进入20世纪以后,这些微不足道的人物成为"政治人物",尽管还是"小人物",但他们是大历史的折射。通过他们自己的讲述,我们可以更加充分地了解历史的真实和细节,也可以更好地"以史为鉴"。口述史调查关注的是大历史下的个人行为。

其二,家户调查。主要是以家户为单位的调查,了解中国农村家户制度的基本特性及其变迁。中国在历史上创造了世界上最为灿烂的农业文明,必然有其基本组织制度为支撑。但长期以来,人们只知道世界上有成型的农村庄园制、部落制和村社制,而没有多少人了解研究中国自己的农村基本组织制度。20世纪以来受革命和现代化思维的影响,人们对传统一味否定,更忽视对中国农村传统制度的科学研究,以至于我们在否定自己传统的同时引进和借鉴的体制并不一定更为高明,使得中国农村变迁还得在一定程度上向传统回归。实际上,中国有自己特有的农村基本组织制度,这就是延续上千年的家户制度。家户调查关注的是家户制度的原型及其变迁,目的是了解和寻求影响中国农业社会变迁的基因和特性。

其三,村庄调查。主要是以村庄为单位的调查,了解不同类型的村庄形态及其变迁实态。农村社会是由一个个村庄构成的。与海洋文明、游牧文明相比,农业文明的社会联系更为丰富,"关系"在中国农村社会形成及其演变中居于重要地位。中国在某种意义上说是一个"关系国家",但是作为一个历史悠久、人口众多、地域辽阔、文明多样的大国,关系格局在不同的地方有不同的表现,由此形成不同类型的村庄。国家政策要"因地制宜",必须了解各个"地"的属性和差异。村庄调查以"关系"为核心,注重分区域的类型调查,通过不同区域的村庄形态和变迁的调查,了解和回答在国家"无为而治"的传统条件下,一个超大的农业社会是如何通过自我治理实现持续运转的;了解和回答在国家深度介入的现代条件下,农业社会是如何反应和变化的。

其四,专题调查。主要是以特定的专题为单位的调查,了解选定的专题领域的状况及其变化。如果说前三类调查是基本调查的话,专题调查则是专门性调查,针对某一个专题领域,从不同角度进行广泛深入的调查,以期获得对某一个专门领域的全面认识和把握。

"2015版的中国农村调查"是一项世纪性的大型工程,它是原有基础的延续,也是当下正在从事、未来需要长期接续的事业。这一事业已有数千人参与,特别是有若干人在其中发挥了关键性作用;当下和未来将有更多的人参与。历史将会记录下他们的功绩,他们的名字将与我们的事业同辉!

2016年6月,教育部公布了对人文社会科学重点研究基地的评审结果,我院排名全国第一,并再获优秀。这既是对过往的高度肯定,也是对进一步发展的有力鞭策。为此,本院再次明确自己的目标,这就是建设全球顶级农村调查机构、顶级农村资料数据机构,并在此基础上,形成自己的学术领域和学术风格,而达到这一目标,需要一代又一代人攻坚克难,不懈努力!

徐　勇

2015年7月15日初序

2016年7月15日补记

凡　例

作为教育部人文社会科学重点研究基地，华中师范大学中国农村研究院历来重视农村调查与研究，《中国农村调查·家户类》是基地新版"中国农村调查"项目的重要成果，在付梓之际，特作以下说明：

1. 根据徐勇教授提出的"中国家户制度学说"，家户制度是中国的本源型传统和基础性制度，并在此基础上形成独特的中国农村发展道路。本项目旨在通过传统时期的家户调查揭示和挖掘这一本源型传统和基础性制度。

2. 在家户对象的选取上，本项目以1949年以前的完整家户为调查对象，并根据人口规模进行分类。其中，7口人及以下为小家户，8至13口人为中等家户，14口人及以上为大家户。本项目所调查的家户，分布在全国绝大多数的省份，具有广泛的代表性。每一位调查员在调查之前均受过严格的学术培训，每个家户的调查时间在15天以上。

3. 每一篇家户调查报告分为"家户的由来与特性、经济、社会、文化、治理"五章，重点围绕家户的"特性、特色、关系与层次"开展调查和写作。同时，在每篇报告的后面附有调查员的调研小记、日记等，供读者了解整个调查的进展与历程。

4. 在报告写作中，"市县名、乡镇名、村庄名、家户名、人物名、部门单位"等均为实名。报告中出现的照片、人名、数据等信息，均得到了访谈对象或数据提供者口头或书面授权。另外，写作中引用的档案材料、政府部门提供的资料、历史材料等均标注出处。

5. 本项调查主要通过老人口述获取信息、数据；因而报告中的数据可能不甚精准，其中土地面积、粮食计量单位也实难统一，仅供参考，请各位读者、学者在引用、使用的过程中酌情处理。

6. 在考察家户变迁时，调查有时会涉及土地改革、"文化大革命"等内容，但是调查者均怀揣学术研究之心，从家户的变迁与发展的历史视角去调查和写作，力求客观、真实地反映中国家户形态。

7. 在出版方面，项目组组建了审稿与编辑小组，严格审查、校审每一篇家户调查报告，并从中遴选出优秀的报告，集结成卷出版。

8. 《中国农村调查·家户类》的重点在于传统形态的调查，是一项抢救历史的学术工程。由于时间仓促，其中不免有错漏，也希望海内外学术界、读书届提出批评、建议，帮助我们提高这套丛书的质量。

《中国农村调查》编辑组

目　录

第一篇

中户沉浮:农商共济实现家户发展
——鲁西南槚柏村刘氏家户调查

报告撰写:刘　硕[*]
受访对象:刘嘉训

---

* 刘硕(1996—　);男,山东省济宁市人,华中师范大学中国农村研究院2018级研究生。

导　语

　　榅柏村刘姓一族，原居山西省平阳府洪洞县野雀窝，明朝永乐年间被朝廷安排迁徙到山东省鲁西南地区，后搬迁到汶上县东南隅①落户生活。经过二十余代繁衍、开枝散叶，刘家在村庄内现已形成三门（原为四门，一门绝户）六支的大格局，刘姓子孙共计千余人。

　　刘其才家属于老四门第四支，太爷爷辈时家里是榅柏村数得上的富户，家有良田一顷有余，但因数次分家导致小支脉内各家皆沦为中户。刘家家长刘宗仪生下刘其才兄弟二人后就离开家到上海闯荡，只有母亲刘孔氏在家拉扯孩子过日子；早期日子过得艰难，直到后来刘其才、刘其法长大成人，刘宗仪也返回家中，家庭境况才有所好转。

　　1949 年，刘其才一家三代共计 12 口人，居住于祖上传下的老院子里，自家有三排八间土坯房，经营着五大亩②多的田地，生活能够自给自足。在此之前的较长一段时间，刘其才担任当家人，主持农业生产，父亲刘宗仪在济南警察局工作，弟弟刘其法也在济南当铁路警察，农闲时节刘其才走南闯北贩运货物做小生意，家里的妇女在刘孔氏的带领下操持家务，全家人辛勤劳作、务农兼商、买牛购地、繁衍子嗣，共同为家庭的存续和发展努力。

　　在家庭内部，父亲刘宗仪是一家之长，刘其才担任当家人，母亲刘孔氏作为内当家管理家务。一家人以刘宗仪为核心，秉持着勤劳致富的念头和家庭兴旺发达的目标，依靠祖上传下的田地、工具和其他生产生活资料从事生产和生活，家庭内部生产、消费、交换、婚配、生育、养老等大小事务和各种年节活动"循规蹈矩"，但是在保持传统规矩的基础上又有自己的新安排；在小支脉中，作为其字辈中的男性兄长，叔伯家事、村内大事多由刘其才出面处理，并在对外交往、人情往来、祭祀祖先、公共事务等方面处理自家与外界的关系。在刘宗仪的控制和刘其才的操持下一直安稳有序发展，家里积攒下了殷实的家底，家庭生活日渐兴旺，从下中户再次回到了上中户家庭。

---

　　① 东南隅：榅柏村和周边几个村庄的合称，是一个位置名称。下文也用东南隅指称本村及周边地区。

　　② 大亩：传统的土地计量单位，1 大亩约合现在的 3.66 亩。下文也多用此计量家里土地。

第一章　家户的由来与特性

榀柏村刘姓一脉于明初永乐年间被官府安排从山西省平阳府洪洞县野雀窝迁徙到山东东阿,后经两次迁徙安置,先祖刘鸿最终在汶上县之东南隅落户。落户的四姓人家聚集成村,村庄本无名,因为靠近大榀柏村,便将村庄称为小榀柏村或榀柏村。自先祖刘鸿定居此地,历经数百年,刘姓一脉共繁衍24代,家族谱系清晰,形成了老三门(原为四门,其中一门绝户)六支的大格局,子孙共计千余人。

刘其才家为老四门第四支,1949年前家中老少三代共有12口人,靠着祖上传下的土地、房屋、工具生产生活。太爷爷辈时家里是榀柏村数得上的富户,后因恒字辈的四个儿子分家而逐渐没落;爷爷刘秉璋为过继子,没能继承父亲刘恒吉的全部家产,为宗字辈的三个儿子再次分家后导致各家皆沦为中户。刘其才的父亲刘宗仪自年轻时就不事生产,生下两个儿子后又到上海工作,只有母亲刘孔氏在家独自拉扯孩子过日子,早期日子过得艰难,直到刘其才、刘其法长大成人,家庭境况才得以好转,在村庄的地位也得到提升。数代人起起伏伏,靠着祖辈余荫和儿孙勤劳,得以实现自家的存续和发展。

一、家户迁徙与定居

(一)原居山西野雀窝,洪洞迁民始来汶

汶上县东南隅榀柏村刘姓一族,祖上在山西省平阳府洪洞县野雀窝,于明朝永乐年间迁出到山东落户。按家族老人相传,明朝建文帝年间,燕王朱棣与侄子朱允炆争夺帝位,从北京往南京行军打仗,也就是所谓的"燕王扫北"。因为战乱导致华北一带人口锐减,人少地多,土地撂荒严重。待朱棣做了皇帝,为了补充人口,从人口密集的山西省安排了一大批人到河北、山东、江苏一带,史称"洪洞迁民"。汶上县之东南隅的刘姓便是在此时迁来的。

(二)家谱存续完整,世系繁衍清晰

榀柏村刘姓一脉祖上并不在山西洪洞县大槐树下,只是官府组织人口迁徙将迁徙机构设在了洪洞县,各地的百姓先集中到洪洞县大槐树然后统一押送到华北各地。在迁徙之前祖上的繁衍和世系源流却已经无人知晓了,族谱也没有记载。刘家的族谱在明嘉靖十一年(1533年)创修,是为了理清世系源流和记录人口繁衍情况,但是在崇祯末年明清之变的战争中遭兵灾而有损坏;于是在康熙二十一年(1682年)按"旧章继续之稿"二次修订;乾隆九年(1744年)第三次续修;第四次续修年代不详;光绪十七年(1891年)第五次续修;1928年第六次续修。因为历代续修族谱,所以汶上县之东南隅榀柏村的刘姓一脉世系源流在族谱上都有清晰记录,其间外出失传和迁居他处的支派也都记载清楚。

(三)官府主持落户,划定屋田边界

永乐年间的人口迁徙是国家强制性的,由官差押送,官府决定落户地点。起初刘家祖上被安置到了山东省鲁西地区的东阿县,时隔不久,官府再一次要求迁来的人分散定居。据族谱记载,"在东阿县梓麓山兄弟八人分手后立下分手碑将姓名地址载于碑上",兄弟八人中的老四刘鸿便携家带口来到了鲁西南汶上县之东南隅落户定居。

刘鸿刚落户的时候这里还不算是一个村庄,此地土地较多、土质肥沃,但是大都撂荒无人耕种。在这一片区域还有王姓、魏姓、张姓共十多户人家,和刘家一样,这几家也都是应官府要求搬迁过来垦荒的。初到此地时,官府主持给这四姓人家分了土地,刘家的土地主要集中在村南侧,并补助一些银钱建好了房屋,这几户人家自此便一起在东南隅生活繁衍。

刘鸿一家人建了房屋,并"于榉柏村南河沟南涯立为茔地号曰东茔"。四姓的房屋挨着,后来生育的子嗣建房时便从父辈房屋向后修建新房。刘姓向南建房,张姓向北建房,魏姓和王姓分别向东西方向建房,四姓宅基地便大致如此划分,也奠定了村庄的雏形,现在村庄的姓氏分布也看得出来以前的"影子"。不过在这数百年间,王姓人家房屋不断向西修建,老辈人逝世后,旧的房屋因荒废或转卖等缘故,与原来的定居之地离得越来越远,后来王姓族人在榉柏村的西侧五百米左右聚居形成了一个新的村庄,因为村中都是王姓,所以都称呼这个村子为王庄。此外,也有零星的王姓人家还在榉柏村内居住。

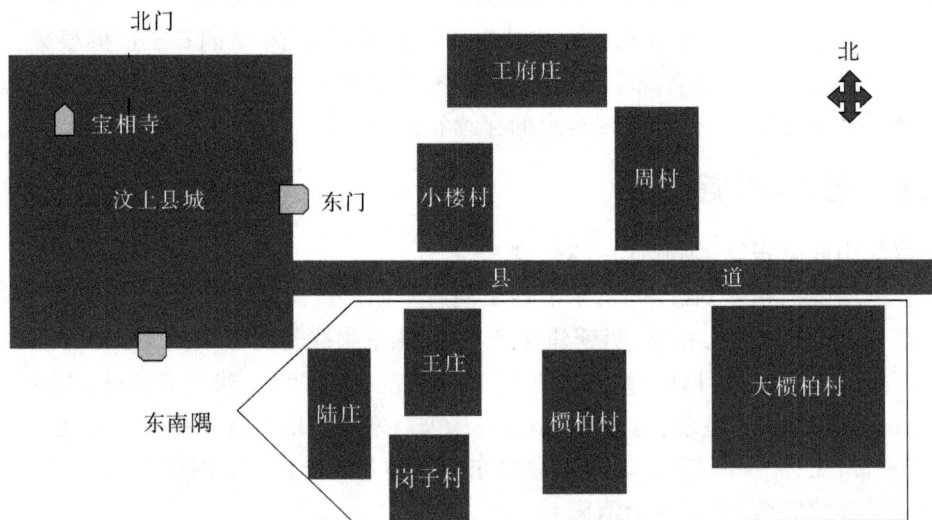

图1-1　榉柏村区域位置图

注:此图仅表示县城和各村庄空间位置,不代表具体面积

(四)繁衍二十四代,三门六支分明

落户汶上县东南隅以来,刘姓一族经过长期繁衍,如今已经繁衍到第24代"树"字辈。自先祖刘鸿始,十世之前多为单传,到第十世时,产生两个大分支,其中一个支脉的兄弟三人迁居到汶上县文庙西、沙河涯两地,另一支脉兄弟四人继续留在榉柏村生活。对应十世祖刘谦、刘让、刘允、刘恭兄弟4人,这24代人分为老"四门八支",但是第三门绝户,后仅存"三门六支"。下面各支脉又有小支,刘其才一家为老四门第四支,在"五服"小支脉里面是次支;但在

4

"三服"小支脉中,刘其才又是这一支脉"其"字辈的长兄。榉柏村刘姓一族的辈分字号排列为"……年、恒、章、宗、其、嘉、思、克、树、朝、庆、生、存……"

(五)和平之地易安居,懒散儿孙不争气

东南隅地区乃至整个汶上县地处华北平原,地形平坦、气候适宜,无论是老人之间口口相传还是村庄记载中都没有经历过大的自然灾害,仅有一些小的旱涝灾害。因为该地村小民寡,流寇土匪看不上眼,所以也没有经历过劫掠动乱,历次战争也很少波及这里。仅有的"人祸"也只是在 1945 年到 1949 年期间,附近的国民党杂牌军会到村里抓兵抢粮,有几户人家的男丁在战争中阵亡。因为此地风调雨顺,刘姓祖上得以安稳地繁衍生活。家族中没有出过高官或者高文位①的读书人,学问最高的仅是秀才,也没有经商致富的财主,但是刘姓一脉的生活却也过得安逸祥和。

刘姓四门里面,随着历代繁衍,血缘关系逐渐淡薄,各"门"之间渐渐疏远,彼此间联系也变少了,只有"五服"以里的小支脉内部才会保持着相对紧密的联系。在"老四门"里,刘宗仪所在小支脉的"五服"可以追溯到他的太爷爷刘乔年,刘乔年和他的四个儿子以及后辈子孙直到刘宗仪的孙子刘嘉训这一辈可以算作"五服"以里。刘乔年当家时,带领着四个儿子一起过日子,恒字辈"泰进力吉"兄弟四人一起劳作,靠着辛勤劳作和省吃俭用积攒下了一顷即100 大亩多土地,家里银钱也多,刘恒泰的大儿子刘奉章也得以安稳读书考中秀才,其他子嗣也都读书识字,这一辈的男丁文化水平都不低。此外,刘家有自己的打谷场、石碾子石磨、独牛独马和大车,刘宗仪家中的家产也多是刘乔年当家时置办好传下来的。

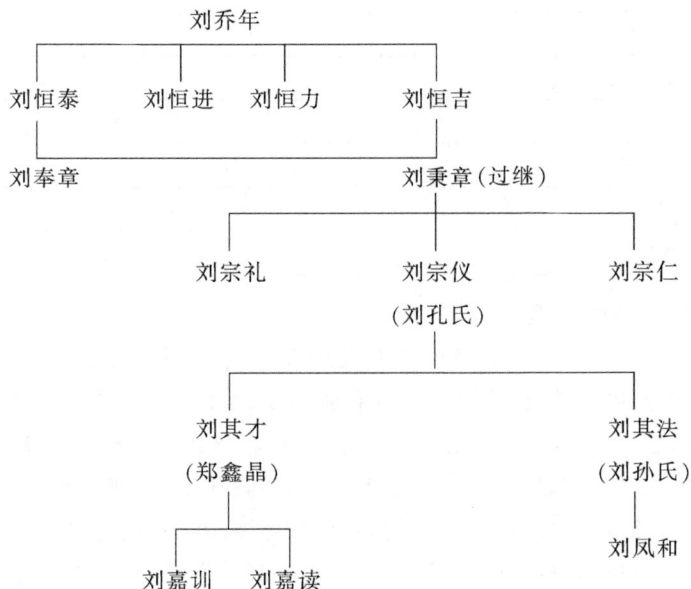

图 1-2　1949 年以前刘家家户成员关系图

注:此图包括报告中涉及的刘家"五服"小支脉诸人,加粗的名字为报告中所述家户成员

---

① 高文位:清朝时,读书考取功名,可分为童生、秀才、举人、进士。举人和进士称之为高文位的读书人。

俗语"富不过三代"似乎也在刘家应验了。一方面,因为"恒字辈"及之后"章字辈"的男丁分家的缘故,导致各家土地家产相对减少,但是还算富足,章字辈的各家也都分到了约十大亩田地,日子也比较好过。但是另一方面,因为家里日子过得好,家里的后辈从小没有吃过苦,也没参与过劳作,导致"宗字辈"这一代不懂经营、不知节俭,还有一些人吃喝赌博"不务正业",各家家业急剧衰落。刘宗仪从小没有下过地,恰逢民国初年社会动荡,便到上海闯荡,除了年节时还有家里大事需要他操持做主外都不待在家,1936年回家待了近十年,1945年后又到济南工作,直到济南解放才又回家,此时他已将近五十岁了。刘宗仪兄弟三人中,大哥刘宗礼无子绝嗣,三弟刘宗仁不懂经营导致自家田地荒芜薄收,1947年带着妻儿出去逃荒投亲,两家的事情也都落在了刘宗仪和儿子刘其才的肩上。

二、家户基本情况

(一)三代同堂,子孙兴旺

1949年前,刘宗仪一家共有12人,三代同堂。刘宗仪是自家家长,妻子是刘孔氏;刘宗仪育有两个儿子,分别是刘其才与刘其法;刘其才17岁结婚,妻子是郑鑫晶;刘其法19岁结婚,妻子是刘孙氏;第三代人中,刘其才育有两子两女,长子刘嘉训,次子刘嘉读,两个女儿名为刘凤云、刘凤霞,刘嘉训下面还曾有过一个弟弟,但是在1949年前亡故;刘其法育有一儿一女,女儿名为刘凤和、儿子刘其园,分别于1949年年底和1950年亡故。

表1-1 1949年前刘家家庭基本情况数据表

家庭基本情况	数据
家庭人口数	12
劳动力数	6
男性劳动力	3
家庭代际数	3
家内夫妻数	3
儿童数量	6

(二)父亲不着家,长子挑大梁

在1949年时,家里一共12人,刘宗仪夫妇及刘其才夫妇、刘其法夫妇共六人是家里的主要劳动力,主要以种地为生,农闲时刘其才也会贩运货物做些小生意。刘宗仪及两子皆接受过私塾教育,识文解字。刘其才兄弟二人共生育了6名孩童,刘嘉训年龄最大,1949年时他正在村内私塾读书,刘其法家的两个孩子自幼体弱多病,在1949年后相继去世。

在此之前,刘宗仪25岁左右离家,在上海混迹十余年,其间曾在上海当过治安大队长。在1935年左右的时候,刘宗仪从上海曾带回来一位"小老婆",是他上级长官的女儿,两人在上海时同居,但是并没有结婚,也不属于纳妾,带回来在家里一起生活了一段时间,总共不过半年,两人也没有子嗣。因为刘宗仪带回家的小老婆"抽鸦片烟",家里的大小活也都不干,妻子刘孔氏性格也比较刚强泼辣,"两个老婆"处不到一块。再者家里的老人们和大哥刘宗礼也反对刘宗仪娶这样的"妻子"入门,最后的结果是刘宗仪将小老婆送回了上海,但是也因此得罪了自己的上官,没过多久便偷偷离开上海回了家。抗日战争期间也没有再回去,在家一待就是将近十年。1945年左右,刘宗仪又离家去了济南,在济南警察局工作了几年。在这段时间,次子刘其法也到济南担任过几年铁路警察。1948年年底,刘宗仪五十岁时,国民党在济南战场上战败,他和刘其法才重新回家务农。

刘宗仪不在家的时候,头几年是刘孔氏当家主事,带着两个儿子生活,刘其才15岁之后,逐渐开始接手家里地里的事情,当家管事的职责也都转移到他的身上。刘宗仪1936年后在家的这些年,虽然会帮忙做一点农活,但干得不多,家庭琐事和地里的事情也不主动操心过问,乐得清闲。1948年回家后刘宗仪便开始"养老",于是刘其才继续担任当家人,一直到他去世。刘其才担任当家人的这几十年间,刘家的生活渐渐好转,是家庭发展最好的一段时间;但是因为从十几岁就开始"操心劳神",导致刘其才早逝,四十多岁就因积劳成疾而离世。

表1-2　1949年刘家家庭成员概况表

序号	姓名	家庭身份	性别	出生年份	婚姻状况	健康状况	参与社会组织情况
1	刘宗仪	家长	男	1898	已婚	良好	上海治安队
2	刘孔氏	妻子	女	1897	已婚	良好	
3	刘其才	长子	男	1918	已婚	良好	
4	郑鑫晶	长媳	女	1919	已婚	良好	
5	刘其法	次子	男	1923	已婚	良好	铁路警察
6	刘孙氏	次媳	女	1923	已婚	良好	
7	刘嘉训	长子长孙	男	1936		良好	
8	刘凤云	长子长女	女	1939		良好	
9	刘凤霞	长子次女	女	1941		良好	
10	刘嘉读	长子次孙	男	1949		良好	
11	刘凤和	次子长女	女	1944		差	
12	不详	次子长子	男	1948		差	

注:表中数据为受访者回忆所得,刘宗仪与刘孔氏出生年份为估计时间。

(三)独门独院三排屋,父母兄弟分开住

1949年以前,刘宗仪一家住在榼柏村中部偏西南的位置,位于刘姓家族"老四门"聚居区域的中心位置,是"老四门"中最好的宅基地。关于此处宅基地,还是因为刘宗仪的亲爷爷刘恒泰为恒字辈里的大哥,大伯刘奉章有秀才文位,在族里是学问最高的人,才分到了这处最好的宅基地。兄弟两人未分家分户时(刘宗仪的父亲刘秉章和刘奉章是亲兄弟,都是"恒字辈"的大哥刘恒泰的儿子,因刘恒泰的四弟刘恒吉只有一个女儿,刘恒吉的女儿出嫁后大哥刘恒泰将次子刘秉章过继给了刘恒吉)建起的这出①宅院。刘奉章家也有三个儿子,但这出宅院最后给了刘宗仪。

房屋位于村内主干道的西侧,七行砖②的土坯房,高粱秆蓬③的石灰顶。家里房屋为三排

---

① 出:宅院的计量单位,榼柏村常称一出院,指一个院落及房屋。

② 七行砖:在东南隅,砖的行数是区分家户贫富和身份的标志之一。大户人家的房屋七行砖打底,中户人家房屋四五行砖,普通人家房屋只有一二行砖。以砖打底根本上是为了防止雨水侵蚀土坯墙。

③ 蓬:动词,即用某某东西支撑作帐篷状,在文中指以高粱秆支撑屋顶,上铺石灰。

两院布局,共 5 间堂屋,2 间南屋,其中北边 3 间堂屋两架梁,中间 2 间堂屋和南屋为 1 架梁。院子东西两面都有独立的院墙,南北两边以屋墙作院墙,西侧是刘家的"晒场",靠近自家院墙的地方还建了一个猪圈。大门朝南,正对街道,没有建门楼,只有一个简单的木头大门;从大门向里是一条过道,过道下和院子里修有排水沟;三排房屋在过道西侧,南屋和中间的两间堂屋之间是第一个院子,最后一排是三间堂屋,屋前是第二个院子。厨房位于中间堂屋的西侧不远处,北排三间堂屋的两侧是牲口棚和厕所。

五间堂屋里面,刘宗仪夫妇二人住在中间的两间堂屋,长子刘其才夫妇因为家里孩子多,住在后面三间堂屋,次子刘其法夫妇住在两间南屋。刘宗仪居住的中间两间堂屋也是客厅,屋内正对门是长条几、八仙桌,两侧两把圈椅,条几上平时摆了两个瓷瓶,还有刘宗仪穿军服的照片;堂屋里刘孔氏还供奉了红布绘制的大幅"保家奶奶"画像,平时挂在正堂,过年时收起,家里只有刘孔氏平日里烧香供奉。

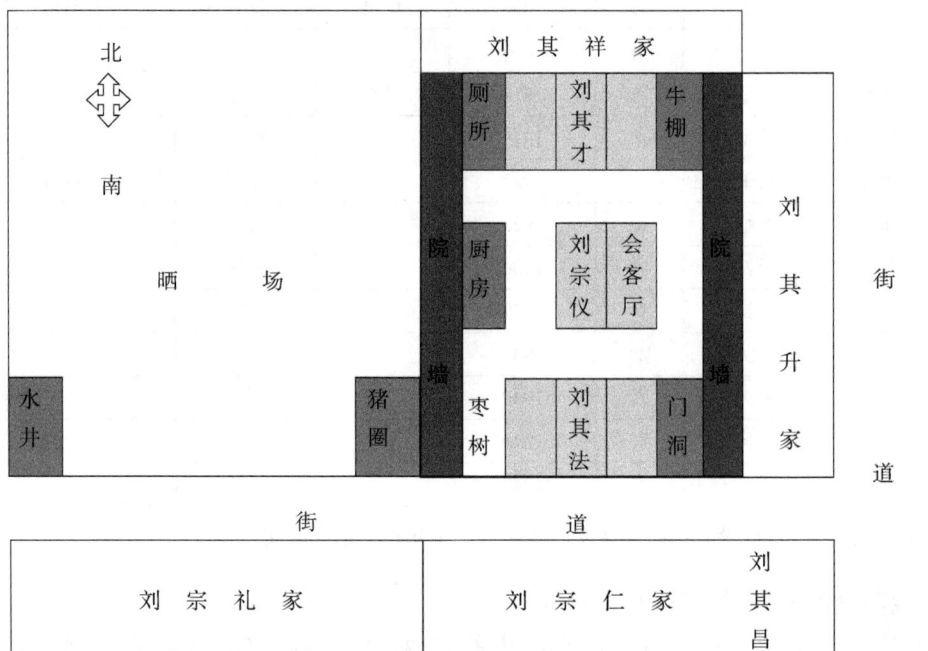

图 1-3　家户空间结构图

注:此图仅表示各家空间位置,不代表具体宅院面积。

(四)五大亩地自给自足,贩运货物补贴家用

在 1935 年以前,刘宗仪分家时分到 5 大亩多的田地,但是刘宗仪年轻时没有下过地,后来又长时间不在家,自家土地大多靠天吃饭,收成不太好;结婚后农忙时刘宗仪不在家,刘孔氏家的兄弟会过来帮忙,如果孔家农务比较忙的时候,刘孔氏也会请几位短工,找的大多是榾柏村中家里地少的青壮年劳力。早年间家里日子过得艰难,不过因为刘宗仪在外面也会寄些钱贴补家用,自家地里的产粮足够吃喝,没有出现卖地的情况。平时家里的粮食地不经常需要人照看,刘孔氏在村东边还打理着一个菜园,小几分地的菜园,种的是油菜、白菜、萝卜、韭菜、辣椒等蔬菜,既可以供自己家食用,也可以去卖钱或换其他东西。

刘其才兄弟二人被母亲刘孔氏拉扯大,父亲刘宗仪经常不在家,两个叔伯干活做工也不

8

在行①,自己家都过得紧紧巴巴,没有人能帮得上忙,所以刘其才十几岁时就被刘孔氏带着下地干活,15岁就开始当家管地,在父亲刘宗仪不在家的一段时间里,家里地里的事就由刘其才操持,遇上大事联系不到刘宗仪的时候,刘其才便和刘孔氏商量着来处理。

大概从1933年左右刘其才就开始当家,尽管刘宗仪年节的时候会回家,家里族里大事也需要刘宗仪出面,但是平时主要还是刘其才操持事务,家里的劳动力也主要是刘其才、刘其法兄弟两人和刘孔氏,两人娶妻后妻子也能算作家里的劳动力。在这一段时间里,刘其才农忙时照看家里的耕地,安排农活,农闲时就做些小买卖,组织带领着周围村里几个人推着小车从济南运货到县城里来卖,有时也会贩些私盐,因为父亲在济南警察局里工作,中间很少发生被劫掠勒索的事情,做小生意赚的钱比种地收入还多一些,两项相加,家里总体收入倒也可以。有了多余的钱,家里的耕牛、牲畜、新农具、新家具等也都是刘其才当家这一段时间攒下的。

家里自有的5大亩地靠着家里不多的劳动力也能耕作照料的完,刘孔氏当家那一段时间虽然忙不过来,但是怕别人"占便宜"也没有租给其他人家去种;自家更没有多余的劳力去租种别家的田地。1935年以前家里劳动力少,也没有耕牛,很大程度上是靠天吃饭,土地收成比较差,刘其才当家管地的这段时间情况才渐渐好转。家里的地根据季节和地势种谷子、高粱、小麦和豆子等几种作物。东南隔种植的作物以小麦为主,大约有2~3大亩;低洼地里种高粱,只有1大亩不到;其他地上也种些豆子或谷子,两种作物也都不到1大亩。家里的田地1大亩能收300~400斤粮食,所有的地一年加起来能收1500~2000斤,折算成银钱只有三四百元,而这些钱除去日常开销外,也能略有结余。

表1-3　1949年以前刘家家计状况表

土地占有与经营情况	土地自有面积			5大亩3分	
	土地耕作面积			5大亩	
生产资料情况	大型农具			大车1辆(宗礼、宗仪、宗仁三家共有)	
	牲畜情况			耕牛1头	
雇工情况	雇工类型			短工	
	雇工人数			2人	
收入	农作物收入			其他收入	
	作物名称	耕作面积	产量	单价	收入来源	收入金额
	小麦	2~3大亩	900斤	2毛左右	贩运货物	不详
	谷子	小于1大亩	700斤	2毛左右	工　资	不详
	大豆	小于1大亩	350斤	3毛左右	售卖禽畜	不详
	高粱	小于1大亩	600斤	1毛左右	售卖蔬菜	不详
支出	食物消费		衣服鞋帽		人情往来	
	3元/月		2毛/尺布		5毛/次	
	赋税		雇工支出		医疗	
	30斤		1斗/人		3毛/次	
	总计		约120元/年			

注:表中数据为受访者回忆所得,家庭收入、支出款项各年情况不同,此为平均估值,多为约数。

---

① 在行:指擅长做某事,或某事做的好。

(五)走南闯北见识广,父子皆为名望人

1949 年以前,刘宗仪常年在外,虽然在上海治安队、济南警察局等地方做过一些工作,但是在当地没有担任过什么职务,家里其他人也没有担任过乡长、保甲长、会首等。但是因为刘宗仪这一支脉里面,伯父刘奉章是秀才,在榉柏村是学问最高的读书人,刘宗仪父子三人也都走南闯北见多识广,刘其才还经常带着村里的年轻人一起外出运货,所以刘宗仪一家在村内的名望和地位还是相对较高的。另一方面,刘宗仪在外面"混"的还不错,做的是"吃公粮"的工作,回家之后身份地位也挺高,村里人都很尊重,也算是头面人物,平时邻里有什么婚丧嫁娶的事情也都会请他去帮忙写帖或者做中人,村里有什么大小事情也都会知会一声,或者要请去"坐场子"。

(六)起起伏伏仍属中户,父亲掌权长子当家

1949 年以前,刘宗仪家中有 3 代人,因为家里头情况不差,家里男丁娶妻生子都比较早,长孙刘嘉训出生时刘宗仪还不到 40 岁。刘宗仪在家的时候是绝对的一家之长,内外都可以管,只要他发话家里就是他的"一言堂",容不得其他人有意见或者不听话,但是他很少主动管家里地里的事情,都交给当家人操持,而家里的当家人在不同的时期也有一些变化。刘宗仪不在家的时间里,1933 年之前是刘孔氏当家,带孩子操持事务,村里有什么事请都会直接找刘孔氏。刘其才 15 岁之后,开始当家主事,在整个东南隅都默认这样的规矩,父亲不在家的时候长子自然成为当家人。1936 年刘宗仪回家后刘其才本该"让位",但是刘宗仪不愿意操心家里的事,所以还是让刘其才当家,一直到刘其才去世他都是家里的当家人。

在东南隅,大小户的划分很明显也很严格。大中小户的区分主要在于家产和土地而不是人口多少。一般公认的大户要有一顷地也即 100 大亩,独牛独车;家里或近门近支有人做官的,家里土地不一定多,也可称为大户;做生意发家而成为大户的整个榉柏村都没有过。中户要有 10 大亩以上的土地,两三家有一辆大车;能独自养牛的算作上中户,几家合养一头牛的是下中户。小户则是指家里田地在 1 大亩以下、没有耕牛的人家。人口多少并不会影响一个家庭在村庄的地位,不过有一点好处就是人多的家庭不受气,别人家不敢轻易欺负自家人;但是人多的话家庭内部也容易发生矛盾,所以人丁兴旺的家庭不会保持很久,儿子们都会陆陆续续分家出去单过。人口的多少只是区分"大家子"和"小家子"的标准,10 口人以上的常被称为"大家子",和大户小户的差别不同,只是个称谓而已。

刘宗仪家的情况在村内比较特殊,因为刘宗仪的父亲刘秉章是四叔刘恒吉的"继子",在刘恒吉的女儿出嫁后才过继来。刘恒吉当年分家时分到了近 30 大亩地,但是女儿出嫁时他给女儿陪嫁了 10 大亩地,刘恒吉自己又转卖田地买了一块新坟地,七七八八折腾出去了很多,留给刘秉章的只有 15 大亩地了。传到刘宗仪兄弟三人手中的时候,每人只分得了 5 大亩地。按照土地衡量,刘宗仪一家算是中户。长辈们积攒下的家什和工具较多,家底也算丰厚,但是刘宗仪兄弟三人不会经营,长辈留下的钱财被他们兄弟几个差不多败坏光了,按照家产来算各家又只是下等户。后来刘其才当家,靠着勤俭经营,家里的情况才好转起来。但是刘宗仪的两个兄弟家庭情况却每况愈下,只能勉强度日。而从家庭人数来看,刘宗仪生了刘其才和刘其法两兄弟之后就经常在外面,孤儿寡母留在家,只是一个"小家子";后来家里男丁娶妻生子,家里人丁也算兴旺了起来;到了 1948 年后刘宗仪和刘其法返家,全家十几口人三代同堂,在榉柏村也算得上是少见的大家庭了。

第二章　家户经济制度

在刘家,刘宗仪虽然是家长和首任当家人,但是在自家生产经营上管事不多,长子刘其才和妻子刘孔氏都担任过当家人,可以主持家庭日常生产和经济活动。刘其才主要负责和安排自家的农业生产、经营贸易、生产资料、产品分配、各项收支、交换借贷等家庭大型生产和对外事务;刘孔氏作为内当家则负责操持家庭内部生产、生活资料及其分配,还有衣食方面的事务。借着祖辈余荫和留下的家当,刘家的生产生活一直独立自主,能够做到自给自足;在刘其才当家时期,家庭人丁兴旺、生产发达,加之经营小生意为补充,自家经济状况得到较大改善。

刘宗仪作为一家之长,尽管不当家主事,但是在家庭经济活动中尤其是涉及土地、房屋产权和大额交易的事务上仍然掌握着最高决定权,家户经济活动的各个方面他都可以插手安排和决定,超然于家庭经济体系之上,自家的经济往来也都要事事向他报告。综上,刘家作为中户家庭,在日常生产和家庭经济活动上既有传统性的内容又有鲜明特色,并通过简单的合作和对外经济交往中实现着自家的生存和发展。

一、家户产权

(一)家户土地产权

1.五大亩良田

1949 年以前,刘宗仪家里一共有 5 大亩多土地,分布在村东边和南边,一共有三块,全部都是好地,没有下洼地。大的一块有 2 大亩 8 分,小一点的也有 2 大亩 2 分;自家还有一个小菜园,只有两三分地,一直用来种菜;后来刘其才买了 5 分地,也在村东边。村东的土地是水浇田,地边有井,家里也有打水的辘轳和其他工具,地旱的时候可以打水浇地;村南有一条东西向的小河沟,因家里的地离河沟不远,平时也就不会特意去浇地。农家的地大多数还是看天吃饭,浇地的时候比较少。尤其是刘其才当家以前,家里劳力少,5 大亩地对于家里来说已经很难照料完全,也没有工夫去打水浇地。1936 年以后,刘宗仪回了家,虽然干活不多但也能算劳动力,家里人多了干活就轻松很多,所以刘其才就新买进了一块土地,买的也是同村刘姓人家的地,和自家原来的地挨着。

虽然以前自家劳力少,但是刘家也没有把地租给别人去种,更没有卖地。东南隅的农家人都把土地看得比自己的命还贵重,除非是活不下去了需要用急或者家里的败家子败坏家业,否则没有人会卖地。除了刘宗仪的爷爷刘恒吉那一辈家里土地有所缩减之外,家里有地契的土地在刘秉章这一代及之后没有再减少。刘秉章对于父亲陪嫁女儿 10 大亩地的事情也是一直有气,狠命叮嘱子孙"饿死也不能动地",所以他的几个儿子尽管日子过得不好也不敢打卖地的主意。

但是在 1947 年的时候,刘宗仪的三弟刘宗仁自己家田地打理得不好,荒芜薄收,家里也没有其他收入,所以带着孩子"逃荒投亲"去了东北,家里的地没有租给别人,而是托付给了刘宗仪代管,刘宗仪让儿子自种自收。刘宗仁委托的地只有两三大亩,比他分家时分到的土地要少,其他土地流去了哪里并不清楚。村庄和宗族里面,从来没有发生过将有主的土地定期收回后重新统一分配的事情,各家的土地自己做主,可以变卖、出租、委托或者赠送给别人,哪怕是撂荒扔着不种也都是自己的事情,其他人管不着。

2.继承土地为主,购进土地补充

1949 年以前,刘宗仪家里的土地绝大部分都是父亲刘秉章分家时分给他的,应该说是整个檀柏村各家的地都是老辈分家一代代传下来的,村子周边早已经没有无主的荒地可以开垦,有的人家攒些钱会在自己村内或者去邻村买地。无论谁家,只要自家劳力多,家里几亩地伺候得过来,有点余钱就会想办法买地。檀柏村有个顺口溜,"钱是胆、地是根,有钱没地难为人",所以家里劳力多了的时候,刘其才也会拿钱再去买地。不过卖地的少,刘其才只买到了本村的 5 分地,卖地的人家"用急",所以刘其才买地的时候占了很大便宜,大约只花了 5 斗粮食。

除了继承而来的土地和买来的地之外,家里还种过一段时间刘宗仁托付的地,虽然种地收成归自己,但这不是赠送,刘宗仁回来还得还给他。刘宗仪的大哥刘宗礼膝下无子,只有一个女儿远嫁南乡,当年分家也分到了 5 大亩地,但是他并没有过继或者抱养其他人家里的男孩。刘宗礼去世的时候,按照族谱和支脉次序,刘其才为他打幡摔盆子①送终,刘宗礼的土地也该由刘其才继承。

3.土地归全家,家长署地契

尽管刘宗仪从小就没有下过地,对种地的事情一窍不通,但是刘宗仪是家里土地的所有者,土地证和地契的名字写的都是刘宗仪。而且后来刘其才新买的一点土地,交易后署的名也是刘宗仪,土地的产权全部都要归属于家长。刘宗仪不在家的时候,刘孔氏和刘其才各自当过一段时间的当家人,但是土地的买卖、置换都要由刘宗仪做主,他始终是家里的家长,在土地的事情上妻子和儿子都不能做主。在东南隅这里,所有家庭的土地都是家长一个人的。土地的产权在分家的时候就已经确定了,只会按照家里男丁来分配,父辈给自己的儿子们,无论这些儿子是否娶妻,有几个孩子,都是每个儿子一份。土地分配的原则是"论支不论人",不给女儿分土地,儿媳妇更不算,入赘的女婿也没有。当然各家的土地分配最终都是由家长自己决定的,总体上按照上面的原则,但是各家家长的想法不同,具体的分配方式也会不一样。有一些家庭的儿子们年龄差别较大,分家顺序都是年长的先分出去,年幼的后分,这样在土地分配上年长的可能就会吃些亏,分到的土地少一些。但是无论怎么分,家里的土地只能在有自己家同血脉的人之间分配,土地产权的所有者只能是刘家的子孙后代。这种产权观念已经深深根植于每一代人心中,在这种事情上不能含糊、没得商量,刘姓人的土地产权只能属于刘姓人。

---

① 摔盆子:本地葬礼中的一个环节。檀柏村老人去世,葬礼上要由儿子把老人吃饭的碗在灵堂前跪着摔掉,一般认为摔得越碎显得儿子越孝顺。

刘宗仪家里没有私房地和体己地,刘孔氏、刘孙氏和刘郑氏嫁过来的时候也都没有陪嫁土地。像刘恒吉那样嫁女儿陪嫁10大亩地的情况几十年也难得一见。在东南隅,如果一个大家庭里面的小家庭或某个人自己攒钱买了一块地也只敢偷偷地进行,如果被发现了的话这些私房地都是要"充公"的,还会受到家长的责骂或处罚。各家的大家长就是各自家庭的最高支配者,这种支配体现在对家里一切财务、土地乃至人身的支配上,其他家庭成员在家庭中只能服从,所有一切都是家长所代表的"全家的",根本没有"自己的"这种说法。

刘宗仪家里也没留过养老地。在东南隅,一般只有过继儿子的家庭会留下一部分养老地,在自己死后让继子卖掉这块地给自己发丧。养老地的大小由老人自己定,其他人不得干涉。

4.土地边界分明,外人不得干涉

土地对于农民来说是命根子,各家对于土地都极其重视,各家之间的土地边界容不得半点含糊,土地的边界划分非常明确。在东南隅这里,各家土地都要上双重边界。在各家地头上,要砸"石根",就是石头做的十几公分长的橛,这是要砸到地下去的边界。地面上还要种上万年青,这种植物生命力强,耐得住年岁。平时每一年种地起垄,就要在地两头的石根拉起来一根线,以这根线为界起垄确定边界。如果要进行土地交易,在丈量好土地之后,签订了契约就要把老石根挖出来重新砸下去,万年青也要挖掉重新移植。

除了土地的物理边界,各家在土地经营上还会有心理边界。自家的地想怎么种就怎么种,别人不能管,就算是土地扔着不种别人也管不着。各家土地的经营都是各家自主安排,别人不得干涉,分家之后自己的父母兄弟也只能提议而不能决定家里土地经营的事情。外人也没有闲工夫去管别家地里的事情。当然,村里的各家都会按照约定俗成的节气和地势安排地里的作物收种,整个东南隅都是这样,这都是一代代传下来的。

刘宗仪家里的土地一直以来也是按照平常的习惯来种,种什么、怎么种,什么时候收割、怎么收割都是和村里其他人家一样。但是这些事情的安排和干活的人都要由当家的人来决定,刘孔氏和刘其才当家的时间里和刘宗仪当家的时候并没有什么变化,都是全家齐上阵。只是1933年之前农忙的时候家里劳力不够,刘孔氏的兄弟会来帮忙;如果孔家农忙没有空,刘宗仪的子侄辈里面也没有男丁,就只能请短工来给家里干活。刘其才的叔伯不懂地里的活计,舅舅们也不会干涉刘家的事情,在土地经营上还有收益上,全部都是刘孔氏和刘其才自己安排,刘宗仪在家时对于地里的事情也爱搭不理,仍然由刘其才管理。

5.家长支配土地,家庭成员听从

虽然刘宗仪长期不在家,也不管理土地,但是家里土地买卖、租佃、置换、典当等等这些大事都要请示刘宗仪,最后也要他拍板决定。刘孔氏和刘其才虽然当过一段时间的当家人,但是土地的所有权都在刘宗仪手上,他是最终做主的人。在东南隅,所有的人家都是这样,关于土地的事情一定要各家家长决定,家长不在家也要先向其请示才可以。不光卖地,买地也是如此,刘其才买地的时候也要先向刘宗仪汇报请示,父亲允许了才能买。

在有关土地的事情上面,当家人可以安排操持相关的程序性事务,但是最后都由土地产权所有人也就是家长来决定。家长决定了的事情,其他人很难改变,无论是自家人还是族里村里的人,原则上自家的事务邻居、族里和村里也不会干涉。另一方面,就是在进行土地交易的时候,原则上优先考虑近门近支的人,但这也不是绝对的,根本上还是谁想买地卖给谁、谁出价高卖给谁。在进行土地置换的时候,由置换双方商议协定好即可,不需要其他人参与。置换的两块地质量不一样的话,则需要土地质量差的一方贴钱换地。

总而言之,在东南隅各家的土地事情上,绝大多数都是家长一言堂,家里其他人可以提出意见,但是决定权在家长手里。有的家庭男性当家人死得早,女人当家做主,就要和儿子商议好了再进行土地交易,或者和自家男人的兄弟商议。代理当家、委托当家的人可以进行土地经营,但是土地交易上不能做主。

有一些家庭刚刚分过家,儿子就要卖地,或者家长因为抽鸦片要卖地,这时候父亲和兄弟也不能干涉,只能通过劝告来制止。既然决定了分家,父亲就不能再干涉儿子的事情了,大多数情况下父亲也不会再管儿子的事情,过得好与坏关系也不大了。

6.同村之间不会侵占,外人想占便宜也难

因为榉柏村大多数人都是刘姓一脉,同根同源,彼此之间或多或少有血缘关系,各家的土地每个人心里都有数,同村之间尤其是同宗之间彼此不会侵占或越界。各家对自己的土地也都有着强烈的保护心理,容不得别人侵占,哪怕是自家撂荒的土地没有经过主家的允许别人也不能动。

村东边的土地因为靠近大榉柏村,有时候会发生被外村侵占的情况。一旦发生了这样的问题,都是被侵占的人家找村上的公道人或名望人到大榉柏村去协调处理,也有那种家里人多的"大家子"到侵占土地的人家里打架,两家中打输了的那一方还要摆酒"赔罪"。因为土地侵占的事情村里刘姓"老一门"有几家人和大榉柏村的人还结成了世仇,双方发生过好几次斗殴,每次都会打伤人,最严重的时候两边都架起了土炮。

人少的家庭尤其是孤儿寡母的家庭,如果发生自家土地被别人侵占的情况,一般都会找近门近支有名望的人帮忙主持公道,实在解决不了的也会选择到官府告状;没有子嗣或儿子的家庭,老人会自己选择过继或抱养一个男孩,最终也要家里老人自己决定自家土地的归属,如果有人想"巧取豪夺",近门近支的人也不会答应。

(二)家户房屋产权

1.独门独院三排房

1949年前,刘宗仪一家老宅宅基地面积约有六七分地,约合400~450平方米。宅院为三排两院式,自南向北第一排为2间南屋,每间宽3米长4米;第二、三排堂屋共有5间,每间都是3.3米乘3.3米;院子西侧一间厨房,3米乘3米。刘宗仪家的宅院在东南隅属于中等院落。

主屋坐北朝南,大门朝路,七行砖打底的土坯房,高粱秆蓬的石灰顶。第一排的两间南屋为刘其法夫妇居住;第二排两间堂屋为刘宗仪夫妇居住,右侧间为客厅,左侧间住人;第三排三间堂屋为刘其才夫妇及其子女居住,厕所和厨房为大家共用。一般来说,东南隅这里都是老人住最好的正房,子女和父母一起住,里间住人、外间生活,刘家也是如此。在1949年之前,家里的房屋没有发生过变化;到1950年土地改革运动时,刘其法分到一处地主家的房屋,便搬出去住了,原来的两间南屋就空了出来,用于存放自家的粮食、农具等东西,没有租给别人。

五间堂屋里面,刘宗仪夫妇二人住在中间的两间堂屋,长子刘其才夫妇因为家里孩子多,住在后面三间堂屋。原本应该是刘宗仪夫妻二人住在第三排堂屋,但是刘宗仪常年不在家,刘其才又长期当家,加之生养孩子多,所以分配房屋时他住在了第三排的三间堂屋,刘宗仪也没有进行调整。

2.老人建房,后辈长住

刘宗仪家的老宅是章字辈的老人修建的,应该是刘奉章和刘秉章未分家时盖的。建房时家中家产还算殷实,房屋质量比较好,后来房屋传给了刘宗仪。房屋从建到拆除,前后共居住过章字辈、宗字辈、其字辈、嘉字辈四代人。当初修建房屋时,只花费了几十块钱,之后也没有再进行过大的翻修,平时只是简单维护一下屋顶。

3.房屋家户所有,刘姓之间传承

家里的房屋,和土地产权一样,都归属于刘宗仪。整个东南隅都是这样,各家的房屋产权属于各家家长。在实际生活和使用过程中,家长对家里房屋进行安排,全家人一起使用。一般来说,都是老人居住最好的房屋,儿子们要根据各自小家庭的人数多少来安排房屋,不过最终的决定权在家长手中,没有哪间房屋专属于某个小家庭这一说,都是全家的。只要还在一个院子里生活、一口锅里吃饭,哪怕小家庭独立建造了一间房,那也属于全家,归家长支配。

在东南隅,家里的房屋和土地一样,分配和传承原则是相同的,只有男性支脉有份。各家的儿子辈里面,无论身处何处,哪怕作奸犯科,在分家时都可以分得一份。分家会考虑到各个小家庭的人口数量,但是原则上以男性支脉为核心来计算,只会分给有刘姓血脉的男丁,入赘的女婿、嫁进来的媳妇不算在内;儿子去世了只有孙子的,就按照孙子的支脉分派。

某些"大家子"里面,有的儿子勤劳肯干,家长允许他们自己积攒钱到外面自建房屋。但是积攒的钱不能以私房钱的形式存,必须要交给家长保管,等到存够建房所需,则可以向家长说明想法,拿钱去盖房。如果每个儿子都自己建了房屋,那么旧宅可以在老人逝世后卖掉给老人发丧,剩下的钱兄弟几个平分;如果有的儿子自建了房屋,有的儿子没有自建,那么老人一般会给自建房屋的儿子一些钱,或者将旧宅院的某间或某几间屋子分给自建房屋的儿子,或卖或住由他自己去处置。

在房屋分配上,家长是最高的决定者。房屋怎么分配、什么时候分家都是老人说了算,儿子辈的不敢忤逆。在房屋分配或者分家的时候很容易产生纠纷,兄弟之间因为房屋分配产生纠纷通常也是导致分家的直接原因。在发生纠纷的时候,都要由家长来裁定,有时候家长不在也会让娘家的舅舅来调解或处理。一般来说,越穷的人家越不容易发生纠纷,因为家里没有东西可分可争,家里儿子多的和家产多的人家反倒比较容易产生纠纷。

4.院墙为界,各管各家

在榲柏村,各家的房屋一般都是以院墙为界,各家在自己家的宅基地范围内修建宅院。宅基地的边界和田地一样,地下都砸了石根。不过邻近人家都是自家叔兄弟或近门近支,彼此之间多用一点地方或少用一点也不会产生什么纠纷。整个榲柏村除了地主刘宗文家外没有其他人家会盖二层以上的房子,所以普通人家之间也就不存在"遮光挡明"的事情。住得邻近的两家,很多情况下都是共用一堵院墙,后建房的人一般和先建了房屋或院墙的人说一声,便可以接着隔壁的院墙直接建房子。一方面是因为两家关系近,另一方面也是为了省钱。

虽然在修建院子的时候大家可以商量着来,占地大小不会太过计较。但是自家房屋属于"禁区",没有主人同意的情况下可以进院但是不能随意进屋。自家的房子只能自家人使用,别家不经同意不能使用。除了这种外部边界外,村民自己心里对家还有另一重界定。各家心里都有数,不能乱用别人家的屋子,别人也不能乱用自家屋子。"金窝银窝不如咱们老百姓的狗窝",家的意义不在于住在哪里,更多的是一种心理上的归属。

家中无人的时候,一般都要锁门;长时间外出的话,还要托付邻居或者兄弟照看着点。亲朋好友有人需要到家里来借住,经过家长同意是可以的;家中迁居的时候,一般都会选择卖掉房屋,很少会赠送给谁,就算赠送也只会送给自家亲友;如果要新建房屋,建房期间会到亲友家借住,原来的房子要先扒掉,原来打底的砖要扒出来重新用。

5.家长支配,家人服从

刘家的房屋完全由刘宗仪做主。在房屋的管理上,都是由各家的家长管理决定,其他诸如买卖、拆除、修缮和重建等事务也都由刘宗仪决定。他决定的事情不需要和其他人商量,只需要告知家里人即可,家里其他人干涉不了,外面的人更不能插手,宗族、村里也不能多说什么。虽然家里的房屋都要服从刘宗仪的安排,但是刘宗仪不在家的时候,自家房屋使用和简单的修缮也可以由刘孔氏和刘其才商量着来,并不是事事都要联系刘宗仪,也不必要费这么大功夫。但是刘孔氏或者刘其才如果要"动房子"或者有关于房子的大事,还是要向刘宗仪请示,即便是母子二人商议决定的方案也要刘宗仪点头才可以。

不只是在房屋的管理和使用上,还有房屋的买卖、出租、典当等事关房屋产权的事情上,更要刘宗仪来决定,他是家里房屋的产权所有者,在这些事情上刘孔氏和刘其才当家的时候也要听从刘宗仪的安排和决定。只要刘宗仪决定的事情,家里就必须要按照执行。

在檀柏村,如果分家后还在同一个院子生活的,每个小家庭在处理自己的房屋时,老人还在的话要对老人说一声,虽然老人不会再插手这些事情了,但是家长的意见儿子们还是要听,因为老人余威犹在。

但是小门小户的房子不存在出租这一说,有时会有亲友借住,但是不收取报酬。房屋可以买卖,不分家的时候这些交易完全由各家家长说了算;分家之后,老人也不会插手自己儿子的家事,都是各管各家,儿子们想怎么处理房子就由着他们。买卖房屋的时候需要找中人,买卖双方商定好就可以在中人的见证下进行交易,不需要向其他人请示或者告知,其他人也不能插手干涉;房屋交易不需要找官府,交易后发生了纠纷也只会找中人来协调。

6.置换经常有,侵占很少见

因为檀柏村是个小村子,官府也没有到这里来征过地或者收过屋子。房屋的使用和处置等都是在村里和自己家族内部进行的。

在整个檀柏村,数十年也没有出现过有人侵占谁家宅基地或者房子的事情,宅基地置换的情况倒是经常会有,只需要两家商议好即可。因为住得近的人家大都是自己的近门近支,村里不同姓氏的人住的区域不同,不同村庄之间也都隔着田地,不会出现跑到别的村庄侵占宅基地或者房屋的事情,如果有这样的事情,全村的人都会将侵占者赶走的。同村之间也会有赠送现象,大都是发生在兄弟之间或者叔伯和侄子之间。寡妇家或者无子嗣的人家也都会留给过继的孩子或者指定继承人,别人也侵占不得。

刘姓各家之间都清楚每家的宅基地位置和大小,彼此之间不会产生冲突。在房屋上发生冲突的往往是自家的兄弟,在房屋分配或者宅基地争夺上会发生纠纷,这时候就要靠自己门里的长辈或者家长来调解,发生纠纷的时候大多数是通过抓阄的方式来解决,抓阄完全看天

16

意,双方也没有怨言。

(三)生产资料产权

1.祖辈积攒好家当,子孙继承又新增

刘家在刘宗仪的爷爷辈当家的时候,家里地多,家业也大,积攒下了不少家当,而刘恒吉只过继了刘秉章一个儿子,东西全部留给了他。到了刘宗仪当家的时候,家里的农具也都是以前老人传下来的,小件的农具诸如锹、锨、镢、锄、镰等等一应俱全,打水的辘轳等一些稀罕物件也有。但是在刘其才当家管地之前,家里的地也没有精心地去打理,这些工具闲置较多。刘宗仪兄弟三家还共有一辆大车,不过兄弟三人都不是种地的料,大车也很久没用。刘宗仪家西侧就是刘家的场,里面还有石碾子、石磨盘,这些也都是几家共有的,平时扔在场里面,谁家用到谁去用,而实际上周围的人家都会用这里的碾子压面,石碾子、石磨成了公共物品。刘其才当家管地之后,尤其是刘其才和刘其法娶妻之后,家里干活的人多了,做生意也积攒了一些钱,刘其才就新添置了一些工具,家里的牛和套牛的把也是他当家时买的,原来的旧农具时间长了破损了的也是由刘其才到铁匠铺去维修或者重新买。

小件的农具各家都会自备,一些大件的工具就要几家共用。有的人家没有就要到别家去借。借农具比较简单,只要别人家里有闲置的农具,和别家的当家人口头上打声招呼就可以拿去使用。刘宗仪家里农具比较齐全,来家里借用的也比较多。

2.小农具家户所有,大家什共同使用

家里的农具和牲畜这些生产资料和土地、房屋不同,农具不是完全归属于家长的,而是属于全家,这些东西都是家里的劳动力下地干活的时候一起用。不过家里的大型牲畜比如耕牛、驴或者马就相对重要一点,不过也算作全家人共有,自家种地运粮的时候一起用。诸如大车等一些大型的物件,是刘宗仪兄弟几家共有,不过因为农忙时间都差不多,各家忙活也有个先后,所以这些物件也都是一起用,互相之间也可以搭把手。

每个家庭里面,这些生产资料其实只有家里的劳力才会用到,也就只有他们有份。当然,如果大家庭分家的时候,只会按照男性成员来分农具,不会管每个小家庭里面人多人少、能干不能干。兄弟之间有的会相互谦让,谁多一件谁少一件兄弟们之间可以商量。不过家里的女儿出嫁的时候不会带着农具走,各家的织布机虽然专属于家里的女性,但都留在娘家,即使家里已经没有其他女性成员也不会给女儿。有的家庭分家早,父母还都能干活的话也会自己留下一些农具,老人去世前再平均分给儿子们,或者只留给养老的儿子。

小件的农具不太值钱,在农具分配上很少发生矛盾;大件的农具和牲口小家庭比较难买得起,但又是生产所必需,所以生产资料归全家所有,大家一起劳作一起使用。几家共有的农具,平时放在谁家无所谓,谁用谁取;而且一家可以出钱给其他几家,将农具买断,这件农具就完全属于他自己了。两家或几家共养耕牛的话,就要合伙的几家一起出钱买小牛,各家轮流饲养,生了小牛卖掉两家分钱,或者养大了两家一家一只;一起养牛的两家不一定是兄弟,只要两家家长或当家人关系好,两人谈拢了就可以。

3.生产资料由当家人支配

在农具的购买、维修和借用上,不一定都是家长做决定。刘宗仪经常不在家,所以家里的农具和牲口都是刘其才当家的时候自己处理决定,这些事情母子两人商量一下就可以,不需要向刘宗仪请示。其他的家庭成员如果有想法或者觉得需要新买什么生产工具,可以向当家

的提出,当家的出去买东西。在刘宗仪家,刘其法对农务也不清楚,所以家里农活上的事情平常都是刘其才一个人管理安排。

几家共有的东西,如果要维修或者变卖,就要几家当家人商定好了才可以,几家一起出钱或者分钱。这些事情都是各家自己管理安排,族里和村里不会干涉。刘宗仪兄弟几家共有的大车,因为刘宗礼和刘宗仁两家很少使用,所以平时都由刘其才来管理,两位叔伯也没什么意见。

4.生产资料少有侵占

各家的小农具彼此之间不会发生侵占的情况,因为榉柏村的刘姓人家都是近门近支,发生了这样的事情很快就会在村里传开,以后大家脸上都不好看;再说也没有哪家穷到连农具也没有,只要家里有地就买得起农具,没地的人家侵占了别人的农具也没用。几家共有的东西,往往在购置之前就已经商议好了,共有的几家关系都比较好,或者是兄弟几人一起共有,也不会发生侵占的情况。

5.外界对生产资料产权认可和保护

本村之间虽然没有侵占生产资料的情形,但是邻村之间可能会发生偷牛的事情,小件农具偷了不值钱,既然要偷东西往往就直接偷牛。如果偷牛被抓到,通常是打一顿然后放走,被盗的一方也不指望小偷能拿出什么补偿来。能私下解决的事情不会去找官府,只有丢了贵重东西才会到官府报案,不过能找回来的希望也非常渺茫。

(四)生活资料产权

1.长辈留下余荫,生活资料丰富

1949年以前,刘家有自家的晒场,就在刘宗仪院子的西侧,面积大约有8大分地,约合3小亩。这个晒场也是从刘宗仪的爷爷辈刘恒吉那一代人传下来的,到了刘宗仪这一代,就是刘家这一支脉宗字辈的兄弟们一起使用。晒场的南侧靠近路的地方还有石碌、石碾子和石磨盘,这些东西和晒场一样,是恒字辈的老人当年置办的,刘氏的兄弟们一起使用。刘家还有一口水井,水井是砖砌井,这口井是刘宗仪的太爷爷也就是刘乔年当家的时候挖的;人工挖的井不太深,四周用砖砌起来,平时也是大家共用。当年挖井、建晒场、造石碾子的时候,刘家在西榉柏村内还是数一数二的富户,家里地多钱多,挖一口井花费八到十元,置办这些石器花费三到五元。

在刘宗仪家里,刘宗仪夫妇居住的房屋是正堂,正堂里有八仙桌,是水曲柳木头打的,还有一张长条几和两把圈椅。各家睡觉的木质床也都是早年打的,每个小家庭房里还有衣橱和箱子等一些妻子娘家陪送的家具。厨房里还有一张案板桌。其他家具大都是老辈传下来的,后来刘其才当家的时候,又购买了一张饭桌和几把椅子。

家里油盐酱醋糖茶等生活用品由女人们操办,生活上的事情都由刘孔氏和两个儿媳妇管着。这些东西不会特意去买,因为会有挑货郎挑着这些东西隔三岔五到村子里来售卖,家里缺什么就买些什么,或者用鸡蛋换,一个鸡蛋能卖2分钱,或者换小半斤盐。

2.家户所有,全家共享

家里的这些家具,除了各自小家庭的家具之外其他都是公用的,这些东西没有所谓的产权。虽然买东西要当家的去置办,但是买来后归属全家,平时全家一起使用,日常的生活用品也都是全家共有。家里的衣服都是刘孔氏或者各个小家庭的妇女平时纺棉织布攒下布料,然

后自己缝制衣服。

如果要分家，各家一般都是保留各家现在使用的那些家具，其他的也是要按照男性支脉来分配。而一些大型物件则要分给长子，尤其是上供的东西和平时祭祀祖先的用具。女儿不参与这些东西的分配，但是如果家里的女儿出嫁，家里就要给她打制几件新的家具作为陪嫁，一般是一个衣橱和一个箱子，家底丰厚的则可以多造几件，但是一般人家都是两件陪嫁家具。女儿出嫁娘家还要为她做几件新衣服带着，根据家底的不同有 6 件、8 件、10 件之分；还要陪送铺盖，也有 4 床①、6 床、8 床之分。

总而言之，家庭生活用具全权归属家户，为全家所共有，也是全家共用；而这些东西的分配就要刘宗仪和刘孔氏才能决定。

日常的生活用品很少有人借用，自家都有自己的，但是刘宗仪家里的八仙桌和圈椅算稀罕物件，周围哪家有大事或者红白喜事大场合的时候都有人来借用，这事情要向家里的当家人提出申请，刘其才和刘孔氏可以商议决定是否借出，不需要请示刘宗仪。

3. 生活资料侵占少，小偷小摸经常见

平时椹柏村内的刘姓各家之间没有发生过侵占或者抢夺、偷盗别家东西的事情，不过村里"偷鸡摸狗拔蒜苗"这种小偷小摸的事情经常发生，刘家村东头菜园里的菜就经常被别人偷。偷东西的人大都是邻村的"混混儿"，同村之间很少会有人到别家偷东西，因为邻居之间都是近门近支，发生点什么事情也藏不住，没有人会舍下脸去贪图一点小便宜。

汶上县城周围的杂牌军即所谓的保安团、还乡团途经村里的时候会到村民家里抢粮食和家禽，大型的家畜因为不好拉动倒不会被抢走。

二、家户经营

(一)生产资料

1. 平日里各司其职，农忙时全家上阵

1949 年以前，刘宗仪一家最多的时候一共 6 个劳动力，全家人中除了 10 岁以下的小孩都要参与劳作，为家庭出一份力。平时刘宗仪和刘其才、刘其法兄弟负责地里的活，刘孔氏则和儿媳妇在家做些纺棉织布、缝补衣服之类的"女人活"。刘嘉训下了私塾还要到地里看着大人干活学做农活，也能帮着做些拔草、捡柴火之类的简单活，或者回家帮着母亲或姊姊推碾压面。全家没有闲人，都要参加家里的活计，都是为了多攒点东西，日子过好一点。在家里面也就只有刘宗仪经常会在家有个清闲空，因为他是家长，没有人敢说他什么，刘孔氏有时看不惯也会赶他下地干活。但是到了农忙的时候，全家老小齐上阵，家里大人收割麦子，妇女可以扎捆或者一起割，小孩在后面捡麦穗，帮忙把小捆的麦子搬到地头上。收完麦子过段时间才播种，播种前要犁地，女人牵牛男人扶犁，小孩也可以坐在犁架子上压重，让犁口扎得深，翻土也能翻得深一些。播种之后撒草木灰或者沤烂的草肥做底肥，刘嘉训也能帮着撒一撒。

2. 劳动力堪堪自给，当家人积劳成疾

刘其才当家之前，家里只有刘孔氏能下地干活，母子两人忙不过来的时候，刘其才的舅

---

① 床：当地对被褥的计量单位。一床即一副铺盖。

舅会到这里来帮忙,但是刘其才的叔伯兄弟却很少有人会来帮忙,外人更不会主动帮忙。有时候就要找两个短工,大部分都是找村里的,有时也会找村外的,或者到县城的短工市场上去找,工钱一天一结,有的忙完给一斗粮食做工钱,有的给几毛钱。家里人渐渐多了的时候,包括刘宗仪在家的时间,地里的活主要还是由刘其才操心,家里的生计事务也大都是刘其才打理着。也正是因为一直为家里的事情操心劳累,积劳成疾,三十多岁的时候就经常肚子疼,后来刘其才四十多岁就因为肝炎去世了。

3.家户土地自给,谁都不敢卖地

刘家一直以来的5大亩土地,哪怕是在刘孔氏一个人当家最为艰难的时候也没有卖掉,虽然平时疏于打理,产量不高,但是足够家里人平时吃饭所用,因此也没有把土地租给别人种。后来刘其才兄弟长大,家里人渐渐多了,5大亩地也能照顾得过来,但是家里并没有多余的精力再去种更多的地,所以一直也没有租种过别家的土地。按照刘其才的想法,与其在地里刨食,不如多抽出点时间做其他生意,还能赚的多些。

4.自家独资买牛,家户牲口自给

1949年以前,刘家有一头牛,也有套牛的家什,自家的牛只有拉粮食和犁地的时候才用,自家使用足够。耕地的时候需要两头牛套在一起使用,刘其才都是和刘宗香两家一起"搭套"。有时候邻居会到家里来借牛,一般都是近门近支的,让他们直接把牛牵走,过两三天还回来,这几天让他们喂牛就够了,不会收取其他东西。有的人家买不起或者养不起牛,就两家合伙买牛饲养,合伙的两家一般是当家人平时关系好,商量好了就可以一起买牛,各出一半的钱。平时两家轮流养,一家养一个月或几个月,农忙的时候两家轮流使用。如果牛生病了,就要两家出钱治;生了小牛的话,可以卖掉两家分钱,也可以继续养着,养大了两家再分。这些都由合伙两家的当家人商量决定。

5.长辈传承农具,自家维修自给

刘宗仪家里的农具大都是父辈留下来的,种类丰富,能够满足家庭日常使用。刘其才当家时又修缮、购买了一些新的农具,可以满足自家生产所需,家里不需要到别人家借用农具。邻居倒是经常会到刘宗仪家里借工具,借东西的时候别家的当家人来家里给刘宗仪、刘其才或者刘孔氏说一声,口头约定好归还时间就可以拿去使用。借东西的事情常有发生,邻里之间借东西只要不损坏,不需要给什么报酬,损坏的话就要给别家修好再还或者买新的还上,口头道个歉即可。

(二)生产过程

1.农业耕作长子安排

1949年以前,刘宗仪一家主要从事农业耕作,这也是家庭安身立命之本。刘宗仪虽然长期在外面工作,当过兵、做过警察,吃过较长时间的"公粮",但是他并没有完全脱离农村,始终认为自己的根还是在农村;刘其才平时做一些小生意,运货来贩卖,虽然赚的钱比较多,但是终究不是安身立命的主业;刘孔氏和两个儿媳也会纺棉织布,但是织布主要是供给家用,不对外出售,也算不上是产业。种地才是庄稼人的本职工作,家里也会饲养一些家畜作为补充。

地里的活主要由男人负责,刘宗仪、刘其才和刘其法是种地的主要劳动力;家里的活主要由女性负责,刘孔氏带着两个儿媳妇做家务、饲养家畜、照看菜园。刘宗仪在家的时候虽然也会下地干活,但大部分时间在家里闲着,对地里和家里的活不愿多管。在农业生产中,主要还是刘其才负责操持安排。

在一年的生产中,犁地耙地、种麦收麦、种秋收秋、晾晒打谷等等都是刘其才带着家里人去干,不需要特别安排,"麦忙秋忙豆叶黄"这三个农忙的时候家里每个人都会自觉去地里干活,作物收割回来还要压、扬、晒然后存入粮食囤。农忙时节之外,地里还要经常锄草、榜地、砸土块,都是刘其才带着刘其法去干这些活。除了地主家,寻常人家很少有人需要看青,地主雇人看青主要是为了防备别人偷他家东西。家里养了牲畜,平时家里的女人负责把猪粪、牛粪收拾起来摞成粪堆,留着给庄稼施肥。

田里主要种植小麦和豆子,每一年农业耕作的环节和流程都是老辈传下来的,什么时候种什么东西都有"讲究",年年如此没什么变化,大家也都了熟于心。整个东南隅一年的农作安排都差不多,从谷雨开始,种植春季作物,谷子、高粱、棉花还有豆类都是这个时候下地;芒种的时候收冬小麦,种夏季作物;处暑的时候就要收割春季作物,然后把地耕起来晾一段时间,等着种麦子;冬小麦都在秋分的时候下种,"白露早、寒露迟、秋分种麦最宜时","寒露两旁看早麦"。各个时节种什么东西每家当家人都有数,时节到了每家都会安排好自家的作物。刘家菜园的事情都是刘孔氏来安排操持,种的都是常见的农家蔬菜,但是什么时候种什么菜也有讲究。谷雨种辣椒和金瓜,正如一句农谚所说,"三月三,金瓜葫芦往地里钻";4月的时候还会秧①一些红薯;"头伏(胡)萝卜二伏(白)菜",而韭菜什么时候都可以种;收完麦子之后种黄瓜,种之前要用打下的麦糠催芽;种冬小麦的时候也同时种蒜,到了第二年再收。

2.饲养家畜妇女照看

刘其才当家时家里最多养着1头耕牛,1头能下崽的老母猪和1头小猪,六、七只鸡和鹅。牛养在牛棚里,猪养在院墙西侧晒场边上的猪圈里,家禽就散养在院子里。因为男人要顾地里的活,所以家里的牲畜都是由妇女照看。

家里喂着的老母猪是刘其才买来的,一直养了近十年,主要靠它下崽卖小猪;家里每年还会留一头小猪养着,留着过年卖掉多换点钱。因为猪食性杂,好养活,所以平时喂猪都用高粱壳、麦糠,有时会割点草来喂,母猪怀猪崽的时候还会去县城拉些泔水、酒糟来喂它。家里的牛也是刘其才当家时买的,是家里最重要的牲畜,平时也都好好照看着。喂牛的东西相对好一些,平时喂高粱秆、麦秸秆,也会专门割草来喂牛,时不时还要炒点黄豆来给牛"改善生活",牛喂好了才有劲干活。家里的鸡鸭鹅等家禽,都是每年春天从到村里来卖禽苗的挑货郎那里买,刘孔氏去挑鸡苗鸭苗②,挑好了让刘其才付钱,鸡苗1毛多钱一只,鸭苗鹅苗贵一些,养家禽就用麦糠、麸子等喂,更多时候散养让它们自己觅食。家里的牲畜和家禽都是妇女喂养,但平时刘其才也会和妻子一起铡草铡麦秸秆做饲料,续草是个技术活,刘其才负责,妻子郑鑫晶负责铡草。

平时家里的猪和鸡死了的话,自己舍不得吃,都会拿到集上卖掉,死掉的牲畜或者家禽价格会便宜一半。每年过年除了留下一只公鸡上供之外,其他的牲畜和家禽都会卖掉;卖小猪崽和大猪、卖鸡卖鸭等都是刘其才拉着到集市上去卖,猪肉价格每年不一样,公鸡每只能

---

① 秧:在当地指薯类植物的种植方式,多特指种植地瓜、土豆等块茎类作物。
② 鸡苗鸭苗:苗,特指刚孵化出壳一个月以内的家禽,又称雏鸡雏鸭。

卖1块多。刘其才当家管事也会持家,卖得的钱也都由他掌管,1948年刘宗仪回家之后还是由刘其才掌管家里的钱。

3.手工业自给自足

家里的妇女除了操持家务,还会做一些针线活。刘宗仪家里有织布机和纺车,刘孔氏和两个儿媳妇平时在家纺棉织布,织成了布经过简单漂染就可以用,家里的衣服和鞋袜都可以自己做。自己织的布做衣服之前会用染料、洋青等染成深色,为了省钱有时也会用石榴皮或者黑胶泥染色,染过的布耐脏,适合干活的时候穿。平时家里人衣服缝缝补补都是自家妇女来干,这些都是家庭内部的手工业活动,做的东西也不对外出售,算不得产业,但是能够满足自家需要。

4.走南闯北外出多

刘宗仪自年轻的时候就不好好在家种地,长期离家在外面闯荡,二十七八岁的时候一个人到上海投奔某个军队中当连长的陆敦连,后来也长期在上海做事,但是没有在上海落脚①;妻子和两个孩子一直留在了家里,平时他也会寄点钱回来补贴家用。后来刘宗仪又带着刘其法到济南干警察,因为离家相对近一些,也都没有带妻子,平时年节再带工资回家。

刘其才当家的时候经常外出贩运货物,十八九岁开始跟着别人运货,后来自己带着人去济南等地贩运货物。不过都是短期外出,出去一趟来回一星期左右,都是在农闲的时候才出去,为了多赚点钱补贴家用。

(三)生产结果

1.人勤地不懒,收成靠劳动

东南隅这里种地大都是靠天吃饭,一年两季,只要风调雨顺,不遭灾就算好年头。俗话说"人勤地不懒",正常年份,作物收成好坏就要看人的勤劳程度,虽然靠着人力劳动每年的收成差别不会太大,但每亩地里"多收一两粮食也是好事"。因为种地主要靠农家肥,所以地里作物长的都不太好,麦穗只有小拇指大小,麦粒都像"蝇子头"。刘宗仪家里5大亩地,一大亩地能收三百多斤粮食,这些粮食主要供家里人吃饭,能够自足,每年有结余但不太多。地里的收成关系着一家人的生活,所以家里每个人都很关心农作,收成不好的年份家长就要想办法通过其他方式满足家里人的吃饭问题,有点积蓄的家庭还可以到县里买粮食,家境不好的就只能全家出去讨饭。

2.家畜要换钱,吃掉不舍得

每年家里养1头老母猪1头小猪和十只八只家禽,自己家舍不得吃,都要留着卖钱。家里母猪生的小猪崽都要卖掉,鸡蛋鸭蛋也要留着换东西或者卖钱。过年的时候,家里留一只公鸡上供和招待客人,其他的鸡都要卖掉换钱。家里养的猪也不是自己吃,把猪卖掉换钱然后买几斤猪肉过年用,自己家单独杀一头猪是很"败坏"的事情。卖的钱都由刘其才保管,明年买鸡苗鸭苗或者家里其他事情用到钱也都要由他出钱。

3.自家生产能够自给,做小生意赚钱养家

家里虽然有地,但是地里的粮食主要供家里人吃饭用,积攒不下什么东西;家里自己做衣服鞋袜,能省下一笔开支。虽然靠着地里和家里的生产收成能够自给自足,但是家庭想要

---

① 落脚:即落户,指搬家到某地并长期居住。

发展仅靠这些远远不够。刘其才平时脑筋活络，农闲时出去贩运货物做小生意，这成了家里攒下积蓄的主要手段；靠着做小生意攒下的钱，刘其才买牛买猪买家禽，进而才有了更多的收入来源。1950年土地改革运动的时候刘其才和刘其法兄弟俩分家单过，刘其才便在菜园里种植烟叶贩卖，赚了不少钱，于是他将家里的房屋重新翻盖，建起了六间瓦房。

三、家户分配

（一）分配主体

1.各家分配各家

1949年以前榠柏村刘姓一脉虽然人多，但都是各过各的，族里和村里也不会和各家有什么牵扯，从来没发生过"集体分配"的事情。在一般的农户家里，都是当家人或者家长给家里人安排分配任务或者分配家当，分配家当其实就是分了。刘家的分配以自己家庭为基本单位，分配也都是在家庭内部成员之间进行的。

2.家长主导分配

刘宗仪作为家长，大事上由他主导，家里任何事情只要他发话了家人都要听从；日常生活劳作中，刘其才当家管事，地里的活和家里的钱财都由刘其才进行分配安排；在家务方面，吃什么、穿什么都由刘孔氏负责操持。家庭内部最常见的分配就是刘孔氏织好了布分给两个儿媳妇去做衣服，两个儿媳妇平均分。逢年过节的时候，刘其才会给家里人买几件衣服，买什么样的、给谁买等等，都是刘其才请示刘宗仪之后再做决定。

（二）自家内部分配

每一家的分配都仅仅局限于自己家庭内部，换言之，也就是局限于在一个锅里吃饭的人，除了自己家以外的其他人不能参与和享受自家的分配。分配又分为实物分配和劳动分配。家庭内部进行实物分配，分配的东西主要是自家生产所得，或者是自家先辈传承下来的东西，包括家里的田地房屋、收的粮食、赚的钱、养的禽畜等如何使用。概言之，就是对自家掌握有产权的东西进行分配。另一方面，家里有活了，谁去干、哪几个人一起干、每个人干什么，这也属于家庭分配，由家长来决定和安排。家庭内部进行分配时，根据不同的分配内容，不同的家庭成员在分配权上也存在差别。涉及产权的东西，只有家里的男性才能享受得到；家庭生活饮食起居上的分配，家里男女老幼每个人都可以享受到；当然，家里有活要出力，也主要是男人去干。

（三）分配类型

1.农业收入先交公粮，剩余粮食自家食用

刘宗仪家里的农业产出主要包括粮食作物收成和菜园收入。农田都是自家所有，没有租别人的也没有租给别人种，所以家里没有租金收入也不需要向别人缴纳租金。在每年的农业产出中，田地需要按照亩数缴纳地税，在这里俗称"公粮"。一般情况下一亩地需要交7~8斤粮食，1946年之后的年份交的越来越多，最高的一次达到了每亩地60斤；不交粮食可以缴纳等额的钱款。公粮一年交一次，每年秋收之后，乡里会通知村长收公粮，村长就赶着车挨家挨户上门收粮；村长找各家的当家人，各家也都会提前备好要交的公粮，这是早已成为惯例的事情。乡里只给下达一个收公粮的命令，收公粮的具体事情不会来监管，待全村收齐之后再运到乡里，运粮的车也是村长找的本村的牛车。如果家里有地但是不交公粮的话，乡里就

会派人将该家当家人抓走关起来,当家人不在就随便抓一个人走,等这家人什么时候交了粮什么时候放人。

一亩地收的公粮不算多,而且除此之外不收取其他税款,所以只要正常耕作,地里的收成能够满足缴税的要求。每家每户都必须先完成交公粮的任务,这是官府的要求没有百姓敢违抗。而且种地纳粮古来有之,在村里人看来是天经地义的事情,要严格遵守,这在整个村庄都是约定俗成的事情,大家对此都心里有数,不需要特别说明或者商量。有时候遇上旱灾、蝗灾、洪灾或者冰雹导致作物减产,官府也会减少或者免收公粮,这种事情都是各县的县长做决定,县长会根据当地的情况主动宣布减免公粮。

2.家长自赚自花,当家人管银钱

刘宗仪在外面工作的时候,每年收入多少家里人都不清楚,赚的钱也都是他自己花销使用。刘其才自己做小生意赚了一些钱,但是每年的收入都不固定,有多有少。刘其才在贩运货物的路上,有时候会遇见短路①的,要交钱或者抢了你的东西才会放行,不过因为父亲刘宗仪在济南当警察,遇到抢劫的可以报他的名字,多少能起点作用,所以刘其才被抢的情况比较少。运来的货物拉到县城去批发给开门面的商贩,自己不摆摊经营,所以并不需要交摊位费。做小生意赚的钱都是刘其才自己保管和处置,家里其他收入也都归刘其才掌管,之后家里的开销都要他来支出,家里人有事情也找他要钱。刘宗仪在家的时候,家里的钱还是刘其才保管,但是刘宗仪会直接指派刘其才去给他买东西或者做什么事情,刘其才也都会照办。

3.全家一起过,有钱一起花

因为家里的钱财都在刘其才手里掌管着,所以家里有事需要花钱都要向刘其才要钱,刘其才按照所需钱款给要钱的人。平时一家人一起吃饭,衣服也都自己制作,吃穿用度很少花钱,都由刘其才和刘孔氏统一安排,所以除了刘宗仪之外家里人很少因为自己个人的事情向刘其才要钱。刘宗仪1948年之后在家里养老,平时经常抽烟喝酒,刘其才也都好好伺候着,听父亲的话给他买烟买酒。

(四)家长主导分配,家庭成员服从

1.家长实际支配,当家只管日常

家里不存在私房钱、私房地的情况,家庭成员平常也没有零花钱,所以家庭内部分配仅局限于衣服、食物等日常生活用品,这些家务事都由刘孔氏来操持,但是家里和钱有关的事情,诸如交公粮、买东西等花钱开支都由刘其才当家管着。尽管如此,刘宗仪作为一家之主在家里的地位仍旧超然,他才是家庭分配的最高支配者,他提出的要求、做出的指示每个人都要遵从。内当家和外当家虽然在日常事务上可以做主,但是大事上的最终决定权在刘宗仪手上,大事都要向他请示,获得批准才可以办。刘宗仪很少管家里的事情,所以平时大多数的事情刘其才和刘孔氏商量着就能办完。

2.穿戴女性安排,自己制作衣物

家里人衣物、穿戴相关的事情属于家务事,男人不会过问,都是刘孔氏来操持。家里的衣服大多是自己做的,刘孔氏织布后分给两个媳妇做衣服,自己也会留一些布料;日常缝缝补补也都是各自小家庭的妇女负责。刘孔氏每年分给两个儿媳妇都是一样的布,但是具体怎么

---

① 短路:当地指拦路抢劫。

使用、给谁做衣服、做什么衣服刘孔氏不会过问。

家里的衣服分配主要由刘孔氏管理，但是家里的妇女嫁进门的时候也都会陪嫁几件衣服，这些衣服都属于各自小家庭，各家的妇女自己支配，刘孔氏也不会对此说什么。再有就是过年的时候，刘孔氏会让刘其才到集市上买几尺布，或者向刘其才要钱自己买一些布回来，然后叫上两个儿媳妇一起给家里人做新衣服，三个人分工协作，刘孔氏画样、儿媳妇裁剪缝制。做新衣服家里男人优先，因为他们是家里的主要劳动力，男人穿得好家里女人脸上也有光；过年的时候家里的妇女和小孩也都会给做新衣服，让每个人都沾沾新气。不过并不是每年都会买布做新衣服，要看当年家里的收入情况和家里人衣服破损情况。

3.一口锅里吃喝，都是家常便饭

刘宗仪家里五大亩地收的粮食除了交公粮之外都是全家一起吃，家里菜园种的菜大部分拿去卖，剩下一些自家吃。两个儿子各自的小家庭并不进行食物分配，大家一个锅里吃饭，吃的东西一样，只有每个人盛饭的顺序和吃的多少有差别。有时候刘宗仪想改善一下生活，要求给他做什么菜吃，都是只给他一个人做，家里人沾沾光可以夹几筷子。其他时候，除了孕妇坐月子期间会吃点好东西补补，其他时候都是家常便饭。

(五)分配统筹

1.照顾全家需要，保持收支平衡

家庭的延续和发展需要精打细算，挣多少都要攒着，花钱要"一分钱掰开八瓣"用，只有省吃俭用计算好收支平衡，才能让家庭蒸蒸日上。家庭在分配时，虽然要省着花，但是还要考虑满足自家人的基本生活需要，吃的穿的用的能省，该花的钱不能省，有病要看、饿了要吃、冷了要做衣服，保障家里人的生活才能更好发展。再者，全家人一起过日子，"十个指头咬咬哪个都疼"，就不会偏心哪一个儿子了。刘宗仪虽然主要靠刘其才养着，但是他对儿子们绝不会厚此薄彼，不分家的时候过日子首先就要讲公平，如果分配不公平儿子们之间也会闹矛盾，家庭也过不长久，迟早会散。

2.公粮为先，发展在前

对于榉柏村的人来说，交公粮是一件好事，交公粮是和有土地紧紧相连的，因为有地才有资格交公粮，只要有土地交公粮也很乐意。种地就要交公粮，这是天经地义的道理。家里只要有地，不遇上天灾人祸好好耕作一年肯定能有收成，交的公粮也不算多，只要是正常人家都交得起。土地是命根子，村里人拼命赚钱图的就是多买地，一切幸福都建立在有地的基础上，刘家人代代相传的观念就是攒钱先买地，买地再买牛，土地越多越好，这是最重要的事。对于庄稼人来说，只要能填饱肚子，吃粗的细的、白的黑的都无所谓，穿衣更在其次，只要冻不着就可以，不讲究美观好看。

四、家户消费

(一)内外消费门类不少，家庭收入能够自足

在1949年的时候，刘宗仪一家一年的花销在一百元左右，除去吃饭主要花费在穿衣、人情往来和养牲畜上，这些消费折合粮食大约三四百斤，在村里属于中等水平。家庭收入能够维持消费，每年还能略有盈余，盈余的钱就用来购进、饲养牲口，或者置办农具、家具，有的年份积攒的钱多了还要修缮、扩建房屋。1950年搞土地改革之前，村里没有土地的家庭就要去

给地主家扛活,干一天活给一些吃的,有时候还要去"黄河北"要饭。家里没地的话出去借钱也很难借到,别人不敢借,因为没有地就意味着没有固定收入,以后还钱也难。

每年粮食消费是最大的消费,上年收的粮食,除了要留一两百斤粮种外,其他的大都用于吃饭,一个人一天大约要吃一斤粮食;家里养了牛和马的话,饲养大牲畜也是一笔很大的支出,牛要喂黄豆才能长得好。除了粮食外,家里的菜也靠自己家种,种的萝卜、黄瓜、辣椒和大蒜可以腌制咸菜,这是家里人一年的主要配菜,更多的菜就拿出去换钱。每年还会买几次肉,但是买的比较少,只有过年的时候才能多吃到几片肉。平时用到的油盐酱醋糖茶这些自家无法生产的,就要用自家鸡蛋找挑货郎换,或者用钱买。

家里的衣服大多是自己做,刘孔氏织布分给儿媳妇们,也会让刘其才赶集的时候买布,自家的妇女用这些布给家里人做衣服,一件衣服能穿三五年,冬天的棉衣每年添点新棉花,能穿"小十年"。年景好的时候,刘其才也会在春节时给家里人买成衣,但是买的非常少,主要还是靠自己做和缝缝补补,"新三年、旧三年、缝缝补补又三年"。

刘家的房子虽然修建得早,但是非常结实,除了屋顶进行过几次简单修缮外,房子一直比较牢固。刘宗仪刚离开家时,家里人少屋子多,但是只有刘孔氏带着两个孩子在家,租给别人容易让人说闲话,所以家里的空房子就一直闲着。后来刘其才兄弟二人娶妻生子,家里人多房子就显得挤了,而且土坯房时间长了墙体坏掉,所以家里一直筹谋着建新房。直到1950年土地改革运动时,刘其才和刘其法分家各自单过,刘其才就在原来宅基地的西侧晒场边上新建了房子,一共六间瓦房,坐北朝南的大两间为正堂屋,东西配房各两间。建房的时候家里的老房子直接推倒了,用老房子的砖再买一点新砖打墙基。因为拆了房子没地方住,刘其才的儿子和女儿们就到近门子的刘嘉栋家借助,刘其才夫妇和刘宗仪夫妇也各自找别人家借住。因为都是近门近支,虽然借住但是自己做饭吃,所以借住在别家不要钱。

人都会有生病遭灾的时候,家里人说不定什么时候会生点小病,能自己扛过去的就忍着,感冒头疼的多休息几天就过去了,不舍得花钱去看病。除非拖得时间长了还不见好转,就去大榾柏村或者县城找郎中看看,让别人给抓点药回来吃,也就花费两三毛钱。不过榾柏村的医疗条件差,如果得了大病,周围的大夫郎中也瞧不好,那就只能等死。就算知道是什么病,但是如果要花很多钱才能治好,一般也都会拒绝,在农村人看来"自己一个人的命不值钱",不能为了自己把家底都搭上,所以以前榾柏村的人活得岁数都不长,五十多岁就去世的情况特别常见。

对外交往中花费较大的是红白喜事随礼,至亲随礼三到五块钱,邻居有事情也要给两升粮食做个人情。春节的时候走亲戚带两包糖、两包糕点,一次花不了五毛钱,而且留在别家吃饭说不定还能吃回本。除此之外,亲戚朋友中谁家有人生病也得去看看,通常都是带着自己攒的鸡蛋去,不另外买东西。家里亲戚朋友不少,但是在人情往来上没有太大负担,自家人少也没有办过太多红白喜事。村里有的人家家里没钱,为了娶媳妇或者给老人发丧卖粮食卖地的大有人在,刘宗仪和刘其才看得开,"富的富娶,穷的穷娶",不会因为面子而变卖家产。

除此之外,刘家很重视教育,家里的男孩子都要供他们读书。榾柏村就有私塾,家里孩子读书一年只需要给几升粮食,上学的文具纸张一年也只需要三五块钱,家里能负担得起。榾柏村的所有人家,只要家里有条件,就一定会供孩子上学,这种钱不会省,孩子只有读书才能出人头地。只有家里吃不上饭了才会让孩子辍学,跟着干活或者跟着讨饭。

刘宗仪 1948 年回家之后开始养老,平时抽烟喝酒,一天得喝二两白酒,这也是一笔很大的开销,他都是直接吩咐刘其才去给他买,花的是家庭的钱,但是家里人并没有什么反对意见。一则他是长辈,年纪大了享受一下也应该;二则他是家长,家里没人敢反驳他,虽然他经常喝得醉醺醺还不干活,但也只能听之任之。

(二)各家过各家,有钱自己花

各家的消费都是各家自己承担,别人不会管,村里族里也没有什么扶持,各过各的。粮食、住房、衣服、人情、教育等所有消费都是各家自己想办法,有饭自己吃,有钱自己花。各家日子都过的紧紧巴巴,亲兄弟都顾不过来,更不会帮外人。

(三)当家人管钱,家长不受限

在自己家庭内部,钱财都掌握在当家人手里,当家人可以是家长,也可能不是家长。像刘宗仪家这种儿子当家的情况,家长如果在家里还有权威,就算卸任了当家人,他的指示儿子也会照办,花钱消费不会受限制。因为家里人在一起生活,平时个人的对外消费极少,加上不允许藏私房钱,所以家里其他人花钱都要找当家人,说明干什么事情、买什么东西,需要花多少钱,当家人给钱买东西,回来还要向当家人汇报花了多少,有剩余还要上交。有时候家长或当家人指派家里人出去办事或者走亲戚时也会给钱,给多少由家长或当家人定,受指派的人只管听从照办即可。

五、家户借贷

(一)借来往还很常见,粮食借贷很简单

刘宗仪离家期间,刘孔氏带着两个孩子独立过日子,靠着刘宗仪寄回家的一点钱和地里的收成生活,虽然过得紧巴但也撑得过去,不需要向别人借钱。1933 年之后,刘其才当家管地,兄弟二人也都娶妻,刘宗仪在家的时候多少也能干点活,日子慢慢变得好起来,家里也有了一些积蓄,没有什么大的支出也不需要向别人借钱。但是如果自家的近门急需用钱,会到刘家借钱,来借钱都要找刘宗仪,找刘其才借钱的话,刘其才也要请示父亲,刘宗仪允许了才会借给。因为都是近门近支,借的钱一般不会太多,所以不需要打欠条。近门近支的亲戚先拿钱去应急,等有钱了再还。每家都有犯难的时候,借来往还很常见,在自家人内部也没有那么多讲究,抬头不见低头见,也不怕赖账。

其实在日常生活中借钱的情况并不多,因为在农村生活花钱的地方少,各家都能有点钱应付着日常开支。平时借用最多的是粮食,这种借贷行为已经成为司空见惯的事情。因为以前都是自家收粮食自家吃,做饭前都要先压面才能做饭,而街上只有一处石碾子,在饭点的时候排队压面的人多来不及,所以就要去邻居家借一瓢面,下午有空了压好再还回去。妯娌之间就要多帮衬,以后有需要别家也会帮自己,也不需要向当家的说,更不用写字据,邻居之间这种借贷只需要口头说一声即可,一瓢面也不是什么稀罕东西,直接就可以借去用。

(二)家长可以独立借贷,欠债全家一起偿还

在家户借贷过程中,家长是最高代表者和实际支配者,家长就算不是当家人也可以支配家庭的借贷行为。在刘家,刘宗仪能够以家庭的名义对外借钱,家庭对外放债也要经过他的同意,而家长借的钱就算自己私自花了也要算作家庭的公共债务,全家人一起偿还。而除了刘宗仪之外的其他家庭成员,可以以自己的名义对外借钱,但是家庭不承担这种债务,自己欠的债自己想办法。但是如果要债的人逼得急,家里人也不忍心让家庭成员一个人承担这种压力,可以用家庭的钱为他还债。"子承父债"是天经地义,但是子债与父亲无关。家长欠债全家偿还是责任,而家庭其他成员欠债家庭没有偿还的义务,帮他还债靠的是家庭感情。

(三)日常借贷口头约定,大额借贷字据为凭

虽然平日里邻里之间和近门近支借钱借东西比较简单,借个"块儿八角"的犯不着麻烦,但是如果借贷的金额较多,那就要立字据。借百八十块俗称"借大钱",这时候就要写欠条,因为这些钱抵得上一个普通农户一年的收入,没谁敢怠慢。普通人家很少会借这么多钱,除非家里遇到大变故;敢借大钱的人都有点家底,不舍得卖地换钱那就去借,希望以后可以翻本。如果在本村两个家庭之间借大钱,就要找村长或者村里的名望人做见证人或者找一位双方都认识的也信得过的人做担保人,由借债人来找,如果借债人跑了债主可以找担保人要钱。找好担保人之后,双方还要立字据,字据内容为:"何年何月何日,某某向某某借多少钱,限于某某时间内还清,借钱人某某某,见证人某某某。"字据谁写都可以,但是最后要借债人按手印,一式两份,双方各持一张。有时候借条上还要写如果还不上以某某东西做抵押,一般都是家里的土地或房屋,否则别人不会放心借钱出去。借贷过程中都是家长和当家人出面交涉,立字据也要家长署名按手印,家里其他人当不了这个家,立的字据也不算数。还钱的时候也要欠债家庭的家长出面,借贷双方的家长验钱,数量无误后才能把借条还给欠债人,欠债人一般会当面将欠条销毁。

六、家户交换

(一)家户之间有换工、无换物

榓柏村刘姓不同家庭之间彼此关系亲近,借来往还的情况很常见,但是除了地主和富户在本村雇工扛活外,彼此之间的交换尤其是金钱交易非常少。叔伯兄弟之间有东西可以共享,家里收了枣、菜等东西也可以分一点给彼此,而不需要交换。两个家庭之间有换工的情况,即农忙的时候两家一起干活,你帮我干几天、我帮你干几天,也主要是近门近支之间互相帮忙,而且这更多的是一种基于血缘关系的互帮互助行为,交换的意味比较少。

(二)当家人负责对外交易

同村之间帮忙居多,和外人的交换行为才算得上是交易。在刘家,对外交易都是当家人负责。刘孔氏当家的时候,大小买卖都是她出面,刘其才当家的时候也是如此。刘其才当家时,家里交易行为比较多,去集市买卖牲畜、家禽、青菜、生产生活用品等都是他负责。以前最近的集市在县城东门北边,离榓柏村只有三四里路,刘其才一般都是早上五六点钟背着东西去,中午十一二点就回来。家里人需要什么东西会提前告诉他,让他从集市上买回家。而村上也经常会有流动的挑货郎,刘其才和刘孔氏都可以找挑货郎买东西,花钱的话要叫刘其才去支付,或者拿鸡蛋换。

第三章　家户社会制度

在刘家,以刘宗仪为家长,妻子和长子为辅助,形成了一个紧密的共同体,掌握并安排着其他家庭成员的活动,控制着自家内外往来。一方面,家长刘宗仪在家庭中是"独裁者",由当家人协助处理各类内部事务,儿子辈的婚配对象选择、婚配过程、婚礼形式和婚配花费等全部由刘宗仪掌控,刘孔氏协助;分家和继承的问题上,也由刘宗仪主导安排,刘孔氏和刘其才可以提建议;孩子取名、婚配终止、过继、抱养等事务上刘宗仪也有极大的发言权。另一方面,两个儿子在组建了各自的小家庭之后,在小家庭内部享有一定的"自治权",在子女生养、妇幼保护上自主安排,在赡养老人、治病送终等事务上则由兄弟二人协商处理。

家庭内部关系方面,不同家庭成员之间的关系因为亲疏、性格、经历等原因呈现出多种状态;家庭对外交往方面,在遵守传统规矩的同时,也会因为不同的交往对象和交往事务而有所差别。在各种对外活动中,刘宗仪和刘其才发挥着重要作用。

一、家户婚配

(一)父母掌权,门当户对

刘家家长刘宗仪 18 岁娶妻,妻子是苑庄乡水坡涯孔家的女子;长子刘其才 17 岁娶妻,母亲刘孔氏给安排的婚事,刘宗仪允准,妻子是郭仓乡干河头郑家的女子;刘其法也是十七八岁娶妻,妻子是郭仓乡孙村孙家的女子。在 1949 年以前家里的适龄男丁都有婚配且身体健康,没有光棍和寡妇;除了 1935 年时刘宗仪带回家的小老婆被赶走之外,家里也没有休妻或者离婚的情况。

结婚对象一般都是亲朋好友或者邻居给家里男丁介绍,谁介绍谁就是媒人,一般的婚配范围在汶上县以内,最远也不过 40 里,整个檀柏村都没有出现过跨县跨省结婚的情况。在婚配对象的选择上,东南与当地风气和刘家家训都不允许同姓婚配,即使是不同家谱上的同姓也不作亲①,介绍对象的人也都会注意避讳这个问题。同村之间不同姓氏允许婚配,不过这样的情况也很少。

婚配对象讲究门当户对,大户配大户,小户配小户。因为大小户之间家产和生活上差太多,大户人家看不上小户,小户也觉得自己高攀不起大户。小户和大户只有两种特殊情况才通婚,那就是大户纳妾,或者地主家的傻儿子娶妻,婚配对象多是选择贫苦人家的女儿。大户和中户有时也会通婚,一般是大户家的女儿有残疾或者长得丑,中户也乐意接受,因为在农村长相不重要,能多给嫁妆是最重要的。中户和小户之间婚配也有一些,大多数是因为中户

---

① 作亲:东南隅的当地话,意思即缔结婚姻。

29

家里的孩子长相不好或者身体有残疾,所以找小户家的孩子结婚。在婚配中,家庭人口多少对双方结亲影响不大,主要还是看家产。当然,家产相当的几家里面,家里兄弟越少的越容易娶媳妇,因为兄弟几人分家后能多分到一点东西。

(二)婚前准备

1.父母选儿媳,叔伯帮掌眼①

刘家的男丁都在1940年之前娶妻,刘其才和刘其法娶亲都是刘孔氏提出来,请示刘宗仪获得允准之后,她再负责张罗。儿子娶妻这种大事刘宗仪肯定要回家相媒选儿媳妇,孩子做不了主。"父母之命,媒妁之言",家里孩子不同意也没有用。家里孩子娶妻的事情由家长确定,如果是小家庭的孩子娶妻,就由孩子的父母确定,给孩子的爷爷说一声就可以。孩子不在家也没关系,父母相中了就可以安排结婚。给儿子相媒娶妻之前刘宗仪会告知自己的两位兄弟一声,相媒的时候也让他们一起去掌掌眼,给自己一些建议。

2.门户家产是主要婚配标准

刘家婚配娶媳妇要先看女方门户,再看女子个头,看看是不是能干活的"来派"②,最后才看模样,对年龄要求不大,大几岁小几岁无所谓。选儿媳妇要找一个家教好、体格好、会干活的,娶回家要会做家务能持家,对女子和家庭的名声也会仔细打听。

女方选男方也是一样,都要在相媒的时候多打听多看看,要"称称萝卜掂掂姜"。选男方的核心一样是门当户对,看家里有多少家产,家里的过活③越多越好。因为相媒都是男方家长到女方家里去看,男方孩子不跟去,所以男方孩子怎么样就要找媒人问,找亲朋好友打听。

3.结婚为了过日子,传宗接代是首位

为儿子选妻子结婚就是为了让自己家孩子有个归宿,两人一起过日子、生孩子,能够生儿育女传宗接代是最大的事情。结婚和爱情无关,主要是两人一起劳作生活养活自己和家人。尤其是对于家里的老人,在他们看来传宗接代是天大的事情,家里有男孩的,无论如何都要给他娶上媳妇生孩子,让自家香火传承下去,因为这种执念,才会有买卖妇女、找童养媳的事情。

4.父母包办婚姻,自由恋爱少见

榿柏村甚至整个东南隅都没有自由恋爱,农村人的接触范围都比较窄,读过的书也少,根本不知道"自由恋爱"是怎么一回事。榿柏村的刘姓男丁全部都是父母给娶的亲,两人结婚之前都没见过面,婚后一起凑合着过就行了。

如果年轻男女私下认识,双方互有好感,一旦女方自己跟着男方走了,没有经过父母同意这就是"拐走",女方家里会纠集本族的人到男方家里闹事,男方家赔礼道歉才行。如果男女双方睡过觉了,绝大多数情况下两人会结婚,否则女孩的清白没了就很难再嫁出去。但是如果双方父母没达成一致,自由恋爱的男女就会被拆散,男方要赔给女方钱,结婚后也就各安天命了。

---

① 掌眼:在东南隅指看看东西,提提意见。相亲、买卖等都有请人掌眼的说法。
② 来派:即派头,在东南隅指人的精神面貌。
③ 过活:即家产。在东南隅也指家庭的收入来源,即靠什么过日子生活。

5.男方不下聘礼,女方陪送嫁妆

在东南隅这里男方娶妻不下聘礼,只在迎亲的时候给岳父家送一块"离娘肉",肉的多少看各家家产而定,意思是拿这块肉换走了母亲身上掉下来的肉。除此之外,男方家不需要再给女方其他东西。但是女方家要给女儿送陪嫁品,陪嫁品的数量也要根据女方家产和女方父母的意思确定,各家都不一样;家里女儿多的,不同的女儿陪嫁东西数量也不一定完全相同。原则上女方要陪送家具、铺盖和衣服,但是数量和质量就根据各家情况来定。

(三)婚配过程

1.男方家长安排全部事宜

在刘家,家里孩子娶妻都由刘宗仪做主,女方听从男方的安排,具体过程是约定俗成的,整个东南隅都差不多。结婚必须要有"团媒人",媒人也由男方确定,一般是说亲的人,或者双方都认识的有名望的人担任媒人。结婚时小事可以由刘孔氏做主,但是选媳妇、定日子、结婚仪程、摆酒设宴规格等大事只有刘宗仪才能拍板。结婚的事务安排由刘宗仪决定,但具体事情都是刘孔氏去办。不过刘其才娶妻,还需要告知刘宗仪的两位兄弟,他们可以提意见,刘宗仪对兄弟的意见尤其是大哥刘宗礼的意见特别重视,在婚礼仪程上刘宗仪更要遵照刘宗礼的安排。分家之后上面还有老人的,也要告知老人,婚礼当天还要请老人来喝喜酒。

2.婚配过程严格,婚礼程序庄重

男女两家在相媒之后,如果双方父母同意了这门亲事,就可以进行接下来的程序。相媒完成,男方下"大启"①,然后女方父母到男方家里换庚帖,写的是男女双方的生辰八字,内容如下:"主婚人某某某。今将××(女方家长)长女/次女××许配××家长子/次子××,年庚开列如下,男方某年某月某日某时,女方某年某月某日某时。祝金玉满堂,文定厥祥。"下了大启、换了庚帖就意味着定亲完成,不得反悔;如果定亲后男方儿子意外亡故,女方仍然是男方家的儿媳妇,要到男方家里守寡。换庚帖的时候双方家长也会商定好结婚时间,到时候男方办婚礼将媳妇娶进门。

定亲完成之后,举办婚礼之前,男方家还要给亲朋好友和女方家发婚帖,请人来观礼随份子。男方写婚帖,署名要写"高堂",即本支三服以内年龄最长、辈份最高的男性,"有父穷父、无父穷兄"。刘其才和刘其法娶妻,婚帖署名写的就是刘宗仪的大哥刘宗礼,因为他是本支脉的大家长。婚帖上书:"谨遵宪书,选择良辰吉日,定于某月某日某时,喜迎新人某某时辰上轿,某某时辰下轿,全媒人记户缘"等内容。刘宗仪小时候家里条件好,读书时间长,知晓各种礼节,还写得一手漂亮的毛笔字,儿子结婚相关文书都由他来写;刘宗仪在家的时候,村上其他人家婚丧嫁娶也都会找刘宗仪帮忙写文书。

婚礼前半个月,家里还要贴新的"门对子"②,家里门上贴红纸红花,还要在村庄周围一些石头上用十公分③长的小红纸条贴"青龙"二字,祈求保佑婚礼顺利;婚礼前一天的下午,要"上林"祭祀,告知老祖宗们家里添新人,请老祖宗们回家喝喜酒。刘其才娶亲时刘宗仪还请了几名吹鼓手,迎亲前一天晚上吹打奏乐一场,让村里人都知晓自家的喜事,迎亲的时候还

---

① 大启:即指定亲书。启字由"户"和"口"组成,下大启就意味着请人转户。

② 门对子:即对联,在文中指婚联。

③ 公分:即厘米。

要跟着花轿吹打演奏。

刘其才娶妻时一大早就领着花轿队伍去接新娘,迎亲时还要抱着一只公鸡去,女方押一只母鸡,让新娘抱着回来,鸡音同吉,抱鸡回来表示抱着"吉祥"到家。接亲回来拜堂,正堂挂的"家堂",正堂拜的也是本支年龄最长、辈分最高的老人,即刘其才和刘其法兄弟二人结婚要拜刘宗礼,刘宗仪是同辈里的二弟,虽然是自己的儿子结婚,但是不受新人跪拜。

(四)婚配原则

1.原则上长幼有序,同辈之间看样貌

在东南隅这里,大家庭结婚都有先后顺序。以前结婚早、生孩子多,叔叔和侄子岁数差不多的情况有很多,而且没结婚的男丁原则上不分家,所以一家人里面结婚娶妻要先长辈再晚辈,也就是先叔后侄。如果家里长辈没找到媳妇,辈分小的原则上不能先娶妻,除非自己叔叔辈天生残疾难找媳妇。这种先后次序是传承下来的祖训,娶妻次序乱了会被人非议和笑话,自家人之间见面脸上也不好看。在兄弟之间,娶妻则没有这么森严的先后顺序,兄弟之间娶妻一般都是根据年龄来,先大后小。不过也不完全如此,兄弟之间也要看个长模样和是否能说会道,长相不好的比较难找媳妇。刘家宗字辈里面,就有不少大哥当光棍、弟弟娶媳妇的情况。兄弟姊妹之间也不会强制要求嫁娶的先后次序,家里女孩先嫁人哥哥再娶亲的也有。同辈之间要看每个人的个人条件,和家庭人数多少无关,说到底还是要看家产。

2.结婚花费由家产决定

结婚的时候,各家在婚礼上的花费不同,男方这边主要花在婚礼和摆酒席上,要根据家产来衡量。刘其才娶妻的时候,因为常年不在家觉得亏欠儿子,所以刘宗仪在这上面花了不少钱。摆喜宴平均8.8元一桌,这在当地算是平常人家最好的宴席了,再加上其他杂七杂八的花费,一共花了50元,折合粮食大约500斤。

在不分家的时候,家里孩子结婚都要自家父母承担;如果分家的时候孩子还没有结婚,分东西的时候就会多分给他一些,给他留为娶媳妇使用,其他兄弟也能理解。

一个家庭里不同的儿子结婚花费一般都差不多,不过也要根据家里父母的偏爱程度,有的花的多点有的少点,儿子有意见无用,老人说了算。不过大小户之间结婚花费差异就比较大,大户结婚花费比小户多得多,这根本上还是根据自家家产情况来定夺。刘其才和刘其法兄弟二人,刘其法娶媳妇的时候花费就不如刘其才,但是上面有刘宗仪在,兄弟之间肯定不敢对此有什么意见。

(五)其他婚配形式

1.纳妾室很少见,多因无法生养

在刘宗仪家里乃至近门近支都没有纳妾的情况,中小户人家根本不会有纳妾的情况。东南隅这里,大户和地主家一般也很少有纳妾的情况,除非是家里妻子不能生养或者没有生男孩,才会考虑到纳妾。纳妾都是找贫苦人家的女儿,一般家庭都不会让女儿去当妾室,说出去不好听。纳妾的时候一般是给钱或者粮食,女孩子"不值钱",女儿给别人做小妾能到手的东西也不多。纳妾不举办婚礼,直接从女方家里接到男方家里就算完了。

对于小户来说,家里没有孩子或者没有男孩,会考虑过继或者抱养,而不会考虑纳妾的事情,家里的条件也不允许,更不会有人能看上来这种家庭来当妾室的。

刘宗仪曾经带回来过小媳妇,但是两人没有举办任何仪式。自己长官的女儿,纳妾的话女方家肯定不会同意；就算是纳妾，也要和家里的长辈说一声，但是他的小媳妇不干活、抽鸦片，家里人和兄弟们都反对，刘孔氏生性泼辣要强，也没少闹腾，所以这件事情也就不了了之了。

2.童养媳很常见,多为私下进行

在整个东南隅，养童养媳的情况比纳妾多得多，一般都是穷人家才会养童养媳，也都是从儿女多养不起的穷人家找，防备着以后家产少儿子不好找媳妇。在这里，童养媳和自己"丈夫"因为从小生活在一起，长大了直接结婚就圆满了，所以又称为"团圆媳妇"。

童养媳的年龄大小都有，最小的有五六岁就领回来的，最大的是十二三岁，再大一些的就可以直接嫁人了，而不必给别人当童养媳。找童养媳的事情是两家直接商量，也有专门的介绍人帮着联系找想养童养媳的家庭，两家的家长商量好了，男方就可以直接将女孩领回家。领童养媳的时候不需要给粮食，也不会签契约，全凭两家家长的口头协定，因为这种事情也不"好看"，没有人会郑重其事的去做这些。领回家的童养媳就和自己家孩子一样养活，各自家庭负责，其他人不会掺和什么。一般到了十六七岁，家里男孩的母亲就会给童养媳"盘头"，这也就意味着两人结婚了，以后在一起生活，不再另外举办婚礼。娶童养媳的过程也都是各家自己安排，不会也不需要告知其他人。

3.改嫁和续弦相对较多

在以前医疗卫生条件比较差的情况下，农村人很容易生病去世，所以改嫁的女人和娶二婚填房的情况是相对较多的。在汶上县东南隅这里，改嫁的女子又被称为"二婚头"，带孩子的二婚又被称为"带犊子"。在刘家这一门里面，娶二婚的男人不少，但是在1950年以前，家里的女人没有改嫁的。改嫁给的男方，一般都是自己原配去世，然后再娶一个妻子续弦，家里也总需要一个女人操持家务。

续弦能娶什么样的姑娘就要看男方家里的家庭情况和个长模样，家里条件好的都喜欢找没嫁过人的"清白姑娘"。刘家男方再娶妻续弦的，大多数娶二婚头，一般都是男方和女方家里看看商定好了，晚上悄悄带回家，不举行婚礼。如果续弦娶的是未曾嫁过人的姑娘，就要明媒正娶，和头婚一样的仪式。刘其才的兄弟辈里面，刘其烈曾经娶了三次媳妇，后两个都是二婚头。

4.祖训严格,入赘情况罕见

在1949年以前，整个槚柏村的刘姓人家极少出现招女婿入赘的情况，这是祖宗的祖训使然。在整个汶上县东南隅，入赘的情况也都是及其罕见的。槚柏村上也只有两家入赘的姑爷，都是离着很远的其他县的人，而刘家的男丁也不允许入赘其他人家。

(六)婚配终止

1.休妻原因多,休书为凭证

在东南隅，休妻的事情也是比较少见的，刘家近门近支里面没有人休过妻子。发生休妻的事情，一般都是家里妻子不孝顺老人或者不能生养，这是休妻最核心的原因，其他诸如夫妻脾气不和、妻子好吃懒做、不会干活、外面偷人等原因也都会导致休妻。

家里休妻的事情一般都是丈夫提出来，然后告知自己父母；也有家里公婆要求的，儿子不会拒绝。休妻属于家事，其他人不会干涉，被休的妻子大多数也都是"臭名远扬"的人，邻里也不会去劝解。而且生了孩子的女人也有可能被休掉，因生了女儿被休掉的更多。被休掉之后,生下的孩子都要留在夫家。

以前休妻的时候,不需要办离婚手续,但是要写休书。休书都是男方家里写,如果男方家里没人会写字就找近门近支里面的老人或者其他文化水平高的人来写。写了休书,署了丈夫的名字,就算婚姻终止。之后要由男方将休掉的妻子送回娘家,家里的女儿被休是件丢人的事情,娘家人不会到场来接女儿。东南隅这里休妻大多数都是因为妻子犯错的缘故,所以结婚的时候女方带来的陪嫁品要带回去,男方也不用给女方家什么赔偿。

被休掉的女人一般都在娘家待着,如果再次嫁人就要按照"二婚头"改嫁来算,不会再举行婚礼。刘家二门里面有一家的女儿被休掉后回来,就一直待在娘家里,没有再嫁。而在刘其才家里,因为刘其法的媳妇经常吵吵要分家,刘宗仪对她很不满意,有时候让他生气了就会威胁要儿子休掉她,但是刘孙氏的弟弟是革命干部,土地改革运动的时候还是这里的工作队长,所以家里最终也没有休妻的事情发生。

2.守寡不改嫁,生活不用愁

家里丧夫的人在这里称为"守寡"或者"守门"。守寡的女人情况不同,有的生了儿女的守寡是为了带孩子,没有儿女的守寡是为了守家产。在刘家,守寡的女人只要不改嫁,无论有没有孩子在分家的时候都会分给她丈夫的那一份,在她老了的时候会过继给她一个本门本支的孩子为她养老送终,可以说是生死不愁。死后埋葬的时候再和丈夫合葬。

二、家户生育

(一)父辈常在外,儿孙不算多

在 1949 年以前,刘宗仪作家长时,家中爷爷辈只有他们夫妇两人;刘其才兄弟二人,没有姊妹;刘其才的儿子刘嘉训也是兄弟二人,不过还有两个同胞妹妹,二叔家还有两个堂妹堂弟,不过在 1949 年的时候夭折了。除此之外,家里的孩子并没有丢弃、溺亡等其他变故。农村讲究多子多福,家里生养得越多越好,但是刘宗仪家里孩子生养的相对比较少;刘宗仪的两个兄弟,刘宗礼家里也只有一个女儿,刘宗仁家里也只有一个儿子、两个女儿,和村里其他人家比都不算多。因为东南隅这里分家都分的早,一般结婚生子了就会分家分出去,所以人口非常多的家庭很少,三世同堂都属于少见,四世同堂的情况村上从来没有过。

(二)生育目的与态度

1.偏爱生男孩,多子是福气

对于榉柏村的人来说,生育孩子是为了传宗接代,让刘家的香火一代代传承下去。当地人一般都倾向于生男孩,一方面是为了传后,另一方面也是因为男人是家里的主要劳动力,能干更多的活,小家庭多生孩子也是为了能够多个干活的劳力。对于没有孩子或者没有儿子的家庭,祖训要求要从本门本支里面按规矩过继一个男孩为其养老送终,所以生养孩子还是为了自己血脉的传递和养老送终。生孩子除了偏爱男孩之外,一般的家庭还都希望孩子越多越好。虽然孩子多了生活的压力会变大,但是孩子长大之后能给家里干的活也多,而且家里人多别人不敢欺负,兄弟之间还能互相帮衬,老了之后孩子们也能轮流养老,所以农村都倾向于多生孩子,兄弟七八个的很常见,刘其才这样兄弟两个的反而是少数。

2.鼓励早婚早育,非婚生育耻辱

以前结婚都比较早,家里越有钱给孩子娶媳妇就越早,父子之间年龄差得也就越小。榉

柏村有个说法叫"穷大辈",因为榉柏村的刘姓人家都有统一的行辈,家里越穷娶媳妇生孩子越晚,家庭代际差越小,富裕的人家都有孙子了穷人家才有儿子,长此以往,穷人家的辈分就越来越大。榉柏村的地主刘宗文和儿子刘其昌只差十三四岁,刘其才和儿子刘嘉训也只差18岁。娶媳妇早显得家庭条件好,加之以前人的寿命短,为了早日抱孙子,所以榉柏村的人们都鼓励早婚早育;只要家里有钱,孩子15岁之后就准备给孩子娶媳妇,十三四岁娶妻生子的也有,孩子娶妻生子早,家里人脸上有光。虽然鼓励早婚早育,但是村里人对于非婚生育持坚决禁止的态度。一般家庭都对女孩看得严,不允许其出去乱跑、和外人打交道,在出嫁前很多家庭的女孩都没有出过村子,家里也经常教育女儿严守贞洁。但是如果女孩子没嫁人就有了身孕,这对于家人来说是非常耻辱的事情,女儿怀孕了在生孩子之前一定要嫁给这个男人,这就是"奉子成婚"。如果女孩不知道是谁家的孩子或者两人没能成婚,那么就要偷偷把孩子生下来然后送人或者直接扔掉,绝不能让别家知晓自家女儿未婚生育。

(三)妇幼保护功能

1.生育由夫妻二人决定

每一个家庭里面,无论分不分家都是各自小家庭的两口子决定生多少孩子、什么时候生孩子,生养孩子的观念已经内化为每一个人的思想观念,男女双方都知道要为了家庭的传承生养孩子。家里的老人会鼓励多生孩子,但是生育孩子的事情最终还是要夫妻二人决定。

2.妇女孕期并无优待,一切生活劳作照常

在榉柏村,农村妇女怀孕期间和其他时候并没有什么不同,除非到了快生的那个月才可以多点休养的时间。平时都是正常作息、正常的做家务,"身子不重"①的时候还要继续下地帮忙干活。在刘宗仪家里,婆婆媳妇能在怀孕的时候轮换着干,快临盆的时候也可以照料着,本来的家务活可以由刘孔氏来接管。除此之外,怀孕期间并没有其他优待。

3.村上产婆来接生,无其他防护措施

孩子快出生的时候,家里妇女有感觉了就会提前告知自己的丈夫,由丈夫去请接生的产婆。在榉柏村并没有专业的产婆,都是村里接生过几次的有经验的大龄妇女。产婆到家里来接生,就在自己平常起居生活的房子里,也没有专门的接生室或者其他防护措施。生育过程中发生大出血等紧急情况,也只能按照农村的土办法来处理。接生的时候家里其他的女眷都要帮忙,烧热水、撕纱布、照料产妇、熬益母草汤等,家里的男人只能在屋外等着。

4.产后给产婆送礼,不需要其他费用

请产婆的时候不会给钱,产婆也没有专门的费用,一般都是接生后隔天或者过两天去给产婆家里送点礼物,两包糖或者一些红鸡蛋。在孩子满月的时候还会再请产婆来吃饭,除此之外,生孩子没有其他花费。给产婆送什么东西,这些花费都是家里的家长来做主,家里的妇女或者丈夫给产婆送去,一方面表示感谢,另一方面也是分享一下喜气。

5."坐月子"生活略有改善

刚生了孩子的妇女,在孩子没满月之前要"坐月子"。在这一个月里面,她不需要做什么家务,只要照料好孩子和尽快休养好身体。原来的家务都由婆婆和妯娌来做,儿媳妇生孩子的其他一些事情也都由婆婆来安排。坐月子的时候休息时间比以前长,这一个月也是女性在

---

① 身子不重:即怀孕时间较短,孕期特征不明显的时期。

家里面唯一可以名正言顺的不做家务只休息的时间。当然,这一个月里面,待产妇身体好一些了家里的家务活也要帮衬着一起做。坐月子的时间里,家里会给产妇改善一下伙食,改善也有限,只是加点鸡蛋。坐月子期满,婆婆还要帮产妇"发汗",给产妇做一大碗鸡蛋姜汤或者红糖鸡蛋水,喝完后裹紧被子热出一身汗,把体内的湿气和寒气排出来,做完这事也就意味着"产假"结束,要重新接手家里的活计了。

6.保护措施落后,常见婴儿夭折

孩子在出生以后,由母亲和奶奶轮流照看。母亲奶水多的,就多喝几天奶,稍微大一些能吃东西了就喂点米粥、红糖水之类的流食,孩子的尿布也都是旧衣服撕成的条块布。椐柏村大多数人家经济条件和卫生条件比较差,经常会发生孩子夭折的情况,孩子夭折了之后就直接丢到隔壁大椐柏村的乱葬岗里面,或者挖个坑草草掩埋一下。

(四)生育仪式

1.产后送喜面,全家庆添丁

家里生了小孩,孩子6天的时候媳妇娘家会来给送喜面,带来些小米、红糖和鸡蛋,富裕人家在满月的时候还要办满月酒,无论生男生女都一样要办。在刘宗仪家里只有送喜面这一种庆生活动,但是生男生女在宴席的规格上就有所差别,准备的菜和"大件"①不一样,女孩要少一些。办满月酒要请媳妇娘家的父母和孩子的舅舅们、姨娘们,男方这边只请刘宗仪的兄弟辈,刘其才的兄弟辈不需要请,除了产婆之外,其他人也不会请。生孩子之后邻居会给家里送点鸡蛋或者红糖,媳妇娘家来喝满月酒也要带东西来。作为回礼,要压②红鸡蛋给送礼的人,随礼多的压8个,随礼少的压6个,让大家都沾沾喜气。

2.全家人共同操办,随礼人情不能忘

在刘宗仪家里,举办生育仪式的花费都由大家庭来承担,因为生了孩子是全家人的喜事。以前生孩子办酒随礼都是给东西不给钱,东西一部分就给产妇补身子,剩下的都是留着全家一起使用,不过随礼多少家里有笔账都清楚地记得,这是人情,以后要还。

(五)孩子起名

1.长辈起名,男孩庄重,女孩随意

在孩子起名的事情上,分很多种情况。有的家庭必须由孩子爷爷起名,有的家庭孩子父母起名,还有的家庭家里人都不识字就要找村上的"读书人"起名字。在刘宗仪家里,儿孙的名字都是他起的,生了孩子之后无论他在不在家都要告知于他,然后他会给孩子起名字。在整个刘姓一族,男孩的名字之间都有辈分,"宗、其、嘉"等都是族谱上拟定好了的行辈。虽然刘姓一族每个人都有带行辈的大名,但是在平时都不会用,大名通常是在族谱上登记的名字,在日常生活中都是用小名。在东南隅这里,小名又叫"奶讳",90%的家庭的孩子都有小名,平时互相称呼也都是用小名。

旧时为了让孩子好养活,喜欢给小孩起贱名,诸如"狗剩""狗蛋""铁蛋"之类的名字,不过这只是家里人和近门近支称呼小孩才用的,孩子长大之后就不会再用了。

女孩取名和男孩不同,女孩的名字不带行辈,一般习惯用一些女性化的字眼来起名。女

---

① 大件:在北方,指的是酒席上的大菜,多为整个的鸡、鱼、肘子等。
② 压:指回礼。在对方装礼物的篮子装上回礼,不能让对方空手而归,也叫压篮子头。

性的名字大致分几种:一种是按照出生顺序,称为"大妮""二妮";一种是按照出生季节,称为"春哥""秋哥";有的家庭盼男孩,生了女孩就起名为"招弟""盼弟";更多的是以"春""花""蓉""娟""艳"等女性化的字眼来给女孩起名字,而且相对随意一些。

2.以名字寄托对孩子的期望

在刘宗仪这一脉,宗字辈兄弟三人的名字分别是"礼仪仁",这是他们父亲刘秉章的大哥刘奉章给起的名字,刘奉章中过秀才,推崇儒家文化的这一套,也是按照此给家里的后辈起名。刘宗仪给两个儿子取名为"其才、其法",实际起名也可能是"其财、其发",刘宗仪的想法是孩子的名字给他带来好运能够发财。刘宗仪给孙子起名为"嘉训和嘉读",训是指教诲,要孩子听话;读是指读书,希望孩子读书学习。而家里女孩的名字就相对随意一些,"凤云""凤霞"和后来的三女儿"彩云"都是女性化的名字。

3.行辈作名,差别甚微

在起名的事情上,不同类型的家庭之间差别不大,尤其是男孩子的名字都是按照行辈加一个单字,起名的人也都是家里的男性长辈。榉柏村没有特别发达的人家,与外面联系较少,也没有找外面官府公职人员起名的情况。家里或者支脉里有读书人的,大家都喜欢找他帮忙起名,从书上找些文言字作为孩子的名字,普通人家就随口叫一个名字。

三、家户分家与继承

(一)分家

1.家长主持,公平分家

刘宗仪一家虽然两个儿子都结婚生育了子女,但是直到1950年才分家。在东南隅,分家一般都是由老人提出并由他主持分家,一般都是儿子结婚生子后就会将儿子分出去单过;儿子也有主动提出分家的,这种情况是因为夫妻二人想要自己攒"过活",和老人兄弟一起过东西分配不均。刘宗仪的儿子结婚虽然早,但是他自己和二儿子刘其法长期不在家,刘其才也不敢提出分家,家里总要有个男人担当着日常家里的大事;1948年刘宗仪和刘其法回家之后,也没有提出分家,刘其才兄弟二人还是在一个院子里过,大家一起干活一起吃饭。

2.只看血脉,严分内外

在榉柏村这里,老辈人其实不喜欢分家,因为分家会让家产变薄,但是兄弟们长大了可能因为兄弟结婚、妯娌不和等原因不得不分家。分家的时候按照均等原则,家里有几个兄弟就把全部家产分成几份,每人一份。大到土地、房屋,小到锅碗瓢盆,都要分得清清楚楚。分家只有自家的男性才有资格,无论他身在何处、是否婚配、是否作奸犯科,只要是流着刘家的血脉就能分到一份。但是女儿没有资格,无论女儿多么孝顺。有的家庭里面儿子早亡,留下孙子辈的就将儿子的一份分给孙子;如果只留下儿媳妇守寡,自家儿媳妇不改嫁的话,儿子的那一份也要分给儿媳妇。过继的儿子和自己亲儿子要一样对待,但是改嫁的媳妇带来的儿子和入赘的女婿因为不是刘家血脉,不会分给他东西。

3.写分家单,找见证人

分家的时候要写分家单,找见证人。刘宗仪会写字,分家单就由他来写,见证人也由他来找。见证人可以是自己的兄弟或长辈,可以是儿子的舅舅,也可以是族里村里有名望的人。有的家庭家长不识字,就要找识字的人来做见证人、写分家单。见证人只是在分家的时候做个见证,给家里的家长"掂量掂量"分得是否合理。分家完成之后,见证人就不再负责其他事情,除非兄弟之间起了争执才会再让见证人根据分家单的内容来裁决和调解。

除了父亲之外其他人不能找见证人,分家讲究的是平均和公正,兄弟各自找的见证人可能会偏帮某一方,而且父亲在的时候他才是一家之主,这种大事只能由他来定夺,儿子们胆敢私下里找人在分家的时候帮忙说话会被父亲斥责,也会在分家的时候反而对自己不利。

再者,有资格能做见证人的一般都是家里的长辈和村里族里有名望的人,他们也不会偏袒某个小辈,所以其他人私下找见证人也没什么用处。

4.外人不干涉,内部讲公平

虽然儿子辈的可以向父亲提出分家的请求,但是能不能分、怎么分,这些事情都是家里的家长也就是刘宗仪才能决定,分家的事情完全由刘宗仪做主,见证人能够在写分家单的时候给他提提建议,但是最后的决定权在刘宗仪手里。家里的其他人在分家的事情上做不了主,兄弟们也不敢有什么意见和要求,刘孔氏也不会对两个儿子有什么偏颇。倒是有的时候儿媳妇的娘家会掺和分家的事情,但是这也是极少数,这样的人家都是"不懂味",反而会招致男方家里的反感。

而且外部人不能干涉家庭分家的事情,除非家里没有老人了,是母亲当家或者兄弟当家的情况下,自家叔伯和娘家舅舅可以主持分家的事情。父亲做出分家的决定后,也可以找自己兄弟和儿子的舅舅进行商议,有纠纷也可以让他们协助进行调解。虽然分家由父辈来决定,但是身为长兄要主动谦让,要礼让弟弟。所以刘其才也会给刘宗仪说明多给弟弟哪些东西,刘宗仪也会听取他的建议。

在檀柏村刘姓的人家分家都差不多是这样,大小户分家旨在分家的内容上有差别但是在程序和做主上没有差异。不过子女多的家庭和家产多的家庭分家比较难,儿子之间比较容易起争执。

5.契约见证分家结果

分家的时候写完分家单,儿子们在各自分家单上面签字或按下手印就意味着分家完成。分家单写明了分家的时间、每个人分到的家产和物品、分家人和见证人,兄弟几人每人保留一份,老人自己也需要留存。对于一些家庭来说,老人生大病走得急,在临终前也可以直接口头说说如何分家的事情,将家里的东西大致分配一下,这样的口头协定儿子们也都会遵守。

6.分家立册,外界认可

分家就意味着立户口,分家完成之后儿子们就是自立门户,都要到村里的户口册子上进行登记,可以是家里的老人去登记,也可以是分家后的兄弟各自去登记,登记之后有事就会找各自家庭的人。如果分家不分院,村里事情还是要通知家里的老人,再由老人告知儿子们。

(二)继承

1.本姓男丁有继承权

在农村分家和继承大体上就是一回事,在分家的时候就将家产的继承分的清楚了。在继承的资格要求上,也要严格按照血脉关系,只有刘姓血脉的男丁才能拥有继承权,每一家只有自己的儿子才能继承家产。当然这也不完全确定,家长可以根据自己的喜好和威信来指定继承的权限范围和具体的人。虽然改嫁带来的儿子、小妾生的儿子还有女儿不参与分家,但是老人可以让他继承一些家业和物品。

2.老人指定继承资格

继承的人由老人自己指定,继承的东西也由老人分配,继承的条件也是老人决定的。有威信的老人在家里的事情上还有继承的问题上是一言堂, 在遵照祖训基本原则的基础上由各家的家长自己裁定。外人不会干涉其他家庭继承的事情。

3.家长做主,分配实物

继承的东西其实也就是分家分配的东西,从土地、房屋、牲口、家具等到锅碗瓢盆、衣服针线都要指定继承人。但是继承也仅限于实物,以前一些职务头衔都无法继承,这些都是上级任命的,而且榠柏村刘姓里面也没有人担任过什么职务。

刘宗仪曾经在上海和济南的国民党军事系统干过很多年工作,曾经积攒下了一些古董、字画之类的东西带回了家,这些东西刘宗仪平时都自己保存着,在分家的时候这些东西也没有分给哪个儿子。这些都是家里的家长自己做主,这也是他的自由和权利。

四、家户过继与抱养

(一)过继

1.传承香火,养老送终

按照刘家家训,讲求"昭穆有序",某一家没有男孩就要从自己兄弟的儿子中过继一个给他,用以传承香火、为他养老送终。以前刘家兄弟之间过继孩子的情况比较常见。榠柏村的家庭要过继孩子的,一般都是没有儿子的家庭,也有的是一辈子没娶媳妇的光棍,过继孩子都是为了有人能够养老送终、继承家业和传承香火。生了男孩的家庭肯定不会从别人家过继,哪怕孩子作奸犯科或者对老人不孝顺。除非是家里的男孩早亡或者没人能够养老送终,才会过继兄弟家的侄子。有女儿的家庭也要过继,女儿不能给老人送终打幡摔盆子,这些事情必须要由同姓的男丁来做。女儿可以养老,但是不继承家业,也不能给老人送终。这也都是祖宗的祖训。

出继和入继的家庭都是近门近支的兄弟, 过继后继子继承家产也都是自家人,"肥水不流外人田"。而且出继的家庭也愿意让自己儿子多继承一份家产,自己家里分家的时候就可以少分一个人,这对出继的家庭和出继的人是好事。

2.同宗过继,长辈安排

过继人的选择有一套规矩,要按照族谱,由近及远。首先从自己亲兄弟的儿子中选择,亲兄弟没有儿子的话再从堂兄弟的儿子中选。自己兄弟的儿子中,哥哥要过继兄弟家的长子给他送终,弟弟则要过继自己哥哥家的次子为其送终,这个顺序也是族谱上规定的。但是入继的家庭有个权利,他可以不严格按照长幼顺序来,可以从自己兄弟家选择自己喜欢的侄子过继到自己名下,同族之间也会允许。有的家庭家里有女儿没有儿子,不需要养老,但是发丧送终一定要选自己的侄子才行。如果亲兄弟家只有一个儿子,那么可以只为其送终而不入其支脉,一个儿子为两位老人送终摔盆子。

因为过继的孩子可以继承家业,原则上同姓的家业是不能给外人的,如果自己亲兄弟家有孩子,那就不能选择其他的人来过继,哪怕兄弟二人关系不好也不能改变,这都是祖宗留下的规矩,不按照规矩来自家本门的人也会指责,由族里的长辈裁定过继谁。刘宗仪的父亲刘秉章原本是刘恒泰的二儿子,被过继给四叔刘恒吉,纳入他的支脉,继承了刘恒吉的家业;

刘宗仪的大哥刘宗礼没有儿子,就要刘其才给自己伯父送终打幡摔盆子,但是刘其才不完全负责养老,也没有继承伯父的家产。

3.家长具有支配地位

在同族内的过继,过继方式和顺序都是约定俗成的,族谱上也都有规定。出继的家长和入继的家长两兄弟之间商议好即可,有时候入继家庭的家长会选择一个自己喜欢的侄子,不一定完全按照族谱要求来,这个族里也允许。如果过继外人,自己的兄弟和同族的长辈都会谴责,入继的家长脸上也会不好看。虽然没有强制要求,但是大家心里都有数,以后也会疏远他和继子。如果是寡妇家要过继儿子为其养老送终,就要自己夫家的兄弟中年长的来操持,确定过继谁。

过继的具体形式也有很多种,有的是小时候过继然后抚养长大,有的是直接过继长大的侄子;有的是完全过继,纳入入继家庭的支脉,有的是过继一半,过继后只负责送终。

出继和入继的家庭绝大多数都是亲兄弟,所以在过继孩子的时候不会收取财物。完全过继,孩子就会继承入继家庭的家产,这对出继的家庭和孩子来说是好事。不完全过继的话,侄子给叔伯送终也是伦理道德的要求,也不能要求必须给他东西。

完全过继的时候会写继单作为凭证,继单由入继的家庭找村里的名望人或者族里的长辈来做中间人,出继家庭的家长在继单上署名签字。继单只需要写一份即可,由入继的家庭保存。继单上会写明继子的责任义务和道德要求。继单的意义和分家单等同,出继就意味着孩子被分出去了,和原来的家庭便再无瓜葛。

过继都是在自己支脉内部进行,所以被过继的孩子一般不会反对,而且过继过去继承家产对他们也有好处,有的兄弟之间还会争着被过继到叔伯家里。如果从小就过继的孩子,还不懂事,也不会有什么意见。

4.共同商定回继

出继的继子可能会因为各种原因返家,这被称为回继。回继的情况有的是孩子自己决定的,因为入继家庭的老人不好伺候所以跑了回来;有的是入继家庭因为继子不孝顺而把继子遣返回来。回继也要两家人再商议说定,将继单销毁就算结束了过继约定。

5.过继有理,族人认可

过继都是发生在同族之间,所以族内对过继的事情都很认可,在编写家谱的时候也都会将过继的孩子纳入入继者的支脉中。因为都是自己家族的血脉,所以继子在家族内和其他人一样的,继子不会被区别对待。

在刘姓四门里面,过继的事情经常发生,同族内部对过继行为也会严格按照规矩,规范出继入继行为。家训中有昭穆相当的要求,大家对于过继的事情也都认可和支持。

(二)抱养

1.支脉人丁少,抱养延香火

榉柏村的刘姓一族虽然总体人数不少,但是在不断繁衍而扩大的各个小支脉中,有的支脉人丁稀薄,始终一脉单传,遇上没有子嗣的情况,想要过继一个儿子都"无从下手",所以就要考虑从外面抱养。以前,抱养孩子的家庭一般是这几种情况:一支两不绝的人家,养老压力大需要从外面抱养孩子;没有兄弟、支脉人丁稀薄的家庭。刘宗仪家里虽然人丁少但没有从外面抱养过孩子,在刘其才的堂兄弟辈里面,刘其合就因为没有儿女从外面抱养了一个孩子。而愿意将孩子抱给别人的家庭一般都是将家里未婚先育的私生子抱给别人,或者是孩子多的穷人家自己养不活这么多孩子才将孩子给别人养活,也有父母双亡的小孩被自己叔伯送给别人抱养。抱养的孩子有男孩也有女孩,绝大多数是男孩,因为抱养孩子是为了给自己养老送终、继承家业,当然会优先考虑男孩。

2.抱养实属无奈,有专门中间人

在东南隅这里,抱养孩子的情况比较少,和过继相比抱养要麻烦得多,而且对抱养的孩子不知根底,会带来很多麻烦事情。除非是族里人丁稀薄实在没办法才会选择到外面抱养孩子。抱养孩子的家庭什么样的都有,无论贫富只要家里没有子女的家庭,都有抱养孩子的情况。

抱养孩子有专门的中间人,他会负责联络抱养双方,帮那些有孩子需要送出去的人家解决麻烦,也能从中得到一些好处。抱养不局限于同宗同族同村,什么地方有孩子可以抱养都可以带回自己家。不过,抱养孩子都是选择不出满月的婴儿,晚上偷偷从介绍人那里抱回自己家,抱养双方的父母不见面,抱养孩子也不需要签订契约,如果抱养孩子需要给一些钱粮也都是由中间人负责转交的。

3.偷偷抱养,不入族谱

之所以抱养孩子要偷偷进行并且尽可能地瞒着其他人,是因为抱养双方的家庭会受人非议、被同族同村的人看不起,而且抱养来的孩子不入族谱,因为他身上不是刘姓的血脉。抱养和过继两件事情内容上差别不大,但是孩子的待遇却差别很大。

(三)买卖孩子明令禁止

过继的事情在族内被鼓励和允许,抱养会受到一定的非议和歧视,但是买卖孩子在刘氏一族里面是明确禁止的。自己家的血脉不允许卖给别人,哪怕是要饭也要养儿子。而且族谱上有祖训,被抱养出去的刘姓男孩,长大后要询问他是否愿意归宗。

五、家户赡养

(一)赡养老人自顾自家

赡养老人是每个家庭内部事务,外人不会干预也不能干预。每一家都自顾自家,为了生计而奔忙,没有闲工夫管别家的事情。在槐柏村,绝大多数的家庭都会孝顺老人,儿子们也都会为老人好好养老送终;有的家庭较为困难的,老人有病难治、缺衣少食导致早死,大家也都能体谅,但是不会有人主动去帮助别家赡养老人。当然,村子里什么样的人都会有,有的家庭儿子不孝顺,不好好照顾老人,甚至将老人"苛败"死,但是村里的人不会多说什么,没人愿意多管闲事,只会在私下里讨论几句谁家孩子不孝顺、不是个东西,等等。发生这种情况了,有的时候本家老人的兄弟辈会教训自己的侄子,教训也仅限于口头教训,但是毕竟不是自己的家事,也不能强制要求别家的儿子们做什么。只要儿子们能够让老人入土为安,在赡养老人的好坏程度上便不会做太多计较。

在整个东南隅,养老也仅仅意味着老人完全丧失劳动能力之后家里的孩子照顾其直到去世。槐柏村以前的老人活得岁数都不大,60多岁都是高龄了,所以在大家的头脑中,50岁以上就算是老人。虽然如此,50岁以上的老人只要还能活动,就不会赋闲在家"情着"儿子们赡养,虽然田里的重活干不了,但是家里轻点的活都还会继续干,割草、拾柴火、捡粪等。到了实在动弹不了了,才会完全让儿子们来赡养。刘宗仪1948年回家的时候已经50岁了,也早早过上了"养老"生活,平时在家闲着,抽烟喝酒闲逛,家里地里的活都由别人干,刘其才兄弟俩也都默认了要让父亲养老,兄弟两人也就负担起赡养父亲的责任。而母亲刘孔氏一直操持着家里的家务活,一直也没有进入"养老"的状态。

平常人家养老都是自己家儿子们的事情,原则上来说只有自家男性需要承担赡养责任,以儿子的支脉为准,只要分家分到东西的刘姓男丁就要给家里老人养老;儿媳妇从属于丈夫,也要为自家老人尽赡养义务,但是不独立承担赡养责任。家里的女儿无论是否出嫁,大家都默认女儿不用给老人养老,只要在老人去世的时候为老人守灵送终就算尽到了义务。当然,女儿孝敬老人、赡养老人是被允许的,嫁出去的女儿家里条件好,可以给老人买东西或者多照顾老人,但这只是女儿感情上为老人做事情,不是道德上的责任。和儿子不同,女儿不赡养娘家的老人,不给老人买东西,外人也不会指责她;但是女人如果不和丈夫一起赡养婆家的老人,就会被别人私下戳脊梁骨。

(二)老人选择赡养方式

不同的家庭赡养老人的方式也各不相同。有的家庭老人固定跟着一个儿子过,由一个儿子赡养老人;有的家庭老人由儿子们轮流赡养;有的家庭两个儿子分别赡养父亲和母亲;有的家庭老人单过,儿子们定期给些钱粮;也有的老人留养老地,不用儿子们给东西。各家赡养老人的方式都是家里老人定的,儿子们根据老人的意愿赡养老人。在以前各种养老方式中,老人选择单过的最多,儿子们定期给钱粮;几个儿子轮流着养老人的也比较多,这样每个孩子负担不会太大;留养老地的和分开赡养的情况比较少,像刘其才的近门兄弟里面,刘其祝兄弟二人就分开养老,老大赡养父亲、老二赡养母亲,就连老人发丧也都是两家分开办的。赡养方式和家庭孩子多少关系不是非常大,主要还是看各家家产情况和老人的意愿,独子家庭还是多子家庭都没有绝对固定的养老方式。但是对于没有儿子的家庭来说,都会提前从自己兄弟那里过继一个儿子为自己养老送终、继承家业。没有儿子只有女儿也一样,因为女儿总归会出嫁,也有自己夫家的公婆需要赡养,因此不能指望女儿负担赡养老人的责任,更进一步说,发丧打幡摔盆子自古都是家里男丁做,这是自古以来的规矩,已经成为农村人牢固不可破的观念,没有人会违反。

榅柏村的刘姓一族虽然人数较多,但是宗族只是一个名义上的组织,在赡养老人和其他公共事务上不承担什么事情,所以养老的问题宗族也不承担赡养责任,都是要各自家庭来负责。

(三)刘家具体赡养形式

1.长子单独赡养

刘宗仪自打济南回家,没过多久就开始过上了"养老生活",刘宗仪和刘其才、刘其法一起生活在一个院子里,大家也没有分家便还是一起过,只是刘宗仪不参与家里地里的劳作,由两个儿子养着。后来分了,刘宗仪也还是和刘其才在一个院子里一起过,也没有让刘其法给钱给粮食。所以刘家的养老方式可以算是刘其才一个人担负起了赡养家里老人的责任。

2.家长实际支配

家里的养老方式是刘宗仪决定和安排,刘宗仪决定的事情家里人都要照准执行。在没分家之前,刘其才一直是家里当家管事的人,对刘宗仪好吃好喝伺候着,家里地里的活也都安排得妥妥当当,刘宗仪也高兴,喜欢跟着刘其才过,儿子能够给他办好一应事宜。而刘其法娶妻之后有些惧内,小家庭的事情老二媳妇总有意见,分家也是老二媳妇先提出来的,刘其法没什么本事撑不起家来,所以刘宗仪不太喜欢二儿子。分家后刘其法搬到了新院子里,刘宗仪就留在老院和刘其才一起过日子。具体的养老事宜刘宗仪并没有和刘其法提什么要求,只是和刘其才说定了跟着他过;刘其才也让着弟弟,兄弟二人之间私下商议好了刘宗仪平时跟着刘其才过,双亲有什么病灾两兄弟再一起出钱出力,兄弟二人达成了协议,刘其法之后也没再管过给刘宗仪夫妇养老的事情。每家如何养老,都是各自家庭的家长安排决定妥当即可,别人不会掺和,村里族里也不会干涉各家养老的事情,各家儿子孝顺与否也没人会管。

赡养老人的事情一般都是由家里的家长决定的,也就是年龄最大的老人,父亲在的话就完全由父亲定,儿子听从;如果只有母亲了,养老安排就由母亲和儿子们协商决定;儿子当家的时候,养老的事情也要先听取家里老人的意见,儿子们决定了的方案如果老人不同意也不能执行。

3.家庭成员可以提看法

家里养老的事情除了各家的家长之外,其他家庭成员也能提出一些看法和意见。刘宗仪决定跟着刘其才过日子,也就意味着让大儿子养老,这件事情刘宗仪和妻子刘孔氏商议过,两人都同意了。而在刘宗仪告知刘其才自己的想法之后,刘其才也主动谦让弟弟,没让刘其法出钱出粮食,自己完全承担了赡养老人的责任,得到了刘宗仪的许可。一般家庭的养老安排,也都只有老人的妻子和长子才能发言提议,但是最后还是要老人点头决定才可以,其他人不能擅自决定。

4.家庭条件不同,具体形式各异

在整个榽柏村,不同类型的家庭在养老的事情上也是各种情形都有。赡养老人从根子上来说还是要看各家的家产情况,其他倒也都大同小异。大户家产多的,老人可能会留养老地,租出去收租或者雇人给自己种,满足自己养老的需要;小户大多都轮流养老,一家也承担不起养老的开销,兄弟几个人轮流来大家的压力都能小一点。有的家里老人没有儿女,过继的儿子也不孝顺,自己被迫出去讨饭的情况也存在。

(四)养老钱粮视情况而定

1.分家之时定好钱粮分配

一般的家庭在分家的时候家长就事先决定好养老的安排。分家早的家庭,老人还比较年轻,就选择自己单过,暂时不要儿子们给钱粮;分家晚的,老人就会指定自己的儿子们给多少东西。至于按月、按季还是按其他什么时间段给,视具体情况而定,也可以老人什么时候要什么时候给,但是按月给老人钱粮的居多。每次给多少由老人决定,每个儿子都要给一样多的东西,确保公平,不会因为儿子们家当的多少而不同;但是给什么粮食要根据各家季节的收成情况来,一般都是给谷子和高粱,老人也不会斤斤计较这些事情。东南隅这里每年的收成很少会发生大的波动,所以每年要给的养老钱粮也都差不多。像刘宗仪这样,老人跟着一个儿子过的,这个儿子就不需要出钱粮,平时管好老人的饮食起居即可,其他的儿子负责出钱出粮。刘宗仪喜欢抽烟喝酒,刘其才也要管好父亲的烟酒供给,刘嘉训从小就给刘宗仪到大榽柏村跑腿打酒,这算是另外的开销,但是也完全由刘其才一个人负担,没有找刘其法出钱。

2.家长决定养老钱粮

在承担养老钱粮的过程中，大事都是家长决定，但是家里的母亲也可以给父亲提提意见，有特殊情况时，儿子们也都可以给父亲说说，父亲也会听取儿子们的意见，尤其是大儿子的意见。兄弟们多的家庭，兄弟几个商议好事情请示父亲，父亲一般都会允准。但是儿子们不敢也不能私下擅自决定减少养老钱粮，过得好的可以多，但是没人敢少给。有时候家里的老人私下里也会将儿子们给的钱粮偷偷给心爱的儿子一些或者过的困难一点的儿子一些，但是这都只能在私下进行，不然其他兄弟知道了会心里有意见。

3.家庭条件有不同，养老钱粮差异大

不同类型的家庭里面，养老钱粮的供给上差异比较大。大家大户家产丰厚的，养老钱粮就比较丰厚，老人也不愁吃不愁喝；但是清苦人家，各家生活也过得紧紧巴巴吃了上顿没下顿，养老钱粮就很难及时供上，老人也都清楚。家里儿子多的，大家凑起来养老钱粮就比较容易，每家负担也小，但是家里儿子少的，老人就只能跟着儿子一起干活可以多赚点吃点。家里没有地的家庭，只要还能动弹，全家就会外出讨饭或者给地主扛活，也不存在给养老钱粮这一说。

（五）治病与送终由儿子们均等出力

1.小病自己撑，大病找郎中

家里老人上了年纪，体质比较差容易生病，身体不舒服就选择自己扛过去，除非是很明显的症状，才会到大櫭柏村的大夫那里抓点药，一副药只有几分钱，老人一般就自己支付看小病的费用。如果家里老人生了大病，卧床不起需要人照看，如果老两口有一人身体相对较好一点，那么就两个人互相照料，尽量"自力更生"不去麻烦儿女们，需要用到儿子儿媳的时候再去叫他们来帮忙；老人夫妇二人都不能动弹或者家里只有一位老人的情况下，一般都由几个儿子和儿媳轮流照顾。老人生大病要治疗，一般都是到县城药铺里请郎中拿药，当地医疗条件不发达，除此之外也没有其他什么医疗渠道。看病的钱几个儿子兑钱出，或者一个儿子先垫付之后再大家均摊。出嫁的女儿也可以回娘家来照看老人，但不是必须的，而且不能在娘家久住，所以照顾老人的事情还主要由儿子儿媳负责。

在刘宗仪家里，尽管他平时抽烟喝酒，年轻时还抽鸦片，但是一直到去世也没有什么大病大灾。刘孔氏活得岁数更长一些，也没有出现卧床不起的情况，所以刘其才夫妇也不需要伺候病号。

2.老人生病，儿孙伺候

"老人生病，儿孙伺候"是约定俗成的，不需要有人去特意安排，大家心里都有数。当然，兄弟们多的家庭，谁先来伺候，每个人伺候几天等，都要兄弟们之间先商议好，再由老大请示老人，看看老人是否同意。老人就算年老不管事，儿子们虽然当家了，但是在照顾老人的事情上也不能擅自做决定，父亲卧病在床不能言语，儿子也要和母亲商议，哪怕母亲不在意儿子如何安排伺候老人，儿子也要和家里老人说一声，必须要有请示这一环。以前家里的老人也都要强，能不让儿女们来照料就两个人"搀扶"着过，尽量少麻烦孩子们，让他们过好自己的日子，这就要老两口之间商议好。老人可以主动提议，但是儿子们不能主动要求这样，否则就是不孝。

3.兄弟合力,发丧送终

以前老人得了大病很难救治,在那个年代,得了大病就意味着"活不长了",儿子们根据老人的状态,"眼看眼的就不行了"的时候就要提前准备给老人办丧事。办丧事的花费都是由儿子们兑钱,或者大儿子先出钱然后其他儿子们分摊还给老大,原则上肯定要各个儿子均等出钱出力,否则就是不公,儿子们也会有意见。当然也有其他各种情况,比如某个儿子过得比较好,也会自己独自承担老人丧葬的费用,或者老人留了老屋和养老地,可以卖掉房子和养老地给老人发丧,有剩余的话兄弟们再均分,不够时兄弟们再兑钱补上。如此等等,形式不一,根本上还是看家产情况而定。

4.长子承担更多责任

在丧葬中,长子的职责和其他儿子有所不同。除非是在赡养老人安排时明确指定了分开发丧,谁给父亲发丧、谁给母亲发丧,否则丧葬事务都要由长子和家里叔叔伯父等三服以内的亲属商议着来操持安排,送信、迎宾、跪棚、打幡、摔盆子、领上林、起坟头等都要长子作为第一责任人来做这些事情,其他儿子跟着大哥。女儿无论出没出嫁都一样,只需要给老人守灵、哭孝、跟着送上林即可,不用承担其他责任。丧葬的一应事宜也都是祖祖辈辈传承下来的,时至今日仍是如此,檀柏村刘姓的每一家都要按照这个"规矩"来办,大家"墨守成规"即可,村里、族里和近门近支除了帮忙、随礼、行礼之外不会干涉其他事情。虽然各个儿子在丧葬事务上职责不同,但是大家都要平等的出钱出力,家里收到的随礼也要平分。长子作为兄长,理应谦让弟弟,多承担责任是理所应当,不可有怨言,这也是约定俗成的"道德"要求。

(六)养老是义务,外界重保护

以前养老主要就是给老人一口饭吃还有发丧送终,檀柏村刘姓一族很注重孝道,儿子们在力所能及的范围内也都会赡养自家老人,不养老的情况极其罕见。如果有的儿子不愿意赡养老人,除了自己的叔叔伯父还有本家兄弟之外没有其他人会主动"多管闲事",当然本家兄弟和长辈也只能进行口头教训而不能采取强制手段。村民和邻居也只会在私底下讨论或者指责不赡养老人的人,但是不会采取什么行动,这样的名声一旦传扬出去也会很丢人,被别人看不起,在日后来往上也会主动疏远这样的人。

村里的村长只负责协助乡里办"公事",族长也是有名无实,对于不赡养老人的行为只要没人找自己便不会主动介入,所以也没有什么惩罚和处置。如果出现了打骂虐待老人的情形时,老人主动要求,村长或族长就会连同老人本家的兄弟将这个儿子绑到官府,找乡长或者县长判一个忤逆不孝的罪名,可能会打板子,也可能会被判去扫大街。

六、家户内部交往

(一)父子关系相对融洽

1.权利义务关系明确

在家庭内部,父子之间关系可以说是家庭内部稳定的核心要素,不过在传统的"父父子子"规矩要求之下,家里儿子也少,父子关系倒也稳当。在刘宗仪家里,虽然他在两个儿子还小的时候就去外面闯荡,因为常年在外而没有尽到抚养儿子长大的责任,但是儿子读书、娶妻等这些大事上刘宗仪都很上心,将刘其才送到私塾才去的上海,刘其才娶妻的时候也好好张罗着,没少花钱。刘宗仪很会吃喝享受,但是长辈传下来的家产也好好守着留给儿子们,日子过得不好的时候也都没有变卖田地、房屋，后来在济南的时候也带着刘其法去干铁路警察，希望儿子有一个好前程。这也算尽到了一个父亲的责任。

刘宗仪一直很强势，家里的事情只要他说了全家就都得听从，家里的每个人他都会随意驱使，买什么东西都会直接要求刘其才去办，儿子也会很服从。刘宗仪还经常训斥刘其法，嫌他做不成事还怕媳妇，很丢刘家的人，刘其法也只能乖乖听着。反正无论刘宗仪说什么、让做什么，儿子都不敢不听，有意见也不敢反驳，必须无条件服从。当然刘宗仪并非不通情理之人，刘其才有时候也会给刘宗仪提提意见，说说看法，刘宗仪也会听取和考虑儿子的想法。

刘宗仪在自己儿子小的时候没在家，没怎么管教孩子，但是刘其才在儿子刘嘉训小的时候很注重家教和管教孩子，做错了事情就要教训，严重的时候还会打骂，让刘嘉训跪砖，用鞋底打孩子。父亲打骂孩子也只是"恨铁不成钢"的教训，希望孩子能改正错误向好处发展。俗话说"棍棒底下出孝子""不打不成器"也是这个理。

2.日常交往融洽

刘宗仪和刘其才兄弟在1950年以前长时间在一个院子里住着，日常交往也都比较多。因为刘其才能干事，还听话，所以刘其才和刘宗仪的关系比较融洽；但是对于刘其法就经常甩脸色，刘其法也很怕父亲，不大敢和父亲相处。刘宗仪自己一个人喝酒的时间多，但是也时不时会叫上儿子们一起喝点酒，给儿子们讲讲自己在上海闯荡的故事，教育儿子们怎么和人打交道以及为人处世的道理，也教点弯弯绕绕的花花肠子。刘宗仪在外面见多识广，刘其才有什么事情也都喜欢向父亲请教，有什么麻烦也希望听听父亲的意见，家里族里的事情也都经常向父亲请示，自己决定的事情也要向父亲告知，父子二人也都处得很好。分家之后刘其才和刘宗仪也在一个院里过日子，刘其法搬了出去，所以刘其法和父亲之间联系变得更少了。

刘其才也经常用刘宗仪教给的东西教育儿子刘嘉训，但是刘其才不像刘宗仪一样那么强势，和儿子之间聊天多，玩闹也多，更多的是一个慈父的形象。

3.父亲为大，冲突私下解决

在刘宗仪家里，儿子不敢和父亲发生矛盾和冲突，刘宗仪是"一言堂"，说什么就是什么，儿子不敢违抗。家里的冲突都是单方面的，刘宗仪可能会因为某些事情教训儿子，就算刘宗仪做事做错了，也只有刘其才敢在父亲气消了的时候给父亲"论论理"。其他的父子之间也很少会发生冲突，只有在父亲分家不公平，再加上儿媳妇搅和吵闹的时候父子之间才可能发生争执和冲突。在小家庭里面，刘其才性情随和，而且去世得比较早，和儿子刘嘉训从没有发生过争执和冲突。

父亲和儿子闹矛盾是家事，传出去不好看，本着"家丑不可外扬"的观念，父子之间发生矛盾和冲突都是父子在家庭内部私下解决，父亲为大，"老人没有错"，一般都以儿子向父亲赔礼道歉告终。如果发生争家产导致父子"打架升天"的情形，就要"动族"，召集近门近支的长辈来评理。评理肯定是谁有理支持谁，但是哪怕父亲不占理，最后也要儿子给父亲赔礼，在自己家里"礼大于理"，这是"规矩"。

(二)婆媳关系不太平衡

婆媳关系是家庭内部最容易发生问题的，婆媳之间没有血缘关系，而且以前媳妇难当，婆婆和媳妇之间处于一种不平衡的状态，"多年的媳妇熬成婆"说的就是这个情况。媳妇一般在家都要听从婆婆的，媳妇比较温婉还好，若是婆媳之间都比较火爆，就很容易出问题。很多家庭矛盾和分家也都是从婆媳矛盾发展来的。

以前婆婆和媳妇之间是指挥和服从的关系。在儿媳妇刚进门的时候，首先就要给婆婆请安；新媳妇婚后回门，婆婆要给儿媳妇带一些布和棉花，要求儿媳妇回来时给公公给丈夫做新衣新鞋新腰带，从这个过程中婆婆要看这个媳妇是不是干家务活的料；在日常生活中，婆婆要带着儿媳妇干家务活，干活的时候是指挥儿媳妇但不做指导，因为做家务活的技能在娘家就应该学会了；家里有事情婆婆可以随意支使儿媳妇，如果媳妇做错了事情，婆婆虽然不会直接打骂，但是会告诉儿子让儿子去教训自己妻子，犯的错大了，就要告诉自己丈夫，让两家的家长出面沟通，商量处理儿媳妇的问题。儿媳妇也不独立掌握家里的内部事务，生活资料都要掌握在婆婆手里，不能私自拿什么东西、做什么事情，做衣服的布也都是婆婆分配给儿媳妇，儿媳妇不能跨过婆婆自己去买。以前好媳妇的标准就是干啥啥行、尊重老人、不多事、不犟嘴，对儿媳妇的要求很高，核心在于干活和孝顺，这样的儿媳妇在周围邻居口口相传中也会得到承认和肯定。但是好婆婆的标准比较模糊，邻居闲聊时会讨论谁家媳妇好，但是很少有人说谁家婆婆怎么怎么样，只要不是好吃懒做、虐待儿媳妇的婆婆大家都觉得是好婆婆。

婆婆对于儿媳妇来说，只需要在儿媳妇生孩子前后的一个月左右尽到自己的责任，帮助孕妇承担家务活以及照顾儿媳妇坐月子，除了在这一段时间需要看孩子之外，其他时间帮不帮儿媳妇看孩子不是她的必要责任，完全出于婆婆的个人自由，以前没有婆婆必须帮儿媳妇看孩子这一说。除此之外，婆婆对儿媳妇就不再有其他责任。当然，婆媳都是一家人，两者之间关系还是要看每一家婆婆和儿媳个人，没有什么绝对的事情。

在刘宗仪家里，刘孔氏将两个儿子从小拉扯大，自己当家了很长一段时间，孔家在整个汶上县都属于"大姓"，她娘家条件也很好，个人性格比较独立要强，所以在家里作为内当家很强势，儿子儿媳也都很听从她的话。刘孔氏平时带着儿媳妇管理家里的家务事，虽然没有帮儿媳妇带孩子，但是两个儿媳妇也不敢有意见。而且刘孔氏很"口"①，和村里几家妇女经常吵架，儿媳妇也不敢劝不敢管，任由婆婆做事。大儿媳郑鑫晶就和婆婆刘孔氏完全相反，是一个很老实内敛的人，嫁进门之后平时"大门不出二门不迈"，不多管闲事，针线活很在行，好好做家里的家务活，伺候着家里人的饮食起居，而且一连生了好几个孩子都自己拉扯长大，在家里很得婆婆欢心，邻居也都交口称赞。刘孔氏和大儿媳性格正好匹配，在家里一起做家务，在生活中处的很融洽，两人之间也没有发生过冲突。二儿媳刘孙氏刚嫁进来的时候也很懂事，听婆婆的话，家里的活也都会干，但是"两家"在一起过日子，自家孩子少，大哥刘其才家里孩子多，又是当家管事，所以总觉得自家吃亏，慢慢地和家里老人关系就疏远了一些。婆婆不给看孩子，导致刘孙氏的两个孩子都"没长成"，这也使得婆媳之间嫌隙越来越大。刘孔氏性子强，而且刘宗仪不说分家，刘孙氏也不敢和婆婆顶撞，所以两者之间也没有发生明面上的冲突。后来刘其法分家单过，刘孙氏和婆婆来往更少了。而刘孔氏和大儿媳一直在一起过日子，也都是刘孔氏作为家里的内当家，婆媳之间仍然维持得很好。

（三）夫妻关系稳定和谐

每个小家庭都由夫妻二人组成，夫妻间关系是一个小家庭里的核心，夫妻之间关系也是

---

① 口（kou 四声）：东南隅这里指女人泼辣，不怕事。

最丰富多样的。刘宗仪和两个儿子都性格各异,各自的妻子性格也都相差比较大,所以之间关系也各不相同。从原则上来说,以前讲究"嫁鸡随鸡、嫁狗随狗",女人嫁给谁就要完全听从丈夫的话,甚至可以说是属于丈夫的"私人物品",所以丈夫可以随意安排役使妻子,如果妻子做的不合丈夫心意的话,丈夫可以打骂妻子,妻子只能完全服从丈夫而不能反抗。妻子不敢违逆丈夫,所以夫妻之间很少出现冲突,有了矛盾也只能在家里解决,大事交由双方家里老人裁决。夫妻之间冲突解决不了的,就会出现休妻的情况,无论是非对错。而丈夫对于妻子,只要能让妻子生存下去就可以,不打骂妻子、关心爱护妻子、能让妻子吃饱穿暖的丈夫就算得上好丈夫,这也靠的是夫妻之间的互相理解。有的家庭日子过的困难,吃不上饭、看不起病、做不起衣服的也大有人在,但是嫁进门的妻子也只能和丈夫一起挨着,妻子不能主动提出离婚,而且在女人头脑中也没有离婚这个概念。

刘宗仪娶妻时家里条件还不错,妻子刘孔氏家里条件也比较好,所以刘孔氏家教甚好,干活也在行。刘宗仪年轻时就不好好种地,喜欢到处转悠,刘孔氏嫁过来之后也只是放任刘宗仪不着家,自己在家纺棉织布、做家务,刘孔氏也没有抱怨什么。刘其才六七岁的时候刘宗仪要去上海闯荡,刘孔氏也只能默许,没有提出反对意见,在很长一段时间刘宗仪都没有照顾到妻子,刘孔氏自己一个人当家管地、照顾孩子,她也坚持了过来。这段时间尽管刘孔氏当家,但是家里大事都要请示刘宗仪。直到后来刘宗仪从上海带回一个"小老婆",刘孔氏和刘宗仪之间才爆发了冲突,冲突闹得也比较大,刘宗仪的长辈和兄弟辈大家一起进行协调,最后大家一起决定驱赶刘宗仪的小老婆才罢休。后来刘宗仪没有再离家太远,夫妻之间关系也就勉强维持着,家里事情仍然是刘宗仪决定,刘孔氏听从刘宗仪的安排。只有关系到家里儿子们的事情,夫妻二人才商量着来。

刘其才和妻子之间就一直相敬如宾,两人过的非常和睦,一起照顾家里的内外事情。刘其才的妻子是父母给他选的,看中的就是郑鑫晶老实本分,所以二人婚后也过得平平淡淡、安安稳稳。刘其才当家管事,妻子跟着婆婆操持家务。刘其法和妻子一开始也过得比较安稳,夫妻之间也很和睦,但是刘其法管不了家里的钱粮,家里两个孩子也早亡,导致刘其法夫妻之间经常吵架。家里儿子儿媳发生矛盾,都是刘宗仪来处理,主要是训自己儿子,因为公公说儿媳妇不合适。

(四)兄弟之间相互扶持

刘宗仪只有两个儿子,刘其才和刘其法兄弟之间差了五岁,从小一起长大,关系也比较融洽。刘其才作为兄长,父母对他的要求就比较高,从小要求他要帮着照看弟弟,帮母亲做家务,后来刘其才当家管事,带着弟弟一起干活,所以兄弟之间以刘其才为主,刘其法比较听大哥的话,刘其才当家,他也省的操心家里田里的事情,老老实实在家里耕田种地。上有刘宗仪和刘孔氏都比较强势,刘其才对家里的事情又管得井井有条,刘其法经历的事情少,所以性格比较软弱,一直听从父母兄长的话。虽然兄弟二人只差了五岁,但是"长兄如父"在这里就体现了出来;也因为这样,兄弟之间没有吵过架拌过嘴。后来兄弟二人都娶妻生子,刘其才和刘其法都要各自管理自己的小家庭,但是刘其法明显管不住自己的妻子,所以更加沉默寡言,兄弟之间交流就更少了。刘宗仪在济南的时候,为刘其法在铁路上找了个差事,为了让弟弟有个好出路,刘其才也很支持让兄弟去外面闯闯,虽然家里少了一个劳动力,但是刘其才也愿意自己累点。

因为刘宗仪在家里有权威,刘其法也服从哥哥,所以兄弟俩后来在分家的时候也没有像其他人家的兄弟一样闹矛盾,刘孙氏吵吵着分家时,刘其才也让着弟弟,在刘宗仪的裁决下兄弟俩安稳分家。村上其他人家兄弟之间分家如果有不同意见,那就让家里老人主持抓阄决定;如果兄弟闹了矛盾,就要由家里老人找儿子的叔伯娘舅等长辈大家一起"开会"商议裁决。

(五)妯娌不和促使分家

刘宗仪家里兄弟之间和睦相处,妯娌之间相对不太愉快。在刘孙氏刚进门的时候,刘孔氏和郑鑫晶就带着刘孙氏做家务活,郑鑫晶虽然在外面不言不语,但是在家里干活做事都能顶"半个婆婆",加上刘其才当家,刘孙氏也就老老实实在家跟着嫂子处理家务。平时管好自家小家庭的事情,照顾好老人和丈夫,妯娌之间相互帮衬,过得也比较和睦。寻常人家都是儿子娶妻生子就要分家,但是刘宗仪迟迟不分家,让兄弟俩一起过,刘孙氏在生了孩子之后就慢慢有意见,自己攒不下家当,家里的产出都要交给刘其才来管理和分配,所以连带着对嫂子也不高兴。不过妯娌之间的小心思都不敢拿到台面上,只是在私底下不大来往,面对这种情况,郑鑫晶也不言不语,妯娌之间的情分就渐渐变得冷淡了。后来各自分家单过,刘孙氏和嫂子更加没有了来往。

(六)祖孙关系隔代更亲

都说老人和孩子隔代亲,刘宗仪在刘其才兄弟俩很小的时候就离开了家,孩子小的时候没能好好享受天伦之乐,所以把感情投注在了孙子身上。刘宗仪虽然在家里一言九鼎,但是对孙子却是疼爱有加。刘宗仪在家里不干活,清闲时间多,就帮着看孙子,对孙女却不怎么搭理。在教育孩子的事情上,日常对刘嘉训严格要求,教导他讲礼貌、守规矩,对孙子的错误从不包庇,虽然疼爱孙子但是打骂也不少,给孙子留下了很深的印象。另一方面,刘宗仪还经常给孙子讲自己的"英雄事迹",教育刘嘉训要敢打敢拼,多闯荡见见世面,不能窝在这个小村庄里面,后来刘嘉训去"闯关东",就是受了爷爷的影响。

七、家户外部交往

(一)对外权利义务关系

1.邻里之间相互帮助

俗话说"远亲不如近邻,近邻不如对门",所以檀柏村里面对于邻里关系非常重视。在这里对邻居的定义就是指自家房子附近的一片,或者说是门前同一条胡同的住户。因为檀柏村南边全都是刘姓本家,所以大家关系都非常近。平时邻里之间有什么婚丧嫁娶的丧亡喜事都会互相招呼着帮忙,平时借来往还也都是在邻居之间进行,邻居盖房子、收庄稼换工等也都优先考虑邻居,所以邻里之间平时来往最为紧密。但是邻里之间都属于自愿帮忙,没有什么必须的责任,"帮你是情分,不帮你是本分",所以邻里之间看的是人情而不是什么责任义务。

2.地邻之间帮助农活

地邻指的是两家的田紧挨着的邻居,平时干地里活的时候因为地连着所以都要互相帮忙,尤其是农忙的时候。耕地、浇地、收粮食等都要地邻之间相互帮忙。但是地邻之间的关系主要体现在干农活上,平时是否来往还要看两家住的近不近、关系近不近。

3.亲戚之间礼尚往来

亲戚之间是血脉和婚姻上的关系,亲戚之间的来往也就更加有规律、有讲究。和邻居不同,亲戚分为老亲和新亲,以结亲时间来划分。老亲指的是父亲或者爷爷的姑姑、舅舅家的亲戚,家里也更为看重;新亲指的是儿子辈的岳父家,老人的女婿家等。只要家里老人在,和他有关系的老亲必须走,逢年过节、红白喜事要带礼物走动随礼,讲究礼尚往来;老亲家的长辈生病也要去看望。而新亲只需要在年节上走动即可,其他方面的重视程度上也不如老亲。亲戚来往是规矩,年节必须走动,如果某一方在年节上不走动,"有来没有往"就意味着两家"断路"了,以后也不会再有来往。

4.朋友之间看交情

以前农户交朋友的情况比较少,但是一旦交了朋友就要当成亲戚一样看待,尤其是家里长辈结交多年的朋友。刘宗仪常年在外面,结交朋友多但是平时来往少,刘宗仪回家后更是与外面的朋友断了联系。刘其才经常带着一批人奔走运货,所以他的朋友也比较多,而且十里八村都有,逢年过节也有人来往,但不是全部。朋友之间来往看交情,交情深的朋友不但要逢年过节来往,朋友家里有事也要走动、帮忙。朋友更进一步是拜把子的"仁兄弟",仁兄弟和亲兄弟一样,到家互称父母,有事互相招呼。

5.乡邻之间卖人情

乡邻之间关系就比较淡了,农村人十里八村亲戚多,总会有一些互相认识的人,但是乡邻之间除去亲戚和朋友之外,都只是点头之交,仅限于平常遇见打个招呼,没有其他往来。做事买东西的时候遇见乡邻,也都会客套几句,买卖上"便宜一点",互相之间卖个人情。

(二)对外日常交往关系

1.大小家户往来少

榉柏村的邻里多是近门近支,之间来往频繁,但是不同类型的家庭之间在日常交往上也存在差异。尽管都是同姓,但是大户和小户之间很少来往,除非是租地主家地种或者给地主扛活的人家和地主家有一些来往,但也只是交租子或者干活,其他时候没有什么交集。当然,小户在日常来往上也会巴结大户,小户看大户的脸色说话;大户看不起小户,"三钱的不给两钱的作揖",但都是本家,也不会欺负小户。

2.小户之间有差别

小户之间虽然来往频繁,但是小户人家人丁多少也会影响两家交往的地位,人多的家庭就算穷也没人敢欺负,少的家庭怕人多的家庭。所以以前越穷的人家分家越晚,穷人家抱紧了过日子省的受气。有的人家因为分家或者不会过日子导致家业衰落,从中户变成小户,他也会有点"倔傲",不愿意和小户来往。

3.亲戚之间看辈份

以前讲究门当户对,所以亲戚之间结亲时大多是家产相当的人家,很少有家产差异大的亲戚。亲戚之间来往主要看辈份,平时来往也都是晚辈主动去探望长辈,辈份是亲戚之间确定高低关系的依据。但是各家人过日子的能力不一样,也会出现家产增减的情况,古人有言"有三家富亲戚不算穷,有三家穷亲戚不算富",亲戚之间并不会因为家产多少而断绝往来或者欺负穷亲戚,关系比较好的亲戚之间富亲戚还会主动帮衬着穷亲戚,自己的亲戚有事用到了使着放心。所以有一门有钱有势的亲戚,哪怕是远亲,自己家里过得不好别人也不敢随意欺负。

（三）对外冲突及调适

1.女人吵架不伤感情

榉柏村邻里之间都是本家,因此很少会发生冲突,有一些人家家里女性会因为诸如小孩打架、推碾子先后、打水顺序等各种琐事发生争吵,但是女人之间吵架不会影响到两家人的来往。女人在吵架时周围的邻居会劝架拉架,但家里的老人和男人不会出面去干涉女人之间的争吵,无论谁对谁错,只会自己拉自家的媳妇回家,老人更不会出面参与女人之间的事情。刘孔氏和刘其祝的母亲隔三岔五地吵架,但是刘其才和刘其祝之间的关系依然维持得很好,两家来往也不受影响。也有的家庭因为小事吵架导致两家"不说话",在过年拜年的时候两家男人说和说和也就过去了,都是自家人犯不着因为小事结仇。

2.涉及财物不能轻视

不同家庭之间如果在田地上或者财物上有纠纷那就不能轻易揭过,诸如争地边、收粮食等纠纷一定要两家的家长出面协商处理, 只要好好协商得出一个双方满意的结果两家都会握手言和, 理亏的一方还要给对方赔礼道歉。但是如果双方在财物上的纠纷得不到妥善解决,就会引起两家人的全面对立,大人也不让两家的小孩在一起玩。偷东西这类纠纷也很重视,无论东西多少。刘其才家里菜园的韭菜曾经被大榉柏村的郭三子偷偷割了一些,被刘其才抓住,后来郭三子的父亲托人到家里赔礼道歉才领回自己的儿子。

第四章 家户文化制度

刘家虽然家庭境遇起起落落,但是对于孩子的教育格外重视。刘宗仪、刘其才、刘其法和刘嘉训祖孙三人都上私塾读过书,从未放弃过对后辈教育,家里的男丁也都明事理、讲礼节。除了私塾教育,在家庭内部也会对自家孩子进行劳动知识和劳动技能教育,让后辈子女学会生存之技,也塑造着子女的生产生活观念,促进了子女人格的形成。

刘家内部全家一心,秉持着家庭至上的观念,以发家致富为目标,家人之间相互扶持,在刘宗仪、刘孔氏和刘其才三位当家人的带领下通过不同的方式实现着家庭的存续和发展。刘家外部则以血脉分远近、定亲疏,在家庭成员日常生活和交往的态度和行动上明显地表现出来。在节庆、习俗、信仰、娱乐等方面,刘家一方面保留着强大的传统惯性、礼敬祖先、信奉家神、积德行善,在年节庆典、婚丧嫁娶、家户娱乐等活动上保持传统的习俗方式;另一方面,因为家长刘宗仪和刘孔氏、刘其才两代当家人的人生经历、思想意识的差别,在人生观和行为上又有一些不同的表现,呈现刘家独有的特点。

一、家户教育

(一)自家孩子必须读书,其他人家父母决定

在 1949 年以前,刘宗仪一家的男性都接受过私塾教育,其中刘宗仪读书习字的时间最长,他的文化水平也相对最高,毛笔字也写的最好;刘其才和刘其法兄弟二人也上过私塾,但是因为年幼时父亲不在家,所以读书的时间不长;刘嘉训年幼时也接受过学校教育,一直读到成年。而家里的女性都没有读过书,只晓得一些女训女诫之类的女性规矩,并不识字。

刘宗仪家里从他的爷爷辈到他的儿子们家庭情况都还不错,家里也都有多余的钱粮供孩子上学,家里男丁的上学时间都比较早,一般在六七岁开始懂事了的时候家里就会送他们去村里的私塾。而一些贫苦人家的孩子则要到了十二三岁才有机会去读书,所有人家都希望家里的孩子能够知晓一些基本的道理和文字。

以前农村人家读书时间要看家里的家产多少和家庭变故。刘家的男性成员中,刘宗仪读书时间最长,一共读了十年左右的书,一直到娶妻生子;刘其才和刘其法只读了五六年私塾,因为家里干活的人少,所以十几岁时便下学去种地了;刘嘉训也是 6 岁开始读书,一直读到成年。刘家的长辈非常看重读书,要求每个男孩都必须读书,希望孩子能够好好读书以后考取功名、读书好做官,或退而求其次,考不上举人进士做不上官也能让孩子学文化、有知识、懂礼貌。

有时候孩子读书也要看家长或者当家人的态度,有的家庭条件好,但是家长让孩子上几年学就辍学干活;有的家庭条件差,但是家长坚持省吃俭用也要供孩子上学;小孩自己不愿

意读书,有的家长听之任之,但也有的家长严厉批评督促。

家里有多个孩子的,一般都要按照先长后幼的顺序上学。年龄相差不多的孩子,家里条件好的话就两个人一起上学,条件差的就先让大一点的孩子上。上学的先后也由家长决定。但是总体来说,只有家里有点余粮,老人都想让孩子去读书,这是祖辈传下来的观念,农家人也都渴望着读书改变子孙的前途。

(二)私塾教育,与时俱进

以前檀柏村有一家私塾,教授传统文化知识。20 世纪 20 年代左右改名为学堂,增设了"洋学"的内容。早先的私塾设在刘宗玉家里,刘其和家里也曾经作为私塾开过几年课,持续时间最长的私塾设在地主刘其昌家中,刘其昌和父亲刘宗文两人负责教书,檀柏村里的刘奉章、张兆祥、刘其正等人也曾在私塾和学堂教过书。多年以来,私塾里的教书先生换过很多,但大多是檀柏村村里的人。刘其昌家里办的私塾一共三间小屋,村里的孩子都在那里读书习字。私塾离刘宗仪家里很近,就在刘宗仪家东南侧不出 200 米的地方,刘家的孩子到了年龄,家里条件允许,父母就会送孩子去读书,这个是约定俗成的规矩,不需要家里的老人或者家长决定,只需要孩子父母向老人说一声就可以。除非家里条件确实不允许,否则老人也不会不同意孩子去读书。女孩是不被允许读书的,无论家里家产多么丰厚,即使是地主家里的女儿也不让读书,讲究"女子无才便是德",老人认为"女孩子读了书会多惹事"。刘宗仪的伯父刘奉章当年是檀柏村里仅有的两名秀才之一,也曾教过几年学生,但是也坚持着女子不读书的原则,不让自己的女儿、孙女读书。

在村里私塾读书的绝大多数是刘姓一脉的男孩,也有村北边张姓的小孩,但是比较少。一个学生每年给老师五六升粮食就算交了学费,或者给等价的钱也可以。在刘宗仪家里,孩子读书的学费一直都是家里出,不需要小家庭单独承担。除了学费之外,每个孩子都要自己买书或者借书。一开始孩子们只学习背书,背诵三字经、百家姓、千字文、论语(上下)和四书五经等启蒙读物和儒家经典,私塾的老师带着孩子们背,一段一段的来,后期老师再进行讲解。刘嘉训读书的时候,学堂里面除了继续教传统诗书,也已经开始讲三民主义和孙中山的一些思想了。除了背书之外,中间还会穿插着讲一些算术或者其他知识,这些根据授课老师的知识水平而定。背书的同时也要学着写字,写字的器材也都要学生自己备,前期都是用小石板和滑石笔,后期会用写字本和小毛笔,都是老师写了字学生仿照着练习。

上课的时间很自由,都是教书先生自己定,刘嘉训在私塾读书的时候,都是早上一堂课,上午和下午各两堂课。先生如果有什么事情,那今天就不上课。而且村子不大,除了孩子前几次去的时候要由自己爷爷或者父亲送过去,剩下的时间都是孩子自己到私塾去。整个檀柏村的孩子都在这个私塾里读书,还没有某一家单独请老师到家里授课的情况。

逢年过节的时候,家里有学生的都要带着学生给老师拜年,家庭条件好的还会给老师带些礼物,当然不带礼物的居多。平时私塾老师也会到学生家里家访,赶上吃饭时间老师就留在学生家里吃饭,除此之外很少有家庭会单独请老师吃饭。

(三)县城虽不大,学校类型多

1949 年以前,檀柏村的孩子都在村内上私塾,还没有人去学校读书。虽然在刘嘉训读书的时候村里的私塾改名为学堂,但实际上还是私塾性质,和公办学校有很大差别。在檀柏村东边的大檀柏村北有义学,而在县城里面,县城南门有书院,县城孔庙还有初级师范,这些都是县政府管理的学校,想要上学就要通过学校招考才可以。县城东门里有天主教堂,也办学校收学生。学校离榉柏村都不远,最近的大榉柏学校只有一千米左右,到县城的学校也只有三千米左右。后来中国共产党在东榉柏村原来学校的地址上开设了公学,刘嘉训便从村里转到了学校读书。

(四)私塾教育学文化,家庭教育为补充

除了私塾外,家庭也是教育孩子的主要场所。而且在孩子年龄小的时候,家庭教育对孩子是非常重要的。在家里,父亲母亲、爷爷奶奶都会对家里的小孩产生影响。刘其才刚出生的那几年,刘宗仪还在家,会教刘其才一些文化知识,虽然作用不大。后来刘其才由母亲拉扯大,从小学着田间劳作的技能,耕耙耧耠、种粮收割都是一把好手。而且深受母亲坚韧、独立、要强的性格影响,自己摸爬滚打也学会了一些做生意、为人处世的方法。后来刘其才教育自己家的孩子,也是一方面教育自己的儿女要勤劳、本分,学着干好地里的活,另一方面也要学着会来事、机灵点。而在女儿的教育上,父亲会教育女儿守规矩、守妇道、孝顺、会来事,教孩子做人和到别人家做个好媳妇;母亲则从小就教女儿纺棉织布、做针线活,家里的家务活也会带着女儿从小学着做,以后嫁出去不被婆家数落。

刘其才夫妇二人虽然经常教育孩子,但是家庭里面还是比较平和。刘宗仪1948年回家后,对孙子辈更加强调规矩,家里的孩子比较惧怕他,孩子做错事他就会直接斥责和敲打,不允许家里的人顶撞他。而刘孔氏则会处处护着孙子孙女,家里的小孩也都喜爱奶奶。

自家其他的亲戚不会对小孩有过多关注,除非是逢年过节走亲戚时会对家里的小孩在饭桌上讲讲规矩和要求,问问孩子学习如何,会背多少书了。相较而言,亲戚和邻居对孩子的影响比较小,决定孩子性格和脾气的主要还是各家家长对孩子的教育管理。家里一直会觉得孩子还小、没长大,直到男孩娶妻、女孩出嫁才会放心,这样才会认为孩子长大了。

(五)家教塑造人格,长辈传授规矩

农村人家的家教,一般都是教育子女做人做事的道理,父母信奉"勤劳致富"和"以和为贵",要求子女不打架、不偷摸,要勤劳本分,踏实劳动;与人相处的时候讲礼貌,守规矩。在刘宗仪没有回来的时候,刘其才教育子女一般就是这些。刘宗仪对家里孩子更加强调家教和规矩意识,家里孩子犯了错就直接打,并且加以教育。另一方面,他这些年在外面的经历也会讲给孩子听,告诉他们怎么和别人打交道。家里的风俗习惯也都是刘宗仪教给家里的孩子的,他非常看重年节祭祀和祖先信仰,每年都会和家里的孩子讲这些风俗和规矩,带着孩子们上坟、祭祖磕头等,这些东西在家庭中通过老人们的言传身教沿袭下来。

(六)孩子要学劳动技,男女内容有不同

家里面除了教小孩子做人之外,还要教给孩子谋生,也就是教给小孩劳作的技能。劳动技能男孩女孩都要学,但是学习的内容不一样。男孩一般都是父亲带着,教给他种地的方法。教孩子劳作不会像上课一样口头说说,孩子十来岁之后父亲就带着孩子下地,看着大人干活,让小孩有样学样。小孩子年纪小的时候可以跟着一起拔草、刨地、砸土坷垃,长大一些就要学着耕地耙地、播种收割、扬麦子等。这些劳动技能必须要学,这是农村人谋生的手段,都是这样一代代人传承下来的,以后孩子分家单过,不学会这些便无法自力更生。女孩子主要在家里跟着母亲和奶奶学习纺棉织布、做针线活、洗衣做饭等一些家务劳动的技能,女孩子不上学,所以从七八岁开始就要跟着大人学习这些了,大人做事,孩子看着。刘宗仪家里有织布机和纺车,刘孔氏也会织布,所以她可以教给孙女这些技能,其他技能就由母亲来教。女孩子小的时候可以帮着烧锅、刷碗、缠线陀螺,大点之后还要学着缝补衣服、做饭炒菜、套被子等家务活。女孩子学这些东西,主要是为了出嫁以后在婆婆家里能操持家务,如果不会这些会被婆家人看不起,甚至嫁不出去。自家女儿被夫家数落,丢的是娘家人的脸,所以家里在女孩子没出嫁之前都要教会女孩子做家务活。越是穷苦人家越看重孩子劳动技能的培养和教育,而家底丰厚的人家希望孩子用功读书便不会教男孩子这些,刘宗仪兄弟三人当年就没有好好学习下地干活的技能,家里老人也没怎么管,后来三家的田地经营得都不怎么样,老三刘宗仁家里有地都吃不上饭,所以带着妻子儿女出去逃荒讨饭去了。不过女孩子还是要学习做家务,无论穷富人家都要学。

(七)拜师学手艺,磕头做学徒

刘宗仪一家没有人会什么手艺,榉柏村一般人家也就是能做个小板凳、磨个锹杠子等,不过都是做东西自家使用,算不上手艺。村里有的人家会做木匠活或者铁匠活的大都是祖辈传下来的,或者跟着别人学徒学来自己开了个小铺做生意。榉柏村里没有什么手艺人,所以有的家长想让孩子去学一门手艺的话就要带孩子去县城或别的村庄找匠人拜师做学徒。学手艺要拜师,需要孩子的父亲和师傅一起在场,磕头拜师,就相当于将孩子交给了师傅,在师傅家里或者铺子里边打工边学习,可以不收学费,也不会给工钱。榉柏村送孩子出去学手艺的非常少,外面铺子收学徒的也少,能在村里混口饭吃也就不会去学手艺。

(八)公家不管教化事,家庭内部传道德

以前的榉柏村村小人少,除了收公粮的时候,官府也不管这里,村民教化之类的事情也从来没有做过,村里没有出过高官,族长也有名无实,所以也没有搞过公共教化工作。教化工作都是各家自己在家庭内部进行,通过老人和父母的言传身教,教给孩子读书、求学、顺从、忠诚、宽容、勤劳、忠厚等道德品质。

二、家户意识

(一)血脉有远近,划分自家人

在榉柏村的刘家人眼里,自家人是一个很宽泛的概念。按照这里的观念,除了自己家在一个院子生活、一口锅里吃饭的人之外,五服以内的刘姓都是自家人,在五服以内的刘家人之间某家老人去世都要发"服孝""相帽子"或者"白幛子"。只有五服以内才称为近门子,出了五服就关系远了,尽管都是刘姓血脉,但是就把他们当作外人了。有的大户家里有纳妾,妾和妾所生的孩子也都是自家人,因为孩子身上也流着刘家的血脉。家里的男人在外面有情妇或者养了小老婆,如果没进门就不当作自家人,但是她们生下的孩子都是刘家的血脉,也都被看作刘家的自家人。但是如果二婚带来的孩子或者家里抱养的孩子,就算改为刘姓,也不会被当作自家人。在榉柏村中,只要五服内留着相同血脉的刘姓人都是自家人,正如老话说的,"近哩远不哩,骨血管着哩",血缘是区分自家人和外人的根本因素,和其他条件无关。家里有人作奸犯科,哪怕坐牢被杀头了也都是自己的人,死后也要给他收尸葬在自家的坟地里。

而在不同姓的人里面,家里男性的姑父和姑姑家里的表兄弟、姥爷姥姥、舅舅舅妈和舅舅家的表兄弟,岳父岳母和小舅子也都算作自家人。除此之外,其他人包括其他亲属都不算自家人,都是外人。母亲的兄弟算自家人,但是母亲的姐妹不算自家人,这里有句话说"姨娘

亲、不算亲,姨娘死了断了亲"。家里的老亲,有些年代远了或者住得远走动得少,但是仍然要当作自家人看待。当然还有一种特殊情况,家里男性的拜把子兄弟,也就是俗称的"仁兄弟",被视为"如兄",虽然不同姓但是磕头结拜靠得住,双方互称父母,也会被当作自家人。

自家人和外人的划分是一种约定俗成的惯例,在刘姓一族中祖祖辈辈都是这样教给后人的,而这种划分主要是为了红白喜事和年节往来所制定的。年节走动和伤亡喜事只有在自家人范围内进行,外人不通知、不走动。除此之外,家里有什么纠纷或者矛盾,自家人可以介入调解,外人不能掺和。

在每一家人自己心里还有一个界限,在一般农户心里都只会将自己家里的人当成自己人,最多是自己的三代至亲才看作自己人。这些划分和认识都要根据每一家的不同情况来确定。但是在日常生活中,每一家都要根据实际情况和其他人打交道,自家人和外人的划分就不那么明显了。借钱会优先考虑找亲戚,但是平时借小东西或者找人帮忙都优先考虑找邻居。刘宗仪在上海和济南工作的时候,和外人的交往比和自家人的交往更多,但是近门近支和亲戚家里有什么事也都要通知他。

(二)家户一体意识

1.家人之间相互扶持

在刘家没有分家的时候,家里种地和钱财的事情都是刘其才管着,刘其法听大哥的安排做事情。而家里生活上的事情都由刘孔氏带着两个儿媳妇操持,妯娌之间都相互帮助扶持。"人心齐,泰山移"的道理每一家都懂,所有人家都是这样,只要没分家,大家一起过日子就要相互扶持,团结协作才能把日子过好。如果家里的人被欺负了,只要"理在自己这边",自己家人都会同仇敌忾,由当家人出面去讨个说法,帮家人出气。

分家的时候,如果兄弟几人中有人身体不行或者条件不好,家长或者当家人都会多照顾一点,多分给他东西,其他兄弟也都不会有意见。尤其是家里的长子长兄,要主动谦让、帮助弟弟,刘其才在分家的时候就提出自己给父母养老,多分给弟弟东西,虽然自己家孩子多,但是自己能做小生意还支撑的起来。分家之后每一家过得也有好有坏,条件好的家庭要主动帮扶条件差的,给些钱粮或者帮着照顾地;有的家庭家里儿子分家后一直"打光棍",平时吃饭也就在自己兄弟家里吃,他的兄弟们也都会主动照顾他。刘其才近门子里的刘其炎就一直照顾着自己打光棍的哥哥,哥哥跟着他家里一起吃饭干活,一直到哥哥去世。

兄弟之间相互扶持,不仅仅局限于自己的亲兄弟之间,自己父亲的兄弟也就是自己的叔叔伯父还有自己的堂兄弟在力所能及的地方也都要多照顾着,都是自家人,能帮则帮。刘宗仪这一辈的兄弟三人都不是种地的料,家里都有地但是都搞得荒芜薄收,日子过得都不好。刘宗仪的大哥刘宗礼家里只有一个女儿,是刘宗仪帮着大哥给闺女说对象嫁出去的。后来刘宗礼病重,女儿也嫁得远,刘其才便照顾伯父并给他发丧送终。刘宗仪的三弟刘宗仁家里孩子有病没钱治疗,刘其才出钱帮忙治病。1947年的时候刘宗仁拖家带口去东北"逃荒投亲",家里的地由刘其才帮忙照看,也是刘其才将他送到济南,刘宗仪出钱买票将他从济南送到吉林。

2.发家致富共同努力

在榉柏村,每一家都渴望发家致富,最起码想要过上能够吃饱喝足的生活。发家靠的不是单独一个人,家庭的每一位成员都要为家庭的发达致富而努力,大家一起赚钱一起攒钱才能过好日子,家庭发达了,家里的每个人都能挺直腰板,说话办事有底气。家里的人有本事,赚了大钱全家人都跟着沾光。

虽然大家都希望多赚钱,但是相对于赚钱,能够读书做官才是更高的追求。在榾柏村的人看来,哪家的孩子读书考取功名或者做了官就是"光耀门楣"的大事,只要能做官无论官职大小都是当上了"官老爷","大小是个官,强过卖水烟",村里人都要去随礼道贺。整个榾柏村刘家的孩子都从小被灌输这种思想,爷爷奶奶和父亲母亲都从小"掰着耳朵眼嘱咐",也都要尽家庭所能让孩子去读书。百十年来,整个榾柏村都没有出过举人和进士,也没有人当过县长及以上的大官,所以在村里能够读书考上秀才也是非常有出息的,这也是光耀门楣的喜事,整个五服内的自家人都觉得面上有光。往最低了说,只要可以不种地不做生意谋生,哪怕做个教书先生,也都是极好,因为榾柏村的村民都认为文化人比农民高一等。虽然当兵也是吃"公粮",但是当兵并不被推崇,整个鲁西南地区都有这样的说法,"好男不当兵,好铁不打钉",因为当兵打仗容易死在外面,这也是不孝。当然当兵做了"长官"就另当别论,只要当了"官"就是好。

在刘家看来,普通农户认为能够吃上饭、穿上衣、住上房,家里有地,有独车独牛就是所追求的生活目标。在自己这一代过好的同时,也要开枝散叶,多繁衍后代,"多子多孙才是福"。刘宗仪年轻的时候,不想窝在农村活一辈子,希望能干一番事业"光宗耀祖",去外面闯荡多年。刘其才当家也希望能让家里人生活过得好一点,于是自己"趟路子"做生意。刘孔氏在家就请了"保家奶奶",挂在堂屋正中,定期烧香祷告,希望保佑刘宗仪在外面平平安安,家里人身体健康,不要有病有灾。

(三)家户至上意识

在刘家人看来,家庭比家里的个人重要,一家人中,家长最重要。只要不分家,无论家里人数多少,家庭里的每个人在考虑事情的时候都要优先考虑整个家庭而不能是自己,只有家庭过好了个人才能好。个人不敢明目张胆的搞个人的"小算盘",藏私房钱等都只能私下进行,被发现了的话会被当家的没收。

(四)家户积德意识

家里的老人往往都有行善积德为子孙造福的意识,平时生活中,给讨饭的一碗饭吃,自己近门子死了家里没钱,大家就凑份子给他送葬等等,都是为了积德。以前虽然讲究不多管闲事,但是人死为大,为死人多管点事有好报。而且老人们相信"善有善报、恶有恶报",劝勉教育孩子们多做善事、不要为恶。刘孔氏在家还供奉了"保家奶奶",经常烧香磕头,为的是保佑家人平安。

三、家户观念

(一)家户时间观念

1.生活看日头,农作看节气

在以前的生活中,农家人计算时间都是"看日头",根据一天中太阳的位置估算大概时间,而一年的节气变化主要看灶王爷牌或者翻黄历。在东南隅这里的农户都要根据二十四节气来安排农业生产,所以家里大人从小就会教孩子背诵节气歌,"春雨惊春清谷天,夏满芒夏暑相连。秋处露秋寒霜降,冬雪雪冬小大寒",两个节气之间相差约十五天,农户就根据时节大致推算。谷雨种谷子,处暑收割,秋分白露种秧子,小雪收白菜萝卜,等等。这些都是先辈传下来的经验,农家人也都遵从。在东南隅这里,一年中有几个重要的节气,谷雨下种、处暑下镰,芒种和秋分也是一年中的重要节气。当地也有一些关于农作的顺口溜,"三月三,金瓜葫芦往地里钻""白露早、寒露迟,秋分种麦正当时""寒露两旁看早麦"等等,这些顺口溜和节气安排一样,都是老人们祖祖辈辈口口相传,后人也都照此安排农业活动。村里人有时候也会根据树木、花草的长势来确定时节,"杨叶钱大种甜瓜,杨叶哗啦点西瓜"。

一年之中干活时间最多,从前没有化肥农药,都是靠天吃饭,想要多打粮食就要多下地。俗话说"人勤地不懒",所以为了能得到一个好收成一年里大多数时间都要在地里忙活,从惊蛰到小雪都算是农忙,只有在小雪之后的冬季才有得闲。在农忙的几个月里,都是起早贪黑下地干活,尤其是夏天天明得早,一天"白"的时间长,早晨四五点钟就要起床下地,上午九十点钟回家吃饭,然后下地,中午也不休息,晚上六七点钟回家,一天在地里农忙的时间有十几个小时。播种和收割的时节忙得紧,家里近门近支人多的就要互相换工帮工,争取在时节之内完成生产,防止错过最佳时间。如果误了季,一年的收成都会受影响,明年家里吃饭都是问题。除了农忙季,其他时候倒还可以轻松一些,干活时间可以随着天气和个人情况进行调整,下大雨、太阳暴晒等恶劣的天气就不出去干活,自己生了点病也可以在家休养歇息,不至于像农忙时那样赶时间。

在入冬之后和刚开春的时候,闲暇时间多一点,但也要从事一些简单的生产活动,捡柴拾粪、修缮农具,总要找点活干。农家人闲不下来,因为桪柏村的人认为"累不出来病,闲着才容易得病"。只有家里上了年纪的老人,农闲时节能够在街上找个北墙根晒晒太阳、拉拉呱,或者打个老牌。除此之外,农村也没有什么娱乐方式。

桪柏村的人对待土地很认真,因为这里的人都有这样的观念:在地里出的力越多,收成就越好。无论是上地还是下地,都要种上作物好生伺候,是地就不能空着,院墙根上也要种上豆角丝瓜。平时一年到头都在地里忙活,耱地松土、拔草、逮虫子等。家庭富裕、养得起牲口的家庭在每年秋耕播种后还能给地里上点肥,穷苦人家什么肥料都没有,平时除了下雨也很少浇地,所以只能多翻地、勤拔草,让土松软起来,希望能让庄稼长得好。一年辛勤劳作的收成也只能糊口而已,所以农村人为了生存下去不得不辛勤耕作,穷人家难出懒汉,因为不尽力生产连饭都吃不上。加之农村老人总是叮嘱教育后辈子孙"勤扒苦作""勤劳为本",而且从小就要带着孩子下地干活,"有样学样"。大家都对好吃懒做的懒汉和不务正业的败家子深恶痛绝,富户的儿子好吃懒做早晚会败光家产,穷人家更没有资本去败坏。刘宗仪一家一致认为"幸福是奋斗出来的",无论是种地还是工作,都要靠自己的辛勤和脑子一步步往好了去。刘宗仪年轻时虽然不务正业,老来回家也不干农活,但是在外面工作时都干得很好,在上海滩治安队做到了大队长,在济南做公安也很有名望。刘其才从小跟着母亲长大,知道过日子不容易,母亲一直耳提面命要他"扛起家里的担子",所以他也一直勤劳肯干,在他手里积攒下了不少家业。

2.忙碌才心安,有空不愿闲

农家人一年到头的主业就是种地,除了过年前后的农闲时节可以歇息一段时间,其余都在地里刨食。对于农村里来说,大家都喜欢忙碌一些的生活,希望让田里收成更好一点,而且也没有那个功夫和资本享受清闲,"穷人过不了富日子",就连过年的时候也不敢让自己太放松,因为一旦懒起来以后干活就没劲头了。刘其才是一个闲不住的人,除了在家照顾地,只要有点工夫就东奔西走贩运货物,从家里拉罗圈、笼头、糖稀等东西去外面卖,从外面运衣服、鞋帽等货物到县城批发,多赚点钱以改善家庭生活。

为了让家里男人把地种好,外出无牵无挂专心做事,家里的女人就要照顾好他们的生活起居和家庭内部事务,合理安排家里的生活时间。以前桧柏村的农户家庭都只吃两顿饭,上午九点吃早饭,下午三点吃晚饭,刘孔氏都要算好时间安排儿媳妇们去推碾子磨面,烧锅做饭,有时候家里男人没按时回来还得去地里喊他们回家吃饭。赶上农忙的时候,还要给家里劳力去地里送饭,晚上有时候也要烧点面汤加餐。在地里劳累一天,而且第二天还要继续早起干活,所以刘家人睡觉都比较早,晚上从地里回来,和邻居拉拉呱,妻子丈夫说说话就要睡觉,晚上十点整个村子就没有"亮光"的人家了。但是赶上农忙家里活一时间干不完,就要连夜赶工,这些时间睡觉就比较晚了。

除了过年之外,家里也没有其他大的节庆活动,也没有那个条件能过节玩乐,有点空闲时间家里人可以聚在一起也都要商量商量今年的一些大事,做做规划。尤其是刘宗仪在家的时候,经常叫儿子们过去问问话,有时候还给儿子儿媳们下个指示,布置一些任务,儿子儿媳都要遵从照办。

(二)家户空间观念
1.内部空间家庭共有

刘宗仪家里住的院子里除了厨屋外共有三排七间房子,两排堂屋坐北朝南,正屋是双扇门,偏房也都安着朝南的窗户,以利于更好的采光。靠后的三间堂屋刘其才夫妇和儿女们住着,两边偏房住人,中间正屋不需要做会客厅所以就用来放东西,家里粮食囤、农具什么的都往这里放。中间一排的两间堂屋由刘宗仪夫妇住着,正屋作为会客厅摆放陈列着八仙桌、条几、圈椅等,平时有亲戚和客人来了就在这个屋里会客。靠西的偏房住人,家里的地契等东西都在刘宗仪夫妇屋里藏着。靠南的两间南屋临着街,正门朝北向院里开的,窗户也是朝北,南侧墙上没有开窗户,采光相对差一些。刘其法夫妇住在南屋,同样的外屋放东西,里屋住人。三排房子和院墙将院子分成了两块,家里的厨屋靠着西墙,墙外面是晒场,厨房是一大间,门朝东对着中间堂屋。

家里大门朝南对着大路,大门往北是一个过道直接通到第三排堂屋,过道尽头是牛棚和厕所。大门和南屋之间还搭了一个门厅,家里经常取用的纺车、织布机还有其他东西就放在门厅里面。三排屋子东西两侧的过道将前后的小院子连通起来,家里院子不小,所以在院子里种了枣树和石榴树,每年还可以打枣吃,枣树结的多,打枣的时候周围邻居也都来帮忙,临走每家也都装着一些回去。红枣晾干后可以长时间存放,过年还可以用来蒸花糕。自家院子外面没有种树,因为农村院墙都比较低,在院墙周围种树方便小偷扒着树翻墙,所以村里人家也都很少在自己屋前屋后和院墙边种树。

家里的宅基地和房子是祖上传下来的,刘宗仪也没有请人看过风水,农家人也不讲究这些,只要有房子住着能够遮风挡雨就已经满足了。

家里的所有房子都是家庭共有,都由家长来安排分配谁住在哪间。除了四间偏房住人之外,其他的三间正屋和厨房都属于公共空间,中间的客厅用来会客,两间正屋用来放东西,厨房也是做饭全家一起吃饭。放东西的房间大家都可以随意进出取放物品,但是住人的房间兄弟和妯娌之间彼此不能乱进,嫂子和小叔子、大哥和弟媳妇乱进屋会比较难看,传出去不好听,所以大家都注意不能不打招呼乱走动。因为家里的地契在刘宗仪夫妇屋里,而且刘宗仪自己从上海和济南带回来的字画、瓷器等一些贵重东西也都在屋里藏着,所以他们住的那间更不能乱进。家里人相处也要守规矩,谁如果不守规矩都会被刘宗仪训斥。以前家里人少,房子住不完,后来人慢慢多了,才将房子充实起来。房间的安排从刘其才娶妻之后就是这样了,后来也一直没有轮换或者变动过。刘宗仪没有女儿,1949 年前刘其才的女儿也都还没出嫁,所以也不存在女儿回门的情况。

家里妇女做活一般都到院子里,纺车和织布机在屋里不好摆放也都要搬到院子里用,所以自家房屋还是进行家务活的场所。鸡鸭鹅等家禽比较小,直接在院里散养。后来家里买牛买猪,牛棚搭在了院里的厕所旁边,猪圈在院里不好找地方于是建在了院西边,猪比较小的时候白天放在圈里养,晚上赶到门厅里,后来母猪养得比较大了就一直养在外面。只有一墙之隔,有什么动静也都能及时听到,不怕被偷走。

2.外部空间几家共用

刘宗仪家里住的院子,在村中心的偏西南侧一点,周围都是近门近支,北边是刘其祥家,南边隔了路是刘宗仁家,东边隔了路是刘其升家,西边隔了晒场是刘宗礼家,彼此都是不出五服的叔伯兄弟。因为自己家的院子两边靠着路,西边靠着晒场,所以边界非常清晰,北边以院墙和刘其祥家为界,其他几边也都有院墙,和其他人家离得远也就没有什么边界纠纷。西边的晒场,晒场里的石碾子、石礤、石磨、大车,还有不远处的水井,都是刘宗仪兄弟几家共有的,周围同姓邻居也都会过来借用。石碾子平时家家户户磨面都要用,一般都是排队使用,先来后到。而要借用晒场和大车的话就要向刘宗礼请示,刘宗礼作为门里的大哥,外人借用这些物品都要他点头同意才可以。

榪柏村东西南北四面都是田地,东边隔地和大榪柏村相邻,因为两个村里地连着,平时交易变动也不少,所以没有什么明确的边界;西边隔着地和王庄相邻,情况和大榪柏村一样,也没有明确的边界;南北两边都是大片的地,没有离得近的村子。榪柏村在 1949 年以前归榪柏乡管辖,乡治所设在大榪柏村,从村里到乡里只有不到 1 里路。榪柏村离县城也特别近,因为在县城东南角,所以这一片才被称为东南隅。从榪柏村到县城东门和南门距离差不多,只有 3 里路。而这一区域放在整个山东省来看,属于鲁西南地区,距离济南只有 120 多里路,步行的话只需要五到七天就可以走一个来回。

刘宗仪和儿子刘其才、刘其法都在外面干过事,刘宗仪在上海也算混的"出人头地",刘其才走南闯北贩运货物也是"见多识广",在整个村里面都算头面人物,村里很多人有事都会来请教。因为多种原因,当年日本占领上海之前刘宗仪就逃回了家,抗日期间刘宗仪也在自己村里给年轻人讲日本人的恶行、宣扬抗日。后来又带着儿子到济南干公安,在村里名声很响,声望很高。

(三)家户生活观念

以前榪柏村的普通人家只希望通过一年劳作能够让家人吃饱饭、有衣穿,这已经是他们的理想生活了,也没有其他什么追求。相对贫穷一些的人家,家里没地,只能给地主扛活,一年下来能混口饭吃饿不死就已经心满意足,否则就要去"黄河北"讨饭。像刘宗仪家这样家里条件相对好一些的家庭,有地有牛,几家共有大车、晒场,一年下来也算吃喝不愁,所以追求的就多一些。刘孔氏当家的时候，家里劳动力少，过得差一些，家里的孩子能吃饱不饿，刘宗仪在外能平平安安就已经满足。到了刘其才当家，他常说要争取做到"独车独牛，老婆孩子热炕头"，刘其才兄弟二人专心种地，闲时做生意，家里条件有所好转，买牛、置地也都做到了。后来家里有了点积蓄，孩子慢慢长大，家里的土坏房日子也久了，他便想新建几间砖瓦房，改善居住条件。但是因为刘其法分家，所以建新房的事情便多拖延了一段时间，到了土地改革运动的时候才在老房子西边的晒场边上建起了七间十行砖的砖瓦房，三间堂屋，东西配房各两间。刘宗仪教育孩子要敢想敢干，多拼多闯，不要一辈子耗死在"一亩三分地"上。刘其才也经常教育孩子，"幸福都是奋斗出来的"，不能趴在老本上，要多动脑子多干活，让家里的生活过的更好。正是家里的长辈不断进取、不断辛劳才使得自家生活蒸蒸日上。

为了让家庭日子过好，不单单当家人要拼死拼活、操心受累，家里的每个人都要为了家庭的兴旺发达出工出力，这是每个家庭成员的责任。刘宗仪作为家长，虽然为家里生产生活的事情操心的少，但是把家庭管理的井井有条，家庭团结和睦不闹纠纷，兄弟友爱、婆媳姑妯娌和谐是家庭过好生活的基础。三天两头闹乱子的家庭，心不在一块想、力不往一处使，肯定过不好。刘孔氏出身上中户家庭，家教严格，性子强，能干活，自己当家能带好孩子管好家，孩子长大娶妻后能"镇"得住家里的儿媳妇，她带着家里的女性操持家务，将家庭生活安排的妥妥当当。刘其才、刘其法兄弟读过书，脑子灵活，也都踏实肯干，地里的活都在他们手里，他们的劳作是家庭的主要收入来源。为了家庭，每个人都会自觉自愿做好自己该做的事情，无论刘宗仪在不在家、安不安排，大家都会各安其职，做好分内之事。正是一家人齐心协力、各尽所能才使得家里生活幸福美满。

当家人和家长不仅要顾好自己这一辈，也要为子孙后代考虑。"自己有，不算有，子孙辈辈才算有"，自己现在生活过得不好，要辛勤劳作，尽力为儿孙积攒家当；自己生活过得好，也不能浪费败家，要为子孙留下过日子的家底。刘宗仪作为家长，年轻时再怎么不务正业，要钱、抽鸦片开销虽然大，但是也不敢轻易将家里的土地房屋变卖，这是祖宗传下来的，不能为了个人的快活对不起祖宗，也要对儿女后代负责，给他们留下谋生的家当。后来刘宗仪有了两个儿子，他也要更多地考虑家庭和儿女的生计，到外面工作也都是为了能让家里生活过得好。刘宗仪在家虽然是"一言堂"，但并不是自己想干什么就能干什么，他要考虑到自家的所有人，只顾自己的家长绝不是一个合格的家长。

为了更好地生活，从刘宗仪到刘其才以及家里的每个人都为了这个家奔走劳作，而且因为每个人所做事情所处位置的不同而对每个人也都有不同的要求。要积攒家当，每一个家庭成员都必须辛勤劳动、勤俭节约。刘宗仪在外做事，要注重人情，还要有眼力见、会来事，对上对下也都要能应付自如，否则在外面很难混下去；刘孔氏自家在家带孩子的时候，"留守妇女"日子难过，要处处忍耐、艰辛持家；刘其才在外面做小生意，自己开始一窍不通就要跟着别人学，多看多记，懂得互惠互利，也要学着会说话、会算计、防上当。家里的妇女求安稳，只想着衣食无忧就满足了，但是刘宗仪和刘其才敢打敢拼，为了家庭富裕和日子过得更好，要多盘算、多干事。

全家人都靠着辛勤劳动和勤俭节约过着日子，不敢游手好闲、更不敢败坏家当。在日常生产消费上，东西能不买就不买，自己做的也一样用。用铁片砸个"坑"做油勺，锯个木墩子当板凳，自己织布做衣服，凡此种种，都是为了节俭。家里养猪养鸡舍不得吃都要拿去卖，自家种的菜吃的也很少,其他都要去换钱,每年只有过年买几斤肉招待客人。以前都想着少花多赚,省下钱都攒起来。刘家这一门里没出过败家子,没有那种懒人和二流子,别的门里有过好吃懒做或者赌博要钱败光家产的人,大家对这样的也都不会搭理,亲叔伯兄弟也都不会救济他,任其自生自灭。

以前人们过日子不光要省,还要精明会盘算。做人不能太实在,实在过头了就是憨,实在人也容易吃亏。以前吃不上饭,年节来招待亲戚是一个极大的开销,为了省钱省东西家家都有自己的招。比如招待亲戚做菜,会买几张粉皮烫到半熟整个倒扣在碗里,将肉盖在下面,粉皮不好夹起来,肉也夹不到,这样一道菜就可以多次使用招待客人。丸子放外面风干,招待客人用这种风干的丸子,客人咬不动就吃得少,就能省下东西。当然,农村人的这种"精明"不是为了坑人,而是为了节俭。在种地上也要精细盘算,每一沟之间起多宽的垄,一亩地用多少斤种子,地里苗稠了怎么间苗,垄上种什么沟里种什么等都要细细计较,避免浪费粮种。出去买卖东西,一分一厘都要细细讲价,会看称上有没有做手脚,买东西总要想办法绕点零头。这都是农家人过日子的计较。

在榉柏村这里,刘姓人多,周围都是近门近支,所以日常的人情往来也比较多。每一家都有一个"红白账",平日里各家之间红白喜事随礼都要记录下来,以后要还。刘宗仪家在村上的人情往来多是在五服以里,根据远近不同,随礼多少也不一样,但是无论多少,只要别人给过,就要去还。有来无往和关系近但是不做人情往来的人家都是没人味,各家都会自动疏远于他。刘其才因为经常带着周围村里的人一起去外地贩运货物,结交的朋友比较多,所以除了家里的亲戚和村上的走动外,和外村的人情往来也比较多,谁家有红白喜事也都要告知一声,以全情份。

四、家户习俗

(一)节庆习俗

1.农村节庆少,春节最隆重

对于榉柏村的村民来说,春节是一年中最重要的节日,进入阴历腊月可以准备过春节。春节开始得早,大人常说"小孩小孩你别馋,过去腊八就是年",所以从腊八之后就开始过年了。春节一般从腊月二十三开始算,这天称为小年,家家都要准备祭灶,用高粱秆扎马打发灶君上天。从这天开始就要准备扫屋子、办年货、蒸馒头、过油炸丸子,具体安排要看家里的空闲时间,各家都不一样,每年做这些事情的时间也不固定。

到了年三十这天,上午都要贴春联,家里的春联都是刘宗仪写的,因为他的毛笔字写得漂亮,所以周围邻居也经常带了红字来找他写春联。春联一般只贴大门和堂屋门上,没钱的人家就找块红纸剪成四方形贴在门上也算意思意思。下午的时候门里的男人要组织起来上坟,刘宗礼作为老大哥带头,刘宗仪和刘宗仁还有两家的儿子刘其才、刘其法、刘其园三个后辈跟着去。小孩十岁之前不能跟着去上坟,刘嘉训十岁之后也跟着家里大人一起去。刘宗礼他们去村东头的新坟地祭拜刘恒泰和刘秉章,门里的老坟地在村南边,这个坟地是刘恒泰新买的,只埋了两代人。这次上坟的意思是要请老人回家过年,上坟完了回家,要在大门口横着摆一根高粱秆,然后将家里已经去世的老人的神主牌取出来供奉在条几上,刘宗仪和刘宗仁家里只供奉刘秉章的神主牌,刘宗礼家里除了刘恒泰、刘秉章的神主牌,还有一副"家堂"。家里男人上坟的时候,女人在家要准备好上供用的东西,馒头、丸子、糕点、公鸡、炸鱼、方肉,都摆放在客厅的八仙桌上,摆完之后女人就要出去,上坟回来请神主牌、上香、磕头等其他事情都不能再掺和,只有家里的男人才能祭拜。

天黑了之后家家门口都要摆两根蜡烛,有条件的还可以挂两只红灯笼,家里每间屋子都要点上灯,让全家都亮堂起来。晚上的时候全家一起吃年夜饭,但是不一定非得等到午夜十二点。九十点左右就可以吃年夜饭,全家一起吃,刘宗仪夫妇坐主位,刘其才和刘其法夫妇坐在两侧,吃年夜饭的时候刘宗仪会将自己的"银包象牙"筷子拿出来用,给家人说几句话,男人也会一起喝点酒。年夜饭吃的时间比较长,一两个小时才吃完,吃完年夜饭快也到午夜十二点了。除夕夜的十二点,全家要一起拜神主牌,刘宗仪领着家人,叩四个头,叩一次起来作揖一次。

在家里拜完之后,刘宗仪还要领着刘其才、刘其法还有刘嘉训到刘宗礼家里去拜"家堂",同样是四叩首。之后就是刘宗礼领着门里的男性去拜年,先去刘秉章的叔伯兄弟辈家里,刘恒泰也就是刘奉章家要第一个去,因为刘秉章是从刘恒泰家过继给了刘恒吉,刘恒泰是恒字辈的老大还是刘宗礼他们的亲爷爷,于情于理都要第一个去,然后是刘恒进、刘恒力这几家,四门同小支家里有神主牌位的都要去拜年、叩头,不过只需要三叩首。除夕夜拜年只在四门各支脉里面进行,除了族长家,其他门里不需要去。而且这次拜年不需要带礼物,都只是来回走动拜老人,互相道个新年好,图个吉利。有的两家人平日结下了梁子,过年的时候走动一下就算将矛盾解开了,彼此都是近门子,没什么事情是说不开的,关系不好的两家过年还不走动那以后也永远不会再来往了。

除夕夜拜年这一圈走完要一两个小时,然后各自回家休息,初一白天都在家里闲一天,这一天各家也都开始商议安排走亲戚的事宜。初二开始走亲戚,当天家里的男人必须要走姥姥家,刘宗仪兄弟几人要去自己舅舅家,刘其才刘其法兄弟去水坡涯。初三要走姑姑家,因为刘宗仪没有姐妹,所以初三这天可以走其他的老亲。初四走丈人家,初五走姨家,初六走其他亲戚朋友。一般来说,要先走老亲再走新亲,只有男人可以走亲戚,也可以带着自家男孩,但是除了走娘家,家里的女性不能跟着走其他亲戚。谁去哪里、带什么东西也都要听从刘宗仪安排,老亲要带两包糖、两包果子,新亲只带一包糖一包糕点。走亲戚的时候,一般只走三代,只要家里老辈人还活着,就都要去。以姥姥家为例,姥姥姥爷、舅舅舅妈、表哥表弟这三代人只要还活着就要走,刘宗仪或者他姥姥家的表兄弟去世了的话,这门亲才算断了,刘其才以后也不需要再走动。亲戚只要来了自己家,那么必须要回访,否则"有来无往就会断了亲"。

在榉柏村,过年的时候除了年前准备、除夕拜年和年后走亲戚,就没有其他年节活动了。各家各户自家没有闲心思和财力去搞什么活动,村里族里也没有组织过,各家过各家的年,过完年之后等开春天暖了就要开始忙活新一年的农作了。

2.元宵散灯忙,全家亮堂堂

正月十五元宵佳节,这也是春节之后的第一个节庆,同时也意味着春节的结束,全家人要收心准备来年的忙碌。在榉柏村这里,元宵节远没有春节隆重和热闹,也没有太多讲究,只有一个传下来的规矩,那就是元宵"散灯",每一个屋子都要点上蜡烛,条件好的家庭门口还要挂红灯笼,普通人家就在大门两侧摆两支蜡烛,元宵节晚上全家都要亮堂堂,图个好兆头。元宵节还是小孩的盛典,这个时候小孩子也可以打着"花灯"到街上玩,一般都是家里大人用花纸糊的小灯笼,是家里小孩难得的玩具,小孩子们也会互相比谁的花灯好看。刘嘉训小时候父亲从外面给他带回来过一个六角的花灯,六面画着不同的画,在一群孩子中独树一帜,这是他珍藏多年的玩具,每年只有过年和元宵节才舍得拿出来。元宵节晚上刘嘉训还会去捡蜡烛,谁家门口的蜡烛被风吹灭了没烧完就捡回家去,一晚上能捡一兜子"战利品"。

元宵节除了散灯之外,家家户户还要吃元宵。每当这个时候县城里的市场上就有做元宵的摊子,先用湿糯米包豆沙、大枣、红糖等甜品做馅,然后扔到一个撒了糯米粉的大铁桶子里"滚元宵",等到元宵滚到"牛眼大小"就算做好了。家里买回来元宵可以煮也可以油炸,看各家的喜好。炸元宵是个技术活,要边炸边放气,不然元宵会受热涨口子,元宵炸坏了就没有"团团圆圆"的寓意了。除了吃元宵,过年的时候家里还要采购年货,有些不能搁太长时间的和吃剩下的东西如炸丸子、饺子、猪肉等都要在元宵节吃掉,既节省了东西,也给家里人添了一顿"好饭"。

3.敬祖为最大,清明要上坟

对于榿柏村村民来说,除了春节和元宵节之外便没有什么节庆了,平时忙得紧也没有时间过节。但是每年的清明都要重视,虽然不属于庆典但也是重大的节日。对刘姓一族来说,清明祭祖是大事,每个支脉都要在清明节上坟祭祖,焚香烧纸、磕头祭拜。祭祖由各支脉的大家长带头组织支脉内的男性一起去,四门这边一般都选择下午四点之后,另外两门则是上午去和中午去。去之前各家还要买一刀①黄纸,让家里的妇女剪成"纸钱",几家人的纸钱一起用青布包了带到坟上。刘宗仪这一脉由刘宗礼领着上坟,去村东的新坟地,因为这里只埋了刘恒吉夫妇和刘秉璋夫妇,所以烧纸的时候就分成一大一小两堆,纸上各放几根香,再倒上一碗白酒。刘宗礼带领大家先叩头,叩完头再点着黄纸,等黄纸烧完才能回去。清明祭祖是大事,在家的男丁必须要跟着上坟,如果在外面回不来也要找一个十字路口烧纸焚香叩头,让祖先知道你的敬重。

(二)婚葬习俗
1.喜事较简单,归宁新娘难

东南隅这里娶媳妇讲究少,过程也比较简单。两家谈定了儿女的婚事,找村上文化人选定黄道吉日,到了那天男方提着公鸡去女方家迎亲,女方押母鸡给男方带回去,鸡同吉,图个吉利。嫁女儿也没什么讲究,并没有哭嫁等习俗。男方迎亲回来要把妻子抱进门,新娘子脚不能沾地。拜堂时,要请本支脉里的辈分最高的"大家长"坐上位,刘其才和刘其法娶妻就是刘宗礼坐上位,刘宗仪坐下位。结婚这天邀请亲朋好友,一般只邀请新人的叔伯兄弟和姑姑、舅舅。拜堂之后将新娘子送进洞房,亲戚一起吃席,新郎挨个给亲戚长辈敬酒。榿柏村这里也没有闹洞房的习惯,讲究"新妻三天不出门",小姑子或者婆婆给送饭;但是在农忙的时候,新媳妇进门第二天就要拜公公婆婆,开始跟着婆婆做饭做家务。结婚后新娘子归宁,有"三天请、六天送"和"九天请、十二天送"两种,但是这里还讲究"六天不空房,空房死了丈母娘",新婚第六天新媳妇一定要在婆家。新媳妇回娘家这几天也有任务在身,婆婆会给新媳妇带上几尺布,新媳妇在娘家要给公公还有丈夫各做一身新衣服,对角鞋,"驴打滚"的腰带。新媳妇自己

---

① 刀:东南隅这里对黄纸的计量单位,也就是一卷,大约五十张。

做不完,就要娘家人帮着做,做不完在婆家会被看不起。

2.人死是大事,白事讲究多

东南隅这里老人去世后,白事讲究比较多,"人死为大"。老人去世当天要给老人换寿衣,去世前就要准备"倒头轿",老人死了就要将倒头轿送坟地烧掉,然后要去报丧,由老人的儿子或者侄子去给亲戚送信。送信顺序有讲究,先到老人的姐妹、女儿、姑姑、侄女婆家那边送信,然后再给儿媳妇娘家那边送信。因为前者是自家的血脉,都要给"扎腰"。一般人家,老人的葬礼持续三天,从去世那天开始算起,第一天送信、准备孝帽子和其他发丧用具,第二天搭灵棚、请吹鼓手和守灵,第三天发丧吊唁下葬。赶上过年或者有其他情况的话,可以停灵一期,葬礼在一期之后办,男性一期为6天,女性一期为7天。近亲一般第二天就来了,见老人"最后一面",儿女都要一起给老人守灵,远一点还有五服以内的其他亲属的第三天发丧才上门。根据亲属关系远近,发不同的服孝,白幛子、蓝幛子、青幛子,关系越近颜色越深。儿子都要戴"疙瘩帽",穿蒙了一层白布的鞋,家里的女眷要戴"搭头"①。第三天发丧的时候亲属都要来吊唁随礼,也称"吊知",每来一家亲戚本家都要出去迎客,主持葬礼的"礼相"还要将亲戚随礼的东西大声念出来,亲戚跪拜老人之后本家再谢客。下午将去世的老人送上林,要先在村中大街上所有亲戚一起跪拜一次,长子还要"摔盆子",这里认为盆子摔得越碎说明儿子越孝顺。摔完盆子大家再一起将老人送上林,长子打着幡在前面领,家里的女眷在后面送。女眷只送到村口,不能到坟地里去。抬棺材的人都是村里找的精壮劳力,这是个重体力活,上林之前要给抬棺材的几个人吃饱喝足,上林埋葬完了还要在给这几个人管一顿饭。到了坟地,将棺材下葬,儿子打的幡也一起埋掉,防止犯"重丧"。埋棺材要由儿子填第一把土,然后抬棺材的人和几个儿子一起埋,埋好还要起坟头,富裕人家还要给老人立碑,但是刘宗仪这一门里只有刘恒吉埋在新坟地的时候立过一口墓碑,之后便再没做过。

家族埋棺材的位置也有讲究,刘家祖坟里的坟茔是按照一字葬的形式排列的,要按照行辈,大辈在北,小辈向南在大辈"怀里"起坟茔,同辈之间按照年龄长幼从左向右一字排开。夫妻要并穴,两人坟茔要挨着。家境殷实的家庭可以给老人置办棺材,家境不好的人家只能用草席将老人卷起来草草掩埋。以前都是土葬,如果不用棺材还埋得浅的话,容易被野狗扒坟,这里称之为"犯天狗星",这对老人是大不敬,老人死后不得安生,也显得儿女不孝。所以为了防止野狗扒坟,都要用炉灰围着坟头围上一圈,坟头上还要插白幡。

丧事结束后,葬礼上祭奠老人的贡品可以分给周围的小孩吃,农村人认为吃了这些贡品可以长寿。富裕人家在老人发丧时还会用竹竿架纸鹤,让老人"驾鹤西去",纸鹤下挂两个馒头,村里人认为葬礼结束后这两个馒头就沾了仙气,吃了吉利有福气。之后家里的儿子儿媳还要守孝,古时候讲究守孝要闭门两三年之久,但是在农村人家根本没这种条件。一般守孝一期,守孝期间要一直穿白鞋,不能到别家串门。下葬之后还要给老人按期烧纸,一直烧七期,但是家里有几个儿子几期不烧。两个儿子的话就在头期、三四五六期和七期烧纸,二期不能烧。

---

① 扎腰、幛子、疙瘩帽、搭头:孝服的不同类型。扎腰是一条长白布,类似腰带;幛子是一块方形布,系在胳膊上;疙瘩帽是白布缝制的圆帽子,帽顶有一个布疙瘩,帽后垂两根白布条;搭头是近亲女性的孝服,只缝一侧的簸箕型帽子,帽顶有麻绳穗或者青布穗。

以前生活条件和医疗条件差，家里小孩未成年夭折的有很多，这里称之为"少亡"。十六岁以下死亡的小孩就随便找个坟地边角埋掉，没出满月的小孩夭折的直接扔到大榉柏村东头的乱葬岗。但是如果家里孩子娶妻后才"少亡"的，就可以按照行辈埋到坟地里，但是不举行葬礼。除了少亡之外，不娶妻的光棍也不能入林。

（三）家户习俗单元

以前农村只有春节一个重大节日，其他节日都没有工夫过。不分家的话，过年以大家庭为单位一起过，分家后都是小家庭各过各的。但是如果老人健在，兄弟关系还很好的几家也可以一起过年。过年都在自己家院里过，兄弟几家一起过年的话可以到一家院里或者老人院里过。刘宗仪一家一直没有分家，而且在一个院里住，所以过年都是大家一起过，分家后才各过各的。

家里有出嫁了的女儿，女儿要在婆家过年而不能回娘家过年，以前女性要从属于夫家，就算父亲和公公一起去世，也要先"送"公公再"送"父亲。如果媳妇娘家没有儿子，岳父岳母到女婿家过年倒是可以。至于其他亲戚，只要自己有个安身之所就要在自己家过年，到别人家过年不被允许。

过年的时候家里人都要聚在一起吃团圆饭，以前榉柏村的人极少有出远门工作的，所以过年的时候都能聚在一起。刘宗仪多年在上海，每逢过年也都要赶回来和家人一起过。

（四）节庆仪式由家长支配

榉柏村的人都很重视春节，每逢春节也都有一些仪式讲究，各家都要由家长带头主持安排。在刘宗仪这一门里，上坟、拜年、走亲访友，这些都是本门的"大家长"刘宗礼带头来做。到了正月十五元宵节，再由刘宗礼带着本门的男人"送老人回去"，各家收了神主牌，春节就算过完了。除了春节之外，也只有清明节需要上坟祭祖，也是由刘宗礼带领着兄弟和侄子们一起去。其他节日很少过，但是每个节日都有一些或大或小的仪式活动。二月二"龙抬头"，家家户户都要在家门口"围仓"祈求庄稼丰收，要由每家的男人在太阳出来之前用自家的烧锅烧出来的灰在自家门口围，然后在仓里撒上几种粮食，寓意粮食满仓，女人则要炒豆子、炒面。六月初一，晒笼衣；七月半，定旱涝；八月十五，定干戈。这些都算不上节，但是每到这个时候都要做些事情。

五、家户信仰

（一）信神不信教，一人做祷告

榉柏村的人都不信教但是信神。这里的人家盖房子喜欢在墙角加一块"泰山石敢当"，家家户户厨房里都贴"灶君"，天井院里贴"老天爷爷"，平时有事口诵"老天爷保佑"，但是并不信道教，也不参加宗教仪式。有些时候家里孩子有病或者"家里不顺"也会找"姑娘"①看看，或者去县城东门里的天主教堂找神父看看，但是这些都不属于宗教信仰。刘宗仪一家也都不信教，只有刘孔氏当家的时候请了一幅"保家奶奶"的画像，平时自己一个人烧香祷告，也不要求家里其他人跟她一起祭拜。

---

① 姑娘：在这里"神婆"一般都称之为姑娘，为特指名词。

(二)妇女心眼小,信神保平安

刘孔氏请"保家奶奶"是在刘宗仪去了上海之后,她一个人当家,她去县城宝相寺①附近请来的,也没有和刘宗仪商量。刘孔氏只一个女人家在家带孩子,需要找一点"靠山",才请来了"保家奶奶"。平日里烧香祭拜,祷告祈求保佑刘宗仪在外面平平安安,孩子健健康康,家里平安无事。这些只有刘孔氏自己一个人在做,她不要求孩子们跟着一起拜,平时也不参加其他的宗教仪式。刘宗仪年节回家,也并不反对刘孔氏"请"保家奶奶,因为他也知道女人当家的不容易,但是他平日不烧香祈祷,任由刘孔氏自己祭拜,这幅"保家奶奶"画像就一直留在了家里。

在榉柏村这里,很少有人家会信教,刘楼乡曾经流行过"义和神拳"和"衣冠道",这都属于邪教,各家家长坚决不允许家里人信这种教派。家里的老太太可能会去宝相寺烧柱香,但是信佛教的很少,更没有一家人信不同宗教的情况。

(三)信家神,重祭祀

1949年以前,刘宗仪家里供奉了灶君、"老天爷爷"的天历牌和"保家奶奶"的画像,灶君和"老天爷爷"的天历牌各家都供奉在厨房灶台和天井院里,只是贴上的一张纸。"保家奶奶"为一幅红布画像,挂在堂屋正中,平时在条几上上香,并不摆放其他贡品。从请来之后,只有刘孔氏一人平日烧香磕头祷告,她会定期祭拜,逢年过节和日常都一样,没有什么不同。家里的儿孙和儿媳妇都不跟着拜,她也不做要求。

以前各家都请灶君和"老天爷爷",目的是为了保佑风调雨顺、家宅平安,图个心理安慰,一代代人都这样做,虽然没什么实际作用,但是这已经成为了约定俗成的惯例。有些家庭还会请"关公""财神爷""泰山老奶奶""观音菩萨"等其他神明,也都是为了保佑自家的家庭兴旺和家人平安。刘孔氏请"保家奶奶"是因为她感觉自己一个人撑不起家,要找人帮她"保家"。再者,自己丈夫在外面,他希望能保佑丈夫平安。后来刘宗仪回家,但是刘其才也经常到外面去运货,每次刘其才离家她都要细细念叨,祈求保佑。

家里每年过年前后都要打发灶君上天,更换灶君和天历牌,更换这些都要家里的家长来做,更换前后还要磕头祭拜。每年除夕夜,家里人也要祭拜灶君和"老天爷爷",由刘宗仪带头和主持,全家男女老少都要跟着拜,小孩子也要跟着祭拜。家长不会特意教儿孙,老人传小孩,一代代有样学样跟着做就可以了。过年的时候祭拜神明相对隆重一些,要用瓜果糕点上供,而在其他时候,不会刻意去祭拜,也不会上供品。

(四)重视孝道,不能忘本

相对于祭拜神明和宗教信仰,祖先信仰和祭祀要隆重认真得多。榉柏村的刘姓是整个汶上县刘姓的发源地,其他地方的刘姓都是从这里迁出去的。而榉柏村刘姓的祖先和迁汶过程在家谱上都有明确记载,家里的老人也都会教给儿孙,让儿孙后代知道自己"根"在何处,不能忘"本"。祖先在每个刘姓人心中都无比重要,刘宗仪这一门也都会定期祭拜祖先和本门本支脉的长辈。在刘宗仪的大哥刘宗礼家里有家堂和灵位牌,灵位牌包括本四门的老祖宗、刘

---

① 宝相寺:位于汶上县县城西北,宋代年间修建的佛教寺庙,寺内有太子灵踪塔和佛牙舍利,所以汶上县也因此被称为"中国佛都"。

恒吉和刘奉章。祭祖是为了敬老，必须要祭拜，否则就是对老人的不敬不孝，每逢年节必须烧香烧纸，结婚和添丁要上坟请老人喝喜酒，过年也要上坟请老人回家一起过年。家里有家堂就不摆放过世老人的遗像，因为家堂的"规格"在遗像之上。

榾柏村的刘姓一直没有修家庙和祠堂，外迁代村和沙河涯的两支刘姓在村里盖了家庙，但是刘姓的祖坟比较多。以前讲究"穷改门，富拔林"，除了始祖确定的村南祖坟外，之后每代和不同的支脉也都有新买坟地。刘宗仪这一门里有两处祖坟，家里老坟在村南偏西，面积比较大，有近5大亩，立有两口碑；刘恒吉又在村东新买了一块坟地，只有2小亩，因为是新坟地，1949年以前只埋葬了恒字辈和章字辈两代人，立了一口碑。刘家祖坟埋葬不同代际的人称之为"跟穴"，跟穴开坑要按照东北—西南向，在老辈人的"前怀"按次序埋葬下一辈的人，同辈之间并排，从西往东开坑。祖坟没有进行过维护和修缮，只是有的小支脉会给老人立新碑，也都是小支脉的人各家出钱刻碑，立在自家老人坟前。

刘家对家谱也非常重视，从明朝开始到1949年已经修缮过多次。第一版家谱是明朝嘉靖十一年（1532年）创修，但是在崇祯年间遭兵灾有损，所以在康熙二十一年（1682年）按旧章继续之稿二次修订；乾隆九年（1744年）三次续修；第四次续修年代不详；光绪十七年（1891年）第五次续修；1949年前最后一次修订在民国十七年（1928年），已经是第六次续修，由刘宗仪的大爷爷刘恒进和大伯父刘奉章以及刘宗文、刘宗碧发起编修。汶上县之东南隅榾柏村的刘姓一脉世系源流在族谱上有清晰记载，其间外出失传和迁居他处的支派也都记载清楚，这些支派也都各自新编了家谱。老版家谱在族长家里存放，各支脉也都有抄录的一本。刘宗仪这一脉的家谱也由刘宗礼保管，平日里收起来，过年才会请出来，和家堂、神主牌一起供奉。家谱、家堂和神主牌位这些都要好好保管和请奉，平时不能随意拿出来和乱碰乱动，家里从小就会教孩子尊重祖先，如果小孩不小心亵渎这些就要连打带训，还要跪砖给祖先认错赔罪。

刘家的家谱在编修时有严格要求，一般20~30年续谱一次，由村里的名望人和文化人来发起组织编修，各门各支脉的"大家长"参与，按人头上家谱收钱，收来的钱用于续谱工作开支。只有刘姓血脉的男性才能上家谱，娶的妻子只记录姓氏。因为女儿都会嫁出去，所以女儿不上本家家谱，要算到夫家家谱上。过继的儿子要写到继父的支脉上，抱养和入赘的男丁不上家谱。

除了对于祖宗和去世先人的尊奉之外，家里还非常重视孝道，尤其是对自家老人必须要孝顺。但是对祖先的孝和对在世老人的孝是不一样的，对祖先的孝更看重行为，通过祭拜、上坟、烧纸、烧香、放鞭炮这些仪式性的东西来显示对祖先的孝。祭拜祖先是为了寄托对逝去的人的怀念，祈求祖先保佑活着的后辈健康平安、家庭生活顺利、孩子读书有成考取功名。上坟祭拜祖先都要由各支脉的"大家长"支持，只有家里的男性才能参与，家里的男孩从小就要跟着祭拜，家里的女性可以拜老人的神主牌和家堂，但是不能上坟。

对在世老人的孝"论心不论行"，更看重孝心，家里穷的吃不上饭将老人饿死了这不算不孝，大家也能理解。但是打骂老人、虐待父母、不养老送终的孩子会被认为不孝，对于这样的不孝子孙其他人不会管，只有自家近门近支的叔伯会教训。老人可以将自己的儿子告上县衙，判处忤逆不孝罪，还要被打板子。

(五)村中小庙,自行参拜

1949 年以前,槚柏村村内仅有一座关公庙,在村东南位置,在刘宗仪家正东 200 米的地方。关公庙名为庙,其实只是一个小窝棚一样的地方,砖瓦搭建的小建筑,里面立了关公像,没有庙院和正堂。这所关公庙的修建年份已经不清楚,估计是"年"字辈的老人修建的。当年修建关公庙是为了"驱邪除灾、镇村保平安",后来关公庙也成了普通村民祈福、祷告、求子、求雨的场所,村里人家有什么事情都会去庙里"念叨念叨",求个心安。村里的大户不会到村里的小庙来拜神,他们喜欢去县城宝相寺"上香"祈福。但是去宝相寺"请香"花钱多,小户不舍得花钱去拜神。刘宗仪以前也去关公庙拜过神,后来刘孔氏请回家了一尊"保家奶奶",家里人便没有再去拜过。

村里的关公庙属于谁家都不知道,所以也就默认为村内的公共场所。因为没有人管理,所以村里的任何人都可以去拜,无论老人小孩、男人女人,谁家里或者谁心里有点事情,都可以到庙里给关公"念叨念叨"。一般去拜关公都是每个人自己去,很少有一家一户一起去的,而且老年妇女居多,男性去的反而比较少。有时候某户家里出了点什么事情,就由家长出面代表全家去关公庙祭拜祷告,有时候还要带些瓜果糕点、上供上香。有的年份东南隅这一片干旱少雨,族长和村长也会组织各家去关公庙求雨,希望各家派一名男性代表去,但是全凭自愿,并不强制。求雨祭拜上供的鸡鱼肉和瓜果糕点都是大家户提供,普通人家只需要跟着去磕头就可以,壮壮声势。

六、家户娱乐

(一)串门聊天讲究多

平时槚柏村的人家没什么娱乐方式,更没有娱乐设施,所以农家人在忙完地里的活的时候三五成群聚在一起聊天就是最常见的娱乐方式。串门子也都比较固定,每一户都有几家经常去的,有的是叔伯兄弟,有的是前后院或对门邻居,还有的是地邻,都是经常有来往、聊得来的人家。平时串门子都是在自己村上,不会跑太远。按照年龄来看,老年人串门子和聚在一起聊天的居多,因为不用操心地里的活,平时走动走动割点猪草、捡点粪便,闲暇时就可以三五个老人坐在一起聊天"啦牙子",夏天找南墙根乘凉,冬天找北墙根晒暖,聊一聊家长里短、儿女情况、今年雨水情况或者说说地里庄稼情况,仅限于此。家里的男性劳动力一般都是下午干完地里的活,地邻几家人一起聊着天回家,回家之后如果没什么事情才会到别家去串门子和聊天,也有时候端端碗到门口吃饭,几个人就在路边聚在一起边吃饭边说话,也都是互相说说家里地里、孩子老婆的事情。小孩到别人家串门子找小孩一起玩的最多,两家孩子一起玩闹,"拉呱"也都是说些小孩子之间的东西。家里的女性可以去邻近人家串门借东西,但是串门子聚在一起聊天的情况非常少。妇女都要在家里干活,操持家务,没有闲工夫跑出来"啦牙子"。有时候几家妇女排队等着推碾子压面,几个人可以拉拉呱,说说做家里的事,讨论讨论做饭做针线活等一些家务的事情。

在槚柏村这里,串门的情况虽然少,但是也有很多讲究。比如别人家娶妻前后几天,带孝的人不能去;某家老人去世,孝子要出了五期才能出去串门;某家老人快要断气的时候,小孩不能去他家玩等等。除了这些忌讳,平时串门子对人的着装和形象也有要求,比如不能披头散发、衣衫不整,女人要扎辫子盘好戴发网或者挽起来发髻。而且去别人家串门的时候不能直接推门而进,要先"拍门"或者喊几声"有人没",主人家应答了才能进去,串门一般在院子里或者堂屋里谈事情,别人家的卧室不能随便进去。这些规矩都是村里人约定俗成,一辈辈人传下来的,家长从小就要教孩子这些规矩,串门子聊天守规矩这是有教养的表现,如果不遵守别人会认为这家人没教养,全家脸上都不好看。

除了年节,平时到家里来串门的人不少,男性来家串门找刘宗仪或者刘其才,请教请教一些礼节问题或者借用工具家什;妇女来家里串门都要找刘孔氏,主要是借米面还是借布棉。串门的人如果是刘其才的长辈,就要请到堂屋给倒水喝,其他人就直接在院里坐着拉呱。来串门的人都是村上的人,这都算不得客人,也不会留下吃饭。如果遇到饭点也会客套几句,但是串门子的人也都明白,不会真的留下吃饭。平时家里只有女人在家,如果家里男人都不在,别人来家串门借小东西也可以找刘孔氏,东西拿走后等刘宗仪或者刘其才回家后给他们说一声即可,如果有别的事情,可以另约时间上门。

(二)打牌较多禁赌博

村里有些时候也有人聚在一起打牌,一般都是打老牌,也叫"混子胡",是一种长条状的牌,具体玩法和麻将差不多。玩老牌大多都是在冬里农闲之后,白天夜里都可以打,某家屋里摆上牌桌,街上会玩老牌的人都会"闻风而去",谁输谁下,轮番上场,其他人就在一旁看着或者指点出牌。在榉柏村打老牌只是一种娱乐,因为不需要赌注,所以大家并不认为这是赌博。而在刘宗仪家里,全家人都不打老牌,刘宗仪会打但是不去参与牌场,也没有在自己家组织过。

普通人家打老牌是为了娱乐,但是也有些人打牌赌博,长时间沉迷于此。以前大榉柏村的"张胡子"家和"老黄鸡"家就是定点赌博的地方,一年四季都开张,在他家打牌只需要给几个灯油钱就可以玩一天一夜,赌场还管茶水但是不管吃。在那里打牌都要事先定好规矩再论输赢,以"耍钱"为主要目的,一到二分钱一把,谁兜里有钱都可以去,周围几个村的老少爷们都有去玩的,赌场服务也做的好,"十里八乡的年轻人都高高兴兴的打发走"。

赌钱就有输钱的,输了钱可以在赌场借钱或者欠账赌博,什么人都可以借,穷人家用媳妇、孩子、衣服抵当,家里的当家人或者有钱人家还可以用地契、房子等抵押,希望可以翻本,也有人去自家或者别家偷钱来赌。欠钱还不上,赌场就会来抄家抢地,有白纸黑字写的欠条,家里人不服还要挨一顿打。男人把媳妇输掉的有很多,当家人把家产输光的也有不少,但是家里人制止不了,就算分家了父亲欠的钱也会找儿子还,"父债子还"是自古的道理。

榉柏村刘氏一族祖训就禁止子孙赌博,族谱上还有劝诫赌博的一首诗歌,"少年流荡好赌博,不知赌博伤天和。孤注一掷财产净,落得妻子受煎磨。"所以刘姓四门都没有人沉迷赌博,整个村里也只有刘其营一个人赌博输光了妻儿家产。以前县政府也会"抓局",不定时的去赌坊抓人,抓到赌博的人派他们去干苦力、扫大街,干一段时间苦力活才会放回来。

(三)二月二,逛庙会

1949 年以前,汶上县的县城宝相寺和南站镇土地爷庙会定期举办庙会,每年二月二举办土地爷庙会,"三千瓦,盖个庙,一块补篮①大"。四月十七号还有宝相寺庙会,是全国闻名的庙会。庙会一年办一回,都在庙前面的大街上,到处都是摆摊卖东西的,还有"玩把戏""变魔

---

① 补篮:一种用藤条编制的容器,比筐浅,脸盆状。

术""走猴头""耍皮影""拉洋片"的小摊位,也有"扎戏台、唱大戏"的走场戏班子。

南站庙会距离榼柏村 25 里路,宝相寺庙会距离村里只有 5 里路,所以村里人参加宝相寺庙会多一些。以前参加庙会都是家里男人带着小孩去,大人也趁着庙会人多去卖家里的猪牛羊、鸡鸭鹅之类的东西,带小孩是为了玩乐,难得的一个"光景"。有时候需要卖的东西多,就"饶着"邻居一起去,其他时候都是各家去各家的。家里的女人很少去逛庙会,需要什么东西就告诉家里男人,回来的时候捎上。在刘宗仪家里,每年都是刘其才负责"赶会",家里的小猪、鸡蛋带着去庙会上卖掉,买点花布回来,有时候还给家里孩子带个糖葫芦、烤地瓜。

（四）交际广，朋友多

以前的人家,无论"穷官"都有几个朋友,刘宗仪和刘其才更是广交朋友。刘宗仪的朋友都是在上海、济南当差的时候交往的,主要是一起工作的人,但是都不到家里来往。刘其才的朋友都是一起贩运货物做买卖的,榼柏村内和周围几个村庄都有,穷富都有,村内关系比较好的有刘宗坤、刘其勤、刘其俭,都是一般人家;所庄有陆敦义,家里开粮行,属于富裕人家;鲁桥有郭开玉,柳庄有杨守春,几家也一直都保持着来往。刘其才交朋友都是年龄相仿、一起干活、聊得来的"同帮人",一起外出几次聊的很好就走动起来了,刘宗仪也不管刘其才交朋友的事情,儿子长大了就随着他。家里的妇女不允许也没机会交朋友,在娘家看得严,不让随便乱走动,到了婆家要在家做活,邻居几家的妇女关系好,但是不属于交朋友。有的人家女儿小时候经常生病,父母也会给她找一个"命硬"的干姊妹,但是只是名义上的干亲,平时也不怎么往来。

普通朋友如果关系非常要好,更进一步的可以"拜把子",这样的情况下朋友称之为"仁兄弟"。拜"仁兄弟"要先请示父母,摸清楚双方的人品、名声才能结拜,双方父母同意了就可以磕头起誓、烧香换帖,拜两家的老人,以后也要改口互称父母。"仁兄弟"如兄如弟,和亲兄弟一样;但是也有的仁兄弟不讲情分,"仁兄弟,狗放屁"的情况也存在。普通朋友家里有红白喜事去不去随意,"来了是情分,不来是本分",但是"仁兄弟"必须要参与,某家老人去世,仁兄弟之间都要戴蓝疙瘩帽,和其他儿子一样跪棚。另一方面,交朋友、结拜兄弟的人一般都是家产相当的家庭,没有差距极大的情况,所以朋友之间多为正常往来,也很少有富者救济穷者,发达者提携落魄者的情形。

（五）其他娱乐活动

除了串门聊天、打牌、逛庙会、交朋友等休闲娱乐方式外,榼柏村里还经常会有走村过店卖艺的人来表演,比较多的是"唱瞎腔"的瞎子来卖艺讨口饭吃,有的人家给点东西吃,有的人家给一点钱。也有到村上来表演杂技、卖药酒的,在村中间摆点表演,村里老少如果得闲都会去围观。除此之外,村里有人家娶妻也会顶吹鼓手,吹吹打打两天。地主家过 60 大寿也会定戏班子来家里唱戏,全村人都会去围观。而在自己家里,刘宗仪上过学口才也好,经常给家里的小孩讲聊斋、白蛇传等故事,这也算是自家孩子的娱乐方式。

第五章　家户治理制度

在刘家这样三代同堂的家庭中,家庭内部运行着一套日常管理的原则和方式,形成了一种自己的命令与服从关系。在家户治理中,家庭内部刘宗仪是天然且唯一的家长,掌握和行使着家庭最高权力,在家庭财产、生产劳作、衣食住行、内外交往等一切事务上拥有最高决策权,同时也承担着维系家庭运转、提供社会庇护、情感支持等大大小小的职责,是家庭治理的核心。

刘孔氏和刘其才在担任当家人的过程中,既是家长权利的执行者也是家庭内部的实际管理者,按照家规家法的原则性规定,结合自家所面临的实际情况,家长和当家人在家户管理、家户保护、奖励惩罚等方面共同发挥着作用,对内维护家庭和谐稳定。在家族和村庄事务方面,尤其是涉及官府的诸如缴税纳粮、摊派劳役、村庄选举等事情上,整个家庭则围绕着家长一体对外处理相关事务。总之,家庭内外大大小小的事情就在家长和当家人的协调和配合中,遵循着传统的规矩和家长的安排,有条不紊的得到处理和解决。

一、家长当家

(一)家长唯一,自然产生

在家里,刘宗仪一直是唯一的家长,他的家长地位是自然产生的,自然成为家里的当家人和家长。在刘宗仪家里,家长和当家人在不同的事情是分开的,刘宗仪作为家长,根据的是他的年龄和辈分,家里的男人是一家之主,儿女妻子都要服从他。其他人家也都是这样,家长都是自动产生,各家的家长都是自己家庭中年龄最大的男性。但是在另一方面,大家庭分家之后,只要父亲没有死,父亲还是这一大家的家长。从支脉来论,每个支脉的家长是本支脉中年龄最大、辈分最高的男性,刘宗仪这一脉里面的"大家长"就是刘宗礼。

各家家长是家里最有权威和说话最有用的人,但是家里具体管事的人俗称"当家的",家长是固定的,当家人是流动的,家长和当家人不一定是同一个人,当家人可以不是家长,兄弟当家、媳妇当家和儿子当家的情况也都存在。刘宗仪年轻在家的时候自然是家长和当家人,刘宗仪不在家而且刘其才还小的时候是刘孔氏当家管事,后来刘其才长大了就是刘其才当家。刘宗仪回家后不主动管事,也就默认了刘其才当家。但是家长自始至终都是刘宗仪一人。自家人之间平时就按照关系称呼,儿子和儿媳都称呼刘宗仪为"达达",刘孔氏称呼其为"当家哩"(刘宗仪不当家,也这样称呼)。外人平时谈起他家时都会称"刘宗仪家"如何如何,村内族内事物挂名也都要写刘宗仪的名字,外人来访都要问你家"当家哩待家了昂?",虽然刘其才当家,但是外人默认刘宗仪为这家的管事当家人。

有的家庭父辈去世早,家里孤儿寡母相依为命,女人可以当家但通常不被认为是这家的家长。无论何种情况，女人都不被看作家长，榉柏村刘家的家长必须是也只能是刘姓的男人，男人的兄弟会被看作这家的家长，大事都要由本支脉的大家长来操持决定。结婚喜帖落款，报丧送信落款这些都要写支脉大家长的名字。

各家的家长因为生育抚养了家里的孩子，承担着家里的生计，家里人都非常信任和尊重家长。刘宗仪虽然在刘其才兄弟两人很小的时候就离家外出，没有照顾教导儿子们，但是刘其才兄弟对父亲仍然很尊重和遵从。而家里的当家人，刘宗仪和刘孔氏都是因为年龄和家庭情况自动成为当家人，刘其才则是家里人公认"推选"的当家人，就是因为刘其才经营有方，家里人才支持和认可他当家，否则家里其他人尤其是刘宗仪夫妇完全可以"罢免"刘其才当家人的身份。

榉柏村虽然靠近县城，但是官府对村内的管辖很松散，各家家长和当家人的更换都是在各自家庭内部完成的，不需要去官府或者村长那里报备，各家门口也不需要挂户主门牌。因为榉柏村大都是刘姓，所以每一支脉每一家的大家长是谁、当家人是谁，大家都心知肚明，有事情自然会去找相应的管事的人，这都是约定俗成的，不需要其他凭证。

(二)家长的权利

1.权利天生，地位赋予

家长的权利是天生的或者说是天赋的，也是由他所处的位置决定的，家长创造了这个家，还要为这个家操心劳累，所以家里人也都要听他的话，服从他的指示。家长的权利影响范围限于自己家庭内，妻子从属于丈夫，儿女由家长抚养长大，家庭收入由家长创造，没有家长也就没有现在这个家，所以所有家庭成员都要承认家长的权利和遵从家长的管理。就像刘宗仪虽然年轻时不干正事，回家后年龄不算大也不干什么活，但是没有他也就没有刘其才、刘其法兄弟，也不会有之后这个家庭的发展和延续，他的家长地位仍然被全家人所认可。

家长的管理范围包括了整个家庭方方面面的事务和家庭内部的所有成员，从田地房屋耕作买卖、儿女婚配、对外交往等家庭和人生大事到衣食住行、言行举止等家庭内部小事，家长都可以决策、操控和指挥。虽然家长有这些权限，但是家庭内部小事都会交给自己妻子来管辖，自己有什么要求可以提出，自己不满意的地方再要求妻子改进。家长一般就是本家的当家人，自己年纪大了或者有什么特殊情况就会让儿子或者其他人当家管事，但是家长本身的地位不会改变。在刘宗仪家里，土地房屋买卖、儿子娶妻都要刘宗仪拍板决定，他不在家的时候也要写信请示他。家里做饭时刘宗仪想吃什么告诉刘孔氏，家里做饭都会照办，平时抽烟喝酒刘其才也专门给父亲买。

但是家长的管辖权也仅限于自己这个家庭内部，外人家的事情不能管。自己家的鸡毛蒜皮都可以管，但是别人家的一根柴火棒都不能多管闲事。但是自己这一大家子的事情本支脉的大家长可以掺和着管管，刘宗仪和刘宗仁家里有什么事情刘宗礼也可以去说道说道，下个指示，子侄后辈也都会尊重他，听取他的建议。

但是自己家里遇到了大事，决策完全由刘宗仪决定，家里其他人没有发言权，更没有所谓的家庭会议，也只有刘孔氏能够向刘宗仪说说自己的想法，两个人合计一下。但是刘家的家长并不会肆意妄为，他知道自己应该做什么、不应该做什么，土地买卖、房屋建设修缮、儿女婚配这些事情刘宗仪会根据家里的实际情况做出决定然后告诉自己的儿子，让他们去执行。儿子反对或者有其他意见也没用，任何意见都要保留，听从刘宗仪安排。尤其是分家这样的事情,每个儿子都有想法有意见的话,那么分家肯定会吵吵闹闹,这时候就要家长独断,由家长做裁决。

原则上来说家长可以决定一切事情,不需要和家庭成员商量。但家长并不是想干什么就能干什么,败坏家产的事情家里人可以劝阻,家里人要为整个家的生存考虑。家里人劝不听还可以找本支脉的大家长或者家长的兄弟和长辈来劝,但是这也只局限于劝阻而不能采取强制性方式制止。家长"迷门"了非得干什么事情,家里值钱的东西都在家长手里,家里人也阻止不了。

2.财产管理权

刘家的收入主要来自家里的田地收入以及刘其才做生意的收入,刘宗仪在外面赚钱但是给家里花得少,刘其法在济南干过一段时间铁路警察,也可以算作家里的收入,但是只有两年多,不属于长期收入。这些收入中,家里农作收入是基础,用以维持生计。做生意的收入是补充,用以购置牲畜工具和日常花销。家里的钱是全家人一起赚来以及省吃俭用攒下来的,这些钱是全家人共有的财产,但是都由当家人统一管理。平时家里农作收入都由刘其才结算,做生意是他自己去,赚的钱自己清点。家里卖家畜家禽或者其他东西也都是刘其才去做,赚的钱也就直接收起来了。后来刘其法在外面工作赚的钱"大头"也都交给刘其才,他自己留下一点刘其才也默许了,因为自己兄弟也已经生儿育女了。家里有什么事情要出去走亲戚买东西或者其他消费,都要找刘其才要钱,干完回来要把剩余的钱交还给他,还要说明钱怎么花的。因为是大家一起过日子,所以家里其他人不能藏私房钱,如果被发现了会被当家人训斥一顿然后把钱充公。但是家里有一点情况比较特殊,刘宗仪自己赚钱大都是自己花,给家里人花得少。后来刘其才当家,刘宗仪赚钱也不算做家庭公共财产,还是自己支配,但是家里人赚的钱刘宗仪可以支配,虽然是刘其才当家管钱,但是刘宗仪可以支使刘其才为他花钱办事,家里人也没有其他意见。

家里的贵重物品比如地契、分家单这些东西刘宗仪离家之前交给了刘孔氏,后来一直也没有转过手,刘其才买地的地契也交给了母亲,都由刘孔氏保存,她将这些东西藏在一个木头盒子里面然后放在衣服箱子底下。家里的现金谁当家在谁手里管着,当家的意义就在于管理家里的生产经营和钱财物品,要会持家会赚钱才算合格的当家人。家里先是刘孔氏当家管钱,后来全部转让给了刘其才,刘其才藏钱很严实,家里其他人都不知道钱放在哪里。刘宗仪在上海和济南当差的时候还带回家里很多字画、瓷器,有一大口箱子,这些都放在刘宗仪夫妇屋子里的床下。除此之外的其他东西,粮食放在空闲的屋里,各自小家庭的衣服被褥都在各自屋里收着。

家里人一起过日子,除了当家人和家长之外其他人都不能有私房钱,而且在农村家庭内不存在什么零花钱的概念,所以只有当家的安排人去走亲戚或买东西的时候会给去办事的人一些钱,办完之后剩余的钱还要交还。家里有人需要买东西都要现找刘其才要钱,合理的需求他会给。刘宗仪自己赚钱自己花,这是他作为家长的权力,他没钱的时候可以直接找刘其才要,也可以吩咐刘其才去给他买东西,但是家里其他人没有这种权利。

婚配问题属于家庭内重大事项,在聘礼和彩礼的问题上都要由各家的家长决定。如果家长和当家的不是同一人,当家人可以提出意见,但是最后做决定的是家长。儿媳妇进门之后带来的衣服、家具等嫁妆都归属于各自的小家庭,家长不会再插手管理分配,由各自小家庭的男人来支配；但是如果儿媳妇的嫁妆中有银钱、土地等物品的话，这些东西都要上交家长来处理，小家庭内不能私自保留。以前农村人日子过得都不怎么样，所以第二种情况是极少的。

除了婚丧嫁娶问题，涉及家庭内部财产和产权的事情也是重大的问题，也要由家长来拍板定夺，在土地、房屋买卖租赁或典当的过程中，写各种单据的时候落款人只能写家长，家里其他人签订的单子做不了数。如果家长和当家的不是同一人，当家人可以提出意见，但是最后做决定的是家长，签字的也要是家长才可以，刘其才买地的时候签订文书也要落刘宗仪的名字。刘家的土地房屋相关的事务上，刘孔氏和刘其才可以发表意见，但刘宗仪才是最后决定的人，他决定的事情家里其他人也不能有意见。一般情况下，家长在做出土地房屋租赁、买卖或典当等重大决策时不需要和家里其他人商量；如果是兄弟当家的情况，兄长作为家长在买卖和典当土地、房屋时就要和自己的兄弟们商量，因为这属于兄弟们的共同财产，牵涉每个人的利益。但是兄弟当家的情况也非常少。商量也只在家庭男性之间进行，妇女没有资格参与，家里男人决定的事情女人也不敢有意见。

在没分家之前，家里人在一口锅里吃饭，家里的粮食都是供全家一起吃，每天吃什么属于家务事，由刘孔氏来决定。哪天刘宗仪想改善一下生活，会吩咐刘孔氏做什么饭菜，刘孔氏也会照办。家里的粮食放在不住人的空闲屋里，南屋和北堂屋的正屋都放了粮食囤，做饭的时候刘孔氏和儿媳妇们去屋里取粮食压面，平时也不需要人特别看管。以前种地产量少，家里的粮食主要是供自家吃饭，除非遇上急用钱的事情，否则很少有买卖粮食的情况。卖粮食也要当家的或者家长决定，家庭成员不能私自卖粮食。家里的粮食当家人都有数，如果家里有人偷拿粮食去卖很容易被发现，发现后就要被教训一顿，卖的钱也要充公。

3.制衣分配权

刘宗仪家里，家长只管家里的大事，家庭内部事务交给刘孔氏来管理。自己家里有织布机，刘孔氏也会纺棉织布，在衣服上差不多能够做到自给自足。刘其才买棉花，刘孔氏平时在家织布，织成的新布平均分给两个儿媳妇一些，让他们给各自小家庭的成员做新衣服。两个儿媳妇给丈夫做还是给自己做或者给孩子做衣服，做什么样的衣服等这些事刘孔氏不管，让他们自己去安排。分给儿媳妇的布都一样多，否则儿媳妇会认为婆婆偏心，婆媳之间还有妯娌之间都会产生矛盾，所以不会因为刘其才家里孩子多就多分给他。做冬衣的时候分棉花也是一样，两个儿媳妇平均分配，棉花怎么用刘孔氏不管，剩下的棉花还有布怎么处理她也不管，让儿媳妇自己安排。

刘宗仪夫妇的衣服由刘孔氏自己留下点布做，除此之外，刘其才在过年的时候也会给刘宗仪买新衣服，但是家里其他人很少能享受到这种待遇。刘其才不给自己的小孩买新衣服，因为怕刘其法有意见，而是把大人的衣服改小了给孩子穿。

4.劳动分配权

家里的劳动力主要是刘其才和刘其法兄弟俩，刘宗仪在家的时候也不大下地干活，所以地里的活都是刘其才来安排。平常时候地里干活也没有什么分工，兄弟俩干一样的活，都是耧地松土、薅草砸坷垃等等，家里的妇女就在家纺棉织布、洗衣做饭、操持家务。农忙的时候就要全家齐上阵，男的干重活，妇女干轻活，小孩帮忙干点小活。家里上了年纪的老人如果身体不好就不需要再下地干活，平时去干点小活，比如捡点牛粪、割点猪草或者拾材火。身体好的话也要下地,榉柏村常说要"活到老干到老"。但是刘宗仪早早就赋闲在家,也不去地里干活,家里人也不敢说他什么。家里的小男孩从十来岁就要跟着大人下地学干活,干点能干的动的小活,女孩就在家里跟着母亲学习做家务。

5.婚丧嫁娶管理权

家里在娶媳妇、嫁女儿这方面,孩子们都要听从家长的安排。如果家长和当家人不是同一个,当家人可以提建议和意见,但是也要由家长拍板决定。刘其才、刘其法兄弟娶媳妇都是刘孔氏给选的,最后都是刘宗仪决定的。如果是爷爷当家,当家人同意但是孩子的父母不同意也可以结婚,因为家长是最高决策者,孩子的父母都会顺从家长的意见。如果孩子的父母同意但是家长却不同意那这个婚就很难结成,孩子的父母如果能把爷爷劝服那还可以结婚,否则这门婚事就成不了。爷爷当家时,孙子辈结婚的婚帖等文书上面都要落爷爷的名字,按照爷爷的关系给亲朋好友下帖;在小支脉里面,如果大家长还健在就要写大家长的名字。比如刘其才、刘其法兄弟娶媳妇,虽然由刘宗仪决定,但是最后写喜贴落款和坐高堂的人都是刘宗仪的大哥刘宗礼。结婚的时候家长意见很重要,但是离婚的时候家长就不会再管了,如果夫妻二人想离婚,男人写一纸休书就可以,离婚双方的家长也不会掺和这事,因为这属于夫妻二人的私事。家长虽然对夫妻二人之间的关系不多管,但是如果对儿媳妇很不满意也会掺和进来。如果家长对儿媳妇非常不满意,会叫儿子和妻子离婚,家长的意见儿子会听从。因为家长不会"没事找事"怂恿儿子离婚,发生这种情况肯定是儿媳妇做的太出格,儿子也都清楚才会同意家长的意见。榉柏村离婚的情况,大部分都是家长对儿媳妇不满意而让儿子离婚的。

在家庭祭祀方面,祭祖等活动都要由各家家长或者小支脉的大家长来主持和安排,支脉内的大型活动也都要家长带头做。祭祖、上坟、拜年拜节等这些事情都由家长安排。当家人过世前如果有想做而没做成的事情立了遗嘱,后辈人也会根据家里的实际情况来决定是否遵从照办。

6.对外交往权

在对外关系中,家长是家庭的唯一代表。对于整个家庭,别人只会称刘宗仪家。如果家长和当家的不是同一人,家长和男性当家的都可以代表整个家庭,村内族内有事情刘宗仪和刘其才都可以代表家庭参与。但是家长的代表权限更高,家长可以以家庭的名义向外人借债,当家的则不可以。

家长和当家人作为一户的代表,在村庄和族里的红白喜事、集体活动等都可以代表整个家庭去参加,但是仅限于男性当家人,女性当家人不能代表这个家庭。但是在缴纳公粮或其他税收的时候,家里的家长和男女当家人都可以算数,只要家里一个能管事的人交了粮食或者银钱,这家就算完成了"政治任务"。刘宗仪不在家的时候,村上族里大事都是刘宗礼代表刘家去参加,刘其才长大之后就和刘宗仪一起去参加这些事情,但是交公粮的时候刘孔氏或者刘其才去交也会被接受。

家里人无论是长期出去打工或者短途出去做小生意,都需要征得家长的同意,哪怕家长年纪大不管了,儿孙辈要出远门也都要向长辈说明道别,说清楚去哪里、干什么、什么时候回来等等,让家里老人安心。刘其才当家时每次出外面贩运货物都要向刘孔氏和刘宗仪汇报,虽然是"轻车熟路",但道别也是必不可少。外出赚的钱,一般都是自己随身带着回家而不是邮寄,回家后还要先找老人报平安,把钱交给当家的或者家长。如果自己想要用一些钱,也要先向家长说明情况,征得家长同意才可以自己留下一部分钱,否则就会被看作藏私房钱。男人外出虽然比较麻烦,但是总算还有外出的机会,而女人根本没有出远门的可能。榾柏村不允许女人随意离家去太远的地方,回娘家也要自己丈夫送过去或者娘家兄弟来接,想去其他地方都不被允许。丈夫出门打工,妻子要在家操持家务,照顾老人带孩子。如果妻子不告而别去找丈夫,等待她的将会是一纸休书。

7.家长权利无约束

因为家长是在家庭内部天然产生的,他的地位也是超然的,所以不存在家长"被罢免"的情况,就算家长不当家他也仍然是一家之长,是一个家庭的最高代表。但是家长却并不一定当家管事,家长能力不强或者年纪大了就要主动"交权",让家里能干的儿孙来当家,家长还是家长,不过此时已经成了一个名头而不掌握实权。但是家长毕竟是一家之长,就算不掌握实权,他提出的合理要求家里人于情于理也都会听从。

从原则上来讲,只要家长还在当家管事,他的权利在家庭内部是不受制约的。如果家长不干正事,吃喝嫖赌抽鸦片,或者是私自向外界借债用于自己的私事而不用于家庭公共事务,家里人也只能规劝,或者找家长的兄弟和长辈来劝,事情严重了就要"动族",召集族里的老人们来论是非。但是家里人和族中能做的也只有劝,无法采取强制措施,儿孙辈只能忍受着老人的所作所为。但是这种家长只是极少数,有也只有富户的家长才有这种资本去吃喝玩乐,普通人家都在为了一日三餐奔波,家长也没那心思。

如果家长吃喝嫖赌抽鸦片,势必会导致家庭的衰败,但是他家长的地位还是无法动摇。家里人唯一能做的措施就是限制家长的钱,赚了钱不再交给他,让他无法出去花钱挥霍。但是家长还可以到外面借钱,村上的人对他知根知底不会借给他,但是外面有吃"这口饭"的,专门放高利贷。家长借了钱,如果有文书为证,家里人也要替他还,儿子们即使分家了也要均摊,"父债子还"是自古的道理,儿孙们也只能自认倒霉摊上这样的不争气的家长。

如果家长瞒着家里人干了不该做的事情而被家人发现,或者是做了其他一些违背理法的事情如抛弃孩子、不合理变卖家中土地等,自家的儿孙辈可以向家长提出质询,问问家长为什么这样做。如果家长能给出合理的解释,能让家里人认可,那么他家长的地位还是会得到大家认可;否则他的家长威信就会逐渐消失,家里人也可能另起炉灶,找伯父或者舅舅主持分家,并将他隔离到各自家庭事务之外。

8.家长权利无代理

以前的榾柏村没有代理家长这种说法,小支脉内部有父穷父、无父穷兄。如果一个家庭的家长过世,后辈全部都是女儿,在他过世前就会从自己的侄子中过继一个儿子,他死后由继子当家,这不属于代理当家,而是族谱上的变动。继子和亲子一样,属于自然传承接替家长的地位,"长兄如父",没有出嫁的女儿由继子负责为其找婆家,村里族里的事务由继子代表本家参与。

名义上的家长实际不当家管事的情况就比较多,比如兄弟二人,哥哥打光棍或者智力有问题跟着弟弟过,那么哥哥是名义上的家长,弟弟实际当家。刘其炎就和自己哥哥一起生活,哥哥打光棍,但是哥哥仍然是名义上的家长,刘其炎实际当家。家长年龄大了、能力不足或者不愿意管事了,就让儿子管理自家的事情,仍是父亲作为家长,儿子实际当家。这样的情况比较普遍,各家都会有。

(三)家长的责任

1.家长责任大,什么都能管

在家长当家的情况下,家长什么都要管,所以做好当家人并不容易,一个合格的当家人要承担起家里大大小小的事务。

一是解决家人的吃饭问题。吃饭是一家人生存的根本,土地是老百姓的命根子,就是因为种地产粮,让人能够吃上饭。家长首先要想办法帮家人解决吃饭问题,家里有地就要合理安排农作,知道什么时节种什么作物,什么时候干什么活,带着家人操持土地,让地里庄稼长好一点多打粮食。如果家里没有地或者地少产的粮食不够吃,家长也要想办法弄粮食,无论是给地主扛活还是租种别人家的土地,都要家长出面交涉。亦或是出去要饭或投亲,去哪里、什么时候去、怎么去等等事宜也都要由家长决定,家里人听从家长的话。家长管的是家人怎么吃饭的问题,而家里每顿具体吃什么就不一定要家长操心了,各家的媳妇来安排这些家务事。

二是要解决家人居住问题。有吃有住才能称得上一个家,家长除了要保证家里人饿不死,还要有个安居之处。一般人家都能有个小房子,要不然也娶不到媳妇,但是以前房子大都是土坯房、高粱秆打顶,时间长了房顶容易漏雨、墙也容易脱落坍塌,所以就要每年维修。除了房屋,还有家里的床铺和被褥,一家人要有睡觉的地方。家里房屋维修要家长操心,打土坯、糊屋顶等都要由家长带着人来做。家里人多没地方住也要家长出去借地方,出去讨饭也要家长带着家里人找个能够遮风挡雨的地方住。

三是要解决家庭的收入花销问题。家里人有的吃有的住也不够,平时买棉花买布料做衣服,买锅碗油盐做饭,买农具耕作,大到买家禽家畜,买房买地,给儿子娶媳妇,给孩子上学等等都要有钱支撑,只有这样才能维持正常的生活和家庭的延续。家里人没衣服穿家长要想办法,家里没钱没粮也要家长去借,家长还要想办法积攒下钱留待日后所用。家长要做到开源节流,既要想办法多打粮食多干活多赚钱,还要严格控制家庭消费,保持家庭收支平衡。

四是维持家庭内外和谐。家庭人口多了,尤其是儿子多的家庭,在儿子娶妻后内部容易引发各种矛盾,家长难当。所以很多家长都选择给儿子娶妻之后就分家,但是分家也容易引起兄弟之间的矛盾。家长要靠着自己的威信和地位控制家庭内部冲突,让全家人团结一心,齐心协力才能将日子过好。此外,家长还要处理好与邻居、村内族内各家的关系,家庭成员和外人的矛盾家长要想办法化解,日常人情往来家长也要做好安排,搞好内外关系最能考验家长的管家能力。

2.家长好坏由外人评说

在村子里面,好家长不是自己认为的,而是外人口口相传认可的。一个好家长既要让家里人有田耕、有地种,吃饱穿暖、衣食无忧,还要能为子孙后代娶上媳妇留下家业,家里的关系也要维持的好。哪一家的日子过得好,赚钱赚得多,家里内外关系好,后辈也能干活会来事,村上的人也都会称赞这家的家长是个好家长,或者说他会当家。

3.家长终身无转移

家长一般都是终身制,他的地位也是超然的,只要活着就是家长,无论他做得好不好,所以在樃柏村不存在家长是否胜任这一说法。家长做错了事情,吃喝嫖赌抽鸦片败坏家业,年纪大了老迈昏聩，哪怕是作奸犯科被抓了，只要他还活着他就是家长。家长可能有实权也可能没有实权，但是家长始终就是一个人，家庭内部不会存在两个家长，在他活着的时候不存在转移或者卸任。

（四）家长的更替

家长是唯一的，除非家长死亡，否则不会发生更替。家长过世后，儿子自然成为家长。如果兄弟多的家庭，没分家的话，长子继任家庭的家长；分家后的小家庭中，各自的男人自动成为家庭的家长。按照"有父穷父、无父穷兄"的原则，如果原家长还有兄弟，那么这一小支脉的大家长由原家长的兄弟接任，否则就由原家长的长子接任。

家长和当家人不一样，哪怕大哥有残障，也要大哥接任家长，当家人可以根据能力品行另选。但是有一个原则，女性不能成为家长，上门女婿和抱养来的孩子也不能成为家长，因为刘家的家长只能由刘姓血脉来继任，没有刘姓血脉的人不能接任，大家也都不会认可。

各家当家人的更换不需要乡村里族里报备，但是分家后另立门户产生了新家长或者家里原家长死亡儿子继任家长，这就要去村长那里登记备案，以后收公粮或者出劳役村长就会找新家长。家长更替之后，家里原来的贵重物品也都要交给新家长保存，家长如果只是名义家长的话就由当家人保存。邻居对这一家的称呼也将改成"某某（新家长的名字）家"。

二、家长不当家

（一）兄弟当家

榾柏村有些家庭，家长不当家而是家长的弟弟当家，这种家庭一般都是家长身体或智商有残缺，或者没讨上媳妇，自己一个人无力单过，跟着弟弟过日子，也就将当家管事的权利交给了弟弟。哥哥只是名义上的家长，实际上弟弟管理家庭中的所有事务，土地、房屋、钱款等都掌握在弟弟手里，家中的土地房屋买卖都可以由弟弟签契约，村里有事也都找当家的弟弟。但是在对外的礼仪方面，名义上哥哥还是当家人，红白喜事随礼落款都要写哥哥的名字，晚辈结婚的喜帖落款也要写家长的名字。

（二）妻子当家

刘宗仪因为年轻时去了上海并长期在外面，而刘其才年纪还比较小，所以家里刘孔氏当家管事了很长一段时间，大概从1923年到1935年都是刘孔氏当家。其他一些家长不当家妻子当家的情况也都是家里家长长期在外面，或者丈夫早亡孩子小，不得已才让妻子当家管事，这种情况全村也不多见。

刘孔氏当家的时候，家里和地里的事情由她操持管理，自己忙不过来就找自己娘家的兄弟过来帮忙，或者去县城劳务市场找短工。刘宗仪的兄弟两家日子过得也都不怎么样，也没有给家里帮过什么忙。刘宗仪虽然不在家，但是也会给刘孔氏一些钱用做日常开销，所以家里倒也不需要借钱，母子三人也还过得下去。

但是村里族里的事情，包括红白喜事和年节活动，刘孔氏都不能代表家里去参加和走动，她都是将礼金或者东西交给刘宗礼，委托他代表自己家里去。刘其才兄弟二人上学也都是请刘宗礼出面带去私塾，粮食请刘宗礼转交给老师。村上每次交公粮的时候，因为是村长赶着牛车挨家挨户收，所以都是刘孔氏直接交给村长，不用再找其他人帮忙。

这一段时间虽然是刘孔氏当家，家里的小事她都可以自己决定。刘宗仪一般只在过年的时候才会回家,所以家里土地房屋买卖、儿子婚事等大事刘孔氏都要托人写信请示刘宗仪,等刘宗仪下了指示她才能照办。

(三)长子当家

刘其才作为家中的长子,在他到达一定年龄而父亲没在家的时候就是他当家,母亲的当家人位置自动过渡到他身上,甚至在1936年到1946年的十年间的后半段,以及1948年后刘宗仪在家的这些时间,父亲不主动说要当家管事,就一直是刘其才作为当家人。在榓柏村,这种情况也很常见,一般都是家长有病卧床或者年龄大行动不便、神志不清了,于是便让儿子尤其是长子当家,儿子比父亲身体好却不见得能力比家长强。长子作为家里的众兄弟的大哥,自古以来都是长兄如父,最能代表父亲的权威,也最能服众,所以一般都是将长子作为当家人的首选,除非长子身体有残疾或者脑子有问题才会考虑让其他儿子当家。

一般人家选择长子当家,管理家庭的效果和当家人差不多,反正都是照顾好家里的地、种好粮食、看好钱,里外有事出面参与。长子作为当家人只负责生产性事务,掌管家里的钱财,日常种地干活、随礼走动、买卖生活用品等日常事务可以自己决定。家里涉及到产权变化诸如买卖、租赁土地和房屋的事情,涉及到家庭成员增减诸如婚丧嫁娶等事务时,家长尚在,都要向家长请示商量。

长子当家也是最难干的,因为上有父母,下有兄弟姐妹,长子作为家里的兄长,无论家庭情况如何,落到他头上的事情他都得扛着。有的家庭比较贫穷,父辈生了病没钱看,瘫痪在床上,长子就必须肩负起当家的责任,为家里谋生计、找出路,带着兄弟们去找活干活赚钱养家,兄弟们一般都会服从大哥。长子长兄还要为家里兄弟姐妹的婚事操心,给弟弟找媳妇,给妹妹找婆家,还要想办法给弟弟分家。如果兄弟几人分不起家而在一起过日子,还要处理好家庭成员的关系,调解矛盾,防止兄弟之间闹乱子。

刘其才在家里是长子,比刘其法大5岁,一方面是因为年龄,另一方面是因为能力,所以家里一直是他当家。他当家的时间最长,做的事情最多,这段时间家里日子也过得越来越好。刘其才当家的时候,主要管地里的活和家里的钱,种地收粮、做小生意赚钱、买卖牲口家禽、购进土地农具等等一应事务都由刘其才来操持,刘孔氏管家里的事情,除了给刘其法娶媳妇外刘宗仪基本不管事,"情着"儿子们干活伺候他。长子当家不好干,刘其才从十六七岁就为家里奔波劳累,日积月累累出了病,不到50岁就去世了。

(四)其他人当家

在刘宗仪的大哥刘宗礼和三弟刘宗仁家里,还曾有过侄子当家的情况,不过只是在几件事情上由侄子当家,时间也不是很长。刘宗礼只有一个女儿,女儿出嫁后家里就老两口相依为命,年纪大了之后,家里事情没人管,有事没人给忙活,这种家庭日常小事刘宗仪不愿意为大哥操心,最后也落到了刘其才头上,所以刘宗礼家里的地由刘其才帮忙照看,家里的事情由他负责处理,年节往来代表刘宗礼走亲访友,后来又为刘宗礼养老送终。不过刘其才在刘宗礼家当家的这段时间,他只是负责处理家庭事务,不管伯父家里的钱财和土地契约等。刘其才的三叔刘宗仁也不会过日子,性格"娘娘们们的"像个"面疙瘩",家里有地但经营的非常惨淡。刘宗仁老婆死得早,留下了两个女儿和一个儿子,但是儿子刘其园小时候身体很差,经常生病,平时家里有事都要找刘其才帮忙办,刘其才算是给他当了"半个家",后来刘宗仁去东北逃荒,也是刘其才打发三叔去的,三叔家留下的这些家当和事情都交给了刘其才打理。

后来三叔嫁女儿,刘宗仪帮侄女选婆家,刘其才和刘孔氏给安排的其他事情。

三、家户决策

(一)决策的主体

1.家长说了算

家里的大事都是刘宗仪说了算,如果刘宗仪不在家,小事上刘孔氏和刘其才都能做主,但是小事上如果刘宗仪发话了家里人也都得服从。家庭对外的事情上,如果有约定俗成的规矩就按照规矩来,其他事情都是刘宗仪决定;家庭内部的事情上,平时都是刘孔氏安排,但是刘宗仪也可以指示。家里就是刘宗仪的一言堂,刘其才和刘孔氏当家的时候也不敢不听刘宗仪的话,虽然他长时间不在家,在家也不大管事,但是只要他开口定了的事情家里人都不能有意见,有意见说出来不但没用还会被他数落,家里人只要按照他的要求去执行就行。刘宗仪在外面的时候,家里的小事他管不到,刘孔氏和刘其才商量着决定,但是大事上都要写信请示刘宗仪,有他的指示才能去办。

2.家庭成员要服从

刘宗仪虽然平时不管家里的事,但是做出的任何决定家里人都要服从,家里人一般也都不会有意见。一方面,他在外面见识多,不会做什么糊涂决定;另一方面,他在上海治安队任职,也算是当兵,还是个"小头目",讲究命令服从,家里人有意见给他讲他会听,但是如果不服从他的决定和指示他就会直接拍桌子,训斥和呵责家里人。一般人家,家长做一些重大决定还要和家里人商量商量,但是刘宗仪从来不会和家里人商议什么事情,他在家里地位最高,直接发布命令,指挥家里人干什么事情,家里人也都要遵从。

(二)大事家长做主、小事个人自主

刘宗仪作为家长,家里的大事必须要他做主,诸如买卖、租赁、典当、置换土地房屋的事情都要刘宗仪决策,也只有他才能进行,这些交易文书需要他签字署名才算作数。家里的儿子娶媳妇也要刘宗仪做主,找什么样的媳妇,什么时候娶进门,怎么安排婚事等等都要刘宗仪决策,刘孔氏可以安排和提提自己的想法,但是最后还要听刘宗仪的。还有就是家里买卖大型牲口尤其是耕牛也要刘宗仪做决策,刘其才当家的时候买牛要听刘宗仪的意见,他不让买就不能买。卖牛更是如此,家长没发话,家里人如果把牛卖了是很严重的事情。家里修缮翻盖房子等花钱多的事情也要刘宗仪做决策,刘其才虽然管钱但是"花大钱"的时候他不敢自作主张,要请示父亲才能做这些事。最重要的一件事情就是分家,这个也要完全听从家长的决策安排,什么时候分、怎么分、每人分多少东西、分家后怎么养老,这些事情都要家长决定,然后告知儿子们。

祭祖和年节走亲访友的事情上也都要家长做主安排,但是刘宗仪的大哥还在,这个小支脉里面就一切听从刘宗礼安排,自家的朋友和岳父家、亲家才自己安排走动。但是刘宗礼去世后,刘宗仪成为这一小支脉的大家长,而且刘宗礼没有儿子,所以如何给刘宗礼发丧也要刘宗仪做决定。

而在其他事情上,刘宗仪不会事事都管,种地干活按节气,刘其才可以安排;吃饭穿衣看家当,刘孔氏可以安排;交公粮、出劳役听官府,刘宗仪也不用操心。儿子们各自的小家庭内部事情刘宗仪也不会掺和,尤其是分家之后家长更不会多管闲事,让他们自己过自己的。

四、家户保护

(一)社会庇护

1.小矛盾各自处理,大麻烦家长出面

刘其才小的时候,刘宗仪经常不在家,刘孔氏带着两个孩子在家过日子,因为家里"没男人",所以平时谨小慎微,和邻居关系都处的比较好,没发生过什么矛盾和冲突。临近都是近门近支,大家也都照顾着刘家。有时候刘其才兄弟和别家的小孩闹架,刘孔氏和别家的大人说道说道,互相都教训几句自己的孩子就算处理了。刘孔氏虽然不惹事但是也不怕事,邻里妇女之间可能会因为用石碾子顺序、打水先后等各种小事吵几句嘴,但她吵架十分厉害,能说得别人还不上嘴。妇女之间的事情只要不找上门来各家的男人都不掺和,也不用谁出面解决。家里的儿子儿媳如果和外人有了什么矛盾,都是各自私下协商,不会去麻烦刘宗仪出面调解;后来家里又有了第三代的孩子,刘嘉训兄妹几人与别家发生了矛盾,家里谁有空谁就去,父亲母亲都可以带着孩子到别人家协调,但还是刘其才出面多一些。如果家里人在生产生活上和别人家产生什么大的纠纷不得不处理,刘宗仪在家就由他出面调解,刘宗仪不在家则由刘其才出面处理。家里人遇到其他什么大的危难自己解决不了了,都是找家里的当家人,刘宗仪或者刘其才会想办法处理。

2.先讲理,再讲亲

如果家里的儿子儿媳和别人家发生矛盾,事情闹大了就要两家的家长出面协调,让家里人各自说说怎么回事,大家再一起论论理,看看到底谁对谁错。两家的家长达成的意见,家里其他人就要服从,不能再"拧紧头"光认为自己占理。如果是自家人做错了事,刘宗仪也不会护短,会让自己家人给别人赔礼道歉,因为有老人在一边看着,家里人只能乖乖认错。在别人家认完错回家之后也还要再被刘宗仪数落一顿。如果家里小孩做错了事情,比如烧了别家的柴火、偷捡别家的鸡蛋等等,孩子的父母就要带着自己孩子上门认错,将东西还给人家,当着别人的面教训孩子一顿,对方也不会对孩子斤斤计较。因为村上都是刘家一姓的血亲,大家也都会互相体谅着,小矛盾能不闹大就不闹大,闹大了无论有理没理都不好看。

但是如果家里小孩做错了事,别家大人打一顿或者教训几句也都被允许,自己三服内的叔兄弟们互相帮着管教孩子是应该的,不但没意见还会感谢人家。自家人做错了事情认罚,但是如果自家人没做错事却受了别人欺负,只要自己占理,家长也要去给家里人讨个公道,去别人门上问问怎么回事。家里人受欺负全家人都丢脸,要让别人给自家赔礼道歉才能罢休,否则两家以后也都会断了来往。

3.家丑不可外扬

家里的人做错了事,只有各家的老人才能惩罚自己家里的人,别人瞎掺和自家会问一句"你是哪个架子上的鸡?"如果家里人做错的事情太过火,作奸犯科的事情家里人不会隐瞒,该怎么处理就怎么处理,押送官府收监蹲大狱也不会阻拦。但是自家的事情不会对外宣扬,别人也不敢当着家里人的面讨论这家谁谁谁被抓牢里去了,这是"打别人的脸",会惹得家里人很不高兴。家里其他不好的东西也都不希望外传,这些事情传出去自家人就会很没面子,因为面子和声望对一个家庭来说非常重要,丢人的事情被别人知道了全家在村里都抬不起头来。

(二)情感支持

家庭成员如与外人发生矛盾，家里人会协调处理。家里人在外面受了委屈或者被欺负了，也会回家诉说，一般都是向自己的父母说说自己的遭遇和情况，希望父母帮自己支支招或者寻求一些安慰，在家里寻找到自己的情感归宿。不过回家诉苦的大都是女性，尤其是出嫁的女儿在婆家受到委屈或者不公正的待遇就会回娘家，找母亲和父亲"主持公道"，让父亲到婆家做主调解。不过娘家人一般不会主动介入女儿女婿之间的家事，也不会主动接女儿回娘家，更不会主动提出解除婚约，因为女儿"离婚"是一件非常丢人的事情，"离过婚"的女人想要再嫁几乎不可能，娘家人也抬不起头，所以都是"劝和不劝分"。

家长对儿女们也都有很高的期望，人人都"望子成龙、望女成凤"，尤其是儿子，无论家里多困难，只要能供得起就要让儿子坚持读书，以后可以考取功名做官，这是光宗耀祖的大事。儿子如果外出闯荡，在外面做出了成就，家里人也都会大肆宣扬，"挣一个里说俩"。只要条件允许，家里人也允许儿子在外面安家立业，也可能会把家里人都接过去过日子。如果家里的儿子在外面混得不好，家里人也会接受他重新回家，但是他自己会觉得丢人，不敢和身边亲属多说话。无论成败与否，家庭都是家里每个人的港湾，刘宗仪在外面闯荡多年，起起伏伏、兜兜转转，也多次回家，在家里他始终受家里人尊敬爱戴。

(三)防备天灾

以前整个汶上县东南隅地区都没遭遇过大的自然灾害，有的年份旱一点，有的年份下雨多，有时候也会有蝗虫过境，但是都没达到那种颗粒无收的情况。因为村子小，虽然靠近县城，但是历次打仗也没有波及这里，周围也没有什么流寇土匪，只有国民党还乡团会经过这里，但是他们除了抢粮食之外不进行其他劫掠活动，所以人祸动乱也不多。尽管这里比较安定，但是有的人家没有地，或者地少又赶上收成不好的时候，或者有的人家经营不善总会有些意想不到吃不上饭的情况。

当然，为了防备灾年，檀柏村的各家在正常年份都尽可能地积攒存粮，每年剩下一点存着，以备不时之需。遇到粮食不够吃的情况，优先考虑让干活的人吃饱，就让老人和干活的劳力吃干粮和窝窝，妇女和小孩就喝野菜"面糊涂"，家里的妇女还会去摘红薯叶子、萝卜缨、迷迷蒿、荠菜、马凤菜和灰灰菜等野菜做来吃，开春的时候还可以摘"树头菜"，如柳树芽、榆钱、"毛毛虫"[①]、榆树皮等。家里人心里都清楚，不可能让每个人都吃饱，都会自觉地选择自己吃什么。只有家里没有存粮，实在没东西吃了才会选择出去逃荒讨饭或者投亲靠友。家里有地的就将地托付给近门近支的人，房子什么的就撇下，家里的贵重物品就在屋子里的床下挖个坑埋起来，只带着衣服铺盖和吃饭的家什就出去。出去逃荒讨饭都是全家总动员，家长带着全家人一起去。以前鲁西南地区的人经常去"黄河北"讨饭，也就是现在的济南、德州、高唐、夏津等地，远的能到河北一带，投亲则是各家到各家亲戚那里去。各家家长拖家带口，跟着讨饭的大部队一起往北走，家里大人挨家挨户上门"求爷爷告奶奶"，讨到一点粮食也都给攒起来分配着吃，全家人齐心协力共渡难关，出去三两个月再回家重新收拾家业。在那个时候，要饭不丢人，谁家都有个难过的光景，回来之后还是一样过日子。

发生灾害时，村里族里都没有什么救济，大家都过得紧紧巴巴吃了上顿没下顿，没有闲

---

① 毛毛虫：檀柏村对杨树芒的称呼，因其形状像毛毛虫而得名。

工夫也没有那个家底管别人的死活,只有村长会在干旱的年节组织大家去关公庙里求雨,不过这也不强制,各家谁愿意去谁去。因为离县城比较近,遇上收成不好的年份,县里也会让乡里给一点救济,当年也不收公粮,不过都是杯水车薪,村民还都是吃不上饭。

(四)防备盗匪

1.逮不净的虱子拿不净的贼

榏柏村位于汶上县城东南隅,因为在城根上,所以村里没遭过大盗和土匪劫掠,但是流窜到村里作案的小偷有不少,"偷鸡摸狗拔蒜苗"的事情很常见,隔三差五谁家都会丢点东西,富户和地主家更是如此。因为以前家家户户院墙都矮,还是土坯垒的,很容易就能翻过去,所以小偷很轻易就能在家里没人的时候去偷东西,"贼不走空",小偷通常有什么拿什么,遇上家里东西多的,就"牵牛盗马灌粮食"。不过普通人家家里没什么值钱的,小偷就没有大的拿小的,偷点吃的或者抓两只鸡。榏柏村附近没有劫道的土匪强盗,但是再往东几个村,在吕庄三孔桥南边有专门劫道收过路费的团伙,榏柏村走那条路的人少,也没遇到过几次。除了小偷和劫道之外,村里的大户还遇到过"架肉蛋",抓了家里的孩子勒索钱财。二门里的刘其坡十五六岁的时候曾被土匪绑架到了白市镇,绑匪留信勒索要 50 块现大洋,刘其坡的父亲卖了一头大牛,凑够了钱才把他接回来。绑匪绑票也都提前打听好了这家人的情况,专找那种家里有点钱但是没什么势力和厉害亲戚朋友的家庭,被绑了人只能乖乖交钱换人。

2.小偷自己逮,大盗官府捉

虽然没什么以前大偷大盗来榏柏村,但是为了防止被偷,村里家家户户都有防备,大门小门都上锁,鸡鸭关笼子,值钱东西埋床底下等等,家里的粮食也经常看着。村里的地主刘宗文家为了防备盗匪,专门修了高墙和土楼,雇人站岗放哨和打更,院里养了 3 只大狼狗,自己还买了土炮,都是为了防止有人到他家里偷东西和劫掠。

刘宗仪家在村东边有一个菜园,菜园里的菜就经常被偷,有自己村里的人也有大榏柏村的人偷的,但是家里没有派人去刻意蹲守。大榏柏村的郭小乱和郭三子来菜园里偷韭菜和萝卜被刘其才抓到过,刘其才扣住他们并打了一顿,后来还是大榏柏村的郭克祥仗着和这边关系熟,受了两人父亲的委托来赔礼道歉领着他们回去的。以前村上其他人家抓到小偷也是如此,只要被偷的东西拿回来了就只打一顿泄愤,打完再放走他,一般不会送官处理。但是遇到大偷大盗,牵牛盗马和劫道的情况,就要官府来抓,到县城报案然后等结果,不过能破案的可能微乎其微。以前大盗都是"官匪勾结",抓到了给警察点东西就放走了,没人会管百姓的损失。刘宗仪在济南干警察的时候,刘其才到济南贩运货物在路上遇到了劫道的人,只要报一下父亲的名字,说说在济南警察局认识的人,稍微给点东西意思一下就能放行。敢在济南附近劫道的强盗都有靠山,在警察局里都有关系。

(五)防备战乱

1.少战争侵扰,村庄相对和平

榏柏村虽然靠近县城,但是汶上县在鲁西南地区只是一个小县,无论是抗日战争时期还是解放战争时期都没有军队在这里驻扎,打县城也只小打小闹的几次。抗日战争时期,日本人离这里最近的驻地和交战场所在的东平,榏柏村这里没有遭受战争波及。到了解放战争时,1948 年 6 月,解放军来打过汶上县城,但是正赶上兖州的国民党吴化文带军支援济南路过这里,解放军只能撤退,之后也没有再来打过汶上县城。吴化文的军队经过这里的时候,在县城周边几个村庄抓兵、找补给,榉柏村和王庄、陆庄、小楼等几个村首当其冲。听说别的村有被抓兵的,村里的男丁大都跑远了,去南乡那片躲着,没能跑掉的一些人就被抓走了,刘宗仪近门的刘宗坤、刘宗专就被抓去当兵,划入了五路军跟着去济南,在泰安、莱芜也打了仗,不过中途偷偷跑了回来。

2.杂牌军骚扰,村民遭受损失

在抗日战争时期,汶上县不是主战场,但是1939年、1940年左右县里成立了还乡团和保安团,经常在周围村庄转悠,名为安保,实际上是搜刮村民的粮食钱财。每年都要到榉柏村来两次,挨家挨户的抢东西、灌粮食,大到牛马、小到鸡鸭都拿,村民不堪其扰。但是因为他们有枪,村里人也不敢反抗,反抗的人会被他们用枪托打或者用枪头捅,不过并不会杀人。为了防范他们,有牛的家庭就把牛和鸡鸭藏在过道里,用麦秆垛堵上;在地下挖坑埋缸藏粮食。

1948年解放军第一次打汶上县城失败之后,很长时间没有再来攻打,县里就到周围村庄抓壮丁修护城河、打坝,砍树做栅栏,防备下一次被攻城。抓壮丁也都是还乡团的人来,挨家挨户找青壮年,直接赶着去县城那里,还要自己带工具,榉柏村的村民都没少受折腾。

3.其他保护

以前刘宗仪的家庭情况只能算做中等情况,能够做到自给自足有所结余。遇到乞丐到家里来乞讨,也会给他点吃的,因为谁家都有可能遇到出去讨饭的情况,将心比心能帮一把就帮一把。周围的邻近人家来借粮食借钱,也都会借给他们,每家之间都会有借来往还,都是近门近支也应该互相帮忙,"有借有还、再借不难",如果遇上借东西不还的人家以后也就不会再借东西给他。正是因为能帮助别人,才能在村里有一个好名声。

刘宗仪在外面给国民党工作的时候,村里人也都对刘家很客气,家里只有刘孔氏和儿子们的时候也都不敢欺负家里的人。以前村里二门的刘宗光在汶上县某个乡里当乡长,对村里人爱答不理,但是对刘宗仪还是关系很好。正是因为有刘宗仪这样一段经历和声望,刘家才能不受人欺负。

五、家规家法

(一)成文家规及主要内容

1.家规代代相传

刘家有从先祖传下来的家规家法和训诫,这些都是嘉靖二十二年(1543年)十五代先祖刘鹏编修家谱时所制定的家训和十劝十戒,也编修在了家谱里面,代代传承。每年年节,都要把家谱请出来供奉在条几上,由本家男丁祭拜。家训主要包括严守宗支、昭穆相当、婚姻宜慎、劝助上学、祭扫有时、鳏寡孤独六个方面。十劝包括劝敦伦、劝积德、劝积善、劝勤俭、劝忠厚、劝读书、劝教子、劝安贫、劝谨慎、劝务农;十诫包括诫奢华、诫贪暴、诫争斗、诫颓惰、诫刻薄、诫赌博、诫多言、诫邪僻、诫谄媚、诫骄傲。

2.原则不可动,使用可变通

榉柏村的刘姓一族里,家规家法非常严格,家里的男丁必须要知道,每一家老人对家规家训的详细内容可能记不清楚,但是家训中的根本原则是熟稔于心的。嫁进刘家的媳妇不需要专门学习家规家训。

但是在日常生活和实际操作中,并无法完全按照家规家法的要求来处处对照,只是一些原则上的问题含糊不得。家规家训的主要内容和原则,经过每一代的口口传承和经历的教育,已经内化为刘家人的一种生活方式,尤其体现在编修家谱、祭祀先祖、婚丧嫁娶、分家继承等大型活动上面。而在十劝十戒方面,却无法要求每一个人都严格遵循,每一代每一家的子女都会有所不同,但是对大多数的农民家庭来说,还是会老老实实遵守的,虽然自己做不到,但是教育孩子的时候总会记挂着这些训诫。

(二)默认家规及主要内容

在日常生活中,很难完全按照家规家训的要求来规范每家每户每个人的行为,但是每一家都有自己家里的规矩,这些就是我们所说的默认家规。谱训更多的是一种族规,每一家也有内部的家法和规矩。这些规矩有的是一代代传承下来约定俗成的,有的是各家家长自己阅历所沉淀的。不同的家庭之间会有所不同,但是在大多数原则上都是一致的。长幼有序、男女有别、夫妇有道,守规矩、重礼仪、尊长辈等这些在家庭日常生活中都有体现。这些规矩是全家人都要遵守的,家里的老人是这些家规的制定者和执行者,也是裁判者,家里的直系血脉是这些规矩的传承者。家庭成员有违背这些规矩,轻则会被家长责骂,重则会被逐出家庭。

刘宗仪虽然年轻在外面混,但是早年间也读过私塾,传统文化的底子还是很丰厚的,也写得一手漂亮的毛笔字。对于家里的规矩还是很看重的,尤其是在对儿孙的教育规范上,刘宗仪在家里吃饭睡觉、言行举止、走亲访友、请客陪客等方面对家里人尤其是长孙刘嘉训都有严格约束。

1.做饭吃饭规矩

在刘宗仪家里,早年间做饭都是刘孔氏负责,后来娶了儿媳妇就由家里三名妇女操持。家里男人不会做饭也不用做饭,做饭的事情完全都是女人负责的。不仅刘家,各家都是如此。在做饭的时候,家里三名妇女每个人具体做的事情不确定,谁来烧锅、谁来做饭、谁来炒菜这些并不是固定的,每一天的情况都有所不同。因为在农家并没有固定的做饭吃饭时间,农家一般没有早饭,早上就下地了,到了上午九十点钟、下午三四点钟差不多的时间,家里的妇女就先回家做饭,男人还要在地里干会活。家里妇女多的,就一个人先回家做饭,其他人还要留在地里。刘家也有自己的菜园,根据季节,家里有什么菜就做什么菜,很少有买菜这一说。主食就是家里打下的粮食,做饭前还要到外面去推碾子压面,回来用箩筛了做饭。有时候干活干得急回来没空压面了,就到邻居家里借一点多出来的米面。以前东西匮乏,刘宗仪家里有个菜园已经算比较好的了,刘孔氏带着儿媳妇决定做什么饭,家里也没有人会特别要求吃什么东西,家里炒鸡蛋已经算比较好的菜,平时都是吃咸菜。

早些时候家里没有桌子,吃饭的时候就各自盛了饭端着碗吃,可能到门口路边,可能在院子里,或者端回自己屋里吃。后来刘其才给家里添置了饭桌和椅子,但是家里人多,不会每个人都上桌吃饭,依然还是各找各地去吃。刘宗仪回家之后,吃饭一定要坐主位,坐北朝南。寻常人家男孩15岁之前不许上桌,但是自己家吃饭的时候刘嘉训可以上桌子和大人一起吃。刘宗仪在家里的时候吃饭氛围就严肃很多,尤其是家里的孩子,大人没动筷子之前孩子不许动,夹菜要夹自己这一边,吃饭的时候不能乱跑乱动、不许东张西望、不能多说话、不许发出大动静、不能吧唧嘴、不许站起来夹菜,放筷子要合齐两支筷子,不能斜插在碗里,不能担在菜碗上,放在桌子沿上不能露筷子头。有孩子违反了这些规矩的话,刘宗仪就会用筷子直接敲小孩的脑袋,呵斥几句。

以前的时候吃饱饭是很难的事情,所以吃饭先紧着家里的男性劳动力吃。家里人吃饭也就吃个七八分饱,东西本就不够吃,所以根本不会有人会剩饭剩菜。以前小孩没这么娇惯,大人先吃,小孩不好好吃饭就不管他,这里以前有句话是"饿饿肯长哩",大人吃剩下了给小孩,剩不下就算了。也有些时候家里小孩吃饭有剩下的,就要母亲吃掉。在1949年左右的时候,刘宗仪一家年龄都不算大,家里也没有老人,家里人吃的都一样,农家除了家里媳妇坐月子的时候会给吃些好的,也仅限于多吃点鸡蛋、白面,其他人生病、怀孕等情况下也吃的都差不多。

2.座位宴席规矩

以前家里正堂有两把圈椅,只有刘宗仪和来访客人才能坐,儿子辈和家里的妇女都不能坐,小孩调皮爬上去玩也会被严厉呵斥。来客人的时候都是刘宗仪坐左边,和刘宗仪同辈的客人坐右边,其他年轻人都要站着。村上的年轻人有事来家里找刘宗仪,也都是站着给刘宗仪说话,他在圈椅上坐着抽着烟听。如果村上的长辈来家里,刘宗仪就要让出左手的上座给长辈,自己坐右手。以前说"穷大辈",家里越穷就越娶不起媳妇,生孩子就越晚,后代的辈分就越大。刘宗仪家这一脉家庭情况还不错,他在村里的辈分就比较小,村里的长辈也多,所以村里人到家来谈事情的差不多都要上座。新婚的姑爷和女儿第一次回门的时候,姑爷又被称为"贵客",虽然年轻但是可以坐圈椅,但是之后就不可以了。

家里如果有红白喜事或者年节时宴请客人,桌子和座位安排也有讲究。首先是男女不同席,送喜面的时候会有儿媳妇娘家人来,就要男女分开坐,家里的妇女和女眷亲戚单独坐一桌,按照年龄和夫家的辈分安排座位。而其他的时候,家里办宴席妇女不能上桌,做好了饭菜自己在碗里留一点在厨房吃,或者等家里男人散席之后才能去吃。其次,男性在宴席上的座位安排分单首、双首。单首制是指一桌上只有一个最高的长辈,宴席桌上正对门的位置为主位,如果是方桌则又分左右,左侧为尊。主位只要这一桌上辈分最高的人才能坐,其他人也要根据辈分依次往后排。如果是双首,身份地位相同的两个人在同一桌上,那么两人就坐在正对门的左右两侧,对面而坐,其他人分散在两人的两侧,按照辈分从左往右排座位。新婚姑爷作为"贵客",第一次回门的时候摆宴席只有同辈的人才能上桌,一般都是家里女儿的兄弟和叔伯兄弟,长辈人不参与,姑爷坐主位。

3.请示规矩

在农业生产上,家里都是刘其才来操持管理,刘宗仪平时不搭理这些事情。刘其才负责分配每年的生产任务,全年的农业生产和种植计划、耕地、播种、锄草、收割、打场等都是刘其才带着弟弟来干,家里其他人协助。农具的使用、维修和购买等也都是刘其才一手操办,喂牲口、家禽则交给家里的妇女来办。每年的农业生产都按照节气来,除了干活不用到考虑什么,虽然刘其才具体管事做事,但是做什么事情之前他都要和刘宗仪说一声,让父亲知晓。

在家庭生活中,刘孔氏管着这些家务事。平时自家每顿饭吃什么不需要请示刘宗仪,儿媳妇向刘孔氏请示即可,家常便饭也不需要多说什么。什么时候做衣服也都是刘孔氏管理,因为她负责织布分布,两个儿媳妇拿到布自己做自己的,不需要再请示什么。购买生活用品的时候儿媳妇要先和刘孔氏说一声，然后再找刘其才要钱买东西或者拿鸡蛋换东西。而土地买卖这种大事，都要请示刘宗仪，由他拍板做决定，家里人都不敢乱来。家里小孩上学的事情不需要请示家长，刘其才可以直接送刘嘉训去上学，只需要和刘宗仪说一声就可以。

在外界交往中，刘宗仪掌管着最后的决定权，家庭成员的外出活动都要请示刘宗仪，尤其是出远门。走亲戚都由刘宗仪安排，让谁去哪里、带什么东西、留不留下吃饭等，每次去前和回来之后也都要再向刘宗仪汇报一声。宴请客人也是刘宗仪安排，一般直接告知刘孔氏，让她去做具体的事情。儿子们结交朋友，尤其是拜"仁兄弟"必须要请示刘宗仪，只有他允许了才可以。参加其他社会组织也要请示家长，私自加入什么组织都属于忤逆。虽然需要请示的事项比较多，但是请示只需要口头请示即可，也不需要开家庭会议，双方私下交流好了就行。

4.请客规矩

以前东南隅这里的普通人家只有在婚丧嫁娶，诸如生孩子送喜面、结婚、老人去世发丧这三种事情时才会摆酒席，平时过年来亲戚摆的不算酒席，只是比平时好一些的家常便饭，加两个肉菜而已。丧亡喜事摆酒席一般都是请自家的亲戚，老亲一桌，新亲一桌，其他亲戚朋友或者帮工的人一桌就差不多了，不会宴请太多的人。至于建新房、孩子升学、老人过寿等都不会摆酒席，普通人家舍不得花这种钱，只有大户才会在这些事情上摆酒请亲朋好友或者头面人物来吃席。

不同的事情摆酒席请人方式也不同，吃喜面的时候是儿媳妇娘家人自己来，不需要特意去请，一般都是孩子出生十天到半个月的时候来送喜面。而发丧和结婚的时候都要送帖，以小支脉的大家长的名义写帖，儿子辈的挨家送到亲戚手里，约好了吃酒席的时间，村上的人则是去家里叫，告诉他什么时候去哪里吃席。

除了请来的客人，摆酒的家庭还要找陪客的，一般都是自己近门子里面能说会道、酒量好的中年男性，酒桌上家长和主客坐一桌，都坐八仙桌的主位，陪客的要挨着主客坐。吃席的时候，主人家和陪客的都要给客人夹菜倒酒，让客人吃菜，结婚和发丧的时候主人和新人还要挨桌敬酒，让客人吃好喝好。以前整个鲁西南地区特别注重酒桌礼仪，一般都是主人和客人先在桌上喝茶聊天吃花生，等着上菜，菜要上齐了才能开席，吃之前要先共同喝一杯酒，喝酒之后必须要主人或者身份辈分更高的客人先动筷子夹一筷子"大件"，桌上其他人才能开始吃。一场酒席往往能吃两三个小时，如果都是自己家近亲，还可能喝的时间更长，待到主客人都"喝好了"才算散席。

摆酒席也有多种规格，规格主要看一桌上有几个"大件"，几碗几碟。东南隅这里，酒席上的"大件"一般指整鸡、肘子、鲤鱼、猪头这几样，一般的酒席都是一个大件，两个大件以上的算高规格，但是报酒席也没有超过四个大件的。除此之外，酒席还分八碗八碟、六碗四碟，碗是指热菜，碟是指凉菜或者点心，根据各家的家底和宴请的人确定宴席规格。宴席都是自己家找地方做，在村内找会做菜的人帮忙，桌子也是找别人家借，在自家院子里或者门口过道上摆酒席，一桌子菜也就是十多块钱。

5.洗衣制衣规矩

家里的衣服都由女性来做，男人不学针线活，做衣服和缝补衣服都由家里的妇女进行。在刘家，刘孔氏和两个儿媳妇主要负责洗衣制衣的事情，各自做各自男人和孩子的衣服，未婚的男子和未出嫁的女儿衣服由母亲做，刘宗仪的衣服可以由刘孔氏做也可以让刘其才给他买。洗衣服的话和制衣服一样，也都是各家小家庭的妇女负责自己小家庭人员的衣服。刘家离井近，都是打了水在自家院子里用盆洗衣服，有时会用晒干的皂角搓一搓，大多数是用碱洗衣服，洗完也是晾晒在院子里。如果各自小家庭的衣服破了也都是家里妇女缝补。

(三)家规家法的制定者

刘家的家法是从上一辈人手中传下来的，族谱上写明了的家法和规矩，传承了几百年，每一代人都要铭记和遵守，以后也要一直遵守和传承下去。族谱上记载的家规是至高无上的，其中的原则动不得。

家庭日常生活中具体的家规和规矩要因人而异，不同的家长都有自己的规矩和想法，对家里人的要求和约束也不同。刘宗仪因为自己的性格和经历特别重视家庭规矩，虽然没有成文的家规，但是在日常言行举止上他的要求家里人都会记着，到了下一代当家人的时候也会有选择性地增删改动，根据自己的意向来管家管事，但是其中好的内容和做法也都会传承下去。

(四)家规家法的执行者

家规家训的维系和执行靠的是榉柏村所有刘姓人，虽然每一家的家长在管家时有不同的规矩，但是家训中的原则性要求各家都会严格遵守。各家家长在自家是最高的，但是在整个家族中仍然要守规矩，服从全族人的规矩。刘姓的族长虽然没有实权，只是个名义上的职位，但是如果哪一家做的不对或者违反了家规，族长他的亲近兄弟都会严正指出，要他改正，如果他拒绝不改，放在里其他人也都会对他有意见，虽然不能采取强制手段让他就范，但是其他人都会疏远他和他家，家长做的不好、不守规矩，全家都会受影响。而在各家内部，家长是家规家法的执行者和践行者，家长要以身作则遵守家法，家里有人违反了家法家长要及时指正或处罚他。

(五)家规家法的影响力

刘姓一族各家的男丁从识字懂事起大人就会告诉他家训的内容，各家的家长也都会对家里的小孩严格要求，告诉他各种规矩和守则，小孩子自己在日常生活和年节祭祀等活动中耳濡目染的学会这些规矩，做错了事情违反了这些规矩就会受到惩罚，通过这种方式家规的影响力在每一代人之间传承。刘宗仪从小受到传统文化教育，虽然在外面接触很多新思想，但是对家规家法非常看重，尤其是在教育自己孙子刘嘉训的时候，从小就要他背家训，告诉他各种规矩礼节，这对刘嘉训产生了很大的影响。

(六)家庭禁忌

以前的人们懂得少，有各种迷信的说法或生活禁忌，这些都是在人们口口相传中流传下来的。从年初开始，正月初一不能扫屋子、不能倒垃圾倒水，做了这些事情会破财；正月十五之前不能吃面条，吃面条会让今年一年的事情"拖拖拉拉扯不清"；正月十五剃官头，小孩老人长命百岁。娶媳妇的时候，新娘子不能在新婚第六天回门，必须要待在婆婆家，说是"六天不空床，空床死了丈母娘"；生了小孩一百天内不能剃头，"不出百天剃头死舅舅"。夜里从外面赶路回来的人不能看小孩，身上会带不干净的东西，必须要洗把脸才能看，或者用桃枝抽打几下身上才行。这些禁忌说大不大说小不小，刘宗仪对这些并没什么忌讳，但是刘孔氏非常看重，如果家里人不小心违反了就会被刘孔氏喝骂。

六、奖励惩罚

(一)小孩才有奖励

以前刘家所有人在一起过日子,一起生产生活,有粮食一起吃,有钱一起花,家人不许藏私房钱,有事情找当家的要钱买东西。在家里平时过日子并没有奖励这一说,只有大人给小孩买些东西可以看作奖励。自己家的孩子读书学习的时候如果背书写字学得好,家里大人会给买点学习用具作为奖励,过年过节老人也会给小孩包个红包作为压岁钱,或者父母给孩子买新衣服做奖励。除了自己家孩子,自己叔伯兄弟家的小孩如果读书好,也会给点东西作为奖励,直系亲戚家的孩子也可能给一些压岁钱。

(二)惩罚规矩森严

自家人一起过日子,虽然没有奖励,但是家庭内部有规矩,违反了这些规矩就要受处罚。在刘家只有刘宗仪有处罚全部家庭成员的权利,各自小家庭内部都是父亲说了算,刘其才可以处罚自己的妻子儿女。在自己家庭内部处罚小孩的时候,其他人不会介入,刘宗仪教训刘嘉训的话刘其才也不会护短。

自家内部的处罚也仅限于口头上教训几句,除了父亲教育孩子,其他很少有动手的时候。如果自家孩子犯了大错,比如偷了别人家东西、打了别人家孩子,都是孩子父亲带着孩子上门赔礼道歉,回家来还要打一顿,如果刘其才不在,刘宗仪和刘其法都可以教训刘嘉训。但是婆婆不能直接惩罚儿媳妇,刘孔氏对哪个儿媳妇有意见可以告诉自己的儿子,让儿子去管教自己的媳妇,刘宗仪虽然是家长也不好管太多儿媳妇的事情。

一般来说,家庭里的惩处只能针对自家家里的成员,但是小支脉的大家长可以管自己兄弟家的家事,训斥兄弟家的人。刘宗礼作为三兄弟中的大哥,也是本支脉的大家长,自己侄子和侄子媳妇以及孙子辈们,如果有什么做的不好或者不对的地方他都会指出来教训一顿。他是村里的礼相,平时也总耷拉着脸,街上的小孩都挺怕他,自家人在他面前也都规规矩矩的。但是他也只会管自己两个弟弟家的人和事情,村上其他人家的事情他不会主动多插手。

七、家族公共事务

檀柏村的刘姓一族自从明朝初年迁来此地,几百年间开枝散叶,从第十世开始分散到了整个汶上县,但是留在檀柏村的这些刘姓人只是过着老老实实的耕作生活,族里没出过达官显贵,也没有高文化的读书人,几百年间也都没有办过大型活动,各家都是各过各的。檀柏村的刘姓一族倒是有族长,族长的名头只在一家人中传承,刘宗仪当家时刘姓一族族长是刘念年,他是村里刘姓中辈分最大的人,按照辈分年、恒、章、宗、其来看,刘宗仪要称呼族长"老爷爷"。但是族长只是个名头而已,实际不起什么作用,各家有事也不会找他,只会找各自支脉的长辈。官府有事情也都直接找村长,不会找族长。族内仅有的公共事务也就是干旱的季节到关公庙祈雨,族长和村长要带头,鼓励族里其他人一起去。

八、家户纵向关系

(一)安定小村无保甲

檀柏村一直没有实行保甲制度,当年实行保甲是为了防范和清理八路军,十家为一保。

因为榾柏村靠近县城,八路军不敢在县城"眼皮子底下"活动,解放战争时也只攻打过一次汶上县城,失败之后一直到1949年没有再来过,所以这里一直没有开展保甲。

(二)共产党来了以后出现会社

一直到土地改革运动前,榾柏村这里都没有什么会社组织,村小民少,也没有出过什么大商人,也没有什么特殊产业,所以村里没有自发产生过什么组织。直到1950年年底,为了协助开展土地改革工作,共产党的工作组到村里来成立了农会,配合各村的驻村干部搞土地改革。农会只有贫下中农才能参加,农会的原则就是"发动贫农,团结中农,打倒富农"。因为之前一段时间共产党和国民党的军队拉锯,汶上县的统治权一直在摇摆,所以村里的老人们对这些都不积极,也害怕国民党军队回来后报复,所以老人不敢参加农会,也不让家里人参加。组织和参加农会的都是村里贫农家庭的年轻人,第一任会长是刘恒武,村长是刘其义,刘宗仪近门子里的刘宗和、刘其兴等人也都参加了农会。这些人都积极拥护共产党,只有三四十岁左右,都是以个人名义参加的农会,配合驻村干部参与分地工作。农会内部隔三岔五就开会,工作队来宣传政策时,农会的人还会挨家挨户组织村民去开大会。以前村里还有人参加过青年团,也是共产党领导的组织,都是村上在外面上学的年轻人,刘宗仪门里的刘其俭、刘其谨都参加过,也都是自己私下参加,不敢和家里老人说,后来才公开身份,改称共产主义青年团团员。

(三)县乡干涉少,村长为纽带

以前榾柏村归杨村区、榾柏乡管辖,乡公所的驻地在村东边的大榾柏村村北,下辖的还有岗子村、小楼村、王府庄、周村等县城东边、南边的几个村。以前上级有什么工作和任务都是乡里直接来人找村长,让村长去做具体的事情,交公粮、出劳役等都是村长再挨家挨户通知收缴。村民有事也不会直接找乡里,有事要"惊官动府"也都是先找村长,让村里联系乡里。

九、村庄公共事务

(一)有村庄事务,无集体行动

榾柏村一直没有什么村庄公共事务,各家都是各过各的,收公粮、出劳役也都是村长直接挨家挨户上门通知和收缴,而不采取开会通知的方式。直到汶上县城解放后共产党的工作队和驻村干部来村里,才慢慢开始组织大家参与村庄事务,经常性地组织村民开会。开会都是让村长和农会的人挨家挨户叫人,找各家家长来开会,家长不在家儿子来也可以,在会上宣传共产党的政策,发动群众进行土地改革。

除此之外,村里也没有组织过全村人修桥修路,因为靠近县城和乡公所,村北边就有一条主干道,村里的路情况还不错,也没有组织修缮过。榾柏村的东南有一条南北流向的小河沟,位于榾柏村和大榾柏村之间,大榾柏村村大、人多发展好,在河上修了桥,也不需要榾柏村出工。村里也没修过什么庙,仅有的一座关公庙也是很久之前建的,村里也没组织过维护修缮。因为不需要修建村内基础设施,也不开展集体活动,所以村里也没有收过村费。

(二)生产生活所需,村民自主联合

村内唯一的集体活动也只有打井和淘井,但也不是村庄组织,而是几户人家共同发起。一起打井的人家大都是地离得近,共同打口井浇地用。以前都是打土井,不需要兑钱,几家的男劳力带着自家工具在地头上商议好,选定位置就可以开挖。井口开得比较小,有人在下面

挖,有人往上拉土,以前地下水位浅,挖十来米就够了,几家浇地都从这口井里打水。因为是直接挖的土井,井壁上没有用砖砌起来,所以井壁的土总会往下脱落,时间长了就把井底的水给搅浑了,所以共同打井的几家还要定期一起淘井。土井用的时间长了,井下蹾坏的厉害,就不敢再下去淘井了,害怕塌方把人埋在里面,就要重新挖一口井,将老井填了。而在村里面,刘宗仪家附近就有一口井,是刘宗仪这一脉恒字辈的老人当年修建的,恒字辈的兄弟四人出钱雇人挖的井,井壁也用砖砌起来了,平时不用淘井,周围的人家也都在这口井里打水吃用。

村里很少受到大的自然灾害,受了灾也都是各顾各的,村里、乡里、县里也没人管,县政府在大的灾荒年景不收公粮,除此之外也没有其他救济。所以发生了灾害都是田地在一起的几家或者小支脉里的几家自主联合起来对抗,减少损失。天旱的年节一起打水浇地,雨水太多时一起挖垄沟排水,尤其是闹蝗灾的时候,几家人全家总动员,一起去地里赶蝗虫,拿着鞋底扑,或者在几家的地头和地中堆柴火,白天点湿柴火让它冒烟,把蝗虫熏走,晚上点大火,蝗虫自己会往火里钻。不过这些方法只能减少蝗灾危害,庄稼减产的情况肯定还会有。

十、国家事务

(一)纳税

1.种地交公粮,天经地义事

以前榅柏村这里只收公粮,没有其他税收。在新中国成立前的几百年里,榅柏村的农户都知道种地就要交公粮,这是天经地义的事情,公粮又被称为"皇粮国税",一点都耽误不得。交公粮都是按照各家土地的多少来征收,"看地不看人",没有地的人家不需要交。以前交公粮都是在秋后,乡里通知村长,村长再挨家挨户上门收,收完了再运到乡里去。在早些时候,每亩地只需要交七八斤粮食,没有粮食交等价的钱也可以,但是在1947年之后,每亩地涨到了三四十斤公粮。到了1950年以后,共产党来管事也还要交公粮,只是收的公粮比以前少了点。刘宗仪家里除了交公粮之外,没有在交过其他税收。

2.公粮必须交,不交蹲大牢

只要家里有地,就必须交公粮,这是铁打的规矩。只要交了公粮,不管你哪来的粮食、谁交的都无所谓。刘宗仪不在家的时候都是刘孔氏交公粮,家里没粮食了交钱,再不行去娘家借粮食,后来家里过得好些,公粮也都能交得上。如果到了交公粮的时候家里没粮食,去借去偷去抢都可以,在规定的时间必须要交上。村长都是刘家一姓的人不会为难自己村里的人,但是乡里不管这些,哪家有地不交粮就直接把这家的当家人抓到乡里,问清楚情况先打一顿然后关起来,让家里人带粮食来赎人。一般有地的人家都不缺这点粮食,但是真遇上了经营不善的,家里人只能求亲告友借粮食,先把人赎回来。

(二)征兵

1.有抓兵,无征兵

在1949年以前,汶上县是个小县城,周围没有大规模的驻军,只有一些杂牌军流窜,平时也没有征过兵。国民党的军队到村里直接挨家挨户找男丁,年龄差不多的就直接抓走,刘宗仪近门的刘宗坤、刘宗专就被抓去当兵,划入了5路军跟着去济南,在泰安、莱芜也打了仗,不过中途偷偷跑了回来,在1948年的山东战场国民党军队逃兵多的是,偷跑回来后也没有人来将他们捉拿回去。

2.自愿参军混前途

刘宗仪二十五六岁的时候,不想在家里待着种地,想趁着年轻出去混个前途,于是到上海投奔在国民党军当连长的陆敦连,也算是自愿参了军,不过没有上过战场,只是负责上海滩的治安,在上海待了十多年,最后做到了上海滩的治安大队长。在上海工作的时候,家里就由刘孔氏操持着,刘宗仪当兵能领工资,但是他自己花的也多,剩下一些邮寄给家里,只能维持生计。1936年的时候,因为各种原因刘宗仪从上海跑回了家,在家里待了很长时间。过惯了大城市的日子在家里他待不惯,1946年的时候他又跑到济南一番疏通,当上了国民党的警察。

(三)摊派劳役

檀柏村离县城近,所以每年都会被摊派劳役给县里干活,也被称为"出夫"。摊派劳役都是按照村来,给村里下派任务,要一个村出多少男性劳动力,然后村长再挨家挨户找人,让年龄合适的人自己带着工具去干活。村长手里也有笔账,谁家去过谁家没去过都清楚,他会按照记录找各家家长,让家长安排家里人去。出工都没有工钱,吃的东西也不一定给,有时候还要自己带,所以都不愿意去出工。如果轮到了某一家不想出工或者家里没劳动力,可以拿钱找人代替,或者让自己的侄子代替。刘宗仪的大哥刘宗礼家里没有儿子,他年龄大了不能出夫,于是就找自己的堂侄刘其俭去帮忙干活。如果摊派的指标没完成,县里就会直接来人"抓夫",然后押着去干活。

(四)协商选举不投票

1949年以前檀柏村的村长都是村里刘姓和张姓各支脉的人协商推选出来的,谁想当村长,就要请各支脉的大家长和头面人物喝酒吃席,在酒桌上大家一起商议推选。能舍得摆酒席选村长的人家底都不差,不用为生计发愁,大家也都乐于支持。选村长不投票,只需要各支脉的大家长统一意见推举即可,而檀柏村刘姓人多、张姓人少,所以都是刘姓人当村长。刘宗仪这一脉出过秀才,前几辈也都是村上的大户,大哥刘宗礼还是村上的"礼相",刘宗仪在外面给国民党当差任职,这一支脉说话也有点分量。刘宗礼作为本支脉的大家长,代表本支脉表达意见,他就全权代表了支脉中的所有人。只要得到刘姓的几个大支脉家长的认可和支持,就可以正式担任村长,不需要县乡政府任命,以后有事也都会直接找村长,村长再安排村内的事务。

附　录

一、《敬宗堂谱训》

国有国训,家有家训,谱训即家训也。作谱而垂家训,古有定例,不然作谱奚为者?人当少年之时,可成可败,训则成,不训则败,一定之理也。天资聪慧者,一见谱训,凛若神明,奉若师保,动静行为悉遵谱训。彼感顽劣之徒,天性偏僻,暴弃自甘,训之无益,然不能因此等人而废其训也。兹择有关宗族者数则,谨列于后,惟望后世子孙遵循焉。

严守宗支

宗支宜严也。语云:自我出者留,非其种者去,古制也常有因膝下无子寻他族之子为子曰义子,又有妇人再醮带来之子曰名蛉,皆不准入谱。入之必注明义子某人,名蛉某人,挨次序下独乘一支,不可与宗支混淆。前谱业有训,切勿违悖。只可于他父母死后除一部分财产予之,以顾生活足矣,下余财产仍归族之应嗣者承授。又有为穷所迫,向他族义子及妇人丧夫怀孕改嫁他族者,长大成人倘愿归宗,族人不可拒绝,续之以著同宗大义。

昭穆相当

昭穆宜明也。父为昭,子为穆,古也。自己无子,必则其兄弟之子为子,由近及远,无论受继应继,只要行辈不差,即为昭穆相当。若隔代过孙为其后者,为之子称谓即觉不顺昭穆,焉能胡当乎?又有人多子少,不足分配,唯恐财产给予他人,为子又寻一妻以待孙,究竟一支兼桃,法律允许,非离比也,后防此。

婚姻宜慎

男婚女嫁,古有定制。然必择其门第相当年龄相合,勿使子女含怨,邻里责斥。朱子云:嫁女寻佳男,勿索重聘;寻妻求淑女,勿计厚奁。此格言也。至于同姓结婚,甚不合理,即系同姓,溯而上之,总归一本,必有古侄弟姊之谊,与禽兽何异。结婚者慎之。又胡院工云:嫁女择胜我者,必事夫子,必敬必戒;择不胜我者,必敬父母,克执妇道。亦至言也。

劝助上学

有子不教上学,使之目不识丁,父母之过也,然族亦有责焉。遇有明敏子弟,如不上学,宜劝其父母,将上学之好处说与他听。学成不惟家庭个人有益,一族之人裨益不少。倘家境贫寒,设法助之。今就此次续谱观之,采访时有写的清清楚楚一目了然,有写的模模糊糊众人难辨,无他,上学不上学之分也。有之者请勉之。

祭扫有时

报本追远,古有定制。每岁届春秋两节,凡为子孙者,务以扶老携少上林扫墓、登祠祭祀。祭扫毕,同场聚餐,互相问候,畅谈一切,乐何如之。切不可视为浮文,托故不到,以失追报之义。

鳏寡孤独

鳏寡孤独,天下之穷民也。邻里有者,尚且矜恤扶持,况同宗之一本乎。然矜恤扶持之法何如? 鳏者为之设法立继,以全其支;寡者,为之设法表扬,以褒其贞;孤独者为之设法生产,以顾其生活。倘有不遵训而欺凌之,勿略之。合族共诫之。

二、敬宗堂家训十劝十诫说

先天之数始于一而终于十,河图生成之道也。天地不能闭其灵;后天之数始于十而终于一,落尽返还之象也,造物不能尽其用。人自有生以初,先天用事,无欲无情,有善而无恶;及至二八以后,后天用事,六欲七情、五贼八识、日居月诸渐次剥削,以苦为乐、以假为真,将得之天地祖先父母之本来面目全然失缺,不死奚为?古人有克己复礼之功,存心养性之学,所以为圣贤。今不必求之过高,索之过远,凡日用行常、持己待人,处处本此良心而不愧,自能无忝厥生。上可以对父母祖先在天之灵,下可以获子孙后世昌盛之报。所谓敦宗者在此,睦族者亦在此也。特立十劝十诫,于后世,编成歌括而韵之,使其易晓易悟,以便知所遵从。吾望后之子若孙幸,勿以等闲视之也。勉之。

劝敦伦、积德、积善、勤俭、忠厚

劝读书、教子、安贫、谨慎、务农

戒奢华、贪暴、争斗、颓惰、刻薄

戒赌博、多言、邪僻、谄媚、骄傲

劝敦伦

三纲以内有五伦,只怕后世不能敦。古圣制定不伦罪,说于诗人仔细吟。

劝积德

行道有德自古难,圣门四科德居先。积而又积累又累,留得子孙种福田。

劝积善

善善恶恶要分明,光明大道莫夜行。人兽两途凭功过,微危只在几希中。

劝勤俭

自古创业俭与勤,治国起家何必分。苒苒流光恐虚度,浚泊明志养天真。

劝忠厚

莫谓忠厚无用名,古古今今俱可凭。周朝开基八百载,下民传家家家兴。

劝读书

少年读书不用心,不知书中有黄金。来来往往名卿相,那个不是读书人。

劝教子

世人教子金满赢,我今教子惟一经。只要守住义方训,不期成名自成名。

劝安贫

贫穷自古未足奇,莫教境遇累真机。君子固之小人滥,人兽分途祇几希。

劝谨慎

处事言行要留心,不谨不慎惹祸根。披锁带枷无足怪,最怕堂前累双亲。

劝务农
民为邦本食为天,食所自出谷为先。耕种依时收获盛,家家欢乐养性源。
诫奢华
轻浮少年好奢华,无人收管任意花。人生衣食原有数,入不敌出亡身家。
诫贪暴
为人一生最怕贪,贪而无礼失真诠。富贵贫贱身外事,缘何不学圣与贤。
诫争斗
处世接物莫须争,是非曲直有定评。教尔推开名与利,形形色色总是空。
诫颓惰
颓惰自甘少毅刚,一事无成令人伤。将相本无真种子,但愿男儿当自强。
诫刻薄
刻薄成家无久享,不仁不义伤天良。一手推开财利纲,浑浑沦沦是故乡。
诫赌博
少年流荡好赌博,不知赌博伤天和。孤注一掷财产净,落得妻子受煎磨。
诫多言
人生处世戒多言,言多必失若祸端。试看金人三缄口,留得美名古今传。
诫邪僻
少年邪僻无正行,放放侈伤身又败名。一旦名师指觉路,回头想想总是空。
诫谄媚
谄媚口良心不良,本周承奉日日忙。杀妻求将心何忍,烹子媚君义尽伤。
诫骄傲
人生处世最怕骄,自尊自大又自高。试看多少好基业,尽被骄傲渐次消。

综上,家训劝诫歌括各十首,皆有关宗族。浅显易见,并无深沉大俾,人人易于遵从。荣能照此奉行不替,长此以往,自能变化气质。化邪为正,化恶为善,人为君子矣。各亲其亲,各长其长,而雍睦和厚之风可坐而致矣。夫如是,方可无愧于宗族之期望于后世者,至殷且深也。夫天地不言而万物生而能体天地之心以化世者,官守之责也;祖宗不言而百世传而能体祖宗之心以训后者,子孙之责也。既有此责,凡为子孙者,皆当替祖宗宣布敦敦,告诫彼此,相勉勿厌其烦。父课其子,兄勉其弟,勿以善小而不为,勿以恶小而为之。种种训诫,切莫违悖,唯望后世子孙留意焉。

调查小记

2018 年的暑期调研是我第一次接触家户调查，一切都充满了新鲜感。6 月 28 日在学校接受完暑期培训，之后便返回老家——山东省汶上县寻找合适的家户受访者。之前没有接触过这种口述类访谈调研，在接受培训时也没有体会到做家户访谈的难度，到了真正开始做调研的时候才体会到做好一次家户调研的不易。

我所在的汶上县虽然是个小县城，但是文风浓厚，历史文化悠久，尤其是榟柏村，被称为文化村，读过书的老人非常多，1949 年时村里出过很多教师，本以为寻找合适的受访者能够轻而易举，但是在真正接触的时候才发现，村里 80 岁以上的老人虽然有十几位，但是身体健康、头脑清楚的老人比较少，能够正常交流、理解问题的老人更少，一下子就排除了大部分候选对象。此外，在 1949 年前家里有 10 人以上的家庭也极为稀少，因为以前讲究结婚生子了就分家，三代同堂一起生活的人家非常罕见。村里有好几位老人，年轻时当过教师，头脑清楚，对 1949 年前家庭的事情也记得，但是那时家里人口少，无法满足大家户的人数要求，无奈只好作罢，但是村庄公共性事务和惯行方面也约好了可以向他们请教咨询。最后能够满足条件的两位老人只剩下刘嘉训也就是本次的受访者和刘其坡。本想将刘其坡作为采访对象，因为过去他家里是富农，家产丰厚，比之地主也不遑多让，内外关系丰富，可以访谈的内容比较多。但是老人因为家庭成分的原因以前"挨过整"，父亲在土地改革运动中被枪毙，自己也被送到朝鲜战场打仗，走访了老人三次都被拒绝，不愿意多谈以前的事情，总是说自己在朝鲜打仗的时候被炸弹震伤了脑子，想不起来。

能够符合条件的只有刘嘉训老人了，他接受过很长时间的教育，走南闯北见识广，头脑清晰，身体素质也很好，能够正常接受访问、回答问题。而且刘嘉训老人长期担任村里的礼相，对于 1949 年前的传统生活和风俗习惯非常清楚，在 2012 年编修刘姓族谱的时候还是负责人，对于榟柏村刘姓的相关事情了然于心，对于新中国成立前家里的事情也都还清楚记得，能够回忆和叙述出来。因为老人每天早上要去散步，中午都要喝两杯白酒，所以只能上午九十点钟或者傍晚时间进行访谈，断断续续多次才完成访谈。

在调研访谈过程中，我也有一些不一样的感受。

1949 年以前的农村生活到底是什么样的？今天的我们很难去想象。真正了解这些事情，能够清楚记得农村传统家庭生活的老人越来越少，一个时代的记忆即将远去，这些记忆和事情没有书本记载，再过几年就会泯灭在历史中，无人能够再发现这些。做个悲观预测，再过几年我所走访的这一批老人可能大部分都将不在人世了，一些事情我们也就永远不得而知了。而我们通过访谈将这一代人的记忆再次挖掘并记录下来，这的确是功在当代、利在千秋的大事。

对于 1949 年前的历史我们往往更多的关注救亡图存、关注重大变革与国家前途命运，这没有问题。但是历史应该是多元的，有多种角度、有多种叙述方式和生命体验，因而最终也应该有各种不同的呈现样式和讲述视角。而中国的历史往往是"帝王将相"的历史，关注"重要人物"的很多，但是真正关心处于社会最低层的普通农民生活的人很少，他们往往被历史和当权者忽视了。因此在相当长的一段时间里边，有很多重大的事件在最底层的"反映"和"反应"没有得到记录；与此同时又很多历史我们被迫遗忘了，有意无意地遗忘了，或主动或被动地没有被记录下来。仅仅访谈不一定寻找得到真实，因为受访者自有其局限性，但是我们可以无穷地去接近真实、去探索真实。我们通过访谈去接触他们、发现他们，去探寻 1949 年以前的农民生活和农村存续的真实一面，才能发现某些不一样的东西。鉴古至今，有些事情我们完全无法想象，通过这次访谈调研真正了解了一些和我们的"常识"不一样的东西，和教科书上不同的东西。也只有知道了我们的祖祖辈辈是怎么走过来的，我们才能知道如何继续走，往哪里走。

　　虽然在调研中遇到过困难，但是更多的还是思索和感悟，我们不能仅仅停留于那些抽象的、高度凝练的历史事实和历史记录，只有亲身去进行口述历史相关的实践和访谈，才能够让我们对于历史和现实有更加切身的感悟。这次调研留下的不仅仅是这一篇家户报告，还有继续探索和发现的动力与热情，我也将继续去挖掘这些隐藏在农民记忆深处、正在消失的碎片和往事。

第二篇

垒土积命:东北小户的生存密码
——辽中北李氏家户调查

报告撰写:李丹阳[*]
受访对象:李士荣

---

* 李丹阳(1992—),女,辽宁新民人,华中师范大学中国农村研究院 2016 级硕士研究生。

导　语

　　辽宁省新民县东蛇山子镇西莲村位于沈阳市区北部、新民县东北部,此地交通便捷、土地肥沃,海拔为22~49米,地势平坦开阔,属温带大陆性季风气候,四季分明,适于种植业发展。目前该村已与马蹄岗子村合并。

　　西莲村的大户李家于清朝初年从山东省几经辗转搬迁至辽宁省新民县东蛇山子镇西莲村,祖上一直有着勤劳苦干的优良传统。1948年新民县地区土地改革运动之前,李鸿文所在的李家是当地的一个贫弱小户。未分家之前,李鸿文和妻子魏氏带着自己的父母李方荣和王氏,以及四个儿子、一个女儿、一个儿媳共同生活,家中仅有十口人。李家有一个当家人,即李鸿文,但有两个家长,分别为李鸿文和其妻子魏氏。李鸿文负责管理家中的大小事务,包括教育、信仰、娱乐等方面;妻子魏氏则会帮忙分担一些家务事,夫妻二人共同协作、共同治家。李家拥有二十多亩耕地,均由李家人自行耕种,从不雇工;家里的牲口、农具等也都具备,无需外借。自家居住的院子占地面积约为两亩,拥有五间正房、四间东西厢房,均为祖上所传,房屋以稻草和土坯为主。家中的大门为木质结构,土坯院墙高耸。李家的家法家规一向很少,并且都是一些未成文的规矩,但李家人一直严于律己,世代传承着优良的家风。李家平时还会参与本家族或者西莲村内的一些公共事务,如按时纳税、摊派劳役等。后来新民县地区于1948年开始土地改革运动,李鸿文便决定和自己已婚的大儿子李士如分开单过。

第一章 家户由来与特性

李家的祖先李尚贤因逃荒从山东省来到辽宁省锦州市，之后辗转迁移来到新民县小康堡子村，最终落户于西莲村。祖先通过跑马占荒拥有大片土地，等到李鸿文当家主事时，家中仅剩二十余亩耕地，大致维持着全家十口人的生产、生活。李家到李鸿文这一辈时，已经在西莲村内传承三百余年，上下绵延了十二代人。未分家之前，李家是西莲村中地地道道的老户。家中的老宅子占地面积为两亩多，共有九间房屋；院墙由石头和黄土砌成，高约两米五左右；大门为木制结构，有狼狗看家护院。每逢农闲季节，李鸿文还会去沈阳市内卖香油，全部所得都用来贴补家用。随着土地改革运动的到来，李鸿文的儿子也都长大成人，便于1948年和已经成家的儿子分家单过。

一、家户迁徙与定居

李家的祖先李尚贤携妻儿于清朝初年从山东省来到辽宁省锦州市，在辽宁省锦州市待了一两年之后，先落户至新民县的小康堡子村，生活比较安定，这也使李家的人口不断繁衍，随着人口的增长，原来的房屋不够居住使用，李家的第四代人便不断向外迁移，最终落户西莲村。李家祖上通过跑马占荒，使得方圆五里的耕地都归李家人所有，但李家的后人之中难免会有败家之人，便将自家的土地一点点卖掉，经历多次分家后，至李鸿文当家时，自家所剩土地并不多，即家里还有二十余亩良田维持着一大家子十来口人的生活。李家到"鸿"字辈时，已经绵延十二代人，传承三百余年。后来新民县地区于1948年开始土地改革运动，李鸿文便决定和已经成家立业的儿子李士如分家单过。

（一）由关内逃荒至辽宁

李家祖居山东省内，后因逃荒暂落至辽宁省锦州市，在锦州市待了一至两年之后来到沈阳市的小康堡子村。随着李家的家庭人口数量不断增多，第四代人也陆续从小康堡子村迁出，最终落户西莲村。

1.一路逃荒暂落锦州

李家的祖先在清朝时期主要为京城内的八旗子弟们服务，因此李家人也相当于满族官宦人家的家奴，隶属于镶红旗，更是地地道道的"旗人"，可以算得上是贵人，而"民人"即为普通老百姓。李家的祖先李尚贤于清朝初年从山东省携带妻儿逃荒至辽宁省锦州市，但由于粗心大意，李尚贤夫妻俩的大儿子不幸丢失，本想在锦州市一边过生活一边找丢失的儿子，但是待了一两年之后仍杳无音信，生活过得也一直不够理想，李尚贤便带着自己的二儿子和之后新出生的小儿子以及妻子继续逃荒。

2.辗转迁徙来到小康堡子

夫妻二人便带着两个儿子来到了新民县公主屯镇的新家店村，那里最初也是成片的大荒地，李家便在此地开荒种地。因为此地的土地以沙土为主，种了两年地之后粮食的产量也不高，夫妻二人便把土地都卖掉，之后又来到了公主屯镇的温家店村，依旧在此处开荒、种田。这时李尚贤的儿子们均已经娶妻生子，李尚贤便和自己的两个儿子、两个儿媳和三个孙子一路向东走，最后在法库县三面船镇附近的小康堡子村落户，李家的祖宅即位于辽河北岸，祖坟也在小康堡子村内。

3.最终落户西莲村

李家人通过"量土"的方式确定在西莲村居住，假如一个地方的每斗土重八斤，另外一个地方的每斗土重五斤，那么八斤重的土就可能比五斤重的土更养人，李家人正是通过用这种方式选择居住在西莲村；并且李家的第四代后人当中，即"国"字辈的一位后人和东蛇山子乡东莲村的刘姓人家属于姑舅亲，他们便到离东莲村一千米远的西莲村查看情况，西莲村的土壤质量确实要比小康堡子村的土质还好，李家第四代人中的两股便决定举家搬迁到小东山山脚下，这个地方地处西莲村与东莲村的交界处，地理条件比较好。李家剩下的另外一小股人便一直留在小康堡子村内继续居住，截至目前，李家还有三四户后人在那里居住，另外还有一小部分人迁到了小康堡子村北部的村子居住。正因为李家人的迁入，西莲村也从寥无人烟的荒地变成了人口众多的小村庄。又因李家给朝廷官员当过家奴，来到西莲村之后可以跑马占荒，所以西莲村方圆五里的耕地均归李家所有。

李家的祖先李尚贤在西莲村落户之时，并不用经过谁的批准同意，在最开始的时候，西莲村里面都是大片的荒地，其他村民之后才陆续落户于西莲村。因此，李家是西莲村落户的第一个家户，最开始时的西莲村也只有李家这一个大户，李家和其他村民们的关系都很好。等到后期，外姓人家不断逃荒、落户于此，村里的人口也逐渐增多，西莲村便主要以李姓和张姓这两大姓氏为主，对于其他的一些小姓氏，李家人和他们的关系一直都保持得很好。

(二)四代共居终因土地改革运动而分

李家的祖先牌位上共记载有十二代人，已经有三百多年的传承历史。一世祖即当年逃荒至小康堡子村的先人李尚贤，李家算上新生儿，已经有十五代人，在西莲村内属于地道的老户。1948年土地改革运动到来之后，李家于此年开始分家。

1.十五代共生，四世同堂

通过查看李家的祖先牌位以及根据李士荣老人的讲述，李家目前繁衍了十五代人，祖先牌位上共记载着十二代人，分别是一世祖——李尚贤和高氏夫妇二人；二世祖——李三杰和刘氏夫妇二人，李三缘和杨氏夫妇二人；三世祖——李文学和刘氏夫妇二人，李文明和张氏夫妇二人，李文举和曹氏夫妇二人；四世——李国用和黄氏夫妇二人，李国辅和曹氏夫妇二人等共计二十五人；五世——李烟和毕氏夫妇二人，李焰和王氏夫妇二人，李国和曹氏夫妇二人等共计三十八人；六世——李成叶和史氏夫妇二人，李成福和崔氏夫妇二人，李成卯和刘氏夫妇二人等共计五十四人；七世——李俭和刘氏夫妇二人，李生和杨氏夫妇二人，李叶和杨氏夫妇二人等共计六十六人；八世——李廷昌和乔氏夫妇二人，李廷钧和陶氏夫妇二人，李廷德和王氏夫妇二人等共计四十六人；九世——李景祥和李氏夫妇二人，李景尧和路氏夫妇二人，李景舜和施氏、杨氏夫妇三人，李景禹和高氏夫妇二人等共计四十五人；十世——李恩德,李恩奎和张氏夫妇二人,李恩花和孙氏夫妇二人,李恩荣和王氏、刘氏夫妇三人,李恩常和张氏夫妇二人等共计十人;十一世——李方荣和王氏夫妇二人等共计八人;十二世——李鸿文和魏氏夫妇二人,李鸿义和李氏夫妇二人等共计六人。

1948年新民地区土地改革运动以前,西莲村全村内共计五六十户人家,户数虽然不多,但基本上还是以李姓和张姓两大姓氏为主,其中李家人口数量最多。家族以下再划分为好多股,没有几户外姓人家在此居住。李家从山东省迁于此地,因此之前的家族人员不再作数,故祖先牌位上面自李尚贤先人开始共记载有十二代人。但截至目前,李鸿文家已经繁衍了十五代人,枝繁叶茂。

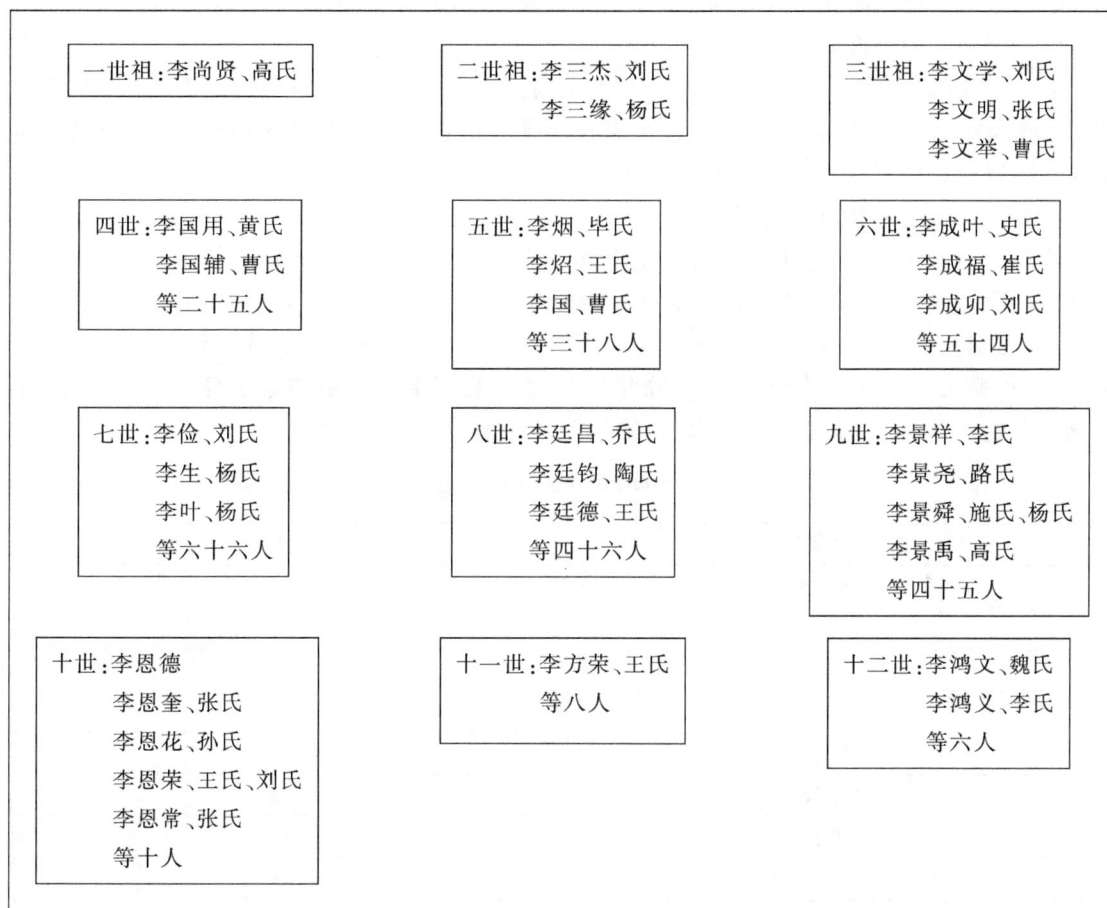

一世祖:李尚贤、高氏	二世祖:李三杰、刘氏 李三缘、杨氏	三世祖:李文学、刘氏 李文明、张氏 李文举、曹氏
四世:李国用、黄氏 李国辅、曹氏 等二十五人	五世:李烟、毕氏 李炤、王氏 李国、曹氏 等三十八人	六世:李成叶、史氏 李成福、崔氏 李成卯、刘氏 等五十四人
七世:李俭、刘氏 李生、杨氏 李叶、杨氏 等六十六人	八世:李廷昌、乔氏 李廷钧、陶氏 李廷德、王氏 等四十六人	九世:李景祥、李氏 李景尧、路氏 李景舜、施氏、杨氏 李景禹、高氏 等四十五人
十世:李恩德 李恩奎、张氏 李恩花、孙氏 李恩荣、王氏、刘氏 李恩常、张氏 等十人	十一世:李方荣、王氏 等八人	十二世:李鸿文、魏氏 李鸿义、李氏 等六人

图 2-1 李氏家户世系繁衍图

2.因土地改革运动而分家

李家祖上没有发生过什么大变故,李家能够成为西莲村里的大户,主要是因为其先人通过跑马占荒积攒下了很多土地,李家才能够不断地富裕起来。李家在最繁荣的时候,西莲村方圆五里的耕地都归李家所有。但随着李家人口不断增多,李家人不断地卖地、分地等,家中也不断地衰落。等到李鸿文当家主事时,家中仅剩二十余亩耕地,家中还有继承得来的一匹马、一头骡子以及一辆挂车。新民县地区于1948年开始土地改革运动,李鸿文便决定于

1948年和已婚的大儿子李士如分家单过。

二、家户基本情况

1949年以前,李家是当地有名的老户,但是李鸿文当家时,这一股的李家仅是西莲村的小户人家。具体表现在以下三个方面:在李家的人口数量与结构方面,李家的祖先牌位上已经记载十二代人,子子孙孙全部算上已经有十五代人,李鸿文当家时家中仅有十口人;在房屋建筑方面,老宅子占地面积为两余亩,家中有五间正房,四间厢房,院落四周高墙紧围;在财富方面,李鸿文当家时,家中仅剩二十余亩耕地,农闲季节,李鸿文还会去沈阳市内卖香油贴补家用。后来新民县地区于1948年开始土地改革运动,便决定于1948年分家。

(一)李家人口兴旺

未分家之前,李家有十口人,李鸿文在李家当家主事,他是李家的第十二代后人。李鸿文的太爷李恩德在朝廷当过官,除此之外李家再无他人做官。李家虽然人口较少,但是家庭成员的年龄构成以中青年为主、老少皆有。

1.第十二代后人李鸿文当家

李鸿文当家主事时,家中的大部分财产均被自己的父亲李方荣赌博输掉了,家中仅剩二十余亩良田。未分家之前,李家有三代人,当家人为李鸿文,是李家第十二代后人,妻子为魏氏,父亲为李方荣、母亲为王氏,四个儿子分别是李士如、李士奎、李士昌、李士荣,一女为韩李氏、一儿媳张氏,家中共计十口人。除此之外,李家便没有其他的直系子孙,李家没有出现过继或者抱养等情况,也没有请过雇工、管家或者厨师等外人来家中帮忙。

表2-1　1949年前李家家户基本情况

家庭基本情况	数据
家庭人口数	10
劳动力数	3
男性劳动力	3
家庭代际数	3
家内夫妻数	3
老人数量	2
儿童数量	4
其他非亲属成员数	0

2.祖上繁荣,后人嗜赌败家财

李家祖上的先人即李鸿文的太爷李恩德早年在朝廷做官,家中娶了多位姨太太,年纪大了之后告老还乡,回到西莲村居住,为李家的子孙积攒了大量家财。李家祖上繁荣时,家中有近五百亩耕地,常年雇用大厨在家做饭,李家人向来"不喝落地水、不吃隔夜肉"。不喝落地水主要指井水打上来之后不能放在地上,要直接倒进锅里或者水缸里;不吃隔夜肉,即只要当天买来了新鲜的肉类,都会在当天吃掉,不会留到第二天再吃;吃韭菜饺子的时候只是把一整根韭菜放在全是肉的饺子中,借完韭菜的味道之后再把韭菜拿出去扔掉,只吃剩下全是肉馅的饺子。除此之外,李家便没有其他后人当官,更没有在村里担任保甲长等职位之人。等到李恩德的儿子李方荣当家主事时,李方荣嗜赌如命,家中的近五百亩良田均被他输耍①干净,还好此时李鸿文已经长大成人,才留下了家中的几十亩地,和自己的弟弟们分家之后,等到李鸿文自己当家时,家中仅剩二十余亩耕地,家中也被外人起了个外号叫作"破房子"。

3.李家老少皆有,以中青为主

1948 年未分家之前,李家的当家人李鸿文已经四十多岁,她的妻子魏氏也已经四十多岁;李鸿文的儿女们大多十几岁,但不到二十岁;李鸿文的父亲李方荣和母亲王氏六十多岁。家里的人至少念过一年书,能够认识一百多个字,没有没念过书的家庭成员,家中的劳动力主要以青壮年男性为主,大约保持在三人,李家从不雇工。

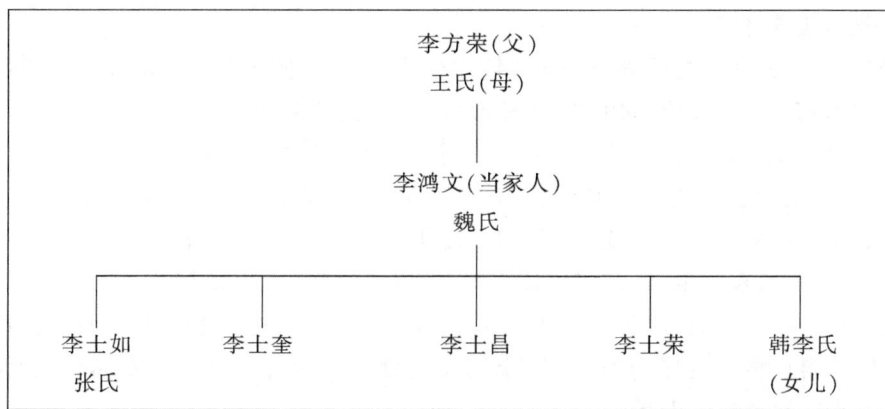

图 2-2 1949 年前李家家户成员关系图

表 2-2 1949 年前李家家户基本信息表

成员序号	姓名	家庭身份	性别	年龄	婚姻状况	宗教信仰	健康状况	参与社会组织情况
1	李方荣 1883 年生人	第十一代当家人,李鸿文的父亲	男	1946 年去世	已婚	无		无
2	王氏 1884 年生人	第十一代当家人妻子,李鸿文的母亲	女	1944 年投井自杀	已婚	无		无
3	李鸿文 1907 年生人	第十二代当家人	男	41	已婚	无	优	无
4	魏氏 1907 年生人	第十二代当家人妻子	女	41	已婚	无	优	无
5	李士如 1930 年生人	第十三代长子	男	18	已婚	无	优	无
6	张氏 1930 年生人	第十三代长儿媳	女	18	已婚	无	优	无
7	李士奎 1932 年生人	第十三代次子	男	16	未婚	无	优	无

---

① 输耍:即喜欢赌博,并且这种行为将会导致家业殆尽,甚至家破人亡等。

成员序号	姓名	家庭身份	性别	年龄	婚姻状况	宗教信仰	健康状况	参与社会组织情况
8	李士昌 1936 年生人	第十三代三子	男	12	未婚	无	优	无
9	李士荣 1941 年生人	第十三代四子	男	7	未婚	无	优	无
10	韩李氏 1939 年生人	第十三代女儿	女	9	未婚	无	优	无

注:年龄以 1948 年分家为核算时期。

4.人口虽少但男丁多

李家的家庭成员具体情况如下,1948 年未分家之前, 李家共有三代人, 人口数量为十人,男性劳动力有三人。李家此时的当家人为李鸿文,1907 年生人,属羊;其妻子为魏氏,1907 年生人,属羊;家中还有自己的父亲和母亲, 即父亲李方荣,1883 年生人,属猪;母亲王氏,1884 年生人,属鼠;李鸿文夫妻二人共育有四子一女,即李士如,1930 年生人,属马;李士奎,1932 年生人,属猴;李士昌,1936 年生人,属虎;李士荣,1941 年生人,属蛇;韩李氏,1939 年生人,属兔,但大都未成年,仅有李士如成家,其妻子为张氏,1930 年生人,属马。

李家于 1948 年分家时,李鸿文的父母均已经过世,家中的大儿子李士如也已经成家立业,李鸿文便和自己的大儿子分家单过,李鸿文夫妻两人带着自己的儿女继续生活,但若家中有事,儿子儿媳都会帮忙干活。

(二)自有房屋与院墙

1949 年以前,李家祖屋占地面积约为两亩地,共有五间正房、四间厢房,大门为木制结构,中间有门洞,家里四面均有院墙,为高约两米五的土坯墙。

1.两余亩老宅,九间房屋

1949 年以前李家的老宅坐北朝南,占地面积共计两余亩,家中一共有五间正房、四间东西厢房,房子以土坯和稻草为主。李家的老宅在村庄的西部中间位置,李家的四周都有村民居住,即东西两侧都有邻居,南北均有道路。李家的五间正房居住着家人,即最东边的一间房由李方荣和王氏居住,东边的第二间房由李鸿文、魏氏以及他们未成年孩子们居住,中间的房屋为厨房,接下来的房屋则由李士如和妻子张氏居住,最西边的房屋则空闲着,如果不够住的话,家里的人谁都可以去住。家中的厢房主要用来饲养牲畜,还会放农具、饲料和杂物等,李家的厕所则在院内的西北角落。

院落的整体占地总面积约两亩,房子为土坯和稻草结构,由李恩德留给李家后人,此后李家的世代人在此居住。李家盖房子所需的木头、黄土、石头等均是自家人在山上采来,没有花费过太多费用。李家的院墙为土坯制,高约两米五。李家院墙之外的四周始终没有胡同,多是一些平坦的道路。新民地区乃至东北地区大都是以平原为主,所以李家也在平原上居住,地势平坦开阔。1948 年未分家之前,西莲村内的人口数量也不是很多,算是地广人稀了,每家每户之间相邻的距离都较远。

2.土坯院墙,道路平坦

李家的大门为木制结构,门洞两侧有四间厢房。李家南北两侧均有道路,东西两侧均有村民居住。李家老宅子的四周都有高高的院墙,院内和房后均有自家的菜园子,所产的青菜均归自家人食用。院外有一口公共的水井,李家在平时会用来做饭、饮用、洗衣、喂养牲畜等。厕所在自家院落的西北角落里;牲口在自家院子里面的西侧,并配有专门的马棚;但院落中并无排水沟。

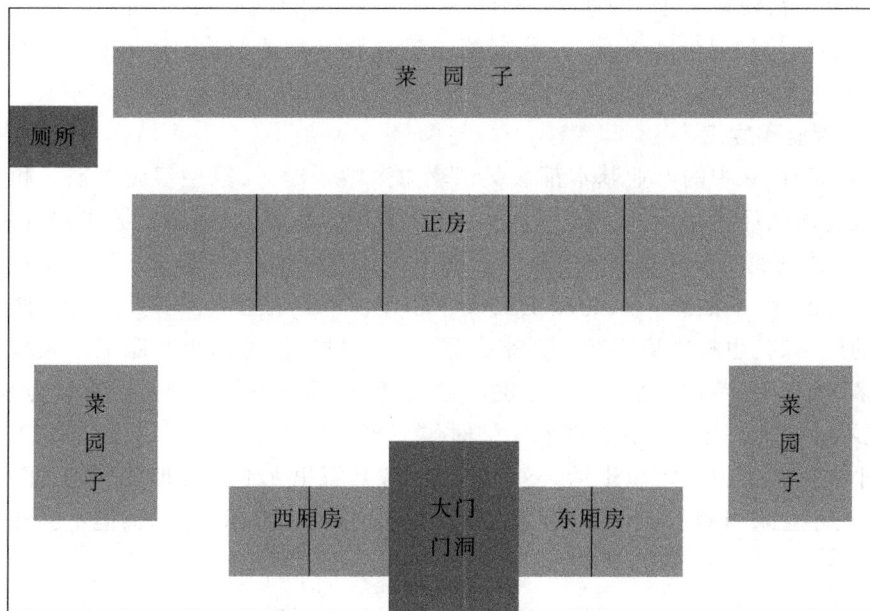

图 2-3 1949 年前李家房屋布局图

(三)贫弱小户,财产薄弱

李家的经济条件在西莲村很一般,家中有二十余亩耕地,仅能够维持生活,一家人可以吃饱饭、穿暖衣、有房住,家中没有多余的闲钱。李鸿文在农闲季节还会去沈阳市内卖香油,所得收入全部用来贴补家用。李家是西莲村上地地道道的老户人家。

1.财产归李家人共有

1949 年以前,李家拥有二十多亩土地,均为旱地。李家自家房前和屋后有大片菜地,家中还有自家的坟地等。李家的土地归全家人共有,产出的粮食都归当家人李鸿文处理,其他家人不管这些事。李家由当家人李鸿文统一分配物资,吃饭的时候都是大家在一起吃大锅饭,如果家里的衣服不够穿,魏氏还会张罗着给大家做衣服。李家属于“旗人”,在清朝不用缴纳粮食税,而且在当地还一直有“民人交产,旗人不交产”的说法。但等到清朝灭亡之后,李家的土地就需要缴税,等到李鸿文当家时都要由他亲自去缴税。李家没有发生过不缴税的事情,家里也没有人因偷漏税而被抓过。李家没有租种过别人的土地,家中虽然仅二十余亩耕地,但土地带来的收益归所有家庭成员一起享有,外人和李家人没有血缘等关系,则不能够享受李家的资源。李家的收益权并没有被任何外人强行侵占过,李家也没有发生过任何打官司的事情。西莲村确实存在因为土地买卖而造成大户土地越来越多,而其他的小户土地越来越少的情况。西莲村以李姓和张姓这两大姓氏为主,因此村里的土地也都集中在这张李两大姓氏的人手中,大财主也主要是这两个姓氏中的人,但是李鸿文家属于李家的一小股,家中的资产不多。

李家有一匹马和一匹骡子,还有一辆挂车,主要在耕地时使用,小型农具也比较充裕。李家共有三处祖坟,即小康堡子村内一处,埋葬着先祖李尚贤,二世祖李三缘、李三杰两位先人,三士祖李文学、李文明和李文举三位先人,李家祖坟的占地面积约两亩多。李家的第四代人搬到西莲村以后,便在东小山那里留下了一处祖坟,占地面积约三四亩地。李家随着人口的增多,东小山的坟地已经不够使用,便把墓地建在西莲村的西边,所以现在李士贤家住的位置便是李家原来的西坟。

2.李家无副业和雇工

李鸿文当家时,家中的产业基本都被父亲李方荣败干净了,家中仅剩老宅子和二十余亩耕地,家中没有闲钱经营副业。李家虽然只有三个男性劳动力,但是也足够耕种自家的土地,不需要雇工。并且雇工所需的工钱,即长工的工钱1500(三石)斤粮食,干活好的短工工钱1000斤(两石)粮食,干活差一点的短工工钱500斤(一石)粮食,李家所产的粮食仅够自家维持,其余的给不起,也根本雇不起工人来家里干活。村里能够请得起雇工的人家即大户人家,家里地多、粮食多、劳动力少。在雇工的时候,他们也都要找经验丰富的年轻劳动力,但年纪太小的也不会找他们干活。在选择雇工的时候一般不会考虑人品问题,只要雇工的人品不是很差、会干农活就可以到家里干活。这些雇工一般是家里无地或者地较少、家庭人口又多,只有这样的人才会来当雇工。大户人家在雇工时都会供雇工在家里吃饭,但不会让他们在家里睡觉。

表2-3　1949年前李家家计状况表

土地占有与经营情况	土地自有面积	20余亩	租入土地面积	0亩
	土地耕作面积	20余亩	租出土地面积	0亩
生产资料情况	大型农具	1辆挂车		
	牲畜情况	1匹马,1匹骡子		
雇工情况	雇工类型	长工	短工	管家	厨师
	雇工人数	0人	0人	0人	0人

收入	农作物收入				其他收入
	农作物	耕作面积	产量/亩	单价/斗	去沈阳卖香油
	高粱	10余亩	300斤	6~7分	
	谷子	5余亩	200斤	6~7分	
	黄豆	5余亩	180斤	8~9分	
支出	食物消费(粮食)				雇工支出
	平均300斤/人/年共3000斤				0斤

(四)西莲老户,小户人家

1949年之前李家共有三代人,在西莲村是地地道道的老户,但李鸿文当家主事时,家里只能算是小户人家。李家人认为,大户人家必须家大业大,人口数量也要在20人以上才可,最主要的是家里要有众多耕地、足够的钱粮等,在当地还要有一定的名声和威望。而中小户的人数就相对少一些,家里相对大户要穷。李家无论在人口数量上还是在土地和财产等方面,都只能算是西莲村中的小户人家。即便如此,李家搬到西莲村已经有三百多年的历史,是村中地地道道老户这件事情无可厚非。

第二章　家户经济制度

李家在 1948 年未分家之前,家中拥有二十余亩耕地,都是祖先通过开荒所得。李家的粮食产量比较低,一亩地的产量约为两百斤粮食,但是如果遇到天灾如虫灾时,李家的粮食产量将会更加惨淡,但基本可以维持全家人的家用。李家的老宅占地面积约两亩,共计五间正房供全家十口人居住。家里的消费由大家户统一支出,当家人李鸿文负责家中的一切花销,包括购买布料、治病抓药、教育花费、人情支出、红白喜事筹办等各个方面,家庭成员也都听从当家人李鸿文的安排。李家在进行对外交换时,以整个大家庭为主体,当家人李鸿文是家里的代表,其他家庭成员作为补充,均处于从属、服从地位,李家进行交换的客体比较宽泛,一般来说包括集市、渡口和"货郎子"等。李家主要以农业收入为主,农闲时李鸿文还会去沈阳市内卖香油贴补家用。在 1949 年之前,李家从来没有找其他人家借过钱,其他人家也没从李家借过钱。

一、家户产权

李家在未分家之前,家中的土地只有一块,即在村子的北部。李家的土地归李家的全体家庭人员所有,每个家庭成员都有份。李家的老宅子占地面积约为两亩地,共计九间房屋供一大家子十口人居住。李家的生产资料和生活资料也基本都具备,并归李家的全体家庭成员所有。消费统一由大家户支出,当家人李鸿文负责一切花销,各个小家不用为此而担心。李家虽然属于贫弱小家,但家中并没有发生过借贷行为。李家的交换对象主要是渡口来往的大船、集市和"货郎子"等。

(一)二十余亩耕地不受侵占

1948 年未分家之前,李家共有二十余亩耕地,主要来源为祖先跑马占荒所得,这些土地归李家所有的家庭成员所有,除此之外的人不能享有土地的所有权。李家的当家人李鸿文代表李家做最高的决定,对于李家的家人们,他们都要听从李鸿文的安排,在家中处于从属地位。李家一直没出现过土地被侵占的状况,外界对李家的土地归其所有均表示认可。

1.二十余亩黑土耕地

1949 年之前,李家一共拥有二十多亩土地,主要分布在自家房屋的北面,距离李家仅为二百米远,家中的土地仅有一片,地边没有河流等水源。李家的耕地基本都为旱涝保收的地段,即使在降雨量很多的年月也基本不会发生涝灾,对于雨水少的年份也不会过于干旱。李家耕地的土质以黑土为主,土壤肥沃,地处平坦的地区。李家人以靠天吃饭为主,土地能产多少粮食就收多少粮食,即便不够,李家人也会通过节衣缩食等方式自己渡过难关。李家之前是村里的大户人家,但经过分家与衰败之后,李家的耕地面积锐减,从几千亩地变为几十亩地。李家有自家的坟茔地,在早年有负责看管坟墓的人,但等到李鸿文当家主事时,家中则请不起看坟的人了。李家的土地为全家人一起耕种,所有的耕地收入所得归李家的全家人所有,外人无权占有。

2.耕地不断变卖,大户变小户

李家的土地主要是靠祖先跑马占荒所得,很少有买土地的情况,更没有外人赠予李家土地的事件发生。随着李家人口的不断增多,家中很多耕地都被分掉以及卖掉,李鸿文当家主事时,家里的耕地仅剩二十余亩,始终没有地契等证明。李家的土地主要在自己家的北侧,只有一大块,但均为旱涝保收的耕地,即便附近没有水源,所产的粮食也足够一家人的生活。因此,李家的土地主要靠继承得来,除此之外没有其他来源。

李家的土地归全体家庭成员所有,并不是归李家某个人独有,更不会因为当家人李鸿文有权便可以随意私占土地。李家没有外出打工的家庭成员,家中的土地归全家人所有,即便是家里的儿童和儿媳妇也都有份。但嫁出去的女儿没有份,因为嫁女属于外姓人,不再享有李家的耕地,分离出去的家庭成员以及李家的亲朋好友等外人更不能享有李家的耕地。因此,李家的土地并没有和外人共有的情况,全都归李家自家人所有,况且李家的一大家人在一起居住,李家人认为根本没有必要将土地再分配给每一个家庭成员。李家人认为,所有的物品集中在一起使用更有利于家庭成员的团结,而分到个人手中则容易产生分歧,不利于大家户的和谐与发展。等到分家之后,家里便会产生养老地,即给年岁大的老年人留下最好的耕地。李家关于养老地的所有权问题也有规定,即养老地归老人自己所有,等到他们去世不在时,老人生前最终由哪个儿子赡养,哪个儿子便顺其自然地拥有老人的养老地等。

3.土地划分清晰,外界认同

李家的土地和其他农户家的土地虽然没有太明显的边界物进行划分,但李家人对自家的土地分布都有数,都知道自己家的土地在什么位置。李家的土地只有自家的家庭成员才有合法的经营权,外人没有权利种植李家的土地。家里土地的继承权也由自家的家庭成员所有,外人没有李家土地的继承权。每年春天种地的时候,当家人会决定家里应该种植什么作物,外人无权干涉,但李家每年种的粮食种类基本相同,即谷子、高粱和黄豆等,这些作物还算高产物,因此每年的产量基本足够一大家人的花销。1949 年以前西莲村中没有农户种植玉米,等到 1949 年以后,村里的村民们才开始种植玉米。李家土地的产出归家庭成员所共有,秋收等相关事情由李鸿文做主说得算,外人和已经分家出去的李家人同样无权干涉李家的事务,村庄更没有权利进行干涉。

4.当家人支配李家土地

李鸿文当家时没有出现过买卖、出租、置换以及典当等土地活动,即便有这些事情发生,也都由当家人李鸿文亲自经手。若当家人不在家,便由李鸿文的妻子魏氏先处理,之后再告诉李鸿文。李家的事情不用告知四邻、家族和保甲长等外人,全部由自家人处理即可。李家娶亲的时候讲究门当户对,因此娶的妻子都来自于小门小户,她们并没有带来嫁妆地,即便带来嫁妆地,李家人也不会动用。李鸿文当家时,家中没有随便卖地的人,因为家中如果再卖地,那么将无法度日。总体来看,李家的成员们也可以发表相关的意见,但只是处于从属地位,只有当家人李鸿文才拥有最终的决定权。

5.土地私有无人侵占

李家的土地没有被外人侵占过,如果有家中土地被外人侵占的情况发生,全家人也不能够忍受,大家都会维持自家的利益不受侵害。整个西莲村,鲜有发生侵占土地的事情,大家都对自家的土地有着清晰的认同,大家作为乡里乡亲,都不会去侵占他人的土地。对于外村的村民,即使不能清晰地分辨出土地具体归谁所有,外人也不可以随意侵占别人的土地,如果想要买卖、租用、置换李家的土地,都要和李家的当家人进行商量,同意之后才会再进行交易,不能够强行买卖、租用、置换等。

6.外界认可李家土地、房屋归其所有

(1)村民们对李鸿文家土地表示认可与尊重

西莲村里的其他村民没有随意侵占过李家的土地和房屋,都承认李家人对其拥有所有权、耕作权和收益权等,大家也都知道李家的土地分布在哪里,外人不会随意侵占。如果人们想要买卖、租用和置换李家的土地和房屋,都需要和李家的当家人李鸿文进行商量,如果当家人不同意,也不会出现强行买卖、租用、置换等非法行为。村里的其他村民都认可李家的土地和房屋归其所有,不会对其进行侵占。

(2)家族亲属对李鸿文家土地和房屋表示认可并保护

李氏家族属于村中最大的农户,李鸿文家虽然是其中的一小支,但大家均会帮助李鸿文家的人。若想要买卖、租佃李鸿文家的耕地或房屋,都需要和李鸿文商议。如果在商量之后,李鸿文表示不同意,即便是一个家族的亲戚也不可以强行买卖、租用和置换李鸿文家中的土地和房屋。与此相反,大家还会对李家的土地、房屋进行保护。

(3)西莲村对李鸿文家土地认可与保护

西莲村的保甲长等人也不会侵占李鸿文家的土地和房屋,若想对其买卖、租用、置换,必须要与李鸿文进行商议。如果李鸿文不同意,村庄的保甲长也不会随意侵占。

(4)县乡政府对李鸿文家土地和房屋认可与保护

李家的土地和房屋没有被县乡一级的政府侵占过,他们也没有对其租用、买卖甚至置换过,更没有强行买卖过李家的土地和房屋。李家的土地并没有"红头契约"为证,但是有证人知道土地归李家所有。

总之,1948年土地改革运动之前,西莲村内的其他村民、李家家族、西莲村以及东蛇山子乡、新民县都承认李家的土地和房屋归其所有,他们都不会随意对其侵占或强行买卖。若想要买卖、租用、置换李家的土地和房屋,必须要与当家人李鸿文进行商量并征得其同意。

(二)九间房屋归李家所有

李家的整个院落占地面积约为两亩地,共计九间房屋,这些房屋均为祖上所传,归全家人所有并共同居住。当家人李鸿文代表李家做决定,其他的家庭成员均服从李鸿文的安排。外人没有侵占过李家的房屋,都认为李家的房屋本就应该归其所有,外人无权侵占。

1.九间房屋均为草房

1949年以前,李家老宅位于村西边,院落的占地面积约两亩地,其中有五间正房,四间东西厢房。房屋均为土坯、稻草结构,供一大家人生产生活。李家的这种房子在村中只能算是一般的房屋,房子没有因年久失修而漏雨、漏雪、灌风,并且家中的房屋都朝阳,人们也都住在朝阳的屋内。村中住着最好房屋的家户是张家,其他有条件的家户还会住平顶房;条件不

好的家户则住厢房;更穷的家户只能住牲口棚或者露宿街头等。

李家的房子都在一个院落中,家中的九间房屋供家里的十口人生活,家人分开居住在各个屋内,各有各的房间。因此,李家人都住在正房中,厢房则用来当作牲口棚、放农具等。四间正房按照辈分进行居住,辈分最高的人住在最东面,中间的房屋为厨房,即做饭和吃饭的地方,东正房住不下可以继续住在西正房,这些房屋足以满足一大家人的需求。家中的正房坐北朝南,窗户为南北走向。家中的厢房则用来饲养牲口,还会放置农具和草料等。李家的房屋内仅悬挂钟,没有挂过其他的物件,家里也没有信鬼神的人,只是供奉着李家的祖先牌位。1949年以前李家的房屋没有地照或者房产证,李家也没有发生过冲突,一家人向来过得很太平。

2.房屋祖传后人翻新

1949年以前,李家的房屋都为祖上攒钱自行修建的,李鸿文当家时,家中仍然住着他的太爷李恩德传下来的祖屋。家里的房屋用土坯和稻草砌成,后经过翻新才不至于倒塌。无论经过多少次变更,李家人一直没有把家里的房子出租或者变卖过,等到1948年土地改革时,家中的祖屋被分掉,自己家又在祖屋的前面盖了三间房屋。家里在修补房屋的时候,多为李鸿文自己修理,很少请工,如果干不过来的话,则会去找村中的李姓亲戚帮忙干活,但只是求工,并且都是亲戚关系,不用给工钱,只要供着吃几顿饭即可。李家在修补自家房屋时一般来说是花不了很多钱,主要是如石头、树木、泥土和稻草等盖房子所需的材料均可以从山上等地开采而来,因此在修补房子方面的花销并不高。

3.房屋归李家人所有

李家的房屋属于全体家庭成员所有,其他外人均不享有李家的房屋,外嫁的女儿、已经分离出去的家庭成员都没有资格享有李家的房屋,其他的亲朋好友更没有资格享有李家的房屋。因为李家的房屋祖传,所以数量比较多,等到李鸿文当家时,家中的房屋足够居住,不存在不够居住的情况。其他的家户则存在不够居住的情况,很多家人都居住在一个屋内,为了隐私起见,还会用木板隔开,这样每个小家都拥有了独立空间。李家即使房屋不够,李鸿文也不会去侵占他人的房间。家中未出嫁的女儿和未成年的儿童都跟着他们的父母在一同居住,就房屋所有权来说,也是和父母共同拥有;嫁进来的媳妇也属于家里人的一部分,她和丈夫共同拥有房子的所有权;李家没有入赘的女婿,所以不存在这种情况。李家的房屋由全体家庭成员享有,但并没有将房屋所有权分配给个人,每一家都有自己的独立空间,家庭成员对此很满意。

李家始终没有发生过房屋买卖、典当以及出租的情况,只是存在重新翻修的情况,修补房屋的一切事宜均由李鸿文说了算,他的父亲李方荣和母亲王氏都不会管理这些事情。1948年土地改革运动时期,村中将李家的房屋划分给其他穷人家,自家又另寻他处盖房子居住。李家关于房屋的相关事宜中,除李鸿文之外的所有家庭成员都可以发挥一定的辅佐作用,妻子和懂事的儿女们也可以提出意见和建议,但不用和四邻、家族和保甲长等外人商量。

4.李家院墙不可逾越

李家与四邻之间的房屋都有边界,即以院墙为界,院墙以内为李家的自家房屋,院墙以外为公共的道路和其他村民家。李家的四邻没有侵占过李家的房屋,而且也不允许越过别家边界来修建房屋。李家的房屋归自家的家庭成员所有,外人没有权利享有。房屋的继承权也由家庭成员享有,外人没有权利享有。李家人对自家的房屋产权、边界等都有着清楚的认同和划分意识,大家都认为房屋归李家人共同所有,李家的家庭成员们不能容忍自家的房屋被其他外人侵占。李家的房屋主要由李鸿文管理,修缮和重建等工作均由当家人决定,家族、保甲长、亲朋好友等外人则无权干涉。

5.房屋为个人私有,外人不可侵占

李鸿文家的房屋归自家人所有,一直没有被外人侵占过,更没有出现过强买、强卖的情况。如果有这种事情发生,李家人绝对不会容忍,李鸿文也会出面维护自家的利益,如果自家人解决不了,李鸿文还会去求助亲戚中比较有权势的人,坚决不会让自家的利益受侵害。综观整个村落,村民们都安分守己,不敢随意侵占他人的房屋,作为乡里乡亲,如果随意侵占他人的房屋,也会被他人戳脊梁骨,人们不愿背负这种骂名。

(三)生产农具与牲畜等齐备

李家有一匹马和一匹骡子,还有一辆挂车,小型农具足够全家人使用。这些生产资料均为李家自己花钱购买所得,归全体家庭成员所有,但李鸿文对家里的生产资料有决定权,李家其他的家庭成员只是处于从属地位。李家的生产资料始终没有被外人侵占过,对于其他外人,他们也都承认这些生产资料归李家所有。

1.牲畜归自家所有

李家在未分家之前有两口大牲畜,即一匹马和一匹骡子,这些牲畜归大家户共有,对于李家的亲戚以及其他外人,他们均不能享有李家的牲畜。李家人不用牛耕地,因为使用它们耕地很麻烦,要经过几番特殊的训练之后才能犁地,因此李家在种地时多是用马、骡子等大牲畜。在夏天的时候,李家人会喂给牲畜一些青草还有粮食壳等,冬天的时候则把夏天晒好的干草喂给它们。

2.农具由家户共用

李家在未分家之前,家中有大型农具,例如犁杖和耙犁,家中还有一副挂车,小农具也足够使用,比如锄头、小镐和耙子等。这些农具归大家户所有,家里人只要想用就可以用,不用特意向李鸿文告知,但其他人不享有农具的所有权。李家在种地的时候不用请雇工,只需要由自家人完成即可。如果请工来干活,即使把农具用坏了也不用赔偿,能修补的就由李家人去修补,实在修补不好的东西便会直接扔掉。如工具的把手若为木质,李家人还会用它来做柴火,之后直接烧掉。

3.生产资料为购买所得

李家的生产资料主要由购买所得,主要用粮食购买,很少用现金购买。因为李家没有手艺人,若家中有手艺人,如木匠、铁匠等,家里的生产资料只要由自家人制作即可。李家的生产资料归家庭成员集体所有,劳动工具由全家人共用,其他的外人没有权利享有李家的生产资料。如果有外人来李家借用农具,李家人也会借给他们,即使用坏了,李家人也不会让他们赔偿。李家虽然属于穷小户,但对于人情和处事的道理都知晓。

4.生产资料归全家所有

李家的农具和牲畜属于全家人所有,与其他外人没有关系。家中的生产资料由全家人一起使用,不用分先后次序,谁想用便可以使用,不用特意告诉李鸿文。李家很少有生产资料是一部分人能用、一部分人不能用。外人若来家中借生产工具,李家人一般会借给他们,比如锄

头、铁锹等小型农具。李家一直没有外出打工的,嫁出去的女儿不能享有家中的生产资料,家中未成年的儿童则和父母一起享有家中的生产资料,嫁进来的媳妇和自己的丈夫拥有家里的生产资料,而分家出去的兄弟则不能继续享有家中的生产资料。李家的生产资料属于全体家庭成员所有,当家人李鸿文占据领导权。李家人认为生产资料归全体家庭成员所有更有好处,因为归个人所有会容易引发矛盾,不利于李家的家庭和睦。

5.当家人支配生产资料的使用

李家在购买、借用和维修生产资料时,这些事情都由当家人李鸿文做决定,如果李鸿文不在家,他的父母或者妻儿都可以处理,只要等到李鸿文回家之后再告诉他一声即可。李家人在外借农具的时候,都是免费借给外人的,并不会收取任何费用。李家没有因为别人把自家农具用坏而发生纠纷的情况,更没有出现过打官司的事件。整体看来,李家的家庭成员基本都是扮演从属角色。若是当家人李鸿文不在家,便由他的妻儿先说得算,但是与四邻、保甲长等外人无关,只要李鸿文同意外借即可。

总之,李鸿文是生产资料的主要支配者,家中生产资料的购买和有偿维修必须经他的同意,其他家庭成员也可以提出相关的建议、意见,但最后都要听从李鸿文的一切决定,这不需要请示家族、村庄、政府等外人。

6.生产资料不被侵占,外界认可

在未分家之前,李家的生产资料没有出现过被外人侵占的情况。主要是因为李家没钱、没粮食,没有贼人惦记,更没有土匪来抢劫家中的财物。而同村的张家大户则粮食多、家财多,1949 年之前被土匪抢过,后来全家人把所有值钱的东西都带到新民县内,才逃过劫难。

李家的生产资料均受到外界的认可,首先,西莲村内的其他村民对李家的生产资料归其所有表示认可与尊重,其他村民不敢随意侵占李家的生产资料,如果想要买卖、借用李家的生产资料,必须要与当家人李鸿文商量,并征得其同意。村里的农户若来李家借农具,李家人都会借给他们,李家的生产资料始终没有被外人强行买卖或者侵占过,西莲村内的村民们都承认这些生产资料归李家人所有,外人不可侵占。其次,家族(宗族)对李家生产资料认可与保护,家族内部的人也没有侵占过李家的生产资料,其他成员不可以不经过李鸿文的同意就买卖以及借用李家的生产资料。如果要买卖、借用李家的生产资料,必须与当家人李鸿文进行商议。李家的亲戚若来借用农具,都会同意将其借给他们。村庄对李家生产资料认可并保护,李家所在的西莲村,村庄内部的保长、村搭等人也都没有对李家的生产资料随意侵占过,也没有不经李鸿文的同意就对李家的生产资料进行买卖和借用,他们都对李家的生产资料表示认可,认为其生产资料归李家所有。最后,政府对李家生产资料认可并保护,李家所在的政府也都承认李家对其生产资料的所有权,但平时的接触较少,故也没有侵占过李家的生产资料。

总之,1948 年土地改革运动以前,村里的其他村民、家族、村庄以及县乡都承认李家的生产资料归其所有,他们都不会随意侵占、强行占用李家的生产资料。若想要买卖李家的生产资料,必须要与当家人李鸿文进行商量并征得其同意。

(四)生活资料充裕

李家属于小户人家,但不至于缺吃少穿,家中的生活资料基本齐备。家里的生活资料全家人都有份,李鸿文对生活资料的购买、维修、借用等有支配权力,李家的其他家庭成员则都处于从属地位。家中的生活资料没有被外人侵占过,大家都承认李家的生活物品归李家所有。

1.李家生活资料齐备,自给自足

未分家之前,李家的生活资料齐备,例如柴米油盐、桌椅板凳等都有。家中的生产资料多为粮食换购所得,有时在渡口进行换物,有时在集市上或者在货郎那里进行购买。李家人在吃饭的时候都在一张桌子上,家里的男女老少都可以上桌吃饭。未分家之前,李家关于吃、穿、用的花销基本不大,家里人吃得最多的东西便是粮食,并且均由自家所产;吃的蔬菜也是自己家种,以土豆、白菜和萝卜等蔬菜为主,在菜品方面花销不大。李家没有单独使用的水井,门外的那口水井是村里公共的资源,村庄内的其他村民们皆可以使用。因此,李家的生活资料基本齐备,可以做到自给自足。

2.家户共有生活资料

李家的生活资料归全体家庭成员所有,但并不是属于某个人所有。例如在穿着方面,如果家里人的衣服坏得不能穿了,李鸿文都会让自己的妻子给家人重新做衣服。冬天穿的棉袄、棉裤若是棉花少了、成坨状了,魏氏也会张罗着重新絮棉花、弹棉花等。李家属于小户人家,没有多余的钱财年年都做衣服,但能够保证家庭成员基本够穿,不会让家人缺衣服,更不至于衣不遮体。在吃的方面,家里人都在一起吃饭,家中的饭菜由李鸿文的妻子魏氏来做,李鸿文的母亲王氏有精神疾病,不能干活,等到魏氏有了儿媳妇之后,便由儿媳妇和自己一起做饭。

家里的生活资料归全家人共有。1949年以前,李家没有外出的打工人员和入赘的女婿;嫁出去的女儿和已经分家出去的家庭成员没有份;对于未嫁出去的女儿,家里的未成年儿童以及嫁进来的媳妇,他们则都有份。李家的生活资料属于全家人所有也有好处,这样更有利于家庭的和睦与团结,若是划分到个人,则不利于家庭生活的团结与和睦。

3.家庭成员服从当家人安排

(1)当家人的支配地位

李家生活资料的购买、维修和借用都由李鸿文说得算,他拥有着实际的支配权力。若他不在家的话,由他的妻子魏氏说得算,她也可以做主。李家属于小户人家,在花钱的时候都会很仔细,家中的物资能节省便节省,实在没有的时候才会再买新的。买得比较多的生活资料即盐、香油等,多是去集市上进行购买,主要由李家人自己说得算,不用请示四邻、家族、保甲长等。

(2)其他家庭成员的从属地位

李家的钱财都由李鸿文掌握,用钱的时候都要找李鸿文去拿。李家在购买、维修和借用生活资料时,这些事情均由当家人李鸿文决定,但李家其他的家庭成员也发挥着支配作用,他们也可以提出相关的建议。若是当家人李鸿文有事情不在家,便由李鸿文的妻子说得算,她可以做出相应的决定。总体来看,李家关于生活的相关事情由李鸿文决定,但其他的普通家庭成员也可以提出意见和建议,处于从属与服从的地位。

4.生活资料不受外人侵占,外人认可

李家的生活资料没有出现被外人侵占的情况,不值钱的生活资料也没有被外人拿走过,并且李家属于小门小户,家中没有值钱的物件。李家祖上又是村中的大户人家,村中很多人都是自家的亲戚,他们也不会欺负李鸿文家。村中也没有因为谁家是寡妇家庭或者人口少的家庭而被他人欺负,同村村民基本都很本分,不会随意侵占他人的财物。如果外人侵占李家的生活资料,李家人也不会善罢甘休,一定会为自家人据理力争,讨回公道。

外人均认可李家的生活资料归其所有,主要体现在以下四个方面:一是其他村民都承认李家的生活资料归其所有,他们都没有侵占过李家的生活资料。若想要买和借用李家的生活资料,必须要与李家人商量。村里的农户若来李家借生活用品,李家人都会借给他们。二是家族对李家生活资料的认可与保护,李家所在的家族并没有侵占过李家的生活资料,若真的想要借用李鸿文家的生活资料,则必须要与李鸿文商量。家里的亲戚来借生活资料,李家人一般都会借给他们。三是村庄对李家生活资料的认可与保护,李家所在的村庄也没有侵占过李家的生活资料,村庄的保甲长不可随意侵占村民的生活资料。如果想要购买或借用李家的生活资料,都会与李家的当家人进行商议,如果李家不同意,则不能强行买卖和借用。四是政府对李家生活资料的认可与保护,县乡政府都承认李家的生活资料归其所有,但是联络较少,并不直接接触,也没有出现过县乡随意侵占李家生活资料的事件。

总体来看,李家所在的家族、村庄以及县乡都承认李家的生活资料归其所有,家里的生活资料一直没有被外人侵占过,如果发生这种状况,李家人都会想办法维护自身的利益。

二、家户经营

1949 年以前李家仅有三个男性青壮年劳动力,家中的二十余亩耕地均由三人来种植,家里没有请过雇工,但牲畜和农具均自给自足。李家饲养过鸡、猪和狗,骡子和马等牲畜也都养过,主要用来耕地、当脚力使用。李家祖上没有手艺人,家中的物品均靠粮食换购得来。李家在未分家之前的粮食产量都很低,平均下来一亩地只能产二百斤粮食,基本可以全维持家人的生产和生活。

(一)人畜合力经营土地

未分家之前,李家有二十余亩耕地,男性青壮年劳动力仅有三个,但主要由自家人维持,没有请过雇工。家中的牲口和农具也足够使用,家庭成员不用为此而担心。

1.各类劳力按性别分工

李家男女干活均有分工,女性只是在家中做家务活,不用下地干重活,如果在农忙季节,家中的妇女偶尔会去地里帮忙干活。李家的耕地不多,仅有二十余亩耕地,家中的三个青壮年劳动力足够使用,即李鸿文、李士如和李士奎。李家的女性不用参加劳动生产,男性劳动力必须参加,如地里的活、院子里的活等,他们都要做,如果故意推脱,李鸿文会严厉斥责他们。若是男性劳动力外出办事或者生病,他们则暂时不用去参加劳动生产;对于家里的儿童,他们都不用干活,不仅李家如此,整个村子都是这样,小孩子只要上学和玩耍即可,不用作为家中的劳动力。李家从不请雇工干活,家中的活儿都靠自家人亲自去做,不用告知或者请示四邻、本家族的亲属以及保甲长等外人。

2.生产手段以畜力为主

1949 年以前,李家养着骡子和马等大牲畜,主要用来种地并代步使用,自有的牲口完全可以满足耕作需要。1949 年以前的西连村,很多农户家中都买不起像马、驴、骡子等大牲畜,多是靠人力进行耕种,李家相对这样的家庭更好一些。

3.生产资料家户自给

1945 年未分家之前,李家的农具都由粮食购买所得,很少用现金进行购买。李家没有匠人,因此没有自己做过农具,即便是小农具也靠购买得来,大型农具更是由购买所得,如挂车、犁杖、马车等。李家的生产资料完全可以满足自家的生产需要,无需进行外借。李家的生产资料虽然自给自足,但村中的其他家户基本不会来李家借用农具,大家也都知道李家有自己的难处,多是到大家户处去借,如村中的其他李家大户、张家大户等。

(二)当家人安排农业生产活动

李家的生计以种植农业为主,家中种植的作物主要为谷子、高粱和黄豆等,耕作的基本过程包括耕地、耙地、种植、锄草、秋收等。李家每年的粮食产量都差不多,每年有二百斤左右。家中的大牲畜主要由男性进行喂养,家禽主要由女性进行喂养。

1.当家人安排各类农业活动

1949 年之前,李家主要从事农业生产,家中共有二十余亩耕地,主要种植高粱、谷子和黄豆等,年均亩产量在二百多斤左右。李家在 1949 年之后才种植玉米,粮食的产量也不断提高。李家每年种植的作物基本相同,作物都为一季,耕作的时间和顺序是在四月上旬进行犁地、四月下旬再种地、五月下旬去锄草、九月去看青,等到十月上旬再收秋。李家每年种的作物基本相同,因此不用每年都商量着要种些什么作物,种地的决定权都掌握在李鸿文的手里,家庭成员们可以提出相关建议。李家的种植事情不需要请示或者告知四邻、家族、保甲长等,只要李家人自己做决定即可。每逢农忙季节,家里的女性也会去地里帮忙干活,农闲的时候只要在家做家务活即可,即洗衣服、做饭、带孩子、做衣服等。秋收之后家里的粮食主要留做自家食用,不会进行外卖。李家始终没有家庭成员从事手工业,家里也没有任何祖传的手艺活,家中最主要的收入来源即农业。每逢河口来大船,李家人还会去河口那里用粮食换取食用盐、火柴、布匹和洋油等生活用品,像家中的同门李鸿显会做豆腐,他还会去换取一些卤水等。

2.牲口和家禽由男女分开喂养

1949 年之前,李家的男性主要喂养大牲畜,即马和骡子。家中的鸡、狗和猪则由女性喂养。李家每逢过完年之后还会抓一头猪,等到来年过年的时候进行宰杀。以前猪的重量都很轻,只有一百七到一百八十斤左右,平均不超过两百斤。家里的鸡产下的鸡蛋都由自家人食用,不对外售卖。李家的家禽或者牲畜病死,家里人并不会食用,反倒是会把病死的家禽或者牲畜扔掉。李家在喂养牲口和家禽这类事情方面,都不用去告知甚至去请示四邻、家族乃至保长等人,均由李家人自己做决定即可,外人无权也不会进行干涉。

3.李家无手艺人

李家在未分家之前,家中没有手艺人,家中也没有人从事副业生产。家中的同门李鸿显会做豆腐,李家人经常去那里买豆腐吃。李家算是非常普通的农民家庭,平时只是务农。手艺人主要指木匠、竹匠、石匠、瓦匠,还有裁缝等,这些手艺人一般都是男性,很少有女性拥有一门甚至几门手艺。总体来看,1949 年以前,李家仅是以务农为生的庄稼人,家中没有手艺人也没有经营过副业。家中的妇女主要在家做家务活,不会参与其他事务。

(三)所产粮食自留自用

李家每年只能收获一季的粮食,亩产量约为二百斤。饲养的家禽都由自家食用,没有对外卖过。李家属于贫弱小家,家里没有副业收入作为支撑,更没有被土匪抢劫过。

1.粮食收成常年稳定

李家一年可以收获一季粮食,高粱的亩产约为三百斤,谷子的亩产约为两百斤,黄豆的亩产约为一百八十斤,粮食的亩产常年基本稳定,不会有太大的差异。影响李家粮食收成的因素有很多,如土壤、温度、水源和肥料等,但是影响李家收成好坏的主要因素还是天灾。"七月十五定旱涝,八月十五定收成",因此一年之中能够把收成看得最准确的时候就是农历八月十五。李家人都非常关心粮食产量问题,在虫灾年间,家庭成员都会一起去抗灾,真正体现了"民以食为天"这个道理。李家的粮食收完以后,属于全家人所有,但由当家人李鸿文统一管理,家庭成员也都听从李鸿文的安排。

总体来看,在1949年之前,李家的收成可以满足家庭的基本需求,如果遇到天灾,家里也基本可以靠余粮勉强度日。

2.家畜及天然孳息①自己留用

李家在未分家之前,家里养过鸡和猪,鸡蛋和猪肉都会留下来由自家人食用,很少对外卖。猪的分量很轻,很少有达到二百斤的猪。过年时期,李家人都会将养的鸡和猪宰杀并食用。家禽的吃食也不好,产下的鸡蛋也不多,有的家禽也会在过节的时候将其宰杀并食用。因此,李家养的家畜都归自己家人所用,没有对外卖过,也就没有什么收益。家中每年饲养家禽的数量都差不多,基本不会改变。

三、家户分配

李家在进行家户分配时,都由当家人李鸿文做主。李家的分配对象为自家的家庭成员,收入来源即农业,因此进行分配的主要来源也是农业所得。在进行分配时,李鸿文会考虑到全家人的需要,尽量让家庭成员吃饱穿暖。李家的食物、衣物、人情、医药、学费等各种开销都由当家人统一支配,其他家庭成员不用为此而担心。

(一)李家自行分配,同外人无关

李家在进行分配活动时,即以家户为分配主体,当家人李鸿文处于主导地位,家庭成员听从他的安排即可。如果李鸿文不在家,便由他的妻子魏氏说得算,但无论如何李家的事情也都由李家人管理,外人插不上手。

1.以家户整体为分配单元

李家在进行分配时的分配主体并不是宗族、村庄等,而是以李家本家户做为分配的主体。李家在分配过程中,家里的东西都由当家人李鸿文统一分配。李家的家庭成员们在分配过程中以家户为基本分配单位,并且在家庭内部开展分配活动,已经嫁出去的女儿、分家出去的兄弟等外部的家庭成员则不可以参与到李家的分配活动之中,李家在进行家户分配时不必告知或者请示外人,只要李家人知晓即可。

2.以家长为分配主体

李家在进行分配活动时,由李鸿文说得算,即吃、穿、用等方面都由当家人进行安排和做

---

① 天然孳息:指因物的自然属性而获得的收益,与原物分离前,是原物的一部分。如果树结的果实、从羊身上剪下的羊毛。

决定,他会和自己的妻子魏氏进行商量,她同时也是家里的女家长,主管家务事方面。李鸿文和魏氏共同管理家中的一切事务,其他人不能够管理李家的事务,即使李方荣和王氏作为长辈,他们也没有资格管理家中事务,因为李方荣在早年当家时嗜赌成性,把李恩德积攒的家业全部败光,王氏因为和自己的丈夫劳心伤神,早已成了精神病人,他们都不适合管理李家的事务,其余小辈更没有资格管理家中事务。李鸿文夫妻二人在家庭物资条件有限的情况下,合理分配家庭资源、有序地安排农业生产,让一大家人生活得更舒坦。

3.家长安排分配事宜,成员服从

李家在分配的过程中,主要由当家人李鸿文负责分配的大小事务,如果当家人不在家的话,就由他的妻子说得算,她也具有决定权。但李家最具有决定权利的人还是李鸿文,只有他才是李家的灵魂和象征,其他的家庭成员仅仅发挥着辅助作用。家里的东西都由大家户进行分配,由当家人李鸿文做主。由于李鸿文家属于小户人家,能分给家庭成员的东西并不多,即使分给了各个家庭成员,之后也由他们自己决定是否继续划分,李鸿文不会继续管理。但从李家的实际情况出发,李家的孩子多为年幼,他们也不会再继续将分配物划分给他人,除非孩子们的爷爷奶奶将自己的东西给自己的孙子、孙女们,但是李鸿文不会再去管理。李家对待所有的家人都相同,家里的其他家庭成员也可以向李鸿文提出意见和建议。

4.外人不干涉李家分配事宜

李家在进行分配的时候,这些事情都由李鸿文做主说得算,其他家庭成员均处于从属地位。对于其他外人而言,他们不会干涉李家的分配事宜,相对来说,李家也不会干涉其他人家的分配事宜,二者之间相安无事。李家在分配时,这些事情都由自家人做主,不需要特意去告诉其他外人,因为他们没有权利介入李鸿文家的分配事宜。

(二)家户内的分配来自农业所得

李家分配的来源主要靠自家家户的收入所得,即农业收入所得,分配的对象均为李家的内部家庭成员,其他外人没有资格享受。

1.分配对象仅为本家户成员

在进行家户分配时,李家的分配对象主要是自家内的家庭成员,即李方荣和王氏夫妻二人,李鸿文和魏氏夫妻二人,李士如和张氏夫妻二人,李士奎、李士昌、李士荣和韩李氏兄妹四人,这些人是李家内部的家庭成员,除此之外的其余人均不算李家人,都只算是外人,即便是外嫁女、分离出去的家庭成员也都不算是李家人。

2.分配来源为本家户收入

李家在分配过程中,分配物品主要由自家粮食换购所得,很少使用现金进行交易。但是李家属于小户人家,家产很少,每年的粮食收入仅仅足够维持日常家用开销,所以基本不会购买什么东西给家人进行分配,最多为一些零食或者衣物等。在进行分配时,家里的孩子和老人可以多分得一些零食,但是衣物只会给有需要的家人进行分配,不会做太多。

3.分配结果由家庭成员共享

李家的家庭成员都享有分配的权利,并不是一部分人可以享受,即分配的结果由全体家庭成员共享,具体包括李方荣和王氏夫妻二人,李鸿文和魏氏夫妻二人,李士如和张氏夫妻二人、李士奎、李士昌、李士荣和韩李氏兄妹四人。对于分家出去的家庭成员、外嫁的女儿、亲朋好友、邻居等都不能享受李家的分配物品。

(三)李家分配粮食,兼顾衣物

李家分配物品的来源主要为农业收入所得,家中没有副业或者手工业等其他收入。李家在进行家户分配的时候,仅仅是分配一些零食、衣服、鞋子和被子等,没有分配过零花钱。家中的一切花销均由李鸿文亲自管理,家庭成员不用为此而操心。

1.以粮食分配为主

李家在未分家之前,家中没有副业和手工业收入,因此分配的物品主要是粮食收入,李家以高粱、谷子和黄豆等作物为主,还会实行轮作制,比如今年种了高粱,下茬①种谷子,再下茬种黄豆;如果不轮作的话,庄稼地则很难再生长作物。李家仅种植自家的二十亩耕地,没有租种过土地。虽然有"旗人不交产"之说,但是1937年之后各家各户都需要缴税,赋税在当地叫作"出荷粮",李家人不敢不交产。每年估产之后,李鸿文都会在秋收之后拉着自家的粮食到新民县内交"出荷粮",每年上交的数量基本相同。李家没有欠过应交纳的粮食,也很少有交不上税款的时候。在缴纳赋税的时候,都由李鸿文决定即可,无需告知他人。

2.大户出资小家共益

李家的收入来源主要为农业收入,家中没有足够的资金再去经营副业,故家中没有手工业和副业收入,收入形式比较单一。李家的收入分配主要在吃和穿等方面,如零食、衣物、被褥等。而其他的东西则由大家户一起备好,无需家庭成员自己再掏钱进行购买。因此李家的开销主要由大家户出钱,家庭成员们基本没有用钱的地方。

(四)家长管理分配事宜

李家在进行家户分配时主要由当家人李鸿文做主,他的妻子魏氏也会帮助他一起处理家中的分配事务。因为李家属于一个集体,家人都在一起吃饭,因此粮食无需分配,只要分配一些零食、衣物即可。

1.当家人主导分配

李家属于小户人家,家中很少分配物品,李鸿文只要负责给家庭成员分配一些零食、衣服、鞋子、被褥等即可。李鸿文没有给家庭成员分配过私房钱、零花钱等,因为家中的粮食收入仅够维持自家食用、上交赋税和留做种子,没有其余的闲钱给大家分配。李家的当家人在分配活动中拥有实际的支配权,其他的家庭成员只是处于从属地位。如果当家人有事不在家,便由他的妻子魏氏说得算。

2.女家长安排衣物分配

李家在衣物分配方面主要由李鸿文的妻子魏氏说得算,如果家庭成员的衣服、裤子、鞋子等坏了,她都会进行缝补;如果实在破败不堪、缝补不好,她会给家庭成员重新制作衣物等,坏掉的衣服还会用来做鞋垫、鞋底等,尽量做到不浪费一分一毫。但这些事情是李家的内部事务,不需要去告知或者请示如邻居、亲属、保甲长等外人。

3.全家共餐无需配粮

李家人都是在一张桌上吃饭,油盐酱醋等都为家中必备品,但李家人都会省吃俭用,用完了之后才会去集市上再购买,李家基本过着"骑马赶马,骑驴赶驴"的生活,日子一直都过得紧紧巴巴。李家人偶尔会在集市上买些零食,即饼干或者糕点来吃,基本都是平均分配。

---

① 下茬:即下一次。

（五）成员从属于家长

李家的家庭成员在分配事务中都起着支配作用，像是零花钱、买衣服和缴纳赋税租金等方面的分配，这些事情都要由李鸿文做主说得算，李家的家庭成员们都要服从李鸿文的安排。

1.家庭成员服从家长安排

李家的家长在衣物、食物等分配活动中，当家人拥有实际的支配权，其他的家庭成员处于从属地位。如果当家人有事不在家，则由他的妻子魏氏说得算，其他的家庭成员可以提出一些建议。李家没有统一分配过私房钱或者私房地，家中也没有手工业和副业收入，只有农业收入，而李鸿文每年农闲时会去沈阳卖香油，但是所得收入很少，即便如此，全部收入也可以基本维持一大家人的日常开销了。

2.女家庭成员管理伙食安排

李家在食物分配方面无需担忧，主要由家中的妇女负责一日三餐，即魏氏负责，因为她的婆婆有精神疾病，干不了家中的家务活，家里的事情只能由她一人掌握，家中衣物的缝缝补补、洗洗涮涮，都由她一人操劳，等到大儿子李士如结婚之后，儿媳也会帮助她分担家务，她们每天会为全家人做好饭菜。如果家中的生活用品用完了，李鸿文会授意家人去集市上进行购买。分配其他食物的时候，李家的家庭成员们可以提意见。

3.家庭成员不参与经济事务

李家的家庭成员不可以参与经济事务，李家最为典型的经济事务便是上缴赋税，除此之外，李家也没有其他的资金进行经济往来。每年的上缴赋税事宜均由李鸿文一人管理，因为他的孩子们尚且年幼，也只能由他自己进行管理。李家最大的赋税即上交"出荷粮"，当地人认为农历七月十五的时候才能定旱涝，八月十五的时候才能定粮食的收成，故每逢八月十五左右，村里都会派人进行估产①，假如估的一亩地产量为二百斤，那么在交产时需要交三十到五十斤的粮食，等到秋收之后李鸿文会赶车拉着粮食送到新民县内的粮库。

（六）兼顾全家需求与收入水平对等

李家在进行分配统筹时，李鸿文要考虑李家全体家庭成员的需求，同时还要注意整体需求是否与收支平衡对等。在分配过程中以分配食物、衣物为主。

1.整体需求与收支平衡并重

李家在进行分配时，主要以全家人的基本需要为前提，李鸿文也会尽量照顾到所有人的需要。家里的农业收入基本可以满足一大家人的开销，保持家庭成员的需求与收支之间的平衡。除此之外，李家没有副业等其他收入来源。李鸿文不会做出偏心的事情，更没有重男轻女的思想，因为如果偏心的话会严重影响家庭的和睦与团结，李鸿文深知其中的道理。

2.实物分配为先

李家的土地数量很少，仅有二十余亩耕地，粮食的产量也很有限。因此李家人每年都要省吃俭用，既要满足自家的日常食用，也要按时上交"出荷粮"。在李鸿文的管理下，李家基本不存在吃不饱而挨饿的情况。李家都是一大家人在一起吃饭，所以当家人李鸿文不用单独给各个小家分配粮食。因此李家在进行分配时，主要以衣物分配为主。

---

① 估产：即估计产量。

3.平均分配为主

李家在进行分配时,基本上遵循着平均分配原则。但李鸿文在实际分配过程中,又会考虑到分配对象的一些情况,兼顾相对公平,譬如会给长者和弱小者多分一些东西,病人和孕妇也是需要特殊照顾的群体,也会多给一些,李家的家庭成员对此都表示赞同。李家人在平时吃饭的时候没有开过小灶,大家都是在一个桌子上吃饭。李家人穿的衣服也都差不多,衣物都会"补丁摞补丁"①,大家都一样勤俭节约。

(七)上交赋税后所剩不多

李家的分配都是按需分配,即缺什么分什么,李鸿文也会尽力做到公正、平均。家庭成员们也都听从李鸿文的安排,没有违背当家人的情况发生。

1.上交"出荷粮"占比最高

李家除去正常的口粮,最大的花销即上交"出荷粮"。每年村里的人都会在八月十五左右给李家估产,等到秋收之后李家再去新民县的粮库上交"出荷粮"。李家的食物由大家户提供,无需单独进行分配,每次换的新衣服和被子也占分配的一部分,同样由大家户提供。由此可见,李家开销最大的地方在上交"出荷粮"方面,衣食等开销次之。

2.家庭成员服从当家人安排

家庭成员对于已经分配的结果并没有提出过不同意见,均服从当家人李鸿文的安排,而且孩子们尚且年幼,事情必须要由李鸿文做主。对于李家的其他家庭成员来说,李鸿文是李家的代表和象征,他说的话具有绝对的权威,所有家庭成员都会服从其安排。

3.依年景分配,变化不大

李家属于小户,家中的资产不多,除非在年景好的时候才会给家庭成员多买一些零食、多做一些衣物等。如果遇到年景不好,基本不会给家庭成员分配东西,全家人都会省吃俭用,吃粮食的时候也都会特意把米饭做的稀一些,尽量保证大家可以吃饱。当家人李鸿文始终要做到心中有数,控制好家中粮食的使用量,以防家人无法度日。总体来看,李家每年给家庭成员分配东西的数量不会有太大的变化。

四、家户消费

李家耕地较少,仅有二十余亩耕地,基本可以维持全家十口人的日常生活。李家的主要花销即在粮食方面,但家中自产的粮食则减少了这一大笔开销。因此,李家的主要开销即日常用品的购买,如调味品、衣物、看病买药、教育和人情支出等。这些钱是李家最基本的花销,除非在年景不好的时候会少做几件新衣服,其余的花销基本不会省略。家中的一切消费由大家户出资,家庭成员不用为此而担心,他们也都听从当家人的安排,没有违背过当家人的意愿。

(一)总体消费,富有盈余

李家的日常生活消费并不多,家户基本可以满足。从粮食方面来看,家中所食用的所有粮食都为自家地里所产,每年种地所用的种子和化肥也由自家出,种地和秋收时也由自家人干活,不用外请雇工。因此,李家在粮食支出方面并不多。从日用品角度来看,李家每年仅是

---

① 补丁摞补丁:即衣服破了之后重复缝补丁。

购买一些油、盐、火柴、针线等小件物品,花销也不多。从生产资料角度来看,李家的车马是在李鸿文的父亲李方荣那一辈继承而来,之后李鸿文当家时又买了一些小型农具,花销也不算太多。从衣物角度来看,李家的衣服多是缝缝补补,很少做新衣服,除非坏的不行时才会重新做,裤子、鞋子和棉被也是同样道理。从人情角度来看,李家属于村中的老户,和百分之八十以上的村民都有亲戚关系,但李家基本只去和自家血缘关系较近的亲戚家随礼,一般的亲戚李家不会去。李鸿文当家时,家中只有大儿子李士如结婚,以及为父母办过白事,除此之外,李家没有较大花销。李家在医疗和教育方面的花销则更少,没有花过太多钱。因此,李家基本可以维持家中的日常花销,家里也没有向别人借过钱、粮食或者外出逃荒。

(二)其余消费,家户承担

李家地少、人少,但在粮食、食物、衣物、医疗、教育、人情、购买农具等方面基本可以自给自足。这些方面产生的一切花销也均由大家户来承担,其他外人不会进行承担,村庄不会帮忙承担,一切费用均由李家人自行负责。

1.粮食完全依赖自产

李家在未分家之前,家里的粮食都由自家生产,没有从外面进行过购买。粮食主要由自家人食用,也不会向外出售,因此家中二十余亩耕地所产的粮食基本可以满足一家人的生活。因此,粮食消费本应该是李家最大的一笔支出,但是全靠自产,并由大家户统一支出,家庭成员不用担心粮食问题。其他外人不会给李家承担粮食消费的花销,西莲村也不会帮李家承担相关的粮食花销,都由李家自行承担。

2.其他食物兼顾自产与外购

李家在未分家之前,自家房屋的北面和南面都是自家的菜园子,种植着白菜、萝卜、土豆等,满足家人需求。李家还种植黄豆,可以用来做大酱和盐豆等。家里还养鸡,下的鸡蛋都由自家人食用,老的家禽还会宰杀吃掉。李家自产的食物基本可以维持自家人的日常食用,如果不够,李家人会额外购买。李家在进行食物消费的时候,也都由本家户负担,其他的外人不会承担李家的食物消费,西莲村里更不会帮李家承担相关的食物消费,都由李家人自行承担。

3.自购布料加工衣物

李家在1949年前很少买现成的衣服,多是购买布料由自家妇女进行缝制。如果做棉衣、棉被等,还要买来棉花进行制作,一般来说做棉衣、棉裤的棉花可以由家中的妇女自己絮棉花再做。而被子则要先找棉花匠将棉花弹好,再由妇女缝制被面①等。夏天的衣物则将布料裁剪好之后再进行缝制即可,较制作冬天的衣物更为简单。李家虽然是小户人家,但是家里不需要从别人那儿借衣服穿。而村里有的农户家里经济状况不够好,在出门办事情、随礼的时候都会从有钱的家户借一些体面的衣服来穿。李家在进行衣物消费时,均由李家这个大家户去负担。每逢做衣服的时候,魏氏都会让自己的儿媳妇帮自己一起给家人做衣服。

4.家户承担住房花销

李家的房屋可以满足全家人的居住需要,家里不用借住或者借租别人的房屋。家中房屋均为祖传,足够十口人居住。房屋在翻新的时候,花费都由本家户负担即可,家庭成员不用为

---

① 被面:即被罩。

123

此而操心,只要跟着李鸿文一起做活即可。外人不会给李鸿文家承担住房消费,村庄更不会帮助李家去承担,都由本家户自行承担。

5.大家户负责生病治疗

李家的医疗费用并不多,即使李鸿文的母亲有精神疾病,在受到诸多条件的限制下,李鸿文母亲的病也未能治愈,而且家里也没有花太多钱进行医治。除此之外,家中的看病花销仅是感冒一类的小病支出,没有进行过大病医治,家中关于生病治疗的花销并不大。同样,李家在医疗消费过程中,家人看的病多是小病,花不了太多钱,所有的花销主要由家户负担,其他的人不会给李鸿文家承担医疗消费,村庄也不会帮助李家承担医疗花销,全部都由自家自行承担。

6.大家户出资承担人情礼往

未分家之前,李鸿文家的人情消费主要集中在亲属、朋友、邻居的结婚、生子和丧葬方面,村里几乎没有人用现金随礼,都是用布匹、鸡蛋、粮食等物品作为礼金。例如喜事方面的随礼,李家会拿粮食进行随礼,谁家若是生子,李家还会送小衣服、鸡蛋、小米、红糖等。李家人认为人情礼往是必要的花销,也不可以躲,李家的家庭年收入基本可以维持家里的人情消费。李家在进行人情消费时,均由大家户承担,李家在随礼的时候基本都是用粮食,不用花现金,其他的外人不会给李家承担相关的人情消费,村庄也不会帮助李家承担相关的人情消费,都由自己家里进行承担。

7.大家户维持红白喜事

李家的红白喜事都要操办,家里的人也很重视。李家的家庭收入完全可以维持自家的红白喜事花销,例如李家在办白事的时候,都要给去世的老人做好棺材、买好寿衣等,让去世的老人风风光光地离去,还会在家里摆酒席宴请宾客。在办喜事的时候,都要摆酒席、下聘礼,在嫁女儿的时候,花销主要在嫁妆和酒席方面,给女儿的陪嫁物品一般为衣服、被褥,李家拿不出金银首饰或者几亩田地。在娶儿媳妇的时候,家中也会给聘礼,如几石高粱,之后摆酒席、宴请宾客等。小孩子如果满月,李家还要请自家的亲属和邻居等人来家里喝满月酒,所有的支出包括操办酒席、购买小孩子的衣物等,这些花费不算很多。李家在进行红白喜事消费时,全部由本家户负担,其他的外人不会给李家承担红白喜事的消费,村庄也不会帮助李家承担相关的红白喜事花销,都由自家进行承担。

8.家户自给教育开支

李家关于教育的消费支出并不多,孩子们上学也花不了太多钱,主要交几块钱的学费和买笔本的费用,李家的收入可以维持教育消费,李家的孩子们始终没有因为上不起学而心烦过,更没有因为没有钱读书而导致辍学在家的事情。但是家里没有请老师吃饭的习惯,家里也一直没有请过吃饭或者送礼。李家在教育消费支出方面,主要由本家户负担,其他的外人不会给李家承担相关的教育费用,西莲村也不会帮李家承担相关的教育消费花销,这些均由李家自行承担。

因此,从总体来看,李家关于衣食方面的开销最大,其余的消费支出相对较小,家里在省吃俭用的情况下基本可以满足这些花销,这些花销主要由本家户进行负担,外人不会干涉这些事情。

（三）家长管理消费事宜

李家的粮食、住房、人情、红白喜事、教育、医疗等消费支出均由家长说得算，即由男家长李鸿文做决定；对于食物、衣物的消费则由女家长魏氏说得算，家里的分工比较清晰。

1.男家长李鸿文管大事

在粮食消费方面，李家虽然只有二十余亩耕地，但是所产的粮食也基本足够全家人的生活，无需外购粮食。在住房消费方面，李家的房屋均为祖传，所以足够居住，李家没有重新建造过，只是有过翻修的情况，家中房屋需要翻新的时候，李鸿文都会修理，实在干不过来的时候，李鸿文还会找人来帮忙。在人情消费方面，家里随礼的份额均由李鸿文说得算，但是别人家给自家随多少礼，李鸿文会再给他家随多少礼，尽力做到礼尚往来。在自家红白喜事消费方面，家里的大事小情都由李鸿文亲自张罗。在教育和医疗消费活动中，孩子们读书的花销和看病吃药的花销均由李鸿文出，其他家庭成员不用花钱。

2.女家长魏氏管家务事

在食物消费的方面，李家除了正常吃粮食，偶尔还会去集市上购买一些粮食，如饼干、糕点、糖块等，都由魏氏购买，花销由家里统一支出。在衣物消费中，魏氏都会买来布匹给需要衣物的家庭成员做，等到李士如有妻子之后，她也会帮助魏氏一起做衣服等。

（四）成员服从家长安排

李家在衣食、住房、自家红白喜事、人情、医疗和教育消费等方面的支出均由家长说得算，家庭成员均听从家长的安排，李家在实际消费过程中，始终不存在哪位家庭成员先消费、哪位家庭成员后消费的情况。在食物和衣物消费的过程中，当家人李鸿文很少进行管理，都由他的妻子魏氏说得算。家中的一日三餐都由魏氏决定，在过节的时候，魏氏还会特意做一些好的吃食。家中衣服不够穿的时候，比如孩子长个之后衣服不够大，魏氏都会买布料为孩子们重新缝制衣物，而且家庭成员也都知道勤俭节约，如果自己的衣服坏了都会主动张罗着缝补，衣服补丁摞补丁的情况在李家很常见。但是李家的家庭成员在住房、人情、红白喜事、教育、随礼和医疗消费等方面均不参言。

五、家户借贷

李家虽然属于清贫小户，家中仅有二十余亩耕地，但是全家省吃俭用，基本可以满足全家的生活，在食物、医疗、教育、人情、红白喜事等方面均可以满足。因此，李家在1949年之前没有找其他人家借过钱，老人也没有给子女留下任何债务。外人都知道李家属于小门小户，李方荣也基本把家中的家业败净，更没有人来李家借钱。

六、家户交换

1949年以前，李家在对外进行交换时，都是以李家这个大家庭为主，当家人李鸿文作为李家的代表，主管家中的事务，对于李家其他的家庭成员，他们则均处于从属地位。李家进行交换的对象相对广泛，主要在渡口、集市、流动商贩等处。

（一）以家户为交换单位

李家在进行经济交换的时候，主要由当家人说得算，李鸿文有时也会和自己的妻儿魏氏进行商量。若当家人不在家，就由妻子魏氏说得算。李家的交换行为并不多，多为借用农具等,家中没有向其他人家借钱、借粮等,也没有过换工、伙养等行为。总之,李家在进行对外交换的时候,主要以家庭为交换主体,家庭成员很少进行单独地交换,即使有个人行为的交换,也基本是以李家这个大家户为出发点去做交易,不代表个人的利益。

(二)以家户为交换主体

李家交换的主体是李家整个大家户,而不是每一个单独的小家庭。家中关于交换的事情均由当家人李鸿文说得算,但有些事情比如外出购买物品、非直近亲属的人情礼往等事宜,当家人都会让自己的儿子或者其他人去,自己只需要负责出钱报销即可,其他家庭成员均听从安排。

1.交换主体为当家人

李家在进行交换活动中,当家人李鸿文是实际的支配者。如果当家人李鸿文有事外出不在家,家中的事物则由李鸿文的妻子魏氏说得算,不论是家务事还是农业事都由她先管理。如果关于家务事,则魏氏直接做主即可;如果关于农业方面的事务,魏氏则要等到李鸿文回家之后再请示做决定,不会擅自做主。

2.当家人可委托其他成员交换

李鸿文在家中属于主导者,其他家庭成员处于从属地位。在进行交换的过程中,李家内部的家庭成员不可以擅自进行交换,除非李鸿文亲自委托才可以,如家务事由妻子管理,去集市上买东西也可以让家庭成员前去,以及去渡口换日用品、食物等也会让家庭成员前去。对于喝满月酒的随礼等,李鸿文会让自己的妻子前去,自己一般不会去,而且男人也很少去随满月酒之类的礼金。若当家人不在家,就由他的妻子魏氏说得算,但是也要区分好事情的重要性,即小事可以做主,但大事要等到当家人回来之后才可以做决定。

(三)交换客体广泛

李家进行交换的客体有集市、渡口以及流动小贩等,但西莲村中并无人市,李家人没有和他们打过交道。

1.当家人与集市

李家在购置物品的时候,都会去集市上购买,东蛇山子乡里一个月大概有六次集,李家缺少东西的时候都会去赶集。李家人在赶集的时候有时是李鸿文亲自前去,有时是妻子或者儿子等人前去,只要把预计要买的东西买回来即可,李鸿文不会管理太多。李家距离东蛇山子乡内的集市很近,约为五里地的距离,走路到达消耗的时间约为四十分钟,坐马车消耗的时间约为二十五分钟。去赶集的时候一般是在早上,买完东西之后就会在中午之前赶回来,这样也不耽误家中的正常劳作。商品的价格都是直接去集市上了解,李家没有在集市上做买卖的家庭成员,与市场管理部门也基本没有打过交道。

2.与流动商贩进行交易

李家在分家之前,当地有流动商贩,即"货郎子",李家人平时也会和"货郎子"进行交易,但主要是李鸿文的妻子前去进行交易。"货郎子"基本每天都会来村里卖货,村里也没有人去拦截他们,因此他们可以随时进出村,更不需要交买卖交易费甚至是过路费等。李家人在买东西的时候大多是用粮食进行换购,李家人买东西的时候没有赊账,但村里的其他人有赊账的情况,他们各自都会记在心里,不用记到本子上。家里缺少什么,家长也都有数,他们若是自己不愿意去购买可以授意自己的孩子们前去购买,也给予他们和商贩打交道的权利。

3.渡口换物由当家人进行

1937 年之前,冯家窝堡村附近的渡口处定期会有大船拉来货物和当地的老百姓进行物物交换,货物一般是生活用品,如卤水、香油、饼干、细粮、火柴、洋油等。李鸿文会拿着粮食去渡口换回来一些火柴、布料、食盐、香油、饼干等日用品,有时他的妻子和孩子也会跟随他一起去换东西,之后由夫妻二人把东西拿回家。李士荣在小的时候便很愿意和父母去渡口换物,小孩子们都会喊着"大船来了、大船来了",并且还会嘟囔着让父母多给自己买些零食,李士荣也不例外,经过一番磨人之后,他的父母李鸿文和魏氏会给孩子们买一些炉果、饼干等小糕点,用来解解孩子们的馋。

4.村中无人市,李家与其无交集

1949 年以前,西莲村中并没有人市,李家人也没有听说过人市。李鸿文当家时,家里没有请过雇工来家里干活。能请雇工来干活的家庭都是村中的大户,他们一般都是在村里找人或者去邻村找人,每年来家里干活的人都差不多,大户也只找这些人来家里干活。上工的时间一般是二月二"龙抬头"的时候,干活之前有的家户会先预支一半的粮食,之后再付另一半,但具体数量也不一定。

(四)交换时注重质优价廉

李家在进行对外交换时,大家都会货比三家,即哪个家庭成员进行交换,哪个家庭成员就要自己去进行比对,无需得到李鸿文的特殊授权。因为货比三家是一件好事,既可以省钱又可以买到好的物品,而且在谁家买东西买的比较多,之后就会继续在他家购买,熟人也更好进行交易,西莲村里还有村民在集市上卖东西,李家人买东西时也会先买他们的东西,比如村里的周庆芬老人常年在集市上卖菜籽,李家人总会去那里进行购买,每次花几毛钱可以买到许多种类的菜籽。李家人在买卖东西时都需要商家过斗过称,不可胡乱估计,而且乡里乡亲在卖货的时候也不会缺斤少两,事后若被人发现,很容易被人戳脊梁骨。

第三章　家户社会制度

李家的大多数家庭成员在未分家之前都没有成亲，家中没有出现过纳妾、养童养媳、改嫁和入赘等其他婚配形式。李家在定亲成婚的时候基本讲究门当户对，即李家属于小家，嫁娶的也是小户人家。李家的子女听从当家人的安排，不会随意违背。李家人丁比较兴旺，家庭成员们也认为多生一些男丁比较好。李家的妇女在怀孕期间会主动做家务活，等到她们临盆的时候才放下手里的活。生完孩子之后，她们还会有一个月的时间坐月子，之后还要请家里的亲朋好友们来吃满月酒，家中的一切花销均由大家户来出钱，各个家庭成员不用管。李家的儿子会承担老人的赡养责任，并负责给老人看病送医、养老送终。李家人一向比较朴实，与自家人、亲戚和外人之间都没有发生过什么冲突，彼此之间相处的十分融洽。李家只有儿子们才拥有继承权，家庭成员和外人都没有任何异议，对当家人李鸿文也都表示认可，平时会服从他的相关安排。

一、家户婚配

李家在未分家之前，大多数的家庭成员尚未成亲，家中也没有打光棍的家庭成员或者守寡的妇女。在定亲成婚的时候，李家都会讲究门当户对。李家在未分家之前没有发生过自由恋爱的事件，子女也都听话，按照父母的意愿做事。

(一)李家人大多已婚

李家的男女只要到了适婚年龄，李鸿文便会张罗着给他们成亲，在1949年结婚的家庭成员只有李士如，娶的妻子也和自己家门当户对，都为小户人家，家中的礼数较少。

1.适龄成员基本成婚

1949年以前，李家的"鸿"字辈只有李鸿文一人，他早已经成婚。"士"字辈的人只有李士如一人结婚，李士奎、李士昌、李士荣和韩李氏尚未成年，暂未成婚。李家没有打光棍的男人和守寡的妇女。西莲村里面的农户虽然主要以张、李两大姓氏为主，但是同姓的人家只要出了五服都可以互相通婚，李家没有发生过近亲结婚的情况，而且李家怕这种忌讳，从未和村中同一个李氏祖先的家户成婚，即使出了五服也不可以通婚。因此，李家除了与近亲以及同李姓未出五服的亲属不能够通婚之外，剩下的本村人和本村人之间、本村人和外村人之间都可以正常结婚，李家都没有禁止过。

2.结婚时讲究不多

李家属于小户人家，在娶妻的时候都会找小户人家的女儿，即讲求门当户对。李家在娶亲的时候对长相没有特殊的要求，只要不是长得太丑、脸上没有雀斑、没有麻子的女人即可，对于身高和体重等只要适中即可。但是娶的妻子身体条件要好、会持家、会做家务，名声和德行也要响亮。年龄不能比男方大太多,和李家男性的年纪差不多为好。李家在定完亲之后才会和女方家里频繁走动,李家在结婚的时候并没有太多特殊的讲究,没有什么特殊之处,但父母不能偏向。以李鸿文的妻子魏氏为例,她进门之后的第二天要给李方荣夫妻二人请安,三天之后需要下厨房做饭,在家干家务活。家庭人口规模对李家的婚姻影响并不大,李家虽然属于小户人家,钱少人少,但是李鸿文在给儿子结婚花销方面都可以满足。李家属于三世同堂,家庭成员们成婚的事情都由当家人李鸿文做主,没有任何异议。

(二)婚前需要准备

李家人在结婚之前,结婚的事宜均由当家人决定,当事人都会对此表示服从,不敢有反对意见。对于另一方的相貌、年纪、脾气和家庭条件等,李鸿文都会有一个整体把握。李家不允许家庭成员自由恋爱,只主张"父母之命、媒妁之言"。

1.当家人做主成员婚姻

李士如在结婚的时候,他自己并没有主动向父母提出来,他的婚事由父母全权负责。成婚之前先要由媒人进行说和,当家人确定之后再转达给当事人即可结婚,当事人和其他人没有不同意的时候,家里给当事人定了什么样的妻子就会娶什么样的妻子。未分家之前,李家属于三代同堂,婚亲的事情均由当家人李鸿文做主说得算,当事人没有不同意。

2.以传宗为主的家户婚姻

李家人认为结婚的最重要目的即生儿育女、传宗接代,很少有人讲究追求个人的爱情和幸福,仅是遵循着"父母之命,媒妁之言"。因此,李家结婚的主要目的是继承香火,只有这样,李家这个大家户也才得以延续、传承。虽然大户之间通婚可以提升本家族的势力,但李家属于小户人家,并不存在这种事情。对于三世同堂、四世同堂而言,他们更希望通过结婚来扩大家族的势力, 如村里的张家每隔几代人便会和李家人合婚, 主要是为了增强两家之间的感情、扩大两家在西莲村中的影响力。

3.明确禁止自由恋爱

1949 年之前,李家的家庭成员没有自由恋爱过,都是经过别人介绍才结婚生子。结婚的事情也都由父母决定,好多人都是在结婚的当天晚上才见到对方的样子,也不管长得好看难看,之后都要在一起生活。总体而言,西莲村中无论是大户、小户,还是有钱、没钱,他们的家里都不允许家庭成员自由恋爱。因此,李家男女的婚姻问题只能按照"父母之命、媒妁之言"的原则,结婚的当事人一般只能顺从,不可有任何其他意见。

(三)当家人管婚配事宜

李家的家庭成员在结婚的时候,都由当家人李鸿文做主他们婚配的相关事情。关于结婚的方案也必须由双方家长共同商议决定,不可以单方做主。

1.当家人决定婚配方案

李家在婚配的事情中, 方案都要由男女两方家庭做共同的决定,不能由李家人单方决定,也不能由另一方自己做主。李家属于小家户,娶的妻子也是小户人家出身,李家给的彩礼钱并不多,娶的媳妇家里给的嫁妆也不多。而有的大户人家,女儿嫁的近便会陪嫁耕地,嫁的远则会陪嫁金钱、物品等。总体来看,西莲村里无论是何种规模的家户,他们在子女成婚的问题上的看法和做法基本一致,即均由当家人去安排,当事人等只是服从当家人的安排,并且婚配产生的所有花销均由大家户承担,小家均不用为钱发愁。

2.成员服从当家人安排

李家的其他家庭成员在婚配过程中都处于从属地位,大家都听从父母的安排,基本父母怎么安排之后就怎么结婚,婚姻的最终决定权始终掌握在年长者的手中,即由当家人李鸿文说得算,比如李士如在结婚的时候,他的结婚事宜均由他的父母李鸿文和魏氏说得算,他自己并没有意见,之后和妻子的生活也比较和睦,一直没有发生过冲突。

(四)婚配讲究次序

李家在办喜事的时候讲究长幼有序,结婚的一切花销都由大家户来出。家中没有和叔伯辈的家人一起生活,也没有长者未找到妻子而幼者先结婚的情况,更没有哥哥未娶亲而妹妹先结婚的事情。家庭成员在结婚的时候有着严格的长幼次序,家里也没有晚婚的现象,大部分家庭成员在成年之后都已经结婚成家。未分家之前,家里在娶亲嫁女方面的花销大体相同,没有偏心。

(五)婚配形式单一

李鸿文当家时,李家没有纳妾、养童养媳、改嫁和入赘等情况,家中也没有改嫁的妇女。想要纳妾的家户都是有钱的大家户,比如祖上李恩德当家主事时,他便娶了好几位妻子,等到李鸿文当家时,家境已经败落,根本没有纳妾的资本。而有的家户可能因为有钱,也会进行纳妾。

(六)无婚配终止事件

李家没有休妻或者守寡的情况发生过,即使有守寡的妇女,她们也不会离开李家,都会在李家一直生活,和大家一样吃喝,不会受到区别对待。休妻在当地没有特殊叫法,李家人也没有听说过其他的叫法。休妻的家户一般是因为妇女没有生儿子而遭到婆家的嫌弃,这样才会休妻,或者是遇到"陈世美"一类的男人,这样的家户也有可能会选择休妻。

二、家户生育

李家人丁兴旺,家中的男丁较多,家庭成员也都能生育,但始终没有发生过未婚生育的事情。李家人生育的主要目的即传宗接代和养儿防老,对于生孩子这个问题,则是由夫妻二人共同决定。李家全家人的生育观念基本一致,即认为多生一些男孩子比较好,社会上主流的思想也是这种,既可以做到防老,又可以增加劳动力。李家的妇女在怀孕的时候也会主动承担一些简单的家务活,她们快要生产之时才会不再干活,坐月子时的饮食会比之前有所改善。李家一旦生了小孩子都要请喝满月酒,这象征着李家人丁兴旺。喝满月酒的钱均由大家户承担,家庭成员们不用为此而操心。

(一)家人均有生育能力

李家的各支下面均有后人,家庭成员们都能生育,而且没有未婚生育的状况发生过,一大家人都严守家规。

1.李家子女众多

李家的长辈有李方荣和王氏,和李鸿文自己平辈的人只有妻子,儿女辈分的人有李士如、李士奎、李士昌、李士荣和韩李氏,家中还有儿媳一人张氏,共计十口人。李家属于小家户,家中的人口数量相对较少,但子女还算较多。李家在分家之前,没有发生过丢弃、溺死或者买卖孩子的事情,李家人认为这是丧尽天良的事情,若做了这种事一定会遭报应。

2.禁止非婚生子

1949 年以前,李家没有出现过非婚生育或者未婚先孕的情况。在未开化的年代,这种事情鲜有发生,人们不敢做出太出格的事情。李家虽然属于小门小户,但是家规严格,家庭成员不敢做出这种败坏门风、有辱家门的恶劣事情。整个西莲村从未发生过此类事件,大家都是规规矩矩地过日子。

(二)为传宗养老而生育

李家人认为生育的主要目的即传宗接代和养儿防老,李家人也是认为多生一些男孩子更好,这样既可增添劳动力,又可养儿防老,从而减轻家庭的负担。

1.养儿防老,传宗接代

李家进行生育的最主要目的即传宗接代,家里生的孩子越多,劳动力也就越多,家里的农活也就好干一些。而且李家人也崇尚养儿防老的观念。但是李家人没有重男轻女的倾向,即使生了女孩,李家也会一样对待。李家的家庭成员多是在 16 周岁之后成亲,不会太早结婚,比如李士如便是在 18 周岁时才结婚,没有早婚早育的现象。

2.崇尚多生,期待儿子

李家人比较欢迎男孩子出生,因为男孩多了之后家里的劳动力也就会增多,干活也会轻松一些。分家之前,李家没有非婚生育的现象,在那个时代属于有辱家门的事情。李家倾向于多生,自家的经济条件可以养得起那么多孩子。相对于村里的其他穷户,他们虽然也想多生孩子,但等到孩子长大之后,他们的娶亲也成了一个大难题。李家人认为不同的家户之间对生育的目的和看法各不相同,比如大家户钱多、粮食多,想养多少孩子都没有事,而小家户则缺衣少穿,面临着更多的困境与不安。

(三)对妇幼进行保护

李家生孩子与否由夫妻二人共同决定,全家的生育观念基本一致,即多生为好、男孩越多也越好,这样可以解决劳动力问题。李家的妇女在怀孕期间也要做一些轻巧的家务活,等到快要生产时才不干活,丈夫会把产婆请到家里帮忙接生,妇女还会有一个月的坐月子时间,饮食方面也会较之前有所改善。

1.夫妻决定是否生育

李家生孩子的事情由夫妻二人共同决定,其他的人则不会管这些事情,即使是婆婆和公公也不会去催促家里的小夫妻生孩子。如果夫妻二人一直未要孩子,长辈顶多是嘟囔几句,不会把话说得太严重。当地还把圆房叫作"上头",李家在分家之前,家庭成员对于生孩子的看法基本都一致,即多生为主,而且男孩越多越好,但不认为男孩就比女孩珍贵,生男生女都会一样对待。

2.家户承担照顾孕妇的责任

李家的孕妇在孕期的时候也会在家里做家务活,等到临产前的一两个月才不做家务,生完孩子之后在家坐一个月的月子,再之后还会正常干活、做家务。坐月子期间的脏衣服由婆婆洗,丈夫也会主动干活,如帮忙一起照看孩子等。李家在未分家之前都是在家生孩子,即直接让产婆来家里接生,主要由丈夫去请产婆。坐月子和酒席的费用都由大家户统一支出,家庭成员不用为此而操心。坐月子期间,产妇的丈夫、娘家妈和婆婆等人都会照顾产妇,她的饮食水平也有提高。坐月子的时期一般是三十天,一个月之后算是结束。产妇在坐月子的时候都是在婆家,李家人没有听说过有丈夫的妇女回娘家去坐月子的情况,等到孩子满月之后才会抱着去娘家串门。

总体来看,大家户的经济条件相对小家户更好,孕妇在怀孕的时候会主动干活,不想干活的话也不用为此去操劳,在怀孕期间和坐月子期间都能够吃到一些好东西,如鸡蛋、肉类、补汤等。而一些穷人家的家庭条件较差,无法像有钱的家户一样得到好待遇。因此,大小家户之间的差异比较大。

(四)满月酒为生育仪式

家里生小孩之后都要请喝满月酒,这象征着李家人丁兴旺,同时也是在为孩子祈福。请喝满月酒的钱均由大家户承担,家庭成员不用担心此事。

1.生男生女都要宴请

李家不管生男孩还是生女孩都会请亲朋好友来家里喝满月酒,一般都是在小孩子出生三十天之后再请客喝满月酒。在请客方面,满月酒的吃喝方面没有差别,即宴请亲朋的酒席都一样,家里的直近亲属都会前来喝喜酒,随礼的人也都会带东西或者写礼钱等,人们大多带着小孩子的衣服、鸡蛋、小米和红糖等来随礼,但随礼金的情况比较少。

2.生育仪式表祝福

李家给新生儿办满月酒即祝愿孩子可以健康成长,届时都会邀请家里的亲朋好友参与见证,为孩子祈祷祝福。李家生孩子请喝喜酒是家里的风俗习惯,只要生了孩子,无论是男孩还是女孩,李家都会请客宴请,而且这也象征着李家人丁兴旺,这是一件非常值得庆贺、开心的事情。

李家属于小户人家,给孩子举办生育仪式的排场自然会小一些,而大户的钱财和亲戚都多,花销相对会多,来家里庆贺的人也较多。李家在举办生育仪式时也较为简单,并没有举行过抓周。但无论是大家户还是小家户,其为孩子祈福的心意都一样。

3.大家户承担生育费用

李家在没有分家以前,钱财均由当家人李鸿文掌握,因此请人吃饭喝酒的钱都由大家户统一支配,统一花销。李家请客的方式也比较简单,即摆设宴席,没有其他的形式。李家在生育方面的消费并不多,可以自行负担,不用通过借外债或者其他人家帮助进行解决。

(五)按照辈分起名字

李家的孩子在起名字的时候,都是按照辈分进行起名,家里的孩子也有小名,比如老大就叫小大,老二便叫小二等。起名字的时候都会选择一些寓意好的字进行起名,李家是按照方、恩、鸿、士等为辈分,依次轮回。有的小家户的孩子都是在上学之后才有正经名字,之前都是叫小名。总体来看,李家的男孩子在起名的时候都会根据家谱上面的规定进行排辈,而李家的女孩子在起名字的时候则没有太多要求,如李鸿文的女儿则没有名字,等到嫁到韩家之后,她的名字则为韩李氏。

三、家户分家与继承

李家于1948年分家,李家的孩子们只有李士如成家立业,李鸿文主要和他进行分家。在分家时并没有请见证人,也没有列分家单等,分家的一切事宜均由李鸿文做主,家庭成员没有任何异议。李家的继承权只有儿子才能拥有,也只有他们才能够继承老人留下的财产,既包括金钱,还包括房屋和耕地等,但不能继承老人生前的相关职位。李家关于分家与继承的事宜,在自家人以及其他外人看来,他们并没有任何异议,都服从李鸿文的安排。

(一)因土地改革运动而分家

李家在分家的时候相对简单,家中只有李鸿文的大儿子成家立业,其余的孩子均未成年,因此李鸿文只是和李士如进行分家。李家在分家的时候没有请见证人,也没有列分家单,都是由当家人李鸿文说得算。李家分家这件事情属于李家内部事宜,与外人没有任何关系,西莲村内的村民对李家分家这件事也表示十分认可。

1.因土地改革运动而分家

李家于1948年分家,分家时正值新民地区进行土地改革运动,李鸿文的大儿子李士如已经成家立业,便和他分开单过。李家的祖宅也被分掉,都各寻他处居住。李家外部的家庭成员影响不了李家分家进程,西莲村内的其他村民也不会去管理别人家的分家事情。相较来说,大家户在分家的时候会稍微麻烦一些,因为人多、地多、家产也多。而小家户在分家时可能就会相对容易,因为人会更少、钱和土地也会更少,相对来说并没有那么烦琐,总之各有利弊。

2.几石粮食给分出去的儿子

李家在分家的时候,只有李家的内部成员才可以分到李家的财物,但不能多分。李家分家时只给了李士如几石粮食,之后由工作队又分了几间房屋,李士如一家人便这么生活,平时有事的时候也会找自己的父母进行帮忙。李家分家的时候,家庭外部的成员没有资格分到家产,对于外嫁女,她们也没有资格分到李家的财物,只有自家的家庭内部成员才有分家资格并得到一定数量的家产。李家没有人认过干儿子,也没有妇女改嫁之后带来孩子,因此没有此种类型的人得到李家的家产。

3.分家时无见证人

李家在1948年分家的时候没有请见证人,因为只是和自己的儿子李士如分家,其程序相对简单,不用特意找来见证人。不同的家庭分家的具体形式不同,大家户在分家的时候会更难一些,因为钱财、物品等更多,分起来也更复杂。在分家时如果请见证人,一般是请西莲村内德高望重的老者,也不乏将当家人的亲兄弟请来做见证人的。一般来说,分家之后还要请见证人吃一顿饭,但见证人对于别人家分家的事情无需承担责任,只是为了防止日后的推诿扯皮事件,如若发生,见证人一定要帮忙说句公道话,即为正义的一方主持公道。

4.当家人做主分家

李家在分家的时候由当家人李鸿文说得算,一般家户分家主要涉及房子、土地和财产等,但李家基本不涉及这些东西,只是给分离出去的李士如一些粮食即可。家庭外部的成员无法做主李家分家的事情,他们也不会参与、管理李家分家的相关事情。不同家户分家的形式各异,大家户的钱财、土地、房屋等较多,分起来更麻烦;小家户的钱财、土地、房屋等则较少,分起来相对更容易一些。

5.分家未列分家单

李家在分家的时候没有写分家单,因为李鸿文只是和自己的儿子分家,没有必要写分家单。村中的大户人家因为人口多、代际关系复杂,他们在分家的时候会特意找第三方来写分家单,这样可以保持公平公正,并且还会防止日后扯皮。分家单上面会清楚地写着每个小家应分得的房屋、土地数量和财产等,他们各自确定无误之后,便要签字。

6.外界认可分家结果

(1)家族不过问李家分家事宜

李家分家的事情属于自家内部事宜,其他外人不会过多过问,即便是家族内的同门亲戚也不会过问太多李鸿文家的分家情况,李家的同门也承认李鸿文家中分家的事情,大家都没有任何意见。

(2)村庄和政府不管李家分家事宜

村庄的保长、甲长等人不会过问李家的分家事宜,二者之间的联系较少。县乡更不会管理李家的分家事宜。李家人认为分家是家庭内部的事情,与其他外人无关,而且村里和县乡一级政府也不会管理村民分家的事情。因此,外界认同李家分家这件事,没有人提出不同的意见。

(二)儿子拥有继承权

李家的继承权只掌握在李家人手中,家中只有儿子才有继承权。老人最终在谁家,那个儿子就要为老人养老送终,老人百年之后也顺其自然继承老人的遗物等,但不能继承相关职位。自家人和外人对李家分家的事情都没有什么意见,对此也均表示认可。

1.继承时血亲为主,排斥姻亲

李家只有儿子才有继承资格,李家之外的家庭成员则没有。如果要是分家的话,最终老人归哪个儿子养老,老人的继承权就归哪个儿子,主要继承老人的家财,但不能继承相关职位。李家始终没有人入赘,入赘在西莲村内的叫法即"倒插门",没有其他的说法;李家也没有抱养的儿子、被逐出家门的儿子或者外出不在家的儿子。李家未成年的孩子不参与分家的事情,也不涉及继承的事情,他们和父母一同享有继承权。

2.父死子继,兄终弟及

李家在继承的时候只有儿子才有继承权,比如李方荣当家时,虽然他把家业基本都败光了,但是房屋和土地最终由赡养他的儿子李鸿文来继承,其他已经分家出去的儿子则不能再继承李方荣的财产。李家外部的成员不能影响李家的继承事宜,而且他们也没有说话的权利。同样,李鸿文也不会去管理他人家的继承事项,彼此之间互不干扰,除非有人特意来请李家人前去帮忙,李家人才会去帮忙。

3.只承家产,不承职位

李家的继承人在继承的时候主要继承房屋、土地、金钱等,不能继承相关职位,如李恩德在朝廷做过官,后来告老还乡,其职位只能由有能力的人继任,不能由儿子李方荣来继承。家族族长的身份也无法继承,因为族长的身份也需要多方考虑,如声望、能力等。因此,李家在分家的时候只承家产、不承职位。并且李家在确定继承权的时候都是采取默认确定的方式,家里的其他家庭成员都没有提出过任何异议,也没有人因为此事而产生纠纷。每家每户在继承时都差不多,即由长子继承。

四、家户过继与抱养

李家各股下面均有后人,也都能正常生育,所以一直没有出现过过继或者抱养的情况。

(一)李家无过继

李家没有家庭成员由过继而来,村中也鲜有这种事情发生。在当地村民看来,如果想要过继,一般都是因为家中没有儿子,过继的时候只能要兄弟家的二儿子或者小儿子等,不可要大儿子进行过继。而其他区域在过继的时候,则会要别人家的大儿子进行过继。过继这种事主要由两家进行商量,与其他外人无关,也不用写相关证明。总体来看,过继的事情一般发生在没有儿子的家庭之中,这样自家也可以后继有人,香火得到延续。

(二)李家无抱养

抱养和过继孩子的目的基本一致,即没有子嗣的家庭才会选择去抱养孩子,同样也为了养儿防老、延续香火。抱养孩子的家庭一般会选择自己家的近亲进行抱养,因为这样仍旧可以保持血脉相同,家财没有外传。如果近亲家的儿子多、家庭条件不好等,他们可以通过给钱粮的方式去抱养一个孩子。如果近亲家里也没有男孩,则找一些远房亲戚或者从贫困家庭进行抱养,之后再给予一定的粮食、财物等作为补偿,但无需签订相关条例或者说明等。李家一直没有发生过抱养的相关事情,家里一直后继有人。

五、家户赡养

家户赡养是李家内部的家务事,李鸿文的儿子们要承担起赡养老人的责任。等到分家的时候,儿女们也会给老人留下足够的养老钱、养老地等,并负责给老人看病送医、养老送终。

(一)家户为主体的赡养单位

李家的赡养单位以家户为主,家中有李方荣和王氏两位老人,赡养老人的任务都归大家户管理,但在分家之前,两位老人均已去世,所以不存在给老人分配养老钱、养老粮等情况。

1.外人不管李家事

赡养老人是李家每一位家庭成员都应该尽的责任与义务,家户以外的人不会去干涉,他们也没有责任与义务去管其他人家的赡养事宜。如果谁家的儿女不赡养老人,这种事情会很快传遍村里,成为人们茶余饭后的谈资,并被全村人所耻笑。李家的家庭成员一直本本分分、尊老爱幼,家中没有不孝子孙,家庭成员都会为老人养老送终。

2.子女共担赡养责任

未分家之前,家中有李方荣和王氏两个老人,虽然二人都在李鸿文家中居住,但是李方荣的其他儿子,如李鸿义、李鸿图和女儿都会看望老人,因此赡养两个老人比较容易。因为在未分家之前两位老人都已经去世,所以李家不存在给老人留下养老钱、养老地等情况。一般给老人留的养老地都是土壤肥沃的好地,等到老人彻底干不动活的那一天,老人最终归到哪个儿子家养老,他的养老地和养老钱也就归哪个儿子所有。

(二)儿子赡养父母

李家主要由儿子承担赡养责任,外嫁的女儿履行的赡养责任较少。当地还流传着一句俗语,即"儿子江山,女儿饭店",这里指的便是儿子需要承担老人的赡养责任,之后也顺理成章的拥有财产继承权;而外嫁后的女儿不参与本家劳动、不参与收益分配,因此也不承担老人的主要赡养责任。在家户赡养的形式上,无论大户、中户、小户都基本遵循着"儿子江山,女儿饭店"的原则,子女多的老人会经常得到子女的看望和陪伴,子女少的老人要显得孤单些,子女的探望次数会更少。此外,生活条件富足的老人其生活水平要比条件不好的老人生活安逸一些,物资等相对更充沛。李家的老人由大家户一起赡养,比如李方荣和王氏夫妻俩,则由李家人一起赡养,但在分家之前,家中的两位老人都已经去世,因此不存在给老人养老钱、养老粮等事件。

(三)子女为老人治病与送终

李家在未分家之前,李方荣和王氏两位老人在治病和子女为其送终这些事情上,所产生的一切花销均由大家户去管理负责;李家在分家之后,这些事情则由各小家户自己去承担。李家没有不赡养老人的后代,家庭成员都非常孝顺。

1.家人需照顾生病者

李家的家庭成员都有照顾生病老人的责任,老人生病便由大家户出钱给老人治病。王氏因为自己的丈夫李方荣赌博成性而使得精神出现问题,但家中并未为其医治成功,儿女做得最多事情就是不气自己的母亲,不使她再受刺激。分家之前,李家的家产都由李鸿文统一支配和管理,因此看病的钱都由大家户来出。儿子要负责照看生病老人的责任,包括为其找郎中、抓药、熬药等,他们都会尽心尽力地孝敬自己的父母,没有半句怨言。

2.子女为老人送终

如果未分家之前老人去世,老人的丧葬费用由大家户出;如果已经分家,老人去世之后的丧葬费用即由为他养老的儿子管理。例如李方荣和王氏去世的时候便是在分家之前去世,他们的丧葬费用都由大家户出,即由李鸿文一人负责,老人的已经分家出去的儿子则不用管理,也不需要向村里的保甲长等外人请示。

(四)外界认可李家赡养模式

李鸿文家的成员们都有赡养老人的责任与意识,家人也都尽职尽责。如果子女对父母不孝、不敬,正所谓"好事不出门,坏事传千里",一旦被人知道,这样的子女会成为全村人口中的笑话,还会被亲戚和外人看不起,但不会遭受到什么惩罚。至于村庄和乡公所,他们则不会管理是否赡养老人的事情。除非有打官司的人找到他们头上,他们才可能会去管理。总之,李家赡养老人的事情只需由李家人自己管理,其他外人没有权利进行干涉。

六、家户内部交往

李家的父子之间、夫妻之间、婆媳之间和兄弟之间的关系都很融洽,彼此之间都没有发生过大的矛盾,多是互相帮助和互相关爱。

(一)父子关系和谐融洽

李家的父亲处于权威位置,儿子要听从父亲的话,但父亲要做到爱护自己的儿子,儿子不能随意顶撞父亲的话语。因此,李家的父子之间基本没有发生过什么冲突。

1.父子之间权责明确

"棍棒底下出孝子"是当地常说的一句话,除此之外并没有其他的特殊俗语。李鸿文要负责把自己的子女抚养长大,之后还要负责子女的婚配等问题。李鸿文平时在家里也会给孩子们树立起榜样,不会随意役使孩子们做事情,更不会随意打骂孩子们。李家的儿子要给父亲养老、送终、祭祀等,无论成家与否,儿子都要听从父亲的安排,如果和父亲的意见不一致,父子之间可以进行商议。总之,父亲要做到公正、慈爱;儿子要做到孝敬、顺从。只有这样,家庭的氛围才会好,家庭关系才会和谐。

2.日常交往融洽有序

李家父子之间的关系比较融洽,他们平时在一起不会随意开玩笑,并且儿子跟父亲开玩笑也不符合礼法,父亲开儿子的玩笑也会显得没大没小,不够稳重。李家的儿子一向敬重自己的父亲,如李士如兄弟几个都很敬重父亲李鸿文。李家的父子基本不会在一起喝酒,因为"父子不同席",但在平时会经常聊天,比如有关农业方面的事情、牲畜喂养方面的事情,儿子都会向父亲请教,父亲也会耐心教自己的孩子。

3.子对父敬畏顺从

李家的儿子们对父亲比较敬畏,并且很顺从,基本上是父亲说一、儿子不敢说二,父亲说西、儿子不敢说东。因此,李家的父子之间几乎没有发生过冲突。李家人认为家户规模对父子关系的影响不是很大,主要是家庭教育以及家风、家规、家法对父子关系的影响比较大,一个好的家规可以影响几代人甚至是全部子孙后代。

(二)婆媳之间互相帮忙

李家的婆媳关系也比较和谐,比如李家的儿媳会主动帮助自己的婆婆干活。在儿媳怀孕直到生完孩子之后,婆婆既会照顾自己的儿媳还会照顾自己的孙子、孙女等,因此,婆媳之间并没有冲突。

1.婆媳之间权责较明

李家涉及两种婆媳关系,即王氏和魏氏属于婆媳,魏氏和张氏属于婆媳。李家的婆媳之间有一定责任,即儿媳要帮助婆婆做家务,婆婆要照顾坐月子的儿媳,二人互相帮助。李家没有发生过婆婆对儿媳妇随意打骂的事件,大家都是有事说事。不同类型家庭的婆媳关系大致相同,多是儿媳听从婆婆的话,婆婆也要关心自己的儿媳,双方之间平等相处。但不乏有些特殊情况,比如李家的远亲,他家的婆婆便十分厉害,老人每天拿着自己的烟袋锅,如果儿媳或者自己的孙子、孙女、重孙子和重孙女等人不听话,老人会拿自己的烟袋锅敲打他们。

2.正常交往,关系融洽

李家的婆媳关系比较融洽,儿媳和婆婆之间会互相帮忙,比如大家在一起做家务、做衣服、做被子等,家庭氛围比较融洽。李家的婆媳在平时会一起唠家常,进行正常地交流。张氏对婆婆魏氏比较敬畏,有什么活都会帮助婆婆。在她坐月子的时候,虽然已经分家,魏氏还是会去照顾她。对比不同规模和类型的家户,大家户中的婆婆其家庭地位会更高一些,小家户的婆婆地位可能会低一些,但在家中都有威严。

3.婆媳和气无争

李家没有发生过严重的婆媳冲突,家人的生活还算比较和睦,即使发生冲突,也多是互相拌嘴或者在背后说几句闲话,并不会发生正面冲突,多是婆婆和公公抱怨几句,之后公公再和自己的儿子说道几句,丈夫再将事情告诉妻子,没有发生过正面的言语冲突。不同类型家庭成员的婆媳关系都大致如此,只要是想好好过日子的家庭,她们都会和平相处,和和气气过日子,不会无事乱生事端,更不会互相找茬、找不痛快。

(三)夫妻感情恩爱,相处和睦

李家的夫妻关系也比较融洽,没有经常打架的家庭成员,夫妻之间吵吵嘴也算正常,但不会影响夫妻间的感情,夫妻之间依旧互相关爱、互相扶持。

1.夫妻之间权责明确

李家的夫妻讲究相亲相爱、夫妻和睦。比如夫妻二人若是有一方生病,另一方则会去帮忙熬药、请大夫等。妻子在坐月子期间,丈夫要帮忙照顾妻子和孩子等。李家夫妻之间互帮互助、互相尊重，没有随意打骂或者役使妻子的男人。家里的事情由夫妻二人共同商量决定。李家的妻子对丈夫没有惧怕，彼此之间互相尊重。李家人认为好的丈夫会疼爱自己的妻儿、辛勤劳作；而好的妻子则要关爱自己的丈夫、勤劳治家。

2.日常交往相敬如宾

李家夫妻之间的关系都十分融洽，妻子不会畏惧自己的丈夫，丈夫也不会随意打骂甚至役使自己的妻子，彼此之间没有什么禁忌或限制。不同类型家户的夫妻关系各有不同，不可一概而论。李家在娶亲时基本都讲究门当户对，即家世背景大体相同，李家属于小家户，娶的媳妇也多为小家户出身。李家的夫妻相处的都十分融洽，没有发生过大冲突。

3.夫妻之间吵而不闹

李家的人口数量虽然不多，但难免也会有磕磕碰碰的时候，即居家过日子，"碗筷就没有不碰到锅沿"的时候。李家没有严重的夫妻冲突，大多为吵嘴，夫妻二人不会动手打架。不同类型家庭的夫妻关系大致相同，只要是想好好过日子的家庭，夫妻二人都会和平相处，因为和气才能生财，家庭也才会繁荣发展，李家人也认为好好过日子才是治家的王道，否则再发生祖上的类似恶劣事件，一个家庭早晚会散。

（四）兄弟连心，共同护家

李家兄弟之间的关系比较融洽。在 1949 年之前，李鸿文的儿子只有李士如成年，其余的孩子都比较小，小孩子之间打闹很正常，但从未伤害到兄弟间的感情。李家的兄弟在平时都会互相帮助，比如弟弟有不会的事情去请教哥哥，哥哥耐心解答，彼此之间没有发生过冲突。中国有句古话"兄弟连心，其利断金"，李家的兄弟之间一向很团结，都为了李家的繁荣发展勤恳做事。李家人认为好哥哥和好弟弟的标准即互相关爱、互帮互助，大家在一起辛勤劳作。

七、家户外部交往

李家在对外交往关系方面也十分融洽，从未和其他家户发生过什么冲突，平时交往中都是言语和气。邻居来找李家人帮忙干活，李家人都会前去帮忙，虽然出不了钱，但是李家可以出力气帮助他人。因此李家人与村里人的关系都很好，始终没有发生过什么冲突。

（一）对外交往关系正常

李家的对外交往主要包括邻居、村民和亲戚等，但李家人和他们的交往都比较融洽，没有和他们产生过冲突，彼此和睦相处。

1.邻居关系

李家和邻居们的关系都比较好，如果邻居需要帮忙的话，只要通知李家人来帮忙，李家人都会进行帮助，比如邻居家盖房子求李家人前去帮工，李鸿文都会答应；邻居家要是来李家借用农具的话，李家人也会免费将农具借给邻居，如果发生被用坏的情况，李家也不会让邻居赔偿，多是自己修修补补，不去麻烦别人。因此，李家人和邻居之间的关系十分融洽，没有发生过打架斗狠的事件。

2.村民关系

李家人和村里其他村民的关系也比较融洽，但平时的来往相对邻居来说要少一些。李家人一向朴实、本分，又是村中的老户，和村民们的关系都较好。李家在外村的朋友不多，认识的人以亲戚为主。虽然李家人终年被束缚在繁重的农业生产、生活任务之上，但是他们会在农闲时期去关系好的村民家中串门,农忙的时候则不会去。大家会在一起聊一些家务事或者务农方面的事情,互相交流生产生活的经验。当地有句俗语,即"地是别人家的好,孩子是自己家的好",聊天的内容也总是围绕这些展开,既羡慕别人家的土地产量,又要夸赞自家的孩子争气。

3.亲戚关系

李家祖上属于大户人家,因此家里的亲戚比较多,虽然很多亲戚都已经超出五服,但是李家和他们之间的走动也比较多。李家的亲戚主要在本村分布,外村的亲戚相对较少,因此李家和亲戚们的关系都很好,走动的也都比较频繁,比如亲戚家有事情,李家人会去帮忙;自己家有事情的时候,亲戚也会来家里进行帮忙,如在一起盖房子、砌院墙、收庄稼等。逢年过节的时候,还会去直近家属家中拜年等,并以此增进彼此之间的感情。相对而言,直近家属也会来李家拜年,给家中的长者李方荣磕头、作揖、说吉祥话等。

(二)对外基本无冲突

李家人奉行"遇事别怕事,没事别惹事"的做人做事原则,因此基本没有和外界发生过什么冲突,如街坊邻里、亲戚、朋友、主佃等外人,李家人一直没有和他们发生过冲突。虽然家里的小孩子和别人家的小孩子在玩的时候避免不了打架,但村里面的村民都和和气气,也基本没有发生过大的冲突,彼此之间相处的比较和睦、融洽。

第四章　家户文化制度

李家人一直重视文化教育,并且无论是男孩子还是女孩子,只要到了上学的年纪都会去学校读书。李家人也具备着深厚的家户意识,一向认为有直系血缘的自家人要比亲戚还要亲密。每逢过年过节,李家人都会在一起过,如春节、元宵节、清明节和端午节等。李家不管节庆日还是红白喜事,都会以家户为单位,并且在李鸿文的带领下过节。李家人在生产生活中还有着自己的时间观念、空间观念和生活观念,全家人勤俭度日、乐观生活。李家始终没有信仰宗教的家庭成员,但家中会供奉观音像、贴家神的画像等。家中的祖先像是李家最重要的祭祀对象,每年都会在过年过节的时候给祖先烧香、点蜡烛、摆供果和酒水,家中还会举行祭祖仪式等。1949 年以前,李家人主要的娱乐方式即打纸牌、串门聊天或者逛庙会等。每逢过年过节,西莲村里都会有唱二人转、扭大秧歌的人,李家人都想去凑热闹,借此机会高兴一下。

一、家户教育

李家不管在分家前还是在分家后都十分重视孩子的学习,无论是男孩、女孩,凡是适龄儿童,他们都要去读书,李鸿文没有不同意的时候。但李家人基本没有因为读书而走出农村到城市里面去工作,只是有外出务工而走出农村的同门。分家之前,孩子们的教育支出均由大家户负责;但是等到分家之后,则是由各个小家管理,外人不管。

(一)家户成员受教育情况

1949 年以前,李家家庭成员的教育水平并不是很高,最多是小学毕业。比如李方荣只读过一年书,他的妻子王氏也只读了一年书;李鸿文和魏氏大概只读了两年书;李士如读了一年书,李士奎也读了一年书,李士昌读了六年书,李士荣也读了六年书,韩李氏读了三年书。李鸿文这一代的人基本都在 8 岁甚至 10 岁才读书,后来不念书的原因基本是自己不愿意念而选择在家做农活。李家的孩子们不愿意读书也是他们自己不想读,李鸿文并没有强制他们继续读。李家属于儿子当家、老父健在的情况,但小孩子上学的事情也由李鸿文说得算,不需要他的父亲李方荣做主。家里也会让女孩子上学读书,之所以让所有的孩子都去接受教育,主要是为了让他们自己学习一些技能,即从小孩子的角度出发、考虑,并不是为了让小孩子取得成就之后光宗耀祖。

(二)私塾教育以识文断字为主

1949 年之前,李家人基本都是去村里的私塾读书,当家人李鸿文也同意李家人去读书学习。去私塾读书也花不了很多钱,并且这些上学的钱由大家户统一支出,家庭成员不用负责。村里的私塾在李家附近,距离李家大概只有几百米远,步行十分钟即可到达,因此不用去老师家上课。李家的小孩子上学时都是自己去,他们都可以找到上学的地方,而且家里的孩子年纪相仿,他们可以结伴上学。学习的内容主要为三字经、百家姓和算数题等,相对比较容易。李家没有把教书先生请到家里来给小孩子上课,也没有请教书先生吃过饭,李家并没有这种习惯。对于一些大户人家,则会有请老师吃饭的事件,因为大户人家家大业大,请老师吃的饭菜也会更体面一些;相对于一些穷苦人家,可能自家连吃饱饭都比较吃力,更不可能去请老师吃饭,孩子也是读了一年或者半年书之后,便退学回家干活。

(三)学校教育难度有所增加

李家也有去学校读书的孩子,但是西莲村里没有小学,想要读书必须要去前莲村小学里面上学。李家的小孩子都可以去学校读书,并且不分男女,只要适龄都可以去学校读书。李家交的学费均由大家户来出,家里人都知道读书的好处,鼓励孩子们去读书。孩子们上学的花销少,主要在书本费方面,李家可以支付得起,如果没有现金交钱,还可以用粮食抵钱。随着孩子们慢慢长大,他们若不愿意读书,李鸿文也不会勉强他们继续读书,等到年纪够了之后便在家干活、娶妻外嫁等。同样,李家人让小孩子上学读书的目的即学习知识,并没有想让孩子光宗耀祖,只为了今后在社会上不做"睁眼瞎"①即可。

(四)家户教育以实用为主

李家孩子的教育并不是主要来自于家庭,因为家庭成员的文化水平都比较低,有的家庭成员仅具备识字的水平,根本不能教授小孩子太多文化知识。比如爷爷奶奶只能教授小孩子一些经典的小儿歌、顺口溜,如二十四节气歌等;还会告诉他们一些古代的小故事等。李家父母教育孩子的时候较多,但多是人格方面,如好好做人、认真做事等,父亲教自己的儿子如何做农活,母亲教自己的女儿如何做家务活等。只要是李家的小孩子,长辈们不会区别对待,只要自己知道的都会告诉自己的孩子。其他亲戚则不会管李家的事情,他们不会特意去教李家的孩子一些知识、技能等;邻居则更不会去教李家的孩子,都是各管各家的孩子。小孩子在十五六岁之后才算是长大成人,如会做家务、会做农活,理解父母的话、知道为父母、为整个家庭着想才被认为懂事了。总之,李家的小孩子只能靠上学这种方式学习文化,李家的孩子若能靠读书走出农村,则全是靠他们自己努力学习而得来。父母或者哥哥姐姐虽然教不了孩子太多书面上的知识本领,但是他们的日常言行会影响到孩子的成长,孩子们也会学习父母做人做事的方法。

(五)家教敦促人格形成

父母以及其他家人的思维方式和性格会对孩子的成长产生影响,并且产生的影响也比较大。家庭中的相处模式和良好的生活氛围都会影响孩子,每一个家庭都想创造好的家庭条件去激励自己的孩子。李家关于做人做事的道理也是一辈辈人所传下来,但也有取其精华、去其糟粕的精神,只有这样,家里的小孩子才会学习到好的东西。家里的风俗习惯也会得到传承,家里的小孩子都会和李鸿文进行学习,但只是耳濡目染的一种过程。李家人赞同"勤劳才能致富""家和才能万事兴"等说法,并且认为父母应该做孩子最好的榜样。家里的孩子要是到了岁数便可以到地里去干活,一般需要在十六周岁以上;女孩子则主要学做家务活,比如做饭和洗衣等,这些主要是依靠他们自己的父母来告诉。

---

① 睁眼瞎:即没文化。

（六）成人教化儿童

李鸿文虽然文化程度不高，不能够教授子女太多文化知识，但在日常规矩和德行等方面的教化则一点不少。李家的大人们也会给小孩子树立起一个良好的榜样，时刻敦促、教导自家的孩子。李家的家长对孩子们进行教化的主要目的即让孩子们长大成人，但李家的教育仅局限于家庭内部，官府、社会、村庄和家族并没有实施过任何教化功能。家庭成员若是犯了错误，他们的父母会批评他们，不用外人管理。但父母只是言语上的说教、批评，并不会惩罚孩子们。

二、家户意识

李家人不管是分家之前还是分家之后，家里人都有着家户意识，认为具有血缘、亲缘关系的自家人要比亲戚、外人亲密得多。李家人都会互相扶持，发达致富是每一个家庭成员的共同心愿。

（一）自家人需在一同生活

李家在分家之前，在一起生活的一大家子人都算是自家人，即李方荣、王氏、李鸿文、魏氏、李士如、张氏、李士奎、李士昌、李士荣和韩李氏。如果有常年在外打工的家庭成员，他们也算自家人，娶的妻妾等也算自家人，她们生的孩子都算是自家人。而不在一起生活的人便算是外人，而且外人也没有自家人相处的舒服。李家的外人也会分远近，例如舅舅、姑姑、叔叔、大爷等都是自家的亲人，已经分家的兄弟和外人作对比，他们也是自家的亲人，比外人更亲近。李家的家庭成员之间一直没有发生过什么矛盾，即便有矛盾发生，也是由家庭内部自行解决，邻居或者其他外人均不会管。同样的道理，若是邻里之间发生矛盾，李家人也不会主动去管。

（二）家人期望家户发达

李家在分家之前，家庭成员都会在生产和生活中相互帮助。分家之后也是一样，李士如虽然和父亲李鸿文分家单过，但各家有事，均会帮彼此的忙。李家人都会为着"发家致富"而不断努力，因为家里的人发财之后，每个人都会跟着受益。总之，李家的家庭成员有着希望家庭和睦的共同生活目标，并且都认为家户发达以后，李家的全家人都会跟着一起沾光。如果李家的兄弟多，分家之后这几个兄弟也会互相帮助，不会不管受难的兄弟。

（三）家户利益高于个人

李家人认为个人和家庭同等重要，正所谓"皮之不存、毛将焉附"，两者共荣共生。家庭由个人组成，没有家庭做支撑，个人也就分散出去，家庭自然不会存在。因此当家庭利益与个人利益发生冲突时，李家的家庭成员们都要先顾着大家户的利益，再顾小家户乃至于个人的利益。李家没有发生过家庭成员为了家庭利益而放弃读书机会的事件，也没有发生过为了家庭利益而放弃工作或者婚姻的事件，李家在结婚这种大事上都会尊崇父母之命、媒妁之言，家庭成员没有自我做主的权利。

（四）李家人行善积德

李家的大人都有行善积德、造福子孙的意识，虽然不能像大家户一样设立粥铺来救济无家可归之人，但家中只要有来要饭的人，李家人都会施舍给他们一些吃食。李家人相信善有善报、恶有恶报，认为"老人积德，福泽子孙，老人缺德，一家遭殃"的说法很有道理。如果家中出了一个做官的人或者其他有能耐的人,那么李家人也一定会感激自己的祖先,认为是自家的祖先保佑才会有好事情发生。对于自家的亲朋和邻居,李家人更是热心对待他们,平时若有人来家中借用物品,李家人都会借给他们,即便是用坏了,李家人也不会让其进行赔偿。

三、家户观念

李家在生产和生活之中都有着自己的时间观念,例如通过看太阳辨别时间、看植被知晓季节等。李家位于西莲村的西侧,房屋坐北朝南,以院墙为界,家中共有九间房屋供全家十口人居住。李家人认为家和才能万事兴,大家都想家庭条件有所提高。李家在李鸿文的带领下不断发展,家庭成员们均听从他的安排。李鸿文也会教育孩子们要精打细算,不可随意浪费家中的物品,并且不能随意欠人人情,如果外人来求于李家人帮忙,李家人都会热心帮助他们。

(一)时间观念较为明确

李家无论在生产还是在生活之中,都有着自己的时间观念,也有判断事物的依据和经验,李鸿文会将这些依据和经验告诉家人,李家人一同遵守生产生活中的规矩。

1.依季节变化进行农业生产

李家人认为自然界中的太阳可以表示一天中的时间,花开花落等则可以代表四季时间。比如太阳升起的时候代表早上,太阳落下代表晚上,太阳在正空中则代表中午。花开季节、冰雪消融则意味着马上可以耕种。李家人认为,季节的变化会影响农业活动,家中的孩子们大多知道二十四节气歌,也认同这是中国农民的智慧,饱含着深刻的道理。李家在春种、夏锄、秋收都属于农忙季节,唯独冬季为农闲时分。农忙时候,李家人会在早上五六点便下地干活,之后中午十二点左右回家吃饭,下午两点钟左右再下地干活,等到晚上六七点回家吃饭、休息。李家人认为,辛勤劳作是正能量的,输耍赌博则是消极的,比如李方荣在当家时游手好闲、输耍成性,将祖传的家业基本败光,李家人均引以为戒。李家人并不认为磨洋工是好事,只要提高效率将事情做完就可以,不一定偏得要在地里一直干活。李家人即使在农忙时分也没有请工干活,更没有利用人工浇灌的方式,家里基本靠天吃饭。

2.为更好生活而辛勤劳作

李家人相对更喜欢忙碌一点的生活,不喜欢太清闲的生活。家里人的生活时间不太一样,比如男性的生活时间为喂养牲口、串门聊天等,女性的生活时间则是做家务、做衣服、带孩子等。李鸿文当家时,家中没有游手好闲的家庭成员,即便在日常生活中,李家人也不会再去输耍。李家在夏天时一般会吃三顿饭,早饭在六点钟左右,午饭大概在中午十一点到十二点之间,晚饭则在下午六点左右。冬季则只吃早晚两顿饭,不吃午饭,早饭在早上九点左右,晚饭在下午三点半或者四点左右。如果在过节的时候赶上家中有农活,李家人都会去干活,不会因为过节等而耽误家里的事情。

(二)空间观念比较清晰

李家位于西莲村的西侧,房子坐北朝南,共计九间房屋供一家人居住,并以院墙为界,与四邻分隔开来,彼此之间互不干扰。李家有着自己的家规,不会轻易更改。李家距离县城较远,因此很少去县城内,家人的活动范围仅限于村内和乡里。

1.房屋坐北朝南,严守规矩

李家的房屋坐北朝南,整个西莲村内的房屋均为这种布局,窗户也为南北走向,家中有大院子,四周均有围墙。李家共有九间房屋,其中正房五间,东西厢房共四间,分别用来居住、当厨房、牲口棚等。如果家中来客人,都会请到正房中来坐。李家没有门楼,但是有门洞。李家在盖房子的时候找过风水先生,看好地方之后,李家人才在此处盖房居住。李家的十口人都有房屋居住,李方荣和王氏住在正房的最东侧,李鸿文、魏氏和自己未成年的子女则挨着李方荣夫妇的房间居住,李士如紧随在后。因此李家的房屋不存在不够住的情况,更没有发生过儿媳回娘家轮流居住的事件,其他家庭成员也没有去别人家轮流居住过。

李家除了各自居住的房间属于私人空间,其他的区域均为公共空间,如厨房、院落、厕所等。李家人在进出房屋的时候都有规矩,如大伯子和小叔子不能随意进入弟媳、嫂子的房门,晚辈进入长辈房间时要事先问一声屋内有没有人、可不可以进来等。如果有事需要找家长解决,家庭成员要先在门口问一下家长在不在,家长同意之后才可以进屋。李家的生产空间和生活空间是分开的,比如家里的牲口棚和李家人居住的屋子均分开,两者不混为一谈。

2.以院墙为界,不可侵占

李家房屋的边界比较清晰,家中有高耸的院墙与邻为界,其他人如果想来李家串门,若大门紧锁要大声叫李家人,不可硬闯。同理,李家人也不会随意侵占他人的地界。李家的房子位于村庄的西侧,距离东蛇山子乡约五里地,位于东蛇山子乡的正南方向。李家人在1949年前去新民县的机会并不多,如果赶马车去的话需要四个小时,除了在交"出荷粮"的时候李家人会去,否则很少去新民县内。

(三)生活观念积极向上

在1949年以前,李家人认为"十亩地一头牛,老婆孩子热炕头"便算是农村人的理想生活。李家祖上的基业基本都被李方荣输耍败净,李家人十分珍惜好的生活,家里能有地就算很知足。对于家庭的发展,每一个家庭成员都有自己的责任,都要为着家户的良性发展而努力,家长更是如此,要起到带头作用,不能自己想干什么就干什么。家里在买东西的时候,都会货比三家等。李家人也注重人情礼往,谁帮助过李家人,李家人也会尽力的去帮助他。李家人遇事不会选择忍耐,而是会据理力争,为家户谋利益。

四、家户习俗

李家在未分家之前,家里的节日都是全家人在一起过,如春节、元宵节、打春、清明节、端午节、中秋节等都是全家一起过。李家关于婚丧嫁娶也有相应的讲究,其程序也较为复杂。总之,李家无论是节庆佳节还是红白喜事,家里都以家户为单位,在当家人李鸿文的带领下进行。

(一)李家节庆习俗概况

李家在未分家之前每年过的节日有春节、元宵节、打春、清明节、端午节、中秋节等,不同的节日有着不同的风俗习惯。李家在红白喜事方面的风俗习惯也比较多,家庭成员们必须遵循,不可违背。

1.重大节日习俗

(1)春节

李家人认为只有到了大年初一才算新的一年。家中的妇女会在腊月二十九之前将家中的被单、脏衣服等全部清洗干净,还会将家中的玻璃、厨房等擦拭干净,将屋内的灰尘掸落。家中的男人会去集市上购置年货,将家中的猪进行宰杀等,这些事情都要在腊月二十九之前做完。李家在腊月二十三小年之前还会去祖坟上祭祖,之后还要给家里的祖先牌位上香、摆贡品等,即馒头、苹果、猪头肉等吃食。在腊月三十当天要将对子①张贴在各个门上,即便不粘贴春联,也要在门上张贴福字。腊月三十晚上还要在一起吃饺子,初一早上也要吃饺子,之后去亲戚家中拜年。有的大户人家还会在新年时期给全家老少做一套新衣服、一双新鞋子等,李家属于小户人家,很少能够达到这种水平。李家以家庭为基本单元过年,非李家人不会在李鸿文家中过年,而且外人也不会无缘无故来家里过年。春节期间村中还会有扭秧歌和唱二人转等活动,李家人都愿意去听戏,李鸿文知道这是一家人最不繁忙也是最应该放松的时刻,他都会答应家庭成员去听戏、看扭秧歌。

（2）元宵节

正月十五即元宵节,也是灯节。大户人家都会在自家门口悬挂起红色的大灯笼,而李家不会悬挂,但偶尔会给家里的小孩子买一盏小的红灯笼供其玩耍。李家在正月十五会吃元宵,这种元宵都由家中的妇女自制而成,之后由妇女煮熟并由全家人一起食用。

（3）打春

打春在当地又叫立春,李家人多是在这一天烙春饼来吃,即把两张薄饼摞在一起,之后在锅里一起烙熟,再把炒熟的土豆丝、豆芽菜卷到饼中,全家人一起食用即可。做春饼这件事情主要由魏氏负责,有了儿媳妇之后则和她一起做饭,之后和大家一起上桌吃饭即可。

（4）清明节

李家在这一天有圆坟、祭祀亲人的习俗。如果在清明节当天下雨,则意味着粮食一定会丰收。李家会在清明节这一天举行祭祖仪式,李家的男人都会前往小康堡子的祖坟给先人烧纸,还会带好铁锹等工具给祖先培坟,即将坟上的杂草清除,将破损的位置填平修整。家中的妇女和小孩子不能前往,年岁大的老人若体力不支,也可以不去上坟。

（5）端午节

五月初五即端午节。每逢过节时,妇女会在一起包粽子,做好了之后由妇女煮熟即可,之后大家一起上桌吃饭。端午节那天的清晨,魏氏还会在每个门上插上艾蒿、挂上粉红的纸葫芦等。她还会给自己的孩子们系五彩绳,等到端午节过后的第一场雨,就要把五彩绳扔到车辙里面。

（6）中秋节

李家在中秋佳节这天会准备一些月饼,即便不吃月饼,在当天也要做一顿好的吃食,比如包素馅的饺子等,李鸿文会在适当的日子为全家人改善一下伙食。

2.红白喜事

（1）婚礼

李家的家庭成员都是依据传统的习俗办理婚事。李家的家庭成员只要到了适婚年纪,李鸿文都会安排其结婚。在结婚之前要有媒人说媒,媒人只要有时间就会去打听谁家有适龄的男人、女人,之后按照自己的心意给大家撮合。李士如结婚的时候都是由媒人进行撮合,之后两家都比较愿意,最后才结婚生子的。媒人撮合好之后,男女双方的家长会长期走动,还会给彩礼钱等,之后会商议一个黄道吉日结婚,还要给家里的亲朋好友发放请帖,李家会在家中

---

① 对子:即对联。

摆好宴席招待前来的宾客。新妻子一般会在第三天或者第五天回门,结完婚第一年过年的时候还要带着礼物回娘家。

(2)葬礼

李家的老人去世之后,儿女们要为其换上寿衣,与此同时家人还要去报丧,之后亲朋好友会前来吊唁,家中会摆酒席招待亲友。李方荣去世时,李家还没有分家,因此丧葬费用主要由大家户来承担。李方荣去世的时候,并没有写悼词,前来吊唁的人都是跪拜、磕头。出殡培坟的时候,都是让家中的长子为去世的父母埋第一锹土,抬棺材的时候儿子抬头杠,孙子则在一旁辅助。如果老人出殡的时间赶上了初一或者十五,则不出殡。家人们戴完孝之后还要给老人磕头、烧纸,姑娘哭的时候都要坐在炕上哭,儿媳妇则跪在地上哭。等到埋坟之后才能把花圈烧掉,儿女们才能把包头①摘掉,还要再翻个面,等到有祭祀节日的时候再拿出来戴,其他人则只要解开孝带即可。李家的坟地类型都为排葬,即按照辈分进行排列,不可乱埋、乱葬。

(二)以家户为习俗单元

李家每逢过年过节的时候,全家人都会在一起度过,没有亲戚或者其他外人在李家过年过节。李家在过节的时候主要以家户为基本单元,过节也都是在自家过,不会也更不可能去别人家里过年过节。李家嫁出去的女儿不会在娘家过年,只有过完大年初一之后,女儿和姑爷才可以回娘家过年,在初五之前还要返回夫家,不可再继续留在娘家,探望父母时还要带一些礼品,多为糕点。总体来看,李家在过年的时候没有亲戚来自己家里过年,自己家的人也不会去别人家过年,因为这些都不符合理法。

(三)当家人主管节庆仪式

李家人在过年过节的时候并没有过多的仪式,多为祭祖,祭祖之后全家人还要围坐在一起吃饭。但其他的一些节日,如元宵节、端午节、中秋节等则不需要祭祖,只是一大家人团聚在一起即可。李鸿文会管理这些事宜,比如祭祖时,他会安排家里的男性家庭成员前去祭祖,妇女则不用去。不需要祭祖的时候,他会安排家人进行团聚,之后一大家人在一起吃饭等。

五、家户信仰

李家人一直没有任何宗教信仰,但会供奉祖先牌位、观音像、贴家神画像等。家中的祖先像是最重要的祭祀对象,在过节的时候家人都会烧香、点蜡烛、摆供果和酒水等。此外,李家人也会到大庙拜神、烧香,为全家人祈祷祝福。

(一)李家人无宗教信仰

1949年前李家没有人信仰宗教,村中也没有外来的传教文化,纵观整个西莲村,基本没有信仰宗教的村民。但如果家中有人信仰,李鸿文也不会强制他不要信。李家供奉着观音菩萨像和自家的祖先牌位,并将他们都摆放在一排,并在神像和牌位的前面摆放好供果、香炉、烛台等,一起接受李家后人的供奉。

(二)李家人信奉家神

1949年前,李家供奉的家神有门神、灶王爷和财神爷等,李家人会祈求这些家神保佑全

---

① 包头:即包在头上的白布包,类似于帽子。

家人平安。李家供奉的这些家神多是画像,没有供奉过他们的牌位,这些画像会贴在李方荣和王氏的屋子里,逢年过节的时候李家人都会烧上几柱香,和祖先牌位的祭祀方法类似。家里的妇女也可以拜神,但家里的小孩子没有拜神的意识,所以他们不会拜神。拜神时不需要当家人李鸿文特意主持,逢年过节,李家人都可以进行祭拜,也不用事先向李鸿文汇报。

(三)后人崇敬列祖列宗

李家人对自家的祖先都十分崇敬,而且对自家的家史都十分了解。李家人深感祖上迁徙不易,因此都会祭拜祖先,以此来表达对祖先的崇敬、思念之情。

1.对祖先心怀感恩

李家主要供奉着祖先的牌位,对于祖先的相关事情,家里老一辈的人都知道,他们也会把自己知道的事情讲给自己的小辈听,并通过这种口口相传的方式将家史延续下去。李家的祖先从山东省搬迁过来,先人逃荒的过程极其艰辛,稳定之后才拥有了土地,家中的日子也才好了起来。李家人都会祭拜祖先,祖先在家中的地位极其神圣,家中的祖坟也神圣不可侵犯。李家可以被写上祖先牌位的人只能是男性以及男性的妻子,没有其余的女性可以写上去。

2.当家人支配祭拜祖先之事

李家祭拜祖先主要是为了表达对祖先的崇敬、怀念之情,并求祖先保佑李家后人的平安、健康等。每逢过年过节,李鸿文都会祭拜祖先,比如在清明节时去祖坟祭祖,平时在家中上供,每次都要准备好上供的供果、上坟的纸钱等,而且这些事情也都由他自己去做,不会安排其他家庭成员去做,他们只能听从李鸿文的安排。

3.男性成年前去祭祖

李家在祭祖的时候都由成年男性亲自前去,小孩子不会前去祭祖,即便是在每年的清明大祭祖时节,家中的妇女也不会前去。李家人都比较迷信小孩子的眼睛干净到可以见到鬼神,一旦小孩子看到了,他们还会生病,整天哭闹不止,甚至发烧头疼。因此,李家人都是成年人去祭祖,小孩子和妇女不可前去。

(四)成员喜逛庙会

西莲村村内有座关公庙,在东蛇山子乡里也有大庙,这些庙宇都归集体所有。李家人一向喜欢逛庙会,但很多时候都是成年人前去,偶尔会带着家里的小孩子前去。

1.关公庙为西莲村所共有

西莲村的西面有座关公庙,它归村庄集体所有,并不是归某个家庭成员所有。村里的村民不会去破坏寺庙,因此每隔五六年才修缮一次。东蛇山子乡里也有大庙,每逢四月初八的庙会需要花钱进去观赏,其他日子则不用。李家人在逢年过节的时候都会去祭拜,临走之前还要和当家人李鸿文说一声,他也都会同意。

2.大人携同小孩前往祭拜

李家的大人都可以去庙里祭拜神像,但家里的小孩子一般不会去,除非大人们带着他们才会前去祭拜。每逢初一或者十五,家里人如果想要前往,若人多则坐着马车前去,若人少则自己走着去或者坐别人家的马车前往。庙会上也十分热闹,有卖糖画、炉果、油炸糕的商贩,小孩子一般只是顾着让大人给他买吃的,大人则是诚心祭拜神像。西莲村里还有矮小的土地庙,人们一般还会在它的旁边种一棵树,祭拜时还会为其点香、上供等。

六、家户娱乐

李家人的娱乐方式只是简单的结交一些朋友、打纸牌、串门聊天或者去逛庙会等。每逢过年过节，村里都有人唱二人转、扭大秧歌，家里人都会前去观看。

（一）当家人的朋友才算真朋友

李家的男性成员和外界交往较多，而女性结交女性朋友的情况基本没有，李家的女人更没有和男性成为朋友。李家属于村中的小户人家，结交的朋友多为小户。李家只有李鸿文结交的朋友才算是李家真正的朋友，其余的人交的朋友则不算，小孩子交的小伙伴更不算。无论是李家有事还是朋友家里有事，彼此都会亲自前往，比如家中有喜事，便会亲自随礼庆贺。李家人在交朋友的时候没有任何特殊的仪式，也没有和别人拜把子成为干兄弟，但对于对方乃至对方的家人都十分尊敬、亲如一家。家庭成员的朋友要是在李家留宿的话，需要和当家人李鸿文说一声，当家人一般都会同意其在家居住。

（二）打牌以小赌为主

李家人很少打牌，因为深受李方荣的影响，家庭成员不敢再进行输耍，最多是玩水浒纸牌，并且不赢钱。李方荣当家时，输耍成性，总是在外赌博，如玩推牌九、酒壶推浆杆等，一旦玩起来则不顾赌额的大小，直接用家里的耕地和粮食作抵押，家中的祖业基本都被他败净。李家后人引以为戒，本着"小赌怡情"的心态玩牌。李家人认为打牌耍钱是不好的行为，李家人多是在冬天"猫冬"①的时候偶尔玩一玩，不可随意输耍。

（三）男女均可串门聊天

1949 年以前，家里人会出去串门聊天，李鸿文一般不会阻拦。家里的妇女和男人有时会在路上和他人闲聊，西莲村的村北部即接近耕地的附近有一棵大柳树，人们在春夏季节多是去那坐着休息、纳凉，李家人有时还会去邻居家里聊天。男性聊天的内容多为农活，女性聊天内容则为家务事，而小孩子则会找自己的同伴去玩耍。去别人家聊天或者出门的时候都不允许披头散发、衣装不整，最起码要穿的整洁得体。李家人去别人家聊天的时候没有在别人家吃过饭，别人也没有在李家吃过饭，到了饭点的时候都会主动回家。

（四）庙会中拜神求安康

西莲村的西面有一座关公庙，东蛇山子乡里也有大庙，每逢四月初八都有庙会活动，李鸿文的妻子魏氏还会带着小孩子去逛庙会。去逛庙会的时候一大家人都会一起过去，如果男人赶马车去就会更加方便，若不赶马车，李家人则会徒步前往。妇女和家里的老人会主动给庙里的神仙烧香、跪拜，祈求家人身体健康、来年风调雨顺等。

（五）看扭秧歌、听二人转

1949 年以前，李家没有享受过太多的娱乐节目，就当时的社会条件来看，娱乐节目的形式较为单一，就李家来说，家里人多是在逢年过节时才会去听二人转、看扭秧歌等，即都以东北的本土特色为主。二人转一般和扭秧歌同时进行，有的人在唱戏，有的人则扭秧歌。李家的大人和小孩都喜欢去凑热闹，如果家中有活，家庭成员就要留在家中干活，如果没活的话便可以前去，李鸿文不会阻拦。

---

① 猫冬：意指躲在家里过冬，泛指躲在家里不出门。"猫"在东北方言是"躲藏"的意思。

第五章　家户治理制度

李家的大大小小事情均由当家人李鸿文管理,他的妻子魏氏只需要管理家务事,二人内外分工、共同治家。李鸿文作为李家的当家人,他在家中具有至高无上的权威性,其他的家庭成员都要听他的安排。李家虽然没有成文的家训,但一直以来保持着忠厚、朴实的良好品格,并且由家庭成员世世代代传承。李家遭遇到最多的天灾即虫灾,但诸如旱灾、涝灾、风灾和雹灾也都有过。李家属于小家户,家中无财,所以没有遭遇过土匪抢劫。李家举办过的公共活动即祭祖,每到清明时节,家中的男人们都要去祖坟上给祖先上坟烧纸,并且摆放供果和酒水等,以表达对祖先的崇敬、怀念之情。1948 年分家之前,李家参与过的村庄公共事务有会议、修桥、修路、打井和治理灾害等,家庭成员均为自己出工,没有花钱找人顶替。李家还需要上交"出荷粮",虽然家中所产不多,但李家人从不会拖欠。

一、当家人当家

李家的当家人即李鸿文,家里的事情均由他一人负责,妻子魏氏也会帮忙一起分担一些家务事,因此他俩是李家的男家长和女家长。李家无论是谁做主当家,都要靠自身的实力,因为只有这样家庭成员才会信服他,如果李鸿文有做错的地方,家庭成员们可以提出,并且商议解决。

(一)当家人有其选择

李家的当家人一直只有一个,即李鸿文自己,他的妻子魏氏只是负责帮助他管理家务事。因此,李家的当家人有且仅有一个,而家长则有两个,男家长即李鸿文,女家长即魏氏,各自分工管理家庭的大小事情,最终需要决定的事宜由李鸿文做主。李家的当家人极具权威性,家庭成员对当家人说的话基本都会表示赞同,没有反对。如果当家人做错了什么,李家的家庭成员也可以提出意见。

1.有父不言子,有男不言女

李家只有一个当家人,没有出现过多个人轮流当家的情况。李家的这个当家人必须存在,而且一个家庭无论是大家户还是小家户都要有一个领导者,这个领导者便是当家人。但是家里一般会有男家长和女家长共计两个家长,由此看来,李家的男家长和女家长分别是李鸿文和魏氏。在一般情况下,一个家户的当家人和男家长多为家中的男性长者,女家长则要和当家人、男家长相对应,比如家中的男性长者为爷爷,那么他便是当家人,与之对应的奶奶即女家长;父亲若是当家人,母亲便是女家长,而且只要家中有长辈在,晚辈就不能越级当家。李家的长辈虽然有李方荣和王氏,但他俩都年事已高,并且王氏患有精神疾病,只能由他们的儿子李鸿文当家,故李家的男家长和当家人即李鸿文,女家长则为魏氏。李家在确定当家人的时候不需要特意召开相关会议,只要得到家庭成员们的同意即可。

当家人这个词语在当地没有特殊叫法,家庭内部人员是按照辈分来叫当家人,没有别的特殊称谓。比如李鸿文的妻子不可以直接叫李鸿文的名字,可以喊他为当家的,李士如、李士奎等子女要称呼他为父亲。李鸿文是家中的权威,干农活的时候他会和自己的儿子一起去,等到年纪大了,他便只负责指挥这些事情,不会具体去做。而对于李家的家庭内部事务,比如洗衣、做饭、做衣服和照看孩子等,都是由魏氏说得算,因为在分家之前,她自己的年纪也不大,所以家中的活她都会去做,等到年纪大了,她会吩咐自己的儿媳们去做。

2.当家人的绝对权威

李家的当家人极具权威性,家庭成员也承认李鸿文的这种权威,大家都很尊敬他,没有不满意他的人。李家没有写过什么东西来向外人宣布谁是李家的当家人,因为李家人觉得这件事情没有必要,而且大家也都知道谁是李家的当家人,也自然而然知道谁在管理李家的诸多事宜。假设一个家户之中只有一个儿子,那么当家人则必然是他;要是有多个儿子且未分家的话,就由长子当家或能力强的儿子当家,只要兄弟之间能够商量好,谁当家这件事情都没什么问题,大家均可以一致通过。

(二)当家人拥有权力

当家人要想拥有权力,主要是靠自己的实力。李家的家长在财产管理、劳动分配、婚丧嫁娶、制衣分配和对外交往等方面,都拥有着管理权,家长是全家的代表,家庭成员对他们都表示服从。如果家长有做的不对之处,其他家人也可以提出,之后会进行改正。

1.权力来源于自身能力

当家人的权力来源于自己,只有自己有能力才能够当上当家人。一旦成为了当家人,他的权威便得到全家人甚至整个家族的认可。李家虽然有一个当家人,但有两个家长,即李鸿文和妻子,他们一个管外部事务、一个管内部事务。即李鸿文负责管外部事物,魏氏负责管内部事务;等到两位老人都不管事的时候,家中便由其儿孙当家。家里遇到大事时,李鸿文会找家庭成员进行商议,不会自己独断专行。

2.当家人管理钱财物

李家的收入主要靠农业,李鸿文偶尔会去沈阳卖香油,李家的财产均由当家人李鸿文统一管理,家里用钱的时候也都由当家人统一开销,家中的收入基本可以满足日常花销。家里的地契、现金等贵重物品都被当家人锁在自己屋中的大柜子里面,其他人基本碰不到。关于聘礼和彩礼等也都由当家人李鸿文决定,比如谁家若是结婚请客,李鸿文会说好随多少东西,之后看什么样的事情,究竟由谁前往比较合适,如果是小孩子的满月酒则由魏氏前去,若是近亲的婚礼则由夫妻二人同去,如果是远亲或者一般人家的婚礼,则谁去都可以。李家的儿媳妇们基本没有带来什么嫁妆,即便带来了嫁妆也归她们自己所有,当家人李鸿文无权支配,分家的时候也归她们自己所有,外人不可随意分割。李鸿文家最好的陪嫁嫁妆即两床被褥或者几件衣服、几匹素布,没有别的东西。即使在分家的时候,她们自己带来的陪嫁物品也归自己所有,不可以被其他家人进行分配。

李鸿文当家时,没有对土地进行过买卖,即便有这种事情,李家也是由李鸿文管理,他会找自己的儿子和妻子商量,不会和其他人谈论这些事情。卖地的时候也有讲究,都要先卖给和自己家关系近的人,即亲戚优先、外人靠后。李家的粮食都由魏氏统一安排,李鸿文不会管理,但是他偶尔会告诉魏氏今天想吃什么。

3.当家人不管制衣分配

李家在1949年之前基本没有买过做好的现成衣服,都是买好布料之后再由家中的妇女进行缝制。李家属于贫弱小家,不会经常添制新衣,不像大家户一样,每逢过年过节都会做新衣服、穿新衣服。家庭成员的衣服只有破到不行的时候,李鸿文才会让妻子张罗着给家人做衣服,否则并不会这样。李家的收入基本可以满足自家人买布料做衣服的费用,不需要从别人家借衣服穿。李家的家庭成员也可以在冬天穿棉衣,而有的人只能在冬天"跐拉"①着单鞋,终日只能靠烤火盆取暖。李家家庭成员们的被子需要共用,因为本来就很少,必须要一起使用,比如小孩子和自己的母亲用一床被子,十岁以下的兄弟或者姐妹也会盖同一床被子。家里的衣服都是大的孩子不能穿之后再给小孩子穿,一个一个地传下去。对于实在穿不了的衣物,李鸿文的妻子魏氏会把这些旧衣服做鞋子或者鞋垫等。

4.男女分工做劳动

李家的农活主要由李鸿文做主,家务事由他的妻子魏氏说得算。家庭成员都会听从他们两个人的安排,没有不听从安排的家庭成员。在农忙的时候,家里的青壮年男劳动力必须下地干活,妇女则在家做饭、洗衣、带孩子等,有着明确的分工。等到农闲季节,李家人会忙着院子里面的活,李鸿文偶尔也会去沈阳卖香油,所得收入全部用来贴补家用;而老人一直在家待着即可,不用下地干活;小孩子等到十六七岁之后才可以去地里干活,其他时间多是在学堂学习,不用下地干活。

5.当家人管理婚丧嫁娶

李家在红白喜事这方面,都由当家人李鸿文做主说得算。孩子结婚的时候,都由李鸿文和魏氏做主说得算,必须经过他们同意之后才可以成亲。对于爷爷当家的家庭,结婚事宜要由爷爷做主说得算,即谁当家谁做主说得算。当事人始终没有什么发言权,只能遵循"父母之命,媒妁之言"。李家人在结婚的时候没有发过相关证书,因此不涉及在结婚证上写名字的事情;李家没有人离婚,也不存在这种情况。李家在祭祀的时候,如在逢年过节时,家人都要给自家的祖先上香、上供等,这些事情都要由李鸿文亲自主持。李家没有立遗嘱这种情况,但如果真的立了遗嘱,后人都要遵从去世老人的遗愿,并且尽心尽力地完成老人的遗愿,以慰老人的在天之灵。

6.当家人代表家户对外交往

在对外关系方面,李家的当家人李鸿文代表整个家庭,例如,李家只有当家人李鸿文交的朋友才算得上是李家的真朋友,对于其他家庭成员交的朋友,则都不算做是李家的真朋友,像小孩子交的朋友更不能算是李家的朋友。对于借贷这一行为,李家并没有发生过,李家在分家之前也一直没有人在外打工,李家虽然家穷,但是借贷都属于高利贷行为,李家即使借贷也还不起,也更没有人愿意为穷人家作担保帮忙借贷。

7.当家人权力也受约束

李鸿文当家时,因为自己的父亲李方荣年岁较高,又将家业败光,只能由李鸿文当家。李鸿文当家之后,虽然家贫,但他并没有像自己的父亲一样喜欢赌博,而是吸取父亲的教训,努

---

① 跐拉:即半穿着鞋子。

力干活提高家中的生活条件。当上当家人之后，李鸿文从来没有做过违背理法的事情，更没有在外面私自借债而对自己的子女后代造成一定负担。他对待家庭成员一视同仁，无论是自己的儿子、女儿还是儿媳妇。李家的男孩较多，一直没有想过找代理家长的事情。如果要是真的没有儿子、孙子，家里都是女孩的话，这样就会找自己的直近亲属等来当代理家长，但这种情况在西莲村鲜有发生。

（三）当家人担负全家责任

李家的当家人即李鸿文，他的妻子魏氏即女家长，他们分工合作，有主有次管理全家大大小小的各种事情，保障一大家子人的衣食住行、吃饱穿暖。等到当家人年纪大了之后，家中便会产生新的当家人，他们依然肩负着全家人的重任，力保家庭成员的安生。

1.当家人要总揽大局

李家的当家人是家里地位最高的人，管理着家里的一切大小事务，需要当家人决策的事情则都由他亲自决策、亲自出面解决，比如随礼、缴赋税、出工等事宜均由李鸿文亲自管理，凡是涉及重大利益的事情，李鸿文必须亲自管理，别人无法替代。李家有些事情则可以让儿子去做，比如跑腿、下请帖等小事。可见，李家的当家人虽然有权利，但也有管理家事的责任，即大事情自己管理，小事情由家庭成员去做。李家的当家人要管理好这一大家子人的衣食住行，还要保护好大家的安全，但因为李家属于贫弱小家，家中从不招土匪惦记，不用特意防范土匪。而村中的李家大户或者张家大户则要做好防护措施，比如张家的大门均用铁皮包裹，并且建炮楼等防范土匪。李家的当家人在日常还要营造和睦、团结的良好家庭气氛，并且要为适龄的男女解决嫁娶之事。李家的小孩若犯了一些小错，则由小孩子的父母去批评教育；李家没有犯过大错的人，如果真的犯了大错，多是要由当家人李鸿文亲自出面去解决。

2.能力才是好当家人的标准

李家人认为如果想做一个好当家人，首先他自己要有一定的能力，即能把这个大家治理好的能力，让家庭成员都能够吃饱穿暖、感受到和谐安定的家庭氛围。李鸿文当家的时候，李家不只是有一个家长，而是两个，即一个男家长和一个女家长，但最终的决定权掌握在男家长手中。李家人没有因为当家权的事情而发生冲突。当家人年纪大了之后就不用再做当家人，比如李方荣年纪大了之后就不再管家里的事情，便一直由他的儿子李鸿文管理。

（四）李家当家人未更替

李鸿文在当家时，直到1949年之前，家中的当家人一直没有进行更换，即一直由李鸿文当家主事。在分家时期，李鸿文也才四十多岁，家中不需要再产生新的当家人，而且李鸿文的妻子魏氏一直帮助他管理家务事，帮其分担不少事宜。因此，李家当家人的没有进行过更替，即一直由李鸿文当家主事，妻子魏氏则负责管理家庭内部事务。当家人李鸿文没有出过远门经商，而且生前没有什么大病，都是一些头疼感冒的小病，几天即可痊愈，家里的事情也一直由他管理。如果家里换了当家人，那么所有的东西都要移交给新的当家人继续管理，换当家人这件事情也不用告知四邻等外人，只要自家的家庭成员知道即可。

二、当家人不当家

李家并没有当家人不当家而让妻子、兄弟、长子或者其他人当家的情况，西莲村中也鲜有发生这种事情。一般来说，当家人不当家而由兄弟当家是因为当家人去世，当家人的儿子同时又没有长大,无法接任当家人,才会由当家人的兄弟当家。而当家人不当家由妻子当家的情况,也是因为当家人过世,家里面的儿子尚未成人、懂事,导致当家人的妻子不得不挑起管理家庭的重担,但是当家人不当家而由其他人当家的情况则非常少见。

三、家户决策

李家除家务事之外的一切事情均由李鸿文管理,妻子主要管理家庭内部的事务,两人分工比较明确,家里的事情由夫妻二人商量解决。

(一)当家人为决策主体

李鸿文当家时,家里的事情均由他来管理,家务事则由妻子魏氏负责。家里虽然有李方荣和王氏两位年长者,但他们均不符合做当家人的条件。比如李方荣年轻嗜赌成性,败光家业,妻子王氏有精神疾病,因此他们都不适合继续管理家中的事务,李家的一切事宜均归李鸿文和魏氏负责,由他们两个做主说得算。只要家长做的决定是正确的,李家的家庭成员都会服从。家里的事情也一般由当家人先做决定,之后再吩咐家人去做,李家并没有为此开过家庭会议。

(二)具体事务由家长共担

李鸿文和魏氏各有分工,家里的农务事如种地、秋收都由李鸿文说得算,还有房屋的修缮、购置房产和田地等也由他做主决定。对于家庭内部的家务事,如做饭、洗衣、制衣、照料孩子等,则由李鸿文的妻子魏氏直接管理,并对此做出相关的决定。

四、家户保护

李家在未分家之前,遇到的最多的天灾是虫灾,整个西莲村内也都是这种情况。即便受灾,村庄或者政府也不会管理,农民只能求自保,只能依靠小家户的力量去抗灾。李家属于穷苦小户,不用特意防备土匪。

(一)为成员提供社会庇护

李家人并没有和别人家发生过矛盾,如果有这种情况的话,比如在生产生活上与别人家发生一些矛盾,就是由当家人出面进行调解;如果与外面发生矛盾的时候,都必须由当家人出面与对方协调,当家人作为家庭的管理者,他说的话、做的事才有效力;而妇女则很少去处理这些事情。若确实是自家人有错在先,李鸿文会教育自家人,并且向其他家户道歉,不会助长不正之风。李家也讲"家丑不可外扬",家里面不好的事情不希望往外传,希望最好能够在家庭内部进行消化解决,尽量不让事情扩大化。

(二)为成员提供情感支持

李家的家庭成员如果在外面受了委屈,都会向自己的家人进行诉说,家庭成员也会对他进行安慰。李家一直没有在外长时间打工的家庭成员,李家也没有让自己的儿媳在家里受气,李家的女儿也没有在她们的婆家受过欺负,如果夫妻二人因为琐事吵嘴、打架,也不会放任不管,更不会劝夫妻二人离婚等。李家的家长对儿女都有期望值,但不会逼迫孩子们去做自己不愿意做的事情,只要儿女成家立业、平平安安就是李家父母的最大心愿。李家人认为家是心灵的寄托,是温馨的港湾,是在自己最累、最苦的时候都会想回去的地方。

(三)全家人一起防备天灾

李家在未分家之前，遇到最多的天灾便是虫灾，其他灾害则不是很严重。每次遇到灾害时，全家人都会在一起想办法进行抗灾。

1.全家同舟共济

李家遇到过虫灾，这时高粱叶上会长满密虫，并且没有有效的药物对虫灾进行防治，李家人只能用当地的土方法，即用小灰兑水，之后再往植物的叶子上涂抹，以求杀死害虫。每逢遇到虫灾年，李家的男女劳动力都会出门一同救灾。李家偶尔会遇到雹灾、风灾、水灾等年头，但这种灾害不像虫灾可以人为抵制，李家人只能听天由命、看天吃饭。李家的土地不多，一直没有请过雇工，所以不存在拖欠雇工工钱的事情。总之，李家遇到灾害时都是自家人在一起抗灾，外界不会提供帮助，李家人也会为此而省吃俭用，如把饭做得稀一些，不做新衣服等。李家的粮食基本可以满足全家人的需要，基本不存在吃不上饭的时候，也没有向外寻求过救济。全家人也会因为共同患难而变得更加团结，家庭氛围也更浓。发生灾害的时候，李家人一直没有去求神拜神，也没有在外借粮，家庭成员均听从当家人李鸿文的安排，全家人在一起同甘苦、共患难。

2.灾荒年间无需外逃

李家土地虽少，但粮食基本够用，没有在灾荒年间外出逃荒的情况。若想要外逃也需要一些资金，李家不具备相应的条件，因此根本没有想过外出逃荒。遇到灾荒时，李家人都会同心协力、一同抗灾，共同渡过难关。李家吃的粮食都会去皮吃，家中的粮食基本够用，不需要太严重的节衣缩食，家庭成员也都能吃饱，不用找别人家去借粮食，更没有其他人家找李家来借粮食。村民家中若是受了灾，村民们一般都是自行解决，即找亲戚、邻居或者大户去想办法，基本不会去村里求情。

(四)李家无需防备盗匪

李家属于穷苦人家，家里面粮食很少，仅够维持家用，钱财更是少的可怜，盗匪根本不会惦记李家的钱财，更不会来李家进行抢劫，李家也没有遭遇过小偷的抢劫。村中的大户张家则被抢劫过，抢劫的次数多了，张家人便全家外逃。除此之外，西莲村中基本没有被土匪抢劫的情况。村庄倒是为了防备盗匪、小偷等修过壕沟，即在村子的四周挖坑，防止他们进村抢劫。

(五)家户具备扶弱功能

李家在1949年以前有精神疾病的患者，即李鸿文的母亲王氏，她得此病主要是因为年轻的时候和自己的丈夫李方荣生气，之后被气得精神出了问题。李方荣在二十多岁当家时起，便喜欢赌博，输耍成性，家中的土地、粮食、财物基本都被他败光。有一次风大，家里的草房盖基本要被掀掉，王氏便去找正在赌博的李方荣，李方荣则告诉她"家里的破房子修什么修，就那样吧"，从此李家便多了一个外号，即"破房子"。王氏长年累月和自己的丈夫赌气，并为他心忧、惆怅，导致精神崩溃，最终在一九四几年的时候跳井自杀。等到李鸿文当家时，他吸取了父亲的教训，杜绝赌博行为。王氏虽然有精神疾病，但当地的官府、村庄、家族等并没有给予过她一定的照顾，由李家这个大家户一直照顾着，家里也从不要求她做家务活等，处处为她提供着生活保障。最终由李鸿文为她养老送终，待李方荣百年之后将其一同合葬入祖坟。

（六）其他一些保护功能

李家属于西莲村中的小户，人少、地少、粮食少、钱财更少，条件很一般。但家里若有乞丐来要饭，李家人还会尽其所能，如果有剩下的饽饽①就给他们剩下的饽饽，有剩下的大饼就给他们剩下的大饼，尽量帮助他们。村中的人基本都知道李家的情况，所以他们并不会来李家借用粮食等。

五、家规家法

李家有着忠厚、朴实的良好家风，并世世代代得到了传承。但李家并没有形成成文的家规家法，都是一些在日常生活中约定俗成的规矩，李家的所有家庭成员都要遵守这些规矩，比如做饭、吃饭、座位、请示、请客、进出居室、扫地、茅厕、制衣洗衣、洗漱洗澡等方面的规矩，都需要全家人一起遵守。李家还存在一些禁忌，家庭成员都要时刻注意，不可犯家中的忌讳。

（一）默认家规

李家没有成文的家规家法，但有很多默认的规矩，家里的人都会去遵守这些规矩，但并不用专门去学习，李家的大人会在日常生活中告诉自己的孩子应该如何做事情，而李家的媳妇则是通过自己的丈夫、婆婆等人了解到，也不需要特殊的学习。家庭成员在日常生活中都要遵守家规，如果违反了家规，李鸿文也不会对其进行打骂，多是说教一番，并且告知其做事的道理，且不可再犯类似的错误。李家的默认家规和家族基本相同，甚至与同村人讲究的规矩都差不多。李家的规矩没有触犯法律的地方，更没有与国法相冲突之处。家庭成员没有反抗过家规，大家都按照家规做事，这样有利于家户的和谐，正所谓"无规矩不能成方圆"。

李家的默认家规体现在日常生活中的各个方面，如做饭、洗衣、座位、请示等，都有相应的规矩，而且还有相应的禁忌，李家人不可触犯。李家的默认家规需要每一个家庭成员去遵守，不用具体划分谁应该遵守哪方面、谁不用遵守哪方面，无论家长还是家庭成员都要遵守，即一碗水端平。李家对待女性有一些特殊要求，如不可以随意顶撞公公婆婆等长辈，串门切记不可衣冠不整、披头散发等。对待小孩子也大体相同，要求他们要听从长辈的话，不可随意贪玩。李家的家规约束的范围是整个家户，只针对李鸿文家里的人，对于其他外人则没有任何约束力，即便是亲戚、朋友、熟人等也都没有。

（二）默认家规的主要内容

李家的家规关系着每一位家庭成员的成长，甚至还会影响几辈人。家里的家规家法都是在日常生活中一点点积累而成，都是一些默认的规矩，家人都要时刻注意做饭及吃饭、座位、请示、请客、进出居室、制衣洗衣、扫地、茅厕、洗漱洗澡等方方面面的规则，并且全家人都必须遵守，不可违背。

1.做饭及吃饭的规矩：妇女做饭，全家同吃

李家的饭菜主要由妇女做，男人不用管这些，一般都是做什么吃什么，每逢过年过节，家里还会吃顿好的。李家有自家的菜园子，并且面积还比较大，夏天的时候吃菜很方便，只要

---

① 饽饽：主要是指满族人对多种面食的统称。饽饽是满语词汇，至今仍为满族人民所袭用。饽饽的原料为糜子、黏谷和黏高粱。是满族人民种植的主要农作物，也是满族人民农业生产的重要组成部分。糜子加工去皮后俗称大黄米。黏谷加工去皮，称为小黄米。粘高粱加工去皮叫黏高粱米，这三种米经碾磨加工，粉碎成"面状"，然后才能制成各种饽饽。

直接去地里采摘萝卜、白菜、土豆和大葱等即可，不用特意去外面买，而且卖菜的商户很少。吃饭的时候在自家的主房屋内即可，一大家子人都可以上桌吃饭。

冬天的时候，李家人一般吃两顿饭，夏天农忙的时候吃三顿饭。这样的吃饭规律和当地的气候条件有很大关系，因为冬天不用干农活，耗费不了太多体力，所以只吃两餐，而其他季节干农活多的时候则要吃三餐。李家在夏天的时候主要吃水饭，因为天气太热，吃太干的东西也很难吃下去。李家不允许小孩子剩饭，更不可能随意把好的剩饭剩菜倒掉。小孩子要是剩饭，也不可以随意扔掉，他们的父母会帮孩子把剩饭吃完。李家的一大家人都在一起吃饭，所以全家人吃的饭菜也都一样。家里的小辈要给老人盛饭；而小孩子则自己去盛，对于太小的孩子，他们的父母会帮他盛饭、喂饭；其他成年人的饭多是自己去盛，妻子偶尔也会帮助丈夫去盛饭，没有太多讲究。动筷子的时候一般是老人先动，吃完饭之后由媳妇刷碗刷锅。

2. 座位的规矩：长幼有差，尊卑有序

李家自家人坐座位没有太多规矩，如果家中有客人造访，只有长辈以及同辈才可以在桌上吃饭，座位也有相应的讲究。李家家中没有八仙桌更没有太师椅，如果有的话，也只能是家中地位最高的人来坐，虽然李方荣和王氏不再管理家事，但他们是家中地位最高、辈分最大的人，这个重要的位置理应留给他们。当家中有宴请时，家中的重要亲属要坐上座，李家只有辈分最高的人和当家人才可以陪客，其他的家庭成员只能坐在下座。如果没有客人来访，则一大家子坐在一起吃饭即可，没有太多讲究。

3. 请示的规矩：事先告知当家人

李家关于生产的活动都由李鸿文做主说得算，家中年纪大的老年人由他们自己决定干活与否，李鸿文的父亲和母亲也很少干活，其父李方荣在年轻时整天赌博，后来他的妻子被气病，他俩都不干活，家中的活都由子女去做。关于家庭生活方面，无论是做饭还是洗衣，都由李鸿文的妻子魏氏说得算。家中小孩子上学的事情不需要特殊请示，到了读书的年纪就可以去读书。家庭成员外出时或者参加红白喜事时需要和当家人说一声，当家人也都会同意。李家关于请示的事情都由口头进行汇报，不用开家庭会议。

4. 请客的规矩：红白事均宴请

李家请客的事情只有婚礼、满月酒、丧事等红白之事才会宴请宾客，除此之外李家并不会请客，如盖房子、老人过寿等。在宴请的时候主要是李家的亲属、朋友和邻居等人，并且不分娘家和婆家人，主要看亲疏远近，比如李士如的老丈人要比自己家的远房亲戚关系近。李家在兴办酒席过程中，还会找来专门陪客的人，宴请的饭菜没有什么区别。家里的贵客一般指家中比较有本事以及辈分较高的亲戚。摆酒席所需的厨具都由办事情的人特意带来，李家人不用自己去借。李家存在"把客人陪好了"的观念，一般吃好喝好就算把客人陪好。开席的时间即饭菜上得差不多的时候，李鸿文在开席之前不用致辞。菜吃的差不多、客人都陆续走了就算散席，没有太多固定的规矩。李家在宴请之前也很少下请帖，连结婚这种喜事都很少下请帖。李家的孩子在上学时没有特意请老师吃过饭，李家无此风俗习惯。

5. 居住进出的规矩：居则有类，入需告对

李鸿文家的正房属于坐北朝南的走向，共计五大间，东西厢房各两间，一共四间。家中的九间草房供这一大家子人居住。李家的五间正房按照辈分来居住，即李家的长者住在正房的最东面，因为家中只有十口人，因此五间正房刚好满足李家人的需求。家中的厢房主要当作牲口棚、草料间等,不需要住人。李家的房子坐北朝南,窗户的走向即为南北。李家的房屋以土坯和稻草结构为主,李鸿文还为此经常修补。

李家有个大院,院子的四周也有院墙,并留有排水口等。李家院内没有水井,只有院外有一口公共的水井供全村人使用。李家的私人空间即院墙以内的所有地方,而李家院墙以外的地方则属于公共空间。李家房屋的修建和布局需要看风水,当年盖祖屋的时候也都请风水先生看过,之后才会进行修建。李家的房屋基本足够居住,家人没有在外借住的情况,如媳妇在娘家住等情况均没有。

6.制衣洗衣的规矩:女性完成

李家的衣服主要由李鸿文的妻子魏氏做,等到李士如娶妻之后,则由婆媳二人一起做衣服。家里的衣服也由魏氏来洗,等到李士如娶妻之后,他的衣服则由自己的妻子去洗。李家的李士奎、李士昌、李士荣和韩李氏均未成年,因此他们的衣服主要由魏氏洗,李鸿文的衣服也由魏氏洗。王氏虽然有精神疾病,但属于间歇发作性质,帮助自己和丈夫洗衣服这种事情都可以做,儿媳魏氏偶尔也会帮忙分担,比如清洗被罩、厚重的衣服等。无论是夏天还是冬天,李家的衣服都在大盆中洗,洗好之后的水倒在院子里,衣服直接晾在院子内的洗衣绳子上即可。李家门口有水井,因此洗衣用水都比较方便。

7.洗漱洗澡的规矩:自我完成

李家家中有洗脸盆,之前是木头盆,后来才买得起铁盆。李家没有盆架子,洗脸的时候直接把盆放在锅台沿上或者凳子上。李家的各种盆子并不会胡乱使用,因为李家人也严守规矩,即做饭的盆子只用来做饭,洗脸的盆子只用来洗脸,洗衣服的盆子只用来洗衣服,各种盆子都有自己的用途,不会随意掺和着乱用。但毛巾都是公用,无法做到每人一条毛巾。烧热水则不一定,谁有空谁便去烧火,但是不会让小孩子去做这种事情,都是他们的爸爸或者妈妈帮忙烧水。每天洗手洗脸的时间即在早上起来以后,冬天用热水洗,夏天用凉水洗,如果脏了则可以再洗,没有限制。洗完的脏水直接倒掉,无需重复使用,之后再放入新水进行洗漱。小孩子是由他的妈妈帮他洗,其他人都是自己完成。

夏天洗澡时可以去大河里面洗,但是男人和女人的洗澡地点不同,一般是分开在河水的两面,互相看不到彼此。李家的女人多是在家里面用大盆洗,她们洗完澡的水可以倒在院子里,但要倒在离门远一点的地方,以免妨碍别人走路,如果直接倒在门口,还会被公婆骂,认为她十分懒惰。在冬天的时候,人们干的农活和流得汗都比较少,基本不洗澡。原来在村里乃至乡里都没有公共的澡堂子,新民县内虽然有,但李家不会花这种钱特意去洗澡。家里没有人给老人专门倒夜壶,除非是年纪大、不能生活自理的老人,他的儿女才会帮助他倒。

8.扫地的规矩:专人专职,略有禁忌

李家都会在平时用抹布抹箱柜,用笤帚打扫屋地和院内等地方,打扫出来的垃圾直接倒在院子外或者河边上等地点。李家用来打扫的工具都是自家人做的,村里每家的男人基本都会做这个。如果用坏了,李鸿文还会继续修一修。家里的工具平时都放在厢房里面,有固定放置地点,不会随意乱扔。李家在扫地方面有一些忌讳,在当地也普遍存在这种忌讳,即如果一个人扫地没有扫完,只扫到了一半,则不能让另外一个人接着去扫,必须要由一个人全部扫完。这为了防止与家里若有人去世需要两个人一起扫棺材这种忌讳发生关联。还有就是在大年初一时不能扫地,这意味着散财,把家中的财气都扫没了。

9.茅厕的规矩:性别无差,年岁有异

李家有厕所,但仅有一个,即不分男女。家里的厕所坑很深,一般一年收拾一次,基本都由李鸿文收拾,收拾好的粪便和黑土放在一起,之后用来施肥。李家有尿盆,但主要给小孩子使用,第二天他的爸爸或者妈妈会帮忙倒掉。而大人基本都出去上厕所,等到冬天的时候,老年人嫌外面冷才会在屋内使用尿壶。牲口的粪便收拾好之后也会放在院子外面,之后放在一起和黄土进行搅拌,每逢种地之前,李家都会将这些粪肥放到庄稼地里,对于牲畜拉在路上的粪便,李家人不会去捡。

10.其他规矩

1949 年以前,李家在睡觉这方面没有太多规矩,只要困了、累了便可以睡觉。李家也会教育孩子们要站有站相、坐有坐相,女孩子在坐着的时候不可以跷二郎腿等。李家值钱的东西都会放在柜子里,并且李鸿文还会把柜子锁上,以免东西丢失。

(三)家规家法的制定者

李家的家规主要是从祖上传下来的,李鸿文当家时他并没有制定过太多规矩。李家人认为这些规矩都很正确,也会将这些规矩一直传下去。李鸿文会根据实际情况对家规家法进行一些修改,但并没有和家庭成员进行商量,也没有为此而开过家庭会议。

(四)家规家法的执行者

李家的家长在平时生活中都会按照家规家法办事,如果家庭成员有做错的地方,李鸿文会提醒他们做错了。李家的家长需要以身作则,不能违反家规家法,如果做错了,也不会遭受到惩罚,只要努力改正就可以。其他的家庭成员也要在日常生活中依照家规办事,如果不照做,李鸿文会批评他们,但不会遭遇到什么惩罚,不会区别对待家庭成员。

(五)家规家法的影响力

家庭成员们通过言传身教的方式习得李家的家规家法,李鸿文也会言行一致、以身作则,为家庭成员做好榜样,并且在日常生活中经常提醒家庭成员们该如何做人做事。李家属于父亲当家,所以主要由父母教小孩子家规家法,其他人不会教。李家的家庭成员都会遵守家规家法,如果不遵守,李鸿文会通过语言的方式提醒他,但不会有惩罚。李家人认为,有规矩才能成方圆,如果小孩子在小的时候就受这种熏陶,对他今后的成长也有好处,即能起到预防的作用。小孩子犯错之后,李鸿文或者魏氏都会提醒他,以防止他们再犯类似的错误。

(六)家庭有禁忌

李家在分家之前有一些家庭禁忌,这也需要家庭成员时时注意,切不可犯了家中的忌讳,比如在过年的时候不允许洗头和洗衣服,也不能动剪子去做针线活,更不能向外面倒水和倒垃圾等;在正月里也不可以剪头发;要是家中有亲人过世,则三年之内不可以贴春联;新媳妇回娘家之后,不可以看娘家的祖先牌位,如果看了则容易破坏娘家的风水;家庭成员在吃饭时不允许出声音,也不允许将筷子插在碗中,或者用筷子、勺子等敲打碗盆。

(七)无族规族法

李家属于李氏家族,但并不像南方的大家族一般,李家没有族规,也没有族法,所以李家的家庭成员并不需要遵守族规族法。李家的事情都由李鸿文管理,没有事情归家族管理。如果家族成员有事需要求助亲戚,亲戚们都会帮李家的忙,不会推脱。

六、奖励惩罚

李家对家庭成员的奖赏一般都为语言激励，并且由父母激励他们。但李家基本不会惩罚家庭成员，若家庭成员做错事，李鸿文只是会在言语上进行说服教育，并不会对其进行打骂。

（一）对家庭成员的奖励

李家对家庭成员的奖励主要由李鸿文夫妻俩说得算，奖励的时候也以语言激励为主，物质奖励为辅。如果家庭成员在生产生活上表现较好，李鸿文可以对他给予奖励，但一般口头夸奖比较多，物质奖励很少。李家奖励的范围很小，即只能奖励自家的家庭成员，对于其他家庭成员取得的成就，这和李鸿文家没有一点关系。家中的年轻人也都一直孝顺老人，这样也会得到家庭成员的赞赏。奖励能起到一定的激励的作用，对整个家庭的良好氛围营造很有好处。

（二）对家庭成员的惩罚

李家基本没有惩罚过自家的家庭成员，更不会去殴打甚至将家庭成员逐出家门，多是在言语方面进行教育。教育的时候主要是李鸿文进行教育，其他成员则不会。李家在教育家庭成员时，其他的外人，如邻居、亲戚和熟人等并不会参与这些事情。李家只会针对自家的家庭成员，对于其他人，李家人则不会去管理，而且也不管李家人的事情。

七、家族公共事务

李家没有举办过太多公共活动，只是举行过一年一度的祭祖仪式，这也是李家最为隆重、盛大的祭祖仪式，家里人都要把这场仪式做好。李家在清明节时会举办祭祖活动，会去自家的祖坟烧纸。但并不是全家人都去参加，只有成年的男性可以去，其他的妇女和儿童都不能参加。在祭祖的时候，李家人需要给祖先磕头、上香、摆贡品、培坟和烧纸等。祭祀的钱都由大家户来出，各个小家不用为此而担忧。祭祖活动结束之后，大家便回去一同吃饭、喝酒，家里的小孩子和妇女也可以上桌吃饭。

八、家户纵向关系

西莲村并没有会社之类的组织，李家人也没有参加过会社组织。李家每年都会按时缴纳"出荷粮"，需要摊派劳役的时候，李家都会派青壮年前去干活。李家没有和别人打过官司，也不和县乡一级的领导来往，始终没有发生过冲突事件。

（一）家户受保甲管辖

西莲村的保甲制度以户为基本单位，但只有保长，没有甲长，村中的具体事务由村搭管理。李家虽然属于小户，但李家这个家族属于大户，因此和李家同甲的都为李姓人家，也都有亲属关系。李家的税赋每年都由李鸿文去缴纳，家里一直没有欠过钱粮或者差役，如果拖欠的话，都会让缓缴，不会随便抓人。如果李家发生纠纷，他们也不会去请保长或者甲长等外人，一般情况下都由李家内部去解决。李家的当家人李鸿文掌控家中的事宜，家庭成员没有违背过他的意愿，对他都很尊敬。

李家来了外村的亲戚不需要特意向保甲长等人报告，即使不报告，保甲长也不会去询问，更不会事后惩罚。邻居家里也没有来过可疑的外人，李家人也没有向保甲长进行过汇报。西莲村里并没有因为来了外人而出现事故，故西莲村的村民都没有承担过连带责任。李家没有家庭成员当过保甲长,李家人也不认为当上了保甲长就意味着很光荣。

(二)李家与县乡交往甚少

李家的社会关系相对比较简单,一是因为李家无在政府做官之人,二是因为李家属于贫弱小家,人微言轻,轻易不会和县乡一级交往。李家没有因为家庭的事情而去找过乡公所,家里也一向过得十分太平,并没有发生过纠纷,更没有为此去打官司。即便是保长、村里的村搭等人,李家也很少去找他们帮忙解决。

九、村庄公共事务

李家在分家之前,参与的村庄公共事务如会议、修桥、修路、打井、治理灾害等,李家人都会积极参加。

(一)当家人决定事务

李家在参与村务会议、修桥、修路、打井、治理灾害等事务时,都是由李鸿文做主说得算,他拥有最终的决定权,决定家里谁去参加村庄事务。

1.当家人去开会

如果村庄开会,一般都是由当家人李鸿文去开,因为家里的孩子都比较少,不能让他们前去。等到大儿子长大之后,李鸿文也会让大儿子李士如去开会。缴税的时候不用特意去村里开会,等到秋收之后直接去新民县内交"出荷粮"即可。

2.李家人亲自前往修桥等

1949年以前,西莲村里面修桥、修路的情况不多,但修河堤的次数比较多。每次需要派人出工,李鸿文都会前去,等到自己的儿子长大之后,他的儿子会帮他一起分担。西莲村内的修桥、修路、修河堤等事务均为义务性质,但是村民们还是会前去干活。而村中的大户人家,例如张家一般都会让家里的长工代替前去,之后用粮食作为回报。

3.参加打井淘井活动

李家没有自家的单独水井,但大门口的外面则有公共的水井,和其他村民一起使用。凡是使用这口水井的家户都要参加村里组织的集体打井、淘井的相关活动。打井的时候不牵涉保,多是几户在一起商量,然后便决定打井,打井的钱都是靠吃这口水井的家户来平摊。西莲村里的水井由村庄共用,修建均由吃水的家户出钱,等到水井有淤泥或者干旱的时候,这些吃水的村民们便在一起淘井。

4.当家人负责村费征收

村里在征收村费时主要是征收出荷粮,村民们都交粮食作为税赋,不用交现金,除此之外则没有其他的村费征收。村里在收村费的时候,则需要找李家的当家人李鸿文,如果他不在家就得找他的妻子魏氏,之后由当家人李鸿文负责,其他的家庭成员无法做主决定。如果家里没钱,可以说情缓交,但不可以不交。如果李鸿文出远门,家中的钱财自然由他的妻子魏氏进行管理,等到当家人回来之后再交相关费用。

5.全家一起治理灾害

村庄内发生的灾害即虫灾,不是全村人在一起去抵制,只是各顾各家的小家行为。发生虫灾时,村民们都是用小灰兑水,以人工的方式抹到叶子上,以达到治理虫灾的效果。所以在1949年以前,李家是以家户为单位进行灾害防治,而不是与村庄集体一起出动干活。

（二）保甲长通知当家人筹资

西莲村在组织修桥、修路和修河堤的时候，都要先和李家的当家人李鸿文事先说一声，之后再由他做出具体的安排。如果李鸿文有事不在家，可以先和他的妻子魏氏说，等到当家人回家之后，魏氏会把相关事宜告诉李鸿文，之后再由他做出定夺。村里在打水井的时候需要每家每户出资，李家同样会拿出粮食进行打井事宜。对于村中的大户，如果自家有水井，他们也要出部分资金，帮扶村中的其他老百姓能够喝水。

（三）当家人派家庭成员劳作

村里组织修桥、修路、修河堤的时候都是一家派一个青壮年劳动力前去出工，李家一般都由李鸿文前去，等到李士如长大成人之后，李士如也会帮忙进行分担。而对于大户人家，则直接用粮食去换工，让其他人帮忙去干活。李家没有人承担公共事务的看管职责，如看青等活动，李家人并没有人做过。一般来说，看青的家户多为生存困难者，家中无以为继，才会去看青。

十、国家事务

李家在分家之前，村里都需要村民缴纳出荷粮。但是大户的土地更多，粮食也更多，在缴纳出荷粮的时候还要多交一些，对此他们并没有意见。李家的家庭成员没有人当兵，但是李鸿文的弟弟李鸿志参过军。李家出过壮丁，都由李家人亲自前往。

（一）以家户为单位进行纳税

李家在缴纳税赋时以大家户为单位进行缴纳，通知缴纳赋税时也都会直接通知当家人李鸿文，不会通知其他的家庭成员，之后李鸿文会赶着马车亲自去上交出荷粮，丝毫不敢拖欠。

1.纳税的情况

李家在纳税赋税时均以家户为单位进行缴纳，在纳税时，李家按照土地面积进行纳税，李家的土地面积较少，因此交的赋税数量并不多，李家基本可以维持。每年临近秋收的时候都会给各家各户预估产量，在每年秋季收好粮食之后，便按照预估的产量上交，即使多产也按照事先的估产上交。李家每年交出荷粮的时候，均由李鸿文亲自送往新民县内，每年缴的税赋以粮食为主，一年只需要交一次即可。

2.缴税的主体

西莲村每年在收税的时候都会有保甲长来通知李家，即通知李家的当家人李鸿文，如果李鸿文外出不在家，保甲长会直接告诉他的妻子魏氏缴税的事情，之后再由她转告给李鸿文。在缴税的时候，都由李鸿文亲自前往新民县内的粮库缴税。等到李士如长大成人之后，他也会跟着自己的父亲李鸿文一同前往缴税。李鸿文没有在外打过工，即使去沈阳卖香油，也是在农闲季节前去，李家并不存在当家人长时期不在家的情况。如果是女性当家，家里的事情则由女性管理，自己的儿子要帮忙一同进行分担。

3.纳税的过程

1949年以前，乡镇上并没有粮库，西莲村的村民都需要去新民县内的粮站缴税赋，即上交粮食。李家每年都会按时缴税，不会拖欠，也不敢不缴。上缴粮食的时候都是自己家赶着车拉到新民县内，县里有时会给村民们一些布料作为回报。假如李家不纳税，村里的负责人一定会去找李家的当家人来要税，虽然不会抓人，但即便是延迟缴纳也要把赋税缴纳。李家没有请人代缴过税赋,也没有人找李家代缴过税赋。

(二)前去当兵,后战死沙场

李家没有人去主动当过兵,只有李鸿文的弟弟李鸿志当过兵,他是中国共产党的官兵,他当兵时才 18 周岁,后来打仗战死,成为了一名烈士。李家有人当过壮丁,因为李鸿文的孩子尚且年幼,便只能由李鸿文亲自出工去干活。村里抓的壮丁都是年轻力壮的小伙子,年纪不能太大,身体也要健康。若是处于战乱年间,不管男人的年纪有多大,他们都得前去当兵,一些老弱病残则负责抬担架等,年轻力壮的则去冲往前线。但是有钱的人家不会去,一般用粮食抵人即可,如村中的大户张树蔡家,一直都是用钱粮抵工,从不亲自当壮丁。

(三)按时派遣劳役

西莲村在摊派劳役时,不管一个家户内部里面有多少人,一旦上面需要摊派劳役,每家每户就要派家中的青壮年劳动力前去干活。李家在 1949 年以前经常参加集体出工活动,如修桥、修路和修河堤等,李家一次都没有缺席过,之后村里还会给予一定的粮食作为出工的报酬。村里需要派遣劳役时,保甲长首先会找到当家人,之后由当家人具体安排谁去出劳役,大家都听当家人的安排,没有发生过不愿意或者不服从当家人安排的情况。

(四)选举形式不正规

1947 年以前,尤其在日伪时期,西莲村的村干为村搭,主要靠买官,西莲村内并无选举。等到 1947 年之后,将买官的村搭取缔,上级任命一位地下党员在西莲村内担任村长一职,此后的村风才逐渐变正。

调查小记

　　此次寒假调研,不仅要完成两个小家户的调查,还要做问卷调查,在做问卷期间,我遇到了我的第二位受访者,他就是李士荣老人,和我姥姥家有亲戚关系,这也加深了我和老人之间的熟悉程度。

　　李士荣老人每天在家中并没有太多事情做,我来了之后,老人也觉得多了一个说话唠嗑的人。老人对自己家的家事历史十分了解,讲起过去的事情也特别清楚。李士荣老人和我之前调研家户的受访对象是一个祖先,即先人李尚贤,所以关于家户历史方面都基本相同,即祖上有在朝廷做官的先人,后来蒙难于清朝初年从山东省先落脚至辽宁省锦州市,后来又辗转搬迁到辽宁省新民县的西莲村。但是两家在之后的家庭生活则迥然不同,以笔者此次调查的家户为例,李士荣的太爷在朝廷当官期间积攒下了不少家业,但等到他的爷爷李方荣当家主事时,虽然当时才二十多岁,但是却养成了输耍的不良嗜好,将家中祖传的基业基本输光败净。李士荣的父亲李鸿文当家时,则充分吸取自己父亲的教训,严格禁止家庭成员打牌赌钱。家中的生活虽然无法像祖上那般繁荣,最起码家里的人不用出去给别人家"扛年头、做月子",可以基本满足全家人吃饱穿暖。

　　李士荣老人的老伴也十分配合我的调查,没有一点排斥情绪,始终积极配合。老人和老伴住在自家的三间平房内。记得我刚去的时候,老人正坐在炕上搓玉米粒,因为调研正值冬季,东北的农村普遍都是依靠火炕、土暖气等来取暖。老人十分热情地让我坐在炕头,生怕把我冻着。

　　接下来每一天的调查,老人都十分配合,有时老人还会边剥花生或者边搓玉米粒回答我的一个个疑问,我姥姥也会时不时地帮助老人干活,真的十分感谢姥姥的帮助,也感谢老人们的热情配合。

　　中国农村家庭结构是来源于历史上"一家一户"的家户制度传统,中国农村社会特质的本质表达就是家户的概念而非家庭的概念。正如徐勇教授所说:"在中国农村发展进程中,尽管家户制度被抛弃,但仍构成当下及未来农村发展的制度底色。"在中国农村的发展过程中,是十分有必要高度重视和深入挖掘这一制度的。同时家户制度调查也是我们学院的重要调研项目,家户理论也是我院最具底色的理论,每一位中农学子都要做好此次调研。

　　回顾此番调查,调研的难度虽然加大,但只要开始了,一切困难也就都克服了。这些都只是家户写作的前奏,经历了前期的材料准备和调研,才能为后期的高质量写作打牢基础。也正是因为我的姥姥帮我找到了两位"明白老人",之后的家户制度调查才得以顺利进行。非常感谢自己的姥姥张振华,还要感谢彭殿会、李士荣两位受访者,最后更应该感谢的是徐勇、邓大才两位恩师,正是因为他们提供了这个平台,我才有此调研写作的机会,也可以让自己在日后不断地写作中得到了学习与提高。

第三篇

以商养农:从商转农的小户存续之路
——关中永乐镇冯氏家户调查

报告撰写:郝 妍[*]
受访对象:冯祥林

———————————
* 郝妍(1994—),女,陕西省咸阳市人,华中师范大学中国农村研究院 2017 级硕士研究生。

导　语

陕西省泾阳县①南横流渠村位于陕西关中平原,1949②年以前,南横流渠村和北横流渠村合称横流渠村。当时,横流渠村大概有五百多户人家,其中大部分人家都是逃难到本地的。虽然村中没有大户人家,但是家中土地较多的人家有5户。其中王家、冯家各有130亩地,杨家有120亩地,张家、庞家各有90亩地。土地改革期间,王、冯、杨三家被划分为地主成分,张、庞两家被划分为富农成分。

冯家祖先在明末清初的移民运动中,从山西省洪洞县逃难至陕西关中。当时的关中人烟稀少,到处是荒地,冯家的祖先来到这片土地便开始垦荒种地,从此定居关中。1949年以前,冯家共有10口人,分别是冯老八、冯老八的妻子、冯德清、冯王氏、冯祥瑞、樊彩霞、冯祥林、邢淑莲、冯祥庆、冯进步。在分家前,冯家4代人一直生活在一起。冯老八有两个女儿、一个儿子,在村里算是孩子少的家庭。

1949年以前,冯家共有两项经济来源:一是收取地租;二是经营贩卖茶叶的生意。冯老八当家时,家里本有70亩地,后又陆续买入了60亩地。冯家土地最多时共有130亩地,其中80亩租给同村的姓库的人家耕种,50亩租给亲戚来种。儿子冯德清少时在邻县学做生意,回到家后在泾阳县经营茶叶、点心生意。刚开始做生意时需要去外面走货,主要是把泾阳的茶叶运到宁夏、甘肃去卖,然后买当地的烟草、香料带回本地卖。冯家有了一定积蓄后,在县城租了一个门面卖茶叶、点心,由冯德清负责管理。因为冯德清是学生意出身的,所以冯德清又把冯祥瑞送到朋友的点心铺当学徒。约在1943年以后,因为生意越来越不景气,冯德清便关了县城里的铺子回到了乡下,此时冯家的经济来源只有收取地租一项。回到乡下后,冯德清就安排冯祥瑞跟着冯王氏的哥哥学习种地。至此,冯家经历了从经商到务农的转变。冯老八去世后,家里收取的地租也越来越少,加上冯德清在听说山西开始分地的事情后便开始把自己家的土地卖掉。在1949年分家前,冯家只剩下祖辈传下来的70亩地,分家时冯祥瑞、冯祥林、冯祥庆每人分得20亩,剩下的10亩地作为冯德清夫妇的养老地。分家时因为三儿子冯祥庆还没有成年,所以冯德清夫妇带着三儿子继续和冯祥林一家生活在一起。土地改革时期,因为冯家1949年以前家里地多被划分为地主,家中所有的地和房都被没收。

1949年以后,冯祥庆被别人家招去做了上门女婿,冯德清夫妇和冯祥林夫妇一直生活在一起。现在冯家的家长是冯祥林,即冯老八的孙子,他是1932年出生的。冯祥林老人现居南横流渠村2组,思绪清晰,口齿清楚。有幸能采访到老人,以了解冯家1949年以前的家庭经济、教育、治理情况,以及当时所处的社会背景。

---

① 泾阳县,隶属于陕西省咸阳市,位于陕西关中平原中部,泾河下游。

② 南横流渠村于1949年5月17日解放,考虑到家户特色和概况,本篇选取1949年作为本次访谈的截止时间。冯家于1949年新中国成立后分家,分家前一家四世,十口人生活在一个大家庭里。

第一章　家户的由来与特性

冯家祖先从山西省逃难至陕西泾阳县,泾阳县不仅地势平坦而且土壤肥沃。冯家祖先在当地垦荒盖房,最终落户于泾阳县永乐镇南横流渠村。冯家在分家前共有十口人,虽然是四世同堂,但是家里总人口数不算多。冯家祖先都是普普通通的农民,冯老八的儿子冯德清比较能干,靠做生意赚钱给冯家置办了几十亩地,从此冯家依靠冯德清这个生意人,从种地人转变成了当地较为富庶的人家。冯家当家人是冯老八,家里的大事由他安排;冯老八妻子是内当家的,负责家中的家务事。冯家因为家里经济条件较好,在横流渠村里的社会地位相应也比较高。

一、家户迁徙与定居

(一)从洪洞县迁居至关中

相传在山西洪洞县南部有一棵老槐树,是当时逃难者的聚集地,冯家祖先当时也是其中的逃难者。由于事情发生的年代久远且没有文字记载,冯家后代对于当时逃难的情形也只是从长辈的讲述中稍有了解。

当时的逃难者进入陕西后,主要集中在关中地区。泾阳县位于关中平原,地处泾河之北,是"八百里秦川"的腹地。因为地广人稀、土地肥沃且灌溉水源较为丰富,成为各地逃难者定居落户的首选地。初来到泾阳县时,冯家居住于县城西北部的张家山附近。那时的张家山山下荒地较多,除了之前逃难到此地的人外无本地人居住,此地也因此得名——新民村。新民村虽人烟稀少,土地荒芜,但却接近水源。冯家祖先在此开垦荒地,辛勤耕种。在此地生活多年后,因村子常受到山里的"蛮子"侵扰,而且山上灌溉水源日渐干涸,不得不迁居到县城东部,即现在的永乐镇南横流渠村。

冯老八在家中同辈排行老八,大名不知叫什么,冯家后代只知道人称"冯老八"。冯老八和兄弟分家之后继续和父母生活在一起,家里共有70亩地。冯老八共生养了两个女儿、一个儿子。1949年以后,因为冯家家谱被烧了,所以冯家的后代也不清楚冯家在南横流渠村生活了多少代人。

(二)四世同堂,小家不分

相传古有雪河滩,积水南流。在此地南流转向东流,向东流到永乐店转向流入泾河,故称该渠为横流渠。明朝末年,最早进村的人都住进渠北,取渠名为村名,即"横流渠村"。到了清末,因为村子的范围太大,横流渠村便分为两个村,冯家所在的村位于南边,因之取名"南横流渠",后简称"南流"。冯家的祖辈从山西迁至陕西关中,最终落户陕西省泾阳县永乐镇南横流渠村。冯家迁入横流渠村时,村里家户稀少,房屋较为分散。当时村庄人口较少,而且大多数都是从外地迁移过来的,还没有出现一位管理者来管理村庄。因此,冯家迁入南横流渠村时并不需要征得当地村长或者有威望的大户人家的同意。在那时候,只要在村里拥有自己的桩子①和耕地便标志着成为本村人。冯祥林坦言,自己并不清楚祖上刚迁至南横流渠村的具体情况,家谱也在1949年后被烧掉,他自己也只能记到冯老八那辈。冯老八在自己兄弟中排行老八,人称"冯老八"。冯老八共有兄弟八个,家里人多地也多。在冯家,冯老八的父母在儿子成家后便会给儿子分家,没有成家的儿子继续和父母生活在一起。冯老八的父母去世后,家里剩下的70亩地都由他继承。和其他兄弟相比,冯老八的儿子冯德清比较能干。冯德清早年在邻县的三原县城学做生意,后回到泾阳县城里自己做生意。冯德清做生意期间先后为家里买入了60亩地。冯祥林出生时,冯家通过经营生意置办田地,发展成为有一百多亩地的大户,也是同辈家庭中最为富裕的一支。冯家土地最多时共有130亩,房屋最多时共有三处,在村子里有两院,县城半截巷有一院。

二、家户基本情况

(一)生育少,人丁不旺

冯家家里人口最多时也只有十口人,分别是冯老八、冯老八妻子②、儿子冯德清、儿媳冯王氏、长孙冯祥瑞、长孙媳妇樊彩霞、二孙子冯祥林、二孙媳邢淑莲、三孙子冯祥庆及重孙冯进步。冯老八生育了两个女儿、一个儿子,在村里同辈人中算是生育子女数少的家庭。儿子冯德清共有四个孩子,一个女儿和三个儿子。

总体上看,冯家虽是四世同堂,但是家庭总人口数却不多。在1949年分家前,冯家共有四对夫妻,其中有一对老年夫妇,一对中年夫妻,两对年轻夫妻,两个儿童。年轻夫妻中冯祥瑞和妻子樊彩霞育有一子,冯祥林夫妇分家前还没有生育后代。

表 3-1　家庭基本情况数据表

家庭基本情况	数据
家庭人口数	10
劳动力数	8
男性劳动力	4
家庭代际数	4
家内夫妻数	4
老人数量	2
儿童数量	2
其他非亲属成员数	0

(二)普通人家

冯老八的儿子冯德清先后共娶过三个老婆,第一个老婆姓氏不明,没有生育子女,患病

---

① 桩子:现在的宅基地。
② 真实姓名不明。

168

去世。冯德清后又娶了第二个老婆刘氏,刘氏是当时逃荒到此的,与她一起的还有其 8 岁的儿子。至于具体如何嫁给冯德清,因为家长没有具体说过,冯家的后代也不是很清楚。儿子冯德清娶了刘氏后,与刘氏也没有生育子女。在冯老八的主张下,冯家用一车棉花跟同村人家换了一个男孩,也就是冯家的长孙冯祥瑞。在当地,哪家媳妇要是生不出孩子,家里便会抱养一个孩子作为"引子",希望抱养的这个孩子能为自家引来孩子。在抱养了冯祥瑞后,冯老八便给了刘氏逃荒时带来的儿子一笔钱,让他自己出去谋生路。所以刘氏的儿子虽跟随母亲刘氏来到冯家,但实际上并没有和冯家人生活在一起,他出去后便再也没有回来,直到 1949 年以后,刘氏的儿子回来寻找自己的母亲时,冯家人才知道他离家后去当了兵。抱养了冯祥瑞后,刘氏为冯家生了一个女孩,冯老八的妻子为其取名冯爱娃,小名"爱娃"就是希望她能为家里招来孩子。刘氏患病去世后,冯德清娶了同村的王氏,婚后生育了冯祥林、冯祥庆两兄弟。大孙子冯祥瑞约 16 岁时结婚,娶的第一个媳妇名叫陈三姐,结婚 4 年后陈三姐因病去世,在世时二人并没有生育孩子。第二年,冯祥瑞迎娶了第二个媳妇樊彩霞进门,并于婚后生下一子,取名冯进步。冯祥林于 1949 年结婚,婚后不到一年在冯德清的主持下和冯祥瑞分了家。分家后,冯德清夫妇与冯祥庆和冯祥林夫妇生活在一起。

在冯家,家长比较重视对孩子的教育。冯家除了冯爱娃没读过书外,冯祥林三兄弟都上过学。冯德清幼时读过两年私塾,略通四书五经;冯祥瑞只读了完小,完小毕业之后去了冯德清朋友的店铺学做生意;冯祥林八岁开始上学,学校位于县城造司街,读了一年初中便回家了;冯祥庆则是初中毕业,是兄弟三人中读书时间最长的。冯家的女性中,除了冯祥林的妻子邢爱莲认识几个字外,其他女性都不识字。在宗教信仰方面,家里男性都不信教,女性中冯老八的妻子和冯德清的妻子王氏信仰佛教。冯家没有人参与任何社会组织,都是普通人。

表 3-2　1949 年冯家家庭成员情况

序号	姓名	家庭身份	性别	年龄	婚姻状况	宗教信仰	健康状况	备注
1	冯老八	当家人	男	不明	已婚	无	良好	
2	——	妻子	女	不明	已婚	佛教	良好	
3	冯德清	儿子	男	60	已婚	无	良好	1962 年去世
4	冯王氏	儿媳	女	不明	已婚	佛教	良好	
5	冯祥瑞	大孙子	男	34	已婚	无	良好	抱养
6	樊彩霞	大孙媳	女	不明	已婚	无	良好	冯祥瑞第二个媳妇
7	冯祥林	二孙子	男	17	已婚	无	良好	受访者
8	邢淑莲	二孙媳	女	18	已婚	无	良好	
9	冯祥庆	三孙子	男	14	未婚	无	良好	
10	冯进步	重孙	男	11	未婚	无	良好	

注:因老人记忆所限,部分女性姓名不明。

```
                    冯老八(当家人)
                    妻子(内当家)
                        │
                    冯德清(儿子)
                    冯王氏(儿媳)
        ┌───────────────┼───────────────┐
   冯祥瑞(大孙子)      冯祥林(二孙子)      冯祥庆(三孙子)
   樊彩霞(大孙媳)      邢淑莲(二孙媳)
        │
   冯进步(重孙)
```

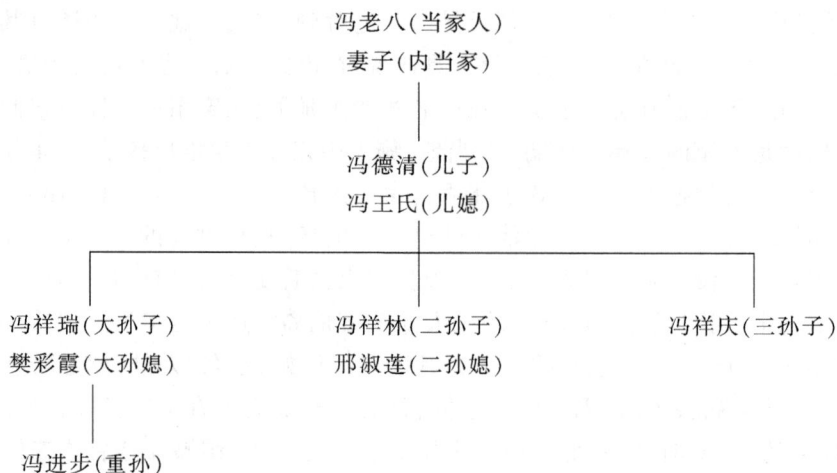

图 3-1　1949 年冯家家庭成员关系图

(三)十二间房建于村西

1949 年前,冯家共有三处房子,县城有一处,南横流渠村有两处。村子里的房子一处是冯家的老宅,另一处是从冯家本家人手里买来的。过去南横流渠村沿着县道自东向西分布,与皮马村以村子的东头的水渠为界,水渠两岸各有一条窄路,村子西侧与窦家村隔了一片耕地。在村子南侧有一条县道,县道的另一侧是南横流渠村村民的耕地,冯家的房子建在村西,穿过门前的县道就是自家的土地。

冯家的老宅坐北朝南,门楼是用土垒起来上加瓦的瓦门楼,大门口是一片空地,空地往前就是县道,大门正对县道。从风水上来看,家里的院子一般不能直接面对大街,否则气会直冲厅堂;从安全上来讲,为了防止过路的人一眼能看进家内,所以冯家的大门没有开在院子正中间,而是面对街道那堵墙靠东边的位置。冯家老宅共有十二间房、六间厢房、六间穿廊,进大门首先看到是东侧厢房,往左拐就是院子和院子前面位置的三间穿廊,院子东西侧各三间厢房,右侧的第一间是冯祥瑞的房间,第二间是冯家的粮食房,第三间是冯祥林的房间,左侧第一间是冯德清和妻子冯王氏的住处,第二间是冯家接待客人的客厅,第三间是冯老八和妻子的房间。院子前后各是三间穿廊,连接了左右两侧的厢房,冯家的厨房、厕所、杂货棚都在后院,中间是一个长方形的院子,下雨时雨水会顺着房沿汇入院子,通过院子中间的"水斗"将水集中排出院子。盖房子的时候会提前在门口修暗渠,把院子里的水引出去,所以即使遇上连续暴雨的天气,院子里也不会积水。村里邻居之间多以院墙或者乡村道路作为分界,冯家东边是冯老四家,以院墙为界,西边是一片空地。

冯德清做生意期间,在县城买了一处宅子,宅子是直接从县城里的一户人家手里买过来的,共十二间房,其中六间穿廊,六间厢房。

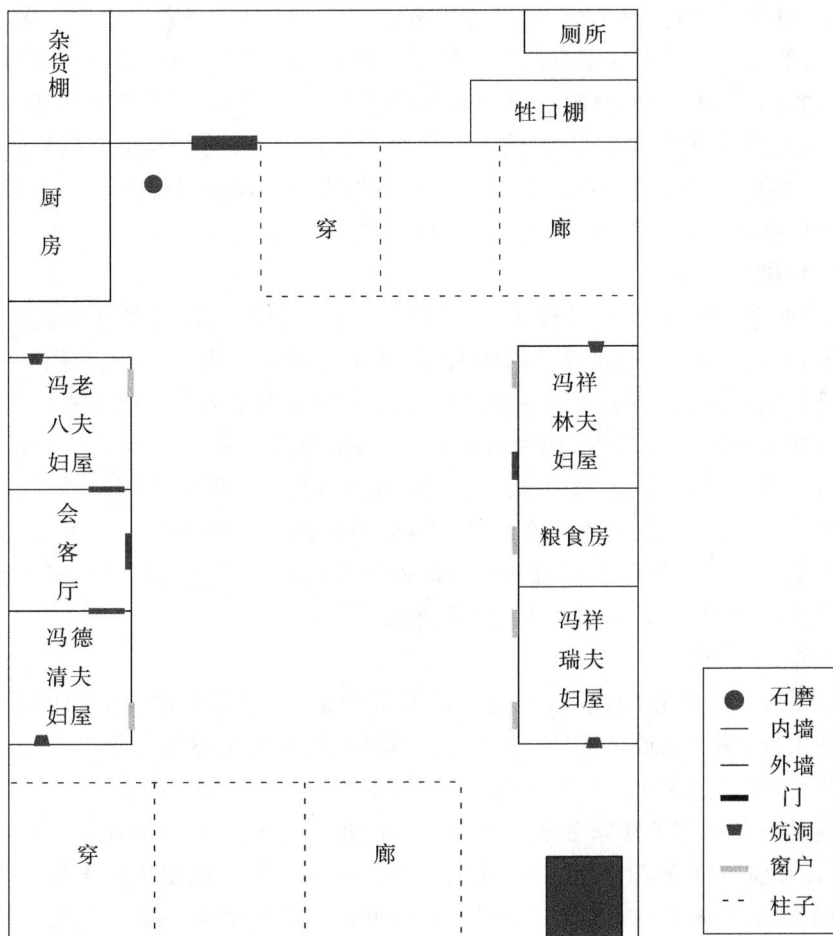

图 3-2 1949 年以前冯家院落空间结构图

（四）家庭经济状况较好

冯家的经济在南横流渠村还算得上是比较富裕的人家。1949 年以前,冯家土地最多时共有 130 亩,其中一等地 20 亩,二等地 50 亩,三等地 50 亩,土地最少时只有 70 亩地,其中有两亩地是专门用来埋葬祖先的坟地。冯德清年少时在临县的店铺里当过几年学徒,回家后在泾阳县开铺子经营茶叶生意,赚的钱多用来置地、置房。总体来看,1949 年以前,冯家的土地经历了由少到多,再由多变少的过程。最初,冯老八用家里的积蓄从冯家本家人手里买入了几十亩土地,冯德清在县城做生意期间,赚的钱冯家也多用来置地,后来因为生意不好做,赚不了多少钱,冯德清便不再经营茶叶生意了,回到南横流渠村。大概到 1946 年的时候,冯家的经济来源只有地租一项了,每年靠收取地租难以维持一大家人的生活,加上冯德清从山西的朋友那里听说了山西分地的事情,担心不久之后泾阳县也会分地,便决定把家里的土地卖掉一部分。到 1949 年分家前,冯家的土地已经卖掉 60 亩,还剩下 70 亩,没有卖的地是在冯老八当家的时候就有的,没有冯老八的同意冯德清不能擅自做主卖掉。分家时,冯德清给自

171

己和王氏留了10亩养老地,剩下的60亩地平分给了三个儿子。冯家的土地一大半是从同村人手里买来的,部分是冯氏家族里有的人家没有人继承而出卖的土地,有的是家里穷困,为了生活而不得不卖地。冯家劳动力较少,冯老八年事已高,妻子身体不好,冯祥林还在读书,冯祥庆尚且年幼,家里就只有冯德清、冯王氏及冯祥瑞三个劳动力,冯德清常年在外做生意,冯祥瑞在外当学徒,都顾不上种地。因此,冯老八不得不将家中土地全部租出去给别人种。再后来由于收取的地租不够维持家用,家里便通过卖地来维持生活。

(五)社会地位高

1949年以前,冯家没有人担任过乡长、保甲长、会首等职务,冯家虽注重读书,但对于做官却没有期望,总的来说,就是普普通通的人家。因为经营茶叶生意,所以家里的经济条件在南横流渠村算是比较好的,冯老八是一个热心、善良的人。经常为村里的人提供帮助,例如将自家的房子免费给村里的杨家住。因为家里地多,冯德清又经常外出做生意,见的世面也多,所以冯家在村里的地位较普通人家要高一点。此外,冯德清因毛笔字写得漂亮而经常帮村里不会写字的人写东西,村里的人家有红白喜事的时候都会请冯德清写对联。

冯家的土地租给了冯王氏的哥哥和同村的库姓人家种,冯家与租种自家土地的两户人家关系也比较密切,地租也是由租户主动送到冯家。

(六)男掌外,女管内

1949年以前,冯家共有四代人,冯老八是家里当家的,是家里财政大权的掌握者,负责家庭对外一切事务,例如土地租种、土地买卖、娶媳妇、购买大型器具等。冯老八的妻子是家里的内当家的,主要负责家里的生活事务,例如给家里人置办衣服、做饭及做一些家务活儿,儿媳冯王氏则是冯老八妻子在家务事上的助手。早期,冯德清和山西的朋友一起经营贩卖茶叶的生意,经常带着冯祥瑞去宁夏、山西等地。冯德清每次从外地走货回来都要和冯老八汇报情况,把赚的钱交给冯老八一部分,并和冯老八聊聊走货的情况。在冯家,有人需要用家里的钱时,都要向当家人冯老八请示,通常来讲只要事由合理冯老八都会同意给钱。在村里,冯家的人口不算太多,家里家外的事情也都还忙得过来,因此家中也没有请管家或者买丫鬟。冯家有土地130亩,全部出租给别人耕种,冯家土地租售的相关事项由冯老八负责,包括地租的确定、租户的选择等。冯老八年龄大了之后,没有精力管家中的土地,便都交给了儿子冯德清来管理。

1949年以前,横流渠村大概有五百户人家,村里的人大部分是从外地逃难来的,当地人看哪家是大户、中户还是小户一般不看人口,主要看这户家里有多少地。家里有二十亩到五十亩地的为小户,家里有八十亩到一百亩地的为中户,有一百亩以上且租给别人或者请人耕种的就是大户,南横流渠村里只有三户家里有一百多亩土地,分别是冯家、王家、杨家。冯家的土地都租给了别人种,自家不种地,其中五十亩租给了冯祥林同村的舅舅,八十亩租给了村里的库家,库家自家本就有七十亩地,因为人口多,便又租了冯家的土地。冯家选择库家租种也是看中了库家劳动力充足、家里生产工具齐全而且家里本身经济也比较好,雇得起长工和短工。在南横流渠村,大户人家也很乐意把自家的土地租给像库家这样的中户来种,这样可以保证每年能按时收到固定的地租,比较保险。村里的小户一般家里地比较少,经济情况也比较差,在村子里地位也不高,生活上只能勉强维持生计,在农忙时也会给村里的中户打工,作为交换,中户会把自家的牲畜和农具借给小户来使用。

第二章　家户经济制度

从产权的角度来看,冯家的土地和房屋,生产、生活资料等家户财产因其性质的不同,所有权的归属也不一样。冯家土地最多时共有 130 亩,其中 60 亩是从他人手里买来的,冯家土地的所有权归家户整体所有,家长对土地拥有绝对的支配权;冯家房屋的使用权由家户内部成员共享,所有权归家长所有,继承权仅限于男性后代,而女性后代只享有使用权;冯家虽然不种地,但是家里的生产资料比较齐全,且生产资料为家户整体所有,家长掌握支配权,其他家庭成员只有使用权;因为冯家经济条件较好,家里的生活资料比较充足,且基本都是从外部购买,生活资料的所有权属于家户整体所有,分配权则由冯老八和妻子共同行使。在家户经营上,冯家男女分工明确,男性在外经商,女性在内顾家。

1946 年前后,由于茶叶生意不景气,冯家经历了由商转农的转变,在亲戚的帮助下冯家重拾农业。冯家零花钱、物资及其他东西的分配都是以家庭优先,统筹分配和按股分配,老幼优先的原则在家户内部进行分配,具体如何分配则以冯老八为主导。

在家户消费部分,主要介绍了冯家的总体消费情况,以及在人情、红白喜事、教育等方面的消费情况。家户借贷部分主要介绍了冯家在借钱和还钱事务上的一些责任和具体情况。在冯家只有家长才有向外借贷的权力,而且在借贷的过程中对待外人和自家的亲戚是有一定区别的。

冯家在对外交换中以家户为主体,交换的客体多种多样,主要包括茶叶、余粮及其他一些生产生活物资,交换的场所主要有粮店、集市、家门口等。家族、村庄、政府等外部力量都承认冯家对土地、房屋等财产的所有权,不会随意侵犯。

一、家户产权

(一)家户土地产权

1.土地全部出租

1949 年以前,冯家的土地数量总体上是比较稳定的,大致经历了由少变多,再由多变少的一个过程,家中土地最少时只有 70 亩地,最多时有 130 亩地。在冯老八当家时家里的土地大概有 70 亩左右,儿子冯德清做生意赚了钱,赚的钱大部分都用来置办土地。家里增加的土地一部分是从村里冯氏家族其他人那里购买的,另一部分是从村里外姓人那里购买的。冯家的经济来源主要有两部分,一是做生意;二是收取地租,冯家的土地长期租给别人去种,冯家只收取地租。

横流渠村的土地主要分布在紧邻村子南侧的县道以南,村里的耕地面积加起来有一千多亩地,横流渠村位于渭河平原,地形平坦,土壤肥沃,适宜种植粮食作物。勤快点的人家还会用粪土养地,种出来的粮食产量还是比较高的。冯家原有的 70 亩地分为两块,30 亩位于村庄东部,40 亩地位于西部,与冯家的房屋仅隔了一条马路,从冯氏家族本家人手里买来的土地和村东的地是连在一起,还有一部分土地是零散分布的。横流渠村的一等地主要分布在村西,靠近斗口①,灌溉便利,用当地方言讲就是"地吃得上水"。冯家一等地也集中分布在村西,一等地因为灌溉便利,土壤肥沃,所以粮食产量比较高。冯家买入的土地大部分是二等地,也有小部分是三等地,这两类土地相较于一等地,粮食产量较低。从灌溉条件上看,冯家土地的灌溉水源主要有泾惠渠水、井水和雨水。渠水灌溉每年都有固定的时间,按照土地的面积以现金的方式结算灌溉费用。对于一些距离灌溉渠较远的土地只能采取井水灌溉,也就是需要人工用水桶提井里的水一点一点灌溉,这种灌溉方式既费时又费力,而且地里的水井都是属于私人所有,只有获得主人的允许后才能使用,如果地邻和水井的所有者关系一般的话,借水灌溉还需要付给主人一定的金钱作为报酬。雨水灌溉,简单来讲就是看天吃饭,有的农户家里穷,浇不起地就只能依靠雨水灌溉。在 1949 年以前,不管是村庄还是家族,都没有将村中土地集中起来进行重新分配过,当地人的土地除了购买,大都是从祖辈那里继承而来的。

此外,冯家有两亩地专门用作坟地,家里有人去世都会埋葬在这里,所以这两亩地不能出租更不能卖。

2.土地多为买入

冯家的土地主要来源于两个途径:一是从祖辈继承而来的,二从他人那里买来的。冯老八同辈兄弟八个,冯老八是年龄最小的,哥哥们成家后都分家搬出去住,他成家后继续和父母居住在一起,承担赡养父母的义务,父母去世后家里的 70 亩地全部由冯老八继承。南横流渠村西部有一个斗口,村里引泾惠渠水灌溉必须等到斗口开闸,因为灌溉便利,村里的一等地基本都分布在村西,冯家从祖辈那里继承的土地 40 亩位于村西,30 亩位于村东。

冯家人自己不种地,家里的地都租给了同村里的人耕种。冯老八的儿子冯德清少时就在外学习做生意,回到本地后经常去外省走货,去的地方也都比较远,例如宁夏、甘肃、山西等地。在村里,家里有些积蓄的人家都会选择买地,那时候冯家除了日常开支,家里也没有其他生意需要投资,冯老八便用攒下的钱置办土地,至于具体都买了谁家的地,冯家的后代也不是十分清楚。冯祥林只是从冯德清口里了解到,冯家曾经从本家冯老七手里买过地,冯老七这一支没有子嗣继承家业,家里的地和房子被冯老七的妻子做主卖给了冯老八。在冯家这个大家族里,在土地和房屋购买等事情上同族人拥有优先购买权,也就是说冯氏家族有人要卖地的话,按照族规规定要优先卖给同家族里的人,当确定同家族里没人买时才可以卖给外姓人。一般来说,村子里卖地的人家基本上都是家里种的粮食不够吃,迫于生计不得不靠卖地维持一家人的生活,按照当地的说法就是"地养不起人",把地卖了再去给大户人家打工来维持生计。还有一种情况就是"人养不起地",意思是家里现有的劳动力种不过来家里的地,为了土地不被荒废而不得不卖地。冯家买来的土地中只有 10 亩是一等地,大部分都是二等地或者三等地,土质不好,灌溉也不方便。

1949 年以前,每一户人家家里最重要的固定财产就是土地,所以很少有土地赠予的情况发生,即使是本家人之间也没有土地赠予的现象,更不用说是邻里之间了,冯家在娶媳妇时没

---

① 斗口:斗渠上的引水口。

有一位新媳妇带私房地进门。除了继承和买入土地外，冯家也没有其他土地来源了。

3.土地为家户所有

（1）土地家户所有，产出集体共享

冯家人都认为不管是买入的土地还是祖上传下来的土地，都归家户集体所有。冯家共有130亩地，土地的所有权属于冯家整体所有，收取的地租全家共享。在冯家，所有土地使用的决定权是属于冯家当家人的，遇到有人租地或者家里需要卖地的情况时，都必须要当家人同意，其他家庭成员没有发言权。从家户外部来看，人们一般会认为土地是属于冯家的，而不是属于冯家某个人的，而且冯家的土地都是自家所有，不存在和别人共有土地的情况。1949年，冯家在分家时冯德清留了10亩地作为养老地，之所以选择10亩地作为家长的养老地是因为剩下的土地正好可以平均分给兄弟三人，养老地的产权归家长所有，冯德清可以决定养老地的使用权，因为在分家之后冯德清夫妇和冯祥林生活在一起，所以养老地由冯祥林耕种，相应地他就要承担父母的吃饭问题。

（2）拥有土地所有权的家户成员范围

从家庭外部来看，土地属于家庭整体所有，但是从家庭内部来看，并不是每一位家庭成员都拥有土地的所有权。在冯家，土地的所有权归家庭内部男性及其配偶所有，女儿没有土地所有权，冯老八有两个女儿和一个儿子，女儿在出嫁之前和冯老八生活在一起，可以享用家里的粮食，但没有土地所有权。在分家时，冯家以儿子的人数作为划分土地份数的标准，所以在冯家只有儿子才拥有土地继承权，儿童、媳妇一律不在考虑之中，每个儿子可以分得相同数量的土地。冯家在分家时，冯祥瑞已经结婚生子，小家庭人口数多于冯祥林家，但也不会因此而多分到土地。分家后每个小家庭分得的土地归小家庭所有。

（3）对土地家户所有的态度和认知

冯家人认为，家里的土地应该属于家户所有，但是家长作为家里最有权威的人，他有权决定土地的继承和买卖。冯家130亩地全都用于出租，至于具体出租哪一块地、收多少租、租给谁都是由冯老八决定，其他家庭成员只有知情权，当家人不在家时，由儿子和内当家商量决定，最终决定权在内当家。但是在分家后，土地一旦分给儿子，儿子成为土地所有者后，儿子便有权力自由处理自己分得的土地。相较于土地属于全家，没有明确家中的土地所有权，会为分家时土地的划分留下争议。冯家人认为，土地产权属于个人所有会在无形中分散家庭成员的力量，而土地集体耕种，产出全家共享，能增强家庭内部的凝聚力。将土地分给家庭内部的个人所有，虽然可以在一定程度上起到激励作用，但同时也缺少了来自长辈的监督。

4.土地界限：四界清

明确的土地边界是农业生产活动顺利进行的必要保障，土地边界不清常常会导致土地两邻的矛盾。1949年以前，横流渠村的土地边界主要有两种形式：一是"地梁"、二是"暗桩"。"地梁"是历年耙地的时候在地表形成的土地界限。"地梁"有大有小，自家地界之内的是"小梁"，和别人家土地交界的是"大梁"。每年在翻地后播种前，农户都会用铁耙在自家地界内搂出新的小梁。小梁是自家调整土地格局的重要手段。"大梁"一般都是固定的，很少发生变动，因而"大梁"的土质比较硬，人可以在上面行走，相较于"小梁"，土地间的"大梁"稍微宽一点，容易辨认，"大梁"是区分自家土地与别家土地的重要标志，为梁子两边的人家共有。"梁子"在分界的同时也起着蓄水的作用，因为梁子旁多是小水沟，所以"梁子"附近经常会生长出一些野菜,如果是"大梁"侧的野菜则是见者有份,两边地梁的野菜归两边地的人家所有。因为"大梁"是公共的,所以上面不能种东西。虽然土地间的"大梁"是固定不变的,但是梁子也是在经过的很长的时间才得硬实。在当地,家里土地多的人家会在自己家地的两头各埋一块大石头。石头大部分被土掩埋,只露出一部分在土地表面,这种做法在当地称为"暗桩",在两边的地梁歪了的时候,用一根绳子把地两头的石头连接起来就可以正地梁了。上述所讲的两种看得见的地界,有的是土地买卖过程中分割土地形成的,有的是家里分家时形成的,冯家因为家里的土地多是买入的,土地因此比较分散。所以卖地时都是整片地出卖,没有重新分割土地,在1949年分家的时候,冯家在村西的30亩地分出了20亩给冯祥瑞,"地梁"是冯祥林的舅舅测量后重新垄出来的。

除了看得见的地界,还有隐形的地界,也就是"心里明白"。一般来讲,在一个家庭中,家里的成年人因为长时间在地里劳作,所以对自己家拥有多少土地、分别位于哪里、地邻是哪几家都有清晰的心理认同。儿童则由于年幼,不用下地,对于自家土地没有明确的认识。在冯家,冯老八对于冯家的土地情况最清楚,因为冯家的土地买卖、租赁都由冯老八做主。虽然不种地但是他也会经常去田里看看,冯德清由于常年在外做生意,对于家里的土地只是知道共有多少亩地,也知道家里的土地的位置,但是有关土地的具体情况冯德清则不是很清楚。冯老八的妻子因为经常听冯老八谈论自己家的土地状况,但是很少下地看,所以对于家里的土地只是大概了解。儿媳冯王氏负责家务活,很少参与有关家里土地的讨论,只知道家里的地租给了哪家。对于外界而言,土地往往以家户为单位,会说"这是谁家的地"而不会说"这是谁的地",至于村子里其他地分别是哪家的,除了村里上了年龄的老者能够说得清,其他人都说不明白。在农村,土地作为家庭最重要的财产,是绝对不容他人侵犯的,但临时占用则另当别论。如果地邻关系比较好的,谁家要占用邻家土地时,可以不用打招呼,及时清理就可以了。如果地邻关系一般,则在使用邻家土地时要先和土地的所有者家庭打声招呼,一般来讲,没有特殊情况都会同意,例如在掰玉米时候,如果邻地的玉米地还没有播种的话,为了方便装运会将掰下来的玉米扔在邻地里。

从外界来看,冯家的土地只有冯家人有权耕种或者决定土地的用途,外人在没有契约或者未经同意的情况下是没有权力去耕种或者使用冯家的土地的。冯家把自己家的土地租给别家种,租户按约定给冯家交地租,在土地出租期间,租户拥有冯家土地的耕种权和使用权,外人在没有获取冯家允许的情况下是没有权力耕种的。此外,只有冯家男性后代才有土地继承权,外人和女性后代没有继承资格。

在家庭内部,土地由全家共同经营,由家长决定每年地里种什么,难以选择时,当家的会和家庭成员商量,外人只能是口头建议,即使是宗族里的人也无权干涉。甲长和保长只负责收粮,具体如何种地也无权干涉。虽然家里的土地由主要劳动力耕种,但是其他家庭成员也在家庭中做其他的活儿,所以家中土地的产出归全家共享,具体如何分配则由当家人说了算。在冯家,每年农忙时节都由冯德清分配任务,谁负责套车装运、谁负责收割都是提前安排好的,家里的女性主要负责在家接应,指挥男性把拉回来的粮食放在合适的位置。分家后,父母对儿子所分得的土地的经营权和收益权不能随意干涉,地种得不好时,父母会在口头上进行说教,具体怎么做还在于个人。虽然已经分家,但在农忙时如果有需要帮助的,兄弟之间也会互相提供帮助的,在村里有的兄弟之间在农忙的时候会把两家的劳动力合在一起,兄弟间相互合作完成农活。

5.土地事宜,家长决定

(1)家长掌握土地的绝对支配权

在冯老八当家期间,家里的土地全部出租给别人。在冯家,冯老八是当家人,家里的土地买卖、租赁、置换、典当都由冯老八说了算,即使冯老八不在家,家里其他成员也没有权力代表家庭对外处理土地相关事宜。冯德清做生意赚的钱部分交给冯老八,冯老八把儿子赚的钱攒下来大部分都用来置地,家里买入土地的事情由冯老八做主,拿不定主意时冯老八也会听取妻子和冯德清的意见。在处理土地租赁等事宜时,冯老八可以代表家庭完成这些土地交易事宜,不需要和家里其他成员商量,只需要告知便可。在冯德清当家的时候,家里土地的支配权便由冯老八转移给了冯德清,家里土地租赁、地租收取等事情便由冯德清负责。

(2)家长在土地租赁中的地位和作用

1949年以前,冯家做生意赚的钱多用来置地,家里的土地全部都租给了村里有能力耕种的人家。在冯家,土地置办都由当家人负责,所以有关土地的交易事宜也是当家人来决定,村里谁家想要租地,这家的当家人就会上门拜访冯老八,并要向冯老八说明自己有能力种这么多的地。在土地租赁过程中,决定权掌握在当家人手中,不需要告知或者请示四邻、家族、保甲长,因为那时候大家都认为土地是每一家私有的,外人无权干涉,更不用说会有人不允许了。在寻找租户的过程中,并不是谁都可以租到地的,主家出于确保收取地租的目的,在选择租户时也会有一定的考量。一般来说,租户家必须要满足三个条件:第一,有足够的劳动力;第二,有农业生产需要的牲口;第三,家风勤劳诚恳。只有满足这三个条件的租户才会比较容易租到土地。如果当家人不在家的话,其他家庭成员不能替代当家人完成土地租赁事宜,除非是得到当家人的委托。在签订租约时,必须由当家人确定具体租赁哪块土地、租赁时间、交租时间、租子的多少等问题,并出面与租户签订土地租赁契约,契约一般一式两份,签字画押生效。

在当地,一等地的地租一般是一亩地五斗麦子(泾阳斗①)外加五斤棉花,一般的地一亩只要四斗麦子就可以了。到了交租时间,租户便会将打好的粮食送到家里来,收成好的时候也会额外买点肉连同粮食一起送过来,遇到收成不好的年份,租户无法按照约定时间交租的话,租户的当家人会带点心上门与冯家的当家人商量,请求宽裕交租时间。土地一旦租赁给他人耕种,土地的使用权和所有权便分离到两家手中,也就是说租户可以完全按照自己的意愿耕种土地而不需要和主家商量,主家也不得干预租户,因此在选择租户的问题上,冯家都会比较慎重,租期一般不会一次性签得很长,多则三年,少则只有一年。平时租户和冯家的走动也比较多,遇到逢年过节或者家里办喜事或者丧事的时候,租户也会主动来家里帮忙,与村里其他家户相比,冯家和租户的关系更为密切一些。村里库姓人家租了冯家80亩地,家中的大儿子之前在外面学过厨子,冯祥瑞结婚时就是他来帮忙做宴席,为了表示感谢冯老八委托冯祥瑞去给库家送了些肉和菜,除此之外也没有别的报酬。

(3)家长在土地买卖中的地位和作用

冯家的土地面积先是增加,后来因为家中只有地租一项经济来源,加上家中人口增多,

---

① 在泾阳县,1斗等于27斤。

收取的地租不够用,冯德清听自己山西的朋友说了山西土地改革的情况后,开始逐渐出卖自家的土地。土地作为家里最重要的不动产,是家庭财富的象征,对于农村人来说,家里稍微有点积蓄都会拿出来置办土地,把钱换成土地会更觉得踏实。在土地买卖活动中,当家人往往起着决定性作用,土地买卖活动具体如何开展也由当家人安排。从买地来看,一般是由当家人提出,因为他掌管着家里的财政大权,家中的重要事务都是当家人说了算,冯家早期经营着茶叶生意,家里经济条件比较好,有了一定的积蓄,买地的想法由冯老八提出,告知家里人后再和冯德清商量,最终的决定权还是在冯老八手里,买地时不用告知或者请示四邻,家族和保甲长等外人。

在1949年前,买卖土地都是个人家里的事,只要不影响他人利益,外人和政府就不会干预,只需要两家当家人协商好,签订契约即可。冯氏一族对于家族内部成员的土地买卖活动做出了一些规定,即家族成员买卖土地时优先考虑本家族成员,家族内部成员没有人买的情况下才可以卖给家族以外的人,这是冯氏老祖定下来的规矩,家族所有后代成员都必须遵守。冯家买的第一块地是同村家族里冯老七家的地,冯老七没有子嗣,冯老七的妻子便做主把家中的土地和宅基地都卖给了冯老八,而不能卖给外姓人。冯老八不在家时,家庭其他成员在没有他的委托的情况下是不能按照自己的意愿买卖土地的,此外在家长眼中,儿子虽已成年但是没有经验,家里买卖土地都是自己亲自去谈。在分家前,冯家的土地都是属于全家人共享的,没有私房地。冯德清在听山西的朋友讲述了山西土改的情况后,和家里人说了外面的形势后便和冯祥瑞开始商量卖地的事,当时冯家已经不做茶叶生意了,家庭经济来源只有地租,经济上已经入不敷出,朋友带来的消息坚定了冯德清要卖地的决心。卖地不同于买地,不是什么喜事,所以不用全家人坐在一起商量,冯德清一人决定就可以,家里其他人也不会有什么意见,到1949年分家前,冯家的地只剩下70亩。在冯家,虽然买卖土地是家里的大事,但不需要和家里的女性成员商量,认为这不是女人们该管的事,她们也管不好。

冯家没有置换和典当土地的经历,村里的土地都是从祖辈传下来的,很少有人会要求换地,免得出现不必要的土地纠纷。

6.其他家庭成员在土地所有权中的不同作用

（1）成年男性在土地变更中的建议权

在土地买卖、租赁、置换、典当的过程中,除了当家人以外的家庭成员没有决定权,只有在当家人提出想法,并通知家里成年男性聚在一起讨论时,家里的成年男性才可以向当家人提出自己的意见,女性一般被排除在外。冯家在买卖土地时,冯老八也只是和冯德清、冯祥瑞商量,对于家庭里的妇女来讲,她们只需要管好家务事和做好当家人交代的事情就行了,土地的事不需要她们来操心。

（2）其他家庭成员在土地买卖中的地位和作用

土地买卖事宜都是由当家人来决定的。在冯家,家里买卖土地都必须经过冯老八的同意,在买卖土地的问题上儿子冯德清也都会听从冯老八的安排。冯德清当家后,家里的土地买卖事宜虽然要经过冯德清同意,但只要冯老八还在世,冯德清也必须和冯老八商量,冯老八去世后,冯德清便和冯祥瑞商量。冯老八是当家人,他独自决定家中土地买卖的事情也不会遭到家人的反对,因为和其他家庭成员相比,他是家中最了解家庭经济状况和土地情况的人。

（3）其他家庭成员在土地租赁中的地位和作用

在土地租赁上，决定权在于当家人，长辈和成年男性有建议权，其他家庭成员被排除在土地租赁之外。冯老八当家时，家中土地租赁由他一人决定，其他成年男性只有建议权。冯德清当家时，在确定出租土地的具体事项前，冯德清会去找冯老八商量，商量出租土地的数量、地租的多少、出租哪块土地等问题，一般没什么大的问题，冯老八都会同意冯德清的决策，在签订土地租赁契约时冯老八也会在场。有人来上门要租地时，冯德清首先会自己做一个判断，也就是说如果冯德清知道上门的租户家里没有足够的劳动力和生产工具的话会直接回绝，如果租户的条件还差不多，冯德清便会和父亲冯老八商量，决定最终要不要租给这家人。在有多个候选租户的时候，冯家也会优先选择和冯家关系亲近的租户，在冯祥林的舅舅想要租冯家土地的同时，村里还有一户人家想要租冯家的土地，因为考虑到冯家和王家的亲戚关系，所以冯家最终还是租给了冯祥林的舅舅。在整个土地出租过程中，都是以当家人为中心，也是当家人在推动着土地租赁事宜的进程并决定最后结果。

7. 土地产权不容侵犯

冯家不种地，家里的土地全部出租给了其他人来种，在土地出租期间冯家只拥有土地的所有权，使用权归租户所有。冯家土地没有出现过被外人故意侵占的情况，都是地邻无意间侵占，属于小问题，相互沟通便可以很快得到解决，和地邻之间也没有发生过地界冲突，一直都是各种各的地，互不干扰。隔壁冯老四家与地邻曾经发生过轻微的土地侵占情况，因为地邻没有与冯老四商量便在两家地梁上种了些黄花菜，冯老四看着这家人比较贫穷，没有计较。但是没过多久，冯老四的妻子去地里看庄稼发现长在地梁子上的黄花菜有些已经长到了自己家的田里，冯老四知道后便去上门找这家的当家。刚开始这家人态度不太好，坚持说这是黄花菜自己长过去的，和他们家没关系，冯家在村里本家人多，不会允许别人侵占了自己的土地还无理取闹，便告诉那家人要把长过界的黄花菜拔了，那家当家的母亲觉得拔了可惜，便出面告诉冯老四，过几天收的黄花菜给冯老四家送去一份，冯老四看到对方母亲都出面了，便也不再计较。此外，如果有人损害了别人地里的庄稼或者其他经济作物的话，被发现后一般都要照价赔偿。有一年村里的杨家地里种的红薯被村里几个淘气的孩子偷挖，恰好被杨家老头在地里倒粪的时候抓到，那几个孩子杨家老头都认识，其中一个还是他隔壁张家的孙子，他回家先去找了张家，他去的时候孩子吓得还没回来，孩子的爷爷便回话说等孩子回来了问清楚，再去登门道歉。当天下午，张老头便带着自家的孙子，拿了一些自家种的萝卜去给杨老头家道歉，杨家老头念在孩子年幼便也没有计较，只是口头教育孩子，告诉孩子红薯还没熟，现在挖了也吃不了。

1949年以前，农村的土地都是自家的私有财产，别人无权过问或者干涉，如果自家的土地被别人侵占了的话，全家人是不能够容忍的，虽谈不上是耻辱，但也是对于自家的不尊重。当有人恶意侵占或者是霸占自己土地时是一定要出面抗争的，必要时家族里的其他人也会出面帮忙。如果是村里其他人无意间侵犯自家的土地或者损害了地里的庄稼，没什么大的损失的情况下也不会计较。当发生土地被侵占的情况时，一般是由家长带领家里人向侵占者讨个说法，家里其他成员也会全力支持。在南横流渠村，各家之间的土地界限都十分清楚，很少发生恶意侵占别家土地的情况。

8.外界认可,自家保护

(1)其他村民对家户土地产权的认可与尊重

其他村民对于自家的土地和别人家的土地都有明确的认识,不会随意去侵占、破坏别人家的土地。冯家的邻居、地邻对于冯家的土地的具体位置、数量都比较清楚,不会随意侵占或者破坏,如果有人看到有其他人随意侵占或者破坏的也会告知冯家。例如,有一次村里某家的羊没有拴紧,跑到冯家的玉米地里啃玉米叶吃。同村的人看到了便来冯家告诉冯家人看到羊在玉米地里吃玉米叶,冯祥瑞这才赶紧去地里看,把羊赶走。在农村,街坊邻居间的关系都比较融洽,一般也不会有人去侵占或者破坏同村人的土地,家庭之外的人没有权力对冯家的土地进行买卖、租用或者换置等事宜。如果想要买、租、换冯家的土地,都必须与冯家当家的商量,如果冯家当家的不同意,就不得强行进行。

(2)家族对家户土地产权的认可和保护

冯家的土地有两个来源:一是祖上传下来的,二是从别人家买的。冯家在村里算得上是大姓,家族内承认冯家对土地的所有、耕作、收益的权力。一旦分家,土地就成了小家庭里的私有财产,家庭外部人员没有权力买卖、租用、置换冯家的土地,如果要买卖、租用、置换冯家的土地,需要和当家人冯老八商量。未经冯家的允许,即使是家族内的本家人也不能强行与冯家进行土地买卖、租用、置换等事宜,离得近的本家人由于距离近,平时走动也多,如果出现家里土地被外人侵占的情况,离得近的本家人也会为同姓人打抱不平,但是这种帮助也仅仅是语言上的。此外,家族在土地买卖上对家族成员的行为具有一定的约束力,家族成员卖土地时必须优先考虑本家族的成员,如果有人违反这一规定,族内的长者有权收回土地,再卖给家族内的人,或者孤立违反规定的家族成员,例如在家族祭祖、家族红白事中不通知该成员。

(3)村庄对家户土地产权的认可和保护

1949年以前,保甲长负责统计人口和收税粮,他们对于村里谁家有多少土地都有明确的记录,所以知道冯家有多少土地,也承认冯家土地的所有、耕作、收益的权力,他们无权侵占冯家的土地,没有冯家的允许,村里不能对冯家的土地进行买卖、租用、置换等活动。村长作为村庄的权威代表,在村庄成员出现土地纠纷时,有义务帮忙处理纠纷。在1949年以前,因为土地都是私有的,所以很少会出现以村庄为单位进行土地交易活动,南横流渠村也没有发生过土地被外村人侵占的情况。

(4)政府对于家户土地产权的认可和保护

冯家所在村庄属于泾阳县永乐乡政府管辖,对于村里土地的占有情况乡政府都有记录,冯家有多少地政府自然也有记录,县政府和乡政府都承认冯家土地的所有、耕作、收益的权力。在1949年以前,土地都是属于农户私有,农户在按时交税的情况下政府不能强行侵占村民的土地,如果县政府要买卖、租用、置换冯家土地,要和冯家当家人商量的,如果冯家不同意也不能强行买卖、租用、置换土地。如果自家的土地被外人侵占的话,一般都是先两家私下调解,调解不好会再请村里有威望的人做中间人来调解,如果实在是无法私下解决的纷争乡政府也会派人出面调解,防止双方出现更大冲突。政府在土地保护上的作用不大,保护土地主要还是靠自己的力量,家里有钱的可以花钱请政府派兵来保护自家的土地。在当地,政府如果因为公事要占有农户的土地时,会提前告诉农户,农户为了避免和政府发生冲突一般都会选择同意,同时政府也会给村民一亩折合三亩地的粮食作为赔偿。

(二)家户房屋产权

1949年以前,冯家共有三处房产,冯家人长期居住在乡下的老宅,乡下的另一处房子是从冯家本家买来的,在分家之前一直闲置,县城的房子是冯德清在做生意期间接待朋友用的。冯家老宅大概有七分多地,共六间厢房,六间穿廊,各有其用,宅子与邻居以墙或者道路为界,互不侵扰。冯家房屋属于家户共同所有,冯老八是冯家当家的,冯家房子的修缮、买卖、出租等由冯老八做主,其他家庭成员只有建议权。

1.房屋概况:共十二间房

1949年以前,冯家共有三处住宅,县城里一处,乡下两院,其中一处是冯家的老宅,另一处是从本家人手里买过来的宅子。在分家前一家人共同生活在老宅里,1949年分家时,冯德清将买来的宅子分给了冯祥瑞,冯祥林、冯祥庆以及冯德清夫妇仍住在老宅里。老宅的宅基地是冯家祖先传下来的,冯家后代不清楚冯家最早有多少房间,老宅的基地面积大概有七分地左右,坐北朝南,东西两边各有三间大瓦房。在当时村里主要有两种房子,一种是茅草房,这种房子主体用泥土做成,墙根一般用石头垒起来或者用砖砌成,家里特别穷的一般用石头垒墙角,墙体用黏土填充,里面会加入麦秸以增加墙体的整体性,用木头搭建好房顶后再用泥土堆砌,最后再铺上茅草,这种房子经不起大雨冲刷,遇见连续半月下大雨的天气,房顶就会漏雨,严重时墙体还会倒塌。经济条件稍微好点的家庭则用砖头砌成墙根,墙体用买来的土砖砌成,墙体砌好后,再在墙壁表面上糊一层泥和麦秸的混合物,增加墙体的使用寿命,在砌完房顶后会在房顶最外层铺上一层青瓦片,相较于前一种房子,这种房子的稳定性、防水性更好。冯家的房子是用土坯砖砌成的大瓦房,西边是三间庵间房①,中间是客厅,两边各一个卧室,东边是三间厦子房②,与邻居相邻共用一堵墙,把外墙内用不仅提高了房间的保暖效果还节省了建房的花费。当时村子里大多数人家都只能盖得起几间厦子房,只有冯家、王家、杨家、库家盖得起庵间房。

冯家的另一院房子是四间用泥砖砌的厦子房,后来村里一户人家家里的房子因下大雨倒了,冯老八便借给那家人免费住。冯老八认为房子闲置也是闲置,不如让给人住,还能帮忙看家,住在冯家期间,那户人家对房子进行过修补,后来那户人家自己盖了新房便从冯家搬了出去。

冯家老宅的房子坐北朝南,共有十二间房,三间庵间房,三间厦子房和六间穿廊③。冯家的大门是用砖瓦简单砌成的瓦门楼,门口两边各有一个方形的石墩,可当做板凳用来休息,由于大门正对县道,宅子的大门开在靠东侧,进门直对的是右侧厢房的墙壁,这样在外面就无法看到院子里的情况,进门向右是三间厦子房,向左直走是三间穿廊,走过穿廊是与厦子房相对的三间庵间房,同样在厦子房的另一端还有三间穿廊,与厨房相接,六间房子穿过北边的穿廊后边是一个大院子。从布局来看,冯家南北各三间穿廊将东西两排连接起来,中间围成一个长方形的院子,房子的房檐都朝向院子,下雨时雨水会顺着房沿汇入院子,院子中

---

① 庵间房:人字形房。

② 厦子房:指偏房。

③ 穿廊:穿廊将两座建筑物从中间联系起来的廊房。

间有一个"水斗"将水集中排出院子。前面的三间穿廊一般不放置大件的物品,主要起连通作用,具有遮阳、防雨、小憩等功能,后面的三间穿廊一般会放置些农具、瓦罐、瓦瓮等东西,主要起放置东西的作用。冯德清夫妇住在西侧庵间房南边的卧室,北边的卧室是冯老八夫妇的房间,中间的一间房是用来会客的客厅,东侧的三间厦子房中最南边的是冯祥瑞夫妇的房间,第二间房子面积较小,是冯家存放粮食的地方,第三间是冯祥林夫妇的房间,冯祥庆和冯德清夫妇住同一屋。因为厨房做饭生火烟火气比较大,所以建在最后边穿廊的西侧,和前面居住的厢房保持一定的距离。冯家的厨房南北走向,比较长,厨房最里面是锅台,锅台是东西向,用来生火做饭,锅台的右后方是放炭和柴火的地方,方便烧火的时候拿取柴火,锅台南边是一个三米长的大案板,一半切菜做饭,一半用来放置装面、玉米粉的瓦罐,案板南和锅台之间是一个大水瓮,方便做饭、切菜的时候取水。因为觉得厕所不干净,所以冯家的厕所修在后院最后面的院墙底下,厕所和外墙共用一堵墙,减少建造成本。

2.祖传一院,买入一院

冯家共有三处住宅,乡里两处,县城一处。乡里一处是从祖辈继承下来的老宅,另一处是从本家冯老七家买来的,冯老七家里没有子嗣,冯老七的妻子便把家里的地和宅子都卖给了冯老八。冯家的老宅是冯老八的父母留下来的,最初冯家老宅只有三间厦子房,冯德清结婚后家里房子不够用,又盖了三间庵间房,在儿子冯德清的建议下家里又加盖了六间穿廊。在农村,有钱就可以盖房,不用和家族或者外人商量,冯老八是冯家的当家人,家里盖房子所用的材料采购、请泥水匠人、请帮忙的人等事项都由冯老八负责,有时这些事情也会委托冯德清或者冯祥瑞去做,但是决定权在冯老八手里。

3.房屋家户所有,出嫁女儿除外

（1）房屋为家户所有

在分家之前,冯家四代共十口人住在一起,房屋属于家里所有人,而不是某个家庭成员或者是家长的。房屋在修建的时候虽然是家长出钱,但是修建房子的钱是家庭每一位有能力的成员共同努力赚来的,而且在修建的过程中大家都在出力。其次在房屋修建好后,家里的安全也需要每一位家庭成员来操心,所以说房屋一般为家户成员共有,而不是某个人私有。冯家的房子都是自家出钱修建的,没有和别人共有的情况。在冯祥瑞结婚后,冯德清把家里兄弟三人住的厦子房用作新房,此后这间房子便属于冯祥瑞夫妇专属,冯祥林和冯祥庆搬去和冯德清夫妇居住。家里的长辈都居住在新建的庵间房里,晚辈则居住在厦子房里。此外冯家的房子在使用顺序上没有多大的讲究,都是按照实际需求来分配。家里对于小家庭的房间,一般只有新婚夫妇能够使用,其他家庭成员都会避免使用和居住,即使新媳妇回娘家待的时间比较长,房间也只有冯祥瑞一个人在住。如果冯祥瑞和妻子都不在家的话,冯祥林和冯祥庆便会去冯祥瑞的房间里睡觉,主要是为了防止房间没人的时候会有小偷进来偷东西。

（2）拥有所有权的家户成员范围

在没有分家之前房屋为家庭成员共有,拥有房屋所有权的家庭成员包括冯老八和妻子、儿子冯德清和儿媳冯王氏,孙子冯祥瑞及其妻子、冯祥林及其妻子、冯祥庆。冯老八两个女儿和孙女只有使用权而没有所有权,出去打工的成年男性既有所有权又有使用权,家里的未成年人都是和父母住在一起,所以他们对于房屋的权力依附于他们父母。嫁出去的女儿是别人家的人,娶进门的媳妇就是自己家的人,所以在房屋所有权上,已经出嫁的女儿是没有份的,而娶进门的媳妇是有份的。如果兄弟之间已经分家了的话，那每个人都只对自己分得的那份房产拥有所有权，而不能分享其他兄弟或者父母的。分家之后，如果父母单独生活，那么父母也会提前为自己留出一份房产。

（3）对房屋家户所有的态度和认知

冯家人认为，房屋属于全家人所有，房屋所有权不能分配给个人，但是具体如何使用则可以由个人来安排。如果房屋所有权分配给个人的话，会使家里人心分散，丧失家户的整体性，一旦有人要卖掉属于自己的房子时，也势必会影响其他家庭成员的生活，不利于家庭的稳定和团结。家长相较于其他家庭成员因其在家庭中的权威性，所以在房屋产权上更有权力，因此在买卖房屋时最终的决定权在家长手中。

4.房屋界限清晰，自家自用

冯家东侧的邻居是冯氏家族冯老四家，右边是一片空地，前面是通向县城的县道，后面隔了一条道路住着其他人家。冯家的房屋和邻居家的房屋都有明显的界限，与冯老四家的房屋以墙为界限，房子相邻和院子相邻部分都共用一堵墙，在当地称为"伙墙"，左右两邻在修建房屋时，不能越过界限。房屋及宅基地都是个人的私人财产，房屋边界是把主家和外人分割开来的界限，对于房屋内的人和财产起着一定的保护作用，越过界限建房子可能会破坏共同的边界，进而威胁到房屋内部的人身财产安全，因此无论是哪家建房子都会自觉地不去越过界限，也不会提出越界的请求。

房屋作为私有财产归自家人所有，由自家人使用，特殊情况下可以转让使用权，通过收取一定的租金作为回报。自家人指的是生活在一起的家庭成员，包括冯老八和妻子、冯德清和冯王氏、冯祥瑞和妻子、冯祥林、冯祥庆、冯爱娃、冯进步，女儿在出嫁之前享有房屋的使用权。属于家庭成员范围内的，在家里会分得一定的房屋作为生活空间，儿童由于年龄太小，无法单独居住，一般和父母一同居住。与使用权相比，房屋的继承权在家庭成员间有一定的区别，即仅限于家里的男性后代，女性后代没有继承权。在继承家庭房屋时，以男性后代为单位进行划分，冯祥林三兄弟分家时，冯家的房子分成了三份，冯祥瑞分得了冯老八买来的那院房，冯祥林和冯德清夫妇以及冯祥庆一起住在现有的房子里，待到冯祥庆结婚时再把家里的房子分给他一半。冯爱娃无论是出嫁前还是出嫁后都没有房屋继承权。分家后，每个小家庭享有自己分得的那份房屋的所有权和使用权，其他家庭成员无权干预。

5.房屋共有，共同维护

相较于家户土地的心理认同，冯家家庭成员对于房屋的心理认同更加清晰，并且认为房屋归全家共有，家里所有人能够清楚划分哪些房屋是属于自己家，哪些房屋是属于别人家的。由于村子小，居住相较集中，村里家家户户之间也都比较熟悉，所以成年人都能够具体说清楚都是谁家的房屋，房屋作为最隐私的地方外人是不能随便闯入的，如果发生侵占自家房屋的情况那是绝对不会容忍的。此外，家庭内成员也能清楚知道家里每一间房子是哪位家庭成员的或者是用作干什么的。在家庭之内，不同家庭成员房间也存在着明显的界限，不能随意闯入其他家庭成员的房间，冯王氏需要找冯祥瑞的媳妇交代事情的时候也不会直接进入儿媳妇的房间，而是会站在院子先"搭话"，告诉儿媳妇自己要进来了。这种界限还体现在男女有别上，在家庭内公公是不会进入儿媳妇的房间的，有事都是通过婆婆去交代，冯老八和儿媳、孙媳很少直接交流，冯老八有事的时候都是先告诉妻子，再由妻子通知儿媳或者孙媳。此外，冯德清进入冯老八夫妇的房间时也要先告知一声,示意冯老八夫妇自己要进来了,以表示对父母的尊重,家里的儿童由于年少不懂事,可以随意出入家里的房间。成年人要是没有打招呼进入其他人的房间时,轻则引起房间主人的不满,重则成为引发家庭矛盾的隐患。

房屋管理权一般归全家人所有,房屋作为家庭成员共同生活的地方,每一位家庭成员都有责任和义务去维护房屋。在拆除、修缮、重建这些事项上也都是一家人商量,大家分工完成,只是家里的成年男性可以提意见。房屋是私人财产,宗族和村庄的人无权干涉。分家后如果有人想要卖掉自己分得的那份房屋,于情需要请示一下父母,因为房屋是从父母那里继承而来的,但是分家后房屋所有权归儿子所有,如果儿子执意要卖掉房子父母也无权干预。

6.有关房屋事宜,家长决定

在房屋买卖、出租、建造等活动中,家长是实际支配者。家长作为一家之主,是家里重要事项的决定者,房屋作为家庭重要的私有财产,有关房屋的事宜都算得上是重要的事项,但是在决定之前家长也会和其他家庭成员商量,征询其他人的意见。在冯家无论是卖地还是卖房都要遵循族规,即家族内成员优先,家族内没人买时才能卖给外姓人。分家后,冯祥瑞分得的那院房子便是冯老八从本家冯老七家里买来的,在分家前买来的那院房子没有人住,为了能有人照看房子,冯老八便把房子给了村里一家没地方住的人家免费住。在借给别人住期间,房子需要维修的话,由住的人简单修整,但是因为不是自家的房,他们也不会花钱去翻新。建造房屋与买卖、出租房屋相比过程更加漫长和复杂,家里需要盖房子的时,冯老八都是和儿子冯德清商量,确定建房动工的时间,请匠人、盖几间房等问题。在盖房子期间,冯老八负责监工,冯德清和冯祥瑞给匠人打下手,共同参与房屋建造过程,家里的女性负责做饭,饭做好了之后端上桌再叫匠人和家里成年男性吃饭。家里的劳动力各自分工,家庭中每位成年人都会参与到建房子的过程。

7.其他家庭成员在房屋事宜中的建议权

一般来讲,当家人是家庭房屋所有权的主要掌管者,实际掌握着房屋所有权,在房屋买卖、典当、修建等事宜过程中,都以当家人为中心,只有当家人拥有决定权。因为成年儿子是家里的重要劳动力,内当家洞悉家内事务,所以成年儿子和内当家可以提意见,媳妇和未成年人不能提意见,但是否采纳还是要听当家人的,如果当家人不在,其他家庭成员不能私自决定有关房屋的事项,必须等当家人回来。因为家庭整体的大事都是当家人在操心,所以有关房屋的事情一般也是由当家人提出来。冯家当时增盖六间穿廊是由冯德清提出来的,在和冯老八商量后,冯老八也认为有必要新建六间穿廊,这样即使是在下雨天,在家里走动也不会淋雨,同时也增加了家里的储物空间。

8.没有发生过土地侵占

冯家在横流渠村算得上是比较有地位、善良的人家,平日里不管是与富人还是穷人的关系也都还比较融洽。此外,冯姓在横流渠村算得上是一个大姓,所以一般不会有村里人去侵占冯家的房屋,因为村里的房子要么是自己家祖传的,要么是买来的,途径都是合情合理的。如果出现别人侵犯自家房屋的事情时,家里人会去与侵占者理论,保护自家房屋,自己解决不了的情况下,会去请村里有威望且喜欢评理的人过来说话,必要时也会去政府那里告,寻求解决办法。一般情况下农村很少会有人去找政府解决,政府派人调查的话,告状的人需要承担政府相关人员的茶水费,而且政府调查一般也不会有什么实质性的结果,都是来村里混吃混喝的。

冯氏家族成员间联系比较弱,除了必要时候会有集体活动,其他时候家族内也都是各过各的生活,所以家族对于家族各支的影响比较小。一般来讲除了清明节、春节等重大节日和婚丧嫁娶的时候家族成员会有走动外,平日里家族之间的关系和其他普通邻居的关系差不多。家族其他成员不能未经允许就买卖、租用、置换冯家的房屋,如果家族里有人想要买卖、租用、置换冯家的房屋,需要上门找冯老八商量,如果冯老八不同意,不能够强行进行。如果当家族里谁家的房屋被侵占了的话,家族里的人知道后也会站出来说话。冯家因为房屋来源途径合情合理,没有遇到过房屋被别人侵占的情况。

在过去,村长的作用主要是组织村里公共事务,只要不损害村庄的利益,对于村民的家务事一般是不会干涉的。村民买卖、置换、租用房屋都属于村民的家务事,村长算是外人,不会干预,更不会随意侵占村民的房屋,房屋作为村民的私人财产,村里不能以村庄的名义去买卖、租用、置换村民的房屋,如果谁家的房屋被外人侵占,必要时也可以请村长出面保护自己家的房子。

(三)生产资料产权

1946 年以前,冯家因为冯德清在外做生意,家里地多而劳力少,所以冯家把家里的土地全部出租给别人种。总体来看,冯家家里的小生产工具还是较为齐全的,大型生产工具主要有一辆大车和一个碌碡①,这些工具有些是从祖辈手里继承的,有些是从外部购买的。冯家的生产资料属于全家集体所有,包括在外做生意的和打工的成员。冯老八是冯家的当家人,对于家庭生产资料享有决定权和支配权,其他家庭成员不可擅自做主。

1.小生产工具齐全

冯家的祖辈都是普通的农民,因为以前家里也是靠种地为生,所以种地要用到的小型农具,也都还算齐全。例如,种地经常要用到的铁锹、锄头、铁耙、木锨、铁叉、石碾等家里都有,铁锹和铁耙是用来翻地的,翻地不仅能改善土壤、加深耕层、消灭病虫害、清除杂草,还具有蓄水保墒、防御旱涝的作用,铁耙还可以用来平地碎土、耙土、耙堆肥、耙草、平整菜园等,所以铁耙在当地也称为"菜耙"。木锨和铁锹形状一样,只是材质不同,木锨是用木头做成的,重量轻,主要用来扬麦,用木锨铲起小麦,再向上扬,利用风把麦皮和麦粒分离开来。晒麦子时还要用到铁叉,农户把收割回来的小麦放在场坪碾,麦粒脱落后剩下的麦秆就需要用铁叉收集到一起。冯家的大型农具有一个大车和碌碡,大车的车身和轱辘都是用很结实的木料做成的,也叫"架子",既可以用人力拉,也可以套牲口。一般过了农忙季节,架子车就不怎么用了,为了防止小偷偷车,冯家会把车轮子卸下来藏在高处,车身立起来放在墙根。碌碡是用石头做的,主要用来碾压,与之配套的还有一个木框架,可用人力拉或者畜力拉,碌碡是从祖辈继承下来的,一直放在门口的空地上,不用的时候把上面套的木框架放在家里。因为石碌碡很沉,一般用完之后人们都会把它放在原地,只需要把套在上面的木框架卸下来拿回家。没有木框架,其他人也很难把碌碡偷走。通常情况下,冯家的小农具坏了会自己及时修理,实在无法修理再去买新的,家里的大型农具坏了一般都要找专人修理。

---

① 碌碡:是一种用于碾谷物、平场地的农具,分人拉、畜拉。

冯家饲养的牲口不多,只有一头驴,用来拉石磨,平时磨玉米面、面粉都用驴拉石磨。冯家的石磨位于厨房附近,磨盘直径大概有八十公分左右,一个人就可以推动,为了省力冯家都是套驴拉磨。平时,冯家附近的街坊邻居也会借用冯家的石磨,借用石磨时只需要和冯家人打声招呼就可以,不需要报酬。在冯家由冯老八的妻子和冯王氏一起磨面粉,冯王氏跟着驴,负责一边给磨道里加料,一边用小扫将磨台上溢出的麦粒拨到磨道里,冯老八的妻子坐在旁边负责箩面,把面粉和麸子①分离开来,磨好的面粉会在簸箕中晾上一会儿再拿去倒在厨房的瓦瓮里,麸子装在袋子里,留着喂驴。磨面是一件费时的活儿,两人一起磨也要大半天的时间。石磨用久了,需要把磨盘的纹路用铁杵凿得更深,也就是"铲磨",铲磨是项技术活,需要请专门的石匠来做。1949年以前,吃白面馍馍是一件非常奢侈的事情,大多数人家吃的都是玉米面做的黄馍馍,冯家家里经济条件比较好,但是也没有常年吃白面馍馍,而是面粉和玉米粉混着吃,只有冯祥林去学校的时候冯王氏才会做些白面馍馍让冯祥林带去学校吃。冯家的石磨和石碾一样也是冯家从祖辈手里继承下来的。此外,家里还养了四五只鸡,关在后院里放养,公鸡养着吃肉,母鸡用来下蛋。冯家的驴是用粮食和别人家换来的,家里的这些牲口、家禽平时都是由家中的女性负责喂养,喂驴主要用草、麸子和切碎的玉米秆。

2.生产资料:多购入,少自制

　　1949年以前,冯家没人会做农具,家里的生产工具基本都是从外购买的,例如锄头、铁锨等这些铁质农具都是由当家人冯老八去购买或者是冯老八委托家中成年男性去购买。家里的扫把、簸箕这些小物件一部分是买的,一部分是自制的,冯老八的妻子会编织袋子,家里的袋子也多是她手织的。此外,家里的石碾、石磨和碌碡这些石质农具都是从祖辈继承下来的,碌碡虽然属于冯老八家所有,但是冯老八的兄弟和侄子们也拥有使用权,农忙时有哪家需要用碌碡的话,和冯老八家里打声招呼就可以了,村里的街坊邻居需要用碌碡的时候也会来冯家借。1946年以后,冯德清带着冯祥瑞学习种地,家里没有牛,就借同村舅舅家的牛来用。因为舅舅家租种冯家的地,所以冯家借用牛的时候除了提供牛所需的粮草也不需要再给舅舅其他报酬。冯家因为没有人会养牛,所以冯家虽有经济实力买牛,但仍选择借用别人家的。冯家的生产资料都是属于整个家庭的共同财产,购买农具和牲口的钱也都是从家里的共同财产中拿的。冯家的农具和牲口是自家的,没有和别人共有的情况,生产资料种类比较齐全,基本能够满足自家生产生活的需要,农忙时需要牲口和其他大型农具时,冯家会优先选择和同村的亲戚家借,有的时候也会和邻居借。

3.生产资料家户所有

　　(1)生产资料家户所有

　　从外部来看,农具和牲口等生产资料属于整个家庭共有的,家庭成员共同使用;从家庭内部来看,生产资料主要由当家人和家庭主要劳动力所有,而不是所有家庭成员都享有。家长是生产资料的主要购置者,与其他家庭成员相比,家长拥有生产资料的支配权。家庭主要劳动力是家庭生产资料的主要使用者,与其他家庭成员相比对生产资料更加熟悉。从所有权的角度上来看,生产资料是全家人共有的,家里人人有份,冯家的生产资料都是自家的,没有和别人共有的情况。

---

　　① 麸子:麦麸。

（2）拥有所有权的家户成员范围

从家户外部看，农具和牲口等生产资料虽属于全家人共有，但是从家户内部来看，这种所有权主要属于家长和家中的成年男性。家长是家庭财产的拥有者和支配者，他们也是生产资料的主要购置者，这主要体现在家长对于大型生产资料所有权的拥有上，例如分家时这些大型生产资料怎么分都是由家长决定。在分家时除了家中的成年男性拥有继承家里生产资料的权力外，其他家庭成员只享有暂时的使用权，例如进门的媳妇和未出嫁的女儿也都拥有家庭生产资料的使用权，但是出嫁的女儿已经是别人家的人，所以出嫁后既没有家户生产资料的所有权，也没有家户生产资料的使用权，已经出嫁的女儿如果需要用冯家的生产工具或者牲口的话，需要登门来借。

（3）生产资料人人有份

在冯家人看来，生产资料应该属于全家人所有，而不是家庭某个成员所有，因为家庭生产劳动需要家里的每一个成员去一起劳作，因此生产资料的所有权也不应该分配给个人。每位家庭成员干的活儿不一样，平时使用的生产资料也不一样，例如家中的男性负责种地，所以使用农具的次数多一些，女性负责磨面和织袋子，所以使用石磨和纺车的次数多一些。在家庭内部，家长是家庭财产的支配者和掌握者，家庭中的生产资料都是由家长购置，所以家长比其他家庭成员在生产资料的产权上更有权力，这主要体现在家长对于生产资料的最终决定权。生产资料属于全家共有是基于家庭共同体这个前提的，反过来，家庭生产资料共有又可以巩固家庭共同体，有利于家庭团结和家庭和睦。如果把生产资料划分给每个个人，会不自觉地在家庭内形成"小团体"，不利于培养家庭成员之间的依赖感和亲切感，自然也不利于家庭团结。

4.家长掌握生产资料的支配权

（1）生产资料的实际支配者为家长

家长作为一家之主，对于家庭共同财产拥有绝对的支配权，在生产资料的购买、维修、借用中，家长是主要的支配者。家里购买新的农具主要是由家长提出来的，家里的农具坏了需要维修或者需要买新的要告诉家长由家长负责去修或者买，家长可以委托家里的成年男性去。在冯家，冯老八是冯家生产资料的实际支配者，冯家要不要购买生产工具或者牲口都是由冯老八来决定，其他家庭成员只有建议权，如果有人来借用家里的生产工具时也是先找冯老八，冯老八不在的话，冯老八的妻子和冯德清也可以决定借或者不借。

（2）家长在生产资料购买中的地位和作用

在农业生产的过程中，农具的使用是必不可少的，不仅可以节省时间提高劳作效率，还可以节省人力。冯家的主要生产资料都是购买的，家庭生产资料的购买主要由家长安排和决定。购买大型农具时，家长也会和家里的成年男性商量，因为他们是家中的主要劳动力，对于农业生产事宜比较熟悉。冯家用粮食换驴是冯老八和其他家庭成员商量做出的决定，驴不仅能拉磨还能帮驮东西。购买小型农具时，一般都是家长自己去买，不需要和家庭成员商量，家长没空的时候，家长可以委托其他家庭成员去购买。购买生产资料时，不需要告知四邻或者请示保甲长，这类事务都属于家庭内部的事情，外人一般不会干预。

（3）家长在生产资料维修中的地位和作用

相较于购买农具，家长在维修农具中的支配地位和决定作用相对较弱。家里的农具谁都可以使用,如果在使用的过程中发现农具坏了,问题小自己顺便修好,需要花钱请别人修会告诉家长,家长给钱后再拿给别人修。修理农具的事情都是家里男性成员负责,因为男性是这些工具的使用者,大致知道怎么修。

（4）家长在生产资料借用中的地位和作用

对外,家长是家庭财产所有权的代表者,有人来借用家里的生产资料时一般会直接找家长商量,家长不在的情况下则与内当家的商量。在冯家,邻居街坊来家里借东西的时候,一般先问冯老八是否在家,冯老八不在的情况下也可以问冯老八的妻子是否能借用。在归还生产资料的时候,借用者也是会请冯家家长检查工具是否完好,如果家长不在的话,借用者会和其他家庭成员一起检查,并再三叮嘱等家长回来一定要转告家长。但是一些大型农具的借用必须经过当家人的同意,因为大型农具一般都比较贵重,哪个家庭成员没有经过家长同意借给别人,如果还的时候坏了会受到冯老八的批评,为了不承担风险,冯老八不在家的时候其他人一般不会私自做主把大型农具借给别人。

5.其他家庭成员对生产资料的使用权

除了家长之外的家庭成员对于家庭的生产资料只能够自己使用,无权购买或者借给他人使用。在购买比较贵重的生产资料时,家长会和家里的成年男性商量,冯家当时的成年男性有冯老八、冯德清和冯祥瑞,因为冯德清和冯祥瑞都在外面做生意,所以家里需要购买大型农具时,都是由冯老八自己决定,偶尔也会询问一下妻子的意见,年轻媳妇和儿童一般都不参与此类事务。

有人上门来借用家里的农具或者牲口时,都会先问冯老八在不在,冯老八在的话,借东西的人便进一步和冯老八商量能否借用,冯老八不在的情况下,便会问家长大概什么时候回来,等家长回来的时候再来借。冯老八的妻子对于冯家小型农具的借用拥有一定的决定权,小农具一般家家都有,但每类农具也只有一个,到了农忙的时候一个不够用,为了提高劳动效率,便会有邻居或者住得近的人来借筛子、木锨等小型工具。在去别人家借东西的时候,借用大型农具必须由家长或者家里主要成年男性出面去借。冯家需要借用别人家的牛或者其他大型农具时,多是由冯老八出面去借,冯德清在家时也可以代替冯老八去借,如果是家里其他人去的话,一是显得不够正式,二是冯老八、冯德清和其他家庭成员相比在村里更具有威信,冯老八或者冯德清去借,一般都会借得到。在借用一些小型农具时,家长有时会委托其他家庭成员去借,借的时候会说明是受家长委托去借的。如果家里什么工具坏了,一般自己能修的都会自己修,如果自己没法修需要找别人来修,一般先要告诉家长是哪里坏了,再由家长决定怎么修,修理的费用由家庭集体承担。

6.邻居对生产资料的无意侵占

冯家遇到过被别人侵占生产资料权的情况,但不是故意侵占的,而是邻居借过忘了还。有一年收麦子的时候,冯家近邻窦家让自己的儿子到冯家借筛子,用完了之后没有及时还,由于平时不怎么用得到筛子,刚开始冯家也没意识到窦家没有还,等到冯王氏要用筛子的时候才发觉。随后冯王氏到窦家去要,可是窦家人说已经还了,冯王氏回到家里问了其他人后又仔细找了一遍,确定是没有还。平日里邻居之间的关系都比较融洽,经常互相帮忙,所以这件事冯家也没再追究,冯德清从县城回来的时候顺便买了一个新的。大概一个月后,窦家的大儿子把之前借冯家的筛子还了回来,原来是窦家在堆麦秆的时候不小心把筛子压在了下面,刚开始那家人自己也不知道筛子在哪儿,后来是那家的媳妇在门口抽麦秆生火做饭的时候发现的。除此之外,冯家没有发生生产资料被侵占的情况,如果是别人恶意侵占自家的生产资料那是绝对无法容忍的,冯家人一定会要回来的。在村里,一般都是比较熟悉的人才会来借东西,邻里如果关系不好的话也不会上门来借,如果谁家的生产资料被侵占,和自家关系好的村民也会站出来帮忙说公道话,关系比较淡的都只是看看而不会帮忙。在村里侵占生产资料的情况很少发生,生产必备的工具几乎家家都有,只有那些大型的生产工具和牲口是只有家里经济条件较好的人家才有,整个村里的人都知道谁家有大车,有牛,所以大型农具和牲口一般不会被侵占,加上村子里有大型农具和牲口的人家本来就不多,而且大型农具的特征都比较明显,很容易被认出来。村民之间发生小纠纷时,都是自己家去解决,村长和保甲长都不会管,如果实在是要不回来,那也只能吸取教训,看好自家的东西。

7.生产资料家户私有

家庭生产生活用的农具和牲口都是冯家自己花钱购买的,属于家庭私有,外人不能随意使用、侵占冯家的生产资料。如果要买卖、借用就必须和冯家家长商量,家长同意之后才能买卖和借用,不可强行买卖、租用、置换。对于一些和别人共有的生产资料,农户之间也会有一套约定俗成的使用规则,如果有人违反规则,便会受到其他共有成员的谴责。

村庄也承认生产资料归家户所有,不能以村庄的名义去随意侵占家户的生产资料,不能未经家户同意而买卖、借用或者侵占家户的生产资料,如果村里要买卖、租用、置换谁的生产资料,必须要先和该户的当家人商量,征得当家人的同意。村里谁家的生产资料被侵占的话,都是自己私下去找侵占者解决,村长一般不会出面。

(四)生活资料产权

冯家的生活资料比较齐全,包括家具、厨房用具和其他一些生活用品,有的是请工匠来家里制作的,有的是购买现成的,基本不需要借用别家的。在冯家,生活资料产权属于全家集体共有,家庭成员皆有使用权,冯老八作为当家人掌握着购买生活资料的决定权,属于私人或者小家庭的生活物品的所有权归私人或者小家庭所有。

1.物资充足

1949 年以前,冯家经济条件较好,算得上是村里比较富裕的家庭,虽比不上大财主家,但也能做到一家人吃穿不愁。那时,冯德清在县城开茶叶铺子,冯祥瑞在外学习做生意,家中没有男性劳动力,冯老八便把家中的土地全都租给了别人种,冯家靠做生意和收地租来维持一家人的生活,家里吃的粮食都是租户交上来的,冯家收的粮食吃不完,几年下来家里攒的粮食多了,冯老八也会把一部分粮食拿到粮店去卖。租户交的棉花一般都是留着自家用,家里棉被、棉衣的缝制和纺纱织布都用得到,冯老八的妻子在冯祥瑞兄弟三人年龄还小的时候就已经开始攒棉花了,等着孙子们结婚的时候做新被子用。冯家的棉花每年由冯老八妻子分配,分给小家庭的棉花用不完的也可以拿去送给娘家或者其他亲戚,但是绝不能拿去卖。家里的桌椅板凳等家具比较齐全,打牌用的小方桌、吃饭用的八仙桌、放衣服的皮箱、放被子的板柜家里都有,冯家的家具都是用上好的木头做的,轻易不会坏掉,可以长久地用下去(现在冯家还放着冯德清当时请木匠做的小方桌)。冯家家里添置家具多是在家里有适婚男性要结婚的时候,当家人会请木匠来家里制作家具,例如板柜、木箱、桌椅等,制作家具的木材由冯家提供,冯家付给木匠工钱,工钱一般按日计算,在做工期间冯家还要给木匠提供饮食。

在横流渠村,每户人家门口的空地就是自家的场畔①,收回来的麦子就直接堆在场畔中央，场畔离自己家距离近也易于照看，自家没有场畔的就只能等邻居家用完再借用邻居家的。冯家的场坪在自家房子的西侧,房子的西侧地势比冯家的宅基地低,之前是一片荒地,因为离冯家最近,这片地也就成了冯家的。冯祥瑞把这片荒地平整了之后,这块地便成了冯家的场畔。农忙时,冯祥瑞就去冯王氏哥哥家借牛来套碌碡碾压晒场,整个晒场大概有两亩多地,足够冯家用。前一年的场畔在农忙结束后还会保留一半,秋季的时候用来晒玉米和棉花,另一半也不会荒着,耕过之后种一料萝卜、白菜或芥末。碾完麦子之后,剩下的麦秸就直接在场畔中央堆成麦垛。

冯家厨房里日常用的调味品,油盐酱醋也从未短缺。冯家主要由冯王氏负责做饭,她最清楚家里厨房缺什么,哪样调料没了冯王氏便会买回来。油盐酱醋是家里每顿饭必不可少的东西,所以不能等到完全用完了之后再去买,还剩一点儿的时候就要提前买好备着。买厨房调味品的钱是从冯老八妻子那里拿的,由冯王氏或者樊彩霞负责去买。逢年过节的时候,冯王氏也会给家庭成员改善伙食,可以吃到平时吃不到的食物,例如臊子面、烩菜等。

2.物资基本外购

冯家家里的日常用品基本都需要去外面购买,这些常用品都是快用完了的时候才会去买,不是等没了的时候再去买。1949年以前,在横流渠村也存在有些人家没钱买,而用自家的东西换取所需物品的情况,多是用粮食、鸡蛋去和商贩换其他生活用品,例如用小麦去商铺换油和盐,冯家吃的油都是用粮食从粮店换来的菜籽油,盐和醋是用钱买回来的。冯家的粮食全部是佃户上交的地租,冯家的粮囤是常年满的,不愁没有粮食吃。佃户交给冯家的棉花,冯老八的妻子都是留下自家用,用来纺线、做棉衣、缝被子。冯家吃的菜都是自家种的,多是青菜。秋天的时候冯王氏便会用瓦罐腌制一些萝卜,一家人可以吃一个冬天。家里的家具有从祖辈继承下来的,也有新置的,粮食房里放粮食的石板柜是冯老八父母留下的,冯老八房间的家具都是自己当年结婚家里父母给置办的,一个板柜、一套桌椅和一张炕桌。在冯家,家里有男性结婚时,家长都会请木匠来家里做几件新的家具,冯祥瑞结婚时用的柜子和桌子都是冯老八请工匠新作的。

3.生活资料为家户所有

（1）生活资料家户所有

从整体上来讲,冯家家庭成员都认为家里的生活资料是属于全家人的,而不是属于某个个人的。具体来看,冯家的家庭物资也有公用与私用之分,例如粮食是全家人共享的,调料等物资都是用家里的钱去买,自然也是全家人一起用,家里本来就有的家具也是全家人共有的,只是分给每个成员使用的家具不同而已。但是,如果是结婚时媳妇娘家陪的家具,那么这件家具就只属于小家庭,其他人没有所有权和使用权,借用的话也要经过媳妇同意。冯家的生活资料没有和别人共有的情况。

（2）生活资料家户成员共享

冯家人认为,生活资料应该属于全家人所有,而不是个人所有。家庭是家人共同生活的基本共同空间,生活资料又是日常生活的必需品,所以生活资料全家人共有是维持共同生活

---

① 场畔:当地对晒场称谓。

的必然要求。此外从现实来看,家庭内部的物资也很难分清是谁的,因为家庭的发展需要每一位家庭成员的共同努力与相互合作。从分配的角度看,有些生活物资无法分配到具体的每个个人,有些生活物资可以在家庭内部进行更为精细的分配,因为一家人都在一口锅里吃饭,像粮食、油盐酱醋之类的物品是无法在家庭成员之间进行分割的。家里的家具是由家长按照家庭成员的需要在家庭范围内分配使用的,冯家每一对夫妇卧室都会有一个衣柜和一套桌椅,小孩的房间一般只有一张桌子。家里收的棉花是每年由冯老八的妻子分配给每个小家庭去使用的,每个小家庭用不完的棉花可以自己留着也可以送人,但是绝不能拿出去卖。生活资料为全家共有,有利于家长以家庭为单位去决定生活资料的使用和划分。

4.家长对生活资料的支配权

在家庭生活资料的购买、维修、借用中,家长是实际的支配者。在家庭中家长是家庭财富的掌握者,重要家庭生活资料都是由家长去购置。租户上交的粮食由冯老八分配,一家人每年吃多少粮食冯老八心里都大概有个数,粮食除了自家吃,每年也会拿出一部分去粮店卖。因为每年的具体情况不一样,所以卖多少留多少冯老八都要做好规划,保证一家人能吃饱饭。家里每顿饭吃什么由冯老八的妻子和冯王氏决定,家里吃的饭都差不多,没有太多花样,冯老八有时也会提意见。由于冯德清去县城里的次数比较多,他回来会经常带一些利于储存而且在村里买不到的东西,例如冯老八喜欢抽旱烟,烟叶都是冯德清从县城带回来的。在冯家,女性负责料理家内事务,对于家中有什么没有什么比较清楚,家里日常用的东西由冯王氏负责购买。家中孩子如果谁需要特殊的生活用品也会向家长讲,一般情况下家长都会同意,孩子无法自行购买的话,家中成年人会帮孩子买回来,孩子有能力自己去购买,家长会把钱给孩子,由孩子自己去买。冯祥林幼时读书时,家里的纸笔书都是冯德清买好的,不需要自己去买。在县城读中学时,冯德清也会给冯祥林少量的零用钱,家长给的零用钱家庭成员可以自己支配,冯祥林偶尔会用自己的零用钱去偷偷买小人书。生活资料的购买属于家庭内部事务,不需告知邻居或者向保甲长请示。外人来家里借东西时,也是找家长商量,如果邻居有人来家里借油盐这些小东西时,都是找冯王氏,如果是借粮食的话那就要找冯老八或者冯德清了。

5.外界承认冯家对生活资料的所有权

生活资料作为家庭财产的一部分,属于家户所有,其他村民都承认冯家对于生活资料的产权,外人也不会随意侵占冯家的生活物资,如果要买卖、借用、租用别人家的生活资料必须要与这家家长商量,而不能不经同意而强行买卖、借用、租用。只要生活物资的来源合法合理,村庄也承认属于每个家庭的生活物资,当谁家的生活物资受到侵犯时,村民可以通过施加舆论压力来间接保护家庭的生活资料。除此之外,村庄对于家户生活资料无法提供其他方面的保护。因为生活资料被侵占更大程度上是属于被侵占家庭与侵占家庭两家的私人矛盾,期望能够私下解决,如果被侵占的情况比较严重的话,可以去找村中有威望的人来调解。生活资料侵占多属于小纠纷,很少有人去报官,农户不报官的话,官府也不会主动来解决问题。

(五)家户商业产权

1.家户商业概况

1946年以前,冯家在泾阳县县城有一间店铺,主要经营茶叶生意。早些年,冯德清靠去外省走货有了一些积蓄,后来攒的钱多了,加上冯德清也没有体力再出远门走货,便用做生意的积蓄在县城租了一间店铺,做起了茶叶生意。开铺做生意以前,冯德清也征询过其他家庭成员的意见,冯老八作为冯家的当家人,掌握着家庭财政大权,经过他的同意,冯德清才能开店铺。冯祥瑞有过学"相公"①的经历,算是比较懂做生意,所以相较于家中其他成员,冯德清比较重视冯老八和冯祥瑞的建议,开铺子的事,家中的女性不懂,也插不上话。冯家的店铺由冯德清一手置办起来,也一直由他管理,冯祥瑞学完"相公"后,便去店里给冯德清帮忙。冯德清的店铺除了卖茶叶也会卖一些从外省运来的烟叶。这些烟叶是冯德清早些年一起走货的山西朋友放在店里请求代卖的,他们把从外省运来的烟叶放在冯德清的店铺里卖,所得的收益会给冯德清一部分。

2.商业产权个人所有

在外人看来,店铺虽是冯德清置办的,但也会认为店铺是属于冯家整体所有的,在冯家自己人看来,店铺的所有权是属于冯德清个人的。首先店铺是冯德清一人置办的,他是店铺的管理者。其次,家里除了冯德清和冯祥瑞学过做生意外,其他家庭成员都不懂生意上的事,只是偶尔听冯德清说说而已,也不会主动过问。最后,店铺位于县城,而其他家庭成员都生活在乡下的家里,这种距离上的阻隔,使得其他家庭成员很少会接触到店铺。冯德清作为店铺的所有者和管理者,掌握着店铺事务的决定权,是否征求其他家庭成员的意见,也是按照冯德清的个人意愿来定。因为店铺收益是冯家最重要的经济收入来源,店铺有什么问题的时候则需要冯家集体承担,例如店铺资金有时周转不过来的时候也会用家里卖粮食的钱来给店铺周转。

3.生意勤快,用度节俭

"生意勤快,用度节俭"是冯德清时常挂在嘴边的话,冯德清从走货商人到开铺做生意,深感其间的辛苦。走货时期,经常要去甘肃、宁夏这些地区,而这些地区黄尘漫天,自然条件极其艰苦。在县城开了店铺后,为了生意上方便,冯德清在县城半截巷买了一院房子,用来歇脚和招待朋友。冯家店铺里卖的茶叶、烟叶,上货前冯德清都会亲自品尝,试看货的品质,在开铺子期间冯德清很少回家过夜,都住在县城里照看店铺。冯家虽然既有店铺又有百十亩地,但是冯家人都比较节俭,冯德清个人也比较厌恶铺张浪费的行为。经营店铺所取得的收益由冯德清进行分配,他有权决定收益的用途,做生意赚的钱一部分用来维持生意,一部分交给冯老八,分给家里的那部分钱由冯老八负责分配,主要用于购买土地和维持家庭日常支出。冯老八原也是本本分分的农民,只因儿子冯德清做生意,才有了积蓄去买地。家里需要买什么东西都是找冯老八拿钱,在买地的时候冯老八也会征求冯德清的意见。

4.货真价实好为商

冯家的商铺没有发生过被外人侵占的情况。冯德清为人实诚,从不销售假货,店铺在街道上信誉比较高,货真价实是冯德清做生意的信条。冯德清年轻时候在甘肃、宁夏地区走货,认识的人多,货源广,朋友在外淘到香料、烟草也会让冯德清帮忙销售。开店做生意的前几年,因为同行业的竞争压力较小,冯德清的店铺收益比较好,赚了一些钱,期间冯德清曾遇到过被别人栽赃卖假货的经历。冯德清的朋友从四川运了一批烟草回来,请冯德清代卖,过了

---

① 相公:在当地的意思是在别人的店铺学做生意的人,意同于现在的学徒。

几天有人称在铺子里买了烟草,说烟草是假货,吸了之后嗓子哑了,借此上门来闹,扬言要去官府告状。冯德清心里明白这个人在胡说八道,便派店里的伙计私下去调查,发现原来是另一家卖烟叶的人雇来砸冯德清招牌的。冯德清的朋友认识县政府的人,便请政府的朋友去查,发现这些假烟草来自同街道新开的烟酒铺,真相大白后,这件事非但没有损害冯德清做生意的声誉,反倒是使他在整条街的名气增加了。1946 年以后,冯家的店铺生意变得清淡了许多,冯德清便关了店铺回到乡下。

二、家户经营

(一)生产资料

1.劳力分配:男主外,女主内

1946 年以前,冯家共有六个劳动力,分别是冯老八及其妻子、冯德清、冯王氏、冯祥瑞及其妻子,其中三个男性劳动力、三个女性劳动力,家里成年人都必须参加家庭生产,男女老少分工各有不同。冯老八负责管理家中的土地,土地的租赁与地租的收取,都由他负责。冯德清在外做生意,大部分时间都在县城管理店铺,家里的事很少顾得上,冯祥瑞学完"相公"后便去冯德清的店铺帮忙。冯家经营着茶叶生意,最开始的时候冯德清经常去外面走货,出去一次要一个月的时间,冯祥瑞不当学徒后,去走货的时候冯德清也会带着冯祥瑞一起去。后来冯德清在县城开了一家门面,家里的生意也还算稳定。冯祥瑞经常在店里给冯德清帮忙。生意上的事冯家的女性不会参与,也不会过问。生意上遇到什么困难,冯德清也只会和冯老八和冯祥瑞商量。冯家三个女性劳动力主要负责打理家中事务,在冯老八妻子的带领下,冯王氏和冯祥瑞媳妇负责在家纺纱织布、洗衣做饭、照顾孩子、喂养牲口。1946 年以后,因为生意清淡,冯德清关了县城的铺子回到了乡下,冯家开始重新种地。在冯王氏哥哥的教导下,冯祥瑞学会了种地应该掌握的技术,由他负责家中地里的活,地里的活忙完的在家里休息。在农村,孩子 14 岁左右的时候家长才会要求孩子干活,但是分配给孩子的活一般都是比较轻松和简单的,例如看场畔、捡玉米,剥玉米等。冯家的孩子小时候都被家长送去学校读书,很少有机会接触到农活,冯祥林因为家庭原因,读了一年中学便回家帮忙种地了。冯家种地的时候冯王氏娘家的人也会过来帮忙,有人来家里帮忙,冯家就会留对方在家吃饭。此外为了表示对娘家的感谢,家里的棉花用不完的时候冯王氏也会给娘家带点儿。冯家的女性不下地,只需要农忙的时候帮忙照看收回来的粮食就可以了。冯家留给自家种的地不多,不需要请长工,农忙时,冯祥瑞和冯祥林忙不过来的时候会请一两个短工,请的短工都是同村子里的人,有些人家里地少或者没有地,农忙时就会去做短工赚取一些收入。

2.外部劳力参与家户劳动的情况

(1)亲戚帮忙。1946 年以后,冯家开始自己种地。因为冯德清和冯祥瑞没有学过种地,所以冯德清便请了冯王氏的哥哥来教冯祥瑞种地。最初教的时候,舅舅会跟着冯祥瑞一起在地里干活,冯祥瑞学会后,王家舅哥就只有在冯家忙不过来的时候才会过来帮忙。为了表示感谢,冯德清会在农忙后委托冯祥瑞给舅舅家送一些肉和鸡蛋。

(2)邻里互助。1946 年以前,冯家盖房子除了自家的劳动力外还要请村里的人来帮忙,请帮忙时优先请和自家关系好的邻居和冯家的本家人。请人帮忙必须由家里的当家人去请,冯家由冯老八去请,如果冯老八不在家的话,冯德清也可以去请。请村里人来帮忙一般时间比较短,最多两三天,村里人来帮忙期间,冯家要给帮忙的人管饭,但是不用支付报酬。这种短时期的帮忙属于人情,等到别人家有事需要帮忙时,冯家再出人去帮忙,把人情还回去。盖房子除了要请帮忙的之外,还要请泥水匠和瓦匠,这些人是靠技术吃饭,请他们来不仅要管饭还要按照天数支付工钱。此外,冯家有红白喜事的时候也需要请村里的人来家里帮忙。在当地,红白喜事属于家户大事,冯祥瑞结婚时,由冯德清去村里请帮忙的人,到了婚礼前一天,村里的人都会来家里帮忙。如果哪家有人去世的话,不用主家去请,听到放炮竹的声音时村里的人便会自发来家里帮忙。村里别的家里有丧事或者喜事的时候冯家也要过去帮忙,一般情况下多是冯老八去,如果对方和自己家关系好的,冯家就会去两个人帮忙,如果关系一般的话,只要去一个人帮忙就可以了。

(3)请伙计。冯德清在县城的店铺一个人忙不过来需要请伙计来帮忙,店里请的伙计既是帮工又是学徒。按照规定,伙计来店里当"相公"的前三年没有工钱,冯德清只需要给伙计提供饭食,伙计表现好也会给一些零花钱。三年期满后,冯德清根据伙计的能力给伙计工钱,伙计也可以选择继续留在店里或者去别的店铺打工。冯德清请的伙计在店铺学成之后,在店里待了两年多的时间,后由于生意不好做了,冯德清便遣了伙计去别的店铺打工。请的伙计主要负责看管店铺,有时候也会代替冯德清回乡下给家里送东西,冯家家里的活儿,基本不会派给伙计做,但是冯家要有红白喜事的时候,伙计也要跟着冯德清一起回家帮忙,但不会额外给伙计工钱,只当作是伙计份内的事情。伙计的工钱按月结,年末的时候冯德清也会给伙计包红包表示奖励。

3.土地全部出租

1946年以前,冯家土地最多时有130亩,土地全部租给别人,租地的价格是由冯老八决定的,二等地和三等地一亩地的地租是五斗粮,一等地的地租每亩是五斗粮再加五斤棉花。通常情况下,一般的地一亩地能收将近300斤粮,在泾阳县一斗等于27斤,所以一亩地的地租大概占粮食总产量的一半左右。村里有人要租地的时候都是这家的当家人直接上门来找冯老八,与冯老八商谈,谈好了时间、价格、地租之后,第二次再来冯家签租地契约,契约要写明主家和佃户的名字、租地的面积、时间、地租等事项,最后按上手印才可生效。外村的人要想租种冯家的地,需要先托一个中间人来冯家问有没有地出租,同时冯老八也会先向中间人打听想要租地的人家的家庭情况,通过询问租地人家里有多少地,有没有牛等问题来了解租地人是否有能力租得起。冯家有地出租,中间人再带着想要租地的人来冯家谈,租户来冯家的时候也会带一些点心或者鸡蛋。在当地,能作为中间人的农户一般多是口齿伶俐、善于交际的人,谈完租地的事情后,冯老八也会留租户和中间人在家吃饭。在租地的问题上,即使是亲戚也要说明白地租多少,不能含糊,也写清楚租约。和外人相比,亲戚只是在交租时间上拥有更多的自主权,但是如果亲戚总是拖延交租时间的话,等到租约期满,冯家就会收回土地,再把地租给别的租户。

冯家的土地中,有80亩租给了同村的库家,50亩租给了冯老八儿媳的哥哥。在选择租户时,冯老八会优先选择家里劳力充足、有牲口、有大车且家风勤劳的承租户,库家是村里经济比较好的人家,家里有十个劳力,另外又雇了两个长工,库家自家本就有60亩地,加上租来的80亩地总共有140亩地。当地的农作物种两季,夏收小麦秋收玉米,冯家收租只收小麦,玉米作为杂粮不能作为地租,地租也不能交现金。每年五月份的时候,村里就开始忙着收割小麦了,租户会把收好的小麦晒干装袋,运到冯家。交完租后,冯老八还需要给租户写一份收据,证明租户已经交过地租,如果租户不能按时交租的话,只要有充足的理由冯家也会宽限时间,但是如果年底的时候还没有交的话,冯老八便会去租户家要个说法。租出去的地税由租户去交,一般情况下租户都是先去交税,交完税后,把交税凭据和地租一起交给冯老八。因为库家租冯家的地,所以和其他人相比,冯家和库家的关系更加密切,来往也较为频繁。库家的大儿子年轻时在外面找师傅学过厨师,家里的地增多之后便被父亲叫回来种地。每年过年前几天的时候,库家都会让大儿子过来给冯家装甜碗和熬肉,等到冯家请客吃饭的时候,直接拿出来热热就可以端上桌了。冯家有需要摆宴席请客的事情,库家也会过来帮忙。

在土地出租期限内,土地的所有权归冯家所有,土地的经营权归承租户,冯家不可以随意收回土地,必须遵守契约的规定,如果到了期限,承租户想要继续租种,就要在契约满的前一年收完小麦的时候来找冯家商量续租的事情。在当地土地出租不需要告知四邻,而且只要按时交税,保甲长也不会干预。

4.牲口借用,农具自给

1946 年以前,冯家只有一头驴,主要用来拉磨和驮东西。冯家的磨不大,既可以人推也可以套驴拉,和冯家关系好的邻居,经常来冯家磨粮食。村里养牛的人家不多,只有三四家,在村里能养牛的都是家里地比较多,经济上较为富裕的人家。租冯家地的库家总共种了一百多亩地,家里养了三头牛,村东头有三户人家养牛,其中一户便是冯德清妻子的娘家。冯家虽有能力买得起牛,但是因为家里没有人会养牛,所以没有买牛,农忙冯家耕地需要用牛的话就会去村东借冯王氏娘家的牛,因为两家既是亲戚,娘家又租种着冯家的地,所以冯家借用牛不需要支付额外的报酬,只需要提供牛所需的粮草即可。冯家借牛是可以把牛牵回去两三天,用完之后再还回来,如果是外人借用的话,不仅需要拿粮食或者钱换,而且必须要当天借当天还,如果第二天还要借的话,再来家里牵牛就可以了。在当地,一天的牛工等于三天的人工,最后一次还牛的时候顺便把粮食或者钱给主家。小型农具基本家家户户都有,街坊邻居来冯家借农具基本都是借大车运粮食,作为酬谢,来还车的时候会给冯家带点自家做的其他工具。例如有一次村里的杨家来冯家借用大车,杨家的副业是卖扫把,所以还车的时候送了冯家两把扫炕用的小扫把给冯家表示感谢。还有一次,邻居来还车的时候恰好碰到冯家正在搬粮食,邻居便帮冯家人一起干活。街坊邻居之间借用小型农具一般不需要什么酬谢,都只是口头感谢。

(二)生产过程

1.学习耕作,重拾农业

1946 年以前,冯家的土地全部出租给别人种,冯家只收取地租。1946 年以后,家里不再做生意,冯德清便让冯祥瑞跟着冯王氏的哥哥学种地,农忙的时候冯祥瑞跟着舅舅一起下地学习。和租户的租约到期后,冯家在租地的时候留了 20 亩地自己家种,主要由冯祥瑞来种,一年后冯祥林也回家帮忙种地,冯德清和家中的女性不下地。

1949 年以前,地里所有的活儿都要靠人力去做,一年中大概有两百多天在地里干活,芒种是农户最忙的时候,这几个月里既要完成小麦的收割又要完成玉米的播种。每年的芒种时节,地里的麦子就已经黄了,收麦子时最怕遇到阴雨天,如果麦子收得不及时,不是烂在地里就是烂在场畔上,所以麦子黄了之后,家家户户都急着把地里的麦子割回家。这时冯家也开始准备下地收割小麦了。在割麦子的时候，冯祥瑞和冯祥林负责割，冯王氏和樊彩霞帮忙捆麦子，到傍晚的时候冯祥瑞和冯祥林再把捆好的麦子用大车拉到场畔，白天没有拉完的麦子，晚上也要运回来，家里没有大车的人家，只能靠人力把一捆捆的麦子背回家。把麦子收割完毕，运到场畔，冯祥瑞和冯祥林才能有机会松一口气。

收麦子可以说是家里最忙的时候，家里的成年男性都在地里干活，女性留在家里做饭，忙完家里的活，女性也会去地里帮忙捆麦子，顺便带点馒头、咸菜和水送到地里。在开始收麦子的十多天前，冯祥瑞就已经把自家房子旁边的场畔用碌碡光场①了，六月中旬的时候田里的麦子已经全部收回家了，全部堆放在场畔中央。收完麦子后就该碾场了，碾场时当天能碾多少麦子就往场畔摊放多少麦子。早上天气好的话，冯祥瑞一大早便拿着铁叉去摊场②，把一捆捆的麦子平铺在场畔上。摊场时先在场畔中央立两三捆麦子，后面解开的麦子以这几捆麦子为中心逆时针摊放成一个圆形，为了让摊好的麦子干得快，冯祥瑞中途还要去场畔翻场。午后麦子晒得差不多干的时候，冯祥瑞便给驴套上碌碡，牛拉着碌碡在前面一圈一圈地碾麦子，他在后面一遍一遍地翻，直到把麦秸上麦粒抖干净了，再开始起场。起场时，家里的女性也都来场畔帮忙，冯祥林和冯祥瑞用铁叉把抖过的麦秸挑到场畔边上，冯王氏和樊彩霞把留在场畔上的麦糠和麦子用木板堆到中央，推完再用扫把没有推干净的谷子扫进推好的谷堆里。

麦子堆好之后还不能直接装进袋子里运回家，需要借助风把麦子里夹杂着的尘土、麦糠和短麦秸过滤出来。下午吃饭的时候，冯祥瑞会端着饭碗蹲在场畔边上等风来。如果风来了，他也顾不上把碗里的饭吃完，回去放下碗筷拿着木锨去扬场③。不管风大或者风小，技术好的人总能把干净、饱满的麦粒从杂物中分离出来。冯家由冯祥瑞负责扬场，冯王氏和樊彩霞在一旁把风没有吹走的泥块拣出来。借助风力，三个人相互配合，一大堆麦子很快就扬完了，过滤出来的麦子可以装袋扛回家了。装袋的时候，麦堆最底层的土较多，麦穗皮也多用木锨扬吹不干净，就需要用大簸箕或者筛子把杂物筛出去。一般最后装的那一袋麦子是麦堆最底下的，里面杂物比较多，冯王氏会在袋子上做个标记以和其他干净的麦子区分开，这袋一般不给人吃，留着换东西，过滤出来的麦糠也会装在一起，留着烧炕用。扬场结束后，场畔只需要留一半用来晒棉花和玉米，剩下的另一半犁过之后种一料萝卜或者芥末。

俗话说"芒种忙种，连收带种"，在当地的意思是收麦子的同时不能忘记种玉米，否则来年就没有粮食吃了。收割完麦子，冯家也开始准备下地种玉米了，种玉米不像种小麦那样轻松，直接在地里撒上种子就可以了，种玉米需要两个人合作，在冯家由冯祥瑞带着冯祥林一起完成玉米播种。冯祥瑞力气大，他在前面先用犁在田里拉出小沟，冯祥林紧跟在后面，在小沟里撒上玉米种子，犁拉到地的另一头后，冯祥瑞再用犁在靠着撒了种子的小沟的旁边拉一道小沟，用拉起的土覆盖之前撒下的种子，盖完土后有的种子还裸露在外面，冯祥林在后面用锄头给露在外面的种子盖上土。种玉米大概需要半个月左右的时间就可以全部完成了，全部播种完已经是芒罢了，农活也做得差不多了，冯祥瑞便可以在家休息几天，等到玉米发芽

① 光场：用碌碡把场畔表面的土压实后，在阳光下看起来会反光，所以当地人把碾压场畔的活动也称为"光场"。

② 摊场：把捆好的麦子摊放在场畔上。

③ 扬场（yángcháng）：借助风力把谷物中的杂物分离出来。

后他又要开始新一轮的劳作。

一场雨过后,埋在土里的玉米种子都已经发芽,在玉米成长期间还需要给玉米除草、上粪、浇水,这些活儿都需要冯祥瑞来做。早上天刚麻麻亮[①],冯祥瑞就扛着锄头,带一壶水下地除草,干到天气热起来的时候他就扛着锄头回家了,到了下午太阳快落山的时候再去地里干一晌活。在村里,如果家里养牲畜的话,农户会顺便把地里的草带回去喂牲畜,冯家牲口不多,所以一般都是丢在地头,有时候村里养羊的人家看到会带回去喂羊,捡别人家地里的草不需要告诉主家,因为扔在地里的草对于主家也没有用。

玉米地能不能浇上水是决定玉米收成的重要因素。到1933年左右,泾阳县地区就已经修通了泾惠渠,每个村都留了一个斗口,南横流渠村的口子在村西,为第十一口,东边邻村皮马村是第十二口。村里靠渠边的地基本上都能浇上水,一年浇两次地,水费以现金的形式交给甲长,离水渠比较远的地因为浇不上水成为旱地,需要人工用辘轳提井里的水来灌溉,一般由两个人配合完成灌溉过程,即一个人摇辘轳打水,一个人提水浇,如果体力好一个人也可以完成,冯家留给自己家种的地都是靠近水渠的地,都浇得上水。玉米因为播种的时间不同,成熟期也不同,播种早一点的玉米在九月下旬就开始掰了,播种晚一点的要等到十月份才能掰,掰玉米,由冯祥林和冯祥瑞一起完成,家里哪块地的玉米熟了就去哪块地掰玉米,掰下来的玉米会扔成小堆,到傍晚的时候全部用车运回家,运回来的玉米直接倒在门口的空地上,家里的女性忙完家务活的时候就坐在门口剥玉米。收玉米时隔壁冯老四家需要借用冯家的大车,所以傍晚拉玉米时他们家都会给冯家帮忙。

2.看青

横流渠村农户的土地都分布在县道以南,村里看青分为两种形式,一种是家里土地多家人自己看青或者专门雇人看青,另一种是家里土地较少的人家和地邻联合起来一起看青。1946年以前,冯家的地全部租给别人种,不参与看青。1946年以后,冯家开始种地,因为种的20亩地和冯德清妻子娘家租种冯家的地相邻,所以每年到看青的时候,冯家的地由冯德清妻子娘家哥哥顺便照看一下,看青就是每天去地头走一走,看一看自家的粮食有没有被偷。

3.饲养家畜

1949年以前,冯家在村里算得上是比较富裕的人家,家里除了养了一头驴和几只鸡外没有饲养其他家畜。冯家的驴是冯老八用粮食从村里换回来的,平时冯王氏和樊彩霞负责喂养,每年家里收的玉米都会留下几袋,一部分磨成玉米糁给人吃,一部分留着喂驴。冯德清和冯祥瑞常年在县城里,家里缺少男性劳动力,养驴主要是为了拉车拉磨,可以节省人力。冯家自己家种地后需要自己去乡里交税,到了交税的时间,冯祥瑞都会早早起来套好车,把要交的税粮扛到车上,用驴车拉到乡上,邻家冯老四家里没有大车,所以交粮的时候也会借用冯家的车,一起运到粮库上交。

除了大型家畜外,冯家还养了一些鸡。鸡养到过年前就杀了留着自家过年吃,母鸡主要是下蛋,每天收一两个鸡蛋。冯家养鸡也是为了自家吃鸡蛋方便,收的鸡蛋多的情况下冯王氏也会送一些去娘家,过节时冯王氏便用家里的竹篮子装点鸡蛋和包子去娘家。养鸡比较简单,关在后院,按时用菜叶和谷子喂就可以了。此外,冯家有一台老纺车,是冯老八父母留下来的,冯

---

① 麻麻亮:当地方言,形容天刚刚亮。

老八妻子忙完家务事后就会坐在房里摇纺车,纺出来的线都是自家用,不会拿出去卖。

4.茶叶生意由盛转衰

1946 年以前,冯家经营卖茶叶的生意,家里经济条件比较好。冯德清年少时一直在相邻的三原县①做"相公",学成后便回到泾阳县自己和朋友一起做生意,几年后家里有了积蓄,便在县城开了一家茶叶铺子,冯家经营生意期间是冯家经济最好的一段时间,冯老八用儿子冯德清做生意赚的钱在乡下置了六十亩地,冯德清还在县城买了一院房子。孙子冯祥瑞完小毕业后,被冯德清送去泾阳县一家杂货铺做"相公",学成后跟着冯德清经营家里的生意。1946年左右,当地的茶叶生意不好做,冯德清便关了县城的店铺回到乡下。至此,冯家的主要经济来源只地租一项,经济也不如从前。

(三)生产结果

1.粮食充余

在当地,一年可以收两季庄稼,即秋播夏收的小麦和夏初播秋收的玉米,水浇地每亩大概能产三百斤左右的麦子和四百斤的玉米,旱地只能收二百五十斤左右。当地人常说"六月连阴吃饱饭",如果六月份雨水充足的话,那就意味着当年的收成比较好。1949 年以前,农作物收成的高低一方面取决于天气,哪一年雨水多,哪一年的收成就会好点;雨水少,地旱,收成自然也就少。另一方面取决于人,当地人常说"人勤地不懒"说的就是这个理,人勤快地里的收成也不会太差,遇上雨水不足、渠水枯竭的年份,浇地就不得不靠人提水一株一株地浇水,提水浇地则需要间隔七八天就要浇一次,勤快的人不忍看着庄稼旱死,天天提着桶在地里浇地,懒的人则浇上几次后就听天由命了。1946 年以前,冯家的粮食都是租户交的租子,每年能收一万斤粮食,收的粮食一部分卖给粮店,一部分留下自己家吃。1946 年后,冯家留了二十亩地自家种,冯祥瑞跟着冯德清妻子娘家哥哥学习种地,他本是个聪明人,很快就掌握了基本的农活技巧,成为冯家地里活儿的主要承担者。

地里收的粮食属于全家人共同所有,每个家庭成员都有分享粮食的权力,并不会因为家里谁在地里干活儿多就属于某个家庭成员私人所有。相较于其他家庭成员,家长对于粮食具有绝对的支配权,这种支配权不是因为家长干的活儿多而得来的,而是基于家长在家庭内部的权威,冯家粮食的用途由冯老八决定,卖掉多少粮食由他一个人决定。在家庭成员中,除了小孩子以外的其他家庭成员都会关心地里的收成,因为家长要负责一家老小的生活,收成不好的话家长的压力也会增大,所以家长最担心家中粮食的收成。冯家土地全部出租期间,冯家每年都能收到一万斤粮食,收到粮食后冯老八会把一部分粮食卖给县城里的粮店,粮食所得收入是属于全家共同所有的,由家长统一管理和支配。卖粮食时,由冯德清和冯祥瑞套车把粮食送到粮店,卖粮食的钱由冯德清交给冯老八,并向冯老八说明今年的粮价情况。

2.家畜自用

冯家只养了一头驴和十几只鸡,主要由家中女性喂养。冯家的驴圈设在后院,晚上驴拴在驴圈里,白天冯祥瑞也会把驴栓在门口,家里的鸡散养在后院,为了防止别人偷,很少会放出来。驴主要是用来干活的,能拉车也能拉磨。养的十几只鸡也主要是为了满足家庭需要,逢年过节冯老八都会杀一只鸡给家庭成员改善伙食,鸡下的蛋也不会拿出去卖,都留着自家

---

① 三原县:位于泾阳县东部。

用,平日里门口来了挑担货郎卖东西,冯家女性也会拿鸡蛋换一些针线,不需要家长同意。

3.店铺收入

冯德清早年在邻县一家店铺里做"相公",后回到泾阳县后和朋友开始去外省走货,把当地的茶叶运到甘肃省、宁夏省一带,再把当地的香料、烟草运回泾阳县高价卖出,经过几年走货,冯家有了一定的积蓄,冯德清便在县城租了一间店铺卖茶叶和点心。冯祥瑞少时便被冯德清送去朋友的店铺做"相公",学成后就去冯德清的店里帮忙。1946年以前,店里的生意还比较好,店里赚的钱冯德清留够店里开支,剩下的钱都会交给冯老八保管,交给冯老八那部分钱基本用来给家里置地。

三、家户分配

(一)家长主导家户分配

1949年以前,冯家在分配家庭物资时是以家户作为唯一的分配主体,家族和村庄等外部力量不参与家户分配过程,分配对象仅包括居住在一起且吃一口锅的家庭成员,不包括已经出嫁的女儿、已经分家的兄弟和其他非家庭内部成员。在日常生活中,家户是最重要的分配主体,几乎涵盖了生产生活的方方面面,冯家在分配时是由家长主导,家长会根据家庭的实际情况和家庭成员的需要统筹分配,冯老八作为家长和当家人,负责家庭内部大事和家庭对外事务的安排,在其他家庭成员中冯德清可以提意见,其他家庭成员没有建议权,只能接受家长的分配安排,要怎么分,分给谁多少,都由家长决定。冯老八的妻子负责家庭内部的琐事和家人的衣食住行,家庭衣物、房间的分配主要由她负责。平日里家里需要买什么大物件或者走亲戚需要置办礼物都是由冯老八一人决定,在买之前他也会告知其他家庭成员,一般来讲冯老八决定要买的东西都是家里比较缺的或者必需的,其他家庭成员也不会有什么不同意见,例如冯祥瑞结婚前冯老八觉得家里需要添置一套新家具,便自己去买了木料,请了木匠来家里做家具,冯老八去集市的时候也会顺便帮家里买几斤肉或者买捆大葱,至于其他没买的冯老八也会交代冯德清去买。家里的油盐酱醋、扫把、菜等这些生活必需品都由冯老八的妻子负责购买,家里什么东西用完了冯老八的妻子就会安排家里人及时去买,此外家庭成员所需要的衣服、被褥也是由冯老八的妻子安排,例如到过年前冯老八妻子会安排儿媳妇和孙媳妇给家里的小孩子置办新衣服。

分家以前,冯家都是大家庭范围内的分配,虽然冯祥瑞已成家,但是仍和其他家庭成员吃一口锅里的饭,且没有自己独立的经济来源,所以不存在小家庭内部的分配。在家户内部进行分配的时候不需要告知或者请示四邻、家族和保甲长,因为家庭分配属于家庭内部私事,外人无权干预,一般情况下外人也不会介入其他家庭的内部分配。在分家的时候,为了保证分配的公平性,家长会请一位亲戚或者家族里年长的人作见证,冯家在分家的时候冯德清请了妻子的哥哥来作中间人,分家时由于冯祥瑞对自己分得的家产不满,又再请了家族的一位老者说事,但是在划分家产时具体怎么分配最终还是由冯德清说了算,外人只起见证的作用,不会提出具体的分配方案,只是一种象征意义。

家户内部的分配仅限于生活在一个屋檐下,在同一口锅里吃饭的人,出嫁的女儿和已经分家的兄弟都不是分配对象,家里的亲戚、朋友、邻居也都不在被分配对象名单内,更不用说其他外人了,享有分配权的家庭成员作为家庭的一分子,他们虽然平日里分工不同,但都为家庭的发展付出了努力。在冯家只要是家户内部成员,不管男女老少都享有被分配权,在冯祥瑞和冯祥林成家后,小家庭也是家庭分配时的单位。

(二)分配类型

1.农业收入分配

1946年以前,冯德清和冯祥瑞在县城做生意,家里的地都租给了同村里有能力种地的人家,每年佃户都能按时把租子送到家里来,收成好的时候租户也会买点肉或点心给冯家送来,以表示感谢。租户在送租子前会先把租种土地应该上缴的税粮交过后,拿着缴税的凭据一并交给冯老八,如果遇到庄稼收成不好的情况,佃户会带着些礼物上门找冯老八商量减租或者延迟交租的事项,虽然冯老八没有种地,但对于收成的情况也有个大概的了解,所以对于佃户的要求也会表示理解。1946年以后,冯家的农业收入包括两个部分:自己种的粮食和佃户上交的租子,地租一年交一次,由佃户送到冯家,地租都是交粮食而不能用现金或者其他物品来抵。1949年以前,每户交多少税是由家里土地的多少决定的。冯家的土地分两个部分,即自家种的地和租出去的地。每年交一次税,忙完地里的农活儿,差不多就到了交税的时候了,交税是农户自己把粮送到乡里的粮库,交完粮后粮库会做相应的登记给农户一个已交税的票据证明。冯家由冯祥瑞负责交税,有时候冯德清也会跟着一起去,冯家的邻居家里没有大车,交粮都是借着冯家套车一起去交,邻家也会出一个代表和冯祥瑞一起去交粮,交粮一般都是家里有力气的男性成员去交,因为到了粮站还要把粮食扛到粮仓倒出来。遇到灾荒年,保甲长把农户的收成情况上报给乡政府,乡政府再上报县政府,由县政府减税。如果哪家不交税,甲长去这户人家里催,长时间不交的便会被绑到监狱里用鞭子打,当地人称为"鞭打绳栓"。

2.打工工资的分配

冯祥瑞在做"相公"时,前三年没有工资,免费给东家做工,做"相公"期满后东家才会按照个人能力发工钱。冯祥瑞在县城打工时的工钱除了给自己留少部分零花钱外剩下的交给冯老八,家里钱够用的情况下冯老八不会动用冯祥瑞打工赚的钱,而是帮冯祥瑞攒着日后娶媳妇用。如果家里遇到什么突发情况需要用钱,这部分钱也可以作为家庭共同财产支出,冯祥瑞把钱上交给家长就是交给了整个家庭,花这部分钱的时候也不需要征得冯祥瑞的同意,全由家长决定。

3.家庭零花钱的分配

冯家的钱都是由当家人分配,家里所有的支出都要经过当家人同意才能拿钱,平时家长也会给其他家庭成员一些零花钱购买个人需要的东西。冯家的经济来源一方面是卖粮食的钱,另一方面是家里做生意赚的钱,两部分钱都是家庭的共同财产,不属于某个家庭成员私人所有,此外家庭成员打工赚的钱也需要交给冯老八。冯家的钱由冯老八分配,冯老八的妻子保管,冯老八需要用钱时可以直接去拿,只需要告知一下妻子,免得妻子不知道以为钱丢了。家中儿童所需要的各种东西都由自己的父母置办,所以冯老八很少给家里小孩子零花钱。在冯祥林、冯祥庆幼时,自己所需要的东西都由冯德清和冯王氏准备,包括上学用的纸笔、衣服。冯祥林在县城读书的时候,每逢县里有庙会,冯祥林就会向冯老八或者冯德清讨一点小钱和同学一起逛庙会,大多数情况下家长也会给。平时家里有什么小开支,冯老八的妻子也是直接从家里拿钱,不用请示冯老八。

在冯家,儿媳妇的零花钱由婆婆负责给,冯祥瑞和冯祥林的妻子平日回娘家都要先去请示冯老八的妻子,只要是家里走得开,冯老八妻子都会同意,走之前她还会给儿媳们一些零花钱用来给娘家买东西。因为家里东西比较齐全,缺的东西家长也都会买回来,家里的女性平时除了去邻居家聊天也不怎么出门,所以除了回娘家外冯老八妻子也不会额外给家中女性零花钱。零花钱的分配都由家长做主,家长会依据家庭总体的收入情况来决定给其他家庭成员零花钱的多少。如果家里今年收入多,那么分配给家庭成员的零花钱也就会多点儿,反之家里收入少的时候,分配的零花钱也就少点儿,钱不够花的时候都以满足家庭集体需求为先。

4.家庭衣物分配

每年入冬前和春节前夕,冯家都要给家庭成员添置衣物,衣物的分配由冯老八的妻子和冯王氏负责。家中两位老人的衣服和小孩子的衣服都是自己家做的,每年冯老八的两位女儿都会来冯家送布料,帮忙给冯老八夫妇裁剪衣服,冯家缝制衣服所用的棉花都是租户上交到家里的棉花,每年每对夫妇都会分得相同数量的棉花,不够用时也可以在冯老八妻子那里借,到明年分的时候扣除相应的部分,分给小家庭的棉花用不完也可以拿去送给别人,但是不能拿去卖。缝制两套老人冬天的棉服需要十天左右的时间,冯老八的两位女儿来家里帮忙把布料裁剪好,就由冯老八妻子和冯王氏两个人缝制,家中儿童的衣服由孩子的母亲自己缝制,用来做衣服的布料是冯老八妻子给钱由孩子的母亲去购买的,冯德清和冯祥瑞因为在外做生意,平时所穿的衣服都是去衣服店里让裁缝做的。

5.家庭私房钱地的分配

冯家的媳妇在娶进门的时候都没有带私房地进门,冯家的女儿在出嫁的时候,家里也没有给私房地。冯家的土地是属于冯家整个大家庭的,土地的收益由全家共享。

1949年以前,在冯家只有冯德清和冯祥瑞在外赚钱,其他家庭成员都在家里,没有机会藏私房钱。冯德清在外做生意,赚的钱也会拿出一部分给家里,冯祥瑞在外面当学徒,所赚得的工钱会上交一部分给冯老八,因为冯德清和冯祥瑞打工的店铺的老板是朋友,冯祥瑞每个月赚多少钱家长都知道,因此冯祥瑞也没有机会藏私房钱。冯家的钱由冯老八妻子保管,锁在冯老八房间的柜子里,家里谁需要钱的话,只要理由合理冯老八一般都会给。家里的粮食全部放在粮食房里,冯家所有的人都住在一个院子里,谁要是偷偷拿粮食的话,也会被其他人发觉。家里的媳妇有时候想买什么东西,但又不好意思向家长要,她们就会找村里和自己关系好的妇女借,等到自己有钱了,再去还给人家,女性借钱一般都是小钱,平时给家里买东西剩下的钱攒几次就够还了。

(三)分配统筹

在冯家,不管是粮食还是其他物品的分配都是由家长决定,冯老八负责粮食、钱的分配,冯老八妻子负责棉花、衣服等物品的分配。冯德清作为家庭的主要劳动力,可以根据自己的需要请求家长分配,其他家庭成员没有建议权,只能服从家长的分配。家长在分配时,会根据家庭实际情况,结合家庭成员需要,做出合理的分配。

1.优先考虑家庭需要

在分配时,冯老八作为一家之长必须要优先考虑家庭整体的需求,在满足家庭整体需求且仍有剩余的情况下才会分配给其他家庭成员,家长在小家庭之间分配衣物、食物、零花钱时都会尽量做到公平,不会偏向谁,小家庭对于家长的分配结果只能接受,不能提出异议。冯祥瑞有了孩子之后总觉得家里分给的钱不够花,经常在冯老八面前哭穷,但是冯老八并没有多给他钱,只是劝告他省着用。虽然冯老八不会直接给冯祥瑞钱,但是冯老八的妻子平时给冯祥瑞的孩子买东西、缝衣服,冯老八也不会阻止,这也算是对于家中人口数多的小家庭的一种补贴。

2.兄弟间平等,以长幼为先

冯家在分配东西时,兄弟间平等,不管小家庭内部有多少人,每个小家庭分到的数量是一样的,同时优先考虑家里的老人和小孩,这是全家人都默认的分配规则。冯老八夫妇上了年龄后,他们的衣服由冯德清妻子冯王氏负责置办,每年入冬前,冯王氏总会先给两位老人缝制新的棉衣,剩下的棉花再分给家中其他夫妇。新年置办新衣,父母要优先考虑小孩,先给家里的小孩子缝制,家里成年人只有在没有衣服穿的时候才会缝制新的,旧衣服还能穿的话也不会缝制新的。家里如果有人生病或者怀孕的话,冯王氏在饮食上也会特殊照顾,单独给病人或者孕妇做饭吃,给病人和孕妇吃的会比家里平时吃的更加营养,例如煮一碗荷包鸡蛋挂面。家长作为家庭分配的主导者,自己在分配中也享有一定的特权,冯老八出去赶集,都是自己去拿钱,冯德清作为冯家的主要劳动力,平时出去和朋友吃饭、买烟叶可以自己做主,不需要请示冯老八或者征求其他家庭成员的意见。

四、家户消费

(一)总体情况:多外购

1949 年以前,冯家在村里算得上是经济条件比较好的,家产虽比不上村里的大户人家,但是和大多数普通人家相比算是比较富有的人家了。冯家在没分家之前,家中的地最多时共有 130 亩,家里除了当家的以外,其他成员都不太清楚家里每年到底能收入多少钱。家里平时的开支主要用于日常生活,买菜、调料等生活必需品,冯家每年除了卖给粮店的粮食外,自家留的粮食也足够一家人吃两年。冯祥林小时去县城读书,每星期都要背一袋子馒头去学校,家里条件不好的同学吃的是玉米面和面粉混在一起做的黄馒头,家里条件好的吃的是面粉做的白馒头。家里除了粮食不需要买,菜和肉都需要花钱买,平时买菜都是在门口买,每天村里都会有邻村或者附近的人挑着自家种的菜来叫卖,如果是过年要买东西的话,因为需要买的东西比较多,必须去集市上购买。冯家缝制衣服只需要在外面买布,棉花是自己家的,家里女性都会缝制衣服不需要请裁缝,家中成年人中除了老人,不是每人年年都有新衣服穿,衣服实在是穿不了时才会缝制新衣服。家里有人结婚时,家长也会给新人缝制新衣服和新被子、褥子。冯家有两处房子,一处是祖辈传下来的,一处是冯老八从本家人手里买的,家里本来人就不多,所以老宅的房子也够住,家中买来的房子一直闲置,后来免费给村里一户杨姓的人家住,为了他们能够帮忙照看房子。1949 年时冯祥瑞、冯祥林兄弟二人都已经成了家,冯德清便和冯祥瑞分了家,冯祥瑞搬到了家中买来的那院房子里。

(二)不可缺少的人情消费

1.随礼

1949 年以前,在农村随礼是家庭的一项重要支出,随礼多少都是量力而行,不会强求多少,随礼也是一种相互间的活动,你给别人家随得多,等到你家里有事的时候别人也会给你随得多点儿。在横流渠村,家里重要的事就是办红白喜事。一般情况下,随礼都送布或者鸡蛋,很少有人送钱,随礼的轻重主要要看与这家人的关系如何,如果是亲戚或者关系比较好的朋友,那随礼就要稍微多于其他关系普通的人,如果是村里的邻居街坊,随礼的时候根据自家的经济情况随多少。如果是同村的人,家里不管多穷,都要随礼,礼的轻重一般不会在意,随礼少主家也能理解,如果不随礼还来主家吃酒席的话,就会被村里人称为是"吃白饭的人",此外村里有人家里有红白喜事,不管自己家有多忙都要去主家帮忙,直到事情办完。如果是自家重要亲戚去世的话,则需要随一份大礼,冯德清的岳母去世时,冯王氏作为女儿要负责给去世的母亲缝制寿衣、买纸钱和陪葬品等小物件,冯德清作为女婿还要随一份稠挂面,挂在逝世者娘家礼的后面,在礼单上排第二个。家里添了孩子的话,亲戚、邻居也会来家里看孩子和坐月子的产妇,关系好一些的人带鸡蛋和鸡,关系一般的带些自家做的东西。在农村红白喜事都要靠村里的街坊邻居帮忙才能办起来,人情消费是必不可少的,具体消费的多少因事及家庭经济情况而异。

2.请客吃饭

平时朋友间的请客吃饭也是一笔重要的人情消费,冯德清由于在外做生意,在外面认识的人也多,在县城请朋友吃饭或者是在家里招待朋友,都需要花钱。请客吃饭的事由冯德清一人决定,不需要和家里其他成员商量,如果在外面吃饭,冯德清回来会告诉冯王氏今天见了哪位朋友,只当是闲聊。如果有朋友要来家里,冯德清会提前买好酒、肉,嘱咐妻子多做几个菜招待朋友。平时冯祥瑞偶尔也会带朋友来家里,朋友家离得近的回自己家吃,离得远的只是在家坐坐闲聊几句就走了,如果恰好赶上了家里吃饭的时候,冯王氏也会给冯祥瑞的朋友盛一碗饭,但不会因为孩子们的朋友来而特意多做两道菜,只是会多做碗饭而已。

(三)红白喜事属于大花费

1949年以前,丧葬费和结婚花费是每一家最重要的支出,冯家的经济条件比较好,家里办红白喜事时不将就,有的家里比较穷的人家,遇到这些事就只是简单操办。

1.丧葬费

家里老人去世时所需要的丧葬费由儿子负责,冯德清没有兄弟,所以冯老八夫妇去世时的丧葬费由冯德清一个人承担,包括做酒席、盖坟墓、请乐队、做棺材等。1949年以前,冯老八及其妻子去世,冯家办过两次丧事,在老人去世前,冯老八的两位女儿已经为他们准备好了寿衣,冯德清也请木匠做好棺材,所以办丧事主要是进行丧礼仪式和请来家里帮忙的人吃酒席。

2.婚礼费用

家里儿子结婚的费由家长承担,包括给女方的彩礼、置办新家具、办婚礼的各项费用。冯祥瑞结婚时,冯家的经济条件比较好,冯老八请了全村人来吃席,摆的席面有肉、甜饭,在村里算是吃得比较好的宴席。冯祥林结婚时,家里经济条件没有以前那么好了,只请了村西头的人,吃的席面也没冯祥瑞结婚时吃的好。等到了冯祥林弟弟冯祥庆结婚的时候,冯德清已经不当家了,冯家由冯祥林当家。

(四)教育消费不能省

冯德清小时候上过几年私塾,成年后在外做生意见的世面多,他认为孩子多读书长大学东西学得快，所以他十分重视对家中孩子的教育问题，家中与孩子读书有关的事都由他决定，冯老八不会干涉。冯德清的儿子都上过学，冯祥瑞只读了小学，冯祥林读了一年中学后因家中缺少劳动力回家帮忙种地，冯祥庆1949年仍在读书。冯祥瑞因为学习不好，自己也不愿意继续读书，所以读完小学就被冯德清送去县城做"相公"。冯祥林在村里读的小学，学校不收女孩只收男孩，每年需要给教书先生交三斗麦子作为学费，村里的教书先生是村里集体请来的，先生自己不做饭，每日轮流到学生家里吃饭，如果家里没有孩子在学校读书的话，也就没有义务给老师提供饭吃。读完小学后，冯祥林继续去县城读中学，但是因为家中缺少劳动力，他主动要求回家帮忙种地，读中学时因为学校离家比较远，冯祥林住在学校的宿舍，每半个月回一次家。在冯家，孩子们的教育一直都是冯德清负责，家里孩子们学习用的纸笔也是冯德清买回家，冯老八不会干预，家中的女性没有上过学，没能力管。冯德清读的是私塾，学习的内容是四书五经这些传统文化，他一直认为读书是家庭兴旺的大事，所以对于孩子教育上的支出也是从不含糊，但是这种对于教育的重视仅限于男孩，家里一般不会送女孩去读书，读也是只读几年小学便回家帮忙干活了，冯德清的女儿冯爱娃只读了两年小学就回家帮家里干活了。

（五）医疗消费家户承担

在冯家，家里有人生病时都是请郎中来家里看病。冯老八夫妇生病时，由冯德清或者冯祥瑞去外面请郎中，冯德清去药铺抓药，冯王氏负责熬药。如果老人生病长期不好的话，冯老八的两位女儿也会来冯家照顾冯老八夫妇。如果是小孩子生病的话，由孩子的父母带着孩子去郎中家里找郎中看病，不会把郎中请到家里。冯家老人看病的费用由大家庭出，小孩子看病的费用由孩子的父母出，如果孩子的病情严重，治病需要的钱较多时大家庭也会帮忙出一部分。家中成年人患病时，依照病情的严重程度决定需不需要请医生，如果只是小病，冯老八妻子也会用一些土方子先试试，治不好的情况下再去看郎中。

（六）衣服消费每年不定

在冯家，每年都会固定为冯老八夫妇和家中的小孩缝制衣服，其他家庭成员按照实际需求增添衣服，所以家中每年在衣物方面的消费不确定。为冯老八夫妇缝制衣服的布料由冯老八的两位女儿提供，冯老八妻子和儿媳冯王氏负责缝制，家中孩子的衣服由孩子的母亲负责缝制。冯德清和冯祥瑞在外做生意，他们二人是去裁缝店定制衣服，冯德清去裁缝店做衣服的费用是直接从做生意赚的钱里拿的，不需要和冯老八请示；冯祥瑞做衣服的钱是自己打工赚的钱，在钱没有上交给冯老八之前，也不用请示冯老八。冯老八妻子在家时会织一些布留着自家用，因为质量不好所以自家织的布用来作洗脸布或者做棉鞋，做衣服的布需要去外面的店铺购买。冯老八夫妇做衣服的布料基本是由两位女儿负责买，其他家庭成员做衣服所需要的布料由冯王氏去买，买回来再分给冯祥瑞的妻子和冯祥林的妻子。冯家每年都会收到租户上交的一百多斤棉花，由冯老八妻子分配给其他家庭成员。家里孩子娶媳妇时，需要用的棉花比较多，棉花不够用时，冯老八的妻子也会去外面买棉花。

（七）信仰消费以女性为主

1949年以前，当地有关祖先、神明祭拜的活动多种多样，为了显示祭拜的诚心，人们在参加祭拜时也会买一些纸钱和祭品。

祭拜祖先。在冯家,每年大年三十和清明节都是祭祖的大日子,冯氏家族的人都葬在冯家的祖坟里,每年除了要祭拜自家去世的老人外,还要祭拜冯氏老祖宗。在当地,不同节日祭拜仪式也略有不同,例如清明节祭拜时不能点火烧纸,只需要在坟头插一个纸做成的铜钱串;大年三十祭拜祖先的时候,不仅要烧纸钱,还要在坟堆上插一个纸糊的红灯笼,祭拜结束时还要燃放炮竹。冯家拜祭祖先用的钱串和灯笼都是冯老八自己手工制作的,只需要提前去集市上买张红纸和纸钱就可以了,所以冯家每年在祭拜祖先所需要的花费比较少。

逛庙会。南横流渠村没有庙,但是旁边的乡里有一座塔,供奉着铁佛爷,据说是人们从南山请下来的。每年正月二十,附近村庄的人都会来这里赶会,因为距离这座塔比较近,冯老八经常和村里人走着去塔底下赶会场。忙完家里的活,家里的女性也会和村里关系好的女性约着去逛会,男性都是去会场逛集市看杂耍,女性多是进香拜佛。距离近的人家自己用竹篮子带些香火和祭品去,距离较远的人家怕路途颠簸,带着香火断了,所以只带贡品,到了会场再买香火,祭神时如果点的香断了的话是非常不吉利的。冯家主要是冯老八妻子和冯王氏去拜祭,买香火和贡品的钱由大家庭出。除了赶塔会,县城每年正月十五还有观音会和崇皇庙会。1949年以前,只要附近有庙会,人们都会赶过去求神。

玩社火。1949年以前,每逢正月的时候,横流渠村都会组织耍社火,由十几人组成的社火队伍,会从每一家门口路过。在社火队伍游行的时候,每家每户门口都要摆放一张贡桌[①],上面放一个香炉、一些贡品和茶水,香炉是用来祭拜社火队伍里的神仙,贡品和茶水既是献给路过的神仙的,也是给耍社火的人吃喝的。其间,只要是从自己家门口路过的人可以随便吃喝桌子上的东西,这些花费由各户承担。冯老八喜欢热闹,社火队伍从门口路过的时候,他还会点些炮竹,增加气氛。冯家由冯老八的妻子和冯王氏准备贡桌,摆放的物品都是提前买好的,吃的东西多是自己家做的,所以每年也不会花费太多钱。

(八)多赚多花,少赚少花

在冯家,消费问题上都是多赚多花,少赚少花。冯老八作为冯家的当家人,他对于冯家每年的收入心里都十分清楚,家里一年的支出主要依据家里上一年和今年的收入。在消费次序上,冯家都是先满足家庭的食物消费,随后依次是衣服、教育等其他方面的消费。1946年以前,冯家不仅在县城有店铺,乡下还有一百三十亩地,每年做生意赚的钱和收到的地租可以保证一家人衣食无忧,家里需要什么家长就会买什么。家里的孩子穿的、吃的都比一般人家要好,冯老八听说附近有人杀猪,都会去买上几吊肉回来。冯家的店铺关门之后,家里就只有地租一项外部经济来源,后来家里收取的地租已经难以维持整个家庭的支出了。经济来源减少时,家长在消费上也是能省则省,只有逢年过节的时候才能吃到肉,再后来冯德清便把家里的一部分土地卖掉。

五、家户借贷

(一)生意上借钱

1946年以前,冯家在县城经营着茶叶生意,难免有周转不开的时候。因为冯家的生意主要是冯德清负责,所以生意上需要借钱时都是由冯德清去借。冯德清自年少就在外面做"相

---

① 贡桌:摆放香炉和贡品的桌子。

公",之后回到泾阳县做生意,冯德清的朋友基本都是生意人,有本地人也有外地人。店铺周转不开时,冯德清去找朋友借钱,生意上借的钱都是以冯德清名义去借,其他家庭成员不能去借,找朋友借钱要写借条,这是借钱的规矩,因为冯德清在朋友间信用好,他每次借钱都能借到。熟人之间借钱一般不需要中间人或者见证人,借钱的一方写一个借条就可以了,等到手里有了钱,冯德清会第一时间把借朋友的钱还上,如果还钱期限超过了借条上写的时间的话,冯德清去朋友家还钱的时候会带些礼物表示歉意,还完钱后朋友便会把借条还给冯德清。

(二)家长借贷与责任

在冯家,只有家长有权力代表整个家庭向外借钱,其他家庭成员不能私自以家庭名义借钱,借钱后家长是第一责任人,如果家庭借的钱还不上,债主首先会来家里找家长,家庭以外的人没有义务承担家庭借贷责任,家族也不会代替家庭承担。家庭成员以个人的名义去外面借钱且无力偿还的时候,家长要替成员承担还钱的责任,不能置之不理。在家庭内部,有人私自以家庭名义借钱,被家长发现了是要受到惩罚的,冯祥瑞年轻的时候喜欢打牌,有时候自己的钱输光了就会去找牌友借钱继续打,运气不好的时候借的钱也会全部输掉。有一次冯祥瑞还不上钱,债主在村里碰到了冯德清,便把冯祥瑞借钱的事告诉了冯德清,冯德清无奈只能先替冯祥瑞把钱还上,回到家后冯德清狠狠教训了冯祥瑞并罚他十天不许出门,从此冯祥瑞再也不敢私自在外借钱了。

(三)还贷情况

借钱后,一旦自家有能力还的时候会立即把借的钱送到债主家里,如果超过了还款期限,债主便会上门来要,别人登门要债的事要是被外人知道是非常丢人的。还钱的时候由家长去还,其他家庭成员不能代替,冯家借别人的钱从未有超过还款期限还没有还的情况,所以冯德清在朋友眼里信誉比较高,借钱的时候也比较容易借到。如果是那种借钱不还或者故意拖欠的人,第二次再借钱也没人愿意借给他。

在所有亲戚中,冯家的经济条件是最好的,亲戚们遇到什么事需要借钱的时候都会先来冯家借钱。亲戚来冯家借钱时都是找冯老八商量,其他家庭成员没有权力把家里的钱借给别人,冯老八的二女儿在其公公去世的时候带着丈夫一起来冯家借钱办葬礼,冯家是冯老八当家,他有权把钱借给女儿。在农村家里老人去世办葬礼是一件大事,因为办葬礼去找亲戚借钱一般都会借给,不借会影响亲戚之间的关系。冯氏邻居冯老四给儿子娶亲时家里的积蓄不够,曾来冯家找冯老八借钱,因为冯家平日和冯老四家来往比较密切,所以冯老八也愿意把钱借给他。冯老四去世后,借冯老八的钱还没有还完,剩下的债务由冯老四的儿子代替父亲还。在当地,亲戚之间借钱不需要写借条,只是借钱的人口头承诺还钱的时间就可以了,如果父亲在世时借的钱没还上,父亲去世后儿子有义务替父亲承担还钱的责任。

六、家户交换

(一)交换主体因事而异

1949 年以前,冯家的交换主要分为两部分,一部分是以家庭为主体的经济交换,一部分是以个人为主体的经济交换。以家庭为主体的经济交换指的是家庭生活物品的购买和剩余产品的出售等经济事宜，以个人为主体的经济交换指的是家庭成员为了个人的目的去进行交换事宜。

1.以家庭为主体

冯家在进行交换时都是以整个家庭为单位进行对外交换，但是不同情况下家庭对外交换的代表人会有不同，具体情况可分为两种：一是由当家人代表整个家庭进行交换。在冯家家庭重要物品的交换都是由冯老八来办理，每年家里留够自己吃的剩下的粮食都会卖给粮店，每年卖多少粮、什么时候卖都由冯老八决定。二是当家人委托其他家庭成员去交换。冯老八喜欢抽烟，但是村里没有卖烟叶的商铺，他经常委托冯德清和冯祥瑞从县城购买烟叶。家户交换不需要家族内的人或者保甲长的同意，家户可自行决定。

2.以个人为主体

冯德清年轻时经常去外省走货，把当地的茶叶运到宁夏、甘肃等地，换一些烟草、皮毛、香料等物品回来卖，冯德清在外做生意时是以个人为主体，交换时冯德清自己决定交换的价格、方式以及时间而不用征求其他家庭成员的意见。当其他家庭成员需要购买私人物品时可自主购买，不需要征得家长的同意。冯祥瑞在县城当伙计时每个月都有固定的工钱，平时自己需要买小东西或者烟的话，不用请示家长可以自己直接去买。冯祥林在县城读书时偶尔也会用家里给的零花钱买小人书，看小人书在冯德清看来是不好好学习的表现，所以冯祥林不敢把偷偷买书的事告诉父亲。

（二）交换客体

1.走货：贩卖茶叶

泾阳县位于秦岭以北，本不宜种植茶叶，但因其地处关中腹地，泾河下游，自古是三辅名区、京畿要地，也是南茶北上必经之地，因而，从汉代始泾阳就成了"官引茶"到中原的集散地。在当地很多人都是依靠贩茶叶起家，冯德清从邻县回来后也和朋友做起了贩卖茶叶的生意，当时从关中往西的交通还不方便，货物的运输主要依靠畜力，把泾阳的茶叶运到宁夏、甘肃等地，回来的时候把当地的水烟、香料等物品运回来再售卖。有了积蓄后冯德清在县城开了一家店铺，冯家的生意一直是冯德清一人在经营，冯祥瑞学完"相公"后便去冯德清的店铺帮忙。冯家生意上的事由冯德清一人做主，不需要请示家长。

2.余粮买卖与置换

冯家土地最多时共有130亩地，全部出租给别人种。1949年以前，每亩地每年能产三百斤左右的麦子，冯家每年大概能收一万多斤的地租，这些粮食除了够冯家一家人吃外还能拿出一部分去县城的粮食行卖。冯德清常年在县城做生意，他和县城粮食行的老板熟识，所以冯老八把家中卖粮食的事交给冯德清负责，每年什么时候卖粮食、卖多少由冯老八决定，至于卖给哪家粮食行由冯德清决定。冯家卖粮食多是在忙罢之后，冯老八把要卖的粮食装好车，给车套好驴，再赶车去县城。粮食运到县城后，冯老八把车交给冯德清，他在冯德清店铺里边歇脚边等车。冯德清派伙计把车赶到指定的粮食行，自己跟着过去和粮食行老板谈价。谈价之前冯德清都会先和对方寒暄几句，接着便开始讲价，希望老板能给一个好价钱。粮食行收粮食有固定的价格，但是会按照麦子的质量适当调整，麦子晒得不够干时，粮店给的价格就会低一点儿，麦子晒得干而且颗粒饱满的话也愿意给出更高的价格。粮食送到粮食行，店里的伙计抓一把麦子放在嘴巴里嚼一嚼，便知道麦子晒得够不够时间，伙计对粮食质量心里有数后才会和卖家商量价格。谈好价格后，伙计便开始用店里的大木斗量粮食，量好之后把粮食直接倒进店里的粮仓，粮食量完后，伙计便会带着卖家去账房拿钱。

1949年以前，泾阳县的粮食行不仅可以用粮食置换现金还可以置换菜籽油，粮食和油之间有一个固定的置换标准，价格每年略有不同。冯家吃的油都是拿粮食和店里换的，每年去粮食行卖粮食的时候会顺便拿一部分粮食置换油，一次换的就够家里用上大半年了。镇上也有收粮食的店，但是镇上的粮食店是卖家把粮食寄存在店里卖，等粮食卖出去后再给卖家钱，粮店从中收取手续费，如果出售的粮食数量比较多的话，人们更倾向于把粮食拉到县城的店里去卖，可以直接拿到钱。因为冯德清在县城做生意，认识县城粮食行的老板，村里有人想卖粮食会先请冯德清帮忙在中间说话，希望他能够帮忙卖个好价钱。1946年以后，冯家的粮食仅够自家吃，没有多余的粮食拿出去卖。为了自家吃油方便，每年春季冯家在自己的场畔上种一些油菜花，收的菜籽拿去乡里的油坊榨油。永乐乡街道有一家油坊，冯家把自己种的菜籽拿去油坊榨油，榨完油后剩下的渣子就留给油坊作为加工费，榨油剩下的渣可用来喂牲口。

3.集市交换

冯家除了粮食外，其他东西基本都要外购。买东西经常去的地方就是乡里的集市，冯家距离乡里的集市大概有两公里的距离，平时步行去也只需要半个小时。在当地，每月逢农历三、六、九，附近的商贩都会集中到永乐乡与县道交汇的路口摆摊，到了赶集日，方圆十里八村的人都会来永乐乡赶集。冯家女性很少去集市，大部分时间都留在家里做家务活，由家中成年男性去集市采购，冯德清和冯祥瑞经常不在家，所以大多数情况下由冯老八去集市上买，有的东西是冯老八自己觉得家里需要的，有的是妻子嘱咐冯老八需要买的。集市卖什么东西的摊子都有，有卖菜的、卖牲畜的、卖农具的，集市不仅能买到东西，也有玩杂耍的人来集市表演，耍猴的、斗鸡的地方经常围满了赶集的人。冯老八有时也带冯祥庆和冯进步一起去集市，让孩子看看热闹，冯老八赶集一般都是一大早就去，逛到吃早饭的点回来吃饭。去集市上买东西，只需要直接和卖家讲价，价格觉得合适就直接买了，冯老八在集市上买东西不需要和家庭其他成员商量，可以自己做决定，对于冯老八买回来的东西，其他人也不会有意见。

4.家门口采购

1949年以前，经常会有人挑着担子来横流渠村卖东西，大部分是附近村庄的人，也有外地的人，他们走街串巷，本地的人多是卖菜的，自家种的菜吃不完就挑出来卖，外地人卖的多是一些小物件或者不常吃到的东西，像针线、小扫把、炒花生之类的。这些人挑着担子边走边吆喝，以提示有需要的人来买。冯家多是女性和这些走街串巷的商贩打交道，冯老八妻子和冯王氏家里缺什么的时候听到有卖货的进村就会在门口看着，等到卖货的走到自家门口时上去看看，有时自家没有需要买的，也会凑上去看看。

（三）交换过程

在冯家，所需物品的采购与交换主要由冯老八和冯德清两人负责，冯老八主要是去镇里的集市给家里采购日常需要的物品，在集市上买东西，货比三家是必不可少的过程。冯老八比较会精打细算，刚到集市上会先问问东西的价格，全部问过之后再看看哪家的东西又好又便宜再决定买哪家的货,冯老八在给家里买牲口的时候多是选择同村的或者认识的卖家,如果买回去的牲口有什么问题的话,不用担心卖家跑路。对于冯家来说最重要的交换就是卖粮食,冯德清主要负责家里粮食的买卖,因为他在县城认识的人多,知道的信息也多,总能卖个好价钱。冯德清在选择交换对象时并不一定会选择熟人来交换,而是根据对方给出的价格,选择价高的一方,一般人家卖粮食都要找一个中间人来和粮店的老板讲价钱,有的家里卖的粮食少的时候会选择和村里其他人一起去粮店,单独一家去粮店老板并不屑于和这家商量价格,去的人多可以增加讲价的底气。

第三章　家户社会制度

　　冯家人口少,生育子女少,总体来说冯家中到了适婚年龄的成员都已经结婚,没有打光棍的或者守寡的人。冯德清先后娶过三个媳妇,前两任媳妇因为生病早逝。冯家成员的婚姻由家长做决定,本人基本上不能有意见,冯家虽然经济条件比较好,但是在选择婚配对象时更看重对方的人品和家风,结婚的聘礼由家长决定。对于冯家来说,结婚最重要的目的就是传宗接代,个人的诉求很少被考虑,冯家没有出现过休妻的情况,家中男性在妻子去世后有续弦。冯家人口不多,生育后代少,家里女性怀孕后,主要由婆婆照顾孕妇,怀孕五个月后孕妇可以免除干活的义务。冯家分家由冯德清提出来,因为两个儿子已经结婚,家庭成员劳动积极性不高,只能分家。冯家分家时按股分,家里的地产、房产及其他财产被平均分给三个儿子,出嫁的女儿没有参与分家的资格。冯祥瑞虽然是冯德清抱养别人家的孩子,但是在分家时他和其他两个儿子一样享有同样的分家资格,冯德清及其妻子的养老地都由冯祥林耕种,所以冯祥林承担赡养父母的义务。在冯家家庭内部,父子、婆媳、夫妻、兄弟间的关系比较融洽,很少发生矛盾,家庭成员都能相互扶持和相互帮助。家庭成员间发生冲突时,多是在家庭内部调节,外部人员很少参与。此外,冯家和邻居、亲戚、租户的关系也比较融洽,很少发生矛盾。

一、家户婚配

(一)家户婚姻情况
1.适婚成员均已结婚
　　1949 年前,冯家到了适婚年龄的成员都已经结婚,没有光棍,没有守寡,也没有离婚情况发生。冯家自冯德清这辈起家里人丁就不兴旺,冯老八共有三个孩子,两个女儿一个儿子,儿子排行老三,两个女儿一个嫁到邻县高陵县,一个嫁到泾阳县南管村。冯德清先后娶了个老婆,第一个老婆的姓名和娘家情况都不清楚,一直没有生孩子,后生病去世,第二个老婆刘氏是外地来村里要饭的,被冯老八收留,进门时还带了一个十岁的男孩,冯家抱养了一个孩子后,冯老八便给了他一些钱让他自己出去谋生。刘氏进了冯家门后一直生不出孩子,冯老八便做主去抱养一个,冯老八妻子和儿子冯德清也表示同意,长孙冯祥瑞就是这时候家里用一车棉花换回来的,具体抱养谁家的,家里老人没提起过。那时候农村里关于生孩子有一个迷信,如果谁家媳妇生不出孩子,可以先去抱养别人家的,作为"引子"为家里添子。抱养了冯祥瑞后,刘氏生了一个女儿,取名为冯爱娃。冯祥瑞六岁的时候,刘氏身患重病去世,这时冯德清已经三十多岁了,但是仍旧没有儿子,后又娶了同村的王氏,王氏嫁到冯家后生了两个儿子,分别是冯祥林、冯祥庆。冯老八的长孙冯祥瑞十九岁结的婚,先后共娶了两任老婆,第一任老婆陈三姐结婚多年没有生孩子,后患病去世。之后,冯祥瑞又娶了第二任老婆樊彩霞,婚后生了一个儿子,取名冯进步。冯老八的二孙子冯祥林是1949年结的婚,婚后不到一年,在冯德清的主持下和冯祥瑞分了家。在横流渠村,姓冯的人家多多少少和冯老八家有一点血缘关系,冯家的媳妇没有姓冯的,都是外姓,姓冯的人之间的称呼也不同于村里其他人,都是按照辈分划分来确定称呼,但是实际上的亲疏程度和其他外姓人差不多。

2.不讲究门户和地域

一般的家庭在婚姻中都不怎么讲究门当户对,只有那些大户人家或者是当官人家才看重两家是否门当户对。冯家虽然地多有钱,但在村里也算不上是传统的大户人家,冯家娶媳妇的时候只会看女方的家风如何,父母为人怎么样,只要家里不是穷得揭不开锅就行,但是大户人家就不一样了,不仅要看家里有多少地,还要看家里前几辈都是干什么的。此外,冯家在选择结婚对象时,不怎么考虑地域问题,同村外村都可以,冯德清的妻子冯王氏娘家也是横流渠村的,而冯祥瑞和冯祥林的妻子则都是外村人。

(二)婚前准备

1.婚姻大事全由家长做主

在过去,结婚必须是父母之命、媒妁之言,二者缺一不可,如果父母不同意是绝对不允许结婚的,可以说在婚姻上父母完全代表孩子。在农村,家里有适婚的儿子父母便会把条件和标准告诉媒婆,央求媒婆帮忙看看有没有哪家姑娘合适,当地称为"央媒"。媒婆接到男方父母的请求后,就开始在周围寻找合适的女性,如果是女儿到了结婚的年龄,只要等着媒婆上门提亲就好。有关婚姻的事情上,子女不能提意见,只能遵从父母的决定,包括结婚对象的遴选、彩礼的确定,婚礼具体怎么办也是由当家人决定,家里有钱就会办得体面一点,家里没钱就一切从简,但一些基本的环节还是不能少的,家里有老人的话父母还要和老人商量。冯祥瑞结婚时,冯家是冯老八当家,冯德清和冯王氏为冯祥瑞选择结婚对象,冯老八虽然可以提意见,但必须征得冯德清夫妇的同意。结婚仪式和酒席由冯老八安排,因为冯祥瑞是家里的长孙,所以冯老八希望能把婚礼办得热闹一点,冯祥瑞结婚的时候,冯家不仅请了整个村的人来帮忙,而且宴席吃的都是烧碗、甜饭。结婚是一个家庭里的大事,单靠一家的力量是办不成的,所以家里办喜事是一定要告诉村里人的,村里人收到冯家办喜事的消息后便会在婚礼的前一天来冯家帮忙,此外还需要借用邻居的盘子、碗筷、桌椅,这一环节在当地称为请"执客"①。在农村,家里办红白喜事的时候主家一般不需要干活,都是请一个村里比较能干的人来安排所有事情,在当地被称为"执客头"②,由他负责给请来的"执客"安排活儿,组织整个婚礼。一般与"执客头"搭配管理的还有一位毛笔字写得好的账房先生,负责记录主家来客随的礼和写结婚要用的对联等。冯祥林结婚时,冯老八已经去世,冯家由冯德清当家,冯祥林办婚礼的事都由冯德清来决定。

结婚办酒席及彩礼的钱都是由男方父母出,女方除了陪嫁不需要花钱。冯祥林结婚时给女方的彩礼是三百斤棉花、两身新衣服和一些银首饰,女方嫁过来也会带一些陪嫁,一般人家的陪嫁都是被子、箱子这些生活用品,新婚夫妇新房里的家具也是由男方置办。如果家里有多

---

① 执客:有红白喜事时请来帮忙的人。
② 执客头:来主家帮忙的人中的头儿,负责给前来帮忙的人安排活儿。

个儿子的话,通常是年长的儿子先结婚,如果老大身体上有残疾的话,弟弟可以先结婚。

2.合八字,看人品

冯家在当地算得上是经济条件比较好的家庭,给孩子找对象时也比较容易找。在找对象的时候,冯家对女方没有明确的要求,但是还是会看女方是否具备一些基本条件,例如没有残疾,身体健康,会干活,最重要的是能生育孩子。在当地,婚事在没有说好前双方父母不会见面,靠媒婆这个中间人在两家之间传话,所以最后婚事能不能定下来,媒婆也起着重要的作用,媒婆如果能够促成一桩婚事的话,她也可以从中得到一些谢礼和礼金,为了促成婚事,媒婆在传话的时候会在双方面前多说对方的好话。双方离得远的时候两家都会派家里人去对方所在的村里,向村里的人打听这户人家的名声,打听的内容一般都是这家人怎么样、这家的女儿怎么样,借此方法来了解对方。此外,男女双方的八字合不合也是男方父母判断的重要依据,八字合不仅对于夫妻双方好,而且对于整个家庭来说都会有好运。冯祥瑞在娶第二个老婆之前,媒婆给介绍的是邻村的姑娘,媒婆把女方的庚帖送来后,冯王氏找了算命先生看八字,算出来结果是二人八字只合一字,便告诉媒婆这家姑娘不行。那时候结婚,男方对于女性的年龄没有什么要求,但是更多的人倾向于找年龄稍微大点的女性来做媳妇,因为年龄大的女性更加懂事,会孝顺老人,会做饭、会缝洗衣服、会做其他家务。除了上述基本要求,冯家还会看女方家庭的家风,如果女方家里有人行为不端或者好吃懒做的话,也会影响冯家对于这名女性的看法。

3.结婚为了传宗接代

俗话说"不孝有三,无后为大",由于冯家本就人少,所以在冯家结婚最重要的目的就是生儿育女、传宗接代。冯家后代结婚都是由父母做主,媒婆提亲而结婚。结婚之前,男女双方不需要见面,所有事情都由双方父母商议决定,因此有的男女双方只有在结婚时才见第一面,在这种父母包办婚姻的情况下根本不存在追求个人的爱情和幸福。从生育角度来讲,婚姻是整个家庭的事,人口兴旺是家庭兴旺的基础。婚姻在大户人家更是这样,大户人家嫁娶都讲究门当户对,也就是男女双方的家庭实力相当,如果大户人家娶了小户的姑娘,在婆家也会被看不起。在他人看来,给儿子娶妻是父母应尽的责任,如果父母没能在有生之年为自己的儿子娶妻,会被村里人认为无能。

4.聘礼由双方父母商定

在过去,结婚下聘礼很少给女方现金,而是给粮食、棉花和首饰等实物,不同地区聘礼的多少不一样,一个地区的聘礼总体水平称为"官礼",此外下聘礼也要依据家庭具体的经济情况。冯祥瑞结婚时冯家既经营着店铺又有固定的地租,家里经济条件比较好,加上冯祥瑞之前死过老婆,所以娶第二个老婆时给女方的聘礼比较多,给了女方三百斤棉花、两套新衣服和一些银首饰,这些聘礼在当地已经算比较多的了。泾阳县邻县三原县娶媳妇下聘礼是依据新娘的年龄给粮食,新娘十九岁就给十九石麦子,多一岁就多加一石。1949年冯祥林结婚时,冯家在县城的店铺已经关了,家里就只有地租一项经济来源了,虽然家里的经济条件没有冯祥瑞结婚时那么好,但是在聘礼方面,冯德清安排得也和冯祥瑞结婚时的聘礼差不多。每个儿子娶亲聘礼平等,一方面是为了防止儿子觉得父母偏心,另一方面是为了防止聘礼不平等成为日后妯娌矛盾的导火线。女儿出嫁时陪嫁的多少一要看女方家里的经济情况,二要看男方给的聘礼的情况,女方经济条件比较好,父母也会多给女儿一些嫁妆。在正式结婚前,两家没有走动,不需要特殊的订婚仪式,男方聘礼送去女方家里,就相当于订过婚了。在正式结婚之前男女双方都有悔婚的权力,悔婚后女方要把男方给的聘礼还回来,冯祥瑞在娶第二个老婆前媒婆还介绍过一个邻村的姑娘,在聘礼等事情说好之后,冯家觉得二人八字不合不吉利,所以退了婚,因为聘礼还没有送到女方家里,所有事情都是口头商量,也就算不上悔婚。如果男方突然悔婚的话,必须要给女方一个说法,免得外人以为是人家姑娘有什么问题被退婚了,而女方一般很少有悔婚的情况发生,毕竟在农村悔婚不是什么光彩的事情。

(三)婚配过程

1.结婚方案由家长决定

在婚配过程中,结婚对象的遴选以及聘礼的议定由冯德清和冯王氏商议,作为冯祥瑞的父母,冯德清有义务为冯祥瑞选择一位让全家人都满意的结婚对象,冯王氏的意见是冯德清做决定时的重要参考。作为冯家的家长,冯老八可以提意见,但最终还是由孩子的父母决定,不会过多干预。

横流渠村的张三娘专门给人做媒,冯王氏替冯祥瑞托了媒后,张三娘就开始为冯祥瑞物色合适人选,找到后再把女方的基本情况告诉冯王氏,由冯王氏转达给冯家其他人。冯家觉得女方条件可以,张三娘便上门向女方父母提亲。接着双方父母开始商量结婚的彩礼,在男女双方父母都已经谈好的情况下,媒人会帮忙挑选出几个适宜结婚的日子由双方来选。婚期确定好了之后,冯家便开始张罗收拾新房、通知亲朋好友,准备宴席的事情,在农村结婚不写喜帖,都是以口头通知的形式告知的,在当地称为"报喜"。在冯家,结婚喜宴要请哪些人由冯老八和冯德清两人商量,冯老八负责家庭的对外交际,清楚和哪些人有大事往来,冯德清在外也有一些生意上的朋友需要通知。婚期确定后,冯老八会指派家里要结婚的人去报喜,告诉亲戚们什么时候办婚礼,请他们来吃席。在办婚礼之前,当家的会去请村里有管理能力、有威望的一个人作为婚礼的总指挥,当地称为"执客头"。办婚礼还需要村里邻居们的帮忙,当地把村里请来帮忙的人称为"执客",主家只需要请"执客头",请其他"执客"由担任"执客头"的那个人去请。婚礼从准备到结束,需要两天的时间,来家里帮忙的人在婚期的前一天晌午就会去主家家里帮忙,具体做什么,都由主家请来的"执客头"安排。在婚礼结束后,冯德清会带着新婚的儿子去"执客头"家,同时也会带一些婚礼时收的点心表示感谢,此外婚礼办完后也要带些点心和菜去谢媒人。结婚后新娘子回门、娘家给女儿看灯的事情都由冯王氏安排。冯老八作为冯家的家长,家里办喜事摆酒席的事情都由他来张罗决定,在冯老八看来冯祥瑞是冯家的长孙,酒席就应该办得好一点。1949年冯祥林结婚的时候冯老八已经去世,冯德清是冯家的家长,所以冯祥林的婚事就全由冯德清一人决定。

2.年龄长者先结婚

在农村,兄弟们结婚要遵循长幼次序,即长兄先结婚,弟弟后结婚。如果老大还没有结婚就给老二结婚的话,当地称为"大麦没熟小麦熟",外人就会议论是不是老大找不到媳妇,由此推测老大是不是哪里不正常,外界的议论有可能使老大更难找到媳妇,所以在农村,结婚遵循长幼顺序是大家都默认的一个规则。同样哥哥没结婚,妹妹也不能嫁人,姐姐没嫁人弟弟也不能结婚。如果是老大精神不正常或者身体残疾,家里会允许弟弟先结婚。冯家的孩子都是按照长幼顺序依次结婚出嫁,冯祥瑞先结婚,接着冯爱娃出嫁,再是冯祥林结婚,最后是冯祥庆结婚。

3.结婚花费由男方家庭负担

1949 年以前，男性娶妻的花费主要包括修缮新房、给女方的聘礼、摆酒席三个方面，这也是结婚的主要花费，并且全部由男方家庭承担。冯祥瑞结婚的时候除了给女方一些现金作为聘礼，还要为女方买做婚衣用的布料。给女方的聘礼，一部分用来买陪嫁的物件，陪嫁物品基本上都是新人生活所需的一些小物品，冯祥瑞的第二任老婆樊彩霞家里子女多比较穷，所以在她结婚的时候家里除了做了两床被子外，娘家别的什么也没有陪。冯家摆酒席的时候，亲朋好友还要给冯家随礼，随礼的多少按照亲戚宾客与冯家关系的亲疏而定，因为婚礼时父母承担花费，所以收到的礼金和礼品归父母所有。冯祥瑞打工的时候赚的钱都交给了家长，所以结婚的花费一部分来自于自己的打工所得，一部分由家庭承担。一般来说，婚礼排场的大小是由男方家里的经济情况决定的，大户人家家里娶媳妇的时候，排场比较大，乐队、轿子一样都不能少。如果男方家里经济条件比较差的话，婚礼也会一切从简，但是都要摆酒席，只是吃得差一点而已，多是萝卜、豆腐和青菜烩着吃。

（四）其他婚配形式

1.纳妾

冯家没有人纳过妾，冯老八虽然孩子少，但也只娶过一个老婆，儿子冯德清虽然结了三次婚，但都是在原有的老婆去世之后娶的新媳妇。在当地，除了大户人家或者当官的，一般的家庭很少有纳妾的行为。通常来讲，纳妾多是为了能给家里多添人口，如果正房老婆生不出孩子或者生不出男孩，那么丈夫纳妾就是情理之中的事，其他外人不会说三道四，大老婆也不会不同意。但是以其他理由纳妾的就会招来议论，被娶回家做小老婆的多是穷人家的长相好的女儿，小老婆在家庭中的地位没有大老婆的地位高，有的甚至还要伺候大老婆、做家务。有钱的人家一般也不允许自己的女儿嫁过去给人家当小老婆，觉得这是一件丢人的事。冯家所在村子的王家纳过三个妾，前两个是用粮食从邻村换来的，第三个妾是正房太太买的丫鬟，十几岁的时候被买回家，养到十八岁的时候被王家当家人看上，当了小老婆，因为是自家买回来的丫鬟所以也不用再给聘礼，这个丫鬟不给王家当妾的话，到了适婚年龄也会被王家嫁出去。

纳妾的事可以由长辈也可以由丈夫提出来，并且当家人必须同意，如果是当家人要纳妾，就只需要和家里的长辈商量，长辈不同意的话，当家的也不能违背长辈的意思，没有长辈就自己决定。纳妾是家庭内部事务，不需要告诉保甲长。纳妾不需要写契约，只要和女方家长商量好了就可以，纳妾的聘礼一般会少于娶大老婆时的聘礼，这也是体现两者地位差异的表现，而且不需要办婚礼，男方把女方接回家就算是娶进门了。

在当地，大老婆生的孩子称小老婆为姨，小老婆生的孩子称大老婆为大娘，大老婆和小老婆之间互称姐妹。妾如果生的女儿，母亲和女儿都不能上族谱，生了儿子后，才有资格被写进族谱。在分家时，妾生的儿子和大老婆生的儿子一样享有继承权，也并不会因为母亲是小老婆就会少分东西，如果大老婆没有儿子的话，妾生的儿子也要赡养大娘，直至大娘去世。

2.童养媳

在过去，有的家里的儿子有残疾或者精神上有缺陷或者家里太穷，父母担心儿子以后娶不到媳妇，便给儿子养一个童养媳。在当地，童养媳被称为小媳妇，被送去给别人家做小媳妇的女孩家里都很穷,家里没能力养活她的情况下就会送给别人当小媳妇,小媳妇的年龄一般会比丈夫大五六岁,可以照顾年龄幼小的丈夫。小媳妇进门后由婆家抚养,长到十几岁的时候,小媳妇就开始帮婆家干活。养小媳妇都是家里当家的来安排,只需要和女孩的父母商量就可以,不需要当事人同意。养小媳妇是家庭内部事务,不需要请示保长、村长,和结婚一样,养小媳妇也不需要写文书,只要两家商量好了就行。作为报酬,男方家里要给女方父母一定的钱或者粮食,和卖女儿没有实际区别,至于给多少,由两家家长商议。冯家所在的村里有一户人家曾经收留过逃难到当地的一个穷人的女儿,这户人家给了女方父亲一些钱,作为交换便把自己的女儿留给这户人做小媳妇。养小媳妇不需要很大的排场,就两家人聚到男方家里,再请几位重要的亲戚吃顿饭就算是娶回来了。吃饭的时候,女方父母会当着男方父母的面告诉女儿在这要听话,手脚要勤快。如果不听话,男方父母也可以教育。

小媳妇在夫家的地位没有娶进门的媳妇高,在家什么活都要做,等到丈夫成年之后,父母便会安排自己的儿子和小媳妇圆房,如果女方反抗的话还会受到夫家的打骂。如果在还没到适婚年龄的时候丈夫就去世的话,婆家便会把小媳妇给家中其他男性后代作为妻子,家中如果没有男孩了,婆家就会把小媳妇卖给别家。冯家经济条件比较好,家里也不担心给儿子娶媳妇的事情,家里进门的媳妇都是明媒正娶的。

3.招赘婚

村里有的人家家里只有女儿没有儿子的话,会优先选择过继自家兄弟的儿子,如果无过继的人选就会招一位上门女婿来顶门。冯家每一辈人中都有男丁,所以没有入赘的情况。结婚时办宴席、做家具的钱都是由女方父母出,男方来时也会带点钱,但主要还是靠女方出。招上门女婿一般都是给家里最小的女儿招,而且只给一个女儿招,其他的女儿都要嫁出去。能被招上门的男性,家里都会有几个儿子且家中比较贫穷,自家只有一个儿子男方父母也不会同意自己的儿子去给别人家顶门,女方在招女婿时对于男方没有太多的要求,只要身体健康,没有残疾就行。在过去,招上门女婿还是比较常见的,所以也不会觉得会被人看不起,如果招来的女婿能干还会给女方家里长脸,村里人就会在女方父母面前夸赞这位上门女婿,说招个女婿比儿子还顶用。

招上门的女婿结婚后相当于女方父母的儿子,但不需要改姓。在生育的孩子中,生的第一个男孩必须随女方姓,如果生的是女孩或者是排行老二的男孩可以随父亲姓也可以随母亲姓。在村里有一家姓吕的人家,家中没有男孩,只有四个女孩。父母便给最小的女儿招了山西来本地卖货的挑货郎为上门女婿,结婚后两人共生养了五个孩子,两个男孩、三个女孩,生的第一个孩子是男孩,跟母亲姓吕,后面又生了两个女儿也是跟母亲姓,第四个生的是儿子跟父亲姓郝。上门女婿婚后和女方生活在女方家里,要赡养女方的父母,直至去世。能招来做上门女婿的人,家里必须有两个或者两个以上的儿子,要保证自己的父母老了有人养,因为顶了别人家的门,上门女婿只能回家帮父母干点儿活,而不能把父母接过来和自己生活,女婿比较能干,岳父会把当家人的位置给女婿,如果女婿不顶事,岳父便会把当家权交给自己的女儿,这样一来上门女婿在女方家里的地位就比较低了,家里大事小事都要听自己老婆的。上门女婿去世后要葬在女方家的祖坟,而不能葬到自己家的祖坟。由于和女方父母一直生活在一起,所以自己的后代长大后和女方父母更加亲近。

4.寡妇再婚嫁

在冯家没有女性改嫁的情况发生,家里娶进门的媳妇没有丈夫早逝的。在当地,如果丈夫早逝,又没有孩子的年轻女性多会选择改嫁,改嫁的女性年龄不能太大,要具备劳动能力和生育能力,否则也找不到婆家,改嫁时找到的男性基本上很少有是第一次结婚的,大多是死了老婆的男性。改嫁前,女性还是生活在夫家,而不能长期居住在娘家,因为对于娘家来讲,女儿已经是别人家的人,不能由他们养,如果娘家的哥哥或者弟弟娶了媳妇的话,媳妇也会不高兴。改嫁不需要征得娘家人的同意,只需要告知娘家便可,也不需要征得夫家的同意。如果寡妇执意要改嫁的话,并不能光明正大地出嫁,只能由新夫找人半夜偷偷带走。改嫁的事大多是由女性自己提出来的,公婆或者娘家都不会提,如果寡妇有孩子的话,为了孩子是不会改嫁的,会和自己的孩子一起生活。冯家本家冯老四去世得早,留下两个儿子一个女儿。冯老四死后,妻子没有改嫁,而是继续和两个儿子一起生活。

(五)婚配终止

1.休妻

1949年以前,发生休妻的事情多是因为女性不守妇道、不孝顺公婆。冯家没有发生过休妻的情况,娶进门的媳妇也都是正经人家的闺女,结婚后媳妇们都任劳任怨,也没有做过有损妇道或者对不起夫家的事情。在当地,休妻的情况并不常见,普通人家给儿子娶一次媳妇就要花不少钱,如果媳妇没有做什么出格的事情是不会休妻的。如果媳妇不守妇道,和别的男人乱来,或者是不孝敬父母的话,丈夫说什么也是要休妻的,一旦夫家决定休妻,就代表夫家不再要这个媳妇了,媳妇就必须离开这个家。休妻可以由公婆提出来,也可以由丈夫提出来,如果是丈夫提出来的休妻,就要和父母商量,父母同意后儿子才能休。休妻时丈夫需要写一份休书,丈夫不会写字就请村里有文化的人来写,休书上要写清楚为什么要休妻,写休书的时间,丈夫和妻子的名字等内容。如果夫家休妻后妻子不愿意离开,夫家就会强制把妻子送回娘家。如果哪家的女儿被夫家送回来不要了,这对于女方的父母来说是一件耻辱的事。横流渠村的邻村皮马村就发生过一家人的女人因为和村里的鳏夫有染被夫家送回家,女方的父母因觉得耻辱而不让女儿进门的事,发生这种事后这家女儿无处可去,自己一人离家走。休妻不需要分财产,夫家的财产都是夫家的,没有女方的份儿,被赶出去时,女方也只是带些能带走的嫁妆,例如衣服、首饰。如果夫妻双方生了孩子,休妻后孩子都是跟随父亲生活。休妻是家庭内部事务,不需要向保长、族长请示。

2."断弦"与"续弦"

冯德清和冯祥瑞都死过老婆,因为老婆去世时还比较年轻且没有后代,所以在老婆病逝后又都娶了新的老婆。冯德清共娶了三次媳妇,前两任媳妇都因病去世,第一任妻子姓氏和娘家不清楚,婚后不久病逝;第二任妻子是逃荒到村子里的难民,刘氏进了冯家门后,为冯家生了一个女儿,几年后病逝;第三任妻子冯德清是冯家租户家的女儿,因为冯王氏的哥哥租种冯家的地,冯老八觉得冯王氏人勤快就托人给冯德清说媒。冯王氏嫁进冯家后,不仅负责照顾自己的孩子,还要照顾冯祥瑞和冯爱娃。冯家的经济条件比较好,娶媳妇也花得起钱,冯德清后来娶的两任媳妇也都是没结过婚的姑娘。冯祥瑞的第一任妻子陈三姐因病早逝,后又娶了第二任妻子樊彩霞。

二、家户生育

(一)生育基本情况

1.总体生育少

冯老八共有三个孩子,两个女儿、一个儿子,两个女儿均已出嫁,儿子冯德清共有四个孩子,三男一女,分别是冯祥瑞、冯祥林、冯祥庆和冯爱娃,冯祥瑞有一个儿子,名为冯进步。分家前,冯家四代人生活在一起。冯老八共有兄弟八人,在村中算是生育孩子较多的人家,但是兄弟分家后就没有哪家兄弟家里有这么多孩子,家族里生育最多的是冯老二家,共有七个孩子,四个儿子、三个女儿,最少的是冯老七家,生了一个儿子还英年早逝。冯老八家算是村子里生育比较少的家庭,三个孩子且只有一个儿子。1949 年以前,农村人都是在家生孩子的,因为生育条件十分落后,女性生育出现大出血的情况常有发生。冯老八妻子生第一个孩子的时候,因为家中生产条件差,导致产后身体状况比较差,生的孩子也因为生病,不到一岁时夭折了,夭折的孩子不能葬进祖坟,只能在外面随便找个地方悄悄埋了。冯德清成年后,虽先后娶了三任媳妇,也只生育了三个孩子。冯家家里本来就人丁少,所以不可能发生丢弃、溺婴的情况。冯德清生育孩子少,主要是因为娶进门的媳妇婚后身体不好,怀不上孩子,按照冯老八妻子的说法就是不知道做了什么事得罪了送子观音。

冯家家教比较严格,没有出现过未婚先孕的情况,家里对于女孩子的管教比较严格,没有父母的陪伴一般是不允许出家门,就一直待在家里干活儿。在农村未婚先孕是有损家风、不道德的事情,会受到舆论的谴责。

2.倾向生男

在过去,生育最重要的目的就是传宗接代,对于家庭来说生儿育女是家庭延续下去的唯一保证,如果家里没有生育孩子的话,就会一直生下去,如果没有儿子,也会一直生下去,直到生出儿子。和儿子相比,女儿迟早要嫁出去,女儿一旦嫁出去的话,就成了外姓人,所以当地人说生个女儿就等于帮别人养个媳妇,因此冯家人更倾向于生男孩。此外,生育也是家庭增加劳动力的重要途径,在生产上,男性比女性更有优势,有的家庭实在是生不出男孩的时候,也会过继自己亲兄弟的儿子来顶门。冯家老八虽然只有一个儿子,但是冯德清比较能干,提高了冯家在村里和家族里的地位。

在冯家人看来,孩子到了十五六岁的时候就差不多该结婚了,一般婚后就会生育,如果几年没生育的那也是因为怀不上,不会人为节育。1949 年以前农村对于早婚早育还没有明确的认识,那个年代的人正常情况下基本都是在十五六岁的时候结婚,也并不觉得十五六岁就是早婚。在南横流渠村,有一户蔡姓人家给自己儿子娶了一个童养媳,在蔡家儿子 12 岁的时候家里就给办了婚礼,因为 12 岁的孩子还什么都不懂,所以村里人也经常逗蔡家儿子,问他称媳妇是姐姐还是老婆。那时的农村人对于早育还没有什么意识,结婚了生孩子,是一个自然而然的过程。

至于多生少生的问题,冯家没有明确的意识,只要家里有一个男孩就行,一般情况下家里生育四五个孩子比较合适,生育的孩子少,家里缺乏劳动力;生育的孩子多,父母压力比较大,家里的矛盾也比较多。那时候没有避孕措施,村里有的人生的多,也不是自己想生,只是怀上了,就顺其自然生下来。

(二)生育过程

1.显怀①后不干活

家里生育孩子的事情由夫妻两人决定,不是一方说了算的。在1949年以前的农村,人们还没有节育的意识,生多生少不由人决定。一般情况下,妻子怀孕了就会生下来,家里养得起就自家抚养,如果家里养不起且有人想抱养,家里也会同意送给别人家抚养。正常生育的情况下,父母是不会干预生孩子的事情。如果媳妇生不出孩子或者生不出男孩,婆婆可能会采取一些迷信措施。

怀孕期间,孕妇由婆婆照顾。刚怀孕的时候,孕妇除了不做重活外也会做一些家务活,怀孕五个月左右的时候,孕妇开始"显怀",同时孕妇的饭量也会增大,婆婆也会根据孕妇的肚子大小改善孕妇的饮食。那时候给孕妇补身子,普通人家就是吃鸡蛋,家里养鸡也会杀鸡炖汤,等到怀孕五个月的时候,娘家母亲会把女儿接回娘家住,一般待上十天半个月丈夫就会接回来。这时候孕妇在家不需要做家务活,只是帮婆婆一起准备婴儿出生时用的褥子、尿戒子、穿的衣服,生产之前婆婆也会和孕妇讲一些生产时要注意的问题。到了临盆的时候,婆婆会安排儿子去请产婆,请产婆来家里接生。当天接生完就要给婆包红包。家里生孩子的钱都是由大家庭出,包括请产婆、买鸡蛋和缝衣服。

2.婆婆照顾"月婆子"

生完孩子,产妇还需要坐月子以恢复身体。冯家女性怀孕都是在家里生的,生产后会在产妇的卧室门口挂一个红布条,外人不得随意进入。坐月子一般是二十天到一个月左右的时间,由婆婆来照顾产妇,产妇照顾婴儿,等到出月后,产妇不需要做家务,只要照顾好孩子就行了,孩子长到两三个月会翻身的时候,产妇就开始干活了。家里有新生儿的时候,还要注意一些禁忌,例如家庭成员不能回来太晚,回来太晚就要先去厨房转一圈,才能进婴儿的房间,这是为了防止有人带了不干净的东西②回家吓着孩子。与小户人家不同,大户人家看重生育,对于孕妇的照顾更周全,有的穷人家的媳妇怀孕五六个月的时候还在田里干活。在产妇坐月子期间,当地人将其称为"月婆子",生产完后,媳妇娘家人、亲戚、邻居也会相继来家里看"月婆子",来时也会带一些自家做的东西或者鸡蛋。

(三)生育仪式

1.满月酒

在当地,孩子出生满三十天的时候,也就是"出月",需要给小孩办满月酒。受重男轻女思想的影响,生男孩的话满月酒就大办,生女孩就只是请媳妇娘家和自家重要的亲戚来家里吃饭。冯祥林出生时,由于是冯家真正意义上的第一个男孩,冯老八和冯德清都非常高兴,为了庆祝添了个男丁,家里请了亲戚、和村里的人来吃席。给孩子办满月酒,最重要的客人就是媳妇娘家人,所以娘家人会安排坐在上座,表示对娘家人的尊重。此外,孩子出生时接生的产婆也必须请到家里,一般和娘家人坐在一桌。来吃席的客人也会带点儿礼物,有的带两尺布,有的带些鸡蛋,宾客离开的时候一般不需要带回礼,但是娘家人离开的时候,婆婆会准备些鸡蛋和布作为回礼。对于冯家来说,添丁是大事,办满月酒的钱由大家庭出,办酒席收到的礼也

---

① 显怀:一般为怀孕三四个月以后。
② 不干净的东西:指外面的孤魂野鬼。

属于大家庭。

2.满月起名

孩子满月之前,一般只有小名,娘家人来的时候,要给小孩子送官名,也就是大名。实际上,孩子的名字是婆家人起好写在红纸上由丈夫送到媳妇娘家去,娘家人来吃满月酒时再带给孩子母亲,当地把这种仪式称为"带官名"。冯家在村里算是中上等人家,冯德清也读过几年书,家里孩子取名也比较讲究,冯祥林兄弟三人排"祥"字辈,冯祥瑞的孩子排"进"字,冯祥林的孩子排"存"字,家中女孩不排辈。

3.过周岁

在当地,家里孩子满一岁的时候,家长会给孩子过周岁,要请亲朋好友来家里吃宴席。孩子过周岁的那天早上,孩子的父亲要代表孩子祭拜祖先,祭拜祖先有两项活动:一是要去上坟,给祖先烧些纸钱;二是要在家里设祭台,祭祀祖先。这样做是家长们希望祖先能够保佑孩子健康长大。有的家里没钱的,孩子周岁就只请娘家人来家里吃饭,其他亲戚都不请。姥姥要给孩子送长命富贵灯,此后每年都要来送,以求孩子长命富贵,孩子过完周岁后,就可以抱出去串门了。此后每年孩子生日的时候,母亲都会给孩子煮鸡蛋,为了让孩子能够记住自己的生日,孩子成年后便不再吃生辰鸡蛋了。

三、家户分家与继承

(一)家户分家

1.家长提出分家

在横流渠村,分家属于家中大事,分家一般由家长或者儿子提出来,媳妇只能私下里说,而不能当家长的面提出来,如果是儿子提出来,必须家长同意才能分家。1949年,冯祥林刚刚成家,冯家人口增多,家中成员干活互相依靠,没有积极性,因此冯德清提出分家,要求冯祥瑞和冯祥林各自给自己谋生活。冯德清最初提出分家时,冯祥瑞不愿意分,所以分家的事又延后了半年。冯祥瑞自从开始种地之后,变得好吃懒做,心里一直惦记着冯德清开店铺时攒下的积蓄,想靠父母吃饭。平时没事干的时候,冯祥瑞就和朋友去外边的饭馆赊账吃饭,欠下的钱自己还不上,债主就会来冯家讨账。冯德清想着还有冯祥庆要抚养,担心家产被冯祥瑞败光了,所以坚决要和冯祥瑞分家。分家的具体事项,由父母商议,儿子可以提意见,媳妇不能提。冯家分家时,冯祥瑞以自己是抱养来的为由控诉冯德清的分法不公平,出于无奈,冯德清请了族里一位长辈来见证并帮冯祥瑞翻修了买来的房子。

2.只有儿子有分家资格

分家是在家户范围内进行的财产划分活动,只有家庭内部成员才有资格分得财产,家庭外部成员没有参与的资格,家庭成员中只有儿子拥有分家资格,女儿没有。家产由兄弟平均分割,未成家的儿子和父母一起生活,分得的家产暂时由父母保管,等到儿子成家后,父母再将属于儿子的那份家产交给儿子。分家时,必须在所有儿子都在家时分,儿子中有人不在家,就必须等他回来才能分家,未出嫁的女儿在分家后和父母生活在一起,但在分家时不能分家产。如果分家前儿子去世了,就由孙子顶替父亲的资格,享有和父亲一样的分家资格。分家时,抱养过来的儿子、过继来的儿子、妾生的儿子享有同等的分家资格,但是改嫁带过来的儿子只能分得少部分家产,干儿子因为没有和自己生活在一个家里,所以干儿子也算是外人,没

219

有资格分得家产。冯祥瑞虽然是抱养的,在分家时和冯祥林兄弟两人享有同样的分家资格,分家时冯德清为了避免冯祥瑞觉得自己偏心,冯德清分给冯祥瑞的房子也都是翻新过的。

3.分家的见证人

分家时,请见证人由家长安排,家长或者儿子去请,儿子不能不经家长同意私自去请见证人,请来的话家长也不会承认,只有在家长委托儿子去请指定的人来当见证人时,儿子才能去请。家庭外部成员也不能安排见证人,因为分家属于家庭内部的事情,外人不能干涉。分家时请的见证人一般是本家族中有威望的长者,见证人主要发挥评判的作用,评判家长分家时是否做到平等对待每个儿子,一般情况下见证人不会对家长的分法提出什么异议。分家后,见证人的主要责任就是监督家长按照分约把家产分给自己的儿子,同时还要监督这家的儿子履行赡养父母的义务,如果见证人去世了,这种责任也就中断了,见证人的后代没有义务继续承担责任。冯家是1949年分的家,冯德清请了妻子冯王氏的哥哥和家族中的一位长者做见证人,为了避免别人说偏向亲儿子,冯德清把家中好的家具和一等地多分给了冯祥瑞一些,在分家前还把买来的那院房翻新一遍。分地时,由冯王氏的哥哥负责测量,按照分约把冯家村西的地分出十亩给冯祥瑞,重新划分后搂出新的地界。

4.分家由家长做主

在横流渠村,分家由家长做主,儿子们可以提意见,媳妇可以背地里提,但不能当着家长的面提,如果家长去世了,兄长就是家里的家长,由兄长主导分家。有的家庭在家长去世后兄弟几人虽然没有明确分家,但是兄弟都已经成家,时间久了兄弟几人就自然分家了。冯德清妻子的娘家,王家兄弟分家时请了冯德清去做见证人,冯德清帮忙清点王家的财产,分家写的分约兄弟两人一人一份,上面写明每个人分得的相应财产。王家分家时父母都已经去世,分家的事由家中兄长做主,家里资产二人平分,家里四头牲口,兄弟二人一人两头,一辆大车两家共用。

家里的资产怎么分,家长都是在背地里商量,商量好了之后再告诉其他家庭成员,分家主要是分房和分地,家具等小物件都是没分家前谁在用分家时就分给谁。冯家分家时,冯德清把从本家人那里买来的那院房子分给了冯祥瑞,把家里的老房子留给了冯祥林和冯祥庆,分家前冯家还有七十亩地,分给了冯祥瑞、冯祥林、冯祥庆每人二十亩,剩下的十亩地作为冯德清夫妇的养老地。冯家分家时,冯祥庆还没有成家,分给他的地由冯德清管理,成家后再交给他。分家后,冯德清夫妇带着冯祥庆和冯祥林一家一起生活在老房子里,分给冯祥庆的地和冯德清夫妇的养老地也暂时由冯祥林耕种,相应地冯祥林负责冯德清夫妇的养老和给冯祥庆娶媳妇。

5.分约①

为了明确家中资产的分配,避免分家后兄弟之间的矛盾,分家时家长会把分家的明细写成契约,这种契约在当地称作"分约"。在分家的事项确定好了之后,由家长写,如果家长不会写字便请有文化的人来写,分约上要清楚写明家中土地、房屋、大型劳动工具等重要家庭财产的分配情况,例如哪个儿子分得哪一块土地,分得哪院房子都要写明白。此外,还要写清楚分家者的名字,最后家长和参与分家的儿子分别按上手印,分约每个儿子一份,各自保留。冯

---

① 分约:分家时签订的分家契约。

家分家时,冯德清写了三份分约,每份分约上写明每个儿子分得的家产,最后将写好的分约交给冯祥瑞和冯祥林,冯祥庆的分约由冯王氏保管。分约不是每户人家分家时必须写的,有的人家里穷没什么家产可分,一般都是口头商量,不需要立字据证明。

(二)家户继承

1.继承的资格

在当地,只有儿子具有继承家产的资格,女儿不管是出嫁前还是出嫁后都不具备继承家产的资格,家中男性成家后继承的家产中也有媳妇一份,但媳妇没有直接的继承权,入赘的女婿、抱养的儿子和儿子一样享有继承权,但也要承担赡养老人的责任。儿子之间享有的继承权是平等的,每个人都能从父母那里分到均等的财产,继承属于家户内部事务,村长、保长等外部人员不能干预。冯老八只有冯德清一个儿子,所以冯老八置下的房和地都由冯德清继承,冯德清共有三个儿子,冯祥瑞虽是抱养的,但是和亲生儿子一样享有继承资格。

2.继承条件及内容

在横流渠村,一般情况下只要是儿子就可以继承家中的财产,但是如果儿子对父母不孝或者不愿意赡养父母的话,父母也可以剥夺儿子的继承权,把家产给愿意赡养父母的人继承,当家人去世后,家族中的长者也可以确定继承权。在当地,有些继承条件是大家默认的,例如家中最小的儿子继承家里的老宅并照顾父母的起居,谁耕种父母的养老地谁就要负责父母的吃饭问题、父母去世后负责办葬礼的费用由儿子们平摊。在横流渠村发生过分家后不愿赡养父母的事,村里刘家的小儿子分家后和父母生活在一起,因为刘家媳妇不愿意承担赡养公婆的责任,而他又是一个怕媳妇的人,只能眼看着媳妇不仅不给父母饭吃还把父母赶出家门。刘家儿子的舅舅知道后,来刘家教育外甥,刘家的本家人也看不过去纷纷指责刘家夫妇,最后在亲戚的压力下刘家夫妇才把父母请回家。

在当地,继承主要是继承房子、土地、劳动工具以及父母的一些家具和首饰。对于家产的继承,父母都是按照儿子的数量均分,小家庭人口多的和人口少的分得的家产是一样多的,大家也不会觉得不公平。

3.继承权的确立与调处

家户继承由家长做主,包括继承人、继承的内容、继承的时间等。对于家长的决定,其他家庭成员认为不妥时可以提意见,但最终还是必须听从家长的决定。在当地一般默认儿子为继承人,女儿、女婿都不在考虑范围内。在确定继承权的时候,普通家庭没有什么家产要继承的,所以没有必要写遗嘱,如果是大户人家家里家产多,家长会提前写好遗嘱,确定好财产的分配,防止自己哪天突然去世后代们争夺家产。

四、家户过继与抱养

(一)过继

1.过继以延续家门

过继是指家里没有男孩,选择把其他兄弟的儿子作为自己的儿子以延续家门并承担赡养的责任。过继兄弟的儿子之后,由被过继家庭抚养,如果家中有儿子则不需要过继。在当地家族中商议大事、祭祀仪式等活动只能男性参加,如果家中没有男性后代,没有人可以给祖先进香,就会称"家门断了香火"。作为同宗兄弟,看到其他兄弟没有男性后代会主动提出把自己的儿子过继给兄弟,因为断香火不仅是一个家庭的事,也是家族的事,有的家里儿子多,在养活不起的情况下也会选择把家中的儿子过继给同宗的人。选择过继兄弟的儿子,和被出继家庭属于同宗,有一定的血缘关系,在找不到同宗的过继人时,也可以选择其他亲属的儿子过继。因为出继家庭和过继家庭往往有血缘关系,所以出继家庭父母心态比较平和不必担心过继家庭对孩子不好,出继不需要保守秘密,过继者自己知道,村里其他人也知道。

2.过继顺序:由亲到疏

过继时首先选择的是亲兄弟的儿子,如果兄弟家中没有合适的过继者的话,也会选择堂兄弟的儿子,同宗中没有合适的过继人时也可以选择其他亲戚的子嗣过继。出继家庭在决定出继者时,多是选择家中年龄较小的儿子出继,年龄小的儿子到了过继家庭后更易于管教。除了年龄外,选择过继人时还要看孩子的品行,如果孩子品行不好,过继家庭也不愿意接受。冯家隔壁的冯老四只有两个女儿,没有儿子,因为不愿意招赘上门女婿,一直想过继一个儿子,冯老四的兄弟中没有合适的过继人,只能从冯老四妻子的兄弟姐妹家选择过继人。冯老四妻子的哥哥有四个儿子,冯老四选择家中年龄最小的儿子过继到自己家,过继后冯老四妻子觉得这个孩子在家好吃懒做,她管教不了,便和哥哥商量让孩子回到原来的家。第二次,冯老四选择过继妻子妹妹家的儿子,冯老四妻子的妹夫因病不到四十岁就去世了,妹妹一人拉扯几个孩子日子过得比较拮据。冯老四妻子的妹妹家在县西,离南横流渠村比较远,两家除了家里有红白喜事和过年的时候会相互走动,平时也很少往来。冯老四的妻子便托娘家的弟弟去妹妹家提过继孩子的事,刚开始妹妹家不同意,因为家里的儿子已经十几岁了,过继出去一个儿子家中也就少了一个劳动力。为了妹妹能够同意过继的事,冯老四妻子便提出把家里的十亩地给妹妹家,因此才同意了过继儿子给冯家。过继完成后,冯老四请了家族里的人来家里吃饭,也顺便通知家族中的人从此他们家也有人继承香火了。

3.过继由家长做主

选择出继哪个儿子由出继者家庭的家长决定,出继者年龄较小则不需要询问出继者本人的意见,如果出继者已经懂事,家长也要询问出继者的意见,孩子不同意的情况下无法完成出继。过继时不需要告诉村庄的管理者,只需要出继家庭和过继家庭协商好就可以了。出继时,过继家庭是否给出继家庭补偿,由双方家长决定。在当地,一般情况下过继亲兄弟或者堂兄弟的儿子不需要给出继家庭补偿,因为大家都是同宗兄弟,自家有儿子可以出继时也愿意帮助没有儿子的兄弟。如果出继家庭要求过继家庭给出一定补偿时,过继家庭则必须给,例如冯老四家过继冯老四妻子妹妹家的儿子时给了十亩地作为补偿,儿子过继到冯老四家后,十亩地便属于冯老四妹妹家所有。过继写不写过继文书依据过继时的具体情况而定,有的出继家庭父母为了确保自己儿子在过继家庭中的继承权和名分,会要求写一份过继文书,上面写明出继者的亲生父母某某把第几个儿子过继给某为儿子,必要时出继家庭还会请一位家族中的人来见证,过继文书多由见证人来写,双方家长画押生效,由出继家庭家长保管。

(二)抱养

1.婚后无子,抱养引子

当地人有一个迷信说法,认为哪家夫妻结婚后迟迟没有生子或者家里媳妇生不出男孩时,家里去抱养别人家的孩子可引来孩子。受重男轻女思想的影响,人们在抱养时多是选择男孩,通常情况下抱养孩子的家庭经济条件比较好,家里有能力养得起小孩;能把自己的孩子送给别人家抱养的家庭多经济情况不太好,自己养不起孩子。抱养的孩子可以是陌生人家的孩子也可以是亲戚家的孩子,没有特殊讲究,但是抱养孩子不同于过继,宜小不宜大,所以有的小孩刚满月就会被别人家抱养。孩子从小被抱养到别人家,抱养孩子的家庭不会告诉孩子他是抱养的,村里其他人也不会说,日后孩子长大后知道自己的亲生父母时,因为没有感情也不会觉得有什么问题。

当地有这样的说法,即哪家媳妇要是生不出孩子,那一定是送子娘娘的名单上没有这家媳妇的名字,就需要把媳妇的名字写在纸上,在送子娘娘庙里烧了,送子娘娘看到就会把孩子送到家里,冯德清娶了刘氏后一直没有生孩子,冯老八妻子便把刘氏的名字请县城观音庙里的人写在烧纸上烧了,但是刘氏仍然没有怀上孩子。折腾了一番后,冯老八妻子和冯老八商量去别家抱养个孩子,不能让冯家断了香火。冯祥瑞刚满月时就被冯老八抱养到冯家,因为刚出生不久就离开了亲生父母,所以他并不知道自己是从哪家抱养回冯家的,冯家人也没有告诉他有关抱养的事。冯家为了表示对冯祥瑞亲生父母的感谢,在抱养冯祥瑞后给了对方一车棉花。

2.抱养的孩子和亲生的一样

冯祥瑞被抱养回来时,冯老八妻子为了孩子好养活,给冯祥瑞起了个小名叫狗娃,后冯德清取大名为冯祥瑞。因为冯祥瑞抱到冯家时刚满月,冯家在家摆酒席请了亲戚和邻居来家里吃酒席,顺便给孩子过满月,抱养的孩子虽然和冯家没有血缘关系,但是从抱养到冯家起就是冯家的子孙,有资格写在族谱上,冯祥瑞作为冯老八这一系的长孙写进冯氏族谱。虽然冯祥瑞是抱养的,但冯家人都对他疼爱有加,在冯祥林出生之后也没有区别对待,冯老八十分疼爱这个抱养回来的孙子。冯祥瑞结婚时,冯老八请了全村的人来吃席,吃的还是甜席,可见冯老八对于冯祥瑞的重视。作为家里的长子,冯祥瑞和其他两个兄弟一样有权力继承家里的家产,相应的他也要负责给父母养老送终。冯家分家时,冯德清为了不让外人说闲话,分给冯祥瑞的家产比冯祥林和冯祥庆的多,从分家的结果来看冯祥瑞分的东西比自己的两个兄弟要好。在冯老八去世时,冯祥瑞作为长孙头顶白色"疙瘩帽"①,在葬礼上完成长孙应做的礼仪。对于抱养的事情,家里的老人和父母都不提起,冯祥瑞只知道自己是被抱养回来的,至于是抱养谁家的一直不知道,冯家的后代也不知道。

(三)买卖孩子

在过去,每家的孩子数量都比较多,没有必要去买孩子,且一般人家也没有能力买孩子,如果是家里的媳妇生不出孩子,家长也会选择过继、抱养或者是再娶一个老婆的方式来实现有孩子的目的。在横流渠村,没有听说过有买卖孩子的事情发生。

五、家户赡养

(一)家庭内赡养

赡养老人是家户内部事务,除了父母的兄弟姊妹能干涉外,其他外人都不能干涉。冯老八只有冯德清一个儿子,冯德清继承了冯老八所有的家产及当家人的地位,所以赡养父母的任务就由冯德清一人承担,也没有留养老钱和养老地。冯老八和妻子的衣食住行全部由冯德

---

① 疙瘩帽:把棉花攒成团缝在白布上制成的孝,长辈去世时,只有长子、长孙才有资格戴疙瘩帽子。

清一人承担,如果冯德清先于冯老八去世,赡养冯老八夫妇的责任便由冯德清的儿子承担。冯老八的两个女儿虽然出嫁前和冯老八夫妇生活在一起,但是两个女儿出嫁后都是外姓人了,也有自己的公婆要赡养,没有义务也没有能力承担赡养父母的责任。出嫁前,女儿和冯老八一家生活在一起,顺便承担一些家务活,出嫁后虽搬去夫家住,但是冯老八夫妇生病时,两个女儿也会轮流来家里照顾两位老人。在过去,父母养育子女成人,子女赡养老人是应尽的义务。在赡养父母的问题上,孩子的舅舅拥有监督权,如果有的家庭的儿子不愿意赡养自己的父母,父母可能会请儿子的舅舅来家里教育儿子,此外,村里的人也会在背后谴责这个不孝的儿子。

(二)儿子负责养老

冯老八只有冯德清一个儿子,冯老八夫妇一直和冯德清生活在一起,冯老八上了年纪后不用干活,基本上都在家里闲着。老人生活能够自理时,冯王氏只需要负责给老人做饭端饭、洗衣服,如果老人生活无法自理,由儿子和儿媳共同伺候老人生活起居。逢年过节时,冯老八的两个女儿也会来冯家看望老人,帮父母洗衣服或者拆洗被褥。

1949年,冯德清觉得家中人口增多,家庭成员干活积极性不高,互相依靠,因此他决定把冯祥瑞分出去,几个儿子各自谋生活。分家后,冯祥瑞搬到冯老八从本家人手里买来的那院房子去住,冯德清夫妇和冯祥林住老房子,冯家由冯祥林当家。在横流渠村,父母和哪个儿子在一起生活,父母的养老地由哪个儿子耕种,冯德清留下的十亩养老地由冯祥林耕种,冯祥林负责冯德清夫妇的衣食住行,冯德清去世后养老地归冯祥林所有。如果分家后父母独居,养老地多是父母自己耕种或者是给其中一个儿子种,每年到收粮食的时候,儿子要把收回来的粮食晒好装袋送去父母家。虽然冯德清已经和冯祥瑞分家,但平时冯祥瑞家炖了肉或者做了什么其他好吃的,樊彩霞也会给冯德清端一碗送过来,平日里不忙的时候冯祥瑞也会来和冯德清聊聊天,冯德清生病的时候,冯祥瑞也会经常来家里看望,大年三十的时候,冯祥瑞会给父母买些点心和烟草送到家里来。

因为冯德清夫妇的养老地和冯祥庆的地都给了冯祥林种,所以冯祥林就要负责冯德清夫妇和冯祥庆的穿衣、吃饭,冯祥庆上学的时候一直和父母睡一间房,平日的生活由冯王氏照顾。冯王氏身体还硬朗的时候,会帮着冯祥林媳妇一起做饭或者做点其他家务,患病之后家里的家务就都由冯祥林媳妇邢淑莲一人承担。在过去,家里如果有老人的话,媳妇最主要的任务就是照顾老人,每天做午饭前邢淑莲都会询问冯德清夫妇想吃什么饭,冯德清有时候也会主动告诉儿媳妇晌午想吃什么饭。冬季的时候,邢淑莲每天早上起来先把水烧好,给公婆倒好洗脸水,再去叫公婆起床。一般来说,如果分家时所有的儿子都成家了的话,父母会从儿子中选一个和自己一起生活,如果分家时小儿子还没有成家,父母就和小儿子一起生活,小儿子成家后继续和父母生活在一起,承担赡养老人的义务。

(三)养老地和养老钱

1.养老地

分家后,家里地多的家户会留出几亩地作为养老地,父母身体好还能干农活的,养老地就自己种,父母如果年龄大了的话,养老地则交给儿子们轮流种,等到收粮食的时候把粮食全部送到父母家里。冯家分家时,三个儿子每个人二十亩地,冯德清留下十亩地作为养老地,因为分家后冯德清夫妇和冯祥林一家住在一起,所以便把自己的养老地给了冯祥林种。因为都是在一个锅里吃饭,养老地产的粮食和冯祥林自己二十亩地产的粮食不用分开,都屯在一个粮仓里。

2.养老钱

在分家时,父母自己的一些私人物品和钱财不用分给儿子们,父母年龄大了后也会给自己攒点儿钱,留着老了干不动活的时候用。冯老八的妻子有许多银首饰,都留给了冯王氏,除了分家时冯王氏给了樊彩霞两个银手镯外剩下的都由冯王氏保管,冯祥庆还在读书的时候,为了减轻冯祥林的负担,冯王氏把其中一部分给冯祥林拿去县城的银匠铺卖了换成钱。

(四)治病和送终

家里有老人生病时,首先是由自己的老伴照顾,如果老伴去世或者没有能力照顾,则由儿子和儿媳共同照顾,如果老人没有儿子或者儿子去世了,则由孙子照顾,代替父亲承担照顾老人的义务。老人生病期间的医药费由儿子们共同承担,已经出嫁的女儿离得近也会在老人生病期间来照顾老人,但不需要承担医药费。在冯家,冯老八夫妇生病时由冯王氏照顾,请郎中抓药的费用由家庭承担。冯老八的两个女儿在老人生病期间也会给老人送吃的,来家里照顾老人。在当地,家里老人过了六十岁之后,子女们便会给老人着手准备寿衣,当地称为"老衣",主要有两层意义:一是给老人准备的寿衣有冲喜的作用,希望老人身体健康;二是等到老人去世时在准备就已经来不及,必须提前做准备。冯老八夫妇的棺材由儿子准备,寿衣由两位女儿准备。

(五)赡养老人,天经地义

在横流渠村,有人不愿意赡养自己的父母的话,家族中和其他人或者亲戚都会教育他,迫使其履行应尽的义务,作为儿子赡养老人是天经地义的事情,冯氏家族没有出现过儿子不赡养父母的情况。如果有儿子不赡养老人的话,便会遭到村子里的人谴责,邻居也会对其避而远之,在当地有一首民谣就是谴责不孝顺父母的儿子:

> 灰麻雀尾巴长,娶了媳妇忘了娘。
> 把娘背到渠岸上,一掀一个咕噜当①。

如果家里在赡养老人的事情上出现矛盾,可以找村里有威望的人来调解。

六、家户内部交往

(一)父子关系

1.父子关系融洽

父子关系是家庭关系中重要的一对关系,父亲与儿子之间的权利和义务关系,不仅仅是血缘关系使然,更是父子名分称谓下习俗规定的。首先表现在父亲和儿子都是家庭中的主要劳动力,家庭的生存和发展需要父亲和儿子共同的努力;其次儿子是家庭财产的主要继承人,也是家庭日后的当家人;再者相较于母亲,父亲是家庭中对于儿子影响更大的人,在家庭中母亲主要负责家务事,主要管理孩子们的日常起居,儿子成年后多跟着父亲干活做事,在

---

① 咕噜当:当地方言中形容人滚下去的声音和情形。

和父亲共同劳动的过程中,父亲会教授儿子一些生产生活技能。冯德清对孩子比较严格,孩子的学习、教育等问题都由他负责,冯德清比较重视对孩子的教育,三个儿子都上过学,孩子学不进去时他还有为孩子选择其他出路,冯祥瑞不读书后,为了他以后能有谋生之计,冯德清把他送去朋友的店铺做"相公"。

父亲对于儿子更多是尽义务,包括抚养儿子长大、供儿子读书、给儿子娶媳妇、置家产,儿子对父亲主要是尽养老送终的义务。从儿子一生下来父亲就要给他吃给他穿,父亲老以后儿子也要保证父亲有食饱腹、有衣御寒、有房避雨。其次父亲还要教育好自己的儿子,这种教育既包括送儿子去学校上学,也包括父亲在日常生活中对于儿子的教育。在父子平时的相处中,父亲带着儿子一起干活,教授他基本的劳动技能,也会在日常的相互交流中传授给儿子自己所积累的生产生活经验,教儿子一些为人处世的道理,这些都是父亲对儿子的教育。父亲在把儿子抚养长大后还要给儿子娶媳妇,父亲为儿子寻找结婚的对象,并承担娶亲的各项花费,儿子成家后父亲对于儿子也就没有要尽的义务了,这不仅是父亲的一项义务,也是父亲的一项责任。如果哪家父亲没有能力给自己的儿子娶媳妇,让自己的儿子打光棍,这位父亲就在村里抬不起头,所以在当地即使是没钱的人家,儿子到了该结婚的年龄,父母就算是借钱也要给儿子娶媳妇。1949 年前,冯家男性到了适婚年龄都已经结婚,冯祥瑞第一任媳妇去世后,冯德清又为他娶了第二任媳妇。父亲去世时,作为儿子要负责给父亲修坟墓、办葬礼,父亲与儿子之间的权利义务关系是相互的,即儿子幼时有父教养,父亲老时有儿送终,这种父亲与儿子之间的权利与义务关系也可用于祖父辈和孙辈。

2.父子间的日常交往

冯老八性格和善,儿子冯德清少时一直在三原县做"相公",学成后回到泾阳县做生意,冯老八在家庭事务的决定上也比较看重儿子的意见,冯德清对于冯老八十分尊敬和孝顺,遇到事情时会主动征求冯老八的意见。冯德清娶妻的事情都是由冯老八决定,冯德清先后娶过三个媳妇,对于冯老八的安排,冯德清都会表示同意。冯德清常在外做生意,在家时每晚睡觉前都要去冯老八的房里和冯老八夫妇聊聊天,一是聊聊今天都发生了什么事,二是看看冯老八有什么话要嘱咐的。到了冯德清当家的时候,虽然冯老八年龄大了不管家里的事了,但是冯德清在做决定之前还是会去询问冯老八的意见,家中大事只有征得冯老八同意后,他才能去做。此外,冯德清也要求冯祥瑞兄弟几人尊重冯老八,冯祥林小时候有一次被冯老八抱着吃饭,因为年幼无知用手打了冯老八的脸,被冯德清看到后一脚踢得把碗扔出了房门,自此之后他也不敢再与冯老八亲近。

3.父子关系的冲突与调试

孩子小的时候,父亲会因为儿子做错事或者是不听话动手打儿子,作为儿子可以逃但绝对不能还手,否则就是忤逆。待儿子成年后,出于维护儿子的尊严,父亲不会动手打儿子,但是会在言语上教育儿子。冯老八性格温和,父子间关系也比较和谐,很少发生冲突,冯德清当家后因为生意上周转不开,想把家里的土地卖给租户一部分用来周转店铺,冯老八听了后十分生气。在冯老八看来,儿子卖地的行为等同于败家,家里辛苦置的地不能轻易卖掉,因为冯德清的这一想法,冯老八一整天没有和儿子讲一句话,冯德清晚上去冯老八房里给冯老八回话,这才让冯老八消了气。除此之外,冯德清和冯老八再没发生过什么矛盾。

冯德清在冯祥瑞兄弟三人面前比较严肃,长大之后很少看到父亲和他们开玩笑,三兄弟的事情都由父亲做主。分家的时候,冯祥瑞因为觉得冯德清偏心,分给自己的家产太少而向冯德清表达了自己的意见。冯德清觉得大儿子忘恩负义,因而对大儿子大发脾气。最后,冯德清还是坚持最初的分家方案,冯祥瑞也不得不接受。父子间发生矛盾时,第一调解人是妻子,因为妻子也是儿子的母亲,是家庭中最了解两个人的成员。如果是某些事情妻子调解不了,也会请孩子的舅舅或者本家年长的人来在中间说话。一般来说,父子俩发生冲突矛盾时,都不愿意让外人介入,因为这在他们看来是家丑,传出去了让别人笑话,所以父子间发生矛盾,人们更加倾向于在家庭内部调解。

(二)婆媳关系

1.婆婆带媳妇

婆媳关系是在夫妻关系的基础上衍生出来的家庭关系的一种,媳妇进门后跟着婆婆一起干活,是婆婆在家务活上的帮手。女儿在还没嫁出去的时候,母亲会教授她一些基本的生活技能,例如做饭、洗衣服、纺线、刺绣等,结婚后住在婆家,婆婆也会继续教授媳妇一些技能。樊彩霞刚嫁到冯家时,冯家内部事务由冯老八妻子和冯王氏一起负责,冯王氏做饭时樊彩霞都会跟着帮忙,在做饭的过程中冯王氏会顺便告诉樊彩霞冯家做饭用的东西都放在哪。婆婆对于媳妇最重要的责任在于伺候媳妇坐月子和教授如何喂养孩子,在生育孩子的问题上,婆婆是过来人,婆婆会告诉媳妇月子里要注意的一些事情。冯祥瑞妻子在坐月子的时候一直由冯王氏来照顾,坐月子期间家里的家务活由冯王氏一人承担,出月之后婆婆也会帮着媳妇照顾孩子。婆婆生病的时候媳妇也要伺候婆婆,直到婆婆痊愈。平时婆婆可以让媳妇去做一些事,比如到了饭点媳妇还没有去做饭,婆婆就会喊媳妇去做饭。婆婆在媳妇做错事的时候可以骂媳妇,但是决不能动手打媳妇,婆婆骂媳妇的时候,媳妇也不能还嘴,否则被丈夫知道了就会打媳妇。

2.婆媳关系难处理

在家庭中,婆媳关系是最难处理的一种关系,婆婆与儿媳没有血缘关系,两人生活在一个屋檐下难免会因为家务琐事而产生矛盾。一般情况下,家庭内部事务都由女性管理,在媳妇没进门之前,家中内部事务由婆婆说了算,有了儿媳之后婆婆便要把家中一些事务交给儿媳去做,婆婆心里难免会觉得媳妇是外人。冯老八妻子性格和善,冯王氏嫁进冯家后冯老八妻子逐渐把家中的一些事务交给冯王氏去做。冯王氏对于冯老八妻子也比较尊重,平日里做事都是以婆婆为先,与婆婆也没有发生过矛盾,两个人一起做饭、纺线,后来冯老八妻子年龄大了,做饭的时候就帮冯王氏烧锅。年底时冯老八妻子和村里要好的媳妇一起去集市时也会带着冯王氏,到了集市上她也会给媳妇一点儿钱,让她去买点儿自己需要的私人物品。婆婆年龄大了之后,会把家里的事务全都交给媳妇去做,媳妇要是遇到什么不懂的,也会去请教婆婆,在冯家婆媳之间很少会产生矛盾,婆婆体谅媳妇的辛苦,媳妇也尊敬、孝顺婆婆。村里有的人家里媳妇和婆婆关系不好,儿子夹在中间两头受气,成为村里的笑话,婆媳发生矛盾时多在家庭内部调解,外人一般不会参与。

(三)夫妻关系

1.夫妻各负其责

男女双方结为夫妻后共同生活在男方家里,在生活中丈夫和妻子虽然分工不同,但都在为这个家做贡献,家外的活儿由丈夫承担,家里的活儿妻子负责,家庭的财政大权掌握在丈夫手中,丈夫要确保家里有粮吃、有钱用,如果一个家庭穷到揭不开锅,那就是丈夫无能。妻子生病时,由丈夫花钱请郎中、抓药,妻子娘家遇到什么困难需要帮助时丈夫也要支持,同样丈夫生病的时候,妻子也要负责照顾。作为妻子,要打理好家庭内部事务,包括照顾好家里老小、按时做饭、洗衣服,尽好妻子的职责。

2.夫妻间关系平等

冯家夫妻结合多是由父母安排,基本不考虑个人意愿,多是为生育后代而结合,1949 年以前冯家共有四对夫妻,分别是冯老八夫妇、冯德清和冯王氏、冯祥瑞和樊彩霞、冯祥林和邢淑莲。冯老八和妻子关系融洽,结婚多年从没有发生过争吵,在长辈的影响下,其他年轻夫妻也都能和睦相处,在冯家,各代夫妻间的关系是比较平等的,冯老八遇到什么事的时候会主动告诉妻子,征求妻子的意见,遇到什么不顺心的事,也会和妻子诉说,妻子虽无法解决问题,但能在言语上开导。在家中,冯老八对于妻子还是比较维护的,家里的其他成员不能冲撞妻子。

冯德清和冯王氏之间的关系也比较融洽,很少看到两人拌嘴吵架,冯德清常年在外忙生意,家里多依赖妻子来打理。在冯德清眼里,冯王氏算得上是贤妻良母,冯王氏也体谅冯德清在外的辛苦,家中的事很少让冯德清操心。在 1949 年以前,关于夫妻关系当地还有一句俗语:"打到的媳妇,揉到的面",意思就是说,媳妇做的不对的时候丈夫可以打,打得多了媳妇就会记住,这就和揉面一样揉得越用力做出来的面越劲道,在横流渠村,也常有动手打媳妇的事情发生,多是因为媳妇不孝顺父母。

(四)兄弟关系

孙子辈中冯家有冯祥瑞、冯祥林、冯祥庆兄弟三人,兄弟间年龄差距比较大,冯祥瑞比冯祥林年长 15 岁,在分家前作为兄长冯祥瑞对冯祥林和冯祥庆关爱有加。在冯祥林去县城读书期间,一直由冯祥瑞帮他背着粮食去学校交学费,在学校没有粮食吃了的时候,也是冯祥瑞给他把馍送到学校。冯祥庆可以说是在冯祥瑞的肩膀头上长大的,冯祥庆幼时常被冯祥瑞背着在村里玩耍,冯祥瑞结婚后妻子也会帮忙照顾丈夫的两个弟弟,例如缝书包、洗衣服。在弟弟尚未成年时,兄长不会随意役使弟弟,更不能随意打骂;弟弟成年后,如果父母还在兄长也不能打骂弟弟,因为家里还有父亲可以管教弟弟,若是父母或者父亲去世了,弟弟犯错误时哥哥可以代替父亲教育弟弟。因为冯祥瑞和冯祥林、冯祥庆的年龄相差比较大,遇到什么事总会让着他们二人,所以兄弟之间的矛盾比较少。在分家后,冯德清年事已高便让冯祥林当起了家,冯祥林负责冯祥庆的衣食住行以及供他读书。兄弟没分家前彼此之间的关系都比较亲近,但是分家之后各自有了各自的小家庭,关系就不如之前了。

兄弟之间发生冲突时,主要由家长在中间进行调解,家长是家里比较有权威的人,作为儿子出于尊重家长也会就此作罢。在家长无法调解时,也可以去请舅舅来调解,舅舅不会偏向任何一个外甥,在舅舅面前外甥们也不敢继续争吵。

(五)妯娌间互帮互助

1949 年以前,冯家冯祥瑞和冯祥林都已成家,冯家只有樊彩霞和邢淑莲这两位妯娌。由于冯祥瑞结婚早,邢淑莲进冯家门时樊彩霞已经进门十多年了,邢淑莲对于嫂子樊彩霞比较尊重,邢淑莲刚进门时樊彩霞对她也比较照顾。樊彩霞和邢淑莲两人的性格都比较温和,没有发生过大的矛盾,更没有当面吵过架,冯家由冯王氏和樊彩霞负责做饭,邢淑莲进门后三个人一起做饭。冯王氏平等对待两个媳妇，不会偏向任何一方，家中事务三人共同负责。后因家中人口增多，邢淑莲进门不到一年，冯家便分了家。

（六）叔嫂关系

1949 年以前，在家庭中叔嫂是最为敏感的一对关系，一般情况下嫂子和小叔子不能关系过密，否则就会被村里的人说闲话，影响兄弟间的关系。在冯家，冯祥瑞与冯祥林、冯祥庆两兄弟的年龄差距比较大，冯祥瑞的儿子冯进步出生时，冯祥庆只有几岁，家里忙的时候樊彩霞不仅要照看自己的儿子，还要照看冯祥庆。冯祥瑞的妻子对于两位小叔也都是当孩子一样看待，冯祥瑞的第一个媳妇陈三姐还在世时，因为生不出孩子经常去拜观音娘娘，去的时候也会带着冯祥林去县城逛庙会，正月里庙会有一个节目是抢娃娃，庙里把用泥做的娃娃摆在架子上，谁能抢到娃娃的话就寓意着来年能生出个胖娃娃，陈三姐自己在跪拜的时候，让冯祥林穿过人群帮自己拿泥娃娃。陈三姐去世的时候，自己没有儿女，临终前便嘱托冯祥林在清明的时候去给她烧点纸钱。

七、家户外部交往

（一）邻里关系融洽

俗话说远亲不如近邻，在农村邻里关系是家户对外关系的重要组成部分，村里谁家有什么事，大家都会过去帮忙，特别是办红白喜事的时候，一家的桌子、凳子、碗筷不够用，家里人手也不够用，如果没有邻居的帮忙事就办不起来。别人家有事你去帮忙，你家有事的时候别人才会来给你帮忙，人们都希望给自己家帮忙的人都能实实在在地干活儿，让红白喜事办得顺利、圆满，所以来帮忙的人中很少有偷懒的，大家都和给自己家干活儿一样卖力。小户一般都是由家长或者是长子出去给村里需要帮忙的人帮忙，大户人家会派自己家的长工去帮忙，自家人一般不去。冯家和邻居、村里乡党关系都比较融洽，没有发生过大的矛盾，平日家里没人也会告诉邻居帮忙照看门户，平时吃饭时家里的男性家长就会端一碗面到门口和邻居们边吃边聊天。地邻之间不像邻居那样关系密切，只有在农忙的时候会在地头碰到，相互寒暄几句便各自开始干活儿。邻居间很少发生矛盾，大家平时都是各过各的日子。有矛盾时，大家也会相互让步，不会让事态变严重。用当地话来说就是"乡里乡党的，抬头不见低头见"，如果两家有了矛盾，以后见面都不好说话。

（二）亲疏有别

冯家和亲戚间关系的亲疏，要看两家距离的远近。离得远，平时没有走动，只是过年走亲戚的时候一起吃饭喝酒，离得近的亲戚平时也会相互去家里坐坐。平时去亲戚家，不需要带礼物，如果逢年过节去也会给亲戚带些鸡蛋或者点心，否则就会显得尴尬。俗话说"舅舅大过天"，也就是说在所有亲戚关系中外甥与舅舅的关系是最重要的，冯王氏的娘家也是横流渠村人，农忙的时候也来冯家帮忙，两家因为离得近、走动多，所以关系比较密切。亲戚中哪家办红白喜事没有钱时，只要开口借，亲戚们有钱就一定会借的。

（三）主佃关系

村里有两户人家租种了冯家的土地，一家是冯王氏的娘家，一家是村里的库家，冯家和王家本就是亲戚关系，所以关系比较好；库家长期租种冯家的地，所以冯家与库家也比较熟识，冯家有什么事库家都会过来帮忙，两家平时没事时虽然很少走动，但是逢年过节库家也会来冯家看望冯老八老两口,顺便聊聊庄稼的情况,库家交租的时候,如果地里收成好还会带些东西给冯家。库家的大儿子曾经学过厨师,每年过年前库家家长就会让大儿子过来给冯家做烧碗和甜饭。总体来说,主佃之间的地位是平等的,但是佃户和主家相处时会比较客气,担心得罪了主家,主家不再把地租给他种,冯家没有和佃户发生过矛盾。因为库家一直租种冯家的土地,后来冯家卖地的时候就直接把地卖给了库家。

(四)与外村关系

在过去,农民整日在地里干活,打交道最多的就是同一个村里的人,家里办红白喜事时也是同村的人来过来帮忙,与外村人的联系也很少。冯德清因为在外做生意认识外面的人也比较多,朋友都是外村的,朋友中家里谁家有红白喜事的话,冯德清都要去随礼,逢年过节时朋友们只是去饭馆吃饭,而不会去朋友家里送礼拜年。

第四章　家户文化制度

冯家家长比较重视对后代的教育,家庭也有能力送孩子去读书,但是家中只有男孩才有机会去学校读书,女孩则只能留在家里。冯家对于后代的家庭教育主要由冯老八和冯德清来承担,家庭教育多是基于父辈经验。对外来讲,血缘关系与同居共食是自家人区别于外人的重要标志;对内来讲,在家庭利益与家庭成员利益发生冲突时,冯家人基本都能做到以家庭利益为先,而且家庭成员也不能随意做出有辱家门的行为。逢年过节,家长冯老八在各种节日中处于主要地位,其他家庭成员也各自发挥着作用。冯家的男性都没有宗教信仰,女性中以冯老八妻子为主多信仰佛教,同时冯家也会在家中供奉一些家神,主要是门神、灶王爷。闲暇时冯家家庭成员也会参与一些娱乐活动,主要是打花牌、逛庙会以及串门聊天等。

一、家户教育

(一)男孩有上学资格

冯家的男性都上过学,在村子里算得上是有文化的人家。1949 年以前当地有句关于上学的俗语,"穷养猪,富读书",也就是说有经济能力的家庭才会把孩子送去读书,家里没钱的孩子就只能在家里帮忙干活,送去读书的话,家里不仅少了个劳动力而且还要额外支出,此外女性基本没有机会上学,家长只允许男孩上学。冯家在村里是比较富裕的家庭,家里地多而且在县城还有个店铺,地租和做生意赚的钱养活一家人绰绰有余,冯老八的三个孩子中只有儿子冯德清上过几年私塾,两个女儿都没有上过学,冯德清小时候读过书,所以他也十分注重对于自己孩子的教育。冯祥瑞上过几年学,但是后来自己学不好,完小毕业后便被冯德清送去县里朋友的杂货铺做"相公"了;冯祥林是家里读书读得比较好的一个,但是因为家道中落读了一年中学之后就回家帮忙种地了;冯爱娃只上过一年小学就回家了,因为冯德清觉得女孩读那么多书最后还是要嫁到别人家,这都是给别人家养的。一般来说,送孩子去上学的事情完全由当家人决定,家中其他成员只有建议权,在冯家,冯德清是家中读书最多的人,家中孩子上学的事都由他来提出,由冯老八决定,如果孩子实在学不进去,家长也会尊重孩子的选择,不会勉强孩子。冯家送孩子们去读书主要出于两个目的:一是希望家里孩子好好读书,有朝一日能够当官,光耀门楣;二是孩子多读点书,脑子灵活,学其他东西也学得快。

1949 年以前,横流渠村和其他几个村合建了一所小学,冯祥瑞和冯祥林都是在这所学校读的小学,冯祥林读完小学后去县城继续读中学,读书交学费都是给学校交粮食,一个人一学期要交三斗麦子才能入学。冯祥林读小学的时候,因为学校离家近,每天放学都能回家吃饭,中学在县城,隔十天半个月才能回来一次,每次去学校都要带够这几天吃的馒头,家里有钱的孩子带的都是白面馍馍,家里穷的孩子只能吃用玉米面做的窝头。冯德清幼时在私学的内容是四书五经,人们称为"老学",冯祥林兄弟几人在学校所学的知识都是基础内容,包括语文、数学,老师基本不教授传统老学知识。

(二)家教与人格的形成

在孩子还没有上学前,家长会对孩子进行一些口头教育。在为人处世方面家长或者长辈会教育孩子要尊重长辈,见到长辈要打招呼,要对人真诚,不能油腔滑调,要勤劳,不能好吃懒做等;在劳动技能方面,家中的成年男性会教男孩怎么做农活、怎么用农具,成年女性会教女孩怎么做家务,例如洗衣服、叠被子、做饭、纺线等。在家庭中,不同辈分的人在教育孩子上的侧重点也不同,冯老八喜欢教孩子一些为人处世的道理,而劳动技能方面更多是由冯德清来教。当孩子能够不用父母提醒就主动帮家里干活的时候,在父母看来自己孩子已经长大,懂得自己干活了,等到孩子结婚之后,父母就会把自己的孩子完全看作成年人,可以脱离父母独立生活了。

在孩子成长的过程中,父母及其家人的思维方式会对孩子人格的形成产生重要影响。在冯家,冯老八是一个性格温和、说话和气、心地善良的人,对待孙子冯祥瑞、冯祥林也是和蔼可亲,冯祥瑞自幼由冯老八带,所以性格也比较温和。冯德清性情严肃,很少在家中开玩笑,平时冯祥瑞、冯祥林与冯德清讲话都毕恭毕敬,不敢带有半点轻浮之意,他们有什么要求也不会直接和冯德清提,而是先告诉冯王氏再由冯王氏告诉冯德清。冯祥瑞、冯祥林平时犯错误时,家中长辈都会立即指出并教育其改正。

平时的一些礼节,孩子们都是在旁边看着家长们做而学来的,例如去参加亲戚的葬礼时,男性需要上香、作揖、磕头,孩子们小的时候就看着长辈怎么做,慢慢自己也就看会了,如果哪里做得不对长辈看到也会指出来让孩子改正。此外,陪同男性参加葬礼的女性要跟在男性后面哭丧。在当地哭丧的时候不仅要哭还要说一些悼念死者的话,哭不好时还会被旁边看热闹的人笑话。所以在参加葬礼时冯老八的妻子也会教冯爱娃怎么哭,死者的辈分不同,哭的时候说的悼词也不同。

(三)边做边学

家长不会专门教孩子劳动技能,孩子十多岁的时候家长在干活的时候便会带着孩子,让孩子在旁边看着,边做边教。在冯家,冯德清是个生意人,所以他也更倾向于把自己的儿子培养为生意人,家里男孩在读书期间冯德清不会教他们怎么做生意,而是先要求他们认真读书,等到男孩不上学的时候他就会给孩子找家店铺学做生意。冯祥瑞读完小学后便被冯德清送去县城学做生意,学了几年后便去冯德清的店铺里帮忙了。1946年冯家重拾农业的时候,冯德清的儿子们都不会种地,只能请同村的舅舅来教。

冯家的女孩没有机会出去学东西,都是在家里帮忙料理家务或者照看孩子,冯老八妻子和冯王氏会教冯爱娃怎么做饭、洗衣、收拾屋子、纺线,家中日常家务都要学。女孩出嫁后到了婆家如果不会做这些事,婆婆也会笑话女孩的娘家没教好。

二、家户意识

(一)自家人意识

在冯家人看来,自家人就是在一个锅里吃饭且住在同一座房子里的人,冯家四代人从冯老八到重孙冯进步都属于自家人,他们住在一起、吃在一起。冯老八的两个女儿和一个孙女在出嫁前是自家人,出嫁后就不是自家人了,与冯家只算是亲戚。村子里其他姓冯的人家,例如冯老四家,在血缘关系上,只能说是本家人,本家人和外人没有心理界限,主要看姓氏。虽然本家人都拥有共同的祖先,但是各个家庭之间的界限还是十分清楚的,彼此不会去干预彼此的家务事,除了每年清明节和大年三十的时候,村里的本家人要一起去祖坟祭拜,除此之外家族没有其他集体活动。和村里的外姓人相比,本家人之间的关系会更加亲密,如果本家人在村里受了外姓人的欺负时,可以联合村里同姓的去说理。在自家人和本家人范围内,称呼时都要按照辈分,冯老八大哥的长孙虽然只比冯德清小几岁,但是仍要称冯德清为叔叔。在称呼外人时主要看年龄,如果是村里面的男性老年人的话就在名字后面加"爷",老年女性就在名字后面加"婆"①,如果是中年男性的话就在对方名字后面加"伯"或者"叔",如果是中年女性就在名字后面加"婶"。家中女性的兄弟姐妹一年大都来往一次,算不上是自家人,这些亲戚都只是"一辈亲",到了下一代亲戚关系就淡薄了。

冯家自家的事情都由自家人决定,外人不能干预。冯家内外大事由当家的做主,例如农业生产、买田置地这些事都由当家人冯老八决定,内当家的负责家务事的安排,像洗衣做饭、纺线。同一家族的人,在没有邀请的情况下,是不会干预冯家的家庭事务的,冯家遇到什么问题或者困难的时候,基本上都是靠自家人来解决。家人之间产生矛盾时,如有外人在场,为了顾及整个家庭的颜面也不会表现出来。

(二)家户一体意识

冯家在没有分家前,一家人生活在一起,在同一口锅里吃饭。冯家三代人都比较勤劳,相信勤劳致富。冯德清作为家中的主要劳动力,他赚的钱归家庭整体所有,家庭其他成员之间分工明确,但是都在为了让全家人生活得更好而努力。冯祥瑞作为家中的长孙,他对于冯祥林、冯祥庆也十分照顾,例如送冯祥林去学校,给冯祥庆买东西。1946年以后,冯祥瑞是冯家的主要劳动力,农忙时地里的活儿由他安排,家庭成员分工合作,共同劳动。平时家中有人生病的时候,其他家庭成员会照顾生病的人,尽可能让病人多休息,家庭成员有人要外出时需征得家长的同意,告知家长去哪和回家的时间,免得家中担心。在家庭内部,所有成员的经济收入都要交给家长保管。冯祥瑞少时在县城做"相公"每月的工钱自己只留一点儿零花钱,剩下的钱都会交给冯老八,冯德清做生意赚的钱也会拿出一部分给冯老八用作家庭开支。作为一个整体,家庭成员也能做到荣辱与共,如果家庭成员中的谁被欺负了,家长会出面去评理,其他家庭成员也会打抱不平。家里的女性去拜神的时候,也都是为全家人的身体健康祈祷,而不是为某个人祈福。冯老八在教育孩子的时候,也会要求孩子在外不能做坏事,更不能给冯家丢脸。

(三)家户至上意识

在冯家,所有的家庭成员都认为只有整个家庭日子过好了,家庭成员的日子才好过,人人都希望家庭和睦、经济富裕。在没有分家之前,冯家所有家庭成员都生活在一个大家庭里,在家庭内部所有事情都由家长说了算,家长在做决定时从整个家庭的利益出发去考虑,以家庭为重,其他家庭成员在做事关家庭的决定之前也要征询家长的意见,不能损害家庭整体利益。当个人的利益和家庭整体的利益发生冲突时,个人利益要服从家庭整体利益,如果家庭

---

① 婆:当地方言中的奶奶。

成员在面对利益冲突时顾及的是个人利益,会受到家长的批评和其他成员的孤立。冯祥林书读得比较好,但是读到中学时家道中落,为了节省家庭开支,他自己提出回家帮忙种地,放弃了继续读书的机会。

在婚姻问题上,家庭成员都要听从家长的安排,家庭成员不能私自选择结婚对象。冯祥瑞、冯祥林的妻子都是冯德清和冯王氏挑选的,他们按照自己的标准为儿子挑选结婚对象,儿子只能听从父母的安排。1949年以前,在一般家庭中家长给孩子娶媳妇是一件很不容易的事,有的人家是举全家之力才娶得起一个媳妇,很多人因为家里穷三十岁还没有结婚,因此如果媳妇有什么做的不好的地方,家长都会忍忍而不会故意去告诉儿子,以免挑起家庭矛盾,儿子和媳妇发生矛盾时家长也多会劝劝儿子而不会唆使儿子离婚,因为儿子再娶一个媳妇家庭难以负担。

(四)家户积德意识

冯家长辈都有积德行善造福子孙的意识,冯老八遇到上门讨饭的乞丐时会主动施舍馒头,附近有庙会时冯老八妻子也会去上香拜神,平时冯老八也会帮助村里的穷人。冯德清的第二任媳妇刘氏是从南边逃荒到横流渠村的,冯老八的妻子看这姑娘可怜便把她留在了自己家,后来看她能干便给冯德清娶了做媳妇。冯家的家长都相信善恶终有报,他们做好事不是为了自己,而是为了给子孙后代积德。村里有钱的大户人家也会通过给村里修路、建庙来为子孙积德,如果后代取得了什么成就或躲过劫难,家人都会认为是祖上积了德。

三、家户习俗

(一)节庆习俗概况

1.过春节

在农村,春节是一年之中最重要的节日,家里的成员都会赶回家团聚。到了腊月二十以后,家家户户就开始为过年做准备了。一般情况下家里是女性负责打扫卫生,男性负责去集市上采办年货。在当地人看来,春节前的大扫除可以把隐藏在家中的脏东西清除干净,是过年必不可少的环节,冯家从腊月二十起就开始忙活起来了,冯王氏带着樊彩霞一起拆洗家里的被褥,擦洗家里的家具、门窗,冯老八就带着冯祥瑞和冯祥林兄弟俩去集市上买东西。到了年关,集市上的东西要比平时全,瓜子、花生、苹果样样有,这些都是招待亲戚朋友必不可少的东西,家里有钱的每样买一些,家里没钱的也会买点瓜子、花生。其次还要买过年几天要吃的肉和菜,白菜、萝卜冯家自家都有,只需要买些葱和蒜,过年买肉都是十几斤地往回买,冬天气温低吃不完挂起来也不会坏。腊月二十三就到了过小年的时候,这时家家户户都会祭灶王爷,买一张灶王爷的画像贴在灶台烧火洞边上,旁边摆一个高凳子,上面放着灶糖来祭拜灶王爷,祭拜过灶王爷后的第二天,冯老八妻子便会把灶王爷的画像撕下来烧掉,送灶王爷去天上,再把灶糖拿出来分给家里的小孩子吃,当地灶糖是用玉米熬制而成,非常黏,之所以用它来敬灶王爷,是因为传说灶王爷吃了人们敬给他的灶糖后嘴巴就会被黏住,这样就无法向玉帝说民间的坏话了。

在当地如果家里有人去世,逝者在没过三周年纪念日以前,五服内的家庭成员春节不能进行喜庆活动。年三十吃过晌午饭,冯德清带着冯祥瑞和冯祥林去大门外贴春联,贴完春联后家中的女性就开始给家里的孩子换上新衣服让他们出去玩。大年三十晚上吃年夜饭前,家家户户要去上坟祭奠家中逝去的人,为了能尽早吃年夜饭,当地人吃过晌午饭就陆陆续续去上坟了,冯德清前一天已经把从集市上买的烧纸一张一张叠好放在竹笼里等着三十去上坟。到了约定的时间,冯氏家族的人陆续到齐了之后就可以去上坟了,只有家里男性可以去上坟,女性不允许上坟,要留在家里准备年夜饭,冯老八上了年纪后冯家由冯德清和冯祥瑞代表全家去祭祖。到了坟地,冯氏家族的后代先集体给冯家祖先烧纸磕头,然后每一家再各自去给自家去世的老人烧纸钱。冯德清和冯祥瑞祭祖回来,家里的年夜饭也准备好了,天黑之后就可以吃年夜饭了,冯家的年夜饭比较丰盛,一人一碗臊子面,再加上一勺腊汁肉,就着自家腌的萝卜一起吃。在横流渠村,出嫁的女儿不能来娘家过三十,必须留在丈夫家。吃过年夜饭,冯德清就会带着孩子们去门外放鞭炮,放完鞭炮之后一家人还会坐在冯老八的房间聊天,冬天虽冷,但是一家人坐在热乎乎的炕上也能聊到大半夜。

大年初一是新年的第一天,天还没亮的时候村里就已经响起了鞭炮声,迎接新的一年。按照当地民俗,初一当天不能扫地,否则会把家庭来年的财运扫走,所以放过鞭炮之后的碎屑人们也不会立即打扫,等到初二再打扫。初一是去给亲戚拜年的第一天,在冯家,大年初一要先去给冯老八妻子的娘家拜年,冯老八还能走得动时由他带着妻子、儿子冯德清一起去拜年,后来冯老八腿脚不行了,就由冯德清代替他去给母亲娘家拜年。初二是去给冯老八妻子的姐姐拜年,自从冯老八妻子的姐姐去世后冯家便不需要去拜年了。到了初三,冯德清和冯王氏带着冯祥林、冯祥庆两兄弟去岳父家拜年,在冯祥林还没有出生时,冯德清和妻子也会带着冯祥瑞去拜年。初四冯家不用外出拜年而是在家接待来自己家拜年的亲戚,主要是冯老八的两个女儿和孙女冯爱娃。初五之后,冯家之前去拜过年的亲戚又要来冯家"追节"了,主要是娘看女、舅舅看外甥。在当地,娘家亲戚给女儿"追节"都要送元宵,代表着家庭圆满美好的祝愿,如果女儿生了孩子,从孩子出生那年起娘家每年春节都要给孩子送长命灯,一直送到孩子12岁完灯①的时候,以祈求孩子长命百岁、健康成长,如果外公和外婆去世了,由孩子的舅舅继续给外甥(女)送长命灯。女儿新婚第一年的时候,娘家还要给女儿送石榴灯、莲花灯,祝愿女儿婚后多子多福、生活美满、日子红火。

春节期间,不需要给邻居拜年,大家只是在碰面的时候相互问声"年过得好?"不会特意去登门拜年。租种冯家土地的库家会带点点心和肉在大年三十早上来冯家拜早年,和冯老八说会儿话就回去了,不需留他吃饭。如果村里的大户人家帮过谁家的忙,过年前这家当家的就要带点礼去给大户人家拜年,以表示感谢,和村长、大户人家没什么其他联系,春节也不需要去给他们拜年。

2.元宵节:祭祖和点灯

正月十五是元宵节,是春节的延续,也是新的一年中的第一个节日。在当地,元宵节主要有三个习俗:一是要去坟上给家里已经去世的人点灯同时在家里摆上祭品;二是要给家里的孩子点灯,寓意驱除不好的东西;三是要在家里的前门、后院、水斗口、炕洞口、窗台等有口子的地方点灯,寓意防止不好的东西进入家里。元宵节傍晚,冯德清和冯祥瑞跟着家族里的人一起去给祖先烧纸钱、点灯,祭祖用的灯是自家用红纸糊的,用三根棍子支撑,插在坟头。家中冯老八妻子和冯王氏在家里的各个口子,点上蜡烛。元宵节当天,村里的小孩子都会打着

---

① 完灯:指外公家在小孩子在12岁的时候最后一次送长命灯。

235

灯笼出来玩,孩子们会提着各自的灯笼碰灯,傍晚时冯王氏和樊彩霞也会给冯进步和冯祥庆点一个灯笼拿出去和村里的孩子玩。

3.清明节祭祖

清明节是子孙后代祭奠祖先和去世亲人的日子,这一天后代要给去世的祖先扫墓,表达祭祀者的孝道和对死者的思念之情。1949年以前,当地扫墓一般分为两部分:一是整修坟墓,二是挂纸钱、供奉祭品。修整坟墓就是后辈要把祖先坟墓周围的杂草、杂物清理干净,有墓碑的还要把墓碑上的灰擦掉,修整完之后,后辈们要给祖先的坟墓上挂钱串、摆上贡品。挂的钱串和除夕烧的纸钱是一样的,只是因为清明节不能焚烧纸钱,所以人们就把烧纸剪成铜钱的形状系在一根棍子上,插在坟头上。祭祀的贡品要根据不同家庭情况来准备,拜完祖先后祭祀的贡品可以就地分给子孙后辈吃,但是绝不能带回家中。冯家清明节祭祀的时候是整个家族一起去,自己家去世老人的钱串自己家做,冯氏祖先的钱串每家轮流准备。

4.端午节:驱病除灾

端午节在当地是一个比较受重视的传统节日,在端午节前几天,冯家的女性便开始忙着给家里的孩子缝制香包,香包外面绣着五毒图案,里面包裹着棉花、雄黄和白芷,在端午节当天用五彩线搓成的绳子挂在孩子脖子上,据说这样做可以辟邪,同时防止蜈蚣、蝎子、蛇等有毒动物靠近孩子。孩子带着香包,香包可以吸收孩子身上的病毒,到六月六的时候再把孩子带的香包摘下来扔到河里,这样香包和病毒就一起被水冲走了,可以保孩子身体健康。如果家里有一岁以下的孩子的话,母亲还要为孩子缝制五毒肚兜,因为五月刚好也是五毒活跃的时期,小孩子容易受这些东西的侵扰,所以用绣有五毒的兜肚来镇压五毒,是当地人的常用办法。此外,端午节当天冯家还要给家里的大门口、房门以及床头悬挂艾草,人们认为艾草挂在门上能够保家门安宁,挂在床头能够辟邪。端午节当天早上,冯家人都要吃鸡蛋和油糕,中午的时候吃臊子面以庆祝过节。

5.忙罢会

在当地,忙罢会也称为"过会",过会以农时为准,每年都没有固定的日子,且不同地方的忙罢会时间也不同,但普遍在六月中旬到八月底。忙罢会按阴历日子过,过单日不过双日,忙完地里的活儿,出嫁的女儿便会带着丈夫和孩子回娘家。夏收大忙过后,冯家就开始为过忙罢会准备东西了,冯老八或者冯德清去集市割肉买菜,女性在家打扫卫生,在过会期间亲戚们会陆陆续续登门,大家坐在一起聊着地里的收成,互相学习耕种经验。如果哪家亲戚有到了年龄还没结婚的儿子、女儿,也会趁着这个机会请求亲戚们帮忙看看哪家有合适的对象,帮忙撮合一下。到了饭点,冯王氏就用当年新收的麦子磨成的面粉炸油饼,再煮上一锅烩菜,亲戚们一人端一碗烩菜就着油饼吃。吃过饭,出嫁的女儿帮家里洗锅刷碗后就出去串门了,大人们接着饭前的话题继续聊天,年轻人就围在一起打打牌,到了下午亲戚们也慢慢各回各家。过会时,不仅是亲戚,朋友们也会相互走动、叙旧话新,十分热闹。

(二)丧礼和婚礼习俗

1.丧事习俗

1949年以前,在横流渠村家里有老人去世时,丧葬费由儿子承担,女儿不用出钱,只要帮忙料理老人的后事就可以了,如果家里有几个儿子,办葬礼的钱由儿子们共同承担。冯老八去世时,办丧礼的钱由冯德清一人承担,冯老八的两个女儿除了带点葬礼上要用到的烧纸和敬献给老人的花馍外,其他什么都不用带。

在葬礼中,家中的长子、长媳妇、长孙、长女都扮演着重要的角色,老人去世时,首先是向亲戚、朋友和村里人报丧,把老人去世的消息告诉他们。先由长子向本家人、邻居报丧,再去村里请"执客头",由"执客头"去村里请其他帮忙的人。老人去世的当天,由村里来帮忙的人去给主家的亲戚报丧。为了尽快通知到主家的亲戚,报丧一般不只一个人去,"执客头"会按照亲戚地址安排报丧的人数,报丧时也有一定的顺序,先是通知和老人同辈的亲戚及其女儿女婿,再通知儿媳妇娘家,再是一些远房亲戚和家庭成员的朋友。在报丧时要告诉亲戚朋友老人下葬的具体时间,五服内的亲戚要在老人去世当天参加入殓仪式,其他亲戚只需要在老人下葬的前一天晚上来参加葬礼。冯老八去世时,冯氏家族五服内的亲戚和本家人接到丧讯后立马赶到冯家见老人最后一面。

在当地,葬礼从老人去世当天起共举行三天。第一天的主要程序是入殓,冯老八去世时,由冯德清擦洗身体换寿衣,再把油灯放在老人头顶,当地传说人去世之后去阴曹地府的路非常黑,子女为去世的老人点一盏油灯可以帮老人照亮路途。等所有五服内的亲戚都到场之后,孝子[1]孝女[2]们全部跪在老人卧室门外,由村里请来帮忙的人把老人放进棺材,再由冯老八的长女把老人平时喜欢穿的几件衣服放在棺材内。入殓结束后,孝家的人全部换上孝衣,头顶三尺长孝跪在老人灵前守灵,这时村里请来帮忙的和离得近的亲戚就可以回家了,如果有家离得远的亲戚,孝家还要给奔丧的人提供住宿的地方,一般是安排住在邻居家或者本家人家里。守灵时,男性后代跪在棺材左侧,女性跪在棺材右侧,长子和长女跪在第一排,其他按照年龄辈分依次往后排。第二天一早,村里帮忙的人就会来到家里,在"执客头"的安排下借桌子凳子和盘子碗等吃席要用的东西,葬礼期间,孝子和孝女不需要干活,只需要守好灵就可以了。到了下午请的唢呐队来了后,"执客头"就开始安排老人的外甥和女儿迎饭[3],迎饭结束后来参加葬礼的男性亲戚、朋友以及村里关系好的开始奠酒,奠酒时和老人同辈的人只需要上香作揖,晚辈还需要下跪磕头,有奔丧者向孝子孝女作揖慰问时,孝子孝女也要磕头回礼。第三天一大早,所有的亲戚、朋友都要来,村里来帮忙的人也会带着自家的铁锨来孝家帮忙。出殡的时候,由长子摔火纸盆,长子去世的话,由长孙摔。启灵后,由孝子孝女扶灵,孝子走在棺材的前面,孝女走在棺材的后面。下棺时,由村里来帮忙的人把棺材放在墓坑里,棺材放好了之后,由长子下到墓里用烧纸擦去棺材上的土,代表对老人最后一次尽孝。到填土的时候,由村里帮忙的人来埋,孝子孝女跪在旁边开始哭,最后再由长子用铁锨培上最后一锨的土。送葬结束后,孝子孝女们集体向老人磕三个头表示送别,再对着村里来帮忙的人磕三个头表示感谢,就可以回家了,回家时必须原路返回。在葬礼期间,村子里有文化的人会在一块白布上写上老人头七、二七、三七、头年忌日、第二年忌日、第三年忌日以及生忌具体是哪一天挂在灵堂外,在当地称为"福牌",一是日后如果有亲戚想来祭拜老人可以选在这几天中的某一天来,二是提醒老人的儿子女儿不要记错了时间。

---

① 孝子:儿子、孙子、外孙、侄子、外甥等五服内男性后代亲属。

② 孝女:女儿、媳妇、侄女、外甥女等五服内女性后代亲属。

③ 迎饭:当地举行葬礼时,外甥和女儿要给去世的老人做饭,在乐队的伴随下迎接进灵堂,在当地成为迎饭。

老人去世后,家里的灵堂要过了三七①才能撤掉。老人去世后头七天,老人的儿子或者孙子每天下午都要去坟上给老人烧纸钱,女儿、媳妇、孙女等女性亲属不去上坟,而是跪在家里设的灵堂里迎接上坟的男性,去上坟的时候长子会带一个铜盆和一根棍子,烧完纸钱磕过头后由长子走在前面拿着棍子边敲铜盆边喊"大②,回家了",长孙走在后面回应"回来了"。在当地,人们认为人刚刚去世的时候魂魄没有地方去,这样边敲边喊可以把魂魄引回家,起到安魂的作用,过了头七就只需要每天傍晚去坟头烧纸钱。老人去世后的第二十一天,长子会把设在家里的灵堂拆下来,再去上坟的时候一起烧了,家里只放香炉和一些贡品。

在所有的忌日中最隆重的是去世三周年忌日,在老人去世后第三年的忌日,有钱人家的儿子们会给老人立墓碑,费用由儿子们共同承担,按照当地的说法是"过三年"。在当地,人们认为给先人③立墓碑是一件喜庆的事,因为人们认为过了三年去世的人就可以再投胎做人了,碑上只刻儿子、孙子、侄子、未出嫁女儿和孙女的名字,出嫁的女儿、女婿及外孙的名字不能刻,不满三岁的孩子的名字也不往墓碑上刻,怕先人的魂魄"压着"④孩子。"过三年"当天,有钱的人家会请邻居、亲戚来家里吃饭,没钱的人家就只请兄弟姊妹几个人在家吃顿饭。冯家有两亩地的坟地,用来埋葬去世了的祖辈,每年清明节和大年三十时,家里的男性都要去上坟,在每位祖先的坟前烧纸钱,清明节的时候,后辈们去上坟的时候会带把锹,修缮一下坟墓,把坟墓周围的草铲一铲。祖坟对一个家庭具有重要的意义,别人不可以侵犯。

2.婚礼习俗

在当地如果谁家儿子到了结婚的年龄,父母便要去给儿子托媒,父母去媒人家里请媒人帮自己的儿子牵红线。托媒的时候,男方家里要给媒人买鞋钱,意思是媒人来回跑比较辛苦,媒人接下了买鞋钱后,就开始帮男方物色对象。冯祥瑞和冯祥林结婚时都是由冯德清和冯王氏去托媒,由媒人牵红线,男女双方不用见面,自然也谈不上相互了解。找到合适的对象后,媒人会把女方的八字帖送到男方家里,再把男方的八字帖带给女方家里,这一过程在当地称为"换帖",也称为"合八字",如果双方八字合的话,接下来媒人就会带着男方去女方家里相亲。冯祥林去相亲时是由媒婆和冯德清陪着一起去的,相亲就是去女方家与女方的父母见面,这时女孩不能见客,最多只能在外面偷偷看一眼。河南村的邢家是从三原县迁到泾阳县的,邢淑莲的爷爷是村里的教书先生,在了解到冯祥林也是个读书人后,十分赞同这门亲事。女方对男方表示满意后,过段时间女方便会派亲属团来男方家里看家,邢家当时来了邢淑莲的父亲、舅舅两个人,看家主要是看男方家里的房子、地产,冯家当时的房子算得上是比较好的,家里的土地虽然卖掉了一部分,但比起一般家庭还是要富裕些。邢淑莲的父亲觉得男方家里的条件还不错,回到家就请媒人出面谈彩礼,谈彩礼时男女双方家长都可以提意见,男方认为女方要的彩礼太贵重的话也可以和女方商量。在这个过程中,媒人发挥着联结双方的作用,女方要的彩礼贵的话,媒婆也会帮着男方说话,来让女方妥协以竭力促成这桩婚事。彩礼定好以后,媒婆会选择一个吉日压鞋样,即把冯祥林的鞋样和压样钱送去女方家里,在双

---

① 三七:去世后的第二十一天。

② 大:陕西关中方言,是对父亲的称呼。

③ 先人:逝去的长辈。

④ 压着:是一种迷信说法,传说老人去世后想回家的话,魂魄会附在家里人的身上,那么这个人就会遭受老人去世前所受的痛苦。小孩身体弱,容易被魂魄附体。

方约定好的日子里,女方会给男方一双做好的布鞋,男方看到鞋后,便能了解到女方的针线活,表示满意的话这门亲事才算定了。邢淑莲自幼学习刺绣,针线活做得比较细致,送给冯祥林鞋子的鞋面上还绣了图案,冯家人看到鞋子后对于这门亲事表示赞同。双方都表示满意之后,媒婆就会带着女方的礼单去男方家里,让男方家长按照礼单上写的准备聘礼。婚事确定之后,冯家要请女方吃订婚酒,在吃酒当天,冯家把准备好的毛巾、袜子交给女方,再由冯王氏和樊彩霞带着邢淑莲母女上街"扯布"①,结婚时做衣服用,吃完酒后冯家把商定好的首饰和聘金送到邢家。

在当地,女子出嫁前两三天要束发更衣,给新娘束发的人必须是儿女双全的妇女,当地称为束发娘,束发娘把新娘的头发束起来,梳成发髻插上簪子。新娘洗完澡换上嫁衣后只能一直坐在床上不能下地。结婚前两三天冯家也开始准备了,亲戚、街坊邻居帮忙的人纷纷上门来给冯家帮忙,打扫院子、贴喜联等都是帮忙的在做。到了结婚的日子,冯祥林早起就穿戴一新,带着家中的兄弟姐妹去迎亲,冯祥林结婚时用的是马车接新娘,大户人家多用轿子接,家里穷的人家就走着接。迎亲队伍出发后,家里要给新人铺床,在村里只有福寿双全的人才会被邀请去订床褥。看到接亲的队伍进村后,邢淑莲的外婆就领着邢淑莲母女开始哭嫁,哭嫁的内容多是教育女儿要孝敬父母、尊敬丈夫、勤俭持家之类,没有固定的词语。迎亲回冯家的时候,男方要把邢家准备的嫁妆抬回去,给冯祥林抬嫁妆的都是冯祥林还没有结婚的表兄弟,路上抬嫁妆的人故意停下不走"耍"媳妇,要娘家人给抬嫁妆的人封了红包才继续走。轿子到了冯家,冯家便有人对着轿子顶部撒茶叶,在当地称为"破煞"。举行完仪式就该吃饭了,吃饭的时候新娘子要坐在主桌的主位置,冯家重要的女眷都会和新娘坐一桌,这叫陪新人。

结婚后的第三天,邢淑莲的弟弟去冯家接冯祥林夫妇回娘家,当地称为"回门"。冯祥林作为邢家的女婿是新客,邢家必须摆一桌酒席接客,此外邢淑莲的父母还要给冯祥林下赏钱。按照当地习俗,冯祥林夫妇当天不能留宿娘家,必须回到冯家,只有到来年正月拜年的时候,他们才能在娘家小住。

四、家户信仰

(一)女性信佛

1949年以前,冯家所在的地区多信仰佛教,附近多寺庙,冯家女性信仰佛教,男性没有明确的宗教信仰。永乐乡南边有一座砖塔,传说供奉着从南山请来的铁佛,附近村里的人经常来此烧香拜佛。每年正月二十三、二十四是附近村民登塔的日子,其间许多商贩也来此地摆摊,由此形成了塔会。正月二十三前几天,附近的人都会来塔会上摆摊,不仅有本地人还有外地人,此外在塔会期间还有本地戏剧表演和杂耍助兴,人群熙熙攘攘,非常热闹。家里遇到什么不顺心的事或者有人生病的时候,冯老八妻子就会去塔上拜佛,以祈求家庭事事顺利,家庭成员身体安康。冯祥瑞娶的第一任媳妇因为生不出孩子,也经常跟着冯老八妻子一起信仰佛教,平时有什么拜佛仪式的时候,冯老八妻子也会带着孙媳妇一起去参加。有一年,冯老八妻子花钱从塔上请了一张观音像回来,贴在自己房间里,每天都会给观音烧香磕头,冯祥林小的时候经常被冯老八妻子叫过去给观音娘娘磕头,后来长大了因为不信佛,所以冯老八

---

① 扯布:买布的意思。

妻子也不再强迫他去拜佛。

1949 年以前,南横流渠村所在的地区大形势稳定,教派少,有宗教信仰的人多信仰佛教。冯老八虽然不信佛,但他也不会阻止妻子和其他家庭成员去信佛,如果妻子想要说服他跟随她一起信佛时,他也会拒绝。家庭内部成员有选择宗教信仰的自由,但前提是不能耽误家里该干的活,如果家长不同意家庭成员信教的话,会请人来给信教的人讲道理,劝其放弃。

(二)家神信仰及祭祀

1949 年以前,冯家主要供奉门神、灶神和财神,门神贴在家的大门上,祈求门神能看好门户,灶神供奉在灶火①。门神和财神是春节期间贴的,平时没有特殊的祭祀仪式,每年腊月二十三是祭灶神的日子,冯家会熬灶糖、摆香炉祭祀灶神,以祈求家中万事如意、五谷丰登。家里请神上香的事情一般由冯老八妻子去做,其他家庭成员不管,冯老八妻子不在家时,也会嘱咐冯王氏上香。冯家因为冯德清是个生意人,所以家中客厅常年供奉着财神爷,每日由冯老八给财神爷进香。

(三)祖先信仰及祭祀

明末清初,冯家的祖先从山西洪洞县来到陕西,最终落户关中泾阳县南横流渠村,冯家人都只知道自己家的祖先是从山西逃难到陕西的,至于当年具体的逃难情形便不太清楚了。先辈们给子孙后代留下的土地和桩子一代一代地传下来,子孙后代在继承先辈遗产的同时也要承担祭奠祖先的义务,每年清明节和除夕都要去祭奠祖先,子孙后代如果不祭奠祖先,在别人眼中就是不孝,会受到来自他人的谴责,同时祭拜祖先也是后代缅怀祖先的表现。冯家共有六十个祖坟,大概占了两亩地,祖坟按照从南到北的顺序排列,辈分最大的祖坟排在最南边,依次往北,辈分越来越小。在冯家,只有男性和娶进门的媳妇死后才能埋进祖坟,如果娶进门的媳妇没有给冯家生下后代的话,死后也不能进祖坟。冯德清娶的第一任媳妇,活着的时候没有给冯家生下一儿半女,所以死后只能埋在其他地方而不能进祖坟,冯德清娶的第二个媳妇虽然只为冯家生了一个女儿,但是活着的时候抱养了冯祥瑞,冯祥瑞也还算是她的儿子,所以死后有资格被埋进祖坟,此外冯家没有满十二岁的小孩不幸去世的话也不能埋进祖坟。

清明节的时候,冯氏家族后代都要去祭祀祖先,一是给祖先烧点纸钱,二是修缮祖坟,祭祀完后上坟的人会在坟头上压张纸钱,用来提醒后面来祭祀的人这座坟已经修缮过了。冯家在村里算是大姓,家族曾经也修过一个家庙,用来供奉祖先,后来抗日战争的时候被拆。家谱是后代子孙追本溯源的重要途径,一般摆在祖先牌位后面,家庭成员对于家谱也十分尊重,不可随意撕毁。冯家不知道什么时候开始修族谱,冯老八分家之后家谱传给了冯老八。在冯氏家族中,只有男孩才有资格上家谱,为了防止孩子夭折,所以一般等到孩子九岁后请家族里有文化的人来给孩子上家谱,同时还要请家族里最年长的长辈在场主持仪式。

在后辈心中,祖先是神圣不可侵犯的。每一个冯氏后代家中都要供奉冯氏祖先的牌位和自家已经去世老人的牌位。祭奠祖先一是为了缅怀祖先,表达后代对于祖先的敬意;二是为了祈求祖先保佑子孙后代身体健康,家庭祭祀活动主要由家长来安排,折烧纸、点火烧香、磕头必须由家长带领家庭男性来做,家长祭祀的时候,小孩子跪在自己父亲旁边跟着磕头。祭

---

① 灶火:当地方言,意指厨房。

奠祖先是件非常严肃的事情,小孩子也不敢胡闹,父亲怎么说小孩就会怎么做。在冯家,女性可以在家里拜祭祖先但是不能去祖坟上祭祀,在重要的忌日女儿可以去祖坟上祭祀,但是媳妇不能去。

冯家是一个重视传统道德的家庭,遵守孝道是对家庭成员最基本的要求。孩子在15岁以前,必须听家长的话,不能忤逆长辈,孩子15岁以后,有关自己个人的事情孩子有一定的自主权,但是做决定的时候必须得到家长的支持,例如冯祥瑞少时被冯德清送去县城店铺做"相公"期间,如果没有家长的允许他不能擅自决定不当学徒,事先必须征得家长的同意。孩子成家后,孝顺老人主要表现在赡养老人、为老人送终,但是如果老人活着的时候孩子不孝顺,死后却在葬礼上表现的十分伤心或者对老人风光大葬,这种老人去世后的孝顺也会受到外人的耻笑。在当地如果哪家儿子不孝顺父母的话,村里的人就会在背后说这家的儿子是"羞先人"[①]了。

(四)庙宇信仰及祭祀

1949年以前,南横流渠村没有庙,只有县城有庙,城隍庙、关公庙、观音庙是县城香火比较旺盛的三座庙。城隍庙是供奉城隍爷的庙宇,城隍爷是阴间的官,也管理阳间的疾病、水旱,主要职责是守护一方水土安宁,农民地里粮食的收成与气候息息相关,所以农村家家户户都信奉城隍爷。每年三月初一到三月二十八城隍庙都会举办庙会,县城附近的村民都会来城隍庙上香祈求今年能够风调雨顺、粮食丰收。每年县城有庙会的时候,冯德清都会去庙里上香,有时候也会带着冯祥瑞和冯祥林一起去,庙会期间庙门口除了有一些卖香火的小商贩外还有许多卖小吃和玩具的小贩,小贩们把货担放在庙门口两边的空地上等着来上香的人买他们的商品。在当地,女性一般不去城隍庙,庄稼收成的事都由男性家长去操心。观音庙位于县城西关,每年正月十五的时候庙会和灯会一起举办,去观音庙拜观音的人多是女性,男性很少去拜观音。冯祥瑞娶的第一个媳妇陈三姐每年都会带着冯祥林去县城拜观音,祈求能怀上孩子。在观音庙求子的时候,信女们都跪在殿外,殿内摆着用泥做的一尺多高的男娃娃和女娃娃。因为娃娃数量有限,所以有一次在别人磕头祈祷的时候,陈三姐就就让冯祥林穿过人群进入殿堂拿一个泥做的男娃娃出来,这泥娃娃就是观音娘娘赐给凡人的孩子,回去之后把泥娃娃用红布包裹起来放在炕头,就可为家中招来孩子。

庙宇祭拜属于家庭活动,家庭成员去庙里为整个家庭祈福,因此祭拜庙里神仙的香火钱由大家庭出,如果家庭成员去逛庙会的时候还想买其他的私人物品,就需要向家长额外说明。家庭成员可以按照自己的意愿去逛庙会,有的是和家里一起去,有的和村里关系好的人一起去。

五、家户娱乐

(一)结交朋友

在冯家,家长不会干预家庭成员结交朋友,但是要把朋友领回家吃饭必须征得家长的同意,朋友想要在家里留宿,需要提前和家长商量。能结交为朋友的都是聊得来的人,冯家人交朋友时最看重朋友的人品,如果对方有什么道德品质上的问题,冯家人也不敢交这样的朋友。由于家里男性负责处理家庭对外事务,所以接触外面的人的机会多一些,家里男性

---

① 羞先人:当地方言,给先人脸上抹黑。

的朋友有同村的也有邻村的,有乡下的也有县城里的。冯德清两位关系要好的朋友都住在县城且都曾来过家里做客,其中一个在县城开杂货铺,另一个是在当地贩卖茶叶的山西人。

冯家有红白喜事的时候,开杂货铺的朋友就会派自己店里的学徒来家里帮忙。冯祥瑞有一位同在杂货铺做点心的朋友,两人都在店里当学徒,平时交流较多,熟悉之后也就自动成了朋友。家里孩子请朋友来家里做客,都要先去问候一下家里的长辈,之后再和朋友去自己屋里聊。冯家虽然没有明确规定女性不可以结交朋友,但是冯家的女性基本结交的都是本家人或者村里的人,家中其他成员也都认识,因为讲究男女有别,家里的女性不能和外面的男性有交往,否则就会被别人在背后说是不守妇道。家里孩子小时候结交的朋友都是村里的玩伴,大人的关系不会影响孩子们的关系。

(二)打花牌

在当地人们经常玩一种花牌,叫"摸花"。打花牌一般不和家庭内部成员打而是和村里人打,打牌多是在农闲时,农忙的时候大家都要忙着干农活没空打牌。打牌的时候是年轻人找年轻人打,老年人找老年人打,如果年轻人和老年人打牌赢了的话就会被旁边的人说是欺负老人。在当地,女性很少有打牌的,多是在家做家务或者和邻家女性闲聊。在冯家,冯老八和冯祥瑞喜欢打牌,老人年龄大了,平时在家闲着没事干就出去打牌,打牌也为了消磨时间,所以家里人也不会反对,如果家里的年轻人经常打牌,不顾家里的活,就会被别人说成是不务正业。打牌有时候会在自己家里打,有时候也会去别人家里打。吃过晌午饭,冯老八就会去村里喜欢打牌的那几家串门,打牌的人凑够了的话,当时在谁家就会在谁家开始打牌,老年人打牌的时候嫌每一局都要算账给钱太麻烦,就用玉米粒计钱。打完牌后,每个人数数自己袋子里的玉米粒,按照玉米粒给钱。冯家有一张黑色矮方桌,除了吃饭这张桌子也可以用来打牌,桌子四边都有一个小抽屉,村里有人来找冯老八打牌时用的就是这张桌子。打牌散了之后大家都是各自回各自家里吃饭,不会在别人家吃饭。冯祥瑞成年之后也喜欢打牌,但是他打牌总是输钱,没钱的时候他就只站在旁边观看。

(三)串门聊天

1949年以前,一个村里关系好的人家之间经常相互串门,家里男性女性都能出去串门,小孩子可以自己去找村里的玩伴玩耍,也可以跟着家长一起去串门。村里要是哪家娶了新媳妇,婆婆出去串门的时候也会带着新媳妇去认识村里的人。冯老八不当家后,吃过饭就出去串门,找和自己年龄相仿的老人聊天,家里的女性一般都是去邻居家或者是住得近的人家家里串门,到了做饭的时间要及时回家做饭。在当地,串门聊天也有一些忌讳,例如如果哪户家里有老人去世的话,有重孝在身的人不能去别人家串门,需要借东西或者问话,就要站在门口把人喊出来说话,如果有人有重孝在身进了别人家的家门的话,那家人也会委婉将来人请出去。此外,村里有人结婚的时候去帮忙或者吃席不能穿白衣服,村里有家里人去世去参加葬礼不能穿红衣服,这些规则大家都了解,所以平时也都能遵守。

冯家的家务活多是冯王氏负责,所以她很少有空出去串门,有时候冯老八妻子也会主动让冯王氏出去串门。平时也会有村里的人来冯家串门,来串门的是男性的话就会找家里男性聊天,聊一些村里或者自己所知道的当地发生的一些大事。来串门的是女性的话就找家里的女性聊天,聊一些纺线技巧、做饭或者聊自家的儿媳妇。来串门的都是村里的人,只需要倒点茶水就行了,不需要管饭,到了饭点来串门的人会回自己家吃饭。

(四)逛庙会

1949 年以前，泾阳县县城内每年正月十五在观音庙和三月初一在城隍庙会举办庙会。逛庙会时，家里的男性都是和朋友或者村里的熟人一起去，不会带自己的妻子，家中的女性多是和村里的女性结伴一起去逛庙会。从村里到县城大概有十里路的距离，走路去的话大概需要近两个小时，那时候没有车，人们都只能走着去县里。每年正月十五既是赏灯节又是观音庙举办庙会的时候，从正月十五那天开始，观音庙所在的整条街道都是卖小吃和小玩意儿的小商贩，街上的人络绎不绝，非常热闹，此外庙会上还有当地戏曲和杂耍助兴，除了本地人有的邻县的人也会专门过来逛庙会。冯老八喜欢看戏，每年都会去庙会上看戏，看戏结束后，冯老八就去县西二女儿家里顺便吃晌午饭。因为县城离村庄比较远，家长不允许小孩子自己去逛庙会，孩子太小的话家长去逛庙会的时候也不会带小孩一起去，担心会上人太多把孩子丢了。庙会期间，庙里天天都有祈福仪式，这种集体活动由家长代表全家去祈福，城隍庙的祈福由家里的男性参加，观音庙祈福会由家里的女性去参加。

第五章　家户治理制度

　　一个家庭的兴旺与家庭内部的治理紧密相关,家户治理主要包括家长的权力、当家人的选择、家庭大事的决策、家庭对外事务的处理,以及家庭参与外部公共事务的形式等方面。冯家当家人的选择是一个自然而然的过程,冯家由冯老八当家,他既是家长又是当家人,冯老八年龄大了之后当家人的权力只能交给唯一的儿子冯德清。家长掌握着家庭的财政大权,对家庭大事具有决定权,家长的这种权力主要来源于家长的身份以及家长对家庭的经济贡献,此外家长的权力也会受其他家庭成员的约束,同时家长还承担着一定的家庭义务,要保证家庭成员有吃有穿有住。冯家的事务基本都由冯老八决定,家庭成年男性可以表达自己的意见,由冯老八选择采纳,冯老八不在家时,冯老八妻子也可以做决定。一方面家庭成员要维护家庭的整体利益,为了家庭的兴旺而努力;另一方面,家庭对于家庭成员提供着一些保护,包括人身保护、情感支持等。冯家没有成文家规,只有默认家规,家庭成员对于默认家规的认识形成于其成长过程,家长会有意识地对孩子进行相应的教育。在家庭内部,冯家也有自家的奖惩机制,以展现家长对于家庭成员的反对和认可。冯氏家族虽在横流渠村算得上是大家族,但家族内的关系并不是特别亲密,族人间的联系比较少,冯家主要是冯老八代表家庭参与村庄公共事务。在参与国家事务中,冯家家长以保障家庭整体利益为先,按时交税、参与村庄选举。

一、家长当家

(一)家长的选择

　　在冯家,每一任家长的选择都是一个自然而然的过程,家长由上一任当家的去选择而不需要同家庭成员商量。在横流渠村,家里管事的人被称作"当家人",当家的妻子称作"内当家",冯老八当家时家里的当家人和家长是同一个人,冯德清当家时家里的当家人是冯德清,家长是冯老八。在家庭内部,当家人的妻子会把丈夫称为"当家的",其他家庭成员都按照亲属关系称呼,外人在提起冯家时不会说冯家而是说冯老八一家,用当家人代指整个家庭。在当地,家中有多个儿子时,年长的儿子成家后,父母便会把已经成家的儿子分出去住,最后留下小儿子和父母生活在一起,父母上了年龄后,家中当家人的权力自然交给与自己一起生活的儿子。冯老八只有冯德清一个儿子,冯德清成家后当家的权力也逐渐从冯老八手中转移到冯德清手中。一般来说,如果家长不是突然去世的话,当家的权力不会一次性完全交给后代,而是随着家长和后代年龄的增长而逐渐转移。冯德清先后共娶了三个老婆,在娶了第三个老婆之后,父亲才把家里当家的权力完全交给了他。在冯家,家长一般在儿子成家之后会逐渐锻炼儿子作为家长该有的能力,冯家没有出现过女性当家的情况,但是冯德清不在家的时候家里的事务暂时由冯老八妻子来管理。村里也存在女性当家的情况，例如村里有一个寡妇，孩子五岁时丈夫生病去世，家里只有她和孩子两个人，所以只能由寡妇来当家。冯家家庭成员对家长十分尊重和信任，对于家长所做的决定也都会表示支持，冯老八当家时租户来交租子时会把缴过税的单子交给冯老八，到了冯德清当家时则会交给冯德清。

（二）家长的权力

1.家长权力的来源

在冯家人眼中，家长的权力源于家长的身份，家长作为家中的长者，抚养儿女长大，为家中事务操劳，其他家庭成员也承认家长在家中的权力与地位。家长有权管理家庭内外所有事务和干预其他家庭成员的事务，一般情况下家长会把家庭内部的日常生活事务交由自己的妻子打理，家长只负责家庭对外事务和家庭内部重要事务。家长只可以管理自家事务，妻子或者儿媳妇娘家事务不能干预。作为家长，对于家庭成员具有管制权。可以说只要吃在同一口锅、住同一院房的人就要接受家长的管制，因为家长维持一家人的生活，家庭成员的衣食住行都要依靠家长。冯老八当家时，家庭外部事情冯老八做主，家庭内部事务由妻子打理。家里遇到大事时，当家人也会和家庭男性成年成员商量，例如家庭土地买卖、房屋建设、娶媳妇等。冯祥瑞结婚时，媳妇的选择由冯德清决定，婚礼的操办由冯老八决定。冯老八是当家人，清楚家庭的经济情况，而且办婚礼的花费需要整个家庭支付，所以冯老八作为家庭财政大权的掌握者有权决定婚礼的操办。

2.财产管理权

冯家家庭经济收入主要来源于收取地租和做生意所得，家庭财产以当家人的名义保存全家共有。当家人有权管理全家财产，能对家庭财产进行分配，如果家庭有成员外出打工，打工所赚的钱大部分要先交给家长，若不交给家长，那么该成员日后若有需要用钱的地方，家长有权力不给。冯祥瑞少时在县城杂货铺做学徒，每个月发了工资后回家都要把钱交给冯老八，冯老八会从冯祥瑞所上交的钱中拿出一部分给冯祥瑞作为零花钱。冯家的家庭成员可以存私房钱，但是必须向家长说明来路，如果儿媳妇娘家给媳妇钱的话，家长不能把媳妇的钱收来作为家庭财产。有时候家庭成员去给家里买东西时，如果家长给的钱没花完的话，在家长知道的情况下可以将剩下的钱留下自己花，但是这些一般都是小钱，不会很多。

在冯家，家中的贵重物品由冯老八妻子负责保管，冯老八的房间里有几个木头做的箱子用来放衣服，妻子把家里的地契、银饰、税单都装在一个布袋子里，再把布袋子锁在箱子里，那些平时不怎么用的单据锁起来后很久也不会再拿出来。冯家的现金也由冯老八的妻子保管，一部分平时用的现金压在炕上的席下，其他的现金都要锁在柜子里，因为怕有小偷来家里偷钱，现金要先放在一个装衣服的箱子里锁起来，再把箱子锁进装被子的板柜里。家里有需要用钱的地方必须经过当家人同意，妻子才能把钱拿出来，冯家除了冯老八、冯德清、冯祥瑞会随身带钱外，其他家庭成员都不带现金，只有需要用钱的时候才去找冯老八妻要。家里的衣服等不重要的物品基本是各自保管，老人的衣服会放在老人房间的柜子里，家长的衣服放在家长房间的柜子里，儿童的衣服由自己的父母保管。孩子成家后，衣服由自己的妻子保管，衣服鞋子这些私人物品都是个人保管的，以后自己需要的时候也不用麻烦其他人。

平时家长很少给家庭成员零花钱，因为家里吃穿用的东西都不缺，也不需要去外面买什么东西，但是逢年过节时冯老八会给家庭成员每人包一个红包图个吉利。家里的成年男性结婚后,过年过节的时候去媳妇娘家送节礼和拜年需要花钱买礼物,家长会给每个小家庭同样的过年钱,不会因为哪个儿子媳妇娘家亲戚多就多给哪个儿子钱。

家中男性结婚时的聘礼和女儿结婚时的彩礼数量都由当家人来决定,子女没有决定权,儿媳妇进家门之后所带来的嫁妆归小家庭所有,当家人不能支配。分家的时候,儿媳妇的嫁妆不在所分家产之内,因为嫁妆是儿媳妇娘家人给自己女儿置办的,属于儿媳妇个人所有,婆家没有权力处理。冯家在土地买卖租佃等重大问题上,家长会和家里的成年男性商量。在男人眼中,女性不管理土地也不懂土地问题,问她们没有实际意义。在家庭房屋土地买卖、租赁的过程中,交易单子上面必须签署的是当家人的姓名,如果写的是其他家庭成员的名字当家人不同意的话交易单子就是无效的。冯家有一间专门的房子用来放粮食,房子平时是锁着的,不需要专门的人员看管,家庭的粮食为全家共有,由当家人支配,其他家庭成员只有享用粮食的权力,而不能私自买卖家里的粮食,在冯家没有发生过家庭成员私自买卖粮食的情况。冯老八当家时,家里是冯老八的妻子和儿媳妇负责做饭,家里每顿饭吃得都差不多一样,没有什么可以挑剔的。

3.制衣分配权

在冯家,每年裁制新衣的事情由冯老八的妻子来安排,负责给各小家庭分配布和棉花。裁制新衣服时,家里都会先给老人做,再给小孩做,成年人并不是每年都会裁制新衣服,一般都是如果去年做了新衣服的话今年就不做了。冯老八妻子的眼睛还看得见时,由她自己为老俩口缝制新衣服,随着年龄的增长冯老八妻子的眼睛看不见针了,两位老人的衣服就由冯德清的妻子冯王氏缝制,此外冯王氏还要负责给冯祥林和冯祥庆缝衣服,冯祥瑞和冯进步的衣服由樊彩霞负责缝制。每年入冬时,冯老八的妻子就会把家里攒的棉花拿出来交给儿媳妇冯王氏,用来给家庭成员缝制衣服,冯王氏再根据家庭成员需要把棉花分给家中的小家庭,分棉花时都是平均分配,不会因为哪个小家庭人口多就多分。分给小家庭的棉花没用完的话,媳妇可以把剩下的棉花拿去送给自己娘家,但是不能拿出去卖,如果被婆婆知道拿出去卖了的话,明年就不会再分这么多棉花给她了。

4.劳动分配权

冯家人口少,只有三个男性劳动力和三个女性劳动力,男性劳动力分工明确,女性劳动力则由冯老八妻子统筹安排。1946年以前,冯德清和冯祥瑞在县城做生意,无法顾及家中事务,所以冯家家里的事都由冯老八安排。1946年以后,家里不做生意开始种地,冯德清年轻时一直在外做生意不会种地,所以请了妻子的哥哥来教冯祥瑞种地。从此,冯祥瑞逐渐成为冯家的主要劳动力,家里先收哪块地里的粮食、哪块地种什么,都由冯祥瑞安排。家中如果有人不愿意干活的话,就会受到父母的训斥,若是日后自己想做什么事需要家庭的支持,有可能得不到家长的支持。农忙时,家里的男性都要下地干农活,女性留在家里看家、做饭、照顾孩子。冯德清因为上了年纪,一般都是歇在家里,不用干活。在当地,男孩大概在十四五岁时,女孩大概在十五岁时就开始参加家庭生产劳动,孩子太小的时候不参加劳动但是也会帮点忙,例如去田里给家人送水和吃的。刚开始干活时,家长会给孩子安排一些轻松简单的活,随着年龄的增加,孩子们干的活逐渐和家长一样,直至逐渐取代父母成为主要劳动力。

5.婚丧嫁娶管理权

在冯家,儿女的嫁娶由父母决定,孩子们都要听从父母的安排。冯祥瑞的母亲刘氏去世早,他的婚事由冯王氏和冯老八妻子一起商量,最终由冯老八决定,因为冯祥瑞是家中长孙,冯祥瑞结婚时冯家请了全村的人来吃喜宴,而且宴席上的吃食都是甜饭,这种宴席在南横流渠村算得上是很不错的了,因为来的人也多,所以冯祥瑞的婚礼办得十分热闹。到冯祥林结婚的时候,冯家由冯德清当家,冯祥林的婚事由冯德清和冯王氏商量决定,自己没有权利选择。冯祥林的妻子邢淑莲是冯王氏姐姐家的邻居,冯王氏和冯德清说了女方大概的情况后,冯德清也表示同意,冯家此时的经济情况不如以前好,所以办婚礼时只请了村西的人来吃喜宴。1949年以前,男女双方如果都是第一次结婚,不需要写结婚证书,结婚的事项都由媒人来见证,离婚则需要写休书,写明休妻的原因、时间,休妻时必须要取得男方家长的同意。对于家庭来说,给儿女选择结婚对象需要非常谨慎,不仅要看对方的品行还要看对方家庭的风气。在当地,结婚前家长会去对方村里打听对方的家风和人品,所以结婚后家长也很少会对媳妇产生不满,冯家的媳妇樊彩霞、邢淑莲都性格温和,在冯家任劳任怨。在农村娶媳妇也是一件花费较大的事情,即使家长对媳妇有不满的话也不会去劝说儿子离婚。

6.对外交往权

在对外交往过程中,家长往往代表整个家庭,平时村里邻居或者亲戚来家里借钱、借粮食都要找当家人,其他家庭成员做不了主。村里要社火之前,组织者都会来家里找当家的出份子钱并要求家长安排家庭成员去帮忙。家族里有什么事情需要商量时也是每家的家长出面去讨论,例如清明节和除夕去拜祭祖先的时候,家族里每位当家人都要去上坟,如果当家人能去但却没有去的话,就会被其他家庭认为是"家里没人了"。村里有哪户人家想要租种冯家的土地必须要找冯家的当家人说事,租户来交租子时也必须有家长在场。此外以家庭为单位交税时税单上写的也是当家人的名字,如果没有交税的话,保甲长来家里找的也是当家人。家中有成员想要外出打工,也要经过家长的同意,冯祥瑞去县城做"相公"就是遵循冯德清的意思,他不想打工时也要冯德清同意。

7.家长权力的约束

在冯家,当家人都是家中辈分最高的男性,当家人的权力来源于祖先也来源于家长的身份,即使是家长能力不够也不能让其他人来当家,如果儿子中有能力强的人,家长会更加器重有能力的儿子,在讨论家庭事务时更加看重能力强的人的意见,或者把家庭的一些事务委托给能力强的那个儿子去处理。由于家长在家庭中的权威比较高,其他家庭成员对家长权力的约束十分微弱。在冯家,其他家庭成员对家长权力的约束主要有两个方面,一方面是来自家庭内部的约束,冯老八作为冯家上一任当家人其权威还在,同时作为长辈有权力也有义务去监督子女,冯德清当家时冯老八尚健在,在做一些决定的时候,也要考虑冯老八的意见。另一方面,如果当家人做了有损家庭利益的事情时,如果其他家庭成员在意见一致的情况下会削弱当家人的财政权。例如村里有一户人家儿子在邻县做"相公",家里只有父母和弟弟、妹妹四人,家里由父亲当家,但是父亲喜欢赌博,把家里的粮食都输光了,儿子赚的钱不敢交给父亲,也不敢给家里送粮食,实在是出于无奈,不得已在外面把粮食磨成面粉送回家。此外还有来自家族的约束,如果家里老人去世了的话,当家人做了对不起家庭的事的话家族里的长辈也会出面进行说教,但是当事人不听的话家族里的人也没办法。

(三)家长的责任

作为家长,要负责养活所有家庭成员,不让家人受冻挨饿,此外家长还要负责管理家里的家产,把一家人的日子越过越好,同时家长还要安排子女的婚事,给女儿找一个好婆家,给儿子娶个好媳妇。对于冯家来说,当家人最重要的责任就是经营好家里的生意和130亩土地,冯老八当家时家里的经济来源主要有两项,一是粮食收入,二是做生意。冯老八当家期间,家里每年都收入一万多斤的粮食,足以保障一家人的吃饭,多余粮食冯老八也会拿到粮食行去卖。冯德清在外经营生意的几年,冯家靠着生意上赚的钱在横流渠村买了几十亩地,冯家靠地租和经营生意,家中的生活越来越好。后来生意逐渐就不好做了,冯德清便关了县城的铺子回到村里,此时冯家的经济来源就只有粮食收入一项,虽然家里的经济条件不及过去,但是家里成员也还是够吃够穿。

除了要保证家庭成员的温饱外,家长还要负责家庭的住房问题。冯老八当家时,随着家里人口的增加,家里的房子不够住了。冯老八便和冯德清商量,加盖了三间厢房和六间穿廊。考虑到分家后冯祥瑞也需要盖房子,所以冯老八从本家人手里买了一院房子,分家后给了冯祥瑞。

在农村,家长给儿子娶媳妇是一项义务也是一种责任。儿子到了适婚年龄时,家长就要开始张罗给儿子找一个合适的媳妇,如果儿子过了结婚的年龄还没结婚的话,外人是要笑话家长无能的。家长作为一家之长,还要负责维持家庭秩序,保证家庭和睦。随着家庭成员的增多,家庭内部的矛盾也会增多,面对家庭成员之间产生的矛盾,家长要合理化解,公平裁决。冯家人认为好家长首先要有好的德行,其次要有本事,能够养活家里人,增加家庭经济收入。一个家庭只能有一个家长,外当家人和内当家人的虽然一个管外一个主内,但是根本上还是听外当家人的。

(四)家长的更替

当家人不在家时,家长的权力暂时交给内当家的,冯老八外出时家里的事务就由妻子来负责,妻子当家期间主要负责管理家庭的支出和收入,冯老八回家后,妻子要把这段时间大的开销和收入向冯老八说清楚。当家的回来之后,家长的权力要从妻子手中还给当家的,和以前一样一个主内一个主外。

当家人生病或者因身体原因无法继续当家时,会让长子来管理家中的事务,但是土地、家庭积蓄、房子、牲口在家长临死前才会完全交给下一任当家人。当家人过世后,是否分家要看儿子的意愿,如果儿子们都已经成家的话,有人要求分家也是无可厚非,一般都是长子继承家长的权力主持分家事项。在一般家庭中,当家人并不会指定谁来做新的当家人,而是按照惯例由长子接管,冯老八只有一个儿子,所以只能是由冯德清来做新的当家人。当家人当不了家时,只要家里有其他能当家的男性就由他来当家,而不会交给女性来当。在农村,因为女性基本都是在忙家务活,对于家庭外部的事务很多都不明白,所以相较于女性,男性的管理能力更强。

家里更替了当家人后,若上一任当家人还在世,家长的权力并不会一次性移交给新的当家人,而是随着时间逐渐转移。首先转移的是家长的对外交往权,家里有了新的当家人时,新的当家人会代表家庭去处理家庭对外事务,例如村里有人家里过红白喜事时,随的礼上面会贴新的当家人的名字来表示整个家庭,去交粮时,税单上户长的名字也会更新成新当家人的名字,邻居会把新当家人称为当家的,把过去的当家人称为老当家的。冯老八觉得自己年龄大了管不了事了,便让儿子当家,冯老八不会特意告知邻居自家换了当家人,但是如果有人来家里借粮食或者借钱的话,老人会让来的人去找新的当家人借,以表示自己已经不是当家人了，不再管家里事了。老人还在世的话，家里的土地和房子都在老人名下，如果儿子要买卖土地和房屋的话还是必须经过老人同意。

二、家长不当家，儿子当家

冯老八当家时，家里的家长和当家人是同一个人，冯老八上了年龄后管理家中事务觉得力不从心便把当家人的位置给了儿子冯德清。冯德清幼时上过几年私塾，年轻时去外面学做生意，后又在县城开了茶叶铺，在同龄人中算得上是有能力的人，冯德清当家后家中的事务都由他管理。冯德清刚当家的几年，家里的经济收入仍是由冯老八妻子来保管，家里需要用钱时冯德清可以直接找冯老八的妻子要而不需要冯老八同意，冯老八的妻子年龄大了之后，家里现金、地契都由冯德清妻子冯王氏来保管。虽然冯老八不当家了，但是家里的房子和土地仍在冯老八名下，冯德清想要买卖家里的土地和房屋的话还得先征得冯老八的同意。

三、家户决策

家里的事情一般都是由冯老八说了算，家庭内部事务由冯老八的妻子说了算。家中儿女的婚姻、土地买卖、土地租佃、粮食买卖、房屋修缮等都由冯老八决定，家中土地买卖、盖房子的事情一般家长会选择和家庭成员商量，商量时冯老八的妻子、冯德清可以提意见，其他家庭成员一般不参与讨论。冯老八有事外出时，家里的事情由冯老八妻子做主，等到冯老八回家时再告诉他，如果是土地租赁、土地买卖这些无法做主的事，则必须等到冯老八回来由他决定。在家庭大事上，家长做出的决定家庭成员都要服从，如果家长做出的决定不正确，家庭成员可以根据事情的大小来决定要不要听，如果是小事，家庭成员也会选择包容家长，如果是大事，家庭成员会采取委婉的方式劝说当家人。

四、家户保护

（一）社会保护

如果自家人在生产生活上与别人家发生矛盾，一般都由家长出面调解。冯家与村里的人家的关系都比较融洽，没有与哪一家发生过大的矛盾或争执，村里人发生的矛盾基本上都是言语冲突，发生这种情况时由家长出面把自己家的人劝回来。当自家人被外人欺负时，冯家人都会向着自家人，家长也会代表家庭成员去找别人讨个说法，如果是自家人的错，冯家家长也会教育自家人。在村里，小孩子之间经常会发生矛盾，当自己家里的孩子和别人家的孩子发生矛盾时，家中不管是谁当家都可以出面去调解，如果是自己家的孩子做错事了，家中大人就要代替孩子向别人赔礼道歉，回家后家长也会及时教育自己的孩子，更正孩子的错误行为。在横流渠村，对家庭名声不好的事情家庭成员都不会往外传，以免影响整个家庭的形象。横流渠邻村有一户人，家里儿子去外面抢别人东西被打死了，父母也没有去政府告，因为如果去告的话村里人甚至是邻村的人都会知道他们家的儿子是怎么死的了，出去会觉得没脸见人。

（二）情感支持

家庭不仅仅给家庭成员提供物质上的支持，还提供着情感上的支持，出嫁的女儿虽然已经是外姓人,但是在和丈夫发生矛盾时会回家向自己的母亲诉说,母亲作为过来人也会开导、安慰女儿,如果婆家人实在是太过分了,娘家人也会去女儿的婆家说理。家庭成员在外面受了委屈时,也会选择回家和家人诉说,冯祥林读书时在学校受了老师的批评或者同学的欺负,回到家后都会和冯王氏诉说。冯祥瑞少时被冯德清送去县城做"相公",在外面规矩多,偶尔也会受欺负,冯德清自己有过做"相公"的经历,深知做"相公"娃的辛苦,所以也会经常鼓励冯祥瑞。

(三)防备天灾

1929 年,泾阳县遭遇大旱灾,田里的小麦几乎颗粒无收,秋后玉米的收成只有三五成,当地许多人为了活命都外出去讨饭,还有的人迁去陕南地区。那一年,各个村里都在组织人淘净井,把以前挖的井继续深挖,可是只见湿土不见水。冯家的土地都租给村里的人,庄稼收成不好时也会主动减轻地租,看到地里小麦颗粒无收时,冯家知道租户是实在交不上地租,也只能无奈免掉地租。灾荒年有亲戚来家里借粮食时冯家也会借给而且不收利息,但是来借的人多了,冯老八也不敢借,担心把粮食都借出去后自家没有粮食吃。为了防范遭遇天灾收不到粮食,每年冯家的粮食都不会全部卖掉,家里粮仓的粮食至少要够全家人吃几年,那一年冯家因为自家积攒的余粮较多,一家人勉强度过这次灾荒年。此外收粮食期间遭遇雨水天气也会影响地里庄稼的收成,五月是当地人收麦子的时节,如果遭遇连续阴雨天气,收回家的麦子撂在场畔上会发芽,发了芽的麦子磨出的面粉少而且口感不好。有一年冯家因为老天连续下雨,家里的麦子都发了芽,一家人吃了一年发芽麦子磨成的面粉。当地多是土坯房,长期下雨的话,外部墙皮很容易脱落,墙根一旦倒塌,整座房子也就无法住人了。有一年连着下了几天的暴雨,村里好几家的房子都不同程度倒塌了,村里杨家的房子全部倒了,一家人没有地方住,冯老八便把买的那院房子给了杨家住。

(四)防备盗贼

1949 年以前,农村的治安状况不好,常有土匪出没。泾阳县有一个外号为"子老一"的土匪头子,手下有几百号人,经常去大户人家家里抢劫钱财和粮食。横流渠村的邻村有一户刘姓大户人家,家里的宅子离村子比较远,有年冬天的一个半夜,一帮土匪拿着刀溜进他们家抢钱,刘家当家人坚决不告诉土匪自家的钱藏在哪里,土匪为了找出刘家的钱,用扫帚点着烧了刘家当家人的手,最后实在是问不出也找不到,土匪便从刘家拉了一车粮和两头牛走了,刘家当家人因为被土匪烧掉了一只手,人们背地里把他称为"没手"。事发后,人们听说是子老一带人去抢的刘家,虽然政府派了自卫团的人一直在打土匪,但是因为抓不住子老一,土匪也一直没有清除,直到 1949 年,子老一才被政府枪毙。冯家没有发生过被土匪抢劫的情况。

在当地,晚上经常会有小偷溜进家里偷东西,但是即使发现有小偷的话,人们也不会把小偷抓起来报官或者把小偷打一顿,为了防止小偷日后报复,只能是动一下或者咳嗽两声把小偷吓走。横流渠村里有一户人家进了小偷,小偷逃跑时因为门槛太高钻不出去,拔门槛时被主人发现了,这家人抓住小偷,把他绑起来打了一顿,没想到半个月之后小偷拿油泼这家的大门,把门给点着了。所以人们都说"抓贼不如放贼好"。为了防备小偷,冯家在后院养了一条狼狗,白天的时候会把狗拴起来,等到了晚上把狗链子松开。冯老八的妻子在大门后边挂了一个铜铃铛,这样晚上有人推门的时候里面的人就会听到,冬季傍晚天还没黑的时候,家家户户都会把大门关了防止有人溜进家里来偷东西。

五、家法家规

(一)无成文家规

冯家没有成文家规或者家训,都是一辈一辈传下来的规矩,也没有确定的制定者,都是依靠家中长辈的言传身教流传下来的。在孩子小的时候,家里的老人或者父母会对孩子进行一些说教,当小孩违反家中的规矩时,家长也会教育小孩子,在纠正小孩子行为的过程中让小孩来学习家中的规矩。长此以往,小孩长大后也能对家里的规矩有所了解。

(二)默认家规

冯家虽没有成文的家规,但是在日常生产、生活中也形成了一些默认家规,包括做饭和吃饭的规矩、排座位的规矩、请示的规矩、请客的规矩、成员进出房屋的规矩和洗衣制衣的规矩。这些默认的家规从各个细节规范着家庭成员的一言一行,默认家规不需要专门教授,而是在日常的生产、生活中逐渐学会的。

1.家规的形成

冯家没有成文家规,都是默认家规,这些家规都是靠家里长辈的说教而教授给下一代人的,说不清谁是特定的制定者,老一辈人怎么做下一辈人也会照着老一辈人的传统去做。默认家规虽然不像成文家规那么固定,但是家庭成员都必须遵守,孩子小的时候不懂事,父母会帮助孩子去了解这些家规。有时候,小孩子做不到家长也会强制孩子去遵守,孩子长大后对于家规已经有所了解,也会自觉遵守家规。

2.做饭和吃饭的规矩

在冯家,由家中女性负责做饭,冯家每顿饭吃什么都由冯老八的妻子来安排,冯王氏做,家里偶尔来客人了,冯王氏忙不过来时她也会去厨房帮忙烧火。家里平时吃的菜由冯老八妻子负责买,村里隔几天就会有人挑着菜来门口卖,家里缺什么菜就会买点什么菜,如果要买肉或者葱的话需要去集市上买,一般是冯老八或者冯德清去集市上买。冯家自家后院每年都会种一些应季菜,不需要经常买菜,偶尔需要买菜时用的钱也不多,不需要记账。冯家买菜的钱都是从整个家庭的钱里拿的,由冯老八妻子一人做主,当家人也不会过问。冯家人吃饭,有时候围桌子一起吃,有时候一人端一碗饭就去吃了,吃饭上桌子的话,冯王氏和樊彩霞不上桌吃饭,她们还要在厨房里忙着收拾,收拾完之后顺便就在厨房吃了。平时吃饭的时候家里的小孩子也不上桌,饭做好后冯王氏会提前给小孩盛一碗放在小凳子上让小孩自己吃。冯家有一张大方桌用来吃饭,吃饭时老人坐椅子,其他人坐板凳,家里有客人来的时候,客人坐主座,主家坐偏座,女性和小孩不能上桌。冬天因为天气寒冷,吃饭的时候冯家人都坐在炕上围着炕桌吃,炕桌设在冯老八的房间里,炕桌比一般的饭桌小得多,只能围四五个人,所以吃饭的时候都是两位老人和孩子坐在炕上吃,其他人端着碗坐在炕沿吃。平时吃饭的时候,家长也会教孩子一些吃饭的规矩,例如不要剩饭,在盘子里夹菜的时候要顺着盘子边缘夹而不能用筷子在盘子里挑菜,咀嚼的时候不能发出响声等。

平时,家里人吃的饭都是一样的,都是从一口锅里盛出来的,如果家里有人生病的话,做好饭都是病人先吃,为了照顾生病的人,病人吃的饭会比其他人吃得好一点。家中有女性坐月子的时候,月婆子的饮食由婆婆负责,吃的也会和其他成员吃的不一样,例如给月婆子做鸡蛋挂面、红糖水等。冯家农忙的时候,家里的伙食也会比平时好一点,为了家里的男性能够吃好有力气干活。冯家吃饭没有特殊的规定,多是由冯王氏和樊彩霞盛饭,家里有几口人就盛几碗饭,一般先给老人盛,然后再给家里的小孩盛饭,家中其他人吃饭都是自己去厨房盛饭,但是家里有客人吃饭的时候,要以客人为主,客人为先,一般是冯老八先拿起筷子,招呼客人开始吃饭,客人开始吃后自家人才能动筷子吃。吃饭期间老人们也会有一些禁忌,例如吃饭中间停筷的话不能把筷子插在碗里,而是要平放在碗边,因为在当地把筷子插在碗里是给已去世的人祭饭时的做法。

春节的时候,家里的饭要比平时丰盛,吃肉的次数也多,在冯家大年初一的第一碗饭要先敬灶神,希望灶神可以"上天言好事,回家降吉祥"。大户人家过年还会请专门的厨子来家里做菜,村里库家的儿子在外面学过厨子,因为库家租种冯家的地,所以库家当家的每年过年前都会让自己的儿子来冯家帮忙做菜。

3.座位规矩

冯家的客厅位于院子西部中间的房子,客厅中间摆了一张八仙桌,两把椅子正对房门,其他三边分别摆的是凳子。平时在家吃饭时,两把椅子都是给家里的两位老人坐,冯老八左边,妻子坐右边,其他人都坐凳子。有客人来家里的话,会依照客人的辈分给客人安排座位,如果客人的辈分高于冯老八或者是和冯老八平辈的男性,就会安排客人坐椅子,如果是晚辈的话,来了只能坐凳子。

家里请客吃饭的时候,座位的安排也十分讲究,如果客人是本家亲戚,则按照辈分排座位,如果客人中既有冯老八妻子的娘家人也有冯王氏的娘家人,则不分哪家的,也是按照辈分排座位。家里有事请别人吃饭时也会根据事情的大小和客人的年龄来排座位。在当地盖房子之前都要请工匠吃饭,为了显示主家对匠人的尊重,一般都会安排工匠上座,这样在干活的时候工匠也会多费点心。

4.请示规矩

(1)生产活动中的请示。冯家土地的经营管理,由当家人说了算,1946年以前冯家的土地全部出租给别人耕种,土地出租事务由冯老八一人决定。1946年以后,冯家开始学习务农,因为冯家只有冯祥瑞学习过耕种,所以家中种地的事都是由冯祥瑞决定,家里需要借牲畜时也是由冯祥瑞去借。

(2)家庭生活中的请示。在冯家,做饭由女性负责,冯老八妻子安排冯王氏和樊彩霞做,冯家吃饭多是面食,偶尔也会炒几个小菜,家里的菜或者调料用完了冯王氏会告诉冯老八妻子,由她或其他家庭成员去购买。家里有人想吃什么也可以直接跟冯王氏讲,但必须征得冯老八妻子的同意后才可以做。在冯家由妻子负责洗自己丈夫和孩子的衣服,冯老八妻子上了年纪后,冯老八夫妇的衣服由冯王氏负责洗。冯家给家庭成员做衣服时,由冯老八妻子安排,先做老人和小孩的衣服,其他家庭成员按照实际需要缝制衣服。冯王氏先帮忙做完冯老八夫妇的衣服再去给自己的孩子做,樊彩霞负责给冯祥瑞和冯进步做衣服,有时也会帮忙给冯祥林、冯祥庆做。家里生活物品的购买由内当家的负责,因为内当家的既管着钱又负责打理家务,所以知道家里缺什么,去买的话也不用找当家的要钱,冯王氏想给自己的小家庭买生活用品的话,需要先和冯老八妻子请示,婆婆同意后给她拿钱再去购买。家中买卖土地、修建新房等大事都由家长决定,冯德清当家时买卖土地必须先请示冯老八,冯德清当家后因为收上来的地租越来越少,所以想把家里的土地卖掉一部分,但是冯老八不同意冯德清卖地的决定,所以最后地就没有卖。此外,家里孩子上学的事也要请示当家人,孩子上学的学费需要整个家庭来负担,所以孩子上学必须征得当家人的同意。

(3)对外交往中的请示。家庭成员有事需要外出时,在出门前需要告知家长,向家长说明要去哪里、出门要干什么以及什么时候回家等,家长同意之后方可离家。家长出门的时候也会告诉其他家庭成员,但不会具体说明去哪,只是告诉其他人自己要出去一会儿,大概什么时候回来。在横流渠村,媳妇出门前必须要和婆婆请示,因为家中的家务活多由媳妇负责,媳妇出门前要向婆婆交代家务活。过年时媳妇去给娘家拜年也需要请示婆婆,婆婆会帮媳妇准备一些拜年礼品。此外,家庭成员结交朋友也要请示家长,如果家长觉得对方人品不端正的话,也会要求自己家人与这个人保持距离,家庭成员要想把朋友带回家的话也要提前请示家长。冯祥瑞在县城当学徒的时候和店里另一个学徒的关系比较好,有时候冯祥瑞也会带着这位朋友一起回家,到家后要带朋友问候家长之后两人再去自己房间聊天。

一般情况下,请示都是口头的,如果家长同意的话,家庭成员就可以去做;家长不同意的话,家庭成员就只能听从家长的话。冯家决定家中重要事情的时候,家长也会召集家庭成员商讨,例如家中盖房子、买卖土地、结婚嫁娶等事项需要一家人一起商讨,最终再由家长决定。冯老八要买本家兄弟的那院房子时也是拿不定主意,在和家人商量之后觉得可行才最终决定买下的。

5.请客规矩

(1)生产活动中的请客类型。首先是置地请客。在当地如果哪家买了地,需要请卖地的人、地邻和邻居来家里吃饭,主要是借吃饭告知地邻和邻居这块地已经属于自己家所有,希望以后能相互照看。其次是盖房子请客。家里盖房子之前当家人要去村里或者邻村联系工人,在开工之前要先请匠人来家里吃饭,虽然主家也会给匠人工钱,但人们觉得请匠人吃顿饭匠人在盖房子的过程中就会多费点心,而且在盖房子期间匠人和帮工都要在家里吃饭。房子封顶的时候需要的人手多,主家会提前请邻居或者关系好的街坊来家里帮忙,封完顶后主家还要请所有来帮忙的人在家里吃饭以表示感谢和庆祝。

(2)生活中的请客类型。一是喜事请客。在农村喜事包括结婚、生子、满月、过寿。二是白事请客。在农村给去世的老人办丧礼也是家里的重要事情之一。有些人家里没钱给老人办丧礼,即使是借钱也要给去世的老人办一个丧礼,因为办丧礼去找亲戚邻居借钱时,亲戚邻居有的话都会借给。红白喜事属于家户大事,要请亲戚、邻居街坊、朋友来家里吃宴席,如果主家和村里的村长、保甲长关系好的话,家里摆宴席的时候也要请这些人来吃。三是其他情况请客。例如冯祥瑞少时在县城做"相公",一次犯了错,冯德清为了向东家赔礼道歉而请东家吃饭。

(3)宴请规矩。按照摆宴席的数量不同,宴席的规模也有大有小,每一桌饭菜的数量和质量是否相同则要看具体情况,例如有些家庭中,家里孩子满月或者老人过寿只请自己家的亲戚和本家人,不请村里的街坊邻居。虽然摆的宴席少,但是宴席也有主次之分,但基本都会有七盘八碗。在孩子过满月请客时,孩子的外婆和舅舅要坐在主桌,主桌的菜要比其他桌的饭菜多两个甜碗,以表示对媳妇娘家的重视。家里老人过寿时,家族内和老人同辈的人都要坐主桌,其他人按照辈分坐,但每一桌的饭菜都是一样的,没有区别。摆宴席请客吃饭需要提前去邻居家借盘子碗和桌子凳子,用完还的时候会给邻居家送点菜和肉以表示感谢。家中摆宴席需要请专门的厨师来家中做饭,一般情况下请的厨子会提前一天来家里做菜,像甜碗、肉等比较复杂的菜品都要提前一天准备好,第二天吃的时候直接蒸热就可以端上桌了。家里摆宴席时,如果不请村里人的话,家里摆宴席需要自己家人去端菜、洗盘子,所以在这种情况下家里的女性一般不上桌,都在厨房帮忙,忙不过来的时候,出嫁的女儿也要回来帮忙。

请客时,男性客人由男性家长招呼,女性客人由女性家长招呼,吃饭的时候男女分桌坐。在当地,男性吃饭的时候都要喝酒,喝酒时每一桌晚辈要先敬这一桌辈分最大的人,敬完长辈之后才能继续与平辈的人喝酒划拳。家里请的客人少时,由主家陪客,家里请的人多的话,主家陪不过来,也会请本家的人帮忙陪客。在当地陪客主要是陪喝酒,所以能被请来陪客的人是酒量比较好的男性。开席的时候,每一桌客人由这桌辈分最大的人先拿起筷子,招呼大家开吃后,其他人才可以开始吃。散席的时候必须要等所有的菜上完了才能离席,如果长辈还没有离席,晚辈就只能等长辈离席后才能离开,而主家要等所有的客人吃完后才能离席。

6.房屋及进出居室的规矩

冯家的老宅坐北朝南,院子东西两侧各是三间厢房,南北各三间穿廊,厨房设在庵间房北侧。冯家六间房窗户都向着院子,利于采光和空气流通。进门院子东侧的第一间房子是冯祥瑞夫妇的房间,对面西边是冯德清的房间,东边第二间房子是用来放粮食的,与冯祥瑞的房间相邻,与冯德清的房间斜对着,粮食房里有什么动静家里人就会察觉到。西边第二间房子既是客厅也是餐厅,家里有客人来都会请进这间房里坐,东边第三间房子是冯祥林的房子,对面是冯老八夫妇的房间,老人年龄大了住在里房,不易被外人打扰到。

冯家虽然一家人住在一个院子,但是家庭成员进出他人的房间还是有一定的规矩。首先是晚辈进入长辈的房间前要和长辈打声招呼,说声"我进来了",听到里面的人答话后才能进入;其次如果家中成年男性已经结婚了的话,长辈不能随意进出儿子儿媳妇的房间。因为男女有别,冯德清结婚后冯老八就不能随意进出冯德清的房间,冯老八有什么要交代冯王氏要做的,一般都是通过妻子去传达或者是站在院子里喊话,例如冯老八中午打完牌回家的时候想告诉冯王氏今天吃什么饭,他就会站在院子里喊话给冯王氏,冯王氏听到冯老八喊话也会立即出来回话。冯祥瑞、冯祥林在没有成家之前住在同一个屋,结婚之后就各自有了自己的房间,樊彩霞在家的时候冯祥林不能进入冯祥瑞夫妇的房间,但是因为冯祥庆年龄较小,冯王氏有事外出时会把冯祥庆托付给冯祥瑞的妻子来照顾,樊彩霞去逛庙会时也会带着冯祥庆。在冯家因为孩子年龄小,所以不太在意这些规矩。

在家里,因为女性起床要扫地擦桌子、烧水,所以女性起床要比男性早,冯家家务活基本都是冯王氏负责,她每天收拾好家里,烧好开水之后,再去叫冯老八夫妇、丈夫起床。趁着丈夫起床洗脸的功夫,冯王氏再去收拾自己的卧室,接着就去厨房开始做早饭,吃过早饭后家庭成员就各忙各的。在冯家,老人和小孩先睡觉,成年人最后睡,睡觉前冯德清都要先去冯老八房间坐一会儿再回自己的房间。

7.制衣洗衣的规矩

（1）制衣规矩

冯德清和冯祥瑞在外做生意,二人都是直接去裁缝铺买衣服,家中其他家庭成员的衣服则由家中女性缝制。每年入冬时,冯老八的妻子就开始安排给家庭成员做衣服,开始做衣服前冯老八妻子和冯王氏一起去店铺买布,买的布多是质量一般的布,不需要花费太多钱,冯家做棉衣所需要的棉花都是自家的,不需要从外面购买。冯老八夫妇、冯祥林、冯祥庆的衣服由冯王氏来做,冯进步的衣服由樊彩霞做,做完老人的衣服后冯王氏会把剩下的棉花分给樊彩霞一部分,让她用来给自己和冯进步做衣服。如果分给樊彩霞的棉花没用完,她也可以拿去送给娘家。

(2)洗衣规矩

在农村,洗衣服是女性主要的家庭事务之一。在冯家,由女性负责洗衣服,冯老八夫妇的衣服由冯老八妻子洗,冯德清、冯祥林、冯祥庆的衣服由冯王氏负责洗,冯祥瑞和冯进步的衣服由樊彩霞负责洗,冯老八妻子年纪大了,不能洗衣服时,由冯王氏和樊彩霞轮流洗。樊彩霞洗衣服时看到冯祥林和冯祥庆换下的脏衣服时也会捎带一起洗了。冯老八的两个女儿来冯家看望冯老八夫妇时,看到父母有需要洗的衣服就给父母洗了。

横流渠村的人洗衣服去村头渠岸边洗,夏季浇地水渠里有水也会去渠岸边洗,冯王氏和樊彩霞端着一盆衣服放在渠岸边,打一盆水把衣服放在里面,搓衣板搭在盆上,用手搓一搓就洗好了。在冯家,洗好的衣服由洗衣服的人晾,洗的衣服多时其他家庭成员也会帮忙晾,洗好的衣服都会晾在自己家门口或者院子里。冯家门口有两棵树,冯老八在树上绑了绳子用来晾衣服,家中任何一个成年人看衣服干了就会把衣服收回家,或者通知家中的女性收衣服。

8.洗漱规矩

1949 年以前,冯家每对夫妻房里都有一个脸盆,各用各的。早上冯王氏会用家里的灶台烧一大锅开水给家庭成员洗漱,水烧开后冯王氏先自己洗脸,再站在院里喊一声"水烧好了",告诉其他家庭成员起床洗脸。冯老八夫妇起床后,冯王氏会先给冯老八房里的脸盆兑好洗脸水,再回自己房里给冯祥庆洗脸,其他家庭成员自己打水,各小家顾各小家的。冯家洗脸没有一定的顺序,谁先起床谁就自己去厨房舀水直接洗就可以了,小孩子自己不会洗漱时由孩子的母亲负责洗。那时候人们还不刷牙,都是用水在嘴里咕嘟几下再吐出来,就算是漱口了。

9.扫地规矩

在冯家,扫地、擦洗家具的活儿由家里的女性来做,男性一般不会去做,家里的地每天都要清扫,扫完地后再用抹布把房间的桌椅、柜子擦洗一遍。冯家每对夫妻的房间由各自的媳妇负责打扫,冯老八妻子上了年纪后,冯王氏不仅要打扫自己的卧室,还要打扫冯老八夫妇的卧室。家里的女性早上起床洗漱完后,便开始收拾自己的房间,把被子叠好后压在炕梢的柜子上,然后扫地,扫完地后再用洗脸水擦桌子。冬天下大雪时,家里的成年男性也会帮忙把家门口和院子的雪扫干净。厨房是吃完饭,洗完碗顺手就打扫了,刷碗、擦洗灶台的活是由家中女性轮流做,没有固定的人专门负责。冯家扫地用的扫把、簸箕都是从集市上购买的。

(三)家庭禁忌

1949 年以前,冯家的家庭禁忌比较多,而这些禁忌大多与一些迷信思想有关。首先是节日禁忌,大年初一时家里不能扫地、倒垃圾,人们认为这样会把家里未来一年的财运都扫出去或者倒掉,在初五之前家里不能发生摔碎东西的事情,认为这是不吉利的。其次是丧事禁忌,家里有人去世的时候,五服以内的亲属在逝者下葬之前不能洗头、洗澡,人们认为活着的亲人用的脏水倒掉会被死去的亲人喝了,这是一种不孝的行为;逝者过三七以前五服以内的家属不能去别人家串门,防止把晦气带到别人家;逝者在没有过三年以前逝者的儿子们要守孝,春节初五以前不能出门走亲戚,家里也不能贴春联、放炮竹,三年周年忌日过后这些活动便可以照常进行。最后还有生育禁忌,家里有新生儿时家里晚归的人在进卧室之前要先在厨房点一把柴在身边绕一圈后才能进家门,这样是为了防止家里人晚上回家的时候不小心沾了不干净的东西回来,压着婴儿。

(四)族规

在横流渠村,冯氏家族主要分为三支,虽然族人之间关系松散,但是家族内部的规定族人必须遵守。冯氏家族规定,族人买卖土地必须优先考虑本族人,族内没有人接手的情况下才能考虑外姓人,房屋买卖也必须遵守上述规定,如果有人违反这一规定的话,族内的长者可以判定土地、房屋买卖事宜无效。此外,族规还要求冯氏后代敬祖先、尊祖坟。逢清明、除夕全部族人必须去祭奠祖先,祭祖先的时候必须诚心、肃穆,否则就是对祖先的不孝与不敬,祖先和神明一样能够保佑子孙后代的平安与健康。对于祖先的坟墓,逢忌日时族人要去烧纸点蜡,等到纸钱燃尽的时候,族人才能起身。祭祖的时候还要对祖先的坟墓进行修缮,如果坟墓出现什么问题的话,就是子孙后代的大不孝。

六、奖励与惩罚

(一)奖励

对于在学业或者生意上表现好的家庭成员,冯家主要是家长代表全家对家庭成员进行奖励,对于家庭成员的奖励都是在每年除夕的晚上,全家通过聊天的形式回顾一年以来的情况,每个人总结自己一年以来的得与失,家长会给表现好的家庭成员发红包表示嘉奖。冯德清带着冯祥瑞一起做生意,对于冯祥瑞的表现都看在眼里,每年除夕晚上冯德清都会以红包的形式给予冯祥瑞一家以奖励,鼓励他新的一年继续好好干。冯祥林上学的时候,学习成绩比较好,在学习上取得好的成绩时冯德清也会给予奖励,对于家中还在读书的孩子,冯德清一般是给予物质奖励,例如书本、衣服、毛笔等。冯老八的妻子也会给冯王氏奖励,慰劳她为家庭操劳一年的辛苦,并把自己存下来的首饰送给冯王氏,有时候冯老八也会给冯王氏少许的零花钱,供她自己支配。

因为冯王氏是冯德清前一任妻子去世后才进门的,冯王氏在生了冯祥林两兄弟之后,对待冯祥瑞和冯爱娃两人如亲生孩子一样好,所以得到了家族内的人和邻居们的称赞。

(二)惩罚

在冯家,家长拥有惩罚家庭成员的权力,家里孩子们犯错误时冯德清便会采取措施惩罚孩子们,冯德清不在家时冯王氏也可以代替冯德清惩罚做错事的孩子。冯德清在惩罚孩子时,冯老八夫妇有时也会替孙子们说情,以免除惩罚。冯祥林小时候因为被冯老八抱着的时候不小心打了冯老八的脸,被冯德清看到后要动手打冯祥林,因为冯德清觉得冯祥林的做法是对家里老人的不尊敬,但是冯老八认为冯祥林还不懂事,没有必要动手打,在冯老八的阻止下,冯德清只是踢了冯祥林一脚。在冯家,夫妻之间是平等的,冯德清和冯王氏的关系是平等的,丈夫没有权力惩罚妻子。冯老八夫妇作为家中的长辈可以指出家中成年人的错误,但不会轻易惩罚他们。在冯家,家长和父母依据孩子们所犯的错误不同来选择不一样的方式惩罚孩子。孩子们成年后父母惩罚孩子的措施也会发生改变。孩子小的时候做错事,父母可以对其打骂,但是孩子成年之后父母就只是口头说教或者采取限制经济的方式。冯祥瑞瞒着冯德清私自拿做生意的钱去外面打牌,冯德清知道后便不再把生意上的钱交给冯祥瑞去管,但不会动手打他。在父母健在时,兄长不能当着父母的面惩罚兄弟,除非是受到父母的委托。

在农村,邻居之间仅有一墙之隔,如果隔壁有家长惩罚孩子,邻居也会听到,父母的打骂和孩子的哭声,便会来家里劝说家长,如果实在是劝不住,邻居也只能作罢。孩子在外犯了错时别人就会上门先来找孩子的父母,请孩子的家人管教孩子,如果是别人家的孩子犯错时,冯家也只能请孩子的父母采管教而不能私自管教。

七、家族公共事务

(一)参与主体

在横流渠村,冯氏家族属于比较大的家族,共分为三股,冯氏一族虽然族人较多,但是家族内的关系不是特别紧密,尤其是不属于一股的。家族的祭祀活动只能由每一家的成年男性去参加,大多数情况下由家长带着长子去参加,过继的儿子和招来的上门女婿可以代表家庭参与祭祀活动,出嫁的女儿不用参加。在冯氏家族,最重要的集体活动就是每年清明节和除夕的祭祖活动。冯家由冯德清和冯祥瑞二人代表整个家庭参与家族的祭祖活动,其他家庭成员留在家里。冯老四家没有儿子,过继了其妻子妹妹家的儿子过来顶门,家族的祭祀活动由过继来的儿子代表冯老四家参加。

(二)事务类型

1.祭祀与葬礼

冯氏家族没有大型祭祀活动,但是每年清明节和除夕家族成员都会集体去上坟,上坟祭祖只有家族内男性可以去,女性不能去,在当地人们认为和男性相比女性属阴,加上坟地本来阴气重,女性去容易带不干净的东西回家。冯家祭祀主要是去坟上给祖先和已经去世的老人烧纸钱和修缮坟墓,每年上坟给祖先买纸钱和鞭炮的花费由每家轮流出,自家的老人的纸钱自家负责买。早些年的时候,清明节上完坟家族内的人还要会餐,会餐的费用由每一家平摊,家里有钱的也会多出点钱,但是后来随着家族内人口的增多和关系的疏远,会餐就逐渐取消了,上完坟后大家都是回各自家里吃饭。

此外,冯氏家族中有人去世的时候,族中所有的人都要来参加葬礼,并披麻戴孝,按照和去世者关系的亲疏决定所带的孝的长度,家族内其他家庭的女性和出嫁的女儿也要来参加葬礼。

2.扶弱

冯氏家族内,每一家的经济情况各不相同,冯老八家在家族内算是经济条件比较好的一家,平时家族内也经常有人来冯老八家里借钱或者借粮,家族内的人来借钱或者粮食不用写借条,也不用收取利息,只要族人来借冯老八都会借给,一般是什么时候有就什么时候还。因为家族内的联系比较弱,所以家族里哪家经济条件比较差,都是有能力去帮的才会帮,不会家族集体资助。

八、村庄公共事务

(一)家户村庄公共事务参与

1.村务会议

每当政府颁发新政策或者有新通知时,横流渠村都会召开会议。村里开会时由保甲长身边的人到村里挨家挨户通知。开会时,一般都是当家的代表全家去。当家的作为家里管事的,可以代表全家做决定,冯家参加村务会议由冯老八代表全家去,冯老八外出时冯老八的妻子也可以代表全家去。有时候内当家也会让成年儿子去,但是儿子不能代表全家做决定,会上说了什么要回来转达给内当家的。

2.征税会议

1949 年以前,当地征税是按照土地来征收,家里有几亩地就交几亩地的税,家里没地的人家就不用交税。那时候税收不是确定的,隔几年就会上涨一次,每次税收上涨时,甲长都要召开会议通知农户。开征税会议时,家里有地的人都会参加,有些租种别人家的地的农户也会参加,因为家中交税由男性负责,所以参加征税会议的多是男性。乡里政府征税的部门有纳税名单,上面记录着每户的土地面积、家长名字,开征税会议的时候甲长也是按照名单通知。1946 年以前,冯家的土地全部租给同村里的人种,每到交税的时候,租户会先把税交了再来家里送地租,顺便联同交税的单据一起交给冯老八。冯老八平时比较关心征税的事情,召开征税会议时甲长会把政府对税收的调整告诉农户,通知每户的家长今年应交多少税,同时还会提醒村里的人家按时交税,不交税的话政府会派人来家里绑人。

3.修桥、修路

1949 年以前,农村的道路和桥梁都是村庄自发修的,政府基本不会管。那时候农村的道路都是土路,修路没什么成本,只要提供劳动力就可以了,横流渠村每户家门口的路都是自己家修的,村里的公共道路是整个村庄的事情,由村庄集体修,村里修路时由村里的大户人家组织,村里集体出劳动力。村里修路时由项目组织者通知每户人家,每户出一个劳动力,家户选择家中哪个成员参加修路由家户内部决定。因为修路是件体力活,所以多是家里壮年劳力去参加,修路用的工具都是大家从家里带的,村里有牲畜和大车的人家也会套着车过来。如果哪户人家家里没有壮年或者青年劳动力的话,他们家就负责给修路的人烧水送水,到了吃饭的时间,大家就各自回各自的家吃饭。冯家因为家里的男性劳动力都在外做生意,所以修路时只能由冯老八代表冯家去。

南横流渠村村东有一个南北向的渠,渠虽然不宽但是过去的话要绕很远的路,如果这里有座桥的话村里的人去镇上就不用绕路了。修桥的花费比较大,村里几户人家提过修桥,但是一听说要交钱村里很多户人家不愿意,所以桥也一直没有修。后来住在村东的王家为了自家方便就去找了村里几位有威望的人说自己愿意出钱在渠上修一座桥,请他们在村里叫几个人过来帮忙。既然有人愿意出钱,之前不愿意的人也都没有意见了。修桥的工匠是王家从外村请来,村里每户轮流出一个人给工匠当小工。

4.组织耍社火

从正月初八开始,横流渠村就开始耍社火,一直持续到正月十五,耍社火的事由村里几位有威望的人组织,耍社火所需的花费由村里每一户人家平摊。初八前几天,组织者就开始在村里找耍社火的人,因为社火有些节目需要小孩子扮神仙,所以找人的时候村长还要告诉小孩子的家长把小孩看好。

"跑竹马"是社火中的一个节目,走在队伍的最前端。竹马是用竹子编制马身,外面用纸糊起来,马身中间有一个开口卡在人的腰腹部。竹马走在最前面给整个队伍开路,竹马后面是两个大头娃,表演的人把大头娃的头盔戴在头上,穿上戏服,表演者由一男一女组成,饰演一对夫妻。队伍中间是划船的人,船也是用竹子编制的,由表演的人卡在腰部,模仿划船的样子。队伍最后面是用桌子抬着的小孩,小孩被装扮成各种神仙,坐在桌子上,由村里的男青年抬着在村里游行。表演队伍由组织者领着,从村里的大街小巷穿过。路过村里大户人家门口时,表演队伍会停下来表演,以求得大户人家赏钱,表演之后组织者代表队伍说一些祝福的话再点一卷鞭炮就去下一家了。因为南横流渠村的社火耍得好,所以附近村庄的人也会来看热闹。耍社火期间,村里每一家门口都会摆放一个小桌子,上面放着祭祀社火队伍里神仙的香炉和贡品,以及给节目表演者准备的水和吃的。表演的人通常要表演一整天,没有空回家吃饭,走到哪家门口饿了,就可以随便拿桌子上的东西吃。

(二)筹资

建设村庄公共设施的资金由村里的农户筹集,筹资时村里都是按照各户的实际经济条件摊派。有的家里实在是太穷就多出力,有钱的人家出钱,村里的王家、杨家、库家、冯家四家是村里地最多的人家,村里修路修桥需要筹钱时,四户都会多出一点,如果他们不给或者是给得太少,村里的人就会在背后说他们家小气、自私;钱给的多的话,不仅自己脸上有光,而且在村里也能获得其他人的尊重。冯家家里人少,家里只有女性经常在家,男性有的在外面打工,有的在外面上学,有的在外面做生意,所以村里有需要捐钱的时候,冯家给的钱都会比一般家庭多一些,希望村里的人能多担待一下。

(三)筹劳

筹劳分两种,一种是村里的公共事务需要劳力,一种是给军队修城楼、战壕需要劳力。村里修桥修路,每户出一个劳动力,但如果是军队需要劳动力的话,家里能够干活的人都会被抓走。1936年西安事变的时候,永乐乡附近驻扎了许多国民党的军队,国民党因为要在附近修战壕,所以在附近的几个村里征集了一大批劳动力,劳动力摊派到村里,每一户都要出一个劳力,而且不要老人和妇女,有的大户舍不得自己家人吃苦,便派自家的长工去。那时候村里的年轻人为了躲避国民党的劳役大都去亲戚家里躲了起来,因为招不到人,国民党便派人在街上随便抓人,只要是成年男性都会被抓去干活。

九、国家事务

(一)把粮纳了一身轻

1949年以前,纳税以家庭为单位,纳税多少按照家庭土地面积计算,纳税额大约占粮食收成的十分之一。每年忙罢之后,麦子碾完了,玉米也种完了,农户就到了交粮的时候了由农户送到政府的粮库里。冯家的土地都租出去给别人种,由租户去交税,等到租户来冯家交租的时候再把交税的单子一起拿来交给冯老八。交税一般都是家里家长去,家长去的时候也要带一个壮年劳力一起去,因为到了粮仓还要把粮食扛到仓库里,倒在政府的粮囤里。纳税不需要保长来家里通知,大家都知道什么时候交粮,如果哪家迟交的话,保长就会来家里催,催得紧的时候天天往家里跑。在当地,不交粮的就等于是抗粮,刚开始保长会来家里催,如果还是不交的话保长就会带人来把这家家长打一顿,挨了打之后还是不交的话,保长就会带人把当家的绑走,送去县里的监狱。交税不能代缴只能去借,可以借亲戚家的或者村里关系好的大户人家的。关于交税当地有一句顺口溜,"纳了粮,见官咱不怕"。

(二)买兵太贵

1949年以前,国民党曾在当地征过一次兵,当时征兵是按照家户人口统计,每一户至少要出一个人去当兵。征兵的事由甲长去每家每户通知,至于每家派谁去由家长决定。村里有大户人家不愿意让自己的儿子去当兵,花钱在村里买兵,村里穷人家,家里孩子多的话也会去卖兵,把自己孩子换成钱。当时买兵的要八百斤棉花,家里有钱的就自己单独出,家里没人也没钱的可以联合村里其他人一起买一个。冯德清觉得买兵太贵了,便让冯祥瑞去当兵。后来冯祥瑞去国民党军队当了两年的兵就被放回来了。

(三)有钱人家买官职

1949年以前,横流渠村没有村长,村中的公共事务多是村里有能力的人在组织,能成为村庄公共事务组织者的人家里经济条件一般不会太差,而且在村里也有一定的威望。

在当地,保甲长由上级政府委任,村里的农户不参与保甲长的选任。1949年以前,当地的保甲长多是大户人家花钱买来的,买一次保甲长的官职可以当好多年,保甲长很少参与村庄管理,多是传达上级政府的命令和催税。冯家没有人给政府当过差,都只是普普通通的百姓。与冯德清关系好的朋友,因和政府有生意往来,所以和县政府里的几个人比较熟,冯德清偶尔也会和这些当差的一起吃饭,此外冯家和政府没有其他联系。

调查小记

2017 年 7 月 10 日

我回到家就知道今年暑期不会再像以往那样过得轻松和安逸，因为这是我首次参与学院的家户制度访谈任务，但我想一定会有意外的惊喜和收获。就这样怀着一点儿紧张而又期待的心情开始寻找我的访谈对象。紧张是因为寻找一位八十岁高龄而且 1949 年前的家庭结构符合访谈要求确实不简单。为更好地还原历史，对受访对象就有一定的限制性条件，例如年龄、家庭结构、知识水平和表达能力等。通过向我的父辈们咨询和邻居老人们的交流，以及利用相关的网络交流工具，如微信、微博等发布一些信息寻找合适的老人，在这段时间我确实得到了许多回应，我也亲自对一些老人进行过试谈，了解他们当时家庭结构的基本信息，其中包括以前的邻居、朋友的奶奶，以及我自己的外公等。在对比了几位受访者的情况之后，我选择了以前的邻居。在去老人家里之前，爸爸先给老人的儿子打了电话。说明了找老人的目的后，家属询问过老人的意见后，老人表示愿意配合。7 月 10 日，我和爸爸带着牛奶和水果，驱车来到老人现在居住的地方。在说明了本次访谈的目的后，老人对我院的调研表示了高度认可。一番寒暄之后，访谈就正式开始了。但是由于老人身体原因，访谈进行两天后，无法继续，不得不更换受访者。

2017 年 7 月 22 日

放弃了第一位受访者，使我的调查热情熄了一半。眼看暑假已经过去了一半，家户调查还没有找到受访对象。寻找两天后，在妈妈的建议下，我选择了外公作为访谈对象。在确定之前，我去外公家里，先对老人进行了一次试访谈。外公虽然已经 80 岁高龄，但是对于 1949 年以前的记忆还比较深刻。外公名叫冯祥林，1949 年以前家里有十口人，家中由爷爷冯老八当家。因为外公的父亲在解放前做生意，是村里的能人。所以谈到那时候家中光辉历史时，老人神采飞扬。试访谈结束后，征得外公同意后和他约定了每日的采访时间。为了方便采访，在调查期间我一直居住在舅舅家里。

2017 年 7 月 28 日

7 月 24 日，进入正式采访阶段。因为外公算是初中毕业，为了更好地配合采访，外公自行阅读完了我院关于家户制度调查的访谈提纲。采访之初，外公十分配合。采访进行到中途的时候，老人表现出一些不耐烦，不愿意去回忆过去的事情。为了安抚老人的情绪，访谈不得不中断了几天。最后在亲戚的劝说下，访谈才得以继续进行。因为夏季天气比较热，为了照顾老人的身体状况，每次只能访谈一个小时。为了更好地记录老人的话语，除了录音，我还准备了一个笔记本，记录一些重要话语。对于访谈途中遇到一些不懂或者不清楚的话语，我也会立即追问。老人当时说不清楚的我会做好标记，等到下次访谈时再进行追问。因为访谈内容多而全面,所以此次调查共持续了半个月。在完成了第一章的访谈后,接下来访谈的内容基本都是冯家 1949 年以前的家事。老人读过十几年的书,对于访谈这些家事表示很不理解,多次问及家户制度调查的意义在哪里。关于调查的意义,师兄师姐们在 6 月的培训会上已经强调过了。外公每次问起,我都会不耐烦地解释。虽然老人不太理解,但还是坚持接受访谈。

2017 年 8 月 1 日

送走了七月的蝉鸣,八月如约而至。此时,访谈已经完成了一大半。外公也逐渐适应了每天和我聊"老故事"的生活。吃完饭,他就会坐在自己的躺椅上,边看书边等我。今天主要访谈的内容是家中的文化制度。在开始前,我先和外公大致说了今天的访谈内容。因为问的内容是老人感兴趣的部分,所以外公说得也多一点。有时候不等我提问题,他便会把要问的内容说了。下午访谈期间,外公外村的一位朋友骑自行车来给他送书。外公腿脚不方便,便托了朋友帮他买书。这位老人为了不打扰我们访谈,喝杯茶就离开了。到了晚上七点钟,是外公看新闻联播的时间。收拾好桌子后,外公回房间看新闻联播,我便开始整理今天的访谈内容。

2017 年 8 月 7 日

今天是访谈的最后一天。在接受访谈的半个月里,外公仍旧每天坚持看书和收看新闻联播,令我这位读书人感到自愧不如。当访谈时间与老人的活动发生冲突时,老人都会倔强地先做完自己的事。虽然我希望老人能够把更多的时间用于访谈,但是老人做些自己感兴趣的事,心情也会好一点,接受访谈时才不会有抵触情绪。访谈时,为了活跃老人的思维,我也会主动提一些老人感兴趣的话题。结束了今天的访谈任务后,我便离开舅舅家,回家整理报告。

2017 年 8 月 22 日

昨天,邓老师在家户调查微信群里通知了要求各位调查员补充调查的事项。带着打印出来的补充调查提纲我又来到了舅舅家。但不巧的是外公正在睡午觉,只能等到他醒了之后再访谈。大概两点钟的时候,外公从房间里出来了。和他说明了补充访谈的情况后,他也表示理解。补充提纲内容较少,访谈不到两个小时就结束了。结束全部访谈任务后,我对本次调查做了一个小总结。进行此次访谈,对我而言也是接受一次新的教育,让我对中国农村的历史结构、演变过程和发展现状有了更深入的了解,在现代社会的转型过程中,发展成为国家的中心,城市化成为文明的标志,在这一进程中,作为农村基础性结构的家户制度遭到了一定的解体,但由于历时久远,已经具有深厚的文化基础,仍然会是我国农村发展的制度基础,因此对家户制度进行调研是具有重要的理论意义和现实意义。同时我也学会了对中国农村当下面临的问题给与更多的关注,能够积极地参与到农村历史记忆和变革的过程中。总之,访谈过后我对中国农村问题表现出更大的兴趣,也愿意认真对待农村调研和访谈课题,为此做出自己的努力,希望为中国农村未来的发展做出些许贡献。

致谢

这份家户报告是我研究生入学以来的第一份报告,从最初开始寻找访谈对象到报告撰写完成,再到如今定稿出版,差不多经历了长达半年之久。回顾整个调研、写作过程我感触良多,借此我要对那些给我提供帮助、支持我的人们由衷地说一声感谢。

首先,我要感谢的是我的学院。谢谢学院能够给我调研的机会,让我有机会能够认识、了解 1949 年以前我国传统农村的形态,也要感谢学院开展的调研前培训、调研经费等支持,为我此次调研奠定基础。其次,我要感谢的是我的外公冯祥林老人,他虽已有八十多岁高龄,但是依然在高温天气里坚持完成本次访谈。如果没有他的配合，就没有我所撰写的调研报告，这样我们又会错过一份传统农村形态的记忆。这份报告终能够出版，既是对我调研的肯定，也是对老人辛苦的一份回报。再者，我要感谢我的家人，感谢他们对我调研工作的支持与理解。从最初寻找访谈对象开始，父母一直在为我寻找合适的调研对象，特别是在第一次寻找的老人无法接受访谈时，他们和我一样焦急。最后，我要感谢的是黄振华老师和家户审核小组的各位师兄师姐。九月开学，报告虽已撰写完毕，但是因为是第一次做家户调研，报告撰写还是很不如人意，幸得黄老师和审核小组一稿又一稿的审核意见，我才能顺利完成报告修改。还记得那段时间微信群里常常半夜十一点多黄老师还在发布家户审核意见，真的很感谢背后审核小组的努力，每一份定稿报告里都有他们的汗水。

每一次的报告撰写与一遍又一遍的修改虽然常令我头疼，但是每一次的调研经历与报告撰写又都在丰富着我的研究生学习生涯。下一段旅途已经启程，愿我能永怀炽热之心面对人生中的每一次经历与相遇。

第四篇

少子治家:以农为生传统中户的绵延

——陕北宗圪堵村宗氏家户调查

报告撰写:陈文华*
受访对象:宗有民

---

* 陈文华(1992—),男,陕西省延安市人,华中师范大学中国农村研究院 2016 级硕士研究生。

导　语

　　1949 年以前,家庭是传统社会治理的基本单位,在对外的生产和交往中仍以家庭为基本单位,国家对村庄影响甚少,家庭是生产生活和社会治理的最小单元。

　　陕西省延安市吴起县宗圪堵村位于穷山僻壤的黄土高原上,1949 年以前,宗圪堵村是一个只有不到十户人家的小村庄,由于黄土高原山大沟深,沟壑纵横,交通十分不便,当地农民生活主要以种地为主,生意往来较少。在宗圪堵村里主要以姓宗的家户为主,宗家在当地周围几个村庄里属于传统老户。由于在当地居住年代久远,宗家根深蒂固,家庭的势力较大。宗圪堵村的土地大部分属于宗家所有,宗为哲的家属于宗家祖上分化出来的一支,在村里仍以种地为生,宗家的土地能够满足家庭的使用。当地的土地贫瘠,生活自然环境恶劣,土地广种薄收,宗家人种地靠天吃饭。宗家在村里的生活水平属于中等,与其他的家户之间贫富差距不大。

　　宗家在村里有上百亩的土地,在家庭的农业生产上,由当家人做主安排决定,其他家庭成员服从当家人的安排,在家庭的消费中主要是以家长为中心。家庭成员在婚姻上主要是以当家人为主,并且需要和其他的家庭成员进行商量,婚姻主要是以传宗接代为目的,所以婚姻不仅仅是个人的问题,更是全家的大事。家庭文化教育仍以家庭为主,家庭习俗遵从传统文化和民间习俗。1949 年以前未分家,宗家当时家里有十三口人,在日常的生活中全家人共同劳动,共同生活。并且在农业生产的农闲时节,家庭经营以贩卖羊皮为副业,所赚取的钱财补贴家用。

　　1949 年以前,宗家已经由当地大家族分化分为若干小家户,每个家户都有自家的当家人。在宗有民的家里,因为大伯二伯常年在外,所以由父亲宗为哲担任当家人的角色。在宗为哲当家期间,一直精心负责家庭内的事务,希望家庭生活能够越来越好。也正是在宗为哲当家的时候,保证了家庭的和睦团结,后来由于妯娌不和宗家走向了分家。

第一章　家户的由来与特性

宗家在宗圪堵村居住的时间久远,在这里繁衍了二十多代,家户中门系分化较多,后来分布在周围几个村庄里。宗圪堵村和宗湾子村都是因为宗家人居住在当地而得名。宗有民所在的宗家属于二门,居住在宗圪堵村。作为传统的老户,宗家的土地面积广大,家庭中的劳动力主要以男性为主,由于土地贫瘠,农作物的生长条件恶劣,亩产很难达到百斤以上。宗家的牲口和农具能够满足自家使用。宗有民的父辈中大伯担任警卫队队长,二伯给红军游击队运输弹药,父亲宗为哲常年在家务农,宗家在村里的声望较好,受人尊重。

一、家户迁徙与定居

(一)祖居河南

1949 年以前,宗家人在宗圪堵村里居住了六百多年,已有二十多代人在此居住,祖上没有留下文字记载,最初宗家有家谱,但是后来被烧毁,所以难以考察祖上是从哪里迁出。宗家是宗圪堵的老户人家,祖上流传的说法是宗家从河南省迁入,当时从河南省迁入吴起县宗圪堵村不是因为战争和灾荒,而是因为生意才来到这里,而且当时在这里有同姓的亲戚,最后就迁移到此地。但是宗有民的祖父也不是十分地确定此事。当时宗家到了宗圪堵村以后,在家谱上写了九代人,每一代人的名字中都有一个固定的字,分别是"天""坤""步""佩""为""有""世""庭""建"。这些名字是专门请的私塾先生所起的。当时宗家已经有了家谱,宗家祖先来到这里生养了六个儿子,后来就分化成了六门,大门、二门、三门、四门仍在此地居住。1949 年以前,宗为真担任了警卫队队长,宗为诸当时给红军运输枪炮。同辈中还有一个女孩,嫁到了隔壁村里的尚家,尚家在当时周围村里非常出名,也属于大户人家。

(二)传统老户,耕地面积大

宗圪堵村居住的宗姓家户,在当地是老户人家,在这里居住的年代久远。宗家大家族分化出了六门,其中两门后来又回到了河南省。因为人口众多,大家庭的事情已经难以回忆清楚。宗家人能知道这些事情,都是祖上的父辈口口相传而来。现在居住在宗圪堵村里的只有两门,因为宗家在当地居住的时间久远,家庭中拥有的土地面积大,自己家不能全部耕种完成,但在土地改革运动的时候宗家的土地分出去了许多。宗有民字沛司,父亲辈共有三个男性一个女性,名字分别是宗为真、宗为诸、宗为哲,其中多数女性的姓名不详。整个宗家大家族在宗圪堵村生活了共有二十几代人。在宗有民的记忆中,以宗有民为中心,上有父辈、爷爷辈、曾祖父辈共三辈,下有儿子辈、孙子辈、重孙辈、共三辈,加上自己这一辈,总共有七代人。宗家具体什么时间从外地迁入此地已经难以考证,但是祖上口口相传下来是从河南省迁入到了吴起县宗圪堵村里,河南省与陕西省接壤,宗家人在两省之间做生意,在吴起县白沟洼村里有宗家的同族人在此定居，后来慢慢地宗有民的祖辈就在附近的宗圪堵村里定居下来了。宗家刚刚定居在宗圪堵村的时候，当时居住的人口十分稀少，而且居住的地方十分分散。因为来到这里的时间久了，经过几代人的经营，家庭中的耕种土地面积不断扩大。但是土地贫瘠，只能是广种薄收。

（三）落户程序简单

1949年前宗家祖上在宗圪堵村里落户的时候，不需要经过当地人的同意，也没有繁琐的程序。因为宗圪堵村在山大沟深的黄土高原，土地贫瘠，生产和生活的条件十分恶劣。所以在当时定居的人口稀少。宗家初到这里和当地的人关系融洽，因为在当地有同姓亲戚的缘故，所以能够保证有自家耕种的土地。宗家的祖辈来到这里定居以后，家庭成员和后代不断增多，后来分化为了六门，其中大门、二门、三门和四门仍然定居在宗圪堵村以及附近的几个村子里，五门和六门后来又回到了河南省的老家。在1928年、1929年时，宗圪堵村和周围几个村里来了许多逃难的难民，大多数都是从陕西榆林市和河南省来的难民，还有因为自然灾害从定边县来的邹家、从榆林市逃到了村里的李家。这些人一直在此地定居，再也没有回到故乡。1949年以前，宗家大家族中的大门和四门中宗尚贤在外做过生意。宗家祖上来到了宗圪堵没有发生过重大的变故，祖上定居于此地后，主要是靠种地务农为生，后来中国共产党进入陕北以后，宗家许多人为中国共产党服务，其中宗为诸当时给红军运输枪炮。宗有民参加过当时村里的土地改革运动，很早就加入了中国共产党。

二、家户基本情况

（一）家户人口较少

1949年在宗家，爷爷的名字叫宗沛司。父亲同辈的男性有3人，大伯叫做宗为真，担任警卫队队长；二伯叫做宗为诸，当时给中国共产党军队运输枪炮；宗有民父亲的名字叫宗为哲。其中还有一个女性成员，后来出嫁到宗湾子村，嫁给了尚家的第四个儿子。在同辈中，宗有民是长子，二弟宗有普，三弟宗有旗，四弟宗有军，宗有旗和宗有军是在1949年后出生的。因为家里父辈的长子和次子常年在外，只有宗为哲一直在家里种地务农。家庭中共有13口人，三代人，其中结婚的有5对夫妻，其中宗有民的母亲是童养媳，在1929年在12岁的时候就来到了宗家。1947年胡宗南的部队进攻陕北地区，当地受战争影响，战乱不断。当时中央红军仍然在陕北延安，宗有民的奶奶和二娘专门负责给红军照看小孩。在宗家没有出现收养和过继的情况。

表4-1　宗家家庭基本情况数据表

家庭基本情况	数据
家庭人口数	13
劳动力数	3
男性劳动力	3
家庭代际数	3
家内夫妻数	4
老人数量	0
儿童数量	3
其他非亲属成员数	0

（二）家户成员以男性为主

1949年前,宗家大部分的成员都居住在家里,宗为真和宗为诸常年在外地干活,但是其妻子和孩子都在家里。当时爷爷和奶奶仍然在世,家庭中宗有旗读过书,全家成员没有宗教信仰。家庭成员中宗为真担任警卫队的队长,宗为诸是红军运输队的成员,其他的家庭成员没有参加社会组织,都在家里勤恳务农。家里没有雇用的管家、保姆、丫鬟和长工等家庭之外的成员。

表4-2 1949年时宗家的家庭成员情况表

序号	家庭关系	姓名	性别	出生年份	当时年龄	婚姻状况	健康状况	参与社会组织情况	备注
1	父亲	宗沛司	男	1887	62	已婚	良好	无	
2	母亲	王氏	女	1889	60	已婚	良好	无	
3	大哥	宗为真	男	1903	43	已婚	良好	无	警卫队长
4	大嫂	张氏	女	—	—	已婚	良好	无	
5	二哥	宗为诸	男	1905	41	已婚	良好	无	运输队员
6	二嫂	李氏	女	—	—	已婚	良好	无	
7	当家人	宗为哲	男	1907	39	已婚	良好	无	
8	妻子	闫德兰	女	—	—	已婚	良好	无	童养媳
9	长女	宗有霞	女	1935	14	已婚	良好	无	
10	长子	宗有民	男	1936	13	已婚	良好	无	
11	长媳	王氏	女	1936	13	已婚	良好	无	
12	次子	宗有普	男	1938	11	未婚	良好	无	
13	三子	宗有旗	男	1939	10	未婚	良好	无	读过书

注:传统时期女性的名字大家很少知道,所以女性的名字不详。家庭成员较多,其他成员名字不详。

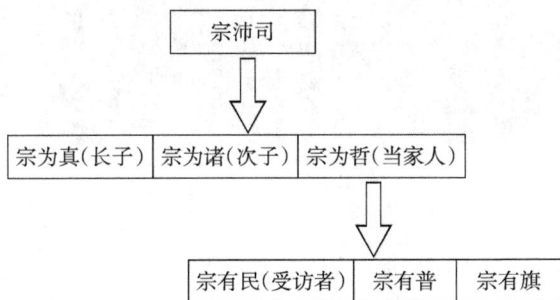

```
              ┌──────────┐
              │  宗沛司   │
              └────┬─────┘
                   ↓
┌───────────┬───────────┬─────────────┐
│宗为真(长子)│宗为诸(次子)│ 宗为哲(当家人)│
└───────────┴───────────┴──────┬──────┘
                                ↓
          ┌──────────────┬───────────┬──────────┐
          │宗有民(受访者)│ 宗有普    │ 宗有旗    │
          └──────────────┴───────────┴──────────┘
```

图4-1 1949年以前宗家的家户结构图

（三）居住以窑洞为主

1949年以前,宗圪堵村宗家居住的房屋是土窑洞。在陕北穷山恶水的黄土地上,加之常年风沙侵袭严重,所以窑洞是最适宜当地人居住的场所。当时村里居住的位置普遍偏高,都是在半山腰上,因为在山下有洛河的支流,担心夏天受洪水的冲击,从安全的角度考虑,宗家修建窑洞的地方选择在半山腰的位置。宗家在村里是老户人家,居住的时间久远,居住的地理位置比较优越。为了出行方便,宗家人自己修了一条到山下的路,村民居住的地方相对分散,每户人家都有自家的小路。那时候箍窑的时候,需要找阴阳先生来观察山的位置"空不空""土神在不在位",然后再确定修不修建新窑洞。修建新窑洞一般都是在山的阳面,面向阳光,窑洞坐北朝南,这样窑洞便于采光,更能体现出窑洞冬暖夏凉的特质。当地村民在箍窑的时候,为了全家的平安和健康,修建十分讲究。虽然当时人们不懂复杂的风水理论,但是在箍窑的时候仍要找阴阳先生来看方向,尤其是家里大门的方向,担心大门影响家里人的运气。当地村民修建窑的时候,都需要背靠大山,村民认为这样接地气,而且当地民谚说:"背后有靠山,必定出大官。"窑洞修建好以后,当地人都会举行"合垅口"仪式,庆祝窑洞的建立,窑洞的主家会邀请箍窑的匠人和其他帮忙的人吃饭喝酒,并且饭菜的质量高于平日的生活水平。

在宗家打算搬入窑洞居住的时候,主家都会请来当地的阴阳先生举行"谢土"的仪式,"谢土"是为了祈祷新窑洞安全,全家人平安。当地村民十分重视家神,所以"谢土"也是为了祭祀每个家神,祈祷每个家神的保佑。宗家为了家庭的平安,对窑洞有许多的忌讳,例如别人不能在自己家的窑洞上动土,这样可能会改动雨水的路径,冲垮窑洞。因为陕北的黄土易受到雨水的冲刷,所以窑洞的水路十分讲究,会把水路分在窑洞的两侧,水路也不能乱开,如果乱开会冲垮窑洞。陕北的窑洞内布局不同于四合院,在窑洞内做饭的灶台和土炕是连接在一起的,全家人都在一个窑洞里吃饭,睡觉的时候会被当家人安排在不同的窑洞里,一般长辈会住在家里最优先的位置。陕北的炕不仅仅是睡觉的地方,也是招待客人的主要地方。家里来了客人一般都会招待其上炕坐,招待客人上炕是对客人的尊重。客人推辞一番之后,都会脱鞋上炕,尤其是冬天的时候,土炕既暖和又舒服,所以大家愿意在炕上聊天谈事。土炕成为睡觉、吃饭和招待客人的地方,其对于一户人家的重要性不言而喻。土炕上铺的东西十分讲究,一般炕上都铺着席子,席子上铺毡子,毛毡上又铺了席子,家庭中的女性一般把炕上的席子打扫得干干净净。当地人十分忌讳别人上炕不脱鞋,这种行为会被视为看不起主人。

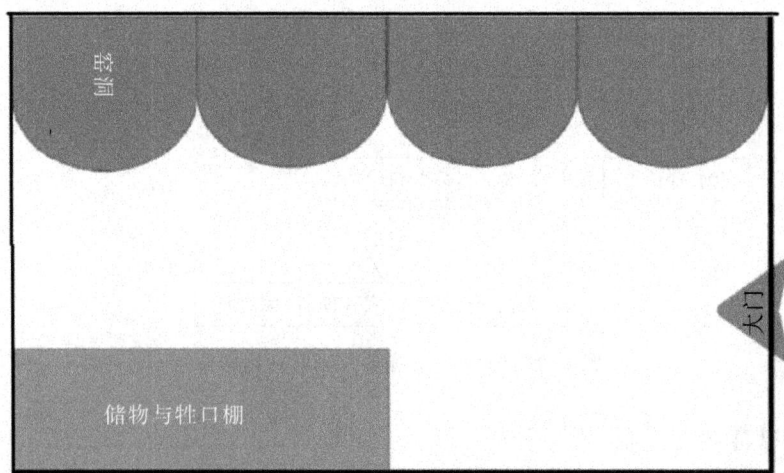

图 4-2 1949 年以前宗家房屋示意图

(四)土地和牲口满足使用

1949 年以前,宗家耕种土地具体的亩数很难确定,当时村民的土地都是按照山头的数量来计算的,例如这座山的土地属于李家,那座山的土地属于宗家。那时候土地的计算不是十分明确,所以当时土地多少亩,没有人详细计算过,并且当时计算土地主要是以垧为单位,1 垧的土地大概等于 3 亩,估计宗家的土地有 200 亩左右。到了土地改革运动的时候,仍然是按照山头计算。耕种的平地主要在家庭居住的窑洞周围,山地居多,并且距离较远。当时吴起镇属于半耕半牧区,家里饲养牲口总数不详,宗家的牲口中有两头牛、两头驴,并且还饲养了上百只的羊,当时宗家主要以种地为生。家庭中的劳动力能够满足家庭的使用,由于土地的面积较大,难以全部耕种,每年宗家人能种多少土地就种多少,收成的粮食能够满足家庭的使用就足够了。当时家里的农具是犁、桨子和耧等,还有锄头和耙子,这些农具以自制为主,生产农具能够保证家庭的使用。

表 4-3　1949 年以前宗家家户状况表

土地占有与经营情况		土地自有面积	200 亩	租入土地面积		0 亩
		土地耕作面积	150 亩	租出土地面积		0 亩
生产资料情况		大型农具	耧、桨、犁等			
		牲畜情况	2 头耕牛 2 头驴 100 多只羊			
雇工情况		雇工类型	长工	短工		其他
		雇工人数	0	0		0
收入	农作物收入				其他收入	
	农作物名称	耕作面积	产量	单价	收入金额(折算)	收入来源	收入金额
	糜子	30 亩	100 斤/亩	—	350	—	—
	谷子	30 亩	70~80 斤/亩	—	200	—	—
	荞麦	40 亩	60~70 斤/亩	—	140	—	—
	豌豆(麻子)	25 亩	70 斤/亩	—	120	—	—
	土豆	25 亩	200~300 斤/亩	—	200	—	—
					收入共计		
支出	食物消费	衣服鞋帽	燃料	肥料	租金	税赋	公共支出
	自给自足				一石里面交两斗	—	—
	医疗	教育	其他		支出共计		
	0	0	0		0		
结余情况	结余 一元		资金借贷		借入金额		0
					借出金额		0

(五)老户家庭,威望较高

1949 年前,宗家人没有在村里担任过乡长和保长,但是宗为真担任过警卫队队长,宗为诸是红军运输队的队员,并且后来还在游击队担任队长,负责游击队队员的训练任务。宗家人在宗圪堵村的威望较高,声望较好。当时居住在宗圪堵村的宗家有三代人,其中宗有民的爷爷年龄大了,不再管理家庭的事务,父辈中的宗为真和宗为诸常年在外,很少有时间管理家庭的事务,宗为哲常年在家务农,所以宗家的当家人由同辈排行第三的宗为哲担任。家庭中的家务劳动主要是由宗为哲的母亲来负责,还需要负责家庭成员的吃饭问题。宗家在当地是老户人家,因为宗家在当地居住的时间久远并且家族支系庞大,所以在当地被看作是大户人家。

宗圪堵村和附近的宗湾子村居住的宗家人口多,所以这两个村庄也是因为宗家而得名。当地村民十分重视大户、中户和小户人家的区分,如果是一个大户人家,那么家里就需要一个专门当家人,其他的家庭成员听从当家人的安排,家务劳动主要是由家里的妇女分工,轮流推磨和做饭。当时在周围村里最大的家户有六十多口人,而宗家有十三口人。当地家庭中人口众多,土地面积广大,家庭经济条件相对好,同时家庭在此居住的时间久远,就被当地人看作是大户人家。宗为哲所在的宗家人口在村里算是比较多的,当时每家每户的人口成员都比较多,主要因为当时家庭劳动需要更多的劳动力,同时家庭追求多子多孙,保证家庭后代的传承。宗家的土地和财产在当时的村里所有的家户中算是中等水平。总体而言,宗家在当时处于中等的生活水平,由于家族庞大,宗家在村里是十分有影响力的家庭。宗家虽然有家谱,但是后来由于某些原因宗家的家谱被毁,所以没有其他文字性的记载,依据宗家人的口口相传,宗家人来到这里有六百多年了,在当地算是地地道道的老户人家。

第二章　家户经济制度

宗圪堵村的宗家是当地传统的老户,在村里居住的年代久远。但是在宗为哲父亲宗沛司当家的时候,大家庭因为人口众多,不断分化。黄土高原上沟壑纵横,耕种的土地以山地为主,产量很低。1949年前,宗圪堵村居住着六户人家,并且同姓亲戚家户居多,村民之间相处融洽,在土地产权、房屋产权、生产资料产权、生活资料产权以及家户其他产权的问题上,宗圪堵村里家户边界明确,产权明晰,彼此尊重。侵占土地、房屋、生活生产资料的情况很少发生,即使村民之间有一些小矛盾也会彼此协调解决。当时村里交通条件落后,对外交往贫乏,农户的生活基本上是自给自足的形式,以农业为生。在家户消费上,由当家人做主决策,家户消费以粮食和其他食物为主,住房消费、医疗消费、教育消费、人情消费和红白喜事的消费占比例很低。总之,在家庭的经济方面由当家人做主,其他家庭成员服从,以满足家庭生活为主。

一、家户产权

(一)家户土地产权

1.土壤贫瘠靠天吃饭

1949年以前,宗为哲当家的时候家里土地面积大概有200亩,家庭中土地没有明确的分类,在当地依据地势和土质主要分为山地和平地,山地土质较差,产量低。平地土质相对好,易于耕种,产量比山地好。受地形地势的影响,在黄土高原上当地平地少,山地多,但是无论是平地还是山地土壤十分的贫瘠,粮食产量十分的有限。并且当地自然环境十分恶劣,缺水导致农业种植非常困难,如果遇到旱灾,农民日常饮用水都会面临严峻的挑战。当地年降水量稀少,所以当地有"十年九旱"或者"十年九灾"的说法。宗家的平地大概有六七十亩,山地大概有四到五座山头的土地。平地主要分布在河流附近,离家很近,山地主要在自己家对面的山上。虽然平时能看到自家的山地,但是如果走过去的话,距离却很远。陕北地区位于黄土高原的腹地,沟壑纵横,水土流失严重,属于半耕半牧的地区。在历史上黄土高原就属于农耕文明与游牧地区的交界地带,当地的生存环境十分恶劣,常年干旱少雨,1949年以前种地主要是"靠天吃饭",所以当时人民的生活十分艰难。1948年当地进行了土地改革运动,宗为哲的家被划定为中农成分,家里的土地不增不减,意思是不会把宗家的土地分给其他人,也不会把别人的土地给宗家划分进来。

2.祖上开荒

宗家的土地主要是继承祖产而来。宗家作为宗圪堵村老户人家,经过家庭不断分化,土地占有面积越来越大,所以宗家的土地主要是继承父辈留下的遗产而来。宗家祖辈当年分家的时候,东山土地和西山土地分给了不同的后代。继承的土地主要是祖辈来到这里以后,祖辈自己动手开荒所得。很早以前，宗家人来到吴起县的时候，吴起当时还是属于红柳生长地区，在山沟和平地上到处生长着红柳，居住的人口稀少。红柳的种子被大风刮到哪里，就在哪里繁衍生长，所以在河沟里红柳生长得特别旺盛。

当初在村里如果需要开垦耕种的土地，那么就需要自己家人动手把红柳砍了，然后动手翻耕土地，进行耕种。因为最初人口稀少，所以只要当时农民愿意砍红柳开荒，那么就会有自家耕种的土地。宗家的祖先最初来到宗圪堵村开荒，土地分布在居住窑洞的周围，土质相对较好，并且易于耕种。因为当地自然环境恶劣，土地难以灌溉，主要是靠天吃饭。在宗为哲当家的时候，家里的土地能够满足家庭耕种，经过土地改革运动以后，村里家家户户都有了自己的土地，并且每户家庭土地面积的差距也进一步的缩小。事实上，最初来到村里时，宗为哲给人做过长工。在村里每户人家都有了土地，没有人愿意再开荒。宗家祖上来到这里以后，主要依靠自己家人开荒才有了自家耕种的土地。那时候宗圪堵村里共有六十多口人，土地多，逃荒来到村里的人，不需要经过当地人的同意，就可以开荒耕种土地，开荒的家庭自己准备开荒农具。当时逃荒而来的人，需要找到村里"请会"组织，借种子进行耕种，到了秋天收割以后归还种子，当时借一斤种子需要归还二斤粮食。

3.土地家户所用

宗为哲的家庭属于宗氏家族分化的第二门，家庭中分到了来自祖上留下的土地，分到宗为哲家里的土地，就属于他们全家人共同所有，而不是属于某一个家庭成员所有。家里的土地家庭成员人人有份。当时村里的住户少，土地面积广大，每家每户都有自己的土地，有的村民家里的土地甚至会荒芜，因为没有足够的劳动力耕种。宗家没有和其他人共有土地的情况，土地是家庭重要的资产，家庭一年生计都在土地里，并且宗家的土地都是继承而来的，因此家庭成员个人没有土地产权。所以家庭成员共同生活，共同耕种土地，没有私房地。在宗家家庭有困难的时候，家长首先会想办法通过自家能力解决，如果家庭自身难以解决，那么会寻求自家五服内亲戚的帮助，有时也会找到"请会"组织的会长，希望能给家庭提供一些帮助。不到万不得已，家庭不会选择卖地。当时村里有的村民不会过光景日子，并且吸食大烟，最后就变卖自己的土地。在当时，宗家自己家的男性成员、娶进门的媳妇、未成年的孩子都属于自己家人。出嫁的女儿不再算做自己家庭的一员了，"嫁出去的女儿泼出去的水"，一旦女儿出嫁就不会管家庭的事情。舅舅和姑姑等亲戚也不能算是自家人，只能算是亲戚。在土地所有权的范围上，只有属于自家成员才有份。在家庭不同类型的土地上，除了当家人，家庭每个成员在产权权利上是相同的，作为当家人有着高于其他成员的支配权。宗为哲的大哥和二哥虽然大部分的时间不在家，但是家里的土地仍然有份，家庭中未成年的男孩有份，但是未成年的女儿对土地只有耕种使用的权利，而没有所有权。女儿一旦长大出嫁到其他家庭，就不能再使用自家的土地了，而且家庭中不会用土地作为女儿的嫁妆。

4.土地边界清晰

宗家的土地和四邻的土地有边界，大多数的边界以地垄为界。这样的边界在划分土地的时候就已经产生了，当时村民丈量土地主要是用步数计算，在当地二十四步是一分地。边界明确以后，周围的四邻之间不能越界进行土地耕种。当时山地是按照山头划分土地，所以不需要边界，因为两座山中间有巨大的沟壑，所以土地的所有权十分明确。在当时耕种的山地较多，但是产量较低，边界是以沟壑为界。宗家的土地如果没有发生买卖、置换或者典当的情况,那么自己的土地只能自己家人耕种,家庭以外的人不经过家庭的同意不能随意耕种属于宗家的土地。在宗家的土地继承上,只有宗家的男性后代才能继承家庭的土地,娶进门的媳妇和出嫁的女儿都没有继承权利。已经分家的儿子,就会拥有分给自己小家庭一部分的土地,因此就不能再继承和耕种原来大家庭的土地。宗家的家庭成员尤其是男性成员,心里十分清楚自己家庭土地的边界,也会认同自家土地边界。宗家的家里男性是劳动的主力,等到男孩子长大成人以后,能够到地里干活的时候,长辈就会告诉晚辈哪些是自家的土地,边界在哪里,四邻分布土地分别是谁家的,久而久之家人就清楚了自家的土地边界。这样的土地经过家人口口相传,所有的家庭成员都会明确自家土地的边界。

5.家长支配土地,"请会"互助

俗话说:"家有百口,主事一人",意思是家庭中不管有多少成员,都只要一个人出来主事,管理家庭各方面的事务,这样才能保证家庭发展的稳定有序。在1949年以前,宗家事务主要是由当家人宗为哲负责安排,由于宗为哲的两个哥哥常年不在家,在一些家庭重大事情上当家人还需要与父亲宗沛司商量以后再做决定。在土地的买卖、租佃、置换和典当的活动中,宗为哲具有实际支配权,当家人一旦做出了某项决定,那么就会代表整个家庭的决定。宗家在土地买卖的时候,优先考虑同姓氏亲戚,保证他们有土地耕种。如果需要买卖土地,首先会告知同姓氏的亲戚,有时也会告知舅舅姑姑等其他非同姓氏的亲戚,如果同姓的亲戚不需要土地,才会考虑和其他人进行土地的买卖,先考虑同村的村民,因为在同一个村里互相了解家庭状况。土地的买卖是由当家人做主,宗家在土地买卖的时候需要订立契约,当家人决定买卖哪块土地,那么就会买卖哪块土地。土地的买卖也会有详细的过程和手续,首先双方需要确定买卖土地的具体面积和具体位置,而且宗家会找一个同姓的有威望的近亲作为买卖的见证人。确定买卖土地意向后,双方经过多次交换意见后,确定最终的价格,然后选择一个好日子,由买主宴请土地买卖的双方和中间人。在宴会上双方在契约上签字画押,最后一起吃饭喝酒。宴会结束意味着土地买卖的完成。

1947年的时候,中国共产党对村里的土地进行了登记,当时登记土地的时候是每家每户登记自己家的土地。村里有的人勤劳务农,耕种的土地产量好,并且耕种土地的面积越来越多。但是有的村民不务实,吸食大烟,嗜赌如命,把自己的土地租出去或者典当出去,每年收取一定的租金。后来中国共产党来到陕北以后,推翻了原来关于土地的政策,进行土地改革运动重新划分了土地,使原来没有土地或者少地的村民拥有了土地。当时村里有一种组织方式叫做"请会",它是十几或者二十个关系好的人家,彼此之间信任,每户人家拿出一部分土地共同耕种,收成的时候,收获的粮食属于其中的三四户人家,每年参会的成员轮流收获粮食。但是每年都会有一个"请会"的负责人,在每年规定的时间召集参加的人,并且由"请会"的负责人为所有的会员备办酒席。"请会"的负责人也是在会员中每年轮流担任,为请会成员准备酒席。在参加"请会"的所有成员中会写契约,每个会员都会签字画押。参加"请会"的成员都是家里的当家人。宗家当时也参加了"请会",并且还缴纳了八个银元。分享成果的时候都是按照每个成员入会的顺序进行的。"请会"是一个互助的组织,能够保证每一个参与的家庭都能分享成果,也能有效地抵御自然灾害。

6.外界认可土地产权

宗家的土地没有出现过被人侵占的情况,当时明目张胆地侵占土地不会出现,同村的村民没有人愿意这么做,但是因为侵占地界的小矛盾纠纷仍有存在。在当地平地少,所以有的村民在耕地的时候,就会刻意多耕一两犁别人的土地,这样的话地界就会移动一点。那么地邻之间就会因此而产生矛盾,这需要邀请同村的邻居和有威望的人帮助调解,因为同村的邻居清楚土地的边界,村民在实际生活中认为"亲靠亲友,邻靠邻里",意思就是远亲不如近邻。侵占的土地情况只是一些贪小便宜的人的做法,大部分的村民和地邻之间都能够友好地相处。其他的村民会承认宗家对自家土地的所有、耕种和收益的权利,同样的,宗家也会承认其他村民对自己家庭土地的所有、耕种和收益的权利。当时在宗圪堵村里的村民之间不仅仅是居住的邻居也是地邻,彼此之间都清楚土地的位置和边界,大家共同遵守互相尊重。宗家的家族、村庄和政府也承认宗为哲家庭对属于宗家土地的所有、耕种、收益的权利,在没有经过宗家当家人宗为哲的同意后,家族、村庄和政府不能随意侵占、租用、置换和买卖宗家土地。如果需要进行这样的活动,必须去找当家人进行商量,经过同意以后才能交易。没有大面积的土地侵占,土地的纠纷都是一星半点,所以家族、村庄和政府很少出面解决。

(二)家户窑洞产权

1.窑洞自建,共同居住

1949年前宗家的宅基地面积较大,因为当时村里的村民少,所以修建窑洞的时候不需要经过其他人的同意。自家选好了土地就可以箍窑,人们对居住的地方没有特别高的要求,只要能够为全家人提供容身之地就可以。当时宗家居住的是四孔土窑洞,窑洞的占地面积大概有一百二十平方米,院子的面积较大。这四孔窑洞是祖上分家以后,宗为哲的父亲自己修建的。那时候箍窑需要找阴阳先生来观察山"空不空",如果阴阳先生认为山不"空",那么就意味着今年不能修建窑洞,并且会帮助主家看好修建窑洞的日期。窑洞不同于平房,为了防止风沙,只有一面可以安装窗户,并且窗户很小,所以修建的窑洞一般都是在山的阳面,面向阳光,窑洞坐北朝南,这样窑洞便于采光,更能体现出窑洞冬暖夏凉的特质。在陕北的土窑洞内布局不同于四合院,在窑洞内做饭的灶台和土炕是连在一起的,全家人都是在一个窑洞里吃饭,睡觉的时候会被分在不同的窑洞里,一般长辈会住在家里最好的位置。陕北的炕不仅仅是睡觉的地方,也是招待客人的地方。家里来了客人一般都招待上炕坐,招待客人上炕也是对客人的尊重。

宗为哲家庭的窑洞是在宗家祖上分家以后,宗为哲的父亲自己修建的。箍窑的地方是自己家人请阴阳先生选择的地方,当时修建窑洞的时候家庭劳动力不够,同族的其他亲戚给予很大的帮助,才修建了自己的院子。1949年前,当地人少地多,并且窑洞修建的成本较低,在当地人的眼里只要背靠大山都可以箍窑,没有把窑洞看做家庭中的重要财产,所以没有买卖窑洞的情况。宗家虽然是村里的老户,但是宗为哲父亲在分家的时候,没有留在祖上的老窑洞里,而是选择箍新窑。修建窑洞的时候,需要专门请匠人来箍窑,虽然自家也可以动手挖窑洞,但是挖的土窑洞既不美观也不结实,雨水冲刷容易坍塌。匠人箍窑的时候,只负责技术问题,其他的劳动力就需要自家人出。如果人力不够,就会请村里的邻居帮忙。邻居帮忙不是无偿的,而是一种变工的行为。等到日后邻居需要劳动力的时候就主动去还工。窑洞的门窗需要请木匠来制作,成本较低,窑洞建成的花费都由家庭承担。

2.窑洞家户所有

1949年以前,宗家居住的四孔土窑属于宗家全家人所有,而不是属于家庭中某个成员所有。虽然当家人对窑洞有支配的权利,但是窑洞却不属于家长个人所有,家里的房屋家庭成员人人有份。在当地窑洞不被视为家庭的重要财产,如果家庭需要就会想办法修建。窑洞没有出现几户人家共用的情况。在窑洞的使用上一般是长辈和当家人优先,窑洞的修建是一字排开,没有正房和偏房的区分。一般做厨房的窑洞是最边上的一孔,家里的长者或者当家人一般居住的窑洞是全院最中间的位置。在睡觉的时候一般优先满足家里长辈的需求,比如冬天的时候长辈就会睡在土炕最暖和的中间,夏天的时候为了凉爽就睡在靠窗户的位置。未分家之前,窑洞属于大家庭所有,包括未分家小家庭的房间,当家人都可以支配使用。在当时,宗家自己家的男性成员、娶进门的媳妇、未成年的孩子都属于自己家人。出嫁的女儿不再算做自己家庭的一员,舅舅和姑姑等亲戚也不能算是自家人。这些人虽然有亲戚关系但是却不在宗家窑洞所有权的范围内。宗有民认为家庭的窑洞属于家庭集体比家庭成员个人有优势,因为当时每个人的生活主要是以家庭为主,并且当时条件落后,自然灾害频发,个人抵御灾害的能力弱,所以家庭集体生活才更有保障。未分家以前,家庭成员都属于一家人,全家人共同生活,有助于家庭的团结和睦,提高家庭在村里的地位。

3.窑洞边界明确

1949年以前,在宗圪堵村里居住的农户不足十户,主要以姓宗的人家为主。每户人家之间居住的距离较远,这样每家每户之间的交往较少,但也有效地减少了彼此之间的矛盾。正是因为居住距离较远,每家每户的边界十分明确。一般每户人家居住的院落不仅包括窑洞和院子内的地方,甚至院子外都属于自家所用。宗家除了自己居住的院子以外,还有院子周围种蔬菜的菜园和牲口棚都属于自家。边界是在自修建窑洞的时候就已经明确了,宗家及所有的村民对别人的房屋边界互相尊重认同。别人同样也会认同宗家的房屋边界。房屋属于全家人共同所有,家庭以外的人员,不经过当家人的同意不能随意使用宗家的窑洞。在窑洞的买卖、修缮和重建上是由当家人做主决定,不需要和家庭的成员进行商量决策。更不会受到外人、宗族和村庄的干涉。

4.窑洞家长支配,成员服从

宗家的家庭窑洞属于全家人所有,但是家庭成员对窑洞的所有权和使用权上却有差异。家里的长辈和当家人对窑洞具有更大的权利,当家人是家里窑洞的实际支配者。在窑洞的买卖、典当、出租和建造等事项上都是由当家人出面做出决策,如果当家人不在家的话,关于窑洞的事项是不能决定的,只有等到当家人回来才能决定。在宗家,已经结婚的小家庭在没有分家的时候,小家庭居住的窑洞仍然属于大家庭所有,小家庭只有使用权,家长仍可以支配小家庭的房屋。1949年以前,当地生存环境恶劣,村民只能保障最基本的生活,对居住的窑洞也没有什么要求。土窑洞在人们眼里算不上是重要的家产,所以在当地窑洞没有买卖、典当和出租的。窑洞的建造是需要专门的匠人箍窑,匠人掌握着传统的箍窑技术,修建出来的窑洞既美观又安全。家庭条件好的村民家里会给土窑洞接一口石头窑口,这样窑洞美观,更能体现家庭在村里的地位。宗家的窑洞修建是由宗为哲的父亲做主,当年修建的时候没有和其他的人员商量。土窑洞居住的时间长了,经过多年的风吹雨淋,难免破损。所以每过几年宗家就需要对窑洞进行修缮,修缮窑洞不需要请专业的匠人,自己家人就可以完成。除了家长以外,其他的家庭成员对窑洞不能发挥支配性的作用。宗家不是长子当家,而是由同辈中排行第三的宗为哲当家,并且家里还有长辈在世。宗为哲在家里关于家庭窑洞的事情可以自己做主,有时候也会和父亲商量,或者给父亲说明情况。家庭里的女性成员和未成年的儿童很少过问家里窑洞的事情,很少提出意见,愿意听从当家人的安排和决定。

5.窑洞无侵占现象

1949年前,在宗圪堵村不足十户人家的小村庄里,村民之间的相处很融洽,每户家庭居住的距离较远,彼此之间都承认彼此对窑洞的产权。其他的邻居都承认宗家对自家窑洞的所有、买卖、租用和置换的权利。未经过宗家当家人的同意其他的村民不能任意地使用宗家的窑洞。家族、村庄和政府都会承认宗家对属于他家窑洞的所有、买卖、租用和置换的权利,如果需要置换或者使用的时候需要和宗家的当家人进行商量,当家人同意了就可以使用,不同意的话就不能使用,村里每户人家都认可别人对房屋的产权,只有这样别人才能认可自己的产权。窑洞是每家人的容身之地,村里家家户户都有自家的窑洞,村里没有出现过侵占的情况。

(三)生产资料产权

1.农具简单,自制为主

在1949年前在宗家的农具有耧、桨子和犁,还有锄头和耙子等,这些农具都是以家庭自制为主。家庭中自制的农具以木材制作为主,所以制作的农具不结实,能使用的时间短。犁、锄头和耙子主要部件是铁制,一般农民不会制作,都需要购买。其中"连嫁"是当地特有的一种专门脱粒使用的农具,村民一般用驴皮编制而成,这样制作既结实又实用。有的人家还会用狗皮进行制作,同时狗皮还可以缝制被褥。1949年以前,当地没有集市,集市主要在定边县或者是靖边县,距离遥远。大部分家里需要的工具都是依靠牲口队,从外地托运回来。宗家的牲口有两头牛和两头驴,耕牛虽然速度慢,但是力气大,主要用于耕地。驴主要是运输,比如送粪、驮盐等。因为生产资料制作工序简单,在宗家大部分的工具都有,如有,邻居之间也可以互相借用。当时村里的村民主要是依靠种地过日子,所以生产的农具齐备,虽然互相借用,但是为了使用的方便,仍以自备为主。

2.生产资料家户共有

相对于个人而言,宗家的农具牲口是属于全家人,而不是属于家庭中某个成员所有。虽然当家人对生活资料有比其他的家庭成员更大的支配权利,但是家里的农具和牲口却不属于家长个人所有,家里的家庭成员人人有份。当时的条件有限,农具简单,农具没有共同所有的情况。牲口是农户家里最主要的生产资料,为了种地生活,宗家有耕种土地的耕牛。在春天农忙种地的时候,家家户户都要抢种使用牲口播种,如果牲口共有的话,在耕种的时候就难以协调先后顺序的问题,所以家家户户想办法自己饲养牲口。在当时宗家自己家的男性成员、娶进门的媳妇、未成年的孩子都属于自己家人。未成年的女孩只有使用权而没有所有权,一旦长大出嫁,女性就不能使用娘家的生产资料了。出嫁的女儿不再算作自己家庭的一员了,舅舅和姑姑等亲戚不能算是自家人,已经分家出去的儿子没有份。当时家里以种地为生,耕种土地离不开生产资料。生产资料是全家人所有,作为一个家庭的当家人,为了保障家人的生活,家庭兴旺,家庭成员都具有家庭集体意识,家庭生产资料属于全家集体更好,这样既能保证家庭集体的耕种,也能维护家庭团结,有效防止家庭走向分家的地步。生产资料共同所有,家庭成员都会爱护自家生产资料。一旦生产资料分给了个人的话,每个人都会有私心,只会维护自己的利益,而不顾家庭整体利益。

3.家庭成员有支配权

宗家在生活资料的购买、维修和借用活动中,家长是实际的支配者,但是其他的家庭成员也具有一定的支配权。尤其是在农具的借用上,如果当家人不在,其他的家庭成员也可以做主借用。当时受到传统观念的影响,家庭成员中除了当家人,男性成员在家庭中的权利大于女性。所以借用的时候也可以找家庭中其他的成年男性,邻居在借用的时候很少找家里的女性,即使找到宗家女性也会被推辞,因为女性对家里的事情不能做主。牲口的借用比农具的借用相对复杂,因为牲口对于每家每户都是重要的财产,也是重要的劳动工具。在陕北地区人们把牲口称为"生灵",认为牲口是有灵性的,更体现出了人们对牲口的重视。牲口的借用比较正式,除了家长以外其他的家庭成员不能擅自做主向外借牲口。木制农具不结实,在劳动的过程中特别容易损坏,所以经常需要对农具进行维修,维修农具不需要家长出面或者是刻意安排。尤其是家里经常下地劳动的成员,看到农具损坏就会自己动手维修。如果自己修理不了就会告诉家长,家长想办法维修。因为当时宗家没有分家,家庭成员都有一种家庭集体的观念,共同维护家庭生产资料。

4.外界认可生产资料

1949年以前,吴起县没有单独设立县,主要是由几个小规模的村庄组成,当地山地居多,交通闭塞,宗圪堵村属于其中的小村庄之一。当时村里的村民尚少,由于地形的原因对外交往少。村里的村民仍坚持自给自足的农业,生活都以种地为生,生产资料是必不可少的。村里的其他村民都承认宗家对生产资料的产权,宗家也承认其他村民的产权,很少发生侵占的现象,加之生产资料都是自制的农具,更是没有侵占的价值。而且侵占以后会影响自家在村里的名声,所以侵占这种做法是得不偿失。农具的借用很频繁,大多数的村民之间借农具使用完成以后,会主动上门归还。有的时候村民会忘记归还,这样主家只能上门索要。而且凡是主家亲自去要的时候,借用东西的一方就会主动地道歉。如果借用的一方是一副无所谓的样子,就会引起主家的反感,以后借用东西就会有一定的难度。家族、村庄和政府都承认宗为哲家里生产资料的产权,不能未经过宗家人的同意擅自动用、买卖或者借用宗家的生产资料。如果需要借用农具,要主动到宗家说明情况,经过当家人的同意或者其他男性成员的同意才能使用生产资料。

(四)生活资料产权

1."移动式"晒场

1949年以前,宗家有晒谷物的晒场,但是当时的晒场是"移动式"的晒场。因为当时耕种的土地以山地为主,并且距离家较远,每年收回的庄稼很难运输到家里进行脱粒,所以宗家人就在耕种的土地上临时建立晒场,而且每年建的晒场不同,大部分是在自家的山地里。秋天的时候,山地上种植面积大,运输不便,直接在土地上平整出一块地方,然后用牛羊把土地踩实。用木制磨把地磨平整,最后用扫帚打扫干净,就成为晒场。这样可以就地脱粒,然后直接把粮食运输回家,这样大大地节省了人力。所以在当时的村里,哪里种地哪里就有晒场。到了来年耕种土地的时候,会把晒场的土地多耕一次,这样就可以把土地再次播种了。当时村里有水井,村里的水井是全村人共同使用,最早是宗家祖上开挖的水井,但是村里的人都可以使用。担水使用的是自制的木桶,用铁圈固定。家里盛水的缸是石制的,条件好的家庭就会用毛驴从外地驮回来的瓷质缸。宗家有磨和碾子,但是自家有的磨和碾子很小,每次磨的粮食十分有限。村里有大型的磨和碾子,村庄里的石磨和碾子是村庄共同所有,最早是由"请会"的会长利用组织的会费修建,属于村庄的公共财产。同村的村民都可以使用,因为全村的村民吃饭的粮食都需要用公共磨和碾子,村民共同爱护这些东西,尽量地维持磨和碾子的干净。当地关于磨和碾子有许多的忌讳,例如小孩不能在磨和碾子上玩耍,孕妇不能去磨和碾子前,大家共同遵守各种民俗教化,有序地使用磨和碾子。

2.生活资料:自制为主,家庭所有

水井、磨和碾子是村里几户人家所共同拥有,共同维护。水井是宗家的祖上开挖,造福后代,其他的同村居民也可以使用。后来宗家的水井不能满足全村人的使用了,"请会"会长就召集村里入会的当家人商量,一起出钱挖一口水井,因为每家每户的情况不同,所以就是有钱的出钱,没钱的出力,这样大家一起使用。村里大型的石磨和碾子,记不清是什么年代建成的,石磨和碾子需要的原料都是从外地运输回来,然后打造而成。为了保证能够使用的时间更加的长久,村里的农户共同维护,如果有损坏的情况,村民都主动的维修。属于家庭的生活资料都是自己制作,稍微复杂的东西就会请专门的木匠制作。宗家人吃饭的时候都是需要坐在炕上。所以使用的饭桌是木制的炕桌,吃饭的时候专门放在炕上的桌子。这种桌子自己家人不会制作,需要请木匠制作。请木匠做木活分为两种,一种是自己家提供木料然后由匠人制作,这种方式比较便宜,另一种是木匠自己准备原料自己制作,这样制作的成本较高。类似于桌椅板凳等生活资料属于每个家庭所有,属于宗家的这类生活资料属于宗家全家人,而不是属于具体的某一个人所有,作为农户家庭必备的生活资料,这类生活资料不会出现共用的情况,但是借用的情况却多有发生。生活资料所有权只限于自己家人,自家人的范围包括自家的男性成员、未出嫁的女儿、未成年的儿童、入赘的女婿等,嫁出去的女儿不算家庭成员没有份。已经分家的兄弟、已经分家单独吃住的父母、长工和短工没有份。

3.生活资料家长做主

1949年以前,当地没有集市,与外界的交往少,生活资料基本以自给自足为主。宗家作为宗圪堵村的传统老户,家庭中的生活资料能够满足家庭的使用。在生活资料的购买、借用和维修的活动中,当家人具有实际的管理权和支配权。生活资料的购买和制作必须经过当家人的同意才行,因为这种行为是需要用钱解决,其他家庭成员没有财产管理权利。当家人做决策的时候,不用和其他家庭成员商量,更不需要告知四邻、家族和村里的领导,这些事情都属于家庭的内部事务。宗家是男性儿子当家,就由当家人主事。在1949年以前,在宗圪堵村以及周围几个村庄没有女性担任家长的情况,受重男轻女的观念影响,女性在平时很少出门。除了当家人对自家生活资料具有实际的支配权以外,其他的家庭成员对生活资料也享有一定的权利。在生活资料的借用上,不用专门找当家人,如果当家人不在家,家里的其他成员也可以做主。村民之间关系融洽,互相信任才能借用。事实上在借用的时候只是告知对方,作为借用时候的一个见证人。尤其是村里人办红白喜事的时候,因为需要招待亲戚朋友,自家的桌椅板凳不够使用,就会彼此借用。

4.生活资料互相认可

1949年以前生活十分的艰苦,生活资料非常简单,只要能满足家庭使用就够了,侵占他人的生活资料少有发生。宗为哲家里没有出现过侵占的现象,村民在办红白喜事借用生活资料最后归还的时候难免会拿错家具。有的村民是刻意拿错为了能拿到更好的生活资料,这样难免引起一些小的矛盾。有一次村里邻居办事,借用了宗家的一个大的陶瓷盆,等到办完事去邻居家里找自家盆的时候,发现自家的盆被村里王家拿走,并且王家声称是自己的盆。两家人因为这件事情发生了争吵,最后借用东西的主家主动的劝解,并且把自己的盆给了宗家。当时每家每户的生活条件差距不大,家家户户办红白喜事的时候都需要借用生活资料,难免就会产生一些小的矛盾纠纷。这时候就需要借用东西的主家积极的调解,这样的小矛盾不会演化成两个家庭的矛盾。在平时的生活里,其他村民都承认宗家对生活资料的产权,不会随意地侵占宗家的生活资料。如果需要借用的话,就会主动上门说明借用的生活资料和借用的时间。如果没有经过宗家人的同意,其他的村民不能擅自做主对宗家的生活资料进行买卖和借用。村民之间经常一起共事,大家会互相尊重和认可生活资料的产权。家族、村庄和政府对待宗家的生活资料也是同样的道理。

二、家户经营

(一)生产资料

1.生产农具自给自足

1949 年以前,宗家常年的劳动力有三个男性,分别是宗为哲、宗为哲的大侄儿,以及宗为哲的大儿子宗有民,当时家里其他儿子还小,但是能够帮助家里放羊或者放牛。而宗为哲的大哥和二哥,常年在外,家里农活的事情很少过问,父亲宗沛司的年龄大了,身体不好,但是在农忙时候,家里的劳动力不足,仍然会坚持下地帮忙干活。家里的女性主要负责家里的家庭事务、做饭、做衣服等事情,很少参加土地的劳动生产,因为在 1949 年以前,妇女仍要裹脚,小脚走路慢,干活十分的不便。如果家里的妇女经常跟着家人下地干活会被其他人笑话,村民会说:这家人的男人是"懒汉",靠自己的妻子过日子。但是在秋天收割的时候,家里劳动力不足,担心庄稼被冻,需要抓紧时间收割,要不然一年的辛苦劳动就白费了,所以女性也会走出家门,去地里收割庄稼。家里的成年男人必须参与家庭的劳动中,如果不参与的话,会被别人笑话,家长也会批评。如果是儿子不下地劳动的话,当家人就不问缘由地打骂儿子。所以晚辈都十分的惧怕当家人,都听从当家人的安排。未成年的儿童不会强制让下地劳动,因为孩子小,还不会做农活,等到孩子十二三岁的时候,就会被家人领着开始学习做农活。

2.劳动力不足,"变工"解决

1949 年以前,宗家的劳动力能够满足家庭的使用,事实上家里耕种土地的面积广阔,每年耕种不完,所以宗家种地的时候坚持有多少劳动力,就耕种多少土地,而不是强制性地将所有的土地全部耕种。在耕种土地的选择上,优先耕种平地,再就是选择距离家较近的山地,其他耕种不到的土地就选择放弃。在宗家,宗为真和宗为诸常年不在家,宗为真担任警卫队的队长,宗为诸主要帮助红军运输弹药和部队的训练。那时候如果家里农忙的时候劳动力不够用,就会选择和村里的村民"变工"。"变工"的意思是"换工",因为劳动力不足,而且两家人的关系好,就会选择一起变工,一起劳动。两家人的当家人会商量好先给谁干,先做什么农活。变工的时候,每家人出的劳动力和干活的时间都是相同的,这样更加的公平。两家人变工期间,给谁干活就在谁家吃饭。1949 以前,当地有雇用短工的情况,当时宗家的劳动力能够满足家庭的使用,没有雇用过短工。但是村里的大户人家在农忙时,家里的劳动力不能满足家庭的使用,土地少,贫困的家庭就会去给大户人家做短工,时间一般也只有四五天的时间。

雇用短工大多数是在夏天去锄地和秋天收割庄稼农忙的时候。当时给短工的报酬主要是钱和粮食,有时候短工也可以自己选择报酬的形式。因为短工做工的时间短,所以主家不会管饭,每天短工早上在自己家里吃完饭,才去干活,中午也回到自己家里吃饭,如果遇到主家人的心肠好,就会安排家庭成员把饭送到地里,短工和别人一起在地里吃饭。那时候宗家没有长工,但是村里的有钱的大户家庭会雇用长工,一年只给两个银元。

3.牲口满足家庭的使用

1949 年以前,宗家有两头牛和两头驴,耕地的时候是两头牛搭在一起使用,能够满足家庭的需要。在宗圪堵村里有的村民家里贫穷,养不起耕牛,就会选择用人工交换牛工。当时很少能够无偿地借到牛工,因为牛工在生产劳动中是重要的劳力,除非自己家的家门亲戚才能免费借用牲口。更多的情况是用人工交换牛工,一般是一个劳动力干五天的农活,可以换一天的牛工,那时候牛一天能耕地大概有三亩。为了能够让牲口更好地劳动,当时每天给牛喂养的饲料以高粱和豌豆为主,喂养驴的主要饲料是豌豆。用人工换牛工的时候,使用牛工的一方不需要喂养牲口,耕地结束以后,主家会自己把牛赶回去喂养。宗家的牲口能够满足家庭的使用,没有和其他村民进行搭套,搭套在当地称为"伙割","搭套"需要两头牛一起搭,如果两户人家都只有 1 头牛就会一起搭套。因为每种农作物耕种的时间不同,两家搭套的家户会协商今天给谁耕种,需要种几天,只要两家商量好就可以,不需要同其他人进行商量。

4.生产农具的借用

在宗家生产农具有犁、桨子、锄头和连伽①等,主要是自己家人制作,没有什么农具是必须购买的,只要自己会制作农具都会由家庭成员动手制作。在农忙时村民之间难免会互相借用农具,借用的农具主要是犁、锄头、桨子和耙子等。在借用农具的时候具有顺序,优先保证自家的使用,需要考虑到对方是否正在使用。如果别人正在使用只能放弃借用,或者找其他的村民借。借用农具不是因为自己家没有,有时只是因为暂时不够使用。农具的借用需要说明借用和归还的时间。大多数的村民之间借农具使用完成以后,会主动上门归还。有的村民会忘记归还,这样主家只能亲自上门索要。而且凡是主家亲自去要的时候,借用东西的一方就会主动地道歉。如果借用的一方是一副无所谓的样子,就会引起主家的反感,以后借用东西就会有一定的难度。借用的时候如果出现了损坏,在归还的时候就要主动的说明情况,并且主动的道歉。大多数的时候损坏不需要制作新的农具归还。借用的时候一般是找当家人,但是如果当家人不在家,找其他的家庭成员也可以借用。借用农具只是为家庭的应急使用,借用的时候虽然方便,但是借用程序烦琐,所以宗家及其他的村民尽量地备齐自家的农具。

(二)生产过程

1.以农业耕作为生

1949 年以前,宗家主要从事的是农业耕作,主要以种地为生。作为普通的传统农户家庭,家里每年都会饲养各种家畜,以满足家庭使用。宗家没有手工业劳动,那时候在农闲的时候,宗家经营的副业是贩卖羊皮,羊皮主要卖到陕西省偏南的地方。有时候也会在周围村子里把羊买来,然后贩卖到甘肃省兰州市或者平凉地区,有时也会去银川市卖羊,在银川市回族人居多,在那里做生意需要找到当地的回族的头目,经过回族领导的同意才能买卖,未经过同

---

① 连伽:一种脱粒使用的农具。

意不能在当地做买卖,并且价钱由回族人说了算,所以宗家平时很少去银川市做买卖。当时家里副业主要是由当家人宗为哲在农闲的时候经营,等宗有民到了十多岁的时候,也跟着当家人做贩卖的生意。宗为哲的大儿子宗有民在十多岁的时候跟着自己的伯伯去横山县驮运瓷器,那时候家里的伯伯吸食大烟,一路上主要是宗有民负责牲口,如果他不听话的话,就会被伯伯打骂。当时两地的距离较远,需要走好几天才能到达目的地。在宗有民的记忆里,出发的第一天从家里一路向北,晚上他们走到红柳河畔,就在那里居住。第二天到达当地的铜寨村张家,当时和张家熟悉就在张家居住,然后再走小路往东南方向走,三四天才能到达横山县。

2.农业耕种,因地制宜

1949年以前在当地耕种的农作物主要是荞麦、糜子、谷子,还有高粱、玉米和豌豆等,不同的农作物耕种的时间不同,因时而种。当时土地贫瘠,没有肥料,粮食的产量十分有限,而且大部分的年份里主要是靠天吃饭,各种作物的产量每亩很少能够上百斤。农具都是家人自制的,以木制的农具为主。宗家主要的农具有犁、桨子和耧,还有锄头、耙子和连稼。在农作物的生产活动上都是由当家人安排,其实当家人在农业的安排上需要遵从传统的习俗。同一块土地不能每年都耕种同一种农作物,需要进行"倒茬"耕种,意思是一块土地,每年耕种不同的农作物。这样耕种保证土壤的质量。那时候肥料少,为了保证土壤的肥力和粮食的产量,每年在一块土地上耕种不同的农作物。当时还有一种保证土壤肥力的做法,秋天收割了庄稼以后,就会把土地翻两次,到了第二年春天耕种的时候就能够直接种,并有效地保证了土地肥力。当地土壤十分贫瘠,村民因地制宜地采取各种办法保证粮食产量。宗家在农作物的各个环节上,都是由当家人做主决策,不需要和其他的家庭成员商量,更不需要告知四邻和家族。那时候村民一辈子都奉献在土地,村民常年的在土地里劳作,时间久了会有各种疾病。男性到了十六七岁的时候就需要承担家里的农业劳动。到了六十多岁的时候,家里的老人就不能下地劳动了。

1949年前,宗家饲养了一定数量的牲畜,传统的农村家庭劳动离不开牲口。牲口的喂养没有明确分配某个人来喂养,在家庭中成员谁方便,那么就由谁负责喂养。在当时家里的牲口晚上都要喂养,当地有句民谚"马不吃夜草不肥,人不得外财不发"。家里每年都会养猪,养猪主要为了满足家庭的食用,家里的猪主要喂各种粮食,主要是由女性负责喂养。种地的时候主要靠牛,驮运的时候以驴为主,家庭中不同的牲口有不同的用法。如果是自己家牲口老死以后,牲口的肉会自己食用,不会卖给其他的邻居,并且这种牲口的肉没有人愿意买。牲口的皮会用来制作各种东西,比如驴皮能用来制作"连稼"。

3.以贩卖为主的副业

为了家庭的发展,宗家也兼营副业,但是只是在农闲的时候才会从事副业。1949年以前在农闲的时候,宗家经营的副业是贩卖羊皮,羊皮主要卖到陕西偏南的地方,例如耀县、三原县。有时候也会在周围村子里买羊,然后贩卖到甘肃的兰州市或者平凉地区,有时也会去银川卖羊。宗家贩卖的副业是由当家人亲自负责完成,这项副业以家户为主。从事副业仍然是由当家人安排做主,其他的家庭成员也能够理解副业的艰辛,是为了家庭生活的改善,都会听从当家人的决定。这类活动不需要和其他的家庭成员商量,作为家庭内部的事务更不用请示四邻、家族和村长。虽然宗家以种地为生,但是家庭副业的收入能够为家庭提供一定的钱财。在当地村庄里,家庭状况稍微好一些都会从事类似于运输为主的副业,如果家庭实力差一些,那么就会几家人合作一起发展副业,这也是"请会"的一种形式。

4.以木匠为主的手艺

宗为哲的父亲宗沛司在年轻的时候从事过木匠,宗沛司木匠的手艺是从祖上传承而来,跟着自己的父亲学习的。到了宗沛司这一代的时候晚辈都没有学习这门手艺,这门手艺也就此在宗家内部失传。当时学习手艺有许多的讲究,手艺传男不传女,因为担心女儿把手艺带到别人家,所以不会把手艺传给女儿。手艺的学习时间必须是三年以上,最开始学习手艺的时候,只是跟着师傅做一些简单的杂活,等到一年后师傅才会慢慢地教徒弟一些技术活儿。徒弟在这三年时间里没有工钱,等到学徒满三年以后,徒弟自己能够真正地独立做手艺的时候,徒弟的家庭就会负责举办"谢师宴",表达对师傅的感激之情,徒弟以后就自立门户做手艺活儿了。在当地村庄居住的户数少,人口稀少,手艺人难以仅仅依靠手艺生存下去。虽然村里有手艺人,但是更多的时候是兼职的手艺,因为生活仍然是以农业为生,在农闲的时候才会从事手艺活儿。在吴起县北面的定边县和安边镇,那里地势平坦居住的人口多,手艺人也比较多。在当时手艺人的收入不仅仅是给银元,也可以用粮食折价。

(三)生产结果

1.粮食满足家用

1949年以前,陕北地区自然环境恶劣,经济十分落后,再加上当地自然灾害频发。黄土高原水土流失严重,土壤贫瘠,家庭虽然在土地上一年四季辛苦地劳作,但结果是土地广种薄收,一年收获的粮食只能维持家庭的基本生活。一旦遇到了自然灾害,粮食歉收,家庭生活就会面临没有粮食食用的困境。那时候宗家耕地的种子都是自己家在上一年保存下来的,如果谁家里有了新的品种,那么自家人就会主动地找上门去换,一斤粮食换半斤的新品种。一般情况下,新的农作物品种产量比原来高,所以宗家人也愿意进行耕种。受自然气候的影响,粮食一年只能收一季,不同的作物收成不同,但是在村里高粱和荞麦的产量比其他农作物的产量高,其次是糜子和谷子的生长条件要求低,也适宜在当地耕种,黄豆和豌豆种植较少,产量低,只是为了满足家庭的使用。那时候农作物的耕种主要是靠天吃饭,自然环境对农作物的生长有至关重要的作用。当地村民说:"在家观颜色,外出观天色",一年之中,宗家人最关心的是自家农作物的生长和一年的粮食产量,所以在每年耕种的时候十分重视天色的观察。新年一过,家里有经验的长辈就会看天色,判断今年哪种作物会丰收。一般在每年春天的正月、二月和三月都会看天色,不同的人观察的方法不同,做出的判断也不相同。宗家依据长辈对新一年农作物收成的大致判断,然后计划农作物的种植。每年的收成关系着一家人未来一年的生活,所以家庭成员都比较关心粮食的产量,尤其家里的男性成员。秋天粮食收割以后,妇女也会询问家里的丈夫,家庭中粮食的收成情况。在当地旱灾经常发生,如果灾害不严重的话,每年的粮食产量差别不大,基本能够保证家庭的食用。遇到大的自然灾害的时候,粮食歉收,只能找邻居借用,有的农户家里贫困,没有粮食,只能选择逃荒。等过几年村里条件好了以后,就会回到村里。

2.家畜饲养收益

在宗家,一年饲养一两头猪,饲养鸡的数量相对多,大概20只左右,而且都是自家孵化小鸡。存活率比较低,鸡长大的时候只能剩下不足十只。羊饲养的数量大一些,大概有七八十只,主要是为了卖羊绒和羊皮。家庭中每年饲养的家畜的数量差别不大,饲养家畜的主要目的是为了满足家庭的使用。每年影响饲养家畜数量的决定因素是家里收获粮食的多少,如果剩余粮食多的话,就会多饲养一些家畜。如果余粮不多,就会选择少饲养一些。因为没有多余的粮食,那么家畜就没有饲料,即使喂养了,因为缺少粮食的原因也难以成长。家畜的饲养主要是为了满足家庭的使用,如果有多余的家畜就会用于交换。在当地村里,家里喂养的猪,到了年底的时候就会杀了,所得的猪肉都会供自己家人过年食用,而且不会用于交换。但是在吴起县北面的定边县和靖边县的农民,饲养的猪杀了以后,会自己留下一部分,其他的猪肉用于交换。养鸡主要是为下蛋,每到逢年过年的时候,就能吃到鸡蛋和鸡肉,主要以提供家庭食用为主。

3.副业收益

宗家在农闲的时候,当家人宗为哲会经营副业,宗家经营的副业是贩卖羊皮,羊皮主要卖到陕西省偏南的地方或者卖到山西省。有时候也会在当地把羊买了,然后贩卖到甘肃的平凉或者陕西的富平等地方。贩卖的距离遥远,所以贩卖一趟十分的辛苦,并且路上的安全难以保障。当时一年的副业收益能够补贴家用,贩卖到外地的时候,主要是给钱,这样携带方便。副业的收入比较稳定,每年的变化不会大。宗家的祖上从事过以木匠为主的手工业,但是到了宗为哲这一代人就没有人再从事木匠了,当年家里长辈宗沛司会木匠的手艺,但是年龄大了,也就不做木活了。手艺人的手艺十分有限,收入的形式钱和粮食都可以。

三、家户分配

(一)以家户为主体的分配

在宗家,家庭成员共同吃饭、共同劳动、共同生活,所以家庭中能够分配的东西十分有限。但是在分配的时候是以家户为主体进行分配。在家庭中因为所有成员同吃同住,因此粮食和钱财不会进行分配,而是由当家人管理并且负责家庭支出,所以在家庭中能够分配的东西少,分配的占比小。每年到冬天和夏天,需要对家里的成员制衣的布料进行分配。分配的范围只限于自己的家庭成员,家庭成员里不包括出嫁的女儿和常住家里的其他非家庭成员。虽然是一家人,但是一旦分家,单独生活的小家庭和单独吃住的父母不能参与到家户的分配中。家庭的分配是由当家人主导,布匹的分配都是由当家人做主,家里需要购买的某些东西也是由当家人做主。家里每顿饭吃什么是由家里的妇女安排,做饭是根据家庭的实际情况,不需要请示家长和其他的家庭成员。在宗家用于分配的东西少,分配在家庭中的比重较低,所以如果当家人不在家的时候不会分配。宗为哲当家的时候父亲仍在世,有时在家庭的事情中当家人和父亲进行商量,会听从父亲的意见。除了宗为哲和他父亲以外其他的家庭成员在家庭的分配中只能处于服从的地位,"家有百口,主事一人",一旦当家人做出了决定,其他的家庭成员很少有意见。家户的分配是家庭内部事务,不需要告知或请示四邻、家族和保长,其他的村民不会介入别人的家庭内部事务。

(二)分配对象为本家户成员

1949年前,在宗家,每年为家庭劳动出力的主要是自家成员,享受分配的成果仅仅限于本家户的成员。家庭中的自己家人主要是指同一个锅里吃饭的家庭人员,结婚的未分家的男性成员、娶进门的媳妇、未成年的儿童都属于自己家人。未出嫁的女儿也属于自家人,但是女儿一旦出嫁就不能算做是自家人了,其他的亲戚和四邻不能享受宗家的分配果实。宗家分配的东西主要是自家劳动所得的产物,农业劳动的收入是家庭收入的主要来源,副业的收入数量有限,但是能够补贴家用。属于宗家的家庭成员都可以享受分配权,因为家里人每年都同甘共苦,共同劳动,所以在收获的时候家庭成员才能享有分配权。

(三)分配类型

1949年以前,宗家以种地为生,家庭一年的生活都依靠农作物的收成。农业的收入一般是家庭耕种各种农作物的全部产量。宗家耕种土地需要给国民党缴纳粮食作为税费,后来当地土匪张廷芝在宗圪堵村一带称霸,村民每年都需要给张廷芝缴纳一定的粮食。剩下的粮食才是自己家所有,给张廷芝缴纳粮食,数额大,必须积极地缴纳。如果不能按时缴纳的话,家庭就会被土匪打砸抢劫。在中国共产党没有来到陕北地区的时候,在吴起县的几个村庄里张廷芝是最大的土匪头目,在当地到处恃强凌弱。在周围的村庄里,村民都十分害怕土匪,只能按时送粮到张廷芝那里。到1949年以后,需要给中国共产党缴纳粮食税。缴纳赋税的粮食是固定的额度,每年都是自家人主动上交。宗家的土地面积大,不需要租种他人的土地。但是村里小户人家有租种大户人家的土地的情况,地租一般是"二八"的形式,不论灾荒的严重程度,按照产量的总量占比来计算。在租地交租的时候,没有明确的顺序,有时候是土地主人主动去要,有时候是佃户主动送到地主家里。宗家从事以贩卖为主的副业,副业的收入十分有限,因为农业劳动需要较多的劳动力,所以宗家只有在农闲的时候才会从事副业,副业主要是运输业,把本地货物运输到外地贩卖,然后在外地把当地的特产贩卖回来,宗家从中间赚取差价。副业是自己家经营为主,所赚取的钱属于自家所有,不需要缴纳给别人。副业的收入属于家户所有,由当家人管理,并用于家庭的支出,不会分给每一个家庭成员。

(四)家长主导分配

在没有分家的时候,宗家在衣物、食物、缴纳赋税、租金的分配活动中,当家人宗为哲是实际支配者和管理者。如果当家人不在家的话,需要外出的时间长,那么在外出前当家人会对家里的事务进行安排。如果中途家庭有重要的事情需要家长做主,只能等到家长回来以后再做出决定。家庭成员很少有私房钱,只有刚刚结婚的夫妻在结婚以后会有私房钱,这部分私房钱是结婚的时候,女方娘家人陪嫁的东西。这些东西不需要交给当家人管理,结婚的小家庭可以自己拥有,其他的家庭成员没有私房钱。私房钱是小家庭的自有财产,当家人不会对新婚夫妇的私房钱做主和安排。每年到了冬夏两季,当家人需要为家里人衣物做出安排和决定,这些活动都是由当家人做主。制作衣服的布料,在当地很难买到,所以就需要从外地购买,买回来的布料当家人根据家庭成员的实际需求,分配给家里的妇女,由家里的妇女为家里的成员制作衣服。宗家长辈的衣服由儿媳妇共同缝制。家庭人员共同吃饭,所以食物不会分给家庭成员,吃饭的事情不需要当家人操心,由家里主事的妇女安排,根据家庭的实际情况安排每顿饭吃什么。家户内部的分配不需要和家庭以外的人员商量,更不需要告知和请示四邻、家族以及村长。除了当家人以外,其他的家庭成员在衣物、食物、缴纳赋税、租金的分配中,只能处于服从的地位,需要听从当家人的安排。宗为哲在分配的事务上,有时候重要的事情会和自己的父亲宗沛司商量,大多数的时候是自己做主,当家人做主的时候是根据当地传统和家庭实际情况做出安排和决定,其他家庭成员也能理解家长的决策。

(五)分配统筹

宗家当家人做出决策和安排的时候,全家人很少提出自己的意见。因为当家人做主是根据当地传统和家庭实际情况做出安排和决定,以全家人的需要为前提,尽量地照顾到家里的每一个成员。家长为了家庭的和睦和团结,尽量做到公平公正。但是当家人在分配的时候,难免会出现偏心的现象,如果偏心不严重的话,其他家庭成员能够接受,家庭成员就会选择睁一只眼闭一只眼。如果偏心严重的话,家里的其他成员在心里难免会有意见,在日常生活和生产中会产生消极的态度,一个大家庭就难以共同的生活,最后只能走向分家的地步。在分配布匹的时候,是按照大人和小孩不同的需要进行分配,分配的时候优先满足长辈和男性成员的需求。一般情况下家庭成员都能接受家长分配的结果,出于维护全家和睦的目的,家里成员不会因为分配的一些小问题闹到分家的地步,而是选择接受分配的结果。

四、家户消费

(一)家户消费及自足程度

1949年以前,宗家一年消费主要是以粮食为主,当时黄土高原上植被覆盖率低,水土流失严重,加之到处都是沟壑纵横,村民生存的环境十分的恶劣,农民生活艰苦,只能维持日常的温饱。当地村民说:"天生人不齐,地生草不齐",不同的环境下生活状况不同,当地的村民因地制宜,进行土地耕种和生存。宗家全家人一年大概需要五六千斤的粮食,粮食的消费在所有的消费中占比最高,日常生产和生活主要以解决全家的温饱为主。宗家的生活水平在宗圪堵村里当时算是中等水平,家庭一年的收入能够维持全家人的需要。如果遇到了灾荒的话村民就会找村里的大户人家借粮食,即使有灾荒严重,宗家也没有到逃荒的地步,当时村里同族的五服内的亲戚较多,能够得到同族人的帮助。为了能够更多收获粮食,就会对农作物进行精耕细作。"勤人懒人田里看见",种地勤快的人经常都在田里忙活,对作物细心照顾,到了秋天收割的粮食产量相对较高。相反,如果村民种地不勤快,对农作物的耕种不用心马马虎虎,那么到了秋天的时候,粮食的产量相对较低。

在家庭消费中,粮食和食物的消费在所有的消费中占很大一部分,是家庭的主要消费项目,每年耕种的粮食能够满足家庭成员的需要。当时家里的人劳动力度大,体能消耗大,人的饭量自然也大,家庭中虽然吃的饭菜质量不高,但是能够保证家人吃饱。宗家每年粮食的缺口不大,遇到收成好的年份会把粮食储备起来,有时候也会把粮食外借,遇到灾荒年景的时候拿出来为家庭救急。如果遇到年景不好,家里的粮食不能满足家庭食用,那么就会找村里的人家借粮。借粮的时候会有顺序的要求,首先会考虑自家五服内的亲戚,其次是同村的村民,最后才会考虑到其他村借用粮食。村里有的小户家庭遇到灾荒年景,粮食不够使用的时候也会选择逃荒,等到几年后又会回到村里。在家里食物消费方面,蔬菜的种类特别得少,主要是土豆和白菜,而且都是自家种植为主。到了秋天,就会把白菜腌制,等到冬天供家庭食用。在平时的生活里很少能够吃到肉,只有到了逢年过节的时候,全家人才能吃到有限的肉。正是因为食物种类少,数量有限,家庭成员都会有一种节约意识。除了粮食和食物以外,其他的消费在家庭消费中占比很低。如果家里的窑洞不能满足家庭成员的需要,就会选择地方重新箍窑,箍窑的成本低。1949年以前,当地没有医院和医生,人生病了会找巫神和阴阳先生。请这些人看完了以后,家里就会给一点粮食作为回报,数量不固定。那时候红白喜事的消费是必需的,受当时的经济条件影响,在红白喜事随份子的时候是一个银元。这部分的消费村里的村民都会有,每家每户都会办红白喜事,所以这笔消费属于正常的人情来往。

(二)家户消费主体与单元

1949年以前,宗家未分家时由宗为哲当家,宗族、村庄不会承担家庭中的各项消费,家户是消费的主体单元。宗家每年的粮食、食物、衣物、医疗、教育、人情、红白喜事等消费是自己家庭承担。不论家庭的消费负担大小,都是由自己家里承担。如果家庭经济能力有限,不能满足家庭的需求,只能寻求其他亲戚的帮助。无论是大户、中户、小户家庭,在日常的消费中都是以家庭为基本的单元。不同类型的家庭都会有自家的当家人,当家人要负责承担家里的各项消费,当家人成为家庭实际的主事人。在宗圪堵村里有公共的土地,这部分土地是在土地革命运动的时候,村里进行土地划分的时候留出部分土地,这部分的土地提供给村里因灾害而没有耕地的村民。宗家在家庭的消费中是以当家人宗为哲为主的家户消费。粮食、食物、衣物、医疗、教育、人情、红白喜事等消费都是由他来做主,由家庭共同承担。

(三)家长主导消费

在1949以前,陕北的农户不论是大户、中户、小户都有自家的当家人。村民经常说:"家有百口,主事一人",在家里的大小事务上只能有一个主事的人,如果人人都想在家庭中担任当家人,家庭就会出现意见不统一,不利于家庭的团结和睦,导致家庭分崩离析。宗家在粮食、食物、衣物、医疗、教育、人情、红白喜事以及其他的家庭消费活动中,宗为哲是实际的支配者和安排者,主事的家长能决定一切。这些家庭消费活动不需要和其他家庭成员商量,当家人就可以做主,当家人在家庭消费中有更大的权力,发挥的作用更加直接。在家庭粮食和食物的消费中,其他的家庭成员都知道家庭的实际情况,当家人做出安排的时候,家庭成员也能接受这样的决策。在红白喜事和人情的消费中,由当家人做主,但是却不一定需要当家人出面。在红白喜事上,除了当家人,其他的家庭成员也能出面参与。家庭中消费作为家户的内部事务,不需要告知四邻、宗族和村长。总之,当地经济条件有限,家庭消费是以粮食和食物为主,其他的消费少,占比低。而且在宗家的家庭消费中,家长做主,其他家庭成员服从安排。

五、家户借贷

1949年以前,宗家有过借贷的情况。在当地有"请会"组织,村里的村民如果急需使用钱可以找"请会"组织的负责人借钱。因红白喜事而借钱的情况最为频繁,当时宗家为了操办喜事,找到村里同族的亲戚借了十个银元。借钱是由当家人宗为哲出面去借,为了家庭事务产生的借贷,所以家长的借贷行为是以家户为单位。当时在村里,村庄的风气好,村民相处和睦。如果是因为红白喜事借钱,那么很容易借到钱。如果是因为赌博输钱需要借钱的话,村民一般都不会给借钱。在宗家,当家人借钱的时候,不需要和其他家庭成员商量,因为家庭生活而借钱,家庭成员能够理解家庭实际情况,心里明白借钱的缘由。作为家庭内部事情,不需要告知四邻和家族。借钱的时候是双方当家人共同出面,商议此事。商量的时候会说好借多少钱,什么时间归还,如果归还不了的话,就需要用牲口做抵押。借钱如果是亲戚关系就很少索要利息,而且不需要写借条。宗为哲为儿子结婚借钱主要找了同族的亲戚,所以不需要利息。如果借钱双方是邻居关系,那么根据当时的实际情况要一定的利息,借钱也会写借条,当时村里大部分人都不会写字,在借钱的时候需要专门邀请会写字的人帮助两家写借条,在借条上,写明双方的姓名、谁借谁的钱、借多少、借用的时间等,在借条上都会写明白,最后借用的双方按手印,这样借贷的关系就此形成。在借钱过程中,写借条的人也是借钱的证人,借钱的时候不需要专门摆酒席,但是需要给证人一些报酬,主要是香烟或者酒。

在宗家,家庭中男性成员到二十多岁立家以后,也可以以个人的名义进行借钱,如果不能归还的话,就会找家长索要。这种情况下家长都会承认这笔债,并且给人归还。借钱一旦到了规定的时间就需要给人家归还,还钱的时候大多数的情况是当家人宗为哲出面。当家人还了钱以后,双方就会把借条撕毁,双方借贷关系就此结束。如果到了还钱的时间借钱的一方不能按时归还,那么另一方不会立马上门索要。鉴于同村的邻居都会给一定的缓冲时间,但是如果时间久了不还,债主就会主动上门索要。这时候借钱的一方就要说好话,争取更长的缓冲时间。如果借贷方没有能力归还,只能用粮食、牲口来抵押,也会用人工的形式偿还。当时有"父债子偿"的说法,借钱以后父亲去世,那么父亲借的钱就由儿子归还,当地村民都特别淳朴老实,只要父亲所借债务并且有借条,那么儿子都会承认,并且承诺有了钱就会归还。在宗家,家庭的欠债是以家庭为单位,当家人在借钱的时候代表的是整个家庭。所以这些债务分家后的家庭成员都会承担。

六、家户交换

1949 年以前,宗家进行交换的时候是由当家人做主,交换也是以家庭为基本单位。当时吴起镇只有几个小村庄,并且交通不便,居住的人口少。当地没有专门的集市,直到 1949 年后才出现了集市。正是因为没有固定的集市,所以家户交换很少。但是每年到了农历三月三日和四月八日村庄的一些庙里会举行庙会,庙会期间参加的人多,在庙会上,村民之间会进行各种交易。一些规模大的庙会都会举行三天,甚至是一周的时间。聚集的人比较多,会有来自各地的生意人做买卖交易,家里如果需要东西就会在庙会上购买。那时候有流动的商贩,他们专门从外地交换回一些日用品,再用担子担着到各个村里贩卖,卖的东西主要是妇女使用的针线,孩子的玩具等。在当地把专门挑担子卖东西的人称为"挑货担子"。宗家当时有贩卖羊皮和贩卖牲口的副业,家里需要的东西都会在外地交换,然后带回家里使用。宗家贩卖主要是当家人负责完成,所以交换事项由当家人做主决定。在当时村里内部的交换中,借用粮食十分频繁,一些村民家里的粮食不能满足家庭的使用就会互相借用粮食,而且同村的村民之间借用粮食相对容易。家里粮食储备多在村民家里,担心粮食放置的时间太久会发生霉变,或者担心被老鼠偷吃,所以很乐意把自己家的粮食借给没有粮食的同村的村民。归还粮食的时间一般是第二年的秋天粮食收获以后,归还的粮食是新收获的粮食,这样粮食使用就可以循环,并且不容易坏。在自然灾害发生较少的年份里,借用粮食不需要缴纳利息,借多少粮食,就归还多少粮食。但是遇到了灾害严重的年份,粮食产量减少,粮食十分稀缺,借用粮食相对较难,借粮食的时候就会收取一定的利息。

第三章　家户社会制度

1949 年前,宗家家庭成员的婚姻主要听从家里长辈的安排,婚姻问题不仅仅是家庭成员个人的事情,而且是整个家庭的重大事情。那时婚姻主要目的是为了家庭传宗接代,繁衍生息。宗家在家庭晚辈婚姻大事上,当家人宗为哲还需要和常年在外的哥哥商量。在家庭的生育上处处体现着传宗接代的目的,过继和抱养孩子主要以男孩为主,因为男孩能够保证家庭香火延续。在当时无论是娶亲还是出嫁女儿所举办仪式规模的大小,都主要取决于家庭的经济条件。宗家在社会交往中,尤其是在一些家庭的大事上,必须由当家人代表全家出面,其他的家庭成员不能代表家庭做出决定,但是在家庭重大的事情上,当家人仍需要和父亲商量。在对外交往上,家庭成员都有自主权,当家人不会干涉,平日里家庭成员对内、对外交往关系融洽。

一、家户婚配

(一)家户婚配情况

1949 年以前,宗家的家庭成员中有四对结婚的夫妻,家庭成员里没有守寡和离婚的情况。在当时家庭成员的婚姻问题上,特别讲究门当户对,当时人们对门当户对的理解不仅仅是结亲双方家庭的社会地位和经济情况相匹配,更重要的是不能在结亲的时候找有狐臭家庭的子女。因为人们认为狐臭会遗传给后代,直接影响家庭的后代,正是因为这样很多人不愿意与有狐臭的家庭结亲,这些家庭在村里地位相对较低。如果两家有意结亲,那么首先就会托人在私底下对这件事进行互相了解。当时不同类型的家庭之间也会互相通婚,大户人家更愿意和大户和中户人家结亲,大户人家和小户人家结亲的情况较少。家户规模的不同,在社会中的地位也会不同,在平时交往少,那么相互通婚的可能性较低。家庭人口规模对于婚姻有一定的影响,婚姻上主要取决于两个家庭当家人的往来,以及家庭在村庄的影响力和威信。在宗家,家庭成员结婚遵循的基本原则是"同姓不通婚",因为在同村和同姓中大部分都是同族人,并且大多数都有血缘关系。所以与其他姓氏的婚姻通婚,可以延伸自家的亲戚范围。在与别人联姻上希望能够找到"拴正人家"[①],这句当地话的意思是对方家庭经济条件好、家风好、为人处世好。当地以农业为本,重视农业的发展,在结亲上不愿意与吹鼓手、剃头匠等职业的家庭通婚。当家人在给晚辈找媳妇的时候,在外貌上不愿找颧骨高的女性,因为在当时村民都认为,"女人的颧骨高克夫",不可结亲,当地民谚说:"女人颧骨高,杀人不用刀。"当地人不仅仅是关注女方的外貌,当地人更加喜欢妇女勤劳贤淑,而长相是次要的。大多数

---

① 拴正人家:主要指家庭经济条件好,家风好,为人处世好。

的时候,村民甚至认为丑妻是家庭的一样宝贝。

（二）婚前准备情况

1.长辈做主,晚辈服从

1949 年以前,家里的晚辈到了适合的年龄,一般男孩子到了十五六岁的时候,当家人就开始邀请媒人帮助打问合适的结婚对象,家里的长辈开始张罗儿子结婚的事情。儿子结婚的事情,宗家的当家人会出面做主,当家人会找媒人在其他的村里打问谁家有适龄的女孩,如果觉得合适就会在私底下进一步地了解对方的家庭状况。如果认为两家的家庭合适,在媒人的撮合下家长之间会见面聊天。在当时对女方的外貌没有十分严格的要求,只要身体健康,身体没有狐臭,那么就愿意结亲。在年龄上主要是男女双方的年龄相合适,一般双方的年龄差不能超过三岁。当时大部分的女孩子都会做家务,而且结婚以后到了婆家需要做的第一件事情就是为全家人做一顿饭。在结婚上对男方的要求是身体健康、聪明、能干体力活。对于女方家庭而言,当地人挑女婿的时候说:"不图天,不图地,单图一个好女婿。"希望找到的女婿聪明能干,这样在以后的农业劳动上才能充当主力。如果男孩子具有这样的条件,那么就不愁找媳妇,甚至有的女方家庭会主动上门结亲。但是如果男方的身体有残疾,比如聋子、哑巴或者跛子,仍然能够找到媳妇,但是男方家里需要花更多的钱才能帮儿子找到媳妇。在宗圪堵村宗为哲同族的一个堂哥,在小时生病的时候因病导致不能说话,成了哑巴。后来家里比普通人娶媳妇的时候多花了两倍的钱才找了一个媳妇,结婚以后媳妇生育了五个儿子。在当时儿子或者女儿结婚的时候,如果儿子女儿不愿意,家人首先会选择说服。如果家庭成员没有办法说服子女,子女不听从家长的安排,当家人迫于无奈只能选择退婚,退婚的时候需要把订婚时的彩礼全部归还给女方家长。

2.婚姻:以传宗接代为目的

宗家人认为,婚姻最重要的目的是传宗接代,婚姻的实际作用是家庭成员扩大,祖宗香火的延续。所以家庭成员的结婚不仅仅是家庭成员个人的事情,而是会被视为家庭的重大事情。在当家人眼里,家庭成员的结婚是为了生儿育女、传宗接代,使家庭不断地扩大和传承。当时宗家人日常的交往频率少,对外交往主要以男性为主。所以对外交往中男女交往的机会少,很少出现自由恋爱,在当时自由恋爱不被允许。在 1949 年以前,结婚仪式相对隆重,在结婚的典礼上有一个必不可少的仪式,那就是"祭祖"。祭祖的目的一是为了表明自家家庭规模的扩大,祭拜告慰祖先。二是为了让新人"认大小","认大小"的就是结婚的新人由家庭的长辈介绍同族的亲戚一一认识。在祭祖仪式上,会在家庭院子中间,放置张大桌子,在桌子中间摆一盆粮食,上面插上三支香。因为当地没有祖先的牌位,通过这种方式代表去世祖先仙灵。然后按照辈分的大小一排排地同跪在一起叩头,之后新人开始"认大小"。"认大小"的时候长辈坐在上座,结婚新人需要给长辈敬酒,并且会被负责人介绍每一位长辈进行认识,作为长辈也需要给新人"放礼钱",最后新人磕头答谢。

3.不同儿子聘礼不同

1949 年以前,结婚的聘礼主要是根据家庭实际情况和当时社会的状况决定的,结婚聘礼一般是二十个左右的银元。因为儿子结婚年龄大小不同,结亲的对象不同,聘礼数量也不尽相同。聘礼是男女双方家长协商的结果,事实上,男方家庭越贫穷那么女方索要的聘礼越高,相反,家庭经济条件好的男方,女方反而要的聘礼相对低一些。在女方家里,不同女儿的陪嫁的东西是不相同的,依据家庭实际情况陪嫁各种礼品,家里其他的女儿也不会有意见。男女双方当家人如果都有意彼此结亲,如果双方家长同意的话就会举行订婚仪式,在订婚的时候需要男方当家人出面带着香烟和酒邀请媒人,由媒人帮助两家撮合。如果最后男女双方结了亲,在结婚的仪式上还需要专门对媒人进行感谢,并且需要专门准备礼品。在陕北地区当地传统中,男方家庭需要给媒人猪肉,所给猪肉有六斤、八斤和十二斤等不同的标准。在结婚仪式结束后,男方当家人根据家庭状况送给媒人不同斤数的猪肉。订婚以后两家人就算是亲戚,等到婚礼后双方算是正式的亲戚关系。当地民谚说:"亲戚要结百年好",意思是男女双方一旦结亲,两家可以算是百年的亲戚了,等过了三四代人以后关系才慢慢的疏远。订婚结束以后,若没有举行结婚仪式,如果两家不愿结亲,就会选择退婚,退婚的时候还要把聘礼全部退回去。

(三)婚配过程

在家庭成员婚配过程中,结婚的方案不是由家里的某个人制定,也不是由当家人一个人做主。家庭中晚辈婚姻是家庭中的重大事情,关系家庭以后的发展和延续,以及家庭未来的传宗接代。结婚的方案遵从当地的传统,男女双方当家人不需要书写婚贴。请媒人需要男方当家人出面邀请,并且还需带上精心准备的礼品。当家人在结婚的问题上具有比其他的家庭成员更大的权力,但是作为家庭的重大事务,也需要和其他的家庭成员进行商量沟通,尤其是家里的长辈。由于宗家在村里家族人员众多,在家庭婚姻的问题上需要告知同族的长辈,征求他们的同意。除此以外,家庭中的家庭成员不能发挥决定性的作用,不能擅自决定。家庭晚辈在婚姻上,结婚对象的母亲具有一定的权力,例如在女儿陪嫁的东西上,母亲就可以做出决定。

(四)婚配原则

在宗家,家庭成员在结婚的次序上没有明确的规定,一般孩子到了适合结婚的年龄,家庭中的父母就会开始操心这件事情。同辈中如果幼者到了结婚年龄,但是先于长者找到结婚对象的,那么可以在长者没有结婚的情况下,幼者优先结婚。在子女结婚的问题上,村民都愿意找"栓正人家",这样结婚以后子女的生活才有保障。如果对方是"懒汉"家庭,并且不误正业,很少有人愿意与这类人结亲。在婚配原则上,尤其重视对方的家庭经济状况,但是如果对方家庭成员务实、勤奋、愿意下地,即使家庭条件不好也愿意与此结亲,当时宗家人非常坚信"勤劳致富"这句话。如果一个家庭有走向衰败的趋势,那么村民就不愿意与此户人家结亲。在宗家,家庭成员结婚上遵循的婚配原则是"同姓不通婚",同姓人结婚容易出现近亲结婚情况,如果出现近亲结婚,那么婚后生育的儿女会出现大脑不健全、智力不足的情况,因此这也是婚配的基本原则。婚礼上所需的花费是由家庭承担,以家户为基本的单位。儿子和女儿结婚花费不同,儿子结婚花费远远高于女儿,儿子和女儿的结婚仪式也不同。儿子结婚的主要花费包括聘礼、邀请媒人、订婚仪式、结婚酒席等。女儿结婚的时候由女方家庭承担的一般只有举办酒席和陪嫁的花费。在当时儿子结婚所有的花费大概需要一百多个银元,换算粮食至少上千斤。在结婚仪式和酒席上,大户、中户和小户人家明显不同,结婚仪式和酒席规格的高低是家庭地位在村庄的体现,所以大户人家,愿意在家庭成员结婚的酒席上多花费钱财,把婚礼办得体面一些,彰显自己家庭的实力和地位。中户和小户人家因为家庭经济实力有限,所以在结婚的仪式和酒席上没有那么大的排场,只要按照传统婚姻的程序完成就可以了。

（五）其他婚配形式

1.纳妾

宗家没有出现过纳妾的情况。纳妾只有大户有钱人家才能负担得起,而且纳妾的只能是当家人。纳妾不仅仅因为原配没有生儿子,还因为当家人家里经济条件好,常年在外做生意,在村里娶妻生子,妻子和孩子在村里生活。由于经济实力强,当家人在外地又会娶一房,也会为当家人生儿育女,妻子和小妾生的儿子在当地被称为"隔山弟兄"。只有大户人家才有纳妾的条件,中户和小户人家因家庭实力有限,不具备纳妾的条件。大户人家纳妾也不会被村里其他村民和家族说闲话,因为家庭有经济能力。纳妾不需要写契约,而且纳妾的费用远远低于正常娶亲的花费,因为在人们眼里妾和妻子的地位不同,并且娶妾的时候不能从正门进门,但是娶妾的时候也会举办结婚的仪式。

2.童养媳

宗家出现过童养媳的情况,宗为哲的妻子是童养媳。童养媳主要是因为女方家里没有粮食,全家人难以生存下去,不得不把女儿从小抱养到男方家里,等到了结婚年龄会举行结婚仪式。1928年榆林地区受灾严重,1929年宗为哲妻子闫德兰家被迫离开榆林市选择逃荒,全家人一路乞讨,来到了宗圪堵村。当时闫家初到这里没有粮食,宗家是当地的老户,家里有足够的粮食能够维持温饱,为了能够生活下去,闫家不得不把只有12岁的闫德兰送到宗家做童养媳,宗家给了闫家十几个银元,等到闫德兰18岁的时候和宗为哲结婚成亲。童养媳在年龄上没有明确的要求,一般是十岁左右,童养媳只要当家人同意就可以进行。童养媳需要写文书,在文书上需要说明,童养媳妇是谁家的女儿,什么时候"童引"①,给了多少钱,最后双方的当家人画押或者是按手印。娶童养媳妇的时候,给女方家长粮食或者银元都可以,这是双方协商的结果。宗家等到了闫德兰18岁的时候举行了结婚的酒席,结婚酒席规模小,主要邀请对象是家庭五服内的亲戚。娶童养媳的花费由男方家庭承担,以家庭为单位。

3.改嫁

改嫁在当地没有特别的叫法,宗家没有出现过改嫁的情况。改嫁是因为丈夫去世,而女方的年龄还小,为了以后的生活就会选择改嫁。年纪大的妇女不会选择改嫁,而是选择守寡抚养自己的子女。改嫁到的男方一般家庭经济条件差一些,或者是丧偶,这样才愿意娶改嫁女方。当时休妻的情况很少,主要是丈夫去世,丈夫去世以后,妻子改嫁前仍然会在前夫家里居住。改嫁的事情丈夫家人不会主动的提出,而是由女方娘家人提出,提出以后婆家人大多数情况下都会同意。如果在婆家生了孩子,婆家人不会允许寡妇把孩子带走,因为担心孩子以后受到虐待,担心改嫁后孩子会改姓。如果未经过原来婆家的同意不能改嫁,改嫁时候男方需要花费两份聘礼,一份需要给原来的婆家,另一方给娘家人,一般情况下给娘家人的聘礼多于婆家。改嫁的女方是第二次结婚,所以在结婚仪式上相对简单,把男女双方的家人邀请在家里吃一顿好点的饭菜就可以了,意味着以后男女可以一起生活了。改嫁的时候需要写文书,说明改嫁的情况,婆家和娘家的当家人签字画押。并且以后女性去世,前夫家的子女会把尸体认领回去和前夫一起埋葬。

---

① 童引:当地对童养媳的称呼。

4.入赘

入赘女婿在当地称为"倒插门女婿"或者"招女婿",选择入赘女婿是因为家里没有儿子,为了防止家庭断了香火,不得已才会选择入赘女婿。宗家在宗为哲这一辈有三个男性,所以不需要入赘女婿,宗为哲膝下有四个儿子,能够保证家庭延续,也不需要入赘女婿。能够入赘的女婿是女方的家庭情况好于男方家庭,男方家里儿子较多,劳动力多,生活艰苦,为了能够生存选择做入赘女婿。女方家里没有儿子,但是家庭经济条件好,父母的年龄大了劳动能力丧失,为了保证家族的延续,选择招女婿为家族传宗接代。女婿上门以后会一直在女方家里生活,结婚后生了孩子,尤其是生了男孩子,那么就会和母亲同姓氏。关于姓氏女婿可以和岳父沟通,只要保证一个男孩子和母亲同姓就可以,以后生育的孩子也可以和父亲同姓。岳父去世以后,女婿作为家里唯一的男性,自然而然成为家里的当家人,也能够继承家里的财产。

在当地还有一种招女婿的形式,是因为女方家里有男性后代,但是家里劳动力不足。那么入赘的女婿主要是为了给女方家里提供充足的劳动力,男方在女方家里劳动四到五年的时间,就可以把女方带回家里一起生活。一旦男方和女方结婚,也可以选择继续留在男方家里,也可以带着妻子回到自己家里过日子,而且生育的孩子不会随女方姓,这种形式入赘的女婿不能继承岳父家里的家产。入赘女婿不需要和家庭外的成员进行商量,只要家里的当家人或者父母同意就能入赘女婿,有的时候家里的父母会和女儿商量,女儿为了家庭也愿意招女婿到家里。招女婿不需要写契约和文书,但是会邀请一个中间人作为媒人,在男女双方两家之间进行沟通,需要给中间人一些报酬或者礼品,这些礼品都是由女方家里承担。入赘女婿的仪式不同于娶亲,没有隆重和正式的仪式,女方会召集自家五服内的亲戚和男方家里的亲戚一起到家里吃饭喝酒,在酒席后入赘的女婿正式到了女方家里。入赘以后村里的村民和家族成员都认可女婿在家庭里的位置。

(六)婚配终止

1.休妻

在当地人们把休妻称为"休婆子",宗家没有出现休妻的情况。当时结婚主要目的是为了家庭的传宗接代,在结婚前男女双方都不会见面,所以只要男女头脑聪明,能做体力活,双方能够一起融洽的生活,很少出现休妻的事情。休妻是因为妻子出现了作风不良、头脑不清,那么就会把妻子送回到娘家。陕北的俗语说:"一个修婆子,三个走骡子",意思是送回一个妻子,需要给娘家三个骡子,这也是休妻所要付出的巨大代价。休妻是家里人都知道了实际情况,两个人没有办法继续生活下去,那么当家人会提出这件事。休妻的时候首先由男方家里写休书,送到女方的娘家家里,说明不要对方女儿的理由。并且会找到女方的娘家人说明情况,娘家人迫于无奈只能同意,但是会索要高额的钱财,如果女儿被送回到娘家,在当时是一件十分不光彩的事情。但是牲口在当时是十分值钱的家产,婆家不会真正的给三个骡子作为赔偿费用,而是双方协商以后给一定的钱或者粮食。这些钱和粮食作为一种赔偿,以后妻子和婆家也没有任何的关系,更不能分配婆家的家产。

2.守寡

宗家在 1949 年以前没有出现丧夫守寡的家庭成员。在村庄里守寡的邻居,守寡是因为家里的丈夫去世,妇女的年龄大了,不愿意再次改嫁,选择了守寡。受传统观念的影响,妇女讲究从一而终,并且在丈夫家生了子女,为了照顾自己的儿女,担心自己的儿女受到欺负,不愿改嫁。丧夫的寡妇在娘家还是在夫家生活没有明确要求，取决于自己。如果回娘家生活，婆家的人不会允许把子女带走，所以寡妇会继续在婆家生活。寡妇如果在婆家守寡，并且生育了子女，可以分婆家的家产。寡妇和其他的儿媳妇是平等的，没有高低贵贱之分。寡妇是否愿意改嫁取决于自己，改嫁的时候只需要婆家和娘家商量好就能改嫁。如果未经婆家同意，寡妇执意要改嫁，那么双方的关系就会僵持，以后的生产生活上不会来往。这样寡妇自己也会留下一个不好的名声。寡妇在婆家生活就会听从当家人的安排，即使分了家，家庭的其他成员在生产生活上也会给予照顾，帮助种地、收割等。守寡的妇女可以选择再嫁，但是再嫁的事情需要和前夫婆家进行商量，并且再嫁的聘礼也不会给娘家人，而是给婆家人。寡妇在原来的婆家生下小孩的话，再嫁的时候婆家人不会让寡妇把孩子带走，因为孩子是自家人，是家庭的未来。没有生小孩的话，程序没有那么的繁琐。但是寡妇去世以后，原来的婆家人会想办法把死尸抢回来，与前夫同葬。当时村里常常因为抢死尸而产生矛盾，妇女一旦出嫁了村民就会认为生是婆家的人，死是婆家的鬼，村民十分重视夫妻死后合葬的事情，甚至会因为此事而动用武力。

二、家户生育

（一）生育基本情况

在宗为哲当家的时候，爷爷辈的人已经去世；父亲辈的成员只有自己的父亲和母亲；同辈中有三个男性一个女性；在儿子辈上有四个男性和三个女性，家庭的成员越来越多。当时宗家的人口在村里算是中等的水平，在家庭中曾经有一个儿子夭折，因为当时刚刚生下来得了感冒，到出生第三天的时候就死了。家庭的子女中没有丢弃、溺婴和买卖的情况，在不同家庭中，生育的情况大体相同，家家户户都追求多子多福，都倾向于多生孩子，并且更加喜欢男孩，大户、中户和小户家庭都有这样的倾向。宗家没有出现未婚先孕的情况，那时候结婚前男女接触的机会比较少。有的男女甚至是结婚仪式的时候才是第一次见面，加之旧观念的根深蒂固，如果出现了未婚先孕，会被村里人笑话，家人在村里难以抬头做人，女儿很难嫁人。

（二）生育目的与态度

宗家人认为，生育最重要的目的就是为了传宗接代，生儿育女对家庭来说，意味着家庭成员扩大，后继有人。一旦生了儿子全家人都高兴，尤其是家里的长辈。一旦儿子结婚父母就想着能够早日抱孙子，如果时间久了没有生孩子，家庭成员都十分的急切。如果没有生儿子，那么媳妇在家庭中会感觉低人一等。女方结婚后的四到五年时间里，仍没有生孩子或者没有生儿子迫于家庭传宗接代的压力，只能选择抱养或者过继儿子。受到重男轻女思想的影响，村民都倾向于多生男孩，男孩不仅使家庭得以传承，也能为家里提供充足的劳动力。当时结婚的时候年龄比较小，结婚的时候男的年龄是十六七岁的样子，女孩子的年龄一般是 15 岁到 18 岁，因为孩子从小不读书，所以结婚的年龄较早，宗家人没有"晚婚晚孕"的观念和意识。在生育的态度上家家户户追求多子多福，都倾向于多生孩子，并且更加喜欢男孩。当地婚礼习俗十分讲究、程序繁琐，并且婚礼的习俗目的在于传宗接代，在婚礼上处处有所体现。在结婚的时候，新娘到男方家以后，脚不能踩在地上，到了婆家下了花轿后，会踩在专门准备的毡上，用两块毡倒着走进婆家的家门，这种方式称为"倒毡"，在婚礼上寓意"代代传"的意思。

当把新娘娶进的时候,新郎的母亲要抱着枕头,寓意为"抱孙子",意思是结婚夫妇能够多生育子女,祈求多子多孙。结婚的当天,家人会在新人的炕上的席下四个角压着四个红枣。在晚上洞房花烛的时候,新娘新郎要摸着吃,祈求早生贵子。结婚的第二天,讲究给新人送饺子,一般饺子是 12 个或者 24 个,必须是双数,寓意也是吃了多生子女。在陕北当地婚礼习俗上处处体现着生儿育女,多子多福。

(三)妇幼保护功能

宗家结婚的夫妇在是否生孩子或者是生多少孩子的问题上,当家人和其他的家庭成员不会对新婚夫妇有具体要求,而更多的是来自传统多子多福的观念影响,所以村民家里都倾向于多生孩子,更加希望能够多生男孩。妇女在怀孕期间不会完全在家休息,仍会坚持做家务。有时候妇女在怀孕期间坚持做饭,喂养牲口,只是不做一些重体力活。但是孕妇的休息时间比平时的休息时间长,孕妇做的家务劳动比起原来做的家务相对容易和轻松一些。1949年以前,对孕妇的保护没有那么的完备,并且每户家庭都倾向多生,妇女怀胎十月,只有到了快生孩子的时候,才停止家庭的家务劳动,并且家里的婆婆会细心地照顾。怀孕期间吃的饭菜与其他的家人是一样的,没有特殊的照顾。生孩子的时候多数情况是由婆婆负责接生,如果婆婆没有经验,会请村里有接生经验的妇女,等到孩子顺利的生下,婆婆会给接生妇女一块布料或者其他的礼品,以表示感激之情。生完孩子以后孕妇需要坐月子,时间一般为三十天,在这期间会有娘家人或者婆婆伺候,负责产妇的衣食住行。为了能够早日恢复身体,对产妇的饮食有特殊的照顾,每天吃的次数较多,并且饭菜的质量较高。产妇坐月子期间,家里的亲戚都会来看产妇,一般带的礼物主要是红糖和挂面。产妇如果生的是第一个孩子,不论男孩女孩家人都会接受,但是对待产妇的态度有明显的不同。意思是生儿子或者生女儿,直接影响到产妇以后在家庭的地位,如果生了儿子产妇借此机会就能够提高自己的家庭地位。在月子里婆婆十分乐意伺候,产妇也能借此机会发泄对婆婆的不满。但是如果生女儿,并且一直都没有生儿子,那么产妇坐月子十分的辛苦,婆婆不会专门的伺候,只能寄托娘家人伺候。正是因为对孙子的期盼,对传宗接代的重视,生下孙子的产妇对家庭的未来有至关重要的影响。在对孕妇的保护上不同类型的家庭在生育过程中具有很大的差异性,大户人家更加重视对产妇的保护和对婴儿的照顾,有的大户人家甚至会专门请人照顾产妇。

(四)生育仪式

生育仪式的举办是因家庭实际情况而定,在宗家,宗为哲大儿子出生的时候家里举办了满月的酒席,其他的孩子出生的时候都没有办满月酒席。依照当地的传统,一般家里第一个出生的孩子不论是男孩还是女孩都会举办满月酒席,但是如果是男孩的话,生育的仪式比生女孩的仪式更加的隆重。如果第一个出生的孩子不举办满月酒席,那么之后出生的孩子也不会举办。生育仪式主要在孩子出生满月的那一天举行,在满月酒席上,女方娘家人是主要亲戚,在酒席上会坐上席,男方家的亲戚也会被邀请,主要是同族的亲戚,舅舅和姑姑亲戚也会被邀请。来参加满月的亲戚都会带礼物或者是礼金,娘家人一般带的礼物主要是给女儿的补品或者是给孩子买衣物等,其他的亲戚参加满月酒席的时候主要以礼金作为贺礼。生育仪式的举行是为了庆祝家庭后代有人,家庭成员扩大,同时也祈祷孩子健康平安。举办满月酒席所需的花费是由男方家庭承担,在仪式上如果是专门给产妇或者孩子的礼品属于个人所有,但是在满月酒席上的礼金用于酒席的花费,由当家人做主。如果礼金不够家庭酒席的花费,那么剩余的花费由家庭承担,如果有多余,由当家人负责分配。

(五)孩子起名

1949年以前,家里的孩子有两个名字:一个是乳名、一个是官名。给孩子取乳名没有特别的讲究,孩子刚刚出生以后,家里就会起一个乳名,多数情况下都是由家里的长辈起乳名。陕北地区给孩子起名的时候,讲究给孩子起一个比较低贱的名字,当时医疗条件落后,孩子生病后不容易治疗。并且当时小孩子死亡率高,人们认为给孩子取低贱的名字,那么孩子从小到大好养活。孩子官名比较正式,官名的选取有许多的讲究,当时重视家庭团体的观念,孩子的官名会按照辈分起,宗家在家谱上写了九代,每一代人的官名都有一个固定的字,分别是"天、坤、步、沛、为、有、世、庭、建"共计九代。宗家的每一代人都是按照辈分规定的字来起名。在宗家宗为哲的父亲辈是"沛"字,父亲的名字为宗沛司,宗为哲这一辈是"为"字,同辈的兄弟分别为,宗为真、宗为诸、宗为哲,宗为哲儿子辈是"有"字,宗为哲的四个儿子的名字分别是宗有民、宗有普、宗有旗和宗有军,之后出生的晚辈依然按照家谱规定的字进行取名。宗家整个家族都是按照家谱规定起名,这样更加方便后代认祖归宗,也体现了家族整体的一种观念。

三、家户分家与继承

(一)妯娌矛盾,选择分家

1.分家缘由

分家是由当家人提出,并且只有当家人提出才能分家,其他家庭成员不能提出分家的要求。家庭分家的时候是因为家庭成员增多,家庭内部产生了矛盾,家庭成员在日常的劳动中应付了事,家庭不得不走向分家,分家是家庭内的事务,家庭的外部成员不会影响到家庭分家的事。村里其他的村民不会参与到宗家分家的事情中,分家以后村里村民会认可分家的结果,承认每个小家庭的单独存在。宗为哲家是在1949年分家,在前一年胡宗南部队侵犯了陕北地区,村庄受到袭击,当时家里的人口众多,家庭的妯娌之间有矛盾。宗为真在青海战争结束后,被分到了志丹县担任领导职务,但是第一个妻子因病去世,后来又娶了妻子。第二任妻子说其他的两个妯娌欺负她,宗为真听了媳妇的话,对其他家庭成员也有了意见,家庭内部矛盾不断加深,宗为哲同辈的弟兄三人共同商量分了家。分家的时候,家产总共分为三份,同辈弟兄三人一人一份。

2.分家资格

家产的分配只有儿子才能享有,其他的家庭成员没有分家的资格,家庭外的成员更不能分取宗家的家产。分家范围是有几个儿子就分几份家产,而不是按照人口的多少进行划分。分家的时候,当家人会专门请阴阳先生看一个合适的日子,把自家的儿子和家庭成员全部召集在一起,并且会在同姓中找有威信的长辈作为见证人。分家的时候会把家里的土地、农具和牲口分为几份,然后由儿子抽签决定拿取哪一部分家产,这样的分配方式更加公平,可以减少因为分家不公平而产生的矛盾。1949年以前,在宗家,家庭中都有不止一个儿子,家里的儿子到了结婚的年龄,家长就会安排结婚,一个儿子结婚以后就会分出去单独过日子,父母会分给其一些生活的用具,但是家里的土地不会分给结婚的儿子,而是一起共同耕种。事实上,这不算是真正的分家,只是单独的"分灶"过日子。在农忙的时候全家的人还是一起吃饭,一起劳动,直到最后一个儿子结婚,当家人才把家里的土地、牲口分给每个儿子。

3.分家的见证人

分家的时候为了保证分配公平、减少家庭成员之间的矛盾,需要请一个村里有威望的人或同族的长辈作为见证人。见证人来到家里以后,不会着急分家,首先是进行劝解,仍然希望家庭成员共同生活。当见证人看到劝解无望的时候,就会帮助见证分家。分家前家庭成员都已经找好了新的居住地,并且对家产进行了划分,每一份家产价值基本相同。每个弟兄各拿其中的一份。宗家分家是宗为哲弟兄三人商量的结果,而不是一个人做主。家庭外部的成员只有别人邀请,才能参与到分家的过程之中,没有邀请不能参与到别人分家的事务中。大户、中户和小户不同类型的家庭分家的事情基本相同,都是按照家庭中儿子的多少进行划分,不同的是大户人家家里的家产多,分配的时候会产生各种矛盾。小户人家家产少,分家的时候没有什么可争抢的东西,分家的时候不用写分家单,每人分取其中的一份家产,分家之后都会承认分家的结果。分家后每个小家庭都会单独的生活,在村里和宗族里以一个小家庭为单位出现,村民和宗族会认可小家庭单独的存在。

(二)继承

在宗家家庭家产的继承资格中,家庭中的男性享有继承的资格,男性成员只限于家庭内部成员,而非家庭的外部成员。拥有继承资格的成员范围是自家的儿子、入赘的女婿、抱养的儿子以及未成家的儿子。因为儿子能够为家庭传宗接代,保证了家庭的传承,所以享有继承家产的权利。如果家里有儿子,那么女儿没有继承的资格。但是入赘的女婿如果为家庭生育了后代,可以享有继承的资格。男性继承人在继承的资格上是平等的,长幼兄弟之间继承权也是相等的。在同辈中如果继承人较多,就会把继承的财产分给每个继承人。只要是儿子就能享受继承权,不论儿子孝顺与否。享有继承条件的人不是由当家人做主决定,而是按照地方的传统,儿子享有继承权。家长会按照传统的规矩决定继承的条件,如果家长违背这一传统,那么就会引起家庭成员的不满,家庭就会走向分崩离析。

在1949年以前,生活条件艰苦,普通的农村家庭生活生产的资料简单。家庭继承除了农具、牲口、土地和窑洞以外,没有其他可以继承的东西。土地作为家庭的生产资料是最重要的财产,家里老人去世后,土地会分给每一个儿子。如果继承的东西只有一份,例如住宅的窑洞,那么继承的顺序是长子优先,长子继承是历史传统,而不是由家长指定。长子在继承唯一家庭财产以后,其去世后必须要埋葬在祖坟里,埋葬位置在父亲的正下方,对其他儿子没有这样的要求。

四、家户过继

过继在当地被称为"顶门"。一般家庭中有生育的男性继承人就不会选择过继,如果没有生下男性,意味着家庭没有继承人,担心自家身后绝户,相比抱养人们更愿意选择过继。过继孩子的时候优先过继同族中同辈的孩子,并且优先考虑关系更加亲近的亲戚。在宗为哲当家的时候,同辈族有过继的情况。事实上,宗为哲一共生育五个儿子,其中一个过继给了同族的亲戚。宗为哲同族的一个堂哥结婚后,一直没有生下儿子,为了保证自己这一支留下后代,不得不选择过继。过继的时候是在本家族内进行,而且过继是在同辈的弟兄之间,这样过继以后孩子的辈分不会发生变化,以后写入家谱的时候家庭辈分不会改变。当时过继的时候,主要考察同族同辈中谁家的儿子较多，由家族中有威望的长辈出面协调过继事情。当时宗为哲的儿子较多，家族的长辈经过多次的商量，希望能把他的一个儿子过继给堂哥。

最初宗为哲和父亲宗沛司都不同意，因为他们都追求多子多福，并且农业的劳动需要充足的劳动力。后来堂哥多次的送钱送粮拜访，同族许多的长辈上门说情，最后宗为哲同意将自己的儿子过继给堂哥。过继的时候孩子年龄小、不懂事，过继以后孩子也能安心地跟着过继父母生活。过继的顺序上一般是家里最小的儿子，并且如果家里只有三个以下的儿子不会过继。过继不需要写文书，在过继的时候同辈有威望的长辈作为见证人。过继的事情上一般由需要过继的一方请一位见证人，这样防止过继以后出现后悔的情况。过继以后孩子就会跟着新父母一起生活，只要孩子生活相对较好，并且不会受到虐待，都不会选择回继。无论是大户还是小户在过继的事情上都坚持在本族内进行，并且尽量在关系更亲近的亲戚之间过继。过继后，家族、村庄和当地政府都会予以承认，不会出现不公平的待遇，并且知情的村民在生活中都不会说出这件事，尽量不让孩子知道实情。

五、家户赡养

（一）赡养以家庭为单位

赡养老人是家户内部的事情，家庭以外的成员不会负责家里老人的养老。但如果家里的儿子都不负责家庭老人养老，那么村里或者同族的有威望的人会出来干涉，劝说儿子为老人养老送终。在老人劝说的时候，儿子们出于对长者的尊重，都是满口的答应，但是过后就把这件事抛在脑外，老人仍然没有儿子愿意赡养。在承担赡养责任家庭成员的范围上，家里的儿子是主要承担者。儿子承担老人养老的时候是以小家庭为单位，未成家的儿子不需要承担老人的养老，但是一旦成家以后就要承担老人的养老。女儿不会承担老人的赡养，出嫁的女儿因为有自己的家庭生活，已经不能算做娘家家庭内部的成员了，所以不会负责老人的赡养。而未出嫁的女儿因为生活能力有限，承担不起老人的赡养，但是在家庭的事务上能给家里老人提供一定的帮助，比如帮助老人做做饭、洗洗衣服以及其他的家务。如果需要承担赡养责任的家庭成员不承担赡养的任务，那么就会被外界指责，认为这是不孝子孙。

（二）赡养以儿子为主体

1949年以前，宗为哲父亲是由同辈的弟兄三人共同赡养，当时宗家没有分家，所以家庭成员共同生活，共同承担老人赡养。如果家里的老人只有一个孩子，必须是由这个孩子赡养。如果这个孩子是女孩，那么就会选择入赘女婿，帮助家庭传宗接代，同样也要为老人养老送终。如果家庭中有多个孩子，那么老人的赡养不会由女儿承担，而是儿子承担。多子赡养老人有不同的方式，如果没有分家，那么就一起吃饭劳动，共同承担老人的养老送终。如果已经分家，赡养老人是儿子们共同协商的结果。最常见的养老方式是轮流养老，每个儿子按照相同的时间轮流为老人养老，老人轮流在每个儿子家里吃饭住宿。还有一种老人养老的形式是老人固定在其中某一个儿子家共同生活，其他的儿子定时的给老人送来粮食或者钱财。分家后，每个儿子生活水平不同，所以很难按时给老人粮食，时间久了弟兄之间会因为老人养老的问题而产生矛盾。

（三）赡养形式

1949年以前，陕北地区的村民都有"养儿防老"的观念，儿子也会承担起赡养的责任。在赡养的形式上,对于多子的家庭,最常见的是轮流养老,每个儿子按照相同的时间段轮流为老人提供食宿。还有一种老人养老的形式是老人固定在其中某一个儿子家里生活,其他的儿子定时给老人送来粮食或者钱。如果大家庭中没有分家的话,那么当家人会负责安排老人的赡养,事实上是全家人共同承担老人养老。老人日常生活的需求是由家庭共同承担,家庭成员之间不会因为老人的赡养而产生矛盾,其他家庭成员对老人的赡养也不会有意见。在1949以前,家庭没有专门的养老钱和养老地。在土地革命运动的时候,村里进行土地划分的时候,会留出一部分公共土地。这部分的公共土地属于村庄集体所有,如果需要耕种村里的公共土地那么就需要找村里"请会"的会长或者"村盖子"。"村盖子"是当地有威望的长辈,在村里能够主持村里事务。经过村里领导同意就可以进行耕种。村里公共的土地只会给一些没有土地或者少地的家户。

(四)治病与送终

在1949年前,宗圪堵村的村民都倾向多生儿子,不仅仅是为了家庭的延续,更是为了养老。养儿防老是传统的观念,在当地人们经常说"父欠子妻,子欠父债",意思是父亲要完成儿子娶媳妇的任务,儿子要承担老人的养老送终的事情。当时老人的寿命不长,老人到了60多岁的时候,身体素质不行了,劳动能力明显减弱。当时老人生病了没有专门的医院和医生,为了给老人治疗只能找阴阳先生或者是巫神,治疗的费用低,都是由家庭承担。如果大家庭已经分家,治疗的费用是由其中一个儿子承担,因为费用低,不用分担给每一个儿子承担。老人去世以后,丧葬的举办是依据家庭的经济状况而定,大户人家会办得隆重,以示告慰去世的老人,同时也为了显示出家庭的实力。小户人家在丧葬的规格上较低,只要按照传统的风俗让老人入土为安就知足了,丧葬规格的高低不会被人笑话。未分家的话,丧事的费用以家庭为单位,由家户承担。如果分家的话,那么由每个分家的已经成家的儿子承担,大多数的情况是平均的分摊,但是每个儿子小家庭经济状况不同,所以在丧事上,家庭经济好的小家庭多承担一些,经济差的小家庭会少承担一些,因为彼此都是亲兄弟,了解实际的情况,互相理解。

(五)家户赡养的认可与保护

老人没有劳动能力的时候如果儿子孝顺,老人的生活便有保障,老人也能安度晚年。家族和村庄十分认可家庭养老,这样的儿子会赢得村庄的赞誉,村里的老人都会羡慕这位老人的生活。但是如果老人没有劳动能力的时候,儿子又不愿意承担赡养责任,那么就会被其他的村民耻笑,不孝顺的儿子被称为"忤逆子"。同族人知道此事会进行干涉、进行说教,但是却没有强制性。

六、家户内部交往

(一)父子关系

1949年以前在宗家,父亲对儿子的责任是需要把儿子抚养成人,直到帮助儿子完成了娶媳妇的任务,那么就算完成了作为父亲的责任。并且儿子结婚后不久,为了家庭的和谐,有的儿子会分出去单独过日子,但是这不是传统意义上的分家,儿子和媳妇带着部分的家庭生活用具单独居住,单独吃饭,家里的土地和其他的家产仍属于大家庭,由宗家当家人掌管。如果父亲没有帮助儿子娶媳妇,那么这件事情就会成为父亲的心病,在心里没有完成一个父亲的责任。儿子长大结婚成家，有了独自生活的能力，父亲就放心了，也算是完成了自己的义务。但是父亲可以随意地奴役自己的儿子，只要儿子不听话就会进行打骂，其实父亲的打骂只是恨铁不成钢，而不会把儿子逐出家门。对于父亲的话，儿子在未成年的时候都会听从，很少敢顶撞父亲。即使父亲做错了事，儿子也不能批评。儿子长大懂事了，父亲就很少打骂了。在日常家庭中的父子关系融洽，父亲抚养儿子、教育儿子，儿子听从父亲的话，尊重父亲，父子之间不能开玩笑。打骂儿子是最常用的教育方式，所以儿子都比较惧怕父亲。儿子即使在生活中对父亲有意见也不敢说，只能听从父亲的安排，不敢顶撞父亲，因此父子之间很少有矛盾。

(二)婆媳关系

娶进门的媳妇需要听婆婆的话，婆婆需要教媳妇做家务和针线活，如果进门的媳妇会做家务劳动，那么婆婆就会很高兴。如果媳妇听婆婆的话，那么婆媳关系就十分的融洽。媳妇坐月子的时候，婆婆会伺候媳妇，但是如果媳妇生育的孩子都是女孩，婆婆心里就会有意见，坐月子期间很少伺候。在家里，婆婆可以指使媳妇做任何家务，媳妇也明白自己在家里的地位，听从婆婆的安排。等到婆婆去世，多年的媳妇才能熬成婆。婆婆虐待媳妇的事情常有发生，但是面对婆婆的虐待媳妇只能选择默默忍受，有时会把希望寄托在娘家人身上，但是面对这样的事情娘家人很少出面帮助女儿。如果女儿被虐待致死，那么情况就不同了。有一次，宗家的女儿被婆家虐待致死，两家产生严重的矛盾。宗家作为娘家人聚集了家族的人力，专门去婆家理论，为女儿"争人命"①，意思是人死了，家属上门讨人命。宗家人到了以后，对女儿的婆家各种打砸，婆家人只能选择忍受，并且还不得不杀猪宰羊地招待娘家人。当地有一种说法来形容出嫁的女儿，"活着是个土疙瘩，死了是个金娃娃"，意思就是出嫁的女儿活着的时候娘家人不理会，但是死了以后娘家人就会为女儿出头争气。事实上娘家人只是为了争面子，如果不去为女儿出头，那么就会被人笑话自家软弱。

(三)夫妻关系

1949 年以前，丈夫在家里主要能保证妻子的衣食住行，算是完成了一个丈夫的责任。妻子在家需要做家务，生儿育女，完成一个妻子的义务。在陕北当地依然是男性的地位高于女性，在夫妻关系上妻子都要听从丈夫的安排。当地也有关于夫妻的民谚"打倒的婆姨揉倒的面""女人不是人，母猪不敬神"，在当时家庭中丈夫打骂妻子是平常的事情。那时夫妻关系的不平等，导致妻子在日常生活中十分的惧怕丈夫，更不能和丈夫开玩笑。夫妻之间如果发生冲突，妻子永远处于劣势，丈夫可以任意的打骂，妻子很少能动手打丈夫，并且妻子受了丈夫的打骂，很少能够得到娘家人的帮助。娘家人只有到了女儿被打残疾或者打死的时候才会出面。

(四)兄弟关系

父母在世的时候，兄弟之间的权利义务没有那么的明确，在成长的过程中弟弟会跟着兄长学习一些生活技能。如果父母不在了，兄长就需要承担起抚养弟弟的义务。"长兄如父"，父亲不在世了，兄长就需要承担父亲的角色，直到帮助弟弟完成娶媳妇的任务，哥哥就完成了抚养弟弟的义务，这样的兄长会赢得弟弟的尊重。在生活中，弟弟也会听哥哥的话，听从哥哥

---

① 争人命：意思是讨一个说法，为自己女儿争取一个体面的葬礼。

的安排。这样的兄长会被看作是好兄长，外界和其他的村民也会赞誉兄长。成年兄弟之间关系融洽，但是在成长的时候，兄弟之间难免会有矛盾和冲突，因为生活的小事情兄弟之间吵架、打架的事情常有发生。发生冲突的时候有家里人阻挡，在家庭内部解决。家长会对儿子进行批评教育，甚至是打骂，兄弟之间发生矛盾的时候，家长和家庭成员多数会倾向弟弟一方。因为家人认为弟弟年龄小，哥哥不应该欺负弟弟。兄弟之间的冲突是家庭内部的矛盾，不会受到外界的干涉。

（五）妯娌关系

在 1949 年以前，宗家未分家以前家庭成员都是一起生活、共同劳动。妯娌之间在家务活上也都一起干，在家务的事情上，妯娌都要听从婆婆的安排，妯娌之间互相帮忙做好家务。弟媳刚入家门，对家庭情况不熟，由嫂子负责带领弟媳熟悉家庭的情况。弟媳不会做的家务嫂子也会教给弟媳，嫂子不能随意地奴役和打骂弟媳，妯娌之间是平等的。如果妯娌之间关系好，在日常的生活中聊天次数频繁，也可以互相开玩笑。如果妯娌的关系不好，矛盾冲突多，那就会搞得家里鸡犬不宁。宗家分家就是妯娌之间关系不和，导致家庭的矛盾增多。宗为哲的大哥宗为真妻子去世早，后来又娶了妻子，由于自己经常在外，妻子在家里生活。妻子和其他的妯娌相处不好，经常告诉丈夫和其他人说家里妯娌欺负她。时间久了，其他妯娌对嫂子也有了意见，妯娌之间矛盾加深，家庭不得不走向分家的地步。妯娌之间的矛盾很难调节，家人只能维持表面的安宁，外人不会介入到家庭妯娌之间的矛盾，"清官难断家务事"，所以难以调节家庭的矛盾。

七、家户外部交往

1949 年以前，当地交通不便，并且村庄里居住的农户少，对外交往较少，家庭外部的交往主要在宗圪堵村以及周围几个村。同村的邻居之间，没有必须要承担的责任和义务，平时交往中关系融洽，如果村民之间需要邻居的帮忙的话，需要去邻居家里邀请。邻居之间会互相帮助，如果邻居帮助了自己，那么日后有合适的机会，自家人会主动的给邻居帮助，算是"还工"。同村邻居之间帮助最多的是家里举办红白喜事的时候，如果村里有人办红白喜事，邻居会主动上门帮忙，这种帮忙也是相互的。邻居之间、街坊之间和朋友之间的关系是平等的，互相之间不会惧怕，村民之间关系十分的和睦，村民之间的冲突少，即使有冲突主要是村民个人之间的冲突，其他的邻居帮忙劝解和调和。陕北地区的村民淳朴善良，得益于人们对民俗禁忌的遵从，人们认为与人交往一定要忠厚谦和，不在背后议论人，当地村民认为如果说闲话、传是非，那么会长口疮烂舌头。所以村民都很少在背后说坏话，这样减少村里家户之间的矛盾，村民之间更加和谐。如果有人在背后说别人的坏话就会被其他的村民鄙视，认为他们是是非婆。即使村民之间有矛盾吵架，那么也有一定的规矩，不揭别人家的短处，当地的民谚"打人不打脸，骂人不揭短，骂人常揭短，生的娃娃没屁眼"。所以在发生矛盾争吵的时候，人们仍坚持底线。宗圪堵村里居住的农户不多，家家户户都十分了解彼此的家庭情况，所以在陕北的交往聊天中，年龄是必须问的问题。并且聊天不久，就会问是哪一年出生，属相是什么，生日是某月某日等一系列的问题。如果是没有血缘的亲戚关系，都会按照年龄论大小。

第四章　家户文化制度

在 1949 年以前,宗圪堵村生活艰苦,宗家主要以种地为生,家庭的成员中没有人接受过专门的教育,村里只有有钱的大户人家才能请私塾先生为自家孩子教书。家里孩子从小所接受的教育主要来自于家庭。家庭对于个人具有重要的意义,所以宗家的家庭成员有很强的家户意识,这样更加有利于家庭的团结和睦。宗家依据当地的传统和民间习俗,家庭成员遵从当地的各种风俗。因为自然环境恶劣,生存条件艰辛,饱受多灾多难折磨,贫穷痛苦的老百姓出于崇拜、相信超自然神灵的强烈心理活动,所以家庭成员虔诚地遵从各种信仰,希望自家每年都能取得大丰收,家庭成员也能健康平安。

一、家户教育

(一)家户教育概况

1949 年以前,在宗圪堵村里没有学校,村民以种地为生,有时候基本的生活都难以保障,所以教育受不到人们的重视。宗家在 1949 年以前全家人都没有上过学,也没接受过专门的教育,宗为哲的儿子在 1949 年的时候,当地有了学校才能上学。在当时只有大户人家的孩子才能接受专门的教育,村里大部分村民以劳动为生,不会送孩子去读书。村民对读书不是十分的重视。如果家里的老人识字的话,就会给自己的子孙后代教书认字。如果家里的长辈不识字,只能教子孙说话、走路等。

(二)私塾教育

1949 年以前,当地没有固定的学校,家庭条件好的人家会请私塾先生到自己家里为孩子教书,当时村里所请的私塾先生都是外地人,当地人很少识字。请私塾先生到家里的时候需要为其提供食宿,并且一年还要给私塾先生二十多个银元,作为老师的工资。私塾先生教授的内容主要是《千字文》《三字经》《百家姓》和《日用杂志》等,私塾先生在家里一般教授的时间是两到三年。那时候,学生学习写字主要是写毛笔字,当学生的毛笔字入门了,老师才会开始讲授书本的内容,并且还不定时进行复习,为学生巩固。那时候在大户人家家里,女孩子也会允许读书。普通家庭里条件有限,家庭中晚辈很少能够读书。宗为哲的二儿子在 1949 年以前读过一段时间的书,后来因为家庭原因没有继续读书,到了 1949 年后又有了读书的机会,便开始读书。在宗有民的记忆里,在宗圪堵村邻近的陈豪湾村里宗家同族的一个大伯是老秀才,在吴仓堡村的刘宝堂也是一个秀才。那时候在宗圪堵村里没有学校,周围的村庄里也没有学校。当时在榆林有学校,村里的老秀才都是在榆林读书。那时候读书的人很少,只有有钱人家的子女才能接受教育,教育的费用是由家庭承担,家庭的教育是以家户为单位。

（三）教育的家户单位

在 1949 年前，当地没有学校，普通农户家的孩子不能接受基础的教育，所以家庭不仅仅是孩子成长的场所，也是孩子接受教育的地方。在孩子成长过程中，爷爷奶奶年龄大，劳动能力丧失，主要在家帮助做一些轻劳动，哄孩子也是爷爷奶奶的主要任务。在孩子还是五六岁的时候，孙子和孙女教授的东西是相同的，主要教孩子说话、走路等一些基本的技能。等到孩子十二三岁的时候，男孩和女孩教授的东西就不同了。男孩子首先是学习帮助家里放羊或者放牛等简单的家务，逐渐地也会跟着家里的成年男性去地里干农活，家长不会专门给孩子讲解，更多的是孩子模仿，家长重点指导。儿子长大以后来自母亲的教育较少。女儿主要是跟着母亲学习，母亲会教女儿针线活、做饭以及其他的一些家庭内的劳动。孩子主要成长的环境是家庭，所以很少能够接受到来自其他人对孩子的教育。家里的小孩一直在村里生活，和同龄人的交往多，彼此之间也会产生一定的影响。因为家庭生活条件艰苦，小孩子到了十二三岁的时候，就开始承担起家庭的劳务了，家长自然而然认为孩子长大了。

（四）家教与人格形成

因为孩子从小没有接受来自学校的教育，家庭成员尤其是父母，在孩子成长的过程中对孩子的思维方式和性格产生重要影响。如果家庭和睦、尊老爱幼，那么在这样生活氛围中成长的孩子十分的懂事孝顺。但是大多数的家长在教育孩子上没有耐心，当孩子一旦犯错误，家长不分青红皂白打一顿。当时这是教育孩子的主要方式。村民都信奉"棍棒底下出孝子"，因此父母打骂孩子发生频繁。当时生活的条件贫困，家家户户都勤勤恳恳地劳动，希望家庭能够"勤劳致富"，认为只要辛勤劳动，家庭才能越来越好。孩子生活的基本劳动和生活技能都来自家庭，为了孩子长大以后的生活，劳动技能是孩子不得不学习的。如果不学习长大以后生活就会遇到种种困难，家人有时候会骂不学劳动技能的孩子是"逛鬼""懒汉"。男孩子主要学习的是土地里的基本劳动，女孩主要学习针线活、做饭以及其他的一些家庭内的劳动，这些技能主要来自家里的女性成员。女孩子在出嫁前，做饭、针线活和一些其他的家务劳动是必须学习的，这样女孩子找婆家的时候会留下一个好的名声，嫁到婆家以后也能讨得婆婆的欢心。如果女儿不会做这些家务，会被婆家人看不起。结婚后到了婆家第一天，新媳妇需要亲自为家庭成员做一顿饭，这正是对媳妇的一次考察。

（五）学手艺

宗家在祖上独门的手艺是木匠，宗为哲的爷爷和父亲都会这门手艺，这是自己家庭祖传的手艺，但是到了宗为哲这一辈的时候没有人再学习这门手艺了，所以在宗有民的记忆中，宗家只有两代人学习了这门手艺，这门手艺没有得以传承。学习手艺也十分讲究，手艺传男不传女，因为担心女儿把手艺带到别人家，所以不会把手艺传给女儿。手艺学习必须在三年以上，最开始学习手艺的时候，只是跟着师父做一些简单的杂活，等到一年后师父才会教一些技术活。并且三年时间里没有工钱，等到学徒满三年以后，徒弟自己能够真正的独立做手艺的时候，徒弟就会摆"谢师宴"感谢师父的教育，以后就自立门户做手艺活了。因为当地人口稀少，手艺人难以依靠手艺生存下去。虽然村里有手艺人，但是更多的时候是兼职手艺人，因为生活仍然是以农业为生，在农闲的时候才会从事手艺活。在吴起县北面的定边和南边，那里地势平坦居住的人口多，手艺人也比较多。当时在村里依靠手艺是没有办法养家糊口的，所以学习手艺的人特别少。学习手艺的费用很低，甚至是不需要家庭花费，只是需要徒弟给师父免费干几年活。

（六）民间教化

陕北黄土高原上，生活环境恶劣，加之没有专门的学校教育，民间的教化对家庭产生重要影响。例如由于土地贫瘠，为了祈求每年五谷丰登，村民每年春天耕地前都会举行耕种仪式，夏天专门拜龙王，举行祈雨活动。牲口作为主要的家庭财产，人们认为牲口是有灵性的，所以称为"生灵"。陕北地区被看作是中华文化的发祥地，传统文化根基深厚，传统的文化对村民的生活具有重要的影响。在陕北地区留下了许多民间习俗，民俗禁忌对普通村民有巨大的约束力。宗家人祖上都了解当地的民间教化，这些民间教化在宗家日常生活中发挥重要作用，尤其是长辈对晚辈的教育中都会体现出地方性的习俗禁忌。村民信奉神灵，对黄土地充满敬仰，流传下的民间教化对村民的生活具有规范的作用。

二、家户意识

（一）自家人意识

未分家以前，自家人是指同一个锅里一起吃饭，一起劳动的成员，主要包括爷爷奶奶、同辈的弟兄、娶进门的媳妇、未成年的孩子都属于自己家人，如果有入赘的女婿那么女婿也被看作自家人。如果分家以后，那么只有自己小家庭的成员才能算是自家人。出嫁的女儿和已经分家的兄弟不再算做自己家庭的一员了，出嫁的姑姑和姑父，舅舅和舅妈，以及出嫁的姨姨和姨夫不能算是自家人。在宗家，宗为真和宗为诸常年在外，但是妻子和孩子在村里和大家庭一起生活，他们仍然算是自家人。如果一个男人娶了几房妻妾，那么妻妾以及生育的子女都算是家人。在未分家以前，宗为哲弟兄三人都结婚了，并且有自己的子女，但是仍算是一家人，后来分为了三个小家庭，那么家庭自家人只局限于小家庭内的成员。邻居、亲戚和乡亲们都是外人，自家人和外人在每个人的心里有明确的边界，孩子从小就会在家人的影响下，能明白自己人和外人的不同。家庭内部的事务只限于自己人，不愿意让外人知道自家的家事以及家庭的矛盾，"家丑不可外扬"，担心家里发生的事情外人知道会笑话。邻居家里如果有事情，自家人也不会去干涉，因为是家庭内部的事，如果过多的干涉，别人会认为这是多管闲事。

（二）家户一体意识

1949年宗家没有分家前，宗为哲全家人共同吃饭、共同劳动，弟兄三人在生产生活上互帮互助，宗为真和宗为诸因事很长时间不在家里，家里的事情主要由宗为哲照顾，婚后三个小家庭也能互帮互助。家庭成员在外如果和别人发生了矛盾，很少全家人出面讨公道。因为村民平时相处融洽，不会因为个人的原因导致两个家庭关系僵化。如果分家以后，弟兄之间谁家有困难，其他的兄弟也会出手帮助，如果有寡妇家庭，那么其他的弟兄在生产生活上会给予特殊的关照。在未分家以前，家庭成员一起生活有共同目标，首先在农业上希望家庭粮食年年能够丰收，在对待晚辈上希望晚辈能够成人成才、光宗耀祖。总之，希望家庭团结和睦，生活越来越好！

（三）家户至上意识

当时家庭是每个人生活的基本单元，每个人的成长和生活离不开家庭，人人都有家户集体观念。在当地有句民谚"独门单户，养不活一条老鼠"。宗家人认为家庭比个人重要，当时灾害严重个人抵抗能力差,离开家庭个人很难生活,所以人人追求家户的集体观。个人也愿意为了家庭牺牲个人的利益, 当时孩子在婚姻上, 家里的父母和家长几乎不会征求孩子的同意,而是从家庭的角度考虑自作主张地安排,这体现了家户至上的意识。受到传统民间教化的影响,宗家人有积善积德的意识,当时村里每年都会来许多的乞丐乞讨,宗家人不会把乞丐拒之门外,不仅会给粮食有时甚至会给饭吃,他们认为这是积善的行为,而且每年到了庙会的时候,家人都会去庙里祈祷,并且给香火钱。正是人们相信善有善报、恶有恶报,所以平日里会多做好事、与人为善,人们追求走得端立得正,处世追求公正,不愿和别人发生冲突。

三、时间观念

(一)家户时间观

1949 年以前,在宗家,家庭成员主要是根据太阳表示时间,在农业耕种上都是依据节气进行耕种收获。长期的在土地上耕种经营,陕北的村民总结出了许多关于农业耕种的谚语,宗家根据流传下来的民谚和经营进行播种、收割。例如关于二十四节气的民谚有:"春寒不算寒,惊寒得半年""大暑小暑,灌死老鼠""春风不刮地不消,秋风不刮穗不饱""白露无霜,籽粒肥胖",等等,这些都是村民根据长期实际生产生活总结而来,并且在后世的农业上得以实际应用。陕北地区还有许多关于农业的民歌"头九二九,冻破壶口;三九四九,关门闭守;五九六九,开门大走;七九鸦儿八九雁,九九上来火镰半;九九再一九,犁铧遍地走。"不同的作物耕种的时间也不同,宗家人在耕种上遵从作物耕种的规律进行耕种,清明前后,栽瓜种豆(山区)。小满前后,点瓜种豆(滩区)。头伏荞麦二伏菜,三伏萝卜长成怪(滩区)。头伏萝卜二伏菜,三伏赶紧种花芥(山区)。这些传统的民谚和经营的总结对农业的耕种有重要的指导意义。当时家家户户关心农业生产,在宗家,全家人都会关心未来一年农业的生产情况,因为全家一年的生活都在土地里,所以家庭成员都细心地照顾农作物。农作物耕种的时间具有规律性,宗家每年有农忙农闲之分,但是其他村民的生活没有农忙农闲之分,即使土地里没有什么具体劳动任务。在 1949 年前,宗家人在春寒以前不会下地干活,因为土地仍然未解冻。但是家庭成员并没有闲着,需要在家里积肥,砍红柳林,为家庭砍柴,即使不下地干活,当家人也会为其他家庭成员安排各种家庭活。村民常常在土地里奔波操劳,或者做一些与农业间接相关的事情。宗家几代种地为生,家庭成员种地的经验丰富,按照农业规律进行耕种,希望能够通过勤劳的耕种,粮食实现大丰收。

(二)家户空间观

1949 年以前,宗家全家人居住的地方有四孔土窑洞。在窑洞的修建方面有许多的讲究,首先在选择修建地盘上,宗家的当家人需要邀请阴阳先生来观察山的位置"空不空",然后再由当家人确定修建窑洞的地点和时间。在修建方向上,一般窑洞都建在山的阳面,根据当地山势的走向,确定窑洞坐北朝南,这样窑洞便于采光。在修建院落大门的时候,仍要邀请阴阳先生来看方向,因为大门是一个家庭的门面。如果院落大门修建不好,担心大门影响家里人的运气和家庭的和睦团结。当时宗家箍窑的时候都要背靠大山,当地村民都有这样的观点,村民认为这样接地气,当地民谚说"背后有靠山,必定出大官"。在黄土高原的宗圪堵村里,村民居住的窑洞是因地制宜的产物。在陕北地区窑洞内布局不同于平房,房间的分类没有那么明确,几孔窑洞就可以满足家庭成员所有的生活起居,窑洞是家庭全体生活的公共空间,也是家庭个人生活的私人空间。在窑洞内做饭的灶台和土炕是连接在一起的,这样不仅能够做饭,同时可以给土炕加热。在宗家,家庭成员睡觉的时候会被分配在不同的窑洞里,一般长辈会住在家里最好的位置。冬天的时候,长辈会睡在最暖和的地方,到了夏天会让长辈睡在靠窗户的位置,这样更加的凉爽。在宗家,全家十几口人一起生活,在家庭居住窑洞的出入上有具体规定,比如家里的其他男性不能随意进产妇的房间,公公不能当着媳妇的面换衣服,出入家门的时候需要和在家的长辈打招呼。这些规定对家庭成员的生活具有一定的规范作用。这些潜移默化的规定,不仅仅约束家人的生活,也能有效地保障家庭的伦理秩序和家庭的团结和睦。

(三)家户生活观

在 1949 年以前,宗家虽然是当地传统的老户人家,但是宗家分家以后,宗为哲家里十分的贫穷,有时候家庭成员甚至都没有衣服和鞋子穿,冬天的时候,家人穿着的衣服是自制的粗布衣服,鞋子也是自制的草鞋,有时候是用羊毛自己制作成的羊毛袜子。当时宗圪堵村的村民生活水平普遍不高,生活质量差。对于宗家来说,年年有粮食吃,顿顿有肉吃这就是宗家人对理想生活的追求。在当地人们常说"娶了媳妇是美事,养了孩子是喜事,要吃要喝是难事。"所以所有家庭成员能有吃有喝,这才是人们向往的生活。在当地,气候十年九旱,导致许多家庭贫穷的农户过上乞讨的生活。所以年年有充足的粮食,家庭成员有吃有喝就十分地知足。"家有家规,国有国法",宗家在家庭生活上家庭成员都要听从当家人的安排,如果家里有的成员不服从当家人安排,当家人如果生气的话就会打骂,所以一般家庭成员都会惧怕当家人。宗家为保证全家有吃有喝的生活,家庭成员在土地的劳作上起早贪黑,以求得粮食的大丰收。在农业耕种上说"庄稼看见别人的好,娃娃看见自己的亲。""苦做的美吃,闲坐的忍饥"。所以家家户户都追求辛苦劳动,正是因为家庭收入有限,家家户户追求节约意识,人们常说"一顿省一口,一年买头牛。"宗家在家庭吃饭和消费上坚持能省则省,平时过日子十分的节俭。对于那些没有节约意识的人,会被村里其他的村民看不起。其他村民会评价说,不会过日子,迟早要败家。村民之间关系融洽,有红白喜事都会互帮互助。有其他困难的时候都会互相帮助,常说"一个篱笆三个桩,一个好汉三个帮"。在当时村庄里,村民日常的生活人情关系是必不可少的,"人情一匹马,买卖争分毫",人情的来往主要是亲戚和同村邻居之间。

四、家户习俗

(一)节庆习俗概况

1.春节习俗

1949 年以前,宗家每年到了年末进入腊月的时候,家庭中就开始张罗过年的事情了,首先是要杀猪,这是家里重大的事情,家里的男性负责杀猪,全家人一年到头终于可以犒劳一下自己的胃了。过年做准备的时间早,因为过年需要的东西都是自家人亲手制作,家里妇女要准备磨面、做豆腐、做粉条等。到了腊月二十以后,家人就开始打扫家里的窑洞,重新糊窗户,并且在窗户上贴上自己家人手剪的窗花,增添节日的氛围。当时过年购买的东西很少,主要以自己制作为主,春节贴的对联需要找村里会写字的人书写,如果没人帮忙书写,那么就在红纸上用碗划一个圆,贴在自家的大门上。在宗家,春节前的几天,家庭中的男性成员会专门去祖坟祭祖,祭祖参与的对象主要是男性成员,带上过年准备的各种食品,用于作为祭祀祖先的祭品,并且带上纸钱,在祖坟上烧纸钱。希望祖先能够保佑全家人的健康平安,家庭在新一年里能顺顺利利。春节期间,天气寒冷,所以村民停止手里的农活,留在家里休息,没事的时候亲戚之间互相走动,妇女趁着过年的时间,带着家里准备的礼品回娘家。除夕结束等到了正月初一的时候,亲戚之间互相拜年,拜年的讲究是正月初一初二拜家门,初三、初四拜娘家。同族的人先拜见长辈,然后依次拜见其他的同族亲戚。邻居们之间不会专门登门拜年,但是如果碰到,便彼此互相拜年,说吉利话。

2.红白喜事习俗

在当地的红白喜事统一称为"过事"或者"行门户",这也是亲戚之间来往的主要场所。宗家举办红白喜事的时候遵从当地传统,举办红事和白事的待客方式有明显的不同,在举办白事上主要以去世人的娘家人为主,这是白事上最重要的亲戚。在丧事随礼钱的时候,以去世的人的娘家为最高宾客,其次是姑家、姨家和姐夫家等。在结婚的喜事上,待客主要以新进门媳妇的娘家人为主。那么娘家随礼钱在婚事上是最高的,如果其他人的礼钱过高被当地人认为"不通礼数"。在红白喜事的仪式上,自己的近亲和同族的人都会来帮忙,并且这些帮忙都是无偿的,同村的邻居也会无偿帮忙,因为同村人之间都是互相帮助,红白喜事上请客吃饭主要是五服之内的亲戚。红白喜事上,"请会"组织的成员是必须邀请的对象,因为每家每户在平时许多的事情离不开"请会"组织。所以在红白喜事重大事情上,同样需要"请会"组织的帮助,并且在酒席上作为重要的宾客。

宗家在丧礼的仪式上,不论家庭的经济状况如何,在长辈去世的仪式上尽可能烦琐和奢侈。这被当地村民看作孝顺的表现,在宗家人和当地村民的心里,老人虽然已经去世,仅仅是肉体的死亡,但是去世人的亡灵还会在另一个极乐的世界里像在世间的活人一样地生活。因此在举办丧礼上尽可能按照人生前一样地布置,以求满足祖先在另一个世界的需求,更是表达了对祖先的尊重。在举行丧礼的第二天晚上,会为亡人举行"过桥"仪式,"过桥"的仪式是在家庭的大门口搭一座类似的"桥",阴阳先生在前面念经文缓慢地通过桥,后面跟着的是亡人的孝子,并且口中喊着对长辈称呼"过桥"。这种仪式被看作是人和亡魂沟通的桥梁,也是亡魂升天的通道。在丧礼结束的三天以后,家里的男性晚辈都要去去世人的坟上烧纸,这也被看做是一项"迎主返家"的接福仪式,更加有利于自家后代的发展。在宗家,在给去世人墓地的选择上十分地讲究,极其重视风水,认为这是祖宗的"阴宅",不得不慎重,如果不慎重那么后代的生活就会遭殃。而且祖宗的坟地一旦选定,以后的几代人去世都会在此地埋葬,并且当地人认为祖坟的风水关系着后代的发展。如果村里的哪户人家家庭发展不顺,大多数都被认为祖坟没有埋到好地方,风水不好。

(二)家户习俗单元

1949年以前,宗家外界交往少,家庭成员主要交往和活动的场所是以家庭为主,过年过节也是以家庭为基本单位。在宗家,宗为哲的哥哥宗为真和宗为诸,虽然经常在外,但是过年的时候都会回家和家里人一起过团圆年,当时宗家全家没有分家,全家人在一起过年吃年夜饭。过年的时候全家人生活相比平日的生活,生活水平得到了极大改善,家庭成员可以吃到肉和白面馒头。当地村民讲究出嫁的女儿不能在娘家家里过年,所以出嫁的女儿只有到了正月的时候才能回娘家,而且当时回娘家的时间有限,一般只有三四天的时间。过年是一年里最重大的节日,全家人一起吃团圆饭,家庭里常年在外的人也会赶回来与其他家庭成员团圆。正月的时候,家家户户都准备丰盛的年饭,同族内的至亲之间轮流吃饭喝酒。相比春节,其他的节日相对没有那么重要,如果有家人在外不能赶回来与家人一起过节,其他家庭成员也能理解。

五、家户信仰

(一)家神信仰及祭祀

1949年以前,宗家没有宗教信仰,但是对家神却有十分虔诚的信仰。由于当时家人生活艰辛,人们对家神之间充满敬畏,把对美好生活的向往,寄托在神灵上,希望能够保佑全家人平安,五谷丰登。在宗家供奉的家神有:财神爷、灶神爷、土神和天神。灶神顾名思义就在灶台的边上,每年过年的时候都会在灶台前贴上灶神的画像。财神在家里最显眼的位置,在家里主要窑洞的墙上贴着巨大财神的图像,每到逢年过节的时候会在财神前进行供奉,因为家庭成员把家庭的发家致富的想法寄托在财神上。土神和天神分别分布在家院子里的左右两侧,土神和天神是专门请阴阳先生在砖头上描绘,过年的时候再贴上画像表达对天地的崇敬。门神在家里的大门两侧,大门是家庭的门面,希望门神能保佑全家人出入平安。当时宗家供奉各种不同的家神,希望能够保护家庭的方方面面。有时家里一旦发生困难,比如家人生病,遇到灾害严重,那么当家人会及时地拜见不同的家神,以求得对家人的保佑。在平时对家神的祭拜少,过年的时候祭祀各家神是必不可少的仪式,在过年除夕晚上和正月初一早上都对各个位置的神进行烧香磕头。宗家的家神都是由自己的家里人进行祭拜,祭祀家神是由家里成年男性完成,女性不能参与到家神的祭祀。

(二)祖先信仰及祭祀

宗家在当地居住的历史悠久,是当地真正的老户人家。当时家里有遗留下的家谱,宗为哲家人对祖上的情况很了解。宗家家谱是祖上留下来的,具体是祖上哪一代人修订的家谱,已经很难说清楚,后来在"文化大革命"的时候,宗为哲的儿子宗有民担惊受怕,最后他把宗家的家谱烧毁。在祖先祭祀上,长子在家庭中具有十分特殊的地位,这仅仅是依靠血缘而形成的与生俱来的身份和地位。长子在家庭中可以优先担任当家人,在祭祀祖先上长子担任主祭祀人,并且长子去世后可以埋入祖坟,而其他的儿子不一定可以埋入祖坟。在当地祭祀祖先是一个家庭中重要的事情,按照当地的传统祭祀祖先一年大概会进行五到六次,并且祭祀祖先的时间是固定的,每年三月份的清明节,家家户户都会去祖坟烧纸祭祖;阴历七月十五日中元节必须祭祖烧纸;十月初一被称为"寒衣节",意思是到了冬天需要给祖先送"寒衣",这表达对祖先的哀思和孝顺;到了腊月即将过年的时候,家家户户都会让自家的男性成员去给祖先上坟烧纸,给祖先行辞岁礼,并且会献上自己准备的供奉的食品,希望祖先保佑全家人一年平安。

(三)庙宇信仰及祭祀

1949年以前,在宗圪堵村里信仰最多的是关帝庙,关帝庙主要拜见的是关羽。历史上陕北地区属于农耕地区与游牧地区交界,因此在当地历史上战事不断,所以人们将关羽当做家庭"武神"和"守护神"祭拜。在宗湾子村里没有关帝庙,但是和周围几个村里共同供奉一个关帝庙。在宗圪堵村里只有一个娘娘庙,在当地娘娘庙里,每年都是香火不断,因为在娘娘庙里可以祈求"儿女成群""多子多福"。所以在当地十分盛行去庙里祈求的习俗,当时村里有娘娘庙。每年的农历四月初八是举办庙会的日子,一般庙会举办的时间是三天,庙会期间每天来庙会拜神的人络绎不绝,香火极盛。到娘娘庙拜神的妇女居多,都会给娘娘庙烧香。在当地娘娘庙举行庙会时形成了"男女争上西山子孙娘娘庙,贡献花果,求子许愿"的氛围。不仅仅是宗家人,当地村民对庙会都有虔诚的信仰,凡是当地有庙会的话,村民都会去拜见,并且捐献一些香火钱。

六、家户娱乐

(一)结交朋友

在宗家,当家人虽然会安排家庭成员的具体生产劳动,但是当家人不会干涉家庭成员结交朋友。结交朋友的范围主要是同村以及附近几个村庄的村民,但是结交朋友的时候都遵守当地默认的基本原则,比如男性只能与男性交往,女性只能与女性交往,如果是没有亲戚关系的男女双方交往过于频繁,那么会被别人在背后议论说闲话。在宗家,家庭以外的劳动和生活主要是以男性成员为主,男性交往的范围比女性交往范围大,未成年的男性之间如果关系好,就会结交一些"结拜弟兄"。结拜仪式比较简单,关系好的男性一起跪拜磕头,算是成了结拜的弟兄。在平时的生活上结拜的弟兄之间会经常来往,家里有红白喜事,结拜兄弟会主动出面帮忙。人们都是真心实意结交朋友、对待别人,常说"交人要交心,浇树要浇根"。

(二)打牌与串门聊天

打牌在当地叫做"梦胡"或者"顶棍",打牌是当地村民过年时候放松休闲的一种主要方式。宗家人在平时很少打牌,因为平时劳务繁忙,只有到了过年期间才有十几天的空闲时间。在空闲时间里同村的村民之间互相串门,尤其是家里的男性成员互相串门。打牌对象主要是家里的成年男性,女性很少出门打牌。过年期间打牌的时候会有一定的赌注,但是赌注较少,更多的是为了娱乐。当时没有因为赌博而输光家产的人,因为当时家庭教育严格,家里有当家人管理家庭的经济,所以其他家庭成员很少有钱参与赌博活动。并且当时宗圪堵村的村庄风气好,村民赌博的少。但是隔壁的刘渠子村赌博风气十分严重,村里的村民会有人因赌博而败家,有的人甚至赌博输了妻子。赌博的时候,如果需要留在人家里吃饭,那么参与赌博的人都要给主家一定的钱财,算是赌博时的饭钱。没有妇女打牌的情况,如果农闲的时候,妇女串门的情况比较多。串门的时候有一定的讲究,如果别人家刚刚举行完"谢土"仪式,那么就会有"忌门"三天的讲究,去人家串门的时候不能进厨房。串门的对象是同龄人之间互相串门,并且在串门的时候手里拿着针线,边聊天边做针线活。如果妇女居住的距离娘家近,那么也会去娘家串,如果家里不忙的话,还会住在娘家。串门是关系好的妇女之间的交流活动,聊天内容主要是家务事或者是村里其他村民的事情。

(三)其他娱乐活动

在1949年以前,村庄的公共娱乐活动很少,但是每年过年的时候扭秧歌是必不可少的活动,扭秧歌可以增添节日的气氛。秧歌队是以村为单位,在当时宗圪堵村里,秧歌队是由"请会"的会长组织,其他的村民积极地参与,在当地每个村有自己的秧歌队。到了正月初六的时候,周围几个村庄就会把各自村里的秧歌队集中在一起举办扭秧歌比赛,并且会评选出最好的秧歌队。村里的秧歌队宗家的家庭成员都可以参加,不会受到当家人的阻碍。在陕北地区的村庄每年正月都会举行扭秧歌,宗圪堵村的"请会"组织每年都会组织村民扭秧歌。陕北的秧歌是古代驱鬼舞蹈的继承和演变,秧歌最初的名字是"阳歌",正是在寒冷的春节里,村民对太阳的歌颂,太阳代表着驱散鬼神的阳气,也希望通过每年扭秧歌的活动,祈求庄稼丰收,全家平安。一般每个村里都会举行扭秧歌,而且为了衬托出节日的氛围,几个村庄会一起举行扭秧歌,并且进行比赛,看看哪个村庄扭得最好。而且每个秧歌队都会有伞头带领着其他的队员在村里转一圈给大家拜年,最后集中在村里经常聚集的地方,扭秧歌、唱吉祥陕北民歌为节日增添了气氛。

第五章　家户治理制度

在宗家,家户治理主要是以当家人为主体,宗家的当家人是由宗为哲担任,因为宗为哲同辈的大哥和二哥常年在外,父亲身体不好,所以就由家里排行第三的宗为哲担任。宗为哲担任当家人期间,家里方方面面的事情都由当家人做主,但是家庭重大的事情上仍会和父亲商量。当家人在家庭事务中虽然有大于其他家庭成员的权利,但是对家庭也要承担大于其他家庭成员的责任。宗家没有成文的家规家法,默认的家规也是依据陕北地区传统习俗和民俗的教化。家庭是家庭成员主要的生活场所,同时也为家庭成员提供保护。家族和村庄的公共事务不一定需要当家人出面,但是主要是以家户男性参与为主。

一、家长当家

(一)家长的选择

1949 年前,宗家的当家人是宗为哲,宗为哲能够成为家里的当家人是因为大哥宗为真和二哥宗为诸常年在外,很少能够照顾到家庭的事情。加之父亲年龄大,没有劳动能力,无法管理家庭的事务。在当时大多数的情况是由家里的长子担任家长,宗家的情况比较特殊。长子在当家和家里事务的管理上具有优先权, 这仅仅是依靠血缘而形成的与生俱来的身份和地位。甚至是死后长子仍有不同于其他儿子的权利,长子死后可以埋入祖坟,而其他儿子没有这样的权利。事实上,在当家人选择上对学识能力要求并不是那么重要,因为当时家庭成员几乎都不识字,主要以务农为主。一般能够成为当家人的家庭成员对家里的情况十分的了解,精通农业耕种,并且能为家庭做出更大的贡献。家庭中能够团结和睦,家庭成员都要听从当家人的安排,尊重当家人。1949 年以前,在陕北地区传统的农户家庭,无论是大户、中户和小户都只有一个当家人,在家庭的事务上是由当家人一人说了算,不管当家人做出的决定正确与否。在当地被称为"掌柜社会",因为在当地把当家人称为"掌柜"。有的当家人不对家庭负责,不会过日子,把自己的生产生活资料卖了,其他家庭成员只能接受这样的结果。直到家里的孩子长大成人结婚后,就会走向分家。

(二)家长的权力

1.权力的来源与范围

家庭中成员愿意听从当家人的安排和决定是因为当家人有大于其他家庭成员的权力,如果是长子当家那么权力是祖赋的。宗家由于情况特殊由第三个儿子来担任当家人的角色,但是其他的家庭成员仍然会认同其当家人的权力。家庭的团结和睦必须由主事的当家人来领导,家庭成员对当家人的尊敬不仅仅是因为个人的原因,更是从家庭整体考虑,"家和邻不欺,邻和众不欺","家不和该穷,户不和该穷"。一旦成了家长就要负责管理家庭中方方面面的事务和家庭中的每一个成员,家长根据不同人安排不同的事情,例如成年男性劳动力主要是下地干活,十二三岁的男孩子主要放羊,妇女负责做饭做家务等。宗为哲虽然是当家人,但因为不是家里的长子,所以家里遇到重大的事情首先是和父亲商量,如果是娶媳妇或者出嫁女儿,那么需要想办法告知大哥和二哥,希望他们能够抽时间回来共同商议。家长也会有一定的约束,而不是想干什么就干什么,例如在农业劳动上,家长承担比其他成员更多的任务,只有这样其他的家庭成员才能听从。

2.财产管理权

当时家里的主要收入来自于农业,虽然在农闲时节会经营副业,但是收入十分有限。家里收入的钱财是由当家人以全家人的名义进行管理。外出经营副业挣的钱回来都由当家人管理。同时当家人每年会给已经结婚的儿子零花钱,如果遇到庙会的时候也会给家庭成员一些零花钱。零花钱都是由当家人分配给家庭成员,给每一个儿子的数量是相同的。当家人为了改善家庭的经济状况,每年在空闲的时候也会外出,去外面了解农业和副业的情况,在外地换回高产的农业种子。家庭晚辈的聘礼和彩礼属于小家庭所有,当家人不能收回归属于大家庭所有。

3.劳动分配权

家庭成员在土地的劳动上是由当家人分工安排,当家人根据每个人的劳动能力进行分工。成年男性是家里主要劳动力,需要承担家里最重的体力劳动。1949年以前,当地妇女仍有裹脚的传统,对妇女的劳动有很大影响,因为走路不便,农闲的时候妇女很少参与土地劳动,但是在农忙时节妇女也需要下地帮忙收割庄稼。如果家里的劳动力充足,老人一般到了六十岁以上就不会去田里干活,而是在家里做一些杂活,例如帮助照看小孩、喂养牲口。全家人都听从当家人的安排是从家庭利益出发,如果不听从当家人的话尤其是晚辈不听话,家长会以打骂作为教育。

4.婚丧嫁娶管理权

在宗家,家庭中的婚丧嫁娶是一个家庭中的大事,即使是当家人也不能擅自做主,而是需要与其他的家庭成员商量,宗为哲也需要想办法告知常年在外的大哥和二哥回到家里共同商量。家里孩子的婚姻大事不仅仅是某个家庭成员的事情,更是家庭集体的事情。父母在孩子婚姻事情上有绝对的发言权,即使是爷爷辈当家,也需要和孩子的父母商量,在"父母之命,媒妁之言"原则下,孩子自身在婚事上没有多少发言权。当时结婚是以家庭的传承为目的,而不是考虑个人的幸福。婚后夫妻之间有矛盾,丈夫可以任意打骂妻子,却不会选择离婚,当地村民常说:"打到的媳妇,揉到的面。"为了家庭的和睦和对外的名声,受到传统观念的影响,当家人和媳妇很少交流接触,媳妇如果听从安排很少引起家长的不满。如果是当家人对媳妇不满意,就会怂恿儿子休妻,休妻对于家庭而言是一件不光彩的事情,所以很少采取这一措施。

5.家长权力的约束

由于当时家庭成员很少接受教育,只要当家人务实,担任当家人的成员在管理的能力上没有明显的差别。如果当家人不会过日子败家,大家庭中有几个已经结婚的小家庭组成,那么大家庭就会走向分家的地步。因为宗家全家人一起生活劳动,当家人大多数的行为都在家庭成员的眼里,当家人也背负大家庭的希望,所以在许多事情上都会慎重地考虑决策。如果当家人瞒着家里人做了对不起家庭的事情,导致家产败光、家庭衰败,那么其他的家庭成员会看不起当家人,并且这样的家庭会被外人所耻笑。当家人没有脸面面对其他家庭成员,用当时的话说:"人没一身功,能把皇帝拉下马。"如果家庭规模大,那么家长没有能力执掌家庭的时候,会换一个有能力的人担任当家人,如果家庭规模小,就会选择分家。

(三)家长的责任

作为一个家庭的当家人需要管理家庭方方面面的事务,要照顾好家庭成员的衣食住行。家里的财物和劳动的安排是当家人必须管理的事情,家里平时的吃饭问题不用当家人专门操心,而是由家里年长的妇女进行安排。当家人对家庭管理不仅考虑眼前的生活,还要对家庭未来进行规划。为了家庭的和谐发展,家庭成员内部的矛盾当家人也要想办法调节。好的当家人是勤劳务实、公平公正、不贪污家产并起到带头领导的作用等,这样的当家人才被认为是好当家人。如果当家人只给自己捞钱、沉迷于赌博、吸食鸦片,那么这样的当家人不仅会被外人看不起,自家人也会看不起。家庭的矛盾会明显增多,只能选择分家。当地人说"家有家长,户有户长",每家都会有自己的家长,并且只能有一个家长。如果家庭成员人人都想当家长,那么家庭就会乱成一锅粥,家庭的事务必须由一个人最后拍板做主。自从宗为哲担任家长以来当家人没有进行过更换。

二、家长不当家

(一)家长不当家:兄弟当家

在宗为哲当家期间,父亲仍在世但劳动能力明显减弱,大哥和二哥常年不在家,所以他来担任当家人。如果出现兄弟当家,主要是因为家长的执掌能力较弱或者是身体状况差,会有其他的弟兄当家。如果弟弟当家,那么哥哥也要听弟弟的安排。弟弟当家的时候家里的事情都是由弟弟做主安排,家里的财产管理权和家庭劳动的安排上也都由弟弟管理。大多数的情况下,如果头脑比较清楚那么都是由哥哥当家。如果是弟弟担任当家人的话,家里的大事情需要和家里长辈和哥哥商量。如果家中需要买卖、租佃、典当土地时,签契约的时候是由实际当家的兄弟出面代表全家人的利益。家长如果不能当家的时候,如果兄弟众多的话,一般是按照兄弟顺序来管理家庭的事务,如果有的其他兄弟的能力比较出众,并且受到其他人的认可,那么也会管理家庭的事务。

(二)家长不当家:儿子当家

宗家属于家长不当家由儿子当家的情况,而且当家的儿子不是家里的长子。家长不当家由儿子当家主要是因为家长的年龄大了,没有多少劳动能力,就会主动让出当家人的位置。按照传统都由长子当家,因为长子依靠血缘关系,在家庭中具有不同于其他弟兄的身份和地位。其他的家庭成员都会接受长子管理家庭,也会听从他的安排。宗为哲同辈中按照传统是由大哥宗为真当家,但是因为大哥担任了警卫队的队长,大多数的时间都不在家里。所以家庭中就由排行老三的宗为哲担任当家人。家庭中大大小小的事情都是宗为哲管理负责,在一些重大的事情上仍然会请示父亲,在家庭成员婚姻的问题上,由家庭成员共同商量,尤其是需要与孩子的父母商量。

三、家户决策

无论大户、中户、小户,不同规模的家庭都会有自己的当家人,"家有百口,主事一人"。在家庭中的主要的事务都是当家人做主,但是有些事情不需要专门请示当家人,比如每顿饭吃什么,家庭中做饭的妇女就可以做主,家庭对外的事情是男性当家人做决定。每年到了农闲的时候,宗为哲都需要外出做生意,一般出一趟远门大概需要十几天的时间。如果当家人不在家的时候,不需要专门委托一个家人来管理家庭的事情,家庭成员都是按照传统的习惯生活。如果家里有事情需要当家人做主,那么由宗家父亲宗沛司做主,但是家庭重要的事情只能等到当家人回来才能做主。当家人在家庭事务上做决定主要是依据家庭的实际情况和当地的传统,而不能违背家庭伦理擅自做主,如果违背的话,其他的家庭成员很难服从。出于对家庭团结和睦的考虑,家庭成员都会听从当家人的安排。在农业生产和家庭成员劳动的安排上,家长可以一人独自做出决定,不需要和其他的家庭成员商量,这类事情上,其他家庭成员很少有异议。家庭中子女的婚姻大事,需要全家人共同商量,在一些重要的仪式上还需要告知同族中有威望的长辈。家里办理红白喜事代表一个家庭的形象,全家人需要共同商量,这样在外人的眼里才能看出家庭的和睦团结。

四、家户保护

(一)社会庇护

1949年以前,宗圪堵村里居住的家户少,主要是以宗姓家户为主,并且与宗为哲家都是同族亲戚,所以相处融洽。但是在生产和生活上难免会有矛盾,在宗家,儿子小时候十分的调皮,经常和村里的孩子打架,平时孩子打架家人不会过问,但是有一次宗家的儿子把一个邻居小孩子打伤了。后来邻居知道了此事,孩子的母亲找到了家里要求赔偿,宗家看到了人家孩子受伤,主动给人家道歉,并且把自己的儿子狠狠地打了一顿,最后家里人主动拿着鸡蛋去别人家里道歉。类似这样的一些邻里之间的小矛盾不需要当家人出面,时间久了就可以慢慢地缓解。但是如果是家里大人和外人发生了矛盾,那么这样的矛盾容易上升为家庭间的矛盾。宗家因为土地的问题和同村的邻居李家发生过矛盾,由于宗家有块土地紧挨着李家,李家每年在耕地的时候都会把自家作物的垃圾堆积到两家地界上。宗家因为此事专门找到了李家,希望李家能够清理,但是李家依然如此,最后两家因为此事大吵了一架。并且双方家长为了家庭的利益都参与了吵架,这次矛盾成为了家庭之间的矛盾,虽然村里有威望的人帮助进行了调解,但是两家都没有和好的意思,这一次的矛盾过了很多年才缓解。如果家庭成员被欺负了,家里就会出面为家庭成员讨回公道。如果是家庭内部的矛盾,那么就坚持大事化小,小事化了的原则,而且尽量不让外人知道,担心外人知道会在背后议论。

(二)防备天灾

黄土高原上,沟壑纵横,生存条件十分的艰苦,加之自然条件的恶劣,当地常常是十年九旱。甚至是每年都会受到灾害的影响,只是受灾严重程度不同而已。1928年天灾严重,庄稼颗粒无收,村庄里来了许多逃荒的难民。面对灾害是以家庭为单位,家里的事情仍是由当家人做主,当家人主要的任务是想办法满足家庭的粮食需求。宗家当时在村里是老户,根基深厚。面对灾害的时候,家里渡过灾荒主要是用自家的储备粮或者是找同族的人借粮,等到粮食丰收的时候再主动归还。面对灾害的时候家里的粮食少,生活的水平下降,饭菜的质量不高。如果粮食不足的话,在吃饭的时候,优先考虑家里的老人和小孩食用。由于常年受灾害的影响,村民在丰收的季节都会有储备粮食的意识和节约意识,尤其是在1949年以前。如果家里储备的粮食不能满足食用,只能借粮食。遇到灾害的时候粮食稀缺,借用粮食的时候一般是借一斤还一斤半,意思是归还粮食的时候多还一半。宗家由整个家族作为后盾,即使遇到灾害的时候也没有选择逃荒。当时村里有许多从榆林市逃荒进来的人,也有逃荒出去的人。逃荒的家庭在遇到灾害的时候是不得已而为之,如果家里穷,借不到粮食,变卖牲口,只能带领着全家逃荒。当时逃荒以家庭为单位,全家人一起往南走,最远到达三原县。有的家庭在外几年,家庭状况转变好以后会回到村里。村里逃荒而来的人,有的过了几年又回到了榆林市。

(三)防备盗匪

1949年以前,在吴起县宗圪堵村周围的几个村庄以及周边的地区里最大的土匪是张廷芝。张廷芝出生在吴起县金佛坪村的一个大户家庭,距离宗圪堵村不远。张廷芝家占有一千五百多亩川台地,主要依靠出租土地为生,地租少则四六形式分成,多则六四形式分成。张廷芝幼年只读过三年私塾。除了娶了大老婆外,先后共霸占6个民女为妾。张廷芝是当地最大的土匪帮派,有一次四个外地人在陕甘边界卖大烟路过金佛坪村时,被张廷芝的部下骗到了他的地盘,将其中的一位女性强行作了他的妾,另外三个男人被打死埋在山里。一天晚上有三个回民到定边经商,被张廷芝的人抢走财物,将人活埋。张廷芝还派二十多人来到杏柳沟村,明火执仗抢走李家许多的白银。张廷芝遂攫取军饷窜回金佛坪村,招兵买马,修建寨堡,借机大抢民财,仅其中一个村庄就被掠去三百多块银元。张廷芝在当地胡作非为,无恶不作,所到之处,大肆烧杀抢掠,给吴起县一带的人民带来深重的灾难。宗家没有被张廷芝及其土匪部队抢劫过,但是家里每年都要去张廷芝那里交纳粮食,交纳粮食的数量巨大,有时候甚至需要借粮食交纳。如果不能按时交纳粮食,张廷芝的人就会上门收粮,如果拿不出来就会抢劫家里值钱的东西,并且会打骂村民,村民都敢怒不敢言,只能按要求按时交纳。

(四)防备战乱

1949年以前,在当地战争时有发生。1935年前当地游击战不断,最后红军长征到达吴起镇,在胜利山打了最后的一战赶走了当地的国民党部队。在当地发生战乱的时候,村民十分的惧怕,一旦有战争村民都找安全的地方躲起来。当时为了部队打仗,就会进村抓壮丁,村民家里有三个以上的男人,就会被强行抓人。为了躲避被抓,宗家会让自己的儿子出去躲,以防被抓。在当时普通村民家里没有枪支,除了部队只有张廷芝的土匪组织有枪。一旦有枪响,农民都会跑到山洞里躲避,躲避的时候全家人都会去。1947年胡宗南的部队侵犯延安,导致当地又一次发生了战乱,后来胡宗南带着二十万部队来到延安,红军早已撤离了延安,只剩下了游击队,延安已经成为一座空城。胡宗南部队进攻无果撤离了延安,这一次的战争当地的损失不大,村民也没有因此而逃离。

(五)扶弱功能

1949年以前,宗为哲的母亲在不到五十岁的时候身体残疾瘫痪在床,不能劳动,并且还需要人专门伺候。家里对母亲的伺候主要是由儿媳妇和未出嫁的女儿来完成,家里的儿媳妇们轮流伺候,主要负责母亲的衣食住行。当时家里虽然有残疾人,但是官府没有给予一定的照顾,只能依靠自家对残疾人给予照顾。家庭残疾人的主要生活来源来自于家庭,吃住都是由家庭成员共同承担。由于吃住的条件有限,所以对家里残疾人没有给予特别照顾,吃住和其他家庭成员是相同的。宗家分家以后,家里的老人主要是由三个儿子的小家庭轮流伺候,为老人养老送终。但是"久病床前无孝子",每个小家庭长时间照顾残疾的老人都有微词,后来因为照顾老人小家庭之间产生了矛盾。老人去世以后,为老人举行了丧礼,三个儿子共同承担了老人的丧葬费用。当时灾害严重,家里经常来乞讨的难民,在宗家,如果有粮食的话都会给乞讨的难民一些粮食。

五、家规家法

(一)默认家规及主要内容

1.做饭及吃饭规矩

宗家没有成文的家规家训,在生活中受传统的生活习俗和当地民间教化形成了许多的规矩,这些规矩经过家里的口口相传,一直流传下来。这些规矩家里的人都要遵从,年轻人叛逆不遵从就会受到家里的长辈指责甚至是打骂。为了保证家里的生活越来越好,家庭成员平安,家人都虔诚地遵从这些默认的规定。

平时的饭菜主要由家里的妇女做,而且每顿饭吃什么也不用专门请示家长,根据家里的实际状况安排即可。如果家里媳妇多的话,就由家里的婆婆安排媳妇做饭和推磨,并且每个媳妇轮流做饭。当时条件艰苦,饭菜的质量较差,主要的粮食是荞麦面和黄米,菜以土豆和白菜为主,只有等到逢年过节的时候家里才能吃一点肉。家里吃饭主要是坐在炕上,用专门制作的炕桌放置碗筷,只有家里的长辈才能坐在炕上吃饭,并且家里辈分最大的长辈一般会坐在炕的最中间的位置。妇女中只有年龄大的老人才能上炕吃饭,其他人和孩子不能上炕,只能站着或者蹲着吃饭。冬天天冷的时候,会让长辈睡在炕上最暖和的地方。在宗家,当时粮食比较稀缺,吃饭的时候不能剩饭,必须吃完,尤其是小孩子吃饭的时候,剩饭的话就会被家长斥责。家里一般到了吃饭的时候是全家人一起吃饭,如果家里的某个男性成员下地干活不能赶回来吃饭,那么其他人可以先吃,到时候把饭菜专门留出来。如果能够等到家人回来的话,家里的其他成员都会等到家人全部回来一起吃饭。在盛饭的时候没有特殊的讲究,一般是家里的妇女盛饭,如果某个家庭成员顺手方便的也可以帮助盛饭。平时吃饭的顺序没有专门的要求,但是一般家庭成员都尊重长辈,等到长辈开始吃饭了,其他人才吃。吃完饭以后,家里的男人筷子和碗一放都下地去忙,洗碗筷仍然是由家里的妇女完成。当时吃饭的时候,家人不能随意讲话尤其是小孩,只能安静地吃饭。吃饭的时候忌把筷子插在饭上,因为这种做法主要是用于祭祀死人。如果家里有长工的话,家人和长工吃饭的时候会分开吃。因为长工需要下地干活,吃饭比其他人早。

2.座位规矩

在1949年以前,陕北人家里没有八仙桌,吃饭和招待客人使用的是自家专门制作的炕桌。炕桌是正方形,桌腿较短。因为是正方形的桌子,所以也会有主次之分,在炕上吃饭的时候面对炕边正上方向为上座,一般吃饭的时候,家里的长辈坐在桌子最中间的位置。如果家里有客人,那么客人会坐在最中间的位置,家里的长辈和其他的男性分坐在左右两边。如果家里宴请的是本家的亲戚,那么在座次上按照辈分入座,不需要专门安排,参与的宾客根据自己的身份主动找准自己的位置。如果宴请的是奶奶的娘家人或者是母亲的娘家人,那么娘家亲戚是主要的宾客,不论娘家亲戚辈分大小、年龄大小,在宴请的座位上都高于主人家坐的位置。当自家举行大型宴请活动,例如结婚举办喜酒等红白喜事时,"请会"组织的成员、本村财主、村长、保甲长、本家亲戚、姥姥家亲戚、舅家亲戚、关系好的朋友和邻居都会邀请参加,并且不同的人员分坐在不同的酒席桌上,主要是由红白喜事的主管安排,并且每桌都会安排自己家人陪客,在酒席期间家长会给每桌的客人敬酒以表示欢迎。当家人在敬酒的时候首先需要敬酒的是娘家的亲戚和姥姥家的亲戚,依次是舅家亲戚、本村财主、村长、保甲长等,"请会"组织的成员也是重要的宾客,在红白喜事上需要特别招待,而自己本家的亲戚不会专门的敬酒。

3.请示规矩

1949年以前,宗家在土地的经营管理上,主要是由家里的当家人说了算。家庭中全年农业生产与种植计划,耕地、犁地、播种、锄草和收割等各项农业生产环节中,当家人会根据家庭的实际情况进行安排。当时宗家播种的杂粮居多,每种农作物耕种的实际亩数不同,当家人在农业活动上,能够协调和安排家里不同的劳动力做不同的农活。家里牲畜的喂养与使用上,不需当家人专门交代,家庭成员也会主动喂养。宗家每餐吃饭做什么吃什么不需要请示当家人,一般是家里年长的妇女做主。当时生活条件有限,食物主要吃杂粮,一般是糕、荞麦面和黄米饭等,如果遇到节日的话,当家人就会指示家庭成员杀鸡或者买肉,慰劳家庭成员辛苦的劳作。因为实际情况所限,家庭成员对饭菜没有更高的奢望,只要能够吃饱肚子就知足了。

4.请客规矩

1949年以前,宗家家庭的请客事项主要包括红白喜事、窑洞落成合拢口、家里老人五十或者六十大寿等类型,请客的时候主要是家里的成年男性成员上门邀请宾客,告知对方请客的时间地点,不需要写请帖。不同请客类型邀请的宾客不同,如果是白事,那么奶奶家、娘家人和舅家人是主要宾客,并且当亲戚来的时候,家里的当家人和成年的男性磕头欢迎。并且面对着所有参加人的面,摆出酒席,娘家人所有宾客上座,家里的当家人和家里其他的成员跪在娘家人面前。娘家人会针对老人去世的事情进行各种提问,自己家必须给出合理解释,直到娘家人满意为止。为了能够使双方和谐处理关于去世老人的事项,白事上的"总管"会在双方中间协调,帮助说话。

在酒席上,奶奶的娘家人和舅舅家亲戚安排在最主要的位置,并且安排专人陪酒吃饭。在婚事的举办上,娶进门媳妇的娘家人是最重要的客人,家里安排自家人或者同族的亲戚负责招待,主要是劝酒,只有娘家人酒喝好了,才算是把亲戚照顾好了。家里的红白喜事以及其他的请客类型上,村里地主、村长、保长等村庄领导以及村里有威望的人都会被邀请,这些人在请客中算不上亲戚。当时宴请的酒席主要的八大碗寓意是八仙过海,还有十三碗。每桌的酒席都会安排专门的人员负责给客人倒酒、陪酒,需要把酒席的客人招待好。每一桌的酒席都有上座,一般是由同一桌中年龄最大、辈分最长的人入座。在酒席上菜以后,桌上上座的长辈动了筷子其他的成员才能动筷子。当时酒席主要是专业的厨师制作,家里的妇女帮助。厨师不挣钱,在做完酒席以后,主家送给厨师一件衣服和两瓶白酒作为工钱。

(二)家规家法的影响力

当时家里吃饭的座位和请客的规矩都是人们对当地传统的继承,家庭中的成员是从小在潜移默化中习得的,不会进行专门的教育,孩子从小耳濡目染慢慢地就知道了生产生活的规矩。在一些事情上一旦家里小孩违背了规则,那么家里的长辈会及时地教育,如果小孩屡次犯错,长辈会斥责小孩不懂规矩。在这些默认的家规家法上,家庭成员都虔诚地遵循着,在人们眼里遵循这些家规家法是明白事理的一种表现,也被看作是有教养的表现。家家户户都希望自己的家庭能越来越好,不被别人说闲话。一旦家庭成员违背了这些家规家法,家里的家长或者当家人就会继续批评,有时甚至是打骂。这些家规家法能更好地约束和规范人们的生活,正是家庭成员对这些规矩的遵循,才使家庭更加团结和睦,与村民的相处更加融洽。

(三)家庭禁忌

农作物的耕种都需要遵从农业耕种的时间和节气,一辈子劳动在土地上的宗家年年希望粮食大丰收,村民对土地都充满了敬畏之情,当地村民经常说:"人吃土地一生,地吃人一口",意思是人一辈子靠土地养活,死了以后仍要入土为安。正是因为这份对土地的敬畏之情,耕种地的时候也有一定的忌讳。例如在雷电和风雨的时候不能去耕地,如果去耕地的话不仅不能把土地翻虚,而是会导致土地板结,即使耕种了农作物也难以生长。民谚说"响雷不犁地,犁地没收成",告诉后人在雷电的时候不能下地耕种。

宗圪堵村位于黄土高原的腹地山沟里,陕北地区生存条件恶劣,常年受到灾害的影响。人们无力改变生产生活的条件,只能顺应当地的恶劣环境,对土地劳动充满敬畏之情,正是因为灾荒不断,在农业生产上有许许多多的禁忌和讲究。每年到了正月初八忌下雨和刮风,适宜晴天。忌正月响雷,因为正月打雷在当时是反常的天气,必定发生灾荒。八月打雷容易出现暴雨,发生雷电现象。十月忌下霜,十一月忌无雪。村民靠天吃饭,所以一切反常的天气都被看作是不吉利的征兆,这样的事情容易导致家庭的大饥荒。

在婚姻上的禁忌是刚刚过门的媳妇不能参加丧葬礼,并且在婆家过的第一个春节要给所有的亲戚拜年。怀孕的媳妇不能出入牲口棚,如果进入牲口棚对肚子里的孩子不好。孕妇怀孕期间不能吃兔子肉,如果吃了兔子肉,生下的小孩子就可能会出现唇腭裂。家里如果举行丧事以后,家里的后代必须行孝,家里3年不能贴对联。每年的正月二十三人们认为"接家神"回家,在家庭大门外放火,并且需要烧香磕头。陕北人的生活中有许许多多的禁忌和讲究,古老的陕北因自然条件恶劣,自然灾害时有发生,加之生活条件恶劣,几乎把村民推到了地狱之门。所以饱受多灾多难折磨,生活贫穷痛苦的村民出于崇拜、相信超自然神灵的强烈心理活动,人们经常把家里发生的一些不好的事情归结于没有遵循传统的习俗,所以在日常生产生活中,宗家人认真地遵循传统习俗和民间教化,希望自家人的善举能让家庭成员的生活越来越富裕。

六、奖励惩罚

在宗家,如果家庭成员在生产生活上表现较好,在农业上勤恳劳作,当家人会给予一定的金钱奖励,这样家庭成员手里就有自己的零花钱。这样的奖励主要是针对成年的家庭成员,对于家里的小孩如果表现好,主要是进行语言上的表扬,不会给予物质的奖励。奖励的范围是自己家庭内所有的家庭成员,尤其是在农业上认真劳动的家庭成员。家里的年轻人如果孝顺老人,当家人不会有物质奖励,但是这样的行为会赢得家族和邻居的称赞,认为其是大孝子,在平时的交往中都愿意与这样的人打交道。家里的惩罚很少,大人都能明白事理,在生产生活上很少犯错误,即使犯了错误,当家人碍于面子只是在语言上进行说教,并且点到为止,不会进行专门的惩罚。如果家里的小孩子犯了错误打了别人家的小孩,需要大人出面道歉,但不一定是当家人出面。对自家孩子的惩罚主要以打为主,一般由当家人进行惩罚。在打孩子的时候,其他家庭成员不能护着孩子,打骂是当时最主要的惩罚方式,而且当家人的惩罚只能限于自家的孩子,即使是自家的孩子受了欺负,也不能打骂别人的孩子。如果打骂别人的孩子就等于插手别人的家庭事务,会引起两家人的矛盾。

七、家族公共事务

宗家是当地的传统老户,在村里居住的时间长,在宗圪堵村里以宗姓人家为主,并且宗圪堵村和宗湾子村都是以宗姓而命名。虽然家族庞大,但是很少举行家族的活动。当时祭祀祖先的活动同族的人都会参与,一种祭祀仪式是家里娶媳妇的时候,在办喜事的当天,同族的成员按照不同的辈分,同一辈人跪一排分别依次跪好,在桌子上供奉祖先的牌位,同族的人磕头叩首,表达对去世的祖先的敬仰和祭祀。另一种对祖先的祭祀是每年的清明节,同族的男性成员都要去祖坟上烧纸,未成年的男性也能参与,但是妇女和未出嫁的女儿不能参与,一般情况下每个家庭都会参与,家庭成员不会受到限制,如果当家人有事不能参与,其他成年男性成员也能代表家庭参与。

八、村庄公共事务

在 1949 年以前,宗圪堵村里已经有了地下党员组织,地下党员经常会召开会议,宗家的宗为真和宗为诸在很早就加入了中国共产党。"请会"组织是当时主要的村庄公共事务,也是对家庭状况较差的村民的一种帮助。"请会"一般是同村关系好的农户之间的互助组织,村庄参与成员共同出资,每年举行一次"请会",参与的农户轮流享受每年的成果,但是同时也需要为所有的会员备办酒席。分享成果的时候都是按照每个入会的成员顺序进行的,能够保证每一个参与的家庭都能分享成果。"请会"组织中,有一名会长,会长不需要经过选举产生,而是由所有成员里,出钱最多的、在村里最有威望的人来担任,这样其他的成员才能服从安排。当时村庄居住的农户少,很少举行村庄会议。村里的道路是自家修自家的路,村庄公共的道路的修建是"请会"组织出钱修整,村民也会参与到修路中,但是如果路坏了,影响了正常的行走,那么村里的村民会自愿去修路,因为在大家眼里修路是积善的一种行为。村庄里龙王庙的维修也是如此,每年庙会会筹集一定的钱,这些钱主要用于庙会的维护,需要劳动力的话,村里的村民都自愿出工出力。在宗圪堵村全村共同使用一口水井,水井每过几年就需要淘井,淘井所需要的费用是由村里的农户共同承担,如果有的农户家里没有钱的话,就用劳动力交换家庭中分担的费用。当时气候干旱少雨,每年到了夏天长时间不下雨,村里的村民就会举行"祈雨"活动,一般家里的男性都会参与,祈求风调雨顺。

九、国家事务

1949 年以前,宗家耕种土地都需要给国民党缴纳粮食作为税费,后来张廷芝在这一带称霸,村民每年还需要给张廷芝缴纳一定的粮食。剩下的粮食才属于自己家庭,后来还需要给中国共产党缴纳粮食税。当时给张廷芝的土匪组织缴纳粮食数量大,每年每家都有规定的数量,等到秋天粮食丰收以后,家庭把收获的粮食按时送到张廷芝那里,如果不缴纳粮食,那么土匪就会上门索要,甚至是抢劫。后来国民党在村里进行纳税征粮,当时纳税主要以家庭为单位,并且按照亩数征收,一亩地本来产量不高,需要缴纳的粮食有二三十斤,同时大户人家家里需要承担巨大的税费,当时的普通农户很难按时缴纳国民党的税,只能到处躲避,有时不能缴纳粮食的话,会到家里进行掠夺。

在 1949 年前,国民党在村里进行过征兵,征兵的时候主要是家里儿子多的就会被强行征兵。征兵在家庭的儿子中没有顺序的要求,但是一般情况下长子不会被选派,如果家里只有一两个儿子那么就不会被征兵。当时为了躲避征兵,普通的农户家里只能到处躲避,防止自己的儿子被抓,有的甚至是谎报家里儿子的数量来躲避征兵。如果条件好的家庭就会花钱买兵,或者是从家里贫困的多子的家里进行购买男丁。那时候因为战争多,许多人没有经过训练直接送到战场,所以很少有人主动愿意当兵参军。在 1949 年以前,宗家家庭成员很早就加入地下党组织,宗为哲的二哥宗为诸,在 1936 年就加入了中国共产党,后来宗为真也加入了中国共产党,并且一直负责当地几个村庄的宣传工作。

调查小记

时光匆匆,转眼间,第二次中国农村家户制度调查接近尾声。经过数稿修改,本次家户调查报告框架逐渐清晰,逐步成文。深入农村对传统家户制度调查不仅是一次学习的历程,更是深入了解历史的一次机遇。

虽然已经完成了一次中国农村家户制度调查,但是需要再一次深入农村调查家户制度的时候,仍然困难重重。此次调查正值寒冬,寻找合适的受访对象是一件不易的事情。对1949年以前传统的中国家户农民生产、生活原貌的调查,离不开高龄老人细心耐心的讲述,所以老人是"宝"。经过数次的寻找,由于老人们身体状况差、听力不好、头脑不清等,导致调查一度受阻,没有找到合适的访谈对象,我的内心十分沮丧。最后在亲戚的介绍下,找到了宗有民老人,老人十分热情好客,愿意配合完成本次调查。在调查的过程中,老人头脑清楚、叙述清晰,对宗家1949年以前家庭面貌进行了真实的还原。对宗有民老人的访谈共计进行了四次,完成十个小时的录音,老人热情地讲述了家庭经济、文化、社会以及家庭治理的事情。通过口头的讲述,揭示中国农村家户制度的运行机制和深层逻辑,从而为理解和认识中国传统农村和农民提供了第一手的调查资料。但是在后期对录音的整理过程中,发现自己的访谈仍有提纲理解不透彻、访谈不够深入、访谈内容遗漏等问题。但是能够顺利地完成国农村家户调查报告真心地感谢宗有民老人!

总而言之,中国传统时期农村家户的调查不仅是一项社会调研任务,更是深入田野课堂的学习。走出校园,深入田野,让我从另一个角度去认识农村、认识学术。同老人谈话的过程,也是同老人一起回到1949年以前的家户生活,深入到传统社会大家庭的生活中,感受过去大家族的生产与生活。从另一个角度看待中国农村传统的家户制度,我想这有可能是本次调研之行的最大感悟。对宗有民老人的访谈报告的撰写与修改,不知不觉已经有大半年的时间。虽然调查报告写作的过程是痛苦的,但是这样的日子也是充实的,感谢中国农村研究院给我这样的锻炼机会。感谢学院老师的指导,感谢和同学一起调研一起写作的时光。感谢他们!

第五篇

韧性抗变:少地农民的生存策略
——鲁西南西张圈村李氏家户调查

报告撰写:李东阳 [*]
受访对象:李大义

----

  * 李东阳(1993—),男,山东泰安人,华中师范大学中国农村研究院 2016 级硕士研究生。

导　语

　　李家于明朝时期由鲁西北地区迁出，开枝散叶，其中一支落户到鲁西南地界的东平地区。几代人在东平湖畔勤劳耕作，逐渐形成了一定规模。"树大分叉，人大分家"，其中一支迁徙到了州城南30里的西张圈村定居。李姓虽是后来此地的，却因为人口众多，家支团结，在张圈村逐渐站稳脚跟，与张姓划界而治，张家管村东，李家管村西，和睦相处。家里人是典型的"庄稼人家"，以土地为生，家庭条件只能算作中下等水平。本着"多子多福"的生育观念，李家人丁较为兴旺，三代人同堂而居，当家人在组织生产、安排生活、分配房屋、供给财产，以及对外交往等活动中发挥着重要作用，通过经验判断和生活创造帮助一家人更好地生存生活。多兄弟家庭中生存与维护之道比较重要，是考察李家当家人能力水平的关键内容。

　　1947年时，李家人口共有14人，基本土地20亩，肥力不一，除了南洼三亩肥田肥力较好，其他地块则肥力较差，收成不稳定。大户家的地生产力较好，每亩粮食能达到两百多斤的产量，李家土地好的能产出120斤，差点的地块只有60斤；另有河滩上开垦的20亩地，若遇上湖水上涨，则可能连续几年得不到收入，若是风调雨顺，尚能获得一些收成，但总体来看，河滩地的收益甚微，李家还是一个少地家庭，这些地是李家人的基本生活来源。

　　家底薄弱的李家，在生存面前往往爆发出惊人的求生力量，危机深重，但韧性十足。在充满天灾人祸的时代背景下，自然灾害和人为祸端已经严重威胁了家庭的延续、人的生存，尤其是在社会秩序破坏殆尽，社会规则丧失约束力的情况下，一家一户受到了外在环境的极度压迫，导致流离失所、家破人亡。自20世纪20年代开始，极端天气和社会动荡严重冲击了家户的稳定性，东平湖连年的泛滥、决堤，部分年月大旱，伴生火灾、蝗灾均导致颗粒无收。再加上军阀混战造成的兵乱、匪患连年不绝，政府的徭役赋税层出不穷，当地的农民已不堪重负。李家在这样的生存压力下，举家抗争，在家户的内部，全家人在当家人的带领下，一方面，节衣缩食，服从安排，针对不同的情况，分别做出开荒、借粮、逃荒等不同的应对策略；另一方面，借助李氏家族、邻里乡亲、朋友等地缘、血缘以及业缘的关系，给本家庭的生存提供了足够的应对办法，来逐渐抵消外界的巨大冲击。李家通过社会关系网络，保持着家户生存的韧性，虽几度徘徊在危机的边缘而能安全度过，不致断绝。

第一章　家户的由来与特性

张圈李家历史较长,先祖经陇、浙、燕等地迁徙至鲁,奋发向上,恩荫后人,始有如今的李家后代。不论太平盛世还是飘零乱世,不论贫穷、富有,李家在历史的长河中始终一脉相承,保持着李家人的血脉因子和醇厚品格,传承李家的文化和精神。至李大义作为家长时期,李家人在西张圈村生活稳定,耕种自家的十亩土地,以土为生,靠天吃饭。

一、家户迁徙与定居

(一)由陇西迁入山东

"根实则枝必茂,源深则流必远",此言可见李氏家族安土重迁、尊祖敬先的传统思想。根据李氏族谱的记载,李家祖先以元朝末年的李珪为本支的始迁祖,再往前追溯,可以一直追到唐朝的皇室宗亲。元末有名的"算子李珪"为本支李姓的始迁祖。族谱有云:"始迁祖李珪系出陇西,为唐高宗李治曾孙汝阳王李琎之十九世孙,其先来自无锡,遁居山西太原府青龙街牛角胡同。"

汝阳王李琎,算是李家在家谱上所提到的、可以追溯到的祖先了,他的父亲,在历史上更为有名,为唐睿宗李旦的长子李宪。李宪少年时才气过人,六岁时被立为皇太子,因弟弟李隆基有平韦氏之功,主动将皇太子之位让给弟弟李隆基,唐玄宗李隆基做了皇帝后,与其兄弟如初,手足连心,李宪死后,被唐玄宗李隆基追谥为"让皇帝",其子李琎封为汝阳王、太子少师。传说中的李琎,容貌俊朗,气质出众,唐玄宗称赞"姿质明莹,肌发光细,非人间人,必神仙谪堕也"称其为"花奴"。而李琎有雅号"酿王",因好酒,杜甫专门写过《饮中八仙歌》来称赞他:"汝阳三斗始朝天,道逢麹车口流涎,恨不移封向酒泉。"诗中的汝阳,是汝阳王李琎。酒文化在李家世代相传,李家的族人们保持着饮酒的豪情和习惯与此有关。

时过境迁,家族几经沉浮,后代当家人苦心经营,不致断绝。"李珪历任州吏目,生一子宗颜,敕授登仕郎,初任滨州刺史后累升至元平章事,诰授光禄大夫。年老致仕退居山东东昌府博平县城西北(今茌平县肖庄镇)立庄,因号算子李,后为庄名。生二子长兴平南武将军,次旺。"作为本支李姓的始祖之一,李珪因神算而闻名天下,受到元末皇帝器重,一直做到丞相,两个儿子也都做到了江南盐运使和将军。李珪晚年到了山东聊城立庄,作为留给子孙的福地洞天,被人称为"算子李庄"。

(二)耕读于东昌府算子李庄

据家谱记载,李家先祖李珪闻名天下,成为当时天下的第一算子,为帝王器重。当李珪年老辞官时,便离开朝廷,寻找世外桃源。他相中了山东东昌府博平县城西北的地方,作为自己安度晚年、为后人立业的风水宝地。在此躬耕经营,按照他一生最精通的八卦的方式,排布村庄的格局,建立了细密的防御体系,规划了完备的村庄功能区,在此定居下来。其后,朝代更替,明朝从江南发迹,朱元璋的大军就从长江以南进发,迅速北上,李珪的二子作为江南盐运使和平南武将军,也在这个过程中有所建树,一度披坚执锐,身体受创。作为功勋之臣、国家栋梁,此人成了明君依仗、国之重器。随后,李家人在算子李庄生生不息,李家后人不断壮大,开枝散叶,渐渐外扩到其他地方。据算子李庄的后人称,李姓中李珪的一支是现在人数非常多、分布范围极其广的一支,但是算子李庄的家谱上,没有记载西张圈一支的来龙去脉,而西张圈的家谱上,前半部分完全可以和算子李的家谱重合,但是中间存在断层,如何迁徙至此,中间存在断代,疑为两次避乱的过程中丢失。

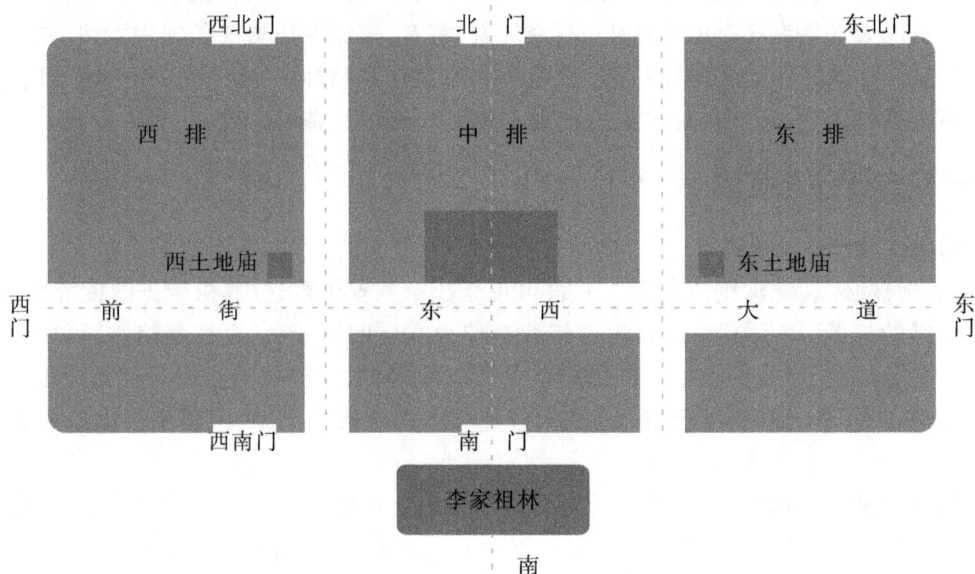

图 5-1　算子李庄村庄平面复原图

　　李家祖上十分显赫,属于国家顶层的大户贵族阶层,家中能人辈出,以流芳后世为能。李家人担任丞相、将军、知府、县令等大小官员层出不穷,举人、武举人、秀才、监生人才辈出,都源自良好的家风教育。这样一个庞大的家族,依靠着独特的经营之道和传承之法,建立起自己的秩序,这种秩序十分稳固。后来李家因为两件事,产生两个大的变故,将家庭的发展割裂。

　　在李家祖先定居鲁西南的数百年里,东平这片古老的土地辞旧迎新,在这个时期,对张圈李家人的生活来说,天灾人祸较少,围绕黄河、运河、还有汶河等河流进行的一系列水利建设,包括戴村坝以及南旺分水等工程,让这片鲁西南地区被赞为北方的小江南,吸引了许多的达官显贵到此游山玩水,文人墨客慕名而至,商贾巨富在此进行交易。水利工程促进此地气候上较好,农业生产五谷丰登,百姓安居乐业,很少受到旱涝灾害的侵扰,同时周边河水碧波荡漾,成为贯通南北的漕运航道,商船鳞次栉比,一时间这里成为国家经济的命脉。

　　李家先人在此大肆收购土地,兼做生意,家族中不断有人从算子李庄走出,走入天子龙门,成为朝中重臣,权倾一时,也确实如算子李珪所预测的那样,几百年来风调雨顺,可保子孙家业长盛不衰,可见算子李庄确实是个风水宝地,李珪神算水平冠以天下第一。李家自明时期一直顺风顺水,到了明朝末年,家道不振,乃至清朝时期,李家出了第一件大事,开始由盛转衰。

(三)家道中落迁居张圈

李家通过买田置地的方式,稳扎稳打地经营着家庭的生产、生活,且步步为求稳求进,将家庭从贫穷带向富裕。然而李家的家庭也遭受了重大的变故,原本实力较为强大的李家,也未能幸免于难。作为明朝的肱骨贵族之家,李家逐渐从当红的权贵中除名,从国家官至三公、位极人臣、常伴皇帝身边,到变成离开中央官府,朝廷一般不过问的地方名流,但是也一直不咸不淡地维持在贵族阶层。李家渐渐在走向没落,太平盛世再也没有祖先李珪那样通阴阳、晓生死的大贤之才,也缺少二世祖、三世祖经营一方政府赋税的经营头脑、冲锋陷阵九死一生的勇猛之力,李家大部分时间都在沉寂,但是每隔几十年,都会有一颗耀眼的新星冉冉升起,将李家从沉寂中激活,如此反复。

伴随着反清复明的火焰逐渐在中华大地上销声匿迹,汉人贵族的地位一落千丈。李家家谱上就有一段记载,李家庄园有一名教书先生,才气过人,一看绝非普通之人。这名先生在李家学堂教书,但是举止不俗,他写的字水平造诣极高,当代人恐怕无人能及,但奇怪的是却从来没有听过此人的名字,敬重贤能的李家人十分礼让,当家人还和此人有一番很深的交情。此人在李家待过很久时间,突然有一天离去。这个故事虽然很平淡,而且就像是一个博学的教书先生回家去一样平淡。但是几个月后,没有任何征兆,李家受到抄家处分。满族人的衙役挤满了李家的庄园,所有家产家业即刻充公。李家族人发配东北,由于觉得不光彩,在族谱中只是简单提及。李家后人根据前人隐晦的记载断定,那名在李家久住的教书先生,极有可能是明朝皇室的后人,戏里津津乐道的原型朱三太子。

第二次大的变故类似于此次,也许是事前并不知情,流放事件后,清王朝并没有对李家人彻底赶尽杀绝,李家还有人丁,还有重新振作的机会。往后的岁月,李家更加谨慎,生活虽然不比从前,但也站稳了根基,李家人重新聚集在一起,生活越来越富足,然而李家后世一位才高八斗的秀才,又一次为李氏家族带来了厄运,即"文字狱"事件。李家后人认为,祖先是被冤枉下狱,受到牵连,但是在家族的发展历程里,这是又一个沉重打击。

随着人口的增多,通过"分家"的形式,李家在老湖黄花园村定居,在此繁衍数代,因人口饱和,土地不足以供养李家人口,李家两支向南迁出,一支在张圈地界定居,一支南迁,直到济宁地界的馆驿。何时来,如何来,无从考证。家谱上黑纸白字,只有姓名,其他记载全无。同时期有东平其他地方上的李姓,用马拉着村里的石碑前来认祖归宗。根据石碑上的记载,来张圈李家核对家谱,结果家谱一致。于是便出现了小孩由于辈分大,老人要反过来叫小孩爷爷的情况。这两户李家距离相隔不远,后代很多人有交集却浑然不知道是一家人,一直到碑文、辈分都对应上才接受。在张圈生活的李家也只知道往上三四代人均为普通百姓,家中能出几个教书先生和几个地方乡绅结成亲家就算是很风光的事情了,再往上几代人是什么情况就完全不熟悉了,而对于显赫的祖先故事却是代代相传下来。

二、家户基本情况

(一)五子两院分居

1.三世同堂

李家三世同堂,这个时期担任大户人家教书先生的广字辈李广烈已经过世,第一代夫人李孙氏执掌家门,长期作为家庭中的当家人。第二代大字辈,有李大本、李大义、李大仁、李大恩、李大河兄弟五人,其中李大本、李大义、李大仁、李大恩兄弟四人都已成家,而李大本、李大义都有了孩子,李大仁虽然没有孩子,但是也过继了兄长李大义的孩子,后来李大恩和李大河死在济南,李大河没能留下后人。到第三代开字辈的孩子们,已经有四人出生。到1947年以前,老家长李广烈已经去世多年,妻子李孙氏身体每况愈下,丧失了劳动能力。此时,李家还有14人,其中劳动力10人,男性劳动力为5人,李孙氏还收养过流浪人、干亲前后有3人,这些人大多在李家居住一段时间就离开了李家,逢年过节才会赶回来像一家人一样在一起生活,但本身并不算家庭的常住人口。

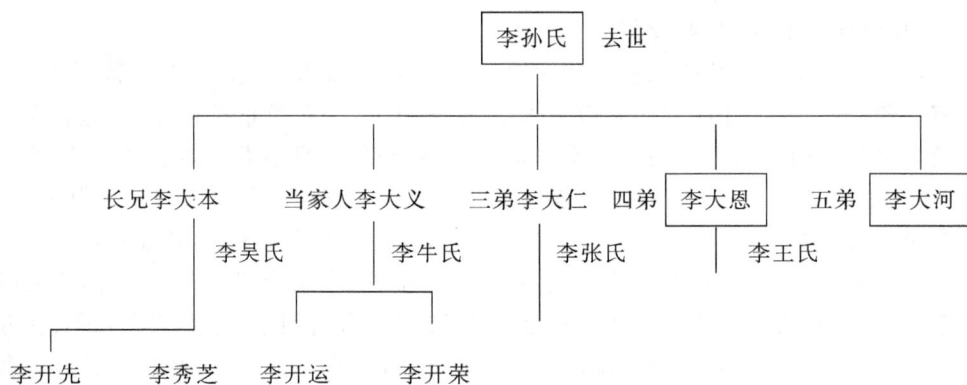

图5-2　1947年时西张圈李家的家户结构图

2.门当户对

李家婚姻同当代的很多婚姻一样,极为讲究媒妁之言、门当户对。李家本身在州城附近活动,又是西张圈村的一个大姓,人口规模仅次于本村的张姓。整个李氏家族人丁兴旺,仅五服之内的男丁就有二十人,李广烈兄弟几个成立家庭后,每家都有5~7个男丁,在以土为生的时代,轻壮年劳动力是一笔巨大的财富。家中婚姻嫁娶的对象,均为和李家同样的家庭,甚至是比李家条件稍好一点的家庭,能够在各自的发展中相互扶持、互相照应。如李广烈,娶妻孙氏,孙氏即为常庙一个旧乡绅的女儿,两个人都读过书,出身相仿。到了中华民国中后期,李广烈的儿子们,除了李大河年龄小,后来又丢了性命,共是兄弟四个先后娶了媳妇,李大本娶妻为李桃园邻村较为宽裕的中农吴家的女儿。李大义娶得媳妇牛氏,也是一般本分农民家庭,家中有牲口两头,在中华民国时期的鲁西南,革命基础比较好,牛氏家里两个哥哥均为红军的干部,很早就闹革命,算是"农兵结合"。李大仁的老婆是来自本庄的张家,张家是大户家的佃户,虽然佃户没有自己的土地,但因为佃主是著名大户吴二寡妇,得到善待,家中分配到牛和一套车,生活相当于中农水平,在穷人村庄里算是上等水平。另外李家的女儿李秀芝嫁给了外村的村长,李家通过门当户对,考量双方的经济实力与农业生产需求的互补性。

表 5-1　1947 年李家家庭基本情况表

家庭基本情况	数据
家庭人口数	13
劳动力数	10
男性劳动力	5
家庭代际数	2
家内夫妻数	4
老人数量	0
儿童数量	2
其他非亲属成员数	0

表 5-2　1947 年李家家庭成员情况表

成员序号	姓名	家庭身份	性别	教育情况	出生年份	职业
1	李大义	家长	男	0	1927	农民
2	李牛氏	妻子	女	0	1927	农民
3	李大本	长兄	男	2	1925	农民
4	李吴氏	嫂子	女	1	未知	农民
5	李大仁	弟弟	男	0	1929	农民
6	李张氏	弟媳	女	0	未知	农民
7	李大恩	弟弟	男	0	1929	农民
8	李王氏	弟媳	女	0	未知	农民
9	李大河	弟弟	男	0	1931	铁匠
10	李开先	侄子	男	0	1941	农民
11	李秀芝	侄女	女	0	未知	农民
12	李开运	侄子	男	3	未知	农民
13	李开荣	侄子	男	3	1945	农民

成员序号	婚姻状况	宗教信仰	健康状况
1	已婚	道教神祇	优
2	已婚	道教神祇	优
3	已婚	无宗教信仰	优
4	已婚	无宗教信仰	优
5	已婚	无宗教信仰	优
6	已婚	无宗教信仰	良
7	已婚	无宗教信仰	优
8	已婚	无宗教信仰	优
9	未婚	无宗教信仰	优
10	未婚	无宗教信仰	优
11	未婚	无宗教信仰	优
12	未婚	无宗教信仰	优
13	未婚	无宗教信仰	优

备注:李家婚姻状况备注均为普通婚姻,无特殊情况。

(二)以土地为生

1.以"地"为生

李家的土地不多,用心打理能够满足一家人的吃饭所需。西张圈村上的农作物主要有小麦、谷子、玉米、高粱、地瓜、花生等,其中小麦的种植面积最大,这也是当地人主要的食物。此外,还有少量的水稻、大豆、芝麻、绿豆等农作物,这些作物村里有种植,但是种植亩数较少。西张圈村内主要是水浇地,水浇地沿用二年三作或一年两作制,又以一年两作制度为主。二年三作制作物一般是玉米和小麦轮种,先种玉米,次种小麦,再种玉米;一年两作制是先种小麦,次种玉米,次年小麦收获后,再串种玉米或种植地瓜、高粱、谷子等。

李家的基本土地大约有20亩地,这些土地肥力还算可以。不算非常肥沃,但也比一般农户贫瘠的土地要好一些,收成也要高一点,每亩能够达到一百斤粮食。另外李家还有20亩的河滩地。所谓的河滩地,是靠着河流两边的土地,大水退去以后,留下的肥沃的土壤,这些土壤都被李家用来种棉花,棉花收成很好。但是这些土地也有弊端,土地肥力流失很快,收成一年不如一年,而且等到大水上涨,有些土地就不再适合种植粮食作物了,所以产量很不稳定。丰收的时候,可以用河滩地里产出的棉花给全家人做衣裳,如果没有收成,只能靠着家里的20亩基本农田产出的粮食生活。作为地道的农民家庭,以土地为生的李家人寄希望于风调雨顺,才能五谷丰登,一家人还能有结余。若是遇上自然灾害,一家人只能吃家中积累的余粮,维持一段生计,根据余粮多少和对未来收成的预估,当家人会把一天两顿饭的饮食频率减少为一天一顿,每顿预备的食物会酌情控制。余粮吃完以后,家长则要考虑向五服之内的亲戚借粮食度日。当借粮食也不足以维持一家人的生计时,家人只能以榆树皮、地瓜秧充饥,但这种方式不能长久,长此以往人会浑身浮肿,消化不良,威胁生命。为了躲避灾害,李家只能举家逃荒。

2."跑粮"兼业

自20世纪20年代开始,当地十分流行外出贩卖粮食,农民称之为"跑粮"。李家参与到"跑粮",即是从张圈用大车拉满粮食外出售卖,有时候拉到接山,有时候拉得更远,回来的时候则在当地购置蔬菜、瓜果沿途返回。拉得越远,粮食价格越高,但是拉得越远,风险就比较大,一是不了解当地的行情,二是外出容易遇到土匪、流寇,还有可能碰上其他不确定的因素,比较危险,粮食在哪里都被视为稀缺物品,大户人家也不嫌多的好东西,中华民国时期夏谢地区"跑粮"的最多,几乎家家户户都参与,而且成立了专门的组织,以此来对抗土匪、流寇,这些土匪、流寇专门抢夏谢的粮食车队。而李家这种散户往往单独行动,危险系数更高,所以需要绕开夏谢走。有的时候是带着蔬菜,从集市上买入再到西边的村庄去卖,一般家里派头脑比较灵活的李大恩去,算是家庭的一些小买卖,赚取小收入,可以勉强补贴家用。

表5-3 1947年以前本户家计状况表

土地占有与经营情况	土地自有面积	40亩地	租入土地面积	0亩地
	土地耕作面积	40亩地	租出土地面积	5亩地(2年)
生产资料情况	大型农具	大车,碾,犁(共用)		
	牲畜情况	耕牛		
雇工情况	雇工类型		短工	其他( )
	雇工人数		0	无

	农作物收入					其他收入	
收入	农作物名称	耕作面积	产量	单价	收入金额（折算）	收入来源	收入金额
	小麦	20亩	接近110斤/亩			卖粮食	未知
	棉花	20亩				卖家禽	未知
	玉米	20亩				租金	三七分成
	花生	5亩				打零工	未知
	豆类	2亩				收入共计未知	
	蔬菜	0.2亩					
支出	食物消费	衣服鞋帽	燃料	肥料	租金		
	绝大部分	很少	0	0			
	赋税	雇工支出	医疗	其他	支出共计		
	交粮	0	未知	人情消费	未知		
结余情况	未知		资金借贷	借入金额	0		
				借出金额	0		

注：本表填写的数据为折算后的数据，而不是现金数据，因此对未变现的收支项目需要按照市场价格状况进行估算。

（三）房屋选址因地借势

1.选址讲究

张圈村位于州城、汶上、南旺三大重镇的连接点上，距离州城10千米，距离汶上15千米，距离南旺30千米，东平湖区与京杭运河互为犄角，形成两条贯通筋络的经脉，地理位置得天独厚。

李家初到西张圈村，由于张姓居住在村东，靠近牛圈村，主要是靠近东洼和南洼的土地，种田十分方便，张家人也邀请李家人杂居而住。李家人则认为，为与张家人和睦相处，则要避开村东而居，另寻地块，同时也是为了保持李家子孙独立发展壮大，不被村东已经开发的区域所限制。于是，李家人选择背倚小清河支流，沿河而居，在张圈旧地的基础上重新修葺，持续发展成后来的西张圈村李家。

2.东西两院

李家的院落分为东西两个院落，这些院落和李家其他近支的房屋互为犄角。老人们为了让后人不要打架闹矛盾，在修房子谋篇布局的时候，做出智慧的选择，把每个带围墙的院子别出心裁地规划在一起，让他们对外的道路纠缠在一起，一家占有前半段，一家占有后半段，这样做的好处是"假如你把你自己那一段给拦住了，我就没法过去，那好，我可以把你家到水井的位置堵住，不让你吃水"，即所谓的互相制约、互相权衡，防止不必要的纠纷和矛盾发生。

长辈卧室	堂屋	长子卧室
四子		三子
仓库	东　　院	厨房
	院门	

图 5-4 1947 年以前西张圈李家的家户结构图(东院)

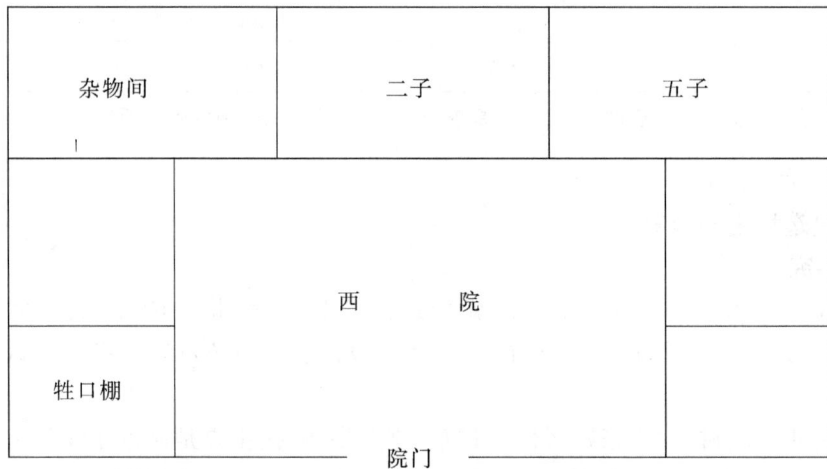

杂物间	二子	五子
牲口棚	西　　院	
	院门	

图 5-5 1947 年以前西张圈李家的家户结构图(西院)

3.布局合理

东西院子间隔 5 分钟的路程。东院属于较早的老宅,房屋有些旧,进行过修葺,西院是新盖的院落,房屋的背面都有泰山石敢当的画像石。房屋均由泥土和着少量的砖石堆砌在一起,像一个小小的三合院。土墙偏厚,院门偏小,只能容一人通过,这主要考虑的是家里人的安全。进到院子里,迎面一排屋子,总共有三间,中间一间是堂屋,是主要的建筑,供奉着祖先的神主楼子,平常家庭会议,迎接客人,红白喜事都要从这个地方举行,这里是主要的家庭事务中心。这排房子的里面一间是长辈或者当家人居住的地方,房间不是很大,其他人不准随便进入;另一边是长子卧室,然后两面的房间分别分给其他孩子,还有杂物间和牲口棚,应有尽有。整体布局比较合理,例如两个院子到水井的距离基本一致,只需要 5 分钟的路程,距离晾晒粮食的南场、石碾、石磨等共用的生产工具不远,步行 10 分钟就可以到达,方便李家一家人的生活。

(四)积善行好

1.书香传家

李家先祖重视读书的作用,也十分推崇修身治国的道理,一直有书香门第的传统,这些都说明李家世代有耕读惯行。在这样的环境影响下,李家人对于名声十分爱惜。兴许是有这样的基因传承,虽然李家已经没落下去,但是李家的后人为人老实本分,从不偷奸要滑,十分善良,始终坚持着自己的原则和底线,坚持做好人好事、行善积德、顾全大局,形成良好的家风品德。虽然家庭条件比较贫苦,世世代代面朝黄土背朝天,进行土地耕种以此来保障基本的生存。但李家人把品德的放在第一位,品德和财富并不直接牵扯,李家人心中有一杆秤砣,宁愿自己吃亏,也不愿意做亏心事,愧对自己良心的事情是坚决不会做的。

2.百善孝先

李家孝敬父母有一个典型的例子。李大义的奶奶去世得早,后来其爷爷又娶了第二个奶奶,她到了家中以后,因为自己的特殊身份常常感到尴尬,对于李大义的父亲李广烈谈不上喜欢,也谈不上讨厌,虽然不会去故意伤害这个小孩子,但是也不会给他任何一点多余的关爱,她尽量减少与李广烈的接触。但是随着李广烈年龄逐渐变大,他也意识到了这件事情。李广烈把她当成是自己的亲生母亲一样对待,自己的事情不论大小,都要去找她商量,平时有什么见闻,也都要同她分享,如果老俩口之间吵了架,李广烈还从中间协调。等到李大义后来的奶奶生了大病,李广烈亲自服侍,在床前从不离身,一直到她身体好转,让她十分感动,乡里乡亲、左邻右舍也十分称赞他的品德。李广烈名声很好,乡亲们平时钦佩他的为人,家中大到红白喜事,或者家庭纠纷,有需要拿主意或者从中协调的事件,都会请李广烈从中说话,乡里乡亲都认为他做事仔细、公道。

3.济贫扶困

李家济贫行善,德行远播。李孙氏就以慈善、节孝著称,在家里爱惜贫苦,喜欢救助穷人,特别在灾荒年月,地里庄稼青黄不接,粮食减产或者绝产,门口来了要饭的乞丐,不管家里的粮食还够吃几顿,李孙氏都要先拿出去给穷人,让他们填饱肚子,遇到类似的事情,李家都会尽自己的绵薄之力,主动救助。租给侄子家的5亩土地,已经是很少的二八分成,自己只要两成,目的是不让土地荒着,如果当年天气不行,地里的租子也会根据实际情况加以调整,一般会减少租金,即相应减租,或者直接免租。等到侄子家中粮食丰收,再让侄子交租子,绝不会因为交不上租子而催租逼债,也不会让侄子无路可走。而对于外地逃难、讨饭的难民,她也会心生怜悯,于心不忍,命令李大义在门口放上碗,自己只要有一口饭吃,也要去接济流离失所的灾民、难民,不忍心看着他们饿死在外面。对于那些无家可归的人,李家也曾逃过荒,对这种境遇感同身受。李孙氏更是慷慨解囊,打开院子,甚至有的住十天半个月,安排他们做杂活或帮着种庄稼,让他们在本村住下谋生,很多人就地组织家庭,成为了张圈的新成员,落户在张圈村中做村民。

西张圈距离河堤距离很近,新堤位于庄前,而旧堤的位置稍远,隔着牛圈等几个庄子。湖中水位一涨,村民便要提前做好准备以防万一。再加上村庄周围总体地势低平,一到汛期水位上涨经常淹没村镇,有时候会漫过道路房屋,威胁村民的生产生活。于是村里的老人们起来号召修建堤坝,当家人李孙氏认为是好事情,积极响应,并亲自带头把自己的几个儿子都派出来充当劳动力干活。很多劳动力一起热火朝天地干活,等到堤坝修好的时候,既起到拦截洪水的功能,又起到了提高村庄防御的作用,庄户无不对村上的家长们感恩戴德。李孙氏作为当家人期间,通晓人情事理,做的事情滴水不漏,深受大家支持,修筑堤坝这件事情,体现出她处处为人着想的品德,李家媳妇烧好水去给男人们送水喝,间隙里还要给孩子喂奶,很不容易。

(五)少地小户人家

1947 年以前,李家尚有三代人。老当家人李孙氏去世后,原来的外当家即二子李大义成为新的当家人,因为家庭事务减少,李大义能力较强,就取消了内外当家人之分,此时李家只有他一个当家,他的妻子从旁协助。

东平地区古称东原,自古是富庶之地,有大户小户之分。所谓的大户,不是规模大小而是实力的强弱,如桃园吴家、双塔王家、昆山赵家、古台寺郑家、堤子李家、苇子河赵家、林台林家与王台王家,均为东平地区有名的大户,这八大家占据了绝大多数土地,拥有数量庞大的佃户。其中桃园吴家和苇子河赵家又是八家之最。吴家有良田 20 万亩,佃户不计其数,周围几十个村庄的村民几乎全部为他家的佃户,少有自耕农;同时,在桃园庄内城看家护院的家丁就有三四百人,配有枪炮火器。苇子河大户七家修筑城墙,号称“铜墙铁壁”,这些大户为富裕乡绅。而中户则是地方上一些小士绅、富农,家中稍微宽裕一点,闲钱比较多,而小户则比较穷困,一般是指的中农和自耕农,家庭规模较小,家庭实力较差,而佃户、流民则连小户都算不上。李家算是少地农民,能自给自足的小户人家,在张圈村上算是一般水平,整个村庄都没有富裕农民,更没有大户。

李家迁徙到张圈村时间不明确,但是已经超过 5 代人。从村庄内部来看,李家与张家平分秋色,共同管理,实力较强,因此应当判定为老户。而一些小姓,如尚姓、刘姓等小姓,只有三五户人家,来此地不超过 3 代,则被认为外来户,属于村庄新户,随着时间推移才能慢慢地融入村庄内部。

第二章 家户经济制度

李家这样的农民家庭,没有其他副业,土地里产出的粮食是一大家人生存、生产的基础,在家长李大义的带领下,家里苦力经营着20亩薄地,为了多产出粮食,李家人省吃俭用,购买土地,在耕作过程中更是起早贪黑、精心打理,为了生存,李家人穷尽一切办法。作为鲁西南地区典型的人多、地少家庭,家长李大义一直要求李家人省吃俭用、注重积累,在土地的耕耘中求生存、谋发展,在产权边界、市场行为中保持着即独立又统一的鲜明特色。

一、家户产权

(一)家户土地产权

1. 耕种土地 20 亩

1947年以前,李家土地最多时有40多亩,最少时只有20亩,这是因为其中有将近20亩河滩地,河滩地根据东平湖水位,能否耕种要看湖水水位高低。土地在张圈以南的南洼里,河滩地在靠近河堤的内侧。这40亩土地,其中的20亩河滩地,由于受河水水位影响,产量很不稳定,大水退去的时候,土地肥力十分高,产量甚至超过平原上的土地,但是一旦水位上来或者土地肥力耗尽时,当年就无法耕种了,造成整体上粮食收入不高,加之当地土壤盐碱性较高,有的时候地里都不长庄稼。而平原上的20亩地,算不上很好的地,土地肥力只能算是一般,因为地势较为平坦,土地成块连在一起,且东平湖区水网稠密,戴村坝等水利堤坝的分支设施完善,灌溉条件较好,再加上李家人懂得土地,也不过度透支土地的肥力,合理经营,粮食产量相对于张圈的村民们来说,略高出一些,但是远不及大户家的土地粮食产量高,因为大户家的土地不仅是好地块,而且还舍得上肥料,这些李家比不上。整个州城的土地以一村一庄为基本单位,土地整体连成一片,没有丘陵和山地隔断,偶尔存在零散的自耕农自己耕作的土地,但总体分散。李家经营的土地,粮食够自己家里使用,还有结余,功劳就在于李家善于经营土地、勤俭持家,即便生存环境恶劣,也能够维持土地以致没有十分紧迫。

土地类型多样。一是租佃土地。这40亩地中,除去20亩河滩地,剩下的20亩土地里,绝大多数属于自己耕种、自食其力、自耕自种,只是在李大恩和李大河远赴东北开荒,让人带信回去,称等到年关,就带钱回家。一家人刚从河南逃荒回来,虽然一路艰难无比,但是一家人没有什么损失,顺利渡过了难关,可谓劫后余生,家人没有因为灾荒丢掉性命,生活水平相比较以前有所提高,再加上家里只有不中用的李大本,以及李大义、李大仁3个人,20亩地种不过来,又不可能在那放着让土地荒着。所以曾经有一个很短暂的时期,李孙氏找来李家的近支李大恒,李大恒是李孙氏的侄子,家中地少,李孙氏把家里的5亩地交给李大恒耕种,因为是自家人,而且李孙氏的原意也是认为只要土地别荒着,不浪费即是可行的。于是,双方约定二八分成，李大恒种地一年，只需要拿出地里收成的两成给李家，剩下的八成都归自己。大户家的租子是五五分成，这样李孙氏也能有收入，而李大恒也能多种地，两家一起合作，这样的光景一直持续到第二年李大恒种完，在年中的时候，听到李大恩、李大河兄弟两个双双死在济南，这个噩耗震惊了李家所有人，李孙氏的眼睛哭到看不清东西。李家为了筹措钱财去济南寻尸，并且准备棺材安葬等事宜，不得已拿出自己的土地来，准备变卖土地，这时候就与李大恒谈，李大恒在当年收完粮食后，就终止了租佃关系。

二是陪嫁田。李孙氏嫁到李家的时候，家庭条件也算是好的，李孙氏的娘家是市场上的"经纪"，给顾客看牲口，家里不算很富裕，但是生活条件不错，娘家陪送过来的两亩田地，产权归李孙氏个人所有，这些土地属于她个人所拥有，仅供个人花销用度，家庭无权干涉。经当家人李广烈和老婆李孙氏商量，本人允许，直接划归李家所有，不需要再跟李孙氏娘家商量。

三是坟地。村庄南洼东南角有一片林地，这片林地挨着村庄边上的一条小河，属于风水比较好的地方，为张圈李家共同的坟地，不仅仅是李广烈家，其他李姓也都葬在此处，离着李家坟头不远处是一大片张家的坟地，还有尚家、刘家那些小姓的坟地。坟地是专门划出来的，紧挨着田地，随着坟地不断扩大，有些就直接埋在田地里，留下坟头。家谱上详细地记载了坟地的位置，也突出显示坟墓的排列次序。例如一个家庭中的主人居于自己区域的中间，正室居于一侧，这些均是有次序的，大家都很看重，不能乱来。当年李孙氏下葬，就在李广烈的旁边，李家人披麻戴孝，送这位当家人走最后一程。

2.买田置地

李家在南洼的20亩地不是一次性得来的，也并非做生意所得。因为李家虽然祖上显赫，曾经大富大贵过，但是到了近代，已经算是一个小型富户，再到李广烈等人扎根张圈，家庭条件每况愈下，一家人仅仅比家徒四壁的人家好一些，自然没有什么财富是上一代人传下来的。就连20亩地也只能是通过长期的积累，通过多种方式获得，李家土地的来源主要是继承、购买、开荒、占有无主地几种情况。其中，20亩地的主要部分，大约有8亩地来自于继承祖上土地，大约有7亩土地是李家靠着成年累月土地收入，积累一点是一点，与勤俭持家所余下的钱财，兼做小生意获取的利润，不断的积累。第三种情况，李家对荒片、坡地、边角地进行开荒所得土地，这些开荒地由于淤泥十分多，整体的土壤相对较为肥沃，河床的饵料较为营养，粮食产量相对高一些，逐渐也有几亩地之多。另外，河滩地也与这种情况相仿，也是算作无主地，只不过边角地比起河滩地来更加稳定。

山东地区连年受灾，也有很多无主地，老人们都说几乎年年受灾，根本没有太平年月，而根据县志等史册记载，清朝末年到中华民国期间，汶上、州城一带，受大小灾害几十次，不仅有旱灾、洪涝等灾害，有时候还夹杂着雹灾、蝗灾等极其恶劣的自然灾害，除去自然灾害的意外，还有人祸的威胁，本时期山东兵乱严重，军阀混战，教门起义更是层出不穷，殃及百姓，农民常常被迫抛弃土地，家庭破碎，外出逃荒，一去不返。在难民逃荒后，有实力的大户们在政府的默许下，就开始着手接管大量的无主地，待到外地逃荒农民逃至大户家的地界，愿意长住下来，接受租佃契约的就成为大户家的佃户，像是李家这种穷家庭，不能大规模占有，只在自己的土地旁边，扩充一下边界。

3.土地归家户所有

李家的土地属于李家全家人所有，这些土地基本上都属于家户的共同财产，家长对全家所共同拥有的田地,进行集中的经营、管理,为提高生产效率,家长对土地有完整的支配权,但如果要变更土地的产权,或对外支出田产,往往需要李家各个成员的共同意愿的认可,征得李家所有人全部同意。例如李孙氏想卖掉三亩地筹措路费,必须经过全体成员同意,家人不点头同意也没有办法卖掉土地,不是逼到走投无路,农民没有人会主动去卖自己的土地,土地是一家人的命根子。李家家中并没有和家庭以外的人土地共用的情况,即便嫁入李家的女性,带的陪嫁田这样的私人田产,产权应当属于她个人所有,别人不得干涉,但是如果李家面临经济上面的困难,经她本人同意后,当家人常常会采取必要措施支配这部分土地,归李家土地共同使用。

家里的土地是重要财产,在李家分家的时候,遵循传统的"诸子均分"的规矩,按照家中成年儿子的数量来分配家中所有可以分配的田产。出嫁的姑娘,嫁人后就成为别人家庭的成员,因而没有家中土地的所有权。家中未成年的小孩,尚不懂事故,家中土地所有权可以暂时由长辈保管。还有一种情况是李家对家庭成员的相关规定,认为男子在外作奸犯科、胡作非为,而女子不遵守妇道,就会被逐出李家家门,由其自生自灭,剥夺在李家的身份、财产,也决不允许李家人对其救济。在这种情况下,这种人也没有拥有土地所有权的资格。另外李家宗族的人,均为宗亲关系,但是也要让位于家庭边界,他们都没有对土地的产权。对于在家中做出重大贡献的非亲属成员,在离开李家时,李家会给予一定的奖励。

在李家人的观念中,土地完全属于李家全家人所有,理由是土地由祖宗继承而来,是一家一户生存立命的根基所在,一贯如此,李家人的饭碗,是土地和土地上耕作庄稼而带来的,土地分配到个人一是不方便管理和经营,二是分配到每个人,相当于归个人承包,在生活上,每个人过自己的生活,互相之间不相牵扯,且容易出现矛盾和不均,不利于李家兄弟们之间的团结和稳定。

4.土地边界明确

最简单的土地边界是肉眼可见的物理边界。家户土地的边界与其他边界相比更加明晰,不可肆意越界生产,不仅自家土地均有边界,甚至连联通自家田地的灌溉沟渠的使用、分流都很重要,容易因为分配上的不均产生矛盾。就李家的土地边界来看:一是李家整体土地的四至十分明确,东到张启发家,西到李广水家,北到李昌盛家,南至李昌启家,这些土地地块的边界,或挨着其他农户的地块,或挨着普通农户的土地,这些边界上都立着木棍,木棍连在一起形成的线是土地的边界,李家人平时种地的时候也会检查自己家中的土地边界,一丝一毫的变动都会了然于胸。李大河曾越界侵占张启发家的一点边线,故意将边界向东边推进了一个田垄的距离,张启发自然不愿意,很是气愤,定要找回公道。张启发这个人年龄较大,但是李大河还是个毛头小子,脾气火爆,张启发怒气冲冲地来和李大河说理,李大河说不过他,转头就想打张启发,被邻居们拉住分开,张启发回去之后找李大河的母亲李孙氏讲道理,李孙氏很明事理,接着就让李大河给张启发道歉,算是就此揭过。而且土地边界不只有田地边界,例如西张圈村,虽然也在东平大户吴家的势力范围内,但大部分土地不属于吴家地界,前后左右的村庄均为李家土地。因此吴家的巡视马车又必须要经过,到张圈地界,吴家主人也要下马车步行,以表示尊重,否则按照江湖规矩,"穷棒子"们就可以抢劫他,而不用担心报复。二是张圈村外界土地一般以庄为单位,相互之间也立上界碑进行区分,或者凭借河流为界,如果有纠纷,则由两个庄上的保长来协商,但是协商的结果要通报给所有村民,不可擅作主张。

社会认同的边界同等重要。家人边界与外人边界明确,本庄土地耕种必须是张圈人自己来耕种,而本家的土地,除去必要的主动租佃出去,大部分土地,还是自家耕种。其中,李大本曾经给家里领来隔壁庄上的一个佃户,说自己想出去做买卖,不想在家里种地,所以他跟别人商量过土地按照四六分成,由别人耕种,问问家里同不同意。李孙氏和李大义都不同意,李大仁不在场,李大恩和李大河没有表态。李孙氏认为,自己家里的土地就要自己种,别人种自己的土地,不会好好种,而且自己的东西让别人保管,别人不会爱惜,到时候没几年,这块土地就不适合继续耕种庄稼了。李大义则认为,自己家里不是富裕大户,是正儿八经的农民家庭,有现成的劳动力,反而需要别人家里的佃户来耕种,别人会看不起,同时也和李孙氏想的一样,别人不会好好对待自己家的土地,因此这个事情也没成功。

另外,在人们心中也存在心理上的边界。土地完全归李家所有,李家人心理上对自己家的土地有强烈的认同,土地是和生命一样贵重的东西,有了土地,家人才能生存。对外时,李家人把土地称为"俺李家的地",而不会称为"我李大义的地",显示出对李家这个家户概念有极强的归属感。李家在自己周围的圈子里,成员使用的是集体的形象而非个人。李家每个人都十分熟悉土地四至,以及周围哪些地方的土地属于别家都很清楚,稍微有变化就能识别,所以一旦观察到土地被侵占,李家人就要奋起还击,家中男丁兴旺,也是为保护自家土地不被侵占。

在治理意义上,也存在相应的边界。土地的经营权归当家人所有即李孙氏,外当家李大义具体负责参与经营,辅之以各个兄弟们互相帮助,种什么、怎么种,由李孙氏根据李大义的建议决定,由她说了算,其他人没有办法干涉。但因为鲁西南李家土地上,地理水文、气候环境都比较单一,种的庄稼统一为一年两季制,冬季种麦子,夏季种玉米、高粱,河滩地种棉花。土地产出由家户所占有,麦子在 5 月端午左右收割,高粱、玉米均在秋天后收获。收获后由李大义上交李孙氏,分配由李孙氏根据需求进行决定,土地的经营和收益并不受其他因素干扰。

5.家长支配土地的使用

在李家土地的经营过程里,家长具有较强的支配权。为了保证李家行动一致、保持效率,维护当家人在李家管理中的相对权威,李家当家人一定是由极具经营能力的人担任,能够独当一面,田产由其统一经营,对于土地买卖、租佃以及各种置换活动,当家人动土地之前,必须向全家人知会,尽量争取全家人的支持,如果遭家人的反对,也可以动用土地,但按照李家人看法,一意孤行有伤和睦,当家人也不会不顾全大局。在当地,多数情况下当家人是男性,当家人不在家外出,他的妻子可以替他做主,如当家人李广烈外出至泰安,李广烈之妻李孙氏,曾经做主和邻居进行土地置换:将靠近自家土地的一块进行置换,使得土地最终连成一片,儿子当家,当家人不在场,父母如果健在并且依然能够主事,也可以做主。

土地买卖这项变更产权的活动,靠的是家长支配。先搜集土地买卖活动的相关信息,必须向当家人先行汇报。当家人需要购买土地或卖出土地,一定要到土地上亲自看看,然后提前通知李家人,不必请示邻居和保甲长等。购买土地相对卖出土地更容易,由当家人直接决定,从李家支出钱粮,签订契约,家人基本同意;而对于卖出土地,情况要稍微复杂一些,一般为李家需要拿出一定数目的土地财产,根据具体的事情判断。例如李孙氏去世,当家人李大义力主拿出一亩土地,用于置办老太太的丧事,这个也由全家人同意。这些土地,优先卖给同族,同族可以优先挑选这些土地的具体地块,剩下不要的部分再由不是同族的买主选择,这叫作"肥水不流外人田"。女性为当家人的时候,成年儿子也可以做主,而男性是当家人时,通情达理的妻子可以做主。在这种当家人并不在场情况下,首先在家中做主的原则是不违背当家人从前一贯的意愿,非本人做主,则需要大多数人的同意。

土地租佃主要是看土地与家中劳力的匹配度,由家长根据匹配度支配。土地租佃、置换中,家长对土地的合理支配,事实上与土地买卖中的状况基本一致,区别较小,都属于对李家土地进行变更。土地的租佃和土地置换,两者较土地买卖程序更为简单,因土地买卖需要变更产权,涉及双方利益较多,较大规模的买卖土地,涉及较多的财产变更,涉及利益程度较复杂,买卖双方还要请买卖中人作为证人,实质是参与主体较多;而李家土地只有短暂的两年时间,租过5亩土地要租佃的,租佃的具体规则基本恒定,租佃契约和程序也基本依照规矩而行,只是租佃对象变更、租期细节必须经当家人进行支配。土地租佃也是迫于形式,若没有特殊情况,绝大多数时期都属于自己耕种、自食其力、自耕自种。恰逢闹饥荒,家中分成两拨人,一拨逃往东北,一拨逃往河南等地。其中李大恩和李大河兄弟两个只身远赴较为危险的东北开荒,其他人则在家长带领下往河南、湖北一带逃难,这些地带较为安全。饥荒一过李孙氏等人回到家中,而东北的兄弟两个,也找到了落脚点,隔了一段时间,让人带信回家,称等到第二年的年关就带钱回来。这个时候家里的土地,只能靠着剩下的兄弟三人支撑,李大本干活不中用,偷懒耍滑、好吃懒做,实际上由李大义、李大仁兄弟二人挑大梁,20亩地种不过来,又不能让土地闲置。所以曾经有一个很短暂的时期,李孙氏找来了李家的近支李大恒,把家里的5亩地交给李大恒耕种,李孙氏原本的意思也是说,只要土地别荒着,有人耕种就可以,李孙氏的意思主要是心疼土地。当时约定的是二八分成。这样的光景一直持续了两年时间,在年终的时候,听到李大恩、李大河兄弟两个双双死在济南,这个噩耗让李家上下十分悲痛,李家为了筹措钱财去济南寻尸,并且准备棺材安葬的消费,不得已拿出自己的土地来,准备出售换钱,李大恒也理解这个情况,在当年收完粮食后,就终止了租佃关系。

置换也只需要置换双方的统一即可。在李广烈早先落户的时候,因为坟地同张家人进行过协商。李家坟地西北角,有一块地是张家的土地,由张姓农民耕种。李家为了让自家坟地连在一起,也是为了李家和张家日后和睦共处,别因为土地地界产生纠纷,所以用南洼的一块土地置换张家这块土地。对于张家来说,南洼的土地更为肥沃一些,而对于李家来说,坟地的事是祖宗子孙风水的事,所以两家人都很高兴。一般的家庭不存在强行置换的情况,这就如同交易,有交易的行规,一般是等价交换,主动提出的一方为了让事情更加顺利,往往会提供更为优惠的条件来交换。除非大户恶霸依仗自身财力以强欺弱,这种情况在当时也不多见。

6.侵占土地边界的抗争

传统时期,作为鲁西南地区的普通家庭,没有官场关系作为靠山,没有乡绅争相攀附,没有县丞争相巴结,自然十分容易受到外力的冲击。到了抗日战争时期,形式发生变化,日军占领山东,日军一个中队的兵力,全部驻扎在州城城内,并建立日伪政府。这个时期,秩序比较混乱,没有王法,侵占土地的事情时有发生,东平湖水上涨,将邻庄李桃园的土地淹没,李桃园村民大量涌入临近的张圈村。本来两个村庄是近邻,双方有一些村民是亲戚关系,张圈人没办法救济这么多人,在日伪乡政府的大力促成下,张圈总共拿出了自己的一百亩土地,暂时借给李桃园渡过难关,言明洪水退去、土地可以耕种之后,就会归还张圈村。这其中涉及李

339

家的 3 亩地,当时张圈民愤极大,村民们都不愿意,迫于日伪政府多次施压,而且确实没办法处置这些流民,多次探讨后才做出让步,而且言明一定要还回来。不久洪水退去,张圈村民索要土地,李桃园村村民声称想要土地,必须拿出写的"条子"来,但是当时张圈村民心眼实在,与对方只是在口头上进行约定,没有立下任何字据,而日伪乡政府的促成人已经死亡,算是死无对证。知道被骗以后,而且没有办法讨回土地,张圈人一哄而起,到田地里对李桃园人大打出手,李家的李大本、李大义先去进行协商,协商不成,李大河等人参与了斗殴,有四五名农民被打成重伤,此后两村庄的人经常发生纠纷,张圈村民人数比李桃园人数少,吃了亏,而李桃园人则"沾光",也不想再把到嘴的肉吐出来。最终土地也没有要回来,后来的革命政府认为,按照人口和村庄规模来看,张圈村占有的土地的确较多,因此维持现状,没有再进行改变,随着时间流逝,除了李大义等人还记着,其他人已经把这个事情慢慢遗忘,两个村庄村民生活照旧,相互通婚。

土地产权被侵占,是绝对不能容忍的事情,一旦土地侵占而主人不起来抗争,不仅损失的是经济利益,而且对内对外也无法交代,有损李家的声誉。因此,李家人以土地被侵犯为耻辱,不仅家长脸上无光,每一个李家人都异常愤怒,但在日伪军的干涉下,李家依然参加了村庄对李桃园的暴力抗争,可以看到,保卫李家土地产权不被外人侵犯的决心,从来不因为侵占对象而选择退让,一边是横暴的压迫,一边是生存下去的希望,这也是李家人的底线。

7.民间与官府对土地的认可与保护

其他村民对李家的土地给予了认可与保护。张圈村其他村民、其他村庄上的自耕农民,不会肆意侵占李家的土地,如果要买卖、租用、置换都会与当家人李孙氏进行商量,不存在强迫进行买卖、租用、置换等情况。李家土地除去在日伪时期受到过一次外来侵犯,丢了三亩土地,其他村民都认可李家对土地的所有,属于自己的陪嫁田,在归于大家庭之前,大家庭也会给予保护。

李家家族也对李家土地产权给予认可与保护。李氏家族完全认可李家对家庭土地的所有权益,以及自由耕作、收益的权利。而且,李家宗族和西张圈的李家关系非常好,李家也倾向于启用李家同族的人来相处相帮。李家宗族的人和西张圈李家走动十分频繁,关系很好,如果李氏家族成员要买卖、租用、置换李家的土地,或者家中有什么重要的事情,首先想到的还是家族中的人,同时,如果家族中有需要帮助的地方,李家也会倾囊相助,所有事情必须要与其商量,买卖、租用、置换都属于自愿的行为,不会出现强迫买卖、强迫租佃的情况。

西张圈村庄也对李家的土地产权给予了认可和保护,特别是村庄与村庄之间发生了土地纠纷的时候,容易上升为两个村庄之间的利益对抗,村庄的人们在村长、保长的带领下,组织起来,讨要说法,以村庄的名义向对方施加压力。如果对方不屈服,两边的老人没能协商好一个共同认可的解决办法,则会回到最原始的途径上来:武力械斗。李家所在村庄的保甲长,是血缘关系基础上选择出来的,权限有限。他们通常也由李家的人或者张家的亲戚担任,不会随意侵占李家的土地,保甲长没有权利私自买卖、租用、置换李家的土地。

最后,政府也对李家土地产权进行了认可和保护。家中的土地都有地契,是州城官府签字画押,均有官方认可的土地合法契约,以法律的方式确立下来,政府的备案,详细地记载了具体地块的归属,地方政府绝对不能以任何理由巧取豪夺、巧立名目,只能按照规定收取赋税,这种认可使得官府不敢侵占李家的土地,还要提供保护。李家对土地的所有权、收获粮食的权利,县、乡政府都不可以强制征用,一直也没有发生过县、乡政府强迫买卖、租用李家土地的情况。

(二)家户房屋产权

1.东西两院分开居住

1947 年以前,李家有东西两院,位于西张圈村的村西北处,两个院子相距不远,大约 5 分钟就可以走到,老院子是东院,东院要比西院大一些,是李广烈分家后到此筑成,院子周围有土墙,房屋主要是泥土和瓦块,下面地基用到了大石块。院子中有房屋数间,正中的房间为堂屋,相当于大厅,两边和周遭均为卧室。西院是随着家中男孩子越来越多,为了保证居住,保证儿子们娶上媳妇儿,李广烈和儿子们以及请到的帮工一起搭手干活。每逢有儿子要娶媳妇,就要在新院里娶媳妇儿,收拾出一间干净的房子,而其他儿子则是置换,可能和媳妇刚住了三五年,弟弟要结婚,可能兄弟两个就要置换房间。

窗户和房屋朝向一致,是较为典型的"坐北朝南"北方房屋布局,建筑材料比较简单,下用石块铺路。房屋一般是泥土和砖石混合在一起建成,门口有一块过门石,石条抬高整块地基,起到了防水的效果,不怕水浸泡,有防震作用。房屋的窗户都很高,开得很小,房间内是冬暖夏凉,摆设比较简单。在使用规则和使用次序上,具有相同的辈分看年龄、不同辈分看家庭地位的次序。家户地位排布,长者居于上房,当家居住的房间次之,不过很多时候两者身份重合。其次是妾氏、再次是小一辈的长子诸房,体现出等级分明的特点,次序很是讲究。

2.房屋继承而来

修筑房屋是家中的大事情,房屋是一家人安身立命的根本,而修建房屋的成本也比较高。李家房屋从李广烈时开始建造居住,后李广烈重新布局,进行过修葺,李家院子也重新建筑,至后来李大河降生,人口增多,只能再到西边盖一个院子,院子主体架构稳定,空间持续延伸。为了修建院落,耗费钱粮不少,往往需要李家人省吃俭用很长时间,不仅是建筑消耗,而且要请专门造房子的人来,然后还有很多亲戚朋友前来帮工,轻则管顿饭,有的还要送礼物,然后房屋宅院由李家血脉代代直接继承。

3.一次分配,财产个人所有

李家人认为,房屋是属于个人所拥有的财产,而有些是自身单独建房、单独居住的房屋,因而完全属于个人所有。而一般有房子的人,均为当家人等一辈的主人,例如李孙氏的院子,产权完全归李孙氏所有,在东西两个院子内,李家人听从李孙氏的安排,没有大的事故,房屋一次分配后便不会轻易调整,调整也需要多家共同允许才能调整,并且分配完成后,一间房子具体分配到一个小家庭中,这个小家庭对这间房屋具有除了买卖、典当的一切权利。李家近支、儿子、客人有居住的权利,房屋使用要服从当家人的安排,那个年月人口多,房屋也比较重要。此外,李家房屋并没有和他人共有的情况。

4.媳妇有份,儿媳没份

李家认为,家里的房屋在分家时已经明确了归属,房屋产权的主人,拥有相对完全的支配权,并非全部有份,只有主人的直系血亲有份,例如李孙氏的院子,她的 5 个儿子李大本、李大义等也都拥有所有权。外出打工者没有机会,未成年儿童也没有资格,不管有没有出嫁,女儿不能分得房屋的产权,而嫁进家门来的媳妇成了自家人,自然有份。李孙氏是嫁进来的媳妇,一直跟随丈夫,住进丈夫的院子里,丈夫过世后,作为全家公选的当家人,合理合规的对自己宅院拥有完全产权。

还有一种情况，如果出嫁的姑娘在婆家受了欺负回到李家，而且这种矛盾不能调和，那就只能安排一间小房子让她住下来，这间小房子归她暂时居住。李家没有这种受了欺负得情况，但是李氏家族有个姑娘受了欺负回到家族里面，李氏家族人还去替她出气，这个姑娘就住在自己娘家，娘家人收拾了一间杂物间让她暂时居住。其他非亲属家庭成员如外来的收留人员，在李家帮工，李家会给他们分配房屋居住，一般就跟着小儿子一起住，在小儿子的房子里有张破床，是石头垒起来的，铺了一些破烂的棉絮在上面，外人来了就住在这儿，过来帮忙的人不会觉得不好，只要有地方住就可以。但是如果是李家有名望的族人或者重要的亲戚朋友，可能会安排在其他好一点的房间，这些人可以居住，但对房子没有任何一点支配权，平时隔三差五到家中来的时候，会给小儿子带点东西，一般为"果子"①，过年过节有时候会带糖给他吃，双方关系都比较融洽。

5.产权独立，边界明确

房屋产权是属于个人的，完全属于个人所有，不归集体所有，只有在使用的时候，家长才能够进行安排。房屋分配给个人，这样没有实际的意义，也不能拿来买卖或者进行抵押。家长在处理房屋产权上比普通人更有权力。对于李家院子，陌生人进入要在外面喊出主人，得到主人允许才能进入，不能擅自进入，擅自进入常常惹主人不高兴，甚至会产生纠纷矛盾。李大仁结婚没出一个月，刚娶了新媳妇在屋里，牛圈有一个年轻人到张圈村走亲戚，白天跑到李家来瞅新媳妇，也不提前告知一声，见到院门敞着，吆喝了两声"有人吗"，但是没得到任何的回应，就擅自进到院子里，挑开偏房门帘就往里走，正撞上李大义、李大仁兄弟从地里回来，以为是贼，一直追出去两三里地，吓得牛圈的年轻人鞋都跑掉了，如果被追上肯定打得鼻青脸肿。其次，主人居住的卧室，即使是儿子也不能随意出入，这对长辈来说是很不尊敬的事情，长辈在自己屋里干活，每个人都有每个人的隐私，而且一般家长都管理着钱财物，藏着钥匙，一旦进入家长的卧室，就有偷钱偷东西的嫌疑，到时候被家人发现，都解释不清楚。

6.共墙以墙为界，屋檐滴水为界

李家房屋与四邻的房屋均有物理意义上的边界。当家人李孙氏的东院是继承而来，院子为较高的土墙，有院门，隔断院内，此院的边界一般为院子的墙体，以墙为边界，边界清楚。李家直系宅院基本与此相同，西院也是一般排布，只不过院墙没有完全封住，没有院门，半开放，规模相对较小。

李家还为表侄李大通盖过一个院子，李大通出了大部分的费用，作为近支的李家人，男性劳力多，在农田地里工作较少的时候，一家劳动力都去帮忙。李大义兄弟几个均为干活的好手，盖房子肯出力，李大通负责提供伙食，不提供报酬。这间小院子较当家人李孙氏院子要小很多，为单个院子，也使用院墙作为对外的边界，兄弟二人分家，兄弟同住一屋檐下，在院中修墙为界，两家以"共墙为界"，共用这面墙体。兄弟二人房屋紧邻在一起，空间有限，共用的这面墙体，实际以墙的中间作为界限，对方想要改墙，不能触及对方房屋，必须慎重，不能影响到对方的生活，否则就会产生纠纷。

另外，还有李家人住在不同屋檐下，但是两家相邻的情况。第一种相邻，房屋共墙为边

---

① 果子：零食、点心。

界;另外一种是房屋之间有空地,这时候以两个房屋之间的空地作为界限,取空地的中线。一般情况下,邻居间墙壁不相连,而是在隔壁相邻,会在房屋和房屋之间,留出一块完整的空地,以空地的中线作为界限,房屋和房屋的距离一般是一米多宽。街道两侧的家庭不能侵占街道,而是以屋檐作为界限,类似于借用屋檐滴水的方法,作为边界。

家里的四面邻居,绝对不可以越过自家的房屋边界来修建房屋或其他设施,否则会引起极其严重的邻里冲突。房屋边界不像田地一样四至分明,李家族人因房屋越界产生的纠纷数量较多,纠纷发生后,先请中人验过房契地契,互相之间查验,还会请同族中有名望的人进行丈量和调解。

7.内外有别,服从主人安排

房屋归家庭成员内部使用。即使是家庭中的成员,也必须要听从当家人的安排,如果对当家人安排不满意,程序上可以同当家人协商,但不可以不经协商,擅做主张。外人不经同意,绝不允许使用李家房屋,一般亲戚朋友到家里来,都由当家人进行安排,当家人的孩子们也在旁协助安排。

8.自我认同,自家意识强烈

李家的家庭成员,对自家所拥有的房屋有清晰的心理认同。对于自家的房屋分布以及别家的房屋分布,区别得很清楚。家人强烈的心理认同在一些社会行为中体现出来,例如,李守信与李守成兄弟不和,因为家中过继的问题产生矛盾,最后李守信在两家的房屋中间划上线,声称"你和我到死也不往来,你别想进我家门一步,我也不会进你家门一步"。从这里看到,两家人互不登门的边界是由房屋的边界加以体现的,同时在心理上区别明显,对于自家的房屋,被他人违规侵占的行为,李家老人常说"卧榻之侧岂容他人安睡",家中的年轻人经常巡视,也是为了防止房屋的边界受到侵犯。

9.家长安排管理,他人无权干涉

李家的房屋由当家人进行管理,外来人一律无权干涉,特别是对房屋的买卖、拆除、修缮以及重建等,都由当家人决定。在张圈村内,宅院从来没有买卖过,只是进行过重建、修缮,然后由后人继承,而宅院以外的一般房屋,有赠予和买卖的情况,一般宅基地均为固定;修建房屋也只能在属于自己的宅基地上修建,不能占用他人的宅基地;但是如果一定需要,必须要与房屋主人协商,拿自家其他的土地来进行置换。修建房屋、改造宅院都需要和李家人商量,分家后父母兄弟可以提一提意见,一是因为需要从李家拿出公共支出;二是因为改造的时候,需要重新安排住处。但这个过程中,不需要再同家庭之外的人商量,也不需要得到宗族或者村庄的同意,除了李家的人外来人无权干涉。

10.家长全权支配房屋使用

在房屋需要进行买卖、出典、出租或建造等变更活动时,必须通过家长才能进行实际支配,一般情况下李家在张圈村不会买卖宅子,村内的房屋基本上已经固定下来,当家人用李家资产置办的房屋,完全由当家人支配。通常当家人都会根据自己的判断,直接做出决断,再通知各个家庭成员。

对于那些专门分配到小家庭住的房屋,家长可以根据情况,提出调换的指令,但是居住的小家庭可以找理由拒不执行,所以家长在需要调换房屋的时候,并不完全是强制的。因此,为了成功调控房屋,家长往往要在更换之前谈妥条件,一般选择好地段,找到面积更大的房屋提供给小家庭居住,小家庭才会乐于接受,一般分配好房间,就不会轻易变动了。在李家,更换房屋的现象较为罕见,一般情况下,长辈们的房屋都在村庄的内部,随着辈分的降低,依次向城的四周辐射,李孙氏为了儿子李大义,与李方成家置换间土屋,拿出在西院的一间土屋加上一间杂物间。这个过程也必须是当家人经手的。

李家没有将自己的房屋典当出去的情况,在州城有专门的典当行,不仅平时放钱、放贷款,也接受其余物品的典当。在典当的过程中,土地和房屋均为最受欢迎的典当品,很多农户走投无路只能典当房屋。李家所在的张圈村,也有被典当行收取因高额利息无法偿还典当资金农户房屋的情况。

张圈村庄的修葺一直没有停止过,村里的老人总会组织对村庄进行规划调整,例如房屋布局、街道走向的筹划,而且要对村里的房屋进行重新修葺。随着人口增多、子孙分家情况的出现,原来住在一个院子里的完整家庭,要根据儿子数目拆分成几个独立的小的家庭,人多房少,又没有老的院子腾出来供他居住,就只能开辟土地,新建房子。新房子的修建必须由当家人主持,在动土以前,因为要动用大量的财力、人力和物力,所以也要跟全家人共同商议。例如李家的人主要是提出建议,最后还要当家人亲自决断。在房子中居住的人,也没有相关的权利去干涉,只能等到房子完全建造好以后入住。李家为几个儿子建造新房子之前,先聚集家人在一起商量。不仅李家的儿子和儿媳妇们都在场,共同商量,而且还邀请保甲长,并给出一些布局上的方案和建议,同时也请来村里懂风水的人到家里来指点,根据避凶趋吉的说法,进行具体的布置。

李家的西院房屋曾经被日伪乡绅侵占过,而且还包括庄上的土地,有几间属于李家的房屋都被强行霸占,这名日伪乡绅带着几个伪乡警占据比较新的西院,并且此人与县政府的大汉奸曹子亮是部属关系,因此也不管李家的房屋还是谁家的地,就霸占房屋住着。他们认为,这片土地离张圈村和李桃园的村庄土地不近不远,而且地势比较高,扼守交通要道,便于监视周边的交通,并且村里传言占着房屋和土地是为了以后修建炮楼。但是时间不长,八路军的"锄奸队"得到了情报,夜里放了两声枪,这几个伪军伤的伤、逃的逃,一哄而散,李家得以重新拿回房子的使用权。房屋是人居住的根本,每一寸土地都无比珍贵,虽然比较起衣服食物,离开房屋人也能生活下去,然而土地和房屋仍然是李家人赖以生存的根本,不可侵犯。但是面对穷凶极恶的侵略势力,不是李家可以对抗的,李家的土地和房屋都有流失,李家有心而无力,很难保护自己的家产不受外敌侵犯。

在张圈村庄里面,村民承认李家对房屋的所有权,李家可以对自己的房屋进行买卖、租用等行为,没有人敢随意侵占李家的房屋。一直到土地改革运动时期,土地改革工作队进驻,重新将房屋院落进行分配,李家一直以来自食其力,所以没有动他家的房屋。而在张圈村庄的外面,主要是由官府承认李家对房屋的所有权利,一方面都有官府承认的地契和房契为证,另外也有地方上的村长、保长、甲长负责防卫和约束。1947年以前,县乡政府不能以任何的名义来抢占李家的地产,平时县里面需要建设大型的工程项目,或者是政府需要贷钱,就会进行摊派,对于劳动力多的家庭,经常多摊派活动,所以一般没有人侵犯房产。

(三)生产资料产权

1.生产工具搭伙使用

1947年以前,李家生产资料较为丰富,李家有很多的农具用于应付农业生产。这些农具由当家人进行分配,根据兄弟们几个的力气和技术,将家中的农具分下去。包括犁、耙等,基本上每个庄子上面都会有以村庄为单位的大型农具,由共用的两家人进行分配,有的小庄子人数较少,可能会有两到三个庄子共用水车、风车的情况。一般家庭工具较少,基本上只有大户才有,外庄上没有。李家家中饲养的牲口有头猪,农业生产上主要的牲口是耕牛、骡子、驴,其中耕牛和骡子用得最多,但是李家没有能力单独饲养,李家和家族里的其他人伙养耕牛。

2.工具主要靠集市购买

李家的生产资料,除去日常使用的犁、耙、锄头、铁锹、三尺钩、刨撅,其他物品主要来源为集市购买,当地人除了去州城集市,还有吴桃园集市、三官庙集市,一般的家伙什都可以购买到。因为是常年使用农业生产的工具,所以一般家庭都要配备。除此之外,扫帚、簸箕、木锨、钩鼻(扁担)等可以自己制作,如果工具用坏了,一般是自己家里进行修补,继续使用,李家人爱惜自己的生产工具,一般不会轻易损坏。此外,比较重要的生产资料是大型的牲口,张圈村内有耕牛 30 头左右,由伙养的三户人家轮流负责饲养,干农活时候,由牛主人负责统一调配。而在外庄上,一个庄子上少则有三五头,多则有五六十头,都由当地的富户安排人饲养和支配。这些牛大部分归大户家所有,只是平时租给当地的佃户进行耕种,一旦发生耕牛被偷或者非正常死亡的情况,外借的人要对此负责。这三家农户均为张姓,李家需要用牛就要去张家借牛,借用期间负担喂牛,并且给张家一些报酬,如成捆的草叶,用于喂牛。

李家在以前还有一辆大车,是李广烈出钱购买的。考虑到家中没有大车,干农活也不方便,于是便由李广烈和朋友张启舟两个人合计,到州城购置所需的大车。张启舟以前给大户家帮过忙,跟着木匠师傅搭把手,也用过大车,所以和他同去,两个人在州城老板那里购回大车一辆。大车平时主要是用来拉载粮食,在农闲的时候,用大车运载粮食,从州城到接山,连续的车马长途奔波,外出其他地方倒卖粮食,获取差价收益,后来一家人外出逃荒时损毁,再也没有购买新的农具。

3.家长支配工具使用

生产资料十分珍贵,是一家人生活生产的保障,所以在家庭中极为重要,只有当家人才能支配生产资料。事实上,不论是李孙氏还是李大义两任家长,都可以看出,家长除了具有长辈的教化、约束作用,在生产上是发展生产的代表,因此当家庭成员成为本家当家人的时候,一个重要的考量因素是生产能力,一个重要的全能属性是对生产资料的完全支配,即家长在生产这个对全家生存具有重大意义的环节上占有绝对权威。对于生产资料,不仅从购买工具、使用工具到修理工具,或是牲口的购买、牲口的喂养,牲口的生老病死都要亲自过问。到了李大义当家的时期,家里有了自己的牛犊,李家小孩年龄还小,调皮捣蛋,和村里其他孩子拿着编在一起的柳条抽打牛犊,把牛的脊背抽伤。李大义知道后十分痛心,气得掉泪,把小孩捆起来打,打得小孩再也不敢调皮为止。

家里生产资料有限,所以急事急办,如果今天要翻土,要带上家里的锄头,给谁用,怎么用,当家人都要知会一下,尤其是干完活,借着吃下午饭的时候,所有的人都要给家长说说自己今天干了哪些农活,有哪些困难,工具好用不好用,是否有损毁,作为一种向家长汇报的例行方式,大家默认地成了一种习惯。

4.生产工具归家户所有

由于李家人亲自下地干活,并且出于家庭中的生产工具根本就不够用,分配到个人会产

345

生很多矛盾,谁也不能单独把地种好。他们理所当然地认为生产资料是属于李家家户共有的,全体家庭成员都可平等使用。生产资料分配到具体个人身上会降低效率,还是在当家人统一调配之下,更能发挥出大生产工具的功效,效率较高。因而家长才是实际上生产资料的支配人,包括购买生产资料、维修和借用别人的生产资料。一直到1947年前后,随着条件渐渐变好,家中的工具开始增多,这个时候,儿媳妇心里开始有了其他的想法,一直影响了后来分家。

5.生产工具的侵占与处理

生产资料在李家没有被侵占过,李家的生产资料,值钱的只有一头猪,没什么贵重的物品,后来的牛饲养得也很好,庄内人对归属权都认可,人们心眼也实在,有的时候牛跑到庄头,邻居们或者是别人还会把它赶回来,不用担心丢失。但是侵占的情况并非没有,在吴家有这种情况。梁山一带的"老缺"——"花脸猫"曾经带马队土匪洗劫村坊,到了晌午日头高照,口渴经过吴家的三官庙村,见到一小头马驹,唤走据为己有。吴家在三官庙的养马人,将这件事情直接报给了大户家的掌柜的,掌柜派两个大胆的庄户,持吴家的信物牌,追赶"花脸猫","花脸猫"行了十里路,正巧遇上同行刘喜发,刘喜发便询问"花脸猫"今天得了什么财物,"花脸猫"如实的把小马驹告诉了刘喜发,刘喜发急忙告知说你闯了大祸,这是属于吴家的东西。正巧,两个吴家庄户从后面追赶而来,于是,"花脸猫"归还了马驹,赔个不是,纵马而去。

6.外界提供认可和保护

对于家户的生产资料,是村民和邻居们公认的事实,官府也会提供一定保护。例如当地的村民侵占,自然可以通过打官司的形式一较高下,也算是官府对当地秩序的一种控制,但是由于当时天灾人祸的环境越来越恶劣,秩序混乱,土匪横行。如果是当地的土匪掠夺,可能就得自认倒霉,外来的大的流寇则会被官府通缉捕拿,但是一般情况下也没办法解决,人能保住生命就算是不幸中的大幸了。

面对匪患,山东先后成立了民团、保安团,后来韩复榘还在山东组织过"联庄会",老百姓也分不清哪些是保安团,哪些是军阀兵,只要是戴着大盖帽,绑着腿的兵,都被人们称为"绑腿"。这些人并没有维护好当地的治安,而是与匪徒没什么区别,三天两头下乡干点私活,是靠着手中的枪,侵占老百姓的利益,据为己有。其中有一次一个"绑腿"的队长,到了张圈村要两头牲口,当时的甲长是张启发的父亲,是个心地善良的正直人,他一口咬定没有,"绑腿"恼羞成怒,把他吊起来在树上打,一顿猛打耳光,在一边围观的人里突然走出一个妇女,喊道"小三儿,你干么哩啊,你怎么打你姑父啊!"这才知道,这个"绑腿"队长和张启发的父亲还是姑侄关系,他赶紧放下人来道歉,再也不敢到村里来了。另外有一次,也是三四个喝醉的"绑腿",来到张圈要粮要钱,临走还相中了李家的一辆车,结果天色渐晚,义愤填膺的张家、李家的年轻人们,一拥而上,趁着对方喝醉,群起而攻之,混乱中误把带枪的"绑腿"打死一人,重伤数人,之后年轻人们感到恐惧,像这种情况下,"绑腿"的驻地就在三官庙,不过几里路,可能会进行残酷的报复。恰逢中国共产党的队伍从湖西过来,年轻人们把这几个"绑腿"交到了中国共产党队伍手里,将这几个"绑腿"在湖里枪毙了,年轻人们才逃过一劫。

(四)生活资料产权

1.公共物品轮流使用

1947年以前,张圈有专门晒谷的大场,供全村人共同使用。张圈村庄的大场,是从南城洼一直沿着大路向南走,地势逐渐增高,约有50米高,能见到一块空旷、广阔的平台地,张圈村民们称之为南场。南场上有口水井,这口水井井水清冽,四季充沛,这是好几代人赖以吃水的重要设施。其他地方均为平坦的高崖。大场方便打谷子、晾晒粮食等农业活动,面积比较大,南场本身就是一块大平地。而在外庄上,每个庄子也都有相应的晒场,例如周围村子的郭场,直接以大场来命名,前面再冠以村民的姓氏,而杨楼村,虽然没有以大场命名,也有专门的开阔地,让农民、佃户打谷、晒场,之后在此进行称量,来交粮食租子。张圈村中心有石碡,村外三个方向上都有石碡和石碾,是村里人共用的集体物品,时间上早于李家人在张圈地区的经营,平时人们没事情就聚集在一起谈天说地,也算是一个公共场所。

李家的桌椅板凳均为祖上传下来的物品,再往前是嫁妆陪送的东西,木头打造,材质比较好,现仅一条长条几、八仙桌、太师椅。其中,八仙桌放在院子里,平日里任凭风吹日晒、雨水侵蚀,整个桌面依然光滑,所用木料很好。李家的油盐酱醋等生活用品由外当家负责购置,购置后将账目报送给当家人。那时候物品的价格是固定的,家人都心中有数,所以外当家给的价格也不会让人产生怀疑。李家只有两个脸盆,东院一个,西院一个,所以只能轮流使用。一般是长辈先用,并没有成文的使用规定。

2.自吃自种

李家土地所种植的有小麦、玉米、高粱等作物,以及豆类、花生等植物,都直接用来供给一家人的伙食。家中收了小麦,舍不得吃,小麦是比较高级的食物,于是把小麦收起来,带到集市上出售,售出以后再去换玉米、高粱等,以少换多,以精换粗,最终满足一家人吃饭、摊煎饼、和面。家中的棉花地,产出的棉花,可以用来做一些孩子的衣裳、布鞋,坏了以后,可以自行缝制。家中建造房屋,需要的沙石、泥土等原料,也可以从自家田地中自行取出,甚至于门窗、屋脊、房梁等木头,也是自己家提前种好的木材,到了一定的树龄之后"杀树",砍伐下来,取上好的木材,为房屋所用,家里的扁担、竹筐,甚至于大车,也可以就地取材,从自己家中获得来源,自给自足,减少一部分开支。此外,像柴米油盐,一些特殊的食材、大部分不能自给的东西器物,需要外购。

3.生活资料个人所有

家庭的生活资料是属于个人所有的,而家户的生产资料,则是李家的每一位家庭成员们所共有的。最为重要的水井,这是家户依赖的生产资料,是属于全李家所有人共有的。因此,李家人认为,完全从属个人的生产资料,应该完全由个人掌握。此外,水井等公共性极强的,主要是家人共有,有时生活资料还有交叉。

4.家长安排生活资料的使用

在生活资料的购买、维修和借用的活动中,李家的家长也是实际上的支配者,李大义的母亲会根据家中所需进行安排和支配,然后嘱托给外当家,按照吩咐照办,当家人不在,则会由当家人委托给外当家临时负责,由外当家按照每月的惯例进行安排,就不会出现差错。外当家在李家多年,对李家的生活起居已经了如指掌。当家人不管是男性或女性,年轻还是年长的,都可以提出购买生活资料的指示,如果下面的小家庭之间,需要购置物件,会在月末由自己的媳妇告诉当家人,当家人觉得合适就会采纳,不合适就会直接否定。

5.生活资料的私下购买

李家在生活资料的购买环节、维修和借用活动里,除了当家人以外的家庭成员,只有提出建议的权利,而当家人授权外当家,外当家也可以进行购买、维修,或是借用生活资料。同时小家庭的某个成员,如果自己特别需要某样东西,并且感觉上报到李家当家人,可能不会通过,或者物品价值较小,无需上报,可以用自己的钱购买,例如李大河嗜酒如命,常会自掏腰包。

6.家户生活资料产权的侵占

李家的生产资料其实和家里的房屋土地一样,如果被人侵占,不单是一个物品的经济损失,更多的是对整个李家家庭的挑衅行为,家人不能容忍,一定要进行斗争。但是能够进行抗争的前提是双方的实力基本相当,如果实力相差悬殊,在斗争中失利,有可能付出惨痛的代价。所以如果是邻居们侵犯了李家生产资料,可以直接上门去找他说清楚,如果邻居们蛮横不想归还,那么李家人可能会找村庄里的老人前去说事,也有可能直接让家里的人大打出手。如果是土匪、官军侵占,李家也没有办法。李大河外出砍柴,被一个拿枪的伪军截住,伪军让他把手里的柴火送到二郎庙,还把镰刀也没收了,把他空手赶回来,这时候李大河心急如火,也不敢轻举妄动,让他走他就乖乖地走了,也不敢抗争。

7.外界对家户生活资料认可保护

村庄里的村民都承认李家对生活资料的绝对产权,即使是村庄的公共物品,像是水井、石磨等,村民也都认为有李家的一份在里面。李家人,因为也是李家的受益人,所以他们会自觉地保护家户生产资料,家中的非亲属成员也对家庭有很大的认可。还有很多人均为李家的本族人。自从清末以来,除了在日伪政府时期受到了日伪政府的迫害以外,其他时期政府还是提供了对生活资料的基本保护,对李家的生活资料的产权,给予了官方认可。

二、家户经营

(一)生产资料

1.辛勤耕种自家土地

自家的成年男性均为劳动力,需要参加劳动,下地干活。1947年以前,李家家中的劳动力宽裕,家庭内部的男性比较充足,不需要在家庭外部再雇用大量的雇工和佣人,在村内,雇工分为长期工和短期工,并且还有很多临时召集而来提供帮忙的临时性零工,这些雇工短期的要管饭,长期的雇工还要分粮食,李家支付不起。为了种地,穷人家必须要起早贪黑地干活。

李家以土地经营为主要生活来源,家中土地几乎是全部的饭碗,因此需要大量的田地耕作投入,在自己地里忙完活,有时也可以出去给别人"扛活",而生活中由于生活事务非常多,并且各个环节繁琐复杂,也需要具体分工协作,专职某项工作,比如李大本专门上粪,李大义专门犁地,三媳妇和四媳妇专门负责做饭,必须都要过当家人这一关,这些均由当家人安排。李家五个儿子均为年轻的小伙子,其中李大义、李大恩、李大河兄弟三个尤其有力气,李大义干活能顶上两三个同样的年轻人,一把力气也减少了家里的负担。

2.土地资源紧张

1947年前,家中的土地已经足够家中自给自足,土地由自家人耕种。由于当时鲁西南地区生存环境较为恶劣,难民多,所以土地还是比较稀罕的资源,在耕种的过程中,李家对土壤肥力进行改善,提高土地的生产力。西张圈本村的土地很少,土地资源相对比较紧张,李家靠着这些土地维持生计。日常生活里大户人家的农户租佃土地,按照时间交租就可以,除了种地、吃饭、交租，平时对佃主人家的依附并不强烈，佃户不需要给大户拜年、送礼，也不需要低三下四去讨好大户，规矩上佃户可以自由决定退租，但由于生存环境恶劣，相对来说大户家的租金还可以接受，少有人退租。事实上，李家这样的自耕农既没有依附于更大的富裕家庭，也不需要经营特殊的社会关系，在生产、生活上比较自由。

3.生产工具紧张

在李家人的心目当中，人口、土地、房屋最为重要，其次是生产工具和牲口。家中的工具已经足够家中自给自足，土地自己负责耕种。家中的工具均可在集市上购买，除了日常使用的锄头、铁锨、耙子、刨撅属于个人使用，大型的工具犁、耙，一般是和李广恩家共用。李家还有一辆车，这辆车类似于地排车，用来拉东西，总体上看，基本满足了自家实用的工具需求，日后工具在逃荒过程中有所损毁，逃荒过后进行修补。当地人除了去州城集市，比较大的还有吴桃园集市、三官庙集市，一般的用具都可以购买到，因为是常年使用的生产工具，所以一般家庭都要配备，除此之外，扫帚、簸箕、木锨、钩鼻(扁担)等可以自己制作。

家中有饲养牲口的习惯，并称牲口为"生灵"，家中曾养过一头猪、一头牛，家里有多余的粮食还会养鸡。养猪是为了将猪养大之后贩卖，养牛则是希望几家共同喂养，长大后可以套上车下地干活，牛是土地中不可或缺的生产工具，家中好生喂养，宁愿人饿着也不能委屈了牛，牛的命"金贵着哩!"李家人也对养牛很有一套，李广烈、李大本、李大义都会看牛，从小牛犊的外形就能看出这头牛长大后能长多少斤，能到什么程度，下地干活有没有劲，这些都很重要。而养鸡则可以吃鸡下的鸡蛋，多出来的也可以贩卖。

(二)生产过程

1.农业耕作

李家最主要的农业耕作是种植小麦和玉米，也会种植蔬菜和花生，土地中的粮食收入占了家庭收入的绝大部分。李家饲养的家畜不是为了家庭食用，主要是对外销售，家中还参与副业，如老六李大河去铁匠铺打铁，李大义也曾经外出贩卖粮食。农民与土地耕作为生，土地里的粮食产出，既要用来支付土地税务，还要作为一家人吃饭的口粮，同时余下的粮食还可以用来交换生产工具、购买土地，可以起到钱币的作用，而且更加稳定。"民以食为天"，吃饭是农民最大的事情，然而土地生产、农业耕作更为重要，在整个家庭来看，是家庭的第一要务，不仅当家人李大义勤于耕作，十分熟悉土地里的耕作之法，并且在土地种植上，种植的粮食主要是小麦，均需进行男女分工。

家中男性劳动力都下地干活，家中女性则主要是在家里辅助劳动，如推磨、做饭。饭做好以后，为了节约时间，通常是把饭送到庄稼地里，送饭的任务通常都是由家中的小孩子完成。而村庄农民的劳动时间，与种植的作物紧密相关。从前东平附近，采用的分别是一年一作制度和一年两作制度，主要是种植小麦、玉米。冬小麦是本县主要的庄稼作物之一，平原和湖区周围皆盛产。其次是玉米，也被称为棒子、玉蜀黍，从前后时间上来看，李家种地的时间一般集中在四到六月，以及八到十月之间，而秋后的时间则比较空闲。从种植小麦的整个环节来看，大约冬小麦在七八月，就要上肥，增加土地的肥力，然后在九月之前，就要进行犁地和耙地，之后播种。到了来年的三月以前，则要锄地，一直到四五月之间，才能够收割小麦。

2.生产结果

1947年以前，李家小麦的产量极低，不同的土质如沙壤土和河滩地，如没有肥料，小麦的产量也有区别。特别是赶上洪涝灾害或者是大面积的干旱，伴发蝗虫灾害等病虫害的袭扰，一般小麦每亩的单产只有 80 到 150 斤，有些年份还会出现减产，甚至是绝产。庄稼收成属于全家共同所有，由家长统一管理、支配。在家庭成员中，当家人最关心收成。

家中铁匠铺打工的收入还有当教书先生的收入颇高，虽然不知道具体的数目，但是在中华民国时期与普通村民相比收入极为可观。作为教书先生，李广烈生活的十分惬意；而铁匠帮工李大河，则偷偷拿钱换酒喝，一开始家里没发现，后来在铁匠铺的收入由当家人李孙氏直接收回，将账目和收入转交给外当家李大义，并向全家人汇报。

三、家户分配

(一)分配主体

1.分配单位

李家分配主体主要是以家户为单位，涵盖了李家所有的孩子，主要是分配吃的粮食穿的衣物，以及其他上学、生病产生的费用。家户作为最基本的分配单位，其他家庭成员在分配中都以家户为最基本的分配场所，对于李家的各个小家庭，都要进行分配，这个主导是由李家家长来进行的，吃穿用度、交易内容，由外当家和家长进行安排。

2.不同类型的家庭分配

小家庭的分配从大家庭中来。所有钱粮都由当家人统一安排，小家庭是为了开源节流，精打细算，大家庭是为了加强控制。家户内部进行分配的时候，排斥外部力量介入，村庄、国家都无权干涉。

(二)分配对象

1.分配成员

李家分配的对象均为李家成年儿子的小家庭，家中的亲戚不能享受大家庭的"红利"，朋友邻居都不可以享有，但是家庭中的其他成员如干女儿、干儿子有时会分得一些红利，全部靠当家人的心情，可能会针对某一个事情，给予一定的物质奖励。分配物的来源均为本家户的收入。

2.分配权利

李家家庭中的成员可以享受分配权，在家庭成员里面，与外人之间有十分明确的界限划分。但是有两种情况会被剥夺分配的权利：一是已经出嫁的闺女不具有这种享受分配权，不论是日常生活的开销还是具体的家产，都与她没有关系，出嫁以后，就不能算作本家人了；二是由于行为不当，被家族明确逐出的人，这种人因为犯下了错误，往往逼得自己的亲属也纷纷与其断绝血缘关系，因而更不能算作家庭成员。

(三)分配类型

李家农业收入主要包括地里的粮食收成，1947 年以前需要缴纳赋税，那时候也叫"交皇粮国税"，也叫"玩银子"。如果遇到灾荒年景，不但政府要给农民们减税免税，还有可能开仓放粮，如果的确是因为家中有困难，交不上赋税，可以申请进行宽限，但是如果是因为偷奸要滑，故意不交，则会受到官府的严惩。

(四)家长分配衣食住行

家中的衣食住行方面，以及具体粮食的分配活动中，家长均为实际的支配者。为此各个小家庭都会非常努力地培养自己的孩子,以期将来有希望成为整个大家庭的主人,掌握李家的实权。李家允许家庭成员有自己的私房钱,但是对于私房钱,当家人虽不予干涉,却不允许中饱私囊,这些私房钱有很多来源,可能有私下做小买卖的收入,可能在外有朋友赠送的资金,或者其他方面的经营,但是只要不危害李家的土地耕种,当家人都不会管。衣服分配由当家人安排外当家来负责,均为在外购买而来,李家家长在食物的分配中也占有完全的主导,儿媳妇们则每天都要去请示一下当家人,之后决定做什么饭。

(五)成员支配私产

家中的普通成员,不能够支配李家所有人共同的财产,家庭的共有财产,区别于个人所有的私产,只有家长可以支配公产。私产数目较小,个人只能够支使自己的私房钱,自己的私房钱可以自由支配,不用经过其他成员的允许,只要不做逛窑子、抽鸦片、赌博这些不三不四的勾当就行。如果出现了不当行为,家长会没收私产。对于衣物分配、食物分配这两方面,家庭成员可以根据自己需要,向当家人提出建议,但是当家人并不一定采纳,还要由当家人决定。

(六)分配统筹

在进行最初的分配统筹时,首先要以家庭的实际需要为参照,这个实际的需要来自于长期积累的经验做出判断,需要照顾到家里所有成员的需要,但是对于额外的需要,当家人可以不必理会。在整个分配的过程中,没有恒定的规则,只要能够满足家庭实际的需求,家庭成员们也不会锱铢必较。当家人在分配的时候使用特权,会根据自己的偏好进行分配,不可能完全的均匀,小家庭的成员可能会发牢骚,但是也不敢轻易顶撞当家人。地里收成不好的时候,所有的家庭分配都要收紧、压缩。如干旱年份,李家的土地都减产绝产,饿殍满地,家中的正常秩序变得一塌糊涂,难民蜂拥到村庄前,李孙氏决定一家人节衣缩食度日,每天只吃一顿饭,每顿饭只有一些稀汤,就着菜叶吃,饿不死即可,同时不再购进一些不必要的物品。

(七)分配结果

李大义做当家人,家庭成员对于当家人的分配结果基本从不反对。当家人会尽量做到公平公正,会努力让每一个人满意,正所谓"手心手背都是肉"。李大义对全家成员一视同仁。即便是这样,自己的儿子还跟自己"蹦高",经常同他吵架,认为做父亲的偏袒小儿子,李大义自己也无可奈何,作为家长,最怕的是被指责偏袒某一方。李大义声称"一碗水端平",意思是自己对待每个家庭成员都能够像是端着一碗水一样,十分公平。而小家庭私下里会有想法,但不会在这方面跟当家人过不去。每一年的分配结果会根据收入进行调整,总体上的分配很灵活,如果有孩子需要上学,则需要节约口粮,给孩子攒学费;如果一年来家里有老人生病,那么也要专门拨出一部分收入,用于看病抓药。

四、家户消费

(一)以生产消费和生活消费为主

生产消费是消费中的"大头",家庭为了提高农业生产效率,购置农具和牲口,包括地排车、犁、耙等大型的共用工具和各类自有小型农具。在不同的农事耕作中,所需要的农业生产用具各有规定,大的农具有犁、耙、碾子等,小的农具则有锄头、镰刀等简易工具。一次性买齐所有生产工具,以土地为基本单位衡量,大体需要 15 到 20 亩地才能购买。牲口比较贵,价格另算,每隔几年都会有耕牛生病、老死,不得不进行替换。所以李家这样的家庭是买不起大型生产工具的,只能买一些小型的生产工具使用,大型工具则跟李家的族人一起购买,共同使用。

生活消费主要是日常的吃穿用度。李家一直都比较节俭,按照鲁西南习俗,一天只吃两顿饭,早晨天还不亮,妇女孩子起来料理家务,男人们下地干活,一直到早晨九十点,开始吃第一顿饭,这样做的目的是节约粮食,而且最大限度地增加下地干活的时间,吃饭后继续干活,直到下午三点,人们回到家中吃第二顿饭,饭基本上是玉米糊糊,用碾碾碎粮食的颗粒,然后用大锅烧水,这是人们的主食;还有将粗面粮食混上白面做成馍;还有"炒面"指的是将面团揉在一起,放上调料的吃法。总体来说,李家人吃饭是从地里产出的粮食里就地取材,除去灾荒年月减产绝产,平常年月足以维持一家人的生计。从一家人的穿衣上来看,一年到头也不买新衣服,家里的李吴氏、李牛氏会在收了棉花以后做衣服,李大本的衣服会留着给李大义穿,穿完再给李大河穿。除了日常的吃穿住行,赶人情则是最主要的消费内容之一。不仅仅红白喜事要交换礼金,过年过节互相走动,朋友之间主要是依赖礼尚往来,互送礼物,必要时伸出援助之手,互相扶持,来维持彼此的亲密关系。人们最怕的是"欠情",如果对方送了人情,自己也要同样的还礼。

李家教育消费受到家庭条件限制,只能跟随大户人家陪读,大户人家给家中请私塾先生的钱,学堂是由大户人家免费提供的空间,私塾先生平时跟着大户人家一起同吃同住,不能回家住,在家中有单独的房子,一直到年底的时候,大户家会拿出三十个银元来给私塾先生,这在李家属于一笔巨款。李家因为有多人教过书,所以也算是一种收入。

(二)家长把控消费关系

粮食消费环节由当家人进行安排,然后由外当家具体去做,外当家会接着安排家中的媳妇们,由媳妇们说出需要买哪些菜,然后由外当家负责买菜,买回来之后媳妇们做饭。而在衣服消费中,当家人把所需要的衣物样式、数量以及价位要求告诉外当家,外当家亲自和弟弟到外面去买。红白喜事的消费都会由专门的红事局、治丧局等统筹管理,这种局都会委托一个大总理,统一负责,其中产生的消费也汇报给当家人,当家人同意之后交给外当家。而在家庭教育中,李家人特别重视教育,因此对于家中的几个教书先生也表现得比较尊重,李家其他人没有很大的异议。对于给李家问事的,或者做出特殊贡献的中间人等,都要先请对方吃饭,然后当家人要亲自慰问,坐下来一起吃饭聊天,拉近关系,以感谢对方在见证家庭事务或者帮工的时候给李家帮忙。

五、家户借贷

(一)借贷情况

1.本户借贷

李家找别人借钱的情况很少,除了张罗红白喜事会考虑向身边的人借钱,并且借钱的对象大都是自己的近支血亲,一般不借邻居朋友。借钱还必须是丰收年月,灾荒时期钱是最不值钱的东西,人们一般需要借粮食,先吃上饭,保证基本的生存。当时的李家在李孙氏的管理下,家人没有不良嗜好,不参与赌博赌钱,但徭役赋税、摊派的任务很难完成,真正完成不了任务也没有办法,可能要受到责骂,但是还威胁不到生命,有周旋的余地。

2.家庭借贷

借粮食均为一家一户,以家庭为单位进行的,家户一体,同居共食,当家人根据天气预兆、收成预期、家中的余粮情况进行判断,不需要告知四邻、亲戚、朋友。如果李家的余粮很少,不足以支撑一家人半个月的粮食,并且地里收成不好,未来无法很快偿还,则需要考虑向有余粮的家庭借粮食。

(二)还贷情况

1.还贷方式

还贷的方式是借粮食还粮食。一般情况下,李家找别人借粮食也是迫不得已才会借,能扛的话家中就不会借粮食,因为一旦借粮食,按照规矩借一斗小麦,等到自己地里收成下来,就要还给对方一斗半的小麦,差一点都不行。最重要的是,只要去借粮食,就要动人情,"债好还,情难还",所以说"上天难,求人比上天还难",一是别人不一定答应借给粮食,大家家中都缺粮食;二是就算借给钱粮,也担着天大的情分,总要偿还别人。李孙氏向李广恩家借过两担麦子,按照约定,在第二年还上整整三担麦子,一家人当年吃得十分节俭。

2.债务分割

李家的债务,是由当家人以全家名义借的,当家人是主体,只要当家人还健在,债务人只需要和当家人进行对接,向他要钱就可以,不用涉及到其他的家庭成员。但如果当家人不在了,债务就自动地延续到其他的家庭成员身上,也遵循"父债子偿、子债妻偿"的原则,只要家中有人,债务还不上就会继续延续,如果赶上分家,当家人会尽量在分家前把这个债务处理掉,如果没有能力处理债务,只能留给孩子们,由各个孩子分别承担一部分,具体的份额由老家长定下来。但是为了避免纠纷,债务一般都不可顺延到分家以后。

六、家户交换

(一)交换单位

1.家庭交换

李家的经济交换,主要是集市交易活动,集市是当时村庄最为重要的经济场所,进行经济交换时,是由当家人决定的,家中所缺何物、需要购置何物、何时购置,都需要当家人来做主,这些是自己家里的事情,不需要再告知和请示四邻、家族长老、保甲长。如果当家人不在,像当时李广烈前往泰山,家里的一应事务都委托给妻子李孙氏,李孙氏可以做主。李大义当家期间,兄弟们也需要与他商量一下。家内小家庭之间没有需要互相交换的物品,吃住用度在一起,如生产工具等均为轮流使用。李家人到集市上不仅仅是购买自己所需的东西,家中的余粮,也会拿出来到集市上出售,粮食作为人们的口粮,一直有很大的需求,李家人把自己土地里产出的小麦,拿到集市上售卖,然后再购进高粱、玉米等粮食。除了集市上的交换,邻居们有时候也直接交换物品,最主要的交易物品还是粮食,比集市上省去很多精力,并且邻居们之间交换物品也是人情交往的需要。

2.个人交换

家庭内部的个人想单独进行交换,交换物只能是属于个人所有的物品,在完全不影响全家人共同生活的情况下也是被允许的。李大本曾经用自己父亲赠与自己的半箱旧书,换回集市上的三本画册。这半箱旧书,是李广烈在大户人家时所教书的其中一部分,后来他希望长子李大本能学有所成,于是将几本书送给自己的长子,由长子处置。李大本认为自己已经读完了书上的内容,读懂了书上的意思,便擅作主张将这些书做了交换。

(二)交换过程

1.集市交易货比三家

在周围的集市上,一般分布有粮食市、衣服市、蔬菜市、牲口市、渔市、柴火市等市场。李家的交易虽然是当家人全权掌握,如李广烈全权负责一家的衣食住行。其后李孙氏当家期间,由于李孙氏是妇女,而且作为传统妇女,也是"天足",即裹脚,出门不便。此时主要分为内当家、外当家,内当家居于家内发号施令,外当家在外具体执行。李孙氏决定集市交易的项目以及注意事项,甚至要细致到具体物品的价格,然后给外当家,李大本、李大义都先后当过外当家人。所谓货比三家,实际上要把同一区域的所有店铺逛一遍,集市上出售相同商品的店家都聚集在一起,寻觅价格最低的一家购买。村民上集主要是为了买东西,也有的是去卖点粮食,或者是随便逛逛,看看有没有熟人,与熟人聊会儿天,交流一下感情,交换一下信息。买粮食是去粮食市,有专门的粮食市,选择买主时,主要看的是价格的高低,看的是经济利益,而不是看双方关系的远近,这也是货比三家的意义所在,只选择最实惠的,不选择其他的。

2.赊账与还账

集市买卖时均有备而来,一般概不赊账,但是一些大型的生产工具,例如耕牛等牲口的贩卖,常常因为数额巨大,或者是对预期的价格没有把握好,因而会没有带够购买的资金,只能采取赊账的行为。如果双方是熟人,赊账的方式就简单了很多,甚至可以直接采用口头上的赊账,不需要特别的见证;但是如果是陌生人,赊账就需要十分谨慎,因为彼此之间不熟悉,需要承担一定的风险,最好是两个人找一个中间人作为见证,两方都认识中间人,如果具体过程中遇到了纠纷,都来找中间人,有些还要填写赊账的单子,签字画押,事后根据约定,赊账的一方要尽快地把账务还上,不能拖欠太久。农民一般为人老实,像李大义到集市上,偶尔也会赊账,每次赊账都有人主动愿意从中做保人,而他回到家会尽快的支付,没有什么花花肠子,信誉较高。此外还有一些走街串巷的行商,人们又唤他们为小贩,这些小贩隔一段时间就会到张圈村来,除了贩卖针线、胭脂、零食等,也与家里人交流,彼此比较熟悉,有时候没给钱,下次来了再收也可以,这种情况下可以先赊账,开始时小贩会用个专门的本子记下来,防止忘记,如果是特别熟悉,连这一步骤也可以直接省去,通过口头上赊账的方式完成交易。家庭成员可以赊账,小孩子们在小贩那里吃糖果,事后统一向家长要账。

集市上大多数商家都不允许赊账这种行为,但是个别商家会因为生意不景气等各种原因,允许赊账。赊账极其容易产生生意往来上的纠纷。一旦发生了纠纷,由市场上专门的管理人负责调解。在张圈附近的集市上,例如州城集、吴桃园集、李关庙集,这些集市上都有专门的管理人,集市上的小商小贩不用交摊子费,但大的商摊和集市上的商店要交摊子费。所收的摊子费缴纳相关税费后,剩余的由集市进行支配。比较常见的,为避免买卖的牲口出现了问题,李大义要找村庄中熟悉牲口的人一同过去,不然很容易上当受骗,有些牲口看起来健壮,但是买回家不久就死了,农户受了大损失,但是为时已晚。牲口交易一般都委托了经纪,如果出现了类似的情况,经纪应该负连带责任。如果是买卖一方和经纪产生了纠纷,由牲口市里德高望重、对牲口一行非常熟悉的人来评理。

第三章　家户社会制度

　　李家人的婚配多是讲究媒妁之言、父母之命,遵循门当户对的策略,而在生育上面讲究多子多福,有一定的重男轻女倾向。随着当家人的老去,家庭成员不可避免地面临着分家和继承财产的问题,为了保证家庭的秩序,家庭成员们按照家长制定的规则处理家庭的各项事务。这些秩序、规则组成了李家对内管理、对外治理的标杆。在李家,人们有一套严格的婚姻制度和继承制度,这两种制度保障着李家人传承、壮大,开枝散叶。

一、家户婚配

(一)讲究媒妁之言

　　1947年以前,由于家境逐渐变好,从最初的食不果腹到解决温饱,李家的男性都能娶到称心如意的女子,没有打光棍的情况。家人一般都在十几岁的时候讨老婆,这也与李家人在当地积德行善,爱打抱不平、有威望有关系。人们觉得这样的家庭人品正直、可靠,十分愿意把女儿嫁到这样的家庭中来。李家的传统思想也比较严重,男尊女卑的观念一直很强,所以一般家中的男性地位较高,而家中的女性地位就比较低。而且如果丈夫已经去世,女性一般都要守寡,例如家中的李王氏,因为丈夫李大恩英年早逝,自己不得已守寡。李大恩和弟弟一起死在了济南,一家人痛哭流涕,连尸首都没有找到,家长允许李王氏改嫁,但是她却选择守寡,因为寻觅好人家也费尽周折,说不定还因为自己改嫁的缘故,受到不公的待遇,因此不改嫁。李孙氏成为当家人再到儿子李大义接管李家,这个过程中,李王氏掌管李家的伙食一直到分家,这个时期中她一直守身如玉,没有出现违背礼数的情况,也没有任何关于她的流言蜚语,因此不仅在李家人当中受到了尊敬,而且乡里乡亲之间都非常的称赞她,李王氏一直在李家待到年老病重离世。在以前传统社会,女子守住贞洁是一件非常光荣的事情,中华民国时期的县志、村志,一般会将特殊人物突出列出,其中重要的一个部分记载的是贞洁烈女传。李王氏虽然不像这些烈女一样做出了惊天动地的大事,但是就凭借几十年伺候李家人的行为,也十分令人感动。

　　李家近代的联姻对象主要是后河涯吴家、沙河站李桃园、彭集安家,为一些身份对等的正经农民家庭。媒人的地位和身份很重要,多是一些名声好的人,如保长、下层乡绅,对双方的情况比较了解,得到了李家人的信赖,一般村民婚姻的辐射范围仅限于本村、本庄内,或者是邻村、邻庄,过去婚姻范围比较狭窄,最多十里八乡内找对象。张圈村的村民,一般找对象为邻村的李桃园、石桃园村、熊村、西杨楼村、常庙村等村庄。

　　同时在家人通婚的观念中,看重的是门当户对,特别是大户人家,对门当户对的标准把控得非常严厉,李家并不是大家大户,在考虑婚姻的时候,主要考虑对方的人品,其次才考虑家庭条件。一般是男方到了要找媳妇的年龄，需要找好事的人在周围打听。中华民国时期，男女结婚年龄普遍偏小，家庭代际频繁，家境殷实的一般富户，三世同堂甚至四世同堂都较为普遍。李家子女结婚年龄早，男的十二三岁，女的十四五岁，家里开始张罗婚姻，谁家有合适的妙龄少女都要一一打听，等到打听好详细的条件以后，再委托亲友、媒人等中间人上门提亲，根据双方相互的要求撮合在一起。在双方正式结为夫妻以前，男女双方几乎不见面，互不认识，完全依靠媒人的介绍，当家人同意后这门亲事就能定下来。结婚遵循"同姓不婚"，不能和李姓的人结婚，村里的老人常常戏言，同姓的人"五百年前是一家"，因而通婚大逆不道。

按照传统的观念，讲究门当户对是老规矩，不然婚后的日子没法过，因为条件不匹配会产生很多矛盾，不利于婚姻稳定。所以门当户对在某些时候也是合乎情理的。两家人只要认定了一门亲事，决不允许破坏在此基础上形成的婚姻。不允许家人自由恋爱，认为败坏名声，背后惹人闲言碎语，留下笑柄。在通婚上，可以让两家的成员亲上加亲，关系亲密，一般为实力相仿的家庭，可以在两家的种地上互相帮助，扩大优势，也可以在家庭短板上形成互补。再者，两家相互之间通婚，因为家庭条件基本相同，嫁出去的女儿不会在别人家里受苦，两个家庭均为穷苦人，最起码都讲道理不容易欺负人，产生纠纷。李大本娶李桃园殷实农户吴氏女儿为妻，不仅是两个家庭所在村庄只有一河之隔，而且两家平时就互相帮助，交情很深，相互之间提供很多便利。庄内很多媳妇是邻近村庄的妇女，姻亲大多是在本县范围内。姻亲关系，是指妻子的兄弟姐妹联姻以及本家的闺女出嫁后，所形成的亲戚之间的关系。村落范围内的婚姻，有一些是庄内结婚，大部分是本镇之内的，相互之间间隔最多十里八里。外地的没人介绍，很难找到。最近距离为本庄内，最远距离大约是在州城镇或者本镇十多公里外的地方。

（二）婚前准备

传统时期中国社会盛行的是包办婚姻的老规矩，定亲、结婚都必须附庸于"父母之命""媒妁之言"，子女婚姻完全由父母做主，不能自由恋爱，李家人把自由恋爱看作违反女性基本道德的行为。按照女性"三从四德"的要求，家里的未婚女性要完全服从父亲的命令。婚事由父母提出，由父母做主，若不是当家人自己的孩子，最后还要上报给当家人定夺。结婚不需要家族中其他人的同意，家族中一般人都无权干涉。但凡事都有例外，如果联姻的对象特殊，与本家族是世仇，族长则会干涉，如李桃园的李家族人李广礼，与刘家女子相好，两家早先两代原来是邻居，但因为共同伙养的耕牛丢失，引发猜忌，李家人与刘家人互相殴斗，李氏家族极力调停，压制后才没有把事情闹大，但是双方互不来往，李广礼相中了刘家女子，李父和刘父都极力阻挠，李氏家族和刘氏家族为此大动肝火，眼见又要动干戈。保长知道后，便以此为机会，通过讲道理、摆关系，让两家重修旧好。如果李家人没有异议，这门婚事就算是定下来了。结婚很少听孩子自己的意见，因为违背父母意见而结婚的儿女寸步难行，是一种大不孝的行为，孩子本身也没有反抗念头，习惯顺从于父母的决定，还有着"嫁鸡随鸡，嫁狗随狗"的命运观念，即使两个人结婚并不般配，生活中矛盾重重，父母和孩子有时都会将这种困境归咎于命中注定。而改变"命"的任何行为，均被认为是不应该的、不道德的。李家选媳妇的时候，尤其看重女子的品德，懂事、孝敬父母的德行是放在第一位的"大义"，对长相要求不是很高，只要五官端正，四肢协调都算作"长得好"，当家人不会允许风尘的青楼女子、改嫁的女子踏入李家的大门。

李家娶亲分为多个阶段，李广烈以前家境比较殷实，排场比较大；李广烈以后，无粮无钱,一切从简。娶亲的规矩仿照的是祖辈遗风,"老祖宗就是这么干的"是村里人评价某一个行为合不合理的唯一标准。李家虽然贫穷,也要按照老规矩,富人"富办",穷人"穷办",各个程序都要履行一遍,只不过环节大大简化,两家如果有合适的男女,需要邀请西张圈村里有身份的人做媒,李大义自己也做过一段时间的媒人。作为媒人,虽无特殊的地位和权势,却常常受到庄稼人的尊重,称其为"踩百家门"的人,见多识广、消息灵通,得到人们的信任而将终身大事托付于他,也称之为"使托",指办事靠谱,令人放心。一般都是口齿伶俐且思维敏捷的人,上门提亲可以应付各种突发状况。李家人能找到一个"使托"的媒人,一家人都"烧高香",子女的婚姻大事就有了着落,找到不"使托"的媒人就随意找个人应付,有时候不仅不能促成婚姻,还可能帮倒忙。媒人多是兼业,仍以务农为生,在不耽误农业生产的情况下受人委托说媒,如张家的张业齐、尚家的尚广彬,以及后来的李大义。一般请媒人的一方管饭即可,不需要给予其他钱物,而专以媒人为职业的是刘老二,每天就在街坊邻居中走动。媒人找好以后,媒人会自己找个合适的时间登门拜访女方的家长,提出结亲的想法,如果女方家长没有直接拒绝,这段姻缘就有谱,即便有些不满意的地方,靠着媒人那张八面来风的嘴,也可以弥补,全凭媒人的本事。媒人大概上门三四次后,男女双方还要"换八字",即按照上天的缘分,看两人在一起生活是相合还是相冲,相合皆大欢喜,即便相冲,家长们也未必完全相信,因而八字不合多成为推辞的理由。经过这一道程序,两边家长也表达清楚自己的想法和意见,没有大的问题,男方家长就要亲自上门提亲,媒人也要陪同。男方为了表达诚意,要派人备足礼物,前往女方家中订立婚姻,女方同意婚事,就要拿礼物回谢媒人和男方。回赠物品,男女双方有了事实上的婚姻,到正式迎娶之前的时间,双方都在家中准备结婚的各个环节,这个过程中也要把好消息带回去分给男方的亲戚、朋友,同沾喜气。

州城大户人家的婚礼,程序和规格上不仅讲究而且十分繁琐复杂,婚礼邀请人专门主持,称为"大总理"。李家孩子很早就到了结婚年龄,父母就会重点为其操心婚姻大事,考虑成家立业。一般男性结婚早,十二三岁就要考虑娶媳妇,穷人家一般十七八岁,有些还要打光棍,女性十四五岁也要找婆家出嫁,女性一般比男性更晚成亲,这是因为年龄较大的女性更方便做家务,帮助家庭处理事情的缘故,"新娘"这一词语的意思也是因此而来。娶妻和出嫁的年龄不能太迟,太迟的话就会成为没人要的"老姑娘",男人成为光棍汉。富裕家庭可能在孩子很小的时候,就已经定下来,像李广烈在六七岁就已经订下婚事,关系较好的两家还可能直接指腹为婚。在1947年以前,娶媳妇这件大事先由父母向当家人提出,当家人也会看着孩子到了该成婚的年龄,嘴边经常念叨抱孙子的事情,以督促孩子早日成婚。

李家结婚这样的喜事,为了"场面",要讲究排场,大操大办,邀请高朋贵客大摆宴席,即便是女儿出嫁也要厚礼陪送,这是传统规矩。由于条件达不到,很多环节无法达到标准,但也要把最好的东西拿出来。结婚时,家长李孙氏要派专人告知他人,告知的对象是家庭成员的主要社会关系,如家族里的亲戚、村庄里的朋友。关系较好,平时有往来的朋友,即便是不通知也要过来,但也一定要下通知,这个时候在乎的不是对方知情不知情,而是待客的礼节一定要到位,要表达出足够的重视、尊重。客人知道日期后,亲戚至少每户会派一两个代表前去参加,家族里的族长、德高望重的老人也会到场恭贺。婚礼,是"赶人情"花费的主要部分,婚礼当天的开销,根据平时双方的往来关系亲疏远近来上礼祝贺,关系越是亲近的人,上礼越要贵重,需要拿出与自己身份相符合的礼品。送礼多少是按照平时的往来关系确定,这个时候礼物要尽可能贵重，对于结婚这种大的事情，礼物和情义一样重，如果不送礼或者少送礼，将会被认为敷衍了事，是"打发叫花子"的表现，影响未来双方的关系，虽然可能嘴上不说，但大家心有芥蒂，私底下同样会产生隔阂，随着时间推移关系就会疏远下去，这也与家户的"面子观念""人情观念"浓厚有关系。

在娶亲之前，李家还要布置新房，堂屋还要改造成结婚用的喜堂。李家使用堂屋作为新人结婚仪式的场所，并选一间较好的房屋作为新房，这间房屋与堂屋一起作为举行婚礼仪式的空间场所，也是新人以后起居的卧室。喜堂和新房都要打扫干净，房梁和房上压上铜钱，门窗上面张贴红双喜，还要给新人铺床、压炕。娶亲的时候要请本庄上的吹鼓手奏乐迎亲。女儿在出嫁之前，还要由母亲"洗脸"，指的是用两根纺线去绞脸，功能是去除女子脸上的绒毛，也称为"开面"。新娘身边要安排两个照料的女子，前后紧随新娘乘坐的花轿。到了选定的时间，新娘下轿落地，由媒婆亲自搀扶进入"过门"环节，到喜堂后，新郎、新娘在喜堂里面"拜天地"，最后送入洞房。到了第二天，新媳妇不能赖床、贪睡，清早就要起床面见公婆，给公婆请安问好，家里的其他人如哥嫂、小姑子、小叔都不需要到卧室问好，只需要见面打招呼。结婚后三天，新媳妇和丈夫一起回娘家，也叫"回门"，回娘家主要是吃晌午饭，不可以在娘家留宿。

结婚的目的是为了组建新生的家庭，更是为了传宗接代，人到了年龄就必须结婚，当时的人也不会考虑太多。大户之间的通婚，本来属于联合性质，势力越来越强大。李家人丁还算兴旺，为了重新爬到中上层社会阶层，所以说更希望通过婚姻能够保持延续，子孙满堂。像李家这样的人家，不是打根里贫穷，家里老人都常常把以前李家的好生活挂在嘴边，更希望通过培养更多的孩子，让孩子们成人，更要成才，将来能够在外做官，恢复家业。自由恋爱在李家是被严令禁止的，家中绝对不允许子女在外自由恋爱，子女从小受到的教育是遵守父母的命令，必须遵守媒妁之言，顾及家庭的颜面，坚决杜绝私通情人的现象。如果这样，女孩子会被叫作不知羞耻，而男孩子就是没有家教，人们认为这是没有家教的表现，让当家人和父母都脸上无光、颜面扫地。为了防止子女自由恋爱发生，当家人、父母更是耳提面命，随时提醒，严令禁止交异性朋友。况且对于女孩来说，外出的时间和次数都被严加控制，每次外出必须由家中长辈跟随，如果与人交往，都要进行汇报。

在家规中，家人们默认，如果自由恋爱就会将其赶出家门，因此在李家人的严格防范之下，家中没有人自由恋爱，一直到土地改革时期，也没有出现这种状况。赶上灾荒年月，一般的家庭比较贫困，家里说不起媳妇，虽然也顾忌面子，但如果能自己"看对眼"，找到媳妇，私下里相互走动也是被默许的行为。家中没有多余的钱能娶得起媳妇，但是能够通过双方自愿的方式，就能降低很多成本，但是这个事情没有办法说出来，父母也绝对不会鼓励；此外，顾及家人面子，怕自由恋爱影响了家庭的名誉，十分排斥自由恋爱，尤其是老人一般还健在，受到传统观念根深蒂固的影响，自由恋爱更是谈之变色。

（三）婚配过程

结婚礼数繁多，程序复杂，仪式感也较为强烈，并且婚姻也附加了很多社会关系的变更，十分隆重和正式。虽然西张圈乃至整个东平地区结婚礼数繁多，但旧时生活困苦，人们无力承担各个环节上的种种规矩和用度，在程序上有所缩减，这也是被许可的。婚礼时，关系好的邻居、亲戚都会主动来帮忙，这在农村可以检验一家人的"为人"，平时"为人为得好"，这个时候来帮忙的人就多，关系好的人都要到现场来，家里热热闹闹，这在当家人看来也是一种荣誉。但若是这家人平常和大家关系处得不好，到了关键的时候也没人愿意到家里来帮忙，这就让一家人都感觉到冷落，脸上无光。前来帮忙的人，家里要管饭，不能让客人白忙活一天，但是旧时生活困难，仅帮忙者管饭这一项，很多家庭都无法负担，但是礼数不能少，只能从菜品上做文章，婚宴也是一切从简，当时买不起肉，有的会用茄子做成红烧肘子的样子，充当肉菜。一般来说，儿子结婚主要是负担婚宴，帮忙者的伙食等，对当时普通的农户来说压力比较大。相比来说，女儿出嫁花费较少，无需特别的准备，一般两铺、两盖、两身衣服即可，有些好的家庭还会给女儿准备一些家具。女儿的嫁妆可多可少，根据农户的实际情况来定。对农户来说，无太大压力。

在婚配的过程中家中结婚的方案均为当家人、孩子的父母共同协商制定，统筹安排。孩子的父母侧重于细节安排，婚帖的署名要署当家人的名字。在婚礼的过程中，李家除了家长之外的家庭成员，出于帮忙的目的也可以参与进来，但不能够做决定，提建议仅供参考，不能擅自主张。如果当家人不在场的话，子女想要结婚，这种大事只能暂时搁置，等到当家人回来之后才能决定。如果当家人去世，但是新的当家人尚未产生，则由父母来决断，在三世同堂的李家，年轻人的婚姻大事都要严格遵循老人的意见。

村庄里较为富裕的农户，怕女儿结婚后受苦，在别人家里受了委屈，因而给女儿土地作为嫁妆，来给自己的闺女撑腰。作为嫁妆的土地，新媳妇也不能随意出手卖掉，如果需要变更或者租佃，也需要同家长商量，妥当之后才可以进行处置。但是家里人也无权干涉这些地里产出的粮食，收入归新媳妇所有，如果新媳妇愿意主动拿出这些地交给夫家，这些嫁妆地自然而然地变成了一家人的土地。这样做的前提基本是男女双方生活稳定，夫妻感情也还不错，有了自己生育的孩子，没有大的家庭矛盾的情况下，可以这样做。变更的时候，需要告知娘家人，这是为了防止新媳妇在生活中委曲求全，实际上并不是日子过得舒坦，而是受到了男方家里的威胁，因此这最后一关，还是需要娘家人出面做个见证。

（四）婚配原则

在婚配的过程中李家也遵循长者优先结婚，按照次序依次结婚的规则。在穷人的家庭里，确实存在年长者没有找到媳妇，幼小者就不能娶亲的情况。有一些年长者不能娶到媳妇，主要是由于身体有残疾，但主要还是因为家庭贫困，这时候为了结婚就产生了"换亲"行为。若残疾者自己有一个妹妹，就把妹妹换到别人家里，嫁给别人作为等价交换，让自己的哥哥讨一个健康媳妇，实际上是两家交换。然而在李家不存在这种情况，因为李家的家境虽然不算殷实，但是从当家人李孙氏到李大义，为人都特别好，人品即口碑，而且他们都会亲自操持，先给年长者找媳妇，年幼者后找媳妇，到了男性结婚的年龄都可以找到。选夫家一般会优先考虑人品和对方的家庭情况，自己的女儿如果嫁到李家成为李家的人，看中的是家庭的可靠程度，而对于男方相对要求较低。如李大本和李大义兄弟，就是由李大本先娶妻子结婚，再由弟弟李大义娶媳妇结婚。

李家婚礼的消费主要是指摆酒席的开支，如请客吃饭和送礼、随礼等赶人情的消费。李家希望能够子孙满堂、儿孙成群，这也是每一个家庭的目标。在家庭成员结婚的花费上，采取的不是节俭而是大操大办、举家同庆的用度，而在不同家庭成员身上的消费是均等、平均的原则方法。如果在消费分配上不平等，当家人和父母明显偏向某一子嗣时，便会引发子女之间的矛盾。结婚当天要喝喜酒，宴请宾朋，所有开支由当家人支出，而前来赶人情上礼金的人,均为李家交往的朋友、亲戚,在婚礼当天会根据平时的往来亲疏关系来上礼、祝贺。凭借两家人的关系远近,上礼的礼金数额不同、价值不等。婚礼时关系好的邻居朋友都会主动来帮忙,男方负担婚宴开销。

(五)其他婚配形式

1.纳妾

李家人纳妾在李广烈一辈非常普遍,如兄长李广温,有妾马氏;弟弟李广旷,有妾赵氏,是一件很普通的事情。纳妾的原因是第一房正室妻子没有生育孩子,或孩子有残疾,为了保证传宗接代的大业,就会让男子纳妾。但有的时候,大户人家为了家里人丁更加兴旺,在正室已经生育的情况下,依然可以纳妾,目的是为了壮大家室,使得家中儿孙满堂,老辈能够尽情享受天伦之乐,而当家人和父母都会主动操心为男性纳妾。一般男性娶第一房正妻的时候,年纪很小,到了纳妾的时候年龄较大,有了一定的选择和判断能力,家人也要考虑男性的意见。小妾的作用是传宗接代,进行生养,娶妾程序较为简单,不如正式结婚一样大张旗鼓、大操大办,更不需要举行专门的仪式,只需要选择良辰吉日,派人抬轿接入家门,到家以后,男性带着新迎娶的小妾见家中的长辈、当家人,行礼完毕之后要带着去见正室,在称呼上,小妾称正室为奶奶,由正室进行简短的训话,当天男方和小妾同房而眠,如果正妻没有儿子,小妾生养少,一般还要以过继的形式来解决问题。通过娶妾生儿子,儿子的地位要比过继而来的孩子的地位低,小妾并非明媒正娶,即使生育了孩子,在地位上也不会受到全家的重视。妾和正妻一般住在一个院子里,但是不仅是房间分开住,正室都住在堂屋的卧室,而妾只能住在偏房当中。

作妾的女子一般是年轻姑娘,比男方和正室都要年轻很多。如果妻子和妾产生矛盾,家中的人一般都会偏向正房妻子,妾的身份、家教、条件都要逊色于正室,再加上本来妾就受人轻视,妾在家中没有实际的权力,即使不和气也很难出头,不敢忤逆李家的正房,即便仗着男主人的宠爱,也要顾及长辈和当家人的立场,妾在李家的吃穿用度要次于正室。妾虽然也是李家成员,但是丈夫死后不必守寡,任其改嫁他人,如李广烈的兄长李广温,除了正房李颜氏终身守寡以外,对于妾室马氏处理比较宽松,任由其改嫁他人,李家不予干涉,但是妾生的孩子要留在李家,跟着正房妻子生活,正房不在,跟随长辈或者当家人一起吃穿生活。改嫁的时候,妾可以带走随身所用的财物,但是无权挪用李家的东西,若是分家的时候,也不会分给妾财产。妾死后由于身份卑微,不能挨着丈夫的坟墓并排下葬,只有正室才能下葬挨着丈夫。

纳妾多是为了传宗接代,有的是为了扩大大家大户的人口规模,开枝散叶。女孩结婚早,一般十几岁就嫁与人妇,所以生孩子也比较早。如果妻子头几年没生孩子还可以理解,但是时间长了,例如到了妻子三十岁左右,丈夫、家里的老人都等不了了,如果没有生育的话,就会让丈夫娶妾,没正当理由就娶妾的很少。即使是因为妻子生不出孩子而娶妾,对于娶妾这件事周围人的评价也不好,人们称之为"找了个小的",这是一般家庭的情况,对于大户家庭,肯定是多找几房才好。娶妾很简单,不需要举行专门的仪式,看好良辰吉日,接到家中就可以。娶妾不管家庭穷富、财产多少,不像是娶正房一样,要看出身和家庭条件,因为在村里大家的生活水平都差不多,娶妾本身是有背正室的事情。

娶妾的时候也要有介绍人,即媒人,但是并不以媒人的称呼来相称。夫妇之间没有生育孩子时,人们一般想到最简单的办法,首先是从自己周围的血亲里过房儿子,把血亲家的孩子过继到自己的名下，给自己当儿子。其次，才是选择通过娶妾的方式来生儿子，因此后者在一般家庭中出现的情况较少。娶妾，容易引发家庭纠纷，不利于家庭的和睦，正房和娶的小妾之间，因为有共同的丈夫，容易互相看着不顺眼，又在一个屋檐下生活，难免各种摩擦，从而产生矛盾，再加上妾在人们眼中地位是比较低的。在西张圈，张家的张先良正妻不生育，后来他在外做小生意，认识了张王氏，并且纳她为妾。人们都传说王氏是风尘女子，因为王氏长得漂亮，又很有能力，嫁过来的时候手中有很多钱财，回到家中和原配刘氏自然不对付，一个是正儿八经明媒正娶来的老婆，一个年轻貌美又有钱，两个人因为鸡毛蒜皮的事情就能做很多文章。当时，原配刘氏对付不了王氏，转而向街坊邻居们求助，还去找李大义，让他从中间评理、说事。就连李大义都知道里面的事情是一团糟，根本不是一句两句能够说清的，因而自己也不愿意蹚浑水。

2.改嫁

如果丈夫去世，而家里的媳妇还非常年轻，就可以选择改嫁，在清朝晚期，改嫁是不光彩的事情，但是丈夫去世以后，女性在家就会受到排挤，有些女子为了另谋生路，也是为了再次结婚生子、能互相照料所以选择改嫁他人。李家的正房妻子没有改嫁的，而李家的妾室，由于年纪尚轻，还要改嫁，而妾室有儿子，儿子年龄比较小，在生活上还不能自理，通常由正室来带这个孩子。但是正室不在场的情况下，就会委托给家中的其他长辈同吃同住，因为有人帮着料理，实际上长辈的压力并不大。而改嫁的时候，孩子不能带出李家，家产也不能带走，只能是改嫁的女子自己一个人出走，可以带走的物品只有随身带着的贴身衣物、财物，当家人有时会给予额外的钱财，但是如果她生的孩子不是男孩，只有女儿，且女儿小尚未订婚，这时候先要寻求李家人是否要这个孩子，如果长辈们以及当家人都不想要这个女孩，母亲可以一起带走。

山东西南部是鲁国旧地，长期纲常礼教的强烈熏陶，当地人受到了传统思想中那些对女性束缚思想的干扰。人们认为，改嫁对于女子来说不仅会名声不好，还会破坏道德规范，一般村民都很忌讳改嫁的女子。十里铺村庄有一个张姓女子在丈夫死后，改嫁一户普通农民，左邻右舍对她冷嘲热讽，家里的小姑子总是羞辱她，对她又打又骂，骂她"命不好""克夫"，最后这名女子不堪其辱，选择上吊自杀。但是李家人改嫁的情况要好很多。某个兄弟死亡，如果成了家即为一户，如果有媳妇但没有孩子，只要媳妇不改嫁，就属于本家人，也算一户仍然要参与分家。但如果媳妇改嫁的话，分得的家产不能带走，返还给父母或者由其他兄弟均分。

(六)婚配终止

守寡的李王氏，守身如玉、从一而终，李王氏本身姓王，嫁于李大恩做老婆，没几年，逃荒出去的李大恩和李大河挣了很多钱，原来想着衣锦还乡、买田置地，和王氏生个儿子，踏踏实实过上好日子。但是没曾料想，两人到了济南被日军扣留，在日军手下挖煤害病而死，同行的人将此事告知家中，后来一家人再去济南寻找，也没有找到，此时的李王氏伤心欲绝，也没有留下李家的孩子。李家人李大本觊觎弟弟李大恩手中留下的一间屋，于是和大表哥联合起来，以王氏没有子嗣为理由，想要把王氏驱逐出李家，这样王氏的房屋就要重新分配，李大本再去央求李孙氏，把房子弄到手。为了迫使王氏就范，他鼓动大表哥制造舆论压力，称王氏和邻村的流浪汉二皮脸相好，将两人如何见不得人的事情说得有板有眼，百般折辱，想要逼迫王氏主动出走。但是王氏十分刚正，很有气节，她坚称"俺是明媒正娶进的李家，俺没做过亏心事儿,不做丁点对不起李家的事,谁也休想把俺撵走",王氏身上所体现出来的是"巾帼不让须眉",作为一个弱女子,不仅扛住了李家人的百般刁难,而且得到了婆婆李孙氏的大力支持。王氏依然是李王氏,继续留在李家生活,其他李家人无功而返,而李王氏继续给家中烧水做饭,一直诚诚恳恳,不惹事生非,李王氏下葬时也很体面,葬入祖坟地。李家人没有休妻的情况,这在男女双方来看,都不是一个光彩的事情,讲究的是从一而终。

二、家户生育

(一)生育的基本情况

1.多子多福

在张圈李家,李大义的老爷爷辈早先从老湖镇黄花园迁出,至李大义爷爷辈,共有兄弟四个,女儿两个。由老爷爷带着四个儿子来此定居,根据兄弟四个,李家人称之为"老四院",是张圈人的"根",这"老四院"除了一院人口较少,其他三院人口都比较多,李大义叔伯辈是六个儿子,六个儿子由于灾荒所迫,如今只有四支尚在,而李大义则是兄弟五人。在村里,李家人丁兴旺,张家人称之为"有人",这个"有人"说的是李家人口众多,团结一致,并且家中也有懂得管理的人才,生育的子女中,由于生存的困难,并不能保证每个生命的成长。李家其他院就有生下孩子后不能抚养,狠心将其抛弃的事情。父亲将其抱到河堤遗弃,后来母亲不忍心,半夜又抱回家中,用体温温暖冻僵的孩子,最终将孩子救活。还有在逃荒的路上,由于常常患上疾病无法治疗,孩子一旦病重也只能抛弃,这在逃荒路上十分常见。李大河因为长期饮食不善,营养不良,发育迟缓,曾经患上"大肚子病",脸色蜡黄,滴水不进,李广烈与李孙氏商量,如果救治不好,只能遗弃,听天由命,李孙氏舍不得,用艾叶敷面,把他用布包裹在车上,李大河挺过了危险的三天,病情才渐渐好转。

生孩子的时候,亲朋邻里携带鸡蛋、挂面登门贺喜,鸡蛋、挂面都算是较好的食物,在平日里一家人舍不得吃,娘家怕自己的闺女受罪,还要将肉、米、面等送到婆家去,给孕妇备着食用。以前还有回礼的说法,要宴请前来送鸡蛋、挂面的客人,但是贫苦人家没这么多讲究,很多仪式能省则省,一切从简,办酒席的话也是简单吃喜面,亲友、邻居们在生了男孩子时会带小被子、小褥子、小枕头、裤褂等东西。本族人和村里有交情的人会送挂面鸡蛋等东西,一般不会来吃酒席。平常老百姓家生了孩子过个十天半个月就开始干活了,没有长时间休息的说法,当时李大义的母亲李孙氏更是生育孩子的第二天就下地干体力活了,基本上就没有休息,这件事让村里邻居们津津乐道,因为大多数人都需要休息一下才能够缓过来,但是李孙氏不用,邻居们都夸她身体好,人们对于勤劳能干的人比较尊重。李孙氏胆大心细,能生儿子能劳动,人们认为李广烈的命很好,找的媳妇很好,后代才有求必应,得到很多福报。

2.坚决杜绝非婚生育

李家没有出现过非婚生育的情况。鲁西南地区是孔家文化的发源地,自古就强调礼法制度,通过潜移默化的教化,包括父母的言传身教、民间流传的故事、官方标榜的烈女传记,无形中对人们的行为选择有所约束。在男孩女孩还没有成年之前,一直视婚姻为一种洪水猛兽,不敢轻易碰触,甚至与异性单独相处都十分尴尬。在这种情况下,自由恋爱均遭到坚决反对,虽然内部都有好事的人,村庄里一点风吹草动都会被他们发现。如果有人在自由恋爱,消息传到家里,家人会认为是败坏家庭风气,因而感到十分的羞耻,不仅要坚决拆散,而且要严厉的惩罚。当时张家的女孩子因为被传跟外庄人谈恋爱,而被父母打死,这件事情李大义也在场,目睹了整个事情的发生。他每次跟自己的孩子们提起来,都作为反面教材,要大家引以为戒,但是每次讲完这个故事,讲到女孩子被父母打死,不免十分唏嘘。这也说明李大义本身是同情这个女孩的,但是为了家庭的声誉,家人们要坚决杜绝出现类似的情况。所以在这种文化的熏陶下,李家这样的家庭是断然不敢未婚生育小孩的。婚配必须是媒妁之言,明媒正娶,不得犯下大逆不道的事情,惹出不必要的事端。

(二)生育以传宗接代为目的

生育最重要的目的是为了传宗接代,生儿育女对于李家来说,是再正常不过的事情,组建家庭是为了繁衍后代,依据古语,"不孝有三,无后为大"。因此,李家人坚定地认为,生育后代,承接李家香火不致中断,这是天经地义、符合天道人伦的要求,不生育违背天道、愧对祖宗。但是李家人男孩一直比较多,家人认为是老人们积德行善带来的好处。这也体现了家人中重男轻女的观念,男孩未来要传承李家血脉、继承家业,而生育的女孩子却要外嫁他人,"嫁出去的女儿如泼出去的水",两者在李家人心目中自然不能平等对待。如果这家人没有生孩子,特别是没有生育男孩,家庭就不会稳定,为了传承家业,必须从近支近门中找到年龄合适的孩子过继,一旦过继到自己的家中,就把他当成自己的儿子来认真对待,将来准备继承自己的家业。李家人认为,除了要敬天礼神,其次家庭成员在家庭中最重要。在子女生育的问题上,李家人更倾向于生男孩。

李家的家风比较严谨,没有未婚就生育的情况,未婚生育是一件非常丢人的事情,大伤风化,不被李家的大家庭所接受,背后也会沦为他人笑柄,被村里人在背后议论纷纷。在普通村民中,未婚生育被绝对禁止,连异性两人独处都被认为是不道德的行为。张圈有两户邻居的孩子,在一起单独玩耍,半夜才回到家里,被怀疑是苟且私奔,大感耻辱的女孩父亲和爷爷,不问事情原委,拿绳子将女孩捆住,进行殴打,女孩坚决不承认,后来竟然被自己的父亲和爷爷活活打死了。

李家在生育上也是早婚早育,在家庭条件尚可的情况下,越是早婚早育的家庭繁衍的后代就越多,才可能在平均寿命较短的时期,三世同堂乃至四世同堂。在李家劳动力是第一生产力,只要能活下来,均为地头田间的好劳力,所以也倾向于多生多育,多子多福,只有儿子们成群,家中有人口,才不会受到外来的欺负。但是由于儿子较多,也面临问题:分家的时候,家庭财产要平分。李家在李广烈父亲时候,还拥有百十亩土地,家庭殷实,再加上一家上下都会去做教书先生,日子十分滋润,但是后来因为分家,兄弟几个一人只分得了20亩地,情况大不如从前,将一份财产分为几份,大大削弱了每一个小家庭的经济实力。所以李家不分家也有一定道理,总体来看,多生多育在天灾人祸盛行的鲁西南依然是唯一出路,此外多生多育还有一个好处,在同一辈的孩子中可以有更多的选择,如果一个孩子十分不成器,另一个孩子可以递补。如果一个孩子老是做不正当的勾当,不往正道上走,承担不起来家庭重任,就如同李大本和李大义兄弟,李大本不成器,还有李大义顶上,这样也算是多一个选择。对生育来讲,李家人都希望多生多育,村里人也是如此,无论大户、中户、小户,只要家庭条件殷实,那就富养;若是家庭条件较差,也可以穷养。总之,孩子不怕多,富人富养,穷人穷养,特别是在小户家庭中,家中能同时有几个儿子,在村庄中有一定影响力,不会被人欺负。

（三）家庭鼓励生育男孩

家庭中没有人专门刻意的去规定生不生、生多少，在当时的环境下均为自然而然形成的习惯，整个村庄的成年人结婚以后，头一年就要怀孕生孩子，没有避孕的措施，因而怀孕的概率大大增加，女方一旦怀孕，就要好生照顾身体，将孩子生下来。当家人和父母都会鼓励生育，给儿子和儿媳妇提供机会。而夫妻双方，也会努力地生孩子。生育，是为了增加家庭人口，从而增加家中劳动力的数目，以及传宗接代、养儿防老等很多的原因共同推动的，不可避免。但是由于条件恶劣，孩子即便怀上了，也有夭折的可能，甚至生下来还难以养活。孩子对于一个家庭来说十分重要，因此生育更是一对新婚夫妇必须面临的难题和考验。大多数家人都希望能生育男孩，传宗接代，做家中的劳动力，但是如果适当的有女孩出生，一样也会乐的合不拢嘴。但是如果只生育女孩，没有男丁，老人们就会想尽一切办法，促成生男孩，人们重男轻女的思想依然较为严重。

而对于孕期，家里也比较重视。怀孕之后的妇女，如果离生育期较远，在家中要经常活动，干些比较轻松的活，主要以身体为重，而到了生育期前，在家中不干任何的活，而且当家人、父母家、妯娌们之间，都会经常来看望，平时有丈夫亲自照顾，脏活累活由丈夫进行料理，在饮食上要给予特殊照顾，这个阶段吃的食品有很多禁忌，如禁食寒性、凉性的食物。李家会特意为孕妇安排多食新鲜的果蔬、鸡蛋，每天熬制米粥，这些都是平时一家人舍不得吃的东西，只有过年过节的时候，家人才舍得拿出来供给一家人吃饭，但是在生育上毫不吝啬，希望能够通过尽量好的营养，来促进新生命的降生，并且生孩子对于孕妇有较大风险，如果遇上难产等状况，一般情况都熬不过去，条件太差，调养身子也是为了孕妇的安全。

（四）重视生育的态度

生完孩子后，李家人为了表示对新生命降生的喜悦，会给孩子办喜酒、过满月，然后到孩子百天又比较特殊，百天酒喝过之后就不再办喜酒。生男孩礼仪要比女孩隆重，生男孩的礼节较多，这也是由于男孩的地位要比女孩的地位高这个原因决定的。在给孩子喝喜酒的时候，主要是请女方娘家人来，按照传统，亲戚拿鸡蛋，有条件的拿米面给新媳妇吃，亲戚需要提前捎信带话，或者需要下帖，或者需要捎口信，通知到了才来，喝完喜酒就回家去。做满月要喝满月酒，这时候不管生的孩子是男是女，对待起来是一样的，也是两家的亲戚一同举行庆祝，满月酒的仪式相对隆重，而百天酒比起来要简单得多。生育时，举办这些庆祝仪式，基本有两点考虑，第一种是孩子小时候身体弱，通过举办这些仪式来冲喜，以祝愿孩子健康长大，福星高照；第二种是通过这些仪式，将家庭的主要亲戚、朋友联系起来，以孩子为纽带，拉近彼此关系。举办喜酒仪式的所有负担，全部都由男方承担，李家则从全家的总支出里面负担，因为这是大家庭的喜事、好事，一家人都会为此感到开心，花销不由小家庭支出。总之，在丰收年月生育仪式较为讲究，但是碰上战乱，大家顾着吃饭活命，就会省略掉一些环节。

（五）起名的原则

孩子的名字较为重要，因为名字伴随孩子一生，是一辈子的印记，不可草率地就做出决定，特别是人的大名。很多人都要找人来起名。稍微富裕点的家庭，都喜欢去找风水先生，从孩子的生辰八字来推测孩子的命格，根据孩子的命中所缺来起名字，改变命运夺取造化。而一般家庭也会让村庄或宗族里识字的文化人，给起几个名字，自己从中选择一个，就为孩子的大名。这一般为长子的起名情况，可以看出整个家庭对长子的重视程度，而其他孩子则根据长子的起名,具有一定相关性,例如长子以树名起名字,其他孩子也起树木为名,这说明名字之间也有一定的关联性。

李家的孩子由孩子的父母起名,尤其是男性均为读过书的教书先生给起名字,名字较为讲究,不过在正式取名之前,通常要先询问家中的男性长辈,特别是有文化的长辈,请他们提出意见,参考他们的意思来起孩子的名字。一个男性的名字当中,必须包含家族的辈分,家族按字排辈是一种身份和归属的体现,以此来区别长幼次序。如李大义和李大本兄弟二人,名字是由父亲李广烈所起的,大字是辈分,而义和本,均指做人的品德高尚,为人处世本分讲原则,有一种孝顺服从的观念在里面。大多数的辈分,位于姓名中的第二个字的位置,有的辈分则是位于名字的末尾,做第三个字,但是位于末尾的情况很少,一般为姓氏后面跟着辈分,这样再起一个字。但是在家里,家人们一般不会直接称呼名字,大名很少用到,李大义称呼自己的儿子直接是"老大""老二",有的家庭的孩子直接成为"狗蛋""狗剩",人们认为这样较好养活。

二、家户分家与继承

(一)人口增多进而导致分家

家庭分家,一般由家中的媳妇们提出。没有分家前,大家大户均住在一起,平时同吃同住,兄弟们从小一起长大,都比较憨厚老实,对住在一起的生活习以为常,没有大意见。但是媳妇们在一起居住,十分不方便,并且妯娌之间摩擦比较多,在这种状况下,一般小家庭的媳妇都会怂恿自己的丈夫分家,希望让自己的小家庭独立出去生活,以方便进行自我经营,也省去了与别人在一起纠葛的精力,省去了时间、麻烦。媳妇对"自己的"观念,比较强烈,经常在丈夫身边吹"枕头风",而男子逐渐被软磨硬泡没办法,也开始渐渐认同分家单干,开始由他向长辈提出。向长辈提出的时候只能由儿子提出,媳妇提出就要受到呵斥,因为媳妇是外人,儿子才是家里的核心成员。但事实上家里人都很清楚,媳妇更想撺掇分家,这时候如果儿子死活不同意,别人没办法,家也分不成。长辈通常就是当家人,两个身份重合,在分家的事情上,即使当家人并不是长辈,但当家人说的话也算数,在当家人的立场上,会认为在一起生活更符合整个李家庭的利益,但是如果下面孩子多、小家庭人多口杂,当家人自身年龄大了,镇压不住,为了方便管理,确实分家更加便于管理,就会同意孩子们正式分家。分家最重要的是清点财产,将家财按照诸子均分的办法进行分配。但分家很容易因不公平产生矛盾、引起纠纷,因为虽然大家都认可所说的诸子均分,但没有家产可以完全平均,不管如何分配,必定有人从中占便宜,有人会在分家时吃亏。一般老当家人掌握了大量财产,账目、钥匙都在当家人的掌控之中,由他提出来的分割账目办法,其他人没办法监督。

一旦产生纠纷,首先要靠当家人的极力调和,先进行协商,说不通的话会拿出补偿,做出一定让步。这时候家人可能认为,提出分家就已经触及当家人的面子,所以自己分得一份与预期接近的财产,并且和其他几个兄弟所分大体相当,就不会因此锱铢必较。还没分家的时候,当家人掌握着家中的财政大权,也具有绝对的权力。分家后财产进行分割,当家人虽然还能在小家庭中斡旋,但小家庭的依附性明显减弱。家庭外部的成员不能影响分家,内外之分的界限非常清楚,外人说得再好听终究是外人,不可挑唆李家人的关系。被当家人知道后,会惹出仇恨,而对于李家做了同样的事情,再好的亲戚也会断绝来往,李广烈的堂兄弟李广顺,常在李家院里走动,每次来了就说闲言碎语,在李大本和李大恩面前嚼舌根,表现出对李家老二李大义的不敬,开始的时候李大恩斥责他乱讲话,但是李广顺丝毫不知收敛,反而变本加厉,添油加醋继续挑唆两者关系。后来传到了当家人李孙氏耳朵里,李孙氏十分气愤,坚决和李广顺断绝关系。分家的时候,为了保证公正公平,家族中会有人来主持,亲戚们也要参加,但是均为走程序,不会影响最终结果,外人也不敢轻易提出来意见,而由一些德高望重的家族老人主持,其他人没有干预的资格,只在旁边协助帮忙。

张圈村的人认为,李家人在一起生活很好,非常羡慕李家三代众多人同吃同住、团结紧密,但是一般家庭条件较差,负担不起同吃同住的消费成本,缺乏当家人,没有物质条件,几乎家徒四壁,甚至没有几件生产工具以及生活物件可以使用。一家人在一起是非多,容易惹出纠纷,只有找到小家庭结婚、老一辈老人去世这种机会,进而提出分家的请求。总体来说,分家还是迫于生计,如果家庭条件好,打心底谁也不想分家。之前李家6个兄弟都没有分家,为的就是兄弟们在一起人多势众,不被外人欺负。在分家的倾向上,富裕的大家庭不愿意分家,而小家庭的儿子们,更加倾向于分家。大户的家底厚,聚集在一起可以分得的家庭红利更多,而小家庭对这方面的生活体验就差很多,不但没有家庭红利可分,有时候还抱怨大家庭拿走了自身的家庭红利,更想要分家。

而对于分家的资格来看,只有家庭内部血亲成员可以分得家产,大体上是按照儿子的人数作为分配的除数,家中的女性不具有分家资格,而是和丈夫一起。如果丈夫已经去世,这种情况下妻子、小妾会选择守寡或者改嫁,守寡的女性可以继续留在李家,由李家的大家庭为其养老送终,但财产要被分割掉,是否分割还要看守寡的女子是否镇得住场面,如果镇得住场面,也可以据理力争,保全丈夫财产归自己所有。家庭内部已经嫁出的闺女,算是外人,不能参与分家,而已有婚约的定亲女性,已经算是半个外家的人,也与家人有所区别,所以对于有婚约的女性,一概不给予财产的分割;其次是还没有出嫁的闺女,家里分家会单独给她留一些嫁妆,可能是陪嫁田,也可能是陪嫁的物件。这些财富具体数额,要根据嫁女儿的花销进行测算,会有所区别。如果在分家的时候,有儿子并不在家中,一旦分家,赶不回来,家里也会留下一份财产给他,但是往往会吃点儿亏。过世了的儿子,如果在分家的时候还没有结婚,就不参与分家,如果已经结了婚,有了妻子,也不分给财产。有孙子,分家时就能得到一份,算是有了李家的血脉,家里只有一个儿子而分家,是因为父子之间有了矛盾,或是婆媳之间有矛盾,过不到一块去了,否则是不会轻易分家的,因为老人们还指望着孩子养老送终,往往要求无论如何都要住在一起。而在李家同样存在过继的状况,过继的儿子同样要参与分家,要享受同亲生儿子一样的待遇,要当成自己的血脉来抚养。但是以前也有"回继""兼祧"①的情况,较为复杂,因此李家也规定,出继的孩子如果继承了财产,就不能将财产再带走,如果非要回到亲生父母身边,程序会非常严苛,不仅要当家人、养父母、亲生父母等一系列的有关人员的一致同意,还要将养父母方面所获得的财产一一归还,以此来维护过继的程序的公平公开。

分家还需要请个证人,在村里证人也叫中间人,即说事的人。为了确保在分家的时候,对家产分配的公平性,找一个处于中立的见证人,不仅是为了让大家都信服,同时也是为了如果产生纠纷,将由其来进行最终的裁决,以减少日后生活中子女间的矛盾与纠纷。证人由当

---

① 兼祧:指一个男子同时继承两家宗祧的习俗。兼祧人不脱离原来家庭的裔系,兼做所继承家庭的嗣子。

家人亲自去邀请,如果当家人已经上了年纪,也可以由当家人身边贴身办事的人,携带当家人的信件、备足礼物代为邀请。但是为了避嫌,参与分家的儿子们绝对不能去登门邀请证人,并且儿子们要等待结果公开,此前不能干预。李家分家会请多个证人来见证,以一个证人为主,一般会请李良才,这位老者是前清的秀才,为人公正,不偏不倚,乐善好施,为人友善。这名主要证人负责书写分家单,分家单上要如实地写明分家的具体情况,家中财产具体的归属情况,分家单上的东西如果较多还会制成一本分家册。分家单写好后每位家庭成员都要在上面签字画押,即按上手印、立下字据,以备分家之后产生纠纷时用它来作证。分家单会一式几份,具体有几份这要根据当时在场参加分家的小家庭数量来算,另外还要有一份专门给证人的分家单,由这名证人保管。同时,在场的其他证人主要是在现场观摩,了解情况,不用签字画押,这些人大部分是邻居四舍,另外要请家族内的族老作为见证,说话比较有分量。

如果因为证人的去世或者是证人因为其他的原因不能履行自己的责任,但是分家单还在,分家单会传给证人的孩子,出现问题的时候也可以由孩子来见证,因为像这种证人的家族,世代为人都很好,人们习惯找他们家的人来做证人。最重要的是有了分家单,如果还是不能达到目的,例如分家单已经被损毁,或是分家单有些许歧义,尚存在争议的话,就可以去找在场的其他证人,这些证人可以一起作证,但分家完成后要答谢证人。普通人家比较贫穷,一般半天就可以分完家,剩下半天就用来请人吃饭。而李家在李广烈分家时,用了整整一天,第二天会单独拿出一天来酬谢证人和宾客,不仅要盛情款待,请吃饭喝酒,还要送一些礼物让参与分家的外人带走,这笔酬谢花销是在分家以前从大家庭的财产中预先支出的,不涉及小家庭的财产;而到李大义最终分家的时候,东西不多,只用半天就分完家产,剩下半天请客吃饭。分家会使家长对全家控制力衰减,但即便是分家之后,各个小家庭依然要服从家长的命令,在通常情况下,家长仍然是各个小家庭的长辈,例如儿子们虽然已经分家,但是也一定要听父母的命令,在分家的过程中主要由当家人做主,证人在场见证。如果是家长已经去世了,孩子们想要分家,那么在这种情况下,分家过程可以由家中的长兄来做主分配,兄弟们先选择,长兄最后选,并且也要有见证人见证,长兄会分配得尽可能公平。而家庭外的成员只可以到李家来帮忙,不可以参与分家,而且家庭外部的成员没有权利影响分家的契约,即使影响也没有用。因为家族会派人到场,一般是族长或者是族老,到李家分家的现场去见证,如果在分家现场的时候没有产生异议,就等于家族认可李家的分家结果。

(二)家庭财产的继承

在家庭成员中,家庭财产的继承存在一定规则。首先从资格上来看,由于家族对外界普遍的排外性,家庭和外部的人员界限非常明晰。只有家庭成员,才有资格继承家庭财产,其他外部的成员没有资格继承任何财产,李家的财产也只能交由李家自己人来继承。其次,在性别方面,只有儿子有资格继承家产,而女儿是没有获得家产的资格的,但是家庭可以给女儿留下陪嫁的嫁妆,除此之外死去的儿子一般不能继承家中财产,除非留有子嗣。如果李家的媳妇想要继承家产,也只能是有儿子,在儿子还没有长大成人的情况下,可以由她先来继承;但是如果没有孩子,想要继承财产就会受到李家其他人的百般阻挠,像李王氏一样能够成功继承的案例少之又少。还有一种情况,是没有继承李家财产的资格的,一些被李家剥夺了继承资格的人,这些人主要包括品德上既不孝顺父母也不团结家庭成员,行为举止不端正,游手好闲、嗜赌爱玩,败坏家产和家庭声望等。这种人均为被剥夺了资格的前家庭成员,在李家的历史上总共出现一位,因参与赌博而被当家人治罪,后来没有再出现过。

李家也规定入赘的女婿和抱养的儿子同样是没有继承权的,被逐出家门的儿子就更不能继承财产了,尚未成家的儿子,一般都由父母代替,即使不在家的儿子也会留一份,担着一份,往往会多少有些吃亏。而女儿在任何情况下都不会有继承权,女儿们不管出不出嫁都不会分得家产,因为女儿以后是嫁到别人家的人。过继来的儿子则可以继承家里的财产,但是这个过继的儿子必须要保证分得的财产不被带走。在规定上,多个亲生孩子之间,长幼兄弟之间继承权均为平等的,但在实际操作中,多少也会存在一些偏差。但是一般问题不大,正妻和妾生的儿子的继承权却是不一样的,妻生的儿子,大多享有更高的继承权。在有儿子的情况下,家长不可以指定将财产给其他继承人,指定必须由自己的儿子来继承,家长也不愿意指定外人,老话说养儿防老,只有把自己的家产给了自己的孩子,自己的孩子才能够给自己孝孝顺顺地养老送终,但是如果给了外人,外人也没有那个义务来给自己养老送终,这也是传统观念。

李家主要是继承土地方面的产权,以田地为主,还有在张圈村庄的宅院,另外还包括家里的家具,还有粮食和生活、生产用品。传统时期还有"男分家产女受柜"①的说法,财产要诸子均分,女儿不分家产。一般农户在分家时,把家中所有的财产,都列于分单之上,分配给每个儿子,并清楚地在分家单上表明,哪些财产归老人生前使用,死后再做划分。家长在世,要分家的话,家长也要选个黄道吉日,把本家的长辈叫到现场作为见证人,主要是叔伯和舅舅当作见证人。分家时首先把家产明晰,看看家中有哪些家产,相当于"清产核资",先观察一下家中资产有多少。这些由家长提前做好准备工作,到了分家的时候不至于混乱。然后有几个儿子就把家产大体平均分成几份,土地房产农具等,不能完全平均分配的物件,只能采取好坏搭配的办法,分成均等的份额,质量差距较大的就从数量上补,数量相差较大的就从质量上补。总之,要尽量地让每一个儿子都满意。

分好之后,家长亲自坐镇,由家长现场说明哪一份归哪个儿子,哪一份归另一个儿子。由于现场有很多公正人和中间人,这些人从旁协助,但是心里都有一杆称,家长不能过分偏袒某一个儿子,否则中间人也不好当。有的农户为了避免儿子之间、父子之间产生不必要的矛盾,采取的是抓阄分家的方式,把家庭的几分财产做好签子,由大家随意抽取,抽到哪一个是哪一个,然后再根据自己的情况可以私下调整。分家时诸子均分,以此来讲究各个儿子的"公平"。"公平"是各户之间的公平,家产的分配是按照户数平均分配,而不是按照各户的人数来分配,所以人口较多的家庭一般不想分家,而人口较少的家庭则想通过分家来获取更多的财产。土地、房屋要好坏搭配,牲畜、财务、家具、生产工具等也均分成价值相当的份额进行分配。如果在分家时决定由某个儿子承担养老送终的义务,则可以多给这个儿子分配养老屋、养老地,这也是相对公平的做法,谁负责,谁享受。被分配养老屋养老地的儿子,担负养老送终的主要责任,父母去世之后,养老屋养老地归其所有,但是其他的孩子也并不是完全没有干系,一遇到大病或突发事件,大家依然有赡养老人的义务。除此之外,在分配家产时要公平、平等,不可有偏向。要尽量地"一碗水端平",如果家产的分配不平均的话,容易导致兄弟之间的矛盾,影响父子之间的关系,导致儿子和父母之间产生隔阂,不愿承担养老的义务,其

---

① 女受柜:当地俗语,指女子出嫁不能分得家产,而是接受嫁妆,当时的嫁妆一般都会有衣柜之类的家具。

至出现伴随矛盾的升级，导致父母无人赡养的结果。

按照"养儿防老"的观念，在传统社会以家户养老为主，家户养老消费是家庭消费中重要的一部分。家庭老人养老一般由儿子共同负责，稍微宽裕的家庭可以提供养老地，也可以让几个儿子都交养老粮，或者是轮流管饭等几种方式。在李家，采取的是长子具体养老，其他孩子辅助承担相应的赡养义务，提供钱粮等方式。到了养老的时候，具体选择采用哪种方式是根据家庭的经济状况以及父母的身体状况来决定的。当父母都健在，身体也还不错的情况下，老人一般独居，自己解决伙食就可以，孩子们不需要过多的操心，只需要平时多交流，提供感情上的支持，老人自己也比较喜欢素净，不喜欢被打扰，各个儿子需要按时向父母交粮食。如果父母年龄大，自理困难的话，这时候就必须由长子接管，主要承担照顾父母的衣食起居。在这个过程中，一定要处理好婆媳关系、公媳关系，因为媳妇要具体承担两位老人的吃饭、起居，时常会引发矛盾。但村庄内也有其他情况，有的家庭在分家时给某个儿子多分家产，于是父母跟随这个儿子生活。

四、家户过继与抱养

李家过继的现象比较突出，家谱中详细记载了从谁家过继，称为"出嗣"，到谁家去，称为"承嗣"。李家在李广烈一辈中，有三名子嗣，这三人均为过继而来，到了李大义和李大仁时期，李大荣没有孩子，李大义有两个孩子，就把二子李开荣过继给了李大仁。如果家中还没有生育，或者有生育女儿，但是并没有儿子的话，为了传宗接代，保持血脉的延续，就会选择过继。所谓的过继，是指在家中没有亲生儿子的情况之下，从近支中选择一个男孩子把他过继到自己家中来，做自己的儿子，过继家庭将会自动取得这个男孩子的抚养权，他们将孩子视如己出，这个男孩子将享有财产继承权，但是不可以将财产再带回生父母那里。

李家过继的基本概况，可以通过纵观李家的氏族谱系延展历程，看到具体的状况。若无子嗣，为保证血脉不得中断，只好从亲戚中过继孩子，还有"兼祧"的说法，所谓的"兼祧"，就指的是在兄弟多家只有一个儿子，在这种无继可过的情况下，这个儿子将会同时继承两家宗祧的习俗，由一子来侍奉两门，不必脱离亲生父母的族裔谱系，两个家庭都会为这个儿子娶妻生子，兼祧之人的后代再分别来延续各家的血脉。

过继要有专门的契约证明。就像做生意一样，讲究的是双方情愿，不能进行强买强卖、偷奸耍滑。过继也需要两家都愿意才能达成协定，并且还要由家族的近支作证，写成契约，以防日后出现纠纷。契约书上面一般首先写下立字人的名字，例如"立字人李大仁"；其次写下立字原因，例如生身半世，身无报效之男丁，香火无继，愧对祖宗；再次要书写的是过继的对象和目的如："将兄李大义次子开荣，年六岁过于膝下为子，以免日后福禄无继，愧对祖先，亦可在世共享天伦，有人养老送终"；最后写明继子的权利，如"日后若有亲生子嗣，则家产与此子（开荣）均分，若无亲生子嗣，则家产尽归开荣一人所有，与其余任何人无关，均不得干涉，开荣入门后，务尽管教之责，生父不得再过问，约定之事，两家情愿，日后不得反悔"。写好上述内容后，由见证人签字，写明时间，契约生效。

过继中常会有因过继对象而导致的纠纷。小的纠纷容易解决，当家人就可以做出判断，家人均不敢违抗。但是过继是一个很复杂的过程，因为过继孩子的顺序都有严格的规定，如先过继谁家的孩子，之后再过继谁家的孩子，这种规定显然不够灵活；再比如过继的权利中，有关于财产如何分配的一些问题,很难完全理清,所以很容易产生纠纷。一旦过继家庭之间发生过继纠纷,导致两个家庭间的隔阂和对立,当家人也难以有效地把握。李家族人李广诏在过继孩子时,按照顺序,应当过继老大李广谈家的孩子,但是夫妻两人都觉得老大家的孩子不仅呆头呆脑,不够聪慧,而且生活中略显纨绔,难成气候,因此对老大的孩子都不太喜欢。而钟情于更加机灵聪慧的老二李广印的孩子,两人都对这个孩子宠爱有加,很早前就释放出过继的信号,但是李家族人都不同意,也并不认为真的能够把老二的孩子过继过来。然而李广诏执意如此,夫妻私下达成协定,一定要过继老二膝下的儿子,这一举动直接导致李广诏与李广印兄弟二人产生矛盾,而且在相互制衡中不断激化矛盾,导致两家不再往来。后来在族长的协调下,兄弟二人终于达成和解,同意过继老二家的儿子,但是为此李广诏需从自家私地拿出 2 亩土地补偿,以求息事宁人。

通常情况下,过继均要由出嗣和承嗣的双方家庭达成共识,然后上报给当家人决断。如果双方家庭上报到当家人那里,当家人同意后,就算是正式过继成功,如果当家人不同意,过继的行为也不成立。

五、家户赡养

(一)赡养单位

老人的赡养,是李家人重要的家庭事务,李家崇尚孝道,尊老爱幼,不论是老家长,还是李大义,都爱惜名声,孝顺父母,对于老人的赡养采用小家庭和大家庭互补的形式,具体赡养形式由老人所在的小家庭具体负责,以为老人提供更适宜的情感支持,但是大家庭则会解决赡养的物质问题,老人上了年纪,在家中不再干任何活,可以在村庄内自由活动,均为自己小家庭看护。李孙氏上了年纪,就跟着二子李大义生活,李家以外的人无权干涉。

(二)赡养主体

如果老人有一个儿子,则老人由这名儿子具体照料,老人和儿子在一起吃饭,也和儿子住在一起,方便照料老人。李家人认为孩子小的时候,父母把孩子一手带大,父母年老了,孩子就要回报父母、赡养父母,所以和父母一起生活天经地义,正所谓养儿防老,所以这种情况比较多;其次是在多子家庭,老人的赡养则根据孩子们商量,有的老人则是跟着自己的长子住,但是赡养费用依然是来自于诸子均分,有的则是轮流养老的方式。对于没有孩子的家庭,则由当家人进行安排,反正是在一个锅内吃饭,由当家人随时协调。

(三)赡养形式

老人的赡养所需的费用来自于田地的收入,老人一般吃饭比较少,穿衣也不讲究,相对来说开销不多,主要是身体不好需要人端汤送水地贴身伺候,一般是自己的儿子、儿媳们下地干活回来照顾着,而且那时人的身体一般不生病,生了病也很少看病。如果真的生了大病要治,当家人就会承担起来,从总支出中做出安排,这时候当家人是赡养的实际支配者,与性别是男是女没有关系,李家的当家人出现过多位女性。事实证明,女性在管理家庭中会考虑得更加周到,做事更加细致,关于赡养的形式和方法更上心。但如果是儿子当家,关于老人的赡养,多会征询老人的意见。

(四)养老钱粮

小家庭分家时,养老这一块基本不涉及钱粮的分配,所需钱粮都算在小家庭的财产中,李家当家人进行操持,这样避免了几个儿子因为养老的花销问题而产生分歧。分家的影响只是老人跟哪个儿子一起居住,具体由哪个儿子负责,就归哪个儿子负责料理,基本上没有纠纷。对于赡养老人的问题是原则性问题,赡养自己的父母天经地义,没有人对此有异议,而且家中没有太多财产可供分割,自然也就没有人因此而产生矛盾。

(五)治病与送终

由于生活条件限制,社会上年龄大的老人很少,六十岁已经很稀罕,尤其是在比较贫困的家庭,吃穿问题都解决不了,如果生病了只能身体扛着,如果是大病扛不住,病卧在床,只会认为自己不能劳动还要拖累家里人的照顾,倒不如死了,全家的人都能够解脱。有一些人四五十岁就去世了。像李家这样的家庭,男人都是下地干活的好手,身体比较硬朗,一家人无病无灾,在这方面没有负担,女人由于大门不出二门不迈,身体稍差些。

李孙氏在床卧病,难以料理家庭大事,李大义暂代当家人权责,李家去请了庄上的郎中,平时的病症和村内的事情都可以处理好。李家人也对病理略知一二,尤其是李孙氏,可以说是久病成医。但李孙氏病重,郎中和李家都束手无策,李家请来了州城的医生,但是后来也无力回天了。

(六)社会约束家户赡养

除去李家人内部达成的有关于赡养老人是一种必须尽到义务的共识,外界对李家人的赡养方式也非常认可,不仅仅是李家,很多家庭均如此。如果有儿子不愿意去赡养父母,这通常不是因为承担不起费用而导致的,往往是因为父子或者母子之间存在矛盾,所做的负气行为。事实上,李家不赡养父母的情况并不存在,只有李大本,存在与父母怄气的行为,受到惩罚。天性不羁的李大本玩心极重,喜欢干偷鸡摸狗的营生,结交一些不三不四的朋友,引起父母的不满,后因家庭琐事激化矛盾,与李孙氏相争,争吵中互相推搡,李大本竟然混账到将母亲李孙氏拦腰抱起来摔在地上,造成李孙氏腰部受伤,下肢失去知觉。这件事情引起村民街坊的不满,这在重视孝道的当地人眼里不能容忍,引起轩然大波,群情激奋,给李大本造成很大的心理压力,他虽是生性纨绔,但是也怕被别人冷嘲热讽,不敢出门,怕被别人看到恶语相加。家族中的人对他也很是不满,德高望重的族人去探望当家人李孙氏,要求当家人严惩逆子李大本。李大本也觉得自己太过分了,被小利冲昏了头脑,干出这样的事,于是跪在母亲床前恳求母亲的原谅。而李孙氏对此伤心欲绝,卧床不起,默默流泪,对于这种不肖子孙感到脸上无光,也感到自己平时没能管教好李大本,才导致今天状况的出现。

六、家户的内部交往

(一)父子关系

在传统的大户人家中,父子关系是尤为重要的。父亲和儿子,代表了父权社会中的中坚力量和新生力量,在男权至上的传统时代,二者是整个家庭的治理核心,更是权力的核心,因此,父与子之间关系的协调,就显得非常重要。父亲对于儿子需要尽诸多义务,即使是比较贫困的家庭,最起码也要将儿子抚养成人。但是对于李家这样的家庭,祖上曾经十分显赫,显然养活儿子只是最基本的义务,父亲担负有更多育人的义务。母亲在家中虽然会讲一些做人的道理,但是对于如何成为一个对家族有用的人,以求达到"修身齐家治国平天下"的终极目标,则主要由父亲来负责。父亲是儿子的榜样,要教育儿子遵守规矩、读书修身。儿子年龄大了以后,父亲也会主动考虑给儿子娶个媳妇儿,解决儿子的终身大事,考虑儿子日后的生存和发展,是否到外地去上学,是否要捐取功名,是否要学会经营家业,做些生意。这些都要父亲考虑、安排,也要父亲提前去为儿子搜集信息,广布人脉,做好铺垫,日后父母年龄大了,更要为儿子考虑留下多少家业的问题。如果有多个儿子,还要考虑家业如何分配。李广烈的父亲是读书教书的文化人,因此特别重视对孩子们的各类教育,一是学习的教育,二是做人的教育。如果李家的子弟长大了,游手好闲,缺少家教,这不仅丢父母的脸,连整个李家和李氏家族都会感觉到羞耻。如果是道德败坏,按照李家的家规家法,李家人会将其逐出家门,父母也要受到惩罚,剥夺其在李家的各项权利,例如在一年内未经批准不得随意祭祀先祖等。

在李家,父亲对儿子的教育主要是以德育方面为主,一般都不会随意的打骂,拿李广烈的几个儿子来说,因为父亲是读书人出身,也担任教书先生,打骂算是一种父亲教育儿子无能的表现,如果真的需要用打骂的方式来教育儿子,就说明父亲已经没有别的办法了。而且父亲也不可以随意去役使自己的儿子,因为在一般情况下,儿子均要继承父亲的土地,所以父亲对儿子的教育也要朝着当家人的目标进行培养。儿子要成为主人,而不是奴仆,只有这样,儿子将来才可以成功地操持家业,如果父亲管教不了儿子,儿子犯下大错的话,当家人要求后就会将其逐出家门,因为儿子从小接受父亲的言传身教。所以在李家,儿子对父亲是绝对的服从,这并非因为父亲的权威绝不允许挑战,一旦儿子出现任何不好的苗头,父亲都会坚决镇压,而更多的是因为儿子们在长期的经验中得出结论,父亲做出了的决定,绝大部分都会取得成功,因为父亲考虑更加全面,会让儿子更加信服。如果儿子感觉父亲说的话不对,或是有些偏差,也可以向父亲直接提出,父子俩共同讨论。如果父亲坚持,儿子最终也会服从于父亲,但是如果父亲真的做错了事,也允许儿子进行批评。但批评要讲究方法,在大庭广众之下是不能够批评父亲的,即使是父亲做得不对,也不能伤及父亲的面子,还要照顾到父子之间的感情。俗话说,母以子贵。同样的道理,什么样的父亲才是好父亲,这就要看儿子的平时表现,如果儿子成人成才,算是父亲教育得好,父亲也会因此而受到人的敬重。而从儿子们的角度来看,一个好的儿子,首先是要孝顺父亲,服从父亲的指令。

平时,父亲会有意地去培养父子之间的感情。在外人的面前,父亲是父亲,儿子是儿子,父子之间都要遵守父子之间定下的规矩,不能让外人看笑话,在家中,父子之间可以不必那么拘谨,父子之间经常要沟通交流。逢年过节,也要在一起喝些酒,有了兴致以后一起谈论家事。如果事关儿子的大事,一般情况都要跟父亲请示协商进行一些沟通,而关于日常生活中的方方面面,儿子就要跟母亲沟通得更多,这也来源于家庭的分工。如果儿子是家中的独子,那么父子之间的关系要明显比有多个儿子的家庭更和谐,这在李家的几代人中都可以找到佐证,大概是因为,独生子是家里唯一的血脉,会更加受到父亲的重视。

由于父子之间关系特别受到重视,在整个大的家庭中,还存在着其他的关系来协调父子的关系,例如母子关系,会对父子的关系进行一些补充,又例如当家人在李家整体的层面上,会对父子之间的关系进行一些协调,所以父子关系紧张的情况并不是很多,父子之间发生冲突的次数往往很少,秩序相对良好。父子之间几乎没有发生过比较激烈的冲突,正如前文已经提及,李大本存在与父母怄气的行为,父子关系紧张,固然是李大本有错,但父亲和母亲也有处置得不当的地方,但是在以孝道为重的年代,家人也都纷纷站队在父亲一边。这里体现得比较明显的是家户的排他性,就只有家族内部的人们可以对这样的事情发表自己意见,但不能进行任何处置,也只有家庭内部的人才能够进行具体处置;而对于家庭外部的人,特别是李氏家族以外的人,根本就没有权利干涉李家内部的事情,不管是村庄里的人,还是官府的人,都属于外人。

(二)婆媳关系

在家庭关系中,婆媳的关系是最为微妙的关系,这直接关系到家庭的和睦和稳定与否。婆媳关系处得好,邻居街坊、家族中的人都会表示羡慕与钦佩,人们纷纷夸赞婆婆会处理事情,而媳妇也懂事,成为茶余饭后村里人的美谈。而俗话说家家有本难念的经,对于整个村庄中的大多数家庭来说,婆媳关系并不好处置,有些婆媳反目,恶语相加,是社会上的一种常态。在张圈李家,对新入门媳妇的教育历来比较系统。新媳妇嫁入丈夫家中,第二天早晨新媳妇就要给公公婆婆请安。请安有很多的规矩,态度一定要恭敬,低眉垂首以表示恭敬,还要接受公婆的训话,在日常的生活细节里,媳妇要对公公婆婆恭恭敬敬,在这其中公公和媳妇儿不能单独相处,有时就连平日里的沟通和交流,都要通过婆婆的口才能形成,平日里如果有什么事情,比如想要回娘家,再比如添置家什等,都需要得到自己婆婆的批准。如果婆媳关系紧张,婆婆厌恶了新媳妇,给媳妇"穿小鞋",媳妇在家庭生活中往往就会比较困难,但是随着时间久了,会慢慢地淡化。

婆婆对于媳妇有教导的责任,同时也要照顾保护好儿媳妇,尤其是在儿媳妇坐月子期间。同样,婆婆不可以役使儿媳,可以役使的均为家中的仆从。和媳妇可以商量和沟通,媳妇也可以不听从婆婆的指示,但是要给予最起码的尊重,不能直接表现出来不满,影响到家庭和谐。

虽然婆媳之间的关系普遍难以和谐,但是聪明过人的儿媳妇也会想办法处理好与婆婆之间的关系,儿子可以在妻子和母亲之间起到一定的沟通协调作用,而不是继续引起婆媳矛盾。普通家庭中可能因为家户比较小,家庭比较贫穷,讨个老婆都很难,只要儿媳比较勤快,婆婆一般不会为难儿媳。在李家,由于老一辈人留下的标准较高,结果和生活水平不相匹配,李孙氏主张一切从简,但是婆婆对儿媳的期望更加高,儿媳也就更不容易达到婆婆的要求。在李家,婆媳关系处理得最好的,仍然是李孙氏和儿媳妇李牛氏。李孙氏当家,出于当家人的身份和整个李家的立场考虑,对于儿媳妇始终是又拉拢又打压。尤其是对李牛氏,她是李孙氏亲自给儿子筛选过的媳妇,伴随着对李大义的表现越来越中意,对大手大脚的儿媳妇李牛氏则有些吹毛求疵,而李牛氏也是从来不放在心上,有一次李孙氏生病,李牛氏在跟前服侍她,让她大为感动,内心也很是懊恼,有些后悔当初对儿媳妇的所作所为,然而李牛氏冰释前嫌,并没有因此记恨老太太,表现得非常大度,让老太太非常惊讶。随后,对于婆婆的喜好,李牛氏了如指掌,非常用心,对待她就像对待自己的母亲一样。婆媳关系极好,李牛氏获得了当家人的信任与赏识,很快就成为了婆媳关系的典范。

婆媳之间要想合理地解决冲突,需要明白婆媳之间的纠纷,仍然属于家庭内部的冲突,与任何外人无关。婆媳之间的冲突,很多为家里鸡毛蒜皮的事情。比如婆婆和儿媳妇,针对其回娘家的次数和天数发生的一些分歧,或者婆婆交代下的事情儿媳不能很好完成。更有的是因为媳妇说话不大中听,说话的态度与神情不够恭敬,甚至眼神不对,都会引发婆媳之间的对立。而这些生活上的琐事纠纷,往往是由媳妇的丈夫、婆婆的儿子做最初的调停与处理,他扮演的是从中间进行调停的角色,尽量不让婆媳之间的冲突再激化。当矛盾上升高度,当家人就需要进行控制，其他的情况下，当家人一般情况不会干涉婆媳之间日常的一些磕磕绊绊。当家人不想管，也没有精力管，婆媳私下里吵得再怎么凶，在当家人面前也不敢过于放肆。婆媳之间的冲突主要是一些生活琐事上的矛盾，因而两者之间的争执，并不会对家庭关系产生太大的影响，只要当家人与儿子协调好就没有问题。在李大本与父母不和的过程中，李大本的妻子也扮演了一个重要的角色，她认为自己的婆婆总是针对自己，所谓"鸡蛋里面挑骨头"，因此对婆婆不是很恭敬。而李大本的母亲则认为自己只是对儿媳妇比较严格要求，不存在针对不针对的情况，儿媳妇只是在给自己的懒惰与散漫找借口，因此十分不喜欢这个媳妇，二人互不搭腔。最后李大本也觉得不好，出面劝和，才最终息事宁人。

（三）夫妻关系

李家在观念上轻视女性，有着根深蒂固的重男轻女的思想，但是实际上，又采用实用主义的做法，当家人能者居之，李孙氏是女性出身，李家人并未计较。丈夫在日常的生活中要尽到一个丈夫应该有的责任，包括提供情感支持和生活照料，女性地位高的，俨然是家中的女主人。丈夫对于妻子，不可以随意役使，更不可以经常打骂，妻子和小妾还不同，妻子均为明媒正娶，受了委屈不会忍气吞声。此外，作为明白的庄户人，懂得很多道理，双方都不会把事情引到极端，一个好的丈夫和妻子关系地位是平等的，而且是处理夫妻关系非常聪明且关注细节的人。理想妻子的标准是在家里做好丈夫的贤内助，能够帮助丈夫出谋划策。

在平时，夫妻的关系相对比较融洽，夫妻之间私下里也会相对轻松，不会像人前那样需要照顾太多礼节上面的东西。夫妻之间发生大的冲突不多，但日常的小吵小闹时有发生，因为生活的琐事过多。发生冲突后，李家人会对小两口进行劝阻，但一般不需要当家人亲自来，除非矛盾真的很大。劝阻的时候，如果双方都有过错，便"各打五十大板"，但是还要给予女方更多的安慰，让女方心里感到舒服些。对于李家的夫妻关系，外人均无权干涉，外人想要插手夫妻之间的事情均为自取其辱。李家的一个族人李喜恒，是出了名的无赖泼皮破落户，算是李家的远方亲戚，他在李家帮忙，负责修葺一段宅院的院墙，正好听到了李大本与妻子因琐事而吵嘴。大大咧咧的李喜恒不闪不避，竟然大步跨入李大本的房间，干的净是些"倒栓不着梁"的不靠谱的事情，口无遮拦地胡乱说话，自以为是个明白人，引起李大本夫妻的反感，当家人知道后，也十分气愤。

（四）兄弟关系

李家兄弟们之间的关系，实际基本上等同于各个小家庭之间的关系，因为各个小家庭中的男性，完全代表了各自的小家庭，他们之间的亲疏远近，直接代表着两个小家庭间的亲疏远近。总体来看，李家的兄弟关系都比较好，关系都比较融洽。兄长要起到给弟弟带头示范的作用，生活中需要照顾年龄小的弟弟，给予各种帮助。而弟弟在家中首先要服从父亲的命令，父亲不在家的时候，就要听从兄长的意见，正是如此，兄长的地位要比弟弟们的地位稍微高一点。但是如果认为哥哥说的话不对，弟弟也可以提出反对意见。如果兄长做错了事情，弟弟可以提出来。兄弟之间在分家以前要居住在一起，往往很少发生冲突；但是在结婚分家以后，就比较容易产生矛盾了。究其原因，主要是以各自的小家庭为单位，具有了自我的发展意识。李家人也有这么一种说法是"兄弟们谁也不想让谁好过"，意思是在兄弟两个之间，也会互相嫉妒，因为谁也不想让对方的日子过得比自己舒坦，而自己被人瞧不起。这是一种内部的竞争意识作祟，但是这只是在暗地里较劲，表面上不会表现出来。李大本与李大义兄弟二人，就因为做当家人的次序产生矛盾，当家人也感觉超出了自己的能力范围，无力镇压，家族也感到束手无策，只能通过长时间的冷却达成和解。

（五）妯娌关系

妯娌关系基本和兄弟关系一致，没有单独因为妯娌之间看着对方不顺眼产生矛盾的。平时妯娌之间直接接触的机会也并不是很多，所以妯娌之间关系的好坏，均受到兄弟之间、家庭之间关系的直接影响。假如两家关系好，平时兄弟之间推心置腹，相亲如一家，那么妯娌之间也会经常地走动，关系亲密一点。但是若是兄弟之间已经互不相让，相互敌视了，那么妯娌之间要么互不接触，要么就会在背后互相中伤对方。

七、家户外部交往

（一）对外权利及义务关系

邻里之间需要承担的责任与义务主要是保持两家的房屋边界清晰明确，互不侵犯房屋和宅基地的土地产权，对于其上的附属物等，如树枝果实，过界之后自动归属对方。如果李家需要帮忙，也会优先考虑邻居的住户。街坊之间有保证张圈村庄内部的秩序井然、遵守保长和各个家长共同制定的规则的义务。同时，张圈的居民还要共同协助村庄的公共事务，例如修路与修桥，建筑堤坝，以及在非常时期的巡夜和武装对抗出丁；而在亲戚和朋友之间则需要在红白喜事各类活动中抛头露面，提供帮助。

（二）对外日常交往关系

邻里之间关系十分融洽，邻居们之间有共同利益。例如共同防盗匪，在农业生产中互帮互助，李家有紧急的事情或者邻居家里需要人手可以互相帮助，既可以卖邻居一个人情，也可以从中获取互助的利益。平时过年过节，李家会专门派人邀请邻居参加，大家一起吃吃饭，拉拉家常，交流感情。邻里基本上是平等的。

街坊之间的关系也很融洽，地邻、亲戚和朋友之间，或是有生意往来，或是有实际利益的牵扯，又或是有情感作为纽带，因此和李家的关系都很好。

从张圈李家人的交往范围来看，主要有以下交往关系：

一是李家与整个村西李家。这些李姓人同为一族，大部分人还没有出五服，血脉很近，因此关系较好，从最初四院落户，到发展开来，这些李家人靠的是内部团结，对外也是"以和为贵"。同为李姓人，祭拜同一祖先，死后埋在同一片坟地，平时按照辈分相互称呼，相互亲热。其他几户不在五服之内的李姓，也对李家十分友好。

二是李家与村东张家。李家最初落户就与张家老人相互照顾，双方发誓和睦共处，世代修好，在有限的界限下，相互约束好自家人，在一个村庄内相互帮助，即使年轻人们发生了矛盾，也会有老人去调和说事，因而没有发生大的矛盾。

三是主顾交往。李大河在母亲李孙氏的极力推荐下，跟着亲戚进入州城铁匠铺打铁。刚开始他只是跟着铁匠帮工搭把手，慢慢地也开始接触到一些手艺。但是由于打铁是一门生存技艺，铁匠轻易不肯把里面的精髓传人，而李大河态度也不是很端正，学了一些皮毛，可以应付一些简单的铁具的打造便不想深入学习。李大河虽然不是铁匠铺的掌柜，但是铁匠在汶上县还有自己的店铺产业，有的时候那边有大的买卖，汶上当班的伙计就来通知，然后铁匠会带着自己店里几个伙计到汶上做工，少则十天半个月，多则一两个月，这时候就会把店铺交给伙计李大河和郑玉齐两人共同管理着。李大河也算是半个掌柜,年轻、机灵、讨人喜欢,主雇关系比较好,顾客们来到店里,一般都要客客气气地请,不会吆五喝六地逼迫,不然得罪了铁匠,就会在卖的铁器里使坏心眼。所有的铁器均一律明码标价,有明确的价值,相互之间不讨价还价,主顾关系良好。

(三)对外冲突和调试

1.对外冲突的单位

在处理对外冲突时最基本的单位是家户,而处理对外冲突的代表人正是当家人本身,其他家庭成员只有在当家人有事不在的情况下,而且是确实发生了十分紧急的突发状况,不得不做出决断的时候,以保证李家和村民的生命财产安全为目的,才能进行自卫。例如,红枪会曾经在1926年4月6日,组织红枪会会众暴动,攻击州城。红枪会原本是农民群众的自卫团体,因所用的长矛上系着红缨而得名。在东平县安宫道义会首领的发动下,红枪会蜂拥攻击县城,漫山遍野。其中一支从西张圈经过,部分会众转而袭扰周围的村庄,此时李家的当家人很快收到了村里的通知,村里勇武的小伙子们自发的组织起来,保护自己的村庄,大约有四五十人,手持长枪,就在村庄门口守卫。红枪会袭扰了一阵子,没有接近庄上。

2.处理冲突的边界

在处理对外冲突上,家户的利益永远是第一位的,以家户的利益为核心来处理周边的邻里关系、地邻关系、亲戚关系以及与外村人之间的冲突。如果在这个过程中,家户的整体利益侵害了个人利益,也要以家户的利益为主。例如,李大仁与三官庙保长的儿子交往密切,这个保长的儿子想要和李大仁一起跑商,贩卖粮食,李大仁欣然应允,并且央求家中买一头拉货的小牲口,这个牲口是三官庙的牲口。但是李家当家人在知晓情况后,坚决要他同对方终止合作关系。在这时候家长几乎全权处理家户的冲突,而外人无权干涉。

李家的邻居、街坊、地邻和亲戚之间,因为存在复杂的血缘、地缘关系,都没有同李家发生过冲突,朋友之间也是以和为贵,相互帮助,真的有一些利益纠纷,也很难说道清楚。李家只与流寇发生过冲突,对道门、日伪军队李家都不敢接触,这些冲突均是危及李家人生命的大冲突,应付不了。只能由当家人亲自处理,首先是前面说过的红枪会攻城,双方进行过对峙。此外,是流窜到此的溃兵乱匪,曾经在周边抢劫村庄,再次是日伪军在曹子良的带领下,挨家挨户抢粮,殴打百姓,其中一名刘姓村民与伪军顶嘴当场被围殴,张圈保长看不下去与伪军理论,结果被多名伪军绑在村头大树上,结果张圈年轻人也比较勇武一起闹起来,李家的年轻人也卷了进去,把伪军的枪给卸了,仗着人多把伪军给痛打一顿,打得伪军都挂了彩。年轻人们打完人也感觉事后追究起来,为自己的性命堪忧,等到敌人反扑过来谁也跑不掉一准被枪毙。当时李大河被吓哭了,几个小伙也都泄了气,一家人急急慌慌,不知道怎么处理。巧合村西头的堤坝那边来了八路军的游击队,村里面有人去报告村里的情况,后来有二十几个八路军把伪军给截住,当场就枪毙了这几个伪军,所以事情也得以圆满的解决。

第四章　家户文化制度

　　家户文化中蕴含着独有的文化特质，这种特质在塑造家人性格、影响家人方面发挥作用。李家有一整套家规家法，注重勤俭节约，讲究积少成多，形成了朴实而又灵活的家户文化制度，历久弥新，不断发展。家长李大义通过教育的方式，潜移默化地影响其他家庭成员的行为选择，正确的事情进行奖励，错误的事情接受惩罚，让每一个家庭成员作为家庭的一分子，塑造共同愿景，一起创造美好生活。李家人信奉祖先和碧霞元君，重视节日习俗和文化活动。

一、家户教育

(一)重视读书

　　1947 年以前，一家人的教育水平较差。爷爷、奶奶、父母以及兄弟姐妹，都没有上过学，大哥李大本断断续续读过两年书，也只不过是认识几个字，其他人最多上过识字班。这种情况并不能说明李家不重视教育，而是生活条件不允许。李家祖上多代人均为国子监的学生，世世代代都养成了博学慎思、尊重教育的好习惯。不仅仅是家中的孩子必须接受教育，婚嫁迎娶的女人均为大家闺秀，出自书香门第，也都读过书。最早的李家由于"算子李"而得名，连朱三太子都在家中做过私塾先生。家庭成员均为五岁六岁之间开始在私塾读书，但这并不意味着孩子只有到五六岁才能接受教育。事实上，家庭中父母给予的启蒙教育从三岁左右就开始了。在私塾中读书学习，以三年为一个阶段，而对于一些女孩子要求则比较低，只要求识字就可以，一般上到了三年，就不会再读下去。家中的一些男孩子读的书比较多，有的时候还要参加科举考试，所以就算读个十多年也是比较正常的。

　　李家最近这几代人均为穷苦人出身，是地道的"泥腿子"，温饱问题都没有解决。因为李家的孩子需要过早地考虑生计问题，为吃穿犯愁。所以没办法接受教育。但当家人会念叨生活改善后让孩子继续读书。家庭送孩子去接受教育的目的，主要是为了延续书香门第的家风，通过受教育来让孩子们掌握更多的知识，使李家的后人学有所成入仕为官，在社会上立足。这一点深深扎根在每一个李家人心里，每一个李家人对祖上信奉的读书改变命运的人生观深信不疑。

(二)教书先生与私塾教育

　　李家的亲戚李广忠、亲家吴承道是教书先生，这两位教书先生也是李家的本族近人，年龄比较大，学识渊博，都在大户家里教书。为了家中的孩子接受优等的教育，大户吴家会允许私塾中的教书先生带上一两个自家的孩子陪读，李家人的后代李大勋被教书先生李广忠带去读书，学了三年。一般到了上学年纪父母就可以直接把孩子送到私塾去，但女孩子不可以上私塾。去大户家的私塾上学，不需要交任何学费，全部由大户家担负。教书先生本人的吃住由大户家提供，与大户家人同吃同住，一年结束后还会发这一年的工资，教书先生吃住都不用自己花钱，一般在外面的时候，他们出手都比较阔绰，可见大户家对教育的重视。除了教书先生的工资，大户家还主动提供场地作为私塾，全权承担所有的费用，包括孩子们上学所用的课本费用，以及纸笔的消耗。私塾就在吴桃园的城内，离西张圈不远，而教书先生就住在吴家的宅院里。学生最早接触的是《三字经》《百家姓》这些启蒙书籍，在上学的头三年里，主要是学习一些基础知识，学习的内容包括《弟子规》、四书五经等，后面学习的内容就会登堂入室，逐步加深。过年的时候，大户家里的当家人要代表家里的孩子们和父母向私塾老师们拜年，一般都会给他们送些礼物，礼物由当家人决定，作为家人尊师重教的象征，也是希望教书先生能够尽心尽力把李家的孩子教育好。按照规矩，当家人送完礼后，会同教书先生一起吃个饭，教书先生也会私下里跟当家人反映一下家里孩子的学业概况、学习态度及功课完成的情况。在私塾里学习的时间完全由教书先生来定，有时上课的时间比较短，也是因为当天的课业任务比较轻，而有时上课的时间比较长，视每天学业任务的轻重而定。李广忠的年龄大了，主要是吴承道去教书。亲家吴承道地位比较高，喜欢喝酒，大户家给的钱大多都换酒喝了，在他之后，李家大字辈就再没有人读书和教书。

（三）学校教育

明朝和清朝时期，李家有很多人都在学校读过书，通过层层选拔，参加乡试、会试，有数人在国子监里读过书。国子监是全国最高的学府，在国子监读书，开拓了李家人的视野，让李家人有机会结交来自全国的名门望族，也为李家人赢得了声望。家里的小孩子一般都在私塾里读书，只有完成私塾学业，受到教书先生认可和准许，统一上报给家长，由家里资助到外面去读书。而到了中华民国时，家中青黄不接，虽然已经出现了新式的学校教育，但是李家没有人能去读书。

（四）教育的家户单位

小时候家中孩子的教育主要还是来源于家庭，俗话说"三岁看小""七岁看老"。因为在孩子的启蒙思想中，家庭本身的教育占了绝大部分，在这个阶段孩子的性格和人生的观念，已经逐步成形，爷爷、奶奶、父母，都会教育自己的子孙做人做事的方法、家规家法，也会教育自己的孙女，一些基本的礼节性上的东西，最开始只会教一些做人的基本的道理，要先学会做人，再学做学问。稍微大一点了，才会讲授一些知识上的东西，向私塾教育过渡。再大些，父亲则会教育孩子一些生存之道和经营之道，而对于女孩母亲会教育一些针线女红。不同辈分的人，对孩子教育的侧重点会有所不同，例如老一辈的人们，站的角度高，会向孩子传授一些做人上的大道理，听起来就像一些大道理似的；而孩子的父母，则会具体地讲一些实际操作中遇到的问题。男孩和女孩因性别所受的教育也大有不同，男孩所受的教育主要是作为家长的一些经营之道，灌输的都是对于社会的担当和责任，女孩所受的教育主要是为妇之道，灌输的是对家庭的奉献和恪守。其他亲戚到了家中，也会教给孩子一些知识，但是这些知识更倾向于一些技能化的东西。同龄人对于孩子成长影响较大，孩子们的模仿能力天生就比较强，会竞相去模仿同龄人，不过和家庭相比，亲戚邻居间同龄人对于孩子的教育作用要小于家庭。

（五）家教与人格的形成

父母亲以及其他家人的思维方式与性格，会在孩子成长的过程中产生重要的影响，孩子天生的效仿能力就比较强，父母作为每天生活在孩子身边的一个榜样，最先受到孩子的模仿。例如李家人在侍奉父母的时候，则会刻意让孩子们看到，无形中给孩子们上了一堂有关于孝顺的教育课。比如父母们对担任过教书先生的李广忠和吴承道都表现得十分尊重，教书先生很少回本庄上来，属于威望很高的人，所以在教书先生指责孩子的时候，没有人敢和教书先生顶嘴。和平时期的生活环境，对孩子能够产生积极的影响，使得孩子会比较外向；如果家庭受到外界的压力比较大，例如战争期间，孩子一般都会比较内向。例如李家的前几代人，性格都比较外向开朗，而到了中华民国以后，出生的几代人里，性格都比较内敛。关于做人做事方面的道理，首先是从父母那里学到的，当孩子犯错误的时候，家长绝对不能包庇，一定要及时教育，如果父母做不到或做不好，当家人就会站出来，替父母对孩子进行教育。而孩子从小所学到的风俗与习惯，也有相当一部分是从家庭中学到的。另外还有家中的亲戚、朋友们通过讲述故事的形式教育孩子，每到过年过节，也经常听到家里人讲一些历史，长辈们进行的一些特殊的活动，也使得孩子们耳濡目染。

李家人坚信"勤劳致富"，反对懈怠和慵懒的风气，对懒惰深恶痛绝。好吃懒做的李大本则是一个特例，作为第三代孩子们私底下的反面教材。李大本一直到年老了还参与家中琐事，喜欢指手画脚，但是由于他是当家人李大义的哥哥，其他人拿他没办法。李家的土地都来自于家人加倍勤劳的付出、努力耕作的结果。同时，李家人也认同"家和万事兴"的观念，认为人才是根本，家人是家产的核心，唯有家人都团结在一起，才不会被外人欺负，财富亦可越聚越多；而没有家庭的和睦，有再多的财富，也会有挥霍一空的日子。家庭是每一个李家成员安身与立命之根本，家庭成员在遇到困难的时候，首先要想到的是家人，也唯有家人才会鼎力相助，成员才可以离开家庭独自生活。作为一个个体，一个人毕竟势单力薄，在社会上遇到了什么问题，自己难以克服。

(六)家教与劳动技能

家人会教小孩子些劳动技能。李家以干农活为最主要的生存技能，土地是李家的根本，李家人以后都要安排和经营家庭的土地，需要对各种生产活动十分熟悉，对气候节令、土质、土壤都有一定的了解，男孩子对种地的技巧必须掌握。其次还有外出贩卖粮食的活动。女孩子要学习针线、女红。关于农耕的知识均为一代代相传下来的，是从以往的生产经历中筛选总结出来的。一般教给孩子劳动技能的均为孩子父母，由父母亲自的教育。女孩子的家务劳动，不单是从母亲那里学到的，而且邻居几个年龄差不多的姑娘都会聚集在一起做活，互相学习。

女儿在出嫁之前必须要学会织布、纺线这些基本的技能，要是女孩子不会做这些家务活，嫁入夫家之后，会被别人觉得很无能，会被人看不起，娘家人也会觉得丢脸面。如果小孩子不学习相应的劳动技能，长辈会进行批评。

(七)学手艺

孩子可以学习一门手艺，学手艺是人们所看重的一项技能。人们认为有一门手艺就可以讨口饭吃，所谓"技不压身"，一个人掌握的技能越多，可以选择的生存手段就越多，生活得就越好。但是学手艺的代价较高，一方面要花钱请师傅，一方面要投入很多的精力去学习，这都会影响到整个家庭的收支平衡，以及家里农活的进度。因此，学习一门手艺，只有较为富裕的家庭才学得起，一般家庭只能学一些简单的手艺，混口饭吃。学手艺在李家不是必须的事情，而且手艺属于手艺人的绝技，很难学到，一般要用重金来请。普通人家学习手艺是为了生存，李家人学习手艺出于不同的需要,李广烈学过木工活,能够打造简单的木工艺品,属于自己的兴趣和爱好,还能够自己制作毛笔;而六子李大河被派到县城做铁匠,学了一些打铁的技术,虽然学的是皮毛,但可以帮师傅打打下手,挣了很多钱,是为了给家庭增加更多的收入。

二、家户意识

(一)自家人意识

在李家人的观念中,对于自家人和外人的区别有以下三种:一是在最狭隘的观念中,自家人指的是父母、妻妾以及孩子这些有着直系血脉关系的人,离开这几个血亲以外的人均为外人。二是在张圈村庄内部来看,整个李姓算是自家人,李姓以外的就算是外人了。三是按照比较宽泛的李家概念来说,凡是李家族人,都是自己人,不属于李家关系范围的均为外人。对于自家人和外人这两个概念来说,最大的不同之处在于资源的配置顺序。资源是有限的,有限的资源就会面临配置问题,那么在资源配置的时候,必然是优先自家人,自家人享用完后,才能给外人来享用。自家人的概念当然是相对的,在不同的范围里,自家人的范围也会变化,在张圈这个范围内,不仅自己的家庭成员能够算得上自家人,叔叔伯伯们也算是自家的人,以及出嫁的姑姑和姑父,舅舅、舅妈也算是自家人,出嫁了的女儿、分家了的兄弟,也都算是自家的人,所以在这个范围内是以血缘的远近来区分自家人与外人的,不在于居住的远近或平时联系的多少。

如果家庭成员不听从家长们的安排,被父亲赶了出去,这样的人就不算自家人了。以自家人为中心,形成了以血缘为纽带的家庭集体,同样具有排外性。即使是有血缘关系,曾经被看作自家人的一分子,做了背叛家族或是背叛家庭的事情,自然也不会被家庭成员认可为自家人。自家人首先需要维护家庭的利益、维护家庭的团结。

而对"外人"这个概念,最简单的区分就是外人和自己不是一条心、一根线,双方的利益密切程度不如一家人那么紧密,不属于同一个利益共同体。而且李家人认为,自家人与外人容易在两者的边界上面发生纠纷,外人有可能会侵犯到自家人的利益。外人并不可靠,很多事情不能跟外人去讲,如"家丑不可外扬",家底不可向外露,对外人亦有一定的防范心理。外人是绝对不可以介入自己家的家事,外人永远是外人,家事是家庭成员之间的事情,如果谁借助外人来干预自己在家里的事情,定会遭到其他家庭成员的反对。但是李大本作为村庄的公道人,甚至是非官方的治理权威,邻居们需要他出面调解时,可以介入外人的家庭事务,例如邻居家发生矛盾,李家人有时会出面去管一管,如果邻居与别人发生矛盾冲突,或者是村上的佃户们,或者是李家远亲,李家会派一个代表,从中进行调解。亲戚家的事情和邻居家的事情,又不一样,亲戚家的事情可能会比较复杂,李家人需要根据情况再介入。与自家人交往时可以"掏心窝子",与外人交往的时候却需要注意防范,老话说:"害人之心不可有,防人之心不可无",而对于自家人来说,自己的缺点和毛病都可以包容,所以可以无话不说,不必担心对方会过河拆桥,或是落井下石;而对于外人的话,就一定要掂量一下,说话要注意影响,平时打交道的时候,也需要多加小心。

(二)家户一体意识

1.家人的相互扶持

在家庭还没有分家的时候,两个兄弟会在生产生活上相互帮助,妯娌之间也都会互相帮忙。双方生活在同一个大家庭里面,同一个大锅里抢勺子,同一个屋檐下起居,就需要一起维护大家庭的利益。如果家庭中的任何一个成员被欺负,大家都会觉得,欺负某一个家庭成员实际上等同于欺负整个李家人,根本不把李家放在眼里,因为每一个家庭均为一个整体,而并非单个的个体。每个李家人都觉得受到了侮辱,一家人都要联合起来,一定要讨回个公道。如果有人患上重病,分家之后,没有了劳动力,当家人会格外照顾,分配房产田产时,也会多分配一些。家庭内部家人的相互扶持,有利于整个家庭重新整合资源,更好的发展家庭关系,更好地解决家庭面临的实际问题,取长补短,维护家庭内部的稳定性。

2.家人的共同目标

发家致富是一个长期的过程,不可能一蹴而就,一定要勤俭节约、通过积累买田置地。意外之财也不可能会随意降临,即使真的有也不是自己的财产,守不住。家里的每个人都要为家庭的发达致富全力以赴。只有大家庭发达,家庭的成员才会跟着"沾光",生活水平才会变强,家庭富裕是家中每个人的愿望,也是每一代李家人、每一个家长的奋斗目标。每一个家庭的成员都希望能够光宗耀祖,给自己的家族"长脸",最简单的做法就是继承家庭积德行善的传统,保持良好的家庭名声。不仅家长在平时会灌输这种思想,家中的每一个成员也都会强化这种观念。小孩子们也需要多做善事,不能够有坏心眼,长大了之后危害社会和家庭,但如果将来小孩子不能够飞黄腾达,那么只要求孩子,不要走歪门邪道、旁门左道。家里小孩子将来通过了考试,做了官,就算是光宗耀祖了。

李家人的共同的生活目标就是希望能够再添三十亩地,更好地维持生活。同时希望家庭人丁兴旺,人才能够辈出。家庭生活发达了以后,每一个家庭成员都会从中得到更好的发展,而每当逢年和过节,家庭在祈福或者拜神的时候,还要保佑家里面的所有成员,身体可以平安健康,而家里的人外出都是吉星高照、一切顺利。

(三)家户至上意识

1.同心同利

李家认为,个人是家庭的一分子,每个人都是不可或缺的,共同组成大家庭。如果家庭不完整,个人的利益也会受损的,"危巢之下,安有完卵",因此成员在考虑事情的时候,尤其是涉及家庭荣誉以及影响家庭名声的事情,都需要优先考虑家庭,而不是考虑自己,个人的利益应该让位于集体的利益。例如家族想在靠近河沿的地方征用一块土地,而这块土地恰好属于家族中的某一位成员的私田,这位成员最后主动拿出私田,交给了李家大家族使用。在整个大家庭中,家庭的利益无疑是最重要的,都在家里成员中没有任何的疑问,孩子们还在小的时候就被家长教育,不管是孔融让梨的故事,还是"兄弟同心,其利断金"的言论,都让整个家庭的成员养成了一种集体生活的意识,先有整体,才有整体中的个人,离开了家庭这个整体,这个家庭成员失去了土地粮食的供给,没有饭吃;失去了房屋的居住权,衣不蔽体;失去了其他的家庭成员,孤苦伶仃,无依无靠,这些情况都导致一个人无法在离开了家庭之后再生存下去。

同样的道理,在家庭中的每个家庭成员都必须为家庭的发展做出贡献,使得家庭向更好的方向发展,而不是拖累整个家庭。李大义、李孙氏生了病以后,往往会非常自责,不希望自己的身体影响到地里的农业生产,更不希望因为自己生病,家里还要掏出钱来为治好病而破费。对某一个家庭成员来说,最亲近的人都在这个家庭里,不仅是双方有血缘关系,更重要是,家人们同居共财,具有很强的传承性和关联性,一起面对着人生的种种难题,有着在世的恩情。所以在家长带领下,所有的家庭成员都会按照事先做好的计划共同发力,共同创造更加美好的家庭生活。

2.个人让位于家庭利益

当家庭的利益与个人的利益发生冲突时,李家也会为了家庭的全局利益,而放弃某个人的利益,例如李家李孙氏将自己的干女儿李吴氏嫁给了一个富裕农户的儿子,在嫁婆的过程中有违她的个人意愿,但是为了李家大家庭的利益,必须这么做。李吴氏不想很早结婚,而且和对方没有见过面,全都凭借着李家做了主。虽然她向母亲李孙氏表达了不满,但是最后家人们都一致同意这门婚事,对方为人还算正派,而且家庭殷实,双方家长此前关系密切,通过这件事可以亲上加亲,因而最终还是促成了这段姻缘。李吴氏到了男方家中后,情况要比自己想象得好,男方较为老实,家庭条件不错,慢慢地她也接受了这个家庭。家庭成员也可能会有私心,在遇到选择的时候首先考虑的是自己的利益,这样就会被全家人一起批评,而这种行为如果惹怒了当家人,当家人可以直接下命令分配,为了照顾整个家庭的利益。作为一名称职的家长,考虑事情必须站在整个家庭的利益上,其他家庭的成员也要为整个家庭建言,以家庭为重。

(四)家户积德意识

李家有非常深厚的行善积德以造福子孙的意识,李家人平时就善待农民,收留穷人,管吃管住,而且李家人还热衷于说媒,为庄上的残疾人、病人都讨到了老婆,竭尽所能做好事。李大义认为行善积德会得到好报,他认为做了坏事会遭到报应的,做好事不仅会一家人都有福气,而且自己的内心也因此十分舒畅。俗话说"不做亏心事,不怕鬼敲门",久而久之,在李大义的身上,就形成了一股浩然正气。大家都认为李大义是一个"堂堂正正的男子汉",受到周围邻居的尊敬,这与积德行善有关系,积德行善,为家人留下了好名声,在村庄内外,人们都争相来维护家庭的名誉,一提起李家人,大家都赞不绝口,一传十、十传百,家里的儿子特别好找媳妇,女方家看重人品,对于这么好的人品,争先恐后,而媒人又与李家相识也是尽心尽力,这样虽然李家的家庭并不富裕,但是家中的孩子说媒成亲却比较容易,这也是家里一直坚持积德行善的理由之一。

当年庄上有一个残疾人,生活比较贫苦,家庭困难,再加上自身条件不好,没有人愿意嫁给他。李大义是远近闻名的好人,做事情比较公正。这个事情本来和他完全没有关系,但是他不这样认为,他认为庄上有娶不到媳妇的光棍汉,一庄人面子上都不好看。于是他就奔走在十里八乡托人询问,看哪家有到了结婚年龄的姑娘,就会到人家家里说。女方家庭一般不只看男方家庭条件,首要看的是男人的性格,一定要老实本分,而有了李大义亲自牵桥搭线,以他高尚的人品作担保,很快邻庄上有一个家庭表示愿意。他家的姑娘年轻貌美,身体健康,也表示愿意嫁给这个残疾人,二人组建了家庭。

李家的老人不作恶、不杀生、不搬弄是非、不传播口角、不苛责佣人、不欺生,与此同时还行善、信奉泰山主神、扶贫济困、救助穷人、团结庄户,还教育后人积德行善。老人们也会积极地参与组织家族内的公共事务和村庄内组织的公共事务,比如修建水利设施,增强村庄的防御等。打井、修路、祭祀等之类活动,老人们也都会积极的配合保长,组织村中的年轻人干活出力,老人们信奉善恶皆有报,积德行善需要从平日一点一滴地积攒起来,不在乎钱财的多与少,而看的是长期的坚持,老人相信所做的事情都有相应的报应。但是这些报应可能不会立刻出现,却一定会作用到自己儿女及后辈们的身上。祖先积德行善,上天保佑,李家的后人才能兴旺,所以接济穷人的善举恩荫后代,老人们积德行善以福泽子孙,希望子孙能得到上天的庇护;而对于没有道德、恃强凌弱,或是心眼极坏的人,早晚都会遭到不好的报应。即便现世遭不到报应,也会在子孙后代身上显灵,而一旦这些人现世就遭到了报应,就会被家人当作反面的教材,来教育孩子,不要做亏心事。

东平有一户富裕的农户,仗着家中有几杆枪,不仅虐待长工,还殴打邻居,平日在村里面飞扬跋扈,后来被村里的几个毛贼,勾结作乱的土匪,把富裕农户的家底信息透漏给了土匪,招引土匪来打家劫舍,这户人自以为平常可以吆五喝六,土匪杀来还大胆招呼左右邻居,意图一同抵御,这更加惹恼了土匪,本来只是打算谋财,变成了直接害命,村民因为看不惯他为富不仁的样子,没有一个肯站出来帮他的人,最后土匪将其挂在马的后面,拖行而死,家中的财产全部被劫掠一空。李家人认为这属于平常作恶的结果,李家的强大与其家人一直积德行善是分不开的,相当于"得道者多助,失道者寡助",不仅十里八乡的农民,就连周围的富裕农户,都知道李家为人很好,其家人做人老实厚道,名声很好。

三、家户习俗

(一)节庆习俗的概况

1.重大节日习俗

(1)春节习俗

在长江以北的北方,过春节是一年之中最为隆重的传统性节日,民间都称之"过大年",在村子里,由于人们贫富悬殊很大,于是有了"富人过年,穷人过关"之说。李家这样的穷人家庭,每年春节都是家中一道坎儿。从进入腊月开始,家里的男人开始彻底的打扫房屋,各人打扫各屋,院子则是谁方便谁打扫一下。当家人李孙氏给家人们置办新衣和年货,会让李大义主要负责置办;而家里的女人们,以李吴氏为首掌主勺,李张氏,李牛氏在一旁帮忙,打下手,女人们负责蒸干粮、做菜肴、煮肉、炸丸子,备足了节日期间的食物。过年期间厨子不够用,也会在村上请人。出门在外的李家人,节日以前要赶回家中过节。临近除夕的时候,杀头年猪,一家杀一头猪,煮肉腌制起来,用来招待亲戚朋友,"二十八贴窗花",到了"三十中午贴对联",家人们在门口贴上春联。灶王爷是每年除夕请的,在灶台旁,贴一张灶王的画像,临近过年了,集市上专门有商贩出售这些东西,在腊月二十三小年的时候,按照老人们的说法,世间的神灵都要上天去汇报一年的工作,农户都要摆供。供品当中要有年糕之类的食物,作用是可以粘嘴,是说要粘住灶王爷的嘴,不让他在天上乱说话,李家人十分虔诚,希望得到天神的赐福。

小年的晚上摆供,送灶王爷上天。农历腊月三十的下午,家家摆好神主楼子,举行敬神祭祖,点上香火,点香后从街道走向祖茔,请祖先们回家过年,过程中香火不能熄灭。到祖坟上磕头祭拜,去祖坟上的都是男性,但是当家人除外,由当家人先磕,年轻人再磕,一般都是磕三个头并唤"老爷爷老奶奶回家过年了!",回家以后把大门口放上一节秸秆给挡住,不让别家的鬼魂进入自家的家门,并把香供在"神主楼子"前,祭祖需要上供,通常是家中的家长摆供,然后上香,女性是不能参加。焚纸的时候,家长下跪来磕头,之后晚辈再依次磕头、祭拜。大年夜,家里所有房间灯火通明,俗称"照厅",有一些忌讳,位于八仙桌两旁的椅子,一直持续到正月十五"送走老人",都不能再坐人。家中人不可以闲言碎语、说脏话,家中的瓜果饭菜都要先上贡才能吃。放鞭炮,上香供神,全家一起吃团圆饺子。饭后也不再串门,而是全家团聚一起"守岁",家里人特别是孩子要穿新衣、戴新帽,由长辈给晚辈"压岁钱"。正月初一时,晚辈给家里的长辈拜年,而正月初一这一天只给本家、同族和同庄长辈、大年初二之后去给亲戚拜年,"初二走姥娘家,初三这天走姑家,初六的日子走新亲戚,远亲则要走到正月十五"。只去辈分较高的人家中拜年,辈分高的人只在家中候着不走动,来拜年的进入堂屋需要按辈分顺序给长辈叩头,挨家挨户按辈分顺序前去拜年磕头,向比自己辈分大的人叩头。大年初一不扫地,图吉利大人和小孩自除夕夜起即不许说一些不吉利的话。正月十五,当家人唤道"老爷爷、老奶奶,年过完了,你们回去吧!"呼唤一路直到送回祖坟,"送老祖"后,各项禁忌才能解除。

关于拜年,还有一些规矩。正月初一,不能"玩窝子",即赖床,早上起来穿新衣、戴新帽,关键是"新",象征着新年新气象。晚辈给长辈拜年,拜年的时候要行跪拜礼,向长辈磕头,长辈就将自己提前准备好的红包给晚辈,晚辈也分远近,如果是自己的至亲,则高兴地收下来,如果不是至亲,但是在五服之内,可以推脱一番,根据情况决定要不要。正月初一只给本家人和本村人拜年。大年初二以后去给亲戚拜年,前面也有提及,拜年只去辈分高的人家中拜年,即晚辈给长辈拜年,没有长辈给晚辈拜年的情况。人们在堂屋铺上一张草席,晚辈们进入堂屋,要按辈分顺序,跪在草席上,给长辈叩头。随后挨家挨户按照辈分顺序去拜年,向比自己辈分大的人叩头。

同族人各自去族里们亲人家拜年。一般先去同族那里寒暄几句,说些吉利话,相互祝福,再去村里其他比自己辈分高的人家拜年。大年初一这天要上供,供天老爷、玉皇大帝、财神、灶王爷等,条件允许的话,祭祖时先放鞭炮,一是诏告天下天地,二是辟邪。全家吃素馅饺子,企盼一年"素静",是说人们生活平平安安,四平八稳,没有大灾大祸,不给家人们添加麻烦。饭后,街坊邻居互相登门拜年,全天都在做这一件事情,可以看出人们对人情关系的重视,以及看重节日仪式。大人小孩从除夕夜起就不许说不吉利的话,直到出了正月。

(2)元宵节的传统

元宵节是春节的一个延续,节日最有代表性的食物是汤圆(元宵)。正月十五开始就是元宵节,但是庆祝活动从正月十四就已经开始,张圈庄子小,元宵节的活动均为附近几个村庄一起组织,也开展诸多活动如闹元宵、逛庙会、丑角踩高跷、舞龙灯、放鞭炮等,李家的年轻人们都十分感兴趣。元宵节一到,意味着年已经走远了,年味淡去,新的一年开始了。家家在庭院里、院门前挂上灯笼,非常的热闹。过了元宵节之后,村民、佃户就要开始继续去耕地、做工,吃顿饱饭,是在新的一年干活前的娱乐释放,元宵节活动的费用,由附近几个村庄的保长共同支付,张灯结彩、请来舞狮子的队伍和踩高跷的几支队伍,要给赏钱,不可以让这些手艺人到别处去说张圈人小气、寒酸。

赏灯活动在当地很流行。比较大的有州城的灯会和吴桃园的灯会。在大户吴桃园村中央会扎起一座高台,高台上悬挂着各式灯笼,层叠在一起,就像灯山一样,周边的村民都去了。在这个时候,张圈的李家人也会去看看,在村内的各个街道上,两旁各悬挂有一行长龙似的灯笼,一般村民会在自己宅院内也要挂两个大红灯笼,挂灯笼要成双成对,不能挂单个的。相对富裕的吴家,宅院内则会张挂更多的灯笼,从内院绵延到了外院、厅门,长廊都挂着灯笼,由专人看管确保灯笼不熄灭。灯笼上绘制有各种各样的图案,大多是吉祥的飞禽神兽、寓意富贵的花草,还有的灯笼上描绘着精彩的历史故事、历史人物。到晚上,吴家的家丁们点燃灯笼内的蜡烛,灯笼要挂一夜,家里人要在外圈走动,以确保灯笼不会熄灭。赏灯的时候还会有猜灯谜或者诸如此类的活动,男女老少在街道上观看、玩耍。

(3)清明节的传统习俗

鲁西南地区一直是尊重祖先,敬重鬼神,李家在李孙氏的带领下,也一直很敬老尊祖。清明节是祭祀祖先的节日,是对祖先的缅怀,会进行扫墓踏青之类的文化活动。清明节这个时候冬去春来,后人要到祖先坟前祭奠、修缮,一般是李孙氏让李大义去坟上看看,垫垫土。清明节前期,后人要到坟上,给坟墓铲除杂草、添加新土,放上祭品,还要焚烧纸钱,举行个简单的祭祀仪式。没有子孙的香火祭奠的坟墓,伴随着雨水冲刷、风吹日晒,坟头越来越矮,最后有可能消失。有香火祭奠的坟墓,每年都会有人持续添土,所以坟头的高度不会下降,常常放置各种供品、奠酒,以表示对祖先的怀念。李家在张圈有专门的坟地,坟地没有专门的守墓人,均为自发的四时打扫上供,不存在坟地被破坏侵扰的情况。李家的当家人要在这一天早些时候,先到宗族里,代表自己的分支,在李家族长的带领下,同家族的族人一起,祭奠李家始祖,随后返回张圈,祭奠张圈分支的祖先,当地人一般会仅祭祀自己五服之内的祖先,祭奠上坟时会先给与自己血缘关系最近的祖先,如爷爷辈开始,摆上各类祭品,再按照血缘关系远近,依次给其他的祖先摆上祭品。照例摆上祭品后,当家人焚香、烧纸。

上坟时也有一定的顺序,根据血缘关系的远近来决定祭祀的先后,先给与自己血缘关系最近的祖先摆祭品,再按照血缘关系的远近,依次给其他先祖摆上祭品。西张圈的村民一般只祭祀自己数代之内的祖先,称为"五服之内"的血亲,出了"五服",血缘关系就比较淡薄了,五代之外的祖先很少有人能够记住,因而五代以外的长辈不便祭祀。也有很多家族有老墓田,里面埋葬着多代祖先,在上坟的时候,会在老墓田里摆供。去上坟的只能是家中的男性,女性不可以到墓田去,女性上坟显示出对祖先的不尊重。出嫁的女儿如果去自家墓田上坟的话,会被认为是不吉利的现象,不被允许。小孩子也不能去上坟,按照老人们的迷信说法,小孩子的魂魄不旺,容易被鬼魂上身,魂魄会被勾走,看到不该看的东西。

西张圈李、张两个大的姓氏都有自己的祖茔地。墓地不能买卖,这里安葬着祖先,有墓的土地不出租,自己耕种。不容亵渎。孩子的墓是小的,三岁以下夭折的小孩墓是平的,每一年子孙后代前去上坟,都要在坟上添土,因为随着雨水冲刷和风化,坟头上的土会越来越少。当地在寒食节时,子孙后代要去上坟添土,所以有后代上坟的坟墓不会变小。没有后代或者无人上坟的坟墓也会越来越小,只有家里有后代,而且四时来祭奠的坟头才较为整齐,其他村庄里的人或者路过的陌生人,看到以后都知道这家是有后人照管的,所以不会对坟墓做什么出格的行为,坟墓的主人家知道了,对于侮辱祖先的行为是坚决斗争的态度,不会善罢甘休,但是对于坟头矮小,最近都没人上坟的坟头,要么是家中没有后代,要么是家里人因为逃荒或者打工外出,这样的坟头别人也不珍惜,三五年下去坟头就填平了,再寻找坟墓也找不到了。

(4)端午节的风俗习惯

在农历五月初五这天是端午节,端午节是祭奠屈原的节日,需要提前让家里的男人去河堤上采集粽子叶,交给大儿媳李吴氏做好节日的准备。这一天一家人们要包粽子、吃粽子、吃用艾叶煮的鸡蛋,家家户户的门口放置新鲜的艾草,每家都用艾叶做香包,用意是驱虫和辟邪。艾叶还能用于泡澡,如果小孩用艾叶泡水洗脚,寓意一年到头都不会被灾病上身。端午节的时候,李家人都起得很早,起来之后点香炉,连房间、院子内都被香烟缭绕。端午节的时候,李家会让厨房包粽子。厨房包粽子必须提前一星期准备,李家人多量大,到了当天由当家人再分配到各个小家庭中。

(5)"七月半"

村里人所说的"七月半",指的就是农历七月十五,这一天是中元节,又称为鬼节、冥节,人们认为这一天时"鬼门打开",百鬼夜行,需要上坟祭祖先。这一天最忌讳单独外出。祭祖的过程,和清明节祭祖相似,在当家人的带领下,成年男性都要上坟祭祖,但女性和孩子不能参加。上坟时要先给与自己血缘关系最近的祖先摆祭品。再按照血缘关系的远近,依次给其他的祖先摆上祭品。摆上祭品之后,焚香、烧纸钱的时候也要按照血缘关系的远近先后烧纸。

七月半这一天,李家所有的孩子都要早睡觉,不能在外面逗留玩耍,因为根据当地风俗认为鬼门关打开以后,百鬼夜行,阴气太重,孩子阳气不足,容易"丢魂",特别是到了午夜前后,空气静谧,风止不动,随后村中家狗低声哀鸣。李大本小时候就在这个节点被"吓到了",他夜里起夜倒在了院子里,然后高烧不退。李孙氏照看一夜后,不见好转,于是请了村里的"老妈妈",即专门"叫魂"的乡土巫师,才把李大本治好,从那之后李孙氏也叫李大本"铁孩",意思是命硬。

(6)中秋节习俗

农历八月十五是我国传统的节日——中秋节。来源于古代劳动人民对月亮的未知和崇敬,逐渐演变成了一种赏月文化。中秋节又名"团圆节",中秋之夜,当空明月,寓意家人团圆,事事圆满。在外做事的李家人,都要在天黑之前赶回张圈。李家人在院子上放齐桌凳,支起香案,摆上月饼、瓜果和时鲜用来祭月,祭月亮有特别的讲究,李家的男人不能参加,因为月亮是女性的神仙,由女性来祭拜。当天晚上祭月结束之后,女人们将月饼等糕点切成块,分给全家人分食月饼,分食月饼的顺序,是老人先吃孩子们最后吃,这被称为愿月,人们认为吃了月饼,家中消灾除难,团团圆圆的全家人事事顺利。李大义小的时候,家里主要是李孙氏主持祭月活动,李孙氏去世以后,家里主要是李大义的大嫂李吴氏、媳妇李牛氏,妯娌两个共同准备习俗的贡品、主持祭祀,当家人李大义提前购买物品提供帮助,在当天夜里祭祀的时候要刻意回避。

(7)重阳节风俗习惯

每年农历九月九日被称为重阳节,人们认为"九"是阳数,九九重阳即已达到了极致,逐渐演变成了敬老养老的节日。李家人要给老人祝寿、叩拜太上老君。家中年轻的男性便会组织起来,如"遥知兄弟登高处,遍插茱萸少一人"所描述的一般,出门在外的男子,插上茱萸或佩饰香囊,也是一种仪式。在重阳节当天,人们习惯插茱萸,认为可以消难消灾;或佩戴于手臂上,或直接插在头发里。妇女和儿童都可以佩戴,男子豪饮菊花酒,登高望远。女性不能参加登高活动,重阳节的时候,后辈要给父母祝寿,已出嫁的女儿们要提前看望父母,以表孝顺的情义,但不在娘家住宿。

2.红白喜事

所谓红白喜事,实际上包括红喜事和白喜事两种,红喜事主要是结婚生子,是人们传统观念所能理解的喜事,而白喜事则比较特殊,人们认为人的生老病死是自然现象,人固有一死,这是不可避免的"归途",但是由于条件恶劣,能够无疾而终、寿终正寝的人实在是少之又少,大多数人要么死于疾病的折磨,要么死于饥饿、战乱,到了老年十分痛苦。因此,人们认为最终能善始善终、寿终正寝的人均为有福气的人,去世了之后,可以说是死得其所,是非常有福气的,家人们不应该为此而痛哭流涕,而应该为老人的福气感到高兴,所以这种情况也能算作是一种喜事。从颜色上看,结婚的帷帐和衣服装饰以红色为主,象征着喜庆,因此称之为红喜事;而披麻戴孝的衣服、帷帐多是白色,所以称之为白喜事。在西张圈当地人们更加注重的是红喜事,对于白喜事少有讲究,只有个别家里注重这个,而有些家庭甚至连这种礼俗都不是很理解。

以前家中娶妻是包办婚姻,子女的婚姻由父母根据媒人的意见决定。李家娶媳妇找的中间人,均为周围庄子上的明白人,声望很好,水平较高,是属于一个圈子中的人,讲究门当户对,即女方的家庭条件要和李家的家庭条件相匹配。父母双方会经过媒人的牵线搭桥见面,一般都相互了解,家中有多少土地都一清二楚,对于家底一般不需再过问。双方父母以及中人都满意之后,便可双方交换八字。迎娶之日,娶亲的队伍随身带着"青龙贴",用红纸写上青龙,遇见石头,或是水井,就要用青龙贴,贴在石头背上和水井的青石板边上,一直贴到女方家。到男方家里以前,新娘不能让人看,轿子也不能着地,家里有哭嫁的。举行婚礼一般要请男女双方的爷爷、奶奶、姥姥、姥爷、大爷、大娘、叔叔、婶子、姑姑、姑父、伯父、伯母,连同舅舅、哥嫂等,还有左邻右舍、亲朋好友、乡里乡亲以及家族德高望重的人。婚礼后的第二天,新媳妇还要向公公婆婆请安,若是遇到哥哥嫂子,或小姑子、小叔子则也要打招呼,但并不需要主动去请安。三天后回门,新媳妇回娘家。

当家人年龄大了,大约在五六十岁的时候,就开始为自己准备后事了,在生前,就要准备好棺材、寿衣等用品,请人看好风水,坟地也要提前准备好。李孙氏年龄大了,没有受到疾病的折磨,平时做好事,从来不做亏心事,最后善始善终,算是寿终正寝,家人们悲痛于李孙氏的与世长辞,但是也十分庆幸于好人有好报,李孙氏最后的时光里没有受罪。发丧时,用了一口上好的棺材,希望死后不用受苦难,长生极乐,家人要将遗体转移到提前准备好的灵床上"停灵",灵床前要安放供桌、牌位,并点上长明灯,死者的儿孙需要披麻戴孝。丧局还要有一名大总理,是李氏家族的人,入殓前,家人在灵前大哭,尸体入棺时,由长子抱头、次子抱腰、三子抱脚,然后盖上棺材盖。而家庭成员若是非正常死亡,则要看死亡的原因。如果家庭的成员死于战乱,疾病,以及灾荒,可以按照正常的死亡埋葬,但是如果成员属于非正常死亡,如违反家法被打死,作奸犯科羞愧致死,这种死亡是有损家族的声誉,则不得入祖坟,埋葬的时候家人会匆匆埋葬,规格也比较的低。如果小孩子意外死亡,孩子的墓会比一般的坟墓要小,夭折的小孩墓是平的。

(二)家户习俗单元

1.以家庭为单元过节

李家人在过年过节的时候,要以家庭为单元,家庭指的是东西两个院子一起。不管大家庭是否分家,节日都一定要聚在一起,以彰显家族团结,以此交流情感,一家人其乐融融。嫁出去的女儿不可以回娘家过年,只能在婆家过年,若是与男方感情不和,闹到要离婚的地步,才能回家过年。如果亲戚因为特殊情况,有正当的理由,确实不能在自己家里过年的,可以在李家过年,但亲缘关系必须在五服之内。李家人过年的时候,不会去别人家过年,因为过年是象征着团圆,是一年一度的大事情,不仅规格较高,更是一个家庭联络感情的机会,在自己家里和和美美的,不在家里过年的话,就没有了过年的意思,没有了年味儿。如果有的人没有家,例如李家收留的一些穷汉,有些是逃难的人,到张圈庄来本身就一个人,李家给一口饭吃没有被饿死,这些人没有家庭就跟着李家主人一起过年。

过年过节一家人聚在一起吃团圆饭。团圆饭表达一家人生活团团圆圆的美好愿望,不论家庭成员这一年在哪里奔波、平日里互相之间有多少联系,都要坐下来吃一顿团圆的年夜饭。平时出远门的人也必须在过年的时候赶回来吃这顿团圆饭。如果有家人没能回来过节,团圆饭就称不上团圆了,父母老人都会十分牵挂。过年在所有的节日中是最为重要的节日,算是一年的终结,亦算是新一年的开始。

(三)节庆仪式及家长支配地位

1.春节仪式

春节是家里非常重要的节日,极具仪式感,家长的权威支配地位在这里显示得淋漓尽致。春节本身是一个辞旧迎新的节日,逝去的一年已经过去,掀开了新的一页,家长要带领着全体家庭成员,在新的一年里,更加积极地投入到生产当中去,创造更美好的家庭生活,因而在总结逝去的一年的时候,就要在春节的仪式上,向祖先们汇报家庭的情况,以及未来家庭的展望,以此来祈求,祖先的保佑和庇护。仪式一般包括送灶王爷,祭奠祖先牌位,请祖宗回家吃饭,一般是当家人主持和安排,作为一年最重要的节日,当家人直接主持,就显得更加重视,其他家庭成员要围着当家人的安排,参与当天的活动。在春节的仪式中,其他家庭成员是不能代替家长主持仪式活动的,这些活动必须由家长主持,家长因病不能主持的,也必须由代理家长主持,否则是对祖先的大不敬。

2.清明节仪式

清明节最重要的仪式是祭祖,祭祖有两个内容:首先,是清明节当天,当家人要到李家宗族去,由族长带领着各个分支,一同祭拜祖先,这个活动要求每一个分支都要派人参加,而且参加的人必须是每个家庭的家长,只有家长能够代表每一个家庭,达到仪式上的各种礼节。在家族祭祀中,顺序也是有安排的,一般由家族里的执事在现场安排。祭拜祖先结束后,李家的当家人还要回到家中,去坟地里祭奠张圈分支的祖宗,即自己的"老爷爷、老奶奶",家中祭拜,家长必须在最前面主祭,其他家庭成员和后代子孙都从后面跟随家长,以此来保证仪式的次序,不能违反。

四、家户信仰

(一)宗教信仰概况

1947年前,李家成员中普遍信仰宗教,家人的宗教信仰完全自由,只要不影响其他家庭成员,当家人不会干涉。在李家,信仰的主要是道教,村庄很多人信仰的是道教。因为张圈所在的东平县距离道教神山泰山十分近,地区文化受到了道教文化的影响,在民间流传的传说也全部是关于道教的主神碧霞元君的一些传说,而家中就只有老太太一个人信奉道教。家庭成员信奉某教派不需要经过家庭内部的同意,在不影响家庭正常运行的情况下,自己就可以随意处理。同时自家信仰其中的一个教派家族也不会管,邻居和村庄以及官府都是不能干涉的。李家人从信教中得到的积德行善与因果报应,正符合家风中的道德观念,使人们心平气和,减少了家庭矛盾。家中成员并不全都信教,有一些年轻人不信教。

(二)家长宗教信仰

家里的宗教信仰是相对自由的,和家长并没有必然的联系,家长也不会过多地干涉家庭成员的选择,只要不伤害家庭利益,便可以自由选择自己的信仰。但是家长信教,家庭成员出于对家长的信任甚至崇拜,还是会受到一定的影响,会跟着一起信,但这种影响并不是强制的。当家人信仰道教,但其他成员可以信仰其他的一些宗教,也可以不信教。因为宗教只是李家人生活一个很小的组成部分,不是主要部分。家庭成员和家长也有共同之处,即相信除了人以外,还存在着魂魄所在的世界,超脱于人世间,人们敬畏鬼神,既认为世界上存在神灵,又认为世界上存在鬼神,好似正邪两面维持着平衡的关系,又与福报和恶报相互关联。家长不劝别人与自己保持统一信仰,但是也要求孩子们要心存敬畏。李大义从小就被母亲教育"举头三尺有神明""人在做,天在看",不能太过放肆,而李大义的哥哥李大本就不太在乎这些东西,每次母亲教育他的时候,他都表现出无所谓的态度。

(三)家庭成员宗教信仰

即使家长不信教,家庭成员也是可以信教的。对于宗教,整个家庭的约束并不是很强,不必经过家长们的认可。但是信奉宗教不可以影响其他家庭成员的正常生产生活,否则当家人就会出面干涉,家庭成员也会进行阻止,在这种情况下就不能再坚持自己的宗教。李家人虽然信奉宗教,但并不是狂热的宗教分子,整体保持在一个比较理智的范围内。家里虽然有人信奉不同宗教,但并没有给家里带来信仰上的冲突,而对于积德行善的教义均相通,家里人相信不同的神都存在,如泰山老奶奶碧霞元君可以保平安,一家人健健康康地生活;而求子则需要拜观音;如果家里有人考学,则需要拜文昌宫。不同的神之间没有大的冲突,信奉谁就要心诚志坚,祭拜、上香火,从此就能受到神灵的庇护,不同的神灵只要不是相互违背的,就都可以信奉。

(四)家神信仰及祭祀

1947年前,李家供奉的神仙比较多,主要有天地十方的万灵真宰,保平安的泰山老奶奶碧霞元君,镇宅的泰山石敢当,家中的灶王爷、财神爷,与土地有关的土地爷,等等。不同的神都摆放在不同的位置,只是在家中供奉牌位,有的则是一幅画像,分别对应一定的方位。一般年龄越大越相信鬼神,李家老人信奉神仙比较多。一般情况,未成家的儿子还有出嫁的闺女这些年轻人都不信鬼神。平时拜神和过年时不完全一样,平时拜神的规格较小,程序较简单。祭拜家神的时候,要烧纸上香,谁来祭拜家神,就由谁来烧纸上香。信奉神明的目的是为了祈求上天的保佑,讲究心诚则灵,庇护李家的后代平平安安、顺顺利利地躲避厄运。不同的人发挥的作用也不尽相同,例如,泰山的主神碧霞元君,她的作用是保平安,保护家人平平安安、不出意外。李家人认为信奉家神是非常有作用的,只要心诚就能通灵,"举头三尺有神明",受到上天的保佑,心不诚就没有任何作用。拜神的时间也会分为固定的时间和紧急情况下拜神的时间,固定的时间则指的是主神的生日诞辰,会受到信徒的祭祀,例如泰山老奶奶碧霞元君的生日是农历的三月十五或四月十八,每到这一天,家庭成员都要庆祝,这是规定好的固定的时间。家庭出现了紧急状况,则可以随时去拜神,例如某人要参加考试,则去州城的文昌君牌位前祭拜一番。

(五)祖先信仰及祭祀

李家成员熟知祖先的名字,祖辈是从哪里来、怎么来的等,对家族的迁移概况以及繁衍及变迁的情况十分熟悉。祖先对于家庭来说意味着血脉的相连,同根同源,意味着家中的亲戚均为一家人,有共同的归属,区别于外人。李家的先祖留给李家后人的首先是讲道德的优良家风,其次是勤俭持家的好习惯,还给李家留下积德行善、闻名乡里的好名声,李家的后人都会以先祖引以为傲,对先祖留下的精神财富感到自豪。

祭拜祖先是李家缅怀自己的先祖、传承家庭财富的重要途径,过年过节,如清明节、重阳节都要去祭拜先祖,祖先在李家后人心中没有瑕疵,作为安身立命的模范,是李家后人学习的榜样,家人都会积极祭拜祖先。家中的堂屋是一间宽阔的土屋,过世老人的"神主楼子"就摆放在堂屋里。侵犯祖宗牌位的事情决对不允许发生,在李家人的眼中是有辱祖先、破坏运势的行为。

李家的家谱在李氏家族的大堂里,存放在家族中,只有一个版本,其他均为手抄本,每隔十年一修,家谱是对家族历史的记载,是一种文化传承。成员之间不能侵犯,在看家谱之前,后辈都要先磕头以示对祖宗的尊敬。家里的男丁都可以上家谱,而女性中李家的媳妇如果做出了贞洁、大义的事情可以上谱,女孩不能上家谱。决定是否上谱需要家族中德高望重的老人召集人讨论后决定。

李家非常重视孝道,孝顺是李家家规中的重要内容之一,百善孝为先,讲究在内侍奉父母,在外才会有所成就。李家人认为孝首先是一种认知态度,而顺则是一种做法。所以,孝顺表现在老人生前富足体面,儿女顺心如意,没有留下心病,死后才能大操大办,风风光光入土为安。对于那些"不肖子孙",指那些轻则违背父母的意愿,不听父母的劝告,不顺父母心意的,重则不赡养父母,甚至出现辱骂、殴打父母的情况,诸如此类都被人认为属于不孝顺,李家当家人会根据情节轻重给予一定惩罚,而对于违背了父母心意的子孙,当家人会进行劝诫和教育,若仍然要一意孤行,可能会被当家人暂时关起来,派儿子们来看守,让其反思,实是控制。如果出现打骂父母的恶劣行径,一般要罚跪祖宗牌位,并逐出李家家门。李家对祖先的孝,和对在世时老人的孝是结合在一起的,不孝敬老人就等同于不孝敬祖宗,死者为大、老者为尊,是对长辈的一种尊重,而在家祭拜老祖宗,是祈求过世祖先,保佑后代平平安安、家人健康顺利的保证,同时告知祖先,家庭传承没有断绝。祭祀祖先一般包括祖先的诞辰、忌日、平日各种节日,如过年、重阳节、七月半等。另外,如果家中发生大事,如灾难性的事件,受外患的侵扰,还有各种大喜事,如家中添了男丁,都需要告知祖先,求得祖先的保佑,保佑家人无病无灾,保佑家人吉星高照、事事顺利,保佑小孩子的身体健康、晦气不侵。家庭在祭拜祖先时,家长在祭祀中占有绝对的支配地位,具体的安排和组织都需要当家人决定。家中的女性可以祭拜家里的祖先,但是女儿不可以去。女儿出嫁就算是别人家的家人,只有嫁进了李家的媳妇儿才能算是李家人。小孩不能祭祀祖先,大人祭祀祖先的时候,小孩不可以到处乱跑,要由各自的母亲看着。

(六)庙宇信仰及祭祀

在村庄内部,人们根据自己的不同信仰建立庙宇,四时祭祀,村庄的庙宇能够体现一个村庄的精神状态。1947年前,村中的庙宇相对较多,主要有龙王庙、土地庙等,庄上宗教信仰多种多样,分布在村庄各个地方,没有统一的信仰。龙王庙和土地庙修得比较好,其他的庙宇都比较简单,有的仅仅是用土垒起一个小楼,立上牌位,也算是庙宇。从规格上也可以看出,人们对不同的庙宇信仰,就有不同程度的倾向,人们往往倾向于更加实用的庙宇。

龙王庙位置最正,在张圈村口,特别是恰逢山东连年大旱和洪涝交替肆虐之后,这里尤其受到村民重视,作为祈求上天保佑、风调雨顺的场所。此庙由村民为了保佑土地五谷丰登而集资修建,立有一块石碑,外面罩着一个亭子,碑上记载着建庙的一些功德,后面有盖庙时间以及捐赠者的名号。龙王庙坐北朝南,神台上供着龙王爷的塑像,没有专门的人住在庙里看管。如果遇到自然灾荒,村民都会跑到龙王庙里,烧香上贡,祈求龙王治水,风调雨顺,保佑粮食五谷丰登。平时庙宇都空着,一些外来赶路的人可以在庙里歇歇脚,村庄里有大事需要各位家长集体讨论,一般选择在村口或者是大场上,有时也会在庙宇里。因为人们默认庙宇里有神灵,所有在庙宇里达成的协议能让人们心存敬畏,不容易反悔,这是一个具有信仰的公共场所,较为严肃;而在村头或大场里举行的村庄会议主要是通知村务为主,因为环境较为平常,因此也比较随意。

土地庙供奉的是土地公和土地婆,为村庄村民自发建立的小型建筑,在西洼附近。按照传统习俗的规定,每个人出生都有其所属的土地庙,人们去世之后,需向土地公报告,然后由土地公作为中间人向阎王爷报告死者的基本情况。供奉土地庙源于人们对土地的崇拜,土地能够生五谷,是人类的衣食父母。另外,平时家里小孩如果在外面玩回来,突然高烧不退在农村俗称"掉魂",就要到土地庙里去叫魂去拜神,老人、儿媳妇、儿子都可以去,庙是开放的,后来荒废拆毁了。村人说"一人不进庙,二人不看井,三人不抬树",说的是一个人进庙容易被坏人盯上,怕自己成为被害者,防人之心不可无,而在张圈演变成了一个人独来独往不能进庙拜神,容易冲撞神主。

五、家户娱乐

(一)结交朋友

李大义平日里为人正直,好打抱不平,喜欢做中人,有的人会觉得他"多管闲事",但也有很多村民觉得这个人很有正义感,为人好。因而他的朋友很多,不仅在村庄里有,有的分布在别的村庄。李家人和同村的人在生产生活上互相帮助,因此建立了朋友关系,如张家的张启典、张启昌,尚家的尚广勋,在村庄外也有李顺恩、吴兴发、刘光全等人。这些人一般是同龄人,同为一家之长,村庄里的朋友主要是在生产合作的时候互相帮助,建立了深厚的友谊;村庄外部的情况都比较复杂,有的是在生产上,有的是在集市贸易中建立的朋友关系。但是双方关系一直很好,没有因为一点矛盾而发生冲突。交朋友不需要办仪式,只是在交流的过程中为朋友提供一些额外的便利,而另一方也要给予一些回报,自然而然地建立起比较稳定的朋友关系,而且这些朋友后来也超出了最开始的范围,家中的老人祝寿、赶人情,以及借钱借粮等朋友们都互相帮助。

完全独立的成年男性就可以自由结交朋友,家庭成员能够接触到的外人已经经过有意识地筛选,门户有别,已经将大多数社会的非本阶层的和不入流的、歪门邪道的拒之门外。所以对于家境出身、爱好性格都相差不大的朋友,家长不会干涉。但是对于年轻的男性家庭成员来说,家中管得就比较严。如果这个家庭成员交的朋友超出家人的人际圈,就可能会引起家人的警惕,同时这人又被认为行为不端、作风不正或从事了一些非法的生意和经营,有害于李家的利益,都可能会受到家人的干涉。年轻女性则不可以随便交朋友,怕滋生出事端,外来的媳妇儿在结婚的头三年里要尽量避免接触男性,随时都会有家中的年龄大的人跟着。年长的女性由于年龄大,可以自由活动,自由交友。李家的关系圈主要还是本庄的李姓,在村外的朋友,则是通过婚姻嫁娶、买卖土地、经营买卖等联系在一起的。家中的小孩交朋友需要得到大人的同意,小孩没有辨别能力,非常容易上当受骗。所以需要家人进行引导。妻子要得到丈夫的同意,以免丈夫知道以后产生一些纠纷。

家庭成员的朋友如果在家中留宿,不需要与其他家庭成员商议,小家庭可以直接到自己的卧室进行安置,家长不会过问。如果是不受欢迎的朋友,例如李大本的朋友李有奎,因为无恶不作、偷鸡摸狗,经常打架斗殴,因此家人对他来访十分反感,但是李大本不顾家人反对,坚决交往。于是,家人每次都会十分敏感,当家人已经掌握了这个人的动向,防止两个人做出什么出格的事情。一般是熟人的话都不会再过问,有些关系较好常和李家人往来的朋友如果得到了特许,则不需要禀告,随时可以出入李家的院落。如果是陌生人的话,父亲的朋友要跟当家人商议,儿子的朋友需要跟父亲商量。民间的"拜把子"均为穷汉们在一起表忠心的做法,作为朋友,双方交往频繁的程度代表了关系的远近。过年过节、红白喜事等朋友之间都要走动,均为不请自来,朋友之间消息会比较灵通,和距离的远近并没有关系,一般都要带礼物礼品,如果关系特别好,也有"礼轻情意重的说法",带了礼物,反而显得见外了。李家的朋友还是普通农民比较多,这与李家的经济条件相互匹配,李家人不会去结交不三不四的人。朋友之间会互相帮助,如在外做活,关系网可以共享,以及一同做买卖,在经济本上会互相援助。

(二)打牌

李家的家人闲来无事都喜欢打牌消磨时光,主要是为了娱乐,村庄内部有些是为了赌博,李家不参与赌博。打牌因为不受时间空间的限制,参与的人数较多,玩法多样。因此有很多的乐趣,受到村民们的青睐。特别是在农闲时期,村庄内部处处可以见到三五成群打牌的人,有时候是家里请的帮工们之间打,有时候去找村民打,打牌均为农闲的时候,村里整天都有打牌的村民,农忙的时候大家都在地里忙着干活,没有时间打牌。打牌的种类也分很多种,算是村民的一种娱乐活动了,赌钱的时候,也不能赌大数,只能玩小钱,大规模的聚众赌博会影响村庄的秩序,各家家长都不同意,保长也不支持会影响下地干农活。所以被明令禁止。但是对于小型的打牌赌钱,村里不管,参与双方愿赌服输,否则别人就嘲讽"赖皮",以后都不跟他来往。打牌要跟自己熟悉的人一起玩,不与陌生人玩,与熟悉的人玩有乐趣,跟陌生人可能使诈,且摸不清对方的底细。因此打牌的范围也是以熟人为组织单位,按照就近原则,往往是邻居六七家人在一个胡同内聚在一起打牌,其他胡同的成员,组织自己的牌局,相互之间不干涉,如果牌局需要的人数已经凑够了,一时半会儿轮不到自己,其他家庭成员可以在不同的牌局之间游逛。但是以邻居们的牌局为主,如果没有客观的原因,特别是人数不够的话,就到对方的牌局上去打牌,一般是邻里关系不和的人家,行为才不合群。

李家的当家人、成年男性偶尔会打牌,主要看自家土地农活的忙碌情况,如果有闲暇时间可以进行娱乐,有时候也会在旁边看着别人打,但是不能因痴迷于打牌而耽误了生产,若被当家人看到了,就会说其不务正业。如果沉迷于打牌,所有参与打牌者都要被当家人责罚,让这些人不敢再聚在一起。家里的年轻人有时会背着家长打牌,在自己的房间里关起门来打牌,人数如果不够了和邻居一起打。打牌的主要是男性,女性则很少打牌。打牌的地点也不固定,会随意变动,三五成群随意找个不被人打搅的地方凑在一起打牌。每一场牌局的时间并不算长,村民吃饭的时候由别人来代替自己的位置,吃完饭之后再换回来,自己回家吃饭,而李家的儿媳妇们在忙活完以后才能去打牌。

(三)串门聊天

李家人经常串门聊天,一天能串好几回门。各个小家庭之间也来回走动,兄弟们通过聊天讨论事情,妯娌们也喜欢拉拉家常。李家人也去邻居家串门,去邻居家吆喝一声就可以进门,而邻居们想到李家的宅院中也毫无阻拦。如果串门聊天的两家是远房亲戚,对方就会留下吃饭或留宿。远房亲戚一般都会吃饭住下,住得近的亲戚串门后会以家中还有事为由,委婉拒绝在李家留下吃饭的客套。1947年以前,村民之间相互串门属于很常见的事情,只要没有忙的事情,都会到别人家里去串门。在农忙时节串门得比较少,一般这时候来串门的客人也会向主家借牲口或者借农具的,或者借晒场晒粮食。在农闲的时候去串门的次数比较多,这个时候去串门主要是找人闲聊。另外,农忙的时候串门主要去距离近的人家,农闲的时候才会到距离远的亲戚朋友家去串门。村民一般都去与自己关系不错的人家去串门,包括自己家院里的人家、四邻和亲戚朋友,不熟或者关系一般的人家很少会去串门,除非有什么事情要找别人帮忙。去串门一般不用带礼物,只是男人去别人家串门时偶尔会提一瓶酒,边闲聊边喝酒。

家里的男人可以去串门,女人也可以出去串门。男人一般是去自己同族家里、四邻以及远房的亲戚朋友那里串门,妇女一般就到四邻串门闲聊。男人去串门闲聊,时间会有点长,农忙时家里的男人要去干活,很少去串门。所以农闲串门时待的时间会长一点。妇女平时就在家里干家务活,向四邻借点东西也就顺便串个门。所以平时妇女串门时间不会很长,一般几分钟就回来了。就连大户家平时也会到四邻家里去串门。平时有啥事情也可以相互说说,四邻家里有啥东西要借,也会到邻居的大户家里去,借了是白用,也不用给利息。

串门聊天是家人与邻居、朋友聚在一起联络感情、交流想法,兼探听消息、获取八卦的途径,方式一般会比较随意,心里有串门的想法就可以去,但如果家中有人去世是不能随意去串门的,家中如果有不吉利的事情发生也不能串门,怕给别人带去晦气。如果就简单地说说话,就可以在门口、院子、街角挨着说会儿话就回家去;如果聊天时间比较长,就会坐下来,一边喝着茶水一边聊天。以前无非是聊一些家长里短,到了战争时期,人们会关心一些国事、战事,闹得人心惶惶,人们很早就关门落锁,在自家里睡觉,平时也不怎么敢串门,家中人的活动半径很小。

(四)逛庙会

逛庙会在每年的四月初,李家人会提前到州城去,因为路途遥远,李家人要起个大早才能赶到。李家当家人会提前安排好外当家处理家务,家庭成员结伴而行。庙会也是重要的市场,四方商贾都会到这里来开市,热闹非凡,来买东西的人是络绎不绝,摩肩接踵。庙会持续时间较长,约为三天,但一系列的市场活动大约持续半个月才结束。当家人有时会去庙里烧香上供,而家中的年轻人可以有半天时间到市场上闲逛,还可以在庙会上看戏班子演出。举办庙会时要唱三天戏,唱戏要请好的戏班子唱拿手好戏吸引周围的人来看,周期一般为三天,唱一天远处的人赶不过来。看戏时不分高低贵贱,男性全部站在前面,没有坐着的,戏台约有一人高,谁来得早谁站前面。女性则坐在后面(女性脚小,不能一直站着)。赶大车来看戏的会坐在自家的大车上,附近村子人从自家搬桌子或凳子。新媳妇要看戏,接受"高台教化",起到教化的作用。新媳妇去看戏时,由嫂嫂或婆婆带着去,不与丈夫一起去,若没有嫂子、婆婆的,则托付一个女性(邻居或亲戚)带着去,不能一个人去。庙会中的经济交易比较频繁,举办庙会时,卖东西、摆地摊的多为附近村子的人,以卖吃食的为主,离得较远的摊贩提前两三天会将所卖的货物担放到庙附近村子的熟人家里。举办庙会时,周围群众自由观看。

　　逛庙会的目的主要是以放松、敬神为主,以此缓解、释放一年的劳累,游乐的同时在摆摊者所搭的棚下吃好吃的"果子",同时也能休闲、走走亲戚。如果附近村子有亲戚,在赶庙会的同时会到亲戚家转一圈;在庙会上置办货物。如果需要买东西,逛庙会的人会提前计划好要买的东西,在逛庙会的同时买所需的东西。李家是当家人命令外当家李大义来做,具体买一些东西。

第五章　家户治理制度

家长当家制度体现出家长在维系家户制度的核心作用。李家的家长从李广烈开始，到李孙氏，再到李大义，把家庭治理得十分有序，通过家长权威的建立，家长秩序的统一，以家规家法、奖励惩罚的形式对内约束，对外积极参与村庄、社会公共性事务，与国家的国法、西张圈的村规结合在一起，体现出治理的延续性和关联性。

一、家长当家

（一）选择家长

1.选贤任能

外人和邻居们称某家家长为"主事的"，而自己家里称为"当家的"，分为对内的内当家，以及处理外面事情的外当家。李家的当家人之前是李大义的父亲李广烈，内外当家的事务都归他一人管理。他去世以后，由李大义的母亲李孙氏独立支撑，管控整个李家。由于精力有限，原来设想由大儿子李大本肩挑李家家业，委以重任，但是李大本既不改游手好闲的毛病，又将家庭所托之事办得不尽如人意。李大本偷取家中的粮食，引起了李孙氏的反感，特别是李大本向母亲李孙氏要钱被拒的事情发生后，李大本将母亲摔在院子里，造成李孙氏脊椎受伤，让当家人李孙氏彻底寒心。李大本为了请求母亲的原谅，每天跪在地上，而母亲李孙氏卧在床上前后有一个月，一直在流泪。于是，家长李孙氏便启用了踏实能干执行力强的二儿子李大义。李大义与哥哥的性格截然相反，他本分老实，孝顺听话，脾气有点倔，但办起事情来很公正。这样一来，李孙氏负责家庭内部的调度，而以家门为界，家门以内和家门以外进行了分工，需要男性出面的外部事务则交给了二儿子李大义。开始时，李大义凡事都要征得母亲李孙氏的同意，时间久了，慢慢可以自己做主，李孙氏便放权给他。母亲李孙氏去世以后，由李大义继承当家人的衣钵，李家人都表示同意。

由此可见，李家当家人的选择会非常慎重，不仅要选出一家的核心人员，还要能支撑李家家业、公平处置李家内部事务。所以要考察的内容和程序都相对复杂。为了使家户内部稳定，一般家长确定后便是终身任期，不再更换，除非其患大病或灾祸导致其不能履行职责，才会考虑更换当家人。

2.长子优先

家长的权力始终在长子和次子间周旋，极少会出现意外，若男女嫡庶扯上关系，难免会发生诸多纠纷，阻力很大。传统家庭嫡长子继承的思想比较严重，李大本劣迹斑斑，当家人考虑接班人时依旧要首先考虑李大本，就因为他是家中长子，当家人依然要在他身上"押宝"。直到李大本用实际行动断了当家人的念想才作罢。按照顺序，当家人换了二子李大义作为顺序的接班人,李大义不负众望,不仅踏实能干,而且处事公道,让人信服。如果李大义不能承担起当家人的责任,那么当家人干系重大,则会另选他人。因此,需考虑实际效率和利益。李家传统思想较重,尊卑亦有序,但是也考虑实际情况,不墨守成规,因时而动,倾向于选择出更有能力的家长。

在李家,当家人通常为男性,如果实在是没有男性能够当家,才能轮到女性,例如在老家长去世的情况下,儿子们还不能独当一面,就需要母亲来管理家庭。李广烈去世以后,此时李大本的年龄还小,且不考虑他的所作所为,只看年龄,还无法统管兄弟妯娌之间复杂的关系,家中的事情,还需要老当家人李孙氏亲力亲为。兄弟们、妯娌们之间虽然没有太多猜忌,但也不希望母亲李孙氏撒手,家中钱柜的钥匙、粮仓的钥匙,以及地契、房契等东西都非常重要,关系到李家整个大家庭的生活,大家普遍对更换接班人抱有顾虑,希望能够暂时维持原状。同时,就像家中安排做饭这样的事务,也只有李孙氏能够进行调度,虽然家中的事务兄弟们一般都不会多说什么,但是儿媳妇们的关系比较微妙,表面上打得火热,背地里暗自较劲,换了别人不能支使得动她们,对于当家人的更替也比较关注。

3.考虑辈分和能力

通常情况下,老当家人不出任何意外,身体健康,需要多道考察手续检验新人,这些考察手续是老当家在世时留下的,老当家人要"掌眼",认真慎重地考虑新的当家人。当老当家人年龄增大、自我感觉力不从心了,想要从当家的位置上下来,就会从自己的兄弟、儿子中选一个接班人。选择的首要依据就是辈分,即首先从同辈开始,再考虑儿子一辈的。需要选举新的当家人,首先考虑老当家人的弟弟,而如果弟弟获得了大多数成员的支持,符合当家人标准,就不会考虑其他成员;而如果长辈不符合当家人标准,继续顺序考虑其晚辈,直到选出下一个接班人。新当家人的第一道考察就是候选者的人品,一方面是家训中的人品端正,另一方面是作为当家人必须要有公心,在多个小家庭之间不偏不倚,不能够有私心,时刻以李家大局为重,不掺杂任何私心,不偏袒自己的小家庭,对于家庭利益的分配让大多数的人都能满意。第二道考察是个人的综合能力,当家人当家后,一定要统筹家庭全局,对内维系家庭关系和睦,对外稳固社会关系、掌握人脉,并拥有一定声望和社会影响,当家人在当选前均为小家庭的成员,其小家庭的生活水平直接和其个人经济挂钩,也作为一项考察的内容。李家人确定新的当家候选人后,会把一些具体的事务交给他去处理,处理得好无疑会加分,处理不好,则会引起家庭成员的不满。这些具体的事务包括赶集、贩卖粮食、处理村中交办的事务等,主要看他能不能胜任,如果做得比较好,家中也放心地把更多事情交给他。

(二)家长权力

1.权力来源与范围

(1)祖先之业继承赋予,成员共同认同

家长的权力是由所有的家庭成员给予的,家庭成员认可的,但在成为当家人以后,要在"神主楼子"前祭祖,即在祖先牌位前汇报,以恳求祖先保佑李家兴旺,赐福于李家子孙。李家人声称祖先庇护的当家人,当家前后家中相对来说比较平稳,特别是当家后的年头顺风顺水,好运不断,喜事连连。这就说明祖先认可了当家人,赐福于李家;而不被祖先认可的当家人,当家仪式可能会有不祥之兆,而当家后灾害连连,田间荒芜,带来厄运,引发成员的忧虑。家长通过当家仪式后,权力就被家庭成员正式承认了,无论之前有过矛盾或激烈争夺过当家人的位置,此时也不得不向当家人低头,受其管辖,否则就违背了李家尊重当家人的训诫,时时忤逆当家人的成员,当家人不得不对其采取必要的压制。李大本头脑比较灵活,对弟弟李大义任劳任怨、吃苦的生活方式嗤之以鼻,两兄弟虽说没有过节,但是李大本看不上弟弟的所作所为,私下里说他脑袋是"榆木疙瘩",而李大义也不喜欢哥哥游手好闲、好吃懒做的作派,有时候兄弟俩会因为琐事拌嘴。而李大义成为当家人后,李大本心中虽然不很舒服,但是也要服从弟弟的安排,不敢十分过分,而弟弟也对哥哥表示尊敬,采用商量的方式来解决问题。

(2)事无巨细,家长定夺

家长的权威性表现在家长的管理范围和进行决策的权重,不仅李家上下要服从当家的,农忙的时候来帮工的人也要听当家人安排,还有在处理村庄公共性事务上都需要当家人出面,都在当家人管辖范围之内,而且事无巨细,围绕李家的大小情况都要向家长汇报,家长要拿出很多精力,如果没有精力的时候,就要分出内当家人和外当家人来,通过这种方式,当家人依然牢牢地掌握着李家的权力,同时,像土地买卖、房屋建设、嫁娶这些大事都需要一家人共同商量。

2.财产管理权

李家的收入主要来自于家中的土地收入。李家对其四十亩土地进行耕种,地里种的是小麦和玉米,以及少量大豆和花生,一年收获两次。同时,李家也会在太平时光外出贩卖粮食,不算是稳定的经济收入,只是在有余力的情况下,由家中的壮年劳力套上车,与邻庄的几家同样外出贩卖粮食的家庭结伴而行,有时到接山夏谢,有时到汶上地界,前文已有提及。财产属于全家共有,当家人可以管理财产,可以依需对家庭财产进行全权的分配。其中,像小儿子李大河,被母亲李孙氏委托家族中的人介绍,在县城跟随同家族的李武,在铁匠铺打杂挣钱。族人念及同族关系,又看李大河机灵,不仅管吃管住,而且还给发工钱,收益颇丰,有的时候一个月就能挣到几块银元,已经是一笔巨款。开始时李大河藏着掖着,不交给家中,偷偷换酒喝,家长李孙氏催得紧,才交出一部分来,谎称其他用于日常开销。李孙氏对小儿子的行为又气又笑,非常不满李大河的做法。于是直接到县城中去,把李大河叫回家中好好教育了一番,同时和铁匠铺的李家族人商量好,从此之后,直接把李大河的工钱拿回李家来,不再经过李大河的手,也就断了李大河的念想。李家人的任何开销、除去开支以外的收入都要先交给当家人,账目清楚,不存在舞弊。而贩卖粮食回到张圈后,几个外出的青年不可以直接解散回家,而是首先把钱银交接入库,才能回到各自的屋子,没有人敢不交。李孙氏的儿子李大义上街购置物品,花钱回来以后,为显示自己没有私藏偷拿,每次都不能直接进屋,而是要先站在院子里交接好,然后脱掉上衣,挂在当院的绳索上,赤裸身子以表示没有偷拿家庭的一分钱粮,以示清白。私房钱也只能通过正规途径获得,例如姑娘的陪嫁钱、当家人赏给的零花钱、应得的酬劳钱财等,私藏或偷拿的行为一旦被发现,不仅要原数追回,而且少不了棍棒相加。李家人偷拿也要受罚,一般是剥夺其在李家的部分权利,例如对李大本偷拿粮食的行径,"从前管得多的部分就让他少管,从前管得少的部分就让他不管,从前就不管的部分让他待在一边凉快,大家谁都看不起"。

贵重物品均由当家人管理,例如全家的地契、现金、库房钥匙等都由当家人持有,在当家人的卧室里面有专门的柜子存放,柜子有两把锁,先开外面的锁,才能开里面的锁,钥匙只有当家人有一把,当家人走到哪里,首要的事情是确认一下钥匙的安全,家中也从来没有丢过钥匙。衣物等不重要的物品在各个房间中由各人保管。当家人必须管钱、管理账目,必须把经济大权掌握在手中。

家长会给家庭成员一些零花钱,主要是针对女性成员,包括儿媳妇和女儿女红活开销的补贴,有时候也会按照小家均分到儿孙们头上。聘礼数额当家人要亲自操办,当家人会从李家整体的收入中拿出一部分供婚礼使用。家庭会议由当家人随时召开,各小家庭都要派出代表,如果因事外出,会找人代替,例如自己的媳妇。如果总是一意孤行,当家人也会在家庭中失去威信。李家粮食是统一供给全家人吃,李家的老宅才有厨房,新宅没有厨房。儿媳妇们轮流负责做饭,大儿媳妇体弱,二儿媳妇专职在家中烧水烧锅,还有农忙时节,会把饭送到田间地头,主要是三儿媳妇和四儿媳妇做饭,做饭之前先请示当家人,然后再做饭。家里的粮食主要放在西院的粮仓,为防止火灾,靠近河流。随意动李家粮食,视同于侵害李家整体利益,罪过很大。李大本偷粮食被母亲李孙氏罚跪一夜,家人们依然觉得罚得较轻。土地买卖、典当等大宗土地变动,包括过继等,有单子在场,署名落款一定是当家的,如果不是当家的名字,单子没有实际效果,上面写的规定也不算数,只有当家人签订才可以算作家庭的总体认可。

3.制衣分配权

李家的衣服都比较简单,和大多数的农民一样,由于生活条件的限制,身上所穿的衣服均以自家织的棉布为主。当家人有一件细布外衣,专门供外出应酬时穿着,其他人穿得更加简陋。夏季的时候大多数人只有一身单衣,没成年的孩子往往都光着屁股。冬季的时候能有一身棉衣,但是比较薄,不能够抵御冬天的寒冷。那时候有一句话叫做:"衣服被褥新三年旧三年,拆拆补补再三年",而且有的时候实在是困难,家里做不起新衣服,只能是老大的衣服穿完给老二穿,老二穿完再传给老三,甚至几代人相传。李大本因为是大儿子,穿的均为新衣服,在村庄中还算是比较体面的,到了二儿子穿完给三儿子穿的时候,衣服上补丁打补丁,最后到了小儿子那里,两个膝盖上都有洞,小儿子基本上就没有穿过新衣服。添置新衣的钱由李家集体支出,如需棉花等由当家人负责。

4.劳动分配权

李家家庭成员的劳动有明确的分工,各司其职。同时,每个人在劳动中可以有一定主动权,但也需要同当家人商量,根据全家的情况分配。例如成年男性都算作劳动力,需要下地干活。干活的时候一般都比较实诚,不需要包产到个人,兄弟们不会偷奸耍滑,都会积极种地,确保能有个好收成,让全家人不用忍饥挨饿。除了小儿子在县城里做工,其他儿子主要是种地,农闲时到外庄帮帮忙。如果雇主家比较富裕就会给报酬,如果是一般家庭,至少也要管饭。家庭成员服从家长的安排,若有意见可以随时提出,当家人的安排尽量公允。儿媳妇们或多或少都要承担家务,要看身体。比如大儿媳妇身体状况不佳,干的活相对轻松;二儿媳妇不精细,干一些烧水烧锅送饭的活;三儿媳妇和四儿媳妇负责做饭,同时每个儿媳妇也要承担自己屋里的衣服修补等家务活。总之,劳动的分配也主要靠当家人根据各人的实际情况进行安排。

5.婚丧嫁娶管理权

对于娶媳妇、嫁女儿这些方面,均为家庭的头等大事。因为这关系到传宗接代、家庭兴旺。第一,当家人要过问并提供帮助。在李家,李孙氏特别看中儿媳妇的人品,长相等条件不是非常看重。李孙氏主要负责把关，对头等大事提供参考建议，如有分歧，可以直接决定儿子们的看法是其次的。第二，解决可能存在的困难，比如女方提出了一些要求，男方会和当家人沟通。通常，当家人提出的意见会非常重要，如果当家人反对这门亲事，这门婚事基本上就算是彻底黄了。孩子们听从父母之命，还是以门当户对为主。中华民国时期，看重礼俗，改嫁会让人瞧不起，连离婚都受到了较严格的限制，除非男方因为女方生活不检点、不赡养父母长辈主动休妻，否则是不允许随意离婚的。同时，离婚都要经过当家人的同意，并且会派人去跟女方家人交涉。如果家里的人对新儿媳不满意，家中不和睦，当家人更多采用的是教育、讲理的方式来解决。通常小家庭内部关系亲近，不会产生矛盾，但如果矛盾已经无法通过协商来解决，必须要离婚，当家的会酌情处理。在李家，没有离婚的情况发生，李孙氏精挑细选的儿媳妇相对来说都属于老实本分人家的孩子，夫妻之间关系都算和睦，就算媳妇生气用话语嘲讽几句，男人也不会和她一般见识，一般都不回应。所以没有出现过大的矛盾。

家中的祭祀、村庄大型活动比较少，过年过节、祭祀上坟均需要当家人作为代表出席，李家只有当家人到了，才能代表整个李家。活动的组织和主持一般由当家人进行。李家遵奉"死者为大"的观念，在世时应尽孝道，死后也要四时祭奠，不能有丝毫懈怠，对老人的遗嘱一定要尽力实现，不可以给老人留下遗憾，使得老人不得安宁，否则后人们要背负"不忠不孝"的骂名。当家人过世，其权力不再拥有。例如李孙氏去世时，葬入李家祖坟，在丈夫李广烈的旁边下葬。

6.对外交往权

在对外交往中，家长完全代表着整个家庭。李孙氏作为家长的时候，分为内外当家，内当家是李孙氏，外当家是李孙氏的二儿子李大义。因为村庄对外事务女人不好处理。所以交给了二儿子李大义。家长可以以家庭的名义向外借债，不过都很少，如邻居买田置地缺两块银元，便向李孙氏请求借钱，李孙氏答应了她的请求，由于是邻居熟人，没有签订契约，不久之后就归还了。大儿子李大本私下里伙同十里八乡的泼皮合计着拿自己的钱去放高利贷，等对方借约到期时利息已经翻了好几番，眼看着还不上要砸锅卖铁，只能到李家来求情。李孙氏知情后，亲自做主，将高利贷废除，请对方还清本钱，此事便一笔勾销。李大本十分不快，但是也没办法，这也说明了李孙氏在对外交往上具有绝对的权力。

7.家长权力约束

作为一个家庭，家长权力要足够强势，这种强势不仅在对内的领导上能够使唤家人，让家人听命于当家人，同时，在处理对外事务和家庭事务上能够有所判断，果断决策。如果是当家前个人表现良好，但是到了当家以后，出现了差错，能力越来越不足以服众了，招致多数家人的不满，家人们也会联名提出新的候选者，当家人则会主动放弃，其他家庭成员选举出新的家长。但是如果当家人不愿意放弃，新的家长便不能产生。由于旧的当家人已经不具有公信力和权威性，当家人即使不愿意退让，家庭事务也很难进行。在李家，当家人的权力很大，对当家人权力的约束比较差，主要是从小所受的服从当家人的教育，要求成员尊重家长。家长必须有担当，有能力领导李家，否则应主动退让。在选举当家人前，对候选人应全面考察，一旦成为当家人后，就会有家庭会议，会议上家庭成员们以提出建议的方式来对当家人进行约束，家长做的事情在情理之中，大家就都承认他的权力，如果违背事实情理，大家也并不总是言听计从，也会出现表面应付、背地我行我素的情况。

8.家长权力代理

一家的家长过世后,后辈有可能有全部是女儿,或没有儿子,甚至从未生育的情况。在这种情况下,只要是没有儿子,一定会从兄弟家中的孩子里过继儿子,使得家庭后继有人,加之家长除非有意外不能当家,一般年龄大了感觉到无力再操持家业,会提前找接班人,自己退下来专心养老。所以李家也从来没有出现过找代理人充当代理家长的情况。李家也不存在名义上的当家人,家长均有实际权力。当家人会有意栽培接班人,例如李孙氏年龄大了后,她虽然依然是家长,掌握权力,但会安排儿子李大义去操作一些具体的事情,外放了一些权力给李大义。

(三)家长职责

作为一名家长,负责经营李家的土地和产业,统筹组织,内外兼备,对收入和开支进行理财,管理着家庭成员的衣食住行。家里的粮食也都由当家人说了算,吃算是衣食住行中最重要的一项了,粮食是当家人统一分配,不仅要吃饱,而且要吃好,每逢集期,都会由家长根据家庭成员的要求列出一个总的清单。家长对内还有团结家庭的作用:在有兄弟的家庭,兄弟关系、妯娌关系、叔嫂关系错综复杂,处理家务事是"难念的经",李家也不可避免家庭矛盾的出现。儿媳李张氏和李王氏都比较年轻,两人在家里轮流做饭,有共同语言。所以关系也比较好,而在家中一直有"单干沾光、集体吃亏"的想法,和婆婆李孙氏闹得不愉快,妯娌之间也不怎么和睦,"兄弟们谁也不想让谁好过",当家人则竭力压制兄弟矛盾的爆发。

作为一名好的家长,"行得端,走得正",人品好,没有私心,始终是站在大家庭的角度考虑问题。其次,好家长必须要有能力,遵守家训,对老人尽孝心,在家庭里讲担当,对孩子尽力教育,不能放纵,要培养孩子成才,家长年龄大了或身体有疾病,就应考虑不再担任家长一职了,或者是犯下大错、无力管理家庭了。李家家中只有一名家长,为了保证家长的绝对权威,一般不设置二当家的。只有当家人精力不足,或者是培养接班人的时候,才会安排内外当家,一般自己担任内当家,掌管钱财粮食等重要物品,而外当家听命于内当家,处理对外事务,比如种地等。

(四)家长更替
1.按规更替

如当家人出远门,不会找人来当代理家长,而是在出门之前先安排好家庭事务,把家庭成员集中起来,一一交代好走后的事情,比如家中的地怎么安排,赶集需要买哪些东西,兄弟们之间、妯娌之间要做哪些工作。即使是出远门,当家人回来的第一时间里,也会通过问询掌握不在的这一段时间整个家庭的收支往来、重大事项等。当家人在身体不适期间,家庭成员会互相帮助,如果病得厉害,不见好转,就会考虑选出新的当家人,在这期间,大小事宜则要家庭成员共同参与其中。当家人过世之后,如果家中人口多,不适合再在一起生活,或者是关系到了不可调和的地步,就会进行分家,分割财产,各个小家会产生自己的当家人,一般是长子来管理家中具体事务。但老人去世,并不一定导致分家,有可能还住在一起,共用家长。家里和家外的事情都依靠当家人说了算,如果当家人李孙氏出远门,则会委托给李大义来照料,而家中的其他人也一一吩咐好,各自干好各自的事情,如果遇到重大事情,还需要所有家庭成员共同讨论。

2.辈分优先

在大家庭中选当家人，首先要考虑从同辈人中选。例如李大本、李大义兄弟之间的同辈更替，老大不能胜任，便会顺延到弟弟身上。在家庭中，如果自己的男人已经不在了，其他兄弟几个还没有长大，论起辈分，妻子能力足够强，并且生育了儿子，儿子年幼不能当家，妻子可以暂时代管，成为当家人，李孙氏就是如此，丈夫去世以后，李孙氏的辈分最高，而且对家庭事务比较熟悉，家中的成员也都听她的。男人不在了，妻子要守寡。如果一个家庭中只有女儿，需要过继一个儿子来继承，也不会让女儿来接班。

3.移交贵重物品

李家当家人的替换，主要移交的就是库房的钥匙，要交由新当家人保管，库房里的地契、房契都要交给新当家人提前过目，确认无误，才能进行交接。家谱并不在李家，保存在李氏宗族里，更替并不牵扯家谱。邻居对李家的称呼基本不会改变，但有时会在李家前面加上当家人的名字，如李大义家、李广烈家，其他名字不会改变。家里有了新的当家的，像李孙氏不再当家之后，家里人称之为老太太、老当家的。新的当家人必须告知李家宗族的人，同时也要告诉街坊邻居，尤其是四邻，都要请来。告知是完成当家更替的最后一道程序，目的是要让所有的人知晓并且承认新当家人的身份和地位。李氏宗族那边需要李家代表去知会，通常是李家老当家当面通知。老人不管在不在世，老人名下的土地都要转给新当家人，除非新当家的请求老当家过问家事，主动让老当家出面或者是提供帮助，否则一般老当家人都不再过问家中事务，只是根据自己的意愿，帮忙一些婚丧嫁娶等相关事宜。

二、家长不当家

（一）兄弟当家

李家没有家长不当家，而由家长的兄弟当家的情况，当家人从李广烈开始，到李孙氏，再到二儿子李大义，伴随着家长权力的交接，家长一直实际掌握着家中的权力，即：李孙氏作为家长时李孙氏当家，李大义作为家长时李大义当家，其他兄弟几个就算是长子李大本也得服从自己的弟弟，因为弟弟是家长。当家兄弟们之间是忌讳互相干涉的，因为容易产生矛盾，"手不能太长，伸到别人家里去管事"，凡事可以由兄弟二人商量着来，"兄弟连心，其利断金"。兄弟之间的性格差异都比较大，但是其中某人成为家长以后，其他兄弟也不能有异议。

（二）妻子当家

李家没有在家长任职期间妻子直接说了算的情况，只有在家长李广烈生病卧床时，他的妻子李孙氏经营家庭，出了很多力，做出了很大贡献。此时李广烈依然是当家人，妻子只是临时辅佐，所以也不算当家，直到李广烈去世，李孙氏才成了当家人。从这点上来看，在家长任职期间，当家人还是家长本人。村里或者是国家的公共事务、婚丧嫁娶各种重大事项均为当家人全权代表，所以这些事务均针对当家人的职位，而非在这个职位上具体的某个人。

（三）长子当家

李家也没有家长不当家长子当家的情况，长子可以协助管理，得到锻炼，树立自己在李家威信，但如果家长还在，长子就不能行使家长的权力，家里的其他成员也不会任长子来指挥。否则，容易在背后被别人说闲话，反倒会损害长子的形象。李大本本身游手好闲，对于种地完全没有兴趣，也不肯下功夫学东西，自然也不顾及自己在李家到底是什么形象，也不管左邻右舍是怎么认为,所以在李家也不受欢迎。

(四)其他人当家

李家没有家长不当家,而让其他家庭成员来当家的情况。李家家业也不算很大,在当地村庄里,本身就没有大型的大户,多数均为比较穷的穷人,吃了上顿没下顿,土地也比较贫瘠,而且还包括一部分河滩地,只能靠天吃饭,有的时候收成不好,只能举家逃荒。所以本庄上没有富户。由于长年逃荒,村庄人家也比较少,每一户的规模都比较小,家庭成员相对都比较少,混得比较好的是外面庄子的大户家里的几户佃户,能够自给自足的生存,种了几亩大户家里的地,有自己的车辆和生产工具。而李家生活上比较贫苦,但是由于管理有序,兄弟五个再加上老婆孩子,一大家子人,在庄上由于家里人口多,谁都不敢欺负,属于中上等。同时李孙氏由于善良,还收养了本庄上的几个没有父母的孩子。对于这几个孩子,没有严格的规定,其中有个孩子叫小七,小七最先跟着父母逃荒逃到了本庄上,在一个大冷的冬天里,没有地方住,一家人躲在街头,等到被庄上的人发现的时候,他的父母已经不行了,之前带病逃荒到此,再加上天气寒冷,就冻死在那里,只留下了一个小男孩。李孙氏觉得这个孩子可怜,就把这个奄奄一息的孩子抱回家中,后来跟着六子一同长大,同吃同住,到了稍微长大一点,李孙氏就不再管他了,随便由他出去忙活自己的事情。有的时候,小七会回家中住着,六子不在家的时候,他就住在他的房间里。虽说,小七也算是家庭中的非亲属成员,但是没有血缘关系,也无法继承家中的家业,自然也不能成为当家人。

三、家户保护

(一)社会庇护

如果家里人生产生活上与他人产生矛盾,具体由谁出面调解也需要看对方家庭的情况。通常家里人与外面的人产生比较严重的纠纷,当家人出面,当家人面子最大,也足够重视。如果与别人发生的纠纷比较小,一般兄弟们也可以出面解决。另外,对于军阀、土匪、民团和农民组织同家人的纠纷,也要由当家的出面,代表家庭出面调解。例如当时的保长来领粮食,均直接找当家人。如果事情不是非常严重,老当家人也能够协调宗族同自家的纠纷。家人遇到困难时都会求助于自家的人,家人一定会出面,家长一个人出面,就可以代表全家成员,不必所有人都出面;如果女性是当家人,也是涉事者的母亲的话,具有直接关联关系,也可以出面。

李家家人与他人发生矛盾,其他成员是否要与他站在一起,要看事件的程度、性质和影响。四子李大恩与邻居刘家的老大发生口角,刘家的老大辱骂李家的家人,并且推搡了李大恩。李家和刘家本来因为土地就不是非常和气,结果脾气暴躁的李大恩回家招呼自己的哥哥李大仁和弟弟李大河,哥哥觉得李大恩是小题大做,本来也没有什么过不去的坎儿,所以没有搭理;而弟弟李大河听说了之后,气不打一处来,于是兄弟两人带着棍子,在村头追打刘家老大,一直追赶到家中,将其打成重伤,刘家人自然不愿意,把这个事情闹起来,刘家的亲戚来了很多人,李家的宗族也有很多人主张把这个事情闹大,彻底将刘家人打跑。但是李孙氏认为不占理,于是就给刘家赔礼道歉,两家就此作罢。

“家丑不可外扬”,李家人对此也有根深蒂固的看法。李孙氏爱惜名声,重视影响,采取一切可能尽可能避免家丑的发生,通过家庭的教育、当家人的训话来规范家庭成员的行为,如果已经发生了,家庭成员也会提供帮助,尽量隐瞒家丑,控制在可控范围内,或者是竭尽全力消除其影响。俗话说"好事不出门,坏事传千里",家丑其实很难消弭。

(二)情感支持

如果家中的人在外面受了什么委屈,一般都会向小家庭诉说,小家庭能够自行解决,就不会惊动当家人。有时小孩子在外受到人欺负,凭着当家人对自己宠爱有加,会直接向当家人诉说。李牛氏常常因为自己的儿子在外面被人欺负,而感到气愤,哭哭啼啼地回来,想要去别人家里出气。李大义则比较沉稳,先要把自己的儿子叫到身边来,问清事情的来龙去脉再做决定,一般小孩子在外面与别人厮打,都要各打一个巴掌,双方都有错,一个巴掌拍不响;假使真的是别人欺负了自己的孩子,李大义也要先讲道理,"凡事都要讲个理",看到是李大义登门,一般家庭就会道歉,陪个不是,平日里大家还是友好的邻居,可以正常的生活、交往;但是遇到特别不讲道理的泼皮户,李大义讲道理讲不通,也会与人"瞪眼",真到了那一步,再嚣张的人也要考虑一下:李大义是干活的一把好手,身强体壮,有一股力,两三个人近不了身;李家在当地人脉很广,兄弟又多,真的打闹起来吃亏的还是自己。因此,最后还是赔理道歉。

而李大义的妻子李牛氏平时除了在家里照顾家人的起居生活,更多的是给予情感支持,在村庄里发生任何事情,两个人在家里商量,李大义在外面有任何想法,李牛氏也会给他进行印证,理解他,支持他。教育孩子的时候,过于严厉,而年龄尚小的孩子不能理解。因此对父亲产生误会。这个时候李牛氏也会安慰李大义,严厉一点对孩子好,以后孩子就会理解。平时发生的事情跟家庭成员诉说后,会得到家庭成员的安慰,家庭是每个成员的情感归宿。出嫁了的女儿在婆家受到委屈或者不公正对待的话,娘家人不会接女儿回来,但是会派人上门替女儿出气。女儿在外面过得不开心了,也不好回家,因为回家不是一件光彩的事情。

(三)防备天灾

遇到灾害时,全家人都要共同面对。清朝末年到中华民国时期,以旱灾和洪涝灾害最为肆虐,其他的自然灾害如蝗灾、雹灾、火灾等也时有发生。自1855年后,黄河反复改道,对当地造成了极大的冲击;1920~1935年间,先是旱灾,此后连年灾害,对鲁西南造成了极严重的冲击,出现了饿殍千里、人争相食的惨状,道门组织的活动频繁加剧了人祸,李家在当时的环境下,生存也受到了严峻挑战。李家最严重的是在1921年后,严重的灾荒导致田地荒芜,粮食绝产,颗粒无收,最困难的时候,有人在街头的路口数数,一个早晨有七十多个讨饭的人在那里过,惨象让人不寒而栗。灾害期间,全家成员都要听从当家人的具体安排,如果自以为是,当家人就要惩罚这个人在祖宗排位前罚跪。

穷人解决生存问题,首先是家里省吃俭用,存下粮食,防备天灾,一旦发生断粮情况,这些粮食就可以派上用场,成为救命的粮食;家中的余粮一旦吃完,则主要靠借钱借粮,通过向周围的朋友和亲戚寻求帮助,以此来渡过难关。但是这两种方法,都不是长久之计,只能缓解一时之需,时间长了,家中的余粮吃完,朋友和亲戚也无粮、无钱可借,最后唯一的办法还是逃荒。遇到灾荒,人们纷纷外出逃难,到没有发生灾害的地方去讨口饭吃。有的时候,一家人能够在外面找到无主地,在那边耕种,如果收成比较好的话就会定居下来,不再回来。但是大多数情况下,人们还是留恋故土,等到家乡的灾害减轻一点,就会往回走。逃荒均为有组织的集体行为,通常是几户人家在一起,相互之间有个照应。

1935年前后，李家迫于生计，一路要饭背井离乡，主要是李大本、李大义、李大仁携带家中的贵重物品，以及老人、家眷、孩子一路向南跑，一直到更为稳妥的河南地区，经过河南，一直到达了湖北。但是到了湖北境内以后就不能再往南方走了，李大义认为南方人小气，在逃难的过程中，南方人轻易不会伸出援手，即便是饿死也很难得到救济。当时本来一家人都要逃难，但是李家的青壮年劳动力较多，一起逃难，效率较低，大家都吃不饱饭。于是，不甘心的李大恩、李大河提出了分开行动的策略，家里的大部队依然向南，而李大恩、李大河两个则孤身北上，先到黄河以北，一直辗转到东北地区。这条路线风险性极大，但是收益更多。

受到政策的影响，东北关外的土地一直被封锁，限制开垦，有大片肥沃的土地闲置。直到这个时期，政策有所松动，人们掀起了"闯关东"的开荒热潮，很多河南和山东的农民在原籍混不下去，吃不上饭，就逃难到东北地区，开垦土地，扎根下来李大恩、李大河兄弟两人一直在东北种了两年地，用粮食和出卖土地的方式挣了很多钱，小有积蓄，兄弟两个就开始策划返回家乡。天有不测风云，到了济南，同行的人都被日军抓住扣留，被逼下窑洞挖炭，既没有工钱，又十分劳累，不准休息。不久兄弟两个先后患上热病，没办法医治而死亡，同在的工友草草将他们埋在了济南，日军撤退后才敢回家乡报丧。

（四）防备"老攗"

盗匪在中华民国初期鲁西南地区活动十分猖獗，这与恶劣的自然环境有关，当地有民谣云："土匪作了乱，穷了殷实户，富了穷光蛋，舍不得吃，舍不得穿，省下银子给'老攗'。"当地土匪不叫土匪，叫"老攗"，"攗"字在当地同缺的音。虽然李家所在的地区以平原为主，但是连年的灾害造成环境恶劣，被生存所迫的农民不得不走向土地边缘的山坳，加入打家劫舍的行列。"老攗"打出的口号是"上等人们该（欠）我钱，中等人们莫管闲，下等人们快来吧，跟我上山来过年"，也可以看出土匪根据富裕的程度将人们划分为三个类别，对于穷人采取的是拉拢政策，而对于中等人则采取既不侵犯也不干涉的对策，发出莫管闲事的警告，最后认为贫穷均为富户造成，应该破财以求消灾。

"老攗"一般都行踪不定，五十人聚众的打家劫舍，多的有百十人甚至几百个人，有些白天在家是老实的农民，夜晚却趁着夜色横刀跨马，行凶绑人，队伍大的直接抗拒官府，白天就敢横行乡里。"老攗"喂养快马，持有砍刀和长枪，专门找富户下手，一般都会提前探查周边几十个村庄的情况，趁着天黑翻墙而入，劫持富户的家人，如果到期不交赎金就撕票，这叫"零活"。做这一行穷人不抢本庄。而大的"老攗"势力很大，直接洗劫村庄，烧杀抢掠，村庄都有富裕的大户人家，这样油水才够多，钱财、粮食、牲口能让他们满意。很多村庄穷人居多，反倒不会吸引"老攗"的注意力，逃过一劫。

李家的生活条件不是很好，本身也是穷庄子，大规模的土匪团伙几乎没有，抢劫很少发生。当地很多村庄都以圈子命名，圈是以地界划分为名，同时也有防患盗匪的意思。西张圈正是如此，张是庄上的第一大姓，且是在此先立庄，土匪害怕"着了道"，因此不愿意入圈，认为不吉利。一般是晚上来，一次来两三个，进农户时蒙着面，拿着刀枪棍棒，多去富裕农户家要钱，不要粮食（粮食不好背走），抢劫方式有两种，一种是"扯肉票"，即将富裕农户的家人绑去，要求富裕农户用钱赎人，富裕农户家不出钱就威胁将绑走的人杀害；另一种是直接到富裕农户家要钱，要是不给钱，土匪会把烧的柴和农户家里的棉花堆在下面，把人绑到房梁上吊起来，把吃的油泼到户主身上，将其点着烧了。1947年以前，州城附近有一个土匪组织，头目叫"二皮脸",有几百号人,这伙人抢劫的方式多为"扯肉票",早上太阳有一杆多高,土匪就敢来村里了。土匪的来源大多是逃兵,此外还有一些不务正业的人,不种地,也不做生意,类似"二流子",没有正式的职业,还有一些打仗打散了的部队兵。老人们常说部队里的兵白天是部队,晚上穿上长袍就变成土匪。人被绑走后,家里的人很着急,到处借钱,会赶在土匪说的时间之前把钱凑齐。借钱的对象一般是近亲,比如向姑姑、姨姨、舅舅等亲戚家借,同时要打借条,以后有了钱再还给人家,也有人卖地、卖家产。钱筹好在约定的时间、地点把钱交给土匪的接头人后,接头人会告诉家人去找被绑人的时间和地点,土匪一般在前一天晚上把人从井里吊上来,扔到约定的地点就走,不给被绑人松绑,第二天家里人来后把被绑人接回去。这些土匪不会到张圈来,所以张圈的人也很知足,只是禁止家人当土匪。

(五)防备战乱

张圈村距离州城和汶上城都不远,两城均为兵家必争之地。清朝咸丰十年(1860年),在直隶、河间、山东一带,地方武装捻军蜂拥四起,至1865年4月,捻军盘踞宁阳、汶上、东平三县,此后清军派出僧格林沁率军在此清缴捻军。此后,红枪会、日本侵略军都在此肆虐,中国国民党军队、中国共产党军队也在此长期拉锯作战,不时的战乱构成了李家人生活的另一背景。红枪会也曾经肆虐东平,各个村庄先后受到了影响,很多村庄上都纷纷组织红枪会。李家人本身男孩子多,也受到了影响。在西张圈村内,村庄西头有一个亲戚带头操练。全村的年轻男子都到他那里去拜他为师。很快周围几个庄子也受到了影响,会员们每天操练,在寒冷的冬天里把上衣脱掉,光着膀子用两手用力捶打自己的胸膛。大约一个月后,成员们突发奇想,想验证一下刀枪不入的神功练得是否成功,有一个青年主动报名,希望拿自己做实验品,以此来验证练成的神功,结果可想而知。在众目睽睽之下,这个青年被一枪击倒,不久死亡。于是谣言不攻自破,成员们再也不相信刀枪不入,一哄而散,也没有参加随后红枪会组织的攻打县城的战斗。在这场战斗中,东平地区的红枪会虽然人数众多,但是盲目冲击防备森严的县城,失败后遭到了残酷的清洗。

在1947年以前,东平地区由于特殊的地理位置,是兵家必争之地,中国国民党军队和中国共产党军队在此"拉锯"作战,大小战争无数,县城反复易主,村民们早已习惯。李家所在的村庄离河堤比较近,所以双方的军队都要从这里经过。在这种情况下,人们半夜都睡得很不安稳,一旦响起了零星的枪声,人们就纷纷爬起来,牵了家里的牲口往玉米地里钻,等到枪炮声过去以后,再回到家中。还有一次,中国共产党军队就在大堤旁边休息,国民党军队的一个团偷偷摸上来,由于天气原因,再加上毫无征兆,张圈全村的人都没有反应过来,也没有人能够逃出去,全部都战战兢兢地窝在家中。李家人认为,国民党的军官算是比较仁义,他命令开炮,炮弹都炸在村庄外和村口,没有伤到村庄里的人。

(六)其他保护

李家一直保持着收容乞丐、流民的习惯,这些人留下来吃口饭,任其自行离去。李家平时跟周围的亲戚关系也很好,邻居之间一般不发生冲突,大事化小小事化了,老人们带头做好事。一是行善做好事本身属于积德的行为,二是这样做稳定了民心,李家才得以更好地生存。李孙氏收留了一个跛子,这个跛子逃难而来,眼看着快被冻死。李孙氏给他吃给他穿,住了两三天后这个跛子要走。李孙氏希望他能留下来,跛子跪下来叩了三个响头,喊了一声娘,坚决上路了,后来再也没有回来过。

四、家规家法

(一)成文家规及主要内容

李家有明确的成文家规,由祖上制定,历代有名望的人修改的。家庭成员自幼必须将家训烂熟于心,由父母教育,进行专门的学习。媳妇在入门时,由当家人和父母训话,会强调家规。每个成员必须熟悉家规,这是一种家庭的隐形的制约。日常生活中,家庭成员必须遵守家规,如果违反家规,就由当家人出面,按家法惩办,如有人违反家规以教育为主,严重犯错的话按家法罚跪。李家家规的主要内容有孝顺父母、讲究善心、和睦宗亲、禁止殴斗、在家中各司各职、各安其分、不可以冲撞当家人等内容,不能与其他人的家规发生冲突,也不会违背国法。李家没人反抗家规,家规是家中为人处世的底线,小辈们也不能过于放肆,否则就是对家中祖先的大不敬。家规基本规定了家庭成员的职责,以成文的规定来对家庭成员加以劝诫,确认了当家人和每个成员应尽的责任和义务。对于女性来说,要遵守妇道,在家安分地相夫教子,忌频繁地单独外出,忌妯娌之间不和睦,忌闲言碎语,不能和父母顶嘴,做什么事都要尽量与丈夫、父母商量,更不能轻易和男性交往。家规家训约束的是全体成员,对外人并没有约束力,亲戚、朋友和熟人也不在约束范围内。

(二)默认家规和成文内容

1.家规形成

李家同样存在一些默认的家规,这些家规虽没有以成文的形式固定下来,但是同样要求每个李家成员都要遵守。这些家规是在李家发展的过程中口头上传播的,以有德的前人为典范形成的,由长辈以讲故事的形式,从孩子小的时候就对良好的品德进行的称颂。这些约定俗成的家规包括尊敬先生、礼让同辈、做人诚信正直等内容。这些默认的家规更像是李家家庭中的一个契约,虽然没有要求必须遵守,但是遵守这些家规的行为是被提倡的,形成一种自觉遵守的好习惯,而违背这些家规虽不会被当家人责罚,但是在李家成员的精神世界里以这种行为为耻。

2.做饭及吃饭规矩

平时家里做饭有儿媳负责打点,她们从早到晚忙活,在厨房里专职做饭,负责全家的一日两餐,人手不够时邻居的婆子可以来打下手。吃什么饭,由儿媳妇每天向当家人请示,当家人如果有要求就会提出,其他家庭成员想吃什么只能向当家人提议。不同的人提出来效果有所不同,如子孙提出来会比父母提出来效果要好。做饭、买菜会分开,买菜由外当家来完成,买菜的钱找当家人交账。

吃饭的时候在桌上吃,只有男性可以上桌,女性和孩子是没有上桌的权利的,这是传统的男尊女卑下立的规矩。座位也很有讲究,按照辈分、身份地位依次往下排列,决不可以越位而坐。家中有专门吃饭的方形条几,但只有男性家长们可以上座,成年的男性候补。冬天需要取暖时,老人们坐在火盆旁边。

吃饭时一定要把饭菜吃光,讲的是勤俭节约的道理,吃不完会受到家长们的训斥。大人们也会教育小孩子,吃饭时不可以说话,不可四处走动和大吵大闹,筷子不可以插在饭菜里立起来,因为只有祭奠死者时才会那样做;不可用筷子敲打碗盘、桌子,只有要饭的乞丐才会那么做。家人把粮食看得比较重,也强调要"由俭入奢易,由奢入俭难""一粥一饭,来之不易"。每个家庭成员吃的饭都是一样的，但是讲究顺序，老人动了筷子后，长辈们可以动筷吃菜，随后晚辈们才可以动筷子。大家都在同一个桌上吃饭，饭菜是一样的，吃多吃少由自己决定，儿媳妇们已经掌握好每个人的饭量，老人、病人有时候会由儿媳妇来熬汤，孕妇和坐月子的女人也可以开小灶，具体的都由当家人负责安排。吃饭时由儿媳妇端上饭菜，由座位上最小的晚辈给长辈们盛饭，先给长辈盛饭，再给同辈盛，小孩子和母亲们在一起，由母亲直接照料，吃完饭以后由儿媳妇统一洗碗刷锅。吃饭时候的忌讳也基本一样，吃饭时不要交头接耳，不能四处走动，筷子不能插在饭菜里立起来，不要用筷子敲击碗盘、桌子，吃饭时只谈论家事，其他事情不能在饭桌上讨论，在桌上也不可以高谈阔论，哗众取宠，晚辈要对长辈们尊敬，不能胡来。

3.座位规矩

日常座位方面的规矩，首先是长辈上座，其次就是比较身份，以当家人优先，再次是同辈人比较年龄大小，长者靠前。在家中堂楼有一条长条几，是家里最好的家具了，八仙桌两边各摆上两把椅子，椅子平常是只有当家人可以坐。座椅讲究以左为尊，除非是非常尊贵的客人，否则是不能坐的，年轻人或辈分小的人更不能坐。宴请餐桌上，对门为主座，这个位置是最尊贵客人的位置，主人和其他人坐下位，其次为以左为尊，依次排列，即以左为尊，右为次，上为尊，下为次，中为尊，偏为次。在落座之前，主宾之间都要互相礼让。当客人主要为本家那边的亲戚时，座位的排序主要看辈分，不看年龄，辈分高的上座，辈分低的在下座。当客人主要是街坊邻居等熟人时，关系再好也不能乱了辈分，还是辈分高的在上座。结婚的时候，父母上座；在特殊宴请中，如宅院的修缮，则需要让手艺人往上坐，如泥瓦匠、木匠等坐在上面。李家请的匠人一般都有绝活。所以不论身份，也是可以在上座的。如果家中有事需要请人调解的话，必须让纠纷处理人坐上座。

4.请示规矩

（1）生产请示

对于土地的管理与经营，当家人就可以说了算了，土地情况也会召集家中劳力进行讨论。全年农业生产与种地计划已经形成了一套制度，都由李家当家人安排，进行实际操作，包括耕地、犁地、播种、收割环节，根据各自的实际情况进行微调整，但是基本框架要按照当家人的命令与指示进行。生产工具和牲畜的使用也需要让当家人知道，有的时候会借给邻居，最终拿主意的还是当家人。

（2）生活请示

李家每餐吃什么由儿媳妇向当家人请示，其他人只能向当家人提建议。购买生活必需品和物资需要家庭成员列出清单交给当家人，当家人过目，详细地看完，当家人同意后，交由外当家去具体操办，购置这些生活必需品。在家庭生活里，每餐如何吃家人们心里都有数，吃饭的差距不是很大，每顿饭的菜品和数量基本也是可以确定的。因此儿媳妇在掌握了一家人的饭量、口味以后，就可以根据情况自己决定，不需要再次请示。

（3）外界交往中请示

家庭成员在村庄内活动不需要请示，如果要出远门去办事，就要告知当家人，请当家人允许，那时候外面的环境都不安全，能不出去就尽量不出去。出去和回来都会有家人、亲戚陪同。走亲戚、宴请宾客也需要当家人知晓。李家禁止家人参加各种社会组织。

（4）请示形式

请示形式只是简单的口头汇报，对于当家人也拿不定主意的重大事项才会召开家庭会议，如果家长不同意，一般事情就办不成。年轻人可能会出现违抗和私自变通长辈命令的情况，事后会受到责罚。如果家中老人去世，新当家人已经产生，出现任何问题大家会问新当家人，由新当家人来决断，新当家人拿不定主意，或是必须由老奶奶出面解决，才请老太太说句话。

5.请客规矩

（1）生产请客

家中进行土地交易需要请客，请从中搭桥牵线的中人、记录契约的文书、见证土地交易的见证人等，还有这片土地的四至邻居。家中建房和上梁封顶均为大事情，也需要请客，所有帮工都可以列席。如果地块较大，建房较多，当家人就会参加；如果情况一般，外当家也可以暂时代替当家人，请客要上门去请。生产中的宴请不很讲究排场，大多数是家人的日常食物，添几道菜就可以，讲究的是经济适用，但是在生产中帮了大忙的，给予特殊感谢的例外，除去请客，往往还要以换工的方式加以补偿。

（2）生活请客

家中定亲、结婚、生孩子、老人祝寿等都需要请客，凡涉及红白喜事都需以宴请的方式来确认。红白喜事针对的对象不同，宴请的宾客也不相同，邀请双方父母亲戚要提前下帖子。孩子基本不上学，个别上学的也并不需要请老师吃饭，均为李家的亲戚在大户家里做教书先生。如果发生了争执或矛盾，也会宴请来调解的调解人和邻居。宴请，在这个时候既具有告知的含义，也是协调利益的方式。生活中请客与生产中请客不相同，生活宴请讲究排场，多是赶人情等宴请，注重仪式感。

（3）宴请规矩

宴请中，同一次宴席宴请的不同群体饭菜的数量和质量也不尽相同，有严格的标准，标准较高的是荤素搭配，根据客人的重要程度安排，但是穷人家一般没有荤菜，赶上灾荒年月，家里连粮食都没有，当家人发现锅里有一个草棒赶紧拣出来，怕客人看见以为是粮食。桌子有主次之分，全场围绕主桌进行。等到生活好转，宴请一般都要饮酒，饮酒也是东平一带的酒文化，祝酒词、酒令十分丰富、复杂，主人频频倒酒，而客人不能拒绝，推让显得客人和主家的感情不深。

6.房屋进出规矩

北边的房屋全都采用坐北朝南的方式，采光比较好，建造时请村庄的明白人专门看过。李家分为两个院子，老宅子是老人和大儿子们居住，新院子是后来扩建的，用来给小儿子们居住。院子由堂屋、卧室组成，较为宽敞，庭院中用于放置杂物、晾晒粮食等。晚上睡觉和休息并没有规矩，但是晚上没有重要事情，家人不能相互随意串门走动。家里进出居室有明确的规定，晚辈不可以随便进出长辈的房间。大家庭居住在一起时，结婚后的儿子媳妇进入公公婆婆的门和小叔子的门都要提前通知。父亲一般不进入儿媳妇的屋子，母亲可以，小姑子也可以，小叔子想进入必须要有他人陪同，有别人在场。家庭议事一般就在当家人居住的堂楼中举行，如果要召开会议议事，家长提前派人去通知，逢年过节祭拜祖先牌位的时候，也不用通报，但是平常进入卧室要提前通知。

7. 制衣洗衣规矩

李家的衣服一般妇女亲自做,自己家里种的棉花地出了棉花之后,可以用来做衣服,衣服本身不需要做出什么花样,只需要根据家人的身型进行裁剪,富裕的时候也会去集市购买,一般隔上几年才能在过节的时候购买新衣,购买的时候也要经过家长的同意,家长特许之后,才能购买,否则就与家庭的节约观念不符。家人的衣服由家里的儿媳妇统一清洗,将衣服拿到河边,河水清澈,使用皂角清洁衣物,中华民国后期用上洋皂,洗衣服用盆盛放,用棒槌敲,洗完之后将衣服晾晒到前院,会有专门晾衣服的架子,统一晾晒统一收起来。如果在洗衣服的过程中将衣服洗坏要受到责骂。

(三)家规家法制定者

李家的家规家法都从上一代人传承而来,当家人李大义不可以随意更改,但可以在原来的基础上调整。家法大概是由先辈们根据家中变故定下,李家初代祖先所创,家规家法均为一个家庭经过时间沉淀下来的文化底蕴。每个家庭都有富裕的时期,具有启蒙家庭成员的道德,约束家庭成员行为规范的作用。制定家法时由各家的家长根据优良的家风和对李家未来的厚望组成,也会召开家庭会议。随着时间的流逝,家规家法也会随着时代的变化而变化,但毫无疑问的是家规家法一直贴近于家庭生活。生活较为富裕的时候,家规家法教育人们要勤俭节约;而生活较为贫穷的时候,家规家法又教育人们积少成多、坚忍不拔。此外,家里的规定很多记载在家族的族谱上,从家族中的戒律中截取出来、发展出来,与家族的族规族法密切相关。

(四)家规家法执行者

家长在平日里的生活中按照家规来办事,如有成员违反,家长有责任站出来制止,以教育为主,辅以家法来进行惩罚。而在日常生活中,家长更需要以身作则,作为家法的执行者,如果自身违反家规,也会进行自我处罚,这对家长的权威是一个严峻的挑战。而其他非亲属的家庭成员也必须严格遵守家规,如果出错,家法严格处置,不会留情。李大义非常爱惜自己和家庭的声望,他认为声望也是李家人立足的根本之一,虽然声望不如土地、房屋这些财产一样看得见、摸得着,但是同等重要,如果声望低下,会被人们瞧不起,甚至在背后不断地"戳脊梁骨"、说坏话,这个人"也就完了",只能以一种苟活的方式生存于自己的一亩三分地当中,永远抬不起头来,没办法堂堂正正做人。因此,作为家法的执行者,李大义对自己的孩子们要求十分严格,生怕孩子们走弯路,给整个家庭带来不好的影响。

(五)家规家法影响力

家庭成员自幼受父亲母亲的言传身教,受到家规家法的启蒙,每逢节日和重大场合要由当家人训话,当家人也会用家法来对后人进行训诫,而当家人等长辈更要以身作则,用以给孩子们树立榜样,让孩子们可以耳濡目染,从小听到的、看见的均为家中的文化底蕴:遵循家法受人尊重,违背家法必将严惩。李大义是一个很讲规矩的人,他在村庄内也因为讲规矩、守规则受到大家一致的信赖和拥护,因而在管理自己家庭的时候,他更加注重家规家法的影响。"定下规矩,说一不二",让自己和李牛氏及孩子们共同遵守、维护,这样的家规家法才有公信力。李大义在召开开家庭会议的时候,当着大家的面说"丑话说在前头",这时候家庭成员们就竖起耳朵听,如果违反了家长意愿,会受到怎样的惩罚,这是大家都关注的。也正是有了家规家法,家庭成员在说话做事上都比较规矩。

（六）家族禁忌

大年初一不扫地、不打水，以图个吉利。人们认为，地上的碎屑和遗留物均为"财"，如果非要打扫，从屋门扫出去是把财推出门外，是一种不吉利的"拒财"行为。所以人们宁愿屋里脏乱，也不愿意打扫。因为这不是卫生问题，如果不懂事的孩子在这一天去打扫，会被大人拧着耳朵教训；大人小孩自除夕夜起不许说不太吉利的话，如果口无遮拦，大人会生气，在这一天尤其不能提"死"字，人们认为容易应验，如果说了之后就要"割舌头"，当然并不是真的把舌头割了，而是要把脏话"呸呸"地吐出来。特别注意的是，在这一天不能冒犯祖先，在日常生活中，人们骂人的时候，很多都与侮辱祖先有关。所以在过年过节的时候，脏话如果脱口而出，会被大人直接掌嘴。过年期间不准大声喧哗，担心这样会惊了祖先。太师椅从腊月到正月十五"送老祖"以前不允许坐人，正月十五以后，各项禁忌解除。另外在"七月半"鬼门开，这天孩子要早睡，不能在街上闲逛。

（七）族规族法

李家属于李氏宗族的一个分支，即便是在村庄内也有"老四院"之说，既最早定居于村庄内的总共是一个老人下面的四个儿子，分成了四院人居住、生活，现在村庄里的李姓均为这四院人的后代。在家族中，人们之所以繁衍生息，传承很久，倚仗的是国有国法、族有族规，族规同样规定一定要团结族人，禁止私斗，尊敬祖先，礼让长辈。族规的内容家长也要给家庭成员普及，家规中很多内容也是从族规上完善而来的。两者共同的特点是告诫李家后人与人友善，积德受益。因此家长监督家规的执行，同时也是间接地在监督族规的执行。如果家庭成员违背了族规，并不很严重，家长已经按照家规适当地处置，族内有可能不会再过问。但是如果比较严重，例如聚众斗殴，性质恶劣，家族一定要站在整个大的家族的角度，族长会亲自插手处置。张圈李家虽是李家分支，但是实际上宗族对其的影响力逐渐变小，除了修纂家谱、祭祀祖宗等之外，大部分生产生活完全依靠当家人的判断。

五、奖励惩罚

（一）家庭成员奖励

如果家庭成员在生产生活上表现较好，当家人会根据自己的判断给予奖励，奖励可能是现金，也可能是粮食。例如，儿子们上学如果成绩比较好，受到赞誉，就会受到口头上的表扬；如果成绩一直都很突出，到了过年的时候，就会到集市上买"果子"给儿子吃，孩子们一年到头盼望着吃到"果子"，吃到会特别开心。此外，在生产上出力最多的人在家庭分配的时候，也会分配到更多粮食，吃饭的时候可以多吃，也算是一种奖励的形式。这些奖励会起到鼓励家人的作用，会刺激其他成员争相效仿。总体来看，合理的奖赏有利于为整个家庭营造良好的竞争氛围。例如，李大义在李家修筑院墙中下了很大力气，当家人会按事情的满意度给他物质奖励，李孙氏给了他一些私房钱。

（二）家庭成员惩罚

一个家庭中只有当家人有权惩罚家庭成员，其他人都不能，母亲可以适当地教育孩子们，但是一般不动手。父母惩罚儿女符合规矩，可以关起门来解决。家庭内在处罚小孩时，外部的任何人都没有权力进行干涉，这是属于个人家事的范畴。如年龄较小的孩童，因为年纪小尚不懂事，生性顽劣容易打架、不读书，恶劣的还有偷盗的恶习，当家人要对他教育一番，如果偷盗的情节严重，还要教训孩子的父母，父母作为孩子的监护人，承担一定的教育责任。如果偷盗被发现，是一件十分丢人的事情，家里要召开家庭会议，大家一起坐下来，而偷盗的孩子要跪着，不仅要承认错误，而且要接受体罚。这种方式的目的是为了让这个孩子永远记住，长长记性，不能再犯。

婆婆可以处罚儿媳妇，当家人可以干涉。家里的惩罚都只是针对家庭成员，不可对外人进行处罚，若外人做错事，则动用的不是家规和家法，可能就要打官司。家庭成员害怕被惩罚，也惧怕长辈的威严。所以惩罚的效果很好，人人规范自己的行为做法，不至偏差到出格的地步。惩罚主要有口头教育、罚跪祖宗牌位，甚至殴打、赶出家中等多种方式，具体选择何种方式也是由长辈来判断，何时何地采用何种惩罚措施必须有所依据。

六、家族公共事务

（一）参与主体

家族中的主要的传统活动有修谱和祭祖等。李家参加家族的活动都由当家人作为代表参加，不必每个成员参加，一般小孩和女人要回避，对于与血缘祖先相关的事务，家长李大义必须参加，这是对祖先的尊敬、对家族的认同，所有的家族成员都贴着"李氏共祖"的标签，大家以血缘关系为纽带，紧密地联系在一起，互相帮助，这种帮助也体现在生产生活的各个方面获的实实在在的利益和实惠。因而参与家族公共事务并非表面上那么简单，实际上是李氏家族界定家族成员进行生产生活互助的组织形式。李大义对此非常积极，他认为参与家族的事情，是对祖先的尊敬，为家族贡献力量，祖先就会保佑和庇护，家中的孩子们都能从中受益。家族非常排斥血缘关系纽带以外的人，如果一个成年男性入赘，也要被驱逐出家族，不能参加家族的事务，而嫁过来的女性，即便跟了男方的姓，也不便参与李家的事情，女性的能力和血缘关系都还达不到参加的标准，至于未成年的小孩，确实是因为自身的心智发育还不完善，而且家中有长辈参与即可，家长李大义完全可以代表整个家庭，在家族中参与公共事务。

（二）事务类型

李氏宗族修谱十分隆重，是家族的第一件头等要事：认祖归宗、落叶归根、同族同源、团结族人。由族长提议修谱，族长的老人们同意后，族内老人聚集在一起对现有的家谱进行修订，并派人到李家各个分支，要求各个分支都掌握自己分支的情况，并且派出代表参与修谱，主要内容是自己这一支系情况的编纂。族谱中有序、凡例、世系表、世纪、小传等内容，详细记载家族的世代繁衍变迁和李家文化程度、业绩状况，内容十分翔实。

其次是祭祖，主要是家族的清明节祭祖，家族会选在农历三月初，在清明节时，各个分支共聚，一同到祖先坟碑前祭祀。由族中的族长摆供上香，族内的男性按照辈分在后面依次排列，族长设供，敬献贡品，焚纸时，族长下跪磕头，之后晚辈再依次磕头跪拜，但女性和小孩不能参加，女性参加便是对祖宗不敬，冒犯主神，会引起祸端；小孩因为身体没有长成，容易失魂。清明寒食的传统由来已久，家人前两天会给坟头添土。前一天上坟祭祖，摆供设祭。祭祀体现家族香火不断，子孙旺盛，同时表达对祖宗的追念和缅怀，通过祭祖，强化家族观念的认同，体现血缘关系的远近，强调家族秩序，具有很重要的意义。上坟时按照同自己血缘关系的亲近作为顺序，祭祀自己五服之内的祖先，对于血缘关系最为亲近的祖先要先摆上祭品。

家族需要筹款，用于修缮家族祠堂、救济族人等方面。筹款按照家庭数量，给钱款设置一个最低的限额，这个限额比较低，大多数家庭都负担得起，负担不起的家庭，也可以通过家中出人夫来解决，而钱款主要来自于家族中的大户，相当于下有底线，上不封顶。家族大户为了得到一个好名声，并且在家族中有更大的影响力，都会争先捐款。

七、村庄公共事务

张圈村有保长，主要负责税赋、兵役、摊派等上级安排的任务，也对村庄内的村民关系进行调解，管理村庄里的公共事务。而庄内公共事务、纠纷调解等主要靠庄内有威望、能压事的人从中调解，多数又与保长、为保长办事情的人有重合。保长负责通知村民，并且管理村里的各项工作，比如催促上交田赋、摊款。保长并不是多么大的地方官，很多时候他都要自己跑腿，遇到户里比较蛮横的，他自己说了不算。但是整体上还是有一定的号召力。保长向各户发田赋以及摊派任务的通知，县里的治安警前来催田赋的时候，把粮食交上去。保长没有固定的报酬，村里不给，但是在主持村里活动的时候，有的家庭图方便，会给他一点好处，有可能是一斗半斗的粮食，也有可能是钱。有时候村民之间产生矛盾要打官司的时候，或者需要中间人出面说和，保长便去查看情况。保长的工作容易得罪人，当时多数村民生活困难，交不上税费，均为一个村里的乡里乡亲，催得太急的话得罪村民，特别是很多村民实际上是自己的同姓族人，如果不催又会被上级责罚。因此很多人都不愿意当保长，因为摊派的任务太重，很多时候无法完成，催逼得紧了，有的政府军警来要粮食要不到，就把保长抓去，轻则辱骂，重则吊起来鞭打。

有关张圈村庄的事务，都由保长召集各个家户的家长讨论决定。所有的会议女性不能参加，在女性是当家人的情况下，才能参加会议。还有一种情况女性可以参加会议，丈夫如果不在家，而儿子又未成年，则由她作为代表，但是这名女性在会上不能随意发言。在会议上，当家人可以代表自己的家庭提出关于村庄事务的建议。张圈村里修路、修桥、修庙都需要找家长，一般由各个家庭提供所需钱粮，而所需人力则主要靠雇用。如果家庭条件较差，拿不出钱，只能出人力，一个家庭出一个。修路修桥的时候，出钱的各个家庭都要派人去当监工，轮流监工，以防出现磨洋工的情况。那时候女性只能算半个劳动力，修路修桥不会让女性参加。干活的人力都会有工钱，因为要干很多天，同时也管饭。

打井淘井也是一项比较重要的村庄事务，在西张圈一共有两口井，分别是村南的南洼里和村庄内部。这两口井由本庄上的人共同出资修建，主要用于饮水，土地灌溉主要是河水。这些饮水井都需要定期清洗，一般是在开春之后，井内的水位最低，为了保证饮用水的质量，每两年就要淘井。淘井是由保长安排村里人负责，几户人轮流出资出人，到了时间就去淘井。下井的是张家的人，这些人不给工钱只管饭。打井的时候，保长会交代给其中的一个工人，由这个工人总负责，其他的工人都要听他的，如果有其他的需求，这个工人会反映给保长。李家作为张圈的成员，主动响应打井淘井，保长一声令下，邻居、李家人还有村民都会听从。

逢年过节，村里都会组织戏班，戏班是邻村的，价格很便宜，乡里乡亲图个热闹，由保长邀请村民前来观看。那时候，村庄里没有什么娱乐活动，村民们看戏的热情非常高。一般外来的戏班演出时间为3~4天，演奏3~4个曲目，接近傍晚的时候，戏班开始演出，戏班需要的费用完全由保长支出，村民不需要再拿钱，剧目一般有山东的地方戏剧、京剧、皮影戏等，内容一般是通过故事讲述忠孝仁义，抨击男盗女娼、嫌贫爱富的行为。每年地里产出粮食，逢年过节,会组织一些集体性的娱乐活动,这时候,由保长宣布具体的时间和安排事项,每年大体都在一个时间段,外地请来的戏班子表演得好,村民们都很高兴。组织集体娱乐活动,会由村上提前四五天通知,这四五天里,村里人一传十、十传百,到了戏班子演出的那一天,人头攒动,女性和小孩都可以参加。

村庄发生过一些洪涝灾害,由保长统领全村,各家各户联合起来抵御灾害,李家是李孙氏负责联络。由于距离东平湖太近,一到暴雨时节,湖水随时都有淹没村庄的危险,村民佃户都没有保障,在保长的安排下,李家由李孙氏牵头,家里的青壮年一起上阵,拿地里的土来筑成堤坝。当村庄发生战乱时,保长会号召大家一起来维护村庄治安。首先,村庄里的一些年轻人都武装起来、手持长枪,大刀,对进村的陌生人进行盘问。村庄还会组织巡夜,巡夜的人是各家各户出代表,李家除了六子年龄小不参加,其他几个儿子要轮流参加,每天晚上轮换一个李家人跟班,如果情况非常紧急,全村青年都会出动。夜晚巡视的人一夜都不停歇,如果发现危险的话,会直接敲响破锣,能抵挡的话,青壮年们迅速集合起来抵抗,不能的话就要逃跑,巡夜人会及时告知保长和各个家长,保长会根据巡夜人随时反映的情况发布命令。

村里组织修桥、修路、修庙,组织打井淘井,筹资均为一家一份,但是份额比较低,意义在于每家每户对村庄内的公共事务或多或少都应做一些贡献,而这些大规模的公共事务的费用主要由村庄的大户来支出,其中张家给的钱占了绝大多数。西张圈治理灾害所需要的开支具体数额要由当家人跟家庭成员解释清楚。如果有些村民交不起这笔钱,可以跟保长求情,派人力参加,如果家中均为老幼病残,保长并不计较。村里一般人口不够的时候,均为雇用外面的人夫,村庄内部村民,包括李家人也会参加,如果参加的话,按家庭一家出一个代表,由所在家庭的家长来决定。如果是全县范围内的事务,如对东平湖修建堤坝、修建河段水闸水库,以及水利维修和清淤,李家举家都要去。

八、国家事务

(一)“完银子”

1947年以前,李家称缴纳的税务为皇粮国税,负担很重,主要是交银子和铜钱,后来有诸多不便,于是直接交粮食,在当地也叫“完银子”。中华民国时期收取田地赋税和人头税等。为了按时交上,李家需借钱和交粮食,非常困难,交不上的时候要受到政府施加的压力。税收是固定的,一年两次,是按照粮食一年产出两次的耕作制度,等到粮食产出的时候,就要用车拉着粮食到郭场去交,而收粮食的人会在那里现场称量,一一点过之后,才算是完成任务,一般不会出现缺斤短两的情况,而有的时候,收粮食的人在中间偷奸耍滑,或者是故意为难,比如正好的粮食却要说缺斤少两,一般人都要陪着笑脸,想办法让他高抬贵手,但有的农民必须得吃哑巴亏,多交一点粮食。这种情况也加剧了农民们的负担,农民有苦无处申诉,只能被动地承受。而且政府的政策大多后知后觉,并不及时。例如当年的粮食歉收,赶上灾荒年月地里甚至颗粒无收,家中无粮下锅,无粮食交税,国家才实行救济。

日本占领东平县城期间,税收政策十分混乱。伪政府为了筹集军备物资,大肆纵兵下乡收敛粮食,有一年刚出正月,一卡车的日本兵被拉到村庄上,在每个家门口扔下一个布口袋,限期半天之内,这家人必须把这个口袋装满粮食,否则日军和伪军可能会破门而入,轻则辱骂,重则拳脚相加,甚至会危及生命。正赶上最困难的灾荒时期,很多人家中仅剩的口粮都被

413

搜刮干净。李家情况更惨,李家孩子多,粮食十分珍贵。基于这些原因,胆大过人的李孙氏将门口的口袋扔掉,并且在大白天趁着日本兵不注意,从日本人运粮食的车上偷偷拽下来一口袋粮食藏到家中,由于日本兵下村收粮食气焰十分猖獗,对自己车上有多少个口袋也不清楚,只是尽可能地搜刮粮食,收到多少是多少。因此让李孙氏从中捡了个漏子。事后,大家都心有余悸,一旦被发现,李孙氏的下场可想而知,被日伪军发现,可能当场就没命了。但是李孙氏实在也是没有办法,作为孩子们的母亲,一是家中实在没有粮食,不能交粮食税,二是即便不交税,家中还是没有粮食吃,只能铤而走险,在日伪军的虎口中抢得一点粮食。

(二)征兵

1.征兵

在中华民国以前,国家实行的是世兵制,军队子弟会世代为兵,采用的是继承的方法,也进行招募,实行募兵制。这个时期,李家人没有因为征兵去当兵的情况,在外庄的族人有去当兵的情况。抗日战争中后期,保甲制度相对完善,在有些村庄,国民党会按照家庭中的成年男性数进行征兵,父子都在村庄里的父亲要去当兵,兄弟两个人的由哥哥去当兵。传统时期的富户,通过买兵的方式逃避兵役,直接出钱买断,一般是直接买通佃户,给予他本人或妻子和儿子粮食和钱财,一次性买断,让这个人顶替名字,去服兵役,买兵的人除非死亡,否则不能当逃兵,当了逃兵要追回之前允诺给他的钱款,但如果已经死亡,不但不予追回买家还要多付钱款。这个时候,李家老大不在家,老五老六在外逃荒,没有安排李家人参军,但是李家的亲戚有些参加了国民党军。满18岁之后就可以去当兵,一般家里只有一个儿子的便不会让去参军了,家里是兄弟两个或者兄弟三个的就让去一个,前线兵源吃紧的时候,兄弟三个就得去两个,那时候打仗多,征兵也多。但是如果当兵逃跑了,就会有专人抓逃兵,抓回去之后就会关禁闭。二十多岁的男性有自愿参加的,如果是自愿参加,一般是家里穷的人,没有土地种才会去当兵。那时候有区队,区里负责征兵,到区里去就行。但是那时候当兵也有不是自愿去的人,不自愿去的人一般就会有人来动员他,村长都会跟着动员。

2.抓壮丁

拉壮丁以前是比较大的事情,对农民的生产生活冲击是很大的。一般的村庄由保长召集,大家商量是安排到户,还是花钱雇人。开会商量决定,需要大家花钱雇人,保长负责联络本保的人来分摊费用,如果不花钱雇人,就安排到户,每户出一人,在张圈有一些村民被抓了壮丁,主要是给县城修城墙。1927 年,国家兵制改为征兵制,规定"三丁抽一""五丁抽二"、乃至独子缓征,减轻了负担。抓壮丁的对象通常为十五六岁以上的,身高不能太矮,大约在 1 米 6 左右,身体要健康,没有十分明显的残疾,如瘸腿、瞎眼、断指。抓壮丁有很多种情况,有的直接去参军,有的是去做苦力修炮楼,但是一般壮丁都会比较危险,参加战争很多人会为此送命。在日伪时期,被抓壮丁的人会做苦力去修炮楼,修炮楼有白面馍馍吃,但是体力的劳动强度非常大,十分劳累。到解放战争时期,兵源十分紧张,国民党军直接在集市上抓丁,命令年轻的人都站在路东边排成一排,而老人站在路西排成一排,随后将路东的年轻人全都用绳子捆住带走,有些机灵的年轻人提前混在老年人的队伍里,没有被人发现。

抓壮丁是西张圈村内比较大的事情,保长负责召集村民开会,大家商量是从村里找,还是共同花钱雇人。开会商量决定之后,如果是共同花钱雇人的话,各个家长负责去联络自己认识的人。有钱人家可以花钱雇人代替,免受劳动之苦。被抓的青壮年大多数干完活就放回来了,但是也有一些一去不返,有的下落不明,有的被俘或投诚参加解放军,有的开小差逃亡,情况不尽相同。

3.自愿当兵

家人虽然没有征兵,但是族人中有主动当兵的,当时社会的局势比较动荡,大家的国家意识和政治观念都比较淡薄,当兵纯粹是为了混一口饭吃。家中土地里产出的粮食无法满足一家人的吃饭问题,男性劳动力只能去参军,当兵了以后家庭的社会地位有所提高,属于一种高回报高风险的职业。首先,当兵以后自己能吃饱饭,偶尔还能开开小灶,过年过节还能寄钱回家,比较宽裕;其次在部队中,也能很好的发展,如果在部队中当了官老爷,地位立马水涨船高,全家人都跟着享清福,当地的政要如果知道了这个情况,也会争相巴结,不仅不会再欺负这家人,而且还会给这家人的发展和生活提供一些便利。这也是人之常情。

但是本身当兵也有风险,如果碰上打仗,一不小心就可能死在外面,连尸骨都很难带回来,家里留下孤儿寡母,家境十分凄凉。像这种情况,人一旦战死以后,是没有人管的,根本不存在军队或政要对已故军人的体恤。有一些人出去当兵,很多年之后都没有音讯,多方打听才知道已经死了,而具体埋藏在哪里,也只知道一个大概的地方。当兵一般也选择一些地方驻军,而非一线的作战部队,这样存活的概率比较大,而且熬到一定级别之后,早已经从一个"新兵蛋子"变成了"老兵油子",吃饱喝足,攒下一部分钱回到家里养老。而这些情况也刺激着李家的人,希望能够通过当兵来改变自己的命运。虽然老人们常说"好男不当兵",表达了对当兵这个职业的鄙视,但是在持续动乱的时代,"枪杆子就是腰杆子",当兵也不失为一种生存的方式。

李家族人有多人参加了国民党的军队,均为二十岁左右年纪轻轻的小伙子。那个年月参军是为了混口饭吃,在家种地种不下去,只能去军队里卖命,这本来是一种无奈之举。但是随着战争白热化,越来越多的农民觉悟了,不想再为上级卖命,在国民党部队里的李家的亲戚带着枪逃回家,不久之后,来了一群国民党士兵搜捕他,后来没有搜到就走了。再后来,李家有很多人去当八路军,李孙氏的娘家两个哥哥都主动参军入伍,当时李孙氏的父亲极力阻止,家中就这两个年轻男丁,不想他们冒生命的危险,而且他们两个一走,家中的土地耕作必然也会受到影响,但是两个哥哥都坚决要去当兵,二哥甚至先斩后奏,浑身绑着手榴弹,声称谁如果不让他去当兵,就把手榴弹拉响,在这种极端行为下,两个哥哥都加入了八路军,一直在军队中当首长,后来打仗,两个人都活了下来,只是受到过腿伤。

(三)摊派劳役

摊派劳役需要按照家户人口实际数来定。李家劳动力充足时,摊派劳役时就比较多,家庭中老年人、孩子也比较多,青壮年劳动力就少,这时候摊派的劳役,就比较少。出劳力也叫做出夫。没有战乱的时候,主要去修筑堤坝、防洪防汛等,而在战乱时期,一般是给军队修筑城墙、运送东西。出劳力按照周期也分为短劳力长期劳力。短期的劳力自己带饭,个人吃个人的粮食,只是过去干活,干完活回家吃饭睡觉。而长期的劳力,完工前都不能回家,并有特定的营房,完工后可以回家,一天两顿饭,饭菜的质量比较低,只能是管饱。出劳力是没有工钱的。如果需要出劳力,一般为政府委托给保长,直接派人找家长。如果不找到家人,直接去找家里的青壮年,这种也算是十万火急迫不得已;如果是直接找青壮年,家里的青壮年也不敢不告知家长而擅自出去劳动,必须跟当家人请示。在当地,各家必须听从当家人的安排。除此之外,李家有时还会被摊派一些其他名目的费用。这些劳役一般采取的方式均为"派人",一般为男人去,老人和小孩儿不用去,但是对于像抬土之类的稍微轻一点的活,有时候也会在人手不够的时候派女劳力去。派人一般采取"轮换"的方式,即每一家或者几家为一个单位轮换,过拉车的就不用当车夫,当过车夫的就不用当小夫。因为这些劳役往往都有一个前后顺序。所以一定情况下还是会照顾到大家所去的频率。若是没有牲口的家庭,在派车夫劳役的时候,他就可以暂时先不去,即暂时先不派他们,派村中家中有牲口的先去,等到下一次派其他活的时候,例如小夫,再由这些没牲口的家庭去。干活的时候,往往还有当兵的拿着棍子守在一旁看管,来回走,检查,看到干活不卖力的,轻则一顿臭骂,重则就上前殴打。

这些劳役活并没有什么报酬,不给钱,也不管饭,老百姓称呼这些劳役活为"苦差"。一年中,差事很多。李大义既给国民党出过差,也给日本人出过差,"日本人多少还不和你要东西,顶多就是打你骂你,国民党不但打你骂你,还要拿你的东西。"中华民国时期,摊派派人的话一般都以村庄为单位,例如一个保要 10 人,分到谁家就定在谁家,如果是分到甲长家里,甲长也需要去,如果是轮到保长家里,保长也要去。有些大户人家实在不愿意接受摊派任务,于是就从家中出钱粮,以此作为补偿,去买一些愿意出劳动力的家庭,通过这种方式来完成摊派任务。

(四)选举

西张圈村内的治理方式主要靠代表国家力量的法律、代表村庄层面的村庄规矩,以及各个家庭的家法共同结合在一起的。对于村民来说,国家观念较为淡薄,大家对于国家的法律法规认识得十分有限,只知道"杀人偿命,欠债还钱",基本上相当于法盲,而且由于法律途径被官府垄断,除非命案,一般都不会想到告官处理。而家庭里的家规家法,也仅限于家庭范围内,没有办法延伸到村庄的公共事务中去。因而在村庄内部,主要靠的还是村长、保长这些村庄层面上的履行职务的人。保长具有维护村庄秩序的责任,通过自己的方式对官方的法律进行解释,并且村庄内部也常常约定好一些规则,让人们了解,例如西张圈的村民对村子里的村规民约比较清楚,这些均属于与自己的生活息息相关的事情,比如土地买卖要"先问本姓的人,本家人不买,再问四邻,四邻不买,再问同村人,同村人不买,才问外人",这是西张圈村内进行土地和房屋交易必须要遵循的规则。如果不遵守的话,擅自做决定,容易受到本姓氏的人的说教,甚至是孤立。

张圈村两大姓氏,张家和李家,虽然也曾经设置过村长、村副和保甲长,但均由两家人自己担任,最终还是庄上人说了算,这些村庄的职务虽然要通过选举这种民主的办法,但是基本流于形式,选举的时候,需要村庄内的全体家庭都参加,普通家庭也被要求参加选举,选举时村庄内的各个家庭派出当家人,以家庭为单位完成选举,一个代表投一票,女性不能参与投票的任何环节,如果家里没有男性,一般就不参加,这个家庭就失去了投票的权利。李家是派儿子去参加。在选举之前,一家人没有提前商量,所有程序流于形式,村庄内很少有人愿意去当保长,一方面村民都属于自己的兄弟爷们,谁也不能欺负自己人;一方面还要完成上面的任务,很难干,一旦有人当,大家也乐于支持他干好。遇上天灾人祸,保长的肩头责任十分重大,一个人无力承担,就产生了四个人轮流当保长的现象,四个人以一人当一天的方式轮流履职,赶上上面下来抢粮抓壮丁,算是命苦的事情,不过有事情大家还要共同承担。

调查小记

  2017年暑假，我第一次调研东平西张圈李家情况。2018年寒假，我回访了所调研的老人。早已过了八旬的老人，依然从事着各项体力劳动，头脑清晰，思维敏捷，配合笔者做了大量关于土地改革、合作化集体化时期的口述史，是村庄内部少有的"明白老人"，在长期的调研中，我们结下了深厚的感情，曾经在八月酷热难当的天气里，与老人盘膝村头，也曾在数九寒天冷得哆哆嗦嗦的时候，与老人访谈不休。李家这个在村庄内有代表性的家庭，以它面对天灾人祸时表现出来的百折不挠的求存策略，让我感到震撼，那股透在骨子里的韧劲让我感动，能够重现李家在传统时期的家户形态，亦是一种对历史的铭记。于我，于受访老人，善莫大焉。在此，我要感谢学院的大力支持，县相关部门和村两委的协助，特别是受访老人，不厌其烦地为我讲述那一时期的故事，为我答疑解惑，为我的调研做出了很多牺牲，谨以此篇文章献给给予我大力支持的人们，不忘初心！

第六篇

守道自振:柴门农家的颠沛与磨砺
——豫西赵家后村赵氏家户调查

报告撰写:范静惠[*]
受访对象:赵丙云

---
* 范静惠(1994—),女,河南三门峡人,华中师范大学中国农村研究院 2017 级硕士研究生。

导　语

　　河南省三门峡市湖滨区磁钟乡赵家后村位于河南省的西部。1949 年以前,村庄的总面积较小。与此同时,村庄的人口也十分稀少,其中大多是赵氏人家。赵海锁一家居住在村中下洼井边,生产生活较为便利。赵海锁家里的财产大多是继承父辈而来,一家人靠着仅有的财产艰难维生。身为农户,赵海锁一家辛勤劳作,一年的庄稼收入也只能勉强维持自家生存。赵海锁在分配自家所得物品时,统筹考虑、按需分配。遇到天灾人祸,作为外当家的赵海锁便需借钱借粮。因为家境贫寒,赵海锁一家在消费时十分节俭、节衣缩食。在交换时,为了能找到物美价廉的物品,赵海锁更是货比三家、过斗过秤。赵海锁一家虽是村中老户人家,但家境一般且未担任任何官职。所以在村中的声望一般。

　　对于赵海锁而言,结婚娶妻是人生中的头等大事。为了吉利喜庆,赵海锁严格按照村中惯例走完流程。赵海锁结婚之后,为了传宗接代、延续香火,便同妻子吴小花生育了二男三女。吴小花在生育时,赵海锁为了孕妇的安全和健康,悉心照顾让其安胎一个月。孩子的教育大多来自于赵海锁夫妇的教导。两个男孩曾上过两年学校,之后因家中贫穷而放弃读书。一家七口在生活之中以全家人的利益为重,互相扶持互相帮助,生活得其乐融融。在同外界成员进行交往时,赵海锁一家心地善良,乐于帮助他人。所以与外界关系较为友好。

　　赵海锁因是家中辈分最高的男性,所以担任家长一职,手握大权,可以对自家所有事务进行决策。家庭作为一家人的生活支柱,时常为其成员提供庇佑和保护。赵海锁一家人在生活之中较为重视经验的积累,不仅形成了一套完整的珍惜时间、重视空间和追求美好生活的观念,而且也按照村中惯例形成了一套有关生产生活的默认家规,用于约束家人的行为。赵海锁夫妇更是为了让孩子懂规矩、识大体,对其所作所为进行奖励、惩罚。家族、村庄的会议,修路摊派,打更,赵海锁一家积极参与其中,为其贡献自家的一份力量。对于缴纳赋税、征兵抓丁等,赵海锁一家想尽各种办法拖延躲避。

　　家境贫寒的赵海锁一家生产生活较为艰难,不仅时常需要为粮食收成而犯愁,而且曾遭遇外人的欺凌,生活的道路虽然布满了荆棘。但赵海锁一家并未消沉,反而坚守自家的信律,向着美好生活一路勤奋拼搏。

第一章　家户由来与特性

赵海锁的祖辈在明朝末年因战乱从山西省迁出。因三门峡距离山西较近,众多习惯甚是相似。所以赵家祖辈最终选择在三门峡市赵家后村定居。赵海锁的祖辈迁至赵家后村时,为了生存便开垦土地、修建房屋,最终落户。1949年以前,赵海锁和妻子吴小花共生育了二男三女。一家人居住在村内的下洼井边,其地理位置较为优越。赵海锁一家虽是村中老户,但经济条件在村内实属一般。因此在村中声望一般。

一、家户的迁徙与定居

(一)逃荒由晋迁徙至豫西

赵海锁的祖辈原本生活在太行山以西地区,世代以耕种为生。明朝末年战乱频生,李自成的起义军"三过河南"①,导致河南地区损失大量人口,用于耕种的土地全被抛荒。生活在山西的赵氏一族,因受到天灾人祸的打击,无法在当地继续生存下去,便只能跟随逃荒大军跨过太行山向中原地区迁徙,最终选择在距离山西较近的三门峡市定居。赵海锁的祖辈之所以选择在三门峡定居,一是因为三门峡的土地、水利环境和山西地区类似,有利于其迁徙中所带种粮的生长;二是由于三门峡四面是黄土高原及沟壑纵横的山地,地势比较险要,有利于避免战争的干扰;三是因为三门峡本身离山西地区较近,可以避免长途迁徙导致的粮食不足和人口损失。因此,尽管农业条件不如豫中地区好,赵氏一族依旧选择在三门峡附近的山区里定居。赵氏一族定居之后便生儿育女、辛劳耕作,其家族不断繁衍壮大。在迁徙以前,赵氏一族世代务农为生,文化水平不高,族谱在逃荒的路上因乱流失。因此,赵氏一族在山西定居的情况已不可考。

(二)定居赵家后村

赵氏一族经过一段时间的逃荒与迁徙,最终在三门峡市磁钟乡的赵家后村定居。三门峡市地处豫西和晋东南交界处,紧邻黄河水脉,地理环境和赵氏一族先前生活所居的山西基本类似。赵家后村的地理位置较为优越,大致位于三门峡城区外稍偏远的黄土丘上,地势较高、山路陡峭。在战乱动荡的年代,这样的地形能够保障赵氏一族的安全;黄土丘上的地势较为平缓,便于赵氏一族开展农业生产;土质松软,有利于赵氏一族在黄土丘上掘土筑窑居住;临近黄河,地下水脉丰富,赵氏一族掘井取水较为便利。简而言之,赵家后村有着较为优越的地理环境,而且距离迁出地山西省较近,避免了长途逃荒迁徙。因此,赵氏一族最终选择在赵家后村定居。当时与赵氏一族共同迁徙的还有另一户——范氏一族,两族结伴从山西地区迁

---

① 三过河南:三次来到河南。

出,并共同定居在赵家后村,以求互相照应。赵氏一族在赵家后村定居,既不需要当地居民的同意,也不需要政府的批准。因为明末战乱时期的赵家后村是一片荒地,既没有村民居住,也没有政府管理。赵氏一族在赵家后村定居之后,马上就大兴土木、安家置业,仿造山西地区的窑洞民居,赵氏一族在地势适中的黄土窑上掘土成屋,建起了具有黄土高原特色的窑洞。在窑洞上方地势较高处,平整土地种植作物;在窑洞下方地势较平的地方,挖池掘井,贮藏水源。

赵氏一族自定居赵家后三百余年,共繁衍了十几辈人,小家族逐渐繁衍成大村落,赵氏一族也成为村里主要的家族。随着赵氏一族的定居,赵氏的祖坟和宗族祭祀在赵家后村也逐渐建立并延续下去。繁衍至赵海锁一代时,赵家在赵家后村已有百十户。不管是家中老人还是族中前辈,都会同赵海锁提起这段家族迁徙和定居发展的往事,教育他要珍惜生活。

(三)靠贫瘠土地艰难求生

1949年以前,赵海锁一家靠种地维持自家生存。赵海锁先前是家中的小儿子,其父母于1930年相继去世,赵海锁两兄弟便平分了原有的家产,二人共继承了41亩贫瘠的白土地、三个洞窑以及一些牲畜家禽。

赵海锁是村中普通的自耕农,因继承父辈的房屋、田地可以自立更生。中华民国时期战乱不断,赵家后村屡遭人祸,赵海锁一家不堪沉重的赋税和兵役的困扰,生活得极为艰辛。1940年左右,邻居赵海山因自家人口较多,便仗势欺人欲侵占赵海锁一家土地。赵海锁兄弟二人为了保护土地与赵海山一家闹出了人命官司,虽然避免了牢狱之灾,但最终给了赵海山一家25亩土地作为赔偿,一家人的生活因此变得更为窘迫。1942年大旱,蒋介石炸花园口,黄泛区灾民经三门峡向陕西地区迁徙逃难。赵海锁一家的土地较为贫瘠,也遭受了饥荒。此外,由于战乱影响,赵海锁一家多亏自家亲戚的庇佑,最终求得一条生路。赵海锁和妻子吴小花共育二男三女,家中孩子虽多但没有夭折,只小女赵粉群身体稍差。至1949年,赵丙云等子女因年龄幼小尚未婚配。

二、家户基本情况

(一)小门小户两代人

赵家后村有儿子成家便分家的传统。赵海锁的父母遵从村庄惯例,早年便从本家族中分离出来,自立一户生活。1930年,赵海锁的父亲母亲相继去世,家中只剩下赵海锁兄弟二人,兄弟二人平分了父母留下来的房产和地产,但还共同生活在祖屋之中。1931年,赵海锁结婚,随之生子,家户逐渐发展壮大。结婚后,赵海锁便同妻子吴小花生儿育女,1932年生下长子赵小丙,1939年生下幼子赵丙云,随后又生下三个女儿,赵银群、赵群楼、赵粉群。从代际上看,赵海锁一家共两代七人,父辈二人、子辈五人。至1949年,赵海锁夫妇身体状况良好,赵丙云一代年纪尚小没有婚配。因此未曾再次分家。赵海锁一家的土地较多,但从人口和劳动力数量、人口代际上来看,赵海锁一户是典型的小户,规模较小,生产也仅限于土地耕作。同时,赵家的人际关系比较简单,主要是两代人之间的直系血亲关系。从人口结构上看,家中只有赵海锁一个劳动力。因此在日常的农业生产中,赵海锁需担负重大的责任。赵海锁有两个儿子。所以劳动力的代际更替还算健康。赵海锁夫妇生儿育女的间隔较短。因此,一个时期内家中有较多幼儿需要抚养,吴小花所承担的责任也较为沉重。

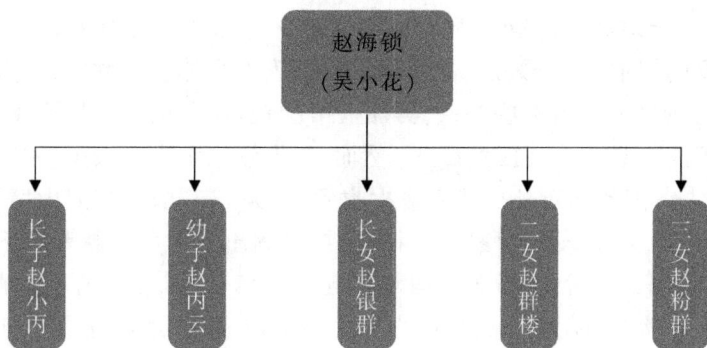

图 6-1　1949 年以前赵海锁一家的家户结构图

（二）两户共居共耕

从家庭关系上看,赵海锁一户是一个独立的小家庭。但赵海锁兄弟二人分家是因为父母去世,分家时赵海锁兄弟二人均未成家,所以在家产分割上,赵海锁兄弟二人并没有严格的区分,两户共同居住在祖屋之中。赵海锁一家只有赵海锁一个劳动力,赵海锁的父亲去世时给赵海锁兄弟二人留下 41 亩土地,这 41 亩土地由赵海锁兄弟两家共同耕种。后来,赵海锁因家中人口增多,为了保证居住地宽敞舒适,便在侧边多"打"①了三间小窑洞,其中两间让孩子居住,另外一间则用来饲养牲畜家禽。1945 年赵海锁的哥哥过世,其居住的窑洞便归赵海锁一家所有。邻居赵铁钢房屋被毁、无处可居,赵海锁心地善良,又由于二人之间是本家关系,而家中房屋较多,便收留了邻居赵铁钢。赵铁钢本身拥有土地,因此并不参与赵海锁一家的农业生产。只是在岁末年关给赵海锁一家割肉拿粮,以表达酬谢。

表 6-1　赵家基本情况数据表

家庭基本情况	数据
家庭人口数	8
劳动力数	2
男性劳动力	1
家庭代际数	2
家内夫妻数	1
老人数量	0
儿童数量	5
其他非亲属成员数	1

（三）屡遭人祸

赵海锁一家面临的主要问题是家中男性劳动力过少。虽然赵海锁正值壮年、身体条件较好,但全家的农业生产几乎全压在其一人身上;吴小花只能做一些简单的家务;家中两个儿子年纪尚小,不能高效地参与到农业生产之中。简而言之,赵海锁一家的生产生活依赖于赵海锁一人,赵海锁肩负的责任较为重大。赵海锁的父母过世之后,其家产全部留给赵海锁兄

———————————
① 打:重建的意思。

弟二人,主要是 41 亩土地和一座有三洞大窑的院落。赵海锁彼时尚未娶妻,因家中地产富足,便很快攒够了娶妻的本钱。结婚后,赵海锁夫妻二人的身体较为健康,先后生育了五个儿女。赵海锁为人正直善良又颇有一些关系,再加上田产较多。所以日常生活还能勉强维持,即使遇到难关,邻居等人也愿意为其提供帮助。然而,赵海锁家中人口较少,主要的男性劳动力也就只有赵海锁一人。因此在对外交往中屡次吃亏。1940 年,邻居赵海山"看上"[1]赵海锁家的土地,顿时心生歹念、企图侵占,两家互不相让,结果闹出了人命。赵海锁不得不将家中多半土地赔偿给邻居赵海山,生活一下子变得艰难起来。1942 年,乡里抓兵,保甲长屡次来赵家企图抓走赵海锁,赵海锁不堪其扰,无奈之下去找自家表侄,最后通过当县长的表侄躲过此灾。1945 年,赵海锁的大哥过世,赵海锁替哥哥操办了丧事。

表 6-2　1949 年以前家庭成员情况表

成员序号	姓名	家庭身份	性别	出生年月	教育情况	婚姻状况	健康状况
1	赵海锁	家长	男	不详	0 年	已婚	优
2	吴小花	妻子	女	不详	0 年	已婚	优
3	赵小丙	长子	男	1932	3 年	未婚	优
4	赵丙云	幼子	男	1939	1 年	未婚	优
5	赵银群	长女	女	不详	0 年	未婚	优
6	赵群楼	二女	女	不详	0 年	未婚	优
7	赵粉群	小女	女	不详	0 年	未婚	中
8	赵铁钢	常住人员邻居	男	不详	0 年	已婚	优

(四)下洼井边六洞窑

赵海锁一家居住的祖屋位于赵家后村的下洼井。下洼井是赵家后村中的一个地名。因为此地位于洼地,旁边有赵氏祖辈挖的一口水井,故此村民将其称呼为"下洼井"。赵海锁一家的祖屋紧靠下洼井的井边,在地势稍高一些的黄土丘上。赵家后村是一个比较缺水的村落。因此赵海锁一户定居在此,用水比较方便。但水井是祖辈所留。因此赵海锁一户不能霸占,这口水井由下洼井旁的几户人家共同使用,这几户邻居也都是赵氏族人。因此没有因用水而产生任何的不愉快。

赵海锁一家的院子位于稍高一点的黄土垣平整处,院落之中有三间窑洞。赵海锁的父母去世之后,赵海锁兄弟二人便开始分家。分家时,赵海锁尚未娶妻,又因为是家中幼子,父母照顾得较少。所以分得了两间窑洞,其哥哥只分得一间窑洞。三间窑洞都是赵海锁的祖辈在黄土丘上掘土而建,均坐北朝南到赵海锁一辈已颇有年头,赵海锁名下共有两间窑洞。起先,其中一间窑洞居住的是赵丙云和赵小丙,而赵海锁夫妇则居住在另一间窑洞。院落之中的另一间窑洞属于赵海锁的哥哥。赵海锁兄弟两家共用一个院落,大门在东南角方向,厕所单独

---

[1] 看上:企图占为己有而盯上。

安置在院落的西南角,因为赵海锁种地需要粪肥。因此厕所定期淘洗。随着吴小花生育的孩子越来越多,两间窑洞已经无法满足赵海锁一家的居住需求,赵海锁迫于现实,只能想办法请匠人在院落西侧的黄土壁上另打三洞小窑。赵银群姐妹住一间小窑洞;中间的那间窑洞用来置放各种杂物;最外边的窑洞则当做牲口间用于饲养牲口。1945 年,赵海锁的哥哥去世,由名义上过继给哥哥的赵丙云继承其全部家产、地产,赵海锁一家因此拥有了整个院落和六间窑洞。赵海锁的本家邻居赵铁的祖屋被雨水冲毁塌陷,导致无处居住,赵海锁听闻此事之后,便将中间用来放置杂物的窑洞腾出来让其借宿于此。窑洞上方是黄土丘,土壤肥力较好,赵海锁便在窑洞上面的空地上种植苹果树,苹果树的根系能锁住土壤,避免水土流失,从而起到坚固房屋的作用。此外,每年所结的苹果全家用于消费。

赵海锁的院落之外有一条小道,平时不论是出门耕地还是去村中交往,或出村赶集,赵海锁一家都要走这条小道。因为小道崎岖难行且地势陡峭,赵海锁一家平时步行出门。赵海锁家中也有用于搬运的小推车,偶尔需要搬运重物时,赵海锁便会赶牛车出行。

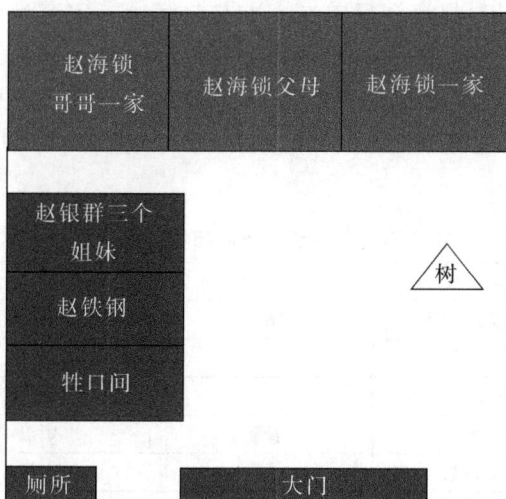

图 6-2　赵海锁一家房屋平面图

(五)农耕为生

因黄土垣上地势较平,水土流失不算严重。所以,赵家后村的农户多在黄土垣上开辟土地,赵海锁一家亦是如此。赵海锁的土地位于离家一里左右的黄土垣上,赵海锁每天需要爬一段山路才能到地里进行耕种。农忙时,为了防止错过时间影响粮食收成,赵海锁便让妻子吴小花将午饭和饮水等送至田地;庄稼需要浇水时,赵海锁还需从下洼井挑水到田地之中。赵海锁曾赔偿赵海山一家 25 亩土地。所以归属自家名下的耕地只有 16 亩,一共分为 4 块,均在离自家不远的黄土垣上。

赵海锁一家是普通的自耕农,通过种地来维持生活。家中的 16 亩土地归自家所有,自行耕种,既没有租赁别人家的土地,也没有雇工耕种自家土地。一方面是由于赵海锁家中只有赵海锁一个劳动力,若租赁他人土地,赵家不但无多余劳力进行耕作,而且需要向其缴纳租金,对于赵家而言,此种行为并不明智;另一方面是因为赵海锁家中人口较多,一家人吃喝均来自于自家土地所产的收成,若将土地租给他人来种植,那么赵海锁一家很有可能因无足够粮食可吃而饿肚子。至 1949 年,赵海锁一家的 16 亩土地平均每年能"打五谷杂粮"[①] 3300 余斤,此外还能产出少量的棉花。赵海锁家中的 16 亩土地,其中 7 亩田地是麦地,麦子抗旱,其收成主要是白面,属于金贵的细粮;3 亩的谷子地,每年能产 600 斤左右的粗粮,大多供全家日常食用,小部分粗粮用来饲养家禽;3 亩的红薯地,红薯每亩产量较高,每年可打 1500 斤;因为买衣服较贵且棉花价格较高,赵海锁还留了 3 亩土地用来种植棉花,每年能收 150 斤左右的棉花。赵海锁一家的衣服是吴小花纺线制成,布匹若有剩余,便被赵海锁拿到集市中交换农具和食盐。赵海锁家中只有赵海锁一人可以完全从事耕作,赵海锁的妻子吴小花虽然也有劳动能力,却很少到田中耕作。这是因为当地忌讳女人抛头露面,女性经常在外走动会招来村里人的非议。吴小花为了避免流言蜚语,便待在家中甚少出门,只有农忙的时候才会去田中帮忙。在家中,吴小花主要负责整理家务、洗衣做饭,家中的家禽和耕牛也是由吴小花饲养。此外,待每年棉花成熟之后,吴小花便要给家人缝制新衣。

在 1940 年以前,赵海锁家中有 41 亩土地,但只有赵海锁一个劳动力。所以,赵海锁的耕种负担较为沉重。1940 年,赵海锁兄弟二人因与赵海山一家产生纠纷,共赔偿 25 亩土地。赵海锁一家因土地的减少,生活一时变得艰难起来。1945 年,赵丙云因是赵海锁哥哥名下的孩子,便在其去世时继承了其名下的土地,但因赋税较为沉重,家中土地质量较差,同时家中人口较多需要消耗大量的粮食,赵海锁一家难免入不敷出,时常需要去财主家中借贷以维持生计。

表 6-3　农户经济条件与能力情况表

土地占有与经营情况	土地自有面积	16 亩		租入土地面积	0 亩
	土地耕作面积	16 亩		租出土地面积	0 亩
生产资料情况	大型农具	犁一个			
	牲畜情况	牛一头			
雇工情况	雇工类型	长工		短工	其他
	雇工人数	无		无	无
	农作物收入				
收入	农作物名称	耕作面积	产量	单价	收入金额(折算)
	麦子	7 亩	1050 斤	0.1 元/斤	105 元
	棉花	3 亩	150 斤	0.05 元/斤	7.5 元
	五谷	3 亩	600 斤	不详	不详
	红薯	3 亩	1500 斤	不详	不详
	共计	16 亩	3300 斤	不详	不详
支出	食物消费	衣服鞋帽	燃料	肥料	租金
	经常外借	自给自足			无
	赋税	雇工支出	医疗	其他	支出共计
	500 斤	无	约 10 元	约 10 元	不详
结余情况	不详	资金借贷		借入金额	不详
				借出金额	无

---

① 打五谷杂粮:口头语,表示粮食的收成。

(六)普通小户人家

1.小门小户

赵海锁一家属于村中的小门小户,虽然赵海锁本人爱好交往、外出,但因是家中唯一的劳动力。所以无法分心参加村庄的各种公共组织,也没有担任保甲长、会首等职务,只是在村庄担任过更夫,主要负责打更以维护村庄安全。赵海锁家中的经济条件有限,人口较少,再加上居住的地方较为偏远。所以在村中的影响力极为一般。在赵家后村,各种公共职务一般由大户人家担任,一方面是因为大户人家的劳力较为富裕,另一方面是由于大户人家的影响力和号召力较强,能够将村中其他人家召集起来,便于村庄公共事务的进行。像赵海锁家这种小户,因自家地位低下,所以只能服从村庄的管理,按时缴纳赋税或被摊派劳役。在宗族祭祀方面,赵氏一族会有德高望重的长辈来主持祭祀,赵海锁一家属于旁支旁系,而且较早从主族之中分离出来。所以在宗族中并未担任任何职务,只是被动参与到家族的公共祭祀之中,也不曾对宗族的事务发表言论或见解。

赵家后村有大户、中户、小户的说法,其中的区分还算很严格。所谓的大户,其人口数要超过 30,土地拥有要在 70 亩以上。此外,在当地有官位、有钱的家户也算是大户,这个条件可以无视人口和土地的限制。赵家后村并不看重声望。因为一家一户的声望高低仍是由家庭的经济实力来决定,具体而言便是土地和人口数。赵家后村之所以重视土地和人口,其原因在于土地是财富的一种表现,土地的多少直接决定着一家的生活水平;而人口则间接影响着家庭的势力,当家庭人口较多时,外人不敢轻易欺凌。中户人家的人口在 15 口左右,土地亩数在 30 亩左右;而小户人家的人口较少,大多在 10 人左右,土地亩数大多少于 20 亩。赵海锁在刚刚分家时,家内土地数量较多,但是人口较少。所以达不到中户的标准,此外没有足够的劳力可以耕种土地。因此赵海山一家才会心生歹念,打算侵占赵海锁家中的土地。赵海锁一家因赵海山一事失去了 25 亩土地,最终只剩下 16 亩土地,彻底变成了小户人家。一般而言,小户很容易受他人欺负,一方面是由于家中人口较少,无法对外人的欺压做出及时有效的抵抗;另一方面则是因为没有可靠的社会关系。但赵海锁本人乐于交友,而且有一个当县长的表侄。所以除了土地受损外,赵海锁一家不曾遭受他人的欺压。

2.男人当家长

在赵家后村,家长通常是由家中主要的男性劳动力担任;家中劳动力较多时,同辈之中年长的男性,因辈分较高担任家长一职;其他稍年幼的男性在成家后,因分家而成为新家庭的家长。赵海锁虽是家中幼子,但成家后便自立门户。因此成为小家的家长。结婚之后,赵海锁同妻子吴小花生育了两个男孩,但直至 1949 年,赵海锁的两个儿子因年龄幼小,尚未婚配成家。所以赵海锁一家的家长仍旧是由赵海锁。

3.破落的二等户

尽管赵海锁一家的土地较一般小户而言其数量较多,但因土地全部属于白土地,土壤肥力较差。所以一年的粮食收成较少。赵海锁一家只有赵海锁一个成年男性劳动力,赵海锁夫妇还需将五个孩子喂养长大、抚养成人,其生活负担较为沉重。因此一家人生活得较为艰难。在 1945 年以前,赵海锁一家的农业生产无法满足全家生活所需,常常陷入到一种入不敷出的状态之中。每遇"年成"①需要大肆借贷才能度过。1945年以后,赵海锁一家虽然继承了兄长的土地,但是随着孩子年纪的增长和农业赋税的连续增加,赵海锁一人艰辛劳作,其结果是劳作所得只能勉强维持全家人的生存。赵海锁有归属于自家名下的房屋院落,还有一定数量的土地,此外不受村中大户的雇用。所以是比较自由的自耕农,经济状况要比村中的雇农好些。所以在保甲册登记时属于二等户。

---

① 年成:灾年年景。

第二章　家户经济制度

　　赵海锁家中共有 16 亩土地、6 间窑洞,生活资料基本齐备。生产所需的农具、牲口等大多继承父辈,基本满足自家所需,偶尔外借邻居。赵海锁一家以务农为生,耕作十分辛勤。因自家土地的土质较差。所以一年所收的粮食只能勉强维持一家人的生活所需。赵海锁一家人的劳作所得由全家人共同享用,赵海锁在分配之中起着支配性的作用,按照"统筹兼顾、按需分配"的原则进行分配。赵海锁一家人因家境贫寒,在消费时十分节俭,遇到灾荒或重大事情时,赵海锁便主动承担起家长的职责前去财主家中借贷。同时,为了保证良好的信誉,收秋之后便及时还贷。交换之时,赵海锁为了节省自家金钱,根据自家所需物品谨慎选择交换场所。

一、家户产权

(一)家户土地产权

1.继承白田曾赔地

　　截至 1949 年,赵海锁家中共有 4 块土地,其总亩数为 16 亩。这 4 块土地分散于黄土垣上,每块土地都种植了各种作物并未抛荒。赵家后村位于黄土高原,降水较少且水土流失较为严重,土地因此变得干旱。赵家的这 16 亩土地均是白土地,土质较为贫瘠,只能种植一些旱地作物,并不能种植蔬菜。此外,赵海锁一家的土地并不临近水渠。为了不让庄稼因缺水而减少收成,赵海锁便从自家居住附近的井里打水,然后挑到地中进行灌溉。

　　赵海锁父母去世之后,赵海锁兄弟二人共同继承了父辈留下的 41 亩白土地。因当时赵海锁兄弟二人尚未结婚。所以土地由二人共同耕种。因为地多人少,赵海锁的邻居赵海山打起赵家土地的主意。赵海山是村中的大户,家中共有兄弟 7 人,素来喜爱仗势欺人。看到赵海锁家中人口较少、势单力薄。因此打算找个理由来霸占赵海锁一家的土地。由于赵海山同赵海锁一家平时并无往来,只有每年清明节祭祖才会相聚在一起,赵海山便以此为机向赵海锁一家发难。第一年,赵海锁因自家没有在宗族之中担任职务。所以只是跟随众人前去祭祀。赵海山以赵海锁不敬祖先为借口教训赵海锁兄弟二人。第二年,为了不与赵海山一家相争,赵海锁便提前到达祭祀场地帮忙干活,赵海山一家便以赵海锁多管闲事为借口教训赵海锁。赵海锁一家不堪其扰,但又对其无可奈何,最终忍无可忍便决定先下手为强。赵海锁平时交往较广,曾结识国民党的一个底层官员,赵海锁便"使钱"[①]请国民党的官员来解决此事。赵海锁

---

　　① 使钱:用钱贿赂他人。

本想借官员的身份"镇吓"①赵海山一家,让其不敢胡来。然而国民党的官员却领会错了意思,带着手下将赵海山一家七兄弟一顿痛殴。此顿殴打下手较重,赵海山的一个兄弟被打吐血,苦熬二十余天便撒手而去。赵海山见自家人丢掉了性命,更加得理不饶人,偏要去官府打官司。因出手打死赵海山一家的人中有官府人员,官府不便处理赵海锁,便从中"和稀泥"②。让赵海锁赔偿25亩土地给赵海山一家,算是了却此事。赵海锁兄弟二人的41亩土地,因此只余16亩,这16亩土地本来是兄弟二人平分,但赵海锁哥哥的两任妻子相继去世且没有留下子嗣,为了使哥哥一脉后继有人,赵海锁便同意将自家幼子赵丙云过继给哥哥。1945年,赵海锁的哥哥因病去世,赵丙云作为继子继承了其名下的所有土地,因年龄幼小且不懂耕作,继承来的土地归赵海锁管理处置,赵海锁一家因此拥有16亩土地。

赵海锁名下的16亩土地归全家共有,不仅家长赵海锁拥有其土地份额,妻子吴小花以及五个未成年的孩子也拥有其土地份额。用于证明土地所有权的地契,平时交由家长赵海锁保管。此外,家长赵海锁能够决定土地的置换、管理等,家庭成员则要听从家长的安排。通常情况下,除了土地买卖、租赁,土地的所有权和使用权只会在分家时有所变更。赵海锁兄弟二人在父母去世后便平分了家里的土地。因为两人尚未成家且无子女,所以将土地分配至家人无从谈起。然而在赵海锁成家以后,无论男女老少均拥有家中土地,已经娶进门的妻子吴小花便算是自家人,可以参与土地的分配;没有成年的孩子不论男女,均可享受自家土地所带来的收益。赵海锁兄弟二人娶妻之后,虽然赵海锁的哥哥同赵海锁居住在一起,却无法享有、使用赵家土地。1949年以前,赵海锁一家的土地由家长赵海锁统一安排,因为赵海锁是家中辈分最高的男性,也是家中唯一的劳动力。此外,耕作经验和技巧较为丰富。家中土地由家长赵海锁统一安排,其耕作效率较高。此外,土地作为全家的桥梁,可以将全家人更好地凝聚在一起。

2.山崖为界,自家做主

赵海锁一家的土地和周围邻居家的土地,有着天然的界线即山崖。因为赵家后村的地形比较特殊,土地大多开垦在地势较高、平坦的黄土垣上,在黄土垣不同坡度所平整的土地便归不同的家户所有。故此,赵海锁与其他人家的土地以山崖为界线。赵海锁一家共有4块土地,4块土地分别位于下洼井旁边的4个黄土垣上。因为耕地是在黄土垣上开垦,所以每块土地的面积较小,大多只有三至五亩。几块田地土壤的肥力较差。赵海锁一家的土地只能由赵海锁一家人前去耕作,外人不得无缘无故参与其中。赵海锁兄弟二人没有成家之前,两人虽然在名义上已经将土地分开,但在劳作时却是由赵海锁兄弟二人一起进行。因为耕作有一定的期限,两人合伙耕作更有利于生产。赵海锁兄弟二人成家之后,为了避免两家因土地产生纠纷,二人就分开耕种。

尽管赵海锁家中只有赵海锁一人前去耕作、管理土地,但对于土地边界,赵海锁一家人都有比较明确的认识。因为赵海锁家中土地曾被赵海山一家侵犯,因此赵海锁一家对土地问题极为敏感。赵海锁因自身经验较为丰富且是家中唯一的劳动力,所以对家中土地的耕作和管理具有最终的决定权,可以决定自家土地种植何种作物、何时耕地浇水、何时前去收割。村

① 镇吓:吓唬或恐吓。

② 和稀泥:从中间调和以安抚对立的双方。

庄管理者不会具体管理赵家土地的耕种过程,只是每年定期收缴赋税。赵家的亲戚和邻居因两家关系较为友好,偶尔会在耕种上提出善意的建议,但不会替赵海锁做出最终决定。一方面由于生产是各家的内部事务,外人不好干涉,以免造成矛盾;另一方面因为各家的劳动力都较少,只能勉强管理自家的农业生产,根本无更多精力来管理赵家生产耕作。赵海锁因与赵海山发生冲突,最终将25亩土地流转给赵海山一家作为赔偿,除此之外并没有发生买卖和置换。因为土地是赵家收入的主要来源。如果失去了土地,赵海锁一家要么成为佃户依附于大户人家,要么就是流离失所。因此在自家无重大紧急事情发生时,赵海锁不愿出卖或典当自家土地。

3.外界承认却不曾保护

1949年以前,赵海锁家中只有一个男性劳动力,同时家中的经济状况也不允许赵海锁经营更多的土地。所以赵海锁未曾买地。由于自家尚有16亩土地,每年的收成可以勉强维持自家的生产和生活所需。因此,赵海锁也未曾向村中大户租赁土地进行生产。

赵家后村的大多农户也姓赵。由于自出生起便一直居于村庄之中。因此对村庄各户人家的土地都有一个大概的了解。赵海锁的邻居明确知道赵海锁一家土地的界线和所有权,同时也承认赵海锁一家耕种之后的收益。因此,一般情况下不会侵占赵海锁一家的土地。唯有赵海山曾侵占赵海锁一家25亩土地。家中土地的所有权和经营权由家长赵海锁统一管理,在没有征得赵海锁的同意时,家内其他成员不得擅自对土地进行买卖、租佃、置换、典当。邻居若对赵海锁一家的土地有意,只有在同赵海锁商议之后,方可合理得到或使用赵海锁一家的土地。若邻居并未征得赵海锁的同意,便不能强行侵占赵海锁一家的土地,否则容易招致村民的闲言碎语。即使是大户人家想要强占赵海锁一家的土地,也不会明目张胆地侵占,通常是在各种场合寻找借口以逼迫赵海锁同意转让土地。村庄和宗族也承认赵海锁一家的土地。因为赵海锁一家拥有可以证明自家所有的地契,根据地契能够详细地知晓赵海锁一家所拥有的土地数量、大小、名称、位置以及界线。宗族和村庄虽然承认赵家的土地,但在赵海锁一家土地被侵占时,却不曾为其提供保护,而是采取一种淡漠的态度。

(二)家户房屋产权

1.一座院落6洞窑

1949年以前,赵海锁一家宅基地面积大约为300平方米。其中大窑洞的长度为10米、宽度为3米。因此,3间大窑洞共占土地面积约为90平方米。而小窑洞则长为7米、宽为2.5米。故此3间小窑洞约占地50平方米。赵海锁一家所居住的房屋是三门峡农村典型的窑洞,其房屋条件在村里算是一般。当地主要有两种类型的房屋:一种为普通农户所居住的窑洞,结构较为简单,一般冬暖夏凉,但是容易潮湿;另一种则为大户人家所居住的瓦房,具有保温抗热的特点。然而由于瓦房需要重新垫地基和搭梁柱,其人力和材料的花费较多,所以,一般的小户并无能力搭建瓦房,多是选择在黄土垣下面开挖窑洞。

赵海锁一家共有6间窑洞,6间窑洞分为两组,在院落中呈L型分布。第一组为继承而来的3间窑洞,坐北朝南且房间面积较大,其中最左边的窑洞分给赵海锁的哥哥。后来赵海锁的哥哥一家人相继去世,这间窑洞便归继子赵丙云。右边的窑洞在分家时分到赵海锁的名下。中间的窑洞最先居住的是赵海锁的父母,赵海锁父母去世以后便将这窑洞留给未婚的幼子赵海锁,算是对赵海锁的一种补偿。赵海锁同吴小花结婚生子之后,由于自家人口增多便挪到中窑居住,让赵小丙和赵丙云兄弟二人居住在东边的窑洞。第二组窑洞便是后期重新修建的三间窑洞,面积较小。赵海锁夫妇生育的孩子较多,先前继承的祖屋在使用过程中显得较为拥挤,赵海锁便运用手中的权力在侧边重新修建三间小窑洞。因为这座黄土垣上已经有三间祖屋,如果再开辟一个大窑洞的话,结构不稳会导致房屋塌陷。所以,赵海锁便请匠人搭建了三洞互相支撑的小窑。三间小窑洞坐西面东,最靠里侧的一间窑洞由赵海锁的三个女儿居住;中间的窑洞被当成仓房,用来存放家中收获的粮食以及一些家什农具,后来邻居赵铁钢的房屋倒塌,赵海锁便做主将这间窑洞借给赵铁钢使用;最靠外的一间窑洞则专门用来喂养牛。赵海锁家中的六间窑洞均是掘土而建的,门窗则是用木头制作而成。

2.全家共享,邻居借住

赵海锁一家用黄土砌砖搭墙以和邻居家的院落做区分,木质的院门在院落的正东方向,此外院中有厕所、排水沟等设施。赵海锁一家的房契虽然由赵海锁保管,但家内成员均有资格享有、使用自家房屋。吴小花嫁给赵海锁,便是赵家的儿媳。因此,吴小花可以享有并使用房屋;赵海锁的五个孩子不论男女、成年与否均享有房屋。赵海锁一家其他成员均认同赵海锁对于房屋的管理、使用和分配。房屋由全家人共享,有利于赵家一家人的团结与和睦。

赵海锁一家人无论男女老少均对自家所拥有的房屋有一个清晰的认识,承认房屋由全家共享、家长管理。每家每户都搭建院墙,赵海锁一家亦是如此,为了与四邻有一个清晰的边界便搭建共墙。下洼井边所居住的也是赵姓人家,其房屋、院落均是继承祖辈而来。各户之间彼此相识相知。因此不曾为宅基地而闹出矛盾。赵海锁的家人无法忍受外人侵犯自家房屋。房屋一旦被侵占,赵海锁一家老小便无处可居,只能四处漂泊。赵海锁一家房屋的使用由家长赵海锁统一管理,外人未经赵海锁的同意不可随意使用、侵占赵海锁一家的房屋。赵海锁的邻居赵铁钢因为房屋被毁无地安身,赵海锁心地善良,考虑到家中有多余的房间,便将用来放置杂物的这间窑洞腾出来借给邻居赵铁钢。对于此事,家长赵海锁拥有最后的决定权,家内其他成员也都表示赞同。赵铁钢在赵海锁家中借宿三年之久,赵海锁不曾收赵铁钢一分钱财。赵铁钢为了表达对赵海锁一家的感谢,每年过年时便到集市割三五斤猪肉送给赵海锁一家。赵海锁一家的房屋只能由赵海锁的两个儿子继承,赵群楼等女儿因最终要外嫁他人。所以只能在婚前享有、使用赵家房屋。外人既和赵家无血缘关系,也无姻亲关系。所以不得享有赵家房屋。村庄和宗族也承认赵家房屋的所有、置换等,不能因为权力较大而随意侵占赵家房屋。简而言之,赵家房屋由赵海锁一家人共同使用,外人不得无缘无故侵占赵家房屋。

(三)生产资料产权

1.农具基本齐全

赵海锁一家是普通的自耕农。所以大型农具较少,只有一个来自于祖辈所传的用于耕田的铁犁。其他的小型农具,部分是自家制作的,部分是拿自家物品前去集市置换或买卖而来的。家中用于织布的纺花车是家中祖传,部分部件的更换由赵海锁置办。赵海锁一家耕地所用的锄头和镰刀,因消耗磨损的速度较快经常损坏。因此,赵海锁时常拿家中生产的棉布换钱,以购买农具。此外,赵海锁还要兼顾修理农具。家中还有用来耕地的一头耕牛,以及小推车、水桶等辅助工具。这些农具都是由赵海锁一家人共有,其他生产资料亦是如此。一些大型农具比如碾和磨,赵海锁一家因家境贫穷无力置办。像磨、碾这些大型农具,村中众多小户均无力置办,只能联合起来置买、共同使用。村庄的水井也是村民共用的。赵海锁家中只有赵海锁一人年轻力壮且耕作经验较为丰富。因此各种生产资料均由赵海锁统一管理,并没有直接分配至个人。

2.家长做主决定

赵海锁一家各种农具的购买、维修和借用都是由家长赵海锁决定。因为家中只有赵海锁一人从事农业生产。所以镰刀、锄头等农具的购置均是由赵海锁直接决定,各种农具的维修一般也是由赵海锁来做。家中农具损坏,若是在农闲时期,赵海锁便抽空动手维修;若农具损坏严重无法修缮,赵海锁便赶往集市购买。购买和维修各种农具所产生的费用,则由赵家共同承担。对于赵海锁一家而言,自家土地的耕种无法离开耕牛的使用。因此有关耕牛的使用也是由赵海锁一人决定。关于自家各种生产资料的使用、置换、维修、借用等,因是家内事务,故无需告知或请示四邻、家族、保甲长等人。此外,家家户户均有常用的一些农具,同时小型农具的分量较小无足轻重。因此外人对此不愿多加干涉。然在耕牛一事上,因耕牛不仅可以用以耕作,而且可以用于运输。所以其对赵家而言较为重要,赵海锁夫妇更是悉心饲养耕牛。

因为集市并非随时都有,若农具损坏正值农忙时期,赵海锁来不及修理农具,又担心错过节气影响自家粮食收成,便只能以家长名义前去向四邻借用农具。一般情况之下,赵海锁去四邻家中借用的农具是镰刀或者锄头,因为镰刀等使用频率较高容易损坏。由于赵海锁平时爱好交际,所以出面借用其他小型农具较为方便。此外,由于赵海锁一向好借好还,因此邻居也十分愿意将农具借用给赵家。赵海锁家中并无磨、碾等大型农具,当家人需要使用磨、碾时,身为家长的赵海锁便出面同村庄各户协商使用的时间和顺序,宗族和官府不会插手此类事务。

3."护牛"①被诈骗

赵海锁家中并无特别大型的农具。于全家而言,最为重要的便是耕牛。赵海锁家中只有赵海锁一人种田,耕种 16 亩土地较为沉重。因此赵海锁特别重视耕牛。但还曾因"护牛"被人诈骗。1946 年的夏天时节,此时正需耕牛拉水浇地。一天,村中的一个闲汉来提醒家长赵海锁,让其注意家中的耕牛。由于这个闲汉平时游手好闲,还同附近的土匪有不明的关系,赵海锁便以为是土匪派此人给自己传话,就信以为真,恳请此人代自家向土匪求情。第二天,闲汉便带来消息,其主要意思是土匪让赵海锁准备三十元钱,否则便要抢夺耕牛。三十元于赵海锁一家而言并非小数,但一头成年耕牛所值价格远超三十元。赵海锁一方面担心耕牛被抢,家中土地无法耕作;另一方面担心土匪劫掠伤害家中孩子,导致家破人亡。故此,赵海锁再三考虑之下,便忍痛将三十元钱给了闲汉让其代为转交。闲汉拿钱走人之后,土匪果真没有来赵海锁家中抢夺耕牛,赵海锁便以为自己破财免灾。直到过年宗族集体祭祀的时候,赵海锁在同他人闲聊时才得知真相,发现自己上当受骗:闲汉根本不认识土匪,只是想诬骗赵家金钱,闲汉对同村庄几户家里有耕牛的人家均说了同样的话,骗了他们金钱以后便逃出村庄不同其来往。

除了因耕牛的事情被诈骗之外,赵海锁家中其他生产资料不曾被侵犯。不管是邻居还是亲戚,借用赵海锁一家的生产资料时都需要征得赵海锁的同意。家族也承认赵家的生产资

---

① 护牛:保护耕牛。

料,不曾随意强取豪夺赵家的生产资料。村庄在未征得赵家允许的前提下,不可对赵家的生产资料进行买卖、借用或者置换等。否则,轻则造成一场小的纠纷,重则造成赵家对村庄的抵触和防范心理。当村庄因进行公共事务借用各家各户农具时,保甲长便会出面同赵海锁商议。

(四)生活资料产权

1.大量自给少数买

赵海锁一家的生活资料基本能够自给,只有少数生活用品因自家无法制作才会外出购买。由于生活资料属于生活必需的物品需要每天使用。所以赵家基本将生活资料准备齐全。赵海锁一家食用的面粉是赵海锁夫妇用石磨磨成;食醋是用自家的柿子酿造而成;食盐、酱油等有时是赵海锁从集市上买,有时则是赵海锁用布匹或自家鸡蛋置换而来。食盐、酱油等使用量大,所以大约每隔一个月置办一次。除了各种调料之外,赵海锁家中日常所用的其他物品如水瓢也是自家制作,吴小花从架子上摘下一个葫芦,用刀将其劈成两份并将内瓢挖出,之后用水将其冲洗干净,放到太阳底下晾晒,待水分蒸干之后即可当作水瓢使用。赵海锁家中有3亩棉花地,每年收下的棉花都会留出一部分用于缝制衣服。全家人日常衣服的缝制便是吴小花亲自纺纱织布而成。此外,家中的桌椅板凳以及一些箱子和柜子,则是继承父辈而来。家中如果缺少了某些生活用品,若该生活用品可以自制,赵海锁便会抽空制作。一方面可以免去借用他人所欠的情分,另一方面也可以省去买卖物品的金钱。

2.家长管"家伙什"①

赵海锁家中的各类生活资料由全家共有,家内每个成员都可以享用自家生活资料。但是由于各种资料份额较少。所以无法分配至每一个成员。赵海锁作为家长,可以直接决定家内生活资料的分配。吴小花是内当家,对于家内各类生活资料的使用情况较为清楚。当柴米油盐将要使用完时,吴小花便会提醒赵海锁前去集市购买。至于购买物品的数量、场所等则完全由赵海锁决定。各种"家伙什"由赵海锁统一管理和维修,邻居和宗族一般不会参与到这种家庭内部事务中,统一交由赵海锁决定。若赵海锁外出,家中恰巧缺少某些调味品,吴小花便会先去邻居家借用,待赵海锁回来之后将其详细告知,赵海锁便会赶到集市购买,同时负责归还一事。赵家在生活资料的购买、维修、借用中,除了家长赵海锁之外,其他人员处于次要地位,无法发挥支配性作用。妻子吴小花在一定程度上可以提意见,但是不能擅自做出决定。赵家各种家伙什一般不会轻易购买,都是赵海锁再三维修,实在不能继续使用才会去购买。其背后原因在于赵海锁家中贫穷。

3.邻里互助

赵海锁一家在日常生活中难免有不便之处,此时与邻里之间便会互相借用一些小型工具或家伙什,大家有借有还,邻里关系比较和睦。在日常的工具借用中,邻居若需借用赵家锅碗瓢盆,一般会提前或当天同赵海锁一家打招呼,让其有个心理准备。若赵家并不急着使用此类物品,赵海锁便会连忙"应下"②。若赵海锁因有事外出不在家中,邻居会同吴小花说明来意。若所借物品并不贵重,吴小花便可自行做主。若所借物品属于贵重物品,吴小花便会告诉

---

① 家伙什:家庭用具或器物。
② 应下:答应下来。

邻居自己无法做主,需等到赵海锁回到家中决定。一般情况下,若邻居人品善良正直,赵海锁通常会慷慨地借出。若遇到邻居家中因红白喜事办宴席时,赵海锁便会带上自家多余的碗筷家伙什到邻居家中,帮助操办宴席。赵海锁一家偶尔需要借用物品时,赵海锁作为外当家需要向邻居说明借用情况,物品的归还也是由赵海锁负责。若赵海锁不在家中,吴小花因辈分较高也可借用,但等到赵海锁回来之后需向其告知详情。赵家未曾出现过生活资料被别人侵占的情况。有时邻居归还得不够及时,赵海锁作为家长便会出面提醒一下邻居。不过这种情况很少发生。各种生活资料的借用一般属于两家的内部事务,宗族和官府不会出面干涉。

二、家户经营

(一)劳动力较少,资料勉强够用

赵海锁一家是小门小户,家里人口虽多,却只有赵海锁一个壮年劳动力,土地则只有16亩贫瘠的白土地。幸好赵海锁耕作经验丰富且技术娴熟。因此,赵海锁一人辛勤劳作可勉强维持一家生活所需。家中的吴小花辈分较高,但因是女性不便出门。所以主要负责做家务活以及照顾家中的五个孩子。在农忙的时候,吴小花和赵小丙兄弟二人便会去地里帮忙;农闲的时候,赵海锁夫妇二人则各有分工、各司其职。赵小丙兄弟二人则要上学念书,赵群楼三个姐妹则因年龄较小,无需参与各种生产。赵海锁一家的劳力可勉强够维持自家生产。赵海锁本人不曾出去帮工,因为其是家里唯一的男性劳动力。赵海锁家里土地较少,同时经济条件有限。因此甚少雇用帮工或者佃户。只有在赵海锁家里翻盖窑洞的时候,赵海锁因不会此项技术,只能到村中去请匠人来帮助自家盖房。若农忙时期自家劳动力不足,赵海锁便会与邻居家商量换工,换工的时候不用支付报酬,但需要管邻居一顿午饭。

赵海锁一家的农具基本备置齐全。一些小型的农具比如锄头、镰刀等通常由赵海锁自行制作或者到集市上购买,无特殊情况不愿向外人借农具。因在赵海锁家人的心中。情分最难偿还。赵海锁一家无磨,有时村庄的磨有多人排队等候使用,赵海锁无奈之下只能借邻家的磨使用。赵海锁心地比较善良,每次碾过麦子后都会留下一些麦麸给邻家,作为使用磨的报酬。因此四邻也乐意将农具借给赵海锁一家使用。除了农具之外,农忙时邻居也会互相借用耕牛使用。借牛的事情一般由赵海锁出面进行。同样地,邻居借用赵家的牛时也需要同赵海锁商议,一般无特殊情况赵海锁会同意把牛借出,但通常只借一至两天。借牛的人家不用喂牛或者准备草料,但一定要按时归还耕牛。因为赵海锁比较大方善良,当赵海锁家中耕牛周转不开时,邻居也愿意把耕牛借给赵海锁。

(二)生产过程

1.细心耕作

赵海锁一家有土地16亩,其总量较少且十分贫瘠,但是人均下来勉强达到一般水平,每年的收成也可勉强维持一家人的生活所需。这16亩土地均没有抛荒,全部是由赵海锁一人耕种。其中有3亩土地用来种植棉花,其余的13亩土地种上了各种粮食。种地的种子是上年预留下来的,每年的收成都来回波动,影响收成的因素有农户的勤劳程度、土壤、雨水等。赵海锁一家的土地都是白土地,土质一般。所以收成多少和一年的雨水多少成正比。一年的生产过程大致如下:二三月份种植3亩棉花,四月犁地,五六月份种秋,七八九月收秋,白露节气左右种麦,来年小满节气收麦。因此,赵海锁一家耕作一般经过犁地、耙地、锄草、种秋、收秋、平整晒场、收集粪便等环节。由于家中只有赵海锁一人从事农业生产，因此有关土地的管理、生产过程的相关安排等全由赵海锁一人独自决定，妻子吴小花有时会给出一些建议。农忙时期，赵海锁担心错过节气影响粮食收成，便会安排全家老小来地里帮忙。吴小花除了负责收割麦子，还要负责每天的三餐等日常家务。赵海锁主要带领赵小丙兄弟二人在地里做一些重体力的劳动。

2.纺纱织布养"蛋鸡"

赵海锁因身为男性、力气较大，主要负责自家的农业生产，其他的家务主要由妻子吴小花来负责。因为吴小花正值壮年、身体较好且心思细腻。赵海锁家里种植了3亩棉花，每年能打150斤左右的棉花，吴小花平日就用这些棉花织布来给全家人做衣服，多余的布匹和棉花则要交给赵海锁，让其拿到集市以置换各种物品。除了织布以外，吴小花还要负责饲养家中的家禽和牲畜。赵海锁家里有一头壮年耕牛，平时主要是由吴小花喂养。因为土地较为贫瘠无法生长出大量的牛草，所以吴小花用麦秸秆做饲料用来喂牛。耕牛是赵海锁从集市上买回来的，因为赵海锁家里劳力较少，所以需要靠耕牛进行生产。赵海锁没有卖过耕牛，也没有把耕牛杀掉吃肉，为了护牛还曾被骗钱，一家人对耕牛特别照顾，即使遭遇不好的年成，一家人也要全力保障正常饲养耕牛。赵海锁买卖耕牛经过中间人牵线，宗族和官府不会插手。除了耕牛外，赵海锁家中还有3~5只"蛋鸡"①，这些蛋鸡也主要由吴小花饲养。鸡蛋属于荤类食物，比较金贵，一个鸡蛋可以置换一斤食盐。因此，赵海锁一家的鸡蛋很少食用，而是拿到集市上出售或置换东西。待逢年过节或有客前来，吴小花便拿出鸡蛋做成食物，以摆宴席招待宾客。蛋鸡老了以后，一般会被赵海锁一家杀掉吃肉，然后再用卖鸡蛋换的钱购置新的鸡苗。赵海锁一家的内部事务主要由吴小花负责，但是也要听从赵海锁的统一安排。

（三）勉强维持一家生存

赵海锁一家土地的亩数在村中属于正常水平。土地上种植的农作物种类比较丰富，但是由于比较贫瘠，每年所收农作物总量不高。赵海锁家里共有13亩粮食地，每年收获一季麦子一季秋。7亩麦地收获最多，每年可打1050斤粮食;3亩谷子地，虽然种植面积较小，但粗粮的产量比较高，每年可以打600斤谷子;3亩红薯地，红薯虽然是比较差的粮食，但产量比较高，每年也可以打1500斤红薯，主要是制成红薯干当作干粮食用。赵海锁一家附近有一口水井，每年赵海锁都会从此处担水至地里灌溉。因此除非是遭遇不好的年成，赵家的粮食产量不会相差太大，每年在3300斤左右。赵海锁有属于自家名下的土地，所以每年需缴纳各种赋税即500斤左右的粮食，剩余的粮食勉强维持一家人的吃喝。

除了种植各种庄稼之外，赵海锁一家还有一些其他收益:家中有3~5只蛋鸡，下的鸡蛋可以拿到集市进行交换;蛋鸡老了以后，还可以将鸡杀掉食用。借住在赵海锁家中的赵铁钢，每年过年的时候还会给赵海锁一家割三五斤猪肉作为酬谢，这也纳入到赵家的收益之中。家里各种收成均由赵海锁统一管理，粮食由全家人共有共享。因为"民以食为天"，所以，大家比较关心粮食的收成。遇上不好的年成时，赵海锁一家的麦田便要遭灾，这时候一家人需节衣缩食以求渡过难关;当家中粮食不够食用的时候，家长赵海锁前去向财主范氏借贷粮食，一般是借一斗还两斗半，第二年收秋时一次性还清。同样地，各种副产品换来的东西也是由赵

---

① 蛋鸡:专门用来下蛋的母鸡。

海锁统一管理,其收入主要是用来应付一家人日常的开销。

三、家户分配

(一)小家内部分产品

赵海锁一家各种收成的分配主要是在内部进行,家庭内部成员均能参与分配。赵海锁的哥哥一家虽然和赵海锁住在一个院落,但是在分配收成的时候,两家是独立进行的。赵海锁一家除赵丙云之外,其他家庭成员正常参与自家分配。赵丙云因曾被过继给赵海锁的大哥,虽然平时和赵海锁一家人居住,但是由于赵丙云在名义上属于赵海锁哥哥的儿子。所以其可以参与到赵海锁哥哥一家的分配之中。此外,由于赵丙云和赵海锁一家同吃同住。所以其也可以享受赵海锁一家的各种收益。赵海锁家中各项收入的分配统一由赵海锁安排,赵海锁统筹考虑全家所需,一般不会将各种物品直接均分至个人。赵丙云从赵海锁哥哥那得到的收入虽然交由家长赵海锁来保管,但这部分收入不参与到全家的分配之中,而是单独留给赵丙云享用。以赵海锁哥哥给赵丙云做的衣服为例,赵海锁代幼子赵丙云收下衣服,虽然这件衣服家中多个孩子均可以穿,但赵海锁只能将其分至赵丙云。

(二)赋税先凑足

赵海锁一家自耕为生,因自家不曾租佃他人田地。所以每年的农业收入无需拿出部分缴纳地租。赵海锁一家每年可收入 3300 斤左右的五谷杂粮,此外还有 150 斤棉花。由于赵海锁有属于自家名下所有的 16 亩土地,所以每年需要缴纳 500 斤左右的田税;因家中有 3 个男性,故此每年还需缴纳 30 元的人头税。赋税每年是固定的,即使遇上 1942 年这样的灾年,政府也不曾减免赋税,赵海锁一家必须按时缴纳赋税。每年收秋之后,保甲长便会带着保丁前来赵家征收赋税。如果赵家无粮可用于赋税缴纳,保甲长便会无视赵家的窘迫强行征税,有时也会因赵海锁的拖延而对其进行鞭打。如赵海锁一家的收入实在不够缴纳赋税,赵海锁为了保全家人,带领一家人到地里躲避。

赵海锁在分配自家的各种收成时,首先要保证赋税的按时缴纳,因为赋税无法逃避。每年收秋以后,赵海锁便会装 500 斤粮食放在麻袋之中,等待保甲长前来征收赋税。赵海锁一家每年的粮食基本能保证一家人自给自足,如果遇上不好的年成,赵海锁作为家长就要去财主家借粮借钱。家内各种收入统一交由赵海锁负责管理,赵海锁深知衣食住行乃是人的正常需求,便会优先对此方面进行分配。当家中粮食不够全家人消费时,赵海锁便带领全家人省吃俭用、节衣缩食。只有在保证全家人吃饱之后,赵海锁才会考虑其他物品的分配。每年所收的棉花,赵海锁总会留出部分让吴小花纺纱织布,为全家人缝制新衣。在分配时,孕妇、病人等体质较差的可以优先享用,早饭会吃得比家内其他成员稍好一些,在穿衣服时也会比其他成员稍厚一些以保暖,此种特权只在一定期限内有效。

(三)家长做主分配

赵海锁一家只有家长赵海锁能够管理家内各种物品的分配,其他成员则要服从家长赵海锁的管理。赵海锁家中小孩较多,因自家经济条件有限,所以并无私房钱或者零花钱。赵海锁拥有分配权,主要进行的是对每天食物的分配,一般在收秋后就开始估算一家人生活所需的粮食量,并由吴小花每天按量做饭。吴小花作为内当家决定每天每顿所做的饭菜,如果赵海锁有想吃的东西,便需提前交代妻子吴小花。赵丙云等孩子虽然也可以提意见,但效果没有家长赵海锁明显。赵海锁一家人的衣服无需另外购买,均由吴小花缝制。因为赵海锁单独留出 3 亩土地用来种植棉花。衣物分配是由吴小花决定,一家人在换季时可以分得一身新衣。赵丙云的部分衣服是来自赵海锁哥哥的赠送,在分配时这件衣服就直接归赵丙云所有。衣服的缝补、洗涤等也是由吴小花安排进行。

赵海锁一家的各种物品由全家人共同享用,出于对自家经济条件以及物品使用便捷程度的考虑,赵海锁夫妇在分配物品时并不按照人口均分。除了粮食、房屋一家人共同使用外,几个孩子在其他方面所享受的分配并不完全一致。赵小丙和赵丙云曾上学读书,其上学的费用是由全家人共同承担。赵银群姐妹三人年纪较小且身为女性,所以较少享受家内物品的分配。收成不好的时候,赵海锁为了保证赋税的按时缴纳便承担起家长的职责,有时甚至会牺牲自我利益以保全家人,如将原本分给自己的部分食物、衣服等分给全家人。简而言之,赵海锁一家在分配时所秉持的原则是"统筹考虑、按需分配",赵海锁身为家长可做主安排分配相关事宜。

四、家户消费

(一)基本能自给

赵海锁一家的消费勉强能够自给,每年缴纳的各种赋税费用折合成粮食大约 500 斤。当时有句话叫"是口不是口,月月得一斗",就是说家里大人和年纪稍大一点的孩子平均一个月要吃一斗粮即 50 斤粮食,折合下来全家一个月要吃 220 斤左右的粮食。赵海锁一家每年打3300 斤粮食,在孩子较少的时候每年大约能剩下 200 斤左右的粮食。不过生了三个女儿之后,家中粮食的收支就只能勉强保持平衡了。除了粮食外,鸡蛋则是由自家蛋鸡生产,其他的调味品和孩子的零食一般是用布匹换取,过年时的部分猪肉则来自于赵铁钢为表达谢意而送来的猪肉。遭遇不好年成时,赵海锁会出面向村里的财主范氏借粮,一般是借一斗还两斗半,第二年麦收后一次性偿还。在年成不好的时候,赵海锁除了借钱借粮缴纳赋税外,还要带领全家节衣缩食以减少食物的消耗。但是因赵家有属于自己名下的土地。所以不曾抛下土地外出逃荒。赵海锁一家的衣服和布匹较为充足。因为赵海锁一家有 3 亩的棉花地,每年可以打 150 斤左右的棉花,无论是织布还是做衣服,这些棉花基本够用,每年生产的布匹还可以交换其他物品。

(二)人情教育不能少

除了每年要缴纳赋税、维持一家人的吃喝住行外,赵海锁一家还会产生一些额外的消费,主要是人情消费和教育消费。赵海锁交际比较广泛,一旦赵海锁的朋友家中有红白喜事,他们便会邀请赵海锁前来坐席。赵海锁坐席时不好空手前去,因此会时常带一些礼物以维持人情。1949 年以前,赵海锁一家只置办过两次宴会,分别是在赵海锁结婚时和赵小丙满月当天,收来的各种份子钱除了支付宴席费用外,一部分用来维持一家人生活消费,一部分则用于支付人情消费。赵家每年在人情上的花费并没有确定的数额,但每次随礼的金额较为固定,按村庄统一惯例上礼。除了人情消费外,赵海锁每年还要支付赵小丙或赵丙云上学的费用,每个孩子每年上学需要交 100 斤粮食给先生作为学费。遭遇不好年成时,赵海锁无粮供全家人消费,无奈之下便让两个孩子退学。赵海锁家里的各种人情消费和教育消费均是由家长赵海锁决定,具体开支也是由赵海锁安排。除了这些必要的费用外,赵海锁一家很少在其他方面消费。赵海锁和妻子吴小花的身体较为健康,孩子的身体也较为强壮很少生病。所以用于医疗支出的费用极少。只有在吴小花分娩时,赵海锁曾给接生婆一点小钱作为酬谢。赵海锁因自家经济条件有限,大多会选择硬抗,偶尔还会到山中采一些草药配成土方治病。

(三)孩子优先消费

赵海锁一家消费时有一定的先后顺序,特别是在收成不好的年份,一家人更是遵守秩序消费。赵海锁在分配的时候,一般要先把家庭的公用开销准备出来,优先缴纳全家的赋税,其次便是准备偿还前一年所欠的粮食和钱款,此外还要将两个孩子上学的费用准备妥当,剩下的粮食则用于应付日常生活的各种开销。收成不好时,首先要保证孩子吃饱穿暖。因为孩子年龄较小且处于长身体的阶段,为了避免孩子因抵抗力较差而生病,赵海锁夫妇通常会让孩子先吃饭。为了全家人的生存考虑,赵海锁首要保证一家人吃喝无愁。当收成无法满足全家所需,赵海锁为了一家人的生存考虑便会减少外出和交往的费用,同时也会让孩子退学以节约粮食。

除了粮食之外,家中衣物的消费也要按顺序进行。吴小花每在过年时会给全家人缝制新衣。同样地,为了保证孩子的身体健康,吴小花会先给孩子缝制衣裳。吴小花给孩子缝制新衣时,大多优先给长子赵小丙缝制。赵丙云通常穿赵海锁哥哥给的新衣,所以无需另外缝制。吴小花在给三个女孩缝制衣服时,通常是先给长女赵银群缝制。如果棉花不够或缝制时间不够充足,其他两个女孩便先穿赵银群的旧衣,来年再为其缝制新衣。

五、家户借贷

1942 年以后,因为人口增长,再加上经历灾年,赵海锁一家的消费和收成无法继续维持平衡了。在缴纳赋税和其他费用的时候,赵海锁一家就要去财主家中借贷。赵海锁身为家长决定借贷的相关事宜,一般在收秋之后便开始计算自家的收入、消费等。如果发现所收粮食较少、缺口较大,赵海锁便会趁着刚收秋前去借贷。赵海锁一般是去找村里的财主范氏借贷,范氏是村中另一大姓中的大户,田产较多,每年也会靠向外借粮来赚取利息。范氏住在另一个山陇上,赵海锁前去借贷时会拿着装粮食的麻袋到范氏家中,同范氏的管家说明来意,管家便会安排借粮一事。村民前去财主范氏家中借粮需要提供抵押物品,一般是房契、田契或者是耕牛。然而赵海锁同范氏有点交情,范氏鉴于两人的情分不会扣留这些抵押物,但是会让赵海锁写借条,以证明借粮的数目、利息等。赵家后村借粮的利息较高,一般是借一斗还两斗半。但是为了应付赋税和保全一家人,赵海锁别无他法,只能靠节衣缩食来还粮。

赵海锁作为家长,不仅是借粮的主要责任人,而且是还粮的第一责任人。还粮的时间一般约定在第二年收秋时,收秋之后赵海锁便会提前在家里称好粮食,然后用麻袋装好背到范氏家中。范氏的管家会在谷仓前再称一次,如果数目核对无误,财主范氏的管家便会直接收粮,然后二人就一起将欠条销毁。赵海锁前去借粮无需中人陪同,一方面是因为赵海锁同财主范氏有点交情,另一方面是赵海锁为人善良且正直守信,在村中的交际和口碑较好。所以,范氏愿意借粮给赵海锁一家。赵海锁一家未曾拖欠归还范氏的粮食,每年收秋之后便急忙将所借粮食还给范氏。

除了借粮之外,赵海锁偶尔还会去范氏家中借钱。赵海锁的长子赵小丙满月时,家人需为孩子举办满月酒席,因自家现金不足,同时不想卖掉耕牛换钱。所以便向范氏借钱以使宴席正常举办。赵海锁向财主范氏借款五十元，用来购买宴席所需的食材、支付帮工和总管等。宴席结束后，赵海锁就用收来的份子钱将这笔借款还清。按照当时的借贷规矩，一个月之内还清借贷就不用支付利息；如果借款超过一个月便要支付利息。赵家后村的利息大多是翻一倍，如果不能及时偿还，便只会越欠越多。因此，赵海锁一家只有在遇到红白喜事时才会去财主家中借贷金钱。借款金钱时，赵海锁作为家长前去出面与范氏沟通，借贷时需要写借条以说明利息和借款的金额。同样地，还钱也是由家长赵海锁负责，赵海锁将钱送到财主范氏家中，双方清点好以后便销毁借条。村庄中无论是宗族还是官府都不会干涉赵海锁一家借贷钱粮，只有在赵海锁一家无粮缴纳赋税时，这些人才会督促赵海锁前去借款借粮，以保障其按时缴纳赋税。

六、家户交换

赵海锁一家会定期同外界成员进行交换，大多选择在赶集的时候。赵海锁以全家名义前去交换，因为家长可以做主安排交换何物、交换过程等，家庭内部其他成员不能私自拿自家产品到集市上交换。赵海锁一家物品归全家所有，一家人无论男女老少均可享用，家中个人不能以私人名义对家中物品对外进行交换。如果家中需要使用某类物品，但又无法生产，吴小花就会同赵海锁商议用家中的物品去交换。赵海锁家中时常有多余的布匹和棉花，此外家中的蛋鸡每隔一段时间便能产出一定数量的鸡蛋。这三样物品因数额充足。所以经常被赵海锁拿去用于置换其他物品。交换一事主要由赵海锁负责，因为赵海锁是一家之长且经验丰富；家内其他成员因经验较少，在交换时容易使自家吃亏。所以通常情况下在交换一事中处于受支配的地位，服从于家长赵海锁的安排。

赵海锁一家交换的具体场所是磁钟乡的集市，集市定期举办。磁钟街的集市距离赵家后村大概有四里路，往返一次大概需要花费一个多小时。集市当天，赵海锁便带着家中的粮食、鸡蛋和布匹在集市上出售，一些粮行和饭馆的伙计还会主动与赵海锁交谈，意在收购其鸡蛋和粮食；赵海锁一家的布匹通常卖给集市上的行人，磁钟街的布行因嫌农户手工布匹做工粗糙，而不愿将其收下。赵海锁在集市上将物品出售完以后，就会顺道给家中购置一些物品，通常买的物品是食盐、酱油等调味品，这类物品日常消费量较大，一般一个月就要补充一次。农具如果有损坏，赵海锁便会将其带到集市上维修。不能修好的农具，赵海锁便会将其当成废铁卖给铁匠铺，然后在铁匠铺购买新的农具。如果吴小花有其他需求的话，赵海锁会一并置办。赵小丙等兄弟读书所用的笔墨使用完后，赵海锁也会在集市上购买新的笔墨，如果所卖东西换钱较多，赵海锁心情大好时也会给孩子们买一些零食。平日赵海锁很少去集市，因为家中农活较重；但逢年过节的时候，赵海锁便会带着吴小花和孩子们赶集。

除了定期的集市之外，村中还有各种走街串巷的商贩，他们通常挑着扁担在村中售卖各种日用品、小件工具以及玩具。赵海锁一家偶尔也会在这些小商贩手中购买物品。因为购买小贩的物品比较方便，不用特意去赶集，最为主要的是小商贩可以以物易物。小商贩来村庄叫卖的时候，赵海锁还在地里干活，吴小花便做主购买一些急需的物品，不过在赵海锁回来以后要向其说明置换详情。

在当地集市，赵家若要进行大宗生意，一般要通过中间人的介绍。购买牲畜便需通过中间人，中间人在各村收购牲畜，然后在集市上统一出售，赵海锁家的耕牛就是在集市上通过中间人购买而来。买卖牲口的中间人在当地称为经纪,主要负责沟通买卖双方以促成交易。一旦交易成功,经纪会向双方收取中介费用。赵海锁家中耕牛年老时,无力拉犁、运输各种物品,赵海锁便将其拉到集市交给经纪,让其帮忙留意买家。事成之后,赵海锁依据卖牛的价格给经纪报酬。赵海锁之所以通过经纪来卖牛,一方面是由于赵海锁所熟悉的农户较少,无法知晓哪家需要耕牛;另一方面则是因为若无经纪在其中充当中间人,赵海锁一家很容易在卖牛一事上吃亏。

第三章　家户社会制度

在嫁娶方面,赵海锁夫妇经媒妁之言结为连理;家中孩子因年龄幼小,尚未婚配。在婚配过程中为了能图个吉利,赵海锁夫妇更是严格遵照当地习俗。赵海锁与妻子吴小花结婚之后,共生育二男三女。吴小花在生育之前正常劳作,生育之后会安胎一个月以便于休养。为了庆祝孩子的顺利降生,赵海锁为其办满月酒,部分孩子的姓名则由先生来起。幼子赵丙云曾被过继给赵海锁的哥哥。因此继承其名下的所有家产。赵海锁一家人相处得十分和睦,与外界成员相处也较为友好。

一、家户婚配

1949年以前,赵海锁的五个孩子都未婚配。因为年纪最大的赵小丙才16岁,刚成年。因此还没有"说人家"①。家中女孩更是幼小,未到婚配的年纪。因此家中只有一对夫妻即赵海锁夫妇。在赵家后村中,各户婚配讲究门当户对,男女双方若是明媒正娶,其家境应该大致相当。赵海锁自家条件一般,吴小花娘家的条件也是中等水平。一般情况下,若某户人家有尚未婚配的适龄孩子,其父母便会主动找媒婆说媒。赵海锁父母去世较早,未曾为赵海锁说亲。赵海锁的哥哥身为兄长,便做主为赵海锁安排婚事。村中同姓的人家可以结婚,但是要出五服。此外,村中小户因家中贫穷,一般娶外村姑娘为妻。同样地,村中女孩大多也会选择远嫁。大户人家很少同小户人家结婚,如果大户人家的孩子有生理缺陷或智力缺陷,便有很大概率同小户人家的子女结婚。通常情况是大户人家纳小户人家的女儿为姜室,一般通过媒婆和小户人家商谈此事。

办婚宴对于各家各户而言均是重大事情,需要大办特办。赵海锁结婚时,赵海锁的哥哥一人操心不过来,便去找村庄中专门主持婚宴的总管来照管一切事务。为了图个吉利喜庆,其流程严格按照村中惯例来进行。婚礼所需要的费用由赵海锁一家负担,包括彩礼钱、置办宴席的各种费用及请总管和帮工的钱。此外,赵家还要给媒人准备一份谢礼。赵海锁的父母在赵海锁七八岁的时候,便着手筹备孩子结婚所需的费用、置办彩礼。彩礼一般是五十元钱和一对箱子及一些糖果、衣服等。赵海锁兄弟二人结婚,按长幼顺序进行。赵海锁结婚时,赵海锁的哥哥需为其操办婚宴。婚宴是专门待客的流水席,总管等人负责接洽宾客、主持婚礼。花轿队伍同样是由赵海锁的哥哥来请,村中有专门的吹打乐队迎亲,花轿则是赵海锁的哥哥在镇上雇来的。赵家办婚宴属于村中的喜庆事情,赵海锁的哥哥会提前告知亲朋好友办宴席的时间,同时宴请其来参加婚宴。由于赵海锁结婚属于红事,参加婚宴的宾客大都会随点礼

---

① 说人家:说门亲事,订下婚约。

钱,有时也会带点蒸糕前来庆贺,赵家也要礼尚往来,根据礼品礼金数回礼。

二、家户生育

(一)二男三女凑成"好"

赵海锁一家有二男三女,共五个小孩。赵海锁一家虽然是小户,但因为只有赵海锁一对夫妇,生育儿女村中其他夫妻多。赵海锁的孩子身体比较健康,未曾出现残疾或年少夭折的情况。赵海锁夫妇的头两胎都是男孩。所以想生女孩以求儿女双全。尽管之后接连生了三个女儿,赵海锁一家也不曾因嫌弃将其送人或丢弃。赵家后村,无论大户还是小户都想多生孩子。大户人家想通过生儿育女来开枝散叶、发展家族;小户人家想通过多生孩子,来增加家中劳力。此外,由于生育时的卫生条件较差,生育下来的幼儿容易夭折。所以各户人家都倾向于多生孩子。赵海锁一家生育孩子,一方面是为了传宗接代,另一方面是为了补充家中的劳动力。赵海锁夫妇在生育孩子的性别问题上更倾向于生男孩。因为男孩可以继承香火,有下地干活的能力,可以参与到各项活动之中,而女孩迟早要嫁人。但是村中有儿女双全凑成一个"好"字即有福气的说法。因此,赵海锁夫妇在生了两个男孩之后想要女儿,觉得两儿两女最好。在赵家后村,儿子多的家庭其经济条件和社会地位在村中属于一般。一方面是由于儿子较多便意味着劳力充足,其结果是家庭的收益与其他人家较多,社会地位也随之提高;另一方面则是由于儿子较多的家庭每年上交的人口税也多,两者平衡下来,其家境在村中属于正常。

(二)照顾孕妇请产婆

在赵海锁家中,生育孩子的时间以及数量取决于赵海锁的意愿,吴小花则配合赵海锁生儿育女。赵海锁家里的劳力较少,所以吴小花即使身怀六甲也要继续管理家中的各种事务。赵海锁发现吴小花怀孕之后,便会悉心照顾她,让其在饮食上多注意,一般会给吴小花多吃一些细粮,偶尔还会让其食用一些鸡蛋以补充营养,家中所有的重体力活全部由赵海锁负责,吴小花只从事一些轻体力的劳动。临近预产期,为了保证孩子顺利降生,吴小花就不再从事任何劳动,而是躺在床上安胎待产。

到了分娩的时候,赵海锁会到村中请专门的产婆来接生。因自家贫寒,所以吴小花是在自家床上生产,产婆负责接生并保证母子安全,赵海锁则在外面帮忙。赵海锁去请产婆时无需准备金钱,待吴小花生育后,赵海锁便给产婆一些金钱及礼物以表达谢意,礼物通常是布匹或者刺绣,这些东西在吴小花怀孕期间就已准备妥当。在赵家后村,大户人家除了请产婆外,为了安全还会为孕妇请郎中。

吴小花刚生产完时,赵海锁会给吴小花喝红糖水、吃鸡蛋以补充体力,从而使身体得到恢复。如果家中有不能下蛋的老母鸡,赵海锁便会将其杀掉给吴小花炖鸡汤。刚生完孩子的吴小花需在床上躺一个星期,不能受风或触碰生冷物品。一个星期以后,吴小花能够起来活动,便会在家中做一些简单的家务。一个月之后,吴小花的身体逐渐恢复,便重新投入到自家生产生活之中。在吴小花坐月子期间,赵海锁身为丈夫便承担起妻子的责任,负责家中的大小家务。

(三)办满月酒

孩子顺利出生以后,赵海锁便会在院落中放响鞭炮以示庆祝,四邻听见赵海锁家的鞭炮声，便知道赵海锁一家有新生儿诞生。赵家后村有为新生儿办满月酒的习俗，一般是给家中第一个出生的孩子办，之后出生的孩子便不再办。赵海锁一家曾为赵小丙办满月酒。因为赵小丙是赵海锁夫妇生育的第一个孩子。办满月酒的时候，赵海锁身为家长前去邀请亲朋好友及四邻，赵海锁的哥哥因同赵海锁居住在一个院落，所以最先知晓，无需特意邀请。赵海锁一家的四邻知道赵海锁生子后，在赵家办满月酒的当天会主动前来帮忙。因为赵海锁一家是小门小户，所以不用请村庄中的乡贤绅士、保甲长等人，族中的长辈知道此事后会对赵海锁表示祝贺。办满月酒一般是在孩子出生的第三十天。如果生的是女孩便会提前一天张罗。赵小丙是赵海锁的长子，所以赵海锁在其出生第三十天为其办满月酒。宾客前去吃满月酒的时候，一般会带十个馒头作为贺礼，赵海锁一家会拿出其中四个馒头作为回礼。除了馒头外，亲戚朋友也会给孩子1元钱，以求孩子平安幸福。至亲之人，如孩子的姑姑、舅舅等还会送一些首饰给孩子，因亲戚大多也是小门小户，所以首饰多是铜铁打造。

赵小丙的满月酒由赵海锁操办，所有费用由赵海锁一家承担，赵海锁还要请村中的总管前来，以招待宾客。此外，还要请专人来做待客的十碗席。在给赵小丙办满月酒的时候，赵海锁收来的份子钱，除了要支付前来帮忙的人以表达感激之情，剩下的金钱都给赵小丙存了起来，用作其未来结婚时的彩礼。赵家后村的农户若生了男孩，父母在孩子年幼时便开始准备彩礼，担心孩子适龄不能结婚被村民笑话。大户人家因家底厚实，一般会大办特办。因为满月酒的重要性不亚于孩子结婚。此外，村里的各户人家都会受到邀请或是被请去帮忙。

（四）"泛字"[①]起名，请教先生

赵家孩子起名字的时候有一定的讲究，因为赵氏是一个宗族，所以孩子的名字要按代际关系来起。换言之，因为辈分的存在，赵家孩子的名字会出现"泛字"的情况。赵海锁这一辈人泛"海"字，同辈的亲戚和朋友名字中都会有这个字。赵海锁在给孩子起名时，因为不识字，所以起名较为随意，多是在泛字的基础上随意起一个字组合而成。比如赵小丙就是填"小"字占位。赵海锁三个女儿的名字没有泛字，而是让教书先生起的。因为赵小丙和赵丙云都曾到庙里上学。所以，赵海锁就拜托教书先生给自家女儿起名，并给了教书先生一些布匹作为谢礼。中户人家有时还会请庙里的先生给孩子起名，先生给孩子起名通常是根据其生辰八字来起。大户人家大多会去县里的大庙给孩子起名，或者找村中比较有权威的文人起，一方面是希望其能改变孩子的命格，另一方面是希望外人通过孩子的名字即可感受到自家的底蕴。

三、家户分家与继承

（一）父母过世分家产

赵海锁父母去世之前，赵海锁和哥哥尚未婚配成家。因此二人没有分家。但赵海锁父母去世之后，赵海锁和哥哥平分了父母的财产，并各自结婚组建了小家。赵海锁和哥哥分家时，既没有签订文书，也没有请中人来主持分家，只是简单地将家产均分。分家后，两家人仍居住在一起。村里农户对分家态度比较中立，一方面是因为分家容易导致家庭涣散，另一方面则是考虑长期不分家，随着人口的增多，其家庭之内的矛盾也会随之增多，从而导致家庭不和谐。因此大多家庭选择在婚后分家、独立生活。赵海锁和哥哥分家产的时候，因为家中只有兄

---

① 泛字：同一辈分的孩子其姓名中必须有一个相同的字。

弟二人,且因兄弟二人关系较好,所以在分家一事上并未产生任何矛盾。1949年以前,村里农户分家主要是在婚后,小家庭从主干中分离出来另立门户,赵海锁一家因几个孩子年龄幼小尚未婚配,所以并未分家。

(二)儿子承家业

1949年以前,赵海锁和吴小花身体健康,孩子因年龄幼小、尚未婚配。所以未曾发生财产继承,但赵丙云是个例外。赵海锁的哥哥所娶的两任妻子身体较差,不但没有给赵海锁的哥哥生下后代,而且都先于赵海锁的哥哥去世。赵海锁的哥哥为了延续自家香火,便同赵海锁商议,欲将其幼子赵丙云过继到自家。赵海锁鉴于哥哥家中情况便做主答应。在赵丙云过继期间,虽然赵丙云名义上是赵海锁哥哥的孩子,但日常生活仍同赵海锁一家一起。赵海锁的哥哥因将赵丙云过继到自家,便时常会给赵丙云送些粮食、衣物,以表达喜爱之情。

赵海锁的哥哥去世之后,名义上的后代只有赵丙云一人,但彼时赵丙云年纪幼小,没有能力操办赵海锁哥哥的丧事。按照赵家后村的习俗,不给父母操办丧事的孩子属于不孝子孙,无法继承父母的家产,反而是谁为去世之人背幡,便可以名正言顺地继承其家产。为了不让家产落入外人的手中,赵海锁就以赵丙云的名义为哥哥操办丧事,赵丙云因年龄幼小且无力背幡。所以,赵海锁将赵丙云扛在肩头,让幡靠着赵丙云的身体,以示赵丙云为其背幡。在操办完丧事以后,赵海锁哥哥名下的所有财产便由赵丙云继承。此外,由于赵海锁兄弟两家一直生活在一起,所以村中的人对此事表示认同。继承来的家产名义上归属赵丙云,然赵丙云年纪尚幼,因此所有的家产交由赵海锁来管理。赵丙云继承所获得的土地房屋,其相关证明即地契、房契要拿到村庄登记,因为土地涉及到缴纳赋税一事,村中对赵丙云的继承予以承认。

四、家户过继

(一)过继幼子给大哥

1949年以前,赵海锁曾将自己的幼子赵丙云过继给大哥。赵海锁在父母去世后,与大哥分家生活且二人先后娶妻。赵海锁的哥哥身体较差,婚后没有孩子,其妻子因为身体不好便早早离开了人世。为了延续自家的香火,赵海锁的大哥又再次娶妻,但婚后两人仍旧没有孩子。因为身体日渐消瘦,赵海锁的哥哥就同赵海锁商量,希望赵海锁能将幼子过继给自己,防止香火终断、后继无人。赵海锁鉴于自家孩子较多,兄弟二人关系较好,且生活在同一所院落之中,便答应了哥哥的请求。赵海锁作为家长决定了过继一事,但还需同妻子吴小花商议,同时赵海锁也简单地将事情缘由告知幼子赵丙云。赵丙云年龄幼小,不懂其深层含义,便被动听从赵海锁的安排。赵海锁一家在决定过继时有一定的原则在内,长子赵小丙因要传宗接代,所以不能过继。

过继的具体形式是由赵海锁和他的大哥商量决定,因为平时两家就生活在一起,所以过继的形式便简化了一些。赵海锁和他的大哥找族中的亲戚作为中人,几人共同签订过继文书,证明赵海锁将幼子赵丙云过继给哥哥。因为两家只是名义上的过继,赵海锁的哥哥并没有支付赵海锁有关入继的费用,赵丙云平时仍旧与赵海锁一家生活在一起,并且参与赵海锁一家的分配活动,赵丙云的日常开销也是由赵海锁负责,包括上学的费用。赵海锁的大哥作为赵丙云名义上的父亲,每年在收秋之后会给赵丙云分一些粮食。因赵丙云年龄幼小,其所收下的粮食统一交由赵海锁管理支配。除此之外,每年过年的时候,赵海锁的哥哥也会给赵丙云买新衣。此外,在对外的各种活动中,赵丙云要对赵海锁的大哥行对父亲的礼节。宗族和村庄都知道赵丙云过继给赵海锁的大哥。因此,赵丙云在继承赵海锁大哥的遗产时,村庄和宗族没有表示任何反对。赵丙云过继时,赵海锁并不需要征得赵丙云的同意,因为赵海锁作为家长对孩子有决定权,但若赵丙云内心十分抗拒,家长赵海锁便会出面劝告孩子,但家庭内其他成员不能擅自决定孩子的过继。

(二)病故回继

赵海锁将幼子赵丙云过继给哥哥三年之后,赵海锁的哥哥便因病去世,家中只余名义上的儿子赵丙云一人。因赵丙云年纪幼小无法单独继承家业,而且无法做到自力更生。所以赵海锁决定让赵丙云回继。除了家长赵海锁之外,家庭内部其他成员不能安排回继。因为回继一事牵涉到家产的转移。因此必须由家长出面。因孩子的回继属于两个家庭内部的私事,只要出继和入继的家庭同意回继,宗族就不会对回继一事有所干涉。同样地,四邻、村庄等外界成员也不会干涉赵家孩子回继一事,担忧参与其中被外人指指点点。因男孩要传宗接代、继承香火。所以赵丙云的过继、回继等均需告知宗族,此外还要请宗族中辈分较高的人作为见证人。宗族对赵家过继、回继予以承认和保护。村内其他孩子过继之后,其孩子父母要去官府变更家庭人数。因为人头税的征收是按家中男性数来计算的。然而赵海锁未去官府报备赵丙云过继一事。因为赵丙云仍同赵海锁夫妇居住在一起,其人头税的缴纳仍由赵海锁一家来承担,回继时也没有履行相应的手续。

五、家户内部交往

(一)父严母慈

赵海锁一家两代人的关系比较和谐,一般是赵海锁负责全家的各种花销。赵海锁从事农业生产,种植各种粮食作物,以抚养家中的五个孩子。此外,赵海锁还要负责给两个儿子准备娶妻的彩礼钱。1949年以前,赵小丙兄弟二人的年纪较小,不到结婚的年龄。所以,赵海锁只是为其筹备彩礼,而没有托人为其说亲。除了要给两个儿子娶妻,赵海锁还尽可能地耕作劳累,只为给两个儿子多"攒"①一些家业。

平日生活中,赵海锁对孩子比较严厉,尤其重视孩子的教育,在两个儿子幼小的时候,便将其送到庙里读书识字,以求出人头地。在家里,所有的孩子都要听从赵海锁的安排,不可以同赵海锁顶嘴。赵海锁为了约束孩子的行为,会严格实施各种家规。如果孩子过于调皮,赵海锁便会用木条教训其两下以示警告,但不会下手太重。农闲的时候,赵海锁身为父亲会与孩子玩耍,心情较好时还会给孩子讲故事。赶集的时候,赵海锁也会带着自家孩子们前去凑热闹,偶尔会给孩子买些零食来哄孩子开心。因为赵海锁一家是小门小户。所以父子关系比较亲近,赵丙云兄弟姐妹若想要某种东西便会直接告诉赵海锁,如果合理的话,赵海锁会尽量满足。

赵小丙兄弟姐妹几人均是吴小花怀胎十月、抚养长大。因此,吴小花对待孩子也比较和善,很少训斥或打骂孩子。赵海锁一人要承担起整个家庭的重任,几乎天天都要去地里做农

---

① 攒:积累。

活,抚养孩子的重任便落到吴小花的肩上。吴小花不但要给孩子们做饭,而且闲暇的时候还要给每个孩子缝制衣服。吴小花的手艺较好,所以每个孩子都很喜欢吴小花所做的衣服。在赵海锁训斥孩子们的时候,吴小花身为母亲因疼爱孩子常常会出来劝解。

(二)夫唱妇随

在赵家,赵海锁担任家长一职,家中的所有事务均由赵海锁决定。妻子吴小花虽为内当家,也要服从丈夫赵海锁的决定和安排。赵海锁身强力壮是家中唯一的劳动力,不仅要负责田地的生产、耕种等,而且要将自家打理得井井有条。赵海锁夫妇二人的关系十分和睦,赵海锁从不打骂妻子,日常生活中吴小花也对赵海锁多有照顾,日常事务赵海锁偶尔也会同妻子吴小花商议,红白喜事时更是积极征求吴小花的意见。对于家中的大小事务,吴小花虽有建议的权利,但不能擅自做主,仍要听从赵海锁的安排,因为赵海锁处事经验更为丰富。此外,赵海锁身为男性,方便出面解决一些外部事务。无论赵海锁做出何种决定,吴小花都会支持,不仅为其提供相关帮助,而且会在其烦恼忧虑时为其宽心。简而言之,赵海锁夫妻二人的关系较为友好,其主要原因在于赵海锁夫妇二人的性格较好。夫妻关系好坏是家庭内部事务,不论是宗族还是村庄都不会干涉,外人也很少参与到赵海锁夫妇的家务事中。一方面因外人的身份,在不明实情之下很难做出正确的评判;另一方面担心自家因参与到他人家务之中,而落得爱管闲事的污名。

(三)兄弟姐妹和气

赵海锁夫妇生育孩子时间隔的时间较短,自小一起长大,关系较为友好。赵丙云小时候比较淘气,经常和村中其他伙伴在玩闹时发生矛盾纠纷。赵小丙身为长子,看见自家弟弟受气,感觉自己也受到他人欺辱,便同弟弟赵丙云联合起来抵抗外人,致使其无胆再欺负赵丙云。赵银群姐妹三人出生以后,赵海锁一家的经济条件因人口增多便不如之前,赵海锁作为家长便不再送其上学识字。平日生活中,赵小丙和赵丙云兄弟两个因年龄较大,已懂得人情世故,便时常帮助吴小花照顾三个年幼的妹妹。待赵银群姐妹三人年纪稍大一些,赵小丙兄弟二人便时常带着她们同村内小孩一起玩耍。赵海锁一家五个孩子年龄相近。所以兄弟姐妹间的地位基本平等。不过赵小丙作为兄长地位较高,其他四个小孩都要听赵小丙的话。当家中孩子因为玩耍而互相打闹时,吴小花便会劝解他们和好,毕竟有血缘的牵绊,赵小丙兄弟姐妹几人相处得较为和气。

六、家户外部交往

(一)交往虽少然亲其亲

赵氏在赵家后村属于大姓,所以村中的人大多沾亲带故。赵海锁的亲戚较少,因为赵海锁祖上分家较早,赵海锁这一支的人口总数也较少。赵海锁的父亲去世以后,赵海锁就很少与本家的亲戚交往。赵海锁的母亲是从外村嫁到赵家,其娘家人也不生活在赵家后村。因此赵海锁一家同母亲的娘家亲戚来往也较少。赵海锁的妻子吴小花是外村人。待吴小花嫁到赵家之后,赵海锁一家除了逢年过节便很少同吴小花的娘家人来往。赵海锁与自家亲戚交往,多在过年和清明祭祖两个时节。逢年过节的时候,赵海锁便会同妻子吴小花一起回娘家,走亲戚以联络感情。清明祭祖时,赵氏一族人都会聚齐,赵海锁便趁此机会与大家客套一番。赵海锁同自家亲戚平时交往过少。所以亲戚家中若遇到平常小事,便不愿远途前来请赵海锁一家帮忙。同样地,赵海锁也不愿意麻烦亲戚。但是各家有红白喜事便会互相告知,此时赵海锁一家不但乐意前去,而且愿意主动帮忙。所以赵海锁家同亲戚的关系较好,正如古语"亲亲"①。

(二)家长好交友

赵海锁为人比较开朗,喜欢在村中广结朋友,赵海锁的朋友大多数是在晒场上通过聊天而熟悉。因此,赵海锁的朋友多是村中小户人家。农闲的时候,家家户户都喜爱坐在自己院子外面。赵海锁同其他村民聚到一起聊天,一群人闲聊大多是村里的趣事或公共事务,赵海锁与大家愉快地交流。

逢年过节,赵海锁都会拎着礼物去要好的朋友家中拜访。同样地,朋友也会到赵海锁家里回礼。赵海锁与四邻朋友关系较为友好,朋友间通常会互赠一些干粮和农产品,赵海锁有的时候还会喊朋友们一起喝酒,逛集市的时候也会叫上朋友一起,真心实意地对待朋友。一天,他听说朋友的母亲去世茶不思饭不想,便连夜赶到朋友家吊唁,看到朋友家中人手较少难以操办丧事,就不顾地里的农活主动留在朋友家中帮忙。临走的时候,朋友要拿钱感谢赵海锁,赵海锁本意是帮忙而非赚钱,便谢绝了朋友的好意,二人在门口你推我搡,路过的行人还以为二人要打架,连忙上前劝架。从那以后,赵海锁一家遇到各种困难,朋友因记得赵海锁的善意便鼎力帮助。

(三)他人欺压,邻居互助

除了与赵海山一家之外,赵海锁一家与邻居相处得较为愉快。赵海锁为人开朗和善,在公用水井时通常让邻居先用;借用四邻的石磨使用,使用过后还会给邻居留下一些麸皮以作酬谢。当邻居家有事需要赵海锁帮忙,如邻居向赵海锁借用工具,若自家并不急用,赵海锁便爽快地答应。邻居赵铁钢的房屋被雨水冲毁,赵海锁就主动让其住进自家的院落,而且也没有收取赵铁钢借宿的租金。邻居知晓此事之后,便认为赵海锁一家值得深交。赵家在办各种宴席的时候,四邻会带上自家的碗筷等来帮助赵海锁一家。

赵海锁只与赵海山一家发生过重大矛盾,赵海山一家与邻里的关系十分差劲。因为赵海山兄弟7人总是仗着自家人口上的优势随意欺凌他人。赵海山一家意欲侵占赵海锁的土地,时常在宗族祭祀的时候给赵海锁一家难堪。赵海锁忍无可忍才请人教训赵海山一家。在发生人命官司以后,四邻普遍同情、赞赏赵海锁一家。因为赵海锁所作所为也间接替大家出了一口恶气,使其免受赵海山的欺压。赵海山的恶名在村中远扬,官府也偏向赵海锁一家。因此只让赵海锁一家赔偿土地了结此事,而没有抓赵海锁坐牢。总而言之,除了与赵海山一家因土地发生过矛盾之外,赵海锁一家同邻里并未发生重大纠纷,彼此之间关系友好,相处得也较为融洽。

---

① 亲亲:亲切对待亲人。

第四章　家户文化制度

赵海锁一家的两个男孩曾接受过学校教育,但因家中贫穷最终辍学,家内其他小孩的教育主要是由赵海锁夫妇的教导。赵海锁一家人在做事时总是以自家人为重,有福同享有难同当,共同致力于改善自家的生活。一家人在生产生活中较为注重经验的积累,最终形成珍惜时间、看重空间以及行善积德以造福子孙的观念以约束全家人的行为。每逢过年过节,赵海锁一家完全按照村中惯例进行以免犯忌,家长赵海锁更是在其中起着支配性作用。一家人虽未有任何宗教信仰,但对于家神、祖宗十分敬拜,时常祭祀以求其保佑一家人平安幸福。有空闲时间,赵海锁一家人为了消遣无聊的日子便广交朋友,时常去四邻家中串门聊天,有庙会时便去逛庙会,而过年过节则为了图个喜庆前去观赏村中的耍热闹活动。

一、家户教育

(一)家户教育概况

1949 年以前,赵海锁曾将自家长子赵小丙和幼子赵丙云送去上学,其余人则未接受过学校教育。赵小丙和赵丙云都是在 9 岁时去上学,赵小丙读了三年学便没有继续,而赵丙云只读了一年便辍学。1942 年,赵家地里庄稼因天气大旱几乎颗粒无收,一家人只能节衣缩食勉强度日。为了减少家里的开支,使得生活能轻松一些,赵海锁无奈之下劝说长子放弃了读书。赵小丙身为长子从小就被家里赋予重任,年纪轻轻便已懂得为家里着想,思索之后依从父亲赵海锁的想法不再上学。幼子赵丙云辍学则是因为那年战事较为紧张,村庄征收各种赋税较为沉重,赵海锁作为家长为了全家人的生存考虑,便决定不再送幼子赵丙云上学读书。此外,赵丙云对学习并无兴趣,一听不用去上学立即点头答应。赵海锁认为女孩的本分是待在闺房学习刺绣制衣、做饭洗碗等技能。所以只送自家男孩去念书识字。赵海锁送两个孩子去上学,主要是希望其能通过学习最终有所成就,可以改变自家的经济条件,同时也可以光耀门楣,让村民敬重自家。

(二)学校教育

赵海锁的两个孩子是在自家村中的庙里上学。每逢开学时,赵海锁便将赵丙云送到老师面前,让他向老师磕头致敬。之后赵海锁不作逗留,便直接回家。开学以后,赵丙云再去庙里上课,便同村里的其他小伙伴前去,无需家人相送,放学之后便一人独自回去或结伴而归。赵海锁家里的男孩按长幼顺序前去读书,而女孩则不允许上学。因为赵海锁认为女子的主要任务是繁衍后代和操持家务。此外,孩子上学需要购置笔墨纸砚、交付学费等,对于赵家而言,这是一笔不小的开支。赵丙云上学时的教书先生是村里人从外村雇来的,赵家每年不仅需要向其交付一百多斤粮食作为学费,而且需要像其他孩子一般将教书先生带回自家吃三天饭。

与赵丙云上学的还有十几个孩子,各家轮流负责教书先生的三餐。赵丙云上学时的学费是由整个家庭来承担,赵海锁做主将自家的一部分粮食拿出来供其读书。教书先生主要教其学习《三字经》《国语》等内容,每次学习时长大约为两个小时。过年的时候,赵海锁无需带着赵丙云去给教书先生拜年,不过开学时需领着幼子赵丙云向教书先生叩谢。赵海锁让自家的两个男孩去读书,主要是出于整个家庭的考虑,希望两个孩子能通过读书识字变得精明能干,从而照拂一家。赵丙云之所以同意去读书,一方面是顺从父亲赵海锁的意愿,另一方面是自己对上学感到好奇。

(三)儿随父习耕作,女随母学家务

赵海锁家里小孩的教育来自于家庭,四邻、亲戚等很少参与其中。赵海锁一家是村中的老户人家,生活中经常和邻居打交道,十分懂得人情世故,从小便教育自家的两个男孩学习为人处世的道理和种地耕作的技能。对于自家的三个女儿,赵海锁主要是教育她们听话顺从。吴小花平日生活中忙于筹备一家人的吃喝,甚少能抽出时间来教导两个男孩。基于对自家女儿未来成家的思虑,吴小花负责教授女儿学习纺纱织布、洗衣做饭等技能。每年清明时节,赵海锁便会带着赵小丙兄弟二人前去祭拜祖宗,让他们学习祭祀时的一些礼仪和规矩。例如,祭祖时最好穿黑白两色衣服。简而言之,赵海锁夫妇对自家孩子的教育,因孩子性别不同其侧重点也有所不同,男孩主要是学习农业耕作、为人处世;女孩则主要学习手工家务。

赵海锁的亲戚、四邻、朋友等很少会教授赵小丙兄弟姐妹一些知识或道理。因为在他们看来教导赵小丙等人不仅是对赵海锁夫妇二人的冒犯,而且也是多余的一种表现,会招惹赵海锁一家甚至其他村民的闲话。亲戚家相对于四邻、村民等外界成员而言,有时若目睹了赵小丙等人的淘气或犯错行为,出于善心会轻轻责备两句。赵丙云等同龄人对赵丙云的教育影响几乎为零,年纪一般,所掌握的技能及所明白的道理都大致相似。换言之,与家庭相比,亲戚、四邻、同龄人对孩子教育所起的作用微乎其微,可以忽略不计。

按照赵家后村的风俗惯例,孩子7岁时家长便认为其长大了,赵家也是如此。赵小丙和赵丙云二人懂得下地劳作,帮助赵海锁做一些重体力活。赵银群姐妹三人也已懂得帮助母亲吴小花做饭、照顾家中年幼的孩子等。这些便会让赵海锁夫妇觉得孩子们变得懂事听话,已经长大成人了。

(四)在教育中健全人格

赵海锁家里的两个男孩虽然接受过学校教育,但由于所受教育的时限较短。所以仍是以家庭教育为主,三个女孩则完全交由赵海锁夫妇教导。赵海锁身为一家之长,与他人交往相处得较为和睦,日常生活中总是与人方便,经常教导子女"与人方便,便是与己方便"。家里的小孩经常见到赵海锁与他人如何相处,潜移默化中便受到父亲的影响,十分注重乐善好施。赵海锁一家的相处模式以及平时的生活氛围较为轻松愉悦,孩子因此也大多外向。小孩关于做人做事的道理是从赵海锁夫妇那里习得而来。孩子犯错误时,赵海锁夫妇会及时教育,以免铸成大错。赵丙云是家中幼子,经常受到赵海锁夫妇的宠爱,小时候经常和哥哥赵小丙在言语方面有所顶撞,赵海锁便斥责赵丙云不懂长幼尊卑。

赵丙云兄弟姐妹五人对风俗习惯的认知也是从家中习得的。每次过年过节,兄弟姐妹五人便缠着赵海锁夫妇讲一些风俗习惯的来历。此外,几人也会默默地关注长辈们进行的一些特殊的仪式,并重复大人的行为。例如过端午节时,赵海锁夫妇就会为子女包一些粽子,赵丙

云等兄弟姐妹就会问父母为什么要吃粽子。赵海锁便会耐心地为孩子解释端午节的来历,一方面是为了让孩子了解中国的传统习俗,另一方面则是希望通过讲述屈原沉江的故事,让孩子在潜移默化中受到影响,从而健全人格。

赵海锁一家信奉"勤劳致富"的观念。虽然村里曾有老话"人不得外财不富,马不吃夜草不肥",但赵海锁一家认为只有靠自己的双手才能真正改善家里的经济条件,通过获取外财来使家里致富毕竟不是长久之道。此外,赵海锁一家也赞同"家和万事兴"的说法。当一家人和睦相处、各司其职时,家里的生产生活便显得井井有条。当一家人互相争吵打闹时,家里的日子便不得安宁,一家人都无法全心全意致力于自家生产,其结果便是生产生活的衰败。赵丙云等兄弟姐妹几人遇到困难时,赵海锁夫妇便及时为其提供庇佑,抚慰孩子受伤的心灵。

(五)教授耕种、纺纱技能

赵海锁一家是本分的自耕农,家内也未开展其他副业,家人都不曾有何种手艺绝活。所以一家人的生活是靠农耕来维持。赵丙云和赵小丙在 7 岁左右便开始跟着赵海锁到地里参加劳动生产。在平时生产中,赵海锁常常教导赵丙云兄弟二人关于农业耕作的相关理论及实际操作。一方面是出于对孩子们未来生计的考虑,希望他们能自力更生;另一方面是希望他们在掌握耕种技能后可以成为家庭的劳力,从而减轻一家人的负担。赵海锁作为一家之长,亲自教导赵丙云学习农业耕作的相关技能,通常是采取一边示范一边讲解的方式,在锄草时,赵海锁先给幼子赵丙云示范锄草的力度,同时说道:"叉头有火,锄头有水",其旨在讲解锄草的缘由是为了给庄稼蓄水,让庄稼更好地成熟。此外,赵丙云部分农业知识的习得来自于哥哥赵小丙的教授。因为赵海锁有时忙于耕种无暇教导赵丙云,便让赵小丙手把手教。赵丙云对农业知识的学习较为认真,无论是赵海锁亲自教还是哥哥赵小丙教,都认真按照讲解来操作。赵海锁耕作技能的习得,一方面是来自于家里长辈的教授,另一方面则是来自于以往生产经历的经验积累。

赵家女孩主要是跟着吴小花学习纺纱织布、刺绣制衣、洗衣做饭等技能。赵银群姐妹三人长到 7 岁时,吴小花便开始教授其劳作,大多选择站在孩子身边指导其一步一步地进行,三五次之后便让孩子尝试着去做。长女赵银群因年龄较长且懂事听话,所以时常会帮助母亲吴小花照顾其他妹妹。此外,赵银群还要帮助母亲吴小花洗衣做饭、料理家庭。赵银群姐妹三人必须学习相关手工技能,一是为了减轻父母的负担,二是因为纺纱等手工技能的习得不仅事关赵海锁一家,而且也事关赵银群等人未来的婆家。赵银群姐妹三人在出嫁之前必须学会织布纺线、洗衣做饭等基本生活技能。若赵银群等人在家务方面做工粗糙,嫁入夫家之后便会被婆家认为无能,赵海锁一家也会因此觉得丢脸。赵家孩子若不好好学习相应的技能,赵海锁夫妇便会严厉地斥责其不懂事情、不听话,村里外人看见之后,会笑话赵家孩子为"有娘生养,无娘指教"。

(六)父母言传身教,村庄说书教化

在 1949 年以前,赵海锁夫妇会对孩子进行日常规矩及德行、品行等方面的教化,主要是通过言传身教来教导孩子,如邻居来自家借用生活用品从不推辞,赵丙云等人见到父母的一举一动,便在潜移默化中受到影响,渐渐地养成乐于助人的品格。村庄每年冬天都会找说书人来村里给小孩讲故事,说书人一般被村庄随意安排至一个闲置的窑洞里,让其在窑洞内为孩子说书。赵海锁夫妇便会让自家孩子前去窑洞中听书。因为说书人讲故事时比较生动形象,赵丙云和同行的小伙伴听得津津有味,时常在回味故事或重复讲述中受到一些启发,从而培育人品。由于说书人是村民请来的,所以前去听书的人家要按户平摊金钱。当赵丙云等兄弟姐妹几人犯错时,赵海锁夫妇便会严厉地惩罚他们,让其不再重蹈覆辙。亲戚等人若恰巧撞到赵丙云等人犯错,便会以长辈的身份代替赵海锁夫妇管教。管教后通常会告知赵海锁夫妇一声,以免误会。四邻、村民等不相关人员通常不会管教赵丙云的孩子,一是因为在责罚轻重方面很难把握分寸,二是因为责罚赵丙云等人在某种程度上是对赵海锁夫妇的一种冒犯。

二、家户意识

(一)自家人为重

在赵海锁一家人眼里,自家人主要是指生活居住在一起的人,包括叔叔伯伯等人。出嫁的姑姑和姑父、舅舅和舅妈以及嫁出去的姨姨和姨父虽然不能算作自家人,但因为两家之间有血缘关系的牵绊,所以算作亲戚。即使两家距离较远,平时生活中联系较少,亦是亲戚。其余的人家因与赵海锁一家无血缘关系,所以算作外人,其中那些无血缘关系但是同姓的人家,相较于那些既没有血缘关系也不是姓赵的人家而言,同赵海锁一家关系稍近。赵铁钢曾经在赵海锁家中居住了三四年之久。虽然同赵海锁一家居住在一个大院,但因为两家并无血缘关系,所以不能算作赵海锁的自家人。

赵海锁一家对自家人和外人有明显的心理区分,无论是平时处事还是遇到天灾人祸,赵海锁一家都以自家人为重,进行优先考虑。灾年年景,赵海锁一家无足够的粮食供全家食用,亲戚知晓之后,便会将自家的部分钱粮借给赵海锁一家。在平常生活中,若亲戚、四邻共同求助赵海锁一家时,赵海锁会优先帮忙亲戚解决困难,若有余力才会帮助四邻等外人。当赵海锁夫妇发生争吵打闹时,亲戚等人会前来劝说赵海锁夫妇,让其看在已经生儿育女的情面上不再追究对错,和睦相处。外人则很少知晓赵海锁的家事,更不用提及对其进行干涉。因为赵海锁一家对待家事的态度是"家丑不可外扬"。

在平日生活中,赵海锁一家忙于自家的内部事务,甚少主动参与到外人的家事当中。当亲戚家发生一些灾难或困难时,赵海锁一家会适当参与其中,为其出谋划策,化解矛盾。当外人家中发生矛盾时,赵海锁一家恰巧知晓,会思虑再三决定是否参与,即使参与也是善意地提出建议,而非擅自做主,不过更多时候会选择不闻不问。因为随意参与到他人家事务中是对其家长的一种忽视甚至冒犯,容易招致外人的反感。对赵海锁一家来说,同自家人交往相较于与外人交往更为亲近随意。对于自家人则无话不说,希望能得到自家人的建议或支持;对于外人,赵海锁一家则是有选择性地解释自家内部事务,多是挑选无关重要的事情。在称呼上,赵海锁一家对自家人的称呼较为亲切,直接是按两者之间的关系来称呼;对于外人,赵海锁一家多是将辈分和名称综合起来称呼,较为庄重。在礼节上,赵海锁一家对自家亲戚较为随意,因为很多事情不用言明便知晓;对于外人,赵海锁一家则完全严格按照村庄惯例相处,以免引得外人误会自家轻看他人或不懂礼节。在平时打交道的时候,赵海锁一家遇事第一反应是同亲戚商量解决;同四邻等外界成员交往多是在无关紧要的事情之上,多以休闲娱乐为目的。

(二)有福同享,有难同当

赵海锁一家人之间不分你我、连为一体,在生产生活中更是互相帮助,若家庭里的任何成员被外人欺负，一家人都会产生受到侮辱的感觉，为了维护家庭的面子，更是为了不再受到欺负，赵海锁一家会联合起来共同抵抗外人。但赵丙云等小孩若在与邻居家小孩玩闹时受到欺负，赵海锁一家不会过于追究。毕竟小孩之间相处完全是依据情感冲动行事、不懂人情世故。若是村中的成年人无缘无故欺负赵家小孩，赵海锁便会为孩子做主，前去讨个公道。因为成年人欺负自家小孩暗含着欺凌全家的意图，正如当地老话"不看僧面看佛面"。赵海锁的哥哥虽已和赵海锁分家，但当两家中有一家条件不好，另一方便会积极地帮衬。赵海锁的哥哥虽已娶妻，然并未生育男孩，赵海锁便将自家的幼子过继给哥哥，以免其断后。平日生活中，赵海锁一家时常帮助自家哥哥，大多是采取多干活的方式帮助，自愿帮已经分家的哥哥种地、割麦，并不求任何报酬。

赵海锁一家的所有成员都依赖于家庭而生存，家庭的贫穷、富裕与全家人的共同努力息息相关。赵家的每一个成员都要为家庭的发达致富而努力，正如老话"众人拾柴火焰高"。当家庭发达时，赵家的每个成员都会跟着沾光。比如某年雨水较好，赵海锁一家所收的粮食较多，吴小花在做饭时便会多下点蔬菜、面条，让全家人吃饱。临近冬季，吴小花觉得自家棉花够用，便会为家中的每一个小孩缝制一身棉衣，同时在棉衣中多塞点棉花，以增强保暖效果。由于家里并无私房钱地，同时，家中的每一笔收入都用于全家人的生产生活所需。因此，赵海锁一家人处于一种"有福同享，有难同当"的状态之中。换言之，只有在家庭富裕时，赵家的每一个成员才能享受到较好的待遇。因此，家庭富裕是赵家每一个成员的愿望。

在赵海锁一家看来，家里的每一个成员都有责任努力劳作，以致"光耀门楣"。在赵家后村，光耀门楣主要是指家里有成员做官，或是成为受人尊敬的乡贤绅士。赵海锁原本让赵小丙、赵丙云兄弟二人去上学读书，其目的之一便是希望孩子长大成材、受人尊敬。家里每次祈福或拜神的时候，赵海锁都会祈求其保佑家里的每个成员都能平安健康。赵海锁一家人有共同的生活目标，即家大业大、人丁兴旺，家里的每一个成员都需要为实现此目标而辛勤劳作。

（三）家庭凌驾于个人之上

1949 年以前，赵海锁一家人十分赞同"没有家就没有个人"的观点。家庭是一家人的生活支柱，当家庭遭遇外来横祸时，赵家的每一个人都无法避免，正如老话所说："覆巢之下，焉有完卵"，一家人在考虑事情时会以整个家庭的利益为重，在生产生活中更是按此行事。身为男性的赵海锁偶尔会带着赵小丙兄弟二人前去耕作，吴小花以及赵银群姐妹三人则在家做手工家务。农忙时节，赵海锁便安排全家人去地里耕作，以免耽误时间影响收成。吴小花便会听从家长赵海锁的安排，带着自家的三个女孩前去地里帮忙割麦。

当家庭利益与个人利益发生冲突时，赵家的成员都会为了整个家庭的利益而牺牲自我利益，尤其是家长赵海锁。若家里小孩在平日生活中只想着自我利益，赵海锁夫妇看见之后便会对其进行严厉的批评。灾年年景，赵海锁一家收成较少，无足够粮食用于食用，一家人只能靠省吃俭用或借钱借粮度日。吴小花为了整个家庭的生计考虑，做饭时便会少放鸡蛋，同时饭菜极为稀少。家里小孩吃厌之后，便哭闹要改吃其他饭菜，吴小花便会批评道："咱屋就光顾你一个呀？大家吃啥你就吃啥，不准哭闹。"赵海锁身为一家之长，肩上承担的是整个家庭的重责。当赵海锁听见自家小孩因吃饭而哭闹便心不忍，心疼之余会将自己饭碗里的一些蔬菜拣到孩子的饭碗之中，让其能多吃一点。季节转换时，赵海锁觉得自己是身强体壮的成人，便不再让妻子吴小花为自己缝制新衣，而是嘱咐其将棉花分配到赵丙云等兄弟姐妹几人的衣物之中。

赵海锁家中的两个男孩都曾上过学,也都曾为了整个家庭而放弃读书。1942 年,天气大旱,地里的庄稼因无雨水的浇灌全都旱死,一家人只能节衣缩食勉强度日。赵小丙上学时,赵家每年需要缴纳一百多斤粮食给先生作为学费,对于赵家而言这一百多斤粮食极为珍贵。为了避免家人因无法吃饱而生病乃至饿死,赵海锁思索再三,便决定让长子赵小丙辍学。赵小丙身为长子且年龄较大,看见自家的生活情形十分不忍,想通过劳作为家庭减轻负担,便顺从父亲赵海锁的心意不再上学。幼子赵丙云仅上了一年学便辍学,其背后原因是那年战事较为紧张,赵海锁一家需要上交各种赋税且赋税严苛,赵海锁为了让全家人生活得轻松一些,便只能牺牲幼子赵丙云的利益。而且赵丙云并不爱好学习,便答应家长赵海锁的劝说,不再上学。

(四)行善积德,造福子孙

赵海锁一家因家境贫穷,所以无力捐助金钱,只能让受助人在自家吃饭、住宿,帮其解决燃眉之急。1949 年以前,赵海锁夫妇经常行善积德,以图恩泽后人。赵海锁夫妇不仅愿意为外人提供帮助,而且也积极参与到村庄的公共事务之中,为其贡献一份力量。

赵海锁一家对于四邻的请求几乎未曾有过拒绝。因为邻里之间互帮互助极为平常,毕竟远亲不如近邻。赵铁钢和赵海锁一家距离较近,同时两家同宗。所以在赵铁钢家中房屋塌陷时,赵海锁便同意其在自家借宿三年之久。赵海锁为人善良,在村中爱打抱不平,村里两家人闹矛盾时,赵海锁便会打听事情的来龙去脉,为两家说和,以免两家因此事使得交情破坏。因赵海锁是村中的老户人家且辈分较高,村民见前来劝架的人是赵海锁,便会给其面子各退一步、和平相处。然而对于他人家内事务,赵海锁大多会不闻不问,以免干涉其中招致他人不爽。村庄防备匪盗时,赵海锁积极打更,以维持村庄安宁。

赵海锁夫妇认为冥冥之中自有神灵,做坏事时虽然他人不曾知晓,但神灵可以看见。同样地,当自家人日行一善时,神灵知晓之后,便会将其所积累的恩德回报到后辈身上。赵海锁一家经常行善,村民受到赵海锁的恩泽之后,便会记住这份恩情。当赵海锁一家遇难时,外人便会因这份恩情伸出援助之手,而非落井下石。正如老话所说:"老人积德,福泽子孙;老人缺德,一家遭殃"。此外,赵海锁一家还认为德行是靠平时积累,而非一次的善业即可。赵海锁一家祭拜列祖列宗或神灵时,都会祈求其保佑自家儿女及后辈人平安健康。若家里遇见好事或有人很有出息,赵海锁便认为是祖上乐善好施、行善积德的缘故。对于村中无良无德之人,赵海锁一家都敬而远之,一是担心自家人被其带坏,走上歪路、不务正业;二是害怕自家人与其时常来往,名声受损;三是担心自家同其来往,会吃亏。当家里小孩同这种人交往时,赵海锁便会急忙拦住,不让其前去。

三、家户观念

(一)珍惜时间

1.争分夺秒,辛劳耕作

赵海锁一家主要是通过观察太阳以及太阳投射在地上的影子长短来判断时间。此外,赵海锁一家人还可以根据树木开花来判断时节,如迎春花开放就欲示着春天的到来。季节变化对于农事活动影响重大,赵海锁一家虽然不懂二十四节气农事歌,但可以跟着别人的样子去做。当地老话为"庄稼活,不用学;人家咋着咱咋着"①。

赵海锁一家和村内其他农户一样有农忙和农闲之分。夏天农忙,大多集中在五六月份;冬天农闲,大多是腊月前后。农忙时节,赵海锁带领全家人去地里种麦、割麦,早上四五点便起床往地里赶,19点之后才收工回家。一家人辛勤地在地里耕种,无论多么炎热都不曾抱怨。因为农活十分消耗体力,又怕回家吃饭耽误时间,临近中午时,赵海锁便让妻子吴小花提前一个小时回家做饭,有时甚至让吴小花将饭菜送至地里。农闲时节,因为天气寒冷,一家人大多在家中做些其他事情,待天气回春时赵海锁会扛着锄头去地里锄草,家里其他成员则干一些力所能及的活来打发时间,比如打扫院子。

对于赵海锁一家而言,清明时节对农事生产影响较大。因为清明节气温度刚好回升且雨水较多,适宜种植庄稼。庄稼的收成是多方面因素综合的结果,客观因素主要有地势的高低、土壤的优劣、天气的好坏,主观因素则主要是指农户的勤劳程度、种地技巧等。就地势而言,赵海锁一家的土地全是地势较高的坡地,种植起来较为费力;就土壤的质量而言,赵海锁一家的土地全是肥力较差的白土地,所以需要时常上粪以增加肥力来保证产量;就天气而言,虽然雨水、气温等并非人力可以控制,但是赵海锁可以自主选择在雨水较多的季节耕种。为了让农作物长势好一点,赵海锁一般会在清明前后播种。下雨之后地里泥泞,赵海锁不惜脚踩泥巴耕种,十分辛苦。就勤劳程度而言,赵海锁一家认为耕作的时间越持久,地里农作物的长势也就越好,产量会增加。即使是寒冬腊月,赵海锁也时常去地里松土,天气回春时便下地锄草。正如老话所说"冬天铲去草,春来害虫少"。赵海锁一家的土地虽然土质较差,但由于进行农业生产是一家人生活的来源。所以一家人愿意花费大量时间前去耕种。家里人在耕地时,每天起早贪黑不辞辛劳,为了自家庄稼能有个好收成,会多犁几遍。因为村里有老话"地耕三遍,黄金不换"。就种地技巧而言,在农忙时期,赵海锁一家为了集中更多的人力在短时间之内快速将地里的麦子割完,以免错过最佳时期影响粮食收成,便会同四邻、亲戚等进行换工。每当割麦前几天,赵海锁便会去找四邻商量两家一起收割麦子,同时将需要进行割麦的那块土地位置、日期等一并告知。等到了约定时期,邻居便会带着镰刀到赵海锁地里帮忙割麦。

2.忙碌生活,闲暇娱乐

村里每户人家都喜欢过清闲松散的生活。然而赵海锁一家由于生活所迫只好偏向选择忙碌的生活,因为忙碌时便会觉得十分充实,不用担心自家明年无粮可吃、无衣可穿。赵海锁家里的男性将大多数时间花在农业耕作中,而女性主要是将时间花在制衣做饭、纺纱织布等家务活上。简而言之,赵海锁一家人的大多时间是花在生产生活的劳作上,只有部分时间用于休闲娱乐。

赵海锁一家人会对时间的流逝感到焦虑紧张,赵海锁为了更好地利用时间会对家里的生产生活做出短期安排和长期规划。如正月十五家家户户都要炸糖角以庆祝新年的结束,全家开始回归平日生活。赵海锁便会提前两三天去集市置办白糖以便妻子吴小花制作糖角。对于长期规划,赵海锁主要是对土地进行轮耕轮休以保证土壤肥力,从而保障自家粮食的收成。赵海锁身为一家之长,为了高效地完成生产生活劳作,时常会提前对家里其他成员的劳

---

① 方言"人家咋着咱咋着"即指人家怎么干,自己便也学着来做。

作进行安排,家内其他成员要按照赵海锁的安排积极劳作。家里其他成员完成赵海锁布置的任务之后会拥有自己的私人时间,赵海锁便不会干涉。一般情形之下,吴小花和赵小丙完成家长分配的任务之后便会去帮助其他成员劳作。家里的小孩因年龄幼小、不太懂事且无法长时间将注意力集中在一件事情之上。所以完成任务之后大多选择歇息或找伙伴玩耍。

赵海锁一家人在平日生活中大多12点左右吃午饭,19点左右吃晚饭。早上起床时,吴小花通常是最早起床的,大约6点便开始洗漱,因为需要早起来做一家人的早餐。半个小时以后,家内其他成员便接二连三地起床,而赵丙云等小孩大多是早饭快熟时才会被吴小花叫起床。一家人吃完晚饭之后,赵海锁大多会去四邻家中串门聊天;家中的小孩玩闹一会儿便早早地睡觉。吴小花则将全家人的饭碗洗干净,且将家中的其他事务都做好之后才能躺下休息。农忙时期,赵海锁一家人早上5点便起床,人人不吃早饭揣着点馒头便赶往地里。午饭吃得较晚大多是下午1点之后,一家人吃完午饭稍作休息便又忙着去地里耕种,晚上7~9点才收工回家。回到家后,吴小花和女儿忙于做饭,赵海锁便带着自家的两个儿子去麦场上忙着收拾。一个小时后,吴小花将饭菜做好;赵海锁也忙得差不多,就会带着自家的两个男孩回来吃饭。如果农忙时节赵海锁一家人白天劳累了一天,晚上吃完晚饭之后便不再去四邻家中串门聊天,而是早早地休息。赵海锁一家人吃饭和睡觉的时间较为随意,依据一家人劳作时间安排进行灵活调整。

重大节日的时候,赵海锁一家人大多选择享受节日的娱乐氛围,而不是去地里耕种。一方面是由于一家人长时期劳作之后需要借助一个节日来放松一下,另一方面是因为重大节日时多有一些习俗,赵海锁一家人为了图个吉利喜庆便选择参与其中。正月期间,赵海锁一家忙着去各个亲戚家串门联络感情,便不会再去地里耕种。平时生活中,若赵海锁同四邻约定时间共同前去集市或庙会时,赵海锁一家便会比约定的时间早十分钟左右到达并等候四邻的到来。赵海锁一家注重守时是因为这也算是一种诚信的表现。一方面是不愿自家迟到被外人说三道四,如"面子太大"等从而影响自家的声誉,另一方面是不想让他人因等待自家人耽误正事招惹来邻居的厌弃,从而不愿再同自家共事。

(二)看重空间

1.内部讲究风水

在1949年以前,赵海锁一家的房屋坐北朝南,坐北朝南一方面便于光照,另一方面在冬日可以挡北风。赵海锁一家之前共有两间窑洞,后又在侧边修建了三间小窑洞,其中最靠外的一间窑洞专门用来饲养牲口。院子中栽种了一棵洋槐树,大门在东南方位。家中后来修建三间窑洞时,赵海锁曾请风水先生参谋,看完风水之后需要向其支付一定的费用。

赵海锁一家人先前拥挤地居住在两间窑洞中,后来随着孩子们相继长大成人,赵海锁便将侧边的窑洞让自家孩子居住。客人来家中时,赵海锁便让其居住在北边的大间窑洞中。赵海锁一家因后来又修建了三间窑洞,所以居住时不曾拥挤,无论春夏秋冬都在家里居住。麦收时节时,赵海锁因为要去照看麦子,便睡在自家院落中。邻居赵铁钢因为家中窑洞塌陷无处可居,赵海锁夫妇鉴于赵铁钢是自家近邻且是同姓人家,便让其居住在自家的侧窑三年之久,不曾收取分文。

1949年以前,居住在赵家大院里的除了赵海锁一家,还有赵海锁的哥哥一家。由于已经分家,所以一方在进出另一方的家门时有相应的规矩。赵海锁的妻子以及嫂子因为是嫁进门的儿媳,为了避嫌所以二人只在自己的小家进出。若因有事需要找小叔子,便在门外喊叫,将其叫出房门说事。家内的小孩虽年龄幼小但也不能随意进入他人房间。但因为毕竟是小孩,所以偶尔误闯进去也不会发生矛盾冲突。

赵海锁一家的生产空间和生活空间的边界较为明晰。家里的牲口单独安排在侧边的第三间窑洞中,厕所也同样是单独建立一间在东南角方向。赵海锁一家的空间布局较为合理,住人的窑洞及窗户都是坐北朝南,一方面采光较为方便,另一方面也可在冬日避免冷风的直面刮来。牲口间同厕所临近,既便于清扫牲口的粪便,又避免家人居住的房屋受到牲口、厕所的异味熏染。三间小窑洞相邻而建,一方面由于共墙的搭建减少了人力劳力等消耗,另一方面三间窑洞相邻而建互有支撑,不会轻易塌陷。

2.边界清晰,爱好外出

赵海锁一家房屋的边界十分清晰,与四邻房屋之间以共墙为界线互不打扰。四邻进入赵海锁家中之前,一般都会边走边喊询问家中是否有人,若无人应答,四邻等便不再前行而返回自家家中;若有人应答便意味着赵海锁一家的许可,四邻等便可放心大胆地进入赵家。四邻、朋友等外人前来赵海锁家中并不总是出于赵家的邀请,大多是前来借用生产、生活用品或是单纯的串门聊天。所以多是自行决定前来赵海锁家中,但进门之前大多会简单地询问一句。赵海锁一家所在村庄的公共空间极为有限。水井可以共用,在使用水井时并无明确的规则,大多是按先来后到打水。村庄中的所有人家都要进行农业耕作,即使某些财主家中富裕曾经营其他副业或手工业以补贴家用,但也不曾放弃土地耕种。因此村庄中家家户户均有私有的晒场。

赵家后村隶属于三门峡市湖滨区,周边的县市主要是卢氏县。因卢氏距离赵家较近,赵海锁有时会去卢氏购买一些生活用品,比如冬天使用的煤块。1949年以前,赵海锁一家人去过最远的地方便是卢氏县,来回一趟大约需要两天之久。赵海锁认为经常出门可以增长见识,且出门打交道时会锻炼家人的交往能力,便经常带着孩子外出。此外,赵海锁一家对村里那些见多识广的人十分尊重,遇事时经常前去拜访让其帮忙解决。此外,赵海锁一家人无论男女老少都曾离开过村庄,赵海锁前去乡里庙宇祭拜便会领着一家人以示诚心。

赵海锁一家是村庄的老户人家,在村中央靠东的位置。赵海锁一家所在的赵家后村附近主要是山前村、泉脑村。赵家后村与泉脑村之间主要是以河流为界,而与山前村之间主要是以岔路口为界线。赵海锁一家距离最近的磁钟乡大约有4里的距离,位于磁钟乡的东边。赵海锁一家偶尔也会去会兴镇购置物资,两者之间距离约有15里,且赵家后村位于会兴镇的西边。赵海锁一家人经常去周边的乡镇,去磁钟乡一趟需要近2个小时,而去会兴镇来回一趟则需要4个多小时。

(三)力求美好生活

在1949年之前,对于赵海锁一家而言,一家人能吃饱穿暖、衣食不愁便是理想生活。然而要做到衣食不愁,对于自耕为生的赵海锁一家人而言,其前提是有归属自家名下的土地及耕牛。此外,家中妻子吴小花贤惠,孩子听话懂事,一家人其乐融融,用当地老话来形容便是"十亩地一头牛,老婆孩子热炕头"。

赵海锁家里的所有收成都是用于全家人消费,所以家中每个成员都有责任为家庭尽力,以使自家生活转好。赵海锁身为一家之长,需要站在整个家庭的高度来进行思考安排,以使一家人高效地完成生产。家长赵海锁不仅要安排、指导家人劳作，自己也要参与到耕作之中，通过辛勤耕种来保证粮食收成。吴小花主要责任便是照顾打理整个家庭，纺纱织布、洗衣做饭来保证一家人的基本生活需求。此外，吴小花还要照顾儿女将其抚养成人。赵小丙和赵丙云兄弟二人主要是跟着父亲赵海锁去地里耕种，或在家中做些重体力的劳务。赵银群等姐妹三人则主要是追随母亲吴小花学习手工劳务，平日生活中还要帮助母亲吴小花做些家务。家里的每一个成员都要做好自己份内的事情，一家人共同努力维持自家生产生活。家庭成员参与劳动大多是自觉自愿，因为家庭与个人之间是休戚与共的关系。在生产生活之中，赵海锁统一安排之后其他成员再进行劳作更有效率，因为每个人都有自己的优势劣势。赵海锁将家内的任务按其成员的特长来分配，既减轻了每个成员的负担，同时也避免了多人争做一件事情而产生矛盾纠纷。

身为家长的赵海锁，虽手握大权但并不意味着可以胡作非为。赵海锁肩上承担的是整个家庭的责任，无论做何种事情都要以全家人的利益为重。同时赵海锁的所作所为要对祖宗负责，一方面是要孝敬、赡养在世的父母，另一方面则是要祭拜已经去世的列祖列宗。赵海锁同妻子吴小花生育的子女，赵海锁身为人父也要对后代负责，一方面是要将其抚养长大成人，另一方面则要教授其做人做事的道理，让其有自力更生的本领。在赵家后村，家长无论如何都不得打骂父母，因为其是父母含辛茹苦养育成人。

赵海锁一家人的生活目标是让一家老小能吃饱穿暖、不受外人欺负，全家人和睦相处。为了实现这个共同的目标，赵海锁一家十分重视辛勤劳动、追求节俭、看重人情互相帮助、动乱中求稳、宽容待人。在劳动生产中，赵海锁一家每天起早贪黑，时常来不及吃早饭便往地里赶，不论天寒地冻还是炎炎烈日都不曾言苦言累。当地人常说"人勤饿不死"。对于好吃懒做的人，赵海锁一家十分瞧不起，平日生活中也很少与这种人打交道。在消费方面，赵海锁一家因耕地艰辛、粮食收成极为不易。所以平日生活中十分重视节衣缩食。赵丙云小时候吃饭经常剩饭，赵海锁夫妇看见之后便会严厉地批评，让其不再剩饭，同时将其剩饭留到下一顿让赵丙云食用。长此以往下来，赵丙云便根据自己的饭量来盛饭以免剩饭。对于不节俭的人，赵家后村将其称为"败家子"，赵海锁一家因家庭条件的限制很少同此类人交往。

为了更好地生活，赵海锁一家人在进行农业种植或办红白喜事时，都会提前盘算一下。以进行经济交换为例，赵海锁一家经常同熟人交换，熟人之间因情分的存在不会缺斤短两。然而对于那种不算计的人，村里人一般都讥讽为"信球"①"憨蛋"②。除此之外，赵海锁一家十分注重人情，讲究互相帮助，人情在当地称为"支门事"③和"你来我往"。赵海锁一家主要是同四邻、亲戚、朋友、家族成员等人建立人情。当自家农具坏掉急需使用时，便会去四邻家中借用。农忙时节，赵海锁和四邻便会搭伙一起割麦，一方面减少了自家请工的费用支出，另一方面增加劳力可以避免错过重要节气影响粮食收成。若家中小孩不懂与人为善，赵海锁夫妇便会批评其过于小气、自私，时常苦口婆心地教育子女："人人在世难免有不便之处。"在与人相处时，赵海锁一家经常忍让四邻，以免引起口舌之争从而破坏感情。当地曾有老话"忍一

---

① 信球：为人较傻。

② 憨蛋：为人不懂计算，较为愚蠢。

③ 支门事：四邻互相来往、互相帮助。

忍,风平浪静"。若家中小孩因为一些鸡毛蒜皮的小事同外人争吵打闹,赵海锁夫妇看见之后便会先斥责自家小孩不懂事,让其安宁一段时日。动荡的岁月中,村里经常有人因去当兵而客死他乡,或被保甲长等人折磨,赵海锁夫妇看见之后心惊胆战,便不再多想,只求一家人性命无忧。赵海锁夫妇注重求稳,一心想要"过安生日子",当村庄前来征兵抓丁时,赵海锁为了自家人的生命安全,时常躲避着保甲长等人,不愿与其碰面。

四、家户习俗

(一)节庆习俗概况

1.喜庆过年多活动

整个赵家后村的农户都十分重视春节,赵海锁一家也是如此。因为春节不仅意味崭新一年的到来,而且也包含着赵海锁一家对未来一年新的期冀。春节是从大年初一开始算起,但赵海锁一家在春节前七天即腊月二十三便开始为过新年而做准备。腊月二十三,赵海锁一家前去集市置办年货,每年的年货主要是两斤猪肉以及一些葱姜蒜、豆腐和其他蔬菜。腊月二十四,一家人便开始打扫房间除尘迎新,赵海锁和自家的两个男孩主要任务是擦拭门窗、房顶及家内的每个角落。吴小花则领着自家的三个女孩进行各种清洗,不仅要清洗家人的衣物而且也要清洗床单被罩等。大年三十早上,赵海锁便将自家的春联贴上。赵海锁一家过春节是以家庭为基本的单元,自家人一起过年,外人不会无缘无故来赵海锁家中过年,即使是已经分家的兄弟也不可随意来。

正月初一当天,赵海锁一家要祭祖。祭祖时赵海锁会同哥哥一同领着自家的男孩在院落外面烧纸,在屋内对着列祖列宗行叩拜大礼且要烧香、摆放贡品以显诚心诚意。祭祖时由赵海锁的父亲即辈分最高的人主持,祭祖时只有男性可以参与其中,女性不允许参与其中,无论是嫁进门的儿媳还是本姓的女孩。赵家祭祖之所以不让女性参与其中,原因是女性无法传宗接代。赵海锁一家祭祖用的是方桌,牌位、贡品等需要摆放至正月十五。过完正月十五,赵海锁作为家长便将桌上的牌位、贡品等一并收拾放置他处。

春节的时候,赵海锁一家要走亲戚。走亲戚的时候还需带着礼物,大多是吴小花在家蒸的枣糕馍。大年初一,赵海锁一家人要去父母家中拜年。大年初二,赵海锁要去妻子吴小花的娘家拜年走亲戚。大年初三,赵海锁便开始去至亲家中拜年。赵海锁作为一家之长必须走亲戚,且要带着家人一起拜年送祝福。若自家亲戚哪怕是远亲来自家拜年,赵海锁因为礼尚往来也需去亲戚家中拜年。

大年三十即除夕夜的年夜饭,赵海锁一家人都要回来,哪怕是外出的孩子也必须在年夜饭开始之前赶回家中。四邻、村民等外人则不能参与其中,哪怕是居住在一个院落里已经分家的兄弟也不可以来吃赵海锁一家的年夜饭。同样地,赵海锁一家也不会去外人家中吃年夜饭,因为年夜饭是"团圆饭"。

赵家后村为了庆祝新的一年的到来,会在村庄中举办集体娱乐性活动即"耍热闹"。村庄里的耍热闹主要是舞龙舞狮、踩高跷、敲锣打鼓等活动,通过锣鼓喧天来吸引众人参与其中,同时也是为了体现热闹喜庆的节日氛围。村里的家家户户都可以参与其中。赵海锁一家虽无人会进行表演但都会前去欣赏捧场,一方面是因为劳作一年之后需要借此良机放松娱乐,另一方面则是由于自家在过年时无需去地里耕作,在家中也闲着无事便来此消遣一下时光。

2.红白喜事多忌讳

赵海锁一家在娶妻时也有一些习俗,主要是依据村中惯例来进行。赵海锁娶妻时身穿深蓝礼服,胸前交叉别着一朵大红花,礼帽上也别着一朵红花。早上时分,赵海锁便骑着高骡大马和迎亲的人一同前往吴小花的家中,迎亲的人一路上敲锣打鼓,整个气氛显得十分喜庆热闹。路边的行人看见之后也会停留片刻关注迎亲,时不时还会交头接耳两句,询问这是哪家的孩子结婚。新娘吴小花则要头戴凤冠,身穿大红色长裙,坐在自家床上等待迎亲人的到来。新郎赵海锁到了吴小花家中之后,要同吴小花一起祭拜吴家的列祖列宗,祭拜完之后将迎亲时带来的一瓶酒当着吴小花亲人的面喝完,喝完酒之后便可安排宾客用餐。新娘吴小花在离家时,要被自家人抱着上轿子,双脚不能沾地。因为当地习俗认为新娘出嫁双脚沾地就会将娘家的财富一并带走。在新娘吴小花上轿下轿的时候,新婚夫妇二人的姑姑、姨姨不能前来送亲、迎亲。当地老话为"姨不能送,姑不能迎"。新娘吴小花下轿时,赵海锁家中的人要在前面撒五谷,因为村民认为天空之中有不洁净之物,通过撒五谷的方式可以让不洁净之物粘在五谷之上,从而不会侵入新娘吴小花的身体之中。赵海锁一家在举行婚礼的时候,赵海锁要宴请自家的亲戚、朋友、四邻及关系要好的村民等前来吃席。婚礼第二天,新媳妇吴小花不用去厨房做饭。新媳妇第二天便要回娘家,第三天便要从娘家赶回婆家。当地流行说法是"新婚三天路不空"①。此外结婚当天所走的路不能重复且要避过庙宇。

赵海锁家中老人去世,其流程也是完全按照村中惯例来进行。老人去世时,每个孩子要守在老人旁边直至老人咽气以显示孝心,泪流满面送老人离世。老人去世之后,孩子要为老人擦拭身体、穿戴寿衣,在穿戴寿衣时,赵海锁兄弟二人不可以哭泣。因为当地习俗认为,老人在去阎王殿报到时若被小鬼发现衣服脏乱便会受到鞭打。夜晚时,赵海锁兄弟二人还要守灵,切忌让动物临近老人棺材,以免惊到老人的鬼魂。下葬时,赵海锁兄弟二人必须在午时时分下葬老人。此外,赵海锁等人需手拿缠满白纸的树枝将其插在坟地之中。整个丧葬期间,孝子都要披麻戴孝,不能前去外人家中,以免将晦气带到外人家中。赵海锁兄弟二人一百天之内不能剃头,赵海锁一家三年之内过年时不能贴春联、放鞭炮、走亲戚。

(二)自家过年过节

赵海锁一家以家庭为基本单元过年过节,自家人不曾前去外人家中过年过节。同样地,外人也不会无缘无故前来赵家过年过节。即使住在一个大院中已经分家的兄弟,也不能在没有征得赵海锁一家同意就来赵家过年。已经嫁为人妇的吴小花在过年当天不能回娘家,只有等到正月初二才可以和自家一家人来娘家拜年。亲戚等不可以来赵家过年,但亲戚中若有人是孤零一人无家可归无处可去,便可以来赵海锁家中过年。

过年过节时,赵海锁一家人都要聚在一起吃团圆饭,若有人外出也必须想尽各种办法赶回家中,同家人吃团圆饭。赵海锁的哥哥虽然同赵家住在同一个院落,但两家已经分家。所以不能和赵家吃年夜饭。过年期间,赵海锁领着自家人走亲戚,中午便留在亲戚家中吃饭。亲戚来自家拜年时,赵海锁夫妇也要留其在自家吃饭。赵海锁特别要好的朋友在过年时也可前来赵海锁家中拜年,同样地,赵海锁夫妇也要招待其在自家吃饭。

---

① 新婚三天路不空:指新婚夫妇从结婚那一天起,连续三天要在路上奔波,来往于自家和亲家之间。

五、家户信仰

(一)家神信仰及祭祀

1949 年以前,赵海锁一家信仰家神,主要供奉财神、门神、灶神、关公及土地神。赵海锁将财神和关公供奉在自家桌子上,门神的画像则贴在自家的房门上,灶神的画像则贴在案板的上方,土地神则供奉在地面上。赵海锁一家在粘贴神像或供奉家神时,都要让神像远离污秽之物,以免玷污神灵。

赵海锁一家并非每一个人都可以祭拜家神,家里的老人、家长赵海锁、长子赵小丙以及幼子赵丙云可以祭拜家神;已经嫁进家门的吴小花不能拜神;未成家的赵银群等姐妹三人也不能拜神。由于女性不能祭拜家神。所以,赵海锁只教导赵小丙兄弟二人祭拜家神的规矩。

赵海锁一家在平时生活中不曾拜神,只有在过年时才将各个神像摆放出来以便进行祭拜,赵海锁作为一家之长主持祭拜仪式,赵丙云等兄弟二人则听从父亲赵海锁的安排。赵海锁一家在供奉家神之前,便将祭拜时需要使用的物品购置齐全。过年时,赵海锁一天要烧三次香,还要烧纸、放鞭炮、摆放贡品。赵海锁家中条件较为一般,所以摆放的贡品大多是瓜果、五谷之类,肉类贡品则摆放得较少。赵海锁一家拜神并无固定的时间,过年时候拜神十分隆重、仪式齐全。赵家拜神同村里其他农户一样,以自家为单位,互不打扰,在祈求家神保佑时也是为自家人祈福求平安。

赵海锁一家供奉家神,其主要原因是赵家认为神灵无所不晓、无所不能,希望通过供奉家神让其保佑自家人的生活;信奉财神,主要是因为相信财神能保佑自家财源滚滚;信奉关公,则是因为相信关公能给自家带来财富;信奉灶神,则是为了求其保佑全家人平安吉祥;信奉门神,则是希望门神能保佑家宅平安;信奉土地神,则是希冀土地神能保佑自家五谷丰登。赵海锁一家对于家神信奉的态度是"宁可信其有,不可信其无",希望自家虔诚拜神能被众神知晓,从而受到恩泽和厚待。

(二)祭祀祖先,不曾忘本

赵海锁一家对于祖先的认知主要是通过一代又一代人口口相传及祖坟石碑知晓的,正是祖先的代代繁衍和养育才有了赵海锁一家人。因此祖先对赵海锁一家而言意味着生命的本源。当地将祭拜祖先这一行为称为"不能忘本"。赵海锁一家的房屋、土地、桌椅板凳等生活用品以及农具牲口等生产用品均是继承而来的,正是祖先的辛勤耕作和生儿育女才使得赵海锁一家人丁兴旺。因为祖先在赵家人心中处于神圣地位。所以赵海锁一家时常祭拜祖先,不能中断对祖先的祭拜,否则便是对祖先的大不敬。

赵海锁一家没有祠堂,祭拜祖先是在自家屋内进行,桌子上摆放着祖先的牌位。赵海锁家中留有一块土地作为祖坟,占地 3 亩左右,是在村中。赵海锁一家会时常对祖坟进行清扫打理。在埋葬不同代际的人时,赵海锁等人要按辈分高低进行埋葬,祭拜时也需按祖先的辈分来进行祭拜。

赵海锁一家非常重视孝道,更是将对祖先的孝与对在世老人的孝结合在一起。赵海锁一家认为,若对在世老人都无法尽孝,那么对于祖先的祭拜将会更加难以做到诚心诚意。赵海锁一家重视孝道,一方面是由于父辈将自己含辛茹苦地喂养长大,另一方面是由于祖先劳作一辈将其全部家产留给自家,使得自家有了生存之本。平日生活中,赵海锁夫妇二人会去父母家中照看老人,帮其做些家务活或重体力活。对于赵海锁一家而言,家庭成员不服从长辈便是不孝,打骂老人或放弃赡养老人这等不孝行为不仅会招致家长赵海锁的批评斥责,更会惹得村民讥讽轻视。

赵海锁一家人祭拜祖先,一方面是祈求过世的祖先保佑家中活着的成员平安健康,另一方面则是为了表达对祖先的感恩情怀和怀念之情。赵海锁一家大多是在新年和清明时节祭拜祖先,祭拜祖先时要烧纸烧香、摆放贡品及行叩拜大礼。赵海锁在祭拜祖先时,通常会在口中念叨一些话,其主要是祈求祖先保佑夫妇二人平安健康,保佑赵小丙等孩子无病无灾、长大成人。赵海锁身为一家之长,在祭拜祖先中处于领导地位,摆放贡品、烧香烧纸等必须由赵海锁来做。家里的女性不可去祖坟,无论是嫁进来的媳妇吴小花还是未出嫁的赵银群姐妹三人都不可祭拜祖先。赵丙云兄弟二人虽年龄幼小,但仍需祭拜祖先,不懂祭拜礼仪便模仿赵海锁的举动。赵海锁待赵丙云兄弟二人长大懂事之后,便教授其祭拜的规矩和礼仪。

(三)关帝庙祭拜

1949 年以前,赵家后村只有一个关帝庙。赵海锁前去关帝庙祭拜,主要是为了祈求关公保佑自家平安健康、财源滚滚。关帝庙距离赵海锁家只有一里左右的路程,赵海锁时常带着自家人前去庙里祭拜。每逢过年,赵海锁一家便会到庙里祭拜关公,祈求其能保佑自家人平安幸福。赵家后村的关帝庙是村庄共有,人人均可前去祭拜,无需征得他人的同意,村民依据先来后到的顺序前去祭拜。

赵海锁一家人都可前来关帝庙祭拜关公,家里的小孩、未出嫁的闺女等均可前去。赵海锁作为一家之长,时常带着自家人前去祭拜关公。祭拜关公的前天晚上,赵海锁便将祭拜所需的花架、纸香、黄裱等准备齐全。赵海锁一家有时会同四邻一道前去祭拜关公,但大多数是自家人前去。因为关帝庙距离自家较近,赵海锁一家同四邻结伴而行时,因为都是走路前去,且祭拜所需物品都是自家备置,因此并未产生任何花费。赵海锁在祭祀时会特意命令自家孩子不许玩闹,让其照着大人的样子模仿着做动作。赵海锁一家祭拜关公以自家为单位,在祈求时也是为自家人祈福。

六、家户娱乐

(一)朋友之交

1949 年以前,赵海锁一家平时交往的大多是亲戚、四邻及几个熟知的村民,家内一些重要的事情不方便让外人知晓,便只能同亲戚商量。平时闲聊,大多去找四邻等人。当遇到一些烦闷之事需要排解,赵海锁会前去寻求朋友的安慰。赵海锁一家并非每个人都有自己的朋友,家内主要是赵海锁结交朋友,长子赵小丙也有个别朋友。身为妻子的吴小花虽然没有朋友,但却可以找四邻聊天解闷。赵丙云及赵银群几人则由于年龄幼小,不懂朋友之间的情谊。所以只是同伙伴一起玩闹。朋友必须同赵海锁一家有共同的话题和爱好,比如农业耕作,此外还需要在大是大非上有相同的观点,善良正直。赵海锁一家人的朋友主要是知根知底的本村村民,二人在一次次的聊天处事中逐渐发展成为朋友。吴小花身为女性,在对外交往时有些许限制,最好避免孤男寡女单独待在一个地方,以免引起外人恶意的猜忌,从而导致两家关系破裂。赵海锁一家在结交朋友时有一些不成文的规定,切忌自家人同品德败坏的人相交,家内所有成员都需遵守。赵海锁若发现家里孩子同品德败坏的人玩闹,便会急忙将自家孩子叫回家中阻止其往来,苦口婆心地教导孩子是非观念及为人处世的道理。

长子赵小丙在结交朋友时,无需征得家长赵海锁的同意,但事后需告知家人一声。若赵小丙所结交的朋友并非游手好闲、胡作非为之人,赵海锁便不会多加干预;若赵小丙结交的朋友在人品上有问题,无论其他方面有多么优秀,赵海锁也会及时阻止赵小丙同其交往。赵海锁的朋友前来家中,赵海锁便会安排妻子吴小花为其做饭。晚上,若二人聊天过晚,赵海锁便做主让朋友留在自家住宿。赵小丙的朋友前来家中吃饭,不用向赵海锁请求,便安排妻子吴小花为其做饭。晚上时,若赵小丙的朋友执意回家,赵海锁便让赵小丙将其送至安全地带。

赵海锁一家所结交的朋友大多和赵家一样也为农民,家中经济条件和赵家大致属于中等水平,其经济来源主要是进行农业耕作。赵海锁一家人在结交朋友时并无特殊的仪式,朋友较其他外人而言,和赵海锁一家交往的频率较高。二人之间交情甚深,遇到红白喜事时,不用特意通知便前来帮忙,送礼的金额与两家居住距离的远近并无关联,大多是依据两家关系的深浅进行衡量判定。赵海锁一家与朋友之间多以兄弟相称,年龄较大的那人便是兄长,而年龄较小的一方则是小弟。赵海锁与朋友之间无话不谈、关系甚密,出于对彼此的敬重也会称呼对方的父母为父母。朋友之间感情深厚,当赵海锁家中出现难事时,赵海锁的朋友便会同赵家一起想办法,为其提供资金或劳力等,从而帮助赵家解决问题。

(二)串门闲聊

赵海锁一家在平日生活中闲得无聊,便会去四邻家串门聊天,无论男女老少均可出去串门,但女性串门频率较低。赵海锁主要是同四邻家中的男性聊天,内容大多有关庄稼种植、村庄赋税、征兵抓丁及村庄治安等。吴小花则主要是同四邻家的女性聊天,内容大多是家长里短、儿女嫁娶及其村庄的趣事怪事。赵丙云等则是去找邻居家中的小孩玩闹。赵海锁一家人大多是在吃完饭后去他人家中串门,避免让邻居家做饭招待自己。因为四邻同赵家一般,收成粮食极为不易。农忙时,赵海锁一家人很少去四邻家中串门聊天,辛勤劳作一天之后身体、头脑等都较为疲惫,一家人吃完晚饭便早早地歇息。但若是有事需求四邻帮忙,赵海锁便会在吃完晚饭后去四邻家中闲聊两句,同时将自家问题解决。

四邻、朋友等外人也会时常来赵家串门聊天。同样地,四邻中的女性大多去找吴小花聊天,而男性则找赵海锁聊天,小孩则同赵丙云等孩子玩闹嬉笑。赵海锁一家对前来自家串门的四邻十分客气并欢迎其到来,秉持"上门即是客"的原则为其端茶送水。若四邻恰好在饭点来自家串门,赵海锁夫妇便会留四邻在家中吃饭。赵海锁一家前去串门,通常会留一个大人在家看门。若赵海锁一家人都去串门,最后出门的人便要将自家房门上锁。平日生活中,吴小花忙于家务。所以很少有空闲去他人家中串门聊天。

赵海锁一家在串门时会遵守当地的默认惯例,以免招惹四邻嫌弃或厌恶。过年过节时,赵海锁一家人去他人家中,不能披散头发。若家中有人光头,则出门时必须戴上帽子。赵海锁和妻子吴小花刚结婚时,二人不能去孕妇、寡妇家中。同样地,身为孕妇的吴小花也不能进新人家中。此外,吴小花在生完孩子的40天以内不能去他人家串门。赵海锁家中若有老人去世,赵海锁一家人作为孝子不能去四邻家串门,以免晦气。家内成员都要遵守当地的默认惯例不得违反,若家中小孩不懂规矩有所违反,赵海锁身为孩子的家长需代替自家孩子前去赔礼道歉,以解开邻居的心结。

(三)逛庙会看戏曲

1949年以前,赵家后村的面积较小,村中虽然有关帝庙,但不曾举办庙会,庙会多是在磁钟街举办。赵家多与四邻结伴前去庙会,一方面是因为人多热闹、喜庆,另一方面是由于大家一起在路上行走,还能通过闲聊促进两家关系。磁钟街的庙会一年只举办一次,一次持续三天之久。赵家到庙会的路程约有4里之远,走路大约需要1个小时。庙会的时候,磁钟街上的小摊小贩也较多,赵海锁一家既为了图个热闹喜庆,也为了在集市中买些生产生活用品,会积极前去。

赵海锁一家参加庙会,大多是为了祭拜神明、欣赏戏曲表演,此外还打算趁着热闹赶集。磁钟街的戏曲表演是"公演"①。赵海锁一家无需掏钱,便可免费欣赏戏曲。赵海锁家里的小孩爱好看戏,赵海锁便带着自家孩子去欣赏表演。家里人前去看戏只需同赵海锁打声招呼即可。因为家人一年看戏的机会极少,难得碰见公演。看完戏曲之后,赵海锁夫妇便会领着自家小孩去赶集,看见糖人等零食时也会为孩子买些回来。简而言之,赵海锁一家人会高高兴兴地逛庙会、看公演、赶集市。

(四)村庄耍热闹

每逢过年的时候,赵家后村就会在村里公开举行集体性的娱乐活动,名为"耍热闹"。保甲长等人会前来各家各户通知,村里的每户人家要平摊耍热闹时购置的锣鼓、衣物、工具等费用。赵海锁一家无人会舞龙舞狮、踩高跷、敲打锣鼓等,只能作为观众前去欣赏他人表演。赵海锁多会约上四邻一同前去,一方面是一行人前去可以在路上闲聊两句解闷,另一方面是由于前去的人较多,看热闹才有氛围和感觉。耍热闹从每年的正月初八开始,通常持续至正月十五。前七天主要是练习,而正月十五当天则是正式的表演。村庄耍热闹是在正月期间,赵海锁无需耕作,只需领着一家人前去观赏。一方面是想借此机会休闲娱乐一下,另一方面则是希望感受一下节日的欢愉。赵海锁有时候不想去,家中的小孩爱好热闹哭喊着要去,赵海锁无奈之下会让其跟着邻居家中的小孩一起去,出门时因担心孩子的安全,更是千叮咛万嘱咐。

---

① 公演:免费供村民欣赏的戏曲表演。

第五章　家户治理制度

1949 年以前这段时期赵海锁是家中辈分最高的男性,担任家长一职,管理自家内外的大小事务。家中的重大紧急事务由全家人共同商议,而有关个人的隐私则交由个人自行解决。家庭作为一家人心灵的港湾,时常为其成员提供庇佑和安慰。全家人在赵海锁的带领下平安度过灾年,平日生活中也注重行善积德。为了自家生活的有序进行,赵海锁家中形成了一系列的默认规矩。家中小孩干活细致、用力用心时,赵海锁夫妇便会对其进行奖励,用于激励其继续努力。家中小孩上学胡闹时,赵海锁对其进行严厉的批评。赵氏一族在村中虽为大族,但随着血缘关系的淡薄,其所组织的公共事务也只有清明上坟祭祖一项。对于村内的公共事务,赵海锁一家积极参与。然而对于征兵抓丁,赵海锁一家靠外甥的权力最终躲了过去。对于赋税的缴纳,赵海锁一家因家境贫穷,只能尽力缴纳,并时常拖延。

一、家长当家

(一)"掌柜"的选择

1949 年以前,赵家的家长是赵海锁。之所以由赵海锁担任家长一职,原因在于其是家中辈分最高、社会经验最为丰富的男性。整个赵家后村在确定家长一职时,都是以辈分高低作为首要因素进行考虑的,其次便是对能力、才华的考虑,赵海锁一家也是如此。

虽然赵海锁是同辈人中排行最低的,但当其娶妻自立门户之后,赵海锁便成为自家的家长。家长在当地称为"掌柜",赵海锁家中贫寒,并无条件雇管家。所以赵海锁家中具体管事的人和家长是同一人。家内成员对赵海锁是按其关系来称呼,外人则是按辈分和名字来称呼。赵海锁家中的其他成员对赵海锁十分信任,无论做何种决定还是采取何种行动都需要尊重家长赵海锁的意愿。因为家长的权威较大。不论是在日常的生产生活之中,还是天灾人祸,赵海锁都勇于承担责任,事事都以全家人的利益为重。家内其他成员目睹家长赵海锁的所作所为,便觉得十分满意。赵海锁娶妻之后,便自然成为一家的家长,无需借助某些象征性物品来表示。

(二)家长的权力与责任

1.祖先赋予权力

赵海锁身为家长,其权力是由祖先赋予的,家内的所有成员都承认赵海锁身为家长所具有的一切权力。赵海锁作为家长,可以管理整个家庭的事务,所管理的成员包含所有家庭成员。1949 年以前,赵海锁的两个儿子尚未娶妻,所以其能管到最远的成员便是自家孩子。当家内遇到重大事件时,如土地买卖、借钱借粮,赵海锁便会同家内成员协商,主要是同妻子吴小花和长子赵小丙商议。因为二人年龄较长,且有一定的生活经验。

2.家长负全责

赵海锁身为一家之长,需要管理全家内外的众多事务,凡是涉及对外交往的事务都由赵海锁处理。赵海锁不但要管理全家人的吃穿住行,以满足其基本生活需求,而且要努力保持收支平衡,维持一家人的正常消费。此外,赵海锁还需处理一家人之间的众多关系,按照家庭成员的特点为其安排劳作,尽量减免家庭内部产生矛盾。同时,赵海锁身为吴小花的丈夫,需要照顾吴小花的生活。此外,赵海锁作为家内小孩的父亲,需要教授其做人做事的道理。当小孩在外犯错时,赵海锁要代替小孩前去赔礼道歉,正如老话所说:"子不教,父之过"。最后,赵海锁还要处理家中的一些重大事件。灾年年景,赵海锁要代表全家前去借钱借粮,还贷也是由赵海锁负责。简而言之,赵海锁身为一家之长要承担全部责任,管理全家的生产生活。

3.家长各项权力

(1)财产管理权

赵海锁一家收入的主要来源是农业耕作,其财产是以当家人的名义全家共有。当家人赵海锁拥有管理全家财产的权力,能对家庭财产进行全权分配。每年麦收之后,赵海锁总是先留出部分粮食用于缴纳赋税,剩下的粮食则分配至每个成员用于吃喝。赵海锁一家的贵重物品由家长赵海锁掌管,地契和现金等贵重物品放在箱子中存放并落锁,钥匙只有一把且由赵海锁掌管。家里的衣物等不重要的物品则放在自家的箱子中,交由内当家吴小花掌管。金钱等贵重物品必须交当家人赵海锁掌管。只有在长期出门时,赵海锁才会将金钱等交由妻子吴小花看管,以防家里急需用钱却因没有钥匙而耽误事情。

妻子吴小花进家门之后,所带来的嫁妆归自己所有,其支配权掌握在吴小花本人手里。但是若要对嫁妆进行处置,吴小花需提前告知赵海锁一声。嫁妆也属于家内财产的一部分,所以可以继承,主要由赵小丙和赵丙云兄弟二人继承。在土地买卖过程中,家长赵海锁需同全家人商议。因为土地牵涉家内每一个人的利益。虽然说是全家商议,但最终还是由赵海锁做决定。家里的粮食统一供全家人食用,吴小花作为内当家安排全家每天的饭菜。家里粮食全部放在赵海锁夫妇居住的窑洞,家内成员不得私自买卖粮食。若被赵海锁夫妇知晓后必是一顿严厉的斥责。因为粮食来之不易,只能勉强维持本家人消费。

(2)制衣分配权

赵海锁一家人的衣服均是由内当家吴小花通过纺纱织布来缝制。每年换季时尤其是临近冬日,吴小花便会将自家所收的棉花用于缝制棉衣。因为赵海锁家中的两个男孩尚未娶妻。所以棉花统一由吴小花分配。家里小孩的身体较弱。所以,吴小花每次都是先给小孩缝制棉衣,其次才轮到吴小花夫妇。吴小花每次缝制新衣时,并非要给全家所有成员均缝制一套,而是根据实际情况进行灵活调整。若是全家平分棉花,其结果难尽如人意。一方面是棉花较少,难以为全家人缝制新衣;另一方面会造成棉花的不合理利用,因为赵丙云兄弟二人比较淘气,衣服经常磨损,若是平均分配,那么这二人则要穿破破烂烂的旧衣服,经常挨冻。

(3)劳动分配权

赵海锁一家在劳动时,男女分工、各司其职,其他成员都要听从家长赵海锁的安排和吩咐。赵海锁会依据每个人所擅长的领域进行安排,一方面可以人尽其才、提高劳作效率,另一方面则可以避免重活、难活无人去做的尴尬场景。赵小丙和赵丙云兄弟二人因是男孩力气较大且年龄较长。所以主要跟着赵海锁去地里耕作。赵银群姐妹三人则跟着吴小花学习纺纱织布、洗衣做饭,其中赵银群在三个女孩中年龄最大。所以有时还需帮助吴小花照顾其他两个幼儿。

赵海锁家中的女性大多在家做各种家务活,但在农忙时会去地里耕种。赵海锁夫妇二人负责割麦;赵丙云兄弟二人则负责将麦子聚拢成堆,方便其往家运输;吴小花将赵银群姐妹三人也带到地里,并不是为了让其劳作,而是为了方便照看三人,因三人年龄幼小,容易在没有父母的看管下发生各种意外。赵海锁一家的小孩在7岁时就参加生产劳动,12岁便正式成为家庭中的劳动力。年龄幼小的孩子无需做一些农活,一方面是由于年龄幼小不懂种植庄稼,而且容易将庄稼当成杂草毁掉;另一方面是由于小孩力气较小,没干多久农活便会哭闹。

(4)婚丧嫁娶管理权

赵海锁娶妻是由其哥哥一手安排的,经过媒人牵线搭桥,最终同吴小花结为连理。赵海锁家中条件实属一般,娶妻对于赵海锁一家而言是一笔重大支出。即使平日生活中,赵海锁的哥哥对弟媳吴小花的所作所为有些许不满,却也不曾让弟弟赵海锁休妻再娶。赵海锁的父母去世时,赵海锁尚未成家立业。所以丧葬一事由赵海锁与其哥哥共同处理。每年过年和清明时,赵海锁身为一家之长负责主持祭祀仪式,不仅负责烧纸烧香、摆放贡品,而且负责教授家中男孩学习祭祀的相关规矩。

(5)对外交往权

在对外关系中,赵海锁作为家长,可以代表整个家庭进行相关事情的协商处理,此外也可以全家的名义向外人借债。灾年年景时,赵海锁一家无粮可吃,赵海锁迫不得已前去找熟知的中人,让其帮忙从财主家中借粮食。来年收秋,赵海锁基于自家的声誉考虑,不等财主上门催债,便背着粮食送至其家中。村庄因修路等召开会议时,赵海锁作为赵家的家长需前去开会并听取相关内容。征收赋税时,保甲长也是找家长赵海锁索取粮食。若是赵海锁有事外出不在家中,保甲长等人便会将消息告诉吴小花,让其转达给家长赵海锁。几日之后,保甲长再次上门征收赋税。

4.家长权力限制

家长赵海锁虽手握大权,但并不意味着其可以胡作非为。赵海锁做事要以整个家庭利益为重,不可为了个人的私欲而牺牲全家人的利益。赵家后村的所有家长都不可打骂老人,同时也不可沉迷于赌博或吸大烟中将自家败坏。赵海锁作为家长也不可如此。家庭成员对于赵海锁所做任何的决定有异议时,都可以当着赵海锁的面直接提出。若是建议合理,赵海锁思索之后便会采纳。若赵海锁仍坚持己见,那么家内成员则必须按照赵海锁的安排做事。赵海锁对自家两个男孩较为偏爱,上学时也只让赵丙云兄弟二人前去读书,其他三个女孩看见之后也并无不满。因为当时整个赵家后村都是男子上学。若赵海锁犯懒,疏于对庄稼的管理,村内辈分较高的老人看见之后,便会轻轻斥责其两句,让其辛勤耕作。

二、家户决策

(一)家长决策大小事务

1949年以前,赵海锁身为家长,有权掌管自家内外的大小事务,自家内部事务如吃饭、穿衣等,则交由内当家吴小花掌管安排。但赵海锁对此有更好的安排时,吴小花也要服从赵海锁的安排。外部事物则交由外当家赵海锁处理决定。当家长赵海锁因有事外出不在家中,家里的事情则交由内当家吴小花安排决定。若家中正好缺盐,恰巧门外有商贩在喊卖,吴小花便可自行决定购置几斤食盐。家内其他成员拥有提出建议的权利,若觉得赵海锁的决策有失偏颇,可以当面提出自己的想法,但不能二话不说就反对抵抗。家内事情大多是由家长赵海锁自行决定,赵海锁未和家人商量而单独一人做出最终决策,其他成员也必须服从赵海锁的安排。赵海锁在地里耕种一天,晚上回来比较疲惫,偶尔要去四邻家中借用农具,这时赵海锁便直接让长子赵小丙前去借,赵小丙直接服从,无需询问缘由。

(二)公事协商,私事自我解决

赵海锁一家在决策方面比较灵活,当家中遇到重大事情或红白喜事时,家长赵海锁需在与全家人商议后做出最终决定,其商量的形式较为简单随意,一般是全家人坐在一起简单说两句。灾年年景需借钱粮时,赵海锁会同全家人商议前去哪家借较为方便、借钱粮的适宜金额、借款时长以及中人的人选等一系列问题。赵海锁前去借贷钱粮,需要征询妻子吴小花的意见。其根本原因在于赵家后村借贷粮食的利息极高,为"借一斗还两斗半"。此外,吴小花是内当家,对于一家人每月食用的粮食数额有一个清晰的认知。

赵海锁一家除了家内的重大事件与公事之外,其他私事则交由个人决定处理,如赵丙云等兄弟几人前去玩耍的场地、玩闹的具体方式等,无需询问家长赵海锁的意见,赵丙云几人可以自行决定。若家长赵海锁对家内各个成员的私事负责,其所肩负的责任无疑变得重大繁杂,在处理各种事情时难免力不从心。为了家人便捷地生活,各个成员可以自行决定自我的私事。

三、家户保护

(一)社会庇护

赵海锁家中若有成员在生产生活上与别人家发生矛盾纠纷,赵海锁作为一家之长要出面调解。家内其他成员遇到困难或危难时,第一个想法便是寻求家人的帮助。赵丙云小时候比较淘气,在自家地里劳作半天之后,便耐不住性子开始乱跑,看见邻家的地里栽了一棵柿子树,便直接爬到树上摘柿子吃,四邻目睹这一切后便心有不满。赵海锁看见赵丙云的嘴角上有吃东西的痕迹,便会询问两句,知道事情的来龙去脉之后,急忙放下手中的农具,牵着赵丙云往四邻的地里走去,向其解释缘由并请求谅解。之后赵海锁从自家拿些可以食用的物品送至四邻家中,以示赔礼道歉。

对于赵海锁一家而言,家内任何一个成员在外受到欺负,一家人便感同身受,从而同心同德、立志讨回公道。小孩之间玩闹没有轻重。一次邻居家的小孩在同赵丙云吵闹时,随手拿起地上的石头就朝着赵丙云的脑袋砸去。赵丙云因年龄幼小且身体不是很灵活,所以被砸中了脑袋,脑袋的右上角被砸破,赵小丙因为头痛便在门外大声哭喊。吴小花听见赵丙云的哭声,便连忙出门,看见孩子脑袋流血不止,急忙弄点烧煤的灰烬撒在伤口处,并用布条缠好。吴小花将赵丙云的脑袋包扎好之后,便带着赵丙云去四邻家中。四邻一看赵丙云的脑袋便知道事情的严重程度,询问自家孩子事情的经过,并向吴小花赔礼道歉。邻居家小孩伤到赵丙云,吴小花不能出面训斥邻家小孩,只能由孩子父母来教导,否则便是对其父母的轻视。同样地,赵海锁家中小孩犯错时,四邻等人不可对其进行惩罚,只能交由赵海锁夫妇惩戒。

赵海锁一家十分赞同"家丑不可外扬"的观点。因为赵家后村面积较小,消息十分畅通,同时村中的部分妇女爱好议论各家各户的是非对错,不出半天时间便会将消息传得沸沸扬扬,使得各家各户都知晓。正所谓"好事不出门,坏事传千里"。赵海锁一家不喜欢自家被外人当成饭后的消遣,一方面自家的隐私容易被外人知晓,另一方面自家的面子和名声也会受到影响。对于赵海锁一家而言,面子和声望在某种程度上会影响自家对外交往的顺利程度。

(二)心连心,共扶持

赵海锁家中成员在外面受了委屈或被人欺负,便会回家找赵海锁夫妇诉说,赵海锁夫妇听见孩子的哭诉,便连忙进行安慰,家庭成员便会觉得温暖,找到了精神支柱。赵丙云小时候同玩伴玩闹时难免会你推我搡,在争闹中发生纠纷,赵丙云便会哭着找吴小花来帮助自己。吴小花听到赵丙云的哭泣,便连忙安慰,同时为了保护自家孩子不再受伤,做主让赵丙云躲在家中。

赵海锁哥哥的第一任妻子尚未生育便因病去世,后来又因家中贫穷娶了个寡妇进门,然而寡妇却不能生儿育女,因此没有后人。赵海锁在得知哥哥希望后继有人的想法时,便答应将家中幼子赵丙云过继给哥哥。赵海锁哥哥去世时,赵丙云作为过继来的儿子为其扛幡。赵海锁的哥哥在平日生活中也会帮赵海锁一家进行农业耕作等,两家人互相扶持,志在将日子过得美满幸福。

(三)旱灾借粮

赵海锁一家位于丘陵地区且田地远离水源,所遭受的天灾主要是旱灾。1942年,整个河南境内遭遇旱灾,赵海锁一家的土地全是旱地且距离河流较远,庄稼因缺水难以长大,收成极差。赵海锁家中人口较多,收下的粮食缴纳完赋税之后,便难以维持一家人的正常生活,赵海锁一家只能同村庄内其他农户一样去挖麦苗、树根或摘柳叶、椿树叶食用。没过多久,村庄里的树叶也被摘完,村中大多人家为了求生,便只能外出逃荒。赵海锁一家因小孩年龄幼小,便不再打算外出逃荒。赵海锁为了自家妻儿的生命安全,便去财主家中借了一百多斤粮食,一家人省吃俭用、节衣缩食,勉强度过了最为艰难的两个月。赵海锁一家每年的粮食收成只能勉强维持一家人的吃喝消费,根本无多余粮食以应对灾荒。在灾荒期间,一家人都听从家长赵海锁的安排,团结起来共同抵抗旱灾。村庄里的人在天旱时便会集中起来商量祈雨一事,一行人都从自家拿上纸钱、香以及祭拜时所用的花架,敲锣打鼓地前往关帝庙祈雨。整个灾荒期间,吴小花做饭时总是先给孩子盛点粘稠的饭菜以增强体力,而自己和丈夫赵海锁则随便将菜叶等调了一下食用。

(四)打更防匪盗

1949年以前,赵家后村并无土匪、强盗,不过偶尔会有一些小偷。因为村里的大多数人家都是村庄的老户,彼此间知根知底,所以无人愿做强盗。村庄内之所以有小偷存在,是因为其家中贫穷,没有足够的钱粮维持生计。同时,他们的亲戚等无人愿意对其进行借贷,那么这些人只能通过偷窃来增加自家外财。赵海锁家中条件较为贫寒,所以小偷从未来赵家偷窃。一般情形之下,小偷是去中户人家偷窃粮食、衣服,却很少偷盗牲口。其原因在于牲口太大不便于携带,而且容易发出声响,从而惊扰到主人一家。

村庄为了维护村子的安全及保证村民的财产免受损失,便组织村民轮流打更。赵小丙身强体壮,便积极参与到打更中。夜晚赵小丙便同村中其他几人一起打更,一人正大光明地围着村庄内每户人家行走,通过敲锣以提醒村民。而其他几人则分散躲在村庄的各个角落之中,一旦打更的人发现危险,便连续多次敲响手中的锣,以使村民能争取时间储藏自家的贵重物品;其他打更的青壮年听到锣响,便纷纷从四面八方跑来,帮助解决问题。

四、家规家法

(一)默认家规

赵海锁家中有一些默认的家规,主要是通过长辈代代相传下来的,其内容大多和村庄惯例相一致。家规对家庭所有成员都有约束力,全部成员都要自觉地遵守,不得违背,若违背规矩,必定会受到家长的严厉斥责。

1.做饭:吃饭规矩

赵海锁一家平时的饭菜均由内当家吴小花来做,择菜、洗菜、切菜、做饭等一系列步骤均由吴小花一人完成,而长女赵银群会时常帮助做一些简单的活。家里每顿所吃的饭菜也是由内当家吴小花决定,家人若某顿有特想吃的饭菜,可以向内当家提出。一般情形之下,外当家赵海锁有了特定的提议之后,内当家吴小花会按照其意愿做,其他成员若向内当家提出要求,吴小花则根据实际情况决定是否采纳。做饭所需的蔬菜等则由外当家赵海锁购买,当家中缺少某种蔬菜或即将吃完时,吴小花便会提醒赵海锁去集市购买。因为吴小花经常做饭,能最先知晓蔬菜、肉蛋等物品所剩的数量。赵海锁大多是按照内当家吴小花的要求买菜,有时也会按自己的想法买。买蔬菜、肉蛋等的费用是由整个家庭承担,不用记账。

赵海锁一家吃饭的时候,通常只有赵海锁一人在桌子上吃,吴小花则大多搬个小凳子坐在炉灶旁边吃,小孩一般在院子里吃。全家人必须把饭菜吃完,赵海锁夫妇辛劳耕作,懂得种植庄稼的不易。所以在日常生活中总是教导孩子不能剩饭,若剩饭,赵海锁看见之后,要么是严厉地批评让其吃完,要么就是把剩饭留着,让其下顿继续吃。赵海锁一家吃的是大锅饭,每个成员吃的都是同样的饭菜。老人、病人、孕妇等因为身体虚弱需要补充营养。所以吃的饭菜较他人而言好一些。每天早上,吴小花会特意在早饭中放两个鸡蛋让其食用,其特权有一定的期限,待身体恢复时,这种特权便会消失。在农忙时,赵海锁一家人的劳作较为辛苦,吴小花做饭时会比农闲时紧张一些。而且,吴小花会比家内其他成员早回家1个小时做饭。这样,待吴小花将饭菜做好时,赵海锁便领着自家孩子从地里赶回来,既不耽误吃饭,也能多劳作一段时间,可谓一举两得。农忙时,赵海锁会请四邻来家中帮忙,吴小花不用为四邻准备饭菜,因为四邻是村中人,回家较为方便。

吃饭的时候,吴小花先给赵海锁盛饭,然后给每个孩子盛饭,最后才轮到自己。待孩子长大之后,吴小花便只管给家长赵海锁和自己盛饭,其他孩子则根据自己的饭量盛饭。平时一家人吃饭,家长赵海锁先动筷子。若一道饭菜,家长赵海锁还未品尝,家内小孩则不能先吃这道饭菜,同时也不能挑肥拣瘦。吃饭时,一家人不能说话,当地称之为"食不言"。小孩吃饭更不能吧唧嘴,否则赵海锁听见之后,便会训斥"好好吃饭,不许吧唧嘴,否则打嘴"。吃完饭后,碗筷统一由吴小花洗,无论农忙农闲还是平时过节。

2.座位规矩

赵海锁的父母还健在时,家里的两把太平椅则是他们坐,家里的晚辈不能坐。左边的位置为上座,所以男左女右。赵海锁的父母去世之后,赵海锁便成为家中辈分最高的人,可以坐太平椅。家里来客人时,客人可以坐到椅子上,因为客人对家里其他成员而言较为尊贵。

宴请餐桌座位有主次之分,以客为尊,举其上座。当自家举办红白喜事或办满月酒席时,赵海锁作为一家之长,要前去邀请本家亲戚、朋友、四邻。因为赵海锁一家在村中声望一般。所以保甲长等人、乡贤绅士一般不会前来赵家坐席。自家亲戚坐在一桌时,奶奶的娘家则排在上座,其次便是母亲的娘家。其他外人坐在一桌时,其座位是按其辈分高低来排的。赵海锁一家在办宴席时,通常会请村中常来招呼宴席的人作为"总理",由其安排座位。

赵海锁家中后来又盖了3间小窑洞,在盖窑洞时,赵海锁作为一家之长去请匠人帮忙。当窑洞完全盖好之后,赵海锁便让妻子吴小花做一桌宴席即"十碗席",以答谢匠人。匠人要坐在上座,而其他前来帮忙的四邻等坐在下座,赵海锁一家人则不能上座吃席。

3.请示规矩

(1)生产请示

1949年以前,赵海锁作为家中的顶梁柱,经常在地里耕作,以维持一家人的正常生活。赵海锁一方面具备种植庄稼的相关知识和本领,另一方面时常在地里耕作,其经验丰富。所以土地的经营管理全由赵海锁一人决定。赵海锁为了更好地安排时间和利用土地,通常会对耕种土地做一个大致的计划,每过两三年便会进行轮耕轮休,以维持土壤肥力。在不同的农业生产环节中,赵海锁根据家人的体力进行分工安排,无论哪个环节,作为家长的赵海锁都会参与。长子赵小丙力气较大,主要负责犁地。当收割麦子时,为了以防错过时节,赵海锁会提前到四邻家中商量,以便同四邻换工;妻子吴小花等人也会下地耕种;长子赵小丙和幼子赵丙云负责将割好的麦子聚拢成堆。当家中农具损坏无法使用时,赵海锁便会到四邻家中借;若自己疲惫不愿动弹,便指挥长子赵小丙去借。

(2)生活请示

赵海锁一家每餐所吃饭菜均由内当家吴小花决定,家内成员若某顿有特别想吃的饭菜,便需同内当家吴小花请示商量。家里每年的衣服制作也由内当家吴小花决定,吴小花不仅可以决定何时制作新衣,而且也可以决定给何人制作。赵丙云等兄弟二人若因淘气将衣服损坏,吴小花会进行缝补。因购买生活必需品等物资牵涉到对外交往,一切由家长赵海锁做主决定;家内其他成员若去集市购买,需提前征得赵海锁的同意。赵丙云兄弟二人上学都是由赵海锁送至学校。此外,赵海锁还要承担两个孩子上学的相关费用。

(3)外界交往请示

1949年以前,赵海锁一家的小孩比较爱好热闹,喜欢往人堆里钻。每年正月期间,磁钟乡举办庙会,赵丙云等几人便吵闹着要去观赏戏曲,同时还盼着家长给自己买点零食。一般家中无事时,赵海锁都会带着一家人前去赶集,同时也去庙宇烧香,以求神灵保佑。若赵海锁因有事或不愿外出时,而赵丙云等人迫不及待想去集市,就必须征得家长赵海锁的同意。过年走亲戚时,赵海锁带领全家去各个亲戚家中拜年。灾年年景,赵海锁为了一家人的生命安全,便以全家名义借贷;家内其他成员在未征得家长赵海锁的同意之前,不得以个人名义私自借贷。

（4）请示形式

赵海锁一家的请示形式较为简单随意,若所面临的事情关乎全家人的利益,赵海锁便会让一家人坐在一起商议。妻子吴小花和长子赵小丙因社会经验丰富,大多会提出一些建设性的意见。若所面临的是日常生活中经常出现的一些事情,家内其他成员大多是口头请示汇报。家内其他成员虽拥有提出建议的权利,但赵海锁在思索之余仍坚持己见,那么其他成员即使内心不情愿,也不得违抗或私自变通。

4.请客规矩

（1）生产中请客类型

在借用四邻的生产农具时,赵海锁无需请客,因为四邻之间互相借用农具十分平常。赵海锁家中修建窑洞、上梁封顶完成之后,需做十碗席请客。一方面是为了表达对匠人及帮工的感谢之情,另一方面是为了保家宅平安。自家窑洞修建完工的前一天,赵海锁便会去集市购买待客所用的肉蛋、蔬菜。窑洞完工后,赵海锁便让吴小花做一桌十碗席来宴请匠人。在吃席时,匠人坐在上座,自家人则不能上桌吃席。

（2）生活中请客类型

在孩子满月时,赵海锁要宴请他人来自家吃席,以庆祝孩子的顺利降生。赵海锁作为一家之长,前去宴请自家亲戚、朋友、四邻及其他较为熟悉的村民。此外,赵海锁还需特意邀请接生婆前来坐席,以表达谢意。赵海锁夫妇二人并不识字,无法下帖宴请。因此会直接到众人家中口头告知。孩子上学时,赵海锁也不用宴请教书先生,不过在开学时要让孩子对教书先生行叩拜大礼。

（3）宴请规矩

赵海锁家同一次宴席宴请不同的群体,其饭菜的数量与质量并无差别,但座位却有主桌和次桌之分。主桌的饭菜和次桌的饭菜是同一种饭菜,不过上菜时会先上主桌的饭菜,然后才上其他桌子的饭菜。赵海锁一家在宴请众人时,按村中惯例做"十大碗",专门用来待客。若宴请匠人坐席,赵海锁让妻子吴小花来做十碗席,以表达感谢之情。宴请在自家房屋办即可,厨具等也用的是自家平时吃饭的碗筷。若是办大型宴请即红白喜事时,赵海锁一家则需请专业厨师前来掌勺,厨具等则需向专门负责待客的人租借,宴请则在自家院落办,有时也会借用四邻的院落摆放桌子。赵海锁一家在办宴请时,无论是购买饭菜还是租借厨具,所需的花费全由自家承担。宴请中为了渲染气氛和表达情感,大多需要借酒助兴。饮酒之前,一桌的人需要碰一杯,其他时候喝酒则较为随意,总管在招待客人吃席之前会说一段祝酒辞。

（4）陪客规矩

赵海锁一家办小型宴请时,赵海锁作为一家之长前来安排客人座次,客人坐在上座,自家人大多不上桌吃席。若赵海锁一家办大型宴请,赵海锁会请村内专门负责招待客人的人作为"总管",让其负责此次宴席各方面事务,包括安排客人落座,主客一般坐在上桌即正对客的方向。赵海锁一家在办宴请时,要找村中辈分较高、能说会道、酒量较好的人作为陪客。陪客大多是一名男性人员。主人与陪客无需给客人夹菜倒酒、端茶送水,但是在开席之前需当着所有客人的面敬酒,让其吃好喝好。赵海锁一家比较在意自家的面子。所以在宴请中十分重视陪客,若宴席之间不曾发生任何矛盾,且所有的客人都高高兴兴地离去,这在赵海锁一家人的眼里便算作"陪好客了"。

（5）开席与散席

1949 年以前,赵海锁一家在办宴请时,主客一桌即赵海锁一家的"老娘舅"①开始动筷子,才算作开席。赵家后村在上菜时是先上凉菜,后上热菜,最后上汤,当所有的凉菜上齐之后便开始发馒头,每个客人手中都有馒头时便可以开席吃饭。开席之前,赵海锁作为主人需要委托总管发言致辞,祝大家吃好喝好。开席动筷之前,大家要共同饮酒,第一杯酒饮完之后,再喝酒便十分随意。主客吃好放下碗筷便意味着散席,同桌其他人此时也要放下筷子。

（6）贵客

1949 年以前,赵家后村有"贵客"的说法,赵海锁一家在办宴请时,其"老娘舅"便是贵客,贵客一桌需家长赵海锁陪客。在宴请宾客时,赵海锁一家因家境贫寒不曾与财主、保甲长等人交好。所以无需特意去请。招待贵客的饭菜和其他客人的饭菜一样,但贵客一桌的饭菜会比其他的饭菜先端上桌。

5.洗衣做衣规矩

赵海锁的衣服由妻子吴小花缝制。赵小丙兄弟二人尚未成婚,所以他们的衣服也由吴小花缝制。未出嫁的三个闺女因年龄幼小,尚未学会手工针线活,所以其衣物也是由吴小花缝制。简而言之,赵海锁一家人的衣物均由内当家吴小花缝制,家里的衣服也是由吴小花洗。吴小花因自家住在下洼井边,所以衣服的洗涤等都是在自家进行。赵海锁因时常在地里耕作,其衣服沾土较多,而赵丙云兄弟二人则喜欢在地上玩闹,所以一家人的衣服较脏。为了将衣服洗干净,吴小花大多用皂角在衣服上均匀涂抹一遍,之后再用棒槌使劲敲打,以便泥土脱离衣服,最后则用清水将衣物洗涤干净。吴小花在洗衣服的时候用的是自家的洗脸盆,洗衣服的水大多泼在自家院前的一块庄稼地上。洗完衣服之后,吴小花将其统一晾在自家院落里,衣服晾干之后,再由吴小花统一收回。若吴小花在洗衣服时不小心将衣服洗破,待衣服晾干之后,吴小花需仔细用针线缝补。

（二）言传身教,全家遵守

赵海锁一家的默认家规源于祖辈口口相传,家中孩子对于默认家规的习得大多是通过赵海锁夫妇在平日生活中的言传身教来。赵丙云等人在潜移默化中受到影响,日积月累便对自家默认的家规形成清晰的认知。赵丙云等人的叔叔伯伯、姑姑婶婶等很少会对其进行教导,只有恰巧碰见赵丙云等人犯错时,才会以长辈的身份训斥几句。

家内所有成员都必须遵守默认的家规。家规,一方面使得自家人懂得人情世故,减少犯错的概率;另一方面也便于自家生产生活的正常进行。赵海锁夫妇在孩子小时候,便依家规对其进行教导,以防孩子犯错。赵海锁虽为家长,其权力较大,但仍需遵守默认家规,按其规矩办事。若家长赵海锁违反其规定,妻子吴小花便会急忙提醒,以免再次犯错。家内其他成员在日常生活中也需依照家规办事,若赵海锁在家中宴请匠人吃席,赵丙云有时因嘴馋哭闹要上桌吃席,赵海锁便会急忙呵斥赵丙云,将其送至门外玩耍。同时还需为自家孩子不懂事而向匠人等道歉。

---

① 老娘舅:父亲那方的舅家。

(三)为图吉利多禁忌

1.生产禁忌

赵家后村的大多村民都是以农业为生,赵海锁一家也是如此。在农业种植方面形成了一系列的规矩,主要是对粮食作物的种植总结出了一些经验,即谚语。如"清明早,小满迟,谷雨种棉正当时",赵海锁一家便会在谷雨节气前后种植棉花。"清明前后,种瓜点豆",赵海锁一家趁着清明节气雨水较多时开始插秧播种。"白露早,寒露迟,秋分种麦正当时",赵海锁一家在秋分时节便着手准备种植麦子。"头伏萝卜二伏芥,三伏里头种白菜",赵海锁同村庄其他农户一样,在不同的伏天种植不同的庄稼,头伏种萝卜,二伏种芥菜,而三伏天则要种植白菜。"早种三分收,晚种三分丢",赵海锁通过这句话了解到种秋的早晚会对收秋产生重大影响。所以在种秋时,一家人便早早地忙碌起来。"冬天铲去草,春来害虫少",赵海锁待天气回暖,便下田锄草。"地耕三遍,黄金不换",赵海锁一家在犁地时经常到了晚饭点还舍不得回家,打算再将田地从头至尾多犁两遍以松土壤,增强土地的蓄水能力。

2.生活禁忌

赵海锁同妻子吴小花结婚时,为了图喜庆吉利,二人严格按照当地风俗进行婚配。吴小花在上轿子的时候,双脚不能沾地;下轿的时候,赵海锁家中的人要在新婚夫妇二人面前撒五谷。此外,吴小花在上下轿子的时候,吴小花的姨姨和姑姑不能出门相送。

赵海锁家中老人去世时,赵海锁等人要在老人身边守孝,待老人完全咽气后,赵海锁等人要为老人穿寿衣,在穿寿衣时必须控制自己的情感,切忌哭泣。晚上,赵海锁等人要在棺材旁守灵,主要是防止猫狗靠近老人的尸体。整个丧葬期间,赵家一家人都要披麻戴孝。老人去世一百天之内,赵家一家人不得剪头发;三年之内,过春节时不可以贴春联、放鞭炮。

吴小花在怀孕期间不能与丈夫赵海锁同房,以免动了胎气;分娩之后,因身体虚弱,忌接触凉水。此外,吴小花在分娩后的四十天之内不可以去外人家串门。当地曾有"三不进"的说法,即不进婚房、不进孕房、不进"暗房"①。逢年过节时,赵海锁一家会有一些相应的规矩:过年过节前去他人家中不能披头散发,若家中有人光头,则必须戴上帽子。在正月初一当天,赵海锁一家不能动剪刀、泼水、倒垃圾,必须过了初五,即当地的"破五"才可以做此类事情。

若家中小孩不懂规矩犯了禁忌,赵海锁夫妇看见之后,便会及时阻止孩子。若赵丙云等人一直犯同样的错误,赵海锁夫妇便会对其进行严厉地斥责。一是为了让孩子长记性,避免犯同样的错误;二是为了让孩子熟悉当地的风俗,便于以后与人相处。

五、奖励惩罚

(一)干活用力受表扬

赵海锁家人在生产生活上表现较好时,赵海锁夫妇可以代表整个家庭给予个人相应的奖励,大多是口头表扬,偶尔也会为其做一顿较为丰盛的饭菜。气温回暖之后,赵海锁为了庄稼能有个好收成,便决定去地里锄草。锄草,一方面可以减少杂草对土地中水分的吸收,另一方面除去的杂草也可当作土壤的肥料。赵海锁去地里干活时会带上自家的两个儿子,一方面是希望其能学习土地耕作的相关技巧,另一方面则是为了增加劳力,减轻自己耕地

---

① 暗房:当地特指守寡或光棍等人的房间。

的辛劳程度。赵丙云兄弟二人跟随父亲赵海锁去地里干活，父亲赵海锁为了提高劳作效率，便安排幼子赵丙云将这一片土地中的杂草锄干净。赵丙云在听了父亲赵海锁的安排之后，便二话不说撸起袖子开始锄地。而且，赵丙云也不懂得投机要滑，便一直埋头苦干，到了晚上该回家时，赵丙云因没有完成父亲赵海锁交的任务不愿回家，硬是将赵海锁分配的活做完才回家。

回家之后，赵海锁将赵丙云今天的劳作告诉妻子吴小花，妻子吴小花知晓儿子赵丙云的辛苦，便会在盛饭时为其多盛一些饭菜。赵海锁夫妇对赵丙云进行奖励，不仅会对幼子赵丙云起到激励作用，同时也会对家内其他小孩起到同样效果。此外，赵海锁夫妇实施的奖励也会促进整个家庭欢愉的气氛，家内所有成员可以在一个轻松的氛围中和睦相处。在平日生活中，赵海锁夫妇对自家内部成员所实施的奖励大多是口头表扬，因为自家经济条件有限，难以对其进行物质奖励。在赵海锁父母逝世之前，赵海锁一直孝顺双亲，不仅听从双亲的吩咐，而且时常为双亲端茶送水。村内其他成员将赵海锁对待双亲的一举一动看在眼里，四邻、乡亲等称赞赵海锁为孝子。乡亲的称赞对赵海锁是一种肯定，对赵海锁双亲则是一种羡慕，老人也会因此感到骄傲和自豪。

（二）上学淘气遭批评

1949 年以前，赵海锁夫妇作为家中的长辈拥有惩罚他人的权力，而年龄较长的孩子也可以对弟弟妹妹进行惩罚。赵海锁一家在惩罚家中成员时，大多采取呵斥、责骂等形式，少数情况下会因自己怒火中烧而对孩子进行打骂。

赵海锁为了自家孩子以后能有出息，便做主将自家的两个男孩送去读书。赵丙云小时候较为淘气，对教书先生所教授的知识并无半点兴趣。为了避免上课枯燥乏味，便一直在底下偷偷摸摸做小动作，一会儿拿笔头戳一下身边的小伙伴，一会儿用双脚踹前面的座位，教书先生看见赵丙云的小动作之后，便让其安分一点。赵丙云受到教书先生的斥责不敢胡作为非，安安静静地待在座位上。可是没过多久便又开始闹腾起来，更是搞得其他学生无法安心上课，前面的学生有时实在忍受不了赵丙云乱动，便告诉教书先生。教书先生为了以儆效尤，就拿着戒尺拍打赵丙云的手心。赵丙云放学回家之后，赵海锁无意中瞧见赵丙云的手掌，便晓得赵丙云在上学时的表现，出于恨铁不成钢的心态以及对给教书先生的粮食的心疼，便严厉地斥责赵丙云，让其好好学习。四邻等外人若恰巧听见赵海锁的斥责声，有时出于善心会护着赵丙云，劝解赵海锁道："孩子还小不太懂事，说两句，孩子慢慢就懂了。"大多数情况下，四邻、朋友等外界成员不会参与到赵海锁一家的家务事中，以免惹得赵海锁一家厌烦。同样地，赵海锁一家对于外人的家务事也大多不闻不问。

对于赵海锁一家而言，若是小孩与外人发生矛盾冲突且是自家孩子犯错，赵海锁身为孩子的父亲和一家之长，便领着孩子去四邻家中赔礼道歉。只有赵海锁一家人可以对赵丙云等人实施惩戒，外人即使有理也不能擅自处置赵丙云等人。因为这属于僭越赵海锁夫妇的行为，暗含对赵海锁夫妇的轻视和冒犯。小孩犯错时，他们并不害怕惩罚，对家长赵海锁所做出的惩罚心服口服。因为赵海锁是依据其所犯错误的严重程度进行惩罚，就事论事，十分客观公正。

六、家族公共事务

每年清明时节，赵海锁所在的家族会组织上坟祭祖，赵海锁作为一家之长要参与其中。

赵海锁的两个儿子即赵小丙和赵丙云也需前去祭祖，吴小花和赵银群姐妹三人则不能前去祭祖。家族祭祀所产生的费用均摊到每个家庭，赵海锁一家因祭祀产生的费用由一家人共同承担。其花费主要是在购买祭祀所需的贡品、香以及纸。清明时，赵海锁在家吃完早饭，便带着两个孩子往家族赶去，吃早饭的时候忌吃荤食。待家族人员到齐之后，所有人在族长的号召下前往祖坟，一行人等到祖坟之后，便忙着打扫坟墓、摆放贡品、烧香烧纸、磕头行礼，以表达对祖先的崇敬与怀念之情。

1949 年以前，赵氏家族已在村中繁衍了十几代，随着血缘关系的淡薄以及多次分家，赵海锁一家同家族的来往并不是很密切，关系也是一般。赵氏家族既没有筹过款，也不曾对族人进行过多的救济。当家族中出了爱读书，但其家庭无钱供其继续读书的人时，家族虽引以为豪，但不曾为其筹钱。在整个赵氏家族看来，孩子上学是农户自家的私事，家族不愿参与其中。但家族中某些重情重义的大户偶尔会出于善心对其进行救助，救助时也是以自家的名义，而非以家族的名义送钱或送粮。

七、家户听从保甲长安排

1949 年以前，赵海锁一家属于磁钟保赵家后甲，是按地方区域进行划分，同甲的大多数人属于赵氏族人，只有极少数是外姓人家。家里每年需上交田税、人头税，相关税费由政府决定，一层一层向下传达，赵海锁一家未曾欠过赋税，只是偶尔因家中无足够的粮食拖延缴纳。家里土地买卖之后，赵海锁要带着地契到保甲长那汇报登记，以便此后纳税。

灾年年景时，赵海锁一家的粮食收成因受天气影响难以尽如人意，保甲长来家中征收赋税时，赵海锁无足够粮食，便只能请求保甲长延迟一个星期。一般情形下保甲长都会同意。因为赵海锁一家不仅诚信度高，而且家中有大型牲口可以抵押。在这一个星期之内，赵海锁便四处奔波去财主家中借粮。此外，家人的三餐都极为节省，有时甚至将三餐合并成两餐，只为省钱省粮。一星期之后，保甲长再次来到赵海锁家中，赵海锁便将已经准备好的税交到保甲长等人的手中。若在这一星期之内并未筹足田税，赵海锁一旦听到风吹草动，便慌忙带领全家人出去逃避一段时间。赵家后村的田税不曾因任何人有所减免。因此，赵海锁一家只能拖延缴纳，但不能逃避。

八、村庄公共事务

（一）村庄会议

赵家后村在召开村务会议时，家长赵海锁代表全家前去开会。若赵海锁因有事外出不在家中，长子赵小丙可以代替家长赵海锁前去开会；妻子吴小花虽然辈分较高，但因是女性不便出门。所以不能代替赵海锁去开会。在开会时，长子赵小丙因是代替家长赵海锁去开会。所以十分仔细听其细节，以便于将内容转述给家长赵海锁。村庄在召开事务会议时，赵海锁若对此事有更好的见解，可以直接向村庄提出，但赵海锁在更多时候会将想法传达给身边的农户，若身边农户有同样的想法，才会将其反映给村庄，否则便作罢。村里召开征税会议时，保甲长等人要到各个农户家中去通知，赵海锁家中有归属自家所有的 16 亩土地。因此要参加征税会议。赵家后村的赋税征收是按照农户名下所有的土地亩数来进行，平均每 3 亩土地需缴纳 87 斤粮食。

(二)修路摊派劳力

1949 年以前,赵家后村的道路全是土路,因为村庄地处坡地且起伏较大,道路在雨水的冲刷下容易发生塌陷。村庄道路发生塌陷后,农户的生产生活极为不便,为了保证农户生产生活的正常进行,村庄便会将家家户户召集起来商议修路一事。为了公平起见,村庄修路是以家庭为单位来提供劳力,一个家庭只需出一个青壮年男性即可。

保甲长等人将村庄修路一事的详细情况告知赵海锁,赵海锁作为家长可自行对此事做出相应的安排。长子赵小丙因为年龄正好且身强力壮,父亲赵海锁便安排他去修整道路;幼子赵丙云因为年纪较小且身体柔弱,便随父亲待在家中。若赵小丙有事无法正常出工,赵海锁便只能去修整道路。修整道路时,吴小花等女性不可用去,一方面是由于女性力气较小且无修路的相关经验,效率较为低;另一方面则是由于女性因为身份特殊,不便长期在外,否则容易招致闲话。

(三)"耍热闹"

每年过年的时候,赵海锁一家所在的赵家后村为了营造一种良好的氛围,也为了让村民休闲娱乐一下,便会组织集体娱乐活动,即"耍热闹"。主要内容是村民自导自演的舞龙舞狮、踩高跷、敲锣打鼓等。村庄在开展耍热闹这一集体活动时,保甲长等人会到赵海锁家中告知此事,同时让赵海锁一家平摊此项费用,便于购买活动所需的材料。组织过一次耍热闹活动之后,村民便有了一定的经验,第二年不等保甲长通知,村民之间便互相将此消息传播出去,赵海锁便可以从四邻口中得知此消息。赵海锁一家无人会此项技术,所以不曾作为表演者参与到耍热闹这一活动中。但是在正月十五那天,一家人会以参观者的身份前去欣赏、捧场。大多数情况之下,赵海锁会带领全家人去欣赏表演。一方面是想借此机会同村民一起放松娱乐,另一方面是因为此活动较为大型热闹。但有时赵海锁会觉得此活动没有新意,便不愿再去,然而孩子爱好热闹想要去,赵海锁在得到自家孩子不会乱跑的保证之后,便同意其去观赏。吴小花因为女性身份的限制且家务活较为劳累,所以很少有机会放松,只能趁着村里组织耍热闹时,带着自家小孩前去观赏。

(四)打更维护治安

赵家后村的村风较为淳朴,但仍难免会有个别小偷为了生计偷窃。此外,整个乡镇由于战乱难免会发生动荡,村外的人偶尔也会来赵家后村抢劫。为了维护治安,便号召村民一起打更。打更是基于对村庄所有家户的安全考虑而进行。因此,家家户户都需派出一人打更。赵海锁作为家长,通常会安排长子赵小丙去打更。赵海锁之所以不去,是因为身体不断衰弱,难以通宵熬夜,而赵小丙正值壮年、身体较好。赵小丙等人在打更时会对家家户户进行巡视,查看家家户户房屋外面的情况,一旦发现危险的迹象,赵小丙便急忙大力敲响手中的锣,用锣声将村民喊醒,以便做好防备措施;其他一同打更的人在听到锣声之后,便一路小跑赶过来以壮大势力,防止强盗、小偷等人溜走或反抗。

九、国家事务

(一)缴纳赋税

赵海锁一家是以家户为单位纳税的,纳税是以土地面积为单位计税。赵家后村征税的标准是每3亩土地缴纳87斤粮食。每年收秋之后，保甲长便到赵海锁家中征收赋税。赵海锁一家除了缴纳田税之外，还曾缴纳过人头税。当地的人头税即所谓的兵钱，是按每家每户所有的男性计算的，平均每个男性需缴纳10元。赵海锁家中共有3名男性。因此需缴纳30元。

每年麦收之后，赵海锁身为家长，便将自家地里所生产的粮食小心储藏。此外，赵海锁将需要缴纳赋税的那部分粮食单独放在一旁，用绳索系好以免洒落。保甲长前来家中征收赋税时，赵海锁便将已经准备好的粮食交给保甲长。若家中粮食不够，赵海锁便请求保甲长延迟一段时间，大约是一星期。保甲长因赵海锁一家是村庄的老户人家且信誉较好，此外家中还有良田和牲口可以作抵押的筹码，便答应赵海锁的请求。在这一星期之内，赵海锁因是家中的家长，所以需要承担起借贷责任，去财主家中借钱粮。有时，赵海锁也会将自家的棉花拿到集市交换以换得钱粮。在这一星期之内，一家人更是省吃俭用，每顿饭菜比之前的饭菜更为稀少。一星期之后，保甲长再次来到赵海锁家中征收赋税，若此时赵海锁一家有粮缴纳赋税，则不再提及此事。若这时赵海锁一家仍未凑齐所需缴纳的赋税，赵海锁一家便心惊胆战，一旦听到保甲长前来征税的消息，赵海锁便连忙躲到地里，以避免遭受皮肉之苦。这是因为赵家后村的保甲长会为了完成上级所交代的任务，而对未按时按量缴纳赋税的人施以鞭笞，以示教训和警告。

赵海锁一家拖欠赋税时，保甲长并不曾为赵海锁一家垫交赋税。一是因为保甲长自家的粮食收成也极为有限，二是因为村庄中不能按时缴纳赋税的家户大有所在，若保甲长为每一个家户都垫交赋税，其压力必定大增；若只帮赵海锁一家垫交而对其他人不管不顾，则必定会引起村内其他人的不满，从而导致无法在村庄树立良好的威严和声望。赵海锁一家的朋友、亲戚以及四邻也不曾帮赵海锁一家垫交赋税。其主要原因是家庭条件同赵海锁一家大致相当，在村内属于中下等水平，而且一年的粮食收成也只能勉强维持自家一年的生活消费。赵海锁一家延迟缴纳赋税时，第一想法便是去借钱粮和省吃俭用。若最终无法凑齐税款，赵海锁会躲避，以免被保甲长等人鞭打。赵海锁一家可以拖延缴纳赋税，但不曾被免税。因为赋税是国家下达的任务，无法逃避。

（二）"谁抓谁放"

1949年以前，赵海锁曾被村内的保甲长抓壮丁，主要是让其去当兵。赵海锁一方面担心自己去当兵之后，妻儿无人照顾；另一方面则为自己的生命安全担心，怕客死他乡。一听到保甲长来村里抓壮丁，赵海锁便连忙躲到自家地里。后来保甲长等人为了顺利抓到赵海锁，便开始对赵海锁平时的所作所为进行观察，细心留意赵海锁的生活规律。赵海锁见到保甲长等人的所作所为一直胆战心惊，无精力管理自家的内外事务，迫不得已之下便去山前村找自家外甥郭宰孝。因为郭宰孝在县政府中担任县长一职。

赵海锁来到县政府，意在找自家外甥帮忙解决抓壮丁一事。县政府门外站岗的人看见赵海锁身穿粗衣麻布，便不让其进去。无奈之下，赵海锁便对站岗的人说："你去给郭宰孝说，他赵家后村的二舅来找他了。"站岗的人一听赵海锁直呼县长的名字，便连忙去禀告。郭宰孝当时正在打牌，所以让站岗的人将赵海锁带到办公室喝茶休息。郭宰孝打完扑克之后，赶到办公室询问赵海锁缘由，知道事情的来龙去脉之后，便让赵海锁安心地待在县政府。然而赵海锁因担心自家孩子和粮食种植，不愿在此处多待。郭宰孝知道自己不能强留赵海锁待在县政府，便为其写了一张条子，然后说道："以后若有人再抓你当壮丁，你就把这张条子拿给那人看,那人看了之后便会放了你。"赵海锁一听十分高兴,便小心翼翼地随身携带该纸条,后来还是通过村中识字的人才知道纸条上写着四个大字"谁抓谁放"。此外,赵海锁从县政府离去的时候,郭宰孝将自己身披的大衣脱下披到赵海锁身上。此后三年,赵海锁再也未曾被保甲长拉去当壮丁。

赵家后村抓壮丁主要是让其当兵。所以在抓壮丁时有一定的标准,主要侧重于身体健全、健康。此外,不能抓独子去当兵。当村内无人愿意当兵时,赵海锁便同村内其他家户联合起来买兵。卖兵的大多是外地逃荒而来的贫困人家,保甲长将凑齐的钱交给卖兵的人。村内若有人在当兵期间逃走,保甲长等人不会去找其家庭的麻烦。因为赵家后村抓壮丁较为随意,赵海锁因自家亲戚官职较大,最终免于当兵。

(三)摊派劳役

赵家后村按家户人口的多少摊派劳役,赵海锁一家在村庄修整道路时曾出过劳力。当地将出劳力称为"出工"。在修整道路时只摊派劳役,不曾对钱进行摊派。过年村庄组织集体性娱乐活动的时候,保甲长会让各家各户掏出部分钱,用于置办相关物品。

村庄道路发生塌陷,保甲长等人担心农户在生产生活中遇到阻碍,便组织家家户户商议修整道路,赵海锁作为一家之长需去听相关细节。赵海锁在将修整道路一事弄清楚之后,便会根据其相关要求进行安排。因为长子赵小丙身体健壮、力气较大。所以便被赵海锁安排去出工。中午吃饭时,赵小丙便回自家吃饭,因为在本村之内修路距离较近。赵海锁夫妇虽生育两个男孩,但赵海锁却不曾安排幼子赵丙云去出工,主要原因是其年龄小而身体较弱。长子赵小丙也不曾因为此事觉得父亲赵海锁偏心。对于父亲赵海锁的安排,赵小丙必须服从,否则会遭到赵海锁的严厉斥责。此外,自家也会因此事被外人笑话。

赵海锁一家除了被摊派过劳役之外,也曾被摊派过费用即人头费。赵家后村在接到上级的命令之后,要在村庄找合适的男性青壮年去当兵。然而村里的各户人家因担心客死他乡,不愿意让孩子去。征兵一事不得拖免,村里人便联合起来买兵。买兵所产生的花费由村内所有家户共同承担。因为去当兵的都是男性。所以费用按家户的男性人口进行平摊,保甲长统一征收。

(四)任命保甲长

1949 年以前,赵家后村的保甲长是由上级任命产生的,保甲长的所作所为也只对上级负责,对村民无需承担任何责任。上级政府任命保甲长等人,主要是让其作为村庄的管理者对村庄内的一切公共事务进行安排处理。更多时候,政府是借助保甲长等人对村庄及村民的情况知根知底,委派他们赋税、征兵等。赵海锁一家同村庄的大多农户一样,以自家为生活中心,对村庄管理者是何人并不过于关心。此外,自家声望较低,无法对保甲长等人的行为产生重大影响。所以只能被动服从保甲长等人的命令。

调查小记

"凡事预则立，不预则废"，这句话也许是我在此次调研期间最深的一个感悟。无论做什么事情，都必须对自己的任务、能力等有一个清晰的认知。此外，还需将一些客观因素考虑在内，综合各个因素做出规划，只有如此才能按时完成任务。

此次调研是我在寒假期间的第二次，由于访谈完第一位老人范聚财已经是 3 月 6 日了，还有 10 天便要过年了，我只能加快步伐去找第二位老人。然而第二位老人的寻找过程却不像第一位老人那般顺利，接二连三地找了五六位老人都不尽如人意：一部分老人是不爱言语，不愿将自家的历史讲述给外人；一部分老人是记性不好，对自家发生的事情没有深刻印象；而剩下的老人则是因为属于家中小辈，自小无需操心家中的事情。所以第二位访谈老人始终没有确定。任务的紧迫根本不给我留时间，我只能再次背着小包去寻找老人。终于，几经波折，成功地找到了第二位老人赵丙云。赵丙云老人今年正好 80 岁高龄，虽然是家中幼子，但从小爱操心自家事情。因此能够较好地回忆起来自家所发生的点滴小事。在整个调研期间，我考虑到天气寒冷且将要过年，调研时长因客观原因而缩短了很多。为了能够按时完成任务，我只能充分发挥自主性。我在白天对老人进行访谈，按理说，晚上我可以放松娱乐一下。考虑到任务的艰巨，我只好趁着夜深人静进行访谈内容的整理与写作。最终，我如期完成调研任务，这令我很欣喜。

中国的大多数人口是农民，要想对中国有一个深刻的了解，就必须对农民有一个清晰的认知。时代的飞速发展，使得农民表现出多元性的特征，然而其根本的特征却不曾因历史变迁而磨灭。若要探索农民身上的根本特质，就必须用一种历史的眼光去探索。因此，了解1949 年以前中国农村家户的相关制度就显得很有必要。中国农村研究院组织进行了农村家户制度调查，其涵盖范围和调查深度远远超出我们的想象，其调研、写作难度不亚于学院博士所做的村庄调查。通过参与其中，我更加深刻地了解 1949 年以前豫西地区农户的生产生活情形，同时也对当时的政府有了一个简单的认知。

在此，我十分感谢中国农村研究院给与我参加家户调查的机会，以及相关经费上的补助；感谢尊敬的徐勇、邓大才两位教授以及黄振华老师的谆谆教导；感谢各位师兄师姐在我写作时所提供的帮助与指点；同时，也十分感谢赵丙云老人。赵丙云老人能推心置腹地向我讲述自家的历史，而非将我看作外人拒之门外，这着实令我十分感谢及感动。一位老人能在80 岁的高龄不厌其烦、认真细致地讲述自家所处的时代背景，以及自家生产生活中的点滴小事，这是值得我们尊敬爱戴的。在此，真诚祝愿天下每一位老人长命百岁、身体安康，也希望他们的生活、他们的历史能为天下人知晓。

第七篇

外来新户:本家共居的家户衍生
——豫北花园庄村何氏家户调查

报告撰写:王玉莹[*]
受访对象:何建功

* 王玉莹(1995—),女,河南安阳市人,华中师范大学中国农村研究院 2017 级硕士研究生。

导　语

　　何氏家族在山西洪洞大迁移时定居河南省安阳市戚家庄，而后随着何氏一族的不断繁衍发展，到何兴一代人地矛盾激化，何兴及其兄弟选择举家迁至花园庄村。通过置办房屋及田地，何氏同花园庄村的多数农户一样主要从事农业生产，偶尔也挖些古物补贴生活。在1949年，何氏经过一代代的繁衍和分家最终形成"老两股，八小股"的格局，而何文献一家作为"八小股"的一支，家中共有八口人、三代同堂，家中成员多为中青劳力。

　　1949年以前，何家的经济状况在村中属于一般水平，家中房屋是与何家"八小股"居住的房屋共同形成的四合院结构，但是人多房少的状况使得何家部分成员也出现过借住邻居家房子的情况。此外，"本家共院"的居住现状使得何家与院内本家在生产生活上经常互相帮持。何家主要依靠农业生产，耕种的田地中自有田四亩，租种田八亩，并且在农闲时，家中成员也会在村中打些短工来赚钱。此外，由于花园庄地处殷商遗址，村庄以及周边地区土地之下埋藏着许多殷商时期的青铜古器，加之1949年之前国家对于古文物的忽视，以及市场的巨大需求使得花园庄以及附近周边的不少村民在以农为生的基础上也会依靠"淘挖古器"来发家致富，何家也会不时跟随村庄或者邻村淘挖古器的小队来从事该项副业。

　　在文化教育上，何家男性成员均有较高学识，其中何文献和何建勋的文化程度最高，但是家中的女性成员都未接受过教育。由于何文献具有学识，何家在对孩子的家庭教育上多以讲道理为手段，家长很少出现打骂孩子的现象，加之家中成员也大都知情达理，因此何家在村中也很少与街坊邻里发生矛盾。

　　何家未有成员信仰宗教，但是会和当地大多农户般信奉家神，在逢年过节期间，会按照当地的习俗惯例上香祭拜以求得家中成员平安。何家也未有成文家规，默认家规均以当地惯例为主，与村中其他农户所默认的规矩未有不同。

　　由于何文献和何建勋都拥有较高的学识，所以在1949年以前，两人在当地大户、望族的商议下曾担任过一段时间的官职，具体来说，何文献在1943年担任过保长，而何建勋在1948年担任过甲长。何文献与何建勋两人在职期间，主要负责管理税务的计算和收缴，而对于县乡及以上层级的公共事务，何家成员都未曾有过多参与。

第一章　家户的由来与特性

何家原居戚家庄村,由于老辈分家以及人地矛盾,何氏其中两股迁至本市花园庄村。经过子嗣的繁衍与分家,在 1949 年,何氏在花园庄村形成"老两股、八小股"的格局,而何文献一家则为"八小股"之一。何家共有八人,上下三代,以中青劳力为主,家中第二代男性成员都已婚配,并且老大生育有后代。何家经济水平在村中属一般,家中成员主要依靠农耕为生,偶尔也会做些零工补贴家用,全家整体能够自给自足。何家在房屋居住上是与何氏本家的"八小股"共院生活,这使得何家会经常受到本家的帮持,但是空间限制导致"人多屋少"的情况使何建功夫妇在何文献的安排下要借住邻居空闲的房屋。由于何家是外迁至花园庄的新户,虽发展、繁衍了一段时间但是并未在村中形成威望,其中何文献与何建勋曾担任过保长、甲长之类的官职,但也只是听从上级安排负责村庄税务的计算和收缴,并未与县乡及以上官府有过特殊的关系及交道。

一、家户迁徙与定居

(一)两迁落户花园庄

何家对于自家祖上的迁徙与定居大多是从家中老辈那里了解到的, 为了自家的生存与发展,何家经历过两次迁徙。第一次是发生在明朝时期,由于官府的政策,全国开始了一场大规模的人口迁徙活动,其中在山西洪洞县迁出的人口中,何氏同其他一些姓氏一同迁往河南省戚家庄,并在此定居生活。第二次是发生在 20 年代初期,随着戚家庄村人口日益增多,原本规模不大的村庄愈发满足不了村庄农户对于土地的生产、生活需求,于是何氏老辈在分家时,三支何氏分支决定迁徙至本市的花园庄村定居生活。

之所以迁至花园庄村,一是何氏在分家时,有亲戚定居花园庄村,为迁徙的三支何氏能够获得置办房屋及土地等相关的信息提供了便利条件;二是由于花园庄村地处殷商遗址,村中不少农户通过挖掘古物发家致富后迁入市里, 村中存在一些闲置待卖的房屋和寻求租种及售卖的田地,这也为何氏迁入提供了良好的准备条件。此外,何氏三支也有想要通过定居花园庄村,跟随村中农户挖掘古物补贴家用甚至发家致富的打算,加之花园庄村在关于外来人口的落户、房屋买卖与田地的置办上官方监管薄弱。20 年代初期,何氏三支在花园庄村中共同购买了一个建有十八间房屋的四合院,置办了十几亩田地,开始了定居花园庄村的新生活。

(二)"老两股,八小股"

自何氏三支迁入花园庄村后,由于某些原因,何氏其中一支全家跟随男性当家人的妻子入赘杏花村,于是定居花园庄村的何氏三支便成为"老两股"开始繁衍发展。至 1949 年,何氏在花园庄村共发展有四代,两门八支,约七十口。其中第一代为何兴以及何X(因时间久远,名字难以考证)形成"老两股";第二代为"文"子辈,何兴下有何文富、何文贵、何文献三支,何X下有何文瑞、何文德、何文选、何文福、何文华五支,由于在1949年何氏两支均已进行过第一次分家,由此便形成"八小股"现状;第三代为"建"字辈,何文富下有何哑巴、何建新、何建州三子,何文贵下有何建征、何建平两子,何文献下有何建勋、何建功两子,何文瑞下有何建生、何建录两子,何文德下有何建申、何建如、何建祥三子,何文选下无子,何文福下有何建林、何建广两子,何文华下有建福一子;第四代由于人口众多,代际间隔较大,情况不详不再记载。

由于何氏一族迁徙变动较为频繁,加之家中成员的忽视,何氏并未编撰过家谱、族谱,家中经济条件的限制也使得何氏未修建祭祀祠堂。不过何家在自家购置的田地南头辟有一部分区域留置成祖坟,在逢年过节以及家中发生红白喜事时,家中成员会根据当地习俗前往祖坟祭拜祖先。

何氏家族常年依靠种地本分为生,未曾听说祖上发生过重大变故。不过在迁入花园庄村后,何氏成员曾与当地村民通过组队挖掘古物获得财富,并由此修缮房屋、置办田地,使得家中生活水平有所提高。但何家成员并未以此为主业,只是偶尔补贴家用,因此何家从整体看来,虽并没有过极为兴盛的时期,但家中也未十分衰落,生活水平与村中其他农户相比属于一般。

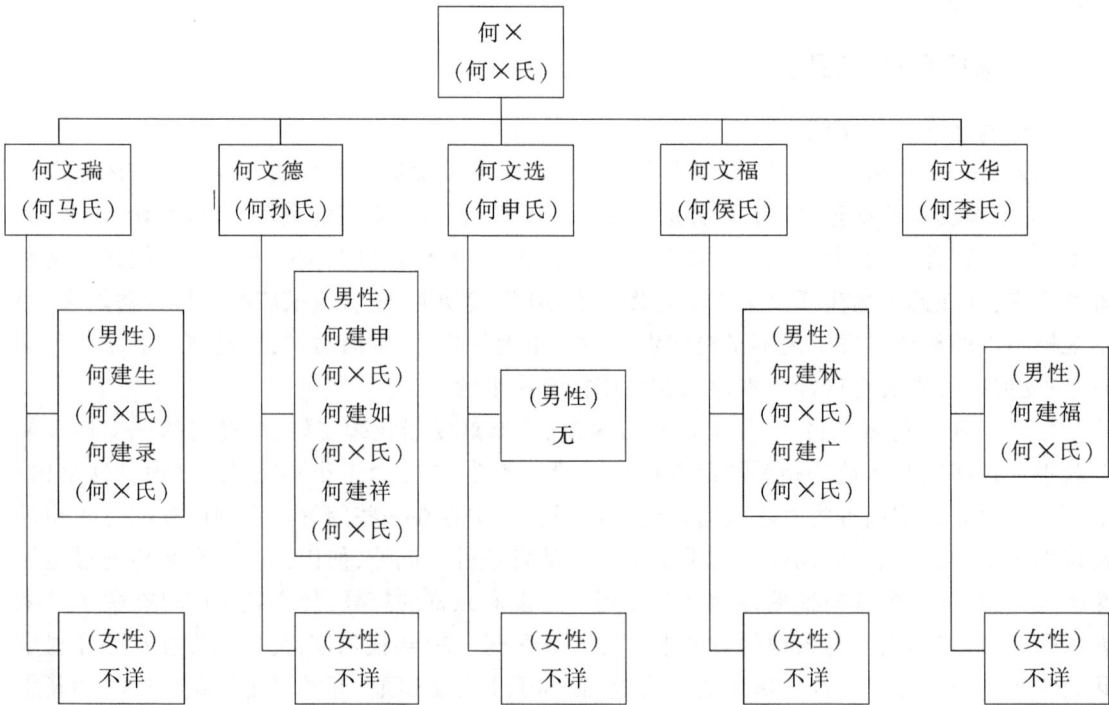

图7-1 何氏"一股五支三代"示意图

484

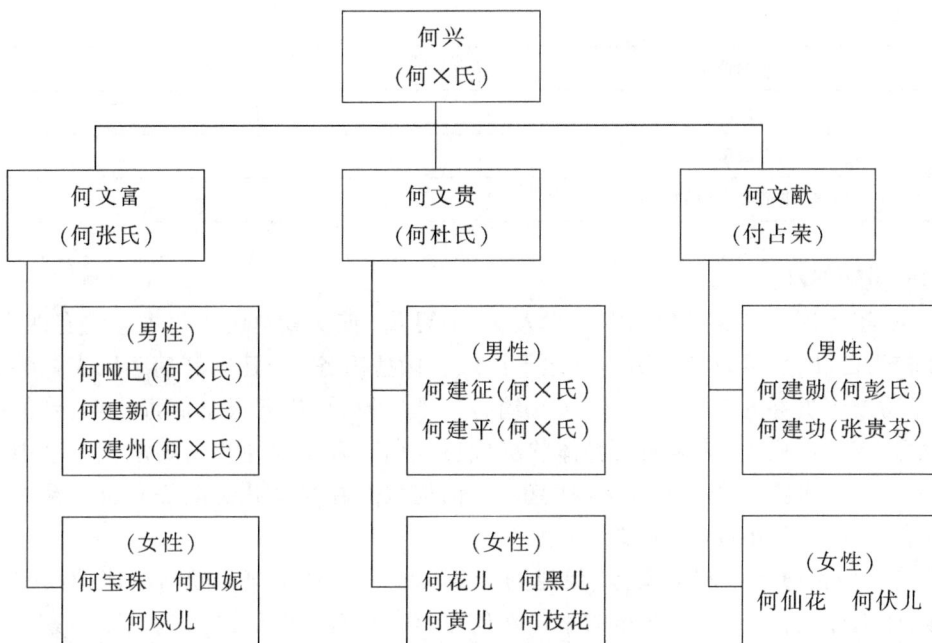

图 7-2　何家"一股三支三代"示意图

二、家户基本情况

(一)三代八口

1949 年以前,何家三世同堂,共有八口人,分别是第一代何文献与其妻子付占荣,生育有两男两女,分别为长子何建勋、次子何建功以及长女何仙花、次女何伏儿。何文献一代有兄弟三人,何文献排行老三,上有大哥何文富和二哥何文贵,而何建勋一代有兄弟二人,即何建勋和何建功。在子女一辈中,婚姻状况呈现"三婚一未嫁",长女何仙花于 1943 年出嫁本市郭家湾,长子何建勋于 1946 年迎娶何彭氏,并在 1948 年育有一子何孬蛋[①],次子何建功与 1949 年迎娶张贵芬尚未生育,次女何伏儿待字闺中。

在 1949 年,何家除第三代何孬蛋外均为劳动力,共有七人,家中未有需要赡养的老人。由于家中经济有限,劳力尚足,何家并未存在收养或过继情况,家中也未有常年住家的其他非亲属成员。不过在 1949 年之前,为了补贴家用,何文献与何建勋曾存在去村中其他大户家中当长、短工的经历。

表 7-1　1949 年何家家庭基本情况

家庭基本情况	数据
家庭人口数	8
劳动力数	7
男性劳动力数	3
家庭际代数	4
家内夫妻数	3

---

① 何孬蛋:由于孩子年岁小,未起学名,此为小名。

485

家庭基本情况	数据
老人数量	0
儿童数量	1
其他非亲属人员数	0

（二）成员较健壮

在 1949 年何家八口成员包括七个大人,一个婴儿。何文献与妻子付占荣约有四十五岁,两人身体较为健壮,仍可以充当劳力下地干活或者做些家务。何建勋和何彭氏夫妇约有二十五岁,何建功与张贵芬约有二十岁,何伏儿约有二十二岁,子代五人正值青壮年,除何伏儿身体较为虚弱,容易生病外,其他四人身体状况优良。何建勋与何建功主要承担着家中的农业生产,何彭氏和张贵芬则主要处理家内的事务,而何伏儿在身体状况渐好时也会帮忙。婴儿何孬蛋约有一周岁,年龄幼小,需要细心照料。

何家成员中读过书的有何文献、何建勋、何建功三人,其中何文献与何建勋读书年岁约有十余年,而何建功仅上了三、四年的学。在何家,没有家庭成员信仰宗教,不过家中会跟随当地习俗信仰家神,也会在逢年过节进行相应的祭拜。何家除何文献与何建勋在 1949 年之前分别担任过一段时间的保甲长外,家中成员也未曾参与过当地的社会组织,也未曾听说当地有社会组织。

表 7-2　1949 年何家成员基本信息表

序号	姓名	家庭身份	受教育状况	性别	年龄	出生年份	婚姻状况	身体状况	信仰情况	备注
1	何文献	当家人	十余年	男	约 45 岁	约 1904 年	已婚	良好	家神	
2	付占荣	内当家	无	女	约 45 岁	约 1904 年	已婚	良好	家神	
3	何建勋	长子	十余年	男	约 25 岁	约 1924 年	已婚	优良	家神	
4	何彭氏	长媳	无	女	约 25 岁	约 1924 年	已婚	优良	家神	
5	何建功	次子	三四年	男	约 20 岁	1933 年	已婚	优良	家神	受访者
6	张贵芬	次媳	无	女	约 20 岁	1929 年	已婚	优良	家神	
7	何伏儿	次女	无	女	约 22 岁	1927 年	未婚	较差	家神	常年有病
8	何孬蛋	长孙	无	男	约 1 岁	1948 年	未婚	较差	无	刚出生

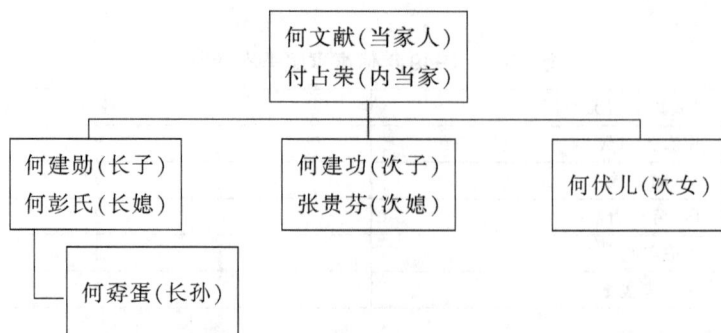

图 7-3　1949 年何家成员示意图

(三)居于村中四合院

1.居于村中

花园庄村向南有一条宽阔大道与小屯村相隔,四周也有道路与王裕口村、小庄村、四盘磨村相通。五个村庄南方通有一条东西走向的洹水河流,河流的分支有时会为花园庄村民田地的灌溉提供便利,但花园庄村并未建有寨河、寨墙或其他设施。

在花园庄村,何家大致居住在村子的中间方位,房子向北靠近一条穿过村子的东西走向的道路。该道路地势平坦,且四通八达,村中农户通过道路便可直达自家耕种的田地。何家房屋与村庄中其他农户聚居在一起,间有泥土胡同相通,周边存在闲置空地,向西存在一大一小两个水坑。何家居住的房屋是在何氏迁入花园庄村时购买而得,在房屋的选择上,何氏长辈也综合考虑了房子在村中的方位以及交通、地势等多种因素。1949年,何家居住的房屋未再变动。

2.周有四邻

在邻里空间布局上,何家院落的四面和仅有一人居住的崔斌寡妇家相靠,院落南面隔一条泥路胡同与村庄王家小户、种田大户赵家相邻,院落北面虽与冀姓人家共墙而居,但门楼过道却依冀家西面通往村中大道。

门楼紧邻一条途径村庄正中、东西走向的大道,西面邻里的房屋结构除赵家大户外,与何家房屋结构大致一般,都是采用院落四周建房,材质大都采用土木坯。而赵家大户由于经济条件雄厚,房屋建造更富有层次性,院分东西前后院,在房屋建造材质上部分使用红砖水泥,何家院落的房屋则大都采用土坯芯、红砖表构造。

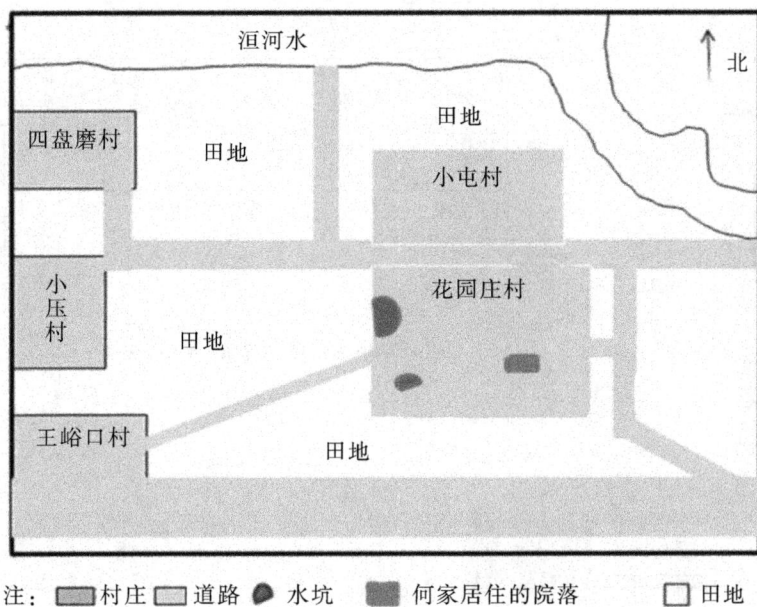

图7-4 1949年花园庄村整体及常家布局图

3.一院"八股"

在1949年,何家是与本家"八股"家庭共同居住在同一个院落中,这是何氏"老两股"在迁居花园庄村共同置办好房子后,经过了一代分家形成的结果。院落整体为四合院结构,分为南北两大院子,北边居住的是包括何文献在内的何氏一股,南边则居住的是何氏另一股所分化的家庭。

院落四周砌有土坯芯、红砖表面的院墙,西北边修建有一条狭长过道,在院落西南边角落设置有厕所供院中成员使用。院门设置有用树枝捆绑制成的简易门楼,院落中间未建房屋形成院子以便院中成员的通行。院子并未设置排水沟,阴天下雨仅靠自然地势排水。由于院中各个家庭在后期形成的经济条件有所不同,南院子的何氏五家与北院子的何氏三家相比较为富有,由此房屋在修缮和建造上,南院房屋较北院房屋使用的材质更为高级。

在院落房屋布局结构上,何氏院落原为坐东朝西,后因环境及交通等因素,在和周边邻居协商之后,又在门前修出一个过道,使院门朝北开放,直通大道。何氏院内围绕院墙四周共建有房屋十九间,其中北边五间,南边四间,西边五间,东边五间。房屋在设置上是按照"里外间"套房①划分,其中北边西边三间、西边北边三间、东边北边三间为三套标准"里外间",剩余房间为两间一套的"里外间"。

何家成员居住在院落北边正中的三间以及借住崔斌寡妇家一间房屋内,其中居住院落的三间房屋中间的一间为外间,即正间,两边的为里间,为偏房。三间房屋的材质为上辈购置院落时,房屋建造的土坯芯、红砖表面构造。何家的厨房建造在何文献与付占荣夫妻居住的房间里,何家并未设置单独的厕所,而是使用院中公共的厕所,家中没有饲养牲口,也未设置牲口棚。关于自家院落空间的划分,何文献与何文富、何文贵两兄弟在北院中并没有明确划分,不过却与南院何氏自中间隔开,划分院落空间,明确相关产权范围。

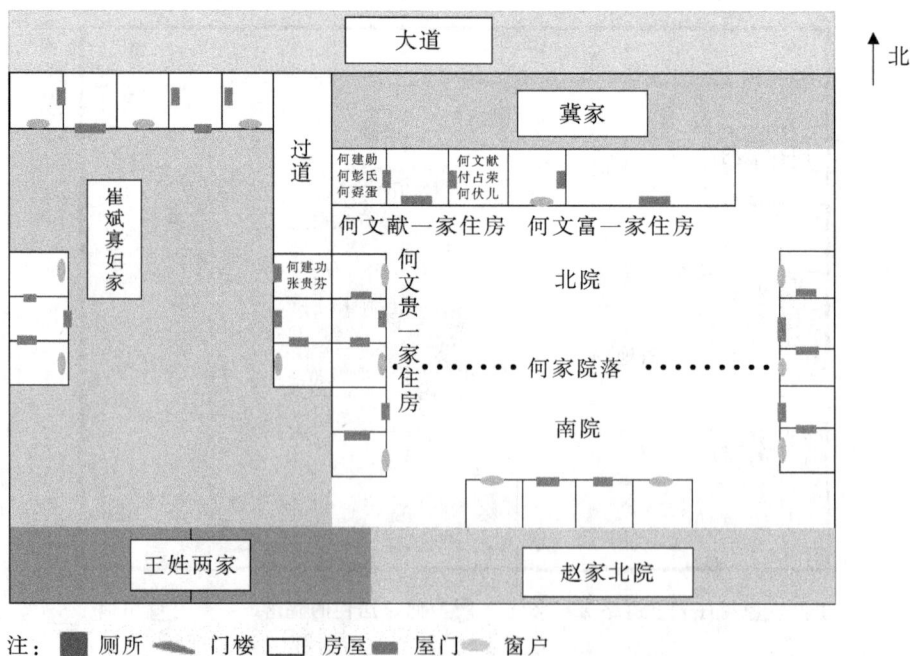

图7-5 1949年何家邻里及院落房屋空间布局图

---

① 套房:在当地,标准的一套房屋是指有三间房屋构成,中间房屋超外有房门为"外间",外间与两边房屋相邻的墙上有房屋,为左右两"里间"。不过有时家中由于经济、空间等因素限制,也有两间房屋,即一个里间,一个外间为一套房。

(四)有租有种能过活

1949年之前,何家拥有可耕种田地共十二亩,其中自有田地共四亩,租种田地共八亩。何家在田地的耕种上主要靠人力,家中并未购置大型农具以及牲口,不过有时也会向村中有相关农具、牲口且相处友好的邻里亲戚借用。何家虽未饲养牲口,但家中却散养着一些鸡禽给家人补充营养。

在住房上,何家成员原本住着上辈分家得来院落北边西处的三间房屋,而后由于两子结婚成家,家中人员增加,住房日益紧张。1949年何文献通过与西邻仅有一人居住的崔斌寡妇的协商,次子何建功在与张贵芬结婚后,便暂住于西邻东边靠北的一间住房。何家成员便在部分借住邻居住房的情况下,通过四间房屋满足了自家的住房需求。

何家主要依靠种地为生,除务农以外,家中成员也从事其他活动补贴家用。何文献和何建功在1949年前曾通过担任保甲长获取一些粮食补贴家计;何建功也曾和何建勋一起同村中其他农户组队挖掘殷商古物,之后贩卖获得几次较大笔的钱财;而付占荣、何伏儿、何彭氏以及张贵芬也会在闲暇时给村中大户人家摘棉花,挣些零工钱。

在1949年之前,何家中共有劳动力七人,其中主要下地做农活的有三人,即何文献、何建勋和何建功,主要做家务的有四人,即付占荣、何伏儿、何彭氏和张贵芬。总的来说,家中劳动力较为充足,有时何建勋还会去其他地方打些短工赚钱。何家主要靠从事农业生产来维持生活,好在家中成员也都踏实勤奋、兢兢业业,家中的生活水平在村中还算一般。

表7-3　1949年何家家计状况统计

土地占有与经营情况	土地自有面积	4亩	租入土地面积	8亩
	土地耕种面积	12亩	租出土地面积	0亩
生产资料情况	大型农具	无		
	牲畜情况	无		
家庭成员副业情况	工作类型	打短(零)工		
	工作人数	7人		

收入	农作物收入				其他收入
	农作物名称	耕作面积	产量	用途	收入来源
	谷子	10亩	3000多斤	自家用粮,交租	短(零)工收入
	麦子	10亩	3000多斤	自家用粮,交租	淘挖古物收入
	大麦	2亩	200多斤	自家生活用粮	
	棉花	2亩	100多斤	自家生活穿衣	不详

支出	食物消费	衣服鞋帽	燃料肥料	租金
	自家粮食,自给自足	零工所挣及田地所拾	自家沤制	粮食收成的一半
	赋税	医疗	其他	
	交公粮,不固定	较少	少量用鸡蛋换置盐等生活品	

结余情况	略有结余	资金借贷	借入金额	0元
			借出金额	0元

(五)家中有任保甲长

1949年之前,当地的保甲长并非是通过村民的集体选举得来,而主要是由当地经济条件雄厚、具有一定威望的大户们在一起协商而来。甲长一般负责管理村庄范围内的相关事宜,而上有保长,管理的是几个村庄范围内的事宜。在保甲长的选取上,大户们大都是倾向于寻找村内具有较高文化学识、性情温和、不积极冒进的村民,一方面在指派任务时便于控制和管理,另一方面有文化的村民也能够处理税粮征收的相关核算。

在何家,何文献和何建勋两人曾有担任保甲长的经历,但任期较短,仅有一年时间。何文献是在1943年时担任过河南省彰德府五保的保长,而何建勋是在1948年担任花园庄村的甲长。在职期间,两人并未组织全体村民举行过村庄甚至更大范围内的集体活动,而主要是服从上一级指派的工作任务,负责管理国家、军队税粮的计算和收缴,对于县乡及以上范围的公共事务,两人并没有参与过。

(六)外来新户,长辈当家

1.男主外,女主内

在1949年,何家共有三代八口人,在家庭规模上算是小户人家,在生活水平上算是一般水平。在何家,何文献作为家中的男性长辈,按照当地惯例分家后自然成为家中的当家人,负责处理、决定家中的一切重大事宜。不过由于家庭之中琐碎事务繁杂,何家在具体的分工上是呈现出"男主外,女主内"的状态。

在日常生活交往中,何文献是何家的外当家,主要负责重大事项的决定,例如,对家中农业生产进行相关安排与决定,代表何家与村中邻里进行有关红白喜事等公共事务的交往,与村中保甲长进行缴纳税收的活动以及对安排家中成员进行家具或者农具的维修和购置等。而付占荣是何家的内当家,主要负责家庭内部的一些琐碎事项,例如对家中的钱财、粮食进行保管,对家中女性成员进行做饭洗碗、洗衣制衣、打扫卫生等家务活的安排,协助何文献管理家庭等。

由于何家家庭规模小、成员数量少,加之家中经济条件有限,在1949年前,何家主要由何文献与付占荣两大家长管理整个家庭所有事物,家中并没有其他的当家人,也不需要另外的管家来管理何家事务。何家两大家长当家的状态自何文献分家以后一直持续到1953年何家分家,期间何家的当家人并未出现变动。

2.家户规模划分

在花园庄村,大户、小户在划分上有人口与财富两个标准。在人口方面,村中农户家庭成员二、三十人,每代兄弟大于四人,家中多为四代同堂的便会被认为是人口大户,而家中成员不足十人,且每代是独自或只有两兄弟,家中仅有三代、甚至两代同堂的则会被认为是人口小户;在财富方面,农户家中自有田地百顷亩,每年粮食收入千余斤,有固定副业带来资金收入的家户则被认为是经济大户;家中自有田地百十亩,每年粮食多有盈余,还有其他副业的资金来源则被认为是经济中户;家中仅自有几亩或者没有田地,常年依靠租佃为生,每年粮食仅够温饱,零工收入寥寥则被认为是经济小户。对于大小家户划分的标准,当地村民主要以财富为首要标准,一方面因为家户的经济财富对于家中能够养活多少人口的家庭成员有重要影响,另一方面家户的经济财富对于村中其他农户来说也是权威的一种表现形式。

在花园庄村中,赵家和马家不仅是村中经济大户也是人口大户。其中赵家共有百十人,包括家中四代成员和丫鬟、管事、长短工等非亲属人员,拥有自有田地百余亩,被村中称为

"大种地的"①，家中还拥有众多耕种田地所需的大型农具与牲口，但并未听说该户人家有成员任职官员。由于赵家大户经济富足，并且乐于向村中农户出借牲口、农具，该家户在花园庄村中很有威望。

3.新来小户

花园庄村并未根据农户落户在花园庄村的时间长短来进行新户、老户的划分。村民们在日常交往生活上也都会进行互帮互助，未曾听说有村中的老户欺压新来农户的情况。不过由于何家搬迁至花园庄仅发展了三代，而村中有一些农户则是自建村以来便定居于此，与之相比，何家在定居花园庄村的时间长短上算是新来的农户。加之在1949年，何家在拥有田地的规模上，仅自有田地四亩；在房产规模上，只有三间土木坯房；在人口数量及规模上，家中共有八人、上下三代，其中第二代仅有两兄弟，第三代仅有一名幼童；在经济来源上，家中成员除从事农业生产外并没有其他固定副业的资金来源。因此，不论是在人口规模上还是经济实力上，何家在花园庄村中都属于经济一般的新来小户。

虽然何家成员曾任职官方职务，但因为任职时间短暂有限，加之村民间并不会因为这些官职仗势欺人，因此何家在花园中村中并未产生社会影响。在关于村中农户保甲制或者保甲册登记方面，何家后人未曾听说。

---

① 大种地的：一种对耕种有极大面积田地的家户的称呼。

第二章　家户经济制度

在 1949 年,何家七口劳动力共耕种田地十二亩,其中自有田地四亩、租种田地八亩。属于何家产权的田地仅包括自有的四亩田地,并且遵循"全家所用、享用,部分能够继承"的原则。除了农业耕种,何家成年劳力在空闲时也会从事一些零工来补贴家用,男性一般会跟村中农户组队淘古,而女性成员则有时去大户人家采摘谷子或棉花。在房屋产权上,何家是与何氏家族共同住在一个院落,但由于院落房屋有限,何家靠分家仅获得三间房屋,即当地所称的"一外间两里间"的套房。八口之家,三间房屋,使得何家在住房需求上捉襟见肘,何文献通过与西邻寡妇的商议,最终决定让何建功与张贵芬夫妇借住邻居一间房屋,家中成员由此才安定居住下来。何家经济在村中处于一般水平,加之院中亲戚的互帮互助,家中所拥有的生产生活资料尚可自足,家中并未出现借贷情况。在生产、生活、分配与消费上,何家始终以整体利益为先,由何文献作为大家长进行安排、决定,家中其他成员大都听从。

一、家户产权

(一)家户土地产权

1.自耕四亩租八亩

花园庄村由于地处豫北平原地区,村庄整体地势平坦,何家耕种的田地与村中其他农户耕种的田地在土地优劣上并没有很大差异,都算是产量较少的中等田地。在 1949 年,何家共耕种了十二亩田地,其中属于自家的田地有四亩,租种的田地有八亩,土地类型全部为豫北地区常见的"井浇地"①。何家拥有的田地面积在何文献分家之后就再也没有变动过,家中的田地也未出现过被村庄或者宗族收回的现象。

何家耕种的田地全部都在花园庄村整个村民耕种的田地范围内,共分有三块,其中自有的四亩分为两块:一块两亩的田地临近王裕口村附近,一块两亩的田地位于村庄南地的"实验田"②上;而租种的八亩田地则为一大块,在靠近王裕口村的那块自家田地的附近。三块田地全部依靠井水浇灌,灌溉条件良好,王裕口附近的两块田地附近和实验田内的田地附近都打有两口,井主要用于农业灌溉。

在花园庄村附近有一条由东向西又向南走向的河流,当地名为洹水河,由于距离因素,邻村的小屯村和四盘磨村的村民常用河水进行农田灌溉,而花园庄村民只有东边田地的一

---

① 井浇地:旱地的一种类型,因需要靠井水浇地,由此称为"井浇地"。
② 实验田:据老人口述,1945 年前日军曾占领花园庄村,在村庄田地南方划有一块田地实验耕种一些棉花等作物,日军退离后,花园庄村民仍将村中南边范围的田地称之为"实验田"。

些农户会用河水灌溉。除此之外,村庄附近还有一条东西走向的沟渠,该条沟渠在当地称是"万金渠"中四道渠的一个分支,据说是从东边的高平水库流出。整体来看,花园庄村中的农田在地势、环境及灌溉上,与其他地区相比较好。

2.田产分家得来

关于何家自有的四亩田地,是何文献在与何文贵、何文富进行分家所得。除此之外,何家由于家中经济条件的限制,并未再购置额外的田地。由于花园庄村中多为贫穷小户,当地在婚嫁时也未时兴女方家以田地为陪嫁,因此何文献在与付占荣结婚时,付占荣自己并未拥有田地,何家也未有其他田地来源。

关于何家租种的八亩田地,主要是何文献作为家长与村中常年居住于城中、有农田闲置的大户之间进行交涉的结果。在双方商定好之后,这八亩田地便在租种上由何家做主。租种的田地在权力所有上有着划分,即何家只在耕种的使用权上拥有自主权,而在所有权上,仍是由该村中大户享有。何家在租种的田地上只能耕种,不得随意进行再租借、典当等行为。

在花园庄村,农户所有的田地,除了买卖、继承和租种外,还存在农户开荒而得的田地。村中农户开荒的田地大都在村庄东边临近洹水河流的河堤附近,该处田地由于距河较近,沙化较为严重,土质贫瘠,土地产量稀少,因此村中农户并没有对该片田地划分归属,村中无地耕种的或者少地的农户,有时为了自家生存会在那里进行开荒,开荒过后的区域将被认为是"有主"的田地。

3.相关产权有划分

(1)田地归属全家

在何家人的意识里,只要家中还未进行分家,那么家中的田地是归属于何家全体成员共有,家中所有成员都要在田地的耕种和生产中或多或少出力,同理全体成员也都会享受田地粮食收获的成果。虽然何家人对于田地的所有权上有整体意识,但是在对于田地具体的相关权力上,何家则是由何文献作为一家代表来进行安排和决定。此外,何家中并未存在新媳妇嫁入何家所带来的陪嫁田地,也未有属于个人或者小家庭的私房地、贴己地等类型的田地,也没有为老人设置的养老地。

(2)部分成员拥有产权

对于何家自有的四亩田地,虽然在未分家期间由全体成员出力并且共享成果,但是土地在特定时期,即分家时,并非人人都有份,家中只有一部分成员能够享受土地产权的分配。这些成员是限定在何文献下一代的男性成员,也就是何建勋与何建功兄弟两人,除此之外,家中其他成员,像姑娘何仙花、何伏儿,儿媳何彭氏、张贵芬,长孙何孬蛋都不享有这种权利。此外,何家由于自有田地少,家中老人多已由儿子进行全面照顾,因此何家在田地上并未出现划分养老地或者其他特定土地类型的情况。

(3)共有意识强烈

对于何家成员来说,在没有分家之前,家中的田地都是属于全家所有成员,由何文献作为一家之长统领分配,全体家中成员共同出力。何家成员对于田地有强烈的共有意识,一家人生活在一起,东西便不分你我,家中成员不会斤斤计较,不然影响家中团结。如果田地分配到每个人手中,大家一个个的没办法干活,加之田地在一开始就进行划分,那么家中未出嫁的姑娘没有田地无法存活,家中如果再新添男丁等诸多因素会导致田地的划分变得更加复杂。对于何家成员来说,田地分配到个人手中对于家庭的生产生活、家庭团结会产生很大的消极影响。

4.田地边有界

(1)上有"革岭①",下有"灰界②"

何家的三块田地四周与地邻之间都划有边界,并且为了方便区分以及防止矛盾,何家的田地四周与当地农户的田地一般,都是采用"上有革岭,下有灰界"的"双保险"。一般情况下,何家和地邻之间都是以肉眼可见的"革岭"边界来区分自家田地的区域,但由于自然的风吹雨淋,"革岭"有时会坍塌移位甚至消失,这时在堆砌新边界时,双方为了以防对方多侵占自家田地,便会刨开"灰界",以此为重新堆砌"革岭"的依据。

何家自有田地的土地边界分有两种,一种是早前何氏祖辈在迁入村庄购置田地时,通过买卖的形式与卖主进行的边界划分;一种是何文献在与兄弟分家时,在原先耕种的田地之中进行的定额划分。在这两种划分情况下,田地四周都是进行"灰界"与"革岭"的双重划分,一旦划定,四周的地邻将不能够越界侵占并从事农业生产。即使是四周的地邻越界,在不属于自家的田地范围内进行农业生产,但到收获时节,粮食也都是按照边界圈划的面积来进行收割,如此"出力不讨好的事情",村中农户并不会做。不过有时遇到旱灾减产时节,为充分利用土地资源以便获取更多的粮食,花园庄村的农户也会在"革岭"上种植粮食,如此便可能会因为"革岭"上的粮食归属产生争端。在村中这种现象极少出现,不过一旦发生,矛盾双方也会在村中邻里的调解下,按照"革岭"边界的长度一分为二进行粮食的分配。

(2)家中人员耕种、继承

在何家,由于家中成员在日常生产生活过程中都有着不同的分工与安排,在田地的耕种劳作上,主要是由家中成年男性进行承担,但是在农忙或者需要全体成员出动的情况下,全体家庭成员也是需要对田地进行耕作。而对于田地的使用方面,虽然全体家庭成员也都享有田地的使用权利,但何家主要还是由何文献进行安排、决定,全体家庭成员听从、遵守。何家田地的耕种与使用所涉及的人员仅限于何家全体成员,除此之外,外人在未经何家同意的情况下不能够自行耕种和使用,包括与何文献分过家的兄弟——何文富、何文贵及其家中成员。

在何家田地的继承权上,只有家中何文献生育的男性后代——何建勋与何建功两兄弟能够享有,其他成员不能够享有,包括家中的姑娘何伏儿、媳妇何彭氏、张贵芬,长孙何孬蛋,以及分家之后的其他亲属人员。

在花园庄村,农户田地的耕种大都是由自己家中的成员进行承担,不过有些某些农户也会因为家中的某些特殊情况让外人来帮忙耕种自家田地,这种情况是需要在田地所有者同意的情况下进行。对于村庄中的大多佃农来说,他们便是在和田地所有者的商议下,通过双方之间达成的有效协议,由佃农在大户所有的田地上进行劳作、耕种,何家租种村中大户的八亩田地便是这样一种情况。而在田地的继承权上,花园庄村也存在由姑娘继承的情况。村中的苗家只生育有一个女儿,为留住家中的田地产权,苗家在女儿结婚时招了一

---

① 革岭:当地农户在田地四周的边界上堆出来的一条隆起来的界限。
② 灰界:当地农户会在自家田地边界的四周先挖出一条小沟填充上石灰,进行掩埋后在上面隆出"革岭",由于"革岭"会因为外界环境等原因出现错位,在两方农户发生矛盾时便会挖出"灰界"来证明,"灰界"是田地边界的主要证据。

个"上门女婿①",而家中的田地在继承上便由女儿来享有。

（3）边界认知清晰

对于何家全体成员来说，田地关系着粮食的产出，也直接关乎着家中的生存与发展，因此，除了家中幼婴何孬蛋外，家中其他成员都会对自家的田地有着清晰的认知："田地属于全体家庭成员，全体家庭成员都要靠此存活。"此外，何家成员对于自家田地耕种的边界也有着清晰而强烈的认同，家中成员是不能够容忍自家的田地被外人无故侵占，将心比心，何家成员也不会随意去侵占他人的田地。不过在1945年前，村庄南边的部分田地曾被日本军队侵占为"实验田"，由于对方为具备军事武装的强势一方，而村中未有维护田地权益的组织或机构，由此何家与其他被侵占田地的农户一般只得忍气吞声，不过对于自家被侵占的田地范围边界仍有着清晰的认知。在村庄中，田地被他人侵占是一件会与被侵占田地人家产生很大冲突，并且容易被人唾弃的事情，因此何家成员未曾听说存在村中农户田地被外来个人无故侵占的情况。

（4）家长统筹治理

虽然何家的田地归属于全体家中成员，但是在具体的土地经营权上还是由何文献作为当家人进行统筹治理，一方面是因为何文献所具有的家长权威，另一方面也是由于何文献在从事农业生产的时间和经验上较家中其他成员更有优势。在何家，何文献会在参考家中整体的粮食需求以及自然耕种规律的基础上安排、决定家中田地耕种农作物的种类以及种植程序，这种安排属于家庭内部的事项，并不需要同别人商量，外人也无权进行干涉。

何家田地种植的作物产出归属于全体家庭成员，粮食作物的产出是作为全体家中成员的口粮，由家中全体成员食用；棉花之类的经济作物产出是作为家中成员织衣纳布的材料，由全体成员享有；多余的产出置换的钱财也是为全体家庭成员使用。何家是由何文献作为外当家进行统筹安排家中农田作物什么时候收割、怎么收割等，而对于收割之后的分配则主要是由内当家付占荣在兼顾全体家中成员的基础上进行决定，家中其他成员则需要服从。

在花园庄村中，不论是对于何家还是其他农户，家中田地的经营权、收益权大都是由家户中的管事家长说了算，分家后的父母兄弟、外人以及宗族、村庄并不能进行干涉。不过在1945年之前，日本军队占领安阳期间曾占领村庄田地作为"实验田"，在该田地的经营与收益上，则由侵占田地的日本军队官兵进行安排。

5.家长协商作主

在1949年之前，何家视田地为重要的生活支撑，因此何家并不存在买卖、置换、典当田地等活动；而何家由于经济条件限制，家中也未置购田地。由于何家未有属于个人或者是小家庭所有的田地，因此在对于田地的实际支配上，何家主要是在何文献、付占荣两大家长进行协商的基础上，由何文献作为外当家进行做主，家中其他成员只能默认、服从。

何家在1949年之前曾租种村中大户家中的八亩田地，而安排和决定租种田地的是何文献。在决定额外租种田地的过程中，何文献首先是在统筹考虑家中人多地少，劳动力有剩余的基础上与妻子付占荣进行初步协商，之后又通知了家中主要承担农业生产的何建勋与何建功两兄弟。而在确定租种田地的大户过程中，关于与出租田地的大户进行有关租金之类的

---

① 上门女婿：当地婚嫁时，男方入赘女方家中的说法。

协商过程则由何文献一人进行决定。何家在租种田地的整个过程中，并未告知或者请示四邻、家族、保甲长。

在花园庄村中，其他存在田地买卖、租佃、置换、典当等活动的家户大都也是由男性当家人进行决定，他们有时会选择和妻子进行商量。而家中由女性成员当家时，多数女性当家人则会在与家中成年男性或者是同辈的叔伯亲戚进行商量后进行决定。而农户在田地进行买卖、租佃、置换、典当等活动时并不需要告知或者请示四邻、家族或者保甲长，而四邻、家族或者保甲长也不能对农户进行的田地处置行为进行干涉。

6.其他成员可提意见

对于何家来说，田地的买卖、置换以及典当等活动都算是家中大事，何家虽未曾出现这些现象，但是如果发生也主要由何文献和付占荣两大家长互相协商来决定，家中其他的成员并没有权利对这些活动进行干预甚至支配。不过对于家中已经成年的何建勋与何建功两兄弟来说，家中的田地在以后将会作为分家中分配的田产归属两兄弟，因此何家在田地要产生大的变动决定时，何建勋与何建功两兄弟可以向何文献与付占荣提出一些自己的建议和看法，但最终仍然以当家人何文献的决定为准，家中其他成员并不能够擅自对田地的买卖、租佃、置换以及典当活动进行决定。

何家在决定田地的租种过程之前，何文献作为家长会考虑全家整体状况以及何建勋与何建功两兄弟的看法。在何文献看来，一方面两兄弟作为家中的成年男性，对于家中大事会有不同的看法，这可能会提醒家长未能注意到的细节；另一方面两兄弟作为从事田地农业生产的主要劳力，家中在租种田地确切的亩数上以及与之相关的方面还需要听取两兄弟对于自身的实际看法。对于何文献租种大户人家田地的决定，何建勋与何建功两兄弟出于全家的考虑也表示十分的赞同，不过两人在租种田地的亩数上根据自身情况也提出了一些个人看法。之后关于寻找出租田地的农户，租种田地需上交的租金等活动，何建勋与何建功则完全听从家长何文献的安排。

在花园庄村，不同农户在田地的买卖、租种、置换、典当等活动中，家中其他成员所处的地位与作用也会出现不同。大多农户会如同何家一般在田地的相关安排上主要由当家人进行决定，家中其他成员可以在这些活动中提出一些自己的建议供当家人参考。不过村中也有一些由女性长辈作为当家人，如果田地需要进行买卖、租种、置换、典当等，女性当家人便会将权力委托给家中成年的长子或者已经分家的亲戚叔伯代表家户进行田地处置，这一过程中，当家人与其他成员之间需要密切的协商，并且其他成员在这些活动中所占地位与作用较大。

7.田地曾被日本军队侵占

何家的田地在 1949 年之前并未出现被外来人侵占的情况，一方面是由于村民之间对于田地的归属都有着强烈的同理心，懂得田地对于农户的重要性；另一方面也是由于村邻之间都通情达理，团结和睦，一般不会无故去他人田地进行农业劳作。不过在 1945 年前的一段时间里，何家位于村庄南边的田地与村中其他一些农户的田地一同被驻扎在城里的日本军队侵占过，花园庄村被侵占的田地被村民称为"实验田"。

日本军队在花园庄侵占的"实验田"主要是为了给驻扎在城里的日本军队提供日常所需的粮食和棉花，附近村庄一定规模的田地也以同样的原因或多或少的被日本军队侵占过。在

1945年之前,何家与村中其他农户面对田地被日本军队侵占时并未进行抗争,而是选择容忍,一方面是因为与有刀有枪、训练有素的日本军兵相比,何家与其他农户都是手无缚鸡之力的渺小存在,强弱悬殊;另一方面当地的保甲长也未有强硬兵力与之抗争,对出现的这种情况只能无视。

1945年之前,田地被日本军队侵占在花园庄村中并非是件很耻辱的事情,反而是件很不幸的事情,其他村民对于田地被日本军队侵占的农户大都表示出同情,而被侵占的村民互相也会在私底下进行抱怨与诉苦,但是为了自家未来的生存与发展,并未出现被侵占田地的农户去向日本军队进行抗争或者打抱不平的情况。

8.认可、尊重田地产权

对于花园庄村中的其他村民来说,何家成员拥有对自家所有田地的耕种、收益以及买卖、租佃、置换、典当等相关权利,村中其他村民在何家对自有田地进行处置过程中并不能够进行干涉或者参与,他们只能表现出一种默认、尊重的态度。对于村庄内外的其他人来说,他们并不能够对于何家或者其他任何不属于自家的田地随意的侵占并进行买卖、租佃、置换、典当,如果其他农户想要与何家进行田地的相关交易,则需要与何家的外当家何文献进行商量并需要征得其同意。如果何文献就自家田地并未表态,其他外来人是不能够对何家的田地进行强制的买卖、租佃、置换或者典当。在1949年之前,花园庄村中未曾出现过外来个人对农户自有田地进行随意侵占或者强制买卖、租佃、置换、典当等活动,不过如果出现此等现象,受害农户则会选择上告官府,官府也会对农户自有田地的权益进行维护。

虽然花园庄村并未出现外来个人随意侵占田地的现象,但是在1945年之前,占领安阳的部分日本军队曾侵占过周边村庄一些农户的自有田地,何家在村庄南地的两亩自有田地也曾被侵占过。受社会环境的影响,何家被占有的田地在某种程度上属于官方层面上的侵占,由此何家与村中其他被侵占田地的农户并未受到什么来自家族或者官府的保护,侵占的田地的所有、耕种与收益也都归属于日本军队而非农户个人。在田地被侵占期间,日本军队在附近村庄招雇有一些农户对于田地进行耕种以及粮食的收割,除此之外,日本军队并未对田地再进行买卖、置换以及典当等活动。在1945年左右,占领安阳的日本军队撤退后,被侵占的田地便重新归属原田地所有的农户。

(二)家户房屋产权

1.家有"一套间"

在1949年之前,何文献一家是与何氏"八股"共同居住在一个院落之中,院落的全部房屋在空间布局上为北方常见的四合院形式,其中何文献一家拥有的只是院落西北边的三间房屋组成的"一套间"。

根据何文献与何文富、何文贵分家之后房产以及院落空间的划分标准上,何家自家所拥有的宅基地面积约占六十平方米,其中房屋的建筑面积则约有四十五平方米。何家居住的三间房子较村中其他农户稍好,在材质上为村庄房屋建造常见的"砖柱土坯房"①。何家居住的三间房屋在布局上为当地标准的"套间",即中间一屋为外间,两边两屋为里间。其中外间正

---

① 砖柱土坯房:房屋的墙体和屋顶是由泥土、石灰、草木等材质混合而成的,而房屋内的"四梁八柱"则是由红砖砌垒,泥土涂表而成。

对院子方向设有房门,以便成员进入房屋;屋内与两侧里间相连的墙上也设有房门,方便从外间进入里间,并且在里间朝向院落的墙上设有木架纸糊的窗户以便屋内人员可以观察院子发生的事情。不同的房屋在功能设置上也有所不同,何家外间设置有一张大桌子和几张板凳,墙面挂有一些家神画像,主要用于何家接待外来的人员;而何家的左右两里间则设置有土炕、柜子以及衣服床褥等,主要是何家小家庭成员就寝的地方。

自何文献分家之后到1949年期间,何家居住的房屋并未发生增减,不过由于何建勋与何建功两兄弟的结婚,家中成员数量的增加,在房屋的使用和配置上存在重新划分的情况。对于何家拥有的这个套间来说,外间作为家中的公共场所,并不存在归谁所有的说法,而左右的两个里间在分配上,左边里间居住的是何建勋、何彭氏以及何孬蛋这一小家庭,而右边里间居住的是何文献、付占荣以及姑娘何伏儿。其中,在何文献居住的里间还设置有锅碗瓢盆、火炉作为简小的厨房为何家成员起灶做饭。何建功在结婚后曾有一段时间与新婚妻子居住在西邻的崔斌寡妇家的一间空置房屋里。何家里间的房屋在分配的使用规则和次序上,按照家中成员的年龄由大到小分配,并且已婚成员居住的房屋在某种程度上算是一种私人性的空间,其他人不得随意进入。

2.房屋继承后稍有修葺

何家居住的三间房屋是来自于何文献分家继承所得,除此之外,何家的房屋在1949年之前并没有过买卖、赠予。由于何家房屋常年居住,因此家中成员曾对漏雨的房屋屋顶有过修葺行为。何家的房屋是何氏迁入花园庄后购置的老房子,到1949年房屋共居住了三代人,由于何家对于家族、氏族并未重视,家中的房屋并未划分祖屋。

在1949年之前,何家对于居住的房屋曾有过修葺,主要是为了填补、加固房屋的屋顶。何家都是由自家成员对房屋屋顶进行修葺,在材质上主要是用麦芥、白石灰、泥土和沙子进行混合,然后由何建勋以及何建功兄弟两人爬到自家房屋顶上修补。对于房顶的修葺整体花销并不大,只需要花钱购置一些白石灰和沙子,一般也都是由何文献去附近集市上购买,这些花销都是来自于何家成员通过打零工或者“淘古”所积攒下来的零钱。

3.全家共有之下有划分

（1）房屋全家共有

对于何家成员来讲,在未分家之前,家中的房屋属于全体家庭成员,所有成员都将享有房屋的居住、使用等相关权益。不过在对于房屋的具体处置决定上,何家主要是由何文献作为一家之长代表家中全体成员进行决定。何家并未存在与别人共有居住的房屋的情况,不过存在借住他人房屋的情况。在何家,何建功夫妻曾有段时间借住在西邻崔斌寡妇家的一间房屋,不过在借住之前,何文献曾代表何家与崔斌寡妇进行商议并征求了房屋主人的同意。

截至1949年,何家共有三对夫妻,包括一个大家庭,其下还包括两个小家庭,因此虽然家中房屋在产权上属于何家全体成员,但是在房屋空间的相关配置以及使用权利、次序上也有着一定规避规则。根据何文献以及付占荣两大家长的协商、决定,何家的房屋在空间配置上,西边里屋属于何建勋、何彭氏以及幼婴何孬蛋的小家庭空间;东边里屋属于何文献、付占荣以及未出嫁的姑娘何伏儿的居住空间;而借居西邻的一间房屋则为何建功与张贵芬小家庭的空间,外间则属于可供全体家庭成员活动的公共空间。在一般情况下,何家其他成员在进入何建勋一家或者何建功一家的起居房屋时,是需要与何建勋夫妻或者是何建功夫妻打声招呼,而对于东边里屋由于屋内设置有厨房,全体家庭成员要进行做饭、吃饭活动,因此成员进入时并不需要打招呼,但要使用除做饭用具外的其他东西时,则需要和付占荣打声招呼。

何家在房屋空间上的划分是为了方便家中成员的日常起居,但是成员在进入小家庭房屋前需要打招呼,这在一定程度上算是尊重小家庭私人空间的一种表现。严格来说,家中的房屋所有权并未划分给小家庭,关于房屋的买卖、典当等决定,仍是由何文献做主。此外,关于房屋空间的划分也是一种暂时性的划分,如遇特殊情况,何文献作为大家长仍有对房屋另行配置的权力。

(2)家产儿子有份

对于何家居住的房屋来说,在未分家前,何家全体成员都享有房屋的居住、使用权,不过在房屋产权的继承上,何家只有何建勋与何建功两兄弟拥有份额,其他家庭成员不再享有继承权,包括家中的媳妇何彭氏、张贵芬,姑娘何伏儿以及第三代的何孬蛋。而已经与何文献分过家,但仍居住在一个院落的何文富、何文贵的家庭成员也不能享有何家家产的继承权,在何家房屋的居住与使用上,他们也不能够随意做主。

在花园庄村,农户房屋产权的继承大都涉及第二代的男性成员,外出打工的男性成员、还未成年的男童在继承权上也是会占有一定份额,此外还包括一些家中只生育有姑娘,在婚嫁时男性选择入赘的女婿等。除此之外,家中其他成员不再享有房屋继承权利,包括家中已经出嫁或者还未出嫁的姑娘,嫁进来的媳妇,常住在家中的非家庭成员。对于家中已经分过家的兄弟或者已经分过家并且父母单独进行吃住的男性成员,他们也不再享有家产的继承权。

(3)进出需要打招呼

对于何家成员来讲,虽然家中的房子在整体上归属于全体成员,但是由于何建勋与何建功已经结婚组建了小家庭,因此在房屋具体使用上也是讲究一定的规则。

对于何家组建的小家庭来说,小家庭内部需要一定的私人空间,加之媳妇与家中其他男性成员避嫌等因素,何家成员如果需要进出何建勋与何建功居住的里间时,则需要在进入前打声招呼,而在进出外间、何文献里间这样的公共空间并不需要有所讲究。

在何家成员看来,房屋应当和田地一样,在未分家之前都应该由全家人所有,而不能够将所有权分配到每个个人身上。一方面是因为房屋产权原本只是由家中部分成员享有,如果过早分配,家中其他未有产权的成员将没有地方居住,例如家中还未出嫁的姑娘以及父母,另一方面,房屋产权过早的分配到每个人身上也会引起一系列的潜在麻烦,例如家中出现再添新丁或者家中富裕再建新房等情况,家中房屋的分配则需要重新进行分配,这样也会比较麻烦。因此,何家成员认为在分家之前房屋属于全体家庭成员较之分配到个人更加有利,也有利于何家全体家庭的团结和睦相处。

4.房屋、院落都有界

(1)院外与四邻清晰有界

何家居住在何氏本家共居的大院落之内,院落四周与街坊邻居有着清晰的界限划分,其中界限类型为"灰界""滴水檐"以及"共墙"三种形式。其中"灰界"作为划分何家院落空间与四邻之间的界限,在何家购置该院落前便已经形成,这也是日后何家对房屋进行拓展修建的凭证。与何家田地边界一样,"灰界"由于常年埋于地下,未避免时常与四邻产生争端,何氏院落四周的邻居在建造房子的时候也会稍微空出些许距离作为"滴水檐"①。何氏与南边邻居王家在建盖南北房屋的时候便都是依据双方之间的"灰界"留出些许距离作为"滴水檐",双方之间也由此形成一条狭长的胡同。此外,何家院落与北边邻居冀家还存在"共墙"的情况,这主要是由于冀家经济条件有限,为了节省修建房屋的费用依靠何氏院落北墙建造了自家的南屋。"共墙"是一种不合理的修建方式,在一定程度上侵犯了何氏的房屋权益,但由于何家成员与四邻并未斤斤计较,由此并未产生过大的矛盾。

在花园庄村,像冀家在房屋修建时与何家"共墙"的现象算是一种依靠"灰界"的边线进行占用的情况,这样已经算是侵犯了何家房屋的相关权益。这种情况在花园庄村的其他家户中也比较常见,而除此之外,村中农户并未出现四邻越过房屋"灰界"修建房屋的情况,如若出现,双方之间将会闹更大的矛盾,甚至上诉官府,而越界的农户不仅会受到惩治,也将受到村中人的谴责。

(2)院内各家存在心理认知

在何氏院落之内,何氏各家对于自家拥有的房屋边界也有着一定的心理认知。对于何家成员来讲,他们对于自家所拥有的房屋有着清晰的心理认知,而对于不属于自家的房屋院落空间的使用上,他们也是要懂得一定的礼节,家中长辈也会时常教导家中成员不经允许不能够随意进出别人家的屋子,更不能在进入别人房屋之后随意去拿屋内物品等。

对于除自家居住的房屋空间外的范围,即对于院内屋外的空间划分,虽然何氏院中并未明显标识院落公共空间的界限,但是何家成员与其他何氏成员也有着一定的心理认知。对于何家成员来讲,他们会将院落中间一分为二,南北院落空间意识较强烈,一般情况下,何家成员不会随意去院落南边部分的空间走动,而对于北院的相关空间划分,何家成员主要会在自家房屋前面的空间范围活动。

由于院落之中居住有八支何氏家庭,何氏在院落公共空间的划分上主要是以各家庭日后建造房屋的宅基地为划分标准,而在日常成员进出院子以及在院内走动时,何氏各家成员并不会太过讲究。

(3)房屋相应权益仅限家中成员

何家居住的三间房屋是归何家全体家中成员使用,除此,外人不能够在不经过何家当家人的允许下随意使用。而在何家房屋的继承权上,何家成员只有何建勋与何建功两兄弟享有,而家中的其他成员,像媳妇何彭氏、张贵芬,姑娘何伏儿以及孙辈何孬蛋都不能享有。而对于同居一个院落但已经分家的何文富、何文贵家中成员以及外人来讲,他们也都不能享有何家房屋的继承权。

(4)房屋由当家人来管理

对于何家成员来说,家中居住的三间房屋都是由当家人何文献进行管理,包括对房屋的买卖、拆除、修缮、重建等活动进行决定,家中其他成员可以提一些意见,但外人不能够进行干涉。对于何家房屋的相关管理属于何家家庭内部的事情,除非与外部产生矛盾、冲突,否则当地宗族与村庄也没有权利多加干涉。何家在1949年之前,并未对房屋进行买卖、拆除或者

---

① 滴水檐:农户在建造房屋的时候会在"灰界"的基础上稍微空出一定的距离,以便在下雨时房顶上的积水仍是流到自家的房屋宅基地上,而不会因为水流到邻居家而产生矛盾。

重建,但有进行过房屋的修缮行为。何家决定对房屋进行修缮是由何文献提出,而分家之后的父母、何文富、何文贵两兄弟并未对何家房屋修缮进行干涉。

对于花园庄村中家庭来说,主要是由当家人来决定对房屋进行买卖、拆除、修缮、重建的安排,其他人并没有权利擅自干涉甚至决定。不过村中存在其他成员进行干涉的情况,例如村中是女性当家的家庭如果要对房屋进行相关处置,女性当家人会由于性别和学识的限制会参考一下家中成年长子或者是已经分家的父母、叔伯的意见,但是最终进行决定的仍是家庭中的当家人。

5.当家人实际支配房屋

(1)何文献实际做主

何家通过分家继承的三间房屋,并未进行过买卖、典当、出租、建造等活动,何家也并不存在专属于小家庭的房屋,因此对于房屋的处置主要是由何文献作为当家人代表整个何家进行房屋的实际支配。在未分家之前,何家三间房屋的分配都是一种暂时性的居住状态,如果家中成员发生增减,何文献也是可以对房屋进行重新的调配。不过出于家中生活的稳定与方便,何文献在对房屋进行分配后很少再对房屋进行调配。

(2)房屋存在修葺、借住

在1949年之前,何家曾不时对房屋进行过修葺活动。在决定是否对房屋进行修葺上,实际支配者是当家人何文献,不过何文献曾与付占荣有过相关协商。在对漏雨的房屋进行修葺过程中,主要是由何文献去集市上购置维修屋顶所需要的白石灰、沙子等相关材料,然后安排何建勋与何建功两兄弟进行泥土、石灰、麦芥以及沙子的混合,并且再由两兄弟上屋顶进行修葺。在何家进行房屋修葺的整个过程中,何文献仅需要对家中的男性成员进行修房事项的安排,除此之外,何家并不需要告知或者请示四邻、家族、保甲长。

何家也曾有过借住他人房屋的情况,主要是由于何建勋与何建功在结婚之后何家成员的数量增加使得现有的居住房屋不够分配。何家在借住他人房屋过程中,首先是由何文献出面与西边邻居崔斌寡妇进行协商,在征得邻家主人同意之后,何文献根据家中成员的具体情况安排新婚的何建功、张贵芬夫妇居住其中。在借住他人房屋的次序上,何家一般讲求先近亲后邻居,主要是由于近亲之间好商量,而邻居之间距离近,家中成员共同生活很方便。何家在与邻居商量好借住后,何家并未给予邻居钱粮,只是打声招呼便可,主要是由于邻居家只剩一个寡妇,空房很多,并且其对于邻里之家互相帮助也十分乐意。在何家决定借住西邻房屋的过程中,何家并不需要告知或者请示四邻、家族、保甲长。

(3)村庄存在买卖、建造

在花园庄村中,农户的房屋存在买卖、建造活动,但未曾听说过典当、出租房屋的行为。在房屋的买卖过程中,当地农户在寻找买主、卖主时并没有什么次序讲究,只要买卖双方能够在价钱上谈拢就可以进行买卖。不过在进行房屋买卖上,双方主要都是当家人之间进行协商,而如果家中是女性当家时,这家农户也会找家中成年长子作为代理当家人。在房屋建造上,家庭内部也是由当家人来进行决定与安排,不过如果家中人手不够,当家人则会告知分过家的兄弟亲朋前来帮忙,有时亲朋兄弟也会对房屋建造的具体活动提出一些意见供当家人参考。村庄中农户对房屋进行的买卖、建造活动都是属于家户内部的活动,并不需要告知或者请示四邻、家族、保甲长。

6.家庭成员听从安排

何家在进行房屋的修葺与借住等活动中,家中除了何文献发挥着实际的支配作用外,家中的其他成员主要是听从当家人的安排,不过期间家中成员也是可以提出自家的意见供何文献参考。在何家,除了当家人之外的其他家庭成员是不能够擅自对家中房屋进行买卖、典当、修建、出租等进行决定,除非是由何文献授权委托。

在何家进行房屋修葺过程中,由于需要成年男性劳力,何文献便安排何建勋与何建功两兄弟进行房屋修葺,期间两兄弟是要听从何文献的安排进行"和泥"和填补。不过,在对屋顶添补漏洞和运送"泥浆"的分工上,何建勋与何建功可以根据自身情况提出自己的意见。在决定部分成员借住西邻家中的过程中,何文献根据家中情况做出何建功夫妻借住的决定,何建功与张贵芬则必须听从并从家中搬出到邻居家进行借住而不能有异议。

7.房屋不曾侵占

在 1949 年之前,何家的房屋或者宅基地面积并未出现被侵占的情况,主要是由于村中的邻里之间也都较为明理,不会未经农户允许随意侵占他人房屋。不过在关于房屋的边界问题上,北邻冀家曾在建造南面房屋时,存在紧邻"灰界"并依靠何家北墙建房的情况,这种共墙形式在某种程度上算是"占便宜"①,不过何家成员并未斤斤计较,何冀两家并未由此产生大的矛盾。

在花园庄村,这种"共墙"形式在一定程度上算侵占他人房屋权益的表现,如若利益受损方并不妥协,便很容易产生很大的矛盾与冲突,而直接侵占他人房屋的现象,花园庄村中未曾出现。对于家户中的家庭成员来讲,房屋作为家中成员居住生活的重要场所,不得由外人随意侵占。如果家中房屋被外人无故侵占,家中成员将会对其进行抗争,或由村中邻里进行调节,或上告官府做主。

8.外界认可房屋产权

何家在对于自己拥有的房屋进行买卖、租用、置换等相关活动时,仅由何家内部成员进行做主,而村中的其他村民没有权利进行干涉或者擅自决定。在某种程度上,村中的其他农户算是默认何家对于自家房屋的相关处置。不过村中与何家交往很好的其他村民在何家对房屋进行相关处置时,可以与何文献提一些意见以便为何家未来的发展寻找更好的对策。而对于家族、村庄以及县乡官府来说,它们更多的是对何家进行房屋处置活动时起到一种保护作用。如果何家在进行房屋买卖、租用、置换过程中出现有外人强行处置自家房屋的现象,村庄中的保甲长便会和村中比较有威望的大户来对这类事情进行评判,如果出现的问题更加严重,双方便将由更为官方的县乡政府出面来进行评判。

(三)生产资料产权

1.家中仅备小农具

何家作为地道农民,家中主要以从事农业生产为生,因此家中种地所必需的、小巧方便的农具较为完备,在配置上几乎家中成员人手一个。何家拥有的这些必需农具主要包括锄头、镰刀、撅头以及铁锹等,其中锄头主要是用于翻土、挖土以便疏松田地;铁锹主要是用于

---

① 占便宜:何家的北邻冀家,在建造房屋时算是越过两家之间的"灰界",依靠何家的房屋墙面建盖房子,省了南边一面墙的材料费用,对于何家来说,算是投机取巧的一种行为。

翻挖田地、播撒种子;撅头主要用于除草和挖土。除此之外,由于何家主要依靠水井挑水浇园,因此家中还配备有几个专门用于挑水浇园的水桶。

在1949年之前,由于何家本家共同居住在一个院落之中,各股家庭之间关系密切并且经常互帮互助,虽然何家并未独自拥有犁、耧、耙等大型农具,但是在需要的时候主要依靠南院本家亲戚拥有的大型农具。另外何家仅占院落北边三间房屋,北院临院门,常氏成员经常走动,家中并没有养牲口的空间,也就没有购置诸如牛、马、驴、骡等牲口,随之也未购置需要牲口牵拉的大车之类的交通工具。

2.半买半制

在当地,诸如锄头、镰刀、撅头以及铁锹等的小型农具主要是由两部分构成,一部分是铁制的"头",另一部分是木制的"把手"。就何家所拥有的这些小型农具来说,其来源根据小农具的两部分也分为两处:小型农具的"铁头"主要是由何文献去集市上购买得来;而小型农具的"木把手"则主要由何文献带着何建勋与何建功在村中寻找合适的树木砍其枝干并修整得来。何家在购置"铁头"的花费上主要来自何家成员通过打零工赚取的钱财,而木制把手并不需要花钱购置。对于何家来说,由于自家拥有的生产资料算是一半购置一半自制,因此得到一个完整的小农具并不需要花费太长时间,一般何家成员空出半天的时间便可寻找到合适的树枝,之后砍取、修整便可。何家早前拥有的生产资料是何文献通过与何文富、何文贵分家继承而得,之后家中的小农具经过长时间的使用出现破损、毁坏了便通过以上方式添购。

何家自有的这些小型农具是完全属于全体何家成员,家中并不存在与其他家庭共有或者共用的生产资料。在从事农业生产过程中,何家由于缺乏犁、耧、耙等大型农具,因此在需要使用这些大型农具时,何家主要采取的是借用本家南院何氏家庭的大型农具以及拉大型农具的牲口等。对于何家成员来说,家中未购置大型农具的原因,除了经济限制外,更重要的是家中并未再有多余的空间来存放大型农具以及饲养拉大型农具的牲口。加之在1949年之前何家本院的八股家庭互相之间相处和谐,并经常互帮互助、不求回报,因此何家成员对于大型农具和牲口的需求一般倾向于选择向亲戚好友借用。

3.产权归属

(1)全家所有

对于何家的成员来说,家中所拥有的这些生产资料在整体上都是属于全家所有,虽然小型农具都是每个人人手一个,但是一旦小型农具损坏需要维修甚至购置时,所有的花费将是由何家整体承担。对于何家拥有的小型农具来说,在农具的整体分配安排上还是由何文献代表何家来进行统筹规划。家中的小型农具在所用权与使用权上,除了不能够算作家中劳力的幼婴何孬蛋外,全体家中成员全部享有,包括家长何文献、付占荣,第二代成员何建勋、何彭氏夫妇,何建功、张贵芬夫妇以及未出嫁的姑娘何伏儿,除此之外,已经出嫁的姑娘何仙花,已经分家的何文富、何文贵家中成员将不再享有。在何家,家中的生产资料也不存在由小家庭所有的情况。

(2)继承部分成员有份

虽然何家所拥有的生产资料在未分家时由全体家庭成员所有并使用,但是在涉及到分家时的继承权利上,何家仅有部分成员有份。对于何家的生产资料享有继承权利的是何建勋与何建功两兄弟,除此之外,何家已经出嫁的姑娘何仙花不能享有,未出嫁的姑娘何伏儿也不能享有,第三代的儿童何孬蛋不能享有,嫁进来的媳妇何彭氏与张贵芬也不能享有,已经分过家的何文富、何文贵家中成员不能享有。在花园庄村,农户的生产资料继承与何家情况大致一般,主要是由第二代的男性成员继承,不论成员是否外出打工或者是未成年。但是,如果农户家中存在第二代男性成员去世但留有第三代男性成员的情况,则去世成员的媳妇也将享有继承权利;如果家中只生育有姑娘,并且姑娘在结婚时选择上门女婿,那么入赘的女婿也将会享有农户生产资料的继承权。

(3)全家所有利于和睦

在何家的认知中,家中的生产资料应该归属于全体家庭成员所有,而不是将生产资料的所有权分配的每个家庭成员的身上。而在对生产资料进行维修或者购置安排上,何家成员也认为应该由家长何文献做主。这样一方面利于培养何家整个家庭之间的团结和睦,避免家中成员会因为属于自己的生产资料没有分配到手,或者自行做主进行生产资料的维修、购置而产生的矛盾,另一方面由何文献在当家人的身份上对家中生产资料所做的决定将更加容易让家中全体成员服从。

4.当家人安排、做主

(1)主要由当家人做主

何文献作为何家的当家人,在对自家拥有的生产资料进行购买、维修、借用活动中一直处于实际支配者的地位,并且其对于各种事项也是尽力亲力亲为。不过家中的生产资料都是一些比较容易购置和维修的小物件,有时何文献不在家或则无力操心时,何家的成员也可以向付占荣进行报备,付占荣作为家中的内当家也是可以对小农具的购置、维修进行安排、决定。此外,家中男性劳动力在田地中从事农业生产时,如果有地邻来借用小农具时,何文献若不在,何建勋与何建功也是可以灵活进行决定,不过这种借用一般具有暂时性,在何家成员回家前便需归还,如果借用时间较长,则需要由何文献出面进行决定。

(2)亲力亲为购置农具

何家在对于小型农具的购置上,家中大都是由何文献进行决定,并且会亲自去集市上,通过在集市上挑挑拣拣,货比三家,最终尽力用最优惠的价钱购置质量更好的"铁头"。在这种购置活动中,由于"铁头"的花费并不大,何文献自行做主便可,并不需要同谁商量,也不需要告知或者请示四邻、家族、保甲长。家户购置生产资料属于家户内部的私事,其他人并没有权利干涉,也不需要征得外人的允许。在何文献有事不方便购置小型农具时,何文献也是可以安排何建勋去购置并且会将购置需要的金钱交由何建勋,何建勋在购置了相应农具后的剩余钱财仍需归还何文献。

(3)父子共同维修农具

对于何家来说,家中的男劳力对于生产资料的使用较为频繁,一旦家中的小农具出现破损需要维修时,何建勋与何建功便会在告知何文献之后,与何文献一同对家中破损的农具进行整体的维修。何家在生产资料的维修上,主要由何文献做主,何文献一般会告知何建勋与何建功并安排其一同来进行农具的维修。除此之外,何家在生产资料的维修上并不需要再同其他人商量,更不需要请示或者告知四邻、家族、保甲长。

由于何家拥有的都是小型农具,而在使用过程中小型农具的"铁头"比较坚固并不容易损坏,而"木制的把手"经过长时间的风吹雨晒很容易腐烂或者折坏,因此何家对于小农具的维修主要是在对"木制把手"的更换上。如果在使用过程中,把手损坏了,一般使用该农具的成员是可以自行在村中找取合适的树枝进行更换。但是,若是家中多数的农具开始腐坏,则需要告知何文献,然后由何文献安排何建勋、何建功一起去村中树林寻找一些合适的枝干,然后砍回家中进行修整,最后进行整体的更换。如果家中农具的"铁头"出现破损,由于何家并没有成员懂得修补,则需要告知何文献,由何文献拿到集市铁匠铺去维修,破损严重的便会购置新的铁头来更换。去集市上修补"铁头"的花销都是从何家整个家庭的金钱存储中扣除。

(3)农具借用先找家长

何家在生产资料的借用活动中主要分为两种情况,一种是何家借用他人的生产资料,另一种则是他人借用何家生产资料的情况。不论是出现以上哪种情况,何家一般都会遵循"大型农具必由家长出面,小型农具成员灵活做主"的原则。在生产资料的借用过程中,何家只需要同借用的一方进行商议决定,除外不再需要告知或者请示四邻、家族、保甲长。

何家在从事农业生产需要借用本家南院的大型农具以及牲口时,何家都是由何文献作为何家一家之长出面与对方家长进行协商,其他家中成员在此过程中只能在需要使用大型农具时告知一下何文献,并提出自己想要借用大型农具的建议,但最后仍需要由何文献出面。何家其他成员可以在双方家长商量决定后去对方家中拿大型农具以及等借用完之后归还农具。如果何家成员在田地农作时需要临时借用一下锄头、镰刀、撅头以及铁锹等的小型农具,这种情况何家成员只需要征得地邻的同意便可,不再需要大家长何文献因为这样的小事出面协商。与之对应,有时地邻也会因为临时需要某种小型农具需要向何家借用,那么当时在田地干活的何家成员便可自行做主借用,等到回家时归还回来便可,回到家也不需要再向何文献进行报备。

(4)村中存在农具共有

在1949年之前,何家拥有的生产资料并不存在共有的情况,不过花园庄村中的农户存在农具共有的情况。存在生产资料共有的农户,在对于生产资料的购置、维修上花销上由各家均摊,然后各家都可以享有生产资料的所有以及使用权。一般共有家庭会在从事农业生产时稍微"错一下时间"①,这样便会将生产资料的效用发挥到最大,也能避免矛盾。共有生产农具的家庭在存放上,一般会商量选择存放于固定的一家,或者定期轮流存放两种方式。在借用上,共有农户在不影响另外农户使用的情况下可以自行决定借用,不过需要告知一下另外几家共有的农户。

5.其他成员处于从属地位

何家其他成员在对于家生产农具进行购置、维修、借用活动中主要处于从属的地位,一般都是由何文献作为当家人在较大事宜上进行安排决定,其他家庭成员听从安排,不过在涉及生产资料的琐碎小事上,何家成员也可以灵活地自行做主。

在进行农具的购置上,何家主要由何文献自行做主购买,家中其他成员在该过程中可以提出家中需要添购农具的意见以及服从何文献购买农具的行为;在进行农具的维修上,何家其他成员需要默认何文献对"铁头"进行维修的花销,而在对农具把手进行简单更换过程中,

---

① 错一下时间:即在农业生产时,两家农户在使用大型农具劳作的安排上将时间差开,不重叠。

何建勋与何建功则可以适当做出更换把手的决定;在进行农具的借用上,何家其他成员可以在需要借用大型农具时,对何文献提出自己的想法,而在地邻之间借用小型农具过程中,其他成员便可进行灵活做主。

6.生产资料未有侵占

由于何家的生产资料仅是些村中几乎家家必备的小型农具,便宜易购,因此,在1949年之前,何家并未出现生产资料被侵占的情况。在花园庄村中也并未存在不讲事理的"村霸"占有村民生产资料的情况,而1945年前的日本军队仅是侵占田地,仍由当地农户进行农业劳作,因此村中也未曾出现日本军队侵占农户家中的生产资料的情况。对于农民来讲,家中拥有的生产资料是赚钱必备的工具,是"吃饭的筷子",因此家中也是不会允许自家的生产农具被别人不经允许地占有。

7.外界少有关心

何家拥有的生产资料几乎是每家必备的小型农具,其他村民很少关心何家拥有生产资料的具体种类与数量,不过在互相借用过程中,村民之间对于何家拥有的生产资料产权仍表示认可,并不会在未经何家成员允许的情况下随意使用何家的生产资料,更不用说直接占为己有。而何家对于自家生产资料的处置上,其他村民也都是持有默认状态,村庄中也不允许存在强行对农户家中的生产资料进行买卖、租用、置换的情况。

在花园庄村中,生产资料产权算是一种被外界较少关注的产权,当地也并未听说有他人、家族、村庄甚至官府侵犯农户生产资料的情况,村庄、县乡政府也未有对农户家中的生产资料产权进行公证的情况。农户家中的生产资料大都是由自家操心保管好,外界对于该产权较少关心。

(四)生活资料产权

1.生活必需品较为齐全

在1949年之前,何家的生活资料在配置上还算较为齐全,生活所需的桌椅板凳、油盐酱醋并不缺少,饮水配置上有水井,而在晒麦、磨粮食上,则会去借用村中大户的场地、设施以满足自家的需求。

（1）晒场、水井、磨碾碌碡

在花园庄村中,种地的农户很少专门空置一块平地仅作为曝晒粮食的晒场,而是会在春季耕种时空出几亩田地种植较早成熟的大麦,在收割完大麦后,便会将这片土地平整一下作为临时简易的晒场。而对于1949年之前的何家来说,由于自家耕种的田地面积较为零散,何家未曾设置简易的晒场,只是在麦子成熟需要曝晒时,何文献便会出面去邻居种田大户的赵家与其家长进行商量,请求在其田地的晒场上进行粮食的曝晒。而在粮食晒得差不多的后期,何家便会选择在自家的房屋屋顶再进行一段时间的晾晒,房屋屋顶的面积大约有四十平方米。

何家院中打有一口土井,这口井在何建功记事起便已经存在,土井挖掘较浅,水质稍有苦涩,井上挂有一个"碌碡"[①],何氏院落八股家庭都是以这口水井来满足自家的用水需求。水井主要供院中所有家庭使用,但是在取水过程中,各家需要拿着各自的水桶和麻绳来进行挑

---

① 碌碡:从井里打水所设置的装备。

水。由于水井存在时间久远,因此在打挖这口水井的花费上,何家成员并不清楚。但水井上的"碌碌"发生损坏需要维修或者重新购置时则主要是由南院经济实力较为雄厚的另一何氏分支进行花费修缮。

何家家中并未购置磨、碾、碌等生产资料,在收割完粮食后,何家大都是借用邻居赵家院前的石磨来磨粮食,并且何家一般都是在赵家的石磨空闲期间借用,使用期间不需要给赵家钱财或者粮食,只需要与赵家打声招呼即可。

(2)桌椅板凳、油盐酱醋

何家的房屋内置办有相应的桌椅板凳、土炕以及柜子等家具,这些家具大都是何文献在分家时继承得来,也有一部分是何家之后自行置办以及媳妇婚嫁随的嫁妆。何家仅有一张放置于外间的大方桌子由何文献继承得来,主要用于摆放敬神的贡品、香烛,而在其他房间有的都是可放置于土炕上的小竹桌。何家拥有的椅子、板凳也只有几个,主要放置于外间用于家中会客,有时何家成员在吃饭时会搬个板凳坐在院子吃饭。何家每个里间都设置有睡觉的土炕,土炕是由何家成员自行垒造而成,制造材料从何家整体花销中扣除。在何家,仅有何文献与付占荣的里屋有个大黑柜子,是付占荣嫁入何家的嫁妆,里面主要放置何家重要的布匹、钱财以及相关凭证。

何家吃饭所需的锅碗瓢盆、油盐酱醋等生活用品的配置也较为齐全,按当地俗语讲:"都是成人家过时光,生活用品不能少。"对于锅碗瓢盆,何家在分家之后便开始进行购置,由何文献去集市上按照家中做饭、生活所需品种以及家庭人口数量进行购置。由于这些都是小物件,因此购置较为方便便宜,花费便从家中整体拥有的金钱中扣除。对于油盐酱醋,何家做饭在相关配料上也都主要以购买为主,家中并未进行自制。在花园庄村中,时常会有叫卖油盐酱醋的小商贩,何家主要通过与小商贩进行物物交换来获取油盐酱醋。在油盐酱醋的置换上,何家时限并不固定,一般用完就会自行添购。

2.继承、自制与购买

在何家拥有的这些生活资料之中,除了晒场、磨、碾、碌是借用邻居赵家的之外,多数来源于何文献在分家时的继承以及后期生活需要购买,家中也有少部分家具为自制的生活资料。具体来说,诸如水井、大方桌这些较为贵重的物件都是继承得来,家中成员很爱惜,很少损毁;像土炕、小竹桌这些物件,制作较为容易,并不需要较高的技术,何家成员在购置或者寻找好相关材料后,便可自行制造;而对于生活需要的椅子板凳、锅碗瓢盆、油盐酱醋等,物件较小、花费不大的生活用品,何家便主要通过外购得来。

3.生活资料全家享用

(1)全家享有、使用

对于何家成员来讲,家中所拥有的生活资料除了媳妇陪嫁的嫁妆外都归属于全体家庭成员,而非某个小家庭或者个人,家中所有成员拥有享有以及使用的权力。而媳妇嫁入何家陪嫁的嫁妆则是属于小家庭甚至是媳妇个人所有的东西,其他成员在未经允许的情况下,不能够对此进行处置。在何家拥有的生产资料中,取水的土井属于共用的生活资料,何氏八股家庭之间是一种共用的形式,由于这种共有在某种程度上也算是"自家人"之间的共用,因此在水井的使用过程中,八股家庭互相之间并未产生冲突。并且在涉及分家继承中,水井作为共有的财产,家族八股将不能够对其进行划分继承,院中生活的所有成员仍享有取水的权力。

（2）继承有范围

除了媳妇陪嫁的嫁妆外，何家拥有的生产资料都是要在保证每个成员享有的前提下少有富余，例如家中的锅碗瓢盆，这些生产资料并非是每个人刚好配置，而是会多置办一些碗筷，以备家中出嫁姑娘回娘家或者有外来人员做客等情况。但是在对生产资料的继承上，何家的范围仅限于何建勋与何建功两兄弟，除外的其他家庭成员将不再享有家中生活资料的继承权。由于小物件置办容易，在对于生活资料的继承分配上，何家主要是对大的桌椅进行分配，而家中的碗筷则不再进行细分。

对于花园庄村的其他农户来说，生活资料继承权的划分范围主要是家中第二代的男性成员，包括外出打工未归的儿子，未成年的第二代儿童以及入赘女方家的女婿，而对于已经出嫁或者还未出嫁的姑娘，嫁进来的媳妇，已经分家的兄弟亲戚等将不再对家中生活资料拥有继承权的范围之内。

（3）使用不分你我

在何家成员的认知里，家中的生活资料在享有和使用上应该不分你我，由全家成员共享。因为家中的生活资料在分配使用过程中已经捉襟见肘，如果再在做饭、吃饭上讲究一人一锅，一人一个固定的碗筷，甚至是在粮食的分配上斤斤计较，那么在做饭的效率与实际的使用过程中将会产生很大的混乱。加之何家成员作为经济有限的小家户，在日常生活中并无太大讲究，因此生产资料全家共有将会利于家庭的生产发展以及团结和睦。

4.家长主管配置

（1）两大家长主管

何家在对自家拥有的生活资料进行购买、维修以及借用时，大都时候是何文献进行安排、决定，不过作为内当家的付占荣也会对家中的生活资料进行统筹规划，并向何文献做出提醒或者安排。在何文献事务繁忙或者外出不在家时，付占荣作为家中的内当家也会担起家中处置生活资料的责任，在诸如购置生活资料等不方便女性出面的事情上，付占荣也会委托家中成年的长子何建勋来进行。而在涉及家中媳妇随嫁的生活资料上，如果家中有需要，何文献一般会告知付占荣，由付占荣作为女性长辈去与小家庭内的媳妇沟通，然后在对这些生活资料进行处置。何家对于自家生活资料的处置属于何家内部的事宜，外人并无权干涉，何家也没有义务告知或者请示四邻、家族、保甲长。

（2）内当家统筹提醒，外当家人负责外购

在何家拥有的生活资料中，水井、土炕等较大的物件多为原有或者自制，并不需要进行外购采制，而日常生活使用的桌椅板凳、锅碗瓢盆、油盐酱醋等需要根据实际情况进行外购。在对所需生活用品进行外购的安排、决定上，何家一般都是由付占荣作为家中的内当家对生活资料的整体状况进行统筹规划，在生活资料缺失的情况下提醒何文献。在涉及家中桌椅板凳、锅碗瓢盆的缺失时，何文献在收到提醒后，便会根据家中的实际经济状况来决定是否去集市上进行采购以及决定采购的数量。而在涉及油盐酱醋的缺失时，家中并不需要再请示家长进行安排，其他成员可自行与村中叫卖油盐酱醋的小商贩进行灵活购置。

（3）家具维修大改小

何家一般只会对家中的桌椅板凳进行维修，并且由于何家成员并未学过专门的木匠活，在对桌椅板凳的维修上一般都是大改小。例如家中如果购置的桌椅板凳因为常年使用导致桌凳腿脚倾折,或者桌面部分出现损坏,何家便会将需要维修的桌椅板凳进行拆卸,然后将坏掉的部分用锯磨掉,之后再进行重新拼接,由此家中的桌椅板凳便由大变小。不过有时桌椅板凳的腿脚出现严重腐蚀,何家也会选择去村中寻找合适的木头进行锯砍打磨,然后将新的替换旧的循环使用。而家中其他生活资料,诸如锅碗瓢盆如果出现零碎,而何家成员并没有修补或者打造的技巧,这些生活资料便以购买为主。

何家在决定对桌椅板凳进行维修时,一般都是由付占荣将家中情况告知何文献,然后由何文献带着何建勋与何建功一同对家具进行维修。在这一过程中,付占荣需要与何文献进行商量,而何文献来安排和决定是否维修,何建勋与何建功则是听从何文献作为家长布置进行维修的安排。

(4)借用家长做主

在花园庄村中,经济有限的小家户由于家中桌椅板凳、锅碗瓢盆多为紧张,一般在置办红白喜事需要宴请亲戚好友时会选择借用街坊邻里的这些生活资料。何家在 1949 年之前何建勋与何建功结婚时,也曾对生活资料进行过借用的活动。在何家设宴邀请亲戚好友时,由于人数众多而家中桌椅碗筷不够,何文献与付占荣便在孩子举办婚礼前的几天与院中的何氏本家家长进行过商议,借用本院子其他家庭的桌椅碗筷。而与之对应,在本院以及村中相处的好的农户举办红白喜事时,只要有家长上门来找何文献或者付占荣说明一下,何家都是会将自家剩有的桌椅碗筷借出。

这种有关生活资料的借用活动,只需要借用双方家长在一起进行协商,征得生活资料所有者的同意便可以,外人并不能进行干涉,也不需要告知或者请示四邻、家族、保甲长。由于借用生活资料的双方关系大都很好,因此也不需要在借用后给钱或者粮食来酬谢,不过举办红白喜事的家庭会宴请借出生活资料的家庭成员前来参加宴席。

5.其他成员拥有少许权利

虽然何家在对于家中生活资料进行购买、维修、借用等活动中内外当家人大都起着实际支配的作用,而家中的其他成员对于家长的安排、决定主要表现听从、服从的状态。但是,由于何家生活资料也会涉及日常生活中很多零碎的用具,为减少家长操心的程度,提高何家整体的发展水平,在一些小事上何家成员也能够在为全家着想的基础上灵活做主。

何家其他成员能够对生活资料进行灵活做主的事项主要体现在对家中油盐酱醋的购置上。在何家,负责家中做饭等事务的主要是媳妇何彭氏与张贵芬,二人对于家中做饭使用的油盐酱醋了解程度较深,因此,在家中油盐酱醋不够的时候便会自行购置,不需要通知何文献与付占荣。何家在做饭时使用的油盐酱醋频率较高,对油盐酱醋的购置频率也会增高,加之油盐酱醋的购置一般都是与村中叫卖的流动商贩进行诸如"鸡蛋换盐"这类简单的物物交换,这也导致了何家在这方面的添置不再需要时时向家长报备。何家对油盐酱醋的购置大约是一个月进行一次,由于何文献与付占荣还要为家中其他的大小事宜进行操心,因此何家在油盐酱醋的置换活动中,家中的其他成员可以根据家中的实际经济情况进行购置油盐酱醋这种生活资料的决定。

6.不曾出现侵占

在 1949 年之前,何家甚至是花园庄村中的其他农户都不曾出现过生活资料被他人侵占的情况。何家的生活资料都是由家庭内部的成员享有、使用,只有在借用过程中才会出现被外人使用。并且借用过程中,生活资料也是必须经过家中当家人的同意,不能够不问自取,并且在使用过后应该及时归还。何家的生活资料在何文献决定出借亲戚邻居后,都得到了及时的归还,并不存在不经同意就拿走或者借了不还的情况。俗话说:"好借好还,再借不难",如果村中出现有谁家在借用注意碗筷后并不归还原家,那么生活资料所有者也将会为了自家利益进行反抗,这样原本要好的双方便反目成仇,村中也会有村民进行议论,并渐渐进行疏远,这种得不偿失的事情,村中农户没有人会做。

7.外界承认产权归属

对于何家拥有的生活资料,花园庄村中的其他村民也都承认其归属并且不会进行随意的侵占,或者进行强制的买卖、借用等。如果其他村民想要与何家进行买卖、借用等活动,那就必须与何家家长进行协商并征得其同意。而对于花园庄村庄、家族甚至县乡的官府来说,对于农户的生活资料产权也都是处于一种默认的状态,但是由于生活资料涉及的都为零碎的小东西,因此涉及此类的争端也都是农户之间私下解决,或者请周围街坊邻里进行一下评判,并未出现因为生活资料的争端上告官府的情况。

二、家户经营

(一)生产资料
1.劳力自给下兼做长短工
(1)家中劳力有分工

何家 1949 年除了还是幼婴的何孬蛋外,其他成员都需要参与家庭生产。何家一共有七个劳动力,其中三个男劳力,即何文献、何建勋与何建功;四个女劳力,即付占荣、何彭氏、张贵芬。为了使家庭平稳发展,生活有序,何家在家庭的生产活动上也有着一定的分工。一般男劳力主要负责从事田地耕种,由何文献作为家中外当家,进行农业生产的统筹并对何建勋与何建功进行相关任务分配。而家中的女劳力则主要是在内当家付占荣的统筹规划下,对家庭内部的事情进行安排,例如对家中媳妇何彭氏与张贵芬在做饭上的轮流做安排,而何伏儿作为家中姑娘负责父母衣物的缝制安排以及家中其他零碎事务的处理等。

为了何家的生存与发展,何家所有劳动力必须要参与家庭生产并且主要听从当家人何文献与付占荣的安排。相较于男劳力来说,女劳力在体力上相对较弱,因此家中粗重的活都是由男劳力来做,主要体现在农业耕种。不过每逢耕种收割的农忙时期,家中全体成员也都会下地干活。整体来看,何家在日常生活中虽有分工,但是各个成员也都是会互相帮助,而非斤斤计较。对于何家内部的家庭生产活动主要都是由家庭内部成员完成,何家并不存在外人无缘无故来参与何家农业生产的情况。此外,何家的未成年仅包括完全无劳动能力的幼婴何孬蛋,因此家中也未有儿童来参与家中农业生产。有时遇上秋种时节,由于何家成员对于驱使牲口并不在行,因此何文献在借到南院亲戚家的牲口和配套的犁、耧等大型农具后也会进一步寻求南院亲戚的帮助,让亲戚家中出一劳动力来帮忙参与何家内部的农业生产。

在花园庄村中,对于依靠农业生产为生的中、小户家来说,家庭生产大都是需要家庭中所有具有劳力的人口参与,即使是未成年但具有一定能力的儿童,例如年龄在十一二岁左右的儿童也是需要经常跟随家长做一些轻巧的、力所能及的农活。在男女劳力的分工上,各家也都有着各家具体的安排,村中很少对于别人家庭的家庭生产活动进行评判,也很少存在外人无缘无故参与家中生产劳动的情况。但对于家中经济富裕的大户来说,家中进行的农业生产一般仅由成年男性和外雇的长短工来做,而家中年老的长辈、未出嫁的姑娘或者未成年的儿童并不参加生产劳作。面对村中大户的这种生产安排,村中其他农户并不会议论,"只要人家有钱,能够活下去,家中谁干不干活都跟我们没有关系"。

(2)对外兼做长、短工

在1949年之前,何家拥有的劳动力比较充足,并且为了家中的生存与发展,何家男性劳力也曾有对外去给别人当长、短工的经历。除此之外,何家并未出现请工、帮工、换工或者雇工的情况。

在何家,何建勋在1945年之前曾在日本军队侵占的"实验田"中做过一段时间的长工。主要在日本军队侵占了花园庄村南地的田地之后,日本军队进行了招工,让当地农户前来耕作占有田地,生产他们所需要的棉粮作物,与此同时日本军队是会给进行耕种的农户一定的酬劳。由于在1945年之前,何家南边的田地被侵占,而且不能够进行抗争,何家男性劳力在某种程度上出现剩余,为了家中成员的生存与发展,何建勋便想要去做长工。对于何建勋去"实验田"做长工的决定,是在告知何文献并征得何文献的同意的基础上最终确定。除此,并不需要告知或者请示四邻、家族、保甲长。何建勋在"实验田"做长工所挣的钱财是要归属于何家整体所有,并不能进行私藏或者处置。

何文献与何建功在1949年之前曾在村庄做过短工,大多是帮村中种地大户收割粮食。在打短工过程中,何建功是需要提前告知何文献,在中午吃饭时间,由于东家会提供饭食,因此可以不用回家吃饭。在打短工赚取钱财之后,何家成员也是需要将钱交给家长何文献和付占荣,以用于整个何家的吃穿用度。何家成员打短工的决定也是何家内部的事情,并不需要告知或者请示四邻、家族、保甲长。

2.租佃相辅为生

在1949年之前,何家自有的田地面积仅有四亩,人多地少的情况使得何家在生存发展过程中尤为艰难。在此情况下,何家租佃了村中八亩田地进行耕种。何家租种的田地同样位于花园庄村的田地之中,地质也是当地一般的水浇地。在租金的缴纳上,何家与佃主也都是按照当地租田的规矩,不论每年粮食收成是多少都是"五五开"①。何家是在何文献分家之后开始租种佃主的田地,一直持续到1949年。

何家在租入这八亩田地的过程中,首先是由何文献与付占荣作为家中大家长在综合考虑到自家的生活状况以及劳力情况后,由何文献最终决定再租种八亩左右的田地来养活家人。之后何文献便在花园庄村中四处打听村中那些经济富裕并且近期将要搬去城中居住从而家中田地无人耕种的大户。在街坊邻里的介绍下,何文献与一家将要搬入城中居住的大户取得了联系,在与该户家长表达了想要租田的意愿后,双方并未进行讨价还价,一切按照当地租田的规矩来进行。在何家确定好租田耕种之后,何家与大户之间并未签署什么契约,一切都是依靠口头的协议,在每年粮食收获季节大户便会派人来收粮食,除此之外,何家与佃主之间并未再有联系,直到一方想要取消租佃协议。何家租入八亩田地的决定是属于何家内部的事情,除了何家与大户之间在租田过程中需要进行协商外,何家不再需要同谁进行商

---

① 五五开:即将收获的粮食分成十份,每家分得五份,也就是一半。

量,也不需要告知或者请示四邻、家族、保甲长。

在花园庄村中,不少农户都会因为人多地少甚至有人无地的情况而去选择租田耕种。一般家中能够决定田地租出、租入的只有当家人,其他家庭成员可以发表一下自己的意见,除此之外并不再需要外人来进行干涉。而在农户决定租田耕种时,对于田地和佃主的选择也有着一定的次序,大多农户会因为亲近关系,优先选择自家有空闲田地的亲戚好友的田地租种,也会因为距离关系,会优先选择村中空闲的田地或者邻村不远的空闲的田地进行租种。在租佃的过程中,只需要佃农和佃主双方进行口头商量便可,大都就是"说一声"①,并不需要提前给佃主送礼。佃农和佃主双方之间的关系并不深厚,在过年过节期间也不会进行走动。

对于租田耕种的佃农来说,佃农具有一定的退佃自由,也有根据自家成员的变动对租种田地进行增减的决定权。不过在做这种决定时需要告知佃主,如果是退佃或减少租佃田地的面积,则只需要告知一下佃主,在佃主知情的情况下,不再对田地进行耕种便可。如果是想要增加租田的面积,则需要在告知佃主的情况下,由佃主根据自家还拥有的空闲田地进行安排,若佃主家中不再有多余的田地,便不能够满足佃农想要增加田地耕种面积的请求。

对于出租的佃主来说,佃农一般都会在集市上蹲点寻求田地,所以佃主在寻找佃农的过程上并不困难。在花园庄村中,佃主一般也都是倾向于先问近亲本家,然后再问本村其他村民,这样会在一定程度上减少矛盾或者纷争。在大多情况,佃主与佃农之间的关系并不亲密,加之田地的租出属于一种由外人长期耕种田地的情况,并且还会有五成的粮食作为佃农的收入,因此,在租佃期间,佃主不会请佃农吃饭。由于佃农按照约定进行了田地的耕种,因此在一般情况下,佃主并不能在租佃期间自由决定退租,如果有特殊情况则需要告知佃农,并适当给予一定的补偿。

3.牲口常需本家帮助

由于经济条件以及院落空间的限制,何家在 1949 年之前未曾饲养过辅助农田耕种的牲口。不过在南院居住的何氏本家中饲养有牛、骡子等牲口,在何家有需要时,南院的何氏本家会经常出借牲口、大型农具等来帮助何家从事农业生产活动。

何家在农业耕作时一般会稍微推迟一两天,这样便能够在收获时向收割完的拥有大型农具和牲口的农户借用。对于何氏院落八股家庭来说,只有南院的何文瑞一家因为经济条件优越,在南院的空闲院落饲养有几只牛和骡子,并且家中也配置有齐全的耧、犁、耙等大型农具。每逢农忙需要使用牲口时,何氏另外七家便会去借用何文瑞家中的牲口和大型农具,何文献一家也是如此。不过有时因为院中其他家庭正在使用,何家也会选择去借用南边邻居赵家大户的大型农具以及牲口。

在有关牲口的借用过程中,首先是由常年在田地耕作的何建勋与何建功根据田地粮食的成熟情况向家长何文献进行报备,再由何文献决定去借牲口,并且出面去南院何文瑞家或者邻居赵家与对方的家长进行协商。由于何家家中并未饲养过牲口,对于牲口的使用家中成员并不熟练,加之何家也未配置有进行农业生产的大型农具,因此在借用牲口过程中,何文献一般都是"一整套"的借用,即借用牲口、相关大型农具以及会驱使农具的人。由于借给何家的都是与何家关系很好的亲戚邻居,因此在借用过程中并不需要给钱财或者粮食进行酬

---

① 说一声:表示流程很简单,相当于告知一下佃主,想要租田,之后一切安排都依照当地规矩便可。

谢,对方也由于经济条件优越不会太过在意。不过由于何家在借用时,不仅借用对方的牲口,还借用对方"使牲口"的劳力来帮助农业生产,因此在借用牲口期间,何家不仅会在中午的时候"管"驱使牲口的人吃一顿中午饭,还会在决定借用牲口之前或者之后,由何文献安排何建勋或者何建功去对方家帮忙来进行感谢。何家在借用牲口时一般一次会借用两三天,在此期间,牲口会在使用期间由借主家牵到何家田地上进行劳作,在天黑之后仍由借主牵回到自家的牲口棚,何家不负责饲养牲口,不过在借用之后,何家是需要将收获粮食之后磨面遗留下来的"糠"作为牲口的粮食送给借主以表达感谢。在1949年之前,何家在牲口的使用上都是借用,并没有出现与他人共同伙养的情况。

对于花园庄的其他农户来说,在没有牲口的情况下,农户也都是由当家人出面找在村中与自家相处友好的亲戚邻居进行借用,在这种过程中,只需要借用双方当家人在时间和期限上协商好便可,外人并不能进行干涉,也不需要告知或者请示四邻、家族、保甲长。在借用牲口过程中,一般借的一方家中如果建有牲口棚便需要在此期间将借用的牲口圈养在家中,并且为了牲口的健康,也是需要对牲口喂养一些"糠"以及青草的混合物。如果家中没有牲口棚的便需要农户在使用完牲口之后牵到借主家圈养,不过这期间需要借用的农户向借主家提供磨粮食余留下来的"糠"作为借用期间喂养牲口的口粮。这种借用期限也并不会很长,一般也就是两三天,等到自家庄稼耕种或者收割完毕后,便归还原主。双方之间因为关系亲近友好,因此并不会讲究钱粮等酬劳,不过如果借用的农户在使用牲口时还因为不会使用牲口请借主的劳动力帮忙时,借用的农户也会明事理地出些劳力来作为感谢。

村庄中也是存在耕牛伙养的情况,村中的朱家便是在分家之后,由于农业生产的需要,并未将原有的牲口进行分配继承,而是由分家后新形成的两小家共同饲养,并且原先牲口圈养的牲口棚也未进行分割继承。在朱氏两小家共同饲养牲口期间,牲口是按照每个季度轮流由两个小家庭进行喂养,等到需要使用牲口进行农业生产时,则两个家庭在使用互不冲突的情况下进行自由使用,等到两家都使用完毕后,牲口也是可以进行租借。不过在决定借给外人使用时,则需要在朱氏两个家庭当家人都知情的情况下进行。在耕牛使用的次序上,应当是优先耕牛伙养的两家使用,之后才能够进行出借。在这期间,并不需要告知或者请示四邻、家族、保甲长。

由于在农业生产过程中,牲口的使用都是以两个牲口搭一张农具形成一套来进行,而村中仅饲养有一头牲口的家户则会在需要使用牲口进行农业生产时与其他农户一同搭伙使用,花园庄村王家就是一个例子。由于经济条件的限制,王家仅购置了一头耕牛,而与自家相邻的另一王姓本家也由于同样的原因购置有一头骡子,在需要使用牲口从事农业生产时,王家当家人便会去找这户王姓本家一同搭伙。在两家搭伙使用牲口时,只需要两家当家人互相碰面说一下便可,并不需要告知或者请示四邻、家族、保甲长。在搭伙使用牲口的次序上,由于两家都是为了提高农业生产效率而选择一同搭伙,并且每逢需要使用牲口时,两家大都是默认结成一对,因此在进行农业生产时,两家会选择错开耕种以及收割的时间。而在具体谁先谁后的次序上,两家并没有很大的讲究,一般在错开耕种时间之后,谁家的粮食先成熟谁家便先搭伙使用牲口。对于搭伙使用牲口的两家来说,牲口只是在进行农业生产时进行搭伙,在农业生产结束之后,牲口便"各回各家",各自饲养牲口,双方之间并不需要再进行"糠粮"的酬谢。并且在搭伙使用牲口时,也都是由各家会驱使牲口的人来进行劳作,也不需要对方帮忙,因此搭伙使用的牲口,也不需要两方再出劳力换工。

4.小的自给大靠借

何家在生产农具的拥有上,像锄头、镰刀、撅头以及铁锹等的小型农具家中十分齐全,但是像犁、耧、耙等大型农具家中一样没有。对于何家拥有的小型农具来说,由于何家成员并没有铁匠技术,所以那些铁制的"头"是需要购买得来,但对于木制的"把柄"来说,何家则主要由何家男性成员制作得来。对于何家来说,家中拥有的小型农具是能够满足自家在农业生产过程中简单的劳作,但在耕种过程中需要大型农具时,何家由于缺乏大型农具,便大都依靠本家的帮助。

对于花园庄村中从事农业生产的农户来说,大家都是会根据自家的情况尽量齐全地购置大小农具以满足生产需求,但是由于大型农具对于一般家庭来说比较昂贵,因此只有经济实力十分好的种地大户才会购置齐全,而其他一般农户则会根据自家情况选择几家共同购置或者借用。

在1949年之前,何家在农业生产过程中对大型农具有需求的时候便会经常借用南院本家或者是邻居赵家的大型农具。一般何家会在进行完一季粮食收割后,借用犁来将田地犁一下,借用耙将田地耙平,之后在需要播种时借用耧将田地按行耧一下。何家在需要借用大型农具时,都是由何文献出面去和南院本家或者赵家的当家人进行商量,看一下对方家中大型农具是否闲置。由于在使用大型农具时经常是伴随着牲口的牵拉,因此何文献一般在借用时都是牲口、大型农具一同进行借用。在借用过程中,双方之间都是亲戚朋友关系,互相之间本着互帮互助的心态,只需要说一声便可,并不需要再带什么礼物。何文献在借用大型农具时都会提前说定使用的期限,并且都是会按照期限归还农具,毕竟"好借好还,再借不难"。何家在归还农具时,便主要是由何建勋或者何建功去还,不再需要当家人亲自出面。何家借用的大型农具主要是为了提高农业生产的效率,对方愿意无偿出借,何家成员本就十分感谢,因此并不会心怀恶意地故意损坏借来的农具,如果在借用过程中出现损坏,借主也不会太过计较,该修该补仍有自家负责。在农具使用完毕之后归还即可,何家并不需要向借主给钱给粮,借主也不会在意。在花园庄村中,村民之间关系整体和睦融洽,大户也都较为友好,在自家农具闲置的情况下也是十分愿意出借农具、牲口帮助有需求的小家庭农户,加之农具的借用双方关系也都是友好的,因此村中也并未出现在农具的借用过程中出现大的矛盾、冲突的情况。

(二)生产过程

1.家人进行生产安排

在1949年之前,何家主要是从事农业耕作,不过也会饲养一些鸡禽,从事一些零工、副业来补贴家用。在不同的生产活动中,农业耕作在何家占据着很大一部分比重,何家全体家庭成员在必要的时候是必须要听从当家人何文献的安排;而饲养鸡禽作为一种对家中成员营养上的补充则主要由在家负责家务的女性成员来负责;在从事零工、副业上,不同的家庭成员从事的活动会存在不同,一般女性成员会在付占荣的带领下在闲暇时间去大户家摘谷子赚些零工,男性成员则会在何文献的准许或者安排下去做些短工赚钱或者跟随村中小队在短时间内以"挖文物"作为副业。

何家在农业生产上会耕种两季,在耕种上主要以"春种麦子,秋种谷子"的作物为主,期间会根据家中的情况适量种一些大麦以及棉花。虽然何家在农业耕作活动中需要全家出动,但是在不同的生产环节中,不同成员也存在着分工,这种分工主要是由何文献作为家中当家人进行统筹安排。在当地,农业耕作作为一种需要出力气的生产活动,在一般情况下主要由男性劳力负责,不过在农忙时节家中便全员出动,何家也是如此。在犁地、耙地环节,何文献会提前借到牲口和大型农具并由本家成员帮忙进行劳作,这时何建勋与何建功则主要在田地中将田地中未曾犁、耙的地方进行一下松土和平整;在锄草、灌溉环节,何文献便会对于家中的三块田地安排到人,一般何建勋与何建功分别负责家中自有的两块田地,在锄完草或者浇完水之后便来租种的八亩田地上,三人一同劳作,期间家中女性成员也会根据自己的空闲状态前去田地进行帮忙;而对于看青环节,何家并没有明确的安排,一般何文献、何建勋与何建功三人在空闲的时候去田地逛逛,赶赶鸟雀,其他时候便主要靠自家制作的插在田地上的稻草人恐吓鸟雀;在施肥环节,何家主要依靠自家收集的粪便混合青草沤制成的肥料,有时也会由何文献外出"买粪"来对庄稼进行施肥,这个环节主要靠何文献、何建勋与何建功三人一同挑粪到田地浇灌;在收割粮食环节,何家全体成员都来进行收割,在这过程中,男女劳力未有不同,只不过在收割的情况上,男劳力会较女劳力收割得多一些。

何家在从事农业生产活动中,会根据具体情况由何文献进行安排,有时是需要全体家庭成员参与的,但不包括处于幼婴状态的何孬蛋。何家在农业生产过程中的相关安排主要由何文献做主,有时何文献是会和另一家长付占荣进行商量,但是外人并不能够干涉,也不需要告知或者请示四邻、家族、保甲长。

2.妇女不时饲养家禽

何家在1949年之前仅散养有三、四只鸡用于补充家庭成员的营养需求,除此之外,何家并未饲养猪、牛、骡、马等牲口家禽。由于散养的鸡数量很少,因此只是由家中主要负责家务的媳妇何彭氏和张贵芬在闲暇的时候负责喂养一下。何家在对鸡的饲养上,并不会专门拿家中的粮食,而是会在村中割一些娇嫩的青草用铡刀铡碎之后再混合家中磨粮食剩余的糠混合一些水搅拌一下喂养鸡子。

3.成员空闲外打零工

何家除了主要从事农业生产活动外,家中成员也会在闲暇的时候外出做一些零工补贴家计。在零工的种类上男女成员会有分工,一般女性成员会在村中大户家谷子成熟找女工摘谷子的时候,由付占荣安排由谁和自己一起去做这种零工。在大多情况下,付占荣或安排姑娘何伏儿和自己一起,而家中的媳妇则需要管理家中琐碎家务。女性成员做的这种零工比较简单不费力气,因此每次付占荣和何伏儿一天就能够挣个三四毛钱。而对于男性成员来说,在农闲的时候,何建勋会在得到何文献的允许下去集市上找一些短工去做,一方面可以"省一顿饭钱",另一方面也可以赚一点粮食或者金钱。对于男性成员做的这种短工,何建勋一天能够挣到五毛到一块钱。

何家成员在做零工时是需要家长带领或者征得当家人的同意,但是并不需要外人进行干涉,何家也不需要就此事告知或者请示四邻、家族、保甲长。何家成员做零工所挣的钱或者粮食是属于整体何家共有,在回家之后需要上交家长,并不能够私自侵吞或者随意使用。何家成员也并未存在私自外出做零工并私吞零工钱的情况。

4.淘挖古器

由于花园庄地处殷商遗址,村庄以及周边地区土地之下埋藏着许多殷商时期的青铜古器,加之在 1949 年之前国家对于古文物的忽视以及市场的巨大需求,花园庄村以及附近周边的不少村民在以农为生的基础上也会依靠"淘挖古器"来发家致富,何家也会不时跟随村庄或者邻村淘挖古器的小队来从事该项副业。

何家一般都是在秋末时期,由何文献带领着何建勋跟随村中的小队去淘挖古器,而何建功则大致看管一下田地中的相关农业生产。何家之所以选择这个时期,主要是由于秋末之后,庄稼并不需要再多耗费力气进行看管,家中男性成员便会有一段较为长时期的空闲。何家在从事淘挖古器这项副业上,主要是由何文献进行决定和安排,有时付占荣会与之进行协商,除此外人不能够进行干涉,何家也不需要告知或者请示四邻、家族、保甲长。何家在跟随小队淘挖古器过程中,如果挖掘出来青铜古器,小队全体成员便会根据在黑市上所卖的价钱,先将一半钱给挖掘古器的田地主人,之后所有成员再进行平分。对于这项淘挖古器的副业来说,一旦挖出器物便会售卖几百到几千不等的高价,经过平分之后何家也是能够获得五十甚至更多的钱财,在一定程度上对何家来说是一笔巨大的财富。不过这种副业存在很大的不定性与偶然性,因此何家在 1949 年之前因为从事该项副业赚取过的几百块钱主要用于修缮房屋、家具以及补贴家用。

(三)生产结果

1.一年两季收成

何家位于豫北中原地区,当地农田的地质以及气候决定了农业生产一年能够获得春秋两季收成。何家在两季种植的作物选择上,主要是由何文献和付占荣两人根据作物生长的客观规律以及家中的整体情况来进行确定。何家作为一个以农为生的家庭,在农业耕种上以麦子和谷子这样的粮食作物为主,也会种一点大麦提前满足自家粮食需求,在家中粮食富裕的情况下也会空出一块面积种植棉花以供家中缝制衣物的需求。在 1949 年之前,受温度、降雨量等客观环境因素以及肥料和劳力的限制,何家每年粮食的产量很低,麦子和谷子每季每亩的产量大约在三百斤,大麦每季每亩产量约有一百斤,而棉花每季每亩约会有五十斤,其中何家还需要每年缴纳租种的八亩田地中半数的粮食作为租粮。

在何家成员的认知里,家中每年的粮食产量虽有增减,但并没有很大的变化,不过有时一年之中雨水富足情况下家中成员将会在浇园上稍省一些力气,粮食在产量上也会适当提升,当地农户在从事农业耕作上也曾有"靠天吃饭"的说法。在何家,除去未有成熟意识的幼婴,全体家庭成员对于家中粮食的收成都会十分关心,其中因为家中男性成员常年从事农业耕种,因此在粮食收成的关心上会较家中女性成员更加在意一些。

何家每年的收成整体来说还是能够满足家中全体成员的需求,家中并未出现因为粮食减产导致家中有成员没有粮食吃的情况。由于田地每年的收成变化不大,因此何家也未出现家中粮食囤积很多的情况。何家在家中粮食或者棉花有剩余的情况下,多余的粮食会选择去城里的粮食行去置换成钱财,而种植出来的棉花则会由何家的女性成员纺织成布匹放置在家长里屋的柜子里以备不时之需。在何家,农业的所有收成都是属于全体家庭成员,由家长何文献与付占荣统筹管理,其他家庭成员处于服从地位,家中未有单独属于某位家庭成员或者小家庭的粮食或者其他农作物。

2.家禽饲养供自需

何家每年饲养的家禽就只有三、四只鸡,主要是为了用鸡下的鸡蛋换置家中需要的油盐酱醋等生活用品,有时也会在家中成员生病或者怀孕期间煮些鸡蛋以补充营养。何家每年散养的鸡的数量主要是随着母鸡孵育的小鸡数量发生增减,家中除此未再购置其他的小鸡或者其他牲畜。何家养育的鸡禽很少拿去外卖,一般都是会养到成熟,在过年过节时会视情况宰杀一只,一方面为全家成员补充一些营养,另一方面也是为了庆祝一下重大节日。家中鸡禽的处置主要是由何文献做主,有时付占荣可以提一些建议,其他成员并不能够随意处置,并且家禽也都是用在全体家中成员身上。

3.零工收入琐碎

如上文所述,何家成员在闲暇时间也会做一些零工来补贴家用,做零工的收入以钱的形式为主。对于何家成员从事的零工行业来说,影响收入的影响因素与大户家田地的粮食收成有着密切关系,如果大户家的谷子、棉花以及粮食作物收成不好便不会再选择耗费更多的钱财招雇零工来自家帮忙。对于何家来说,不论是付占荣带领着何伏儿去摘谷子还是何建勋外出打短工,所挣的钱财是属于何家全体家庭成员,并且都需要上交由何文献和付占荣作为家长进行管理和支配,其他家庭成员不能够私自占有。

4.淘古收入稀却高

对于何文献与何建勋在农闲时期从事的淘古副业来说,其存在着很大的特殊性与不定性,何家并不会每年因为该项副业获得收益,但是一旦挖获成果,将会成为家中一笔巨大的收入。在何家成员的认知里,何家因为从事淘古副业而获得较高收入主要集中在何建勋结婚前期,正是因为何家在那段时期经济条件较好,才使得家中两个孩子能够有钱操办结婚事宜,并且在之后的生活中,家中成员能够长期保持温饱。何家从事的淘古副业获得的收益主要是钱财的形式,如果淘到古器则一次能够获得五十甚至上百的收益,如果没有淘到古器,则会在没有收益的情况下负责自身的吃食耗费。何家从事淘古副业的收入也是归属于何家全体家庭成员,所获钱财也要由何文献和付占荣作为家长进行管理、统筹和支配。

三、家户分配

(一)分配主体

1.以家户为分配单位

何家在分配时与花园庄村中的其他家户一般都是以家户为分配主体进行内部分配,家户之外未曾出现以宗族或者村庄为分配主体相关分配活动的情况。在1949年之前,虽然何氏本家居住在一个院落中并且各家在日常生活上也是互相帮助,但未曾组织过何氏家族内部的分配活动。对于何家来说,家户作为重要的分配主体在日常分配中占有百分之百的比重。

在何家内部的分配中,除了涉及分家继承的相关财产外,日常开展的分配活动范围包括全体何家成员,即家长何文献、付占荣,何建勋、何彭氏、何孬蛋以及何建功、张贵芬两个小家庭,未出嫁的姑娘何伏儿。除此之外,何家的分配不再包括已经分家的何文富、何文贵家庭。不过对于花园庄村中的大户人家来说,如果家中常住有管家、保姆、长工以及丫鬟等其他非家庭成员,在日常分配上也会涉及这些成员。

2.两大家长有分工

何家在进行日常分配活动过程中,主要是由何文献、付占荣两大家长做主,其中何文献主要决定家中所需物品的外出购置,例如家中缺损的农具、桌椅等物品;而付占荣则主要负责家庭内部吃什么、用什么的整体统筹和调配,例如家中每一季度粮食的配置,制作衣物的布匹应该如何分配等。何家在进行分配时,除了两大家长之间会互相商量外,其他家庭成员在处于听从状态情况下可以进行灵活的决定,而其他外人不能随意干涉何家的分配。

3.其他成员可提意见

对于何家其他家庭成员来说,他们在家庭日常的分配活动中虽然主要处于听从家长安排的地位,但是也是可以在该过程中向家长提出一些自己的意见和看法。例如,在对家中粮食进行分配过程中,媳妇何彭氏和张贵芬作为主要负责做饭的成员,可以在得到付占荣的准许下,对家中每天吃什么饭可以提出一些自己的想法,并且何家在饭食的供应上也是以家中成员的实际需求为主,家中成员不管吃多吃少都会管饱;而在家中衣物的分配上,由于何家主要是按需配置,家中成员的衣服只有在破旧需要缝补或者换新的时候才会给予分配,由于家长并不会时时对此注意,因此家长也会根据家中其他成员对衣物配置提出的意见进行相应的采纳。总的来说,何家的分配还是以家长的决定为准,其他成员处于家长的一种从属地位,并不能够对家中分配活动擅自进行决定。

4.内部小家无分配

在1949年,何家整个大家庭中还包含着何建勋与何建功两兄弟组成的小家庭。在未分家之前,何家全体成员作为一个同灶共食的大家庭,所有成员都将视为何家成员,因此在分配过程中何文献会平等对待家中每位成员,并不会再进行小家庭的划分以及分配活动。在进行分配活动中,小家庭也并不具有决定家中日常分配的权利。而在1953年之后,何建勋与何建功两个小家庭进行分家成为两个独立的家庭后,何家将不再视为一个整体,至此家中的分配活动将随着分家变成两个小家庭内部各自的分配活动。

何家日常的分配活动是属于何家家庭内部的事情,外人在未经允许的情况下并不能够进行介入,并且也不需要告知、请示四邻、家族、保甲长。

(二)分配以家内全体成员为对象

何家在进行日常分配活动中涉及的分配对象仅限于何家内部的全体家庭成员,也可以说是在同一口锅内吃饭的所有成员,除此以外,何家的亲戚、朋友、邻居等人员并不能够享受到何家分配的成果。在进行分配时,何家拥有的分配物主要来源于自家从事农业生产所获得的收成,部分也包括何家成员通过零工以及副业赚取的钱财外购的物品。例如,何家进行分配的粮食以及布匹,大部分来源于何家种植的粮食作物以及棉花的收成,不过有时在家中棉粮不足,但有需求的情况下,何家也会通过去集市上购买后进行分配。

对于何家内部的全体成员来说,每个人都是可以享受到家中的分配权,包括家中未成年的幼婴何孬蛋,媳妇何彭氏、张贵芬,未出嫁的姑娘何伏儿,以及何文献、付占荣、何建勋与何建功。但是除此之外的其他成员将不能够享有何家的分配权。对于花园庄的其他家户来说,家中的分配也主要是以家庭内部的全体成员为分配对象,只要同灶共食,则家中的老人、中年人、年轻人、儿童、妇女都将属于家户分配活动中的涉及范围。

(三)分配类型

1.交租、纳税后自给

何家每年的农业收入主要包括自家耕种的麦子、谷子类的粮食作物以及棉花类的经济作物。由于何家耕种的农田有八亩的面积是租种的田地,因此何家在每年的农业收成中,租种的这八亩田地的收成需要拿出一半用于缴纳地租。这种地租是一种分成租,即在租种的田地上不论何家成员耕种的粮食收多收少,都需要拿出一半的粮食用于交租。对于何家整体的农业收入来说,地租大约占据三分之一的比重但还在何家的承受范围之内。何家在地租的缴纳上都是按照粮食的收割时节,一年缴纳两次,缴纳地租的形式几乎都是种植的粮食。每逢春秋两季,为避免在交租过程中产生矛盾,何家在对租种的八亩田地进行粮食收割之前都是要去通知佃主,然后在佃主派来的小工的监督下进行粮食的收割,之后何文献与小工之间将会对收割上来的粮食进行统计,并进行五五分成完成地租的缴纳。对于1949年之前的何家来说,将地租交齐在家庭的农业收成中占有首要,何家未曾出现不交、少交以及交不上地租的情况。

在何家的农业收成中,对外除了要交纳地租之外还需要听从村庄的安排进行税收的交纳,当地称之为"交皇粮"[①]。在1949年之前,村中保甲长向农户征收的税收种类有好几种,虽然每年都要征收但具体的时间并不固定,何家每年用于缴纳税收的金额也不固定,但也是在家庭承受范围之内,何家并未出现不交、少交或者交不上税收的情况。在何家,税收的缴纳都是由何文献在村中保甲长前来收税时进行缴纳,缴纳的形式主要以粮食为主。

在何家,农业的收成在分配安排上主要是以地租、税收以及自家需求的顺序进行,而对于租金、赋税的缴纳则主要由何文献作为当家人进行安排、决定。由于租金、税收在收缴过程中数量固定且有专人收取,因此何文献只需要在上交时间按时缴纳便可,并不需要同谁商量,也不需要告知或者请示四邻、家族、保甲长。

在1949年之前,花园庄村中以这种分成地租形式出租田地的情况较为普遍,村中租田农户也未在租金的缴纳上出现过较大争执,如果不满意这种形式作罢便可。由于地租的多少是以田地的收成为标准,因此如果遇到灾荒年景,粮食收成少,地租相应缴纳的也会变少,也不需要佃户再因为外界环境的客观原因来去请求佃主减免地租。而花园庄村对于税收的征收也是根据每家农户具体的生活水平来确定,如果遇到灾荒年景,村庄的税收是会适当减少,村中未曾听说有农户交不上税而受到惩罚的情况。

2.零工收入补贴家用

何家的家庭成员在空闲时间会去打些零工,并将赚取的钱财来补贴家用。对于何家不同的成员来说,他们从事的不同零工所赚得的收入也不相同,一般由付占荣带领的女性成员去大户家摘谷子一天一共仅能赚的三四毛钱;而何建勋外出打短工一天也就能挣五毛到一块钱。何家成员外出做的零工总的来说,一年零零散散也能赚几十块钱。何家通过成员打零工挣得的收入全部归属于何家内部,并不需要交一部分给家庭之外的人员,也不需要向家族、保甲长上交。

何家成员从事的零工收入全部是归何家整体共有,由何文献与付占荣作为家中进行统一的管理和支配,做零工的家庭成员需要将收入全部上交,不允许私自保留。由于一年下来何家零工的收入并不多,因此何家主要是靠这些钱财来补贴家用,即对家中破损的家具、农具以及日常生活用品进行维修以及购置。在何家,家中成员所赚的钱财都上交给了家长,家中并未出现小家庭或者家中成员私藏部分收入的情况。对于这部分收入的处置,何家主要

---

① 交皇粮:当地农户听从村庄安排向上级交纳各种税收的说法,指的是向国家交粮食。

由何文献与付占荣进行商议后再做处置,除此之外,并不需要再告知或者请示四邻、家族、保甲长。

3.淘古收入办"大事"

在何家,除了固定的农业收成以及零工收入之外,何文献与何建勋也有因为跟随村中小队淘挖古器贩卖而获得较大数额钱财的情况。何家并非每年都会因为这项副业而获得收入,不过在何建勋结婚之前,何家曾因此得到一笔几百块钱的巨额收入。对于淘挖古器这种副业来说,不仅需要几人组成小队进行团体合作,还需要租用农田进行淘挖,加上挖到古物之后进行售卖等,因此总共所赚的钱财还需要进行分配。一般挖到古物去市场售卖所得的钱财,需要拿出一部分交给淘挖古物所占用的田地的主人,之后小队在因为成员的数量以及分工再行分配。除此,赚取的钱财不再需要交一部分给其他人。

对于何家来说,从事淘挖古物赚取的钱财在归属上属于何家全体,也是需要全部上交家长,由何文献与付占荣进行统一的管理和支配。由于该职业所赚的钱财金额巨大但不固定,因此相较于零工收入的处置,何文献与付占荣对于该方面的收入主要是用于"办大事"[①]上。在1949年前,何家这部分收入主要用在大姑娘何仙花出嫁时嫁妆的置办,何建勋与何建功兄弟俩结婚时布置的婚房、家具以及酒席的置办上。而剩余的钱财则仍由何文献与付占荣保管,用于日后二姑娘何伏儿的出嫁以及家中的不时之需。何家的这部分收入也并未出现由小家庭或者个人保留一部分的情况,何文献与付占荣在对这笔收入进行处置的过程中,也未需要告知或者请示四邻、家族、保甲长。

总的来说,何家所有的收入仅包括上述三种分配类型,除此之外,何家并未存在私房地的分配。不过在每年的春节期间,为了增添过年气氛以及结婚夫妇回娘家带礼品的需要,何文献与付占荣也会根据家中的实际情况给家中成员发一些零花钱或者回娘家置办礼品所需的私房钱。

(四)家长主导分配

何家中未有私房地也不涉及私房地,因此何家在日常的分配活动主要包括衣物、食物、零花钱、缴纳租金、赋税的分配活动。这种分配主要是由何文献与付占荣两大家长对于不同的分配活动进行分别或者共同做主,二人处于主导地位,是实际的支配者。

1.衣物按需分配

由于何家的衣物主要来源于自家种植的棉花,由家中的女性成员共同纺织成布匹以及衣物。因此何家在对于衣物分配方面主要由付占荣作为内当家进行配置,期间如果何文献有疑问,双方之间可以互相商量,并不需要告知或者请示四邻、家族、保甲长,而外人也不能够进行干涉。何家在衣物分配上,主要是以分配布匹为形式,以按需分配为原则,不过在家中棉花、布料缺少时,何家也存在外购衣服的情况。

一般家中成员谁穿戴使用的衣物出现严重破损,需要缝制新的衣物或者家中媳妇怀有身孕需要给新出生的小宝宝添置衣物时,付占荣则会将家中已经织好保存的布匹拿出一部分分配给所需的人员。由于何家之中存在两个小家庭,因此在衣物的分配上主要是将布匹分配给成员所属的小家庭,由小家庭的媳妇来给丈夫、自己或者小孩做衣服。例如在何建勋需

---

① 办大事:当地说法,指的是需要花费很多人力财力进行的活动。

要配置新衣服或者何孬蛋刚出生的时候,付占荣则会将部分布匹分给何彭氏,由何彭氏为何建勋以及何孬蛋制作衣物。

整体来看,何家一般会在过年前期为"沾沾喜气"做一身新衣服来迎接新的一年,但也是要看成员衣物的破损程度,并不是每年都会为所有家庭成员配置新的衣物。虽然家中按需配置衣物,不过对于不同的成员也会存在先后顺序,一般像何文献,作为家长当家人需要经常对外进行交往,他的衣物添置会在首要位置,其次便是家中经常外出的何建勋,之后便是何建功、家中女性成员、小孩。如果家中成员的衣服出现破损需要缝补,则主要由女性成员负责,其间也存在分工,一般付占荣和何伏儿会负责自己以及何文献的衣物,何彭氏会负责自己以及何建勋与何孬蛋的衣物,而张贵芬则负责自己与何建功的衣物。

2.同灶共食未讲究

何家在对食物的分配上,虽然在对整体的粮食安排和配置上由何文献与付占荣进行保管、配置,但在每天做饭上,则主要是付占荣作为内当家在媳妇嫁进何家时做出一定的要求下由主管做饭的媳妇何彭氏与张贵芬进行灵活安排。而在吃饭过程中,对于每个家庭成员谁先吃,吃多少,何家并没有明确的原则要求。不过根据何家"尊老爱幼"的道德要求,一般家中成员会先给何文献与付占荣盛饭,然后再盛自己的,而媳妇由于需要做饭,大都是最后吃饭的成员。而在食量上,媳妇一般会根据家中成员的需求做饭以保证每个成员都能够吃饱,家中并不存在谁吃不饱的情况,而对于剩余的饭菜,何家则会将其留置到晚饭。

3.过年会分零花钱

何家只有在过年期间为增添喜庆会给家中小孩以及小家庭一些零花钱以及私房钱。而在零花钱的分配过程中,主要是由何文献在与付占荣进行协商之后做出决定,期间不再需要告知或者请示四邻、家族、保甲长。而在零花钱与私房钱的分配上,何家会有一定的原则,一般会给家中算是小孩子的何孬蛋以及何伏儿几毛钱的零花钱,让孩子们买一些零食庆祝一下;而会给何建勋与何建功两个小家庭几块钱的私房钱,以便其在过年回媳妇娘家时带一些礼品孝敬岳父、岳母。何家给的零花钱主要是钱的形式,不存在给粮食的情况。而对于零花钱以及私房钱的分配上,每年都不会是固定的,何文献和付占荣将会根据家中具体情况来适当进行分配,如果家中年景不太好,经济较为紧张,则会给得少一些;如果家中经济较为富裕则会给多一些。不过何家生活不论好与不好,都会为了"沾一沾喜气"以及串亲戚带礼物的习俗,多少给家中成员一些零花钱与私房钱。

(五)其他成员听从安排

对于何家的其他家庭成员来讲,家长何文献与付占荣在对于家中的衣物、食物、零花钱、缴纳赋税、租金等活动进行实际支配时,他们主要处在服从家长安排的地位,不过有时他们也可以在家长兼顾不到的时候提出自家的建议以供家长参考。例如,在衣物的配置上,何家由于采取按需配置的原则,但有时家长并不能够时时关注家中各个成员穿戴用度的实际情况,因此则需要家中成员在自己衣物出现破损或者需要外出急需较新的衣物时,向付占荣说一下自己的想法,不过最终仍是需要由付占荣的决定为准。而在做饭过程中涉及粮食的配置上,主要负责做饭的媳妇何彭氏和张贵芬也可以在付占荣准许家中每日使用粮食的用度范围内对家中今天做什么饭进行灵活的安排。除此之外,何家的日常分配活动仍以家长的安排和决定为主。

(六)按需统筹全家所需

1."按需分配"原则

何家在进行分配时,主要是以家中成员具体的需要为前提,并不是完全的平均分配。从整体上看,由于何家男性成员经常需要对外进行交往,并经常需要出力气干活,出于家户面子的需要以及"重男轻女"思想的影响,何家对于何文献以及何建勋、何建功三位男性成员在粮食、衣物的分配上会较何家其他成员更为偏向。而何家其他成员对于这种偏向并不会有很大的意见,毕竟都是自家的成员,都是亲人,加之他们也确实对粮食和衣物有更大的需求,因此也就不会斤斤计较甚至产生争端。

2.分配食物为先

何家在对不同类型的收入进行分配时主要会以"地租赋税,自家消费"的顺序进行。因为对于何家来说,地租和税收的缴纳是属于外部对于何家进行的一种强制性的收缴,并不能根据何家的家庭情况进行灵活调整,而之后在家庭内部的消费上,何家便可以根据自家情况进行宽松或者紧巴的分配。在1949年之前,何家并未出现因为自家粮食不够吃而选择抗税的情况,即使是遇到年景不好,何家农业收成较少,何家也是会先缴纳上相应的地租和赋税,之后家中"勒紧裤腰带过活",有时同院的本家也会给些粮食进行救助。

而何家在除去地租、赋税缴纳外,家中所有的收益也将会按照"食物、衣物、私房钱和零花钱"的顺序进行分配。因为对于地处农村的何家来说,家中不论是什么情况也要保证家中成员的吃食,只有这样家中成员才能生存下来,何家才会进行发展。而衣物作为何家成员在生产生活中的另一大必要需求,在分配顺序上排第二位,何家时刻力求家中成员在衣食上能够保持"温饱"的状态。而对于私房钱和零花钱的分配上,若何家出现十分拮据的情况,也将不会再顾及过年的喜庆或者礼节问题。

3.过程未有特权

整体来看,何家在分配上以"按需分配"为原则,以"地租赋税,自家消费"以及"食物、衣物、私房钱、零花钱"为顺序。在何家的分配过程中,虽然存在部分成员因为常年外出做劳力或者生病会受到一定程度的偏向,但是并未存在家中某个成员在分配过程中长期有特权的现象。何家也未曾有过在日常分配之外再进行额外分配的情况。在何家成员来看,大家都是自家人,在成员生病期间应该好好照顾,家中成员并不会因此不满或者提意见。在1949年之前,何家并未出现因为年景不好家中很难存活下去的情况,不过如果出现该种情况,何家也会选择先维持家中成员的粮食分配,而优先选择停止对私房钱以及零花钱的分配。

(七)分配结果

1.食物分配占比大

在何家实际的分配过程中,地租赋税以及食物的分配占比较高,其中食物分配占比最大,大约占据百分之五十五,地租赋税约占总体比重的百分之三十,而衣物的分配占比约有百分之十,而剩余的私房钱、零用钱的分配则占据约百分之五的比重。何家的分配基本能保持自给自足,偶尔也会因为家中宽裕或者有特殊需求而外购些物品。例如,何文献有时会在赶集市或者付占荣在赶庙会时,根据家中的一些需求为小孩子何孬蛋或者其他家庭成员购置一些衣帽等。

2.未有反对,适当可调

对于何文献做出的分配决定,其他家庭成员只能服从,并不能够提出自己的反对意见,不过在有异议的情况下可以先向家长进行反映,但是一切都要以家长的最终决定为主。在何家成员的意识里,并未出现家中成员向家长提出反对意见的情况,而有建议的家庭成员也大都会在家中对分配进行决定之前便向家长提出。

由于何家每年在农业收成以及其他零工、副业的收益大致一般,因此家中在相关的分配安排上并未做出大的调整,有时何文献与付占荣作为家中内外当家人会在根据家中整体情况进行协商之后进行一些微调。何家在分配的决定与调整上也都是由何文献与付占荣进行,其他家庭成员只能处于服从地位。

四、家户消费

(一)家中消费能够自给自足

1.消费靠自给

在 1949 年之前,由于何家几乎所有的消费全是依靠自家生产的粮棉自给,因此在一年总体的花销数量上,何家成员并未能够估计出一个确数。何家由于家中男性成员数量较多,在农闲的时候会经常从事零工以及淘挖古物来赚取一些钱财,因此与村中的其他农户相比,经济状况算是属于能够维持家中温饱且家中小有存余的一般家庭。何家固定的农业收成以及不定的钱财补贴,加之何文献、付占荣两大家长对何家管理有道,何家成员极少出现借钱借粮甚至外出逃荒的情况。有时家中会遇特殊情况导致家中成员需要节省一点,但是由于何家作为外来新户,同院本家之间的关系密切,南院家境优渥的何文瑞等家庭也会时不时对何文献家中给予及时的帮助。

何家在 1945 年前有过一次外出逃荒经历,主要是由于外部兵队进入花园庄村中打仗,为了何家成员全体的人身安全着想,何文献安排家中全体成员外逃至林县的清池村躲避战乱。由于是外出逃荒,何家在准备上并不充分,加之在清池村待的时间较长,何家成员在外地不再有固定的收入来源,因此何家成员在日常需要靠节衣缩食过活,也曾有过在当地靠乞讨为生的情况。

2.主粮靠自种

对于何家整体的消费来说,在粮食的消费上占总体的比重约百分之六十,并且每年的粮食消费几乎全靠何家耕种的十二亩田地的粮食产出,家中很少出现外购粮食的情况,有时家中会在过年过节的时候外购一些做好的面食,偶尔也会给家中成员购置些糕点零食,但一年之中次数屈指可数。由于花园庄地处豫北平原地区,气温降水较为稳定适宜,加之何家成员数量并不多,总的来说,何家依靠从事农业生产完全可以维持家中全体成员的温饱。

3.食物、衣物购置看情况

在何家,每年的食物消费的比重仅次于粮食消费,约占总体比重的百分之十五,而家中的食物来源看家中具体的需求情况进行不固定的购置。对于家中肉、蛋、菜等的食物消费,何家优先消费家中在院内空闲地上种的菜、自家散养的鸡下的蛋以及鸡肉。而对于家中日常做饭需要的油盐酱醋等生活用品,何家主要依靠家中鸡下的鸡蛋与村中挑货郎置换得来。何家对于肉、蛋、菜的消费一般都会控制在自家所有的范围内,在日常情况下不会经常使用,不过在过年期间,为了置办年货的需要,何家也会外出购买一些。

而在衣物的消费上,何家主要也是靠自家种植的棉花纺织纳布而成,偶尔也会进行外购。何家在衣物的消费上,并不会每年都为全体成员添置新衣服,而是会根据家中成员的实际需求进行消费,在总体的消费中占比约有百分之五。对于何家成员来讲,每位成员有时两三年才会为自己添置一声新衣服,其余时间都是在旧衣服上进行一次又一次的缝补,因此,何家在衣物的消费上也是能够维持下去。何家在衣物消费上,未曾出现因为家中衣物不够而借穿他人衣物的情况。

4.借住他家

对于何家在住房上的需求与消费,何家因为分家所得的房屋并不能满足何家成员的居住需要,在家中成员挤着居住的情况下,何家还是出现部分成员借住他家的情况。对于何家来说,一个大家庭之下包含三对夫妻、两个小家庭,而家中仅有三间房屋、两间里屋,出于小家庭对独立居住空间的需求,何家便在何文献的出面下与西邻有空闲房屋的主人进行了协商,并对借住的成员进行了安排。在花园庄村中,何家与西邻之间关系较为友好并且西邻空置的房屋并未处置,因此何家成员在借住西邻房屋时并未支付房租或者其他费用。

在花园庄村中,农户家中的成员大都是要居住在自家所有的房屋内,如果家中并没有成员结婚组成的小家庭,家中无论多少人也是要挤着居住在一起。但是,若有成员结婚,那么新的小家庭为了传统以及避嫌,则需要独立的空间进行居住。对于村中的大都农户来说,不是逼到不得已的情况下,农户是很少借住他人家中。

5.医疗花销几乎为零

在 1949 年之前,何家很少因为家中成员生病而去请医生或者买药,除非家中成员生有大病。在何家,家中成员每年生病次数很少,有时也会为零,因此何家在每年的医疗消费上占总体的消费不足百分之五。对于家中成员不时患有的头疼、发烧或者感冒等病症,家中一般都是让生病的成员休息几天,再由付占荣做一些"小汤"①来缓解病症。如果家中有成员生了大病不能依靠休息养好,何文献以及付占荣也会花费几分或者几毛钱去请村中的"野郎中"或者"巫婆神干"②煎一些草药或者"血包"③"黄面儿"④来治疗病人。何家成员多以青壮年为主,因此家中成员很少生有大病,若有成员生有大病,何家会在家中承受范围内进行治疗,若花销过大便只能任由生病成员自生自灭。

6.人情消费常拿礼

何家每年在人情的消费也很少,约占总体消费比重的百分之五。在何家成员的意识中,进行人情消费主要看自家的实际情况,如果家中并不富裕就不会前去进行花费,如果家中经济条件允许,何家便会在亲朋好友的红白事上送一些礼品以表心意。对于何家来讲,在1949年之前的人情消费上主要涉及过年过节走亲戚、红白喜事随礼两方面,除此之外,何家几乎不会请外人来家中吃饭。从何家总体情况来看,何家过年过节走亲戚的消费也讲究"你来我往"⑤,因

---

① 小汤:当地用于治疗感冒发烧以及头疼脑热的热汤,主要是由姜、葱、醋混合热水冲成。
② 巫婆神干:指当地会巫术的人,女性称为巫婆,男性称为神干。
③ 血包:指巫婆神干用沾血的馒头来治疗病人。
④ 黄面儿:指巫婆神干用庙宇中烧香的灰烬来治疗病人。
⑤ 你来我往:当地在走亲戚时,来亲戚家做客的家庭会带些礼品,而在走时家中亲戚也会请吃饭或者给些回礼。

此未出现太大花销,总体上还在家中承受范围之内。而对于村中的红白喜事的随礼来说,何家如果在家中经济紧张的情况下便不会前去参与,也就不会进行消费。

7.自家喜事依靠存款

在 1949 年之前,何家自家置办的红白喜事主要就是何建勋与何建功结婚置办的喜事。何家虽不是每年举办红白喜事,但是在何建勋与何建功结婚过程中的花费较大,几乎占当年总体花费的百分之五十。对于何家成员来说,家中成员的结婚算是何家的一件大事,并且根据传统,在婚前置办、结婚的酒席等活动上的花费是必不可少的,村中农户因为家中孩子结婚借钱、卖房卖地的情况也十分常见。何家在何建勋与何建功结婚过程中的花销,主要是依靠前期何文献与何建勋通过淘挖古物获得的资金储蓄,因此家中并未出现因为家中成员结婚而难以维持家中日常生活的情况。

8.教育花费几斗粮

何家在教育的花费只是涉及何建勋与何建功两人,并且分布在不同的时期。何家在何建勋或者何建功上学期间,每年的教育消费只是涉及几斗粮食的学费缴纳,而对于笔墨纸砚的花费,为了节省额外开支,何家一般会在何建勋购置过后,由何建功在后期继续使用,此外,何家并未请过老师吃饭。总体来说,何家在教育上的消费约占总体消费的百分之五。对于何家成员来说,教育都是花费在家中的男丁身上,何文献作为家长会在家中允许的情况下最大限度地满足何建勋与何建功在教育上的需求。不过同样也是由于何家经济状况的有限,何文献也仅会满足他们的基础教育,后续的教育则主要看家中具体的经济状况。在何家,何建勋与何建功在受教育的过程中未有中途辍学的情况。

9.祭拜神仙"投"香火钱

在花园庄村中,何家与其他农户一般都信仰神仙,在过年过节以及附近地区举办庙会期间,付占荣会带领着家中其他成员前去祭拜神仙。在每次祭拜神仙时,付占荣则会准备一些贡品以及香火,有时也会"投"几分钱的香火钱。何家经常会在过年过节时对家中的神仙进行祭拜,在这过程中会置办一些鞭炮、香火以及贡品,但是花销很少,在何家承受范围之内。并且为了不浪费粮食,何家在进行祭拜之后便会将贡品吃掉。

10.消费存在先后

何家每年在粮食、食物、衣物、医疗、教育、人情等消费上存在先后顺序,其中作为维持家中成员生存发展的粮食消费占比最大,也是首要消费,其次便是衣物和居住的消费,再有是食物、教育的消费,而对于医疗和人情的消费何家则主要是依靠家中具体的经济情况来决定花销的程度,在家中条件不允许的情况甚至会选择舍弃。

(二)消费主靠自家承担

何家在日常生产生活过程中所产生粮食、食物、衣物、住房、人情、红白喜事、教育、医疗等类型的消费主要靠何家自身承担,花园庄村中的宗族、村庄并不会介入甚至承担家户内部的消费。何家在消费过程中多数情况下是在自家所能够承受的范围内,偶尔出现何家自身无法负担的消费时,南院中经济情况相对富裕的本家也会给予一些钱粮以帮助何家渡过难关,不过其在何家日常消费中占有极小的比重。

(三)内外当家有分工

何文献与付占荣作为何家的外、内两大当家人,在何家进行日常消费过程中,两人按照家中不同的消费类型存在分工。其中,外当家何文献主要负责对外交往的消费,例如:粮食消费中对余粮的置换、食物的购置、住房、红白喜事、教育方面的消费;而内当家付占荣则主要负责家庭内部的消费,例如:家中粮食消费的用度、自产食物的消费、衣物、人情消费、小病医疗方面的消费。虽然何家两大家长在家中总的消费内部存在分工,但是出于何家生存与发展的需要,何文献与付占荣也会在决定消费的过程中相互进行商量。

1.外当家主管涉外消费

(1)整体统筹粮食消费

在何家的粮食消费活动中,何文献作为家中的外当家,主要负责对家中收获的全部粮食进行整体的统筹规划以及相关涉外消费活动。在家中收获粮食之后,何文献便会根据家中的具体情况,将粮食分成地租、赋税、家中吃饭的粮食以及余粮四大部分。若家中存有余粮,或者对其他粮食种类有需求时,何文献便会决定到城里去将家中的余粮换置成需要的粮食,或者在家中粮食不足的情况下,决定去集市购置些粮食来满足家中需求。在这种消费过程中,主要由何文献作为家长实际支配,并不需要告知或者请示四邻、家族、保甲长。

(2)食物外购

在何家,对于食物的消费需求虽然何家成员首要选择消费自家生产的肉、蛋、菜等食物,但是在过年过节期间,何文献也会根据家中的具体情况来决定是否外购食物来满足家中的需要。以何家过年为例,根据当地习俗,在过年前期何家需要提前置办丰富肉、蛋、菜等年货来满足家中成员的需求,以寓意何家每年都能够吃食无忧,但由于冬季家中存储的食物有限,以及对猪肉的需求,何文献常会根据家中实际情况,在年前去集市上置办一些肉、蛋、菜等食物。

(3)房屋的借住与修建

何家成员在住房消费的情况较为紧张,尤其在何建勋与何建功结婚组成两个新家庭之后,何家仅有的三间房屋不再满足家中成员的居住需求。面对何家住房紧张的情况,家中是由何文献作为外当家决定和安排家中部分成员借住邻居家,期间,何文献也曾听取了家中其他成员的意见,并与付占荣进行商量。而在日常居住过程中,何家房屋出现破损需要进行修建时,家中也是由何文献来购置修房子所需要的材料,并与何建勋、何建功两兄弟一同进行房屋的修葺。

(4)红白喜事的置办安排

在1949年之前,何家因为何建勋与何建功的结婚曾举办过两次红喜事。在两兄弟婚前房屋、家具的置办,结婚过程中的彩礼以及宴席置办等方面的消费上,何家主要是由何文献作为外当家进行安排规划。不过由于成员结婚算是家中的"大事",何文献在进行相关安排与决定时,是会和付占荣共同进行商议,有时也会听取何文献已经分家的其他兄弟的建议,但并不需要告知或者请示四邻、家族、保甲长。

(5)"交学费"

何家在教育上的消费主要是指何建勋与何建功在适龄阶段上学需要上交的学费以及书本费用。在学费的缴纳上,大都是何文献在领着适龄的孩子去学堂时便带着固定的粮食来当作学费,之后再根据孩子上学的需要去集市上为其采购书本等学习用品。由于学费是固定的,因此学费缴纳只由何文献做主便可,并不需要再同家中其他成员甚至外人进行商议。

2.内当家主管家内消费

（1）管理每日的吃食用度

付占荣作为何家的内当家，在粮食的消费上主要负责管理家庭内部每日粮食的吃食用度，例如家中每日要吃多少米、用多少面等。虽然在何彭氏与张贵芬嫁入何家之后开始轮流负责家中做饭等家务事宜，但是在她们刚开始做饭时，对于家中粮食的消耗是需要征得付占荣的准许才可以。之后在把握了何家每日用粮的"度"之后，何家媳妇虽不再需要每日向付占荣报备，但实际也应该是在付占荣默许的情况下进行。总的来说，何家在每日的吃食用度安排上，主要是由付占荣做主，由于该方面每日的消费较为微小琐碎，并不需要再同谁进行商议，更不需要告知或者请示四邻、家族、保甲长。

（2）自产食物的消费

何家在对于家中自产的食物消费，主要包括对自家种的菜、养鸡的蛋以及生病或者老去的肉鸡进行的消费，对于这些消费进行做主的也是何家内当家付占荣。由于何家自产的食物较为有限，因此只有在过年过节或者家中生病、怀孕时才会出现该类消费。对于这方面的消费进行做主的主要是付占荣，不过有时在家中食物不多或者耗费很大的情况下，付占荣也是会和何文献进行商议后进行决定。

（3）决定是否制衣

在何家，家庭成员的衣物消费主要依靠自家种植、收获的棉花，纺织纳布缝制而成，但对于何时、为哪位家庭成员制作衣物则主要是由付占荣当家作主。而付占荣对于是否为家庭成员制作衣物主要出于自身的主观判断。有时在付占荣对于家中成员的衣物需求并未注意的情况下，何家其他成员可以根据自身衣物的实际情况向付占荣提出建议，付占荣也会在参考家中成员的意见下进行决定和安排。

（4）"走亲戚"和"随礼"

何家的人情消费主要是在走亲戚、随礼上的消费，这种消费大多是根据花园庄村当地的传统购买或者自己制作些糕点、衣物布匹等。由于这种消费所需要花费的钱物较少，并且常需要何家内部进行再加工，因此主要由付占荣进行决定与安排。例如，何家在过年期间走亲戚时，付占荣会安排何彭氏或者张贵芬蒸些糕点或者买点小食品；而在给亲朋好友随礼时，付占荣则会在何文献与其他同行的家庭有过商议的情况下，决定单独或者共同置办礼物以表祝福。

（5）小病医疗

何家在医疗的消费上几乎为零，有时家中成员出现感冒发烧、头疼脑热等症状需要调养时，主要是由付占荣来安排何彭氏或者张贵芬为生病成员熬制"小汤"、蒸个鸡蛋以补充营养。而家中成员出现大病需要请郎中吃药时，付占荣则需要同何文献进行商议，并共同决定家中在医疗上的花费。除此之外，何家不再需要告知或者请示四邻、家族、保甲长。

（四）其他成员适当参与

何家在日常的所有消费过程中，主要是由何文献与付占荣作为内外当家人进行决定与安排，家中其他成员则处于听从的地位。不过在两大家长对于家中的消费进行最终的决定之前或者涉及家中吃食消费上的默认状态，何家其他成员可根据自身具体的情况进行适当的参与。

1.媳妇的灵活配置

对于何家每日的吃食消费上，虽然整体是由付占荣作为家长来进行安排，但因为每日饭食在制作上较为繁琐，付占荣一般会在何彭氏与张贵芬嫁进何家初期进行引导，使她们对于何家每日的吃食有一个"度"的把握之后默许何彭氏与张贵芬在这个范围内进行灵活配置。例如，何家每日在吃食上用多少米、多少面、多少菜，何彭氏与张贵芬则可以在这个范围内，配置何家今天可以吃面条，明天可以吃菜配馒头等多种形式。

2.其他成员可提意见

何家在衣物以及住房消费上，由于家中主要是按需配置，并且对于家中成员的需求主要以家长的主观评判为准，因此家中其他成员可提意见以作为家长进行相关消费安排的参考。在何家的衣物消费上，付占荣对于家中全体成员的需求程度并不能够时刻把握，因此家中其他成员可以在衣服出现破损严重，或者男性成员需要外出置办新衣服的情况下向付占荣提出自己的想法，不过最终还是要以付占荣最终的决定为主。在住房消费中，由于何家成员并不能够全部居住在自家房屋内，需要部分成员借住他家，而对于让谁外出借住的选择，何文献与付占荣也是在听了家中其他成员的想法和意见下进行决定。

五、家户借贷

在 1949 年之前，何家主要靠耕种的粮食以及不时的零工副业补贴过着自给自足的生活，偶尔何氏本家的几个家庭间也会在日常生活中互帮互助，加之家中并没有过额外的生产建设投资，因此何家整体经济条件还好，并未出现外出借贷的情况。并且何家作为花园庄村中的一户普通人家，何文献会在孩子日常成长生活中向孩子灌输"不轻易去借钱借粮，更不碰高利贷"的观念，因此何家也并未出现家中成员在未经家长允许的情况下私自以家中财产进行抵押、借贷的情况。

不过在花园庄村中，是存在家户为维持家中生产生活或者其他原因而进行借贷的情况，并且不同经济条件的农户想要进行借贷的原因也会存在差异。一般来说，村中经济雄厚的大户家庭出现借贷多是因为家中想要进行某种生产建设（例如购买田地或者建造房屋），但是现有资金尚且不足，也会因为家中某些成员喝酒、赌博出现欠钱的情况。由于借贷一方也是了解对方的家庭条件，因此出于"不敢得罪大户"的心理，双方会以一种平等协商的方式进行借贷，而在此过程中产生的"利息"也是符合当下社会的正常标准；而村中经济条件不好的农户若是想要借贷，则多发生在村中遭逢灾害粮食产量甚少导致无法缴纳税粮的时候。这时，借贷的一方则会以农户是否具有偿还能力为标准来决定是否借贷，并且一些"坏心眼"的借贷方还会为了挣得更多的钱，在农户急需钱粮的时候恶意哄抬"利息"，使得农户在不得已的情况下出现欠"高利贷"的现象。

在借贷发生的时候，来借钱粮的农户都是以家户为还债单位，也就是一个人来借的贷，若是还不上，则整个家庭中所有值钱的房产、田地等将都会作为抵债的资产。在借贷过程中，如果双方比较熟悉，并且借贷的钱粮数量较少，双方只是口头说声便可；但如果是双方并不熟悉，或者借贷的钱粮数量较大，则借贷双方则会书写借据来证明，有时也会请来公证人。在借据上，一般都是会写上时间年月、借贷钱粮的数量、借贷的利息、偿还的时间以及双方的姓名和手印。在还贷时，借钱的一方需要根据约定好的时间提前或者按时进行偿还，若是有拖延,借贷的一方则会前来催债,若是双方协调不好极易产生矛盾,并且发生暴力冲突。

六、家户交换

(一)交换以何家为单元

何家在进行家户之间或者集市上的交换活动时,都是何家整体为交换单元,其内部不再存在家内的小家庭或者以个人为单位进行的交换活动。何家在日常生活中的交换活动主要是由家中成员为了何家内部的某种需要去同集市、粮食行、流动商贩等进行交换。何家在进行交换过程中,主要是由何文献或者付占荣两大家长作为内外当家进行安排以及决定,两大家长在不同类型中的交换活动上存在分工。有时两大家长会就某种交换活动进行商议,也会参考一下何家其他成员的意见,甚至在何家与流动商贩进行油盐酱醋等生活用品的交换上,家中成员也具有一定的自主性。何家交换作为何家内部的一种活动行为,并不需要告知或者请示四邻、家族、保甲长。

(二)三大交换主体

1.当家人交换

在进行交换的活动中,何家的内外当家人一直处于实际支配者的地位,其中以外当家何文献的决定为最高权威,而在何文献有事不在时,则以内当家付占荣的决定为主,不过会因为付占荣的女性身份也会出现委托交换的形式。在何家,内外当家负责何家交换的不同方面,何文献一般负责需要外出到集市、粮食行等的交换活动,而付占荣负责在村中小范围进行的与流动商贩之间的交换。其中由于何家生产生活的需要,不时会与村中叫卖油盐酱醋的商贩进行交换,为了方便,何家主管做饭的何彭氏与张贵芬一般都是在付占荣默许的状况下根据家中具体情况进行交换。

2.当家人委托交换

在何家,如果遇到何文献有事要忙或者外出不在的情况,家中在需要去集市上购置物品时,作为内当家的付占荣则会选择委托作为家中成年长子的何建勋与集市进行交换活动。这种交换活动多是涉及家中需要购置小型的桌椅板凳或者农具的"铁头",一般都是由家长在进行委托的时候将需要的花费交到何建勋手上。因为需要购置的这些东西较小,费用大致固定,因此家长在给钱的时候会有一定的把握,何建勋只需要在家长所给钱财的承受范围内将东西买到便可。如果给的钱实在不够,何建勋会回家要钱,如果有剩余,那么剩余的钱仍需要归还家长。除此之外,何家其他成员在未经家长的委托情况下不能擅自进行经济交换,何家成员手中也并没有多余的钱私自进行交换。

3.其他成员的交换

由于何家在每年当中需要进行的交换活动也比较多,尤其是涉及作为家中做饭必需品的油盐酱醋的置换以及结婚的小家庭在过年过节时需要置办礼物的交换活动。在这两种情况下,何家其他成员是会在何家家中默许的状态下进行自主的交换活动。在何家与村中流动商贩进行油盐酱醋等日常用品的交换活动中,一般都是由主管做饭的何彭氏与张贵芬根据家中剩余的油盐酱醋以及家中自产的鸡蛋情况决定是否进行交换,不过在交换活动之前或者之后,她们都是会向负责家中家务事宜的付占荣进行报备。而在小家庭串亲戚置办礼物时,何家主要是在家长给予适当钱财的范围内,有小家庭的成员自主决定购置什么礼品。

(三)不同的交换客体

1.与集市进行交换

何家一般在需要购置家中所需的小型板凳椅子、农具的"铁头"以及修葺房屋所需的石灰材料等东西时,会选择去花园庄村附近的集市上。而去集市上进行经济交换的主要是作为家中外当家的何文献,而在外当家有事时,长子何建勋便会被委托前去。何家一般会选择去村庄附近的"西关""北关"和"东关"的集市,选择去这些地方的首要原因是离何家较近。而具体选择去哪个集市主要是由外出购置物品的成员进行决定,而何文献一般会根据自己去集市获取的相关商品的情况选择物美价廉的那个集市。村庄附近的集市长期存在,整天都开,由于何家家中并没有车、马等交通工具,何家一般都是选择步行前往。以"西关"为例,集市距离何家约有四、五里地,何文献一般都是选择在吃过早饭后的晌午去,等购置到所需物品回家一般会在中午吃饭之前。对于这些物品的价格信息,何家主要是从村中其他农户那里听说以及何文献经常逛不同集市总结来。何家在选择上会倾向物美价廉的集市,但是并未进行精细的计算,就是如果价格相差不大的话,何家更加倾向于距离较近的集市。

何家在与集市打交道时,大都是在何文献的做主下或者在付占荣的委托下进行,而何家其他成员在未经允许的情况下并不能够代表何家或者单独与集市进行交道,并且何家其他成员也并没有钱与之进行交道。

2.家长与粮食行进行交换

在花园庄村附近的城里的集市上会开设粮食行以供农户进行粮食的置换与购买,在1949年之前,何家与粮食行进行的经济交换活动主要是粮食的购置。在何家,只有外当家何文献会代表何家整体与粮食行进行购买粮食的交道,并且在春冬时期较为常见。在与粮食行进行交易过程中,能够对何家什么时候买粮、买多少粮食做主的是何文献与付占荣两大家长。何家在粮食行买到粮食后,一般都是由何文献背回家中。而对于何家其他成员来说,他们并不能够擅自与粮食行进行交易。

3.与村中流动商贩打交道

在1949年前的花园庄村中,每天都会有不同类型的流动商贩在村中的胡同小道进行叫卖,而何家在需要购置油盐酱醋等琐碎的生活用品时便需要经常与之进行交道,而再大一点的物品何家便会选择去集市上购买。在何家,与村中流动商贩进行的相关交易应该是在家长的默许之下进行,并且在活动之前或者之后进行报备,家中成员并不能够因为自己的私利擅自与流动商贩进行交易。在与村中的流动商贩进行交易的过程中,何家同村中其他农户一样很少讨价还价,主要是因为双方置换的物品都比较小,加之商贩在交易过程中有着固定的交换规则,当地便有"鸡蛋换盐,两不找钱"的说法。

4."人市"并无专人监管

在花园庄附近的集市上是划分有一定范围的空地来作为"人市",附近村庄需要出卖自身劳动力的农户则会蹲坐到那里,自带相应的农具等待需要劳力干活的大户前来招工。在1949年之前,何建勋为了补贴家用,在请示了何文献之后,也曾来到过"人市"等待招工,为大户家做些短工。花园庄村附近的"人市"并没有专人进行监管,涉及打交道的双方主要是招工大户以及做工农户,期间并未再有中间人。在何家,前去"人市"出卖劳动力是需要告知家长并得到允许,之后所赚的钱财也需全部上交家长。何家其他成员并未出现不经家长允许擅

530

自去"人市"进行劳力买卖的情况。

(四)家长支配的交换过程

1.打听、比较

为了寻找到质量更好、价格更低的物品,何文献在需要外出购置小型的家具或者农具之前都会进行多方打听与比较,以便收集购置物品的相关信息。何文献在购置物品之前的打听并不是刻意形成,而多是在闲余饭后,其与街坊邻里谈闲话时,有时会提到"哪个集市上的凳子便宜,或者哪里的铁头质量好",这时何文献便会留心记住;有时也会在串门时,看到街坊邻里家添置的新桌椅板凳质量很好,也会问在哪里购置的。而在去集市的时候,虽然何文献与何建勋并不会"西关""北关"和"东关"的集市全部去一遍,只为找到更好的物品,但是确是会在同一个集市上转一转,看看不同商家的价格,进行比较之后做出决定。

何家在与集市进行物品购置的过程,虽然并不是只有何文献才可以进行打听或者货比三家,其他成员也可以在进行闲聊时将他家的物品情况向家长予以告知,但是何文献与付占荣作为管理家中大小事务的实际决断者,与其他成员相比会更为上心一些。而何建勋在家长委托下去集市上购置物品,也是需要适当进行对比,具有一定的自主性,这种环节并不需要再专门请示或者告知家长。

2.倾向熟人

在进行经济交换过程中,何家比较倾向与熟人进行交换,主要是在何家成员的心里,熟人因为双方之间都认识,会在更大程度上保证物品质量。例如,花园庄村中崔俊生家中成员具有很高的木匠手艺,在集市上有一家专门制作、售卖家用农具等木制品,而何家在对挑水扁担等木制物品有需求时,大都会去那里进行添购。而崔俊生家也会因为与何家生活在同一个村中并且相处较好的原因,都会以最优惠的价格进行售卖。在这种经济交换活动中,大都是由何文献作为当家人进行的,不过有时何建勋也会在家长的委托下前去购买。

3."过斗、过称"

何家在粮食行进行粮食的购买交易时,为保证粮食的斤数都会进行过斗、过秤。这种行为都是在粮食行由粮食行里的小工在何文献的监督下进行称量和装袋,由于粮食行常年与农户进行粮食的交易与买卖,为了自家商店的信誉名声,粮食行并不会缺斤短两,加之何文献对于自己购置的粮食的斤数有一个大致的估计,如果相差不大,何文献在小工过斗、过秤称量粮食装袋之后便会背回家中,之后何家很少进行再测量。与粮食行进行的经济交易都是由何文献来完成,除此之外,家中其他成员并未获得授权,也未参与。

4.未有其他交换行为

在当地,农户在置办大型农具或者牲口的时候,一般很少与售卖商家直接面对面地商量甚至讨价还价,而往往会选择一个第三人也可以说是中间人来充当双方买卖价钱的协调方以便能够更好地促使双方交易的完成,当地将这种人称之为"经纪"。由于何家在1949年之前未曾购置大型农具以及牲口,因此何家成员并未在经济交换过程中与"经纪"有过交道。

而当地集市上的商铺在进行经济买卖过程中,为了吸引客户以及拉拢回头客,是允许客户进行赊账的行为,但是,何家成员并未出现在家长允许甚至未经家长允许而进行的赊账行为。一方面,何家经常外出到集市的只有何文献与何建勋,二人都是在需要带有一定数量的钱财下去购置物品,并未进行过其他消费行为;另一方面,何家的家庭教育使得家中成员都有着"勤劳致富,不赊不欠"的观念,家中全体成员都认为赊账是一种不好的行为。

对于当地集市能够赊账的商铺来说,能够进行赊账的一般都是经常在店铺消费的常客,他们在身上没有带钱或者暂时支付不起的时候会进行赊账。其中大户或者中户人家忘了带钱的以及有着固定收入的小户暂时支付不起的时候店铺经营者会同意其的赊账请求,而对于经济拮据的贫穷小户人家,商家不会同意其赊账的请求。在进行赊账时,买卖双方一般都是口头说一下便可,只不过店铺之后会做相关的记录,等下次客户再来时便于要账。

第三章 家户社会制度

何家成员都是在适龄阶段进行婚配，这一过程主要由何文献与付占荣作为家长进行协商与安排。在何家八口人中共有三对夫妻，一个未出嫁的姑娘和一个第三代幼婴。何家成员均认为生育是家户延续的象征，因此家中怀孕的女性在生育前后会受到有一段时间的照顾，主要表现在吃食的照顾上。在孩子出生后，何家会在孩子平安出生的第九天进行"做九儿"庆祝。何家成员一般都会有两个名字，一个是在幼时随意取的"小名"，一个是在长大一点由家长按照何氏的辈分取的"正名"。在分家与继承上，由于何建勋在1949年后期外出林县工作有固定的住所以及薪酬，因此何文献对于家中的产权分配上有一定的侧重，这种侧重也使得何建勋与何建功两人在老人赡养方面所承担的责任有所不同，其中何建功负责了对何文献与付占荣日常生活的大部分照顾。在1949年之前，在家长的教导下，何家成员大都温和有礼，对外与邻里街坊、亲朋好友相处友好；对内与家中成员团结和睦，鲜有冲突。

一、家户婚配

(一)何家成员的婚姻情况

1.共有三对夫妻

何家在1949年共有八口家庭成员，其中有三对夫妻，即第一代的何文献与付占荣夫妇，第二代何建勋与何彭氏夫妇，何建功与张贵芬夫妇。而在何家姑娘的婚嫁情况上，大姑娘何仙花在1945年前便已出嫁，二姑娘何伏儿待嫁家中。何家成员并未存在光棍、守寡或者离婚的现象，不过在1949年后期，何建勋有过一段丧妻时期，之后何建勋在林县工作时又再娶了新一任妻子，名为赫翠莲。

2.夫妻姓氏及范围

就何家成员的婚嫁情况来看，何家夫妻中并未存在同姓结婚的情况，第一代的媳妇为付氏，第二代的妻子则分别为彭氏、张氏以及后来的赫氏，大姑娘何仙花出嫁的丈夫为郭氏。何家在选择婚嫁对象的范围上主要以附近的村庄为主，付占荣娘家位于花园庄村附近的梅园庄，何彭氏娘家在孝民屯附近，张贵芬娘家在距离县城较近的高老庄，大姑娘则是出嫁到不远的郭家湾，而赫翠莲娘家在何建勋工作单位附件的村庄。何家成员婚嫁范围较小，一方面是由于家长在为子女挑选婚嫁对象时会考虑过年过节媳妇回娘家的距离远近，另一方面也是由于家长活动空间范围的限制，使得家长认识适龄对象的范围也有限制。在何家成员婚嫁对象的选择方面，何家除了何建勋在1949年之后再娶的对象是在工作单位的介绍下促成之外，全部都是在媒婆的介绍下由何文献与付占荣作为家长做的决定。

3.结婚对象的选择

在花园庄村中,农户在结婚对象的选择上并不存在什么禁忌,毫无亲缘关系的同姓两者之间也允许结婚,只不过具有血缘关系的"五服"①成员间不会进行婚配,当地会视这种现象为"乱伦"。在婚嫁范围上,何家成员并未与同村成员结婚,不过在花园庄村中,存在同村结婚的情况。整体来看,花园庄同村结婚的情况并不常见,主要是由于娘家与婆家同住一个村庄,如果夫妻之间闹矛盾两家以及各家的亲戚朋友之间在之后的相处上会显得较为尴尬。对于何家成员以及村庄中的其他农户来说,花园庄村并未出现因为村庄矛盾而使村中成员禁止与某种姓氏或者某个区域范围进行通婚的情况。

4.门当户对

何家成员在婚配过程中讲求门当户对,作为经济条件一般的小户,何家也会选择经济状况相差不大的家户结成亲家。与何家相比,付占荣娘家、何彭氏娘家、张贵芬娘家以及何仙花的夫家也都是经济条件一般的贫穷小户。在何家成员看来,大户一般都是与大户进行联姻,而小户都是与小户进行婚配。大户和小户之间很少进行通婚,除非是大户家男方纳妾,而女方大户则多是因为结过一次婚或者身体有残缺才会选择和小户进行婚配。在花园庄村中,这种大户与小户之间的婚配在某种程度是一种不匹配的现象,两家的婚配是会被村中其他农户议论。一般来说,大户选择小户会被议论是因为家中有成员品行不良,而小户同意大户则会被议论是为了大户的钱而同意婚嫁。

(二)婚前的准备事宜

1.媒婆介绍,家长做主

在 1949 年之前,在对何建勋与何建功甚至是大姑娘何仙花的婚配安排上,何家都是由何文献与付占荣在孩子适龄的时候向邻村的媒婆进行报备②,然后由媒婆根据孩子的生辰八字来挑出合适对象,并由双方家长协商选择,而作为婚嫁主角的何建勋、何建功两兄弟以及何仙花并不能够参与甚至表达自己的意愿。在何家,何文献作为家中年纪最大的男性家长,在决定孩子婚配时会与妻子付占荣进行协商,但不会听从家中其他成员的意见,也不需要告知或者请示四邻、家族、保甲长。

对于何家成员婚嫁对象的选择,家中一般都是由付占荣作为母亲提出,并在何文献的同意下,前去找邻村的媒婆进行报备。而媒婆在收到何家家长想要为自家孩子相看婚嫁对象的意愿后,会与何文献与付占荣就婚配对象的相关条件进行交流,然后将自己现有符合何家家长要求的对象整理出来并向其一一介绍,例如对方居住在哪里,家中经济条件如何,家中成员情况以及对方的健康、品行、工作等相关情况。如果在这中间遇到合适的人员,何文献与付占荣则会向媒婆"留个底"③,然后由媒婆向对方家长介绍何家的相关情况,看对方家长的意愿,一旦双方家长都满意,双方的婚嫁便可定下。如果媒婆现下还没有与自家孩子相匹配的合适对象,何家家长便会向媒婆描述一下自己倾向对象的相关特征,由媒婆进行记录,一旦遇到合适的人选,媒婆便会前来进行介绍。

---

① 五服:在当地,以自己为基准上下五代具有血缘关系的人员将视为自家人,双方之间不能够进行婚嫁。
② 报备:当地的一种说法,就是向媒婆描述下自家孩子的情况,好让媒婆在说媒的过程中为孩子留个心。
③ 留个底:当地用语,指的是先将该成员定下来。

2.婚配对象的选择标准

何文献与付占荣在为男性成员挑选婚配对象时,对于婚嫁对象的外貌、家室等相关条件不会有过高要求,主要是看中婚嫁对象个人的身体健康以及品质性格。在为何仙花选择夫婿时,何文献与付占荣还会着重看男方家中其他成员的品性,以免姑娘家出嫁之后在男方家生活过程中会过于辛劳甚至被欺凌。何家对婚配对象的这些要求主要是由何文献与付占荣两大家长提出,并且如果婚配双方都觉得合适便可以立马商量结婚事宜,若不合适便各自再觅良缘,期间并不需要征得外人、保甲长等人的认可。

在为何建勋与何建功两兄弟选择媳妇时,在年龄要求上,何文献与付占荣一般会选择与何建勋或者何建功年龄相仿或者大小一两岁的姑娘;在长相方面,何文献与付占荣虽然不会严格要求女方长得多么如花似玉,但也是需要与五官端正的何建勋与何建功两兄弟相匹配,即媳妇也应该长得端正大方,身体不能有残缺;在品性方面,何家作为以农为生的小户家庭,需要要求家中的媳妇能够具备从事一定农活的能力,并且还可以承担起家中做饭以及纺织纳布等相关技能;在家庭条件上,何家倾向于找与自家经济条件大致一般的家户;在名声德行上,何文献与付占荣会选择家庭清白,品行端正,未有不良嗜好的女方;在身体状况上,虽然何家不会要求女方能够像男劳力一样能干沉重的农活,但是也应该是身体健壮,能够从事相关家务的健康女子。

而在为大姑娘何仙花选择夫婿时,何文献与付占荣一般倾向于选择与何仙花年龄相仿,长相较为端正,未有残缺,身体健壮,勤劳老实的男方,并且在品行方面,也会要求男方身家清白,不赌博、嗜毒。由于姑娘出嫁相当于在另一个家庭生活,因此何文献与付占荣除了对男方自身有要求之外,也会对男方家的整体情况有一定的要求,例如男方家庭经济条件应与何家相当,家中的公婆以及其他成员品行也应该良好,以避免何仙花在结婚之后吃苦。

整体来看,何家作为小户家庭对于婚配另一方的要求并不算高,而对于花园庄村中的大户家庭来讲,他们在为子女寻找婚配对象的时候要求更高一些。例如,大户会在要求对方与自己门当户对的前提下,还会对婚配对象所受的教育学识、生辰八字甚至琴棋书画等更多相关技艺上有额外的要求。

3.婚姻主为家户存衍

对于何家成员来说,结婚是每个成员长大成年之后必须要经历的一个环节,目的是为了扩大家庭规模,生育儿女主要是为了使何家能够长长久久地生存发展下去。何文献与付占荣作为家长在为何家成员选择婚配对象时,主要是站在何家未来的发展的角度上而不是根据自己或者家庭成员个人的意愿,更不会允许家中成员为追求个人的爱情和幸福而去选择婚配对象。对于婚配的何家成员来讲,他们也会为了家庭日后的发展而去服从父母的安排,何家成员一致认为,所谓的个人爱情和幸福在结婚之后是可以培养的。

4.不允许自由恋爱

在花园庄村中,何家甚至是其他家庭都不会允许家中成员自由恋爱。在何家成员看来,自由恋爱是一种不负责任的恋爱状态,这种恋爱只考虑到恋爱双方个体,并未担负起为双方家庭着想的打算。此外,在1949年之前,男女私下见面交往会被认为品行有问题,而进行深入的恋爱则会被看做更不检点的行为。何家成员在结婚前很少与异性有来往,因此并未出现自由恋爱甚至结婚的情况。

5.聘礼或嫁妆

在何建勋与何建功结婚之前,何家会准备一些家具、衣物等作为聘礼,而在大姑娘何仙花结婚之前,则会置办几身衣服作为嫁妆。因为三个孩子的婚嫁都在不同时期,因此何家为三个孩子在聘礼和嫁妆的置办上并未讲究什么公平,主要以家中的实际情况为依据。不过对比三个家庭成员的婚嫁,何文献在为儿子们置办的聘礼数量上都差不多,而为姑娘置办的嫁妆与儿子的聘礼相比稍微逊色一点。在何家成员看来,家长在聘礼与嫁妆的置办上也都是在为何家着想的基础上所做的决定,因此何建勋、何建功以及何仙花并未就婚嫁之前嫁妆与聘礼向家长表达自己的不满。

6.“大见面、小见面”

何家适龄的孩子在婚嫁之前并不会与结婚对象见面,但是双方的家长在确定两家婚姻之前却是要见见面,必要时也会去看看婚配成员的实际情况,以防止媒婆在为双方介绍时夸大其词。在当地,婚嫁双方家长在为孩子确定婚配对象之前一般会有两次见面,当地称为“大见面、小见面”。其中,家长在进行正式的结婚仪式之前,为考察婚嫁对象以及商议一些其他事项而与对方家长的见面称之为“小见面”;而在双方家长都比较满意,要正式确定结婚时间以及对结婚相关过程进行的协商则称之为“大见面”。何家在为何建勋、何建功以及何仙花确定婚配对象时,与对方的亲家也有过“大见面、小见面”,而这种见面只是包括作为家长的何文献与付占荣两人,其他家庭成员并不能够参与。

(三)进行婚礼的相关环节

1.家长制定方案并书写婚贴

在何建勋与何建功婚配过程中,关于两兄弟在结婚时的具体方案制定是由何文献与付占荣作为家长根据当地的婚嫁习俗进行安排,包括新郎前去迎接新娘,邀请媒婆主持婚礼的仪式,对于何家亲朋好友的宴请等各个事项。何家在进行具体的婚姻环节上,则是根据习俗流程来进行,例如新郎在接回新娘后需要有“一拜天地,二拜家长,夫妻对拜,送入洞房”等环节,随后新郎要与何家家长向前来观礼吃席的亲朋好友敬酒、招呼。在当地,新郎在去新娘家迎娶新娘时需要递交婚贴,何建勋与何建功的婚贴都是由当家人何文献书写并署名。递交婚贴作为当地婚嫁的一种习俗,主要是为了防止多家进行婚嫁而导致错婆或者错嫁现象。

在花园庄村中,农户成员在进行婚嫁时都是需要书写婚贴,而婚贴一般都是由当家人进行书写并署名,不过如果农户家中的家长是女性当家人或者是不会写字的当家人,农户也是可以请自家有学识文化的亲戚或者是会写字的先生代为书写,只不过在署名上需要写上婚嫁农户当家人的姓名。

2.其他成员听从安排

在何家的婚礼过程中,何文献与付占荣作为家长一般会在结婚前期对结婚当天的相关事宜做好准备与安排,而家中其他成员则主要是服从好家长分配下来的事情。对于何家来说,家中成员的婚嫁作为何家的一件大事,每个成员都要认真对待,在完成自己范围内的事情外,互相之间也会进行帮助。在家长就婚礼过程中相关事宜进行安排时,何家成员可以就家长并未注意的方面做出提醒,在大事的决定上,必须告知或者请示家长,而不能够擅自做主。

何建勋与何建功在结婚时的具体环节都是依据习俗,例如新郎在迎娶新娘时,何家家长需要在家照顾前来祝贺的亲朋好友，而家中的一些成员以及何家的亲戚则有一部分来充当"伴客"。而在宴请亲朋好友的过程中，何家的女性成员则主要负责宴席饭食（"海碗菜"①）置办，包括洗菜、洗碗以及做饭，而何家的男性成员则主要负责在席间招呼前来的亲朋好友。

（四）婚配的原则

1.由长及幼进行婚配

对于何家来说，家中成员之间的年龄差距较大，何仙花大何建勋五岁，而何建勋大何建功五岁，因此何家子女之间的婚配都是按照长幼的顺序，先是为大姑娘挑选夫婿，然后便是为何建勋挑选媳妇，最后是置办何建功的婚礼。在何家，一般在孩子年龄合适时，何文献与付占荣便会去找媒婆进行报备，以便媒婆为自家孩子介绍好的婚配对象。何家因为家中孩子之间年龄相差较大，未曾出现弟弟或者妹妹先于哥哥或者姐姐结婚的现象。

而在花园庄村中，不论是多子女的家庭还是少子女的家庭，不论是大户还是小户对于家中成员的结婚顺序并没有严格要求，如果家中的哥哥或者姐姐因为身体病弱或者身体残缺不容易找到婚配对象时，弟弟或者妹妹在适龄阶段也是可以先于哥哥或者姐姐进行婚嫁。

2.男女结婚有差异

在结婚的花费上，何家的男女成员会因为在婚嫁过程中涉及的方面不同而产生不同的数额。在何仙花结婚时，由于何家是作为女方一家，所谓"嫁出去的姑娘泼出去的水"，结婚之后何仙花便不再视为自家人，因此对其婚嫁的花费总额比较少，主要涉及为何仙花置办结婚衣服等嫁妆以及在新郎迎接新娘过程中宴请亲朋好友的花费。而在何建勋与何建功结婚时，由于何家是作为男方家庭，将要迎接一位"新的家庭成员"，因此花费总额较多，主要涉及结婚前婚房以及相关家具的置办，结婚时请鼓乐队举旗、敲锣打鼓以及宴请亲朋好友的花费等。总的来看，何家在对于子女结婚的花费金额上并未讲究人人平均平等，而是根据家中具体的情况来决定花费的金额，不过两个儿子在结婚上的花费大致一般。对于何家来讲，结婚的花费不论多少都是在何文献与付占荣的整体统筹下由何家整体来承担，而进行婚嫁的何家成员在结婚的花费上并未产生不同意见。

在花园庄村中，不同的家庭规模在结婚的花费上也存在着很大的差异。大户人家在婚嫁上会比小户人家花费得更多，例如在子女结婚时聘礼或者嫁妆的置办上，大户会讲究送"粮食山""衣服山"、柜子、抽屉、桌子、镜架子等凑满"六大件"；在迎娶环节上，大户会配备"六顶大轿，八队子马"（六顶轿，十六匹马），并且随行的有大阵仗的号角队等；而在宴请亲朋好友的规模和数量上，大户也会与小户有很大差别。

（五）其他婚配形式

1."娶小老婆"

在花园庄村，纳妾一般被称为"娶小老婆"或者"纳小妾"，而出现"娶小老婆"现象的则大都是家中老婆生不出孩子或者生不出儿子的经济富足的大家户。对于这些大家户来讲，由于家中经济水平较高，并不介意"多养"一口人，但是却是十分忌讳家中资产没有儿子继承。在1949年之前，何家当家人或者家庭成员并未出现纳小妾的情况。

花园庄村中的李逢张便在结婚之后又娶了一房小老婆，主要是因为李逢张的媳妇曾生

---

① 海碗菜：当地红白喜事时宴请亲朋好友的饭食，一般会做一大锅菜，让宾客用"海碗"盛饭并搭配馍吃。

育有一个儿子而身体变差，而孩子却在幼婴时期早夭，为了使家中"后继有人"，李逢张的家长便又为李逢张纳了一个小老婆。李逢张的小姜并非门当户对大户家姑娘，而是一位从东边逃荒至花园庄村中的灾民，为了能够依靠李家的接济生存下来，她于是答应成为李家的小姜。村中大户在纳姜上也是需要由家中当家人来进行安排和决定，但并不需要告知或者请示四邻、家族以及保甲长。纳姜在村中算是一种比较特殊的婚配仪式，加之李家娶的小姜主要是因为逃难生存，因此在婚嫁过程中李家的当家人只是与姑娘的家长商议之后给了一些钱粮即可，在某种程度上像是一种买卖，之后也未再举办婚嫁事宜。

2.童养媳

童养媳一般是指小户家庭由于家庭贫穷而将家中幼年的姑娘送到大户人家给对方同样年幼的男孩子当小媳妇的情况。对于家庭贫穷的小户来说，将姑娘送给大户当童养媳一方面可以保证自家姑娘可以生存下来，另一方面也可以从大户人家手中再换一些粮食；而对于大户人家来说，接受童养媳的一般都是家里子辈存在身体不健全或者常年生病而不好找婚配对象的家庭，在这种情况下，大户的家长便会事先找好童养媳"囤到"家里以便孩子成年之后有现成的婚配对象。在大户准备向贫穷小户家庭"要"①一个小姑娘来养时，大户家庭一般会给小户家庭一些钱粮。不过，在花园庄村中也存在一些贫穷家户因为某些机缘巧合为自家男孩"囤养"一个不花钱的童养媳的情况。在村中家户决定是否养育童养媳主要由家长之间协商做主，并不需要告知或者请示四邻、家族、保甲长。

何家并未养育过童养媳，不过在花园庄村中，有一户李姓人家养育有一个童养媳。这户李姓人家家中经济水平很低，生活很困难，李家家长一直担心自家孩子长大后会因为贫穷的家庭条件而找不到婚配对象，为了李氏家族的传承，李家家长一直想为孩子养育一个童养媳。而在1949年前的一段时间，花园庄村来了一些从东边逃荒的难民，这些难民一直靠在花园庄村中乞讨，过着"有今天没明天"的日子。机缘巧合之下，有一个逃难的家庭为了家中幼女的生存便与李家进行了协商，同意将自家幼女养到李家作为童养媳，并不需要李家给予什么，只是为了女儿能够在花园庄村中安定存活下来，而对于李家来说，虽然家中又"多了一张嘴"，但是十几岁的姑娘也能够算一点劳力，因此家中一方面多了劳力过活，另一方面还为日后孩子解决了人生大事，也算是一举两得。

李家在养育童养媳过程中也是如同养育家中的姑娘一样，由女性家长教育其做饭、纺织等相关技能，而男性家长也会教育其做一些农活，在农忙时也要和家中其他成员一样出工帮忙。而在孩子和姑娘都长大成人之后，姑娘便会在家中简单拜一拜父母，正式成为家中男孩子的媳妇。因为李家经济条件低下仅能维持家中成员温饱，加之女方家长在将姑娘给到李家之后便不再来往，因此李家并未为孩子与童养媳成年之后举办相关的婚礼仪式。

3.改嫁

在当地，如果男女双方在婚嫁之后，女方出现品行不端或者未能给男方家生育男性后代的情况，又或者是男方因为某些原因死亡而女方并未生育下一代时，已婚的女方可以选择再嫁，这种情况被称之为改嫁。在何家，家中成员并未存在改嫁情况，但是花园庄村中有一些家户的媳妇出现过改嫁的现象，其中王家媳妇便是在丈夫死后进行了改嫁。

---

① 要:指在经过孩子家长同意的情况下,通过给钱或者粮食,甚至只是说一声将孩子领走的过程。

据说在 1949 年之前,村中王家媳妇的丈夫在和村中其他人一起去抓土匪的过程中不幸被打死,而当时王家媳妇嫁过来不到两年时间,夫妻双方并未生育下一代,王家家长为了不让媳妇年纪轻轻便守寡,便主动与王家媳妇的娘家家长进行商量,同意王家媳妇由娘家带回另寻姻缘。在王家媳妇改嫁过程中,只有王家家长和王家媳妇的娘家家长之间进行协商,之后王家家长只需要向村中保甲长报备一下王家媳妇从此不再是王家人之后,王家媳妇便与王家脱离关系,至此双方不再互相干涉。对于王家媳妇的娘家来说,改嫁也算是一种结婚形式,因此王家媳妇在再嫁的过程中,还是会根据当地结婚的习俗进行相关结婚仪式。

在花园庄村中,改嫁的女性并没有年龄的限制,只不过如果媳妇为夫家生育有后代,那么孩子作为未来继承家产的一份子并不能随媳妇一同嫁去其他家。对于当地来说,改嫁作为一种特殊的婚配形式,虽然容易引起村中其他农户的好奇与议论但并不会出现歧视改嫁女性的情况。

4.再娶

与改嫁相对应,如果家中出现媳妇不幸去世或者被休时,作为丈夫的男性成员也可以选择再娶。在花园庄村中,男性成员再娶的原因大都是因为家中媳妇去世。在 1949 年后期,何家家长媳妇何彭氏因为长孙何孬蛋的早夭抑郁而终,何建勋之后离家在林县工作期间又娶有第二个媳妇。由于时值思想解放,加之何建勋离家很远,对于再娶的决定,是何建勋在工作单位的介绍与安排下进行,之后只是告知了一下家长何文献。

在 1949 年之前,花园庄村中男性成员再娶如同婚配一样,都应该是由家长提出并进行相关安排,只不过在向媒婆报备时需要说明一下家中再娶之人的情况,以便对方家长了解情况。在再娶过程中家户并不需要告知或者请示四邻、家族、保甲长;而在再娶的环节上,家户会根据自家情况决定是否进行婚礼和宴席。再娶作为一种特殊的婚配形式,如同再嫁一般会受到村中其他人的好奇与议论。

5."倒插门"

如果家户中出现生育了一个姑娘或者多个姑娘的情况,家长一般会选择让一个姑娘结婚时留在家中继承家中的财产,这时女方在成年后需要找一个同意婚后入住女方家庭进行生产生活的成年男子结婚,当地称这种情况为"倒插门"。何家由于家中生育了何建勋与何建功两兄弟,因此并未存在入赘的情况。在花园庄村中一些农户存在入赘的例子,这种情况并不会被村中的人看不起。

对于没有男性下一代的家庭来说,如果家长之间有兄弟,且兄弟下代有较多的儿子时,农户比较倾向于过继儿子来进行家产的继承与老人的养老。但是如果家中生育独子或者兄弟子息稀薄时,农户也会选择让家中姑娘招赘来继承家产。在家庭决定招赘之前,家长一般都会告知家中独女或者长女进行招赘。选择是否招赘是由家长进行决定与安排,同样在向媒婆报备的时候需要将自家想要招女婿来自家的情况提前说明。在媒婆找好对象后,双方家长便需要在这方面再次进行协商,但是并不需要告知或者请示四邻、家族、保甲长。在招赘的女婿条件选择上,女方家长会和一般家庭选择婚配对象的条件差不多,只不过需要强调男方要到女方家进行生产生活。总体来看,女方家庭在选择招赘对象时大都会偏向于有很多兄弟的家庭。根据当地习俗,男方入赘女方家庭后可以继承女方家的家产,也相应承担了赡养女方家长辈的义务,而不再承担男方之前的家庭的义务。

入赘的婚礼过程与一般的婚配过程大致相当,也是需要写婚贴,署名字,办婚礼,拜父母,只不过一般新娘在男方家待一周左右的时间之后,便和新郎一同回到娘家进行生产生活便可。而在入赘的婚前布置上,则是需要女方家来进行婚房以及相关生活用具的置办。

(六)婚配终止

1.休妻

何家未曾出现过休妻的情况,家中三对夫妻相处和睦,家庭整体团结。花园庄村中未曾听说过家户有休妻现象,如果在花园庄村中存在休妻现象,村中人则会议论该户的妻子在婚后有不检点的行为,这对男方家庭来说也是一种没脸面的事情。而对于家中妻子生育不出儿子的家庭来说,家长多会选择让儿子再娶一个小妾来延续家中的香火。因此,当地有"可以再娶,不能休妻"的说法。

2.守寡与丧妻

在花园庄村中,如果家中成员出现丧夫情况,妻子在未再嫁的情况下便呈现守寡状态;而与之对应,家中有人出现丧妻的情况,丈夫在未再娶情况下呈丧妻状态。何家未有成员出现守寡状态,而长子何建勋在1949年后期的一段时期内,因为何彭氏的去世,曾出现丧妻状态。

在花园庄村中有不少妇女都曾为去世的丈夫守寡,对于守寡的女性来说,如果生育有男孩子,那么在分家时,孩子将会代替父亲享受分家的相关继承权。并且在守寡期间,因为女性失去丈夫本就是一件很伤心的事情,因此家中一般会对其多加照顾,很少听说守寡女子被婆家欺负的情况。而对于未曾生育孩子的守寡者来说,是可以与夫家的家长提出回娘家或者再嫁的请求,如果家长同意便可与夫家解除关系,并不需要再告知或者请示四邻、家族、保甲长。

二、家户生育

(一)人丁较为兴旺

何家自迁入花园庄村以来,在爷爷辈即何兴一代生育了三男两女;而在叔伯一辈中,何文富家生育了三男三女,何文贵家生育了两男四女,何文献家生育了两男两女。而对于何家来说,二姑娘何伏儿在1949年后期因为重病去世;对于何建勋与何建功兄弟二人来说,何建勋家生育一个男丁,但在1949年后半年夭折;而何建功家未有生育。整体来看,何家整个家族经过三代的繁衍与发展,人丁较为兴旺,但是由于分家较早,就每个独立的家户来讲,在人口规模上也都不算人口大户,经济水平上也属一般。

在何文献与付占荣的教育下,何家成员在婚嫁与生育上都是按照当地的习俗与惯例进行,家中并未出现没有结婚就生育或者是家中姑娘在未结婚的情况下生育孩子并抛弃的情况。在何家成员看来,这些都是不好的行为,象征着一个人在名节和品行上有污点,家中成员也是对此十分忌讳。

(二)家户存衍的象征

对于何家成员来讲,夫妻生育最重要的目的是为了传宗接代,延续家中香火。生儿育女不仅是夫妻双方之间的事情,也是整个何家大家庭的事情,其象征着何家后继有人,是何家日后得以存衍发展的一种象征。如果夫妻之间长时间未有孩子,那么家长将会为了家户日后的存衍发展,决定是否为孩子再纳一个小妾,如果家中经济条件不允许的话,也会选择过继具有同一血缘关系的兄弟的孩子作为日后的延续。

在子女的生育上,何家成员与村中其他农户一样都倾向男孩,因为在当地人看来,男孩婚配后生育的孩子随父亲一姓,作为家中的后继者在分家时继承家中财产,承担家户继续发展的责任;而女孩子在成年之后将会外嫁其他人家,作为"给其他人家生孩子"的人不再继承并承担家户产权与责任。

何家成员进行婚配的年龄都是由家长何文献与付占荣进行安排与决定, 在何文献与付占荣看来,孩子只有到了 20 岁才算是真正可以结婚的成年人,因此何家成员大都是在 20 岁进行的婚嫁。而在婚嫁之后夫妻之间的生育上,何文献与付占荣作为家长并未对其强求,不过还是希望结婚的成员在婚后越早生育越好。在看待非婚生育问题上,何家成员认为这是一种羞耻的事情,其象征着男女双方不检点,外人也将会在背后议论、"戳脊梁骨",因此何家成员对此十分忌讳。

何家同村中其他家户一般,在夫妻之间生育孩子的数量上也有"多生多育"的倾向。一方面,生育的孩子愈多,象征整个家族人丁的兴旺;另一方面,孩子兄弟姊妹众多,将会成为整个村中的人口大户,与外人相比会很有面子,并且也会有其他人不敢轻易招惹自家的感受。不过由于何家经济条件以及房屋空间的限制,何家在孩子的生育数量上还是有着一定限制。对于何家成员来讲,家中有儿有女便是一种比较幸福和满意的事情,不过如果能生很多孩子将是更高兴的事情。

（三）生育有照顾

在何家,夫妻之间在"生不生"与"生多少"上主要是由夫妻双方的客观身体状况决定,虽然何家家长以及下代夫妻双方在生育上普遍持有早生早育、多生多育的想法。

在 1949 年之前,何家媳妇只有何彭氏生育有一个孩子即何孬蛋。在何彭氏怀孕待产期间,何家曾对何彭氏进行了多方面的保护与照顾,但是作为一个小户家庭,何彭氏只有在怀孕七八个月份之后才开始休息、待产以及享受相关的营养照顾。在何彭氏怀孕前期,因为家中成员较少,家务事情较多,何彭氏在家中还是会负责何家部分家务,只不过付占荣会挑拣一些比较容易且不费力气的活儿给她,例如纺花、织布等。而在何彭氏怀孕七八个月一直到生育过后的一个月的时间里,由于前期"显怀"明显,行动不便,加之为了孩子的健康与安全着想,何彭氏不再干活,并且在吃食上也受到了多方照顾,例如何家会不定期地为何彭氏煮些鸡蛋,在生育之后为其熬鸡汤补气血等。在作息时间上,怀孕待产的何彭氏会较其他家庭成员晨起得晚些,歇息得早些。在何彭氏孕期的照顾上,何家主要是由其丈夫何建勋与婆婆付占荣来负责,而在快要生育以及生育之后的一段时间,何彭氏的母亲作为娘家人也会前来对何彭氏进行一定的照顾。

在 1949 年之前,不论是付占荣还是何彭氏在生育孩子的时候选择家中待产,并且在孕妇开始出现阵痛等生产的前兆时, 再由家中成员去请居住在花园庄村中的产婆前来进行接生。在花园庄村中,请产婆并不需要支付酬劳,不过在产婆为孕妇接生之后,何家会请产婆在家中吃顿便饭以表示感谢。何家在孕妇怀孕、待产以及生育过程中主要花费在对孕妇的吃食上的营养补充,请媒婆吃便饭以及生育之后的"做九儿"宴席三方面,这些花费都是在何文献的决定与安排下由何家整个家庭来承担。

由于孕妇在生育之后的一个月内还处于虚弱状态, 因此还需要进行一段时间的休息与保护,当地称之为"坐月子"。付占荣和何彭氏在生育之后也有过大约一个月时间的"坐月子"。在此期间,对于何彭氏的照顾与保护与之前怀孕七八个月期间所享受的照顾大致一般。对于"坐月子"的时间长短,何家并没有严格的期限控制,"都是成人家过时光",为了何家正常的生产发展,付占荣与何彭氏在生育之后也会根据自身的具体情况逐渐开始做些家务活,直到身体完全恢复正常。

(四)"做九儿"

在花园庄村,如果有孩子出生家中一般都会举办"满月酒席"或者为孩子"做九儿",即使是经济十分拮据的家庭也会为家中长子或者长孙举办简单的宴席庆祝。对于何家来说,何彭氏生育的何孬蛋作为何家的长孙,在孩子出生第九天,何家便为孩子举办了"做九儿"的庆祝仪式。何家"做九儿"的仪式比较简单,就是邀请了一些亲朋好友来家中吃席,但是何家并未邀请村长或者保甲长。何家邀请的亲戚大都是在何家三服之内的近亲,一般都是何文献以口头的形式进行邀请。亲戚来何家吃席的时候,会根据当地的习俗带一些红糖、布匹或则鸡蛋等礼物来表示庆贺,由于何家请亲戚们吃了宴席,因此何家在接受礼物之后不再需要回礼。

对于何家来说,为长孙何孬蛋举办生育宴席,一方面是为了庆祝母子二人渡过难关,另一方面也是为了向家中亲朋好友告知何家新添人丁的好消息。何家在为孩子"做九儿"的花费上,都是在何文献的安排下由整个家庭承担,而何家亲朋好友前来吃席所送的诸如红糖、布匹、鸡蛋之类的礼物,由于都是为孕妇与孩子准备的,因此都归属于生育的小家庭所有。

(五)起名有字辈

对于何家成员的名字来讲,每代的男性成员的姓名有着一定讲究。作为何家家族的继承者,何家男性成员在小的时候都会先起一个"好存活"①的小名,等到年龄稍微大一点便会由有学识的家长根据何家每代的字辈为孩子们再起一个学名。何家除了长孙何孬蛋因为处于幼婴时代,还未起学名外,所有男性成员都按照一定的字辈进行了起名,例如,何氏第二代的男性成员都是以"文"为字辈进行起名,即何兴下代的何文富、何文贵、何文献以及何×下代的何文瑞、何文德、何文选、何文福、何文华;而在第三代则是以"建"为字辈进行起名,即何建新、何建州、何建征、何建平、何建勋、何建功、何建生、何建录、何建申、何建如、何建祥、何建林、何建平、何建福。对于何家生育的女性成员来说,因为其不作为家中延续的象征,因此在名字的选取上比较随意。

三、家户分家与继承

(一)兄弟分家

1.孩子与家长商量提出

分家作为家族进一步发展分裂的象征,是每个家户都必须会经历的过程。何家是在1953年,在何建勋与何建功两兄弟与家长互相商量下进行了何家的分家事宜。何家决定分家一方面是因为何文献与付占荣年岁愈大不再有能力管理家庭事务,另一方面也是因为长子何建勋常年在林县拥有稳定的工作并再娶了新媳,两兄弟已经具备了分家立户的能力。

在1953年,何家的分家是何建勋与何建功两兄弟在向家长提出自己意见的情况下,由何文献进行决定并安排相关事项。在何家,分家只能是家中当家人何文献或者是具有继承家

---

① 好存活:在当地,因为年岁小的孩子经常会早夭,家长迷信为孩子取越"混",越粗俗的名字,孩子越好存活下来。

产资格的男性成员根据具体情况提出,除此之外,家中的儿媳妇并不能自行或者代表丈夫提出分家,这会被看作分裂一家团结的行为。由于何文献作为一家之主,基于自身的学识和能力很好地处理了分家事宜,因此何家在分家时未有外部成员进行干涉,也不需要告知或者请示四邻、家族、保甲长。

而在花园庄村中,如果家中主要由女性当家或者是由没有能力的家长处理家庭相关事项,那在分家这样的大事上,这些家庭将会在当家人的邀请下,由家族内部的叔伯辈或者长辈前来商量分家事项。对于家户的分家,原因大都是当家人年岁已大不再能够管理家庭,加之家中孩子都已经成年结婚等,村中很少出现因为妯娌不和或者生活习惯差异而导致的分家。

在对分家上的看法与态度上,何家成员与村中大多农户一般,都认为这只是家户发展到一定程度必须经历的一个过程,如果村中一家有三、四代同堂,并且最小一代也都已经成年结婚,将会被村中认为是一个人口兴旺、经济条件好的大家户,但对于家中仅有两代成员,村中也不会对其进行议论或者歧视。

2.家产仅限部分成员

在何家进行分家时,只有何家内部的部分成员具有分得家产的资格,除何家之外的成员并没有要求获得何家家产的资格。而在何家内部的成员中,仅有何建勋与何建功作为何文献的子辈具有资格,而家中的其他成员,如媳妇何彭氏、张贵芬以及家中未出嫁的何伏儿都不具有分得家产的资格。

对于花园庄村中的其他家户来说,如果家中出现儿子在分家前死亡但是生育有子孙的情况,子孙将会代表去世的儿子分得一份家产;如果家中有常年外出打工的儿子,其家庭在分家时也要为其留一份家产;如果家中未生育儿子而选择过继而来的儿子或者干儿子,或者为女儿招赘,那么这些不具有家户血缘关系的男性成员也将具有继承家产的资格。

3.本家长辈做见证

根据当地习俗,为防止兄弟之间因为家产的继承与分配产生矛盾与冲突,家长向儿子主持分家时会请一些具有威望的长辈来做见证。何家在进行分家时,何文献则邀请的是南院何氏本家的何文瑞、何文德以及自己的朋友张文亮等来做见证。何文瑞等人在见证何家分家过程中主要起一个了解、见证的作用。在何文献神识不清或者死亡之后,如果何建勋与何建功在分家事宜上出现矛盾,何文瑞等人作为长辈以及见证人将能够进行干涉并主持公道。

4.家长做主,未有分家单

何家在分家上,主要是由何文献与付占荣作为家长,在根据家中实际情况进行做主与分配,在此过程中,作为实际继承家产的何建勋与何建功可以在家长进行分配的过程中提出自己的意见以及看法,而其他成员只能服从,不能够进行干涉或者参与。对于何建勋与何建功来说,虽然两兄弟可以将自己的看法与意见说与家长,但是在对于家产的最终安排上,两兄弟必须是要听从何文献与付占荣的最终决定。

由于何家在分家时涉及家产较少,因此何文献在分配家产时并未和何建勋与何建功两兄弟书写分家单子。在何家具体的分家上,由于何建勋常年在林县并且拥有固定的工作、住所以及收入来源,因此,何建勋仅分得了何家三间房屋的一间半,而剩余大多家产全部分给何建功所有。也正是因为这样的分配,何建功作为相对收益多的一方将要负责对何文献与付占荣老年的赡养,分家之后何文献与付占荣便暂住在分配给何建勋的这一间半的房屋中。

5.外界不干涉

由于家户的分家在某种程度上属于家户内部的事情,因此何家在分家过程中,除了何文献邀请的一些外来见证人之外,家族、保甲长等并未进行干涉或者参与,并且在何家分家的具体安排上,这些人都是处于默认状态。由于何家分家是发生在1953年,何家在分家之后并未经历过以家庭为单位的征兵和纳税,因此只是向上级政府进行了简单的报备,即在户籍上改由何建勋与何建功作为新户主进行登记造册。

(二)家产继承

1.部分成员具有继承资格

在何家,具有继承家产资格的也只有何家内部的部分家庭成员,其他外部成员并没有资格继承何家的家产。而在何家内部,具有继承家产资格的也只是何建勋与何建功两兄弟,即何文献的儿子,并且两兄弟的家产继承权处于平等地位。而对于何家内部的其他成员,诸如媳妇何彭氏、张贵芬以及何伏儿将不会享有何家家产的继承权,不过在未分家之前,作为一家人进行生产、生活,会对家产享有使用权。

对于花园庄村其他类型的农户来讲,不同家庭在家产继承上的相关资格存在差异。一般情况下,如果家中生育有儿子,家产的继承资格将平等地由儿子们享有;如果家中未生育儿子,而选择过继而来的儿子或者干儿子,或者为女儿招赘,那么家产的继承资格与权利将由这些成员享有;如果家中有妻妾的话,妻妾生育的儿子多数情况下也将会平等享有家产的继承资格与权利;如果家中在过继儿子之后又生育有自己的儿子,那么家长在家产的继承上将会偏向于亲生孩子。此外,对于多子的家户,如果在分家时,存在有孩子结婚、有孩子未婚的状态,家户一般会选择部分分家,即将家中已经成家的孩子分出去,而未成家的孩子仍由家长进行管理,在这种分家过程上,因为未婚的孩子在日后成家时也需要进行较大的花费,因此会在家产的继承上多倾向一些。

2.儿子继承

对于何家来说,家中成员在日常的生产生活上都是服从家长何文献与付占荣的安排,并未出现不孝顺的情况。虽然在分家之后养老上主要是由何建功负责,但是在老人去世时,何建勋与何建功是一同为老人送终并举办丧葬仪式,家中也未出现成员被驱逐出家门的情况。因此,对于何家来说,只要是何文献的儿子则都可以继承何家的家产。

何家在决定家产继承的资格上主要根据当地的习俗由儿子享有、继承,其他家庭成员并不能够进行干涉或者参与,更不必说对继承条件进行决定。何家除家长何文献与付占荣外,其他成员不能指定其他的继承人。而作为家庭内部的事情,何家之外的四邻、家族、保甲长也不能够进行干涉。

3.继承主是家产

由于何家分家发生在1953年,当地已经解放并进行土地改革,因此何建勋与何建功在分家的继承上主要涉及家产的继承,包括家中的房屋、家具、农具以及生活用具等。而在1953年期间,何文献并未再担任官职,而当地也并未存在官职继承的情况。

由于在1953年何建勋通过考试在林县拥有一份固定的工作,并且工作单位为其分配有居住的房屋,加之林县距离何家较远,何建勋工作后很少参与何家内部日常的生产生活,因此在何家具体的家产继承上,何文献给何建勋与何建功两兄弟的分配存在差异。其中,何建勋仅继承了家中三间房屋的一间半,并且由于其常年不在家,何文献与付占荣在分家之后便居住在此,而何建功则继承了剩余的一间半房屋以及家中大部分的家产。但也因此,何建功与张贵芬一家主要承担了何文献与付占荣的养老义务。

何家在分家之前的继承权的确定上都是按照当地默认的习俗,当地并没有明确的关于家产继承成员与继承内容的规定。而何家在分家过程中,主要由何文献与付占荣再根据家中具体的情况进行继承权的确定与家产分配,在此过程中何家并未书写分家字据以及立遗嘱。

四、家户赡养

(一)儿子赡养老人

在花园庄村中,由于儿子继承了家中的家产,因此需要在分家之后承担对老人的赡养以及去世之后的丧葬等相关义务。赡养同样作为家户的内部事务,家庭之外的成员并不能够进行参与或者干涉。

对于何家来说,由于何建勋常年工作、居住以及生活在林县,加之在分家时,较何建勋仅分得一间半房屋,何建功继承了家中大多家产,因此在对于老人何文献与付占荣的赡养上,主要由何建功以及张贵芬一家人承担,而在此期间老人何文献与付占荣暂居于何建勋分得的一间半房屋里。而对于已经出嫁的何仙花来讲,作为家中之前的女性成员,并未严格要求其对老人负有赡养义务,但是在伦理道德上,何仙花在过年过节回家探亲时也会给老人带些礼物并进行一定程度的照顾。

(二)以具体情况决定赡养形式

何家在对于老人的赡养形式上,主要是在何建勋与何建功两兄弟在与家长何文献、付占荣的互相商议下,依据兄弟二人具体情况来决定。由何建功主要承担老人的赡养是由何文献与付占荣进行安排和决定,期间两大家长会听取何建勋与何建功的相关意见和看法,但并不需要告知或者请示四邻、家族、保甲长。

在分家之后,虽然何建功主要承担了老人的赡养,但对于具体为老人提供怎样的照顾与服务则主要是何建功作为新家庭的家长,在听取何文献与付占荣的想法下进行决定。由于何文献与付占荣在分家之后的一段时间内,身体还较为健朗,夫妻双方还能够照顾自己,因此在这段时间内,何建功对老人的照顾主要体现在为两位老人提供一日三餐;而在后期,因为老人年岁的增大,老人不再能够照顾自己时便主要由张贵芬来对老人的日常起居、吃穿住行进行照顾直到老人去世。

由于何建功在对于老人的赡养上涉及日常生活的方方面面,因此何家在分家时,并未给老人安排养老的钱粮。不过每逢过年过节期间,何建勋在带领着再娶的媳妇回何家时会给老人带一些礼物以及钱财以表孝敬。

(三)老人的治病与送终

1.小病小痛家中治

在对何文献与付占荣进行赡养的过程中,如果老人生病了,便主要是由负责赡养老人的何建功一家进行照顾和治疗。由于在赡养过程中老人多只是生有小病小痛并不会花费太多,因此开销则由何建功家庭来承担。在对老人生病的照顾上,何建功家庭也主要是以之前家中成员生病的治疗形式进行照顾,即让老人多加休息,给老人做些有营养的吃食等。何文献与付占荣在年老时未曾生过大病,如果出现重病的情况,需要花费大笔钱财进行治疗,何建功将会联系何建勋一同承担老人生大病治疗的花销。

2.丧葬费用均摊

在何文献与付占荣年老去世后,老人的送终和丧葬的花费主要是由何建勋与何建功作为家中的儿子共同承担,不过何仙花作为家中子女也为老人的送终出有一些钱财。何家在对于老人的送终形式上也是以当地的习俗为依据,即为去世老人举办"白喜事"①。

何家在老人的丧葬上会讲究"三天颂""五天颂"和"七天"。所谓"三天颂"即老人在去世之后会在床上躺着,在第三天的时候置办柏木棺材将老人放置在棺材里,但并不会对棺材进行封口;"五天颂"即在入棺之后,家中的女性成员将会进行哭灵,在第五天的时候进行"入殓盖棺";而在"七天"的时候,老人便会抬到家中祖坟进行埋葬。

在对老人的丧葬上,何家也会根据当地习俗,根据家中长子、其他孩子以及出嫁的女儿等不同的角色承担不同的职责。在家中成员为老人送葬时,何家成员会排着队前往何家祖坟,在排列顺序上,一般是由家中的女性成员站在送葬队伍之前,长媳在前,出嫁的女儿在后;而男性成员排在之后,长子何建勋手抱"老盆"在前,之后为次子何建功,然后是女婿等;最后是村中成员抬着去世老人的棺木。在到达祖坟之后,由长子何建勋"手摔老盆"之后对老人进行下葬。

(四)外界的认可与保护

何家的儿子对老人都承担了相应的赡养义务,因此何家之外的四邻、家族、保甲长并未对何家在老人的赡养问题上进行议论与干涉。但是,如果花园庄村中出现家户中孩子不赡养老人的情况,村庄的四邻将会对这一家户的孩子进行议论,并且有威望的长辈也会对其进行规劝,情况严重的话,老人也可以告知保甲长实际情况,请其进行干涉甚至可以上告县、乡政府,由官员来主持公道。

五、家户内部交往

(一)父与子

1.有权利,有义务

何家的父子关系主要指何文献与何建勋、何建功两兄弟之间的关系。何文献主要是何家的一家之长,而何建勋与何建功则是何家未来的继承者们,为了何家日后的生存与发展,双方之间存在有较为明晰的权利义务关系。对于何文献来说,作为父亲,为了孩子日后的生存与发展,何文献需要在何建勋与何建功年幼时对其进行知识教育,使其能够掌握一技之长,能够养活自己和一家。并且为了何家后代的传承,何文献也需要在何建勋与何建功成年之后为他们选择并娶到好的媳妇。此外,何文献还需要为孩子留置一些家业以便孩子们在长大后能够继承。

由于何文献具有学识,明白事理,加之性格较为温和,因此对于何建勋与何建功不会随意役使或者打骂。而在何建功小的时候,因为在读书水平上与兄长何建勋相差较远,何文献除了在气恼时曾对其有过打骂外,主要对孩子以教育为主,何家并未出现将家中成员逐出家

---

① 白喜事:老人因为年老去世也算是老人的一种喜事,因此对死去老人举办的丧葬仪式也称之为"白喜事"。

门的情况。何建勋与何建功对于何文献的安排和决定都会选择服从,何文献在管理何家上鲜有出现错误。不过,如果何文献出现错误,则主要是由付占荣进行提醒,而何建勋与何建功并不能够指责家长。

对于何家成员来讲,一个家户之中父亲明白事理,能够担负起一家之主的责任,使家庭生活水平不断提高,家中成员健康成长,便是一个好家长;而儿子能够尊重、服从父母,拥有较高学识,不偷盗家中财产,不嗜毒赌博,便是一个好儿子。

2.日常交往较融洽

何文献作为父亲在与何建勋、何建功两兄弟交往上还算是比较融洽。由于何文献性格温和,加之何建勋与何建功在1949年都已成年且明白事理,因此父子之间会在一起吃饭的时候进行一些交流,但是由于何文献作为何家家长的威严性,何建勋与何建功鲜有开玩笑。

对于何建勋与何建功来说,虽然何文献性子温和,但对父亲仍有一定程度的惧怕。在遇到心事时,何建勋与何建功会倾向找妻子或者母亲付占荣进行诉说,而何文献作为一种大家长的形象,两兄弟只有在遇到人生重大选择或者涉及家中大事时才会找何文献进行诉说。

3.未有冲突

何文献与何建勋、何建功之间在大都情况下都保持相处和谐,父子之间未曾发生过冲突。如果何建勋与何建功在某一方面做错事,他们自己心里大多也清楚,因此对于何文献的批评教育也都会虚心听从。此外,何文献作为何家的大家长做的安排和决定何建勋与何建功也不会进行反抗。

(二)婆媳关系

1.权利与义务

根据当地的习俗,婆婆付占荣在与家中儿媳何彭氏、张贵芬的生活交往上也有一定的权利、义务关系。一般付占荣需要在儿媳嫁到何家之后对其进行家务的相关指导与分配,例如家中在饭食上的花销范围,做饭、洗碗以及缝衣纳布等家务的分配。而在儿媳怀孕之后,付占荣则需要负责对儿媳待产至生育之后一个月时间段内的照顾。而儿媳则必须听从婆婆付占荣的安排与决定,并在付占荣年老、生病时进行照顾。

在何家,付占荣的性格较为温和,在对待媳妇上也很和蔼并未对何彭氏以及张贵芬进行过打骂。何彭氏与张贵芬作为嫁进来的小辈,对于婆婆付占荣的话也多是听从。付占荣在管理何家事务上也未曾出过错误,不过即使出现错误,儿媳也不能够进行指责,而应该是由何文献进行提醒。

对于何家成员来讲,婆婆并不会随意役使、打骂儿媳,对待儿媳如同对待子女便会被看作是好婆婆的标准;而对于儿媳来讲,能够协助婆婆将家庭内部的事务处理得井井有序,与家中成员交往友好、不惹事端则是一个好媳妇的标准。

2.交往和谐,未有冲突

付占荣在平时与儿媳何彭氏、张贵芬之间关系比较融洽和谐,婆媳之间因为长幼关系,并不会互开玩笑,但是有时三人会在为家中成员添置衣物的时候坐在一张炕上进行闲聊。对于何彭氏与张贵芬来说,婆婆付占荣虽然性格温和,但是因为其作为家中的内当家具有一定的家长威严,因此对婆婆也是存在某种程度的敬畏之情。并且作为嫁进何家的成员,何彭氏与张贵芬在有心事的时候会倾向选择向与自己关系更为亲密的丈夫进行诉说。

何彭氏与张贵芬在何家日常的生产生活中都会服从婆婆付占荣的安排与要求，很少犯错，而婆婆付占荣对于儿媳也主要以教导与教育为主，并未进行打骂，因此双方之间并未发生过冲突。

（三）夫妻之间

1.互相扶持照顾

何家在 1949 年共存在有三对夫妻，分别是家长何文献与付占荣夫妇，孩子何建勋与何彭氏夫妇以及何建功与张贵芬夫妇。对于何家的这三对夫妻来说，夫妻双方之间也有一定的权利、义务关系，例如丈夫作为家中的主要劳动力，将要负责家中重要生产活动，而妻子作为"贤内助"主要负责将家庭内部的事务处理好。对于丈夫来讲，如果妻子怀有身孕需要照顾，丈夫首当其冲；而与之对应，如果丈夫生病了，妻子也需要对其进行照顾，并且妻子还需要负责对丈夫衣物的缝补与制作。

在何家，为了何家的发展共同努力，夫妻之间相处和谐，家中不会出现丈夫随意役使或者打骂妻子的现象。如果夫妻双方有人做错事情，家中其他成员会因为某种原因不会当面提出，夫妻之间可以进行提醒，但是不会出现互相批评的情况。对于何家成员来讲，夫妻之间和睦相处，并未做出不利于家庭的事情便会认为是好丈夫与好媳妇的标准。

2.日常交往

何家三对夫妻之间关系和睦融洽，彼此作为亲密的人会互相开玩笑或者进行聊天。对于何家的媳妇来讲，何家的男性成员脾气都比较温和，因此对于丈夫并不存在惧怕。夫妻双方在日常生活中，遇到不开心的事情或者迷茫时，会首要选择与对方进行聊天以寻求安慰。对于何家的媳妇来说，丈夫是一种亲密的存在，好接近并容易相处。

3."床头打架床尾和"

对于何家的三对夫妻来讲，由于在结婚前双方还是处于一种陌生的存在，在结婚之后作为彼此之间最重要的人，在磨合的过程中一定会发生一些矛盾与冲突。但是，这些在何家成员看来都是一些"小打小闹"，家长并不会进行干涉以及参与，而会选择让夫妻双方进行解决。而对于闹矛盾的夫妻而言，因为以后还是要一起生活，因此经常会在晚上睡觉时，丈夫哄哄妻子，双方关系便会和好如初，这也是当地对于矛盾夫妻形象的描述，即"床头打架床尾和"。

（四）兄弟关系

何家仅有兄弟两人，即何建勋与何建功。因为何家在 1949 年之前家长健全，并且家长一力承担着何家全体成员的生存与发展，因此何家兄弟之间的权利义务关系并未十分明确，只不过在日常的生产生活过程中，何建勋作为长兄，会在某些方面对于何建功多加照顾与保护。

在日常的生产生活中，何建勋并未也不能够对于何建功进行随意的役使以及打骂，更不能越过家长将弟弟赶出家门。由于何建勋长何建功五岁，因此在某些方面，何建勋作为年纪大的兄长，何建功还是需要听从兄长的话，不过如果何建功有其他想法也是可以向何建勋提出。不论是兄长何建勋还是弟弟何建功，如果做错事都会由家长进行教育，兄弟之间并不会互相进行批评。对于何家成员来讲，兄弟在日常生产生活过程中，能够为了家户的生存与发展互帮互助，不互生间隙便是一对好兄弟的标准。

何建勋与何建功在平常的交往上极为融洽，兄弟之间也会在农田劳作间隙或者茶余饭后互开玩笑或者是聊聊天以娱乐身心,但是双方并未在一起喝过酒。对于何建功来讲,兄长何建勋并不可怕,与父亲相比是一种比较安全可靠的存在。在何建功心里有事不敢与父亲说时,也会去找何建勋寻求意见以及帮助。

由于何建勋与何建功之间年岁相差较大,在幼年的时候会因为一些鸡毛蒜皮的小事进行打闹,但在成年之后兄弟之间很少发生冲突。不过在1953年涉及分家以及老人的赡养问题上,由于何建勋常年工作在外,很少对老人进行赡养,何建功对此并不满意,兄弟之间存在矛盾。但是,在何文献与付占荣的调节下,何建勋与何建功两兄弟之间的矛盾得以化解。

(五)妯娌相处

在何家,长媳何彭氏与次媳张贵芬之间便是妯娌关系,但是双方之间在日常生产生活上并没有明确的权利义务关系,只不过同是作为嫁进来的媳妇,在对于何家内部事务的管理上,双方之间会互相帮助。但是何彭氏作为嫂子并不能对张贵芬进行随意役使、打骂甚至逐出家门。在管理何家内部家务事的时候,如果一方出现错误,另一方是需要进行提醒与告知,但都是为了何家更好地发展,而对于做错事的成员,另一方并不能进行批评,而家长会对其进行教育。对于何家成员来说,妯娌之间为了家户内部的稳定与发展而互相帮助,双方之间不会时常产生矛盾与冲突,便会被认为是好的嫂子与弟媳。

在平日的生活交往上,何彭氏与张贵芬之间相处和谐,妯娌之间会在做家务事的时候一起聊聊天,开开玩笑以打发时光。对于张贵芬来讲,嫂子何彭氏性子也是比较温和,因此并不存在害怕的心理。妯娌之间,由于时常会在一起做家务,因此双方之间在家务活上有想法时,互相之间会经常诉说与沟通。在何家,何彭氏与张贵芬之间未曾发生冲突。

六、家户外部的交往

(一)街坊邻里

对于何家来讲,由于何家成员性格大多温和,并且都比较乐于提供帮助,因此何家在与街坊邻里之间的相处上较为和睦。在当地,街坊邻里之间虽并未存在明确的权利义务关系,但是为了村中农户都可以不断生存发展,相处友好的街坊邻里之间也会不时互帮互助。具体来说,在街坊邻里家中举办白喜事时,由于家中成员根据习俗不能够寻求帮助,而亲近的街坊邻里便会自愿前去进行帮忙;并且对于何家来说,在何家成员众多、住房紧张的情况下,西边邻居便友好地向何家提供空闲的房屋,使得何家成员能够生存发展。

何家在与街坊邻里之间的交往比较和谐融洽,平时何家成员也会在吃饭的闲暇时间端着饭碗到街道上与左右邻居进行闲聊。而在何家举办红白喜事,需要桌椅碗筷时,街坊邻里也会热心提供家中的桌椅碗筷。在与街坊邻里的交往上,何家没有限制,家中成员只要遵循习俗、理解便可。在花园庄村中,街坊邻里之间都是处于平等的关系,并不存在一方惧怕另一方的情况。

(二)地邻之间

何家与地邻之间经常会在田间从事农业耕作时互相帮助,但并没有明确的权利义务划分,何家与地邻之间都是根据自身情况适当提供帮助。在1949年之前,何家耕种有三块分散的田地,但何家与每块田地周边的地邻都相处友好,在对方需要自己闲置的田地上的某种小农具时,何家成员十分乐于提供帮助,而与之对应,何家的地邻也是十分乐于在何家需要帮助的时候提供帮忙。何家与地邻之间是处于一种平等关系,双方之间并不存在谁惧怕谁的情况。

(三)亲朋好友

根据当地约定俗成的习俗,何家与亲朋好友之间存在一定的权利、义务关系,尤其是对于何家三代以内的近亲以及与何家成员"拜过把子"的朋友。一般来说,何家在举办红白喜事或者为孩子庆生等宴席时,他们作为何家外部的"自家人"是必须要参与,并且带有礼物祝贺,反之何家也是如此。除此之外,如果何家或者是何家的亲朋好友家庭难以为继时,家庭条件较好的家户也是需要为其提供一定的衣食以便帮助其渡过难关。何家在与亲朋好友的相处关系上是处于一种平等的状态,并未存在家户之间的打压或者惧怕情况。

(四)主佃相处

在1949年之前,何家曾租种了大户人家的八亩田地,因此在外部交往上还涉及与佃主之间的交往。在何家与佃主之间的关系上,除了佃主需要向何家提供田地的使用权,而何家需要每年定时定量地向佃主上交租地的粮食之外,何家与佃主之间很少在日常生活中有过交往,并且何家与佃主之间也并不存在明确的权利、义务关系。

何家与佃主之间关系整体较为融洽,但是交往不深。何家一般只会在租地之前由何文献作为何家家长与佃主商议租地的时间、期限与面积,在租地过程中由何文献进行租金的缴纳,在决定结束租佃时向佃主报备,除此之外,何家其他成员并不会与佃主进行交往。何家与佃主之间只是存在租佃关系,但是在地位上还算是处于平等状态,因为双方之间很少交往,也未存在谁惧怕谁的现象。

(五)对外鲜有冲突

在1949年之前,何家并未与街坊邻里、亲朋好友或者是地邻佃主之间产生过大的冲突,不过偶尔会因为一些琐碎小事而拌上两句嘴,但在周围四邻的协调下,两家人之间的纠纷也会很快翻篇。例如,何家经常会因为北邻冀家与自家共墙而产生矛盾,主要是因为经济条件不好的冀家为了节省修建房屋的费用依靠何氏院落北墙建造了自家的南屋,作为一种不合理的修建方式,侵犯了何氏的房屋一定权益,因此何家成员有时会就此与冀家进行说道。

何家偶尔与街坊邻里、亲朋好友或者是地邻佃主发生的小矛盾都不是涉及家户重大利益的冲突,因此在双方家庭的沟通与交流下,加上村中四邻的调节,何家与对方还可以和谐相处。此外,何家作为经济水平一般的家户,由于何家多数成员温和的性格,并且大都具有较高的文化学识,加之何文献与何建勋有过一段的任职经历,在村中其他农户看来何家算得上一个好的家户。

第四章　家户文化制度

何家比较重视家户文化,尤其重视对家中男性成员的教育。何文献作为家长对孩子的学习十分严厉上心,不仅会要求何建勋与何建功必须具有基础的文化学识,而且还会在孩子成长过程中带领他们下地干活以掌握农科生产必要的劳动技能;而在对家中的女性成员的教育上,主要是由付占荣作为女性当家人来教育她们一些作为女子必须要掌握的家务、缝制等技能。在家户意识上,何家全体成员都有高度的"自家人意识",他们会以何家的整体利益为最高利益,并且都会为了何家的发展而互帮互助。此外,何家在家户的时间观与空间观、家户习俗以及信仰等方面也都是遵循当地习俗,这主要是由何文献与付占荣作为对小辈成员进行教导与约束的结果。何家成员全体都拥有良好的品行,做事老实、吃苦耐劳。何家只有何文献结交了一个朋友,并且双方在日常生活交往中也都密切联系,而家中其他成员未曾有"至交好友"。在农闲时间,何家成员多会与村中的邻里打打牌、串串门、聊聊天以及逛逛庙会等娱乐活动来放松身心。

一、家户教育

(一)家中男丁有学识

在 1949 年之前,何家只有成年的男性成员具有文化知识,即家长何文献、何建勋与何建功两兄弟,而家中的女性成员都未接受文化教育。具体来讲,何文献是在七八岁的时候开始接受学校教育,学习时间持续了三四年,不上学之后,何文献仍自觉学习算盘计算方面的知识,自身的教育水平比村中其他农户高很多;而何建勋与何建功两兄弟也大致是在七八岁时开始上学,并也接受了三四年的学校教育。在文化水平上,何建勋比何建功更有学识一点,主要是因为何建勋在退学之后仍不时学习相关文化知识并不断参与县乡级的考试。

在何家,何文献作为家长对于何建勋与何建功两兄弟的文化教育十分上心,他认为何建勋与何建功必须要接受当地学校的基础教育,而家中的女性成员并不需要有文化。在让何建勋与何建功接受教育过程中,何文献都是根据当地孩童上学的惯例,即在孩子七八岁的时候便送其上学,并且在他们学习的三四年时间里要求他们掌握好基础的文化知识,之后便会让孩子结束教育开始从事家中的农业生产。何文献让何建勋与何建功不再上学的决定主要是以家中是否需要适龄的劳动力来进行农业劳作为依据,与家中实际的经济水平并无关系。

对于何建勋与何建功教育的决定,主要是由何文献做主,何建勋与何建功作为家中成员只能听从,并不能提出不同意的意见或者想法,而家中的其他成员也不能对他们的教育安排进行干涉。在何家,虽然何文献在何建勋与何建功十一二岁的时候选择结束他们的学校教育,但是并不会限制他们对于知识文化的不断追求,在日常的生产生活中何文献也会为孩子买一些书籍并亲自对其进行教育。

（二）"民学"教育

在 1949 年之前，何建勋与何建功两人未曾接受过私塾教育，他们接受的是由村子开设的"民学"教育。花园庄村中开设的"民学"是以村子的小庙为教室，将村中一些有学识的村民视为先生，邻村的适龄孩童再适当交些粮食充当学费。在花园庄村的学堂里，接受教育的全部都是男孩子，未出现女孩子上学堂的情况。

何建勋与何建功在去学堂接受"民学"教育时也需要缴纳一定粮食作为学费，学费主要由何文献在带领两兄弟去学堂的第一天向先生进行缴纳。何建勋与何建功上学缴纳的学费以及之后所需的书本等相关费用都是由何家整体承担。对于上学的机会，何建勋与何建功都十分珍惜，每次上学都比较积极，两兄弟并未出现不想上学的情况。对于当家人来说，何文献决定让何建勋与何建功去学校接受教育主要是为了让孩子能够掌握一定的基础文化学识，等到他们长大后从事日常的生活和生产活动便会容易一些，从长远看来也有利于何家日后的生存与发展。

（三）家庭内部教育

由于何家在 1949 年之前涉及的家庭成员只有长幼两辈，因此对于何家第二代成员的教育，主要是由家长何文献与付占荣负责。一般情况下，何文献作为外当家主要负责教授第二代成员农业生产方面的劳动技能，也会对男性成员的文化教育尤为上心，在闲暇之余也会亲自教导他们一些生活文化与对外交往的常识。而付占荣作为内当家主要负责教授第二代成员在日常生活中的一些习俗与道理，也会专门对女性成员教授些必备技能，如做饭、纺织等。

在何家，家长全权负责孩子的教导，而其他亲戚以及邻居长辈等并不会专门对何家的孩子进行教育。不过在生活交往过程中，如果何家第二代成员做错了事情但是家长并不在场，作为长辈的亲戚、邻居也会对其进行教导。此外，在何家男性成员上学期间，先生除了教他们一定的文化学识之外，也会教授一些伦理道德方面的道理。在何文献与付占荣看来，家中成员在成长到十三四岁并做能够承担家中农业生产活动或者家庭事务时便会被看作一个长大懂事的大人。

（四）家教影响人格

对于何家甚至是花园庄村中的其他农户来讲，父母亲以及家庭成员的性情人格或者思维方式，包括家庭之中成员之间相处的模式和氛围都会在孩子成长过程中产生一定的影响。在何家，由于家长何文献与付占荣两人性格都比较温和有礼，在对于孩子的教育上主要以讲道理的教育形式为主，因此第二代家庭成员——何建勋与何建功以及何仙花与何伏儿两姐妹的性格也都温润识理，在与外人交往时懂得以礼相待，不会轻易与邻里发生矛盾或者冲突，更不会出现大吵大骂的情况。此外，何文献与付占荣夫妻双方之间相处和睦、很少发生矛盾甚至产生打骂的环境熏陶使得第二代何家成员在结婚之后，与自己的另一半也多是互相体谅，和睦相处，不曾出现第二代何家成员婚后出现夫妻打骂的情况。

对于何家第二代成员来说，他们关于做人做事的道理主要是通过家长何文献与付占荣的言传身教来习得。不过对于何建勋与何建功两兄弟来说，他们在上学期间也会在教书先生那里学到一点。每当何家第二代成员有犯错误时，何文献与付占荣会在了解情况之后，以口头教育的形式告知孩子哪里做错了，并要求孩子以后不要再犯。何家成员对于当地风俗以及惯例的认知则主要根据何家长辈的行为以及举办的仪式来总结,这是一种潜移默化的行为,而何家长辈很少会向孩子诉说当地习俗的来历。何家在对孩子价值观念的教导上也会倾向教育其"勤劳致富""家和万事兴"等观念。

（五）男女劳动技能存在差异

作为一个以农为生的普通家庭,何家长辈会教授家中的小辈一些劳动技能,并且会根据男女不同的性别教授不同方面的劳动技能。对于何家小辈来说这些劳动技能必须要掌握,因为这将会是他们日后"吃饭"的技能,如果学不会,将来一旦分家他们将难以养活自己以及家庭。

对于何家的男性成员来说,何建勋与何建功一般在十三四岁,不去学堂读书之后便要跟随何文献去田地学习并参与农业生产。何文献在向何建勋与何建功教授农业生产的相关技能时,大多会边劳作边讲解,以实际行动告知他们在什么时候应该做什么,而何建勋与何建功便在何文献的讲解中边听边学。对于何家的女性成员来讲,何仙花与何伏儿在十一二岁开始懂道理的时候,付占荣便会逐步教她们如何做饭,如何纺织、做衣服,在他们练得熟练之后,付占荣便会让何仙花与何伏儿负责家中的相关事务,直到出嫁。在何仙花与何伏儿看来,付占荣教授的这些家庭生活技能是必须要学会,不然在日后出嫁时则会被婆家嫌弃。

二、家户意识

（一）自家人同属"五服"

在血缘关系上,何家成员均认为与何家同属"五服"①的成员便都是可以看作自家人,而"五服"之外以及没有血缘关系的人员便会看作外人。何家的自家成员在某种程度上算是一种亲人间的范围圈定,即同属五服之内的叔叔伯伯,出嫁的姑姑、姑父、舅舅、舅妈等都是算何家全体成员的自家人。因此,对于已经分家的何文贵、何文富的家庭成员,虽然不属于何文献家庭内部的成员,但是在何家的自家人范围内。

对于何家来说,何家平时都会和居住较近并且血缘关系比较亲密的亲戚来往频繁,而对于远在戚家庄的亲戚则很少有来往。对于何家来说,在自家人的定义上,主要是按照当地的习俗以血缘进行划分,与其他的因素无关。在他们看来,没有血缘关系但经常给予何家帮助的邻居不能看作何家的自家人;而外出打工常年不回家的家庭成员却要被何家当成自家人。

在何家,虽然大家之下存在两个小家庭,但由于还未分家,家中全体成员仍是居住在同一个院子里,在同一口锅内吃饭,因此仍算是何家内部的家庭成员;而在分家之后,两个小家形成各自的家庭成员,但两个家庭成员间会视对方为何家的自家人。

涉及何家内部的事情,一般只能由何文献与付占荣作为家长进行做主,家中其他成员可以参与进来说说看法或者提提意见,而家庭之外的何家自家人与外人将不能过问甚至干涉。但是如果涉及何家重大的事情时,何家的长辈亲戚也会前来何家发表一些意见。

---

① 五服:本来的五服指的是五种孝服,后来,五服也指代五辈人,当地有"五服之内为亲"的说法,即往上推五代,从高祖开始,高祖、曾祖、祖父、父、自己,凡是血缘关系在这五代之内的都是亲戚,即同出一个高祖的人都是亲戚,从高祖到自己是五代,就成为五服。五服之后则没有了亲缘关系,也可以通婚。一般情况下,家里有婚丧嫁娶之事,都是五服之内的人参加。

（二）一家人便是一个整体

在何家还未分家的时候,何文献与何文富、何文贵兄弟三人都会为了何家的生存与发展在生产生活过程中互帮互助,家中妯娌之间也会为将何家内部打理得井井有条而在家务活上互帮互助。何家成员很少会与街坊邻里产生矛盾,不过在发生冲突的时候,何家其他成员将会作为一个整体在了解事情发生的前因后果后,由当家人何兴作为何家的代表与对方进行交涉以使双方能在和平交流的方式下得到好的结果。

在何文献与何文富、何文贵分家时,何兴作为一家之主会对兄弟中条件较差的那个成员多分些东西,而其他兄弟也都出于照顾的心态,不会斤斤计较。而在分家之后,如果自家亲戚中有家庭时常会出现捉襟见肘的情况,那么其他条件较好的兄弟也将会拿出自家多余的粮食对其进行救济。

在何文献与付占荣的日常教导下,何家全体成员为了何家的生存与发展都在不断奋斗、努力着。在对于"发家致富"的看法上,家中每个成员都会将其视为一个宏大的发展目标,然后在达到这个目标的过程中脚踏实地,不投机取巧。

虽然何文献与付占荣对家中成员有较高的期望,但是他们主要是根据孩子自身的情况以鼓励为主,并不会强加给他们"光耀门楣"的沉重思想。而何家每个成员都会为了何家更好的发展而发挥自身最大的努力,为了家中的和睦与每个成员友好相处,为了家庭规模的壮大不断生育。此外,为了保佑家中全体成员的平安与健康,付占荣会在过年过节的时候带领家中的其他成员去祭拜神灵、祖宗。

（三）家户利益为先

对于何家成员来讲,家庭的整体利益在任何时候都高于个人利益,他们极认可"没有家就没有个人"的观点,其中何家成员在婚配对象的选择上体现得尤为明显。在为何建勋与何建功两兄弟挑选媳妇的时候,何文献与付占荣主要是站在何家整体的生活水平以及对何家的未来考虑上为孩子挑选勤劳能干的"贤内助",并没有考虑他们个人对于婚配另一方的想法。

在何家,如果出现家庭利益与个人利益发生冲突时,何家成员都要选择牺牲个人利益而保全家庭利益。其中何家在成员接受读书教育的时间上表现得比较明显,何建勋与何建功两兄弟都只接受了三四年的基础教育,之后何文献便会为了何家日后的生产生活自行结束他们的教育生涯,并不会询问孩子是否还想继续学习。但是在何建勋与何建功两兄弟心里,他们还是想继续读书,所以退学之后他们会在闲暇时自学。

（四）善有善报,恶有恶报

在行善积德方面,何家成员都相信因果报应,即"善有善报,恶有恶报",因此何家成员会在自家能力承受范围之内向需要的人提供帮助。在何家,付占荣更加注重行善积德,并且十分相信做好事能够造福子孙的说法。

在村中其他农户看来,何家成员并不爱"管闲事",他们不会无端的去参与甚至是干涉属于其他家户管理范围之内的事情。在 1949 年之前,付占荣作为何家女性长辈会在过年过节时在家中举办简单的仪式祭拜一下神灵,有时也会在周边举办庙会的时候不定时地前去祭拜,对神灵的祭拜主要是为了祈求何家成员的平安与健康。何家家长在对孩子的教育上比较严格,何文献与付占荣一直相信"人之初,性本善",为了使孩子能一直保持品行端正的人格,他们会在日常生产生活中不时进行教育,不允许家中成员出现无德的行为表现。

三、家户观念

(一)时间观

1.生产依照客观规律

在 1949 年之前,何家成员大都是以自然界中的客观事物来感知时间,例如以每日太阳在天空中悬挂的位置来感知每日的时间,以村中不同植物的生长状态来感知一年的不同节气。在花园庄村中,农户对于时间也有一些统一的口诀,例如二十四节气儿歌。

对于何家这种靠农业生产为生的家户来说,节气的变化对于农事的活动具有较深的影响,因此当地根据规律编有节气歌。

何文献在何建勋与何建功幼年时便会教其背诵,等到他们下地干活时,便用具体实践来向其展示口诀中不同节气从事农业生产的不同环节。何家在从事农业生产过程中会有农忙与农闲之分,农忙一般是在一年之中的五至八月份,因为田地需要收获麦子以及播种玉米;农闲一般是在冬季的时候,因为天气寒冷田地作物处于生长期,不再需要劳力来下地打理。

在农忙时期,何家都会在每天天蒙蒙亮①的时候出工,在每天天黑到看不清事物之后收工,整体算下来何家成员一天需要工作十三四个小时;而在农闲的时候,何家则会在早上吃过饭之后下地除除草、浇浇水,中午回来午休一下再出工,到傍晚太阳快落山时回家,整体算下来何家成员一天则工作七八个小时。由于何家在冬季这段时间处于农闲阶段,何文献与何建勋便会跟随村中其他小队做些"淘挖古物"的副业,以期望赚取更多的钱财补贴家用。在夏季的时候,何家男性成员一般会在鸡打鸣的时候便起床收拾,趁着早晨凉爽的田地早早下地干活。等到狗叫的时候也就是大约七八点的时候便回家吃顿早饭,然后再回来干活到中午十一二点。到中午,由于气温很高,何家成员一般会进行半个小时的午休之后再去田地干活,一直到天黑什么都看不见的时候回家。

在农业生产时间上,花园庄村中并没有明确规定农户必须在哪个节气时进行什么生产环节,不过村中的农户都会根据自然的节气规律来进行农业生产,例如"清明前后,种瓜种豆"等。在农业生产意识上,何家成员都会认为"勤劳肯干""起早贪黑"是一种高尚的行为,而"好吃懒做""虚度光阴"则被认为是一种可耻的行为。何文献与付占荣作为家长在发现家中成员存在"好吃懒做""虚度光阴"的行为时会进行批评、教育,而何家成员在家长的教育下便逐渐形成了勤劳、踏实的良好品行。

在 1949 年之前,由于土质、灌溉以及肥料等客观条件的限制,何家农田中作物的涨势以及产量主要受何家成员对田地付出多少的影响。为了使家中的田地能够生产更多的粮食,何家男性成员在农业生产过程中极为上心,会在农业生产中花费更多的劳力;为了使家中成员能够保持温饱,何家会选择种植多种粮食作物,并且在生产过程中会额外购买一定的粪肥进行滋养。

2.倾向忙碌

在何家成员的观念中,他们都比较喜欢忙碌的生活,因为忙碌的生活一方面会给予何家成员一种充实感,另一方面也利于何家整体更好地生活与发展。整体看来,何家男性成员的

---

① 天蒙蒙亮:时间词,一般指早晨刚刚能看清周围事物的时候。

生活时间大部分都花在了农业生产活动上，而何家的女性成员的生活时间则大都花在了管理何家家务事上。

由于何家成员每天都有事情要去忙,因此他们的生活比较充实,并不会对时间的流逝感到焦虑。何家一般会在过年过节的时候根据当地习俗做些好的吃食以祭拜一下祖先、神灵来为整个家庭祈福。在何家主要是由家长何文献与付占荣相互商量着为整个家庭作一个整体的规划,诸如家中缺少什么,来年在粮食的种植面积上如何分配等。何文献一般会在对孩子进行教育或者其他重要事情上提前安排时间,而在日常生活中他并不会安排、限制家中成员每天需要做什么,家庭成员在完成布置的任务后是会有一些自己的时间来放松、休息。

何家在吃饭和睡觉的时间上也是存在一定的规律性,成员一般会在太阳正当头①即大约十二点的时候开始吃中午饭,会在晚上天黑出现月亮即大约是六七点的时候吃晚饭,在八九点的时候洗漱准备睡觉。何家成员极少在晚上的时间段发展副业,一般都会在刚吃晚饭的时候去邻居家串门聊会天。

(二)空间观

1.内部空间

对于何家来说,自家的房屋坐北朝南,这是何氏院落在进行不断分家之后,到何文献这一辈呈现出的结果。在地理方位上,何家居住的房屋并没有讲究。对于何家居住的这三间房屋,在布局上为当地标准的"套间",即中间一屋为外间,两边两屋为里间。其中外间正对院子方向设有房门,以便成员进入房屋;而屋内与两侧里间相连的墙上也设有房门,方便从外间进入里间。此外,在里间朝向院落的墙上设有木架纸糊的窗户,以便屋内人员可以观察院子发生的事情。不同的房屋在功能设置上也有所不同,何家外间设置有一张大桌子和几张板凳,墙面挂有一些家神画像,外间主要用于何家接待外来的人员;而何家的左右两里间则设置有土炕、柜子以及衣服床褥等,主要是何家小家庭成员用于就寝的地方。

在房屋的具体分配上,外间作为家中的公共场所,并不存在归谁所有的说法,而左右的两个里间在分配上,左边里间居住的是何建勋、何彭氏以及何孬蛋这一小家庭,而右边里间居住的是何文献、付占荣以及姑娘何伏儿,而何建功则在结婚后居住在西邻的崔斌寡妇家的一间空置房屋里。此外,在何文献居住的里间还设置有锅碗瓢盆、火炉作为简易厨房为全体成员起灶做饭。

对于何家不同的房屋来讲,外间作为公共的空间,何家全体成员都可以随意进行出入,而两间不同的里间作为部分成员的私人空间,除了实际的居住者外,其他成员在进入之前是需要提前打招呼。

2.外部空间

何家的房屋在划分边界时,与院外的邻居家会以"灰界"为标准进行划分,而与院中其他何氏家庭之间则主要是以房屋的墙为边界进行划分,其他地方虽然在分家时有过划分,但为了各家更好的生存发展,院内被默认为公共空间并未划分。何家成员之外的人在进入何家房屋之内是需要提前与屋内的成员打招呼,得到允许之后才能进入。

在自我空间意识上,何家的成员对于自家的空间比较明晰,并且在逢年过节串亲戚时的

---

① 太阳正当头:时间词,表示太阳在天空中正中间的时候。

时候会按照礼节,征得同意后进入。在花园庄村中有一个小庙、数个水井,这些都属于村中的公共空间与物品,农户可以在需要的时候进行使用,村中并没有明确的规则,也不存在恶意破坏的情况。

何家大致位于花园庄村的中间,四周与小屯村、王裕口村、小庄村、以及四盘磨村相邻,村庄之间会以农田的归属划分边界,但是村子与村子之间并未设置明确的院墙或者其他设施。何家距离最近的乡镇大约有四五公里,位于乡镇的东南方向。何家成员在日常生产生活中很少去乡镇,主要是何文献去乡镇的次数较多,其他成员并不会去周边的县镇、县市甚至省外。

(三)生活观

在何家成员看来,能够保证全体家庭成员健康成长是十分理想的生活状态。为了达到这种生活目标,家中每个成员都有着一定的责任,其中何文献需要统筹管理好家中大事以及家中的农业生产,付占荣需要管理以及处理好家户内部成员的衣食住行,剩余的子女们则需要在适龄阶段来进行家中事务的劳作。家庭成员参加劳动是一种强迫的劳作,家中成员不论是否愿意都需要服从安排。

在何家成员看来,家长并不是想干什么就干什么,作为一个家庭的家长,他需要担负起整个家庭成员的生存发展,也需要承担很多责任与义务。家长因为传统习俗的约束不能做违背家庭成员利益的事情,也不能不敬祖宗,还需要对自己的后代负责。为了何家更好的生活,家长也需要在生活中辛勤劳作、追求节约等。

在劳动方面,何家成员在长大懂事阶段便需要分担家中的劳务,并且经常遵守"辛勤劳动""起早贪黑"的行为习惯;在消费过程中,何家成员会追求节约,当地有"成人家过时光,不能太浪费了"的说法,家长会对家中成员的浪费行为进行批评;为了家户更好的生活,何家在年头或者粮食丰收的时候会进行盘算,计划现有的粮食储备是否能够满足家中成员的吃穿用度;在生活方面,何家并没有为了追求更好的生活与其他家庭互惠互利,大多情况下都是依靠自家成员生活,不过在困难的时候会向亲戚家寻求帮助;在人情往来方面,何家活动的范围主要是在自家亲戚之间,由于家中经济条件低下,对于村中关系较疏远家庭的红白喜事很少参加;在孩子的教育上,何家并未花费大量的时间与金钱让孩子一直学习,只让其接受基础教育;在生活态度上,何家注重生活安稳,家中成员很少去从事较为冒险的生产或者工作;在性情上,何家成员都被教育注重忍耐,因此何家很少与他人有过矛盾,在遇到灾害时也会以一种平常的心态看待。

四、家户习俗

(一)节庆习俗概况

1.春节习俗

在花园庄村中,春节也称"过大年",是农户在一年之中最重要的节日。一般何家都是从腊月头便开始为春节的到来做准备,之后会一直持续到正月十五,而从大年初一到十五期间才算是处于全家的过年阶段。根据当地习俗,何家会在腊月初期开始年货的置办,置办周期较长主要因为添置的物品很多,一般何文献会与何建勋一同前往附近集市采购细粮、肉、菜等以便之后家中女性成员将其加工成糕点和吃食,而家中女性成员则会在付占荣的安排下为家中成员做一些新衣服,以便过年的时候家中成员能穿上新衣服。在腊月二十三的时候由何彭氏与张贵芬做些膳食,再由付占荣在厨房附近设置桌台祭拜灶君,以祈求来年家中在吃食上有灶君保佑,吃食不愁;在腊月二十四的时候,全体家庭成员便会一同打扫房子,男性成员打扫屋顶等出力气的地方,而女性成员则负责洗涮家中小的物品;在腊月二十五的时候,由何建勋与何建功代表何家前去祖坟烧钱、上香、磕头,当地称为“请祖宗”,寓意将祖坟的祖宗神灵请回家中,保佑全家成员之后平安顺利;在腊月二十九、三十的时候,何家会给院子和房屋贴上春联,春联都是由何文献或者何建勋在购置好红纸条之后自行书写。一般何家会在院子贴上红春联,上边写有“春风得意花千紫,秋月杨风桂月枝”等,在房屋门上会贴上黄春联,上边写有“家中香火常不断,一年四季保平安”等。因为具有较高的文化学识,有时候何文献与何建勋也会给村中其他农户写一些春联。

何家在过年期间都是以何家整个大家庭为基本单元,全部成员都会一起过年,家庭之外并没有其他人与何家一同过年。过年期间,何家在祭拜神灵的时候也会一同祭拜在年前请来的祖宗,这种祭拜都是一同进行,并且是在家中以烧纸、上香的形式为主。

在大年初一到十五期间,便是当地正式的过年,何家在这个时间会根据当地习俗“串亲戚”拜年。一般大年初一何家小辈成员会在给何文献与付占荣磕头拜过年之后便去何氏长辈的亲戚家中向长辈拜年,而在大年初二的时候何建勋与何建功将会跟随自家媳妇去娘家给丈母娘家的亲戚长辈拜年;大年初三的时候,何家成员则会在付占荣的带领下去付占荣娘家拜年;之后何家也会陆续去其他亲戚长辈家拜年。在拜年期间,如果距离何家路程较远,中午何家成员需要停留在亲戚家中吃饭,那么何家成员便会在前期带些礼物。何家在春节期间,也是会串串门,跟四邻互道新年祝福,但是却不会专门去村中保甲长或者孩子的教书先生家拜年。

2.婚礼与葬礼习俗

在婚礼与葬礼的红白喜事举办上,何家一般都会在当地的习俗要求上根据自家的具体经济状况进行置办。例如,何建勋与何建功在迎娶新媳妇的时候,会有迎接新娘、邀请媒婆主持婚礼仪式、宴请何家亲朋好友等环节,在举办婚礼时,还时兴“一拜天地,二拜家长,夫妻对拜,送入洞房”的环节;而在何仙花作为家中姑娘出嫁时,何家虽未有“哭嫁”,但是会根据习俗由姑娘为自家置办几身新衣服作为嫁妆的环节。在婚礼后的第二天,何家新婚夫妇是需要根据当地的习俗,在早上起床后,向何文献与付占荣进行磕头请安,也需要向家中的哥哥、嫂嫂以及其他成员换称呼、请安等。

而何家在葬礼的风俗习惯上,一般会根据当地习俗,为年老去世的家长举办丧葬仪式,即当地俗称的“白喜事”,在该过程中是有“哭灵”,并讲究“三天颂”“五天颂”和“七天”,对老人进行埋葬;而出现家中成员幼年出现早夭时,何家只是会在家庭内部进行小规模的丧葬活动,并不会通知其他成员。

(二)以家户为习俗单元

何家在过年过节的时候都是以何家整个大家庭为单元进行,即使家中还存在两个小家庭,何家也未出现过外人来家中或者家庭成员去外人家过年过节的情况。而对于已经分过家的何家其他家庭,例如,何文富、何文贵家庭,在过年过节时则是以各个独立的家庭为单元进行内部庆祝。而作为已经嫁出去的姑娘何仙花来说,因为其作为丈夫家中的人,在过年过节期间是同丈夫家内的成员度过。不过在大年初二，何仙花是要和丈夫根据习俗一同回娘家来拜年，但不会在家中过夜。在过年期间，何家全体家庭成员都会聚在一起吃年夜饭，由于在1949年之前何家未有成员常年在外打工，因此何家在过年过节期间，并没有出现有人不参与的情况。

何家在过年过节上并没有很正式的仪式流程，只是由家庭成员简单地面对神灵、祖宗进行祭跪拜。在祭拜的过程中何家一般是付占荣首先对神灵、祖先进行祭拜，之后家中其他成员再自行进行祭拜，祭拜结束后家中成员便可在家长的主持下聚在一起吃饭。

五、家户信仰

（一）家神信仰与祭祀

在1949年之前，何家全体成员都信奉家神，主要是以"家常老奶奶"[①]为主的各路神仙，包括财神、关公、门神、灶神等。何家供奉的这些家神都是以贴画的形式，粘贴在何家"一明两暗"中的"明间"[②]，其中"家常老奶奶"挂在正中间，财神挂在它的旁边，灶神挂在另一边。

在何家，家中所有成员都可以祭拜家神，只不过在逢年过节期间，付占荣作为家长的代表会首先祭拜一下，随后便是家中的女性成员。何家在平日里和在过年过节时候的祭拜存在差别，一般在平日里都是谁想要达成什么愿望，在神像前拜一拜便可，而在过年过节时则需要准备贡品与香案，并且有比较正式的烧香、烧纸以及放鞭炮等祭拜环节。

何家成员拜神都是有一定的目的，例如在拜老奶奶的时候祈祷家中一切顺利，在拜财神的时候祈祷家中财源广进，在拜门神的时候祈祷家中不要遭贼，在拜灶神的时候祈祷家中成员不会挨饿等。

（二）祖先信仰及祭祀

在信仰上，何家除了会信奉家神外也会信仰祖先。对于何家成员来讲，祖先在某种程度上也算是一种神灵，并且何氏祖先在对何家的"照顾"上比神灵更为"用心"，何家成员也会将祭拜祖先看作一种孝道的表现。

何家在对祖先的祭拜上通常是以何建勋与何建功在年前"请祖宗"以及清明节前去祖坟祭拜为主要形式，其他时候大都是付占荣在外间的桌子上设置香火，在祭拜许愿的时候说明希望祖宗保佑的愿望即可。何家作为花园庄村中的外来新户，加之家族内部各家的经济条件一般，家族并未设置家庙或者祠堂，家中也未有编撰家谱。何家田地中留有一部分地方作为何家的祖坟，何家成员也会来祖坟对祖宗进行正式的祭拜。

在何文献与付占荣的教导下何家成员都比较注重孝道，其中最明显的体现便是在何家成员对于长辈的服从上。在何家，如果何文献与付占荣出现错误，何家成员并不会逾矩对家长进行批评，而是由两大家长之间互相的提醒为主。在对祖先的祭拜上，何家成员都会对祖先怀有一种敬畏之情，并不会对祖先做出不礼貌的行为。

---

① 家常老奶奶：当地农户供奉的一种神仙，泛指掌管家中所有事情的神仙，也是全神的一种标志。
② 明间：即外间；暗间：即里间。

六、家户娱乐

（一）"拜把子"

在花园庄村中，两个成员决定成为要好的朋友时需要进行正式的结拜仪式，当地将这种结交的朋友称之为"拜把子"的朋友。在何家，何文献便有一位"拜把子"的朋友，即居住在梅园庄村的赵文亮。何文献与赵文亮之所以能够成为朋友，主要是因为双方之间志趣相投，并且都富有责任感。在结交为朋友之后，何文献与赵文亮两家便成为朋友的家庭，双方家庭在需要帮忙的时候，对方也应该像对待自家人一样为对方提供帮助。

何文献与赵文亮之间在成为正式结交的朋友之前是需要征得家中家长的同意，之后双方便需要一同前去两家各自的父母面前举行结交仪式并进行"父母换叫"，即称对方的父母为"干爹""干娘"。除此之外，朋友结交不需要告知或者请示其他人。在结交之后，何家在发生红白喜事时，赵文亮作为何文献的朋友是需要作为亲人前来参加，并且在过年期间，何建勋与何建功作为小辈需要前去向赵文亮拜年。与何文献一样，赵文亮也是一名地道的庄稼汉，家庭条件与何家相比大致一般。何家在成员结交朋友上并没有明确的规定，不过家长一般极少允许孩子与村中好吃懒做、嗜毒赌博等行为不良的人进行朋友的结交。

（二）打牌

在花园庄村，农户在闲暇时间会选择打牌作为一种娱乐形式。当地在打牌上存在打"骨牌"和打"纸牌"两种形式。在过年过节以及农闲时期，村中农户通过打牌放松一下身心并不会被村中人说道，但是如果有村民平日里经常打牌，甚至因此输得倾家荡产，则会被认为是赌博，会被村中人看成一种品行不好的人。

何家的成年成员都会打牌，但是并不会常年沉溺于此，一般只是在过年期间或者不忙的时候与自家亲戚或者街坊邻里娱乐一下。在时间安排上，一般都是在吃过中午饭的闲暇时间，因为互相之间都是比较熟悉的人，因此在打牌上，每局也就只是输赢几分钱进行娱乐。打牌一般都会持续到晚饭快要开饭前的一段时间，到时间便散场，各回各家，打牌的成员之间并未出现在谁家吃饭的情况。

（三）串门儿

在1949年之前，何家成员在日常生活中的闲暇时候会串串门，与街坊邻里闲聊一下，当地称之为"串门儿"。何家在串门聊天上并未存在成员的限制，只不过出于避嫌，男性成员大都是找男性邻里在街里或者院子里蹲坐在一起进行聊天，而女性成员则会去找女性成员在街里或者院子里聚在一起，边缝制衣物边聊天。何家串门一般都是去街坊邻居家，因为离家距离较近，何家成员并不会因为串门而在别人家吃饭。

在串门上，何家未有明确的规定，只不过根据当地习俗，成员一般都会忌讳去家中有人去世的邻居家串门以免沾染晦气使自家不幸。与之对应，何家成员也是比较欢迎邻里来自家串门，到自家时何家成员会给邻里倒水以表示理解，但是并不会留人吃饭。何家成员与村中其他农户在串门聊天时，通常会聊一些村中的家长里短，很少聊村庄甚至是国家的公共事务。

（四）逛庙会

在1949年之前，花园庄村内并不会举办大规模的庙会，不过附近的其他地方会在每年的固定时期举办一次规模比较大型的庙会，例如安阳桥庙会、刘家庄庙会等。何家成员有时会参加庙会,何文献与何建勋经常会一个人逛庙会,主要是为了给家中置办一些需要的生活物品;而付占荣有时会带着何伏儿一起去逛庙会,主要是为了前去祭拜一下庙里的神灵,顺便逛一下庙会。

附近的庙会一般一年一个地方只会举办一次,为期一天,在庙会上设有大戏台唱戏,何家成员在逛庙会期间,如果家中并无大事,自己空闲时间充足,有时也会停留一段时间看看戏。戏台的设置是在一个公开的场所,看戏并不需要花钱,只不过如果想要坐下来边喝茶边看戏,则需要花费一定数量的金额。

(五)秋后"唱大戏"

除上述的娱乐活动外,花园庄村在 1949 年的秋收之后会不定时的组织唱戏活动,当地村民都将之称为"秋后唱大戏"。这种唱戏的活动主要是由村中有钱的大户赵有年来组织,其他村民可以根据意愿"传一传钱"来搭戏台、请戏班。由于是村中组织的唱戏活动,距离近而且免费,何家成员大都时候都会前去看戏。

何家成员去村中看戏时并不会严格的以家庭为单位来组织家中成员一同前往,通常都是何文献、何建勋或者何建功自己去约村中能说到一起并且时间空闲的人看戏,而何彭氏、张贵芬则一般都是带着何伏儿,有时也会叫上街坊邻里的妇女一起去看戏。在何家,如果男性成员将田地的农活打理得差不多、女性成员把家中家务做得差不多,便可以和其他人一起去看戏。何家成员在出门看戏时,虽然并不需要严格请示何文献或者付占荣并且征得他们的同意,但是却也是需要和在家的成员报备一声。

第五章　家户治理制度

　　何文献是作为何家的男性当家人管理着家庭内外的大小事宜，而付占荣作为何家的女性当家人、作为何文献的辅助者主要管理着何家内部的大小事宜。何家自何文献当家到家中第二代进行分家期间并未出现家长不当家或者家长替换的情况。在何家的决策上，何文献与付占荣作为家长对家中大小事宜进行安排以及决定，而其他成员则在服从的情况中会根据具体情况进行适当调整。在遭遇灾盗等情况时，何家都是以家户整体为单元并主要采取躲避的形式来渡过灾难。何家没有成文的家规，何文献与付占荣对于孩子的教导主要是以当地的习俗以及伦理道德为依据，并主要以教育的形式进行。1949年前，何家部分成员曾有任职经历，何文献在1943年担任过保长，何建勋在1948年担任过甲长。在任职期间，两人主要负责花园庄村中税费的收缴与计算，除此之外，何家整体并未参与村庄、县乡及以上层级的公共事务。

一、家长当家

（一）自然确定家长

　　何家有两大家长，何文献作为外当家是何家的一家之主，而付占荣作为内当家主要负责管理家中的内部事宜。何家在家长的确定上与花园庄村的其他家户一样，都是根据当地习俗由家中的男性长辈担任家中的家长，除非家长存在某种程度的残缺或者没有当家的能力。在花园庄村中，家户当家人的确定与能力、学识等因素无关。

　　在当地，何家的当家人一般会称之为"何家当家的"，而何家除当家人之外并不存在其他的管事。付占荣作为何家的女性长辈，在家中处于内当家地位，主要负责辅助何文献管理家中内部事宜。如果在花园庄村中的家庭中男性长辈无能力管理家庭或者去世了，女性长辈作为家中辈分最大的人可以更替成为当家人。

　　对于何家成员来讲，何文献与付占荣把何家打理得十分有序，成员对于两大家长存在一种尊重之情，对于他们作为何家的当家人并未存在不满，何家其他成员也未选择别人作为何家的当家人。

（二）家长权力

1.家长极具权威

　　在何家，何文献与付占荣作为家长的权力主要是来自祖先赋予，并且要受到全体家庭成员的承认，家中全体成员对于家长的要求并不能够违背。严格来讲，何文献与付占荣拥有的权力涉及何家事务的方方面面，管理的成员范围包括家中的全体成员。对于何家来说，只要是没有进行分家，何文献与付占荣作为家中的当家人是能够管到已经结婚之后的小家庭的成员及其后代,不过何家范围之外的成员,何文献与付占荣则没有权力干预。

对于何家来讲,何文献作为家中的外当家具有很大的权威,家中在遇到大事情的时候主要是由他来做主,不过何文献也是会与付占荣进行商量并听取其一定的意见,例如为适龄的姑娘何仙花选择女婿,为成年的何建勋、何建功选择媳妇等。而在涉及家中需要进行房屋的修缮问题上,由于需要成年的何建勋与何建功共同出力,因此何文献也会向他们进行告知,并在决定修缮房屋所需要的材料种类、使用数量上一定程度的听取他们的意见。在1949年之前,何家并不会正式的就某件事情召开家庭会议,不过何文献会不时在全家成员聚在一起吃晚饭的时候谈一下家中所需要进行的活动,而其他家庭成员在听过之后可以适当的谈一下自己的想法供何文献参考。

2.财产家长管

在财产管理权上,何家的收入主要来自农业生产和不定期的副业所得,所收获的财产全部都是以何文献与付占荣的名义为全家所有。何文献作为当家人拥有管理何家全部财产的权力,并且可以对家中财产进行全权分配。何家其他家庭成员外出打工所挣的钱也是需要全部交由何文献来管理,家庭成员并不能允许偷藏私房钱,何家也未出现成员偷藏私房钱的情况。

在何家,家中的诸如地契、分家单、现金等贵重物品以及尚未使用的布匹、棉花等都会放置在何文献与付占荣就寝的炕上的黑色箱子中,不过箱子并未上锁。对于箱子里的相关物品的取拿以及使用只能是由何文献与付占荣来进行,其他家庭成员并不能够随意开启箱子,甚至私自偷拿。对于何家来说,当家人和管钱的人都是何文献与付占荣,两人可以根据家中的具体情况来决定是否动用柜子中的钱物。

在粮食的供应上,何家是以家庭为单位,粮食主要是按照全体家庭成员的数量来进行分配。对于吃食的分配,一般都是在何文献与付占荣统一的配置下,由家中主管做饭的何彭氏与张贵芬根据家中情况灵活调配。何家的粮食是放在家中的大缸中,并未设置专人来进行看管,家中取拿粮食的主要是何彭氏与张贵芬,家中并未存在成员偷拿家中粮食的情况。

3.制衣按需分配

何家制衣的分配主要是由付占荣来决定,她会以全体家庭成员的实际需求为前提,以按需分配为原则。付占荣在制衣上负责的内容包括决定为谁制衣、进行制作新衣的安排以及由谁制作等内容。在1949年之前,何文献与何建勋有时会因为打零工赚钱较多,这种情况下何文献便会在过年前嘱咐付占荣添置些粗布匹为家中成员制作些衣物来庆祝一下。付占荣在拿到布匹之后便会根据家中成员的实际状况分给何彭氏、张贵芬相应的布匹让其为自己小家中的成员添置衣物,而付占荣与何伏儿则为自己与何文献制作新衣。

因为何家每年添置的衣物布匹数量极为有限,因此家中很少出现布匹以及棉花在分配后出现剩余的情况。如果家中出现棉花、布匹剩余,小家庭则会在报备付占荣之后,灵活决定利用这些剩余为小家庭成员破损的衣物"打个"补丁。多数情况下,由于家中棉花、布匹的数量有限,何家在进行制衣分配时都会明确到为谁添置新衣,因此家中的女性成员只能根据分配到的少量棉花、布匹来决定制作衣物的种类。

何家在衣服的制作上,主要是家中的女性成员来负责,并且这种分配也有一定的分工配置,一般小家庭中的媳妇主要负责制作小家庭成员的衣物,而家中未出嫁的姑娘何伏儿则需要负责制作自己以及家长何文献与付占荣的衣物。

4.劳力分配有分工

在进行日常生产生活过程中何家成员有一定的分工配置，这种分配主要是由何文献根据家中不同成员的劳力情况进行的安排，一般男性成员由何文献来安排处理农业劳作，而女性成员则是在付占荣的支配下进行家务事的处理。家中的其他成员对于何文献与付占荣两大家长的安排多处于听从状态，不过在家长进行分配安排时，其他成员若有不同意见可以向家长提出，不过最终仍是以家长最后的决定为依据，家中成员必须服从。

在农忙时节，何家除了男性成员需要下田劳作外，家中的女性成员也是需要根据何文献与付占荣的安排去田地做些比较容易的农活来提高农活效率。具体来说，在每年的三四月份以及七月份的春种与秋收时节，何家除付占荣需要照顾家中幼儿何孬蛋并为家中成员准备饭食不用下田外，家中全体成员都会去田地干活。在何文献的安排下，何建勋与何建功会进行耕地、锄地这样耗费劳力较多的农活，而何彭氏、张贵芬以及何伏儿则会做些除草、收割、捆扎等耗费劳力较少的农活。

对于何建勋、何建功以及何伏儿来说，他们在小孩子的时候便已经逐渐开始下田做些农活了，只不过等到他们十三四岁停止学校学习的时候会正式成为劳动力负责家中的农业生产。

5.婚丧嫁娶依父母之命

在何家，何建勋与何建功以及何仙花与何伏儿在结婚过程中需要听从家长的全权安排。家庭成员的媳妇以及女婿的选择都是由何文献和付占荣来进行决定、安排，而作为小辈的何建旭、何建功、何仙花以及何伏儿必须听从安排，不能提出自己的意愿，甚至他们在结婚之前都没有见过与自己组建家庭的另一方。

在何家成员结婚时，家长何文献作为家中最大的长辈也是根据当地的惯例在结婚书帖上写有自己的名字。嫁进何家的何彭氏、张贵芬也是性格温和，尊敬家长、听从家长安排的媳妇，因此家中成员在结婚之后，夫妻之间也都是相处和谐。何文献与付占荣对于自己挑选的儿媳妇以及女婿也都比较满意，并未出现叫儿子与儿媳离婚的情况。

由于经济水平的限制，何家并未主持过大规模的祭祀活动，在过年过节以及家中成员婚丧嫁娶时只是简单地按照当地惯例对神灵进行祭拜。何家的这种祭拜活动一般都是由家长何文献或者付占荣牵头，有时也会让何建勋与何建功来替代。在过年过节期间，何家一般会摆设香火来祭拜神仙、祖先，这时候主要是由付占荣作为家中内当家领头祭拜，而在清明节时，何家则主要是何建勋与何建功作为家中的后辈代表去何家的祖坟前进行烧纸祭拜。

何家作为一个外来"新"户并未在花园庄村中形成较大的氏族规模，而戚家庄的何氏在进行祭祀活动中，作为一个小的分支，何家也只是由何文献作为家长带领家中成员进行简单的参与便可。何家并未存在老人过世前有未完成的遗嘱需要何家后辈代替完成的情况。

6.外出需报备

在对外的关系中，何文献作为家长代表着整个何家。根据当地默认的习俗惯例，何文献是能够代表何家对外进行借债，而债款之后将要由全体何家成员来承担。不过由于何家成员历代接受的"不轻易拖欠他人"的观念教育，何文献作为家长并未有过借贷的行为。

在进行花园庄村内或者涉及更高一级的公共事宜中主要由何文献作为整个何家的代表前去参与。何家参与的公共事务主要涉及征税、纳税事宜，这主要是因为何文献是作为何家交税纳粮的主要负责人。

在1949年后期,何建勋由于长期以来的不断学习通过了林县的职业考试,何建勋在收到去林县工作的安排便第一时间向何文献与付占荣进行报备。何文献与付占荣在得到这个消息之后对何建勋能够有这样一个好的出路表示十分欣慰,加之何建勋小家庭出现的一系列变故,便一致同意何建勋去林县工作。何建勋去林县工作的打算,除了需要得到家长同意外,不再需要外人、保甲长的许可。在何建勋在林县工作期间,由于他也需要钱财来生活,加之家中的男性成员都已经结婚并办过婚礼,因此何文献与付占荣并不要求何建勋将工作赚得的全部工资寄回家中,而是让何建勋在保障自己衣食住行的前提下将剩余的钱财寄回家中。虽然何建勋拥有一定的财务自由,不过何建勋如果想要用较多金钱做些其他事情时,也要向何文献与付占荣进行报备。

7.家长权力的约束与代理

在何家,家长的确定都是依据传统,并不会因为家长能力的强弱来决定家长的选向。并且何文献与付占荣作为一个何家的家长,自身约束能力较强,能够承担起照顾全体家庭成员的责任,也未出现私自欠债、有所偏倚、吸食鸦片成瘾、沉迷赌博等违反法理的现象。也正因为家长责任心强且明白事理,所以在全体家庭成员之间的威望很高,家中成员都会听从家长安排。

何氏家族在每代的传承中都有男性成员,因此在家长的选择和确定上,何氏都是依据当地的习俗、管理,在分家之后,大家庭之中的小家庭自动分离,并由家中男性成员成为家中的家长,何家中何文献作为大家长也由此形成。不过在花园庄村中,如果出现家庭中当家家长过世的情况,则都是由作为内当家的女性成员来担任,或者也存在由家中同辈叔伯作为代理家长,这种代理家长实质上拥有着处理家中所有事物的权力。如果家中是由内当家的女性成员作为家中的家长,而在参与村中公共事务过程中必须由男性成员来参加时,该家庭也会让同辈叔伯或者家中的长子作为暂时性的代理家长来发表意见,这种形式的代理家长则只是一种名义上的家长。

(三)家长责任

1.家长为家庭负责

在1949年之前,何文献和付占荣作为何家的两大家长需要对涉及何家内外的大小事宜统筹管理。对于何家内部的事情,何文献与付占荣需要时刻统筹计算家长的各项花费与支配,用以保证家中时刻有粮食以供全家的生存,有棉花和被褥以保证全家人的温暖。此外,何文献和付占荣还会时常将家中成员打零工或者淘古器得来的钱财进行保存,只有在保证有足够的钱供日后孩子在适龄时婚嫁开支的基础上,何文献与付占荣才会适当考虑花费些钱财为全家填补些肉食或者衣物。

何文献与付占荣作为何家家长的责任还包括代表何家进行对外的一系列交往活动,包括向别人家借用从事农业生产所需要的大型牲口以及农具;在成员婚嫁时,代表何家向邻居家借用桌、椅、碗、筷等事情。

在协调何家内部成员之间的关系上,何文献与付占荣作为家长也发挥有重要的作用。在何家成员之间出现矛盾时,付占荣一般是会去了解双方之间为什么发生矛盾,并从中进行调节,而何文献一般则是在家庭内部矛盾很大的时候出面,对矛盾事件进行最终的评判。

2.内外两当家

何家包括外当家何文献和内当家付占荣两大家长，两大家长在处理家中内外事宜上有着一定的分工。不过对外来讲，何家主要是以何文献这样的外当家作为何家的大家长代表何家进行对外交往。

对于何家成员来说，何文献与付占荣作为何家的两大家长是真正的好家长。在家庭内外的管理上，能够使全家和谐相处，能够使家户平稳发展；在照顾家人上，能够对孩子做到最大程度的照顾与关爱，保证家庭成员健康成长。由于何文献与付占荣作为家长尽心尽力，两人并无出现重大事故，因此何家在自然分家之前，并未出现家长不能胜任的情况。并且，在花园庄村中，大多家户只有出现家长生病或者神智受损而无法处理家中内外事务时才会考虑替换另一个家长，并未听说因为家长做错事情或者沉溺赌博而不能当家长的情况。

二、家户决策

（一）家长做决策

1.家事有分类

何家的大小事情主要是由何文献与付占荣作为家中家长说了算，其中家外事情以何文献说的为主，家内事情则以付占荣说的为主。而对于何建勋与何建功两个小家庭内部的事情，在不涉及整个家户利益的情况下，小家内部是可以自行解决。例如在付占荣对棉花、布匹进行分配之后，小家庭内部如果出现剩余则可以适当为自家成员破损的衣物打个补丁，但若涉及需要使用全家的粮食、财务时，则仍有何文献、付占荣两大家长说了算。

在何家，如果何文献外出做零工暂未回家，而家中又出现需要进行解决的事情，那么付占荣作为家中内当家可以依据事情的重要性与紧急程度选择等何文献回家再做决定或者自行做决定。例如在遇到村中交税粮时，付占荣则可以在何文献不在家时自行处理，如果出现别人来何家借粮、借钱，付占荣则会选择等到何文献回来之后再进行商量。

2.家长决定须服从

在何家，何文献与付占荣作为家长已经做出的决定家中全体成员必须服从，并且不能违背。不过具体来说，何文献与付占荣作为家长还算较为开明，对于家中的一些事情也会适当听取家中其他成员的想法，而家中其他成员也会在何文献与付占荣做决定之前说一下自己的看法与意见，只不过对于家长做出的最终决定，何家全体成员则需要服从。

对于何家成员来讲，他们大都是会听从家长的安排和决定，主要是由于何文献与付占荣作为家长，做出的决定也是站在何家整体的利益来考虑。如果何文献与付占荣做出的决定出现错误，那么何家成员也可以向他们提出并指出问题，何文献与付占荣也多能够站在全家的利益来进行决策。

3.有事会商量

在何家，对于涉及家中的一些事情，例如家中或者成员所需物品的缺失，何文献与付占荣也是经常会和何建勋、何建功进行商量。这种商量的形式主要是在吃饭时进行闲聊，并不会举办正式的家庭会议。而何建勋与何建功也可以根据自己的想法向家长提出一些建议。

（二）决策事情分大小

在何家,何文献与付占荣作为家长能够做主家中一切大小事宜,不过有时为了缓解家长的压力,在涉及何家生产生活的小事情上何建勋夫妇与何建功夫妇以及何伏儿作为年长的孩子是可以在何文献与付占荣允许的情况下进行相对灵活的调整。例如,在涉及何家对粮食、饭食的用度上,何彭氏、张贵芬以及何伏儿作为家中主管做饭的成员,在付占荣对家中现有的粮食进行整体的统筹规划后,三人对于每日要用多少粮食,做什么饭食便可以进行灵活的调整,并不需要日日向付占荣进行报备;而何建勋与何建功在何文献、付占荣委托其购置家中所需物品时,他们也可对于是否购置不同价位的物品进行自主决定。

三、家户保护

（一）"犯错"要"依理"

1.家长出面调解

对于何家成员来说,每当自己遇到困难和危难的时候,首先想得到的便是家庭庇护,而何文献与付占荣则会作为家长给予孩子一定程度的帮助,其中付占荣作为家中的女性家长一般会比何文献更加关心、帮助孩子。何家成员大多性情温和,并与村中邻里相处友好,很少发生冲突、争执。不过偶尔何伏儿也会因为年岁较小,在与同村孩子交往时出现打闹的情况。这种打闹多数都只是小孩子之间常见的嬉戏打闹,不过有时也会因为孩子之间没有分寸导致孩子受伤的情况。这种导致孩子出现较大伤痕的打闹则会衍生成两家之间的矛盾,多数都是受伤的孩子父母会带着受伤的孩子去对方家"说理"。

何家在1949年之前并未带着孩子去别人家"说理",不过却是出现有别人家的小孩子来何家"说理"的情况。一般都是何伏儿与别人家的孩子进行玩闹导致,而对方家长则会因为孩子"被欺负"了来找何家的家长进行理论。何家在遇到这种情况时大都是由付占荣作为家长来进行调解,如果事情闹得再大些,何文献则会出面来与对方进行调解。

2."站理不帮亲"

因平常生活中很少出现的涉及两个家庭之间的矛盾,一旦发生,何文献与付占荣作为家长并不会一味地选择偏袒自家成员,而是会在了解事情发生的前因后果之后再进行评判。例如何伏儿这样的小孩子若是与其他孩子因为玩闹出现了矛盾,付占荣与何文献则会与对方家长进行调解,告知对方家长小孩子之间的玩闹并不是什么大事。如果出现两家孩子打架并且情况严重时,何文献与付占荣也会首先进行道歉,但之后也会与对方家长交谈让对方知晓他们也是有错的地方,最后以和平的结果调解矛盾。

总的来看,何家全体成员在严格遵守何文献与付占荣的教导下很少会犯错误,更没有出现犯罪的情况。何家成员大都在不懂事的时候会犯错误,例如与同村的小孩子嬉戏打闹没有注意分寸将对方打伤。在这种情况下,何家在与对方和平协调之后,会将"闯祸"的成员叫到屋子里进行教育,让其明白今天自己到底做错了什么,以后需要注意什么。

3."家丑不外扬"

对于何家成员来说,他们对于"家丑"持有的是"不可外扬"的态度。何家成员认为"家丑"也是属于何家内部的事情,况且不好的事情传扬出去会使得大家对于何家产生不好的议论,这相当于在"抹黑"整个家族,会被视为一种极为严重的事情。由此,何家成员在长大懂事之后,会时刻将何家整个家户的荣耀记在心间,很少出现犯错误的情况。

(二)"心之港湾"

1.情感归宿

何家成员在外交往过程中,如果出现受了委屈或者被欺负的情况,大多时候都会忍受到家中向家中成员进行诉说。而作为倾听的对象,何家成员也会给予需要帮助的成员一定的安慰以使其心情能够缓和,精神重新振作。

对于何建勋、何建功以及何伏儿来说,他们大都会选择向付占荣进行诉说并寻求安慰,因为相较于何文献,付占荣作为一个"母亲"会更加疼爱自己的孩子;对于何彭氏与张贵芬来讲,她们作为嫁入何家的媳妇,丈夫是自己最亲近的存在,因此她们在受到委屈时第一时间会找何建勋与何建功来诉说,而付占荣同样作为何家的媳妇,在受到委屈时会找何文献进行诉说;对于何文献来讲,作为一家之长很少有示弱的时候,不过有时也会和自己的妻子付占荣说些自己的委屈和心里话;对于早已出嫁的姑娘何仙花来说,她在夫家生活得尚可,并未受到极大委屈甚至不公正的对待,不过何仙花在过节回娘家时也会和付占荣唠一下在夫家的生活以及情感情况。

2.家长对孩子的期望

何文献与付占荣作为何家的家长,并未对家中的其他成员给予过分的期望以及要求,培养男性成员读书也主要是为了使孩子能够有一定的学识以便在日后的生产生活中过得更为顺利一些,并未要求其由此取得什么过大的成就。加之,何建勋与何建功两人在受教育阶段刻苦努力,在农业生产上尽心尽力,何建勋还在 1949 年之前因为学识文化突出担任过一段时间的甲长,何文献与付占荣对于家中成员也是十分满意。

对于何家成员来讲,何家是他们成长生活的地方,在这里何文献与付占荣作为家长给予了自己所需要的学识、技能、道德以及情感保护,这使得他们能够健康成长并且有所发展。何家作为"心灵的港湾"是家庭成员不论何时何地都会时刻想起、时刻挂念的地方。

(三)团结渡天灾

1.同舟共济

花园庄村在 1949 年之前遭遇过涝灾、蝗灾等天灾,而何家也难以幸免,其中最严重时何家的粮食产量几乎为零。何家经历的涝灾、蝗灾等对于何家的田地耕种以及收成产生的负面影响比较严重,而对于何家房屋等影响较小,何家并没有出现因为天灾导致自家房屋倒塌等状况。

在面对自然灾害时,何家全体家庭成员都是会选择同舟共济,一同来渡过难关。在家庭处于艰难的时期中,何家成员表现得更加团结,并没有出现小家庭或者某个家庭成员脱离何家,也没有出现成员之间因为生活艰难而互相抱怨的情况。在遭遇天灾时,何家并没有出现全家外出逃荒的情况。

何文献与付占荣作为何家的家长,会时常留存一些农业生产收获的粮食以备不时之需,因此,在遭遇涝灾、蝗灾等天灾时,虽然何家田地中的粮食急剧减产,但是家中还是有适量的粮食以供成员的生活成长。此外,在遭遇天灾的时候,何文献与付占荣也会安排家中其他成员去村间地头寻找野菜、树皮等能够果腹的东西以便何彭氏、张贵芬以及何伏儿能在做稀饭的时候添加进去。

由于何家中的小家庭在分家前并未留有私房钱，而何家存留的粮食也将将满足何家全体成员渡过天灾导致的艰难时期，因此，在遭遇涝灾、蝗灾等天灾时，何家并没有出现拿出小家庭中的私房钱、嫁妆或者变卖自家资产的情况。

何家时常会节约家中的每粒粮食，一顿饭剩下的粮食会留到下顿继续吃。在遇到灾荒时，何家便会在原有的基础上更加节俭。在灾荒时期，何家除了过年过节便不会再吃细粮，艰难时也会将粮食的"糠"混合村间地头的野菜、树皮一同当作家中的吃食。由于灾荒都是整个地区一同发生的，其他家户情况也一样艰难，因此何家很少向其他家户借粮食，不过本家的家户互相之间有时在串门的时候会给一定程度的救济。何家在灾荒时期的吃食分配上并没有先后的保护次序，何家作为一个团结的整体会保证每个成员的温饱，如果家中粮食不够吃就会选择在稀饭中多添加些水，不论煮成多稀的米汤也要保证每个成员都能吃到，并不存在不让部分成员吃到饭的情况。

2.拜神、祈祷

由于何家全体成员都信仰家神，在遭遇涝灾、蝗灾等天灾时，他们便会认为是"老天爷发怒了"，为了使其平息怒火、恢复当地正常的生产，何家也会进行祈祷活动。何家在天灾时进行的祈祷、祭祀活动并不是与整个花园庄村作为一体，而是以何家作为单元进行。一般何家都是在自家内部进行祭拜、祈祷，由付占荣作为家中的女性当家人进行贡品的拜访、烧香，之后家中成员一同进行祭拜、祈祷，以希望当地能够风调雨顺，尽快渡过天灾，有时付占荣也会代表何家与村中其他家户的妇女一同去村中的小庙内进行祭拜、祈祷。

(四)周边存在游荡盗匪

在1949年前，花园庄村周边游荡有一些土匪和小偷，经常会在村中农户家没有人的情况下偷盗衣物，有时甚至会绑架村中落单的人以此威胁，索要钱财。据说何氏本家中就有成员曾经被土匪绑架过，当时因为土匪前来所要的钱财数额巨大，何氏家中一时间未筹够，等到筹够之后向土匪交换亲人时，被绑的亲戚因为在遭遇绑架期间曾经试图反抗而被土匪进行了打骂和侮辱，回到家后其身体和精神上遭到了严重伤害。

由于当地社会环境较为混乱，村庄与当地官府对于这些土匪并未采取什么严格措施，家中遭遇土匪的农户只得听从土匪的安排交钱以换回家中亲人。之后为防止村中落单的成员被土匪绑走以及小偷的偷盗，花园庄村农户曾自发组织过巡逻、打更的小队来保护村庄的安定。

(五)战乱靠躲逃

1.抗日期间有逃荒

在1945年之前，日本军队占领河南省，花园庄村附近也进入部分日本军队与国家军队曾有过维持时间较长、规模较大的战争时期，为了何家全体成员的生命安全，何文献作为家长决定带领何家成员一同逃亡到西边林县的清池村躲避战乱。在清池村躲避的那段时间，何家成员选择居住在村中看起来极为破旧的空房子内，并将自家随身携带的粮食、器具等进行规制。由于何家在清池村并无田地等进行生活生产的来源，而自家携带的粮食有限，何家成员每日便都过着节衣缩食的日子，何家男性成员也会不定时的外出摘些野菜以便家中成员果腹。

2.国共战乱靠躲避

而在1945年至1949年期间，花园庄村中或大或小的发生过很多战乱。由于花园庄村在发生战乱时,作战双方主要是以对方作为敌人进行战斗,并不会对村庄的村民进行随意的打杀,并且双方在村庄停留时间较短。而花园庄村虽未挖有系统的地道以防止战乱,但是村中有召集青壮劳力挖有大小不等的坑供村民躲避战乱。在花园庄村组织挖坑活动时,何文献一般都是与何建勋、何建功两兄弟一同去出劳力,并且何家也是同村中其他家户一同进行挖坑活动。除此之外,花园庄村中并没有保护村民安全而进行的定期打更活动。

诸如此类的战役持续的时间大都短暂,多数不会超过一天,加之发生战乱的偶然性,何家成员并非时刻都聚集在一起,因此,何家在进行躲避时,在家中的成员则会聚成一团躲在家中里屋的角落里或者躲避到之前挖就的大坑里;而单独在外的成员则一般会在村中其他农户的家中或者村中比较隐蔽的坑洞里躲藏以保证何家成员自身的生命安全。

何家成员主要是以躲避的形式防备战乱以免误伤到自己,并且何家成员也未有多余的钱财购置枪支弹药来保护自己。由于这段时期的战乱并未直接危害到何家成员的生命安全,因此,何家成员并未与其他家庭成员联合对抗过敌人。在战乱期间,何家首先保护的便是家中的幼儿和女性成员,一般让他们躲在最安全、最隐蔽的地方,而家中的男性成员则一般在外面形成保护。

(六)其他保护

何家在整个花园庄村中算是一般经济水平的家庭,能够时常保证家中成员在日常成长过程中的温饱。在 1949 年之前,花园庄村中来有一批外出逃荒至这里的人员,这些人也曾来何家进行乞讨。由于何家在 1945 年之前也有过外出逃荒的经历,因此,面对这些逃荒者的乞讨,何家大都感同身受并且会给予一定的帮助。一般逃荒者来到何家时,何家成员会告知付占荣,付占荣会根据家中近些日子的粮食用度,指使何彭氏或者张贵芬拿来几个自家今天做的窝头以解乞讨者的饥饿,也会为其倒一些水解渴。

由于花园庄村附近时常会有游荡的盗匪来村中进行偷盗甚至"劫人",为保证整个村庄农户的生命、财产安全,花园庄村曾进行过一段时间的打更活动。村庄的打更主要是村中农户出几个男性青壮劳力来进行值夜打更,何家主要是何文献与何建勋、何建功两兄弟一同去进行值夜打更。除此之外,何家由于也是个仅供温饱的小户人家,并未再进行向穷人提供粮食或者主动帮助村庄孤寡老人这样的帮助活动。

四、家法家规

(一)默认家规及内容

1.约定俗成

何家家中并没有成文的家规、家训,不过家中却是有着与当地习俗、惯例相适应的约定俗成的默认家规。何家的这些默认家规大都是通过家长在孩子有时进行不断的教育,加之村中惯例的无形教化而形成。

何家家中成员在进行生产生活时都是要以这种默认的规矩行为处事,全体家庭成员必须要自觉地遵守,如果出现成员违反这种规矩的情况,则会被长辈看作没有规矩、没有教养,而家长也要对其进行一定的批评与教育。

2.女性做饭,节约粮食

何家平日里都是由何彭氏与张贵芬作为嫁进何家的媳妇来负责做饭,有时付占荣与何伏儿不时也会进行帮忙。对于何彭氏与张贵芬之间的分工,两人都是在付占荣的安排下进行定期轮流。在轮流期间,何彭氏或者张贵芬将要负责何家全体家庭成员在饭食上的各个方面,包括做饭前的烧锅,做饭以及全体家庭成员吃完饭之后饭碗的洗涮。

在1949年前,何家每天的饭食大都是炒菜配窝头、喝稀饭或者吃面条,偶尔在过年过节期间,会吃些应景的饭食,例如端午吃菜角、中秋吃糖饼。对于每日饭食的决定,何家都是在付占荣对于粮食进行统筹安排下,由轮流的何彭氏或者张贵芬进行灵活安排,如果家中遇到好事,两人也会在何文献与付占荣的安排下"加个菜"。何家做饭所需的菜、粮大都源自何家自家所种,偶尔购置肉类也多是何文献外出购买后交到做饭的何彭氏与张贵芬手中,这种添置并不需要记账。

何家在日常的吃饭上并不会讲究必须在饭桌上吃,一方面是由于家中成员多而桌椅不够,另一方面家中成员会在日常趁着吃晚饭的时候,端着碗到门口与街坊邻里聊会闲话。在过年、过节期间,何家成员会在一起吃饭,一般是聚到桌子上吃,全体家庭成员都可上桌,并且在座位上何家也未有讲究。

由于何彭氏与张贵芬在做饭时大都会掌握全家成员的饭量,因此很少出现做饭不够吃或者存在大量剩饭的情况。何家成员也都是按着家中做饭的量吃个将将饱,偶尔出现剩余饭菜的情况,何彭氏与张贵芬也会收起来到下顿饭再吃。例如,何家在蒸窝头的时候经常会多蒸一些,每顿吃饭时都会拿出几个供家中成员吃食。何家成员对于粮食十分看重,在吃饭时都会保持珍惜粮食的心情,何文献与付占荣在孩子小的时候也会教导孩子珍惜粮食。

在盛饭的顺序上,何家并没有严格的顺序讲究,不过全家会按照"尊老爱幼"的思想优先给何文献与付占荣盛饭,然后是下地干活的何建勋、何建功两兄弟,之后再是何伏儿以及何彭氏与张贵芬。不过如果出现突发情况,何家也会按照实际情况进行盛饭。在盛饭时,何家成员都是根据自己的饭量进行盛饭,在吃菜时大家也都是一同吃,何家成员互相之间都体谅,因此没有出现成员挑肥拣瘦的情况。

在日常生活中,何家成员所吃的饭食都是大致一样,只不过在饭量上,经常下地从事农业生产的男性成员会较家中女性成员吃得更多,而家中成员也都懂得对其进行体谅,在做饭时也会争取保证家中男性成员在吃饭时吃饱。除此之外,何家在其他情况下也会对部分家庭成员进行特殊的照顾,例如,家中妇女在孕期时,家中会做些有营养的饭菜,对其进行照顾;家中成员在生病期间,家中也会熬些药汤,做些有营养的饭菜。而在过年过节期间,何文献则会为家中购置一些肉、菜用来给家中成员一些福利,以增添过年、过节的氛围。

何家在农忙的时候也是会和花园庄村中的其他家户一样,为保证农业生产的效率而选择送饭。在农忙期间,何家除了付占荣以及需要照顾的幼婴外,全体家庭成员都会在田地进行劳作,这时付占荣则会承担起家中做饭的责任,并在做好饭食用扁担挑着为家中成员送饭。由于农忙时全体家庭成员都使了很多的力气,因此付占荣在送饭时会多带些窝头等顶饿的干粮,之后便不会再为成员进行加餐。

3.大事请示,小事灵活安排

在土地耕种的生产活动上,何家主要是由何文献进行做主和安排,而作为出劳力干活的何建勋与何建功二人则主要是听从安排,在遇到事情时则需要向何文献进行请示。何家在全年农业生产与种植计划上,主要是何文献根据家中的实际情况进行安排,而在对家庭成员关于不同生产环节的分工上，何文献也只是按照当地惯例进行具体分工之后便会一直根据分工进行农业生产活动。在日常的农业生产中，何文献、何建勋与何建功三人作为家中的主要劳力，分别负责家中的三块田地，三人也时常会互帮互助。而在农忙的时候，则全家劳力出动，其中，男性劳力负责锄地、犁地等重活，而女性成员则负责拔草、割秧等轻活。何家在生产农具以及牲口的借用以及喂养上，则也是由何文献主要负责，首先出面代表何家将所需的大型农具以及牲口借出，然后再将牲口的喂养工作进行安排，而家中的其他成员则在需要使用农具以及牲口的时候需要告知何文献，由其决定是否出面借用以及如何进行安排。

在家庭日常生活的请示上，何家主要是由付占荣来安排和做主，若涉及重大家庭开支的情况，付占荣也需要告知何文献，再由两人互相商量决定。关于每天吃饭做什么、吃什么，作为主要负责的何彭氏以及张贵芬并不需要每天向付占荣进行请示，而付占荣也是会将家中用于做饭的粮食进行一个大致的估计，并将家中每日的饭量以及种类提前向何彭氏以及张贵芬进行安排后，便由二人进行灵活做主。关于家中衣服制作的请示和安排上，何家也是根据当地的惯例由家中的女性成员来负责家庭成员的衣物制作，一般付占荣与何伏儿负责自己与何文献的衣物，而何彭氏与张贵芬则主要负责各自小家庭中成员的衣物制作，而关于为谁制作衣物的决定，则主要是由付占荣进行决定。关于为何家购置生活必需品的请示与安排上，何家主要是由付占荣与和何文献两人互相商量，再安排家中成员进行添置活动，关于购置家中所需的大型物品或者肉食时，一般是由何文献做主并购置，或者则是由何文献安排何建勋或者何建功外出集市进行购置；关于与村中的流动商贩进行油、盐等日常生活必需品的购置时，则是由家中成员向付占荣请示后，与付占荣安排家中的成员进行日常生活必需品的购置。而关于家中适龄孩子接受教育的请示与安排上，何家主要是由何文献决定并进行安排，并不需要其他家庭成员再另行请示。

在涉及外界交往的请示上，何家主要是由何文献进行出面或者由付占荣安排何建勋与何建功进行出面。一般情况下，何家成员很少有长期外出的情况，而涉及家中成员出家门在村中玩耍的情况，何家成员并不需要专门向家长进行请示，只需要在出门的时候喊一声，让家中成员了解自身动向即可。而关于成员上街赶集或者到庙宇烧香的情况，何家多数情况下是由何文献或者付占荣进行带领或者由两大家长进行委托，这种情况也不需要再另行告知。如果是何家某一成员单独进行外出，则需要告知何文献或者付占荣一声。

何家在请示形式上主要是以口头请示或者告知，并不需要进行书面请示或者召开家庭会议，只是必须要得到何文献或者付占荣两大家长的同意。在何家，如果请示未得到两大家长的同意，则家庭成员不能够违抗或者私自变通，不然会被视为不孝的表现，两大家长则会对其进行一定的批评教育。

4.请客只涉红白喜事与生育

在 1949 年之前，何家进行的请客只是涉及家中成员举行婚嫁、老人去世或者生育添丁的情况，并且在置办宴席、邀请人员以及相关形式上，何家也都是按照当地的习俗惯例来进行。

在进行的请客类型上，何家主要是依照当地"白事不请，红事请"的规矩，在家中举行婚礼、孩子满月的时候，通过"口头邀请"的形式，邀请与何家关系紧密的亲朋好友；而在家中为老人举行丧葬的时候，则不会去主动邀请其他人，而是根据惯例由他们根据自己与何家的关系自行前来进行帮助,而何家进行的请客主要是以答谢为主。

在举办红白喜事时,何家宴请的成员多是与自家交往甚多、关系密切的亲朋好友。其中,与何家在"五服"之内的亲戚、付占荣的娘家、出嫁大姑娘何仙花的婆家等则是根据惯例必须进行出席并提供帮助,而与何家交往友好的街坊邻里则会根据自家具体情况进行邀请或者提供帮助,除此,何家并未邀请过村内不熟悉的富户、乡贤绅士或者村长、保甲长等前来参与自家举办的红白喜事。

在宴请的规矩上,何家在桌席的安排上是会有一定的讲究,但是并非每个座位都进行明确划分,一般只是在靠近何家主屋的桌席上邀请的是特殊的人员。例如在举办婚礼的宴席上,一般靠近主屋的那桌是为陪同女方过来的"伴客"以及"送女婆"等置办的宴席。而对于宴席饭菜的准备上,何家并无设置待客的专门菜系,家中一般都是为参与的成员准备"海碗菜"。在场地与饭具的准备上,何家都是在自家院子中置办宴席,规模大的会选择在家门前的大道上,而厨具与碗具的置办,何家主要是向自家同院居住的亲戚进行借用,而他们也都将自家所有的碗具借出以帮助何家进行宴席的置办。

在陪客的规矩上,何家主要是由何文献代表何家在宴席开动之时到各桌转悠,与前来吃席的亲朋好友进行寒暄,如果是举办婚礼宴席,何家则还需要新郎来每桌敬酒,如果是为生育的孩子进行"做九",何家则还需要有生育的小家庭的家长敬酒。何家在敬酒环节上并没有太多的讲究,只是四处转转,主要目的是为了好好招待前来吃席的亲朋好友。何家并未专门找很会喝酒的陪客或者在每桌为客人进行夹菜招待等。何家也未有明晰的开席与散席之分,一般等菜上来后便可以直接开席吃饭,而客人吃好后便可以自行散席。

5.女性负责制衣洗衣

由于何家之中存在两个小家庭,因此在衣服的制作上是存在一定的分工。何家一般是将布匹分配给成员所属的小家庭,由小家庭的媳妇来给丈夫、自己或者小孩做衣服,即何彭氏负责何建勋、自己以及何孬蛋的衣物,张贵芬则负责何建功与自己的衣物。而在洗衣上也是如此,媳妇负责自己小家内部成员的衣物清洗,而作为家长的付占荣与还未婚嫁的何伏儿则负责自己与何文献的衣物。

何家成员一般会在院子中打水洗衣服,也会端着衣服到距离村庄不远的洇河堤岸旁洗衣服。在1949年之前,何家女性成员洗衣服都是用植物的皂角或者皂子,并且也会使用棒槌来捶打衣物。皂角一般是何家成员在村中生长的树上进行采摘、保管,有时也会去集市上买一些用于洗衣服的皂子,而棒槌则是由何建勋或者何建功在村中寻找合适的枝木进行打磨形成。何家成员在洗衣服时主要是会用木篮盛装,以致洗好的湿衣服不会装很多水。

何家在洗衣服与晾衣服上也是由各个负责洗衣服的女性成员直接负责,并且一般都是晾晒在院子中专门设置的晾衣架上。在对于男性、女性衣服的晾晒上,何家并未进行区分,都是直接晾晒在晾衣架上,等衣服晒干后,由各自进行收纳。由于媳妇在出嫁之前大都自娘家学习过制衣、洗衣等家务活,因此何家的衣物很少有过因媳妇的失责产生衣物破损的情况,而家中成员在洗衣上出现衣物破损,家中成员则可以向付占荣进行报备或者自行缝补便可。

(二)家规在传承基础上进行变动

何家在1949年前所遵循的默认家规主要是由当地的惯例以及上一辈的传承双重影响下形成的,并且部分也根据何家具体的家庭状况进行了稍微的变动。何家所遵从的这些默认家规由于是一种无形的道德教化与约束，因此何家成员对于这些家规家法的延续时长并没有明晰的了解。不过在遵守上，何家成员将会在自己出生、分家、生育后代进行再教育上，都会以何家这种默认的家规家法来约束自己、教化后代。

由于何家所遵守的是一种默认的、无形的家规家法，因此何文献作为何家分家后的一家之长，在教化后代成员时，则会依据分家后何家的具体情况对自己接受到的家规家法教育进行适当的变动。这种变动主要是由家长根据家中情况进行自行的变动，前提还是以当地的惯例保持一致。

（三）家长以身作则

何文献与付占荣作为何家的家长，在平时的日常生活中也是依照自己教导孩子的家法、家规进行为人处世。一方面，这是当地良好品行成员的具体表现，有利于何家未来的发展；另一方面，家长以身作则对于孩子的教导更加具有说服力。

对于何家来讲，何文献与付占荣都是极明事理的家长，一切行为都是站在何家整体的利益出发，因此两大家长很少出现违背家规家法的情况。而出现某一家长出现错误的情况，另一家长则会进行及时的提醒，以便其更正。而家长在出现错误时，其他家庭成员并不能够对家长进行处罚，只能私下告知另一家长，让两大家长进行协调。

而其他家庭成员，在何文献与付占荣的教导下也需要时刻以默认的家规家法来要求、约束自己，在日常生活中也需要依照规则为人处世。一旦出现错误，何文献与付占荣作为家长则会对其进行批评教育，让其明白自己的错误进而能够及时地更正。家中成员对于错误进行及时更正后，何家其他成员对其态度将不会改变，也不会进行区别对待，还会将其视为自家的成员进行生活与相处。

（四）无形的教育

何家成员对于何家的家规家法主要是通过幼年时接受家长的教育以及通过家内家外长辈的言行举止习得。何文献与付占荣也会在日常生活中不断对家中其他成员进行家规家法的提醒与教育，使之在成长与生活过程中对于这些默认的家规家法有一种深刻的认知。

对于何家来讲，家中成员主要是由何文献与付占荣两大家长来教习家规，不过同在院中生活的何文富与何文贵夫妇作为与何文献和付占荣同一辈分的家长，在何家成员来自家玩耍、串门时也会不时对其进行指点教育。

为了何家未来能够继续发展并且不断壮大，踏实勤劳、品行端庄的成员组成必不可少。由此，何家成员在何文献与付占荣的教育下是必须要遵循何家默认的家规家法，因此若有成员违背家中的规则，则会根据事情的严重程度受到家长的批评教育甚至是棍杖打骂。

在何家成员看来，家中默认的这些家规家法是对家中成员在品行上最基础的约束与教育，家长对于孩子的教育以及示范主要是在孩子还未犯错时对其进行的一种预防，一旦孩子在这方面犯错，何文献与付占荣将会对其进行及时的纠正与教育，以保证孩子下次不再犯错。

（五）禁忌随惯例

何家在从事农业生产活动时，为了保证家中粮食的好收成，主要是根据当地自然的时节规律以及当地惯例进行农业种植。对于生产中的必做事情与禁忌，则主要体现在按照时节跟随村中多数农户种植麦子和谷子两季作物，不做违背时节规律的作物种植。

在日常生活中,何家自身并无特殊的禁忌,不过会根据当地的惯例有一些禁忌。例如,在婚姻上,何家成员会时兴女性出嫁穿红衣绿裤,在过门之后第二天需要回门,大年初二要回娘家但是却不能留到天黑看到娘家"点灯",更禁止住宿家中。在丧葬上,老人死后需要停灵"七天"才能入葬,在祭拜上禁止女性代表家户单独前往。

五、奖励惩罚

(一)口头进行夸奖

在何家,如果家中成员表现较好,何文献与付占荣作为家长将会在吃饭的时候当着全家成员的面对其进行口头的夸奖。虽然并无具体的物质奖励,但是得到长辈的夸奖,也是家长对于自己一定程度上的肯定,受夸奖的成员将会受到激励更加努力,而听到家长夸奖的其他成员也将会为了得到这样的夸奖而进行努力。

如果家中成员在家中粮食增产、财富增收上做出巨大的贡献,那么何文献与付占荣将会在对家中成员进行口头夸奖的基础上会安排做些丰盛的饭以庆祝,这种丰盛的饭食涉及的范围是全体何家成员。由于何家全体成员在生产生活上都在为何家的发展与繁盛不断努力、兢兢业业,因此何文献与付占荣对表现好的成员进行夸奖主要是对全家成员进行的一种激励,并不会单独就某个成员进行零花钱或者其他物质的奖励,这样更有利于全家的团结与和谐。

(二)批评教育

在1949年之前,虽然何家内部还存在两个小家庭,但是拥有惩罚别人能力的只有何文献与付占荣两人,除此之外的其他成员都不拥有惩罚他人的权力。由于何文献与付占荣对于孩子的惩罚主要是以温和的批评教育为主,因此家庭之外的其他成员多数情况下并不会前来干涉。不过在孩子犯错严重,家长对其进行棍棒打骂时,何文富以及何文贵夫妇作为同住院中的亲戚长辈会听到何家的动静前来进行调解。

总的来说,何文献与付占荣两大家长对于何家成员的教育比较成功,孩子在成年之后很少因为违背父母而导致父母惩罚的情况。而在何家成员幼年时,因为年幼无知导致与村中同龄孩子打闹过火而被对方家长找来说理时,何文献与付占荣则会在与对方协调好之后对犯错误的孩子进行专门的批评教育。

何文献与付占荣拥有的惩罚权力仅限于何家内部,只针对何家的成员,除此并不能够对其他成员进行惩罚。而对何家其他成员来讲,他们对于何文献与付占荣的惩罚还是具有一定程度的惧怕,一方面是因为自己本身做错事的心虚,另一方面还源自何文献与付占荣本身作为家长的权威。另外由于何文献与付占荣都是明白事理的家长,并不会对家中成员随意惩罚,因此家中成员对于他们进行的批评教育还比较心服口服。

何家内部进行的惩罚形式主要分为批评教育和棍棒打骂两种,何文献与付占荣两大家长会根据家中成员所犯错误的严重程度以及悔改的态度来选择使用哪种惩罚形式。由于家中成员长期接受两大家长的教育,因此在认错态度上比较良好,何家便以批评教育作为家中主要的惩罚形式。

何文献作为家长对于家中男性成员的教育尤为重视,因此对于经常不认听课、学习态度顽劣的孩子惩罚比较重。在何建功的记忆里,1949年之前时值上学的自己因为临摹字帖不够认真,则直接受到了何文献的掌掴①,这使得何建功之后对于学习的态度愈发重视。

六、家户纵向关系

(一)村庄保甲概况

1949年之前,何家隶属于河南省彰德府安阳县西郊乡七保花园庄甲,村庄划分主要由上级政府确定,何家成员并不了解划分标准,此外同属花园庄甲中的农户并不存在同甲所有农户同姓同族的情况。

对于花园庄村来说,一般在每年秋季粮食收获过后的一段时间保甲长会上门向每家每户收缴地税。对于摊派的劳力和征兵上,村中的保甲长则主要是根据村庄需要进行的公共事务所需的劳力对村中农户进行劳力的摊派。在征兵上,保甲长则主要根据当地驻扎的军队向村中索要的小兵数量在村中进行宣传,并根据家户中的具体情况进行选择。

(二)家户与保甲

1.保甲长的权限

何家与村中的保甲长的主要联系在于作为村中农户按时向其缴纳地税以及听从保甲长安排摊派相应劳力。对于何家来讲,家中所要承担的地税以及摊派与村中其他农户都是同一标准,即根据上级下达的总的要求之下根据村中的实际情况进行平均分摊。何家向保甲长上交地税以及承担摊派劳力上并无存在拖欠甚至不遵守的情况。不过村中也存在部分农户在规定的时间内无法上交税收的情况,遇到拖欠税收的农户,村中的保甲长则会抓了该农户的年轻劳力来干活,直到农户将拖欠的税收交上来之后放人。

由于何家成员大都通情达理并且性情温和,因此在与邻里亲戚相处的时候很少闹出过大冲突,在与邻里亲戚出现小矛盾时大都是由矛盾双方私下进行协调、道歉为主。花园庄村中存在邻里街坊之间产生多大冲突无法解决的情况,其中以一家农户依靠另一农户同墙修建房屋的矛盾为主,由于同墙修建的房屋算是某种程度侵犯了另一农户的房屋权益,因此双方之间的冲突便会很大。遇到这种情况,花园庄村则主要是由村中有威望的邻里大户的长辈来进行调节,由于该邻里大户在经济实力、村中威望以及个人年龄等方面都具有很大优势,因此村中的大多农户都会听从。

由于在城里有专门管理农户田地的人员,因此涉及家中田地的买卖并不需要通过保甲长进行过户,而是直接去城里找对应的人员进行量地、颁发文物凭证并盖章以示其效力。对于花园庄村中大多的普通农户来说,如果只是涉及分家时田地的分配,则农户仅是在大家长的主持下,邀请部分见证人共同书写分家单、签字画押即可,之后涉及田地的矛盾则以分家单的说明为主。

花园庄村中的保甲长的权限较小,主要涉及征缴地税以及公共事务的劳力摊派,而对于村庄中成员的往来管理并不严格。在1949年之前,花园庄村作为一个小的村庄,经历过外村人逃荒至此,也遭遇过军队、小兵的战乱斗争,村中农户大都自顾自家,而村中的保甲长也很少对外来人员进行系统的管理和排查,更不会因为外来的可疑人员对相关农户进行询问、事

---

① 掌掴:用手(巴掌)打脸。

后惩罚或者连带责任。对于何家来说,如果村外付占荣的娘家亲戚或者其他成员的亲戚来何家串门走访并不需要向村中的保甲长进行报告,保甲长也不会对外来人员进行管理。

2.成员的任职经历

在1949年之前,何家曾有两位成员在不同时期担任过一段时间的保甲长,一是何文献在1943年担任了一年的保长,二是何建勋在1948年后担任了一两年的甲长。

对于何文献来说,能够任职保长主要是由于村中具有经济实力以及威望的大户互相商量的结果,而村中大户则主要是根据保长需具有一定的学识文化,并且为人老实来选择的。

何文献在任职保长期间有一定的报酬,其主要来源于农户缴纳地税中的一部分。在收缴税粮时,上级官府只会告知每村应交税粮的总额,而何文献作为保长则需要再计算出每家户需要缴纳的税粮数额后到每户人家中收税。由于村中具有文化学识并且为人老实的农户不只何文献一人,因此村中大户也是会每年进行选择和轮替。

对于何建勋来说,任职甲长则主要是由于花园庄村附近驻村的军兵根据村中农户的具体情况进行选择的结果。何建勋任职甲长的标准与何文献任职保长标准一样,都是因为具有学识文化且为人老实,主要负责对村中农户进行有效的税粮征缴。何建勋担任甲长时间较短,主要的原因是国共内战期间,村庄大小争斗不断,社会环境混乱,为了何家成员的生命安全着想,何建勋便不再担任村中甲长一职。

七、村庄公共事务

(一)征税会议

花园庄村在1949年前很少会开展村务会议或者其他会议,即使遇到村级层面开展的会议也一般都由村中经济实力较强并且较有威望的村庄大户互相商议决定,有时保甲长也会进行参与,而村中大多经济一般的农户则不会参与其中。

花园庄村组织的会议主要涉及村中农户的征税问题,这种会议的召开并不需要通知村中农户进行参与,而只是由村中大户和保甲长进行参与商量。征税会议的召开主要是从县乡一级下达到花园庄村中需要征缴的总的税粮后,由村中保甲长丈量、计算并公布出村庄现存的地亩数,然后由村中的这些大户来商量各家农户应当征收多少地税粮最为合适,最后将确定好的地税标准告知村中的保甲长,由其在规定的时间段对村中的各个农户进行地税的收缴。花园庄村召开这种征税会议的时间并不固定,一般情况下花园庄村征缴的地税并不会出现太大的变动,征税会议便不会年年进行召开,如果是遇到县乡一级对于花园庄村收缴的税粮在总数量上出现大的变动或者临时驻扎的兵队对于花园庄村进行粮食的收缴,花园庄村则会根据情况再次进行征税会议的召开以便确定村中每家农户需要上交税粮的数量。

而对于花园庄村中大多经济条件一般的农户来说,他们只是会在村中保甲长收缴地税的时候才知道自己应该以什么样的标准来缴纳税粮,对于已经确定的标准并不能够提出自己的意见。由于花园庄村中大户确定的税收标准也都是根据上级安排下来确定,并没有过对村中农户恶意增收地税的情况,加之村中每年的地税很少出现大的变动,因此村中农户在上交地税粮食的时候很少出现因为不满村中地税征收的标准而拒不上交税粮的情况。对于不交税粮的农户,村中的保甲长也将采取抓人当劳力的措施,使得村中农户对于地税的收缴大多服从。

(二)修庙

1949 年之前,花园庄村中仅有两个小庙,由于村中农户信奉神灵,不时会去庙中进行叩拜,因此村中存在修庙之类的公共事项。花园庄村中的小庙并非时时修缮,一般只是在庙宇外墙甚至内里的贡台破损严重时才会进行适当修缮。这种修庙活动并不是由村中保甲长主持,而是以村庄为单位召集村中信奉神灵的家户自愿"传钱"[①]或者出力来进行小庙的修缮。在对小庙的修缮问题上,村中主要是由村中大户决定,并且率先投入较大的资金和一定的劳力,之后便在村中进行宣传,而村中信奉神灵的农户则会在烧香拜佛的时候或者单独以家户为单位进行传钱、出力。在家户传钱上,金额并无多少的标准,每个家户可以根据自家的实际情况进行传钱,而在出力上,决定出力修缮庙宇的家户则一般会派出一到两个青壮劳力,村中并未存在花钱雇工修庙的情况。

何家在村庄决定修庙的时候也会根据家中的实际情况进行"传钱"或者出力。一般情况下,付占荣会与何文献进行商议由何文献决定"传钱"的金额,之后在付占荣代表何家去庙里烧香拜佛时将钱交到负责修庙的大户手中,何家"传钱"修庙的金额一般是几毛或者几块不等。而在修庙的劳力付出上,何文献则会在家中农活差不多完成的时候带着何建勋与何建功前去帮忙,他们一般负责和泥或者砌墙之类的活。由于修庙的传钱、出力都是当地信奉神灵的农户自发进行的公共活动,出于对神灵的崇敬与敬畏,何家成员并不会出现磨洋工的情况。

(三)打井淘井

花园庄村地处豫北平原地区,周边水系较为充沛,当地农田主要以井浇地为主,因此除了修庙,花园庄村中的公共事务活动还包括打井与淘井。在 1949 年前,涉及村庄农田旁以及道路两旁等公共地域的水井则主要是由村中的农户进行出力打井淘井。由于花园庄村的农田以及道路两旁每隔一段距离便会有一口水井,村庄水井总数量较多,因此,从村庄整体的打井淘井活动上看,是由全村的农户共同出力的结果,但从公共区域中的一口水井看,则由生活在附近、主要依靠这口水井过活的几户人家共同出力打井的结果。花园庄村在进行打井活动时并未对农户摊派的劳力有明确的标准,但是由于打的水井日后将惠及自家的生产生活,大多农户也都会为了更加快捷高效而选择派出自家的青壮劳力。

何家在村中进行打井淘井活动时也是参与其中,主要负责自家门前道路旁边的一口水井以及农田附近的水井。由于何家负责的这几口水井也都是村中的街坊、地邻共同负责,因此在进行打井淘井活动时,主要是由何文献作为何家的家长与其他几家家长事先进行商议,确定好打井淘井的时间以及具体分工,之后,何文献则会派何建勋与何建功两兄弟出力。何建勋与何建功对于何文献的安排主要听从,并未存在不听从安排的情况。而在打井淘井活动中,何家并未主动号召其他村民进行打井淘井活动。

八、国家事务

(一)纳税

在 1949 年之前,何家都是以家户为单位进行纳税,税种主要包括固定缴纳的土地税以

---

① 传钱:捐钱。

及不定期缴纳的军队征税。对于土地税的征收，花园庄村都是依据村中农户耕种田地的地亩数来进行计税，一亩地交的粮食会随县乡上级收缴的税粮而定。而村庄不定时缴纳的军队征税则主要是依据家户人口单位来计税，但是这种税收只是在村庄附近有驻扎军队时才会征收。花园庄地税的收缴一般都是在秋季，即粮食收割不久之后，而何家在交税的时候主要是缴纳粮食，一年缴纳的地税一到两次不等。而对于军队征收的税粮来说，税收缴纳的时间与次数主要依军队驻扎的时间与具体情况而定，并无固定的时间与次数。

由于何家在1949年之前曾有成员担任过保甲长，了解税收缴纳与征收的相关环节，尤其在何建勋担任甲长期间，对于何家税收的上交，何建勋一般都是会先告知家长何文献税收上交的时间与数量，然后在交税的时候自行将何家的税粮运到村中税粮征集的地点去。何家在税收粮食的缴纳上主要由何文献来做决定，其他家庭成员并不能够进行干涉或者参与。

此外，在交税的过程中，村中保甲长一般都会挨家挨户地敲门以通知每个家户需要缴纳的税种、时间以及数量。由于村庄很少遇到灾荒的天气，家中每年粮食产量较为固定，因此在接收到纳税通知之后，何文献都会将秋收时提前预留好的粮食作为地税来按时缴纳，并未出现不交、少交或者交不上税收的情况。在花园庄村中，存在极少数的农户在保甲长征收地税时难以按时缴纳的情况，出现该种情况，村中保甲长将会将其农户年轻的劳力抓去干活，直到农户缴纳上粮食为止。出于对保甲长抓人的恐惧，村中农户大多都会按时缴纳地税，实在交不上的也会选择先向亲戚朋友借粮交税，之后再慢慢归还。

（二）征兵与抓壮丁

花园庄村在1949年前存在被国民党征兵的情况，当地称之为"要兵"。这种"要兵"都是途经村庄或者暂时驻扎在村庄附近的国民党军队为了扩充兵力而进行的兵员招募，一般是以村庄为单位进行固定数量的"要兵"。对于村中的农户来讲，选择进入军队的成员都是农户根据自家的实际情况决定的结果，并不存在强制农户当兵的情况。何家并没有成员当兵，而花园庄村中选择当兵的也多是家中男丁数量多，经济条件差到无法过活的家庭。一些家庭确定让男性成员当兵一方面是为了"减少一张吃饭的嘴"以缓解家中紧凑的生活，另一方面当兵的家庭成员也能在保证自身温饱的前提下每年为家中争取到一定的军队钱粮补给。

除了国民党军队正规的征兵外，花园庄村还不时会经历抓壮丁的情况。抓壮丁与征兵截然不同，一般都是相互打仗的各路军队在途径村庄时直接从村中掳走青壮劳力去自己的军队当兵，并不会事先征求本人甚至是所属家户的意见，并且也无薪酬的保障。花园庄村为避免村中的青壮劳力无故被抓去当壮丁，大多农户都会在自家挖有地洞来掩藏，在真正遇到抓壮丁的时候，村中的妇女、老人便会在村中高喊以传达信号。何家成员未曾被抓去当壮丁，对于何家的男性成员来讲，他们一听到村中有人叫喊"抓兵的来了"，便会立即到距离自己最近的农户家中的地洞中躲起来，而村中农户为了保护村中的青壮劳力也会尽力配合。

（三）选举

1949年之前，花园庄村中的保甲长并不是民主选举投票得来，而主要是由村中的大户在商议中根据村中村民的学识、品行、老实程度等方面进行综合考虑选出，在他们看来保长需具有一定的学识文化，并且为人老实。1943年何文献能够任职保长也主要是村中这些具有经济实力以及威望的大户互相商量的结果。而何建勋在1948年能够任职甲长则主要是由驻扎在花园庄村附近的军兵根据农户的学识文化以及老实程度等进行选择的结果。

调查小记

本家户报告调查的是河南省花园庄村何家的相关家户情况。通过在 2018 年八月份对于何建功老人较长时间的调查与访问,整理总结出何家在 1949 年之前家内生产、生活等的真实状态,使我更加深刻地感受到 1949 年前中国农村家户制度特有的魅力。

一、前期准备

俗话说"万事开头难",为了保证能写出一份高质量的家户调查报告,在调研之前对于中国农村家户制度调查问卷的研读与揣摩是必不可少的。在之前研读师兄师姐优秀的家户报告以及进一步的百村培训后,加之自身对于家户制度调查积累的两次实践基础,对于这个暑假的家户调查,虽然算不上胸有成竹,但也可以说小有经验了。家户制度作为一种以家户为基本经济单位和治理单位的制度,它表现了家户及其成员在长期的社会经济生活中所形成的一系列稳定的社会政治经济关系与行为规范,而我们作为调查者在实际的调研过程中,应该如同画家作画一般,先将其分为家户经济制度、家户社会制度、家户文化制度、家户治理制度五个板块来构建一个家户的整体轮廓,然后在这个轮廓下对于不同的方面进一步细化,使其变得充实,最后在每个细节下不时添加一些家户生产、生活中的真实案例使其变得生动,有灵魂。

二、对象寻找

作为一份需要探知 1949 年之前家户生活状况的报告,关键因素便在于寻找明白、合适的调研对象。但是,这个环节在整个家户调查过程中也是极为艰难,一方面由于能够清晰了解并亲身经历 1949 年之前的社会状况的调查对象年龄至少应该在八十岁以上,而在此年龄基础上神识清晰、能够进行正常交流的老人少之又少;另一方面我对于八十岁老人来说,中间算是隔有一至两代,如果再加上双方之间并无亲属关系,那么老人在某些问题上会选择回避,这将对家户制度调查报告书写的完整性产生极大影响。在对寻找的调研对象进行以上考虑之后,为提高自己家户制度报告的质量以及调研效率,我选择以父母作为寻找适合调查对象的桥梁,在他们的帮助下,我开启了对调研对象的寻找之路。

七月中旬,母亲曾提议我将姥爷家作为家户的调研对象,姥爷虽今年未满八十岁,但是其上还有一个年龄为八十三岁的哥哥。听到这个消息,我极为愉快地跟随母亲来到姥爷村庄,前去看望自己的大姥爷。在这个过程中,我的内心深处隐隐有些兴奋,不仅仅是因为自己如此容易地寻到了家户访问对象,更兴奋的是一旦调研对象合适,那么我将如此荣幸地在了解到爷爷王家在 1949 年的家户情况下,还能继续探知母亲家上几代的家户底色。不过生活总是不会如理想般一帆风顺,正如家户对象的寻找不可能每次都一招即中。年岁已八十三的大姥爷虽身体健朗,能够四处行走,但是瘦弱的身躯,脱落的牙齿,斑白的头发,渐差的记性使得老人并不能承受我的访谈调查。此次的调研对象定位失败,但寻找一直从未间断。

之后,在父母与我不断努力,多方询问之下,终于找到了一位适合访谈的老人如期而至。何建功老人,花园庄村人,今年八十九岁高龄,1949 年之前曾接受过教育,读书学习,具有一定的文化水平,并且神识清楚,交流较为顺畅。该老人是父亲在村中处理村中涉及老人相关工作时,利用工作的便利为我寻找到的。父亲对我的学习工作也是极为上心,在衡量了我做家户调查时对访问对象的各项标准之后,找到合适的对象便会及时通知于我。在收到消息后,我立马前往村庄大队对何建功老人进行了试调研,老人对于自家的情况了解较深,尤其是在询问到其家族的各个分支成员姓名及婚配情况时,老人竟能将何氏家族自迁入花园庄到 1949 年期间,家族的两股八支中每个家庭的成员姓名记得如此清晰,使我不由满心佩服。八月,相逢如此老人,实为幸运。

三、访谈调研

在做好前期准备,寻找到目标老人之后,第三步便是对老人在 1949 年之前所生活的那个家户进行深入的访谈调查。由于与何建功老人年岁相差较大,在一些常识性认知上会有差异,为了使访谈高效进行下去,父亲作为陪调在一旁作为我与老人沟通的桥梁,对于我不懂的方面进行了细致的讲解甚至还寻找相关人员进行解释。例如在说到何家房屋的位置以及布局上时,由于老人表述并不清晰,而何家在 1949 年前后房屋的变化何家家中的小辈,即与父亲同龄的何氏成员在幼时曾经见过,于是在老人、老人的后代、父亲三方的协助下,对于何家在 1949 年家庭房屋建筑的空间布局进行了一个清晰的绘制。

在整个访问过程中,我也不期体会到了作为一个有学识的文化人在访谈过程中对于相关问题的描述与修养。作为一个将要形成十二万字以上充实的大家户报告,对于老人进行的相关提问便会多之又多,细之又细,每次访问持续时间较长,但老人并未出现不耐烦甚至着急、生气的状态,相反会认真倾听每一个提问,然后进行一段时间的思考,再进行叙述。并且在每次访谈之后,何建功老人还会和蔼地说:“如果还有什么不懂的,可以随时问我,我都会过来。”听到这样的话语,作为调研者,我内心十分感动。

四、书写家户

在对何建功老人进行全方位的访问之后,家户调研也走到了最后一步,便是将自己收集到的相关信息进行整合、分类、然后书写成报告。作为已经有过三次家户报告书写经验的我,这个过程中最大的难关便是克服自己浮躁的内心,使自己静下来,认真写作。每一次的调研都是不易的,因此每一次的报告需要对得起自己前期的付出,相信最后呈现的是一份具有何家特色的家户传记。

附录 调查图片

受访者刘嘉训

调查员与受访者刘嘉训

刘家主屋

李士荣

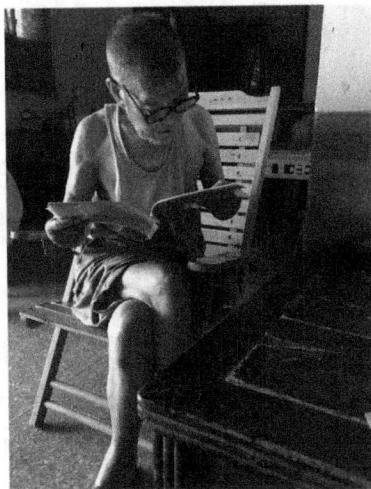
冯祥林

宗有民

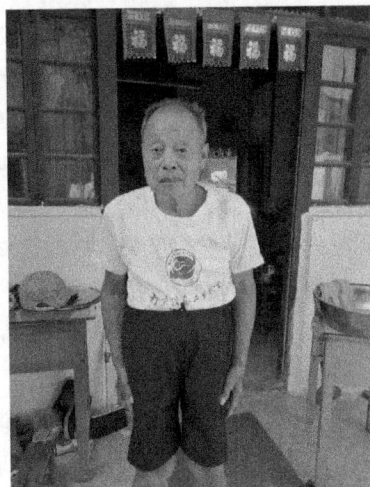
刘广余

调查员与李大义

何建功

后　记

　　2016 年年末,在徐勇教授和邓大才教授的主持下,作为华中师范大学中国农村研究院"世纪工程"之一的"家户制度调查"顺利启动。"家户制度调查"以家户制度为核心,以家户关系为重点,对 1949 年以前的传统典型家户进行全面深入的调查,其内容涵盖家户的由来与特性、家户经济制度、家户社会制度、家户文化制度、家户治理制度等诸多方面。调查员通过对传统时期典型家户的亲历者开展深度调查和访谈,搜集了大量翔实、第一手的文献资料、访谈资料、录音资料和图片资料,并在此基础上完成家户制度调查报告。本卷即是从调查员所撰写的家户调查报告中优中择优,遴选出六篇报告合辑而成,力求以平实客观的文风、原汁原味的笔触还原传统时期典型家户的运转逻辑。

　　2017 年 1 月,"家户制度调查"开始试调查,同年 7 月,"家户制度调查"项目全面启动。两批共二百余位调查员分赴全国各地,实地访谈仍然健在的传统典型家户的当事人;大量搜集有关典型家户的各类家谱、族谱、账本等文字文本材料;走进乡镇、县市政府档案部门搜集查找典型家户相关资料;整理和撰写家户调查报告。正是调查员们前期深入的调查,中期不厌其烦的整理,后期认真仔细的写作,使本卷能收录到质量极高的调查报告。在此,感谢各位调查员追求卓越的态度和锲而不舍的精神。

　　本卷的问世首先要感谢接受调查员访谈的刘嘉训、李士荣、冯祥林、宗有民、李大义、赵丙云、何建功老人,他们向调查员事无巨细地讲述了家户生活的方方面面,为调查员耐心细致地回忆了家户变迁的点点滴滴。正是老人们的热心和耐心鼓舞着我们的调查员,并使他们克服万难、砥砺前行、行有所获、调有所得,并最终将一个个极具特色的家户呈现在读者面前。

　　同时还要感谢为家户制度调查员提供帮助和便利的汶上县、新民市、泾阳县、吴起县、仪征市、东平县、湖滨区七个市县的朋友们。感谢新民市的张振华、彭殿会对调研员李丹阳的帮助,感谢泾阳县的陈勇、段晓娥、陈文馨、李鹏对调研员陈文华在寻找老人时提供的支持和帮助,感谢仪征市刘婷婷对调研员高雪琪的理解、支持与介绍。这些提供支持和帮助的人们不乏调查员的亲朋好友,我们的调查员顺利完成调查并撰写出高质量的调查报告离不开他们所提供的便利和不遗余力的支持。

　　本卷得以顺利付梓,最为重要也是最要感谢的是徐勇教授和邓大才教授的倾力贡献。他们前瞻性、创造性地提出了"家户制度调查"这一重大调查领域,并持续推动着家户调查工作的进展。为了打造这一"学术三峡工程",两位教授不辞辛苦、孜孜以求,为本卷内容的构思、写作、编排、出版倾注了极大的心血。从调查前的理论指导到调查提纲的设计修改,从调查培训到调研指导,从报告撰写再到报告定稿出版,两位老师全力支持、全程参与、全心投入。正是两位老师的心血倾注,才能使得本卷得以保质保量迅速完成。

　　本卷是《中国农村调查(总第 38 卷·家户类第 7 卷·中等家户卷第 5 卷)》,分别收录了 7 位调查员的家户调查报告:一是刘硕的《中户沉浮:农商共济实现家户发展》计十余万字;二是李丹阳的《垒土积命:东北小户的生存密码》计七万余字;三是郝妍的《以商养农:从商转农的小户存续之路》计十余万字;四是陈文华的《少子治家:以农为生传统中户的绵延》计七万余字;五是李东阳的《韧性抗变:少地农民的生存策略》计十余万字;六是范静惠的《守道自振:柴门农家的颠沛与磨砺》计七万余字;七是王玉莹的《外来部户:本家共居的家户衍生》计十余万字。感谢华中师范大学中国农村研究院黄振华老师对家户报告出版的指导和协助,同时感谢张航、朱露、何婷对家户报告审核的倾力付出,正是他们卓有成效的工作,保证了调查报告的前期质量和水准。此外,还要感谢天津人民出版社王玮老师等对著作出版的大力支持与辛勤劳动。本卷的统稿、编辑与校对工作由黄振华老师、张航和潜环负责,内容核实与修改工作由各位报告的撰写者负责,在此表示感谢。

　　由于编者的水平有限,错漏之处难以避免,敬请专家、学者及读者批评指正,我们将在今后的编辑中不断改进和完善。

编者谨记